THIS CANCELS ALL PREVIOUS LISTS.

CONFIDENTIAL.

British Red Cross
— AND —
Order of St. John.

ENQUIRY LIST

No. 21, 1918.
Wounded and Missing

Containing all Enquiries up to and including November 20th, 1918.

December 1st, 1918.

Part II

The Naval & Military Press Ltd

Published by
The Naval & Military Press Ltd
5 Riverside, Brambleside, Bellbrook
Industrial Estate, Uckfield, East Sussex,
TN22 1QQ England
Tel: +44 (0) 1825 749494
Fax: +44 (0) 1825 765701
www.naval-military-press.com
www.military-genealogy.com
www.militarymaproom.com

In reprinting in facsimile from the original, any imperfections are inevitably reproduced and the quality may fall short of modern type and cartographic standards.

December 1st, 1918.   441

MIDDLESEX REGIMENT.
B.E.F.

‡1 A. I	Sutton, Wm. 6469.	K. April 17/18. Det.D./B.
*1 B. V	Crone, Geo. Wm. 60389.	M. Sept. 27/18.
*1 B. V	Miles, J. 95239.	Unoff. K. Sept. 29/18. Conf & Det.
‡1 B. VIII	Skates, John. 205317.	M. Sept. 29/18.
1 B. VI	Wilkinson, M.M., Sgt. Arth. Frank. 29289.	Unoff. M. Sept. 29/18.
1 C. XII	Clears, Walter. 43426.	K. April 16/18. Det.D./B.
‡1 C. X	Leggett, S. 60175.	M. Sept. 29/18.
*1 C. IX	Taylor, Cpl. Cyril. 43761.	M. Sept. 29/18.
‡1 H.Q.	Parrott, Sig. G. 12944.	K. Oct. 12/18. Det.D. B.
‡1 ?	Awty, Hy. Ellis. 59491.	M. Oct. 13/18.
2	**Pearson, 2nd Lt. F. A.**	W. and M. Aug. 26/18.
2 A. II	Abel, J. 60340.	M. May 27/18.
2 A.	Abel, Walter. 207997.	M. May 27/18.
2 A. Scout S.	Adkins, L.-Cpl. Percy. 57884.	M. May 27/18.
2 A.	Allen, Albert. 89293.	M. May 27/18.
2 A. II	Allen, G. 52892.	W. and M. Mar. 25/18.
2 A.	Ashby, S. 6053. (Fr. H.Q.)	M. May 27/18.
2 A. II	Barnes, Leslie Ern. 89300.	M. April 24/18.
2 A. II	Beard, A. J. H. 53143.	M. May 23/18.
2 A. IV	Blowers, Chas. Alb. G/96879.	M. May 27/18.
2 A.	Blown, S. A. 235050.	M. May 27/18.
2 A. II	Bramall, J. Edgar. 2084.	W. and M. Mar. 27/18.
2 A. II	Bruce, Wm. 57907	M. April 24/18.
2 A.	Cannon, Sgt. Harry Metcalfe. 291234	M. May 27/18.
2 A. or B.	Cartledge, J. H. 41227.	M. May 27/18.
2 A.	Challis, W. 204317	M. April 24/18.

December 1st, 1918.

Middlesex Regiment—contd.

B.E.F.

2 A. II	Clark, Chas. Henry. 57913.	M. April 24/18.
2 A. II	Coombes, J. 53149.	M. April 1/18.
2 A.	Cornell, Harold E. 57766.	M. April 24/18.
2 A.	Crisp, Wm. Robt. G/57915.	M. May 27/18.
2 A. III	Davis, A. 57772.	Unoff. M. May 27/18.
2 A. II	Dennis, Sgt. Harry. 57925.	M. May 27/18.
2 A. L.G.S.	Evans, Max Charles. 50382.	Unoff. M. May 27/18.
2 A.	Fenner, Bertie. 40389.	M. May 27/18.
2 A.	Finch, L.-Cpl. Ernest. 57791.	M. May 27/18.
2 A.	Finch, Leonard John. 89350.	M. April 24/18.
2 A. III	Fitzgerald, Wm. Alb. 57790.	M. May 27/18.
2 A.	Furner, A/L.-Sgt. W. 12108.	M. May 27/18.
2 A.	Gingell, R. E. 89353. (Scouts.)	Unoff. M. May 27/18.
2 A.	Haskins, Arthur. G/42993.	M. May 27/18.
2 A.	Head L.-Cpl. George. 89123.	M. May 27/18.
2 A. II	Hill, Hy. W. 16477.	M. April 1/18.
2 A.	Hoole, L. Cpl. A. 40205.	M. May 27/18.
2 A. III	Huguenet, John Arthur. 57433.	M. April 24/18.
2 A. III	Hurrell, A. E. 57797.	M. May 27/18.
2 A. III	Kent, Wm. Walter. G/57445.	M. May 27/18.
2 A. III	Kirby, A. H. 57443.	M. May 27/18.
2 A. IV	Lamb, S. 13762.	M. May 27/18.
2 A. II	Laslett, L.-Cpl. Arthur. 89522.	M. April 24/18.
2 A. III	Marlow, Harry. 6635.	M. Mar. 27/18.
2 A.	Mead, L.-Cpl. F. J. 203549.	M. May 27/18.
2 A.	Merget, Cpl. Harry Wal. 52492.	M. May 27/18.
2 A. III	Merritt, L.-Sgt. Fredk. John F. 1621	M. April 24/18.
2 A. II	Myers, Thos. Albert. G/89176.	M. May 27/18.
2 A. or B.	North, Sgt. Wm. 242317.	M. May 27/18.
2 A.	Orton, George Henry. 6559.	M. May 27/18.
2 A.	Powley, S. G. 33060.	M. May 27/18.
2 A.	Rolfe, F. W. 96842.	M. May 27/18.
2 A. II	Rose, B. 57485.	M. April 24/18.
2 A. I	Sharkey, L.-Cpl. Arth. Jas. 25059.	M. Mar. 28/18.
2 A.	Silk, H. 9089.	M. May 27/18.
2 A.	Smith, Herbert. 57494.	M. May 27/18.
2 A. III	Smith, S. W. 14337.	M. May 27/18.
2 A. I	Taylor, Harold Ernest. 200567.	M. April 24/18.
2 A. IV	Williams, A. 86405.	M. Mar. 25/18.
2 A. IV	Woolcombe, Chas. 59523.	M. May 24/18.
2 A. II	Wright, A. W. 50216.	M. May 27/18.
2 B.	Arnold, James Alf. 57371.	M. April 24/18.
2 B.	Bailey, James. 203160.	M. April 24/18.
2 B.	Barrell, Alfred. 57390.	M. April 24/18.
*2 B. VIII	Bartlett, Morgan. 41778.	M. May 27/18.
2 B. or C.	Bates, H. 1473.	M. Mar. 23/18.
2 B. VI	Baverstock, Harold N. 53135.	M. Mar. 21-23/18.
2 B. V	Beale, W. R. 3387.	M. Mar. 25/18.
2 B. VII	Bishop, Geo. 52901.	M. Mar. 25/18.
2 B.	Brice, Scout W. 3389. (Fr. H.Q.)	W. and M. Mar. 27/18.
2 B.	Briscoe, Albert T. J. 57383.	M. May 27/18.
2 B. or C.	Brown, T. W. 57762.	M. May 27/18.
2 B.	Broyd, A.-Cpl. F. 14386.	M. April 24/18.
2 B. VI	Buckingham, E. 52902.	M. Mar. 27/18.
2 B. VI	Burley, W. 38824.	M. Mar. 28/18.
‡2 B.	Cockell, M.M. L.-Cpl. E. 241388.	M. about April 1/18.
2 B. V	Coe, Wm. Hy. G/52928.	M. Mar. 28/18.
2 B.	Cooper, T. W. 34447.	M. April 28/18.
2 B. VII	Cotton, Owen. 92872.	M. April 24/18.

December 1st, 1918.

Middlesex Regiment—contd.

B.E.F.

2 B. VIII	Crabb, Walter Arth. 57767.	M. April 24/18.
2 B. VIII	Dicker, Arthur Geo. 11711.	M. Mar. 28/18.
2 B.	Donovan, Joseph T. 57409.	M. May 27/18.
2 B.	Dowdall, L.-Cpl. H. S. 57411.	M. April 24/18.
2 B.	Duddy, S. J. 89341.	M. May 27/18.
2 B. V	Element, S. A. 89489.	M. April 24/18.
2 B.	Fairbank, S. 200669.	W. and M. Mar. 28/18
2 B.	Farrer, A. H. 97041.	M. April 24/18.
2 B.	Fittock, A.-L.-Sgt. Geo. 13239.	W. and M. April 24/18.
2 B. or C.	Flack, Harry Wm. 43347.	M. Mar. 26/18.
2 B.	Goodwin, Leslie. 57938.	M. April 23-25/18.
2 B.	Grist, Edward T. 57794.	Unoff. M. May 25/18.
2 B.	Hardcastle, G. 96807.	M. April 24/18.
2 B. VI	Harrison, J. 10289.	M. Mar. 24/18.
2 B.	Hartley, A. 57798.	M. May 25-30/18.
2 B.	Hawkins, L.-Cpl. A. 203877.	M. April 23/18.
2 B. V	Hudson, W. H. 34570.	M. Mar. 28/18.
2 B. VI	Johnson, E. G. 96952.	M. April 24/18.
2 B.	Jones, G. W. 57439.	M. May 27/18.
2 B.	Kay, R. 89520.	Unoff. M. May 25-30/18.
2 B.	Leach, A.-Cpl. H. 14813.	M. May 27/18.
2 B.	Lines, E. G/21397.	M. May 27/18.
2 B.	Maidment, A. J. 57454.	M. April 25/18.
2 B. VII	Millgate, Chas. Hry. 80787.	M. April 24/18.
2 B. VIII	Oatridge, Sergt. C. 5130.	W. and M. April 22/18.
2 B. V	Peachey, G. 87619.	M. Mar. 28/18.
2 B. VII	Poulter, Sgt. S. J. 1496.	M. May 27/18.
2 B. V	Roberts, L.-Cpl. S. A. G/57845.	M. May 27/18.
2 B. VI	Searle, L.-Cpl. James. G/20178.	M. April 24/18.
2 B. VII	Simes, L.-Cpl. Frank. 96909.	M. May 27/18.
2 B.	Small, Cpl. Alb. Edw. 22802.	M. May 27/18.
2 B. V	Smith, C. A. 1183.	M. May 27/18.
2 B. VIII	Smith, J. 10766.	M. April 24/18.
2 B.	Smith, Wm. A. 57852.	M. April 24/18.
2 B.	Stannard, Wm. George. 57497.	Unoff. M. May 25-30/18.
2 B.	Twyman, Ernest Edw. 57511. (Fr. H.Q.)	M. May 27/18.
2 B.	Upfold, Frank Page. 16171.	M. Mar. 26/18.
2 B. VIII	White, S. E. 89781.	M. April 24/18.
2 C.	Bellamy, Wm. 57892.	Unoff. M. April 24/18.
2 C.	Belt, Geo. 57906.	M. May 27/18.
2 C. XII	Bradshaw, L.-Cpl. John. 32858.	M. Mar. 30/18.
2 C. XI	Brown, Fredk. Wm. 57756.	M. April 24/18.
2 C. XI	Campen, Leslie. G/92894.	M. May 27/18.
2 C. IX	Clarke, Bert. 96779.	M. May 27/18.
2 C. IX	Clarke, W. J. 57912.	M. April 24/18.
2 C. XI	Comte, W. 57908.	M. May 27/18.
2 C. XII	Cook, Cpl. E. W. 205221.	M. May 27/18.
2 C. XII	Dickman, Wilfred. G/52036.	M. Mar. 25/18.
2 C. L.G.S.	Drury, P. 43416.	Unoff. M. May 27/18.
2 C. XI	Eminson, Thos. P. 57931.	M. May 27/18.
2 C. IX	Gates, Arthur Samuel. G/52951.	M. Mar. 25/18.
2 C. X	Giddings, W. J. 96798.	M. May 27/18.
2 C. XI	Goode, L.-Cpl. Wm. Regd. 17511.	M. May 27/18.
2 C.	Herbert, Ernest Stan. 96940.	M. May 27/18.
2 C.	Howard, E. 89265.	M. April 24/18.
2 C.	Huck, L.-Cpl. T. W. G/29834.	M. May 27/18.
2 C.	Hurlock, Henry. G/50664.	M. May 27/18.
2 C.	Kent, Charles. 5958.	M. Mar. 25/18.

December 1st, 1918.

Middlesex Regiment—contd.

B.E.F.

2 C. XII	Knowles, Geo. Matthew. G/89173.		M. Mar. 25/18.
2 C. XII	Laker, L.-Cpl. Ernest. 2222.		M. May 27/18.
2 C. XI	Lockwood, A. L. 52488.		M. April 24/18.
2 C.	McKeeman, M.M., Sgt. Robt. 12120.		M. May 27/18.
2 C.	Marshall, L.-Cpl. C. G. 40419.		M. May 27/18.
2 C.	May, Stan. Spencer. G/57819.		M. April 24/18.
2 C.	Miller, Alf. Thos. 57818.		M. April 24/18.
2 C. IX	Mills, W. C. 96971.		M. April 24/18.
2 C.	Mitchell, W. 96975.		M. May 27/18.
2 C. XI	Murton, L.-Cpl. Harry. 20170.		M. May 27/18.
2 C.	Needs, Sgt. Jas. Edward. 6730.		M. April 24/18.
2 C. IX	Newby, C. L. 57471.		M. April 24/18.
*2 C. IX	Nolson, James. 15548.		Unoff M. Sept. 26-27/18.
2 C. X	Norton, R. S. 96981.		M. April 24/18.
2 C.	Overy, C. 3385.		M. May 27/18.
2 C. IX	Parker, W. M. 89426.		M. April 24/18.
2 C. X	Partridge, E. S. 86128.		Unoff. M. April 24/18.
2 C. IX	Payne, L.-Cpl. Horace Walter. 57472		M. May 27/18.
2 C. X	Pilkington, Jas. 89180.		M. May 27/18.
2 C. XII	Robinson, A. W. 42900.		M. Mar. 27/18.
2 C. X	Shenstone, L.-Cpl. Wm. A. 13203.		M. April 24/18.
2 C.	Stacey, J. 97007.		M. May 27/18.
2 C.	Summerfield, P R. 57489.		M. May 27/18.
2 C.	Thomas, L.-Cpl. Samuel. 7273.		M. April 24/18.
2 C.	Thompson, Stephen. L/9595.		M. May 27/18.
2 C. X	Torkington, F. 67506.		M. April 24/18.
2 C.	Turner, L.-Cpl. Sydney F. 88.		Unoff. M. May 24/18.
2 C.	Walters, George R. G/33074.		M. May 27/18.
2 C. XI	Way, Hny. Alf. Geo. 57518.		M. April 24/18.
2 C. XI	Wedge, Sgt. A. R. 32540.		M. May 26/18.
2 C.	White, Sgt. Reggie. 291054.		M. May 29/18.
2 C. X	Wilkin, Sid. Alb. 34260.		M. May 27/18.
2 D. XIV	Allsopp, Alb. P. 34812.		M. May 27/18.
2 D. XIII	Austin, W. 52436.		Unoff. M. May 27/18.
2 D. XV	Bailes, Francis Henry. 52908.		M. May 27/18.
2 D. XV	Barry, Jas. G/57385.		M. April 24/18.
2 D. XV	Beadle, L.-Cpl. E. R. 201538.		M. April 24/18.
2 D. XIV	Berry, A.-L.-Sgt. Hry Philip. G/12298.		M. April 24/18.
2 D. XIII	Boxall, Harry. 2679.		M. April 24/18.
2 D.	Coleman, Chas. Geo. 23206.		M. May 27/18.
2 D. XV	De Bois, John. 57919.		Unoff. M. May 27/18.
2 D. XV	Dine, Charlie. 60140.		M. Mar. 25/18.
2 D.	Dupoy, Fredk. 57921.		M. May 27/18.
2 D. XV	Farrant, Geo. Gerald. 96916		M. April 24/18.
2 D. XIV	Freshwater, B. G. G/89595.		M. April 24/18.
2 D. XIV	Green, Arthur Joshua. 57424.		M. April 24/18.
2 D.	Gross, Sidney Alb. 57939.		M. April 24/18.
2 D.	Hamblin, C. 11775.		Unoff. M. April 24/18.
2 D.	Harvey, E. N. G/33326.		Unoff. M. May 27/18.
2 D. XV	Hoople, Reginald. 205014.		M. May 27/18.
2 D.	James, A. P. 3384.		M. May 27/18.
2 D. XV	Janes, E. J. 292935.		M. May 27/18.
2 D. XIII	Jenkins, Sgt. John W. 6697.		M. April 24/18.
2 D. XIV	Jones, J. E. 42594.		Unoff. M. May 27/18.
2 D.	Keohane, P. F. 41950.		Unoff. M. May 27/18.
2 D.	Kershaw, John. 52031.		M. Mar. 25/18.
2 D.	Kingston, A.-Cpl. H. 96818.		M. May 27/18.
2 D.	Law, J. 97042.		M. May 29/18.

December 1st, 1918.

Middlesex Regiment—contd.

B.E.F.

2 D	Lucas, L.-Cpl. Percy Arth. 57447.	M. May 27/18.
2 D.	Lynn, Dennis Arthur. 96963.	M. May 27/18.
2 D. XIII	Madden, John. G/41373.	M. Mar. 27/18.
2 D.	Mallison, W. 15063. (Scout.)	M. May 27/18.
2 D. XVI	Marcham, L.-Cpl. F. 205139.	M. April 24/18.
2 D. XIII	Marden, J. 201545.	M. May 27/18.
2 D. XIII	Martin, L.-Cpl. J. W. 243031.	M. May 27/18.
2 D. XV	Mathews, L.-Cpl. Edgar. 51773.	M. May 27/18.
2 D.	Mitchell, G. 5469.	M. May 27/18.
2 D. XIII	Moss, George. 57823.	M. April 24/18.
2 D. XV	Offord, Alfred Geo. 42990.	Unoff. M. April 24/18.
2 D. XVI	Palmer, Sidney. 96834.	M. May 27/18.
2 D. XVI	Pitcher, Cpl. Fredk. Chas. 160.	M. May 27/18.
2 D. XIV	Pratt, Alf. Geo. G/23142.	M. April 24/18.
2 D.	Robinson, Wm. 18413.	M. May 27/18.
2 D.	Sawtill, Sgt. H. 235373.	M. Mar. 25/18.
2 D. XIV	Sawyer, George. 15018.	M. May 27/18.
2 D. XIV	Searle, Wm. 14972. (Fr. H.Q.)	M. Mar. 27/18.
2 D. XIV	Shepherd, Fred. 5560.	W. and M. Mar. 24/18.
2 D.	Skelton, Geo. Stanley. 57851.	M. April 24/18.
2 D.	Snazel, Sid. 315169. (Fr. H.Q.)	M. May 27/18.
2 D. XVI	Talbot, L. E. 3932.	M. May 27/18.
2 D. XIV	Theobald, Frank Cecil. 77014.	M. April 24/18.
2 D. XIII	Tibbles, Arth. Christopher. 293242.	M. April 24/18.
2 D. XIV	Tilbury, A. 96854.	M. April 24/18.
2 D.	Wagner, Sidney. 201655.	M. May 27/18.
‡2 D.	Walkerley, T. G. 58004.	D/W. Sept. 27/18. Det.D./B.
2 D. XV	Warrell, H. 57870.	M. May 4/18.
2 D. XIV	Webster, L.-Cpl. Alf. John. G/34384	M. Mar. 25/18.
2 D. XIV	Wilcox, Edgar J. 77032.	M. April 24/18.
2 D. XIV	Wilcox, Jack. G/97032.	M. April 24/18.
2 H.Q.	Budd, F. H. 42934.	M. May 27/18.
2 H.Q.	Deane, Wm. 57407.	Unoff. M. May 27/18.
2 H.Q.	Dresser, Sig. Harry Rich. 22159.	W. Unoff. M. April 24/18.
2 H.Q. Scouts	Hayes, Wm. Thos. 33149.	M. May 27/18
2 H.Q.	Holmes, C. J. 2900.	M. May 27/18.
2 H.Q.	Jarvis, R. 7281.	M. May 27/18.
2 H.Q.	Pittock, S. T. 89433.	M. May 27/18.
2 H.Q.	Sensier, L.-Cpl. Edwin Harold Frank. 1777.	M. May 27/18.
2 H.Q.	Tester, A. 89463. (Scout.)	M. May 27/18.
2 H.Q.	Voigts, S. 34256.	M. May 27/18.
2 ?	Ashby, E. 14667.	M. May 27/18.
2 ?	Cluer, Wm. Geo. 96784.	M. April 24/18.
2 ?	Cox, John Jos. 13650.	M. May 27/18.
2 ? I.T.M.	Cusick, Robt. 13492. (23 Bde.)	Unoff. M. May 27/18.
2 ?	Edser, L.-Cpl. G. 205282.	M. April 24/18.
2 ?	FitzGerald, Sgt. J. D. 13250.	M. April 21/18.
2 Pnr. S.	Herbert, T. 7251. (Fr. 17th.)	M. May 27/18.
2 ?	Hunt, L.-Cpl. Edw. Jas. L/9127. (Fr. H.Q. Police.)	M. May 27/18.
2 ?	Ingram, Sgt. F. S/3896.	K. Jan. 3/18. Det.D./B.
2 ?	Isted, Wm. Richd. 40399. (Trans. Sec.)	W. Unoff. M. May 27/18.
2 ?	Kingston, E. 96961.	M. April 24/18.
2 ?	Latter, G. H. 40438.	M. May 27/18.
2 ?	Le Dieu, Cpl. Horace Wm. 292970.	M. May 27/18.
2 ?	Littlefield, Sglr. D. V. 21234.	M. May 27/18.
2 I.T.M.	Neal, Wm. 203912. (23 Bde.)	M. Mar. 23/18.

December 1st, 1918.

Middlesex Regiment—contd.

B.E.F.

2 I.T.M.	Pratt, Reg. Jas. G/89434. (23 Bde.)	M. **May 27/18.**
2 ?	Rowland, Dmr. Thos. 41218.	M. **April 1/18.**
2 ?	Thirkettle, J. G/89462.	M. **May 27/18.**
2 ?	Ward, Reg. Chas. S/57524.	M. **April 24/18.**
2 L.G.S.	Weston, L.-Cpl. C. 40459.	M. **April 1/18.**
2 ?	Wylden, A.-L.-Sgt. Henry G. 7873.	M. **April 24/18.**
4 A. I	Hall, John Henry. 28288.	M. **July 31/18.**
‡4 B. VII	Bartram, Arth. Chas. S/52686.	K. **Oct. 12/18.** Conf. & Det.
4 B.	Cadiey, Wm. John. 22213.	W. Unoff. M. **Aug. 23/18.**
*4 C. XII	Davis, A. 42166.	K. **Aug. 26/18.** Det.D./B.
‡4 C.	Hill, B. 7366.	W. and M. **Sept. 10/18.**
‡4 C.	Nelson, W. H. 96980.	M. **Aug. 23/18.**
4 D.	Horne, Frank Harold. 44419.	M. **Aug. 24-26/18.**
7 A. II	Kennedy, James. G/44770.	M. **May 21/18.**
7 C. X	Harris, Ernest. 44793.	M. **Aug. 30/18.**
7 C.	Parrott, Wm. Ed. 44798.	K. **Aug. 30/18.** Det.D./B.
‡7 D.	Bishop, G. W. 202361.	M. **Aug. 26/18.**
7 D.	Jones, J. A. 89387.	M. **Aug. 31/18.**
7 D.	Williams, Edward. 63078.	M. **Aug. 28/18.**
7 ?	Connell, W. 293133.	M. **Mar. 21/18.**
7. ?	Hainsworth, G. 20352.	M. **April 12/18.**
7 ?	McDonald, Willie. 328207. (Fr. D.L.I.)	M. **May 28/18.**
2/7 C. X	Catherall, L.-Cpl. Herb. Walter. 201497.	M. **Mar. 25/18.**
*8 A. IV	Gillespy, Tom. 44464.	Unoff. M. **Sept. 29/18.**
*8 A. III	Hulton, Gilbert. 235413.	M. **Sept. 29/18.**
*8 A.	Westwood, H. 53587.	M. **Sept. 29/18.**
*8 C.	Williamson, Chas. Wilfred. 89082.	K. **Aug. 24/18.** Det.D./B.
‡8 D.	Beechey, H. F. 201112.	M. **Aug. 24/18.**
‡8 D.	Faulkner, A. G. 87322.	M. **Aug. 24/18.**
‡8 D.	Harding, R. C. 315306.	M. **Aug. 24/18.**
8 D. XIV	Taylor, J. A. 44545.	M. **Aug. 25/18.**
8 ?	Brede, George. G/18700.	M. **May 21/18.**
*8 ?	George, F. V. 241038.	W. and M. Unoff. K. **Mar. 24/18.**
*8 ?	Grant, W. H. 53608.	K. **Aug. 24/18.** Det.D./B.
11 A.	Poole, George. 10908.	M. **Mar. 23/18.**
12 A. IV	Clifford, W. E. 42286.	Unoff. M. **April 29/18.**
12 B. V	Hunt S. E. 41379. (Fr. 18 Entr.)	M. **April 24/18.**
12 B. VII	Langford, Ernest Victor. 50570. (Fr 2/2 Londons, 82838.)	M. **April 24/18.**
12 B.	Smith, Sgt. R. 398.	Unoff. M. mid. **April/18.**
12 C. XI	Tomkins, Sydney. 776.	W. and M. **Mar. 24/18.**
13 C.	**de Pass, Lieut. W. H. D.**	M., bel. K. **Mar. 25/18.** R/Enq.
13 A.	Long, A. 1620.	M. **Mar. 27/18.**
13 C.	Burton, G. H. 267232.	M. **Mar. 21/18.**
13 C.	Daniells, Sgt. Joseph. 647.	M. **Mar. 21-30/18.**
13 C. X	Florey, S. 13749.	K. **Mar. 22/18.** Det.D./B.
13 C.	Huggett, S. 27427.	M. **Mar. 22/18.**
‡13 C. XII	Wheeler, J. 24731.	M. **Mar. 22/18.**
13 D.	Baillon, F. 42717.	M. **Mar. 22/18.**
18 A. IV	Barnes, Eustace Jos. 28149.	M. **April 16/18.**
18 A. III	Barry, John Hy. G/52684.	W. and M. **April 16/18.**
18 A. IV	Bowman, J. 315738.	M. **April 6/18.**
‡18 A.	Brereton, A. 1268.	M. **April 16/18.**
18 A. IV	Drawater, A. 202598.	M. **April 16/18.**
18 A.	Gladman, George. 40239.	M. **April 16/18.**
‡18 A.	Luckhurst, L.-Cpl. S. C. 41435	M. **April 16/18.**
18 A. I	Luker, Chas. Wm. 120.	Unoff. M. **April 16/18.**

December 1st, 1918.

Middlesex Regiment—contd.

B.E.F.

‡18 A.		McDonald, E. 315125.	M. April 16/18.
‡18 A.		Moseley, T. 307.	M. April 16/18.
‡18 A.		Peacock, A. J. 369.	M. April 16/18.
‡18 A.		Simpkins, W. H. 1238.	M. April 16/18.
18 A.	IV	Wood, Sgt. G. 2042.	M. April 16/18.
18 ?		Grace, Alf. Thos. G/57941.	K. April 13/18. Det.D./B.
18 ?		Skinner, Harold S. G/57987.	W. and M. April 13/18.
18 ?		Smith, Joseph. 1271.	M. April 16/18.
19 A.		Larkin, W. J. 11905.	M. Mar. 26/18.
19 B.	VI	Hopson, Harry. 18049.	M. Mar. 26/18.
19 B.	V	Mason, Peter A. 50896.	M. Mar. 14/18.
19 C.	VI	Clark, F. 5056.	M. Mar. 26/18.
19 ?		Ariza, Francesco A. 25074. (Known as Thorpe, Jas.)	Unoff. M. Mar. 24/18.
19 ?		Hart, L. 63279.	M. Sept. 1/18.
20 A.	IV	Bayliss, Sig. Chas. Edw. Thos. 200683.	M. April 9/18.
20 A.		Bennett, W. 18396.	M. April 12/18.
20 A.	I	Herrman, Leo. Geo. G/53196.	M. Mar. 22 26/18.
20 A.		Johnson, Thos. 14239.	M. April 9-12/18.
20 A.		Medhurst, Geo. A. 89412.	W. and M. April 9-12/18.
20 A.		Price, Arth. Ern. 355311. (Fr. 3/7 Londons.)	M. April 9-12/18.
20 A. or C.		Varney, J. G. 355371. (Fr. 7 Lond.)	M. Unoff. W. April 9-12/18.
20 A.		Wagg, Jas. Hy. 35489.	M. April 9-12/18
20 B.	VII	Arter, J. H. 14415	M. April 9-12/18.
20 B.	VII	Clalow, B. 14402.	M. April 9-12/18.
20 B.		Cooper, Percy D. R. 242795	M. April 9/18.
20 B.	VIII	Dredge, Hry. Lewis. 52957.	M. April 9-12/18.
20 B.	V	Ive, Wm. W. 40274.	M. Mar. 22-26/18.
20 B.		Levie, A. 14440.	M. April 9-12/18.
20 B.	VI	Morley, Alexander Geo. 11555.	Unoff. M. April 6/18.
20 B.	V	Wicks, C. 28142.	K. April 9/18. Det.D./B.
20 C.	XII	Cook, G. 14740.	M. Mar. 22-26/18.
20 C.	XII	Haskey, Wm. G/8881.	M. April 9-12/18.
20 C.	IX	Martin, F. C. 52765.	M. April 9-12/18.
20 C.		Olney, A. J. 41137. (Fr. H.Q.)	M. April 9-12/18.
20 C.	X	Phelps, Ronald Chas. 52782.	M. April 9-12/18.
20 C.	IX	Phillipson, Bertie. 52266. (Fr. 3 Yorks, 45203.)	W. and M. Mar. 22-26/18.
20 C.		Prior, Sidney. 50381.	M. April 9/18.
20 C.	XI	Robinson, Arthur Wm. G. 53431.	M. April 9-12/18.
20 C.		Rogerson, P. 43386.	M. April 9-12/18.
20 C.	IX	Seadon, Thomas. 20881.	M. April 9/18.
20 C.	XII	Trimm, Alf. Chas. 60441.	W. and M. Mar. 22-26/18.
20 C.	X	Wright, H. J. 60442.	M. April 9-12/18.
20 D.		Castle, R. 24061.	M. April 9-12/18.
20 D.		Cooper, A. 43144.	W. and M. Mar. 22-26/18.
20 D.		Dunmall, W. 40415. (Fr. 16th.)	M. April 9-12/18.
20 D.		Everett, C. 43059.	M. April 9-12/18.
20 D.		Francis, M.M., A/Cpl. Geo. 14982.	M. April 9-12/18.
20 D.	XVI	Gannaway, George. 52733.	M. April 9-12/18.
20 D.		Girdlestone, Wm. P. 12036.	M. April 9-12/18.
20 D.	XIV	Potter, Ernest Jas. 588.	M. Mar. 22-26/18.
20 D.		Seymour, Sgt. W. G/51216.	M. April 9-12/18.
20 D.	XIV	Steward, Wm. 266945.	M. April 9-12/18.
20 D.	XV	Turmean, John. 41185.	M. April 9-12/18.
20 D.	XIV	Warner, Arch. Cecil. G/33987.	M. April 9/18.
20 H.Q.		Pottinger, L.-Cpl. Jas. Wm. 14953.	M. April 9-12/18.

December 1st, 1918.

Middlesex Regiment—contd.

B.E.F.

20 H.Q.	Stokes, Cpl. Arthur. 2433.		M. April 9-12/18.
20 ?	Coleman, L.-Cpl. Alf. Thos. 54139.		M. April 9-12/18.
20 ? Snip. S.	Drew, G. H. 203486.		M. Mar. 22/18.
20 Sig. S.	Ramus, Cpl. A. 14135.		M. April 9/18.
20 ?	Russell, Wm. Robt. G/53433.		M. April 9-12/18.
20 ?	Southam, Geo. W. 54177.		M. April 9-12/18.
20 ?	Spurr, W. A. G/54120.		M. April 9-12/18.
20 ?	Thompson, H. 128368.		M. April 9/18.
20 ?	Weller, Ern. Hry. Wm. G/54181.		M. April 9-12/18.
20 ?	Williamson, R. C. 54137. (128483.)		M. April 9/18.
20 ?	Windsor, H. G/54182. (128440.)		M. April 9-12/18.
21	**Hornby, Capt. R. A.**		K. April 9/18. Det.D./B.
21 A. IV	Baker, Wm. 372.		M. April 9/18.
21 A. or B.	Brett, R. 6183.		W. and M. April 9/18.
21 A. III	Cockell, James. 22117.		M. April 9/18.
21 A. III	Cousens, L.-Cpl. Jas. 15950.		M. April 9/18.
21 A. IV	Cranstone, R. C. 7386.		M. April 9/18.
21 A. IV	Curl, T. 1587.		K. April 9/18. Det.D./B.
21 A.	Foster, E. 292429.		W. Unoff. M. April 8/18.
21 A. IV	Moore, Cpl. Harold Geo. 207937.		M. April 9/18.
21 A. IV	Quinnell, Alfred. 50445.		M. April 9/18.
21 A. I	Vigurs, L.-Cpl. Chas. A. 15072.		W. and M. April 9/18.
21 B.	Edwards, Percy Jas. 60454.		M. Mar. 23/18.
21 B.	Groom, Albert. 15314.		W. and M. April 9/18.
21 B. VIII	Leadbetter, John. 242311.		M. Mar. 23/18.
21 B. VI	Mitchell, C. H. 78696.		W. and M. April 9/18.
21 B. V	Potter, Cpl. S. R. 25120.		M. April 9/18.
21 B. VI	Rowe, Robt. 87320.		M. Mar. 23-25/18.
21 B. VIII	Turner, L.-Cpl. H. A 92785.		W. and M. April 9/18.
21 B.	Turner, Jas. 205325.		M. Mar. 23-25/18.
21 C.	Bushill, A. 1667.		W. and M. April 9/18.
21 C. XI	Butcher, L.-Cpl. E. C. 42316.		M. April 9/18.
21 C. I.T.M.	Choppen, L.-Cpl. W. T. 19482. (119 Bde.)		Unoff. M. Mar. 21-23/18.
21 C. X	Eldridge, Albt. Sid. 60455.		M. April 9/18.
21 C. X	Foster, Sig. W. A. 21091.		M. Mar. 23-24/18.
21 C. X	Green, Francis Walter G. 15745.		M. Mar. 23-24/18.
21 C. XII	Hedges, S. 43600.		M. April 9/18.
21 C.	Jackson, F. 34769.		M. Mar. 23-24/18.
21 C.	Smith, R. F. 89449.		M. April 9/18.
21 D. XIII	Barker, S. 11919.		M. April 9/18.
21 D. L.G.S.	Cox, L.-Cpl. J. 19418.		W. and M. Mar. 24/18.
21 D. XVI	Darlow, P. S. R. 200708.		M. Mar. 25/18.
21 D.	Deverell, A. E. 266779.		M. April 5/18.
21 D. L.G.S.	Harding, Geo. Hry. 21887		M. Mar. 25/18.
21 D.	Ridgewell, P. 14395.		M. Mar. 25/18.
21 D. XV	Smith, W. H. 53053.		K. Mar. 25/18. Det.D./B.
21 H.Q.	Spain, Harry. 27365. (Snip. S.)		M. April 9/18.
21 H.Q	Thomason, Percy. 292649.		W. and M. April 9/18.
21 ?	Carrick, P. G. 315512.		M. April 9/18.
21 ?	Dee, John. 201544.		M. April 9/18.
21 ?	De Neut, Hy. Caspar. G/54213.		M. April 9/18.
21 ?	Durrant, Geo. Wm. 54215.		M. April 9/18.
21 ?	Edmunds, Edwin 57220.		M. April 9/18.
21 ?	Goodfellow, Fredk. A. 54233.		M. April 9/18.
21 ?	Graves, Francis Carr. G/54284. (Late 12900.)		W. and M. April 9/18.
21 ?	Hudson, Herb. Jos. 54239. (128927.)		M. April 4/18.
21 ?	Hussey, Alb. Edw. G/54313.		M. April 9/18.

December 1st, 1918.

Middlesex Regiment—contd.

B.E.F.

21 ?		King, R. A. G/60381.	M. April 9/18.
21 ?		Millward, Geo. Henry. 54253.	M. April 9/18.
21 ?		Penney, Horace Edgar. 293272.	M. April 9/18.
21 ?		Saunders, Edw. Robt. G/54322.	M. April 9/18.
21 ?		Smith, J. H. 128340.	M. April 9/18.
21 ?		Strickland, Alfred. G/54262.	M. April 9/18.
21 ?		Tasker, J. 315381. (Fr. 7th.)	M. April 9/18.
21 ?		Tribute, F. E. 54286.	M. April 9/18.
21 ?		Westwood, W. J. 242430.	K. April 9/18. Conf. & Det.
21 ?		White, Geo. Chas. 89707.	M. April 9/18.
21 ?		Willbourne, J. G/54278.	M. April 9/18.
‡23 A. I		Ballinger, C. J. 54083.	W. and M. Oct. 29/18.
23 A.		Gulley, Sgt. G. P. 11426.	W. and M. Mar. 23/18.
23 A. III		Hancock, Sgt. Geo. Edw. 241003.	M. April 19/18.
23 A. III		Relf, Percy. 47231.	M. April 6/18.
‡23 B.		Collenson, S. 52228.	M. Mar. 24/18.
23 B. VI		Fludder, Sgt. L. 43343. (Sigs.)	M. Mar. 24/18.
23 B. VII		Holly, S. 50732	M. Mar. 24/18.
23 B. V		Hope, A. G/44239.	W. and M. Mar. 23/18.
23 B.		Taylor, G. W. 34470.	M. Aug. 8/18.
*23 B. VII		Taylor, R. E. 2385.	K. Sept. 29/18. Det.D./B.
‡23 B.		Thompson, Cpl. W. 2030.	W. and M. Mar. 24/18.
‡23 B.		Wood, F. G. 6796.	M. Mar. 24/18.
‡23 B.		Yeulett, H. S. 17114.	M. Mar. 24/18.
‡23 C. XI		Barton, R. H. 54075.	M. Oct. 3/18.
‡23 C.		Craggy, R. 52225.	M. Mar. 24/18.
‡23 C.		Dent, T. C. 16525.	M. Mar. 25/18.
‡23 C. XI		Garbett, James. 235299.	K. Mar. 24/18. Det.D./B.
*23 C. X		Herd, Sgt. Edwin. 315016.	M. Oct. 2/18.
*23 C. XI		Huber, James. 242135.	M. Mar. 23/18.
23 C. X		Hughes, L. C. 60314.	W. and M. Mar. 24/18.
23 C. IX		May, B. D. 29002.	M. Mar. 24/18.
‡23 C. XI		Rogers, G. E. 41154.	W. and M. Oct. 2/18.
23 C. X		Speck, C. E. 60398.	M. Mar. 24/18.
‡23 C.		Wells, Cpl. F. P. 2048.	W. and M. Oct. 2/18.
23 C. XI		Wolton, Ernest F. 60240.	M. July 22/18.
23 D. XIII		Baston, Geo. Wm. 19766.	M. Mar. 25/18.
23 D. XVI		Blamires, L.-Cpl. Ernest. 10648.	W. and M. Mar. 25/18.
23 D. XVI		Brassett, W. J. 18574.	M. Mar. 25/18.
23 D. XIV		Clarke, L.-Cpl. John Chas. 28215.	W. and M. Mar. 25/18.
‡23 D.		Curry, D. 242566.	M. April 19/18.
23 D. XVI		Derrick, Sig. Fredk. Albert. 265860.	M. Mar. 23/18.
23 D.		Diss, Stanley A. 43972.	W. and M. Mar. 23/18.
23 D.		Forkim, Michael. 52236.	W. and M. Mar. 24/18.
23 D.		Geehan, J. 11518.	W. and M. Mar. 24/18.
23 D.		Genders, Fred. 235300.	W. and M. Mar. 23/18.
‡23 D.		Owers, A. 43776.	W. and M. Mar. 25/18.
23 D.		Poppleton, Harold. 52270.	M. Mar. 25/18.
‡23 D.		Rippingale, G. 60662.	M. April 19/18.
23 D. XIV		Underdown, Arthur. 240295.	M. Mar. 24/18.
23 D.		Young, D. G. 54859.	M. April 19/18.
23 H.Q.		Allen, J. B. 2198.	M. Mar. 25/18.
23 ?		Annison, Charlie. 15133.	W. and M. Mar. 24/18.
23 ?		Bateman, E. 21164.	W. and M. Mar. 24/18.
23 ?		Butcher, Alfd. John. 235290.	M. Mar. 31/18.
23 ?		Donaldson, Fred. 89620.	M. Mar. 24/18.
23 ?		Harris, L.-Cpl. J. W. 200381.	W. and M. Mar. 23/18.
23 ?		Hart, A. 89375.	M. July 2/18.
23 ?		Holmes, John Alex. 54605.	Unoff. K. Aug. 7/18. Det.D./B.

December 1st, 1918.

Middlesex Regiment—contd.

B.E.F.
*23 ?	Orchard, T. 6260.		M. Aug. 20/18.
‡23 ?	Shinn, Richard. 21849.		M. Sept. 29/18.

BALKANS.
3	Deiries, Capt. Fredk.		M. April 6/18.
*26 (Trans.)	Watkins, Geo. Herbert. 51259.		D. 63 G.H. Salonika. Sept. 28/18.

E.E.F.
2/10 C.	Culverhouse, C. 293540.	W. and M. Mar. 12/18.
2/10 C.	Lovett, James. 73491.	M. Mar. 12/18.
2/10 C.	Mitchell, H. 292023.	M., bel. K. Mar. 12/18.
2/10 C. X	Warren, P. E. 293838.	M. Mar. 12/18.
2/10 D.	Bather, Benj. Morris. G/87008.	M. May 23/18.
2/10 ?	Bridgehouse, J. 87101.	M. Mar. 12/18.
2/10 ?	Claxton, W. 60302.	M. Mar. 12/18.
2/10 ?	Crisell, J. 60303.	M. Mar. 12/18.
2/10 ?	George, W. 51544.	M. Mar. 12/18.
2/10 ?	Turner, L. 291337.	W. and M. Mar. 12/18.

PERSIAN GULF.
9 ?	Walker, G. 51713.	M., bel. drowned June 7/18.
(Foot)	Luke, L.-Cpl. H. J. P/1522	M., bel. drowned June 7/18.

MILITARY POLICE.
B.E.F.
10 (Mtd.)	Walter, L.-Cpl. J. 17240. (Fr. 2nd Worcs.)	M. April 10/18.
18 Div. H.Q.	Govan, Cpl. Wm. P/8092. (1176.) (Fr. S. Irish Horse.)	M. Mar. 22/18.
50 Div.	Heaslip, A.-Sgt. Moses. P/5230. (Fr. 5 Lancers.)	M. April 13/18.

MONMOUTHSHIRE REGIMENT.
B.E.F.
*1 B. VI	Booth, Alfred. 47372.	K. Oct. 8/18. Det.D./B.
*1 B. V	Edwards, R. 227112.	K. Oct. 8/18. Det.D./B.
2/1 C. IX	Warwick, S. 227663.	M. April 12/18.
2 A.	Beatty, Leyland. 228763.	M. April 12/18.
2 A. IV	Brimble, L.-Cpl. H. C. 265332.	M. April 12/18.
2 A. I	Case, Wilfred. 228782.	W. and M. April 12/18.
*2 A. III	Chisnall, W. 30718. (Fr. S.W.B.)	M. April 12/18.
2 A.	Cooper, J. 267607.	M. April 12/18.
2 A. IV	Davies, J. P. 267613. (15714.)	M. April 12/18.
2 A.	Davis, C. G. 265143.	M. April 12/18.
2 A. I	Davis, F. 266700.	M. April 12/18.
2 A. I	Day, J. 265289.	M. April 4/18.
2 A. I	Eacups, F. 267617.	M. April 12/18.
2 A.	Evans, Dan. 290496.	M. April 12/18.
2 A. III	Evans, F. 48428.	M. Aug. 18/18.
2 A. IV	Forrest, F. 228928.	M. April 12/18.

December 1st, 1918.

Monmouthshire Regiment—cont.

B.E.F.

2 A.		Grinter, Ed. Geo. 292056.	M. April 12/18.
2 A. III		Holland, Wm. 266469.	M. April 12/18.
2 A. L.G.S.		Hollinshead, W. 266770.	M. April 12/18.
2 A. III		Jenkins, E. F. 315140.	M. April 12/18.
2 A.		Morgan, J. 265045.	M. April 12/18.
2 A. L.G.S.		Morgan, L. G. 267501.	M. April 12/18.
2 A. XV		Pierce, E. F. 26700.	M. April 12/18.
2 A. I		Pritchard, John. 267518.	W. and M. April 12/18.
2 A. or C.		Riley, F. C. 228874.	M. April 12/18.
*2 A.		Rosevere, Frank. 228374.	M. April 12/18.
2 A. IV		Rowland, W. H. 201543.	M. April 12/18.
2 A. or C.		Shaw, James Arthur. 265860.	M. April 12/18.
2 A. IV		Walker, Charles. 229561.	M. April 12/18.
2 A. II		Whittaker, Arthur 285005.	W. and M. April 12/18.
2 A.		Whittington, H. 265213.	W. Unoff. M. April 18/18.
2 A. IV		Withers, James. 236411.	W. and M. April 12/18.
2 B. VIII		Brown, A. 266660.	M. April 12/18.
2 B. VI		Chance, W 266123.	M. April 12/18.
2 B. V		Firth, R. 266669.	M. April 18/18.
2 B. VI		Gray, Archie. 267629.	M. April 12/18.
2 B. VIII		Isherwood, Ernest. 291242.	M. April 12/18.
2 B. VII		James, Frank. 290991.	M. April 11/18.
2 B. VIII		Jones, B. G. 202083.	M. April 12/18.
2 B.		Lampard, C. 315217.	M. April 12/18.
2 B. L.G.S.		Lawson, L.-Cpl. R. G. 227697.	M. April 12/18.
2 B.		Lowe, A. 267495.	M. April 12/18.
2 B. V		Mitchell, E. 267351.	M. April 12/18.
2 B. VII		Nicholls, Francis Philip. 266090.	M. April 12/18.
2 B. VIII		Pugh, L.-Cpl. J. W. 267522.	M. April 12/18.
2 B.		Totterdell, Charles W. 266381.	M. April 12/18.
2 B. VII		Wait, Wm. Rose. 265803.	M. April 12/18.
2 B.		Watkins, Gwillyn. 267548.	M. April 12/18.
2 B. VIII		Watson, W. B. 316450.	M. April 12/18.
2 B.		Wiltshire, Eddie. 290705.	M. April 12/18.
2 C. XI		Bridgwater, Frank. 220587.	M. April 12/18.
2 C.		Broughton, R. 228417.	W. and M. April 12/18.
2 C. X		Clarke, Lionel. 285052.	M. April 12/18.
2 C. XII		Doran, Edw. 227063. (or 285054.)	M. April 12/18.
2 C.		Fletcher, Cpl. Percy L. 265519.	W. and M. April 12/18.
2 C. X		Green, Robert. 268059.	M. April 12/18.
2 C.		Harris, Sig. Percy. 265714.	W. and M. April 12/18.
2 C. IX		Holmes, Henry. 266074.	M. Mar. 21/18.
2 C. XI		Hord, E. 228817.	M. April 12/18.
2 C.		Michael, H. 266391.	W. and M. April 12/18.
2 C.		Mills, Ernest John. 265419.	M. April 12/18.
2 C.		Ross, R. 228912.	M. April 12/18.
2 C. IX		Scrivens, L.-Cpl. H. P. 226799.	M. April 12/18.
2 C. XI		Smith, Harry. 266080.	W. and M. April 12/18.
2 C.		Thomas, Edgar. 265354.	M. April 12/18.
2 C. XI		Thomas, John. 202060.	M. April 12/18.
2 D. XIV		Carpenter, George. 267825.	M. April 12/18.
2 ?		Holden, T. 47460.	M. April 12/18.
2 ?		Stout, James. 291910.	M. April 12/18.
2/2 C. X		White, Gerald. 266802.	M. April 18/18.
4 ?		Bound, E. W. 315122.	M. April 12/18.

December 1st, 1918.   452

ROYAL MUNSTER FUSILIERS.
B.E.F.

1 W.	Burn, C. F. 15208.	M. Mar. 22/18.
1 W.	Carney, L.-Cpl. P. 9658.	M. Mar. 22/18.
‡1 W.	Casey, M. 5970.	M. Mar. 22/18.
‡1 W.	Cassaur, C. T. 7253.	M. Mar. 26/18.
‡1 W.	Cobbe, P. 10492.	M. Mar. 22/18.
‡1 W.	Collins, M. 1587.	M. Mar. 22/18.
‡1 W.	Cooney, J. 3928.	M. Mar. 22/18.
‡1 W.	Craven, B. 15222.	M. Mar. 22/18.
1 W.	Croke, Thomas. 10685.	M. Mar. 22/18.
1 W.	Cronin, Sgt. Joseph. 18070.	M. Mar. 22/18.
1 W.	Darcy, Daniel. 5/5059.	M. Mar. 22/18.
‡1 W.	Davoren, M. 5805.	M. Mar. 22/18.
‡1 W.	Doherty, J. 6295.	M. Mar. 22/18.
‡1 W.	Fitzgerald. 4059.	M. Mar. 22/18.
‡1 W.	Flynn, A. 1490.	M. Mar. 22/18.
‡1 W.	Foran, L.-Cpl. M 763.	M. Mar. 22/18.
‡1 W.	Ford, J. 4049.	M. Mar. 22/18.
‡1 W.	Gibbons, Cpl. J. 5847.	M Mar. 22/18.
‡1 W.	Greaney, M. 6464.	M. Mar. 22/18.
‡1 W.	Hammond, D. T. 5949.	M. Mar. 22/18.
‡1 W.	Hanlon, D. 4061.	M. Mar. 22/18.
1 W.	Hannon, John. 10421.	M. Mar, 22/18.
‡1 W.	Hayes, J. 10172.	M. Mar. 22/18.
‡1 W.	Higginbotham, Sgt. C. W. 3774.	M. Mar. 22/18.
‡1 W.	Higgins, Sgt. P. 3142.	M. Mar. 22/18.
‡1 W.	Humphrey, L.-Sgt. H. 1044.	M. Mar. 22/18.
‡1 W.	Jordan, L.-Sgt. A. 2602.	M. Mar. 22/18.
‡1 W.	Keane, J. 5565.	M. Mar. 22/18.
‡1 W.	Kelly, Sgt. T. 51.	M. Mar. 22/18.
‡1 W.	Kennedy, J. 8084.	M. Mar. 22/18.
‡1 W.	King, J. 6395.	M Mar. 22/18.
‡1 W.	Lynch, P. 6603.	M. Mar. 22/18.
‡1 W.	McAuliffe, M. 7329.	M. Mar. 22/18.
‡1 W.	McCann, D. 3727.	M. Mar. 22/18.
1 W.	McFarlane, Malcolm. 2134.	M. Mar. 22/18.
‡1 W.	Maclagan, H. 5711.	M. Mar. 22/18.
‡1 W.	McNamara, M. 6904.	M. Mar. 22/18.
‡1 W.	Managin, P. 6657.	M. Mar. 22/18.
‡1 W.	Manley, J. 9576.	M. Mar. 22/18.
‡1 W.	Martin, Sgt. R. 4695.	M. Mar. 22/18.
‡1 W.	Meagher, D. 1385.	M. Mar. 22/18.
‡1 W.	Monaghan, L.-Cpl. J. 6902.	M. Mar. 22/18.
‡1 W.	Murphy, S. 15202.	M. Mar. 23/18.
‡1 W.	Oates, J. 3462.	M. Mar. 22/18.
‡1 W.	O'Brien, J. 6319.	M. Mar. 22/18.
‡1 W.	O'Carroll, J. 1199.	M. Mar. 22/18.
‡1 W.	O'Conner, E. 374.	M. Mar. 22/18.
‡1 W.	O'Flynn, J. 7118.	M. Mar. 22/18.
‡1 W.	O'Mahoney, C. 9464.	M. Mar. 22/18.
‡1 W.	O'Shea, M. 7232.	M. Mar. 22/18.
‡1 W.	Paull, L.-Cpl. J. 9674.	M. Mar. 22/18.
‡1 W.	Powell, G. 4965.	M. Mar. 22/18.
‡1 W.	Price, F. 5762.	M. Mar. 22/18.
‡1 W.	Reaney, Sgt. J. P. 10431.	M. Mar. 22/18.
‡1 W.	Reilly, E. 7299.	M. Mar. 22/18.
1 W.	Ryan, Cpl. L. M. 8/5416.	M. Mar. 22/18.
1 W. IV	Shepherd, Richd. 15218.	M. Mar. 22/18.
‡1 W.	Stack, J. 1431.	M. Mar. 22/18.
‡1 W.	Stanger, L.-Sgt. B. 10498.	M. Mar. 22/18.

December 1st, 1918.

Munster Fusiliers, Royal—contd.

B.E.F.

‡1 W.	Street, T. 10613.	M. Mar. 22/18.	
‡1 W.	Sullivan, P. 6905.	M. Mar. 22/18.	
‡1 W.	Sweeny, P. 3528.	M. Mar. 22/18.	
‡1 W.	Twoby, M. 15122.	M. Mar. 22/18.	
‡1 W.	Varley, J. T. 2167.	M. Mar. 22/18.	
‡1 W.	White, M. 6691.	M. Mar. 22/18.	
‡1 X.	Ahern, M. 8.	M. Mar. 21/18.	
1 X.	Brookes, E. 9/5441.	M. Mar. 22/18.	
1 X.	Cahill, P. 9244.	M. Mar. 22/18.	
‡1 X.	Carroll, J. 8166.	M. Mar. 20/18.	
1 X.	Cooney, M. 4149.	W. and M. Mar. 22/18.	
1 X.	Copeland, Sgt. John Wm. 5108.	M. Mar. 22/18.	
‡1 X.	Crowley, P. 3928.	M. Mar. 21/18.	
‡1 X.	Douglas, J. W. 10497.	M. Mar. 21/18.	
1 X.	Gooch, Noel Frank. 10463.	M. Mar. 22/18.	
‡1 X.	Holland, Sgt. J. 6859.	M. Mar. 21/18.	
1 X.	Latham, A. 15050.	W. Unoff. M. Mar. 22/18.	
‡1 X.	Nelson, P. 4658.	M. Mar. 21/18.	
‡1 X.	O'Connor, M. 8930.	M. Mar. 22/18.	
1 X.	O'Donnell, John. 10419.	M. Mar. 22/18.	
‡1 X.	O'Neill, Sgt. F. 14151.	M Mar. 22/18.	
1 X.	O'Sullivan, D. 9417.	M. Mar. 22/18.	
‡1 X.	Seager, J. F. 3104.	M. Mar. 22/18.	
‡1 X.	Sheriden, R. 6720.	M. Mar. 21/18.	
‡1 X.	Upton, John. 1674.	M. Sept. 28/18.	
1 Y.	Bartnett, Cpl. D. 9066.	M. Mar. 22/18.	
1 Y.	Blake, F. 8/3835.	M. Mar. 22/18.	
1 Y.	Burke, Sgt. John. 1660.	M. Mar. 22/18.	
‡1 Y.	Coffey, C. 15011.	M. Mar. 21/18.	
‡1 Y.	Condon, W. 5709.	M. Mar. 21/18.	
‡1 Y.	Connolly, L.-Cpl. E. 14030.	M. Mar. 22/18.	
1 Y.	Docherty, Edw. 3/9656.	M. Mar. 22/18.	
1 Y.	Donnelly, P. 18085.	M. Mar. 22/18.	
‡1 Y.	Dooley, A.-C.-S.-M. M. 7313.	M. Mar. 22/18.	
‡1 Y.	Duke, W. 6539.	M. Mar. 22/18.	
‡1 Y.	Grady, Sgt. J. 5848.	M. Mar. 22/18.	
‡1 Y.	Griffin, J. 5798.	M. Mar. 22/18.	
‡1 Y.	Lynch, T. 7235.	M. Mar. 28/18.	
‡1 Y.	Lysagth, J. 15133.	M Mar. 22/18.	
1 Y.	McGunnigle, Sgt. Michael. 18073.	M. Mar. 28/18.	
1 Y.	McNamara, C. 5/5839.	M. Mar. 21/18.	
‡1 Y.	Maher, W. 1041.	M. Mar. 22/18.	
1 Y. IX	O'Leary, John. 7982.	M. Mar. 22/18.	
1 Y.	O'Mahoney, L.-Cpl. 733.	M. Mar. 21/18.	
‡1 Y.	Purcell, T. 2647.	M. Mar. 22/18.	
‡1 Y.	Reynolds, P. 6309.	M. Mar. 22/18.	
1 Y.	Ryan, Joseph. 5/6892.	M. Mar. 23/18.	
1 Y.	Shaw, Wm. 15206. (6730.)	M. Mar. 22/18.	
1 Y.	Wallace, E. 5/7125.	M. Mar. 22/18.	
1 Z.	Budd, G. 3429.	M. Mar. 21/18.	
1 Z.	Casey, J. 3785.	M. Mar. 21/18.	
‡! Z.	Comerford, P. 607.	M. Mar. 21/18.	
‡1 Z.	Connelly, J. R. 15184.	M. Mar. 21/18.	
1 Z.	Cook, John Pickering. 15229.	M. Mar. 21/18.	
1 Z.	Corry, M. 3373.	M. Mar. 21/18.	
‡1 Z.	Dwane, W. 5648.	M. Mar. 21/18.	
‡1 Z.	Flynn, M. 6897	M. Mar. 21/18.	
‡1 Z.	Forde, P. 4986.	M. Mar. 21/18.	
‡1 Z.	Griffin, J. 1355.	M. Mar. 21/18.	

December 1st, 1918.

Munster Fusiliers, Royal—contd.

B.E.F.

‡1 Z.	Hanrahen, M. 4422.	M. Mar. 21/18.
‡1 Z.	Hartfield, Sgt. E. 9173.	M. Mar. 21/18.
‡1 Z.	Healy, P. 772.	M. Mar. 21/18.
‡1 Z.	Hegarty, J. 4991.	M. Mar. 21/18.
‡1 Z.	Hegarty, J. 5559.	M. Mar. 21/18.
‡1 Z.	Kiersey, Sgt. M. 1372.	M. Mar. 21/18.
‡1 Z.	Kelly, J. J. 15249.	M. Mar. 21/18.
‡1 Z.	Kennelly, J. 6767.	M. Mar. 21/18.
‡1 Z.	Knapp, Cpl. G. 8841.	M. Mar. 21/18.
‡1 Z.	Lenihan, L.-Cpl. D. 3985.	M. Mar. 21/18.
‡1 Z.	Lynch, T. 6839.	M. Mar. 21/18.
‡1 Z.	McAuliffe, T. 441.	M. Mar. 21/18.
‡1 Z.	McCarthy, F. 8299.	M. Mar. 22/18.
1 Z. XIV	Manning, M. 18428.	W. Unoff. M. Aug. 28/18.
‡1 Z.	Milner, S. 5892.	M. Mar. 21/18.
‡1 Z.	Murphy, J. 5708.	M. Mar. 21/18.
‡1 Z.	O'Connor, H. 730.	M. Mar. 24/18.
‡1 Z.	O'Donnell, P. 6763.	M. Mar. 21/18.
1 Z. XIV	Oliver, H. 10490.	M. Mar. 21/18.
‡1 Z.	Quirk, J. 2648.	M. Mar. 21/18.
‡1 Z.	Ryan, M. 10137.	M. Mar. 21/18.
‡1 Z.	Ryan, T. 8641.	M. Mar. 21/18.
1 Z.	Shea, Daniel. 9271.	M. Mar. 21/18.
‡1 Z.	Sullivan, J. 6605.	M. Mar. 21/18.
‡1 Z.	Welsh, J. 7094.	M. Mar. 21/18.
‡1 Z.	Woods, P. 5804.	M. Mar. 21/18.
1 ?	Cassam, Clement Theodore. 3/7253.	M. Mar. 26/18.
1 ?	Collins, John. 9560.	M. Mar. 22/18.
*1 I.T.M.	Harris, T. 7192. (47 Bde.)	M. Mar. 21/18.
1 ?	Kirkham, Leo. 15238. (Fr. E. Yorks)	M. Mar. 22/18.
*1 ?	McCarthy, Patrick. 7812.	M. Mar. 22/18.
1 ?	McInerney, L.-Cpl. Michael. 8931.	M. Mar. 21/18.
1 ?	Moloney, John. 6792.	M. Mar. 21/18.
1 ?	O'Brien, Sgt. John. 9/4917.	M. Mar. 21/18.
*1 I.T.M.	Vaughan, D. 10200. (47 Bde.)	M. Mar. 21/18.
1 ?	Watts, J. J. 3/7229.	M. Mar. 26/18.
1 ?	Whelan, Timothy. 2360.	K. Mar. 23/18. Det.D./B.
2	**Kidd, Lieut. (A. Capt.) W. S.**	W. and M. Mar. 21/18. R/Enq.
2 A. III	Abel, George. 18135.	M. Mar. 21/18.
‡2 A.	Acton, G. 5852.	M. Mar. 22/18.
‡2 A.	Allwood, L.-Cpl. A. 5638.	M. Mar. 21/18.
2 A. I	Baldock, C. W. 15067.	M. Mar. 22/18.
‡2 A.	Bowler, T. 18120.	M. Mar. 22/18.
‡2 A.	Brown, C. 5427.	M. Mar. 22/18.
2 A.	Burrows, Chas. 18121.	M. Mar. 22/18.
‡2 A.	Carroll, M. 6152.	M. Mar. 21/18.
‡2 A.	Casey, L.-Cpl. J. 239.	M. Mar. 21/18.
‡2 A.	Clifford, B. 7887.	M. Mar. 21/18.
‡2 A.	Coaton, A. 14038.	M. Mar. 21/18.
2 A.	Collins, J. 5475.	M. Mar. 21/18.
‡2 A.	Connors, J. 7038.	M. Mar. 21/18.
‡2 A.	Conroy, D. 18136.	M. Mar. 21/18.
‡2 A.	Cooke, J. 7584.	M. Mar. 21/18.
‡2 A.	Donnelly, P. 6785.	M. Mar. 21/18.
‡2 A.	Doyle, Sgt. C. 18197.	M. Mar. 21/18.
‡2 A.	Doyle, W. 18141.	M. Mar. 21/18.
2 A.	Duandon, E. 3822.	M. Mar. 21/18.
‡2 A.	Evans, R. 4992.	M. Mar. 21/18.

December 1st, 1918.

Munster Fusiliers, Royal—contd.

B.E.F.

‡2 A.	Farrell, J. 1650.		M. Mar. 23/18.
2 A.	Farrington, L.-Sgt. J. J. 6076.		M. Mar. 21/18.
2 A.	Fleming, John. 10836. (18116.)		M. Mar. 21/18.
‡2 A.	Gamble, J. 4759		M. Mar. 21/18.
‡2 A.	George, Cpl. J. 8151.		M. Mar. 22/18.
‡2 A.	Ginnane, E. 18131.		M. Mar. 21/18.
2 A. II	Glover, David H. 18145.		M. Unoff. K. Mar. 21/18.
‡2 A.	Grady, Sgt. W. 977.		M. Mar. 21/18.
‡2 A.	Harrison, C.-S.-M. G. 7076.		M. Mar. 21/18.
‡2 A.	Healy, J. 10689.		M. Mar. 21/18.
‡2 A.	Holloran, I. 18117.		M. Mar. 21/18.
‡2 A.	Horgan, D. 7214.		M. Mar. 21/18.
2 A.	Johnston, P. 4944.		M. Mar. 21/18.
‡2 A.	Kenny, W. 18119.		M. Mar. 21/18.
‡2 A.	Key, H. 1959.		M. Mar. 21/18.
‡2 A.	Land, G. 2315.		M. Mar. 21/18.
‡2 A.	McCarthy, J. 7825.		M. Mar. 24/18.
2 A.	McCarthy, John. 5/4759.		M. Mar. 21/18.
‡2 A.	McInerney, F. 7092.		M. Mar. 21/18.
‡2 A.	McShane, J. 7714.		M. Mar. 21/18.
‡2 A.	Mahoney, L.-Cpl. D. 3181.		M. Mar. 21/18.
2 A.	Markham, J. 7020.		M. Mar. 21/18.
2 A. IV	Marshall, Wellesley. 10500.		M. Mar. 21/18.
‡2 A.	Moran, Cpl. T. 18157.		M. Mar. 21/18.
‡2 A.	Murphy, M.M., J. 10009.		M. Mar. 21/18.
‡2 A.	Murphy, J. 10174.		M. Mar. 21/18.
‡2 A.	Newbury, W. 7864.		M. Mar. 21/18.
2 A.	O'Brien, R. 5/7117.		M. Mar. 21/18.
‡2 A.	O'Connor, H. 18125.		M Mar. 21/18.
2 A.	O'Keefe, L.-Sgt. P. 9/1052.		M. Mar. 22/18.
2 A.	O'Mahony, E. 5563 or 5536.		M. Mar. 21/18.
‡2 A.	O'Mahoney, W. 5533.		M. Mar. 21/18.
‡2 A.	Ormond, G. 6070.		M. Mar. 23/18.
‡2 A.	O'Sullivan, M.M., R. 5433.		M. Mar. 21/18.
‡2 A.	Owens, L.-Cpl. L. 18108.		M. Mar. 21/18.
‡2 A.	Powell, M. 7156.		M. Mar. 21/18.
‡2 A.	Riordan, P. 5870.		M. Mar. 21/18.
2 A.	Sheridan, M. 14181.		M. Mar. 21/18.
‡2 A.	Smith, E. 15193.		M. Mar. 21/18.
‡2 A.	Tobin, L.-Cpl. M. 6780.		M. Mar. 24/18.
‡2 A.	Tohill, J. 5184.		M. Mar. 21/18.
‡2 A.	Walsh, P. 6954.		M. Mar. 21/18.
‡2 A.	Warejam, Sgt. J. 2876.		M. Mar. 21/18.
2 A.	Wickings, F. 10532.		M. Mar. 21/18.
‡2 B.	Barran, J. 2232.		M. Mar. 21/18.
‡2 B.	Brazin, M. 6993.		M. Mar. 21/18.
‡2 B.	Broadhead, J. 2240.		M. Mar. 21/18.
‡2 B.	Brosnan, B. 4840.		M. Mar. 21/18.
2 B. VII	Buckley, Cpl. Frances. 6623		M. Mar. 22/18.
2 B. VI	Carroll, Patrick. 18150.		M. Mar. 24/18.
‡2 B.	Caulfield, P. 7265.		M. Mar. 21/18.
‡2 B.	Charles, A. 18166.		M. Mar. 24/18.
‡2 B.	Clancy, A. 6258.		M. Mar. 25/18.
‡2 B.	Coleman, J. 7062.		M. Mar. 21/18.
‡2 B.	Considine, M. 6382.		M. Mar. 21/18.
‡2 B.	Cornish, D. 1584.		M. Mar. 21/18.
‡2 B.	Crimmins, Timothy. 7833.		M. Mar. 21-31/18.
2 B. V	Cunningham, Arth. Jas. 18168.		M. Mar. 23/18.
‡2 B.	Currie, T. 659.		M. Mar. 21/18.

December 1st, 1918.

Munster Fusiliers, Royal—contd.

B.E.F.

2 B.	Curtin, E. 7203.	M. Mar. 21/18.
2 B.	Dea, R. 6134.	M. Mar. 21/18.
‡2 B.	Doherty, B. 6468.	M. Mar. 24/18.
2 B. VII	Duffy, Thos. 18167.	M. Mar. 21/18.
2 B. V	Ferguson, J. 9144.	M. Mar. 21/18.
2 B.	Fitzgerald, Cpl. M. 8481.	M. Mar. 22/18.
2 B.	Fitzmaurice, W. 5/6486.	M. Mar. 21/18.
‡2 B.	Fitzpatrick, T. 7388.	M. Mar. 21/18.
2 B.	Fox, E. 3/6673.	M. Mar. 21/18.
‡2 B.	Frolish, A. 18169	M. Mar. 21/18.
‡2 B.	Gallacher, E. 971.	M. Mar. 21/18.
‡2 B.	Gilmartin, J. 14074.	M. Mar. 21/18.
‡2 B.	Granville, P. 4569.	M. Mar. 21/18.
‡2 B.	Halleron, J. 18151	M. Mar. 23/18.
‡2 B.	Hayes, P. 7075.	M. Mar. 23/18.
‡2 B.	Higgins, J. 14089.	M. Mar. 21/18.
2 B. or D.	Hitchen, W. P 6300.	M. Mar. 22/18.
‡2 B.	McCarthy, E. 6988.	M. Mar. 23/18.
‡2 B.	McNally, J. 7207.	M. Mar. 21/18.
‡2 B.	McSweeney, Cpl. E. 10684.	M. Mar. 22/18.
‡2 B.	Malley, L.-Cpl. J. 14133.	M. Mar. 21/18.
‡2 B.	Milne, W. 18/631.	M. Mar. 21/18.
*2 B.	Moffatt, R. 10842.	M. Mar. 21/18.
‡2 B.	Molloy, L. 18173.	M. Mar. 21/18.
2 B. VI	Mooney, E. 18164.	M. Mar. 21/18.
‡2 B.	Mulvihill, D. 6781.	M. Mar. 21/18.
‡2 B.	Murphy, D. 6941.	M. Mar. 21/18.
2 B.	Murphy, P. 5/7002.	M. Mar. 21/18.
2 B.	Murphy, Patrick. 6699.	M. Mar. 21/18.
‡2 B.	Murphy, Cpl. T. 6300.	M. Mar. 22/18.
‡2 B.	Murtagh, C.-S.-M. M. 14147.	M. Mar. 22/18.
2 B.	O'Brien, John. 5012.	M. Mar. 21/18.
‡2 B.	O'Brien, M. 6056.	M. Mar. 21/18.
2 B.	O'Carroll, L.-Cpl. Chris. 3800.	M. Mar. 2-21/18.
2 B. VI	O'Neill, Daniel. 6964.	M. Mar. 23/18.
2 B.	O'Sullivan, John. 3/6467.	M. Mar. 21/18.
‡2 B.	Phelan, L.-Cpl. M. 18110.	M. Mar. 21/18.
‡2 B.	Phillips, W. 8839.	M. Mar. 24/18.
‡2 B.	Quinn, F. 6027.	M. Mar. 22/18.
2 B.	Ross, Wm. Musgrave. 18148.	M. Mar. 21/18.
‡2 B.	Rourke, Sgt. J. 8526.	M. Mar. 22/18.
‡2 B.	Rourke, W. 5210.	M. Mar. 21/18.
*2 B.	Russell, J. 6938.	M. Mar. 22/18.
‡2 B.	Ryan, J. 6068.	M. Mar. 22/18.
‡2 B.	Sheehan, D. 6820.	M. Mar. 22/18.
‡2 B.	Slattery, Sgt. D. 7499.	M. Mar. 22/18.
‡2 B.	Stephenson, J. 2665.	M. Mar. 23/18.
‡2 B.	Waller, M. 6477.	M. Mar. 21/18.
‡2 B.	Walsh, L.-Cpl. E. 5557.	M. Mar. 21/18.
‡2 B.	Whatley, S. 2878.	M. Mar. 21/18.
‡2 B.	Whitworth, L.-Cpl. G. 5953.	M. Mar. 21/18.
2 C.	Austin, J. 5/6923.	M. Mar. 21/18.
‡2 C.	Bateman, J. 6276.	M. Mar. 21/18.
‡2 C.	Blake, J. 7337.	M. Mar. 21/18.
‡2 C.	Boyle, P. 18159.	M. Mar. 21/18.
2 C. IX	Braniff, Hugh. 7037	M. Mar. 21/18.
2 C.	Calloghan, John. 3/6795.	M. Mar. 21/18.
2 C.	Condron, M. 3139.	M. Mar. 22/18.
2 C.	Copley, J. 18207.	M. Mar. 22/18.

December 1st, 1918.

Munster Fusiliers, Royal—contd.

B.E.F.

2 C.	Crilley, Cpl. Thos. 8917.	M. Mar. 22/18.
‡2 C.	Cummins, S. 7114.	M. Mar. 21/18.
‡2 C.	Davies, Owen. 756.	M. Oct. 4/18.
‡2 C.	Deegan, P. 18208.	M. Mar. 23/18.
2 C.	Donnellan, M. 6145.	M. Mar. 23/18.
2 C.	Duggan, W. 7948.	M. Mar. 21/18.
‡2 C.	Fitzgerald, E. 6586.	M. Mar. 21/18.
2 C.	Gaffney, P. 18211.	M. Mar. 24/18.
‡2 C.	Gorman, J. 4150.	M. Mar. 21/18.
‡2 C.	Harkinson, J. 18183.	M. Mar. 22/18.
2 C.	Healy, M. 4175.	M. Mar. 22/18.
‡2 C.	Houlihan, D. 6236.	M. Mar. 22/18.
2 C.	Hourigan, P. 6871.	M. Mar. 21/18.
‡2 C.	Joyce, P. 4796.	M. Mar. 22/18.
2 C.	Keenan, L.-Cpl. F. 6/985.	M. Mar. 21/18.
‡2 C.	Kiely, P. 6112.	M. Mar. 22/18.
‡2 C.	Leen, D. 10664.	M. Mar. 21/18.
‡2 C.	Lyons, P. 10664.	M. Mar. 21/18.
‡2 C.	McCann, F. 7382.	M. Mar. 21/18.
‡2 C.	McCarthy, Sgt. J. 3926.	M. Mar. 21/18.
‡2 C.	McInerney, P. 4627.	M. Mar. 21/18.
‡2 C.	McNamara, J. 18182.	M. Mar. 21/18
2 C.	McNamard, J. 6286.	M. Mar. 21/18.
‡2 C.	McNicholas, J. 14118.	M. Mar. 22/18.
‡2 C.	McSweeney, W. E. 4275.	M. Mar. 21/18.
‡2 C.	Mattocks, J. 14143.	M. Mar. 22/18.
‡2 C.	Moran, J. 8086.	M. Mar. 21/18.
‡2 C.	O'Sullivan, W. 7412.	M. Mar. 22/18.
‡2 C.	Quarmby, B. 2412.	M. Mar. 21/18.
2 C.	Quinlan, D. 3/5186.	M. Mar. 21/18.
‡2 C.	Quinn, P. 10465.	M. Mar. 21/18.
‡2 C.	Roden, T. 2420.	M. Mar. 22/18.
‡2 C.	Ronan, W. 7057.	M. Mar. 21/18.
2 C. IX	Russell, Richard. 3/6992.	M. Mar. 23/18.
‡2 C.	Ryan, P. 8083.	M. Mar. 21/18.
‡2 C.	Shannon, M. 6808.	M. Mar. 21/18.
‡2 C.	Sheehan, J. 10060.	M. Mar. 23/18.
‡2 C.	Sheehan, L.-Cpl. W. 18144.	M. Mar. 21/18.
‡2 C.	Smith, P. 4454.	M. Mar. 21/18.
‡2 C.	Tierney, P. 18184.	M. Mar. 21/18.
‡2 C.	Walsh, T. 18186.	M. Mar. 21/18.
‡2 C.	Woodthorpe, G. 2456.	M. Mar. 21/18.
‡2 C.	Wren, C. 5866.	M. Mar. 21/18.
2 D.	Barrett, Patrick. 6046.	M. Mar. 21/18.
2 D.	Coghlan, J. 18201.	M. Mar. 21/18.
2 D.	Foley, Sgt. T. 8401.	M. Mar. 25/18.
2 D. XVI	Heal, J. 2291.	M. Mar. 21/18.
2 D.	Howard, T. 14084.	M. Mar. 22/18.
2 D.	Lynch, Peter. 18224.	M. Mar. 21/18.
2 D.	McDonald, Peter. 14115.	M. Mar. 21/18.
2 D.	McNamara, R. 3741.	M. Mar. 23/18.
2 D. XVI	McVey, L.-Cpl. Michael. 6926.	M. Mar. 21/18.
2 D.	Morley, C. 6818.	M. Mar. 21/18.
2 D.	Murphy, P. 7017.	M. Mar. 22/18.
2 D.	O'Leary, Cpl. C. 10281.	M. Mar. 22/18.
2 D. XV	Robinson, Cpl. W. J. 10286.	M. Mar. 22/18.
2 D. XVI	Smyth, L.-Cpl. Geo. 18202.	M. Mar. 21/18.
2 D. Sig. S.	Stanley, H. 10852.	M. Mar. 21/18.
2 D. XVI	Uzzell, H. 1282.	M. Mar. 22/18.

December 1st, 1918.   458

Munster Fusiliers, Royal—contd.
B.E.F.
2 D.	Walshe, T. 4801.	M. Mar. 22/18.
2 D.	Whelan, M. 6586.	M. Mar. 22/18.
2 ?	Hurley, W. 3/4373.	M. Mar. 26/18.
2 ?	Tuomey, Matthew. 6835.	M. Mar. 23/18.
2 ?	Walker, William. 7306.	M. Mar. 21/18.

E.E.F.
6 ?	O'Connell, A.-Sgt. J. 5460.	W. and M., bel. K. April 1/18.

ROYAL NAVAL DIVISION.
B.E.F.
NOTE.—The letters in brackets, which follow after the numbers, refer to the place of enlistment.

THE FOLLOWING ABBREVIATIONS ARE USED:

B. ... Bristol.	L. ... London.	So. ... Southampton.
Ch. ... Chatham.	M. ... Mersey.	T. ... Tyneside.
Cl. ... Clyde.	Ply. ... Plymouth.	W. ... Wales.
D. ... Deal.	Po. ... Portsmouth.	

Anson Battalion.

	Dunning, Sub.-Lt. Edw. Lancelot.	M. April 9/18.
A. III	Greenhough, Geo. R/4889.	M. Aug. 21/18.
A. III	Hutchinson, Jas. R/5790.	M. April 9/18.
A. II	Johnson, Arthur. R/5117.	M. Aug. 21/18.
*A. III	Reid, Ebenezer. R/6770.	M. Sept. 27/18.
*B.	Aspinall, Arron. R/5805.	M. Aug. 21/18.
‡B. VI	Bertram, A. S. Geo. 4558.	M. Sept. 27/18.
‡B. VI	Buckley, W. J. R/642.	M. Sept. 30/18.
*B. V	Capel, H. 2635. (Po.)	W. and M. Sept. 30/18.
B. VIII	Dicker, Ernest. R/4407.	K. Aug. 25/18. Det.D./B.
*B.	Fox, Ernest. R/6601	M. Sept. 30/18.
‡B.	Hart, Wm. Alf. CH/19270.	W. and M. Sept. 27/18.
*B.	Huddlestone, John Alex. 1170. (Ch.)	M. Sept. 30/18.
*B. VII	King, J. H. R/4881.	M. Sept. 30/18.
*B. VIII	McDougall, Peter. R/6376.	M. Sept. 27/18.
C. X	Armour, John. Z/1115. (W.)	M. Aug. 25/18.
*C. III	Armstrong, John Wm. Z/1016. (T.)	M. Sept. 27/18.
C.	George, H. F. Z/8743.	W. and M. Aug. 25/18.
C. IX	Gibbins, W. R. 4512.	M. May 24/18.
C. X	Inglis, Walter. 4631.	M. April 9/18.
C. XI	Keay, F. 28288. (Fr. 7 S. Staffs.)	M. May 24-25/18.
C. XI	Knight, Geo. Hy. R/4335.	M. April 9/18.
*C. X	Lawson, Saml. R/6682.	M. Sept. 30/18.
*C. L.G.S.	Leman, Lionel Fullerton Curtis. Z/4131. (L.)	W. and M. Sept. 27/18.
C. IX	Munns, Harry. R/5092	M. Aug. 25/18.
C.	Reeve, Clifford Stan. R/6197.	M. Aug. 25/18.
C. XII	Stanby, Richard. 2881.	M. May 25/18.
C. XI	Thompson, B. R/4032.	M. May 24/18.
*C. IX	Walker, H. K.P./928.	M. Aug. 21/18.
C. XII	Wilkinson, Gordon. R/1645.	M. May 24-25/18.
*D. XVI	Anson, Fred. 2755.	M. Sept. 30/18.
D.	Barton, Frank Wm. Z/6126.	M. Aug. 21/18.
D. XIV	Briers, A. 5079.	W. Unoff. M. Aug. 21/18.
D. XIII	Brown, Hy. Z/2796. (T.)	W. and M. Aug. 21/18.

December 1st, 1918.

Naval Division, Royal—contd.

B.E.F.

Anson Battalion—contd.

*D. XVI	Casby, Martin. R/6690.	W. Unoff. M. Sept. 28/18.
D. XIV	Castledine, John Thos. Z/4401. (B.)	M. Aug. 21/18.
D. XIV	Duffield, Ed. Simnett. R/2893.	M. Aug. 21/18.
D. XVI	Elsworth, Eustace Frank. R/6499.	M. Aug. 21/18.
D. XIV	Harrison, Matthew. Z/8391. (T.)	M. Aug. 25/18.
*D. XIII	Luscott, Thos. R/2863.	M. Aug. 25/18.
D. XV	Morris, Wm. 4744.	W. Unoff. M. Aug. 21/18.
D. XV	Owen, Campbell. R/4728.	M. Aug. 21/18.
D. XVI	Reed, J. H. R/6217.	M. Aug. 21/18.
D. XIV	Robinson, Frank. R/6093.	M. May 25/18.
D.	Rowland, C.P.O. Ern. Z/249. (B.)	M. Aug. 21/18.
D. XIII	Scarborough, Maurice Jos. Bede. R/1778.	W. and M. Aug. 21/18.
?	Andrews, Chas. Z/3915. (L.)	M. April 9/18.
?	Bowd, Roland. R/1805.	M. Aug. 21/18.
*?	Cuthbert, Jas. Forbes. S/2242. (Po.) (Late 1 R.M.)	K. Sept. 28/18. Det.D./B.
?	Duncombe, George Wm. R/5802.	M. April 9/18.
?	Dunkerley, F. 4475. (Fr. 2 Irish Rgt.)	M. Aug. 21/18.
?	Green, Thomas. 4638.	M. Aug. 25/18.
?	Greenaway, Thos. 4323. (Cl.)	M. Aug. 25/18.
?	Hoggarth, Jas. R/5103.	M. Aug. 21/18.
?	Jowitt, W. Z/6264.	M. May 25/18.
?	Morland, Wm. Vic. Z/7512. (T.)	W. and M. Aug. 25/18.
?	Price, Edw. John. Z/3262. (W.)	W. and M. April 9/18.
*?	Riley, Fred. 2758. (Fr. 1 R.M.)	M. Sept. 30/18.
‡?	Ryan, Michael Francis. R/6151.	M. Aug. 25/18.
*?	Sodin, T. W. Z/3393. (B.)	K. Mar. 26/18. Det.D./B.
?	Suttie, John. Z/3365.	M. Aug. 21/18.
?	Weston, Frederick. Z/1038.	M. Aug. 21/18.
?	Whitehead, W. H. 5961.	M. Aug. 25/18.
?	Wills, Wm. Hy. R/2800.	W. and M. Aug. 25/18.

Drake Battalion.

A. I	Capell, F. R/6292.	W. Unoff. M. Sept. 3/18.
*A. III	Church, Harry W. R/1120.	M. Aug. 21/18.
A. II	Lee, Vincent. Z/6104.	W. and M. Mar. 25/18.
A. III	Matthias, Isaac Howel. 1677.	M. Aug. 21/18.
A. III	Norton, P. R/1111.	M. Aug. 21/18.
A.	Skinn, John. Z/4988. (Fr. H.Q.)	M. Aug. 21/18.
*B.	Armitstead, J. N. R/6149.	M. Oct. 8/18.
*B.	Laird, J. Z/4725. (Cl.)	W. and M. Sept. 4/18.
*B. VIII	Leadbetter, Jas. Z/3161. (Cl.)	M. Sept. 4/18.
B.	McDougall, Allan. Z/5813. (T.)	M. Sept. 1/18.
B.	Mooney, J. 2138.	Unoff. M. Sept. 4/18.
B.	Old, C. R/1315.	M. Aug. 21/18.
B. VII	Read, H. E. R/5328.	M. Sept. 4/18.
C.	Cainey, Marten. R/2122.	M. Aug. 20/18.
C. IX	Claydon, C. R/2059.	W. and M. Aug. 21/18.
C. XII	Elmer, Harry Cyril. R/6045	M. Aug. 21/18.
C.	Evans, Hy. R/1442.	M. Aug. 21/18.
C.	Hellyar, Richard C. L. Z/4495.	M. Aug. 21/18.
C. XI	Kavanagh, David. 5171.	M. Sept. 4/18.
C. X	Middleton, J. S. Z/3499. (L.)	M. Aug. 21/18.
C. XI	Richardson, P.O. John W. Z/3442. (T.)	M. Aug. 21/18.
*C.	Smith, John. R/945.	W. and M. Sept. 4/18.

December 1st, 1918.

Naval Division, Royal—contd.

B.E.F.

Drake Battalion—contd.

C. XII	Strong, J. W. Z/8186. (T.)	Unoff. M. Aug. 21/18.
C. XII	Walker, Thos: Z/3409. (Ch.)	M. Aug. 21/18.
C. IX	Young. Wilson. R/2054.	M. Aug. 21/18.
D. XVI	Cambell, James. 5524.	M. Mar. 25/18.
*D. XIV	Collins, John. Z/3126.	K. Mar. 27/18. Det.D./B.
*D. XIV	Cottam, Walter. R/1895.	M. Sept. 28/18.
D. XIV	Donald, Wm. R/2125.	M. Aug. 21/18.
D. XIII	Jenkins, Evan. Z/1144. (W.)	M. July 13/18.
D. XV	Kane, Frank. Z/3508. (T.)	M. Aug. 21/18.
D. XV	Knox, Wm. Z/5422. (Cly.)	M. Aug. 21/18.
D. XV	Lawrence, S. W. R/1000	M. Sept. 3/18.
D. XIII	Lunn, A. J. R/5004.	M. Aug. 21/18.
D. XVI	McKenzie, Hugh. R/2136.	M. Aug. 21/18.
D. XV	Melton, W. G. R/962.	M. Aug. 21/18.
D. XIII	Neave, David. R/2182.	M. Aug. 21/18.
D.	Richardson, Sng. J. S. 5144. (L.)	M. Aug. 21/18.
D. XIII	Smith, Leonard. Z/1635. (W.)	M. Aug. 21/18.
*D. XIV	Sutherland, Geo. Z/5260. (Cl.)	M. Sept. 3/18.
D. XV	Thomas, Wm. Jas. Z/1998. (W.)	M. Aug. 21/18.
D.	Woolcombe, 1/P.O. Wm. Henry. Z/4164.	K. Aug. 23/18. Det.D./B.
?	Howie, M.M., Hugh. Z/3820. (Ch.)	M. Aug. 21/18.
?	Medley, Thos. Z/8810. (T.)	M. Aug. 21/18.
?	Peebles, Wm. Z/4776. (Cl.)	W. and M Aug. 21/18.
?	Sage, John Cecil. 10/3197. (L.)	M. Aug. 28/18.
*?	Shrure, A. R/291.	M Sept. 4/18.
?	Sinclair, J. W. Z/1999. (T.)	K. Mar. 25/18. Det.D./B.
?	Walker, Jas. Z/4789. (Cl.).	W. and M. Mar. 25/18.
?	Wardrop, John R. Z/1629.	K. Mar. 25/18. Det.D./B.
‡?	Widger, Arthur Wm. 19898.	M. Oct. 8/18.

Hawke Battalion.

A. II	Buswell, Walter. Z/4660. (B.)	M. Aug. 29/18.
‡A. III	Goatley, Wm. R/3071.	W. and M. Sept. 27/18.
*A.	Green, Charley E. Z/3469. (B.) (Fr. H.Q.)	Unoff. M. Aug. 25/18.
A. I	Hughes, P.O. John Caven. Z/7116. (Ch.)	M. Aug. 24-30/18.
A.	Lodge, James Louis. R/1948.	M. Aug. 25/18.
A.	McIntosh, Harry John. Z/7254. (Ch.)	M. Aug. 25/18.
A.	Ormston, Edward. Z/7433. (T.)	M. Mar. 27/18. R/Enq.
A. I	Paxton, Geo. H. R/4855.	M. Aug. 25/18.
A. II	Underwood, Edwin. R/6365.	M. Aug. 25/18.
A.	Ward, John Wm. K/262. (W.)	M. Aug. 25/18.
B. V	Blythe, Thomas. Z/8288. (T.)	Unoff. M. Sept. 3/18.
B. VIII	Bryant, Walter. R/4093.	M. Aug. 24/18.
B. VIII	Caswell, Hugh. 1450.	M. Mar. 25/18.
B. VII	Duckfield, Ronald Geo. R/4297.	M. Aug. 25/18.
B. VII	Griffith, Richd. John. R/1954.	M. Aug. 25/18.
B. VIII	Line, R. R/5988.	M. Sept. 3/18.
B. VII	Price, Joshua. Z/2176. (T.)	M. Aug. 25/18.
B. V	Probert, Edwin John. R/555.	M. Aug. 25/18.
*B. V	Smith, Davis. 4124.	M. Aug. 25/18.
C. XII	Miller, C. W. R/885.	M. Aug. 25/18.
C. XII	Moore, E. 54335.	M. Aug. 26/18.
C. X	Trowell, Alb. Edw. Z/3720.	M. Aug. 25/18.
*D. XVI	Lewers, T. Z/8986. (T.)	M. Sept. 3/18.

December 1st, 1918.

Naval Division, Royal—contd.
B.E.F.
Hawke Battalion —contd.

?	Bray, Harold Ezra. Z/4326. (T.) (att. 7 Ent. Batt.)	M. Mar. 27/18.
‡?	Caswell, R. G. R/1453.	W. and M. Aug. 25/18.
?	Chatterson, Frank. R/3102.	W. Unoff. M. Aug. 25/18.
?	Cheetham, John. Z/5431. (T.)	K. Feb. 4/18. Det.D./B.
?	Dearsley, Willie. R/1373.	M. Aug. 25/18.
?	Flower, Ed. Thos. Z/261. (Fr. Nelson)	W. and M. May 25/18.
?	Lewis, Ivor. R/4852.	M. Mar. 23/18.
‡?	Osborne, A. R. R/3307.	M. Sept. 2/18.
?	Park, Thos. Gordon. R/5654.	M. Aug. 25/18.
‡?	Simper, Albert. 3186.	W. and M. Sept. 28/18.
‡?	Watts, David. R/5372.	K. Sept. 28/18. Det.D./B.
?	Whitehall, Ernest Thos. R/1360.	M. Aug. 25/18.
?	Wild, Fred. Z/4739. (B.)	M. Mar. 27/18.
?	Williams, Jack Syd. Z/4099.	M. Aug. 25/18.

Hood Battalion.

	Ely, Lieut. H. T.	M. Aug. 21/18.
A. IV	Barnes, A. E. Z/2932. (L.)	M. Mar. 24/18. R/Enq.
‡A. II	Brown, Bertram. R/5333.	W. Unoff. M. Setp. 27/18.
A. or B.	Bushell, C. W. H. R/1196.	M. Aug. 21/18.
A. or D.	Cray, Geo. Hry. Z/2979. (L.)	M. Aug. 21/18.
A.	Day, Francis Twin. Z/6243. (T.)	M. Mar. 24/18. R/Enq.
A. or B.	Dayton, C. J. R/6325.	K. Aug. 21/18. Det.D./B.
*A. II	Field, W. B. R/6790.	M. Oct. 8/18.
A. or C.	Hart, John Chas. R/4810.	D/W. Aug. 21/18. Det.D./B.
A. or D.	Hopson, Arthur Herb. Z/5234. (L.)	M. Aug. 21/18.
A. or B.	Jones, L.-Cpl. John K. 55651.	M. Aug. 21/18.
*A. or D.	Law, T. 1368.	M. Sept. 4/18.
A. I	Neath, F. W. R/848.	W. and M. Sept. 4/18.
A. IV	Seddon, Thos. 63710.	W. and M. Aug. 21/18.
A. II	Skinner, Albert. R/2571.	M. Mar. 24/18.
*A. IV	Torry, J. 2773. (Fr. R.M.)	K. Sept. 29/18. Det.D./B.
B.	Coppinger, Clement Vincent. 15130.	M. Mar. 24/18.
B. IV	Shaw, James Henry. R/1642.	M. Aug. 21/18.
C.	Warburton, F. R/1784.	M. Mar. 24/18.
C.	Webber, Bert. Bowyer F. R/1887.	M. Sept. 4/18.
*D.	James, Walter Harry. R/6735.	W. Unoff. M. Sept. 27/18.
*D. XIII	McKeen, James. KX/213.	M. Mar. 24/18.
D. I	McMillan, Donald J. Z/2063. (Cl.)	M. May 25/18.
D.	Pollard, Alan Hry. R/2280.	K. Mar. 21/18. Det.D./B.
*D.	Summers, J. W. R/687.	M. Sept. 4/18.
D.	Sutherland, A.-H/G. Wm. Z/3217. (Cl.)	M. Mar. 24/18.
‡D. XIV	Wright, Horace. Z/3803. (L.)	M. May 25/18.
?	Aitken, Alex. Z/1981. (Ch.)	M. Aug. 21/18.
‡?	Davies, Lewis A. 2232/Ply. (Fr. 1 R.M.L.I.)	W. Unoff. M. Sept. 30/18.
?	Haigh, Geo. R/1777	D/W. Aug. 25/18. Det.D./B.
‡?	Harding, H. G. Stanley. Z/1542.	K. Aug. 21/18. Conf. & Det.
?	Lewis, William. 25406.	M. May 25/18.
?	Owens, Edward. R/4685.	K. Sept. 4/18. Det.D./B
‡?	Price, W. 60133. (Fr. 17 Welsh Rgt.)	M. Aug. 21/18.
*?	Ross, A/S. Thos. Edw. R/6733.	M. Sept. 29/18.
?	Shemeld, Ernest. K/619. (W.)	M. Aug. 21/18.
‡?	Tilley, Geo. Leonard. R/6746.	W. Unoff. M. Oct. 8/18.
?	Turton, Herbert. R/4763.	W. Unoff. M. Aug. 21/18.
?	Whitby, H. A. R/5879. (Late Nelson Bn.)	M. Mar. 24/18.

December 1st, 1918.

Naval Division, Royal—contd.

B.E.F.

Howe Battalion.

B. VIII	Pymer, Ernest. R/1119.	M. April 8/18.

Nelson Battalion.

?	Randall, H. Z/1695. (L.) (Fr. 7 Ent.)	Unoff. M. Mar. 21-31/18.

1st Marine Battalion.

A. II	Baker, Reginald. 2195.	M. Sept. 2/18.
‡A. II	Bushell, J. 19058.	K. Sept. 27/18. Det.D./B.
A. IV	Cleghorn, Alex. S/750. (Ch.)	M. Mar. 24/18.
A. II	Smith, James Alb. S/2305. (Po.)	M. Mar. 24/18.
‡B. XIII	Cotterell, Elvan. 2543.	M. Oct. 8/18.
*B. V	Cracknell, Chas. E. 18502.	D/W. Aug. 25/18. Det.D./B.
*B. VI	Green, C. 2349. (Po.)	M. Oct. 8/18.
B.	Jeffrey, Sgt. R. J. S/512.	M. Aug. 21/18.
*C. IX	Barter, H. 2527.	Unoff. M. Oct. 8/18.
C. XI	Hamper, L.-Sgt. Jn. Hry. 16857. (Po.)	M. Aug. 22/18.
C. XII	Hopkins, Wm. Hry. S/2569. (Po.).	W. and M. Aug. 25/18.
C.	Horsfield, J. S/299.	M. May 18-19/18.
*C. XI	May, W. A. S/2043. (Ply.)	K. Aug. 24-25/18. Det.D./B.
C. XII	Page, Hubert. R/6040.	W. and M. Mar. 23/18.
C. X	Shaw, Sgt. Jas. S/801. (Po.)	M. Mar. 24/18.
C. X	Wright, Vernon Alonzo. 2475. (Pl.)	W. and M. Aug. 26/18.
D.	Burbridge, Wm. 2354.	M. Sept. 2/18.
D. XV	Everitt, Chas. Edwin. 1698.	M. Sept. 2/18.
D.	Halford, F. C. 2454. (Ch.)	M. Sept. 2/18.
D. XIII	Smith, Cpl. John. 12126. (Pl.)	K. Aug. 25/18. Det.D./B.
*H.Q. Sig.	Cooke, Robt. S/1367. (Po.)	W. Unoff. M. Sept. 27/18.
H.Q.	Lampard, Alf. Francis. 1497.	M. Aug. 22/18.
?	Bray, Sam. Jas. S/2383. (Po.)	W. and M. Aug. 25/18.
*?	Butcher, Wm. S/2221. (Po.)	W Unoff. M. Sept. 29/18.
‡?	Cox, A. H. 1719.	M. Oct. 8/18.
‡?	Dobson, F. H. 18086.	M. Oct. 8/18.
?	Downes, Saml. S/1854. (Pl.)	K. Aug. 22/18. Det.D./B.
?	Ford, A. W. W. S/1541.	M. Mar. 24/18. R/Enq.
‡?	Glaze, Sidney. 2620.	M. Sept. 27/18.
‡?	Lennard, Wilfred Barrett. 2513.	W. and M. Sept. 27/18.
‡?	McKenzie, R. 830.	Unoff. M. Oct. 8/18.
*?	Maclennan, Geo. S/2482. (Po.)	M. Sept. 30/18.
?	Pinney, S. J. S/2186. (Ch.)	M. April 8/18.
?	Rock, John Thos. S/2553. (Po.)	K. Sept. 2/18. Det.D./B.
?	Robins, F. C. 2411.	W. and M. Aug. 22/18.
?	Stokoe, P.O. John Robt. 419.	M. Aug. 23/18.
‡?	Surridge, Wm. N. 200063 (Po.)	W. and M. Sept. 2/18.
?	Walsh, Richd. Carrol. KX/305.	M. Mar. 24/18.

2nd Marine Battalion.

	Fielden, 2nd Lt. H.	K. Mar. 18/18. Det.D./B.
A. I	Ducker, Tom. 35671.	M. Mar. 27/18.
A. or D.	Jerome, Jesse. 2112.	M. Mar. 22/18.
A. or D.	Johnstone, Percy. 2470.	M. Mar. 23/18.
B.	Moffat, R. 10842.	M. Mar. 21/18.
B.	Russell, J. 3/6938.	M. Mar. 22/18.
B. VIII	Smith, Syd. Ernest. 16708. (Po.)	M. April 7/18.

December 1st, 1918.

Naval Division, Royal—contd.
B.E.F.
Anson Battn. Battalion—contd.

*D. XV.	Stevenson, H.	S/2211. (Po.)	M. April 7/18. R/Enq.
s. VIII	Stoneman, Wm.	S/2089. (Po.)	M. Mar. 27/18.
C. IV	Dodd, H.	1830.	M. April 6/18.
D.	Andrews, Frank.	15544. (Po.)	W. and M. April 7/18.
D. XIV	Bullock, Arth. Edward.	2357.	K. Mar. 27/18. Det.D./B.
D.	Cliff, James.	17489.	M. Mar. 21/18.
D.	Glasspool, A.	S/1774. (Ply.)	W. and M. Mar. 22/18.
?	Hayward, Alf. Wm.	19729. (Po.)	M. April 7/18.
?	Large, Chas.	S/1772. (Po.)	W. and M. Mar. 22/18.
?	Topping, W. E.	15077. (Ply.)	M. Mar. 21/18.
?	Wootton, Herbert.	S/2370. (Ch.)	W. and M. Mar. 22/18.

ROYAL NEWFOUNDLAND REGIMENT.
B.E.F.

1 C.	Burt, Sgt. Charles.	2647.	M. April 13/18.
‡1 ?	Barter, A.	4001.	W. and M. Sept. 29/18.
1 ?	Burton, A.	3776.	M. April 13/18.
1 ?	Connors, R.	3942.	M. April 12/18.
1 ?	Davey, C.	2371.	M. April 13/18.
‡1 ?	Halfyard, W.	3793.	M. Oct. 3/18.
1 ?	Hann, R.	3915.	M. April 13/18.
1 ?	Hatcher, Cpl. H.	2705.	M. April 13/18.
1 ?	King, L.-Cpl. H.	2630.	M. April 13/18.
1 ?	McGrath, J.	3760.	M. April 13/18.
‡1 ?	O'Neill, L.	4211.	M. Sept. 29/18.
‡1 ?	Osburn, R.	3421.	W. and M. Sept. 29/18.
‡1 ?	Power, N.	4008.	W. and M. Sept. 29/18.
‡1 ?	Ricks, S.	3793.	M. Sept. 29/18.
1 ?	Southcott, T.	3852.	M. April 12/18.
1 ?	Stuckless, A.	3839.	M. April 13/18.
2/1 C.	Stockley, Levy.	3726.	W. and M. April 13/18.

NEW ZEALAND.
FIELD ARTILLERY
B.E.F.

1 3	Craig, Herbt. Austin.	2/2103.	K. Jan. 10/18. Det.D./B.
1 3	Turner, Sgt. W. H. A.	2/2948.	K. April 5/18. Det.D./B.
1 H.Q.	Nicholson, Jas.	18023.	K. Jan. 10/18. Det.D./B.
1 ?	Watson, D.	50170.	K. Jan. 10/18. Det.D./B.
2 2	Cole, Sgt. Ken. McIntosh.	12714.	K. April 9/18. Det.D./B.
2 2	Ivin, James.	2/2847.	K. June 21/18. Det.D./B.
*2 2	Pearson, Rupert Leslie	50560.	D/W. April 19/18. Det.D./B.
*2 2	White, Roy Ressel.	18270.	K. April 9/18. Det.D./B.
2 5	Furness, J. E. G.	13172.	M. April 11/18.
2 6 (Howitz)	Murphy, E.	28006.	K. April 10/18. Det.D./B.
2 6 (Howitz)	Ramsey, Dvr. Alex.	2/1899.	K. April 17/18. Det.D./B.
2 7	Hall, Jas.	11/1158.	K. Jan. 12/18. Det.D./B.
2 9	Gwilliam, Llewellyn.	18236.	M. April 10/18.

December 1st, 1918.   464

New Zealand—contd.
Field Artillery—contd.

B.E.F.

3 11	Barker, J. H. 12896.	K. April 5/18.	Det.D./B.
3 11	Clark, R. 2/2794.	K. Jan. 19/18.	Det.D./B.
*3 11	Hulston, Jas. Inkster. 25009.	K. Aug. 22/18.	Det.D./B.
*13	Davie, 2nd Lt. A. P.	K. April 23/18.	Det.D./B.

AUCKLAND INFANTRY BATTALION.
B.E.F.

*1	**Cobourne, Capt. C. T.**	M., bel. K. Oct. 1/18.	
*1	**Millar, 2nd Lt. D.**	M. Oct. 1/18.	
‡ 3	De Luen, Sgt. F. 12/2995.	K. Mar. 26/18.	Det.D./B.
‡ 3	Tattersall, Thos. Norman. 48584.	K. Mar. 26/18.	Det.D./B.
‡ 13 or 15	Thompson, Cpl. Robt. Wm. 26013.	K. Mar. 26/18.	Det.D./B.
‡ 15	Pratt, Chas. Edward. 44775.	K. Mar. 26-27/18.	Det.D./B.
‡ 15	Shaw, Wm. John. 28808.	K. May 15/18.	Det.D./B.
‡ 15	Sutherland, Arth. Rbt. 31742.	M. Mar. 26/18.	
‡ 16	Baird, Walker Snelling. 56530.	K. Mar. 26/18.	Det.D./B.
‡ 16 XV	Davy, Alf. Chas. 31974.	K. Mar. 26/18.	Det.D./B.
‡ 16	Robinson, Jas. Jos. 40638.	K. Mar. 26-27/18.	Det.D./B.
‡ ?	Absolum, Norman Wm. Leslie. 42731.	K. Mar. 26/18.	Det.D./B.
‡ ?	Brunton, A. R. 48442.	K. Feb. 1/18.	Det.D./B.
‡ ?	Christie, Maxwell. 53643.	K. Mar. 27/18.	Det.D./B.
‡ ?	Cox, Clifford. 47862.	K. Mar. 26/18.	Det.D./B.
‡1 ?	Dalton, A. J. 65015.	W. and M. Oct. 1/18.	
‡1 ?	Dotter, Frances. 24486.	M. Oct. 1/18.	
*1 ?	Fayen, J. R. 64880.	M., bel. P/W. Oct. 1/18.	
‡1 ?	Garrard, G. 63329.	W. and M. Oct. 1/18.	
‡ ?	Gray, Cpl. Geo. Patrick. 31628.	M. Mar. 26/18.	
‡ ?	Gwynne, Jas. Herb. 63863.	K. April 4/18.	Det.D./B.
‡1 ?	Hancock, A. R. 29397.	W. and M. Oct. 1/18.	
‡ ?	Hansen, Ivan Roy. 31125.	K. Mar. 26-27/18.	Det.D./B.
‡ ?	Newman, Cpl. C. R. 12/2796 (Snip.)	K. May 11/18.	Det.D./B.
‡ ?	Pilcher, Chas. Stephen. 13800.	K. Mar. 26/18.	Det.D./B.
‡ ?	Sinton, Jas. 54989.	K. Mar. 26/18.	Det.D./B.
*1 ?	Walton, W. E. 64181.	K. July 19/18.	Det.D./B.
‡ ?	Wilson, Roy Robt. 24/1869.	K. May 7/18.	Det.D./B.
*1 ?	Wright, H. 46421.	W. and M. Oct. 1/18.	
2 2	Bolton, W. H. 12/3558.	K. April 17/18.	Det.D./B.
2 3	Knapping, Chris. John. 30817.	K. Mar. 30/18.	Det.D./B.
2 3	Sanderson, Robt. 24064.	K. Mar. 30/18.	Det.D./B.
2 3	Scullin, F. 57156.	W. and M. Mar. 27/18.	
2 3	Zimmermann, F. X. 23468.	K. Mar. 30/18.	Det.D./B.
2 6	Driver, Edwin Harry. 28698.	M. April 12/18.	
2 6	Faithfull, Wm. McCathie. 28868.	K. May 2/18.	Det.D./B.
2 6	Plummer, Edwin John. 11531.	K. May 6/18.	Det.D./B.
2 6 M.G.S.	Rose, W. 60207.	K. Sept. 1/18.	Det.D./B.
2 6	Wells, F. B. A. 12/3865.	K. Mar. 29/18.	Det.D./B.
2 16	Barton, F. E. 48613.	K. Mar. 30/18.	Det.D./B.
2 16	Fenton, John Gilmore. 52400.	K. Mar. 27/18.	Det.D./B.
2 16	McDermott, B. P. 42139.	K. Mar. 30/18.	Det.D./B.
2 16	Mathewson, H. H. 48659.	K. April 1/18.	Det.D./B.
2 16	Smith, V. J. 48683.	K. Mar. 30/18.	Det.D./B.
2 ?	Barlow, Jas. Roy. 48614.	K. Mar. 27/18.	Det.D./B.
‡2 ?	Edwards, J. A. 49076.	Unoff. M. and K. Sept. /18.	

December 1st, 1918.

New Zealand—contd.

Auckland Infantry Battalion—contd.

B.E.F.

2	?	Garmonsway, H. G. 56589.	K. Mar. 27/18.	Det.D./B.
2	?	Gill, Ben. 48634.	K. May 30/18.	Det.D./B.
2	?	Hayes, F. C. 56285.	M. Aug. 31/18.	
2	?	Hedlund, Andrew Kennith. 40564.	K. Mar. 30/18.	Det.D./B.
2	?	Scott, Allan Roy. 28806.	K. Mar. 27/18.	Det.D./B.
2	?	Shead, Ernest Wm. 61426.	K. April 11/18.	Det.D./B.
2	?	Vickers, Harry. 45579.	K. Mar. 30/18.	Det.D./B.
2	?	Whiting, W. 48599.	M. Aug. 24/18.	
3	6	Owen, M.M., John. 12/3119.	K. April 5/18.	Det.D./B.
3	15	Hogg, T. 30948.	D/W. Mar. 27/18.	Det.D./B.
3	15	Millar, John Reginald. 39074.	K. April 5/18.	Det.D./B.
3	?	Chaplin, J. C. A. 49692.	K. May 26/18.	Det.D./B.
3	?	Halliday, John. 27280.	K. Mar. 27/18.	Det.D./B.
*3	?	Willis, Fedk. Wm. 59778.	K. July 20/18.	Det.D./B.
3	?	Younie, L. G. 33994.	K. Sept. 1/18.	Det.D./B.

CANTERBURY INFANTRY BATTALION.

B.E.F.

1	1	Gray, E. A. 15527.	K. Mar. 27/18.	Det.D./B.
1	1	Mackintosh, Neil J. 51285.	K. Mar. 25/18.	Det.D./B.
1	1	Taylor, Robt. 46624.	K. May 13/18.	Det.D./B.
1	13	Bufton, L.-Cpl. Sid. Lewis. 43950.	K. April 18/18.	Det.D./B.
1	13	Griebel, Juiluis. 45002.	K. April 5/18.	Det.D./B.
1	13	Hickinbottom, Sgt. Bruce Glover. 11657.	K. April 23/18.	Det.D./B.
1	13	Sangwell, Walter Harold Percy. 6/2746. (Fr. 3rd.)	K. April 5/18.	Det.D./B.
1	13	Wilson, J. 53950.	K. June 2/18.	Det.D./B.
1	?	Addison, John B. 62222.	K. April 20/18.	Det.D./B.
*1	?	Baldwin, W. 72702.	M. Sept. 29/18.	
1	?	Connell, L.-Cpl. Herbert. 6/2984.	K. Mar. 27/18.	Det.D./B.
*1	?	Craighead, L.-Sgt. Gordon Morris. 6/4226.	K. July 15/18.	Det.D./B.
1	?	Downes, P. 6/3684.	M. Aug. 25/18.	
1	?	Fitzpatrick, Cpl. M. B. 39468.	K. April 18/18.	Det.D./B.
1	?	Green, Cecil H. 44934.	K. Sept. 29/18.	Det.D./B.
*1	?	Jowers, J. M. 68727.	W. and M. Sept. 30/18.	
1	I.T.M.	Kelland, Chas. C. 27307.	K. April 25/18.	Det.D./B.
1	?	King, Arthur Fredk. 58545.	K. Mar. 28/18.	Det.D./B.
*1	?	Little, S. A. 72641.	M. Sept. 29/18.	
*1	?	McFarland, Dugald. 72073.	K. Oct. 5/18.	Det.D./B.
1	?	O'Neill, Thos. 29065.	K. April 5/18.	Det.D./B.
1	?	Reed, L. C. Sid. Herbert. 38981.	M. April 4/18.	
1	?	Seaward, Herbert. 44599.	K. June 5/18.	Det.D./B.
1	?	Smith, A. A. 55553.	W. and M. Mar. 27/18.	
1	?	Wilson, John. 53950.	K. June 2/18.	Det.D./B.
2	1	Carr, Edw. Martin. 36406.	K. Mar. 27/18.	Det.D./B.
2	12	Roberts, Cpl. Arth. Wm. 68584.	M. Sept. 7/18.	
‡2	12	Wanden, Sgt. H. W. 21754.	D/W Mar. 27/18.	Det.D./B.
2	13 XV	Honey, Wm. Redmund. 49543.	K. April 5/18.	Det.D./B.
2	13	Quaid, Wm. S. 36486.	K. April 5/18.	Det.D./B.
2	13	Satherley, Edwin. 53534.	K. May 17/18.	Det.D./B.
2	18	Cooper, Mancel John. 48174.	K. Mar. 29/18.	Det.D./B.

December 1st, 1918.

New Zealand—contd.

Canterbury Infantry Battalion—contd.

B.E.F.

2	?	Adair, Victor Harold Sims. 48149.	K. May 9/18. Det.D./B.
2	?	Aitken, Robt. Francis. 14044.	K. April 5/18. Det.D./B.
*2	?	Arthur, Sgt. Wm. Ernest. 31455.	D/W. April 8/18. Det.D./B.
2	?	Hagen, Edw. 61136.	K. June 1/18. Det.D./B.
2	?	Hammerick, B. 62553.	M. Aug. 24/18.
2	?	Hodge, W. 63741.	M. Aug. 24/18.
2	?	Hogben, L.-Cpl. Herb. McLachlan. 62313.	K. Mar. 27/18. Det.D./B.
2	?	Long, Herbert Allan. 34697.	K. Jan. 12/18. Det.D./B.
*2	?	McClelland, Joseph Jas. 53931.	K. July 17/18. Det.D./B.
2	?	Martin, J. W. 27337.	M. Mar. 26/18.
2	?	Miller, Thos. Edgar. 64316.	K. May 29/18. Det.D./B.
2	?	Plaskett, Walter. 60986.	K. Mar. 29/18. Det.D./B.
2	?	Reese, Andrew Dalziel. 36248.	K. June 14/18. Det.D./B.
2	?	Rider (or Rides), Alf. 53968.	K. Jan. 29/18. Det.D./B.
2	?	Steel, Malcolm. 48289.	K. April 3/18. Det.D./B.
*2	?	Waters. 33787.	K. Sept. 12/18. Det.D./B.
2	2	Williams, Albert Oliver. 41629.	K. Mar. 29/18. Det.D./B.
3	2	**Hastings, Lieut. W. O.**	K. April 5/18. Det.D./B.
3	1	Lusty, Felix Matthew. 38294.	K. April 14/18. Det.D./B.
3	13	Lindbom, Cpl. Albert Wm. 39440.	K. April 14/18. Det.D./B.
3	?	Barclay, Gordon Lewis. 57456.	K. Feb. 2/18. Det.D./B.
3	?	Mackie, Jos. Jas. 47557.	K. June 1/18. Det.D./B.
3	?	Orange, R. L. 40837.	K. April 5/18. Det.D./B.
4		**O'Connor, 2nd Lieut. D.**	K. May 2/18. Det.D./B.

CYCLISTS BATTALION.

B.E.F.

*1	?	Chatwin, Arthur Roy. 10779.	K. July 23/18. Det.D./B.
*1	?	Turner, R. H. 10928.	K. July 23/18. Det.D./B.
*2	1	McLeod, A. R. 51865.	K. July 23/18. Det.D./B.
2 (Anzac)	2	Power, Thos. Edw. 10/2807.	K. Mar. 16/18. Det.D./B.
*2	?	Perry, Albert John. 24/456.	K. July 23/18. Det.D./B.
22	1	Curtis, Ronald Hy. 20110.	K. April 27/18. Det.D./B.
		Rowland, 2nd Lt. A. E. M.	K. Jan. 23/18. Det.D./B.
?	?	Hodson, Vic. Emmanuel. 5/29.	K. April 17/18. Det.D./B.
*?	?	Mills, Hry. 28511. (Fr. Auck. I.B.)	K. July 23/18. Det.D./B.
*?	?	Smith, F. W. T. 46397.	K. July 23/18. Det.D./B.

ENGINEERS.

B.E.F.

1	Howland, L. 26413.	K. May 20/18. Det.D./B.
1	McGee, Frank Nelson. 4/1001.	K. May 2/18. Det.D./B.
2	Mace, L.-Cpl. Guy G. 41844.	K. Mar. 25/18. Det.D./B.
1 Div. Sig. Co.	Butler, Herbt. Edw. 4/1898.	K. Mar. 28/18. Det.D./B.
3 Div. Sig. Co.	Christie, R. J. 35093.	K. Mar. 28/18. Det.D./B.
Div. Sig. Co.	Duff, L.-Cpl. Geo. K. 4/1041.	K. Mar. 28/18. Det.D./B.

December 1st, 1918.

New Zealand—contd.

ENTRENCHING BATTALION.
B.E.F.

1 8	Davison, S. B. 54848.	K. Mar. 24/18.	Det.D./B.
1 Z.	Flynn, John Anthony. 20319.	M. Aug. 31/18.	
*1 ?	Laurvig, Edward Andsson. 26/492.	D/W. May 8/18.	Det.D./B.
1	McLaren, T. C. 64325.	K. April 17/18.	Det.D./B.
1	Watson, Andrew. 32767.	K. April 14/18.	Det.D./B.
1	Whitaker, Adrian. 63980.	K. April 15/18.	Det.D./B.
2	**Harper, 2nd Lt. N. R.**	D/W. April 15/18.	Det.D./B.
2 2	Woollams, Cpl. R. H. 29533. (Fr. 3-9 W.I.B.)	K. May 8/18.	Det.D./B.
2 8	Davies, Llewellyn. 25/1032. (Fr. 3 N.Z.R.B.)	M. April 12-19/18.	
2 ?	Berry, John Arthur. 30164.	K. April 14/18.	Det.D./B.
*2 ?	Burgess, Arthur A. 65944. (Fr. 2 Otago R.)	K. July 25/18.	Det.D./B.
2 ?	Collard, Cpl. Geo. Fitzgerald. 40303.	K. May 8/18.	Det.D./B.
2 ?	Duncan, A. 47550.	K. April 14/18.	Det.D./B.
2 ?	Durnett, Robt. 63576	K. April 14/18.	Det.D./B.
2 ?	Eyre, L. G. 28329. (Fr. 1 Auck. I.R.	K. May 10/18.	Det.D./B.
2 ?	Feaver, Herb. Jas. 56918.	K. May 8/18.	Det.D./B.
2 ?	Fitzpatrick, Wm. Easter. 62536.	K. May 8/18.	Det.D./B.
2 ?	Fletcher, H. J. 30194. (Snip.)	K. April 14/18.	Det.D./B.
2 ?	Gardiner, Colin 61263.	K. May 8/18.	Det.D./B.
2 ?	Hilford, Chas. Robt. 56300.	K. May 7/18.	Det.D./B.
2 ?	Holland, Fredk. John. 57847.	K. May 8/18.	Det.D./B.
2 ?	Innis, Ernest Jas. 62524.	K. May 8/18.	Det.D./B.
2 ?	Kearney, Leslie Geo. 27306.	K. April 16/18.	Det.D./B.
2 ?	Kibblewhite, Ed. Fredk. 43991.	K. April 17/18.	Det.D./B.
2 ?	Kircher, Cecil Stewart. 55510	K. April 14/18.	Det.D./B.
2 ?	Lowe, James Henry. 60952.	K. May 8/18.	Det.D./B.
2 ?	Mayo, Chas. Edward. 44069.	K. April 14/18.	Det.D./B.
2 ?	Petch, Geo. Alf. 25582. (Fr. A.I.B.)	K. May 8/18.	Det.D./B.
2 ?	Rogers, J. H. 58601.	K. April 17/18.	Det.D./B.
2 ?	Shadrach, Walter. 44025.	K. April 17/18.	Det.D./B.
2 ?	Shields, G. 35045.	M. April 16/18.	
2 ?	Wells, Courtenay C. 61010.	K. May 8/18.	Det.D./B.
2 ?	White, Sgt. A. 10283. (Fr. Otago Supery. Coy.)	M. April 16/18.	
2 ?	Wilson, L.-Cpl. John Bruce. 54217.	K. Mar. 29/18.	Det.D./B.
4 ?	Humby, W. L. C. 64515.	K. May 18/18.	Det.D./B.

MACHINE GUN CORPS.
B.E.F.

1 ?	Kay, Sgt. Stanley Angus. 9/1695.	K. Mar. 27/18.	Det.D./B.
2 ?	Dowden, L.-Cpl. W. E. 13/3019.	K. Feb. 19/18.	Det.D./B.
*2 ?	McKenzie, L.-Cpl. Wm. Norval. 34968.	K. July 10/18.	Det.D./B
10 ?	Miller, W. A. 17933.	K. April 7/18.	Det.D./B.
21 ?	Scott, W. G. 30647.	K. Jan. 9/18.	Det.D./B.
D.	Close, Percy Melville. 33237.	D/W. Jan. 13/18.	Det.D./B.
?	**Fowler, 2nd Lt. C. D. G.**	K. May 26/18.	Det.D./B.
*? ?	Bracewell, Walter Arthur. 26780	D/W. Mar. 27/18.	Det.D./B.

December 1st, 1918.

New Zealand—contd.

OTAGO INFANTRY BATTALION.
B.E.F.

1		De Cent, Capt. K. O. (13 Reinf.)	D/W. April 12/18. Det.D./B.
*1 4		Herron, John. 23491.	D/W. April 16/18. Det.D./B.
1 8		Gear, Jas. Hy. Nicholson. 53581.	K. April 5/18. Det.D./B.
1 8		Reid, Robt. Jas. 12480.	M. April 12-19/18.
*1 10		Garbett, L.-Cpl. W. W. 27876.	K. July 25/18. Det.D./B.
1 10 XII		Heenan, W. D. 49244.	K. Jan. 21/18. Det.D./B.
1 14 I.T.M.		Robson, Ninian. 9/1351. (? Bde.)	K. April 10/18. Det.D./B.
1 14		Watt, Cpl. I. W. 24421.	K. April 14/18. Det.D./B.
1 ?		Bey, Cpl. W. F. 38799.	K. Aug. 25/18. Det.D./B.
*1 ?		Cross, Arthur. 14690.	K. July 18/18. Det.D./B
1 ?		Kitto, H. F. 8/3658.	K. Mar. 28/18. Det.D./B.
1 ?		McSweeney, Bernard. 57427.	K. April 22/18. Det.D./B.
1 ?		Mitchell, Archd. Clement. 8/3360.	K. April 28/18. Det.D./B.
‡1 ?		Newport, H. C. 54385.	K. Sept. 29/18. Det.D./B.
1 ?		Norman, J. 27571.	K. Jan. 21/18. Det.D./B.
*1 ?		Peck, James. 43281.	K. July 18/18. Det.D./B.
1 ?		Roberts, A. M. 58923.	K. April 5/18. Det.D./B.
1 ?		Reeve, Chas. Stuart Jackson. 13990.	K. April 4/18. Det.D./B.
1 ?		Watt, Peter. 41681.	K. April 2/18. Det.D./B.
‡1 ?		Williams, W. B. 72914.	M. Oct. 8/18.
2		**Macdonald, 2nd Lt. A. R.**	K. Jan. 23/18. Det.D./B.
2 4		Cochrane, Robt. 54010.	K. April 28/18. Det.D./B.
2 4		Mowbray, W. E. 22063.	K. April 18/18. Det.D./B.
2 4 I		Stansell, Jack Alexr. 41655.	K. April 5/18. Det.D./B.
*2 10		Benny, Sgt. Thos. Stephen. 8/3184.	K. July 24/18. Det.D./B.
*2 10 IX		Fricker, A. J. 53174.	K. July 24/18. Det.D./B.
*2 14		Butler, Francis Jos. 34789.	K. July 18/18. Det.D./B.
2 14 XIV		Napier, Norman C. 57130.	K. April 12/18. Det.D./B.
2 14 XVI		Williamson, Cpl. Wm. 15272.	K. Feb. 10/18. Det.D./B.
2 ?		Bridges, J. J. 56135.	K. Jan. 11/18. Det.D./B.
*2 ?		Hansen, William N. 49390.	K. July 18/18. Det.D./B.
*2 ?		Hickey, J. 44375.	K. July 25/18. Det.D./B.
*2 ?		Marslen, Gustave Alfred. 8/3343.	K. July 24/18. Det.D./B.
3		**Leys, Capt. Robt. Ruxton.**	D/W. April 17/18. Det.D./B.
*3 B.		Ellison, Joseph. 69943.	K. July 24/18. Det.D./B.
*3 4		Johns, Sydney. 53201.	K. July 25/18. Det.D./B.
3 4 II		Liddell, Wm. 55765.	K. April 12/18. Det.D./B.
3 4		Rutherford, L.-Cpl. Stan. 8/3392.	K. April 6/18. Det.D./B.
3 8		Armstrong, Purvis Ford. 18581.	K. April 6/18. Det.D./B.
*3 8		Leys, A/Cpl. Jas. R. 15/557.	K. April 17/18. Det.D./B.
3 10		Doherty, Chas. 42479.	K. April 7/18. Det.D./B.
3 10		Taylor, Wm. Peter. 34947.	K. April 14/18. Det.D./B.
3 ?		Beaumont, Sig. Geo. 29591.	K. April 2/18. Det.D./B.
*3 ?		Ericksen, L.-Cpl. E. A. C. J. 30191.	D/W. Mar. 31/18. Det.D./B.
3 ?		Thompson, Wm. 49488.	K. Jan. 13/18. Det.D./B.
*4 C.		Harrison, Fredk. Geo. 59518.	K. July 25/18. Det.D./B.
4 ?		Lindsay, Wm. 58892.	K. Jan. 12/18. Det.D./B.

N.Z. RIFLE BRIGADE.
B.E.F.

1		**Brittan, 2nd Lt. H. R.**	K. April 5/18. Det.D./B.
*1		**Farnsworth, 2nd Lt. E. E.**	K. Sept. 12/18. Det.D./B.
1 A.		Burnett, Geo. F. 23/86.	K. April 4/18. Det.D./B.
*1 A. III		Ingram, T. E. 45212.	K. July 16/18. Det.D./B.

December 1st, 1918.

New Zealand—contd.

N.Z. Rifle Brigade—contd.

B.E.F.

1 B.		Kinzett, C. T. 59128.	K. May 20/18. Det.D./B.
1 B. VII		Smith, Cpl. W. 53273.	K. April 5/18. Det.D./B.
*1 D. XVI		Deed, E. T. 52835.	K. July 15/18. Det.D./B.
*1 D.		Lister, O. H. 57104.	K. Aug. 30/18. Det.D./B.
1 D. XIII		McQueen, Cpl. W. A. 23/1108.	K. Mar. 26/18. Det.D./B.
1 D. XIII		Marchant, Alexr. Barber. 23/1434.	K. Mar. 27/18. Det.D./B.
1 D. L.G.S.		O'Neill, J. S. 14317.	M. April 12/18.
1 D. XIV		Pinkerton, Robt. 55621.	K. Mar. 27/18. Det.D./B.
1 ?		Anderson, — 54316.	K. Jan. 15/18. Det.D./B.
1 ?		Bryant, John Ernest. 55906.	K. Feb. 8/18. Det.D./B.
1 ?		Bull, A. L. 29571.	M. April 12-19/18.
1 ?		Campbell, J. C. 48908.	K. May 2/18. Det.D./B.
1 ?		Connell, W. M. 23/306.	K. May 27/18. Det.D./B.
1 ?		Davidson, H. 55476.	M. Aug. 30/18.
1 ?		Donaldson, Ian Douglas. 25688.	W. and M. April 5/18.
1 ?		Fifield, Edw. 53768.	K. April 14/18. Det.D./B.
1 ?		Gibbs, Jas. Ernest. 53773.	K. April 6/18. Det.D./B.
*1 ?		Gilmour, F. 68707.	W. and M. Sept. 12/18.
1 ?		Goldsborough, H. 53348.	M. Aug. 30/18.
1 ?		Kerambrum, Cpl. John B. 38180.	K. Jan. 2/18. Det.D./B.
1 ?		King, K. L. 55978.	K. May 15/18. Det.D./B.
1 ?		Klink, Chas. Ambrose. 25890.	K. Mar. 27/18. Det.D./B.
1 ?		McGuinness, D. 6/1657.	M. Aug. 30/18.
1 ?		McMillan, A. T. 56006.	W. and M. Aug. 30/18.
1 ?		Pearce, Wm. Geo. 48677.	K. May 26/18. Det.D./B.
1 ?		Small, Leo. Ernest. 23/283.	K. Mar. 28/18. Det.D./B.
‡1 ?		Wigg, Edgar Artemas. 72961.	D/W. Oct. 11/18. Det.D./B.
1 ?		Yates, G. 70133.	M. Aug. 31/18.
2		**Thomson, 2nd Lt. Arnold.**	D/W. Aug. 27/18. Det.D./B.
2 A.		Creamer, L. 46440.	K. April 18/18. Det.D./B.
2 B.		Bayne, Jas. John. 48896.	K. Mar. 27/18. Det.D./B.
2 C.		Cunningham, L.-Cpl. John. 24/1534	K. May 2/18. Det.D./B.
2 C. XI		Kinahan, Edwin. 42125.	K. Mar. 26/18. Det.D./B.
*2 C.		Parker, Cpl. Chas. Arthur. 42385.	K. July 31/18. Det.D./B.
2 C. X		Thorburn, Chas. Sydney. 25651.	K. Mar. 28/18. Det.D./B.
2 D. XV		Lacey, Edw. 52844.	K. April 13/18. Det.D./B.
2 D.		McLaun, Wm. W. 46236.	K. April 5/18. Det.D./B.
2 D. XVI		Tuohy, A. 40088.	K. April 6/18. Det.D./B.
2 ?		Baldwin, R. L. W. 68657.	M. Sept. 9/18.
2 ?		Berry, A. L. 64195.	W. and M. Aug. 26/18.
2 ?		Blackett, H. 55195.	M. April 1/18.
2 ?		Grace, E. 65381.	M. Aug. 26/18.
2 ?		Huddlestone, R. T. 12190.	M. Sept. 12/18.
2 ?		Hunt, R. H. W. T. 53020.	K. April 5/18. Det.D./B.
2 ?		Kitson, W. C. 24/1707.	K. Jan. 3/18. Det.D./B.
2 ?		Nicolson, David. 51890.	K. Mar. 31/18. Det.D./B.
2 ?		Norman, A. E. 44142.	K. Jan. 16/18. Det.D./B.
2 ?		Spark, Robt. Twelftree. 24/590.	K. April 15/18. Det.D./B.
‡2 ?		Spittle, J. W. 48744.	K. Oct. 8/18. Det.D./B.
2 ?		Ward, Walter Jas. 39918.	K. April 5/18. Det.D./B.
2 ?		Williams, W. H. 39133.	W. and M. Jan. 7/18. R/Enq.
3		**Buchler, Capt. F. J. L.**	K. April 6/18. Det.D./B.
*3		**Hudson, 2nd Lt. E. G.**	K. Sept. 9/18. Det.D./B.
3 A.		Clayson, M.M., Sgt. J. 25/1119.	K. Sept. 9/18. Det.D./B.
3 A.		Moore, Alfred Keetley. 41096.	K. Mar. 29/18. Det.D./B.
3 A.		Porteous, L.-Cpl. Thos. 36790.	K. Mar. 27/18. Det.D./B.
3 B.		Izett, A. S. 53500.	K. April 5/18. Det.D./B.
3 B.		Reeve, Geo. Spencer. 30407.	K. April 6/18. Det.D./B.

December 1st, 1918.

New Zealand—contd.

N.Z. Rifle Brigade—contd.

B.E.F.

3 B.	Robertson, Wm. John. 47038.	K. April 20/18.	Det.D./B.
3 B. VI	Weir, Alexander. 49038.	K. Feb. 18/18.	Det.D./B.
3 B.	Wilson, Jas. 39594.	K. Jan. 8/18.	Det.D./B.
3 C. IX	Mullany, J. 24/2045.	K. April 6/18.	Det.D./B.
3 C.	O'Connor, Michael. 36883.	K. April 20/18.	Det.D./B.
3 C.	Rains, L.-Cpl. Wm. Hy. 41110.	K. May 9/18.	Det.D./B.
8 C.	Sibbin, Geo. Richd. Thos. 48096.	K. May 21/18.	Det.D./B.
3 D. XIV	Oldridge, T. 56831.	K. Mar. 27/18.	Det.D./B.
3 D. XV	Perry, Jas. 42570.	K. April 6/18.	Det.D./B.
3 D.	Speck, H. J. 51500.	K. April 5/18.	Det.D./B.
3 D. XVI	Swinney, Cpl. Wm. Thos. 36693.	K. April 7/18.	Det.D./B.
3 D. XVI	White, Ronald F. 55658.	K. May 25-28/18.	Det.D./B.
3 D.	Wright, John. 59178.	K. April 5/18.	Det.D./B.
3 6	Bennett, E. 45976.	M. April 16/18.	
3 ?	Berendt, L.-Cpl. G. P. 25/91.	K. Mar. 31/18.	Det.D./B.
3 ?	Bewley, J. 47966.	K. April 5/18.	Det.D./B.
3 ?	Cheyne, G. B. 53903.	K. April 5/18.	Det.D./B.
3 ?	Craig, Walter Riddell. 52385.	K. May 9/18.	Det.D./B.
3 ?	Dewar, G. E. 42477.	M. Sept. 9/18.	
*3 ?	Egarr, N. S. 25/103.	K. July 29/18.	Det.D./B.
3 ?	Fogarty, W. 32947.	M. Sept. 9/18.	
3 ?	Harley, Sgt. W. J. 45507.	K. Feb. 18/18.	Det.D./B.
3 ?	Howard, J. M. 52610.	K. April 21/18.	Det.D./B.
3 ?	Laverty, Jas. 47043.	K. Mar. 30/18.	Det.D./B.
3 ?	Perchard, Philip Hy. 62633.	K. May 9/18.	Det.D./B.
3 ?	Raines, Edw. Bassett. 42708.	K. Jan. 16/18.	Det.D./B.
3 ?	Shepherd, L.-Cpl. Robt. Trew. 46532	K. Mar. 27/18.	Det.D./B.
3 ?	Shields, Alfred. 51995.	K. Feb. 18/18.	Det.D./B.
3 ?	Tobeck, L. W. 49030.	K. Mar. 27/18.	Det.D./B.
3 ?	Tyer, W. E. 57173.	K. Aug. 31/18.	Det.D./B.
3 ?	Wallace, David. 52517.	K. May 3/18.	Det.D./B.
3 ?	Watkins, R. W. 58948.	K. Mar. 29/18.	Det.D./B.
3 ?	Weir, Henry. 51935.	K. Mar. 27/18.	Det.D./B.
3 ?	Willis, J. P. 66054.	K. May 10/18.	Det.D./B.
3 ?	Wilson, Albert. 39135.	K. Mar. 29/18.	Det.D./B.
2/3 ?	Lowther, Albert Ed. 12/2019.	W. and M. April 2/18.	
2/3 ?	Scott, George Ellis. 51905.	K. Jan. 7/18.	Det.D./B.
4/3 ?	Eggleston, Cpl. Wm. Dobson. 25993	K. Mar. 30/18.	Det.D./B.
4/3 ?	Heaton, Sgt. E. D. H. 40148.	K. Mar. 28/18.	Det.D./B.
4/3 ?	Hullten, John G. 21017.	K. Mar. 30/18.	Det.D./B.
4 A.	Brook, L.-Cpl. Jos. 6/1788.	K. Mar. 29/18.	Det.D./B.
4 A. I	Keane, G. W. 26629.	K. Mar. 31/18.	Det.D./B.
4 A. II	Marshall, Geo. Alto. 62605.	K. May 22/18.	Det.D./B.
4 B. VII	Baikie, Robt. S. 38484.	K. Mar. 28/18.	Det.D./B.
4 B.	Birchall, Alf. Urmson. 53121.	K. Mar. 28/18.	Det.D./B.
*4 B.	Hughes, Matthew. 62573.	K. April 6/18.	Det.D./B.
4 B.	Hutchins, Sgt. F. G. 38534.	M. Aug. 22/18.	
4 B.	Madsen, Thorold. 38557.	M. April 5/18.	
4 B.	Prictor, Jas. Alf. 49261.	K. Mar. 28/18.	Det.D./B.
4 B. VII	Thurston, W. P. 49942	M. April 5/18.	
4 C. XI	Simpson, L.-Cpl. J. W. 26/216.	K. April 5/18.	Det.D./B.
4 C.	Smythe, R. J. 54091.	K. May 8/18.	Det.D./B.
4 D.	Beechey, Horatio W. A. 26/1056.	K. Jan. 18/18.	Det.D./B.
4 D.	Smith, Alexander. 59469.	K. May 25/18.	Det.D./B.
*4 ?	Barber, Wm. John. 68588.	K. July 16/18.	Det.D./B.
4 ?	Belliss, R. H. 26/437.	K. April 6/18.	Det.D./B.
4 ?	Carter, Geo. Albt. 47977.	D/W. Jan. 7/18.	Det.D./B.

December 1st, 1918.

New Zealand—contd.
N.Z. Rifle Brigade—contd.
B.E.F.

4 ?	Copp, John Hy. 55916.	K. Feb. 19/18.	Det.D./B.
4 ?	Cottingham, H. J. 58745.	K. April 5/18.	Det.D./B.
4 ?	Crann, P. 14765.	K. May 2/18.	Det.D./B.
4 ?	Derbyshire, L.-Cpl. Wm. Fredk. 20974.	K. Mar. 28/18.	Det.D./B.
4 ?	Doggett, A. C. 53329.	K. Mar. 29/18.	Det.D./B.
4 ?	Hawkins, Jas. Stephen. 51838.	K. Feb. 15/18.	Det.D./B.
4 ?	Kupli, M. 55979.	K. Mar. 29/18.	Det.D./B.
4 ?	Lyons, Geo. Mattw. 48796.	K. Mar. 29/18.	Det.D./B.
4 ?	Scott, Frank Herbt. 30413.	K. Mar. 29/18.	Det.D./B.
*4 ?	Turchie, Joseph. 13140.	D/W. April 6/18.	Det.D./B.
4 ?	Wadsworth, G. 26/647	M., bel. K. Aug. 29/18.	
4 ?	Wakelin, H. 47650.	K. Aug. 29/18.	Det.D./B
4 ?	Wakelin, L.-Cpl. L. T. 24/1511.	K. Mar. 30/18.	Det.D./B.
4 ?	Willis, W. H. 59177.	K. Mar. 29/18.	Det.D./B.
4 ?	Wilson, L.-Cpl. Wm. 26/948.	K. Feb. 18/18.	Det.D./B.
4 ?	Young, Jas. 49957.	K. Feb. 16/18.	Det.D./B.

TRENCH MORTAR BATTERY (INFANTRY).
B.E.F.

2	Kelland, Chas. C. 27307. (Fr. 1 C.I.B.)	K. April 25/18.	Det.D./B.

N.Z. VETERINARY CORPS.
B.E.F.

	Young, Sgt. P. R. L. 17/265. (Fr. 2 Ent. Bn.)	M. April 12-19/18.

WELLINGTON INFANTRY BATTALION.
B.E.F.

‡	Carruthers, 2nd Lt. W.	K. Sept. 29/18.	Det.D./B.
	McHardie, 2nd Lt. C.	M. May 22/18.	
1 1 XI	Eames, L. J. 61579.	K. May 5/18.	Det.D./B.
1 7 II	Feek Gordon Stanley. 29381.	K. Mar. 30/18.	Det.D./B.
1 9	Freeman, Sgt. Ray. 10/2142.	M. May 22/18.	
1 9	Gordon, W. G. 42087.	M. April 5/18.	
1 9 M.G.S.	Henneker, Sgt. Geo. Jas. 1037.	K. Jan. 13/18.	Det.D./B.
‡1 9	Smith, J. P. 59471.	D/W. April 29/18.	Det.D./B.
*1 17	Brunt, Arthur. 29341.	K. Mar. 30/18.	Det.D./B.
‡1 ?	Andrews, R. 20279.	M. Oct. 12/18.	
‡1 ?	Avery, H. G. S. 30506.	M. Oct. 12/18.	
‡1 ?	Bowles, L.-Cpl. E. 10/2077.	M. Oct. 12/18.	
‡1 ?	Bramley, C. R. 52568.	M. Oct. 12/18.	
1 ?	Crossman, E. L. 33313.	M. Sept. 13/18.	
‡1 ?	Fraser, W. 30570.	M. Oct. 12/18.	
‡1 ?	Fulton, L.-Sgt. R. 11/362.	M. Oct. 12/18.	
‡1 ?	Goulter, R. E. 73863.	M. Oct. 12/18.	
‡1 ?	Hopkins, J. 69489.	M. Oct. 12/18.	
‡1 ?	James, H. 52431.	M. Oct. 12/18.	

December 1st, 1918.

New Zealand—contd.

Wellington Infantry Battalion—contd.

B.E.F.

1 ?		Lucas, G. R. 11892.	D/W. Mar. 30/18. Det.D./B.
*1 ?		Marn, Cpl. Chas. Wm. 10/1376.	D/W. May 4/18. Det.D./B.
1 ?		Rice, D. W. 33608.	M. Sept. 13/18.
1 ?		Sowerby, F. H. 61822.	K. July 27/18. Det.D./B.
‡1 ?		Turnbull, J. 29516.	M. Oct. 12/18.
1 ?		Vincent, S. 64176.	M. Sept. 13/18.
1 ?		Walsh, J. 64180.	M. Sept. 13/18.
‡1 ?		Wilkinson, C. J. 13381.	M. Oct. 12/18.
2		**Lee, Lieut. G. E.**	K. Aug. 26/18. Det.D./B.
2	9 V	Butler, J. C. T. 38655.	K. Mar. 27/18. Det.D./B.
2	17	Nix, R. 53060	K. Aug. 24/18. Det.D./B.
2	?	Beattie, Cpl. P. 47844.	K. Mar. 27/18. Det.D./B.
2	?	Brooker, E. E. 61517.	M. April 26/18.
2	?	Ernest, David. 52398.	K. April 3/18. Det.D./B.
2	?	Fitzell, R. T. 47871.	K. April 14/18. Det.D./B.
2	?	Hill, Alexr. 59898.	K. April 14/18. Det.D./B.
2	?	Widt, Cpl. C. S. 15821.	M. Sept. 1/18.
3	9	McQueen, L.-Cpl. Harold Robt. 39872.	K. April 11/18. Det.D./B.
3	9	Sweetapple, Cpl. Ernest Theo. 25647.	K. Mar. 30/18. Det.D./B.
3	17	Maddock, Richd. Jas. 38051. (Far.)	M. May 14/18.
3	?	Earp, H. E. 22957.	K. Jan. 2/18. Det.D./B.
3	I.T.M.	Kittow, Otho J. (1 Bde.)	K. Mar. 30/18. Det.D./B.
3	?	Pallant, A. E. 14732. (Band.)	M. April 16/18.

PERSIAN GULF.

2	Nicol, Lieut. R. K. (10/2499.)	M., bel. K. Aug. 8/18.

AUCKLAND MOUNTED RIFLES.

E.E.F.

3	Grant, E. 13/908.	M. April 1/18.
4 Squad	Stratford, Rossland Cecil. 13/1065.	W. and M. May 30/18.

CANTERBURY MOUNTED RIFLES.

E.E.F.

	Hinson, Capt. Heber Basil. 18221. (Fr. Staff.)	D/W. Mar. 30/18. Det.D./B.
8	Carr, Sgt. John Joseph. 7/28.	K. Mar. 30/18. Det.D./B.
8	Haines, E. E. 36226.	D/D. Dec. 10/17. Det.D./B.
10	Mackie, L.-Cpl. Fredk. Geo. 7/1101. (5 Reinf.)	D/W. Mar. 21/18. Det.D./B.
10	Wilson, Cpl. Cyrus T. 7/1307.	W. and M. Mar. 30/18.
?	Boag, John Withell. 16373. (17 Reinf)	D/W. May 2/18 at 66 C.C.S. Det.D./B.
?	Holyoake, Walter. 43152. (26 Reinf.)	K. Mar. 30/18. Det.D./B.

MACHINE GUN SQUADRON.
Mounted Brigade.
E.E.F.

?	Barrett, Walter. 13/1904.	M. Mar. 30/18.

December 1st, 1918.

New Zealand—contd.

OTAGO MOUNTED RIFLES.
E.E.F.

12 Squad McDonald, James. 9/1196.   K. Jan. 14/18. Det.D./B.

WELLINGTON MOUNTED RIFLES.
E.E.F.

9   Edmonds, Alb. Geo. 24856.   K. Mar. 30/18. Det.D./B.
9   Wood, G. H. 11/1746   K. Mar. 30/18. Det.D./B.

REINFORCEMENT CAMP.
E.E.F.

36 Co.   Maxiorini, Wm. Jules. 69967.   D/D. Govt. Hosp., Suez, June 6/18. Det.D./B.

NORFOLK REGIMENT.
B.E.F.

‡1 A.   Sizer, G. 41018.   M. Sept. 3/18.
*1 B. VII   Pizzey, A. J. 38351.   W. Unoff. M. Sept. 28/18.
‡1 B.   Wischusen, H. J. 204383.   M. Sept. 2/18.
‡1 C.   Burrough, S. H. 241881.   W. and M. Aug. 22/18.
*1 C. XII   Howard, G. R. 38686.   W. Unoff. M. Sept. 27/18
‡1 C.   Leonard, A. E. 41079.   W. and M. Aug. 23/18.
‡1 C.   Ray, F. 41789.   M. Sept. 29/18.
‡1 D.   Howard, W. E. 38311.   M. Sept. 2/18.
 1 ?   Ashby, W. 3/7651.   M. Aug. 23/18.
 1 ?   Bedson, Cpl. J. W. 42293 or 42260. K. Sept. 2/18. Det.D./B.
‡1 ?   Grix, Walter. 14035.   M. Oct. 3/18.
 7   Markwick, Lieut. W. P. (Fr. 5th.)   K. Sept. 5/18. Det.D./B.
 7 A.   Alcock, F. 201148.   M. Mar. 27/18.
 7 X.   Alkins, C. W. 29747.   M. Mar. 27/18.
‡7 A.   Ball, P. 42146.   M. Sept. 18/18.
 7 A. II   Balls, A. S. 40622.   M. Mar. 27/18.
 7 A.   Bloomfield, F. T. 205653.   M. Mar. 27/18.
 7 A.   Carriage, W. 43121.   M. Mar. 27/18.
 7 A. II   Edwards, Jabez. 42157.   K. Sept. 18/18. Det.D./B
 7 A.   Edwards, W. 41104.   M. Mar. 27/18.
 7 A.   Emmerson, L.-Cpl. E. 265052.   M. Mar. 27/18.
 7 A. III   Fuller, Percy E. 41116.   M. Mar. 27/18.
 7 A.   Garner, A. 32391.   M. Mar. 27/18.
 7 A.   Hairsuie, J. 33379.   M. Sept. 18/18.
‡7 A.   Holden, J. 42164.   M. Sept. 18/18.
‡7 A.   Hubbard, Cpl. A. 32014.   M. Mar. 27/18.
 7 A.   Lansdale, W. 25149.   M Aug. 22/18.
‡7 A.   Mitchell, C. 42002.   M. Sept. 18/18.
 7 A. IV   Stone, Reubin. 39728.   M. Sept. 18/18.
*7 A. IV   Whincup, D. 15427.   M. Mar. 27/18.
 7 A.   Williams, C. 32717.   M. Mar. 27/18.
 7 A.   Woodcock, C. 17115.   M. Mar. 27/18.
 7 B.   Clarke, L.-Cpl. W. E. 40686.   W. and M. Mar. 27/18.
 7 B. V   Cook, C. 37678.   M. Mar. 27/18.
 7 B.   Deere, L.-Cpl. W. 12169.   M. Mar. 27/18.
 7 B.   Duke, C. 37509.   M. Mar. 27/18.
 7 B.   Ford, A. 32902.

December 1st, 1918.

Norfolk Regiment—contd.

B.E.F.

7 B.	Green, E.	543213.	M. Mar. 27/18.
‡7 B.	Handley, F.	42217.	M. Sept. 18/18.
7 B.	Haslop, H.	37680.	M. Mar. 27/18.
7 B.	Hayes, J.	27269.	M. Mar. 27/18.
*7 B.	Hazzard, A. E.	33847.	M. Sept. 18/18.
‡7 B.	Kenzie, R.	49062.	M. Sept. 18/18.
7 B.	Ladbrooke, W.	29710.	M. Mar. 27/18.
7 B. VI	Nichol, T.	40996.	M. Aug. 22/18.
‡7 B.	Palmer, G.	22453.	M. Mar. 27/18.
*7 B. VIII	Pearson, Samuel.	204338.	K. Sept. 29/18. Det.D./B.
7 B.	Pensome, F.	41112.	M. Mar. 27/18.
7 B.	Turner, L.-Sgt. B.	240636.	M. Mar. 27/18.
7 B.	Walker, R.	205185.	M. Mar. 27/18.
7 B.	Watson, R.	9065.	M. Mar. 27/18.
‡7 B.	Woodcock, A.	40506.	M. Mar. 27/18.
7 B.	Wright, C.	16802.	M. Mar. 27/18.
7 C.	Abbey, H.	29639.	M. Mar. 27/18.
7 C. XII	Aldren, J. C.	7652.	M. Mar. 21-27/18.
7 C.	Andrews, J.	20460.	M. Mar. 27/18.
7 C.	Bond, P. J.	240705.	M. Mar. 27/18.
7 C.	Chaplin, H.	5755.	M. Mar. 27/18.
7 C. XI	Coles, H.	39127.	K. Aug. 7/18. Det.D./B.
7 C.	Curties, Sgt. T. S.	12256.	M. Mar. 27/18.
7 C.	Davis, L.	41095.	M. Mar. 27/18.
7 C.	Dawson, L.-Cpl. F.	10428.	M. Mar. 27/18.
7 C.	Green, A.	12345.	M. Mar. 27/18
7 C. XI	Hipkin, J.	29718.	M. Mar. 27/18.
7 C.	Hutchins, W.	41136.	M. Mar. 27/18.
7 C.	Jones, C. M.	37218.	M. Mar. 27/18.
7 C. XII	Jordan, W.	16197.	M. Mar. 27/18.
7 C.	Joyce, W.	12505.	M. Mar. 27/18.
7 C.	Kenydon, J.	33807.	M. Mar. 27/18.
7 C.	Miller, F. W.	25971.	M. Mar. 27/18.
‡7 C.	Morrison, Cpl. T.	12502.	M. Aug. 22/18.
7 C. XI	Peed, D.	205177.	M. Mar. 27/18.
7 C.	Plant, A.	33928.	M. Mar. 27/18.
‡7 C.	Price, E.	41621.	W. and M. Aug. 22/18.
7 C.	Pulham, Sgt. W. N.	12737.	M. Mar. 27/18.
7 D.	Allen, C.	40619.	M. Mar. 27/18.
7 D.	Beakley, F. W.	20434.	M. Mar. 27/18.
7 D.	Bridges, B.	266275.	M. Mar. 27/18.
7 D.	Bunn, L.-Cpl. C	22479.	M. Mar. 27/18.
7 D.	Catling, H.	12624.	M. Mar. 27/18.
7 D.	Collyer, H.	41087.	M. Mar. 27/18.
7 D. XIII	Dear, G.	37208.	**M. Mar. 27/18.**
7 D.	Errington, J.	9404.	M. Mar. 27/18.
7 D.	Goode, W.	205465.	M. Mar. 27/18.
7 D.	Green, G.	242525.	M. Mar. 27/18.
7 D.	Johnson, R. J.	41986.	M. Aug. 23/18.
7 D.	Kerridge, A.	24254.	M. Mar. 27/18.
7 D.	Lincoln, F.	17617.	M. Mar. 27/18.
7 D.	Llewellyn, B.	41145.	M. Mar. 27/18.
7 D.	Mead, F. W.	40844.	M. Mar. 27/18.
7 D.	Roberts, A/L.-Cpl. H. B.	13244.	M. Mar. 27/18.
7 D.	Rose, A. W.	27157.	M. Mar. 27/18.
7 D.	Shirman, L.-Cpl. W.	43042	M. Mar. 27/18.
7 D.	Smith, H.	40591.	M. Mar. 27/18.
7 D.	Spalding, W.	265303.	M. Mar. 27/18.
7 D.	Turner, C.	13520.	M. Mar. 27/18.

December 1st, 1918.

Norfolk Regiment—contd.

B.E.F.

7 D.		Turner, Cpl. W. 18501.	M. Mar. 27/18.
7 D.		White, G. 41661.	W. and M. Aug. 26/18.
7 D.		Wilde, J. 202789.	M. Mar. 27/18.
7 ?		Barker, Sgt. F. 16293.	M. Mar. 27/18.
7 ?		Bullimore, Sig. William S. 15759.	W. and M. Mar. 27/18.
7 ?		Chapman, Arth. Percy. 13986.	M. Mar. 27/18.
7 Sig. S.		Hammond, W. R. 243114.	Unoff. W. and M. Oct. 7/18.
8 D.		Bell, Herbert Syd. 15902.	M. July 1/18.
8 D.		Reeve, Cpl. S. 13712. (Fr. 18 Ent.)	M. Mar. 24/18.
8 D. XIII		Rudd, Walter. 22200.	M. Mar. 21/18.
8 D. XIII		Woodrow, John. 25677. (Fr. 18 Ent. Bn.)	M. Mar. 21/18.
8 ?		Halsey, J. 20610. (Fr. 8 Ent.)	M. Mar. 21-26/18.
8 ?		Livermore, H. M. 27480. (Fr. 18 Ent.)	M. Mar. 21-26/18.
9 C.		Lewington, Lieut. F. S.	M. Mar. 20/18.
9		Nancarrow, 2nd Lt. W. T.	K. April 4/18. Conf. and Det.
9		Williams, Lieut. C. A.	K. Mar. 21/18. Det.D./B.
9 A. IV		Alexander, Cpl. J. H. 14146.	M. April 15/18.
9 A. or C.		Ashford, Fredk. C. 205588.	M. April 15/18.
9 A.		Bessey, H. A. 40742.	M. April 15/18.
9 A.		Challinor, Sidney. 41331.	W. and M. Mar. 21/18.
9 A. II		Cooper, G. S. 42555.	M. Oct. 8/18.
9 A. III		Crow, George. 29815.	M. April 15/18.
9 A.		Day, C. W. 30009.	M. April 15/18.
9 A.		Farrington, L.-Cpl. B. 29883.	M. April 15/18.
9 A.		Fulcher, Sgt. Percy. 5371.	K. April 15/18. Det.D./B.
9 A. IV		Giblin, J. 26287.	W. and M. Mar. 21/18.
9 A. IV		Groom, F. 30120.	W. and M. April 15/18.
9 A.		Hounsham, F. T. 36524.	M. Sept. 18/18.
9 A. II		Hunter, Jas. Hry. 24255.	M. April 15/18.
9 A.		Liddle, David. 41358. (48321.)	W. and M. April 15/18.
9 A. II		Mead, W. C. 41415. (46898.)	M. April 18/18.
9 A.		Milner, Norman Roy. 41335	M. April 15/18.
9 A.		Murking, Cyril. 201708.	M. April 15/18.
9 A.		Needham, A. J. 204277.	M. April 15/18.
9 A. III		Norris, Alfred Ernest. 37145.	M. April 15/18.
9 A. L.G.S.		Orkney, James S. 37095.	M. Mar. 21/18.
9 A.		Pass, W. 42386.	M. Sept. 18/18.
9 A. IV		Rogers, H. P. 41183	W. and M. Mar. 21/18.
9 A. III		Todd, Cpl. Wm. A. 17892.	M. April 15/18.
9 A.		Wright, A. J. 22365.	M. Oct. 8/18.
9 B.		Baker, R. C. 40630.	W. and M. Mar. 21/18.
9 B. V		Blake, L.-Cpl. John Edward. 9350.	M. April 15/18.
9 B.		Butler, H. P. 41328.	M. April 15/18.
9 B. VI		Collins, W. R. 37111.	M. Mar. 21/18.
9 B.		Davis, B. 242411.	M. Sept. 18/18.
9 B. VII		Elvin, L.-Cpl. Charlie. 17119.	W. and M. Mar. 21/18.
9 B.		Emery, G. 30332.	M. April 15/18.
9 B. VII		Fysh, J. R. 40214.	M. April 15/18.
9 B.		Jones, Geo. 203555.	M. Mar. 21/18.
9 B. VIII		Light, A. 204269.	W. and M. April 15/18.
9 B.		Loose, B. P. 16656.	M. April 15/18.
9 B. VIII		Martin, J. H. 240752.	Unoff. M. April 15/18.
9 B.		Mathias, E. 41360.	M. April 15/18.
9 B.		Mitchell, Henry. 29908.	M. April 15/18.
9 B.		Newan, L. M. 41420.	M. April 15/18.
9 B.		O'Leary, Jas. 41271. (Fr. Essex.)	M. April 15/18.
9 B.		Peck, A. G. 14576.	M. April 15/18.
9 B.		Potter, Lomas. 14866.	M. April 15/18.

December 1st, 1918.

Norfolk Regiment—contd.

B.E.F.

9 B. V	Ringer, Ben. Maurice. 200725.	M. April 15/18.	
9 B.	Russell, J. 41268.	M. April 15/18.	
9 B.	Scott, Sidney. 265762.	M. April 15/18.	
‡9 B.	Sillence, Dmr. F. J. 29928.	W. and M. July 28/18.	
9 B.	Smith, Alfred James. 41274.	M. April 10/18.	
9 B. VI	Smith, S. 30025.	M. April 15/18.	
9 B.	Smith, W. J. 41322.	M. April 15/18.	
9 B. V	Stedman, E. 35931. (Late 4th, 30334)	M. April 14/18.	
9 B. V	Trenfield, Cpl. Wm. 43507.	M. April 15/18.	
9 B. VIII	Tunmore. 8862.	M. April 15/18.	
9 B.	Williams, W. 41382.	M. April 15/18.	
9 B.	Wood, A. E. 41212.	M. Mar. 15/18.	
9 C. X	Amond, W. 202158.	M. April 15/18.	
9 C. XI	Bullen, L.-Cpl. T. H. R. 203388.	W. and M. Mar. 21/18.	
*9 C. IX	Burrell, W. 206128.	M. April 15/18.	
9 C.	Clingo, J. 40309.	M. April 15/18.	
‡9 C.	Farrow, W. 13304.	M. Sept. 18/18.	
9 C.	Francis, Maurice Oliver. 29788.	M. April 15/18.	
9 C.	Goodchild, Sig. A. W. 40064.	M. April 15/18.	
9 C.	Goodchild, G. J. 40063.	M. Mar. 21/18.	
9 C. XII	Jessop, Jack. 205263.	M. April 15/18.	
9 C. XII	Kidd, Sgt. W. H. 14073.	M. April 15/18.	
9 C.	King, H. G. 26436.	M. Mar. 21/18.	
9 C. IX	Larkins, Geo. Francis. 35916.	M. April 15/18.	
9 C. XI	Ling, E. A. 9730.	M. April 15/18.	
9 C. X	Martin, Cecil Bertie. 14669.	M. Mar. 21/18.	
9 C.	Mayes, W. 40089.	M. April 15/18.	
9 C. IX	Orford, Robert. 24239.	W. and M. May 10-15/18.	
‡9 C.	Preston, S. 49080.	M. Sept. 18/18.	
9 C.	Ratcliffe, G. 35954.	M. April 15/18.	
‡9 C. IX	Scorah, C. E. 42570.	M. Oct. 8/18.	
9 C.	Stedman, John. 12139.	M. April 15/18.	
9 C. XII	Steel, J. W. 41413.	M. April 15/18.	
9 C. X	Wormley, W. G. 41383.	M. April 15/18.	
9 C. X	Wright, B. 17436.	M. April 15/18.	
9 D. XIII	Alliston, A. W. 32762.	W. and M. Mar. 21/18.	
9 D.	Ball, L. L. 20667.	M. April 15/18.	
*9 D. XIII	Bradley, J. 42545.	M. Oct. 8/18.	
9 D. XVI	Bream, Cpl. W. E. A. 13483.	M. April 15/18.	
9 D.	Desborough, Sig. Walter. 33140. (Fr. 4th.)	M. April 15/18.	
9 D.	Eccles, Arthur. 41350. (46326.)	M. April 15/18.	
9 D. XVI	Farrow, Harry Leon. 43612.	M. April 15/18.	
9 D. XVI	Jaggs, R. 203676.	M. April 15/18.	
9 D. XIII	Munro, George Herman. 35947.	M. April 15/18.	
9 D. XVI	Newman, Cpl. H. W. 41273.	M. April 15/18.	
9 D. XIV	Rayworth, H. N. 41336. (Fr. Leics., 47068.)	M. April 15/18.	
9 D.	Swoish, Sgt. Wm. Isaac. 13448.	M. May 29/18.	
9 D. XIII	Turner, P. 25864.	M. April 11/18.	
*9 D.	Williamson, H. D. 41042.	K. Sept. 18/18.	Det.D./B.
9 I.T.M.	Addison, I. E. 14696. (71 Bde.)	M. Mar. 21/18.	
9 ?	Birss, Donald. 41343. (41697.)	M. April 15/18.	
‡9 ?	Brown, Alec. 16296.	W. and M. Sept. 18/18.	
9 I.T.TM.	Bunn, Cpl. Clifford. 43763. (71 Bgde.)	M. Mar. 21/18.	
9 ?	Compton, Edw 204264. (Fr. 2/6 Essex.)	M. April 15/18.	

December 1st, 1918.

Norfolk Regiment—contd.

B.E.F.

9 ?	Desborough, Herb. 41347. (Fr. 3 S. Staffs.)		M. April 14/18.
9 I.T.M.	Fagow, H. J. 40218. (71 Bde.)		M. Mar. 21/18.
9 ?	Glover, C. 41375. (Fr. 4 Leictr. 470214)		M. April 15/18.
9 ?	Howes, C. 203585.		M. April 15/18.
9 ?	Jones, George. 41334.		M. April 15/18.
9 ?	Lee, J. E. 35942.		M. April 15/18.
9 ?	Manser, Geo. 41299.		M. April 15/18.
9 ?	Newham, F. 41321.		M. April 15/18.
9 ?	Pace, Edgar A. 35925.		M. April 15/18.
9 ?	Pickering, J. A. 41425		M. April 15/18.
9 ?	Sadd, A. G. 29925.		M. Mar. 21/18.
9 ?	Sherlock, E. E. 41402. (Late Leicesters, 203890.)		M. April 15/18.
9 ?	Wakefield, G. 41369. (Fr. 4 Leic.)		M. April 15/18.
9 ?	Webster, John Herb. Regd. 35934.		M. April 15/18.
9 ?	Williams, George. 201188.		M. April 15/18.
12	**Watts, 2nd Lt. F. R.**		M. abt. Aug. 30/18.
12 B. VI	Cobbe, J. E. W. 35795.		K. Aug. 23/18. Det.D./B.
12 B. XII	Watt, C. 22258.		K. Aug. 19/18. Det.D./B.
12 C. IX	Chafer, G. 40924.		M. Sept. 11/18.
12 C. XI	Cole, R. 320766.		K. Aug. 19/18. Det.D./B.
*12 C. IX	Finlay, L. 42363.		M. Sept. 11/18.
‡12 C.	Maiden, P. N. 17067.		M. Sept. 11/18.
*12 C. X	Smith, Percy G. 320907.		K. Aug. 19/18. Det.D./B.
‡12 C.	Thoday, J. 320193.		M. Sept. 11/18.
‡12 D.	Thomas, J. 41840.		M. Aug. 29/18.
*12 ?	Goffin, A. J. 31232.		M. Sept. 11/18.

E.E.F.

4	**Steel, Capt. Stanley Jos.**	M., bel. K. June 19/18.
4 A.	Coulsey, Frank. 200909.	M. June 19/18.
4 A.	Dickens, W. G. 31292.	W. and M. June 19/18.
4 ?	Jarvis, W. R. 200578.	M. bel. K. June 19/18.
5	**Buller, Capt. A. E. A.** (Fr. Inns of Court O.T.C.)	D/W. Sept. 21/18. Det.D./B.
*5 C. XII	Preston, Samuel. 49080.	M. Sept. 18/18.
5 D. XVI	Clements, W. H. 31324.	K. Nov. 2/17. Det.D./B.
5 ?	Wilson, A/Sgt. C. 240935.	D/W. Sept. 21/18. Det.D./B.

PERSIAN GULF.

2 A.	Nottage, A. C. 31092.	M., bel. drowned June 4/18.
2 B.	Pocknall, A. C. 31067.	M., bel. drowned June 10/18.

NORTHAMPTONSHIRE REGIMENT.

B.E.F.

‡1 A. III	Brown, J. T. 27998.	Unoff. M. Oct. 30/18.
1 A.	Bush, E. H. 31290.	W. and M. April 20/18.
1 A. L.G.S.	Hart, L.-Cpl. W. 24772.	W. and M. April 20/18.
1 C. IX	Catherall, L.-Cpl. Stan. H. 19161.	M. April 20/18.
1 C. IX	Flatt, L.-Cpl. C. S. 13196.	M. April 20/18.
1 C.	Hall, C. 201193.	M. April 20/18.
1 C.	Humphrey, E. 40681.	W. and M. April 20/18.
1 C. XI	Spicer, B. 12927.	M. April 20/18.
1 C. XI	Symonds, Robert. 18797.	M. April 20/18.

December 1st, 1918.

Northamptonshire Regiment—contd.

B.E.F.

*1 D. XVI	Clark, A. A. 41990	Unoff. M. end **Sept./18.**	
‡1 D. XIII	Clarke, W. N. 200754.	Unoff. M. **Sept. 22/18.**	
‡1 D. XVI	Humphreys, J. 225096.	M. **Sept. 24/18.**	
‡1 D. XVI	Johnston, J. H. 40885.	M. **Sept. 24/18.**	
1 D. XIII	Martin, T. H. 28160.	M. **Sept. 24/18.**	
1 D. XIII	Paul, R. H. J. 46734.	M. **Sept. 24/18.**	
1 D. XVI	Weight, Rowland D. 27351.	W. and M. **April 18/18.**	
*1 L.G.S.	Goldsmith, Geo. Wm. 49471.	K. **Sept. 24/18.** Det.D./B.	
2	**Ballard, 2nd Lt. F. W.**	M. **Oct. 10/18.**	
2 A. IV	Argent, W. H. 225461.	M. **May 27/18.**	
2 A. II	Bailey, Thomas. 26949.	M. **May 27/18.**	
2 A. I	Beach, J. 49673.	M. **May 27/18.**	
2 A. IV	Bonney, Alb. Chas. 49684.	M. **May 27/18.**	
2 A. II	Bowler, Leonard Victor. 32280	M. **May 27/18.**	
2 A.	Bracks, J. H. 9811.	M. **Mar. 25/18.**	
2 A. I.	Brown, A 202695.	M. **May 27/18.**	
‡2 A.	Bush, R. B. 41366.	W. and M. **April 28/18.**	
2 A. IV	Clark, G. A. 204880.	M. **May 27/18.**	
2 A. I	Clifton, L. E. 41368. (Fr. 15 Essex	M. **May 27/18.**	
2 A.	Cooper, W. H. 9685.	M. **Mar. 25/18.**	
2 A. IV	Demham, Joseph. 19539.	M. **May 27/18.**	
‡2 A.	Dines, Cpl. H. J. 52284.	M. **Aug. 21/18.**	
2 A. IV	Downey, A.-Cpl. Alb. Hry. 12884.	M. **May 27/18.**	
2 A. I	Eade, Frank John. 41406.	M. **May 27/18.**	
2 A.	Ellis, Frank Howard. 49164.	M. **April 6/18.**	
2 A.	Fulluck, Ernest. 225323.	M. **May 27/18.**	
2 A. III	Garrod, P. 49723.	M. **May 27/18.**	
2 A. II	George, W. 40108.	M. **Mar. 25/18.**	
2 A.	Gilbert, H. 8165.	M. **May 27/18.**	
2 A. III	Gladding, Reg. T. 202912.	M. **May 27/18.**	
2 A.	Gore, J. H. 31075.	M. **May 27/18.**	
2 A. III	Griffiths, W. 32282.	M. **May 27/18.**	
2 A. III	Grove, W. A. 27344.	M. **May 27/18.**	
2 A. I	Hart, M. F. 49745.	M. **May 27/18.**	
2 A.	Hastings, A. 10375.	M. **May 27/18.**	
2 A. IV	Hatherell, J. H. 10895.	M. **May 27/18.**	
*2 A. IV	Hawes, L.-Cpl. H. B. 58649.	Unoff. M. **Oct. 13/18.**	
2 A. IV	Hayward, Walter. 41362.	M. **May 27/18.**	
2 A. IV	Healy, James. 12572.	M. **Mar. 25/18.**	
2 A.	Hill, A. W. 43342.	M. **Mar. 25/18.**	
2 A. IV	Hill, S. 40346.	M. **Mar. 25/18.**	
2 A. III	Hopkins, C. 41350.	M. **May 27/18.**	
2 A. II	Jackett, T. 46774.	M. **May 27/18.**	
2 A.	Kicks, F. R. 17503.	M. **Mar. 25/18.**	
2 A. IV	Killingsworth, S. 205921.	M. **May 27/18.**	
2 A.	King, Robt. Chas. 226019.	M. **May 27/18.**	
2 A. III	Knight, W. M. 225939.	M. **May 27/18.**	
2 A.	Labrum, A. 10352.	M. **Mar. 25/18.**	
2 A. IV	Lee, F. F. 204940.	K. **April 27/18.** Det.D./B.	
2 A.	Lennon, L.-Cpl. S. W. 8440.	M **May 27/18.**	
2 A.	Mann, Geo. Stephen. 41384. (Fr. 4 Essex.)	M. **May 27/18.**	
2 A. II	Mariner, Percy. 225473.	M. **May 27/18.**	
2 A.	Maynard, G. H. 41369.	M. **May 27/18.**	
2 A.	Norris, Thomas Robt. 49201.	M. **May 27/18.**	
2 A.	Prince, A. R. 19225.	M. **May 27/18.**	
2 A. II	Rickson, A. 46873.	M. **May 27/18.**	
2 A. III	Roberts, Fredk. Rd. 203113.	M. **May 27/18.**	
2 A. II	Rowley, Henry. 46793.	M. **May 27/18.**	

December 1st, 1918.

Northamptonshire Regiment—contd.

B.E.F.

2 A.		Rummings, R. 19294.	M. Mar. 25/18.
2 A. II		Sach, Alfred. 204964.	M. May 27/18.
2 A. II		Salter, W. 30962.	M. Mar. 25/18.
2 A. II		Sawyer, L. 39870.	M. May 27/18.
2 A. II		Sharpe, S. 205814.	M. Mar. 25/18.
2 A.		Short, Geo. 17403.	M. April 27/18.
2 A. IV		Smith, G. T. 16152.	M. May 27/18.
2 A. or B.		Spencer, P. C. 10328.	M. Mar. 25/18.
2 A. II		Stevens, Sgt. W. 204976.	M. May 27/18.
2 A. IV		Stowell, E. 203560.	M. Mar. 25/18.
2 A.		Street, G. J. 24832.	M. Mar. 25/18.
2 A. I		Turner, Fred. 40375.	M. Mar. 25/18.
2 A. III		Wakelin, Wm. 23057.	M. Mar. 25/18.
2 A. III		Webb, H. 32145.	M. May 27/18.
2 B.		Adams, R. J. 49949.	M. Mar. 26/18.
2 B. VI		Bates, I. H. 49679.	M. May 27/18.
2 B. VIII		Benford, Ebenezer Willie. 46858.	M. Unoff. K. April 26/18.
2 B. VI		Bowen, F. H. 49683.	M. April 24/18.
2 B. VI		Bowld, W. J. 49146.	W. and M. April 24/18.
2 B.		Boyle, J. 49657.	M. Mar. 24/18.
2 B. VI		Britton, G. 49148.	M. May 27/18.
2 B.		Carr, A. 40185.	M. Mar. 25/18.
2 B.		Castle, J. S. 9275.	M. Mar. 25/18.
2 B. IV		Claypole, Cpl. Arth. Jas. 200918.	M. April 23-27/18.
2 B.		Clayton, H. 2569.	M. Mar. 25/18.
2 B. VII		Cogebrook, A. 30272.	M. May 27/18.
2 B. V		Cook, Cpl. Albert James. 17506.	M. May 27/18.
2 B. VI		Cox, H. A. 49690.	M. May 27/18.
2 B. VII		Cox, Thos. 13807.	W. and M. Mar. 26/18.
*2 B. V		Cranham, Sig. W. E. 205917.	M. May 27/18.
2 B. VII		Creasey, L. 41399.	M. May 27-29/18.
2 B.		Crowsley, J. 40549.	M. May 27/18.
2 B. V		Denny, S. G. 41357.	M. May 27/18.
2 B. VIII		Dickins, J. W. 204776.	M. Mar. 27/18.
2 B.		Dunster, E. F. 47619.	M. Mar. 25/18.
2 B.		Elmore, G. 47508.	M. May 27/18.
2 B.		Freeman, A. J. 49170.	M. May 27/18.
‡2 B.		Fuller, R. H. 49167.	M. Mar. 25/18.
2 B.		Goad, Alfred Geo. 49173.	M. May 27/18.
2 B.		Gunn, W. H. 201143.	M. May 27/18.
2 B. VI		Harle, W. E. 39725.	M. Mar. 26/18.
2 B.		Hedges, W. E. 202777.	M. Mar. 14/18.
2 B. VIII		Hewitson, Jas. Wm. 50042.	M. May 27/18.
2 B.		Hillson, W. 14475.	M. Mar. 28/18.
2 B.		Issett, H. 23148.	M. May 27/18.
2 B. V		Jackson, F. W. 23464.	M. Mar. 25/18.
2 B.		Jarman, Albert. 40567.	M. May 27/18.
2 B. V		King, A. 41408.	M. May 27/18.
2 B. VII		King, L.-Cpl. Albert. 40570.	M. May 27/18.
2 B.		Knight, H. 12992.	M. Mar. 25/18.
2 B.		Macdonald, B. 18746.	M. Mar. 25/18.
2 B.		Morgan, E. 48659.	M. May 27/18.
2 B. V		Moss, A. W. 43563.	M. May 27/18.
2 B. VIII		Parker, C. W. 41372.	M. May 27/18.
2 B. VIII		Pettett, Thomas. 200870.	M. Mar. 27/18.
2 B.		Pewter, Albert. 205919.	M. May 27/18.
2 B.		Ponton, T. 41356.	M. May 27/18.
2 B. VIII		Ramsbottom, Sig. A. 41333.	M. May 27/18.
2 B. VI		Redwood, E. J. 49083.	M. Mar. 25/18.

December 1st, 1918.

Northamptonshire Regiment—contd.

B.E.F.

2 B.		Reed, W. C. 18209.	M. May 27/18.
2 B. VI		Sanders, Edward. 9954.	M. May 27/18.
2 B. V		Sendall, Cpl. Clem. Francis. 23397.	M. Mar. 25/18.
2 B. VI		Smith, C. 20328.	M. May 27/18.
2 B. VI		Smith, Walter H. 41396.	M. May 27/18.
2 B. VII		Stacey, James. 19446.	M. Mar. 24/18.
2 B.		Staines, C. E. 205018.	M. May 27/18.
2 B. VIII		Stedman, S. 49116.	M. May 24/18.
2 B.		Stringer, W. 20823.	M. Mar. 25/18.
2 B. VI		Taylor, P. W. 41378.	M. May 27/18.
2 B.		Thomas, J. 40240.	M. Mar. 25/18.
2 B.		Thomas, John Ward. 50037.	M. Mar. 24/18.
2 B. V		Tomblin, Cpl. C. B. 40338.	M. May 27/18.
2 B. VI		Webb, Albert Edward. 22744.	W. and M. **April 25/18.**
2 B. VII		Whiting, R. A. 205027.	M. May 27/18.
2 B. VI		Wilden, Frank. 24232.	M. Mar. 25/18.
2 B.		Wilkins, A. 225211.	M. Mar. 27/18.
2 B.		Wilson, Thos. 3/8846.	M. May 27/18.
2 C.		Ashley, C.-S.-M. Fredk. 7056.	M. May 27/18.
2 C. IX		Askew, G. H. 40413.	M. May 27/18.
2 C. XII		Bass, Sig. C. H. 203012.	M. May 27/18.
2 C.		Bourne, W. 12751.	M. May 27/18.
2 C. IX		Bown, L.-Cpl. A. J. 45847.	M. May 27/18.
2 C.		Boyse, G. B. 40993.	M. May 27/18.
2 C. X		Brunsdon, Benj. 204908.	M. April 24/18.
2 C. XII		Chapman, O. 46642.	M. May 27/18.
2 C.		Cobley, Cecil. 23574.	M. April 5/18.
2 C. IX		Coley, L.-Cpl. J. G. 16805.	M. May 27/18.
2 C.		Davis, Francis Thomas. 25452.	M. May 27/18.
2 C.		Denton, Sgt. Harold. 17534.	M. May 27/18.
2 C. IX		Elmer, H. 18887.	M. May 27/18.
2 C. XI		Elsam, Arthur. 17642.	M. May 27/18.
2 C. XII		Ensor, R. I. W. 49161.	M. April 24/18.
2 C. IX		Greenwood, Fred. 49051.	M. May 27/18.
2 C.		Hails, J. W. 49744.	M. May 27/18.
2 C. XII		Harding, Harold Herbt. 45880.	M. May 27/18.
2 C. X		Harrison, Thos. Hry. 204931.	M. May 27/18.
2 C. X		Hickson, S. W. 30300	W. and M. **April 25/18.**
2 C.		Higham, L.-Cpl. Wm 40204.	M. April 24/18.
‡2 C.		Hine, S. L. 49182.	M. Mar. 24/18.
2 C. XII		Holton, Harry. 203109.	M. May 27/18.
2 C.		Howard, S. C. 8804.	M. Mar. 25/18.
2 C. XI		Huggett, S. 49748.	W. and M. **April 25/18.**
2 C. XII		Jefferey, G. F. 41049.	M. May 27/18.
‡2 C.		Keeling, W. F. 49757.	M. Mar. 25/18.
2 C. X		Kingham, Bertie. 204937.	M. May 24/18.
2 C.		Kipps, J. 47956.	M. May 27/18.
2 C. IX		Knight, Harry. 10495.	M. May 27/18.
2 C. XII		Law, George Harvey. 15367.	M. May 27/18.
2 C. IX		Lott, Frank. 40214.	W. and M. **Mar. 26/18.**
2 C. XI		Marshall, L.-Cpl. Albert. 49091.	M. May 27/18.
2 C. X		Owen, Alfred Frank. 49396.	M. May 27/18.
‡2 C.		Pressley, F. S. 205720.	M. May 27/18.
2 C. XI		Reed, Sgt. E. 204977.	M. May 27/18.
2 C. X		Roughsedge, Chas. 28229	K. July 25/18. Det.D./B.
2 C. IX		Rush, L. 49804.	W. and M. **April 25/18.**
2 C. XI		Sapey, W. 43626.	M. May 27/18.
2 C. XII		Sartin, Arthur A. 49815.	M. May 27/18.
2 C.		Sewall, F. C. 39705.	M. Mar. 24/18.

December 1st, 1918.

Northamptonshire Regiment—contd.

B.E.F.

2 C.		Slater, W. 22115.	M. Mar. 25/18.
2 C. IX		Smith, A. J. 49825.	M. May 27/18.
2 C. XII		Smith, Bert. 32042.	M. Mar. 24/18.
2 C. IX		Sowrey, H. 47008.	M. May 27/18.
*2 C. IX		Spriggs, W. 17907.	M. Mar. 25/18.
2 C. X		Stannard, L.-Cpl. John A. 32277.	M. May 27/18.
2 C.		Summerford, R. 23387.	M. Mar. 24/18.
2 C.		Tomsett, C. T. 49862.	M. April 24/18.
2 C. XII		Twyman, A. 203542.	M. May 27/18.
2 C. X		Venes, Sidney. 49865.	M. April 24/18.
2 C. XII		Whitmore, Geo. J. 47339.	M. April 24/18.
2 C. X		York, Sig. Hubert B. 201229.	M. May 27/18.
2 D. XIV		Baldwin, H. 40310.	Unoff. M. May 27/18.
2 D. XIV		Barrett, N. M. 40179.	M. Mar. 26/18.
2 D.		Batchelor, Fredk. 41156.	M. May 27/18.
2 D. XV		Bates, Herbert. 202975.	M. May 27/18.
2 D. XIV		Bennett, Geo. W. 40442.	M. May 27/18.
2 D. XVI		Brace, H. 24603.	M. May 27/18.
2 D.		Branch, J. W. 40313.	M. Mar. 26/18.
2 D. XV		Broyd, F. C. 204982.	W. Unoff. M. April 24/18.
2 D.		Chambers, L.-Cpl. Sidney. 9816.	M. May 27/18.
2 D.		Clark, L.-Cpl. A. R. 23964.	M. May 27/18.
2 D. XIII		Denne, H. E. 48996.	M. May 27/18.
2 D.		Dicks, F. W. 16914.	M. May 27/18.
2 D. XVI		Dowdeswell, Chas. A. 204199.	M. April 24/18.
2 D. XVI		Evans, James C. 27499.	M. May 27/18.
2 D.		Fontaine, A. G. 49077.	M. Mar. 28/18.
2 D.		Foster, Fredk. 27146.	M. May 27/18.
2 D. XIII		Gardiner, L. 49728.	M. April 24/18.
2 D. XVI		Geary, A. H. 225450.	M. May 27/18.
2 D.		Hefford, S. H. 13063.	M. May 27/18.
2 D. XIV		Hiliyar, L.-Cpl. H. R. 49747.	M. May 27/18.
2 D.		Hockaday, C. F. 30301.	M. Mar. 28/18.
2 D. XV		Inkel, John Henry. 23499.	M. May 27/18.
2 D. XV		Jennens, L.-Cpl. W. 46914.	M. May 28/18.
2 D. XVI		Lovett, H. 41074.	M. May 27/18.
2 D.		McLaughlin, G. 43660.	M. Mar. 28/18.
2 D.		Morfer, S. 49782.	M. May 27/18.
‡2 D.		Needham, L.-Sgt. H. 8965.	M. Mar. 28/18.
2 D. XVI		O'Callaghan, Richard. 41411.	M. May 27/18.
2 D. XIV		Ougden, L.-Cpl. E. W. 49788.	M. May 27/18.
2 D. XIII		Pammenter, W. 47309.	W. and M. Mar. 29/18.
2 D. XV		Pamplin, L.-Cpl. A. E. 30898.	M. Mar. 28/18.
2 D. XVI		Parker, John Wm. 49398.	M. May 27/18.
2 D. XV		Penney, Roland Geo. 49794.	M. May 27/18.
2 D. XIV		Pentelow, G. A. 203058.	M. Mar. 26/18.
2 D. XIV		Quinion, S. E. C. 27465.	M. May 27/18.
2 D.		Robinson, L. 15512.	M. May 27/18.
2 D. XV		Rouse, Harry Thomas. 18185.	M. May 24-27/18.
2 D.		Shaw, Harry. 27968.	M. May 27/18.
2 D.		Smith, George. 49136.	M. May 27/18.
2 D. XV		Snoxall, Geo. Wm. 43240.	M. May 27/18.
2 D.		Spradbury, Leonard. 48700.	M. May 27/18.
2 D. XIV		Stanbridge, R. M. 49074.	M. Mar. 26/18.
2 D.		Stephenson, Thomas. 48664.	M. May 27/18.
2 D. XIII		Thornton, Cpl. Wm. 17205.	M. May 27/18.
2 D. XIV		Thurlow, H. T. 40400.	M. May 27/18.
2 D. XV		Torkington, W. C. 49855.	M. May 27/18.
2 D. XIV		Trent, E. J. 49088.	M. Mar. 26/18

December 1st, 1918.

Northamptonshire Regiment—contd.

B.E.F.

2 D.	Turner, E. J. 18381.	M. Mar. 28/18.
2 D.	Walker, E. 8468.	M. Mar. 28/18.
2 D.	Warnock, Geo. Edw. 49480.	M. May 27/18.
2 D. XVI	Warwick, Ern. R. 49436.	M. May 27/18.
2 D. XIII	Watling, L.-Cpl. James. 16191.	M. May 2/18.
2 D. XV	Whiteman, J. 22533.	M. Mar. 26-28/18.
2 D.	Wilmer, Wm. Horace. 49883.	M. May 27/18.
2 D. XIV	Wise, J. 23398.	M. May 27/18.
2 H.Q.	Atkins, E. W. 46788.	M. May 27/18.
2 H.Q. Sig.	Beaumont, Cyril G. 202938.	M. May 27/18.
2 H.Q.	Brasier, Fred. 201567.	M. May 27/18.
2 H.Q.	Brimmell, James. 47255.	K. April 24/18. Det.D./B.
2 H.Q.	Daines, F. 48910.	M. May 27/18.
2 H.Q. Sig.	Jepp, Wallace. 41349.	M. May 27/18.
2 H.Q.	Jolley, R. E. 27170.	M. May 27/18.
2 H.Q.	Richardson, Wm. John. 204957.	M. May 27/18.
2 H.Q.	Sibellas, Fred. L. 204967.	M. May 27/18.
2 H.Q.	Sorrell, S. 17558.	W. and M. April 24/18.
2 H.Q.	Sumner, A. 17575.	M. May 27/18.
2 H.Q.	Thomas, C. 50699.	M. May 27/18.
2 Sig. S.	Church, Wm. James. 8973.	M. May 27/18.
2 Sig. S.	Coe, L.-Cpl. S. 7810.	M. May 27/18.
2 ?	Cummings, T. 41359.	M. May 27/18.
2 ?	Goring, Henry. 14767.	M. May 27/18.
2 ?	Halfhead, Harold. 49370.	M. May 27/18.
2 ?	Johnson, Wm. Hy. 41052.	M. May 27/18.
*2 ?	Kinnear, W. 13005. (Despch. Rider)	W. and M. May 27/18.
2 ?	Rae, S. W. 49809.	M. May 24/18.
2 ?	Tansley, Albert. 20103.	M. May 27/18.
2 ?	Tooke, M. J. 43492.	W. and M. April 24/18.
2 ?	Wailing, S. G. 206734.	M. Mar. 25/18.
2 ?	Wells, W. G. 205028.	M. May 27/18.
2 ?	Wright, Walter Edw. 40598.	M. May 27/18.
3 A.	Binnell, Saml. John. 47971.	M. Mar. 28/18.
5 A. III	Jordon, Wm. 18775.	M. April 5/18.
6 A. II	Anderson, F. G. 48434.	M. April 5/18.
‡6 A. IV	Banks, L. F. 48874.	M. Aug. 21/18.
‡6 A.	Barker, S. E. 120904.	M. Sept. 29/18.
‡6 A.	Clarke, J. T. 31031.	M. Sept. 29/18.
6 A.	Clifton, A. J. 18975.	M. April 5/18.
6 A.	Coulthard, Robt. Hry. 204819.	W. and M. April 3/18.
‡6 A. II	Davis, J. 203378.	M. Sept. 18/18.
6 A.	Denton, Cpl. R. 14522.	M. April 5/18.
‡6 A. II	Fitches, Arth. Joseph. 59357.	M. Sept. 29/18.
6 A.	Foster, Fred. 14265.	M. April 5/18.
6 A. I	Gee, W. G. 40511.	M. April 3/18.
6 A. III	Perkins, Harold. 20518.	M. Mar. 24/18.
6 A. I	Pulley, C. 203414.	M. April 5/18.
6 A. II	Rainbow, George. 200521.	Unoff. W. and M. Aug. 22/18.
6 A.	Reynolds, G. W. 28066.	M. April 5/18.
‡6 A.	Simpson, W. W. 46990.	W. and M. Aug. 18/18.
6 A. II	Smith, F. 39286.	W. and M. April 4/18.
6 A. I	Walsh, Sgt. J. 200758.	K. April 5/18. Det.D./B.
‡6 A.	Williams, R. W. G. 49231.	M. July 2/18.
‡6 B.	Aves, S. 59454.	W. Unoff. M. Sept. 29/18.
6 B. VIII	Baker, Alfred. 41806.	W. Unoff. M. Aug. 6/18.
6 B. VIII	Barratt, M. 41815.	W. Unoff. M. Aug. 6/18.
6 B.	Bonfield, George. 3058.	M. April 3/18.

FF

December 1st, 1918.

Northamptonshire Regiment—contd.

B.E.F.

6 B.	Briggs, Joseph. 41291.	M. Aug. 7/18.
6 B. M.G.S.	Bull, L.-Cpl. S. O. J. 17027.	M. July 2/18.
‡6 B. V	Davies, B. W. G. 49711.	M. Sept. 27/18.
‡6 B.	Dobbs, J. W. 40513.	M. July 2/18.
‡6 B. VII	Eastwood, Thos. 41832.	M. Sept. 21/18.
6 B. VII	Gates, P. H. C. 48999.	M. Mar. 23/18.
8 B. or D.	Gilpin, T. 39614.	M. April 5/18.
6 B. V	Golder, F. G. 41311.	M. June 30/18.
‡6 B.	Hansford, A. G. 47758.	M. Mar. 23/18.
6 B. VIII	Hare, H. 13184.	M. Mar. 23/18.
6 B. VIII	Harris, Geo. Thos. 49120.	M. Mar. 23/18.
6 B. V	Helton, H. 30269.	M. Mar. 23/18.
‡6 B.	Hinsley, A. 52168.	M. July 1/18.
*6 B. VII	Howlett, J. R. 58190.	M. Sept. 21/18.
6 B. VIII	Jackson, Lawrence Edw. 48830.	M. July 31/18.
‡6 B.	Jores, D. J. 58096.	M. Sept. 29/18.
6 B.	Lampard, A. W. 47757.	M. Mar. 23/18.
*6 B. VI	Lane, John Wm. Houlton. 50264.	M. Sept. 18/18.
6 B.	Latchford, G. 25281.	M. July 1/18.
6 B. VII	Lough, Percy. 17342.	M. Mar. 23/18.
‡6 B. VIII	Maycock, P. 43721.	M. Sept. 29/18.
6 B.	Newman, G. D. A. 41268.	M. July 2/18.
6 B. V	Parker, Edgar W. 58081.	K. Sept. 18/18. Det.D./B.
6 B.	Pearce, Wm. Edw. 15221.	M. Mar. 23/18.
6 B. VIII	Thompson, Frank. 58189.	M. July 31/18.
6 B.	Tilley, M.M., Cpl. G. 18445.	M. April 5/18.
‡6 B.	Walker, H. 8385.	M. April 24/18.
‡6 B.	Whyall, L. 52156.	M. July 2/18.
6 C. IX	Bint, Cpl. F. 40102.	M. Mar. 22/18.
6 C.	Blunt, H. 10888.	M. Mar. 22/18.
6 C. X	Burton, H. T. 40494.	M. Mar. 22/18.
‡6 C.	Cox, R. H. 49227.	M. Aug. 31/18.
6 C. X	Ellis, Montague Arth. 49000.	K. Mar. 22/18. Det.D./B.
‡6 C. IX	Fletcher, Geo. 41835.	W. and M. Sept. 21/18.
*6 C. IX	Griffiths, W. E. 48689.	M. Sept. 11/18.
6 C. X	Harrison, Sydney. 40473.	M. Mar. 22/18.
6 C. X	Henson, A. E. 41859.	M. Aug. 31/18.
6 C. XI	Hull, L.-Cpl. Fred. Walter. 17037.	M. Mar. 22/18.
‡6 C. IX	King, John A. 59560.	M. Sept. 29/18.
6 C. IX	Linge, Edwin. 47766.	M. April 5/18.
6 C.	Lomaglio, H. 46889.	Unoff. M. May 19/18.
6 C.	MacRae, Christopher. 47834.	M. April 5/18.
6 C. X	Oram, A. 30768.	W. and M. Mar. 25/18.
6 C. XI	Palmer, H. R. 27627.	M. Mar. 22/18.
6 C. XI	Pankhurst, George. 40895.	M. Mar. 22/18.
6 C. IX	Pateman, Ezra. 205113.	M. Mar. 22/18.
6 C.	Pearce, W. H. 46960.	M. April 5/18.
6 C. IX	Roberts, John Stan. 46999.	M. Mar. 22-25/18.
*6 C. IX	Sheppard, Alfred. 58230.	M. Aug. 31/18.
6 C. XI	Smith, Norris. 52176.	M. April 24/18.
6 C. IX	Speed, J. 39282.	K. April 3/18. Det.D./B.
6 C. X	Tasker, Arthur Horace. 22740.	M. Aug. 31/18.
6 C. IX	Timms, H. 52137.	M. April 25/18.
6 C. XII	Vines, Len. 18412.	M. Mar. 22/18.
‡6 C.	Wilson, H. 52198.	M. April 25/18.
‡6 C.	Wolstencroft, A. E. 201869.	M. Aug. 31/18.
‡6 C.	Wood, C. H. 43758.	M. Aug. 31/18.
‡6 C.	Wood, H. 52152.	M. Aug. 31/18.
6 D.	Brown, W. E. 52184.	W. and M. April 24/18.

December 1st, 1918.

Northamptonshire Regiment—contd.
B.E.F.

*6 D. XIII	Cantwell, Edward T. 47462.	K. Sept. 21/18. Det.D./B.
*6 D. XVI	Charles, H. 58136.	M. Sept. 29/18.
‡6 D. XVI	Gissing, W. H. 58107.	M. Sept. 21/18.
6 D. XVI	Hodson, L.-Cpl. C. 18057.	W. and M. April 4/18.
6 D. XIV	Joyce, W. E. 49384.	Unoff. K. Aug. 31/18.
6 D.	Kynoch, L.-Cpl. James. 52270.	M. April 5/18.
‡6 D. XIII	Malkinson, J. 59578.	M. Sept. 29/18.
6 D. XIV	Needle, T. 13857.	M. Aug. 7/18.
‡6 D.	Pratt, Leonard Geo. 59592.	M. Sept. 29/18.
6 D.	Reckler, Leo. 40524.	W. and M. April 24/18.
‡6 D. XV	Silvester, John. 16608.	M. Sept. 29/18.
‡6 D. XIV	Summerfield, W. A. 59451.	M. Sept. 29/18.
6 D. XIII	Thurley, G. W. 49619.	M. April 25/18.
6 D. XIV	Warren, L.-Cpl. A. F. 201253.	M. April 5/18.
6 D. XVI	Webb, Thos. Geo. 204805.	W. and M. Mar. 23/18.
6 D. XIII	Wells, J. C. 40483.	M. Mar. 22/18.
6 D. XIII	Whareham, W. J. 206737.	M. April 5/18.
6 D. XIV	Whatmough, Ern. Chas. 47387.	M. Mar. 23/18.
6 D. XIII	Wheeldon, J. 206714.	Unoff. M. April 5/18.
6 D. XVI	White, E. 30920.	M. April 5/18.
‡6 D. XIV	Williams, W. L. 59497.	M. Sept. 29/18.
6 D. XV	Wilson, John. 46968.	M. April 5/18.
6 H.Q.	Garley, J. W. 13328.	M. April 5/18.
6 ?	Cuss, Arthur Giles. 49149.	K. Aug. 7/18. Det.D./B.
6 ?	Edwards, John. 52165.	M. April 25/18.
6 ?	Harman, R. 58777.	M. Sept. 30/18.
6 ?	Hoar, A. H. 31152	M. Mar. 23/18.
6 ?	Hunt, Cecil Herbert. 205882.	W. and M. July 2/18.
6 ?	Kendall, Frank. 20237.	M. Mar. 23/18.
6 ?	Smith, A. H. 41305.	M. April 25/18.
6 ?	Smith, Joseph. 47783.	M. Mar. 22/18.
‡6 ?	Stanford, J. 59344.	M. Sept. 29/18.
6 ?	Starmer, F. J. 205697.	K. April 25/18. Det.D./B.
6 ?	Wilkin, Cpl. W. 43267.	M. Mar. 22/18.
*7 A. II	Belteck, J. H. 41148.	Unoff. M. Oct. 17/18.
‡7 A. I	Graham, W. A. 49060.	M. Oct. 16/18.
7 A.	King, George. 201837.	M. Mar. 28/18.
‡7 A.	Lay, G. W. 41070.	M. Oct. 16/18.
7 A. I	Mayes, J. W. 203050.	M. Mar. 22/18.
‡7 A. III	Poulson, Robert. 42052.	M. Oct. 16/18.
‡7 A.	Roe, E. 20438.	Unoff. M. Oct. 6/18
‡7 A.	Seward, Wm. Ronald. 41110.	M. Oct. 16/18.
‡7 A. I	Tyson, W. G. 40594.	M. Oct. 16/18.
7 A.	York, R. H. 32198.	M. Mar. 22/18.
7 B.	Bignell, J. 205859.	M. July 22/18.
7 B.	Brown, A. 205032.	W. Unoff. M. July 22/18.
7 B.	Pillans, L.-Cpl. Jas. 47887.	M. July 22/18.
*7 B. VI	Spencer, G. 24052.	M. July 22/18.
7 B.	Stacey, L.-Cpl. William. 16065.	M. Mar. 22/18.
7 B. VII	Whitton, Arthur Leonard. 40966.	M. July 22/18.
7 C.	Cockerill, Sgt. A. 8631.	M. July 22/18.
7 C. IX	Cook, Cpl. Arthur T. 25477.	K. Mar. 25/18. Det.D./B.
7 C.	Lee, L.-Cpl. Fred. 6252.	W. and M. Mar. 25/18.
7 C.	Shrives, F. H. 205054.	W. and M. Mar. 22/18.
7 D. XIV	Allen, Percy. 9833.	W. and M. Mar. 25/18.
7 D. XIV	Palmer, B. 39634	M. Mar. 25/18.
7 H.Q.	Hartley, Harold. 43555.	M. Mar. 21/18.
7 ?	Hunt, Ernest. 28339.	M. May 27/18.

December 1st, 1918.

NORTHUMBERLAND FUSILIERS.
B.E.F.

1		Morris, 2nd Lt. A. E.	M. May 27/18.
1		Nimmo, 2nd Lt. W. L.	M. July 26/18.
1 W.		Allgood, A. 16441.	M. Mar. 28-29/18.
1 W. IV		Ballard, W. F. 46926.	M. Mar. 29/18.
1 W.		Barrett, G. R. 266948.	M. Mar. 28-29/18.
1 W.		Brown, Francis. 13172.	W. and M. Aug. 2-23/18.
1 W. II		Burton, B. 202062.	M. Mar. 22/18.
1 W.		Clarke, L.-Cpl. G. S. 40156.	M. Mar. 28-29/18.
1 W. II		Clayton, Ernest. 39990.	M. Mar. 23/18.
1 W.		Cole, C. 46458.	M. Mar. 28/18.
1 W. IV		Cook, A. 340970.	M. Mar. 28-29/18.
1 W.		Cooper, L.-Cpl. G. A. 1179.	M. Mar. 28-29/18.
1 W. II		Cossins, Percy. 61167.	M. Mar. 28/18.
1 W. I		Cox, Samuel. 66491.	M. May 27/18.
1 W.		Cresswell, L.-Cpl. J. T. 44095.	M. Mar. 28-29/18.
1 W. II		Crowther, Lewis. 55350.	M. Mar. 28-29/18.
1 W. III		Davidson, Jas. Spence. 35514.	M. Mar. 28-29/18.
1 W.		Devine, S. 56102.	M. Mar. 28-29/18.
1 W.		Ellerby, M.M., Cpl. Percival. 38382	M. Mar. 28/18.
1 W. IV		Fowler, G. A. 291978.	M. Mar. 28-29/18.
1. W.		Gaffney, Jas. 21298.	M. Mar. 28-29/18.
*1 W. I		Gledhill, A. 65149.	M. Aug. 21-23/18.
1 W.		Gordon, Duncan. 30482.	M. Mar. 21-29/18.
1 W. I		Green, E. 292695.	M. Mar. 28-29/18.
1 W.		Hall, T. J. 35832.	M. Mar. 28/18.
1 W.		Hare, Aaron. 777.	M. Mar. 28-29/18.
1 W.		Hepple, J. 172.	M. Mar. 28-29/18.
1 W. IV		Houghton, W. D. 19324.	M. Mar. 28-29/18.
1 W. II		Hudson, John Lishman. 50206.	M. Mar. 28-29/18.
1 W.		Hurst, J. J. 2247.	M. Mar. 28-29/18.
1 W. I		Jones, Leonard. 44878.	M. Mar. 28/18.
1 W. IV		Langlands, L.-Cpl. Geo. 43553.	M. Mar. 28-29/18.
1 W.		McDermott, J. 37010.	M. Mar. 28-29/18.
1 W. VII		Mellor, I. 41476.	W. and M. Mar. 28/18.
1 W.		Middlemas, Thos. 291078.	M. Mar. 28-29/18.
1 W. II		Milner, L.-Cpl. Israel. 36993.	M. Mar. 28-29/18.
1 W.		Mitchell, Willis. 17668.	M. Mar. 28-29/18.
‡1 W.		Moss, Arthur. 55394.	M. Aug. 21-23/18.
1 W.		Myers, W. 55393.	M. Mar. 28-29/18.
1 W.		Neary, James. 24968.	M. Mar. 28-29/18.
1 W. IV		Newton, L.-Cpl. Walter. 1601.	M. Mar. 28-29/18.
1 W.		Nicholls, Wm. Hry. 340845.	M. Mar. 28-29/18.
1 W. IV		Pearson, C. 34449.	M. Mar. 29/18.
1 W. II		Reese, David Jones. 65206.	M. Unoff. W. Aug. 21-23/18.
1 W. I		Roper, Albert. 18034.	M. Mar. 28/18.
1 W.		Saunders, Cpl. J. 1305.	M. Mar. 28-29/18.
1 W.		Stakes, Joseph. 16681.	M. April 29/18.
1 W.		Steel, Arthur. 52790.	M. Aug. 21-23/18.
1 W. II		Stephens, Wm. Thos. 56211.	M. Mar. 28-29/18.
‡1 W.		Sugden, H. 65438.	M. Aug. 21-23/18.
1 W. IV		Taylor, Arthur. 366925.	K. Aug. 21-23/18. Det.D./B.
1 W.		Taylor, W. 267562.	M. Mar. 28-29/18.
*1 W.		Tomlinson, Herbert. 241908.	M. Sept. 27/18.
‡1 W.		Unwin, Francis S. 200786.	M. Oct. 8/18.
1 W. I		Walker, John. 55441.	M. Mar. 28/18.
*1 W. IV		Watson, Nicholas. 66761.	K. Oct. 8/18. Det.D./B.
1 W. I		Wilson, A. H. 267571.	M. Mar. 28-29/18.
1 W. I		Wilson, Archibald. 29/1247.	M. Mar. 28-29/18.
1 W.		Worley, T. 2616.	M. Mar. 28-29/18.

December 1st, 1918.

Northumberland Fusiliers—contd.

B.E.F.

1 W.	Wright, W. T. 58031.	M. Mar. 28-29/18.
1 X. VIII	Allinson, L.-Cpl. Arthur Lister. 65255	W. and M. April 11/18.
1 X. V	Barney, Jack. 340990.	M. Mar. 29/18.
1 X. VII	Beattie, L.-Sgt. G. T. 65257	M. Aug. 21/18.
1 X. VII	Bragg, L.-Cpl. Fred. 65258.	M. Aug. 21-23/18.
1 X.	Brown, W. 37518.	M. Mar. 28-29/18.
‡1 X. V	Buck, Tom. 60806.	W. Unoff. M. Sept. 27/18.
1 X. VI	Cox, Stephen. 63941.	M. Aug. 21-23/18.
‡1 X.	Cunningham, J. 47545.	M. Aug. 21-23/18.
1 X. VI	Daffin, G. W. S. 55363	M. Mar. 28-29/18.
*1 X.	Ford, Sgt. W. 65140.	W. and M. Aug. 21-23/18.
‡1 X.	Hannant, G. 58134.	M. Aug. 21-23/18.
1 X. V	Hulse, Herb. 65328.	K. May 21-23/18. Det.D./B.
‡1 X.	Jackson, R. 65480.	M. Aug. 21-23/18.
1 X. VII	Parsley, Thos. 17101.	M. Aug. 21-23/18.
*1 X. VI	Robb, Wm. 17445. (Fr. 8th.)	M. Aug. 21-23/18.
1 X V	Robertson, B. 236072.	M. May 6/18.
1 X V	Robinson, J. W. 22985.	W. and M. Mar. 21/18.
1 X. VI	Robson, Nicholas. 290126.	M. Mar. 28-29/18.
‡1 X.	Robson, L.-Cpl. A. 241077.	M. Aug. 21-23/18.
1 X.	Shield, Walter. 65216.	D/W. Sept. 18/18. Det.D./B.
1 X.	Simpson, F. 24067.	M. Mar. 28-29/18.
1 X. VI	Stabler, Cpl. John. 23587.	K. or D/W. Aug. 21-23/18. Det.D./
1 X. VII	Stockdale, Sydney. 6535.	M. Aug. 21-23/18.
1 X. VII	Thorpe, Cyril. 236977.	M. Aug. 21-23/18.
1 X. VI	Waldon, Percy. 35096.	M. Mar. 28-29/18.
1 X.	Wilkinson, John. 236966.	M. Aug. 21-23/18.
1 Y.	Beaumont, G. A. 44123.	M. Mar. 28-29/18.
1 Y.	Bell, H. B. 32599.	M. Mar. 28-29/18.
1 Y.	Bennett, J. 65262.	Unoff. K. April 13-14/18. Det.D./B.
1 Y. XII	Davey, Tom. 65422.	K. May 4-5/18. Det.D./B.
1 Y. IX	Doran, John. 55893.	K. May 22/18. Det.D./B.
1 Y.	Herron, L.-Cpl. J. 317.	M. Mar. 28-29/18.
1 Y. XII	Sherrock, Fredk. John. 241147.	M. Aug. 21-23/18.
*1 Z. XV	Archer, S. 65089.	M. Aug. 21-23/18.
1 Z. XV	Atkinson, Wm. 51077.	M. Mar. 28-29/18.
*1 Z. XV	Bates, Hills. 54104.	M. Aug. 21/18.
1 Z. XVII	Beaumont, J. 65475.	M. Aug. 21/18.
1 Z. XV	Cummings, Wm. John. 19/1255.	W. and M. March 29/18.
‡1 Z.	Finney, J. 65141.	M. Aug. 21-23/18.
‡1 Z.	Fitzpatrick, L.-Cpl. G. 10725.	M. Aug. 21-23/18.
1 Z.	Garrett, James. 4409.	M. Aug. 21-23/18.
‡1 Z.	Greenhead, Sgt. P. 2795.	M. Aug. 21-23/18.
1 Z. IV	Horner, Tom. 202656.	M. Mar. 29/18.
1 Z.	Hutchinson, R. 41482.	W. and M. Aug. 21 23/18.
1 Z. XV	Jones, Cpl. Herbert. 15245.	M. Mar. 28-29/18.
1 Z. XVI	Langton, J. 55389.	M. Aug. 21/18.
1 Z. L.G.S.	McKinnon, L.-Cpl. John. 46878.	M. Aug. 21-23/18.
1 Z.	Nichol, T. 7326.	M. Mar. 28-29/18.
1 Z.	Patterson, R. 40157.	M. Aug. 21-23/18.
1 Z. XVII	Pattison, E. E. 25186.	M. Mar. 28-29/18.
1 Z.	Phillips, J. 22305.	M. Aug. 21-23/18.
1 Z. XV	Scott, Charles Wm. 18519.	M. Mar. 28-29/18.
1 Z.	Scott, R. 39744.	M. Mar. 28-29/18.
‡1 Z. XV	Sellers, H. A. 75909.	K. Oct. 8/18. Det.D./B.
1 Z.	Thompson, Cpl. Edwin. 1278.	M. Aug. 21-23/18.
1 Z. XVI	Wintle, J. 56037.	M. Aug. 21-23/18.
1 ?	Blackburn, John W. 65100.	W. and M. Aug. 21-23/18.

December 1st, 1918.

Northumberland Fusiliers—contd.

B.E.F.

1 ?		Cocking, Horace. 36879.	M. Mar. 28-29/18.
1 ?		Coote, Emery Edward. 21101.	M. Mar. 22-29/18.
1 ?		Gommersall, Sam. 340769.	K. Mar. 28/18. Det.D./B
*1 ?		Love, Tim. 242358.	M. May 27/18.
1 ?		Marriott, T. 37680.	K. or D/W. Aug. 21-23/18. Det.D./B.
1 ?		Molyneaux, Sgt. W. 6463.	M. July 26/18.
1 ?		Sherwin, L.-Cpl. Geo. 60798.	M. Sept. 4/18.
1 ?		Southwell, H. O. G. 65471.	M. Aug. 21-23/18.
1 ?		Street, L.-Cpl. Robt. 201234.	M. Mar. 28-29/18.
1 ?		Tweedie, L.-Cpl. David. 29/1312.	M. Mar. 28-29/18.
1 ?		Watts, Cpl. C. 18/695.	M. April 9/18.
‡2 C. XII		Stibbe, Marks. 39396.	Unoff. K. Oct. 12/18. Conf. and Det.
4 I.T.M.		Benson, Lieut. J. M. (149 Bgde.)	M. May 27/18.
4		Farwell, 2nd Lt. John Edmund.	M., bel. W. May 27/18.
4		Jones, 2nd Lt. W.	M. May 27/18.
4 A. III		Agambar, Wm. 203342.	M. April 10/18.
4 A.		Air, J. 290210.	M. May 27/18.
‡4 A.		Alair, Wm. 200476.	M. May 27/18.
‡4 A.		Alderson, James Edward. 20518.	M. May 27/18.
4 A. III		Barradell, C. 66467.	M. April 10/18.
‡4 A.		Barry, J. 66468.	M. April 10/18.
4 A.		Bell, Sig. Robert A. 28/168.	M. May 27/18.
4 A.		Binks, W. 41299.	M. May 27/18.
4 A.		Bishop, C. 201344.	M. Mar. 26/18.
‡4 A.		Bridgman, L. W. 66466.	M. April 10/18.
4 A. III		Buckle, John. 59938.	M. Mar. 23/18.
4 A. III		Campbell, James Ed. 75850.	M. May 27/18.
4 A. Sig. S.		Carter, Stanley. 204576.	M. April 10/18.
4 A. III		Chell, E. 75862.	M. May 27/18.
‡4 A.		Clark, C. 66487.	M. April 10/18.
4 A. III		Cooke, Leonard Arthur. 75868.	M. May 27/18.
4 A. II		Cort, Henry Francis. 75860.	M. May 27/18.
4 A. III		Cox, J. F. 75853.	M. May 27/18.
4 A. III		Cross, Cecil Isidore. 75864.	M. May 27/18.
‡4 A.		Dysen, A. 66503.	M. April 10/18.
‡4 A.		Elliott, Cpl. J. 204564.	M. April 10/18.
‡4 A.		Eshelly, F. 40065.	M. April 10/18.
4 A. II		Garmston, S. F. 75874.	M. May 27/18.
4 A. L.G.S.		Gravell, L.-Cpl. F. 220211.	M. May 27/18.
4 A. I		Hartshorn, L.-Cpl. George. 31/133.	M. April 10/18.
4 A. III		Heffron, T. 291255.	M. Mar. 27/18.
4 A. IV		Hutchings, F. H. 237051.	M. May 27/18.
4 A. IV		Hutchinson, Geo. 200755.	M. April 10/18.
4 A. I		Ince, John P. 8157.	M. May 27/18.
4 A. IV		Iredale, A. 75882.	M. Mar. 26/18.
4 A.		Ireson, Ted. 202108.	M. May 27/18.
4 A.		Jasper, Sgt. E. Robert. 237017.	M. April 10/18.
4 A. IV		Jessup, G. 203364.	M. May 27/18.
4 A. III		Kelleher, J. F. 5780.	M. May 27/18.
4 A.		Kenyon, Lewis. 45864.	M. May 27/18.
4 A. III		Leonard, A. J. 237060.	M. May 27/18.
4 A. III		Lewell, J. F. 75664.	M. April 10/18.
‡4 A.		Lloyd, L.-Cpl. D. 19293.	M. April 10/18.
‡4 A.		Lock, M. 68976.	M. April 10/18.
4 A.		Lord, Edwin. 66535.	M. May 27/18.
4 A. L.G.S.		Lynch, L.-Cpl. Harry. 200544.	M. May 27/18.
4 A. III		Mallor, C. 75920.	M. April 10/18.
4 A.		Mason, J. 68987. (19467.)	M. May 27/18.
4 A.		Milner, James. 19268.	

Northumberland Fusiliers—contd.

B.E.F.

4 A.	Mould, George. 1608.	M. **May 27/18.**
4 A. IV	Pattison, Isaac. 75636.	M. **May 27/18.**
4 A. II	Pollard, Frank. 59891.	M. **Mar. 29/18.**
‡4 A.	Shaw, G. T. 47114.	M. **April 10/18.**
4 A. II	Simpson, John H. B. 40050.	M. **May 27/18.**
‡4 A.	Slater, L.-Cpl. W. 39530.	M. **April 10/18.**
4 A. III	Smith, Charles. 75668.	M. **May 27/18.**
4 A. IV	Suthers, Robert Eric. 79019.	Unoff. M. **May 27/18.**
4 A.	Thompson, E. O. 69046.	M. **April 10/18.**
‡4 A.	Thompson, F. 69047.	M. **April 10/18.**
4 A. II	Tony, George. 69051.	M. **May 27/18.**
4 A. IV	Tuckwood, C. H. 6071.	W. and M. **April 11/18.**
4 A.	Wagner, Robt. Henry. 75471.	M. **May 27/18.**
4 A. I	Walker, John Royston. 75690.	M. **May 27/18.**
4 A. IV	Waugh, L.-Cpl. A. W. 5218.	M. **May 27/18.**
‡4 A.	Wigham, L.-Sgt. J. 238009.	M. **April 10/18.**
4 A. III	Willis, Fredk. R. 75715.	M. **May 27/18.**
4 A. IV	Wood, A. 75705.	M. **May 27/18.**
4 B.	Baker, Sgt.-Maj. W. 18185.	M. **Mar. 28/18.**
4 B.	Buckham, L.-Cpl. John. 200545.	M. **May 27/18.**
4 B. VII	Clarke, W. E. 202075.	M. **May 27/18.**
‡4 B.	Devlin, T. 66506.	M. **April 10/18.**
4 B.	Donche, H. 237043.	M. **May 27/18.**
4 B. V	Downey, J. 36448.	M. **April 11/18.**
4 B. V	Glass, R. 202504.	M. **May 27/18.**
4 B. V	Graves, L.-Cpl. Geo. 78986. (237034)	M. **May 27/18.**
4 B. V	Greenwood, Gilbert. 27289.	M. **May 27/18.**
4 B.	Harper, I. 291932.	M. **May 27/18.**
4 B. VII	Harris, Geo. 291934.	M. **April 11/18.**
4 B. VIII	Hillaby, Wm. Harry. 267782.	Unoff. M. **May 27/18**
‡4 B.	Humphries, J. T. 66527.	M. **April 10/18.**
4 B.	Keywood, T. J. 237058.	M. **May 27/18.**
4 B. VI	Laidler, James. 203202.	M. **Mar. 22/18.**
4 B. VIII	Laughlin, Hubert. 75899.	M. **May 27/18.**
4 B. VIII	Lawson, R. E. 68972.	M. **May 27/18.**
‡4 B.	Littlejohn, A. 68975.	M. **April 10/18.**
4 B. VIII	Loughlin, Hubert. 75889.	M. **May 27/18.**
4 B. VII	Major, Jas. 16/1173.	W. and M. **April 11/18.**
‡4 B.	Marshall, F. 68984.	M. **April 10/18.**
‡4 B.	Marshall, H. 68985.	M. **April 10/18.**
4 B. VI	Mawbey, Charles. 66546.	M. **April 11/18.**
4 B. VI	Milnes, Granville. 75624.	M. **May 27/18.**
4 B.	Morley, F. 36387.	M. **April 7/18.**
‡4 B.	Morley, J. 66547.	M. **April 10/18.**
4 B. V	Newton, R. 69002.	M. **April 11/18.**
4 B.	Pack, W. 75445.	M. **May 27/18.**
‡4 B.	Parkins, H. 69009.	M. **April 10/18.**
4 B. VI	Patrick, Fred. 75898.	M. **May 27/18.**
4 B. VI	Pearson, Thos. Wm. 301040.	M. **May 27/18.**
4 B. V	Peer, Joseph. 75639.	M. **May 27/18.**
4 B. VIII	Redden, T. 577.	M. **May 27/18.**
4 B.	Reynolds, Cpl. J. J. 204598.	W. and M. **Mar. 22/18.**
4 B. VII	Smith, L. 204588.	M. **April 11/18.**
‡4 B.	Smithson, A. E. 69036.	M. **April 11/18.**
4 B. V	Stares, L.-Cpl. Wm. W. 78985. (237033.)	M. **May 27/18.**
‡4 B.	Stocks, W. H. 47133.	M. **April 11/18.**
4 B. VI	Symonds, A. E. 75439.	M. **May 27/18.**
4 B. VII	Taylor, Fredk. Ern. 75713. (Fr. 7 R.I.R., S/10191.)	M. **May 27/18.**

December 1st, 1918.

Northumberland Fusiliers—contd.

B.E.F.

4 B. VIII	Thompson, John. 204488.	M. May 27/18.
4 B. V	Thurlbeck, Charles. 13904.	M. May 27/18.
4 B. VI	Towse, Harold. 39591.	M. April 11/18.
4 B.	Turnbull, L.-Cpl. J. E. 58341.	M. April 11/18.
4 B. VI	Walker, Edward. 25/691.	M. May 27/18.
4 B. V	Westby, E. H. 75697.	M. May 27/18.
4 B. VII	Weston, S. 75916.	M. May 27/18.
4 B. VII	Whalley, J. W. 75698.	M. May 27/18.
†4 B.	Wilburn, S. A. 58386.	M. April 11/18.
4 C.	Baker, L.-Cpl. Jas. 200097.	M. May 27/18.
4 C.	Bates, Sig. Jas. 203153.	M. May 27/18.
4 C.	Bond, H. L. 66486.	M. April 11/18.
4 C. XII	Brannan, Jas. 32229.	M. Mar. 23/18.
4 C.	Brown, Sgt. Edw. John. 200009.	M. May 27/18.
*4 C. X	Bunting, Walter. 37544.	M. May 27/18.
4 C. XI	Burns, John. 4647.	M. May 20/18.
4 C.	Campbell, Percy Chas. 78994. (237042.)	M. May 27/18.
4 C.	Cherry, A. J. 37393.	W. and M. April 11/18.
4 C. X	Conolly, C. W. 51189.	M. May 27/18.
4 C.	Cornall, H. 58255.	M. April 12/18.
†4 C.	Cotter, F. 75714.	M. April 11/18.
4 C. IX	Cousins, Edw. T. 202079.	M. May 27/18.
4 C.	Dand, R. H. G. 75431.	M. May 27/18.
4 C. IX	Dawson, Edw. Thos. 237044. (Fr. Sussex Yeo., 170813.)	Unoff. M. May 27/18
4 C. IX	Dodd, W. 75462.	M. May 27/18.
4 C.	Easton, John Henry. 237046.	M. May 27/18.
4 C. L.G.S.	Eastwood, Willie. 235249.	W. and M. Mar. 27/18.
4 C. X	Elliott, Fredk. Thos. Jas. 203306.	M. April 10/18.
4 C. XII	Folkes, John. 75873.	M. May 27/18.
4 C. XI	Fraser, Chas. 341233.	M. May 27/18.
4 C.	Gillyon, Herbert Roland. 201210.	M. May 27/18.
4 C.	Graham, William. 59597.	M. May 27/18.
4 C.	Hall, A. E. 75876.	M. May 27/18.
4 C.	Harley, Samuel. 58250.	M. April 10/18.
4 C. XI	Harrison, F. H. 235058.	M. April 13/18.
4 C.	Harrison, Sig. John. 200731.	M. May 27/18.
4 C.	Hartley, H. F. 75877.	M. May 27/18.
4 C. XI	Hetherington, Wm. 34623.	M. May 27/18.
4 C. L.G.S.	Hilton, L.-Cpl. Edwin Isaac. 200874.	M. Mar. 23/18.
4 C. X	Horton, David. 66523.	M. May 27/18.
4 C.	Hotson, J. W. 201207.	M. May 27/18.
4 C.	Jeffery, L.-Cpl. Thomas. 291133.	M. May 27/18.
4 C.	King, C. G. 79010. (23759.)	Unoff. M. end May/18.
4 C. X	Lamb, Gilbert. 75886.	M. May 27/18.
4 C.	Lay, J. J. 75890.	M. May 27/18.
4 C.	Leightly, John. 240040.	M. May 27/18.
4 C. IX	McCulloch, Cpl. Thos. Wm. R. 240007.	M. May 27/18.
†4 C.	McDade, J. 68978.	M. April 11/18.
4 C.	Marshall, Fredk. Geo. 300493. (Fr. H.Q.)	M. May 27/18.
4 C. IX	Milburn, John. 75891.	M. May 27/18.
4 C.	Moore, A. L. 66536.	M. May 27/18.
4 C.	Mossman, S. 52917.	M. May 27/18.
4 C.	Nickalls, Chas. John. 203353.	Unoff. M. May 27/18.

December 1st, 1918.

Northumberland Fusiliers—contd.

B.E.F.

4 C.		O'Neill, Joseph Hy. 31/150.	W. and M. April 10/18.
4 C. XII		Ounsley, Louis. 75896.	M. May 27/18.
¾ C.		Pearcey, J. T. 37112.	M. April 12/18.
4 C.		Powell, Walter. 66562.	M. April 11/18.
4 C.		Reed, John E. 58102.	M. May 27/18.
4 C. XII		Sanderson, L.-Cpl. Jas. 69029.	M. May 27/18.
4 C.		Shone, A. L. 66536.	M. May 21/18.
4 C.		Silburn, Ernest. 201290.	M. May 27/18.
4 C.		Simpson, Christopher. 51063.	M. April 11/18.
4 C. X		Skingle, Frank. 79020.	Unoff. M. May 27/18
4 C.		Smith, Sgt. John Edward. 200101.	M. May 27/18.
4 C.		Smithson, L.-Cpl. John. 28386.	M. May 27/18.
4 C.		Spence, Tom. 75670.	M. May 27/18.
4 C.		Sugden, Harold. 75673.	M. May 27/18.
4 C.		Sutton, L. 61899.	M. May 27/18.
4 C.		Swarbrick, Jos. 75251.	M. May 27/18.
4 C. X		Thewlis, F. A. 41059.	M. May 27/18.
4 C.		Thompson, E. 58236.	M. May 27/18.
4 C. X		Townson, W. H. 44627.	M. Mar. 22/18.
¾ C.		Turner, G. W. 69054.	M. April 12/18.
4 C.		Vyse, George Robt. 69055.	M. April 12/18.
4 C. X		Walker, Arnold. 69057.	M. May 27/18.
4 C.		Walker, Harry. 69058.	W. and M. April 10/18.
4 C. X		Weaver, H. 47973.	W. and M. April 10/18.
4 C. XII		Webster, Wm. Stanley. 75695.	M. May 27/18.
4 C. X		Wells, E. H. 69065.	M. May 27/18.
4 C. X		West, Albert Edward. 69066.	M. May 27/18.
4 C. X		Westley, Sidney. 75427.	M. May 27/18.
4 C. XII		Wilkinson, L.-Cpl. A. H. 45969.	M. May 27/18.
4 C. XII		Wilson, J. A. 75917.	M. May 27/18.
4 C.		Wilson, M. 51306..	M. May 27/18.
4 C.		Wright, Cpl. John. 30/162.	M. April 10/18.
4 D. XV		Allen, J. E. 34926.	W. Unoff. M. April 9/18.
4 D.		Allport, L.-Cpl. M. 200575.	M. May 27/18.
4 D. XIV		Armitage, John F. 202151.	M. Mar. 22/18.
4 D. XV		Budd, Wm. 75345.	M. May 27/18.
4 D.		Budd, Wm. 25632.	Unoff. M. May 27/18.
4 D.		Bygate, Thos. Richardson. 22/1539.	M. May 27/18.
4 D. XIII		Clements, Norman. 75460.	M. May 27/18.
4 D. XIII		Coleman, W. C. 66492.	M. May 27/18.
4 D.		Cooper, L.-Cpl. G. W. 44579.	M. May 27/18.
4 D. XIV		Cousins, Joseph. 37276.	M. May 27/18.
4 D.		Cuthbert, Cpl. Wm. 200065.	M. May 27/18.
4 D.		Cuthbert, William. 685.	M. May 27/18.
4 D. L.G.S.		Dean, William. 202262.	M. May 27/18.
4 D.		Dobson, F. W. 75429.	M. May 27/18.
4 D. XVI		Doyle, Peter. 365233.	M. Mar. 30/18.
4 D. XIV		Durman, P. D. 75449.	M. May 27/18.
4 D. XIV		East, Cpl. R. C. 204071.	M. May 27/18.
¾ D.		Frost, W. 66513.	M. April 11/18.
¾ D.		Gillispie, L.-Cpl. R. 16758.	M. April 12/18.
4 D. XIII		Heslop, G. J. 202246.	M. May 27/18.
*4 D.		Heslop, Geo. 75878.	M. May 27/18.
4 D. XIV		Hodder, Thos. 75465.	Unoff. M. May 27/18.
4 D.		Hunter, Sig. Wm. 21/1275.	M. May 27/18.
4 D. XVI		Irwin, Thos. Wrightson. 1037.	M. May 27/18.
4 D. XVI		Jackson, L.-Cpl. Freeman. 1060.	M. April 11/18.
4 D. XIV		Jensen, Fred. 58379.	M. April 12/18.
4 D.		Johnson, Arthur. 66532.	M. April 12/18

December 1st, 1918.

Northumberland Fusiliers—contd.

B.E.F.

4 D. I	Jones, Thos. E. 56266.	M. April 12/18.
4 D. XIV	Longworth, Sydney. 75888.	M. May 27/18.
4 D. XV	Middleton, Thomas. 68990.	M. May 27/18.
4 D. XV	Mintoft, Arthur. 47092.	M. May 27/18.
4 D. XIII	Mould, J. H. 58383.	M. May 27/18.
4 D. XIII	Oakley, A. 36030.	M. May 27/18.
4 D.	Ollport, L.-Sgt. 200575.	M. May 27/18.
4 D.	Porritt, John Edw. 75900.	M. May 27/18.
4 D. XVI	Price, W. G. 69016.	M. May 27/18.
4 D. L.G.S.	Richardson, Wm. Moon. 203160.	M. May 27/18.
4 D. XV	Rogers, T. J. 75903.	M. May 30/18.
4 D.	Rutherford, L.-Cpl. Jas. R. K. 43423.	M. May 27/18.
4 D.	Sharp, L.-Cpl. Joseph. 200051.	M. May 27/18.
4 D.	Speed, Jonathan. 69038. (Fr. H.Q.)	M. May 27/18.
4 D.	Staff, Theodore. 75913.	M. May 27/18.
4 D. XV	Sutton, John Leslie. 58354.	M. April 12/18.
?4 D.	Thirlwell, Sgt. S. 200539.	M. April 12/18.
'4 D. XIII	Thwaites, W. 32643.	M. April 12/18.
4 D.	Trubshaw, Harry Stewart. 75683.	M. May 27/18.
4 D. XV	Wheble, L.-Cpl. S. W. 46193.	W. and M. April 9/18.
4 D. XVI	Whiteley, E. 28805.	M. May 27/18.
?4 D.	Wilkinson, T. 41609.	M. April 11/18.
4 D. XIV	Williamson, Arthur. 36314.	M. April 12/18.
?4 D.	Williamson, J. A. 37119.	M. April 11/18.
*4 D.	Willmott, Wm. 202023.	M. May 27/18.
4 D. XVI	Wilson, Geo. Edward. 75918.	Unoff. M. May 27/18.
4 H.Q.	Atkinson, Sgt. Thos. 200258.	W. and M. May 27/18.
4 H.Q.	Patterson, Ralph. 205666.	M. May 27/18.
4 H.Q.	Whiteley, Cyril Lawton. 201951.	M. May 27/18.
4 ?	Bale, G. R. F. 66471.	K. April 11/18. Conf. and Det.
4 ? I.T.M.	Barber, Fred. 66475. (149 Bde.)	M. May 27/18.
4 ?	Beaumont, Sig. Fred. 203092.	M. May 27/18.
?4 I.T.M.	Charlton, W. 92. (149 Bde.)	M. May 27/18.
4 ?	Collingwood, L.-Cpl. Thos. 40355.	M. May 27/18.
4 ?	Davy, John. 242419.	M. May 27/18.
4 ?	Keeley, Alf. Wm. 237057.	K. May 27/18. Conf. and Det.
4 I.T.M.	Layboun, R. 38330. (62 Bde.)	M. May 27/18.
4 ?	Meade, H. 66539.	M. April 11/18.
4 ? I.T.M.	Meek, Chas. Hry. Jas. 204612. (149 Bde.)	M. April 12/18.
4 ?	Murfin, Jas. Arthur. 66543. (105150.)	M. April 11/18.
4 Gren. S.	Noble, L.-Cpl. Wm. 200609.	M. May 27/18.
4 ?	Padgett, N. C. 66552.	M. April 11/18.
4 I.T.M.	Pearce, J. W. 69013. (50 Bde.)	M. May 27/18.
?4 I.T.M.	Phillips, W. 201225. (149 Bde.)	M. May 27/18.
4 ?	Ritchie, Wm. John. 69023.	M. April 11/18.
4 ?	Somerville, John. 201071.	M. May 27/18.
4 ?	Taylor, H. 60082.	M. May 27/18.
4 ?	Todd, J. B. 69049.	W. and M. April 12/18.
4 ?	Whitehead, Alfred. 75700.	M. May 27/18.
4 ?	Wright, E. 61902.	M. May 27/18.
5	**Sargent, Lieut. E. V.**	W. and M. May 27/18.
5 A. II	Appleyard, Tedbar. 75816.	M. May 27/18.
5 A.	Atkinson, Herbert. 75829.	M. May 27/18.
5 A. IV	Attey, Jas. 1595.	M. Mar. 23/18.
5 A.	Barnett, Walter Ed. 69082.	M. April 12/18.
5 A. I	Bell, Harry. 201724.	M. May 27/18.
?5 A.	Bellaby, A. E. 69086.	M. April 10/18.

December 1st, 1918.

Northumberland Fusiliers—contd.

B.E.F.

5 A.	Bligh, James. 75833.	M. May 27/18.
5 A.	Bottrill, R. G. 59934.	M. Mar. 29/18.
5 A.	Boyd, Sgt. J. T. 204501.	M. Mar. 31/18.
‡5 A.	Brandon, H. 69089.	M. April 10/18.
5 A. II	Cawling, Lewis. 65638.	M. April 12/18.
5 A.	Chalk, S. W. 31875.	M. Mar. 30/18.
5 A.	Cooper, R. 414.	M. Mar. 22/18.
‡5 A.	Cox, J. H. 65640.	M. April 10/18.
5 A. I	Dyke, L.-Cpl. T. C. 61551.	M. May 27/18.
5 A. II	Elves, Richard. 65652.	M. May 27/18.
‡5 A.	Goadby, W. 241170.	M. April 12/18.
‡5 A.	Harper, T. R. 36788.	M. April 10/18.
5 A. III	Hazell, J. W. 61848.	M. May 27/18.
‡5 A.	Hill, W. J. 40.	M. April 10/18
‡5 A.	Holt, L.-Cpl. 35279.	M. April 12/18.
5 A. II	Hughes, William. 61777.	M. Mar. 27/18.
‡5 A.	Hutchinson, J. 32039.	M. April 10/18.
‡5 A.	Jackson, J. 1003.	M. April 10/18.
‡5 A.	Johnson, G. B. 34071.	M. April 10/18
‡5 A.	Johnson, T. 35171.	M. April 10/18.
‡5 A.	McCloud, J. 14590.	M. April 10/18.
5 A. L.G.S.	Main, James. 243137.	W. and M. April 11/18.
5 A. II	Martin, A. 65727.	M. May 27/18.
5 A. I	Marsdén, Harold. 44999.	M. April 13/18.
5 A.	Pearcy, J. 34770.	M. Mar. 23/18.
5 A.	Pendrick, H. 235410.	M. Mar. 23/18.
5 A. I	Pollard, Harry. 341446.	W. and M. April 11/18.
5 A. III	Robinson, Frank J. 66727.	M. June 14/18.
5 A.	Rowley, T. 66725.	M. April 11/18.
5 A.	Sawford, Archie Leonard. 61770.	M. May 27/18.
5 A. I	Shorey, Percy. 66733.	M. April 11/18.
5 A. I	Starkie, C. W. 61814.	M. May 27/18.
5 A. IV	Stoddart, Wm. 21/1396.	M. May 23/18.
5 A.	Turner, M.M., A. H. 235408. (Offi. Servant.)	M. May 27/18.
5 A.	Watson, F. N. 599.	M. Mar. 25/18.
5 A.	Wiltshire, Maurice L. 65791.	M. April 12/18.
5 A.	Woodhouse, Ernest. 66768.	M. May 27/18.
5 A. I	Wright, Robert. 44893.	M. April 13/18.
5 B. VII	Adams, Joseph. 61905.	M. May 27/18.
5 B. V	Allen, Syd. 263029.	W. and M. Mar. 28/18.
5 B. VI	Allison, L.-Cpl. Thomas. 19/395.	M. May 27/18.
5 B. V	Annakin, P. 41834.	M. May 26/18.
5 B.	Aungles, William. 65604.	M. April 10/18.
‡5 B.	Beardman, C. W. 65612.	M. April 10/18.
5 B. VI	Bensley, L.-Cpl. Wm. Jas. Cecil. 65616.	M. May 27/18.
5 B.	Bowes, Fredk. Thos. 340750.	M. May 27/18.
5 B.	Burns, Thomas. 61987.	M. May 27/18.
5 B. VII	Burrows, F. W. 69099.	M. May 27/18.
5 B.	Cassidy, Michael. 242417.	M. April 12/18.
5 B. VI	Chafer, Wm. 36837.	M. Mar. 22/18.
5 B. V	Chamberlain, H. 61631.	M. April 10/18.
5 B.	Charlsworth, Wm. 39117.	M. May 27/18.
5 B.	Christy, C.-S.-M. J. S. 240197.	M. May 27/18.
‡5 B.	Cove, A. C. 69107.	M. April 10/18.
‡5 B.	Custerson, P. 235357.	M. April 10/18.
5 B.	Davies, Isaac J. 75763.	M. May 27/18.
5 B. VIII	Davies, Thos. Lloyd. 59539.	M. May 27/18.

December 1st, 1918.

Northumberland Fusiliers—contd.

B.E.F.

‡5 B.		Davis, G. 69110.	M. April 10/18.
‡5 B.		Davison, L.-Cpl. J. 365320.	M. April 10/18.
5 B.	V	Dawson, E. J. A. 65645.	M. April 10/18.
5 B.	VI	Dial, Tom. 61765.	M. May 27/18.
5 B.	VII	Dowling, Joseph. 47797.	M. May 27/18.
5 B.	V	Drape, I. 69113.	M. May 27/18.
‡5 B.		Dunnicliffe, J. W. 69115.	M. April 10/18.
5 B.		Eastin, F. 61889.	M. May 27/18.
5 B.		Eddison, F. G. 69117.	M. May 27/18.
‡5 B.		Elliott, J. J. 242022.	M. April 10/18.
5 B.	VII	Ewbank, Alfred. 41946.	M. May 27/18.
5 B.	V	Exelby, Wm. 41991.	M. May 27/18.
5 B.	VIII	Farmer, H. 69119.	M. May 27/18.
5 B.	V	Firth, Walter. 61802.	M. May 27/18.
5 B.	VII	Flanagan, L.-Cpl. John. 75736.	M. May 27/18.
‡5 B.		Garnett, H. 65659.	M. April 10/18.
‡5 B.		Gifford, A. C. 65671.	M. April 10/18.
5 B.	VIII	Goodband, Jesse Fred. 65673.	M. April 10/18.
5 B.	VIII	Gough, Leonard. 65675.	M. April 10/18.
5 B.	VI	Greenwood, Anthony. 65668.	M. April 10/18.
5 B.	VIII	Hall, Arthur. 61806.	M. May 27/18.
‡5 B.		Hood, G. 242107.	M. April 10/18.
5 B.		Horsnell, J. 235368.	M. April 10/18.
5 B.		Howdon, L.-Cpl. J. 242295.	M. May 27/18.
‡5 B.		Johnson, E. 65699.	M. April 10/18.
5 B.	VIII	Johnson, F. 39197.	M. May 27/18.
‡5 B.		Jones, G. 60086.	M. April 10/18.
5 B.	V	Jones, Cpl. Thomas. 40358.	M. April 10/18.
5 B.	V	Jordan, John W. 75777.	M. May 27/18.
5 B.	V	Lackenby, J. W. 18419.	M. April 10/18.
‡5 B.		Ladd, T. 65708.	M. April 10/18.
5 B.	VI	Lawes, J. 36380.	M. May 27/18.
5 B.	VIII	Ludlow, Wm. 61950.	M. May 27/18.
5 B.	VI	Lumb, Herbt. R. 36383.	M. May 27/18.
5 B.	V	Maxwell, C. S. 75767.	M. May 27/18.
‡5 B.		Money, G. H. 65734.	M April 10/18.
5 B.		Nolan, Michael. 62010.	M. May 27/18.
5 B.	VI	O'Brien, Joseph. 840483.	M. May 27/18.
‡5 B.		Peele, J. 243167.	M. April 10/18.
5 B.	V	Potter, A. J. 75768.	M. May 27/18.
5 B.		Poulson, Geo. Albert. 75772.	M. May 27/18.
‡5 B.		Rastall, W. 44783.	M. April 10/18.
5 B.	VII	Rawson, George. 44784.	M. May 27/18.
5 B.	V	Rendall, T. 48354.	M. May 27/18.
5 B.		Richardson, L.-Cpl. David. 248185.	M. Mar. 31/18.
5 B.	VI	Rusling, W. 44782.	M. April 10/18.
5 B.		Rutherford, George. 65759.	M. April 10/18.
‡5 B.		Sharp, C. F. 66736.	M. April 10/18.
5 B.	V	Siswick, Ben. 41547.	M. April 10/18.
‡5 B.		Smith, A. 293332.	M April 10/18.
5 B.		Smith, Edward. 66742.	M. April 10/18.
‡5 B.		Smith, O. S. 65771.	M. April 10/18.
5 B.	VIII	Spark, L. 200249.	M. May 27/18.
‡5 B.		Stead, H. 66737.	M. April 10/18.
‡5 B.		Stead, J. 45034.	M. April 10/18.
5 B.	VIII	Stokoe, George. 242969.	M. May 27/18.
‡5 B.		Taylor, T. 66752.	M. April 10/18.
‡5 B.		Taylor, W. 45041.	M. April 10/18.
‡5 B.		Twiyell, Cpl. R. H. 242461.	M. April 10/18.

December 1st, 1918.

Northumberland Fusiliers—contd.

B.E.F.

5 B.		Vincent, Geo. 241913.	M. May 27/18.
5 B. VIII		Williams, Edwin. 75753.	M. May 27/18.
‡5 B.		Wright, A. H. 65794.	M. April 10/18.
5 C. X		Allen, W. 61834.	M. May 27/18.
5 C. XI		Anderson, Frederick. 75759.	W. and M. May 27/18.
5 C.		Armes, Thos. Hry. 65600.	M. April 12/18.
‡5 C.		Armstrong, T. 242076.	M. April 10/18.
5 C. XI		Bayfield, J. E. 235334.	M. April 10/18.
5 C. X		Benstead, A. B. 59928.	M. Mar. 23/18.
5 C. X		Biggs, Thos. 59931.	M. Mar. 22/18.
5 C. X		Brazeas, F. 59936.	M. Mar. 23/18.
‡5 C.		Brown, C. W. B. 24258.	M. April 10/18.
5 C. X		Cady, W. J. 235346.	M. Mar. 23/18.
5 C. L.G.S.		Clementson, Cpl. J. C. 240989.	M. April 10/18.
‡5 C.		Cockroft, W. R. 65634.	M. April 10/18.
5 C. XII		Coggin, Fred. 316529.	M. April 10/18.
5 C. X		Coleman, Robert. 37851.	M. April 10/18.
‡5 C.		Coles, W. 9754.	M. April 10/18.
‡5 C.		Collins, A. 203302.	M. April 10/18.
‡5 C.		Cossey, L.-Cpl. B. 45074	M. April 10/18.
5 C. L.G.S.		Crosby, L.-Cpl. Robt. 240231.	M. May 27/18.
'5 C.		Embleton, Sig. Wm. 291809.	M. May 27/18.
5 C.		Gibbs, L.-Cpl. R. 18212.	M. April 10/18.
5 C. XII		Gilbert, Sgt. Wm. 988.	M. May 27/18.
5 C. XII		Gillon, John. 10180.	M. May 27/18.
‡5 C.		Graham, T. 242409.	M. April 10/18.
5 C. IX		Grant, E. 65663.	M. May 27/18.
*5 C. XII		Griffiths, J. H. C. 39003.	M. May 27/18.
5 C.		Halfpenny, L.-Cpl. George H. 69130.	M. April 10/18.
5 C. XII		Hardy, Leonard John. 53355.	W. Unoff. M. May 31/18.
‡5 C.		Howarth, J. 65692.	M. April 10/18.
5 C.		James, F. W. 40400.	M. Mar. 24/18.
5 C.		Jason, T. 65695.	M. April 10/18.
‡5 C.		Johnstone, C.S.M. T. 240016.	M. April 10/18.
‡5 C.		Jones, C. H. 65703.	M. April 10/18.
5 C. IX		Knight, W. H. 18975.	M. April 10/18.
5 C. IX		Lane, Arthur. 48340.	M. Mar. 21/18.
5 C.		Lawton, Sig. Geo. Ern. 260043.	M. May 27/18.
‡5 C.		Lazenby, G. D. 65709.	M. April 10/18.
5 C.		Lee, Wallace. 65712.	M. April 10/18.
‡5 C.		Lindsay, M. 65717.	M. April 10/18.
5 C. XI		Littlewood, Stanley. 65718.	M. April 10/18.
5 C. X		Lough, Thomas. 240348.	M. April 12/18.
5 C.		Moore, Fred. 75791.	M. May 27/18.
5 C. XII		Morgan, William. 54619.	M. April 10/18.
5 C.		Octon, John. 5100.	M. May 27/18.
5 C.		Pool, George. 65751.	M. April 10/18.
5 C.		Redfern, W. T. 45016.	M. April 10/18.
'5 C.		Roberts, Jesse. 36949.	M. May 27/18.
5 C.		Rose, Eric. 66723.	M. April 10/18.
5 C. XII		Ross, John. 25/1243.	M. May 27/18.
5 C. L.G.S.		Schofield, Frank. 242474.	M. Mar. 22/18.
5 C. X		Shaw, Harold Thos. 65766.	M. April 11/18.
5 C.		Smith, F. F. 235803.	M. May 27/18.
‡5 C.		Smith, R. 66732.	M. April 10/18.
5 C.		Smith, Robert. 66729.	M. April 6/18.
5 C. IX		Stevenson, T. 5197.	W. and M. Mar. 23/18.
5 C.		Storey, Ainston. 203917.	M. May 28/18.
‡5 C.		Tink, A. P. 235398.	M. April 10/18.

December 1st, 1918.

Northumberland Fusiliers—contd.

B.E.F.

5 C.	Tough, T. 240348.	M. April 12/18.
5 C. XI	Tunnicliffe, A. 61956.	M. May 27/18.
5 C.	Varney, J. 241981.	M. Mar. 22/18.
5 C.	Veasey, Harry. 66757.	M. April 10/18.
5 C. XI	Vickers, Wm. 61581.	M. May 27/18.
5 C. IX	Walton, James. 31972.	M. April 10/18.
5 C.	Webb, Harold. 65785.	M. May 27/18.
‡5 C.	Wilcock, J. W. 65788.	M. April 10/18.
‡5 C.	Wilson, N. 66760.	M. April 10/18.
5 C.	Woodley, Sgt. A. J. 237082.	M. May 27/18.
‡5 C.	Wyer, G. F. 65796.	M. April 10/18.
5 D. XIV	Ainsworth, Wm. 75780.	M. May 27/18.
5 D. XIII	Allison, J. R. 75826.	M. May 27/18.
‡5 D.	Bainbridge, J. H. 65607.	M. April 10/18.
5 D.	Birney, Sgt. Thos. 30/292. (60749.)	M. May 27/18.
5 D. XV	Bowes, Sydney. 75836.	D/W. June 8/18. Det.D./B.
5 D.	Bowker, Percy. 59935.	M. May 27/18.
5 D. XIV	Brinded, Robt. Jas. 241772.	W. and M. May 27/18.
‡5 D.	Brown, E. E. 235341.	M. April 10/18.
5 D. XIV	Butler, W. 75840.	M. May 27/18.
5 D. XVI	Chester, E. S. 75761.	M. May 27/18.
5 D.	Curwood, J. W. 341307.	M. Mar. 26/18.
5 D.	Davies, W. G. 20872.	M. April 10/18.
‡5 D.	Dennison, F. 205684.	M. April 11/18.
‡5 D.	Dixon, J. 20303.	M. April 11/18.
5 D. XIII	Fawcett, George. 340793.	M. May 27/18.
5 D. XVI	Fletcher, L.-Cpl. 61174.	M. April 10/18.
5 D. XV	Grainger, Bernard. 242184.	M. May 27/18.
5 D. XVI	Hall, H. H. 65679.	M. April 10/18.
‡5 D.	Hall, W. 242103.	M. April 11/18
5 D.	Harrington, Horace F. 341501.	M. May 27/18.
‡5 D.	Hoggard, C. W. 65686.	M. April 11/18.
5 D.	Holden, Ch. Fred. 65688.	M. April 10/18.
5 D. XVI	Hunter, John. 65694.	M. April 10/18.
5 D. XIII	Ives, E. 205072.	W. and M. Mar. 26/18.
‡5 D.	Laburn, E. R. 69181.	M. April 11/18.
5 D. XIV	Leake, A. C. 65711.	M. April 10/18.
‡5 D.	Leesley, T. H. 69157.	M. April 10/18.
5 D.	Livesey, C. W. 69158.	M. April 10/18.
5 D.	Livingstone, Robt. D. 61201.	M. April 10/18.
5 D. XVI	Longstaff, Percy. 240876.	M. April 10/18.
5 D. XV	Lottey, G. 65719.	M. May 27/18.
5 D. XIV	Lowe, Bernard. 41379	W. and M. Mar. 24/18.
5 D.	McCaughey, David. 65722.	M. April 11/18.
‡5 D.	Mabbley, S. 69160.	M. April 10/18.
5 D.	Mann, J. E. 241452.	M. Mar. 28/18.
‡5 D.	Matthews, W. 65728.	M. April 10/18.
5 D.	Orr, Thos. 65742.	M. April 10/18.
‡5 D.	Patrick, H. 65745.	M. April 10/18.
5 D. XVI	Price, Allan. 61694.	M. May 27/18.
5 D. XV	Purvis, Fred. 340360.	M. May 27/18.
‡5 D.	Rhodes, W. H. 65756.	M. April 10/18.
‡5 D.	Roberts, J. 66726.	M. April 12/18.
5 D. XV	Robson, Thomas Henry. 4542.	M. May 27/18.
‡5 D.	Smith, W. H. 65772.	M. April 10/18.
5 D. VIII	Smith, W. H. 65773.	M. April 11/18.
5 D.	Staton, J. W. 65777.	M. May 27/18
5 D. XIV	Tomkins, Alfred. 31215.	M. April 11/18.
5 D.	Trowbridge, Cpl. Chas. :37079.	M. May 29/18.

December 1st, 1918.

Northumberland Fusiliers—contd.

B.E.F.

5 D.	Tupling, J. A. 65781.	M. April 11/18.
5 D.	White, T. W. 242517.	M. May 27/18.
5 D. XIII	Wootten, John Galloway. 61280.	M. April 10/18.
5 H.Q.	Craig, J. 242197.	W. and M. May 27/18.
5 H.Q.	Franklin, H. A. 165656.	M. May 27/18.
5 H.Q.	Pearce, P. 241334.	M. May 27/18.
5 H.Q.	Schaeffer, Cpl. Anthony J. 240431.	M. May 27/18.
5 ?	Beckerton, Albt. Victor. 69084.	M. April 11/18.
5 ?	Buckley, Thomas. 6/424.	M. May 27/18.
5 ?	Cunningham, Cpl. Arth. Horace. 23687.	M. May 27/18.
5 ?	Darling, Hugh. 69109.	M. April 10/18.
5 ?	Draper, Clarence. 69114.	M. April 10/18.
5 ?	Glass, W. 242411.	M. May 27/18.
5 ?	Green, Cpl. A. 237090.	M. May 27/18.
5 ?	Halfpenny, Cyril. 69129.	M. April 10/18.
5 Sig. S.	Hextall, F. J. 241360.	M. May 27/18.
*5 ?	Jones, James. 204183.	M. May 27/18.
5 ?	Jupp, Wm. John. 69146.	M. April 11/18.
5 ?	Keighley, Bernard Wilson. 242296.	M. May 28/18.
5 ?	Key, Edward. 69150.	M. April 11/18.
5 ?	Knox, T. 240798. (Trans. S.)	M. May 27/18.
5 ?	Lee, Thomas Turner. 69156. (102403)	M. April 11/18.
5 I.T.M.	Lees, Cpl. Sam. 243443 (149 Bde.)	Unoff. M. May 27/18.
5 ?	Lewis, S. 241550.	M. May 27/18.
5 ?	Marshall, Arthur. 235378.	M. April 23/18.
‡5 ?	Mayle, E. 341.	M. April 10/18.
5 ?	Murphy, W. 21975.	M. May 27/18.
5 ?	Quinn, John Wm. 242012.	M. April 10/18.
5 ?	Railson, F. 242202.	M. May 27/18.
5 ?	Raine, Walter. 242542.	M. May 27/18.
5 ?	Roberts, John Griffith. 62012.	M. May 27/18.
5 ?	Robson, Sgt. Hry. T. 200803.	M. May 27/18.
5 L.G.S.	Swatman, S. R. 24180.	M. April 10/18.
5 ?	Taylor, Ernest. 66751.	M. April 10/18.
5 ?	Wheatley, W. 66764.	M. April 10/18.
5 ?	Wright, Matthew. 25/133p.	M. May 27/18.
6	**David, 2nd Lt. W. J.**	M. May 27/18.
6 A. III	Adlard, W. 75522.	M. May 27/18.
6 A.	Anderson, L.-Sgt. A. 265612	M. Mar. 23/18.
6 A.	Avery, H. 266211.	M. Mar. 23/18.
6 A. II	Beckitt, Clement. 75582.	M. May 27/18.
6 A.	Blow, Aubrey Albert. 75330.	M. May 27/18.
6 A.	Bugby, S. 75543.	M. May 27/18.
6 A.	Cahill, P. 319176.	M. Mar. 23/18.
6 A. II	Cairns, Henry Robson. 105082.	M. May 27/18.
6 A. I	Chell, Leo. 75547.	M. April 30/18.
6 A.	Clark, Cornelius Adam. 75345.	M. May 27/18.
6 A. I	Cole, John Craig. 292134.	M. May 27/18.
6 A. I	Coleman, D. 75549.	M. May 27/18.
6 A. IV	Cooke, W. A. 45251.	W. and M. April 11/18.
6 A.	Corkin, Elsdon. 265906.	M. May 27/18.
*6 A. III	Cowell, Herbert. 35370.	M. May 27/18.
6 A.	Davis, Fredk. 291933.	M. May 27/18.
6 A. II	Dawson, Robert. 75557.	M. May 27/18.
6 A.	Dean, Archer. 75558.	M. May 27/18.
6 A.	Downie, Sgt. Wm. 16/1122.	M. May 27/18.
6 A. I	Ellis, Herbert. 75570.	M. May 27/18.
6 A.	Etherington, A. S. 59961.	M. Mar. 26/18.

December 1st, 1918.

Northumberland Fusiliers—contd.

B.E.F.

6 A. I	Fretwell, Frank. 36552.	M. April 11/18.
6 A. III	Hall, Wm. G. W. 265324.	M. Mar. 27/18.
6 A.	Hampton, A. 19358.	M. Mar. 23/18.
6 A.	Helm, W. 13196.	M. Mar. 23/18.
6 A.	Hopson, George R. 66666.	M. May 27/18.
6 A. IV	Hubbard, H. 75602.	M. May 27/18.
6 A. III	Huddart, Jack. 66358.	M. April 10/18.
6 A.	Jobling, J. S. 265558.	M. Mar. 23/18.
6 A.	Jobson, Fred. 265010.	M. May 27/18.
6 A. L.G.S.	Kelly, J. W. 28/117.	M. Mar. 23/18.
6 A.	Kemp, T. 66291.	M. May 27/18.
6 A. III	Kent, H. 65960.	M. May 27/18.
6 A.	King, L.-Cpl. J. 266148.	M. Mar. 23/18.
6 A. II	Lee, W. 66375.	M. April 10/18.
6 A.	Longbottom, Albert. 36496.	W. Unoff. M. and K. April 11/18. Det.D./B.
6 A. IV	Macfeat, Cpl. Matt. Andrew. 58355	M. May 27/18.
6 A.	Makepeace, Thomas. 266294.	M. Mar. 23/18.
6 A.	Mitchell, S. 66695.	M. April 11/18.
6 A.	Molley, H. 75209.	M. May 27/18.
6 A.	Morley, Sgt. John. 39824.	M. May 27/18.
6 A.	Morris, J. S. 36682.	M. Mar. 11/18.
6 A. III	Newton, Sig. John. 36526.	M. Mar. 23/18.
6 A.	Newton, William. 66394.	M. April 11/18.
6 A. III	Ryder, John Wm. 7585.	M. May 27/18.
6 A.	Simpson, Fredk. Bertram. 69200.	W. and M. April 11/18.
6 A.	Smith, E. 60090.	M. Mar. 23/18.
6 A.	Smith, George J. 66425.	M. May 27/18.
6 A.	Stone, Leonard. 66433.	M. April 11/18.
6 A. III	Storey, Arthur. 202254.	M. April 11/18.
6 A.	Stubbs, William. 66577.	M. April 11/18.
6 A. III	Thomas, C. H. 66435.	W. and M. May 27/18.
6 A.	Tomlinson, A. 267171.	M. Mar. 23/18.
6 A.	Turnbull, J. 695.	M. Mar. 23/18.
6 A.	Vangend, L.-Cpl. Thos. 266212.	M. Mar. 23/18
6 A.	Wake, L.-Cpl. J. 266052.	M. Mar. 23/18.
6 A. II	Wakeley, Walter Robt. 267002.	M. May 27/18.
6 A.	Warsap, B. W. 69239.	M. April 11/18.
6 A.	Weightman, A. 267172.	M. Mar. 23/18.
6 A. III	Wilson, Robert. 267352.	M. Mar. 23/18.
6 A.	Yates, James. 267887.	M. April 11/18.
6 A.	Young, R. M. 285201.	M. May 27/18.
6 B.	Banks, Sgt. E. 202505.	M. May 27/18.
6 B. V	Barlow, C. 59919.	M. Mar. 24/18.
6 B.	Bendelow, J. 266168.	M. May 27/18.
6 B. VIII	Benson, Herbert. 75535.	M. Mar. 23/18.
6 B.	Boyd, Cpl. H. 267414.	M. April 11/18.
6 B. VI	Carr, G. A. 43231.	M. May 27/18.
6 B. VII	Carter, Richard. 205145.	W. Unoff. M. April 10/18.
6 B. VIII	Cole, Fred. 288020.	M. May 27/18.
6 B.	Day, A. C. 75350.	M. May 27/18.
6 B. VII	Day, Chas. Walter. 45153.	W. and M. May 27/18.
6 B. VIII	Dazley, Chas. Edward. 267484.	M. Mar. 22/18.
6 B. VIII	Dent, Cpl. Robert. 267482.	M. May 27/18.
6 B.	Dewar, J. James. 235113.	M. May 27/18.
6 B. VI	Dye, A. 75351.	M. May 27/18.
6 B. V	Edwards, Cpl. Joseph E. 265993.	M. May 27/18.
6 B.	England, John Wm. 36551.	M. May 27/18.
6 B. VI	Everson, A. H. 75571.	M. May 27/18.

December 1st, 1918.

Northumberland Fusiliers—contd.

B.E.F.

6 B.		Fletcher, E. 267438.	M. April 2/18.
6 B. VI		Fletcher, Thos. Kitchener. 66334. (104768.)	M. April 11/18.
6 B.		Forman, Cpl. R. 267382.	M. May 27/18.
6 B. VIII		Foulkes, Fred. 52815.	M. June 29/18.
6 B. VI		Gallon, Wm. Edw. 24308.	M. May 27/18.
6 B.		Gribby, Fred. 267269.	M. May 27/18.
6 B. L.G.S.		Grieveson, John. 267578.	W. and M. April 11/18.
6 B. V		Haigh, G. H. 36555.	W. and M. April 10/18.
6 B. VI		Handel, G. F. 75593.	M. May 27/18.
6 B. VI		Harris, L.-Cpl. Jas. 267276.	W. and M. April 10/18.
6 B. V		Harris, W. 75364.	M. May 27/18.
6 B. VII		Heawood, Thos. Edgar. 75365.	M. May 27/18.
6 B.		Hillerby, R. 265860.	M. May 27/18.
6 B.		Hings, F. 61812.	M. May 27/18.
6 B.		Hoyle, Sgt. Ernest. 66294.	W. and M. April 10/18.
6 B. VI		James, G. A. 75607.	M. May 27/18.
6 B.		Jones, Charles. 75613.	M. May 27/18.
6 B. VII L.G.S.		Keegans, Cpl. J. 267399.	M. May 27/18.
6 B.		Newsome, John Wm. 69173. (102473.)	M. April 11/18.
*6 B.		Phillips, Edgar. 66406.	W. and M. April 14/18.
6 B.		Pickering, T. 75219.	M. May 27/18.
6 B.		Pool, Hry. James. 69182.	D/W. April 11/18. Det. D./B.
6 B. VI		Potts, William. 75222.	M. May 27/18.
6 B.		Powell, Robt. Passifull. 75224.	M. May 27/18.
6 B.		Radford, Arthur. 75362.	M. April 11/18.
6 B.		Randall, S. G. 69187.	M. May 27/18.
6 B.		Rhodes, Frank. 75238.	M. April 11/18.
6 B. VIII		Rippin, Lionel A. 66411.	M. May 27/18.
6 B. V		Scott, John Thos. 265667.	W. and M. April 10/18.
6 B. VI		Siddle, James Wm. 66595.	M. April 11/18.
6 B. VI		Smith, Edwin. 66589.	M. April 11/18.
6 B. VIII		Smith, George. 66590.	M. May 27/18.
6 B. V		Smith, John. 265733.	W. and M. April 10/18.
6 B. V		Spink, Frank. 75239.	M. May 27/18.
6 B.		Spruce, Walter. 75230.	M. May 27/18.
6 B.		Stott, J. 75243.	M. May 27/18.
6 B.		Sutcliffe, Percy. 66588.	M. April 11/18.
6 B. VIII		Thornton, Reggie. 66598.	M. April 11/18.
6 B. VIII		Tunney, Wilfred. 66599.	M. April 11/18.
6 B. VIII		Wason, John Hry. 75708.	M. May 27/18.
6 B. L.G.S.		Watson, Thos. Vincent Jos. 66615.	M. April 11/18.
6 B.		White, Geo. 202830.	M. May 27/18.
6 B. VIII		Whiteley, Jack. 66609.	M. April 11/18.
6 B. V		Whitley, J. G. 267578.	M. April 10/18.
6 B. V		Wood, P. 66624.	M. May 28/18.
6 C. XI		Appleby, G. W. 66308.	M. April 11/18.
6 C.		Bennett, F. 267250.	M. April 2/18.
6 C.		Bloomfield, G. J. 66313. (104761.)	M. April 11/18.
6 C.		Boynton, C. 54593.	M. April 2/18.
6 C.		Bragg, Geo. 267470.	M. May 27/18.
6 C. XI		Brown, L.-Cpl. R. 45140.	M. April 11/18.
6 C.		Brown, Wm. 66316.	M. April 11/18.
6 C. XII		Clapham, Geo. Chas. 66319.	M. April 11/18.
6 C. XII		Coates, E. C. 235423.	M. May 27/18.
6 C. XII		Coulson, T. C. 75551.	M. April 2/18.
6 C.		Craighill, S. 267012.	M. April 2/18.
6 C.		Dempsey, James. 265108.	M. April 2/18.

December 1st, 1918.

Northumberland Fusiliers—contd.

B.E.F.

6 C.	Earnshaw, B. 45835.	M. April 2/18.
6 C.	Fairbairn, W. 267199.	M. April 2/18.
6 C.	Fairhurst, L.-Cpl. J. 36836.	M. April 2/18.
6 C.	Fitches, W. J. 235359.	M. May 27/18.
6 C. XI	Forster, Johnathan. 267493.	M. April 11/18.
6 C. X	Grace, Leslie. 75479.	M. May 27/18.
6 C. X	Groome, W. H. 44276.	W. and M. Mar. 28/18.
6 C.	Guite, T. 366766.	M. April 11/18.
6 C.	Hall, William. 265369.	M. April 11/18.
6 C. L.G.S.	Hamilton, Thos. 267203.	M. April 2/18.
*6 C. XII	Hartland, E. E. 75594.	M. May 27/18.
6 C.	Harvey, J. W. 267205.	M. April 2/18.
6 C. X	Heaton, William. 29881.	M. April 2/18.
6 C.	Henderson, Cpl. Lewis. 267505.	M. April 2/18.
6 C. XI	Hewett, John. 75741.	M. May 27/18.
6 C. XI	Hobson, A. 75369.	M. May 27/18.
6 C. XI	Holland, G. N. 75368.	M. May 27/18.
6 C. IX	Hoy, Michael. 265956.	M. April 2/18.
6 C. XII	Jagger, Harry. 75606.	M. May 27/18.
6 C.	Jarvis, R. 44282.	M. April 2/18.
6 C. IX	Judson, W. E. 66670.	M. May 27/18.
6 C.	Kirkman, W. R. 16547.	M. April 11/18.
6 C.	Leathem, W. D. 16720.	M. April 2/18.
6 C. IX	Lodge, Thomas. 40559.	M. April 2/18.
6 C.	Lofthouse, Thos. Jas. 75617.	M. May 27/18.
6 C. X	Loud, Bolam. 66678.	M. April 11/18.
6 C.	Maynard, G. E. 267036.	M. April 2/18.
6 C. X	Middlemas, John George. 66696.	M. April 11/18.
6 C. XII	Miller, Joseph. 23/1064.	M. May 27/18.
6 C. XII	Naylor, A. 265700.	M. May 27/18.
6 C.	Newton, J. 267157.	M. April 2/18.
6 C. IX	Ormsby, Albert. 66418.	M. May 27/18.
6 C.	Padgham, Cpl. H. A. 607.	M. May 27/18.
6 C.	Page, J. 75503.	M. May 27/18.
6 C.	Parker, J. 365141.	M. April 2/18.
6 C.	Pittock, E. J. 75380.	M. May 27/18.
6 C. X	Pochcroft, Arth. Jas. 366699.	M. April 2/18.
6 C.	Power, M. 76.	M. April 2/18.
6 C. X	Reed, Cpl. Robert. 267416.	M. April 2/18.
6 C.	Reynolds, J. 265628.	M. May 27/18.
6 C. IX	Ridley, Sydney. 66410.	M. April 11/18.
6 C. IX	Robinson, Jos. Albert. 75384.	M. May 27/18.
6 C. IX	Rushton, H. 66417.	M. May 27/18.
6 C.	Shanby, J. 17406.	M. Mar. 23/18.
6 C.	Shields, E. 203565.	M. May 27/18.
6 C. IX	Simpson, William. 265229.	M. April 2/18.
6 C. VI	Spark, Sgt. Jas. Ed. 267310.	M. May 27/18.
6 C.	Sutherden, W. E. 267041.	M. April 2/18.
6 C.	Taylor, J. B. 75281.	M. Mar. 23—April 1/18.
6 C. X	Taylor, L.-Cpl. J. W. 66438.	M. May 27/18.
6 C.	Thompson, H. 267121.	M. April 2/18.
6 C. X	Waller, J. 75279.	M. May 27/18.
6 C.	Walsh, J. 265748.	M. April 2/18.
6 C. XI	Ward, Fred. 75277.	M. April 25/18.
6 C.	Ward, Sig. Henry. 75387.	M. May 27/18.
6 C.	Wardingham, Richard John. 66447.	M. April 11/18.
6 C.	Wareing, T. 75284.	M. May 27/18.
6 C. IX	Westgarth, Septimus. 66449.	M. May 27/18.
6 C. XII	Wilkinson, Richard. 75266.	M. May 27/18.

December 1st, 1918.

Northumberland Fusiliers—contd.

B.E.F.

6 C. X	Williams, P. H. 75273.	M. May 27/18.
6 C. IX	Willis, A. E. 75490.	M. May 27/18.
6 C.	Wilson, Cpl. Wm. J. 75744.	M. May 27/18.
6 C.	Winstone, Percy. 75275.	M. May 27/18.
6 C.	Winter, Wm. Wallace. 16/783.	M. May 27/18.
6 C. X	Wolfenden, John. 75272.	M. May 27/18.
6 C. XII	Wood, Norman. 75265.	M. May 27/18.
6 D.	Archer, Cpl. Robt. Hry. 265658 (Fr. H.Q.) (3338.)	M. April 14/18.
6 D.	Arundel, S. 45130.	M. May 27/18.
6 D.	Bacon, A. J. 265124.	M. April 11/18.
6 D.	Baines, Harry. 75288.	M. May 27/18.
6 D.	Barwell, J. H. 267463.	M. May 27/18.
6 D.	Bell, Herbert. 75309.	M. May 27/18.
6 D. XV	Bennett, Algernon. 267780.	M. May 27/18.
6 D. XIII	Black, Francis Sheldon. 75537.	M. May 27/18.
6 D.	Bullough, R. 75544.	M. May 27/18.
6 D.	Cannon, A. S. 52871.	M. Mar. 25/18.
6 D. XIV	Cave, L.-Cpl. Edward. 266645.	M. May 27/18.
6 D. XIV	Cheesmer, Joseph. 75392.	M. May 27/18.
6 D.	Clappison, J. 40289.	M. April 2/18.
6 D. XVI	Cook, Edgar. 66646.	M. May 27/18.
6 D. XIII	Coulton, Harold. 75290.	M. May 23/18.
6 D. XIV	Cowan, J. L. 66324.	M. April 10-11/18.
6 D.	Cox, L. 75553.	M. May 27/18.
6 D. XIV	Dennison, Barratt. 66648.	M. May 27/18.
6 D.	Dewhurst, T. 40516.	M. Mar. 25/18.
6 D.	Dove, H. 267485.	M. May 27/18.
6 D. XV	Elliott, G. 40012.	M. May 27/18.
6 D.	France, R. A. 36499.	M. Mar. 25/18.
6 D. XVI	Gall, A/Cpl. Chas. Wm. 75319.	M. May 27/18.
6 D. XVI	Goldsmith, Percy Lawrence. 75497.	M. May 27/18.
6 D. XIV	Grattidge, W. A. 66341.	M. April 11/18.
6 D. XVI	Greenland, H. M. 75396.	M. May 27/18.
6 D.	Harker, W. 20707.	M. May 27/18.
6 D.	Harris, A.-Cpl. Thos. Hy. 45237.	M. May 27/18.
6 D.	Harrison, Redners. 75311.	M. May 27/18.
6 D.	Henry, James. 75287.	M. May 27/18.
6 D. XVI	Hill, R. 52767.	M. Mar. 25/18.
6 D. XIV	Hills, R. 75499.	M. May 22/18.
6 D.	Hilton, E. J. 75600.	M. May 27/18.
6 D. XIII	Holden, John W. 75294.	M. May 27/18.
6 D. XIII	Ingle, A. 66669.	W. and M. April 11/18.
6 D. XIV	Kemp, H. C. 66673.	M. May 27/18.
6 D. XIII	Lewis, William Henry. 52805.	M. April 11/18.
6 D.	Linday, F. 44284.	M. Mar. 22/18.
6 D. XV	Lindsay, Wm. 66677.	M. April 11/18.
6 D. XIV	Marks, Edward H. 45268.	W. and M. April 12/18.
6 D. XVI	Moseley, Wm. 66689.	M. May 27/18.
6 D. XIV	Moss, Leonard. 75483.	M. May 27/18.
6 D. XVI	Neal, Reginald Harry. 66389.	M. May 27/18.
6 D.	Nicholson, Geo. Wm. 69174.	M. April 11/18.
6 D. XV	Norman, J. 75399.	M. May 27/18.
6 D. XIII	Openshaw, Thos. 75297.	M. May 27/18.
6 D.	Paul, E. C. 36506.	M. Mar. 25/18.
6 D. XVI	Pears, Albt. Jas. 66712	W. and M. April 11/18.
6 D.	Quinn, W. H. 69185.	M. April 11/18.
6 D.	Reed, Fred. Chas. 75237.	M. May 27/18.
6 D.	Riley, J. M. 366597.	M. Mar. 25/18.

December 1st, 1918.

Northumberland Fusiliers—contd.

B.E.F.

6 D. XIV	Rolph, H. 237077.	M. May 27/18.
6 D. XVI	Rudge, W. R. 265327.	M. May 27/18.
6 D. XVI	Sharpe, Wm. Henry. 235457.	M. May 27/18.
6 D. XVI	Shields, Geo. 69198.	M. May 27/18.
6 D. XIII	Simm, J. F. 4626.	M. May 27/18.
6 D. XIV	Smith, Arthur Bramley. 266662.	M. May 27/18.
6 D. XIII	Spurling, Ernest Walter. 75488.	M. May 27/18.
6 D. XIV	Stead, F. 69214.	M. April 11/18.
6 D. XVI	Stubley, Albert Maurice. 66574.	M. April 11/18.
6 D. XIV	Surfas, Israel. 52931.	M. April 11/18.
6 D.	Swatman, James. 66573.	M. May 27/18.
6 D. XIV	Theakston, Ernest. 66605.	M. April 11/18.
6 D.	Thomson, William. 52773.	W. April 11/18.
6 D. XIV	Turner, Hry. 69234. (102331.)	M. April 11/18.
6 D. XIV	Wagland, T. 201874.	M. April 2/18.
6 D. XV	Wallis, Geo. Alfred. 66627.	M. May 27/18.
6 D. XV	Ward, Herbert. 66614.	M. May 27/18.
6 D. XV	Williams, A. 66618.	M. April 11/18.
6 D.	Williams, D. G. 66620.	M. May 27/18.
6 D.	Wilson, Robt. Maurice. 66453.	M. May 27/18.
6 D. XIII	Wombwell, George. 266086.	M. April 11/18.
6 D.	Wright, S. W. 267124.	M. May 27/18.
6 D.	Wright, Cpl. Wm. 265871.	M. Mar. 25/18.
6 H.Q.	Turner, Sig. Geo. 36517.	M. April 11/18.
6 ?	Adams, B. J. 266149.	M. April 11/18.
6 ?	Adams, Horace. 75326.	M. May 27/18.
6 ?	Arnold, Arthur Wm. 266100.	M. May 27/18.
6 ?	Ashton, Sgt. H. J. 40284.	M. May 27/18.
6 ?	Bellfield, Sgt. Harry. 267252.	M. April 11/18.
6 ?	Bleasby, Chas. Ed. 366898.	M. May 27/18.
6 ?	Checkley, H. 75546.	M. May 27/18.
6 ?	Clayton, Jack. 75298.	M. May 27/18.
6 ?	Cowie, James. 66326.	M. April 11/18.
6 ?	Corps, E. H. 66641.	W. and M. April 10/18.
6 ?	Elliott, B. V. 66301.	M. May 19/18.
6 ?	Fowler, W. 75579.	M. May 27/18.
6 ?	Garrett, George. 66658.	M. April 11/18.
‡6 ?	Gibson, Cpl. J. P. 386233. (Fr. R.A.M.C.)	M. April 10/18.
6 ?	Hall, S/B. Fred. 265959.	M. May 27/18.
‡6 I.T.M.	Hearnshaw, F. H. 267609. (149 Bde.)	M. May 27/18
6 ?	Hughes, S/B. Jas. 266034.	M. April 4/18.
6 ?	Hunt, C. 54204.	M. April 11/18.
6 ?	Jacques, W. L. 267151.	M. Aug. 27/18.
6 ?	King, Lounsbrough. 66675.	W. and M. April 11/18.
6 ?	Lacey, A. 66367. (104143.)	W. and M. April 10/18.
6 ?	McIntire, George Shipley. 66697.	M. April 11/18.
6 Sig. S.	Maxwell, Robt. 265376.	M. May 27/18.
6 ?	Otter, John Cameron. 34141.	M. June 30/18.
6 ?	Parr, Frederick. 66401.	M. April 11/18.
6 ?	Pawsey, William G. 66706.	W. and M. April 11/18.
6 ?	Pearson, William. 66708.	M. April 11/18.
6 ?	Poole, S. 265758.	M. May 27/18.
6 ?	Preston, Edgar. 75217.	M. May 27/18.
6 ?	Prince, Alan. 75227.	M. May 27/18.
6 ?	Purchase, Fredk. 265659.	M. Mar. 24/18.
*6 ?	Ridley, Wm. 266047.	M. April 10/18.
6 ?	Scott, G. H. 75252.	M. May 27/18.

December 1st, 1918.

Northumberland Fusiliers—contd.

B.E.F.

6 ?		Sharpe, Walter. 66421.	M. May 25/18.
6 ?		Siddals, Wm. Leonard. 69199.	M. April 11/18.
6 ?		Smith, Owen, 75246.	M. May 27/18.
6 ?		Sparkes, Wallis John. 75506.	M. May 27/18.
6 ?		Speck, J. K. 69209.	M. April 11/18.
6 ?		Till, W. 66440.	M. April 11/18.
6 ?		Williams, Reg. 69189. (102440.)	M. April 11/18.
7 C.		McPherson, J. 1677.	M. Mar. 26/18.
7 C.		Skelly, W. 291012.	M. Mar. 25/18.
7 H.Q.		Wyllie, Henry. 291000.	M. Mar. 27/18.
7 ?		Allan, John. 26696.	M. April 4/18.
*8		McKenna, 2nd Lt. R. T.	M., bel. K. Oct. 10/18.
*8 B. VII		Dodgson, A. 43459.	Unoff. W. and M. Sept. 27/18.
9 A. II		Chrisp, Thos. John. 235563. (Fr. North. Hussars.)	M. April 10/18.
9 A. IV		Crookes, E. 285094.	M. April 16/18.
9 A. III		Emery, Robert. 43617.	M. April 6/18.
9 A.		Ezard, Harry. 59964.	D/W. Mar. 22/18. Det.D./B.
9 A.		Fisher, L.-Sgt. Harry. 26/905.	W. and M. April 11/18.
9 A. III		Hirst, Geo. 48494.	M. April 16/18.
9 A. IV		Howden, Percy. 34955.	M. April 16/18.
9 A. IV		Spooner, Arthur Lewis. 44214.	M. April 16/18.
9 B. VIII		Byrne, Thomas. 55282.	M. April 14/18.
‡9 B.		Hancock, T. 41323.	M. April 10/18.
‡9 B.		Harrison, R. W. 15217.	M. April 10/18.
‡9 B.		Hutchinson, J. 235680.	M. April 10/18.
9 B. V		Richards, William. 1208.	M. April 10/18.
9 B. V		Ryan, John. 55931.	M. April 14/18.
9 B.		Scott, Robert F. 16622.	M. Mar. 22/18.
9 B.		Watson, Arth. Rbt. 235690.	M. April 16/18.
9 C. IX		Armstrong, Cpl. J. E. 41119.	M. April 24/18.
9 C. I.T.M.		Simpson, J. 41277. (103 Bgde.)	M. Mar. 22/18.
‡9 D.		Fairnington, W. 340.	M. April 10/18.
9 D. XV		Horton, Henry White. 1184.	M. April 9/18.
9 D. XIII		Illingworth, H. 22773.	M. Aug. 22/18.
‡9 D.		Isaac, T. 35629.	M April 10/18.
*9 D.		March, Cpl. John. 13213. (Erron. 10285.)	K. April 10/18. Det.D./B.
9 D. XV		Palmer, R. 235768. (59853.)	M. Unoff. W. April 16/18.
9 D. XV		Paterson, Henry. 60156.	M. April 14/18.
9 D. XVI		Richards, Cpl. Robt. Evan. 13385.	M. April 10/18.
‡9 D. XV		Rider, Albert. 60909.	K. Oct. 24/18. Det.D./B.
‡9 D.		Tink, J. 70.	M. April 9/18.
9 ?		Dobson, W. H. 69557. (Fr. 53 Sussex, 109657.)	M. April 9/18.
9 ?		Gledhill, L.-Cpl. J. 237100.	M. Aug. 23/18.
9 ?		Lee, Eric Francis. 69588.	M. April 9/18.
9 ?		Lovell, L.-Cpl. Chas. Thos. 69584.	M. April 9/18.
9 ?		McGowan, Wm. 235590.	M. April 16/18.
9 ?		Tomlinson, W. E. 316514.	K. Mar. 22/18. Det.D./B.
11 C.		McMullen, Alex. 46280.	M. June 15/18.
12-13		Brownlow, Capt. W. H. C.	K. May 28/18. Det.D./B.
12-13 A.		Anderson, G. 43090.	M. May 27-29/18.
12-13 A.		Ashpole, Alfred. 17531.	W. and M. Mar. 21/18.
12-13 A. III		Ashwell, W. 39574.	M. May 27/18.
12-13 A.		Barham, Sidney. 35798.	M. May 27-29/18.
12-13 A. III		Barr, Sgt. E. 65019.	M. May 27/18.
12-13 A.		Blood, A. 66787.	M. April 12-13/18.

December 1st, 1918.

Northumberland Fusiliers—contd.

B.E.F.

‡12-13 A. I	Bradshaw, L.-Cpl. W. 64978.	M. April 12-13/18.
12-13 A. IV	Brown, Harold. 316440.	M. May 27-29/18.
12-13 A.	Clark, Thomas. 46475.	M. May 27/18.
12-13 A.	Cowley, William. 48.	M. May 27-29/18.
12-13 A.	Coyne, M. 56221.	M. April 23/18.
12-13 A. IV	Dilnah, William. 316484.	M. April 12-13/18.
‡12-13 A. L.G.S.	Dinsdale, Cpl. W. 35160.	M. Sept. 27/18.
12-13 A. I	Drake, G. 44952.	M. May 27/18.
12-13 A.	Dunn, P. 44953.	M. Mar. 21-28/18.
12-13 A.	Falconer, A. W. 66825.	Unoff. M. April 8-9/18.
12-13 A. III	Fenwick, F. W. 32/351.	M. May 27-29/18.
*12-13 A. III	Fordham, M. G. 61624.	W. and M. Sept. 8/18.
12-13 A. II	Gallagher, John. 27290.	W. and M. April 24-27/18.
*12-13 A. II	Gilbert, Harold. 55795	W. and M. Sept. 8/18.
12-13 A. II	Graubner, John Lewis. 69358.	M. May 28-29/18.
12-13 A.	Greenwell, W. 265477.	M. Mar. 23/18.
12-13 A. I	Gunner, G. 69360.	M. May 27/18.
12-13 A. II	Harker, Charlie. 64947.	M. May 27-29/18.
12-13 A. or D.	Harpham, H. 66854.	M. May 27/18.
12-13 A.	Harrington, Michael. 64992.	M. April 12-13/18.
12-13 A.	Heavyside, G. 66835.	W. and M. April 14/18.
12-13 A.	Herron, Geo. Timothy. 105005.	M. May 27-29/18.
12-13 A. I	Hoare, Thomas. 69364.	M. May 27/18.
12-13 A. III	Holliwell, H. 47686.	M. Mar. 21-28/18.
12-13 A.	Hoy, C. H. 69370.	M. May 27-29/18.
12-13 A. I	Kempton, J. H. 69375.	M. May 27/18.
12-13 A.	Knowles, James George. 69379.	M. May 27-29/18.
12-13 A. IV	Lawson, L.-Cpl. A. H. 46468.	W. and M. April 12-13/18.
12-13 A.	Levesley, Sig. G. 66865.	M. May 27/18.
12-13 A.	Lloyd, David John. 69383.	M. May 27/18.
12-13 A.	Love, Fred. William. 69380.	M. May 27-29/18.
12-13 A.	McMurray, David. 42421.	M. May 27-29/18.
‡12-13 A. III	Mitchell, Edward. 75032.	W. and M. Sept. 8/18.
12-13 A.	Mowles, J. W. 69387.	M. May 27/18.
12-13 A. III	Newton, George. 66882.	M. May 27/18.
12-13 A. III	Nightingale, Geo. 69392.	M. May 27/18.
12-13 A. I	Norriss, Arthur James. 69393.	M. May 27-29/18.
12-13 A.	Nott, L.-Cpl. Joseph 7016.	M. Mar. 21-28/18.
12-13 A. III	Octon, Robert. 33184.	M. April 12-13/18.
12-13 A.	Parker, John. 66889.	M. April 12/18.
12-13 A. I	Paterson, L.-Cpl. Alf. 37836.	M. May 27-29/18.
12-13 A.	Payne, Jas. Ed. 64955.	M. April 12-13/18.
12-13 A.	Pidd, E. 66893.	M. April 12-13/18.
12-13 A.	Price, Francis Chas. 69400.	M. May 27-29/18.
12-13 A. IV	Robinson, Thomas. 37827.	M. Mar. 21-28/18.
12-13 A. IV	Rose, A. E. 69409.	M. May 27/18.
12-13 A.	Scott, R. 205692.	M. Mar. 21-28/18.
12-13 A.	Selwood, Alfred John. 35050.	M. May 27/18.
12-13 A. I	Senior, James Albert. 44679.	W. and M. April 12-18/18.
12-13 A. III	Small, James. 56075.	M. April 12-18/18.
12-13 A. I	Smith, Edward. 21/907.	M. Sept. 8/18.
12-13 A. III	Smith, Fred. 19764.	M. Mar. 21/18.
12-13 A.	Smith, James A. 69418.	M. May 27-29/18.
12-13 A. III	Stubbs, Edmund William. 69417.	M. May 27-29/18.
12-13 A.	Talbot, R. G/69420.	M. May 27-29/18.
12-13 A.	Taylor, E. 65053.	M. May 27-29/18.
12-13 A. III	Taylor, Ernest. 24/1709.	M. May 27/18.
12-13 A. III	Teasdale, John Wm. 200904.	Unoff. M. Aug. 20-31/18.
12-13 A.	Turner, J. P. 17578.	M. Mar. 21-28/18.

December 1st, 1918.

Northumberland Fusiliers—contd

B.E.F.

‡12-13 A.	Turner, T. 34660.	M. Mar. 21-28/18.
12-13 A. II	Tyne, Walter. 260051.	M. May 27-29/18.
12-13 A. III	Wake, William. 1457.	M. May 27-29/18.
‡12-13 A.	Walker, R. H. 315925.	M. Sept. 8/18.
12-13 A. III	Watson, H. 56079.	W. and M. April 12-18/18.
12-13 A. II	West, Geo. Albert. 59478.	M. May 27-29/18.
12-13 A.	Westwood, Philip Jas. Edw. 69434.	M. May 27-29/18.
12-13 A. II	White, Sidney Newman. 69442.	M. May 27-29/18.
‡12-13 A.	Whittaker, B. 60966.	M. Sept. 8/18.
12-13 A.	Young, Cpl. J. 24.	M. Mar. 21-28/18.
12-13 B. VI	Alderson, Wilfred. 69708.	M. May 27-29/18.
12-13 B. VII	Barkworth, L.-Cpl. W. A. 236951.	M. May 27-29/18.
*12-13 B. V	Bellamy, R. 42049.	K. Sept. 27/18. Det.D./B.
12-13 B.	Bevington, L.-Cpl. W 57342.	M. May 27-29/18.
12-13 B. V	Bielby, Thomas. 69719.	M. May 27-29/18.
12-13 B. VI	Boggan, Wm. 64974.	M. May 29/18.
12-13 B. V	Breeze, Willie. 291675	M. April 12/18.
12-13 B. V	Broom, W. P. 69733.	M. May 27-29/18.
12-13 B. V	Brown, J. H. 69731.	M. May 27-29/18.
12-13 B. VI	Burnett, C. 64939	M. May 27/18.
12-13 B.	Chrisp, L.-Cpl. G. T. 35158.	M. Mar. 21-28/18.
12-13 B. VI	Cook, L.-Cpl. Wyndham. 65055.	M. April 12-18/18.
12-13 B. VII	Cotton, J. G. 48228.	M. Mar. 21/18.
12-13 B.	Croxton, A. J. 66808.	M. April 12/18.
12-13 B.	Culpan, A. 22220.	M. May 27/18.
12-13 B. VIII	Davey, Thomas. 45725.	M. May 27/18.
‡12-13 B. VI	Dick, James. 47102.	K. Sept. 27/18. Det.D./B.
12-13 B.	Durham, L.-Cpl. R. W. 25241.	M. May 27/18.
12-13 B.	Faber, Joe. 66828.	M. April 12-18/18.
12-13 B. VII	Fayers, William J. 60354.	M. May 27-29/18.
12-13 B. VII	Fincham, G. 69353.	M. May 27-29/18.
12-13 B.	Fox, E. 47585.	M. Mar. 21-28/18.
12-13 B.	Frazer, Joe. 38333.	M. May 21-28/18.
12-13 B. VI	Glen, John. 37814.	M. May 27-29/18.
12-13 B. VI	Golightly, Wm. 65065.	M. May 27/18.
12-13 B.	Green, John. 22069.	M. May 27-29/18.
12-13 B. VIII	Griffith, C. 69363.	M. May 27-29/18.
12-13 B.	Haigh, Cpl. John. 65042.	M. May 27/18.
12-13 B.	Hamilton, Lawrence. 69759.	M. May 29/18.
12-13 B. V	Hardcastle, Herbert. 35574.	M. end Mar./18.
12-13 B.	Harris, L.-Cpl. 46416.	M. Mar. 21-28/18.
12-13 B. V	Hindmarsh, J. W. 69764.	M. May 27-29/18.
12-13 B.	Holmes, William. 32/405.	M. Mar. 21-28/18.
‡12-13 B. V	Howlett, J. W. 39146.	K. Sept. 18/18. Det.D./B.
12-13 B.	Hull, Sgt. T. 46453.	M. May 27/18.
12-13 B.	Jones, Tom. 69775.	M. May 27/18.
12-13 B. V	Kirk, Walter. 25247.	M. Mar. 24/18.
12-13 B.	Loraine, Richard. 25177	M. May 27-29/18.
12-13 B.	McMahon, J. 20959.	M. Mar. 21-28/18.
12-13 B.	Maloney, Wm. John. 47613.	M. Mar. 21-28/18.
12-13 B. VIII	Markwell, William Henry. 64993.	M. April 12/18.
12-13 B. VII	Mercer, Percy Fredk. 69389.	M. May 27-29/18.
12-13 B.	Miller, Thomas Dodds. 15407.	M. Mar. 21-28/18.
12-13 B. L.G.S.	Newall, C. 66883.	M. May 27/18.
12-13 B.	Oxley, Robt. Knowles. 64987.	M. April 10/18.
12-13 B. VIII	Perry, F. J. A. 69397.	M. May 27/18.
12-13 B. VII	Prestage, W. 65074.	M. May 27/18.
12-13 B.	Rea, James. 65968.	M. May 27-29/18.

December 1st, 1918.

Northumberland Fusiliers—contd.

B.E.F.

12-13 B.	Rhodes, A. E. 235495.	M. Mar. 21-28/18.
12-13 B. V	Roberts, Wilfred. 65069.	M. May 27-29/18.
12-13 B. L.G.S.	Saddington, L.-Cpl. A. 69473.	M. May 27/18.
12-13 B. VII	Saggers, Wm. George. 69413.	M. May 27-29/18.
12-13 B. VII	Sargent, James. 69420.	M. May 27/18.
12-13 B.	Shaddock, Walter C. 69421.	M. May 27-29/18.
*12-13 B.	Smith, J. 60912. (Fr. W. Yorks.)	W. and M. Sept. 8/18.
12-13 B. VIII	Snowdon, Stanley. 75911.	M. Sept. 8/18.
12-13 B.	Stapleton, Henry. 69340.	M. May 27-29/18.
12-13 B. VI	Starbuck, Ernest. 55410.	M. May 27-29/18.
12-13 B.	Stewart, Sgt. John. 22099.	M. May 27-29/18.
12-13 B. VIII	Sutton, Wm. Edw. 69419.	M. May 27-29/18.
12-13 B. VI	Swinson, H. 201387.	W. and M. April 25/18.
12-13 B. VII	Thomas, John. 48203.	M. May 21-28/18.
12-13 B.	Tinker, Allan. 17257.	M. Mar. 21-28/18.
12-13 B.	Todd, F. 22600.	M. Mar. 21-28/18.
12-13 B. VI	Trotter, J. L. D. 16/81.	M. Mar. 21-28/18.
12-13 B. VII	Turner, Arthur. 55420.	M. April 12-18/18.
12-13 B.	Tyler, L.-Cpl. S. 66778.	M. April 12-18/18.
12-13 B. XI	Usher, Geo. 10418.	M. May 21-28/18.
12-13 B. VII	Vickers, Wm. 55421.	M. May 27-29/18.
12-13 B.	Walker, G. 69438.	M. May 27-29/18.
12-13 B. V	Wallace, J. T. 65005.	M. May 27-29/18.
12-13 B. V	Ward, Jas. Ed. 65952.	M. May 27-29/18.
12-13 B.	Ware, P. 6551.	M. Mar. 21-28/18.
12-13 B.	Watts, S. 316487.	M. Mar. 21-28/18.
12-13 B.	Williams, E. E. 59563.	M. May 27-29/18.
12-13 B.	Wilson, J. H. 65072.	M. May 27-29/18.
12-13 C.	Alderson, C.S.-M. Alb. Edw. 204409	W. and M. Aug. 21-28/18.
12-13 C. IX	Ashburn, R. J. 69710.	M. May 27/18.
12-13 C.	Beadnall, Thos. Henry. 69713.	M. May 27-29/18.
12-13 C.	Bennett, Norman. 69718.	M. May 27-29/18.
12-13 C.	Black, Frank. 19/737.	M. April 12-18/18.
*12-13 C. XII	Bowlter, Jas. 58204.	M. Aug. 25/18.
12-13 C.	Brackenbury, Geo. W. 69728	M. May 27-29/18.
12-13 C.	Brannan, Robert. 69729.	M. May 27-29/18.
*12-13 C.	Brook, J. C. 60723.	K. Sept. 27/18. Det.D./B.
12-13 C. X	Burns, W. A. 17648.	M. May 27-29/18.
12-13 C.	Bygate, L.-Cpl. William. 27/807.	M. May 27/18.
12-13 C. XI	Crawford, Wm. 66810.	M. May 27/18.
12-13 C.	Curtis, Robert. 25/1527.	W. and M. Mar. 21-27/18.
12-13 C. IX	Dannett, L.-Cpl. Walter. 18547.	M. April 12/18.
12-13 C. XI	Dent, Fredk. Walter. 64941.	M. April 12-18/18.
12-13 C.	Eldred, L.-Cpl. Jas. Wm. 64979. (Fr. 13 E. Yorks.)	M. April 12-18/18.
12-13 C. IX	Ellison, Arth. Stansfield. 69747.	M. May 27/18.
12-13 C.	Emmett, W. 55846.	M. Mar. 21-28/18.
‡12-13 C.	Fellowes, C. 65030.	M. May 25/18.
*12-13 C. XI	Hallam, L.-Cpl. Sid. Claude. 69758	M. May 27-29/18.
12-13 C.	Harrison, Sam. 34677.	M. Mar. 21-28/18.
12-13 C. IX	Harrison, Sydney. 69660.	M. May 27-29/18.
12-13 C. X	Hawkins, Geo. Henry. 55874.	W. and M. April 13/18.
12-13 C.	Hewitt, M. W. 17690.	M. May 27-29/18.
12-13 C. X	Hodgson, G. E. C. 69768.	M. May 27-29/18.
12-13 C.	Humphrey, C. 69293.	M. May 27-29/18.
12-13 C. XI	Jackson, G. J. 35634.	M. May 27/18.
12-13 C. X	Jobes, R. 13991.	M. Mar. 21/18.
12-13 C.	Kilner, George. 28833.	M. April 12-18/18.
12-13 C. IX	Kirton, J. W. 59160.	M. April 16/18.

December 1st, 1918.

Northumberland Fusiliers—contd.

B.E.F.

12-13 C. XII	Lawson, John James. 66870.	M. April 12-18/18.
12-13 C.	Laycock, H. 16134.	M. April 12/18.
12-13 C. XI	Leeming, Wm. 69780	M. May 27/18.
12-13 C.	Leybourne, Robert. 38330.	M. May 27-29/18.
12-13 C. III	Linton, Frederick. 16/235	M. April 25/18.
12-13 C. XII	Lockwood, S. 75410.	M. May 26-28/18.
12-13 C. X	Lowe, John. 39687.	M. May 27/18.
12-13 C.	Lowrey, Joseph. 69784.	M. May 27-29/18.
12-13 C.	McKenna, J. 265470.	M. Mar. 21-28/18.
12-13 C. IX	Middlemas, R. K. 69791.	M. May 27-29/18.
12-13 C. IX	Miles, M.M., Chas. 29692.	M. May 27-29/18.
12-13 C.	Millington, H. 46131.	M. April 12-13/18.
12-13 C. X	Mitchell, James. 46888.	M. Mar. 21/18.
12-13 C. IX	Moore, F. W. 41199.	K. Mar. 21/18. Det.D./B.
12-13 C. XII	Pickersgill, A. 41861.	M. April 12/18.
12-13 C. IX	Reeder, Alf. 316248.	M. April 12/18.
12-13 C.	Robertson, C. E. 365276.	M. Mar. 21/18.
12-13 C. X	Robinson, Charles. 53403	M. Mar. 21/18.
12-13 C. XI	Robson, J. H. 37828.	M. May 27-29/18.
12-13 C. X	Rowley, Walter. 37596.	M. April 24/18.
12-13 C. XII	Schofield, L.-Cpl. Herbt. 64986.	M. May 27/18.
12-13 C.	Stephenson, Sgt. Thos. 27/1229.	M. Mar. 27-29/18.
12-13 C.	Sullivan, C. 12902	M. Mar. 21-28/18.
12-13 C.	Sutcliffe, H. 359.	M. Mar. 21-28/18.
12-13 C.	Telfer, Sgt. T. M. 46730.	M. Mar. 21-28/18.
12-13 C.M.G.S.	Tumilty, Cpl. James. 11330.	M. April 12-13/18.
12-13 C. X	West, Albert Edward. 236956.	D/W. April 12/18. Det.D./B.
12-13 C. X	Whitesam, Fred. 30/339.	M. April 12-18/18.
12-13 C. XI	Whitley, John Wm. 45918. (Fr. H.Q.)	M. Mar. 21-28/18.
12-13 C. XI	Worsley, Cpl. H. J. 65022.	M. April 12-18/18.
12-13 C.	Young, Cpl. Robert. 7276.	M. April 21-28/18.
12-13 D. XV	Atkins, J. H. 66783.	M. April 12-18/18.
12-13 D. XIV	Barnes, Cpl. Geo. 236955.	M. April 12-13/18.
12-13 D. XV	Beckwith, J. A. 44459.	M. April 12-13/18.
12-13 D.	Blakeney, J. 29/100.	M. May 27/18.
12-13 D. XVI	Burnham, Cpl. J. S. 40288.	M. May 27/18.
12-13 D.	Campbell, R. 56094.	M. Mar. 21-28/18.
12-13 D. XV	Chatfield, George. 64988.	M. April 12-13/18.
12-13 D. XIV	Cooper, Charles. 235789.	M. April 14/18.
12-13 D. XIV	Cowen, Robt. Arthur. 20/732.	M. May 27-29/18.
12-13 D. XV	Crowley, Edwin D. 69258.	M. May 27/18.
12-13 D.	Dadswell, L. T. 69259.	M. May 27-29/18.
12-13 D. XIII	Down, E. N. 69266.	M. May 27/18.
‡12-13 D. XV	Emmott, James. 44328.	M. Sept. 28/18. Conf. and Det.
12-13 D.	Fairless, Robert L. 37928.	W. and M. May 27/18.
12-13 D.	Fish, John William. 5971.	M. May 27/18.
12-13 D.	Freeman, C. 40762.	M. May 27-29/18.
12-13 D. XVI	Fuller, R. 69280.	M. May 27/18.
12-13 D. XIII	Hall, Joseph. 37847.	M. Mar. 21-28/18.
12-13 D. XIII	Halstead, A. 29769.	M. April 13/18.
12-13 D.	Harper, J. G. 12791.	M. Mar. 21-28/18.
12-13 D. XIV	Hope, Edwin. 44452	W. Unoff. M. Aug. 21-28/18.
12-13 D. XIV	Jacques, William C. 50208.	M. April 12-13/18.
12-13 D. XIV	Johnson, Charles H. 22530.	M. April 12-18/18.
12-13 D. XV	Kelsey, E. 316488.	M. Mar. 21/18.
12-13 D. XV	Kidd, F. 66862.	M. April 12-18/18.
12-13 D.	Leitch, A. 59520.	M. Mar. 21-28/18.
12-13 D. XV	Lloyd, James. 31932.	M. April 18/18.

December 1st, 1918.

Northumberland Fusiliers—contd.

B.E.F.

12-13 D. XV	McGregor, Alick. 48346.	M. April 12-13/18.
12-13 D. XIII	McGuire, John. 39256.	M. Mar. 21/18.
12-13 D. XV	Mears, A. F. 59148.	M. Mar. 21/18.
12-13 D. XIII	Morris, B. 66876.	M. April 12/18.
12-13 D.	Naylor, Dmr. Thos. 46067.	M. Mar. 21-28/18.
12-13 D. XV	Park, Andrew. 43455.	M. April 12-18/18.
12-13 D.	Patterson, Henry. 104921 or 66888.	M. April 12-13/18.
12-13 D.	Rapoport, Percy. 69326.	M. May 27-29/18.
12-13 D.	Reed, Ernest. 13413.	M. May 27-29/18.
12-13 D.	Roberts, John. 64959.	M. April 12-18/18.
12-13 D.	Rodgers, W. P. 27925.	M. Mar. 22/18.
12-13 D.	Scott, L.-Cpl. H. 7151.	M. Mar. 21-28/18.
12-13 D.	Simms, George. (Sig.) 16700. (Fr. H.Q.)	M. May 27/18.
12-13 D.	Spencer, L.-Cpl. John. 37873.	M. May 27/18.
12-13 D. XIV	Spencer, Richard. 66905.	M. April 12-13/18.
12-13 D.	Tait, James L. 69345.	M. May 27-29/18.
12-13 D.	Tait, Mansfield. 43141.	M. April 12-13/-18.
12-13 D.	Tarn, C. 35393.	M. April 12/18.
12-13 D.	Taylor, Cpl. J. 22184.	M. Mar. 21-28/18.
12-13 D. XIII	Telford, Geo. Hy. 43637.	M. May 27-29/18.
12-13 D.	Thompson, L.-Cpl. Arthur. 64965.	M April 12-13/18.
12-13 D. XV	Thorns, Joseph Edward. 66913.	M April 12-18/18.
12-13 D. XIII	Tuesday, Sigr. Herb. Wm. 23496.	M. May 27-29/18.
12-13 D. XVI	Wake, W. 55879.	M. May 27-29/18.
†12-13 D. XVI	Walls, L.-Cpl. R. 46077.	K. Sept. 27/18. Det.D./B.
12-13 D. XV	Watkinson, Cpl. Ernest. 32649.	M. April 12-13/18.
12-13 D. L.G.S.	Wedmore, L.-Cpl. Phil. H. 16698.	M. April 12-13/18.
12-13 D. XV	Whitehouse, G. H. 66737.	M. May 27-29/18.
12-13 D.	Wilkinson, G. E. 64967.	M. April 12-18/18.
12-13 D. XV	Winter, James. 24241.	M. July 4/18.
12-13 D. XIV	Woodhead, Joe. 46769.	M. April 12-18/18.
12-13 H.Q.	Bell, Wm. 20437.	M. Mar. 21-27/18.
12-13 H.Q.	Colling, L.-Cpl. W. 8655.	M. May 27/18.
12-13 H.Q.	Darling, W. 46519.	M. Mar. 21-28/18.
12-13 H.Q.	Faiers, F. 35435.	M. May 27/18.
12-13 H.Q.	Higginson, H. 5467.	M. Mar. 21-28/18.
12-13 H.Q.	Knowles, Edwin. 6153.	M. April 12-18/18.
12-13 H.Q.	Marshall, Thomas. 35328.	M. Mar. 21-28/18.
12-13 H.Q.	Newsome, Sgt. John William. 46407.	M. May 27-29/18.
12-13 H.Q.	Nixon, S. P. 20/1581.	M. April 12-13/18.
12-13 H.Q.	Wardle, Sigr. Albert. 20690	M. Mar. 21-28/18.
12-13 ?	Aithwaite, Arthur Sherwood. 69707.	M. May 27/18.
12-13 Sig. S.	Austin, Sgt. C. H. 13720.	M. April 12-13/18.
12-13 ?	Beevers, L.-Cpl. F. 46503.	M. May 27/18.
12-13 ?	Bell, Maurice. 69716.	M. May 27-29/18.
12-13 ?	Bingham, Wm. 66797.	M. April 12-13/18.
12-13 ?	Bishop, Thos. 69720.	M. May 27-29/18.
12-13 ?	Brooks, Thomas H. 35240.	M. April 12-18/18.
12-13 ?	Chamberlain, W. 66804. (105202.)	M. April 12/18.
12-13 ?	Cockle, W. 235350.	M. May 27/18.
12-13 ?	Collins, Joe G. 27215.	M. May 27/18.
12-13 ?	Dare, G. A. 66816.	M. April 12-18/18.
12-13 ?	Dawson, John Stan. 285096.	M. April 24/18.
12-13 ?	DeKovnick, Harry. 58209.	M. May 27-29/18.
12-13 ?	Downing, Walter E. 56815.	M. April 14/18.

December 1st, 1918.

Northumberland Fusiliers—contd.

B.E.F.

12-13	L.G.S.	Driver, Lewis. 6442.	M. May 27-29/18.
12-13	?	Durose, G. W. 20309.	M. Mar. 21/18.
12-13	?	Frowd, G. 69278.	M. May 27-29/18.
12-13	?	Gardiner, T. H. 69361.	M. May 27-29/18.
12-13	?	Goodman, C. W. 69757.	M. May 27-29/18.
12-13	?	Gore, J. 42324.	M. April 12-13/18.
12-13	?	Guest, Alexander. 66831.	M. May 27/18.
12-13	?	Hackett, Wm. 66837.	
12-13	?	Hall, Joseph. 64946.	M. April 12-18/18.
12-13	I.T.M.	Harle, Tom. 37567. (62 Bde.)	M. May 27-29/18.
12-13	?	Harlow, Fred. 66844.	M. April 12-13/18.
12-13	?	Haydock, J. R. 51177.	M. May 27/18.
12-13	?	Healey, Stanley. 66845. (104992.)	M. April 14/18.
12-13	?	Henderson, J. R. 34089.	K. Mar. 21-28/18. Det.D./B.
12-13	I.T.M.	Holmes, Francis. 23967. (188 Bde.)	M. May 27-29/18.
12-13	?	Hudson, Isaac. 19/1270.	M. Mar. 21/18.
12-13	?	Hunter, Wm. Arth. 47159.	M. Mar. 21/19.
12-13	?	Johnson, Reginald. 69774.	M. May 27-29/18.
12-13	? I.T.M.	Knott, Geo. 32/525. (62 Bde.)	M. May 27-29/18.
12-13	?	Lees, Fred. 64612.	M. Aug. 23/18.
12-13	?	Light, T. R. 66867. (104909.)	M. April 12-18/18.
12-13	?	Lyall, L.-Cpl. Wm. Ed. Melrose. 66777.	M. April 12-18/18.
12-13	?	Metcalfe, Wm. 65040.	M. April 13/18.
12-13	Sig. S.	Milbank, R. 45099.	M. Mar. 21-23/18.
12-13	Sig. S.	Morton, H. A. 20311.	M. Mar. 21-28/18.
12-13	?	Neal, Alfred. 32108.	M. May 27-29/18.
‡12-13	?	Nuttall, John. 75049.	K. Sept. 27/18. Det.D./B.
12-13	?	Oscroft, Horace Matthew. 69797.	M. May 27-29/18.
12-13	?	Palmer, Percy W. 69404.	M. May 27-29/18.
12-13	?	Patterson, Joseph. 64954.	M. April 12-13/18.
12-13	? L.G.S.	Petts, W. 66887.	M. April 12/18.
12-13	?	Plant, E. 31886.	M. May 27/18.
12-13	?	Praill, Percy David. 69322.	M. May 27-29/18.
12-13	?	Round, L.-Cpl. E. 16197.	M. May 27-29/18.
12-13	?	Siddle, R. 27/638.	M. April 24/18.
12-13	?	Siree, J. W. 5828.	M. May 28/18.
12-13	?	Smith, W. 1228.	M. May 27/18.
12-13	?	Squires, G. 69339.	M. May 29/18.
12-13	?	Stewart, John. 42454.	M. April 12/18.
12-13	?	Stinton, W. 66906. (104878.)	M. April 12-18/18.
12-13	?	Stockdale, W. G. 64961.	M. April 12/18.
12-13	?	Sutton, W. H. 69416.	M. May 27/18.
12-13	?	Thomas, Alex. 46518.	M. May 27/18.
12-13	?	Timperley, J. A. 37889.	M. May 27-29/18.
*12-13	?	Turnball, Alf. Clarence. 29765.	K. Sept. 8/18. Det.D./B.
12-13	?	Waslin, James. 64989.	M. April 12-18/18.
12-13	?	Waterhouse, Ethelbert. 55422.	M. Aug. 21-23/18.
12-13	?	Watson, Ernt. 66926.	M. May 27-29/18.
12-13	?	Watson, Cpl. R. 235788.	M. May 27-29/18.
12-13	?	Watson, Robert. 46849.	M. May 27-29/18.
12-13	?	Wheatman, Geo. 202870.	M. May 27-29/18.
12-13	?	Williams, J. H. 66921.	M. May 27-29/18.
12-13	?	Woodcock, Friend. 66939.	M. May 27/18.
12-13	?	Woodward, L.-Cpl. G. H. 69440.	M. May 27-29/18.
12-13	?	Yaxley, Arthur. 202137.	M. April 17/18.
14		**Hills, Capt. A. E.**	K. May 28/18. Det.D./B.
14 A. I		Adamson, Robt. 20/1207.	M. May 27/18.
14 A. IV		Annan, T. 201098.	W. and M. May 27-28/18.

December 1st, 1918.

Northumberland Fusiliers—contd.

B.E.F.

14 A. IV	Barker, Clarence. 41639.	M. May 27-30/18.
14 A. III	Brown, Pnr. Henry. 844.	M. May 27-30/18.
14 A. I	Brown, John Taylor. 5877.	M. May 27-30/18.
14 A. III	Burbridge, Ossie. 38124.	M. May 27/18.
14 A.	Coulson, Patrick Chas. 43188.	M. May 27-30/18.
14 A. I	Diggle, John. 341056.	M. May 27-30/18.
14 A. IV	Ellerker, L.-Cpl. H. 28/554	M. May 27/18.
14 A. III	Elliott, John Wm. 59390.	M. May 27/18.
14 A. I	Forbes, Jas. 59107.	M. May 27-30/18.
14 A. III	Fox, H. 291773.	M. May 27/18.
14 A.	Gilholme, Cpl. Richard. 200564.	M. May 27/18.
14 A. II	Glover, Arnold. 44962.	M. May 27-30/18.
14 A.	Greenhalgh, L.-Cpl. Samuel. 27357.	M. Mar. 23/18.
14 A. IV	Leathard, Robt. 28081.	M. May 27-30/18.
14 A. I	Makepeace, Aaron. 7564.	M. May 27-30/18.
14 A. III	Mills, Chas. 6008.	M. May 27/18.
14 A. II	Moody, Fredk. 12776.	M. May 27-30/18.
14 A.	Murgatroyd, A. 34520.	M. May 27/18.
14 A. III	Myers, Frank. 65596.	M. May 27-30/18.
14 A. IV	Newby, Fred Wm. 3237.	M. May 27-30/18.
14 A. I	Noon, G. 341502.	M. May 27-30/18.
14 A. III	Parkin, T. 204831.	M. May 27-30/18.
14 A. III	Payne, Henry Augustus. 54524	M. May 27/18.
14 A.	Richardson, A. 400.	M. Mar. 22/18.
14 A. III	Rogers, Wm. 5915.	M. May 27-30/18.
14 A.	Roper, John Robt. 69802.	M. May 27/18.
14 A.	Russell, Charlie. 2875.	M. May 27-30/18.
14 A. IV	Scott, John. 35786.	M. May 27-30/18.
14 A. III	Shakespeare, F. 69415.	M. May 27/18.
14 A. II	Slater, L.-Cpl. Herbert. 45451.	M. Mar. 22/18.
14 A.	Smith, L.-Cpl. Arthur Stuart. 18784.	M. May 27/18.
14 A.	Stead, Matthew. 34152.	M. May 27-30/18.
14 A. I	Stephenson, L.-Cpl. F. 59416.	M. May 27/18.
14 A. I	Sutcliffe, Frank. 242996.	M. May 26/18.
14 A.	Waters, John. 747.	M. May 27/18.
14 A.	Whitfield, L.-Cpl. Jos. Hy. 18793.	M. May 27/18.
14 A. I	Wilson, Cpl. Robt. 19/1418.	M. May 27-30/18.
14 B. VI	Oates, Robert. 7003.	W. and M. May 27-30/18.
14 B. VI	Robinson, F. R. 69801.	M. May 27-29/18.
14 C. IX	Appleyard, Allan. 266439.	M. May 27/18.
14 C.	Colquhoun, E. 7996.	M. Mar. 21/18.
14 C. IX	Cookson, George. 28/77.	W. and M. Mar. 21/18.
14 C. X	Holmes, Harold. 267273.	M. May 27-30/18.
14 C. X	Marshall, Tom. 65592.	M. May 27-30/18.
14 C. Pnr. Trans.	Phillips, Thos. 11925.	M. Mar. 21/18.
14 C. IX	Toll, F. V. 202014.	W. and M. May 27-30/18.
14 D.	Batt, Chas. 48464.	M. Mar. 21/18.
‡14 D. XV	Benson, C. 31398.	M. Mar. 21-31/18.
14 D. XIII	Blackwood, James. 747.	M. May 27/18.
14 D. XV	Charlton, A. 25/101.	M. Mar. 21-28/18.
14 D. XV	Clarkson, Thos. 22179.	M. May 27-30/18.
14 D. XVI	Cunningham, W. W. 45449.	M. May 28/18.
14 D. XIII	Dance, W. 28/424.	M. Mar. 21-28/18.
14 D. M.G.S.	Fairbairn, L.-Cpl. Jim. 8214.	W. and M. Mar. 22/18.
14 D. XIV	Garner, A. H. 65524.	M. Mar. 27-30/18.
‡14 D. XVI	Georgeson, J. 715.	M. Sept. 30/18.
14 D. XIII	Hardaker, Richd. 65541.	M. May 29/18.
14 D.	Henderson, John. 65530.	M. Mar. 27-30/18.
14 D.	Hodgkiss, Richard Chas. 65540.	M. May 27-30/18.

December 1st, 1918.

Northumberland Fusiliers—contd.

B.E.F.

14 D. XIV	Hopkins, Thos. 65538.		M. May 27-30/18.
14 D. XIV	Jackson, Geo. Edwards. 65557.		M. May 27/18.
14 D. XV	Jarvie, Wm. 201571.		M. May 27-30/18.
14 D. XIV	Jones, C. 65560.		M. May 27-30/18.
14 D. XVI	Lakin, Frank. 65573.		M. May 27/18.
14 D. XIV	Lee, E. 65590.		M. May 28/18.
14 D.	Lovatt, Kenneth Roy. 65586.		M. May 27/18.
14 D. XIV	March, L.-Cpl. John W. 10285		W. Unoff. M. Mar. 22/18.
14 D. XIV	Nicholson, Jas. 27369.		M. May 27-30/18.
14 D. XIV	Turner, Frank. 5193.		M. May 27/18.
14 ?	Beaumont, Harry. 36705.		M. May 27/18.
14 ?	Bowman, Thos. 18/211.		W. Unoff. M. Sept. 2/18.
14 ?	Coates, Roy. 39701.		M. May 27-30/18.
14 ?	Gallacher, Cpl. Joseph. 18740.		M. May 27/18.
14 ?	Lawton, Thomas. 65572.		M. May 27/18.
14 ?	Shepherdson, R. 35230.		M. May 27/18.
14 ?	Stephenson, Albert. 341251.		M. May 27/18.
14 ?	Stirling, Wm. 37774.		W. and M. May 27-30/18.
14 ?	Walton, H. W. 48552. (Fr. 21st.)		M. Mar. 21-28/18.
16 A.	Dunlavy, M.M.; J. 265601.		M. Mar. 23/18.
16 A.	Roe, Fred. 40486.		W. and M. April 4/18.
16 B. V	James, Sgt. R. 40354.		M. April 28/18.
16 C.	Burdon, Wilkie. 337. (Fr. 13 Ent. Bn.)		M. April 4/18.
16 C.	Dunn, R. H. 27/913. (Att. 13 Ent. Bn)		M. April 4/18.
16 C.	French, John. 34298.		M. Mar. 21-23/18.
16 D. XIV	McTernan, Jas. 10753. (Fr. 13 Ent. Bn.)		W. and M. April 4/18.
16 D. XIV	Sharpe, E. J. 235394.		M. Mar. 25/18.
16 D. XV	Sheeker, Samuel. 66585.		M. April 12/18.
16 ?	O'Connor, Francis. 1252.		M. April 10/18.
16 ?	Teasdale, Peter Leslie. 40661.		M. April 4/18.
18 C. XII	Brown, Cpl. Robert. 1074.		M. April 16/18.
18 C. XI	Canter, C. 266967.		M. April 10/13.
18 C. XI	Glancy, Cpl. J. J. 59393.		W. Unoff. M. April 17/18.
18 C. XI	Nix, Geo. A. 44182.		M. April 10/18.
18 C.	Purvis, Geo. Stanley. 1289.		M. April 14/18.
18 C. IX	Ridley, John Stokoe. 1115.		M. April 9/18.
18 C.	Sims, Daniel. 18/688.		M. April 14/18.
18 D. XVI	Reed, J. S. 1030.		M. about April 9/18.
19 Y.	Brain, W. G. 242642.		K. Mar. 27/18. Det.D./B.
19 Y.	Sholton, A. C. 497.		M. Mar. 28/18.
19 Z.	Armstrong, George. 66177.		M. June 1/18.
19 Z.	Atkinson, Hugh. 19/10006.		M. June 1/18.
19 Z. XIII	Cooper, Joseph. 66206.		Unoff. M. June 1/18.
19 Z.	Coulson, George. 838.		M. June 1/18.
19 Z. XVI	Crewe, George. 66205.		M. June 1/18.
19 Z. XIII	Daglish, Joseph. 290790.		W. and M. June 1/18.
19 Z.	Gann, Jas. Arthur. 19/145.		M. June 1/18.
19 Z. XIII	Glenday, F. 240712.		M. June 1/18.
19 Z. XVI	Jackson, Albert Wilfred. 66243		M. June 1/18.
19 Z.	Oswald, Frederick. 1033.		M. June 1/18.
19 Z.	Reed, Thos. J. 19/900.		M. June 1/18.
19 Z. XVI	Smalley, Walter. 60251.		M. June 1/18.
19 Z.	Wardle, J. 31511.		M. June 1/18.
19 Z.	Wilkinson, Fred. 66174.		M. May 27/18.
19 H.Q.	Parker, Sig. S. 201283. (Fr. 27th.)		M. Mar. 28/18.
19 ?	North, J. 204776.		W. and M. June 1/18.
21 D. XIII	Townson, Ed. 42446.		M. May 21/18.
21 ?	Irwin, G. 21/264.		M. Mar. 21/18.

December 1st, 1918.

Northumberland Fusiliers—contd.

B.E.F.

22 A. II	Baines, Thos. Hny. 204371.	M. Mar. 21/18.	
22 A.	Barnett, Wm. Guy. 64303.	M. April 11-14/18.	
22 A. I	Bell, Robt. Alfred. 64881.	M. April 11-14/18.	
22 A.	Briant, Sig. Leon. John. 64320. (Fr. H.Q.)	M. April 11-14/18.	
22 A.	Briggs, John Henry. 64839.	M. April 11-14/18.	
22 A.	Brodest, T. H. 56127.	M. Mar. 21/18.	
22 A. III	Brown, L.-Cpl. Jos. Harold. 46111.	M. Mar. 21/18.	
22 A.	Davey, A. 47307.	M. April 13/18.	
22 A. II*	Evans, John James. 204536.	M. April 11-14/18.	
22 A.	Gomersall, Cpl. Alb. Edw. 60262.	M. April 11-14/18.	
‡22 A. II	Henton, Alfred. 60418.	M. April 11-14/18.	
22 A.	Heseltine, J. W. 60283.	M. April 11-14/18	
22 A. II	Hollis, Cecil Jas. 56138.	M. Mar. 21/18.	
22 A.	Howgate, John. 35002.	M. Mar. 21/18.	
22 A. III	Kent, Saml. 45389.	M. April 14/18.	
22 A. II	Kershaw, Sgt. Joe. 12960.	M. Mar. 21/18.	
22 A. III	Lea, B. J. 64363.	M. April 11-14/18.	
22 A.	Lewis, L. J. 45394.	M. Mar. 21/18.	
22 A.	Nathan, J. 64388.	M. April 11-14/18.	
22 A.	Owens, Thomas. 236930.	M. April 11-14/18.	
22 A.	Reynolds, Lewis Mawson. 46838.	M. April 14/18.	
22 A. IV	Whinkup, Ernest. 48358.	M. Mar. 21/18.	
22 B.	Allen, R. G. 64867.	M. April 11/18.	
22 B.	Baron, Fred William. 60325.	M. April 11/18.	
22 B. VII	Brigstock, Wm. 64873.	M. April 11-14/18.	
22 B. VIII	Campion, Tom. 48026.	M. Mar. 21/18.	
22 B. VIII	Cook, F. R. 64891.	M. April 14/18.	
22 B. X	Curr, Andrew. 56182.	M. April 11/18.	
22 B. VIII	Gabb, Cpl. H. 56137.	M. Mar. 21/18.	
22 B.	Laughton, Frank. 60289.	M. April 11-14/18.	
22 B. VI	Lilley, G. W. 37605.	M. Mar. 21/18.	
‡22 B.	Lord, F. 86997.	M. Sept. 17/18.	
‡22 B.	Lowe, F. 56239.	M. Sept. 17/18.	
22 B. VIII	McRoy, George. 581.	M. April 11-14/18.	
22 B. V	Mannall, Sig. John. 64625.	M. April 11-14/18.	
22 B. VI	Murray, William. 47349.	M. April 11/18.	
22 B. VIII	Nesbitt, George. 37475.	M. Mar. 21/18.	
22 B.	Robson, Wm. Ninian. 292242.	M. April 11-14/18.	
‡22 B.	Ruston, W. 87330.	M. Sept. 17/18.	
‡22 B.	Ryder, R. C. 243056.	M. Sept. 17/18.	
22 B.	Sowter, J. T. 47920.	M. Mar. 21/18.	
22 B.	Walker, George. 64835.	M. April 11-14/18.	
22 C. XII	Alderson, Jas. Edw. 64858.	M. April 10/18.	
22 C. IX	Beaumont, Leonard. 56184.	M. Mar. 21/18.	
22 C. IX	Binns, W. S. 64744.	M. April 11/18.	
22 C.	Bradley, Sgt. T. B. 20/130.	M. April 10/18.	
22 C. XII	Clune, J. M. 35626.	M. Mar. 21/18.	
22 C.	Davison, C. 1185.	M. Mar. 21/18.	
22 C. XI	Dixon, G. 64906.	M. April 11/18.	
22 C. X	Hartman, A. 44498.	K. Mar. 21/18.	Det.D./B.
22 C. IX	Hunter, Arthur. 1468.	M. Mar. 21/18.	
22 C.	Johnstone, A.-Cpl. Ernest. 33882.	M. Mar. 21/18.	
22 C. XII	Kirby, F. S. 316216.	M. April 11-14/18.	
22 C. XI	Minchinton, Cpl. S. E. 34980.	M. April 11/18.	
22 C.	Ramshaw, Cpl. Frank. 38624.	M. Mar. 21/18.	
22 C. XI	Ritchie, William. 35848.	M. April 11-14/18.	
22 C. X	Shirttiff, W. 64857.	M. April 11-14/18.	
22 C. X	Ward, Wm. 64702.	M. Unoff. W. April 11-14/18.	

December 1st, 1918.

Northumberland Fusiliers—contd.

B.E.F.

22 C. XII	Wilson, John H. 45698.	M. Mar. 21/18.	
22 C. IX	Wright, Jas. 241968.	K. Mar. 21/18. Det.D./B.	
22 D. XVI	Ashdown, Cpl. James. 49297.	M. on or since April 9/18.	
‡22 D.	Bennett, A. 360154	M. Sept. 17/18.	
22 D. XVI	Blackstock, Nicholson A. 47459.	M. Mar. 21/18.	
22 D. XIII	Conkey, Frederick. 64898.	M. April 11-14/18.	
22 D. XIV	Connor, Patrick. 295.	M. Mar. 21/18.	
22 D. XIII	Cripps, H. G. 46123.	M. Mar. 21/18.	
22 D. XV	Freebury, H. T. 60331.	M. April 11/18.	
22 D. XIV	Holdsworth, E. 39037.	M. Mar. 21/18.	
*22 D. XIII	Hughes, W. S. 87230.	M. Sept. 17/18.	
22 D.	Laws, G. B. 47165.	M. Mar. 21/18.	
22 D.	Love, Wm. 45547.	M. April 11-14/18.	
‡22 D. XVI	Parr, J. R. 87682.	M. Sept. 14/18.	
22 D. XVI	Reynolds, Harry. 204166	M. Mar. 21/18.	
22 D. XV	Tait, R. 341109.	M. Mar. 21/18.	
22 D. XV	Walker, Frank. 238059.	M. Mar. 21/18.	
22 D.	Wilkinson, J. 535.	M. Mar. 21/18.	
‡22 D.	Wilson, H. 87408.	M. Sept. 14/18.	
*22 H.Q.	Brown, Arthur. 38716.	K. April 13/18. Det.D./B.	
22 H.Q.	Castle, J. W. 204136.	M. Mar. 21/18.	
22 H.Q.	Smith, Harold. 60164.	M. April 11-14/18.	
22 H.Q.	Tomlinson, A. E. 34991.	M. April 11/18.	
22 H.Q.	Wilkinson, Frank. 60444.	M. April 11-14/18.	
22 ?	Chamberlain, Reg. F. 64895.	M. April 11-14/18.	
22 ?	Diver, Arthur Wm. 64306.	M. April 11-14/18.	
22 ?	Evans, A. E. 292625.	M. April 11-14/18.	
22 ?	Gill, C. P. 59872.	M. Mar. 21/18.	
22 ?	Jackson, Jos. Edwin. 236940.	M. April 11-14/18.	
22 ?	Nicholas, L.-Cpl. Fritz. 56213.	M. Mar. 21/18.	
22 I.T.M.	Scott, R. 325625. (102 Bde.)	Unoff. M. April 7/18.	
22 ?	Watson, Oswold. 16/1591.	M. April 11/18.	
23	**Douglas, Capt. J. N. I.**	M., bel. W. abt. April 21/18.	
23	**Eagan, 2nd Lt. S. F.**	M. April 13/16.	
23 A.	Allen, E. 35750.	M. Mar. 20-23/18.	
23 A.	Barrass, W. 40.	M. Mar. 20-23/18.	
23 A. II	Briggs, T. 60473.	M. April 8-20/18.	
23 A.	Brown, Barton. 47493	M. Mar. 21-23/18.	
23 A. III	Burns, L. 59067.	M. April 8-20/18.	
23 A. III	Coulson, John. 26/97.	M. April 5/18.	
23 A. II	Crossley, Harry. 41524.	M. April 4/18.	
23 A.	Crowther, John. 266098.	M. April 8-20/18.	
23 A. II	Dent, Oswald G. 38046.	M. April 8-20/18.	
23 A. I	Dobson, John Tyson. 60491.	M. April 10/18.	
23 A.	Dodd, John. 37987.	M. Mar. 20-23/18.	
23 A. IV	Fairholm, L.-Cpl. Geo. 36224.	M. May 8-20/18.	
23 A.	Fallow, G. 41165.	M. Mar. 20-23/18.	
23 A. III	Glew, Cpl. Fred. 26/37550.	M. April 8-20/18.	
23 A.	Grace, George. 59122.	M. Mar. 20-23/18.	
23 A.	Hampton, F. 5251.	M. Mar. 20-23/18.	
23 A.	Handley, R. 35809.	M. Mar. 21-23/18.	
23 A. I	Henderson, Chris. 60504.	M. April 8-20/18.	
23 A.	Hewitt, J. H. 1579.	M. Mar. 20-23/18.	
23 A. I	Hodson, Harold. 60520.	M. April 4/18.	
23 A. I	Jennings, Alf. 5576.	M. April 20/18.	
23 A. II	Jones, Edgar Morris. 60636.	M. April 8-20/18.	
23 A. II	Kerr, L.-Cpl. John. 47580.	M. April 8-20/18.	
23 A. II	Lancaster, Thos. 33873.	M. Mar. 20/18.	
23 A.	Lillie, T. 19641.	M. Mar. 20-23/18.	

December 1st, 1918.

Northumberland Fusiliers—contd.

B.E.F.

23 A. III	Marlow, Frank. 60208. (236927.)		M. April 8-20/18.
23 A.	Matthews, R. 102.		M. Mar. 20-23/18.
23 A.	Miles, L.-Cpl. Robt. 60457.		M. April 8-20/18.
23 A.	Millican, T. 611.		M. Mar. 20-23/18.
23 A.	Milwood, D. 56276.		M. Mar. 20-23/18.
23 A. I	Pape, L.-Cpl. W. S. 60587.		M. April 8-20/18.
23 A. IV	Pattison, J. 40421.		M. April 8-20/18.
23 A. IV	Scholes, Ernest. 40979.		M. April 8-20/18.
23 A.	Smith, Jack. 40851.		M. Mar. 20-21/18.
23 B. V	Armstrong, John. 40663.		M. Mar. 20-23/18.
23 B.	Armstrong, T. 402.		M. Mar. 20-23/18.
23 B. V	Atkinson, Edgar. 266354.		M. Mar. 21/18.
23 B.	Billing, C. 46723.		M. Mar. 20-23/18.
23 B. VIII	Black, Wm Edward. 64758.		M. April 8-20/18.
23 B. V	Bore, Edw. 46991.		M. April 8-20/18.
23 B.	Bowman, D. 238074.		M. Mar. 20-23/18.
23 B.	Bownis, W. A. 64751.		M. April 8-20/18.
23 B. VII	Brown, Wm. 48463.		M. Mar. 22/18.
23 B.	Burchmore, P. 291793.		M. Mar. 20-23/18.
23 B. V	Chandler, Richard Hy. 46985.		M. April 8-20/18.
23 B.	Cheshire, Wm. David. 60490		M. April 8-20/18.
23 B.	Clifford, F. 55952.		M. Mar. 20-23/18.
23 B.	Collins, L.-Sgt. A. E. 11874.		M. Mar. 20-23/18.
23 B.	Cresswell, Albert. 45533.		M. Mar. 21/18.
23 B.	Godfrey, L.-Cpl. John. 45755.		M. Mar. 21/18.
23 B.	Gorman, J. 60505.		M. April 8-20/18.
23 B. VII	Grieve, W. 291177.		M. Mar. 21/18.
23 B.	Hill, H. E. 242504.		M. Mar. 20-23/18.
23 B.	Hunter, R. W. 31940.		M. Mar. 20-23/18.
23 B. VI	Johnson, Cpl. A. 46376.		M. April 10/18.
23 B. VIII	Jones, F. 59885.		M. abt. Mar. 21/18.
23 B. V	Jones, George. 56265.		M. April 8-20/18.
23 B.	McRobie, G. M. 1845.		M. Mar. 20-23/18.
23 B.	Mark, Jos. Salisbury. 60534.		M. April 8-20/18.
23 B.	Maudesley, Sgt. John. 236042. (Fr. 4 East Lancs., 201956.)		M. April 9/18.
23 B. VII	Monksfield, L.-Cpl. J. 48722.		M. April 8-20/18.
23 B. V	Monson, Horace R. 44176.		M. April 9/18.
23 B.	North, R. G. 40774.		M. Mar. 20-23/18.
23 B.	Pierce, L. 56248.		M. Mar. 20-23/18.
23 B.	Robson, Sgt. J. 638.		M. Mar. 20-23/18.
23 B.	Simpson, C. 44676.		M. Mar. 20-23/18.
23 B.	Walsh, W. 56271.		M. Mar. 20-23/18.
23 B.	Wardle, T. W. 28116.		M. Mar. 20-23/18.
23 C. XI	Armstrong, Robt. Edw. 60470.		M. April 8-20/18.
23 C.	Bates, W. H. 31948.		M. Mar. 20-23/18.
23 C.	Baxter, Bruce. 688.		M. Mar. 20-23/18.
23 C. XII	Clegg, Fred. 15800.		Unoff. M. early April/18.
23 C.	Crosley, W. 1624.		M. Mar. 20-23/18.
23 C.	Davison, L.-Cpl. J. W. 38094.		M. Mar. 20-23/18.
23 C.	Denwood, B. 37468.		M. Mar. 20-23/18.
23 C. X	Hannan, Wm. 59065.		M. Mar. 20-23/18.
23 C. IX	Hazlewood, Geo. Norton. 315631.		M. Mar. 20-23/18.
23 C.	Holmes, A. 41537.		M. Mar. 20-23/18.
23 C.	Johnson, M. 578.		M. Mar. 20-23/18.
23 C. IX	Kelly, T. 23/1330.		M. April 8-20/18.
23 C.	Kirkup. S. 10655.		M. Mar. 20-23/18.
23 C.	Laidlaw, J. 1066.		M. Mar. 20-23/18.
23 C.	Longbottom, W. 45869.		M. Mar. 20-23/18.

December 1st, 1918.

Northumberland Fusiliers—contd.

B.E.F.

23 C. XI	Meadows, John. 7045.	M. Mar. 20/18.
23 C. IX	Mews, John Wm. 37352.	M. Mar. 20-23/18.
23 C. X	Miller, Richard Geo. 56025.	M. April 9/18.
23 C.	Parker, E. 37951.	M. Mar. 20-23/18.
23 C. IX	Rhodes, J. W. 34145.	M. April 8-20/18.
23 C. XI	Shepherd, Richd. 22009.	M. Mar. 20-23/18.
23 C. IX	Stevens, S. 59018.	M. April 8-20/18.
23 C. XII	Telford, Wm. G. 23/781.	M. Mar. 21/18.
23 C. XI	Uttley, Alfred. 40745.	M. Mar. 20-23/18.
23 C.	Wilks, H. 35070.	M. Mar. 20-23/18.
23 C.	Wilson, J. W. 45917.	M. Mar. 20-23/18.
23 C. XI	Wilson, Robt. Currie. 46864.	M. Mar. 20-23/18.
23 D.	Air, J. 995.	M. Mar. 21-23/18.
23 D.	Allmark, T. 47295.	M. Mar. 20-23/18.
23 D. XVI	Bailey, Frank. 37963.	M. Mar. 21/18.
23 D.	Beck, Sgt. Wm. 26/62. (Fr. 26 Bn.)	M. April 8-20/18.
23 D. XVI	Booth, L.-Cpl. Ern. 60461. (Fr. Borders.)	M. April 8-20/18.
23 D. XV	Burton, Fred. 48197.	M. April 8 18.
23 D.	Davies, L.-Sgt. Alfred. 60581.	M. April 8-20/18.
23 D.	Frankland, Sgt. R. 40885.	M. April 20/18.
23 D. XVI	Gaskell, Joseph. 60624.	M. April 8-20/18.
23 D.	Gibson, Stephen. 849.	M. Mar. 20-23/18.
23 D. IV	Hardy, J. 266314. (Fr. 14th. 5612.)	M. April 8-20/18.
23 D. XV	Hartley, Geo. Edward. 41178.	M. April 10/18.
23 D. XIV	Hayes, F. 37630.	M. Mar. 20-23/18.
23 D.	Hepden, S. 40543.	M. Mar. 20-23/18.
23 D.	Higson, Cpl. Paul. 238109.	M. April 8-20/18.
23 D. XVI	Hudson, G. D. F. 40709.	M. Mar. 21/18.
23 D.	Jukes, J. 238064.	M. Mar. 20-23/18.
23 D.	Lowe, L.-Cpl. Hubert. 60460.	M. April 15/18.
23 D.	Mitchell, Alex. 60646.	M. April 6/18.
23 D. XV	Peasegood, J. W. 316540.	M. early April/18.
23 D. XV	Quine, John. 60158.	M. Mar. 21/18.
23 D. XV	Richmond, A. 285135.	M. April 8-20/18.
23 D. XVI	Robson, Cpl. J. 836.	M. Mar. 20-23/18.
23 D. XIII	Robson, L.-Cpl. Wm. 36698.	M. April 8-20/18.
23 D. XVI	Roe, Lewis S. 45892.	M. Mar. 20-23/18.
23 D. XV	Sheldrake, S. 59470.	M. April 8-20/18.
23 D. XIII	Shelley, E. 56208.	M. April 10-21/18.
23 D. XVI	Stonehouse, T. 38970.	M. April 8-20/18.
23 D. XIV	Thomas, John. 36691.	M. April 8-20/18.
23 D.	Wadman, H. W. 59476.	M. Mar. 20-22/18.
23 D.	Wheatley, L.-Cpl. R. W. 40791.	M. April 8-20/18.
23 D. XV	White, Saml. Richd. 46944.	M. April 8-20/18.
23 D.	Wildman, James Martin. 236062.	M. April 8-20/18.
23 D. XV	Wilson, Fredk. Wm. 41954.	M. April 8-20/18.
23 D.	Woodman, Laurence. 64685.	M. April 8/18.
23 D.	Wynn, John. 740.	M. April 8-20/18.
23 H.Q.	Howe, L.-Cpl. Thos. 1176.	M. Mar. 20/18.
23 H.Q.	Humble, J. 27/326.	M. Mar. 29/18.
23 H.Q.	Rosbee, J. E. 20216.	M. Mar. 20-23/18.
23 ?	Bateson, Walter. 236022. (Fr. 5 L. N. Lancs.)	M. April 8-20/18.
23 ?	Batson, Wm. Geo. 69482.	W. and M. April 9-14/18.
23 I.T.M.	Briggs, Wm. 40675. (102 Bde.)	W. and M. Mar. 21/18.
23 I.T.M.	Chappelow, L.-Cpl. Harry. 24/1674. (5442.) (102 Bde.)	M. Mar. 21/18.

December 1st, 1918.

Northumberland Fusiliers—contd.

B.E.F.

*23	?	Cross, W. G. 241878.	M. April 20/18.
23	?	Enquist, O. L. 69452.	M. April 4/18.
23	?	Gander, F. 69536.	M. April 9/18.
23	?·	Hart, L.-Cpl. Henry. 1537.	M. April 20/18.
23	?	Hollis, Alex. 59083.	M. Mar. 20-23/18.
23	?	Jukes, Ernest. 34714.	M. Mar. 20/18.
23 Sig. S.		Masselen, Thomas. 15228.	M. Mar. 21-23/18.
23	?	Reed, Arthur. 35711.	M. April 8-20/18.
23	?	Smith, E. B. 47425.	M. Mar. 24/18.
23	?	West, Thos. Wm. 69457. (41697.) (Fr. Sussex.)	M. abt. April 8/18.
23	?	Westcott, Frank. 69458.	M. April 9/18.
23	?	Wiles, Charles. 34308.	M. Mar. 20-23/18.
25 A. II		Almond, Chas. Edward. 55330.	M. Mar. 21-23/18.
‡25 A.		Altoft, J. R. 44108.	M. Mar. 21-23/18.
25 A. II		Anderson, Herbt. Gladstone. 204303.	M. Mar. 21-23/18.
‡25 A.		Bassett, H. 206422.	M. April 7/18.
25 A.		Bassett, Henry. 58304.	M. April 7-9/18.
25 A. I		Benfield, Wm. 19337.	M. Mar. 21-23/18.
‡25 A.		Braker, J. J. 58295.	M. April 9/18.
25 A.		Costigan, Wm. 39052.	M. Mar. 21-23/18.
25 A. III		Cove, Tom. 29807.	M. Mar. 21-23/18.
25 A. I		Denton, G. 48045.	M. Mar. 21-23/18.
‡25 A.		Everett, J. 37737.	M. April 9/18.
25 A.		Gaunt, M. H. 38792.	M. Mar. 21-23/18.
25 A.		Gedling, Robert. 24683.	M. Mar. 21-23/18.
25 A.		Hebden, H. 60848.	M. Mar. 21-23/18.
25 A. I		Lavarie, John. 59513.	M. April 8/18.
25 A. ID		McLain, Ralph. 33888.	M. April 9/18.
25 A.		Marshall, Andrew. 36786.	M. Mar. 21-23/18.
25 A. II		Sheppard, W. 38821.	M. April 9/18.
25 A.		Tate, Edw. 7630.	M. Mar. 21-23/18.
25 A.		Thomson, Geo. Smail. 59300.	M. Mar. 21-22/18.
25 A.		Walters, Fred R. 9639.	M. Mar. 21-23/18.
25 A.		Wood, W. H. 285151.	M. Mar. 21-23/18.
25 B		Beet, Fred. 60100.	M. April 12/18.
‡25 B.		Berry, A. F. 64705.	M. April 12/18.
25 B. V		Bones, G. 59214.	M. Mar. 22/18.
‡25 B.		Dent, S. 64568.	M. April 12/18.
25 B. VIII		Gardner, A. J. 47829.	M. Mar. 21-23/18.
25 B.		Gibson, Thomas. 35193.	M. April 12/18.
25 B. VII		Goodson, John Henry. 64590.	M. April 12/18.
25 B.		Handley, J. 37742.	M. Mar. 21-23/18.
‡25 B.		Harbottle, C. 60984.	M. April 12/18.
25 B. V		Hastie, Thos. 19/1293.	M. Mar. 21-23/18.
‡25 B.		Irvin, T. S. 64604.	M. April 12/18.
‡25 B.		Isaac, T. 56120.	M. April 12/18.
‡25 B.		Johnson, F. 60862.	M. April 12/18.
‡25 B.		Keates, W. 64610.	M. April 10/18.
25 B.		Kennington, O. D. 5390.	M. Mar. 21-23/18.
‡25 B.		Knastrass, W. H. 60985.	M. April 12/18.
25 B.		Langridge, L.-Cpl. Ernest. 59238.	M. Mar. 21-24/18.
‡25 B.		Last, F. 48413.	M. April 12/18.
‡25 B.		Lawson, E. 64614.	M. April 12/18.
25 B.		Peirson, L.-Cpl. B. 60717.	M. April 8/18.
25 B. VI		Sanders, L.-Cpl. C. H. 36741.	M. Mar. 21-23/18.
25 B. VIII		Slack, Charles. 51305.	M. Mar. 21-23/18.
25 B. VIII		Todd, Edward. 64673.	M. April 11-14/18.
25 B.		Trenter, Jas. 64676.	M. April 11-14/18.

December 1st, 1918.

Northumberland Fusiliers—contd.

B.E.F.

25 B. VI	Wiles, George. 235437.	M April 12/18.
25 C. XI	Austin, Cpl. C. E. 38855.	M. Mar. 21/18.
25 C. IX	Bainbridge, Bertram. 15860.	M. Mar. 21-23/18.
25 C.	Bradley, J. A. 64746.	M. April 14/18.
‡25 C.	Castle, A. 64551.	M. April 11/18.
25 C. X	Dixon, Jas. Wm. 58007.	M. April 11/18.
25 C. X	Doros, W. 51535.	M. April 11/18.
‡25 C.	Dunn, D. D. 60741.	M. April 11/18.
25 C. XI	Elsdon, Wm. 41066.	M. Mar. 21-23/18.
25 C.	Harvey, Philip. 39005.	M. April 11/18.
25 C.	Hope, M. 59400.	M. April 11/18.
25 C. X	Hutchinson, John. 305.	M. April 13/18.
25 C. IX	Jones, Edw. Wm. 59271.	M. April 11/18.
25 C.	Jones, Cpl. Wm. Edwin. 59334.	M. Mar. 21-23/18.
25 C. XII	Morris, Arthur. 35524.	M. Mar. 21-23/18.
25 C.	Parker, L.-Cpl. J. J. 450.	M. Mar. 21/18.
25 C.	Pottage, H. 44194.	M. Mar. 21-23/18.
25 C. or D.	Stephenson, W. H. 35659.	M. Mar. 21-23/18.
25 C.	Stokoe, Herbert. 202587.	M. Mar. 21-23/18.
25 C. XI	Thubron, Percy. 64678.	M. April 11-14/18.
25 C. XI	Turner, Jas. Henry. 235146.	M. April 17/18.
25 D.	Burchill, John. 35734.	M. Mar. 21/18.
25 D.	Cooper, F. 38861.	M. Mar. 21-23/18.
25 D.	Davidson, Cpl. Fred. 1441.	M. April 11/18.
25 D. XIII	Duncan, Wm. 36719.	M. Mar. 21/18.
‡25 D.	Goldberg, A. 60758.	M. April 11/18.
25 D.	Kirk, Walter. 7884.	M. Mar. 21-23/18.
25 D. XV	Knapp, Sig. Thos. 39267.	M. Mar. 21-23/18.
25 D. XVI	Phillips, P. 47904.	M. Mar. 21-23/18.
25 D.	Ramsay, George. 39056.	M. Mar. 21-23/18.
25 ?	Grierson, James. 825.	M. April 9/18.
25 ?	Morgan, John. 64433.	M. April 12/18.
25 I.T.M.	Preston, M.M., Herman. 50307. (102 Bde.)	M. April 8-12/18.
26 B.	Waters, E. 35732.	M. April 12/18.
26 C. X	Goundrill, C. 203063.	M. April 8-20/18.
27 ?	Smith, Fred. 40957.	M. April 25/18.
36 A.	Howard, Fred. 85104.	M. Sept. 9/18.
‡36 D.	Broomhead, John. 79019.	W. and M. Oct. 14/18.
36	Teale, Fred. Bannister. 61535.	Unoff. M. Sept. 3/18.

ITALY.

10 A.	Gregory, L.-Cpl. W. R. 55638.	M. July 15/18.
10 B.	Allen, H. 55610.	M. July 15/18.
11 B. VIII	Eames, Harry. 3876	M. June 15/18.
10 B.	Eccles, J. 193.	M. July 15/18.
11 A.	Mayes, C. 30565.	M. April 12/18.
11 C.	Whenman, R. S. 266957.	W. and M. June 15/18.

PERSIAN GULF.

2 Garr. Bn.	Gibson, C. 56785.	M. Oct. 24/17.

NORTHUMBERLAND HUSSARS.

B.E.F.

1 A. I	Dargue, L.-Cpl. T. 270942.	M. Aug. 22/18.
‡1 ?	Cowan, L.-Cpl. N. H/42843.	W. and M. Aug. 22/18.
1 ?	Watson, Wm. W. 270837.	M. Aug. 22/18.

OXFORDSHIRE AND BUCKINGHAMSHIRE LIGHT INFANTRY.
B.E.F.

*2 A. I	Boyle, L.-Cpl. James. 8676.	M. Sept. 12/18.	
*2 A. I	Collins, A. A. 30216.	M. Sept. 12/18.	
,2 A.	Handsley, Edward Wm. 34699.	K. Aug. 25/18.	Det.D./B.
‡2 A.	Mahoney, L.-Cpl. E. 25396.	M. Sept. 11/18.	
‡2 B.	Hunt, F. J. 34701.	W. and M. Sept. 11/18.	
2 B. VIII	Watson, R. 34669.	M. Sept. 11/18.	
*2 B. VIII	Wetton, E. G. 34767.	W. and M. Sept. 11/18.	
2 B.	Whitton, C. 25670.	M. Mar. 18.	
2 C. XI	King, A. P. 7788.	M. Mar. 25/18.	
‡2 C. IX	Puckett, Jas. 80598.	K. Oct. 1/18.	Det.D./B.
2 C.	Robins, Ern. Fredk. 22471.	M. Aug. 25/18.	
‡2 D.	Atkins, H. 265826.	M. Mar. 24/18.	
2 D. XIII	Gray, Cecil Wm. 10605.	M. Mar. 21/18.	
2 D. XIII	Mooney, Charles. 25450.	M. Mar. 24/18.	
‡2 D.	Shillinglow, Cpl. W. H. 25133.	M. April 9/18.	
‡2 D.	Williams, L.-Cpl. J. 203675.	W. and M. Sept. 11/18.	
2 ?	Gunnell, Albt. E. 20763.	M. Mar. 25/18.	
2/4	**Pett, 2nd Lt. Joseph.**	M. Mar. 31/18.	
2/4 A.	Barlow, G. 17373.	M. Mar. 21/18.	
2/4 A.	Beesley, Cpl. A. 200291.	M. Mar. 21/18.	
2/4 A. I	Braisher, Edwin. 203561.	M. Mar. 21/18.	
2/4 A.	Casey, J. 240985.	M. Mar. 21/18.	
2/4 A. I	Chubb, Ernest George. **26045.**	M. Mar. 21/18.	
2/4 A. III	Clarke, Joseph. 203993.	M. Mar. 21/18.	
2/4 A.	Crook, L.-Cpl. H. G. 202155.	M. Mar. 21/18.	
2/4 A.	Deusesby, F. A. 203735.	M. Mar. 21/18.	
‡2/4 A. III	Evans, Stephen Geo. 26642.	W. and M. Sept. 12/18.	
2/4 A.	Green, L.-Cpl. W. 203861.	M. Mar. 21/18.	
2/4 A.	Hayden, Albert. 15978.	M. Mar. 21/18.	
2/4 A. I	Hinton, A. A. 203812.	M. Mar. 21/18.	
2/4 A.	Hooper, T. C. 202832.	M. Mar. 21/18.	
2/4 A.	Ivers, C. 28791.	M. Mar. 21/18.	
2/4 A. I	Kislingbury, A. J. 200927.	M. Mar. 21/18.	
2/4 A. I	Moore, R. E. 26123.	M. Mar. 21/18.	
2/4 A. I	Owen, Edwin Thos. 202851.	**M. Mar. 21/18.**	
2/4 A. III	Pitt, Thos. Dan. 33637.	M. Mar. 21/18.	
2/4 A.	Pocock, Sgt. E. 238004	M. Mar. 21/18.	
2/4 A. I	Pocock, W. J. (Jossy.) 200839.	M. Mar. 21/18.	
2/4 A.	Rogers, L.-Cpl. J. 202042.	M. Mar. 21/18.	
2/4 A.	Sanders, H. 204253.	M. Mar. 21/18.	
2/4 A. I	Scotchings, L.-Cpl. Richard. 10988.	M. Mar. 21/18.	
2/4 A.	Sexton, E. 25102.	M. Mar. 21/18.	
2/4 A.	Soden, C. 20997.	M. Mar. 21/18.	
2/4 A.	Speck, A/Cpl. T. A. 11966.	M. Mar. 21/18.	
2/4 A.	Stevens, S/B. John Edw. 201635.	M. Mar. 21/18.	
2/4 A.	Tanner, F. J. 24594.	M. Mar. 21/18.	
2/4 A.	Tidman, I. 32961.	M. Mar. 21/18.	
2/4 A.	Ward, J. 201675.	M. Mar. 21/18.	
2/4 A. IV	Weeks, C. G. 200622.	M. Mar. 21/18.	
2/4 B. VIII	Allchurch, H. 203928.	M. Mar. 21/18.	
2/4 B. I	Ashby, J. H. 24558.	**M. Mar. 21/18.**	
2/4 B. VII	Castle, Dormer W. 203279.	**M. Mar. 21/18.**	
2/4 B. V	Coates, J. H. 203946.	M. Sept. 12/18.	
2/4 B. VI	Cross, F. 18915.	M. May 21/18.	

December 1st, 1918.

December 1st, 1918.

Oxfordshire and Buckinghamshire Light Infantry—contd.

B.E.F.

2/4 B. V	Daly, Hy. 32943.	M. Mar. 21/18.
‡2/4 B.	Figg, J. 204321.	M. Sept. 12/18.
2/4 B.	Hart, L.-Cpl. Walter Ed. 202432.	M. Mar. 23/18.
2/4 B. V	Higgins, L.-Cpl. A. 201480.	M. Mar. 21/18.
2/4 B. VII	Hirons, Arthur. 32702.	M. Mar. 21/18.
2/4 B. VI	Hunt, Joseph. 203850.	M. Mar. 21/18.
2/4 B. VII	Keen, James. 266647.	M. Mar. 22/18.
2/4 B. VI	Lymath, Oliver. 25497.	M. Mar. 21/18.
2/4 B. VI	Mowlem, Sidney. 202580.	M. Mar. 21/18.
2/4 B.	Nash, F. 35550.	M. Mar. 21/18.
2/4 B. VII	Parker, W. 203825.	M. Mar. 9/18.
2/4 B.	Suddens, C.-S.-M. A. J. 200849.	M. Mar. 21/18.
2/4 C.	Akers, J. 201776.	M. Mar. 21/18.
2/4 C. IX	Bickham, Cpl. J. C. 203940.	M. Mar. 21/18.
2/4 C. IX	Bird, L.-Cpl. H. D. A. 203698.	M. Mar. 21/18.
2/4 C. X	Bird, Sidney George. 28389.	M. Mar. 21/18.
2/4 C.	Brotherton, L.-Cpl. E. G. 11603.	M. Mar. 21/18.
2/4 C.	Brown, W. 18623.	M. Mar. 21/18.
2/4 C.	Bunce, L.-Cpl. S. 201651.	M. Mar. 21/18.
2/4 C.	Bye, R. C. 202692.	M. Mar. 21/18.
2/4 C.	Claridge, L.-Cpl. C. J. 11852.	M. Sept. 12/18.
2/4 C.	Coleman, T. 27974.	M. Mar. 21/18.
2/4 C.	Cox, W. H. 203843.	M. Mar. 21/18.
2/4 C.	Crippin, W. A. 202926.	M. Sept. 11/18.
2/4 C.	Curtis, L.-Cpl. H. 201497.	M. Mar. 21/18.
2/4 C.	Davies, W. G. 202822.	M. Mar. 21/18.
2/4 C.	Eathourne, R. 32671.	M. Mar. 21/18.
2/4 C.	Freeman, H. 202672.	M. Mar. 21/18.
2/4 C. IX	Grant, Albert Thos. 32807.	M. Mar. 21/18.
2/4 C.	Hall, F. R. 11746.	M. Mar. 21/18.
2/4 C.	Hannah, W. B. 202911.	M. Mar. 21/18.
2/4 C.	Hastings, L.-Cpl. J. 201422.	M. Mar. 21/18.
2/4 C.	Hunt, W. V. 200597.	M. Mar. 21/18.
2/4 C. XI	Hunt, L.-Cpl. W. 201421.	M. Mar. 21/18.
2/4 C.	Hutt, Cpl. A. E. 201791	M. Mar. 21/18.
2/4 C. XII	James, Harry. 24289.	M. Mar. 21/18.
2/4 C.	Jerrams, H. 12186.	M. Mar. 21/18.
2/4 C.	Johnson, F. 265961	M. Mar. 21/18.
2/4 C. XI	Jones, Cyril. 202840.	M. Mar. 21/18.
2/4 C. IX	King, E. H. 34256.	M. Sept. 12/18.
2/4 C.	Knight, W. H. 202482.	M. Mar. 21/18.
2/4 C. X	Lock, Wm. 203498.	M. Mar. 21/18.
2/4 C.	Minns, T. 201918.	M. Mar. 21/18.
2/4 C.	Nason, M. 27991.	M. Mar. 21/18.
2/4 C.	Palmer, G. 19460.	M. Mar. 21/18.
2/4 C.	Pinsom, L.-Cpl. E. 203972.	M. Mar. 21/18.
2/4 C.	Read, F. G. 265424.	M. Mar. 21/18.
2/4 C. IX	Reeve, L.-Cpl. F. B. 11873.	M. Sept. 12/18.
‡2/4 C.	Reeves, W. J. 202041.	M. Mar. 21/18.
2/4 C.	Smith, F. 33082.	M. Mar. 21/18.
2/4 C.	Thompson, F. 202564.	M. Sept. 12/18.
*2/4 C. IX	Thornber, R. 285143	M. Mar. 21/18.
2/4 C.	Toms, E. 33078.	M. Mar. 21/18.
2/4 C. IX	Trinder, A. 200882.	M. Mar. 21/18.
2/4 C.	Ward, Cpl. Ern. A. 201394.	W. and M. Mar. 21/18.
2/4 C. XI	West, S. C. J. 203757.	K. April 15/18. Det.D./B.
*2/4 C. XII	Weston, T. W. 203680.	M. Mar. 21/18.
2/4 D.	Bate, W. H. 33062.	

HH2

December 1st, 1918.

Oxfordshire and Buckinghamshire Light Infantry—contd.

B.E.F.

2/4 D. XIII	Bennet, Arthur James. 267697.	M. Mar. 21/18.
2/4 D. XV	Day, Fredk. 10349.	M. Mar. 21/18.
2/4 D. L.G.S.	Dutfield, F. H. 17430.	M. Mar. 21/18.
2/4 D.	Freeman, P. C. 6972.	W. and M. Mar. 21/18.
2/4 D.	Goodhall, H. 12049.	M. Mar. 21/18.
2/4 D. XIII	Grice, Thos. Chas. 303775.	M. Mar. 21/18.
2/4 D.	Hawes, Frank Gilbert. 200315.	M. Mar. 21/18.
2/4 D.	Marriott, C. T. 201893.	M. Mar. 21/18.
2/4 D. XV	Martyn, James. 25578.	M. Mar. 21/18.
2/4 D.	Marycock, H. 203785.	M. Mar. 21/18.
2/4 D.	Moffatt, J. 200608.	M. Mar. 21/18.
2/4 D. XVI	Norcutt, E. W. 202090.	M. Mar. 21/18.
2/4 D.	Oliver, Cpl. G. 32831.	M. Mar. 21/18.
2/4 D.	Peaseley, S. 29019.	M. Mar. 21/18
2/4 D.	Porter, Sgt. G. H. 7035	M. Mar. 21/18.
2/4 D. XVI	Robinson. A. H. 201076.	M. Mar. 21/18.
2/4 D.	Sexton, W. W. 33135.	M. Mar. 21/18.
2/4 D.	Short, L.-Cpl. J. 202595.	M. Mar. 21/18.
2/4 D.	Simmons, L.-Cpl. M. 27251.	M. Mar. 21/18.
2/4 D.	Smith, R. L. V. 202044	M. Mar. 21/18.
2/4 D. L.G.S.	Stevens, L.-Cpl. Horace. 202015	M. Mar. 21/18.
2/4 D. XIII	Tompkins, Albert J. 203540.	M. Mar. 21/18.
2/4 D.	Washington, M. P. 203856.	M. Mar. 21/18.
2/4 D. XVI	Wilcox, A. 203851.	M. Mar. 21/18.
2/4 D. XIV	Witney, L.-Cpl. H. 201886.	M. Mar. 21/18.
2/4 H.Q.	Berry, Pnr. C. W. 17119.	M. Mar. 21/18.
2/4 H.Q.	Bowles, Harry. 200720.	M. April 14/18.
2/4 ?	Barnes, W. J. 34260. (Fr. Devons.)	Unoff. M. April/18.
2/4 ?	Brown, Edgar Leon. 34208. (Fr. Devons.)	M. April 16/18.
2/4 ?	Chamberlain, W. 11065.	M. May 22/18.
2/4 ?	Douglas, R.-S.-M. Wm. Francis. 201052.	M. Mar. 21/18.
2/4 ?	Osborne, O. S. 203509.	M. Mar. 21/18.
2/4 ?	Peasley, S. 29019.	M. Mar. 21/18.
2/4 ?	Spokes, Norman S. 34310.	M. April 12/18.
2/4 ?	Taylor, R. W. A. 34489.	W. and M. Sept. 12/18.
5 A. IV	Apling, Percy. 22897.	M. Mar. 21-23/18.
5 A.	Bishop. 202755.	W. and M. Mar. 21-23/18.
5 A.	Brooks, E. 26411.	M. Mar. 21-23/18.
5 A. II	Durber, Norman. 23887.	M. April 4/18.
5 A.	Eggleton, W. 21618.	M. Mar. 21-23/18.
5 A.	Feetham, L.-Cpl. Herb. 32597. (Fr. 6)	M. Mar. 21/18.
5 A. I	Harris, C. S. 200424.	M. Mar. 21/18.
5 A.	Hudson, R. 265953.	M. Mar. 21-23/18.
5 A. or B.	Lovegrove, Cpl. Jas. Alf. Jn. 24196.	M. Mar. 23/18.
5 A. IV	Middleton, C. 33164.	M. Mar. 21-23/18.
5 A.	Miles, B. J. 30068.	M. Mar. 21-23/18
5 A.	Newell, S. T. 26390.	M. Mar. 21-23/18
5 A.	Page, E. 33130.	M. Mar. 21-23/18.
5 A.	Saw, A. E. 202807.	M. Mar. 21-23/18.
5 B.	Bristow, H. G. 30736.	M. Mar. 23/18.
5 B. VII	Coleman, S. 17794.	M. Mar. 23/18.
5 B.	Cook, E. G. 30757.	M. Mar. 23/18.
5 B.	Cook, G. H. 28744.	M. Mar. 23/18.
5 B.	Doucour, G. A. 204437.	M. Mar. 23/18.
5 B.	Eivers, J. A. 235045.	M. Mar. 23/18.
5 B. V	Evans, David. 24407.	M. Mar. 23/18.
5 B.	Felton, L.-Cpl. A. 7954.	M. Mar. 23/18.

December 1st, 1918.

Oxfordshire and Buckinghamshire Light Infantry—contd.

B.E.F.

5 B.	Gambell, Sgt. T. F. 9072.	M. Mar. 23/18.
5 B.	Goodyear, L.-Cpl. H. W. 33159.	M. Mar. 23/18.
5 B.	Heritage, A. 201923.	M. Mar. 23/18.
5 B.	Johnson, E. H. 21344.	W. and M. Mar. 23/18.
5 B. V	Loley, J. 33387.	W. and M. Mar. 23/18.
5 B. VI	Mearn, Wm. 201499.	M. Mar. 22/18.
5 B.	Miles, S. 267011.	M. Mar. 23/18.
5 B.	Mills, F. 20820.	M. Mar. 23/18.
5 B.	Muskovitch, I. 203056.	M. Mar. 23/18.
5 B. VI	Nash, L.-Cpl. G. F. 26284.	**M. April 4/18.**
5 B. VII	Pike, L.-Cpl. G. 266106.	M. Mar. 23/18.
5 B. VII	Pratt, J. H. F. 267585.	M. Mar. 23/18.
5 B. VI	Randall, F. 202806.	M. Mar. 23/18.
5 B.	Smart, W. H. 30768.	M. Mar. 21/18.
5 B. VIII	Smith, R. A. 33614.	W. and M. Mar. 23/18.
5 B. VI	Southway, T. G. 26744.	M. April 4/18.
5 B.	Tipping, E. 21332.	M. Mar. 23/18.
5 C.	Campbell, Pnr. Jas. 23582.	M. Mar. 21-23/18.
*5 C.	Golby, Ernest. 202757.	M. Mar. 21-23/18.
5 C.	Griffen, Alf. Jas. 204652.	M. Mar. 21-23/18.
5 C. XII	Hancock, Cpl. Herbert 7684.	**M. Mar. 23/18.**
5 C. or D.	Hansford, C. 266807.	M. Mar. 21-23/18.
5 C. IX	Hayter, W. 33106.	M. April 4/18.
5 C. X	Heakes, L.-Cpl. 200302.	W. and M. **April 4/18.**
5 C. XII	Hiscock, F. 25387.	M. Mar. 21-23/18.
5 C. X	Humphry, D. 202805.	M. Mar. 21-23/18.
‡5 C.	Iles, Arthur D. 266778. (Fr. 10th Glos.)	M. April 4/18.
5 C. XI	Lamerton, C. F. 26669.	**M. Mar. 21/18.**
5 C. XII	Mulliner, N. 18962.	M. Mar. 21-23/18.
5 C. X	Pearson, G. 32712.	W. and M. April 4/18.
5 C.	Proberts, E. 13838.	M. Mar. 21-23/18.
5 C. XII	Reed, Sgt. Ralph. 22499.	M. Mar. 23/18.
5 C.	Robinson, W. E. 32959.	M. **Mar. 23/18.**
5 C. IX	Smith, B. 25965.	W. and M. **April 4/18.**
5 C.	Wareing, J. R. 285165.	M. Mar. 21-23/18.
5 C. XII	Waring, Albert. 11187.	M. Mar. 21-23/18.
5 D.	Allen, F. 11050.	M. April 4/18.
5 D.	Atkins, L.-Cpl. Wm. 10985.	M. Mar. 21-23/18.
5 D. XV	Bellow, John Alf. Sanders. 202238.	M. Mar. 21-23/18.
5 D. XVI	Harris, A. W. 12445.	M. Mar. 21-23/18.
5 D.	Marsh, Geo. 37755. (Fr. 10 Glos.)	K. April 4/18. Det.D./B
5 D. XVI	Robinson, N. 22972.	M. Mar. 21-23/18.
5 D.	Smith, J. G. 32568.	M. Mar. 21-23/18.
5 D.	Wheeler, Sgt. W. A. 9912	D/W. Mar. 22/18.
5 ?.	Carrington, G. 32592.	M. Mar. 21-23/18.
5 ?	Clark, Chas. Ed. 29526. (Fr. 10 Glos.)	M. April 4/18.
5 ?	Collins, J. E. 17291.	M. Mar. 21-23/18.
5 ?	Farmer, M. 10193.	M. Mar. 26/18.
5 ?	Fawdrey, George. 17791.	W. and M. Mar. 23/18.
5 ?	Harding, A. 285001.	W. and M. **Mar. 23/18.**
5 ?	Hollands, Cpl. F. T. 12766. (Fr. 10 Gloucesters.)	M. Mar. 23/18
5 ?	Long, M. W. 28858.	M. Mar. 23/18.
5 ?	Moore, John. 30066.	M. Mar. 21-23/18.
5 ?	Wilks, A. 33149. (Fr. 6th.)	M. April 4/18.
5 I.T.M.	Woodward, Frank. 25952. (42 Bde.)	M. **Mar. 21/18.**
6 B.	Airis, Albert George. 12234.	M. **Mar. 21/18.**
6 B. VII	Watson, F. C. 29520.	M. Mar. 21/18.

December 1st, 1918.

Oxfordshire and Buckinghamshire Light Infantry—contd.

Buckinghamshire Battalion.

B.E.F.

2/1 A. I	Batten, Thos. 266831. (Fr. 25th Ent. Batt.)		M. Mar. 23-April 1/18.
2/1 A. III	Longman, V. 266760.		M. Mar. 21/18.
2/1 A. III	Soper, E. 266840.		M. Mar. 21/18.
2/1 ?	Brooks, L.-Cpl. F. 266578.		M. Mar. 22/18.

ITALY.

4 A.	Ayres, M.M., Cpl. E. 201472.	M. June 15/18.
4 A.	Carr, R. 203985.	M. June 15/18.
4 A.	Crane, B. W. 13373.	M. June 15/18.
4 A.	Dark, J. W. 202486.	M. June 15/18.
4 A. II	Hancok, Bugler F. W. H. 203305.	M. June 15/18.
4 A.	Horsley, L.-Cpl. J. 10508.	M. June 15/18.
4 A.	Morris, L.-Cpl. F. V. 23896.	M. June 15/18.
4 B.	Dorrill, L. 201559.	M. June 15/18.
4 B.	Hathaway, E. 202022.	M. June 15/18.
4 B.	Heath, Harry. 28652.	M. June 15/18.
4 C.	Ambrose, Cpl. E. B. 22643.	M. June 15/18.
4 C.	Coppock, C. F. 201819.	M. June 15/18.
4 C.	Smith, Sig. E. 203407.	W. Unoff. M. June 15/18.
4 C. X	Smith, Wm. Hry. 202523.	M. June 15/18.
4 D.	Radburn, C. 201837.	M. June 15/18.
4 ?	Biggs, F. J. 266252.	M. June 15/18.
*4 ?	Kingdom, F. 202422.	W. and M. Sept. 10/18.

Buckinghamshire Battalion.
ITALY.

1 A. III	Watson, Ernest. 34024.	M. Aug. 26/18.
1 D. XIII	Cruikshank, P. J. 265753.	M. Aug. 26/18.
1 D. XV	Jones, Edgar. 266888.	M. Aug. 26/18.
*1 D.	Moon, Cpl. A. E. 266254.	M. Aug. 26/18.
1 D.	Rixon, Cpl. John. 266052.	M. abt. Aug. 28/18.
1 D. XIII	Warburton, Fredk. Arthur. 33930.	M. abt. Aug. 28/18.

QUEEN'S OWN OXFORDSHIRE HUSSARS.

B.E.F

A. 4	Jarman, Alf. J. 231149.	K. Aug. 10/18. Det.D./B.
'A. ?	Little, F. C. 105100. (Fr. 4 M.G.S.)	W. and M. Mar. 26/18.
C ?	Dale, —. 285498.	W. and M. Mar. 23/18.
‡1 ?	Partridge, C. J. 285478.	M. April 1/18.

PIONEER COMPANY.

B.E.F.

100	Dixon, T. 1049. (Fr. K.R.R.C.)	M. April 15/18.
100	Waterhouse, H. C. 20803. (Fr. 16 K.R.R.C.)	M. April 13/18.
102	Moss, Thos. H. 50268. (Fr. 22 N. Fus.)	M. Mar. 21/18.
185	Rhodes, F. 780. (Fr. 21 W. Yorks, late 2/7 W. Yorks.)	W. and M. Mar. 25/18.

December 1st, 1918.   522

Pioneer Company—contd.
B.E.F.
185	Steele, J. 49270. (Fr. 2/5 W. Yks.)	M. Mar. 29/18.
185	Warren, J. 21/899. (Fr. 2/7 W. Yorks.)	M. Mar. 29/18.
185	Woolfoot, Jas. Ern. 51878. (Fr. 2/8 W. Yorks.)	M. Mar. 29/18.

PORTUGUESE MISSION.
B.E.F.
‡	Davey, J. 201478. (Fr. 4 Glos.)	M. April 9/18.

RIFLE BRIGADE.
B.E.F.
1		Gardiner, 2nd Lt. W. McI.	K. Jan. 16/18. Det.D./B.
‡1	A.	Baskett, P. 48060.	M. Aug. 30/18.
1	A. III	Bond, A. 200420.	M. April 4/18.
1	A.	Casey, Edward. o/485.	W. Unoff. M. Aug. 30/18.
‡1	A. or D.	Fox, H. W. 32621.	W. and M. Sept. 1/18.
‡1	A.	Gardner, A. H. 31511.	M. Aug. 29/18.
1	A. IV	Gooch, Robt. Stephen. S/23355.	M. Sept. 1/18.
1	A.	Robinson, A. E. 25625.	M. Mar. 29/18.
1	A.	Wellington, G. E. 20402.	M. Mar. 29/18.
1	B. VII	Abbott, Geo. Wm. 200329.	Unoff. M. Aug. 30/18.
1	B. VIII	Allan, Wm. 16122.	**M. April 22/18.**
1	B.	Ask, Sgt. W. 6450.	M. Mar. 29/18.
*1	B. V	Carter, L.-Cpl. Geo. P/260.	M. Sept. 1/18.
1	B.	Clack, —. 10025.	M. Aug. 30/18.
1	B.	Cooper, G. E. 37033.	M. Mar. 29/18.
1	B.	Crouch, E. 25819.	M. Mar. 29/18.
‡1	B.	Day, S. P. 49000.	M. Sept. 1/18.
1	B. VII	Hobbs, John. 46281.	M. Sept. 1/18.
1	B. VIII	Hodgkins, L.-Cpl. Hy. Ronald. 22658	M. Mar. 28/18.
1	B. V	Kent, J. 24647.	M. Aug. 31/18.
‡1	B.	Kent, J. C. 46289.	M. Sept. 1/18.
‡1	B.	Mayo, A. P. 46226.	M. Sept. 1/18.
1	B. VII	Needham, R. C. 13127.	W. and M. Mar. 29/18.
1	B. VII	Sadgrove, Sidney Robt. 18972.	M. Mar. 29/18.
*1	B. V	Sadler, Edwin N. S/36552.	M. Sept. 1/18.
1	B. VIII	Stacey, G. 27610.	W. and M. Mar. 27/18.
1	B. VII	Sully, George. 24845.	M. Mar. 29/18.
‡1	B.	Wells, C. A. 19869.	M. Sept. 1/18.
1	C. XI	Bixby, R. 8076.	M. Sept. 2/18.
1	C. IX	Francis, Stanley A. 49001.	M. Sept. 2/18.
1	C. IX	Humphrey, Reginald C. 49009.	Unoff. W. and M. Sept. 2/18.
1	C.	Wilson, Harry. 6425.	M. Mar. 24/18.
1	I	Gent, Cpl. H. C. 15237.	M. April 14/18.
1	I. XVI	West, Percival Harold. 24334.	M. Aug. 31/18.
1	?	Alexander, Sig. F. W. 200771.	M. Mar. 28/18.
1	?	Rayner, Sgt. H. V. 5135.	M. Sept. 2/18.
2		Arch, 2nd Lt. A. J.	W. Unoff. M. **May 27/18.**
2		McGhee, 2nd Lt. Thos.	M., bel. K. **April 26/18.**
2	A. III	Anning, T. H. S/2166.	M. May 27-28/18.
2	A.	Armstrong, W. 24841.	M. May 27-28 18.

Rifle Brigade—contd.

B.E.F.

2 A. III	Banks, J. 45756.	M. May 26/18.
2 A. III	Barnes, W. H. 1911.	W. and M. Mar. 23-31/18.
2 A. II	Barns, Thos. Wm. 425709.	Unoff. M. April 24/18.
2 A. II	Barrett, W. 14919.	M. Mar. 23-31/18.
2 A. II	Bashford, A. W. 1369	M. May 28/18.
2 A.	Bennett, Chas. Fredk. S/34289.	M. May 27-28/18.
2 A.	Benson, A. E. 32479.	M. May 27/18.
2 A. IV	Bickham, George. 45762.	M. April 24/18.
2 A. II	Britten, Thos. 35682.	M. Mar. 23-31/18.
2 A.	Bruton, Alfred. Geo. 33932.	M. April 24/18.
2 A. III	Burdon, H. S/34887.	M. May 28/18.
2 A.	Burke, Wm. 46429.	M. April 24/18.
2 A.	Cash, James. 6623.	M. May 27-28/18.
2 A. III	Clark, George Herbert. 40885.	M April 24/18.
2 A. III	Creek, R. J. 40464.	M. May 27-28/18.
2 A.	Crisp, Stanley. B/2942.	M. May 27-28/18.
2 A. IV	Croom, Ernest. 36767.	M. Mar. 21/18.
‡2 A.	DeZoysa, N. P. 35889.	M. Sept. 24/18.
2 A.	Edser, F. A. 45736.	M. May 27 28/18.
2 A.	Fuller, L.-Cpl. J. 19737.	M. May 27-28/18.
2 A. II	Garnham, E. 203205.	M. Mar. 23-31/18.
2 A.	Gregory, Chas. S/28740.	M. May 27/18.
2 A. III	Griffin, J. 17925.	M. May 27/18.
2 A. I	Hale, A. G. S/32519.	M. May 27-28/18.
2 A. IV	Hewitt, J. L. 0/530.	M. Mar. 23/18.
2 A. II	Horsfield, Jos. Vic. 48286.	M. May 27/18.
2 A. III	James, L.-Cpl. A. E. 19910.	M. April 24/18.
2 A. II	Johns, Sigr. Frank. 29852.	M. May 27-28/18.
2 A.	Johnstone, T. S/2995.	M. Mar. 23-31/18.
2 A. I	Jones, Fred. 203401.	M. May 27-28/18.
2 A. III	Jones, George Wm. 0/639.	M. Mar. 23-31/18.
2 A.	Kemble, A. T. 26629.	M. May 27/18.
2 A. IV	Keniston, B. 27955.	M. May 27-28/18.
2 A. IV	Kirkby, L.-Cpl. Herbert. S/322.	M. Mar. 23/18.
2 A. III	Langdon, R. Fred. 548.	M. Mar. 23-31/18.
2 A. II	Lilley, A. V. A. O/549.	M. Mar. 23-31/18.
2 A. III	Lindfield, F. A. 41345.	M. May 27/18.
2 A. III	Lloyd, Richard Owen. 45741.	M. April 23-24/18.
2 A. III	Locock, H. o/551.	M. Mar. 23-31/18.
2 A. IV	Longbottom, Fred. 40924.	M. May 27/18.
2 A. III	McCormick, G. A. 40936.	M. May 27-28/18.
2 A. III	Manning, G. 24774.	M. Mar. 23-31/18.
2 A. II	Marsh, James. 37278.	M. May 27-28/18.
2 A. IV	Meare, Joseph E. 48291.	M. May 27/18.
2 A. I	Meekcoms, E. O/559.	M. Mar. 23-31/18.
2 A. I	Moore, J. o/563.	M. Mar. 23-31/18.
2 A. IV	Moss, L.-Cpl. A. C. S/27331.	M. Mar. 23/18.
2 A. IV	Moss, F. G. 425866. (Fr. 10th Londons.)	M. May 28/18.
2 A. III	Munday, Jack. 34760.	M. Mar. 23-31/18.
2 A. II	Osborne, S. C. E. S/2837.	M. May 27-28/18.
2 A. IV	Pascoe, Thos. Wm. 41073.	M. April 23-24/18.
2 A.	Pates, H. 42580.	M. May 27-28/18.
2 A. II	Payton, A. J. 15288.	M. Mar. 25-31/18.
2 A.	Purkiss, S. 41349.	M. May 27/18.
2 A.	Scarratt, Martin Harold. 48312.	M. May 27-28/18.
2 A.	Sheldrick, J. S. S/35884. (Fr. Lond.)	M. April 23-24/18.
2 A.	Smith, M.M., Sgt. A. G. 8429.	W. and M. Mar. 23-31/18.
2 A. II	Smith, Tom. 48204.	M. May 27/18.

December 1st, 1918.

Rifle Brigade—contd.

B.E.F.

2 A.	Steel, C.-S.-M. A. 48212.	M. May 27/18.
2 A. IV	Swanson, C. 35333.	M. Mar. 23-31/18.
2 A.	Trenwith, L.-Cpl. Edw. John. 19313.	M. May 27-28/18.
2 A. I	Tuckey, L.-Cpl. D. Jos. Jas. 2733.	W. and M. Mar. 23-30/18.
2 A. IV	Tyrrell, Fred. S/35886.	M. May 27/18.
2 A. I	Uzzard, C. 41074.	M. May 27/18.
2 A. III	Waller, Ernest John. 36043.	M. May 27/18.
2 A. III	Ward, Wm. Richd. 35938.	M. May 27-28/18.
2 A.	Warman, H. 16827.	M. Mar. 23-31/18.
2 A.	Wells, F. G. 46418.	M. May 27/18.
‡2 A.	Woods, L.-Cpl. E. 589060.	M. Sept. 24/18.
2 A.	Worsley, Albt. Edwd. 40921.	M. April 23/18.
2 A. I	Wotherspoon, Tom. 202202.	M. May 27/18.
2 B. VIII	Barden, Thos. J. 19726.	M. May 27/18.
2 B. VIII	Barley, Herb. Jonathan. 46428.	M. May 27-28/18.
2 B.	Barneveld. Robt. Wm. 305998. (Fr. 5 Londons.)	M. May 27-28/18.
2 B. VII	Batchup, Bertram H. 46431.	M. May 27/18.
2 B. VI	Beston, W. T. 34213.	M. May 27-28/18.
2 B. V	Benney, Howard Montague. 46779.	M. May 27-28/18.
2 B.	Billingsley, G. 25281.	M. May 27/18.
2 B. VI	Birch, H. S/33162.	M. Mar. 23-31/18.
2 B. VI	Bird, Frank. 36234.	M. May 27-28/18.
2 B. VIII	Brown, Walter. S/34210.	M. Mar. 23-31/18.
2 B. VI	Burns, L.-Cpl. Charlie. 48224.	M. May 27/18.
2 B. VII	Cann, J. W. S/21862.	M. Mar. 23-31/18.
2 B.	Collins, A. E. 46447.	M. May 27/18.
2 B. VI	Collins, Richard. 2435.	M. May 27/18.
2 B. VII	Cox, H. J. S/17576.	M. May 27/18.
2 B. VII	Daley, Jas Michael. S/26601.	M. May 27/18.
2 B. VI	Diaper, Harry J. 305969.	M. May 27-28/18.
2 B.	Dimelow, Ernest. 5349.	M. May 27-28/18.
2 B.	Edwards, H. T. O/505.	M. Mar. 23-30/18.
2 B.	Elkington, Regd. 37120.	M. May 27-28/18.
2 B.	Exton, Chas. 48229.	M. May 27-28/18.
2 B. VIII	Featherstone, Maxwell. 48230.	M. May 27/18.
2 B. V	Forrester, F. 9504.	M. April 23-24/18.
2 B. VI	Fuller, E. J. 452.	M. May 27-28/18.
2 B. VIII	Gray, J. 520.	M. Mar. 23/18.
2 B.	Grimes, W. 01522.	M. Mar. 23/18.
2 B. VIII	Harley, T. W. 0/525.	M. Mar. 23-31/18.
2 B. V	Harrison, Norman Fredk. 40909.	M. May 27-28/18.
2 B.	Hayter, H. 8717.	D/W. Mar. 31/18. Det.D./B
2 B. VI	Hayward, L.-Cpl. Wm. Geo. 41100.	M. April 23-24/18.
2 B. V	Isted, A. 25359.	M. Mar. 23-31/18.
2 B. VIII	Lee, H. A. 200239.	M. May 27-28/18.
2 B.	Levy, L.-Cpl. F. W. S/20736.	M. April 23-24/18.
2 B. V	Merrick, Peter. 261344.	M. May 27/18.
2 B.	Neale, Frank Hudson. 40905.	M. May 27-28/18.
2 B. VII	Pare, Malcolm. 41373.	M. May 27-28/18.
2 B.	Price, L.-Cpl. Anthony R. 46398.	M. May 27-28/18.
2 B	Puttick, E. A. 41352.	M. May 27-28/18.
2 B. VII	Rodgers, James. 35727.	M. May 27/18.
2 B. VII	Saunders, F. 541.	M. Mar. 21/18.
2 B.	Smith, G. H. 41331.	M. May 27-28/18.
2 B. V	Smith, H. 24651.	M. Mar. 21-31/18.
2 B. VIII	Tragessen, Leonard Augustin. 46806.	M. May 28/18.
2 B. VIII	Tull, G. 35962.	M. May 27-28/18.

December 1st, 1918.

Rifle Brigade—contd.

B.E.F.

2 B. V	Wallace, Geo. 19762.	M. Mar. 23-31/18.
2 B. V	Warman, Harold. 41357.	M. May 27-28/18.
2 B. VIII	Willetts, Henry. S/18406.	M. May 27-28/18.
2 B. V	Williams, L. 41360.	M. May 27-28/18.
*2 B. V	Wright, C. 21134.	M. Mar. 21-31/18.
2 C. XI	Adams, John B. 40907.	M. April 23-25/18.
2 C. X	Adams, P. S. 40918.	M. May 27-28/18.
2 C.	Allison, R. S. 305993.	M. May 27-28/18.
2 C.	Bloomfield, A. H. 315.	M. April 23-25/18.
‡2 C. XI	Bradford, G. G. 35803.	M. May 27-28/18.
2 C. XI	Carter, L.-Cpl. Sidney Chas. 46773.	M. May 27/18.
2 C. X	Challinor, B. 35700.	M. May 27/18.
2 C.	Chilvers, Ernest Walter. 425773. (Fr. 2/10 Londons.)	M. May 27-28/18.
2 C. IX	Cloughton, M.M., H. B/203088.	M. May 27-28/18.
2 C.	Coe, William Ernest. S/36288.	M. May 27-28/18.
2 C.	Coulthurst, H. 20668.	M. May 27-28/18.
2 C. L.G.S.	Davis, Sgt. F. Z/358.	M. May 21/18.
2 C.	Davis, Joe. 36718. (Fr. 17 Londons, 589061.)	M. May 27-28/18.
2 C. XI	Dennien, L.-Cpl. Peter. Jos. S/30112	M. Mar. 23-30/18.
2 C. XI	Dietrich, Wm. 40951.	M. May 21-28/18.
2 C. X	Edwards, C. 16315.	M. May 27/18.
2 C.	Ellison, C. 14785.	M. April 23-25/18.
2 C.	Fry, C. O/514	M. Mar. 23-31/18.
2 C. X	Greaves, L.-Cpl, Jas. 5970.	M. Mar. 23-31/18.
2 C.	Green, Walter. 303295.	M. May 27-28/18.
2 C.	Harris, W. H. 1134.	M. May 27/18.
2 C. XI	Hayward, C. T. G/40931.	M. April 23-25/18.
2 C. XI	Horne, W. S/33710.	M. Mar. 23-31/18.
2 C.	How, H. 23946.	M. May 27/18.
2 C. IX	Howarth, Will. 708.	M. May 27/18.
2 C.	Hunt, S. L. 5857.	M. May 27/18.
2 C. X	Johnson, W. Harry. 35868.	M. April 23-25/18.
2 C.	Jones, Sgt. G. 4108.	M. May 27-28/18.
2 C. XII	Keeley, A. E. S/40949.	M. April 23-25/18.
? C.	Kirkpatrick, H. 40941.	M. May 27-28/18.
2 C.	Land, C. S/37297.	M. Mar. 23-31/18.
2 C. XII	Lawrence, Albert Victor. 56294.	M. May 26/18.
2 C. XII	Ludlow, Frank Robt. 41079.	Unoff. M. April 24/18.
2 C. or D.	Mallinson, Albert. 84242.	M. May 27/18.
2 C. XII	Marshall, E. 31977.	M. May 27-28/18.
2 C.	Matten, Chas. 1428.	M. May 27/18.
2 C. XI	Morgan, A. G. S/31690.	M. May 27-28/18.
2 C. XII	Mott, R. A. 40957.	M. April 23-25/18.
2 C. X	Murfitt, G. W. 34142.	M. Mar. 23-31/18.
2 C. IX	Newing, Wm. 34357.	M. Mar. 23-31/18.
2 C. IX	Newlands, Cpl. F. S. 200202.	M. April 23-24/18.
2 C. XI	Newport, J. S. 47412.	M. May 27/18.
2 C.	O'Brien, D. 34206.	M. Mar. 23/18.
2 C.	Osborne, Wm. S/17672.	M. May 27-28/18.
2 C.	Page, A. E. 46401.	M. April 23-25/18.
2 C. XI	Payne, Sgt. F. H. S/35370.	M. May 27/18.
2 C. XI	Pettit, J. 1628.	M. Mar. 23-31/18.
2 C.	Pilcher, Sgt. A. 1537.	M. Mar. 23-31/18.
2 C.	Pledger, Charlie. 11298.	M. April 23-25/18.
2 C. X	Poole, A. 22176.	M. May 27-28/18.
2 C.	Pope, L.-Cpl. George. 25150.	M. Mar. 23-31/18.
2 C. XI	Ramsay, A. C. 41103. (Fr. 17 Lond.)	M. May 27-28/18.

December 1st, 1918.   526

Rifle Brigade—contd.

B.E.F.

2 C. XII	Rees, Gerard Victor. S/26160.	M. April 23-25/18.
2 C.	Richards, R. F. 434.	M. May 27-28/18.
2 C. X	Robinson, Robt. 35995.	M. May 27/18.
2 C. X	Shipman, T. 26661.	M. May 27-28/18.
2 C. XII	Smith, H. J. 40412.	M. May 26-27/18.
2 C. X	Sowter, W. H. C. 425796.	M. May 27-28/18.
2 C. XI	Spencer, W. 9276.	M. May 27/18.
2 C. XI	Swift, Joseph. 48300.	M. May 27/18.
2 C.	Tompkins, L. 48301.	M. April 23-25/18.
2 C.	Walter, E. G. 48303.	M. May 27-28/18.
2 C. X	Williams, E. J. 1900.	M. May 28/18.
2 C. XI	Wood, P. B/202339.	M. Mar. 27/18.
2 C. XII	Woodcock, T. G.	M. May 27-28/18.
2 D. XIV	Adams, F. 45747.	M. May 27/18.
2 D. XIV	Aldridge, Alfred. S/34101.	M. May 27-28/18.
2 D. XIII	Alen, Harry. 45749.	M. May 27-28/18.
2 D. XIII	Alldis, George. 18397.	M. May 27-28/18.
2 D. XVI	Axford, Joseph. 34719.	W. and M. Mar. 23-31/18.
2 D. XIV	Brencher, W. F. 13005	M. May 27-28/18.
2 D. XIII	Brown, E. 19104.	W. and M. Mar. 23-31/18.
2 D.	Farbey, Thos. J. 509.	M. May 27-28/18.
2 D. XIII	Brydon, Wm. Geo. 48271.	M. May 27-28/18.
2 D. XV	Cooper, G. J. 40888.	M. May 27-28/18.
2 D.	Davenport, B. G. S/32076. (Fr. H.Q.)	M. May 27/18.
2 D.	Dengel, Andrew Geo. 201686.	M. Mar. 23-30/18.
2 D. XVI	Downing, Jubal Lee. 32103.	M. May 27/18.
2 D.	Easton, Albert George. B/201690.	M. Mar. 21-31/18.
2 D.	Ellis, Charles. 35096.	M. Mar. 23-31/18.
2 D. XVI	Gadsdon, Robt. 24215.	M. May 27-28/18.
2 D. XIV	Gill, G. H. 48279.	M. May 27-28/18.
2 D. XIII	Goldsworthy, L.-Cpl. V. 28507.	M. Mar. 21-31/18.
2 D. XVI	Green, Fredk. Chas. 41339.	M. May 27/18.
2 D. XIV	Hancock, W. G. 41340.	M. May 27/18.
2 D. XIV	Harris, Fred. Chas. B/201352.	M. May 27/18.
2 D.	Henman, P. G. E. 41364.	M. May 27/18.
2 D.	Henry, Frank. 201704.	M. May 27-28/18.
2 D. XVI	Holdsworth, Roy L. G. 32392.	W. and M. May 27/18.
2 D.	Hollier, Wm. Ewart. 0/533.	M. Mar. 22-31/18.
2 D. XIV	Howard, A. 34695.	M. May 27/18.
2 D.	Howitt, John. 32361.	M. May 27/18.
2 D. XVI	Huxley, S. B. 41341.	M. May 27-28/18.
2 D.	Johnson, J. 4579.	M. May 27-28/18.
2 D. XIV	Kilby, W. G. 41343.	M. May 27-28/18.
2 D.	Lay, J. B. 45740.	M. May 27-28/18.
2 D. XVI	Lightstone, Louis. 48240. (36667.)	Unoff. M. April 23-24/18.
2 D. XV	Lindeck, R. E. 46794.	M. May 27/18.
2 D.	Matthews, T. E. 46395.	M. May 27-28/18.
2 D.	Meech, W. 41347.	M. May 27/18.
2 D.	Mills, A. T. 28232.	M. Mar. 23-31/18.
*2 D.	Mortimer, Richard Geo. 711.	M. Mar. 21-31/18.
2 D.	Naish, C. F. R. 46498.	M. May 27-28/18.
2 D.	Nightingale, H. 48244.	M. May 27-28/18.
2 D.	Pitman, H. F. 34699.	M. May 23-31/18.
2 D. XVI	Pope, George. 29545.	M. May 27-28/18.
2 D. XVI	Powell, R. E. 36322.	M. April 23-25/18.
2 D. XV	Pratt, Wm. 58507.	M. Mar. 23/18.
2 D. XIV	Rogerson, John Jas. 30475.	M. May 27-28/18.
2 D. XVI	Rudd, J. R. 48297.	M. May 27/18.

December 1st, 1918.

Rifle Brigade—contd.

B.E.F.

2 D. XVI	Rushmer, A. 36801.	M. Mar. 23-31/18.
2 D. XIII	Senior, Tom. 41087.	M. May 27-28/18.
2 D. XIII	Shelton, A. 6683.	M. July 2/18.
2 D.	Sinden, L. 48004.	M. May 27/18.
2 D. XIII	Stevens, Harry. 425805.	M. May 27/18.
2 D.	Stewart, W. J. 36089.	M. May 27/18.
2 D. XVI	Tracey, A. 425791.	M. April 23-25/18.
2 D. XV	Trower, F. 41332.	M. May 27/18.
2 D. XV	Tullett, H. 41356.	M. May 27-28/18.
2 D.	Valentine, L.-Sgt. C. R. E. S/2348.	M. Mar. 23-31/18.
2 D.	Ward, H. 305085.	M. April 4/18.
2 D. XV	Woodcock, Alb. Arthur. 425848.	M. May 27/18.
2 H.Q.	Brandon, L.-Cpl. W. 3789. (Bugler)	M. Mar. 25/18.
2 H.Q.	Brock, C. 6131.	M. Mar. 23-31/18.
2 H.Q.	Clark, Sig. W. 31447.	M. Mar. 23/18.
2 H.Q.	Crow, Albert A. 24367.	W. and M. Mar. 24/18.
2 H.Q.	Cumming, E. N. S/34207.	M. Mar. 23-31/18.
2 H.Q.	Derrick, S/B. Edwin. 28497.	M. May 27-28/18.
2 H.Q.	Drake, Bugler Ern. Chas. 200777.	M. Mar. 23-31/18.
2 H.Q.	Glasspool, Pnr. Chas. 19783.	M. May 27/18.
2 H.Q.	Killick, Walter. 6853.	M. May 28/18.
2 H.Q.	Mackney, Cpl. Joseph Henry. 4257.	M. May 27/18.
2 H.Q.	Smith, W. A. 34755.	W. and M. Mar. 23-31/18.
2 Snip. S.	Baker, Obs. Ernest. 19532.	M. Mar. 21-31/18.
2 ?	Berry, J. 19907.	M. May 27/18.
2 ?	Claremont, Chas. 33074.	M. Mar. 23-31/18.
2 ?	Clark, J. 30069.	M. May 27-28/18.
2 ?	Elliott, S/B. H. A. 18160.	M. May 27-28/18.
2 ?	Furey, M.C., R.-S.-M. J. 6197.	M. May 27/18.
2 ?	Hall, L.-Cpl. Regd. A. 4222.	M. May 27/18.
2 ?	Harrison, Chas. Thos. S/34170.	M. Mar. 23-31/18.
2 ?	Kirk, E. 50230.	M. Mar. 23/18.
2 ?	Marrison, W. 13594. (Fr. 10th K.O.Y.L.I.)	M. April 27-28/18.
2 ?	Parker, W. J. 425864.	M. April 23-24/18.
2 ?	Pearman, Walter John. 36060.	M. April 23-24/18.
2 ?	Riche, George. 574676.	M. May 27-28/18.
2 ?	Seed, H. 40966.	W. and M. April 23-24/18.
*2 ?	Smith, Hammond Corby. 6032.	M. Aug. 29/18.
2 ?	Stace, Fred. 21289.	M. May 27-28/18.
2 I.T.M.	Taylor, Cpl. William Henry. 203165 (25 Bde.)	M. April 24/18.
2 ?	Ward, Sgt. Harold. 589064.	K. April 23-25/18. Det.D./B.
2 Sig. S.	Wilkinson, Sgt. A. E. 4180.	M. May 27-28/18.
2 ?	Winkles, H. S/36838.	M. Mar. 23/18.
3	**Wright, 2nd Lt. R. C.**	W. and M. Aug. 20/18.
3 A.	Grimshaw, Geo. 34014. (Fr. H.Q. Runners.)	M. Mar. 21/18.
3 A.	Meecham, W. S/34098.	M. Mar. 21-28/18.
3 A.	Richardson, Sgt. J. 7332.	M. Mar. 21/18.
3 A.	Weaver, T. H. 0/625.	W. and M. Mar. 27/18.
3 A. IV	Wright, J. E. B/200149.	M. Mar. 21/18.
3 B. VI	Bedden, D. A. 37675.	M. Mar. 23/18.
3 B. VII	Boon, B. G. W. 29095.	M. Mar. 21/18.
3 B.	Bull, C. 14963.	**M. Mar. 21/18.**
‡3 B. VII	Davis, B. A. 203042.	K. Oct. 12/18. Det.D./B.
3 B.	Lockyer, W. Z/1377.	W. and M. Mar. 21/18.
3 C.	Andrews, R. H. 31346.	M. Mar. 21/18.
3 C.	Barnard, E. G. 11.	M. Mar. 21/18.

December 1st, 1918.

Rifle Brigade—contd.

B.E.F.

3 C.	Burton, Frank. 29105.		W. and M. Mar. 28/18.
‡3 C. IX	Clark, Chas. Wm. 46451.		M. Oct. 11/18.
3 C.	Cox, A. F. 34890.		Unoff. M. Oct. 7/18.
3 C. XII	Emerton, F. 0/58.		M. Mar. 21/18.
‡3 C. X	Goodwin, H. 34778.		M. Oct. 11/18.
3 C. X	Roberts, A. A. 34135.		M. Mar. 21/18.
3 D.	Harris, A. 21309.		W. and M. Mar. 21/18.
‡3 D.	Hyatt, C. W. 315484.		M. Aug. 18/18.
‡3 D. XV	Mills, Walter Fredk. 7469.		M. Aug. 17/18.
3 I.T.M.	Cowperthwaite, Tom. 28197. (17 Bde.)		M. Mar. 28/18.
3 ?	Cubitt, Cecil John. 0/33.		M. Mar. 28/18.
‡3 L.G.S.	Keable, Wm. 46486.		M. Oct. 11/18.
3 ?	Marshall, Cpl. T. 13175.		M. Mar. 21-28/18.
3 I.T.M.	Niven, Cpl. A. F. 16065. (17 Bde.)		M. Mar. 21/18.
3 I.T.M.	Potter, W. 275. (17 Bde.)		M. Mar. 28/18.
7 A. III	Baines, Joe. 31026.		K. April 2/18. Det.D./B.
7 A. III	Bartlett, F. A. S/17415.		M. Mar. 21/18.
7 A.	Cohen, Harry. 1908.		M. Mar. 21/18.
7 A. II	Holden, G. O/273.		M. Mar. 21/18.
7 A.	Jackson, T. S/3614.		M. Mar. 21/18.
7 A.	Longson, S. 14284.		M. Mar. 21/18.
7 A. III	Phillips, L.-Cpl. Leo. F. 15242.		M. Mar. 21/18.
7 A. I	Short, L.-Cpl. John Wm. S/12624.		M. Mar. 21/18.
7 A. II	Tew, E. A. S/35314.		M. Mar. 21/18.
7 A.	Webb, W. G. 702.		M. April 4/18.
7 B.	Bowyer, G. S. 37690.		M. April 4/18.
7 B. VII	Carpenter, W. 32257.		Unoff. M. end Mar./18.
7 B. V	Godfrey, L.-Cpl. F. W. 26382.		M. Mar. 21/18.
7 B. or C.	Holland, Sgt. A. E. 11085.		M. Mar. 21/18.
7 B. VII	Kingston, F. W. S/34212.		M. Mar. 21/18.
7 B. V	Noble, J. A. 33156.		M. Mar. 21/18.
7 B. VIII	Price, G. W. 32630.		M. Mar. 21/18.
7 B. VIII	Selbury, H. 200731.		M. Mar. 22/18.
7 B.	Sherwin, J. J. 26391.		M. Mar. 21/18.
7 B. VIII	Smith, B. 28554.		M. Mar. 21/18.
7 B. VII	Tongue, Geo. Thos. 34192.		M. Mar. 21/18.
7 C. X	Bennett, Arth. 3/26319.		M. Mar. 21/18.
7 C. IX	Day, Ernest Wm. 22554.		M. Mar. 21/18.
7 C. X	Dennett, Fred. 10449.		M. Mar. 21/18.
7 C.	Ellis, Bugler Thos. 2989.		M. Mar. 23/18.
7 C. XI	Elsmore, Geo. Edmund. 34398.		M. Mar. 21/18.
7 C. XII	Hughes, A. 205628. (Fr. K.O.Y.L.I.)		M. April 4/18.
7 C. XII	Kidd, George. 50539.		M. April 5/18.
7 C. X	Lee, G. T. O/284.		M. Mar. 21/18.
7 C.	McEwan, Peter 0699.		M. Mar. 21/18.
7 C. or D.	Maddox, Thos. Geo. 36371.		M. Mar. 21/18.
7 C.	Pender, Wm. John. 24564.		M. Mar. 21/18.
7 C. IX	Stiff, W. J. S/37674.		M. April 4/18.
7 D. XIII	Burgin, Arthur. 35321.		M. Mar. 21/18.
7 D. XIII	Clarke, Albert. B/200940.		M. Mar. 21/18.
7 D.	Crowley, J. 23607.		M. Mar. 21/18.
7 D. XIV	Dellar, Sgt. J. 15766.		M. Mar. 21/18.
7 D. XIII	Fagg, F. 32245.		M. Mar. 21/18.
7 D. XIV	Gibbins, F. 32220.		M. Mar. 21/18.
7 D. XV	Gilbert, E. F. B. 34402.		M. Mar. 21/18.
7 D.	Luker, L.-Cpl. S. 8009.		M. April 1/18.
7 D. XV	Pearson, E. W. G. 29473.		M. Mar. 21/18.
7 D. XVI	Plowright, F. H. 37672.		M. April 4/18.
7 D. XVI	Stott, Jos. 205600. (Fr. K.O.Y.L.I.)		M. April 4/18.

December 1st, 1918.

Rifle Brigade—contd.

B.E.F.

7 H.Q.	Barber, Fred. Robt. 40481. (Fr. 7th K.O.Y.L.I.)	W. and M. **April 4/18.**
7 H.Q.	Hawkeswood, Pnr. A. E. 203700.	Unoff. M. **July 30/18.**
7 H.Q.	Stevens, C. 526130.	M. **Mar. 21/18.**
*7 ?	Alderson, G. R. 35240. (Fr. K.O.Y.L.I.)	M. **April 4/18.**
‡7 ?	Bird, Cpl. W. 21587. (Fr. 7th K.O.Y.L.I.)	M. **May 27-28/18.**
‡7 ?	Boyne, J. 13223. (Fr. K.O.Y.L.I.)	M. **April 4/18.**
‡7 ?	Brown, L.-Cpl. A. M. 13248. (Fr. K.O.Y.L.I.)	M. **April 4/18.**
‡7 ?	Claxton, J. W. 30937.	M. **April 4/18.**
‡7 ?	Cook, A. H. 24649. (Fr. K.O.Y.L.I.)	M. **April 4/18.**
‡7 ?	Donaldson, G. 43298. (Fr. K.O.Y.L.I.)	M. **April 4/18.**
‡7 ?	Dunn, M. 202630. (Fr. 16 K.R.R.)	M. **April 4/18.**
7 ?	Furnell, T. S/34405. (Band.)	M. **Mar. 21/18.**
‡7 ?	Harrison, W. 21160. (Fr. K.O.Y.L.I.)	M. **April 4/18.**
‡7 ?	Haslam, Sgt. D. F. 11964. (Fr. K.O.Y.L.I.)	M. **April 4/18.**
7 ?	Hawkins, Fredk. John. 235560. (Fr. K.O.Y.L.I.)	M. **April 4/18.**
7 I.T.M.	Hyde, Alb. Edward. 3124. (41 Bde.)	M. **Mar. 21/18.**
7 ?	James, Harry. 15626.	Unoff. M. **Mar. 21/18.**
7 ?	Kaye, W. 205352.	M. **April 4/18.**
7 ?	Little, Geo. Edw. 35161. (Fr. K.O.Y.L.I.)	M. **April 4/18.**
‡7 ?	McFadyen, J. 35220. (Fr. K.O.Y.L.I.)	M. **April 4/18.**
7 ?	Moffitt, John Geo. 0/691.	M. **July 4/18.**
7 ?	Pendall, Sgt. C. 2687. (Fr. 7 K.O.Y.L.I.)	W. and M. **April 4/18.**
7 ?	Shippen, Joe. 46232. (Fr. K.O.Y.L.I.)	M. **April 4/18.**
‡7 ?	Skilling, D. 35576. (Fr. K.O.Y.L.I.)	M. **April 4/18.**
‡7 ?	Staniforth, J. 2689. (Fr. K.O.Y.L.I.)	M. **April 4/18.**
‡7 ?	Wilcox, J. 30599. (Fr. K.O.Y.L.I.)	M. **April 4/18.**
7 ?	Wilson, George. 2173. (Band.)	M. **Mar. 21/18.**
8 A. II	Baines, G. 30728.	M. **Mar. 21/18.**
8 A. II	Bolton, S/B. Harold John. S/26497.	M. **Mar. 22/18.**
8 A. III	Creswick, A.-Cpl. Wm. Jas. 26510.	M. **Mar. 22/18.**
8 A.	Gibson, John. 32281.	M. **Mar. 21/18.**
8 A. IV	Hawkes, Wilfred. S/11409.	M. **Mar. 21/18.**
8 A.	Jenner, J. 5225.	M. **Mar. 21/18.**
8 A. I	Lawson, W. S. 0/288.	M. **Mar. 23/18.**
8 A. IV	McKay, Herbert. 301.	M. **Mar. 21/18.**
8 A. I	Menote, J. 0/294.	M. **Mar. 22/18.**
8 A. II	Moore, Thomas. S/34310.	Unoff. M. **Mar. 21/18.**
8 A.	Smith, L.-Cpl. F. 10561.	M. **April 4/18.**
8 B. VII	Bailey, H. 14111.	M. **April 4/18.**
8 B.	Bradley, Sgt. G. 3138.	W. and M. **Mar. 23/18.**
8 B. VII	Clayden, G. T. 27382.	M. **Mar. 23/18.**
8 B. VII	Eastman, A. 230.	M. **April 4/18.**
8 B.	Garmston, E. S/34303.	M. **April 4/18.**
8 B	Hall, Joseph. 13279.	M. **April 4/18.**

December 1st, 1918.

Rifle Brigade—contd.

B.E.F.

8 B.	VII	Linsley, Alfred. o/286.	M. Mar. 21/18.
8 B.	VIII	Norris, George Fredk. 18587.	M. Mar. 21/18.
8 B.	VI	Palmer, W. Hy. 6045.	M. April 4/18.
8 B.	VII	Russell, E. 34728.	M. Mar. 21/18.
8 B.	V	Sillington, A. W. S/36189.	M. April 4/18.
8 B.	VI	Steed, C. 2687.	M. Mar. 23/18.
8 B.	VII	Thomson, G. H. 32229.	W. and M. Mar. 22/18.
8 B.	VII	Trott, F. R. S/32317.	M. Mar. 21/18.
8 B.	VI	Vigar, A. S/32283.	M. Mar. 23/18.
8 B.		Weller, E. 5888.	M. April 4/18.
8 B.	VIII	Wheaton, Cpl. C. 526016.	M. April 4/18.
8 B.	VIII	Wickman, Geo. Mortimer. 31505.	M. Mar. 21-23/18.
8 B.	VIII	Wood, S. S/26071.	M. Mar. 21/18.
8 B.	VII	Wren, R. J. 35063.	M. April 4/18.
?8 B.	VII	Wright, Cass. 200885.	M. April 4/18.
8 C.		Avery, Sgt. F. W. S/4845.	W. and M. Mar. 21/18.
8 C.	IX	Bogard, Joseph. 26185.	Unoff. M. April 4/18.
8 C.	IX	Colegate, Alex. S/37056.	M. Mar. 21/18.
8 C.	IX	Dyke, William. 32.	M. May 27-28/18.
8 C.	XI	Foreman, Sgt. H. G. 3941.	M. April 4/18.
8 C.		Francis, A. J. S/23731.	M. April 4/18.
8 C.		Fussell, H. A. S/35809.	M. April 4/18.
8 C.	X	Henderson, L.-Cpl. J. S/27777.	M. Mar. 21/18.
8 C.	IX	Hopkins, Wm. 52907.	M. April 10/18.
8 C.	XI	Jukes, Wm. S/9685.	M. Mar. 21/18.
8 C.	IX	Kicks, W. 31035. (Fr. 7 K.O.Y.L.I.)	M. April 4/18.
8 C.	XII	Mann, H. S/25282.	M. April 4/18.
*8 C.	IX	Maslin, Joseph. 726546.	M. Mar. 21/18.
8 C.	XII	Northam, Wilfred. o/307.	M. Mar. 23/18.
8 C.	X	Paine, S. J. o/317.	M. April 4/18.
8 C.	X	Pearce, J. 2160.	W. and M. Mar. 21/18.
8 C.	X	Robert, A. G. R. S/26261.	M. Mar. 23/18.
8 C.	XII	Ruffell, F. J. 18825.	M. Mar. 21/18.
8 C.	XII	Segar, L.-Cpl. J. H. 304566.	M. Mar. 21/18.
8 C.		Shelley, F. 27957.	M. April 4/18.
8 C.	XI	Smith, A. 9973.	M. Mar. 21/18.
8 C.		Whillock, Henry. 9985.	M. Mar. 23/18.
8 C.		Wood, H. 13389.	M. Mar. 21/18.
8 D.	XIV	Ashley, B. S/17083.	W. and M. April 4/18.
8 D.		Balaam, Charles. 27729.	W. and M. Mar. 22/18.
8 D.		Barnard, Sgt. W. 3274.	W. and M. Mar. 21/18.
8 D.	XV	Bates, Chas. James. 37124.	M. April 4/18.
8 D.		Bennett, J. W. S/688.	M. Mar. 21/18.
8 D.	XVI	Bowie, Robert. 305317.	M. Mar. 23/18.
8 D.	XIV	Daw, H. C. 32058.	M. April 4/18.
8 D.	XIV	Gould, Frank. 17948.	M. Mar. 23/18.
8 D.		Jones, Sgt. Percy. 2473.	M. April 4/18.
8 D.	XVI	Parker, Fred Wm. o/320.	M. Mar. 21/18.
8 D.		Popejoy, Sgt. Bert Saml. 72.	M. Mar. 21/18.
?8 D.	XIII	Stammers, L.-Cpl. H. 5652.	M. Mar. 21/18.
8 D.	XV	Styants, G. J. 26265.	W. and M. April 4/18.
8 D.		Swann, Samuel. 34284.	M. Mar. 21/18.
8 D.	XV	Unicume, H. 34311.	M. Mar. 21/18
8 D.	XIV	Wiffen, C. 403.	K. April 4/18. Det.D./B.
8 D.	XIV	Yeomons, C. 17734.	M. April 4/18.
8 H.Q.		Bounsall, C. 454.	M. Mar. 23/18.
8 H.Q.	L.G.S.	Edwards, Chas. R. 18050.	M. April 4/18.
8 H.Q.		Fudge, Arthur. 12727.	M. Mar. 4/18.

December 1st, 1918.

Rifle Brigade—contd.

B.E.F.

8 H.Q.	Gibbs, Melville. S/1014.		M. Mar. 23 18.
8 H.Q.	Hutchison, Fredk. Saml. 608.		M. April 4/18.
8 H.Q.	McColloch, Sig. G. S. B/415.		M. April 4/18.
8 ?	Beech, Sgt. Chas. 12791.		W. and M. April 4/18.
8 ?	Burton, Geo. 315/36.		M. Mar. 21/18.
8 ?	Dixon, Wm. 46942. (Fr. 7 K.O.Y.L.I.)		M. April 4/18.
8 ?	Godden, A. 7549.		M. Mar. 23/18.
8 Sig. S.	Hetherington, Cpl. F. 1706.		M. April 4/18.
8 ?	Lasseter, H. O/438.		M. Mar. 23/18.
8 ?	Lean, F. 20488.		M. May 25/18.
8 ?	Martin, H. Jas. 25954.		K. Mar. 21/18. Det.D./B.
8 ?	Moore, E. T. 36542. (Fr. 7th K.O.Y.L.I.)		M. April 4/18.
8 ?	Nixon, Robt. 35704.		M. Mar. 23/18.
8 ?	Scott, A.-Cpl. G. 5659.		M. April 4/18.
8 ?	Sewell, Sig. Len. 17846.		M. Mar. 23/18.
8 ?	Thorpe, Harry G. 31659. (Fr. 14 Ent. Bn.)		M. April 4/18.
8 ? Sig. S.	Wakeford, W. S/12860.		W. and M. April 4/18.
8 ?	Williams, C. R. 19195. (Fr. 7th K.O.Y.L.I.)		M. April 4/18.
9	Butt, 2nd Lt. C. E. (Fr. 13 Ent. Bn.)		K. April 4/18. Det.D./B.
9	Grant, 2nd Lt. P. V. (Fr. 2/5 Glos.)		M. April 4/18.
9 A. IV	Armstrong, Cpl. F. G. S/30914.		M. Mar. 21/18.
9 A. I	Noad, Sidney. S/10462.		M. Mar. 21/18.
9 A. II	Tanner, Cecil. 34276.		M. April 4/18.
9 A.	Walkett, J. H. 35074.		M. Mar. 21-23/18.
9 A. L.G.S.	Yare L.-Cpl. Richard C. S/10481.		M. Mar. 21-24/18.
9 B. V	Brinklow, W. 714.		M. April 14/18.
9 B. VIII	Dickinson, Cpl. Henry. S/11044.		M. May 13/18.
9 B. V	Dines, C. G. S/26035.		M. Mar. 21-24/18.
9 B. VI	Elley, F. 0419.		M. Mar. 23/18.
9 B. VIII	Green, J. B/201168.		M. April 4/18.
9 B. V	Jeffery, Sig. Thos. 30006.		M. Mar. 21/18.
9 B.	Lander, L.-Cpl. John. 32113.		M. Mar. 21/18.
9 B. VIII	Mee, J. A. 6656.		M. Mar. 21-24/18.
9 B. L.G.S.	Mitchell, F. 460.		Unoff. M. end Mar./18.
9 B. VI	Smith, R. 446		M. April 4/18.
9 B. VI	Williamson, Chas. D. S/32595.		M. Mar. 21-24/18.
9 B.	Wood, J. O/458.		M. April 4/18.
‡9 C.	Cowling, Wm. 3344.		K. Mar. 21-24/18, Det.D./B.
9 C. IX	Dorsett, E. 37709.		M. April 4/18.
9 C. XI	Fay, M.M., L.-Cpl. Philip. 1650.		M. April 4/18.
9 C.	Gilbert, Sig. G. 293.		M. Mar. 21-24/18.
9 C. I.T.M.	Hopkins, T. 1402. (42 Bde.)		M. Mar. 21/18.
9 C.	Kay, Wm. B/201713.		M. April 4/18.
9 C. IX	Mercer, Herbert. 37745.		M. April 4/18.
9 C.	Moore, Edward Chas. 23423.		M. April 4/18.
9 C.	Mott, H. 10446.		M. Mar. 21-24/18.
9 C.	Sargeant, C.-S.-M. Chas. 7031.		M. Mar. 21-31/18.
9 C. XI	Staden, L.-Cpl. 29531.		Unoff. M. Mar. 21/18.
9 C.	Welland, T. 29733.		M. April 4/18.
9 D. XIV	Hadfield, Horace. B/201702.		W. and M. Mar. 24/18.
9 D. XVI	Moore, W. 29448.		M. Mar. 21-24/18.
9 D. XIII	Robertson, Harry Wm. 23467.		M. Mar. 21-24/18.
9 H.Q.	Thorpe, S. M. 303126.		M. Mar. 21-24/18.
9 ?	Carretti, W. F. S/34706.		M. April 4/18.
9 ?	Christmas, C. T. 37705.		M. April 4/18.

December 1st, 1918.

Rifle Brigade—contd.

B.E.F.

9 ?	Sig. S.	Frost, Ernest R. 8812.	M. Mar. 21/18.
‡9 ?		Gillman, E. 12418. (Fr. 10 Glos.)	W. and M. April 3-4/18.
‡9 ?		Loftin, Wilfred Alb. 35108.	Unoff. M. end Mar./18.
9 ?		Smith, L.-Cpl. Harold Wareham. 28556.	M. Mar. 21-24/18.
11 A.		Bansor, A. 574854.	M. April 21/18.
‡11 A.		Blake, W. 9790.	M. Mar. 20—April 1/18.
11 A. I		Burns, Cpl. H. S/35280.	M. Mar. 24/18.
11 A.		Cramp, J. R. S/30037.	M. Mar. 20—April 1/18.
11 A. III		Daniels, Harry. 23444. (Fr. 10.)	K. Unoff. M. Mar. 24/18. Det.D./B.
‡11 A.		Gilham, A. 15055.	M. Mar. 20—April 1/18.
11 A.		Haydock, Cpl. John. 5442.	M. Mar. 20—April 1/18.
11 A.		Healey, Wm. 085.	M. Mar. 20-23/18.
11 A.		Kemp, C. W. 0100.	M. Mar. 20—April 1/18.
11 A.		Mills, Lawrence Evans. 2572.	M. end Mar./18.
‡11 A.		Warren, W. 202281.	M. Mar. 20—April 1/18.
11 B. V		Capon, George. S/6022.	M. Mar. 20/18.
‡11 B.		Carlisle, A. 200896.	M. Mar. 20—April 1/18.
‡11 B.		Dudsboy, C. 19791.	M. Mar. 20—April 1/18.
‡11 B.		Garrett, A. 318037.	M. Mar. 20—April 1/18.
11 B. VIII		Gent, Francis Hy. O/74.	M. Mar. 20/18.
11 B.		Groves, Sgt. S. L/209.	M. Mar. 20/18.
11 B. V		Higham, L. B/202257.	Unoff M. end Mar./18.
11 B. Sig. S.		Hill, Sidney Cecil. 33278.	M. Mar. 20/18.
‡11 B.		Hockney, L.-Cpl. T. B. 3010.	M. Mar. 20—April 1/18.
‡11 B.		Hookway, G. 8566.	M. Mar. 20—April 1/18.
11 B. V		Hurren, J. B/200522.	M. Mar. 20/18.
‡11 B.		James, Cpl. J. 6907.	M. Mar. 20—April 1/18.
11 B.		Johnson, G. F. S/34814.	M. Mar. 20/18.
‡11 B.		Johnson, H. 16992.	M. Mar. 20—April 1/18.
11 B. V		Kitely, Yeoman. 20832	M. Mar. 20—April 1/18.
11 B. V		Millar, T. B/202263.	M. Mar. 21/18.
11 B. V		Neate, Hy. 201152.	M. Mar. 20—April 1/18.
‡11 B.		Page, F. 19370.	M. Mar. 20—April 1/18.
11 B. V		Pincott, W. 18970.	M. Mar. 20/18.
‡11 B.		Rees, S. 9049.	M. Mar. 20—April 1/18.
‡11 B.		Rendle, W. 690.	M. Mar. 20—April 1/18.
11 B. VII		Rolph, L.-Cpl. A. B/200103.	M. Mar. 20—April 1/18.
11 B. VI		Seaman, Albert B. 200115.	M. Mar. 21—April 1/18.
‡11 B.		Shelley, J. 28410.	M. Mar. 20—April 1/18.
‡11 B. VI		Sherriff, G. 13239.	M. Mar. 20—April 1/18.
‡11 B.		Stretton, A. 200527.	M. Mar. 20—April 1/18.
‡11 B.		Stroud, F. 30542.	M. Mar. 20—April 1/18.
‡11 B.		Turncliffe, G. 8905.	M. Mar. 20—April 1/18.
‡11 B.		Wheeler, H. 30558.	M. Mar. 20—April 1/18.
11 B.		Williams, Edward. 9065.	M. May 21/18.
11 B. V		Wood, H. 29842.	M. Mar. 20/18.
11 C.		Bladen, G. 46663.	M. June 4/18.
‡11 C.		Cooper, R. 0/39.	M. Mar. 20—April 1/18.
11 C. XII		Dormer, L.-Cpl. J. 26575.	M. Mar. 20—April 1/18.
11 C.		Eaton, Sgt. F. B/1883.	M. Mar. 20/18.
11 C. IX		Faull, A.-Cpl. A. S/5577.	W. and M. Mar. 20—April 1/18.
11 C.		Foster, W. H. 35301.	M. Mar. 20—April 1/18.
11 C.		Ince, G. 8872.	M. Mar. 21/18.
‡11 C.		Ingram, C. H. 26463.	M. Mar. 20—April 1/18.
11 C. IX		Lewis, George Edwin. O/439.	M. Mar. 21 24/18.
‡11 C.		Milne, W. 31058.	W. and M. Mar. 20—April 1/18.
11 C.		Norsey, Thos. 867.	M. Mar. 21/18.
11 C.		Rutland, Alb. Edw. 33133.	M. Mar. 20—April 1/18.

December 1st, 1918.

Rifle Brigade—contd.

B.E.F.

11 C.	Ware, W. G. B/202280.	M. Mar. 30—April 1/18.
11 C.	Warren, Richd. 32912.	M. Mar. 20/18.
‡11 D.	Allen, A. 1201.	M. Mar. 20—April 1/18.
‡11 D.	Bansor, A. 574854.	M. Mar. 20—April 1/18.
11 D. XVI	Bullen, E. 29947.	M. Mar. 24—April 1/18.
11 D.	Burgess, W. 5206.	M. Mar. 20/18.
11 D. I.T.M.	Chaffer, Alfred. 15900. (59 Bde.)	**M. Mar. 21-31/18.**
11 D. XV	Moulding, Sgt. J. 32444.	W. and M. Mar. 20-April 1/18.
11 D. XIV	Myers, S. 203678.	W. and M. Sept. 11/18.
11 D.	Randle, Wm. 3/690.	M. Mar. 20—April 1/18.
*11 D. XI	Warner, W. E. 29867.	M. Mar. 21—April 1/18.
11 H.Q.	Burton, Bglr. T. 14881.	M. Mar. 20—April 1/18.
11 H.Q.	Horrigan, Con. 2837.	M. Mar. 1-20/18.
11 H.Q.	Matthews, L.-Sgt. S. S/1786.	W. Unoff. M. Mar. 20—April 1/18.
11 H.Q.	Pepler, Wm. Chas. 27644.	M. Mar. 31/18.
11 H.Q.	Sharman, L.-Cpl. Percy John. S/1289.	M. Mar. 30—April 1/18.
11 ?	Donovan, A.-Cpl. A. S/25496.	W. and M. Mar. 20—April 1/18.
11 ?	Hunt, F. F. 206.	M. Mar. 21/18.
11	Jaynoy, Hy. 15012.	M. Mar. 20—April 1/18.
11 ?	Thackeray, F. S/28599. (Fr. K.R.R.)	M. Mar. 20—April 1/18.
11 ?	Wayman, Cpl. R. C. O/9240.	W. and M. Mar. 20—April 1/18.
‡12 A.	Buttle, C. D. M. 21060.	**M. June 4/18.**
♥2 A.	Clark, H. A. S/17530.	M. Mar. 22/18.
*12 A. I	Coram, A. H. 3/33694.	M. June 4/18.
12 A.	Dawson, J. T. S. o/51.	W.-and M. Mar. 30/18.
12 A. IV	Latter, C. E. 19521.	W. and M. Mar. 25/18.
12 A. II	Roberts, Inigo. 33637.	M. Mar. 29/18.
12 A.	Robinson, Hry. G. S/28810.	W. and M. Mar. 29/18.
12 A. or C.	Vidler, R. J. 0166.	M. Mar. 22/18.
12 A. II	Weal, H. 1509. (Fr. 7th.)	M. Mar. 25/18.
12 A. or C.	Welton, A. G. 46754.	M. June 4/18.
12 A.	Williams, J. L. 2840.	W. and M. Mar. 21/18.
12 B. V	Hedges, Cpl. Chas. S/5715.	M. April 1/18.
*12 B. VIII	Sales, W. H. W. 46209.	W. and M. June 4/18.
12 B. VIII	Torbell, Stanley Edw. 0162.	**M. Mar. 30/18.**
12 C. XI	Hall, M. R. J. 25834.	M. Mar. 27/18.
12 C. IX	Kerridge, W. 24999.	M. Mar. 30/18.
12 C. XII	Matthews, T. 27086.	K. July 3/18. Det.D./B:
12 C.	Nixon, E. 10300.	M. Mar. 22/18.
12 C.	Wells, H. G. S/26565.	W. and M. Mar. 27/18.
12 D. XIII Sig. S.	Donegan, John R. 33764.	W. and M. Mar. 22/18.
12 D. XIV	Gillespie, Samuel. 16580.	M. Mar. 22/18.
12 D.	Moore, C.-S.-M. J. W. 4167.	M. Mar. 24/18.
12 D. XIV	Snelling, Reg. Augustus. S/34417.	M. Mar. 22/18.
12 D. XIII	Tipler, W. J. 14713.	M. Mar. 27/18.
12 H.Q.	Cooney, L.-Cpl. T. 2424.	W. and M. Mar. 26/18.
12 ?	Jones, W. 10007.	M. Mar. 21-22/18.
12 ?	Roberts, H. L. S/38105.	W. and M. Mar. 27/18.
12 ?	Salter, H. H. S/31754.	M. Mar. 25/18.
12 ?	Stansfield, W. H. 29523.	M. Mar. 30/18.
‡12 ?	Watters, F. N. 24118. (Fr. R.E.)	M. Mar. 31/18.
12 ? I.T.M.	Willatt, Norris. 29524. (60 Bde.)	M. Mar. 30/18.
13 A. II	Ashley, W. 14585.	M. May 8/18.
13 A.	Atkinson, Wm. 30824.	M. May 8/18.
13 A. III	Binns, C. 13008.	M. May 8/18.
13 A. II	Collings, Walter Thos. S/30883	W. and M. May 8/18.
13 A. I	Hayes, Wm. Geo. 20398.	M. May 8/18.
13 A.	Heath, Geo. Stephen. o/90.	M. May 8/18.

December 1st, 1918.

Rifle Brigade—contd.

B.E.F.

*13 A. II	Johnson, S. 1939.		M. Sept. 14/18.
‡13 A.	Mercer, L.-Cpl. W. J. 202103.		W. and M. Aug. 23/18.
13 A.	Morley, Sid. Herb. 45035.		W. and M. May 8/18.
13 A.	Munn, A. J. 45034. (Fr. 11 K.R.R., 12788.)		M. May 8/18.
13 A.	Parkes, Sgt. W. 1471.		M. May 8/18.
13 A. III	Pettit, Sgt. A. 23511.		M. May 8/18.
13 A. III	Plaice, W. S/30981.		M. Mar. 21-30/18.
13 A.	Ried, Thomas. 0/136.		M. April 8/18.
13 A. II	Saker, F. 0/146.		M. May 8 18.
13 A.	Scotland, L.-Cpl. John Shepherd. 14541.		M. May 8/18.
*13 A. I	Welsby, L.-Cpl. S. J. S/27121.		K. Aug. 24/18. Det.D./B.
13 B. VII	Cox, G. 27763.		W. and M. Aug. 23/18.
13 B.	Mainhood, Joe. 422943.		W. Unoff. M. Aug. 25/18.
13 B. VIII	Vanhinsbergh, P. 19570.		M. Aug. 23/18.
*13 C. XI	Key, Harold Frank. S/27456.		M. Sept. 12/18.
13 C.	Musk, S. 4195.		M. May 8/18.
13 C.	Oakes, Sgt. T. 4087.		M. May 8/18.
13 C.	Priest, G. A. 45042.		W. Unoff. M. Aug. 25/18
13 C.	Quiltz, Cpl. F. 9714.		M. May 8/18.
13 C.	Sissens, Fred. J. 1342.		M. May 8/18.
13 C.	Smith, J. A. S/25997.		W. and M. Sept. 12/18.
13 C.	Warrior, Joseph. 35206.		M. May 8/18.
13 C. XIII	West, David. 3851.		M. April 25/18.
13 D.	Boyce, Chas. Thos. 15644.		M. May 8/18.
13 D. XIV	Coppock, William. 873.		M. May 16/18.
13 D.	Davies, Herbert. S/8885.		K. Sept. 12/18. Det.D./B.
13 D. XIV	Evans, J. M. S/32650.		K. May 8/18. Det.D./B.
13 D.	Harper, L.-Cpl. W. 200451.		W. Unoff. M. Aug. 23/18.
13 D. XIII	Herbert, Jas. 421808. (Fr. 2/10 London.)		W. Unoff. M. Aug. 23/18.
*13 D. XIV	McMath, R. 202071.		M. Sept. 13/18.
13 D.	Pollard, Sgt. Frank. 0/356.		W. Unoff. M. Aug. 23/18.
13 D.	Ramsden, Francis Thos. 215.		W. and M. Aug. 23/18.
13 D. XIV	Samsworth, C. F. S/34077.		W. and M. May 8-18/18.
‡13 D. XIII	Stone, Henry Wm. S/37780.		K. May 8/18. Det.D./B.
13 D.	Wickens, S. S/37809.		W. and M. May 8/18.
13 H.Q.	Potter, Thos. Hy. 1794.		W. and M. May 8/18.
*13 ?	Abbott, Fred. B/202320.		M. Sept. 14/18.
13 ?	Pell, A. H. 37763.		W. Unoff. M. Aug. 23/18.
13 ?	Poole, F. D. 45039.		M. May 8/18.
*13 ?	Thrasher, C. J. 24972.		W. Unoff. M. Aug. 23/18.
16 A.	Bagge, Frank. 27189.		M. Mar. 21-30/18.
16 A. II	Cheadle, A. S/27292.		M. Mar. 21-30/18.
‡16 A.	Collins, R. 217.		M. Mar. 21-30/18.
‡16 A.	Darey, L. C. 201376.		M. Mar. 21-30/18.
‡16 A.	Handford, W. 6615.		M. Mar. 21-30/18.
‡16 A.	Ingram, J. W. 37309.		M. Mar. 21-30/18.
‡16 A.	Mather, W. 2304.		M. Mar. 21-30/18.
‡16 A.	Moore, C. 202132.		M. Mar. 21-30/18.
16 A. IV	Mortlock, Ernest. 19709.		W. and M. Mar. 21-31/18.
‡16 A.	Peacock, A. S. 310.		M. Mar. 21-30/18.
16 A. II	Pikett, Oliver Jas. 4326.		M. April 17/18.
‡16 A.	Porter, H. W. 28316.		M. Mar. 21-30/18.
‡16 A.	Pullen, R. R. 33636.		M. Mar. 21-30/18.
16 A.	Putt, Sgt. Arth. Robin. 32604.		M. Mar. 21-30/18.
16 A. I	Turner, L.-Cpl. Percy Lewis. 4941.		M. Mar. 21-30/18.

December 1st, 1918.

Rifle Brigade—contd.

B.E.F.

‡16 A.		Warren, A. H. 35071.	M. Mar. 21-30/18.
‡16 B.		Barrett, A/Cpl. J. W. 6601.	M. Mar. 21-30/18.
‡16 B.		Bishop, H. E. 7175.	M. Mar. 21-30/18.
16 B. VII		Dodd. C. 299887.	M. Mar. 20-30/18.
‡16 B.		Evans, C. 24132.	M. Mar. 21-30/18.
16 B. VII		Ingram, A. H. S/27643.	M. April 4/18.
16 B. V		Levy, Chas. 16524.	M. June 6/18.
16 B. VII		Madden, Cpl. C. 201256.	K. April 18/18. Det.D./B.
‡16 B.		Menear, J. H. 203064.	M. Mar. 21-30/18.
‡16 B.		Potter, W. A. 18019.	M. Mar. 21-30/18.
16 B. VII		Russell, L.-Cpl. G. S/17584.	M. Mar. 21-30/18.
16 B.		Sinclair, R. 25266.	M. Mar. 21-30/18.
‡16 B.		Slow, L.-Sgt. W. 750.	M. Mar. 21-30/18.
‡16 B.		Taylor, A. 32345.	M. Mar. 21-30/18.
16 B. V		Wadey, Percy Jas. 32723.	M. April 18/18.
*16 B. V		Walker, John Wm. 201323.	K. April 18/18. Det.D./B.
‡16 B.		Waters, Sgt. L. 19389.	M. Mar. 21-30/18.
16 B. VII		Woodcock, Alf. 7097.	M. April 19/18.
‡16 C.		Ashton, J. 27817.	M. Mar. 21-30/18.
‡16 C.		Bannister, G. A. 30523.	M. Mar. 21-30/18.
‡16 C.		Barry, L.-Cpl. W. H. 26208.	M. Mar. 21-30/18.
16 C.		Bowles, Sig. F. 27717.	M. Mar. 21-30/18.
‡16 C.		Brown, J. 318028.	M. Mar. 21-30/18.
‡16 C.		Cowley, L.-Cpl. F. 200382.	M. Mar. 21-30/18.
16 C. XI		Dent, Sgt. J. F. 26094.	M. Mar. 21/18.
‡16 C.		Dowle, A. E. 14007.	M. Mar. 21-30/18.
‡16 C.		England, J. W. 203565.	M. Mar. 21-30/18.
‡16 C.		Flaherty, E. P. 27866.	M. Mar. 21-30/18.
16 C. XII		Goymer, J. 200513.	M. mid. Mar./18.
‡16 C.		Hulett, J. 201337.	M. Mar. 21-30/18.
16 C. I.T.M.		Kerr, H. 1235. (117 Bde.)	M. Mar. 23-30/18.
‡16 C.		Noakes, H. G. 21559.	M. Mar. 21-30/18.
‡16 C.		Rayner, A. W. 28449.	M. Mar. 21-30/18.
‡16 C.		Rosenbarn, H. 6372.	M. Mar. 21-30/18.
‡16 C.		Sheppard, A. J. 34331.	M. Mar. 21-30/18.
‡16 C.		Thompson, L.-Sgt. J. 35800.	M. Mar. 21-30/18.
16 C.		Trigger, Chas. 622.	M. Mar. 21-30/18.
‡16 C.		Turner, P. A. 18248.	M. Mar. 21-30/18.
‡16 C.		Wade, A/Cpl. J. 202069.	M. Mar. 21-30/18.
‡16 C.		Wands, Sgt. D. 201355.	M. Mar. 21-30/18.
16 C. XII		Whittet, Wm. Millar. 202133.	M. April 21-30/18.
16 C.		Young, Sig. Wm. C. S/16182.	W. and M. Mar. 24/18.
‡16 D.		Balfour, W. J. 794.	M. Mar. 21-30/18.
16 D. XIV		Barlow, W. 13514.	M. Mar. 21-30/18.
16 D. XIV		Brooker, C. 18456.	M. Mar. 21-30/18.
‡16 D.		Brown, A/Cpl. A. E. 6600.	M. Mar. 21-30/18.
‡16 D.		Cannell, C. E. 27790.	M. Mar. 21-30/18.
‡16 D.		Carey, W. T. S. 34882.	M. Mar. 21-30/18.
‡16 D.		Driscoll, H. 30956.	M. Mar. 21-30/18.
16 D. XIII		Ellis, L.-Cpl. G. 27336.	M. Mar. 21-30/18.
‡16 D.		Fibbens, S. H. 201285.	M. Mar. 21-30/18.
‡16 D.		Green, H. E. 15683.	M. Mar. 21-30/18.
16 D. XVI		Harris, E. C. 731.	M. Mar. 31/18.
‡16 D.		Hawkesworth, J. 201332.	M. Mar. 21-30/18.
16 D. XIII		Hemming, E. W. 841.	M. Mar. 21-30/18.
‡16 D.		Higgs, A. 501.	M. Mar. 21-30/18.
16 D. XV		Hogg, B. B/202131.	M. Mar. 21-30/18.
‡16 D.		Lambert, H. A. 35909.	M. Mar. 21-30/18.
‡16 D.		Millward, H. 1626.	M. Mar. 21-30/18.

December 1st, 1918.

Rifle Brigade—contd

B.E.F.

‡16 D.	Page, G. 31980.	M. Mar. 21-30/18.
16 D. I.T.M.	Page, W. 13827. (117 Bde.)	M. Mar. 23-30/18.
‡16 D.	Robert, L.-Cpl. C. F. R. 17538.	M. Mar. 21-30/18.
‡16 D.	Rodger, G. 201307.	M. Mar. 21-30/18.
‡16 D.	Rummery, J. T. 30942.	M. Mar. 21-30/18.
‡16 D.	Simmons, A. E. 203438.	M. Mar. 21-30/18.
‡16 D.	Skeggs, G. R. 15322.	M. Mar. 21-30/18.
16 D.	Stout, A. 27266.	D/W. Mar. 25-26/18. Det.D./B.
‡16 D.	Taylor, C. T. 201231.	M. Mar. 21-30/18.
‡16 D.	Throp, A. G. 200683.	M. Mar. 21-30/18.
16 D.	Timbs, Mark. 32008.	M. Mar. 22/18.
16 D. L.G.S.	Wooding, L.-Cpl. C. W. P/912.	W. and M. Mar. 21/18.
16 H.Q.	Sadler, Arthur. 18665.	M. Mar. 21-30/18.
16 ?	Burton, Henry. P/826.	M. Mar. 21/18.
16 ?	Clifton, Cpl. Lionel. 202108.	M. Mar. 21/18.
16 ?	Jones, T. A. 201374.	M. Mar. 21-30/18.
16 ?	Patient, Edw. Hy. Lucking. 34638.	M. Mar. 21-30/18.
16 ?	Shrop, A. G. B/200683.	M. Mar. 21/18.
16 ?	Vizer, Robt. B. B/201319. (Fr. R.E. and A.S.C.)	M. Mar. 21-30/18.
16 I.T.M.	Yates, A. 12044. (117 Bde.)	M. Mar. 25-30/18.

BALKANS.

4 C. XI	Allison, J. 17095.	M. April 15/18.
4 C. IX	Barrow, A. W. H. S/13191.	M. April 15/18.
4 C. XII	Bessant, Cpl. Archibald. 6482.	M. April 15/18.
4 C. XI	Ding, A. G. 32185.	M. Aug. 1/18.
4 C. X	Evans, Albert Edw. S/34766.	M. April 15/18.
4 C. XII	Howse, J. A. 5762.	M. April 15/18.
4 C.	Jarvis, J. A. 34729.	M. April 15/18.
4 C. IX	Montague, J. 17575.	M. April 15/18.
4 C. X	Weston, H S/31579.	M. April 15/18.
4 C. XII	Woolward, A. 29964.	M. April 15/18.
4 ?	Cox, A. H. 35826.	M. April 15/18.
4 ?	Detmar, G. 7151.	M. April 15/18.
4 ?	Edwards, A. E. 19452.	M. April 15/18.
4 ?	Fogg, H. 9026.	M. April 15/18.
4 ?	Harris, C. R. 5458.	M. April 15/18.
4 ?	Herbert, F. E. 6025.	M. April 15/18.
4 ?	Hoad, E. 22433.	M. April 15/18.
4 ?	Jones, E. 11717.	M. April 15/18.
4 ?	Jones, J. R. 16947.	M. April 15/18.
4 ?	Manning, A. 26972.	M. April 15/18.
4 ?	Mulcock, W. J. 16741.	M. April 15/18.
4 ?	Park, W. T. 2361.	M. April 15/18.
4 ?	Paterson, W. R. T. 4634.	M. April 15/18.
4 ?	Smith, L.-Sgt. H. 5031.	M. April 15/18.
4 ?	Sturgeon, H. P. 6130.	M. April 15/18.
4 ?	Taylor, W. 16996.	M. April 15/18.
4 ?	Thompson, A. 3065.	M. April 15/18.
4 ?	Traynier, Cpl. F. G. 17153.	M. April 15/18.
22 ?	Culliford, A. E. 38209.	M. May 31/18.
22 ?	Hood, F. 208520.	M. May 31/18.
22 ?	Yates, J. 38215.	M. Aug. 17/18.

December 1st, 1918.

ROYAL ARMY MEDICAL CORPS.
B.E.F.

*6		Marowitz, Lieut. M.	D/W. Sept. 1/18. Det.D./B.
9		Farrah, Henry. 38645.	M. Sept. 23/18.
15		Kerrison, A. 33938.	M. Mar. 22/18.
15		Toomey, S/B. Albert. 75511.	D. Aug. 25/18. Det. of Cas.
18		Davidson, George. 42849.	M. Mar. 21/18. R/Enq.
18 A.		Fisk, W. 20294.	K. Mar. 21/18. Conf. & Det.D./B.
24 A.		Allen, Martin. 35701.	M. May 27/18.
24		Dunford, H. J. 457459.	M. May 26/18.
24		Kivell, W. 457026.	M. May 27/18.
24		Stansfield, Geo. Wm. 126215.	M. May 27/18.
24		Stone, R. A. 457058.	M. May 27/18.
25		Amy, S. J. 459196.	M. May 27/18.
25		Ballinger, L. 459290.	M. May 27/18.
25		Beard, C. L. 457031.	M. May 27/18.
25		Bodman, Fred. Wm. 35301. (Fr. A.S.C.)	M. May 27/18.
25		Bovey, J. H. 457496.	M. May 27/18.
25		Bowden, J. R. 459462. (2382)	M. May 27/18.
25 B.		Brooks, W. J. 459136. (1955.)	M. May 27/18.
25		Clarke, J. E. 112633.	M. May 27/18.
25		Collins, P. W. 123512.	M. May 27/18.
25		Eakers, E. C. 459031.	M. May 27/18.
25		Evans, F. C. M. 459511.	M. May 27/18.
25		Forse, Norman G. 459010.	M. May 27/18.
25		Holland, W. 459117.	M. May 27/18.
25		Joynson, Douglas. 29854.	M. May 27/18.
25		Kenward, Harry. 459067.	M. June 4/18.
25		Kinsey, Albert. 75028.	M. May 27/18.
25		Knight, A.-L.-Cpl. Joe. 477325.	M. May 27/18.
25		Laing, James. 119390.	M. May 27/18.
25		Lennon, C. 110072.	M. May 27/18.
25		Mulcahy, John. 459076.	M. May 27/18.
25		Pepperell, William. 459105.	M. May 27/18.
25		Plaice, A. E. 459086.	M. May 27/18.
25		Pratt, P. J. 459508.	M. May 27/18.
25		Rabjohns, F. W. 459384.	M. May 27/18.
25		Rees, G. 48957.	M. May 27/18.
25		Ricketts, L. T. 459069.	M. May 27/18.
25		Rowe, A. W. 389187. (Fr. A.S.C.)	M. May 27/18.
25		Smith, Frank. 459522.	M. May 27/18.
25		Spare, A. 121104.	M. May 27/18.
25		Spencer, A. F. 459509.	M. May 27/18.
25 B. S.		Street, A. 29513.	M. May 27/18.
25		Thomas, A. W. L. 459314.	M. May 27/18.
25		Williams, John. 459452.	M. May 27/18.
25		Windram, Jock S. 86528.	M. May 27/18.
25		Wood, S. 357349.	M. May 27/18.
25		Youngs, Cpl. H. J. 473208.	M. May 27/18.
26		Hodge, James. 6219.	M. May 27/18.
26		Holdaway, R. 389198. (Fr. A.S.C.)	M. May 27/18.
26		Menzies, Robert. 64189.	M. May 27/18.
26		Pope, Harold Chas. 461061.	M. May 27/18.
26		Smith, A. T. 461041.	M. May 27/18.
26		Smith, H. 36284.	M. May 27/18.
26		Sullivan, J. O. 130206.	M. May 27/18.
26		Vere, Hy. Wm. 461287.	M. May 27/18.
26 6		Winteridge, L. 461060.	M. May 27/18.
27		Ashman, C. N. 72562.	M. April 25/18.
*27		Emmerson, J. W. 32203.	M. July 28/18.

December 1st, 1918.

Royal Army Medical Corps—contd.

B.E.F.

36		Baggott, G. W. 35615.	M. Mar. 20/18.
36		Keiller, Pat. Jas. Blackley. 37145.	M. Mar. 28/18.
37		George, Harry W. 96539.	M. May 27/18.
44		Pavely, Chas. Thos. 86351.	M. Mar. 24/18.
46		Holt, Cpl. J. W. 27268.	K. July 23/18. Det.D./B.
49		Bousfield, Harold T. 045628. (Fr. A.S.C., M.T.)	D/W. Aug. 25/18. Det.D./B.
52		Ingham, W. A. 27140. (Fr. 1 Wilts.)	K. Sept. 10/18. Det.D./B.
57	A. S.	Adams, D. 41902.	M. April 9/18.
57		Burns, Alfred. 39317.	M. April 9/18.
57		Clover, J. W. 41738.	M. April 9/18.
57		Dobson, Leonard. 43234.	M. April 9/18.
57		Evans, W. F. 42934.	M. April 9/18.
57	C. S.	McFee, H. 31374.	M. April 9/18.
58		Butterworth, T. W. 63651.	M. April 10/18.
58	A.	Mead, S. 34305.	M. April 4/18.
60	A.	Sleap, John. 37063.	M. Mar. 24/18.
61	A.	Woodley, Harry G. 72362.	M. Mar. 22/18.
*62		Smith, A. 419480.	M. Mar. 23/18. R/Enq.
63		Hadden, S/B. David. 31465. (Fr. 44)	M. May 27/18.
64		Hamilton, John. 93165.	M. May 28/18.
64		Jackson, A. 341523.	M. May 28/18.
64	D. S.	Johnson, H. 7423.	M. May 28/18.
64		Thirsk, F. 24544.	M. May 27/18.
65		Benger, M.M., F. 89459.	M. Mar. 21/18. R/Enq.
65		Jones, T. 34150.	M. May 27/18.
65		McDougall, John. M/331593. (Fr. A.S.C.)	M. Mar. 21/18.
65		Pass, C. W. 12194.	M. May 27/18.
75		Hawkins, C. 64456.	W. and M. April 11/18.
75	C.	Thomas, C. H. 66002.	W. and M. Mar. 23/18.
75		Two, A. E. 30431. (Fr. 225 Div. Emp. Co.)	M. Mar. 23/18.
76		Harrop, Wm. Gladstone. 356016.	M. May 28/18.
76	A.	Knight, P. 101711.	M. May 28/18.
76		Nutter, Wm. 75450.	W. and M. May 27-28/18.
76	A.	Tierney, Richd. 40073.	M. May 28/18.
77		Evans, B. 4122.	M. April 12/18.
77		Harrison, John Percival. 37211.	M. May 21/18.
77	B. S.	Jones, N. D. 101093.	M. May 27/18.
*77		Keefe, P. 83316.	M. May 27/18.
77		Lloyd, Walter Edw. 477160.	M. May 27/18.
77		Longworth, Tom. 22238.	M. May 27/18.
77		Norcott, L. G. 512457.	M. May 27/18.
77		Stokes, E. F. 65617.	M. May 27/18.
77		Stott, John Wm. 393314	M. May 27/18.
‡87	C.	Holmes, Cpl. Frank Hry. 435027.	M. Oct. 14/18.
89		Auld, L.-Cpl. Chas. S. 301452.	M. April 14/18.
95		Morgan, A. 07058. (Fr. A.S.C.)	K. Mar. 13/18. Det.D./B.
‡101		Barrett, J. 78503.	M. April 14/18.
101		Weston, E. 66434.	M. April 14/18.
102	A.	Gibb, James. 64139.	M. April 9/18.
102	C.	Sanderson, E. 55743.	M. April 11/18.
102		Shipstone, Gordon R. 64762.	M. Mar. 21/18.
108	B.	Fraser, Peter. 44240.	M. Mar. 27/18.
‡110		Finnegan, Robt. T. 273193.	M. Mar. 21/18.
133		Brooks, Chas. John. 35727.	M. and W. April 26/18.
136		O'Reilly, Michael. 32790.	M. April 9/18.
136		Quirie, Peter C. 320275.	M. April 9/18.

December 1st, 1918.

Royal Army Medical Corps—contd.

B.E.F.

140	Doody, L. C. 39413.	M. Mar. 24/18.
24 (Devon)	Selby, R. 457074.	M. May 27/18.
2/1 (High)	Grant, Thomas. 301416.	M. Mar. 21/18. R/Enq.
2/1	Tayler, James. 801091.	M. Mar. 21/18.
3	Coombe, Frank S. M2/074190.	M. Mar. 21/18.
2/2 (E. Lancs.)	Broughton, Stanley. 352178.	M. Mar. 21/18.
2	Clegg, Gilbert. 339132.	M. Mar. 11/18.
2/2 London	Hart, Ernest. 65474.	M. May 27/18.
2/1 (N. Mid.)	Petrie, G. 46133.	M. Mar. 21/18. R/Enq.
‡2/1	Sheirs, E. J. 1052.	M. April 15/18.
‡2/1	Wray, G. 49545.	M. April 15/18.
‡2/3	Mackintosh, D. 64870.	M. April 16/18.
‡2/3	Murden, H. R. 95195.	M. April 16/18.
2/3	Thomas, E. E. 421485 (C. Sec.)	M. Mar. 21/18. R/Enq.
1 (North.)	Anderson, Wm. 386279.	M. May 27/18.
1	Box, Cpl. J. T. 9815.	M. May 27/18.
1	Breadin, Frank. 386031. (1041.)	M. May 27/18.
*1	Brett, J. 386019.	M. May 27/18.
1	Charlton, J. J. 388241.	M. May 27/18.
1	Charlton, John Lawson. 386497.	M. May 27/18.
1	Hall, Ernest. 103517.	M. May 27/18.
1	Hardman, Harry. M2/048644. (Fr. A.S.C.)	M. May 27/18.
1	Hudson, B. 86074.	M. May 27/18.
1	Logan, Norman Bydron. 386134.	M. May 27/18.
1 B.	Lowes, R. N. 1416.	M. May 27/18.
1 B. S.	Lowrey, W. 386079.	M. May 27/18.
1	Masterton, Alex. 386366.	W. and M. May 27/18.
1	Mitchell, C. 388035.	M. May 27/18.
1	Nixon, Fred. 92256.	M. May 27/18.
1	Oswell, Gordon. 386266.	M. May 27/18.
1	Richardson, L.-Cpl. L. 386004.	M. May 27/18.
1	Simpson, J. 386243.	M. May 27/18.
1	Taylor, Joseph. 368109.	M. May 27/18.
1	Walton, R. 388031.	M. May 27/18.
2	Booth, L. 338199.	W. and M. April 11/18.
2/2	Edwards, Matthew E. 2/151250. (Fr. A.S.C., M.T.)	M. May 27/18.
2/2	Juckes, Geo. 92253.	M. May 27/18.
2/2	Maack, John Herbert. 390111.	M. May 27/18.
2/2-B.	Waller, Alf. A. W. 508420.	M. May 27/18.
3 A. S.	Atkinson, L.-Cpl. R. 390218.	M. May 27/18.
3	Coltart, Joseph. 322117.	M. May 27/18.
3	Critchley, J. M2/099286. (Fr. A.S.C.)	M. May 27/18.
3	Forde, Alb. Creighton. M2/153122. (Fr. A.S.C.)	M. May 27/18.
3	Foster, G. E. 388359.	M. May 27/18.
3	Horsfall, L.-Cpl. Laurence. 390231.	M. May 27/18.
3	Ingham, James. 352567.	W. and M. May 27/18.
3	Jackson, Cpl. Edward. 390060.	W. and M. May 27/18.
3	Jameson, Dixon. 390094.	M. May 27/18.
3	Ladigus, C. W. 390118.	M. May 27/18.
3	Piested, J. 46132.	M. May 27/18.
3	Sharp, W. 390074.	M. May 27/18.
3	Strodder, A. 390121.	M. May 27/18.
3	Thames, Tom. 1537.	K. May 27/18. Det.D./B.
?	Veitch, Robert. 103866. (Fr. A.S.C.)	M. May 28/18.
*2 (Wessex)	Shovel, Rev. Jasper.	M., bel. K. Oct. 6/18.

December 1st, 1918.

Royal Army Medical Corps—contd.
B.E.F.
2	Dean, R. 459021.	M. May 27/18.
2	Wood, S. R. 459004.	M. May 27/18.

Casualty Clearing Station.
37	**Dawson, Capt. G. de H.**	M. abt. end May/18.
37	Bacon, R. C. 50927.	M. May 27/18.
37	Boyden, A. W. 59797.	M. May 27/18.
37	Cottrell, Frank O'Bryan. 59856.	M. May 27/18.
37	Foreman, A. F. 31328.	M. May 27/18.
37	Greenfield, A/L.-Cpl. W. F. 341278.	M. May 27/18.
37	Griffiths, Frank. 20829.	M. May 27/18.
37	Harrison, S.-Sgt. Jack Balfour. 32775	M. May 27/18.
37	Hatchard, J. W. 80935.	M. May 27/18.
37	Hood, Cpl. Robt. Lowe. 59725.	M. May 27/18.
37	Hutson, L.-Sgt. Andrew. 59714.	M. May 25/18.
37	Ives, W. C. 87465.	M. May 27/18.
37	Knowles, Walter. 101327.	M. May 27/18.
37	Matthews, Edward. 54725.	M. May 27/18.
37	Morrison, Sgt. Wm. Rowatt. 59706.	M. May 26/18.
37	Munro, Duncan. 59721.	M. May 27/18.
37	Naylor, Cpl. A. J. 461086.	M. May 27/18.
37	Pollard, James A. 341642.	M. May 27/18.
37	Riley, Leonard John. 357030.	M. May 27/18.
37	Robertson, James King. 103646.	M. May 25/18.
37	Tweddle, L.-Cpl. W. M. O. 59786.	M. May 27/18.
37	Watkins, Frank. 72763.	M. May 27/18.
37	Williams, Thos. W. 102658.	M. May 27/18.
37	Williams, P. V. 77234.	M. May 27/18.
48	Mason, John. 104151.	M. May 28/18.

BALKANS.
	Clark, Capt. A. Le B.	M. Sept. 18/18.
(T.F.)	**Wilson, Capt. W. C. D.**	M. Sept. 18/18.
1 S. Mid.	Mason, L.-Cpl. A. J. 435213.	W. and M. Aug. 9/18.

ROYAL FUSILIERS.
B.E.F.
1 A. I	Birtles, Cpl. Mark. 11628.	M. Mar. 22/18.
‡1 A. III	Boot, Bertram. 24604.	M. Oct. 11/18.
‡1 A. III	Martin, T. 78530.	M. Oct. 11/18.
1 A. IV	Rogers, Wm. Fred. 225775.	K. Aug. 24/18. Det.D./B.
1 A.	Smith, Alfred. 1542.	M. Mar. 3/18.
1 B.	Berry, Francis Chas L./16377	M. Aug. 19/18.
1 B.	Follows, L.-Cpl. J. 4382.	M. Mar. 21/18.
‡1 B.	Lawson, D. 72805.	W. and M. Mar. 25/18.
1 B.	Pearson, S. 69873.	M. Mar. 22/18.
1 B. V	Pink, Chas. Geo. 9534.	M. Mar. 22/18.
1 B.	Williams, G. 17669.	M. Mar. 22/18.
1 C.	Alderman, William. 5383.	M. Mar. 22/18.
1 C. IX	Barritt, Frank. 69798.	M. Mar. 22/18.
1 C. X	Blackledge, Robt. 69800.	M. Mar. 22/18.
1 C.	Clarkson, Pliny Drake. 69811.	M. Mar. 22/18.
‡1 D.	Trant, L.-Cpl. H. 3151.	W. and M. Mar. 25/18.
1 ?	Beer, Sgt. Albert George. 1630.	M. Mar. 23/18.

December 1st, 1918.

Royal Fusiliers—contd.

B.E.F.

1 ?	Cole, John. 52326.	W. and M. Mar. 21/18.
1 Sig. S.	Perrins, G. H. 10760.	W. and M. Mar. 25/18.
2 W.	Apling, E. J. 63401.	M. April 10-13/18.
2 W. I	Clark, Theo. P. 80052.	W. and M. Aug. 19/18.
2 W. I	Greenfield, F. 29661.	W. and M. April 14/18.
2 W. IV	Harper, Walter. 63937.	M. April 11-13/18.
2 W.	Lallem, J. G. 781255.	W. Unoff. M. June 3/18.
‡2 W. III	Mason, L.-Cpl. Wm. Ratcliffe. 88723.	W. and M. Aug. 19/18.
2 W. I	Mosscrop, S. 228470.	M. April 11-13/18.
2 W. III	Moules, L. W. 63913.	M. April 11-13/18.
2 W.	Pratt, Benj. Richd. 65976.	W. and M. April 11-13/18.
2 W. II	Wood, Richard. 52302.	M. April 11/18.
2 X. VI	Allday, W. 32907.	M. April 10-13/18.
2 X. V	Blakeley, John Thos. G/66725.	M. April 11/18.
‡2 X.	Cox, F. W. 67011.	M. April 11-13/18.
‡2 X.	Davies, R. W. 59412.	M. April 11-13/18.
2 X.	Firniston, Sgt. Wm. 9064.	W. and M. April 11-13/18.
2 X. VIII	Frankis, Alex. 63508.	M. April 11-13/18.
‡2 X.	Lawson, W. 13965.	M. Sept. 5/18.
2 X. VI	Lemar, L.-Cpl. Sid. Chas. 14676.	M. April 11/18.
‡2 X.	McKenna, F. 47451.	M. Oct. 2/18.
2 X. VIII	McNello, Wm. 363911.	M. Mar. 23/18.
2 X. VI	Ramsay, Will. 9905. (45203.)	M. April 11-13/18.
2 X. V	Speller, Percival Arth. 295570. (Fr. 4 Londons.)	M. Unoff. K. April 11-13/18.
2 X. VII	Sugden, James. 800205.	M. April 11-13/18.
‡2 X.	Waite, G. 13765.	M. Sept. 5/18.
? X.	Ward, Patrick. 16752.	M. April 11-13/18.
2 X. VII	White, Wm. Allan. G/27113.	M. April 30/18.
‡2 Y.	Appleton, C. 7426.	M. April 11-13/18.
2 Y. XII	Archer, L.-Cpl. Mark A. 228655. (81001.)	W. and M. April 11/18.
2 Y. IX	Bearman, Fredk. Wm. 71276.	M. April 11-13/18.
‡2 Y.	Bound, J. 63927.	M. April 11-13/18.
2 Y. L.G.S.	Cocksedge, P. 9/71266.	M. April 11-12/18.
‡2 Y.	Cooke, H. 51650.	M. April 11-13/18.
‡2 Y. X	Edwards, F. 205932.	K. Sept. 29/18. Det.D./B.
2 Y. XII	Elleray, L.-Cpl. John Percy. 800089.	M. April 11-13/18.
2 Y.	Entwistle, W. 28543.	M. April 11/18.
2 Y. XI	Harvey, L.-Cpl. W. F. 47088.	M. April 11-13/18.
‡2 Y.	Irvine, E. J. 51768.	M. April 11-13/18.
2 Y. X	Laxton, Gordon. 73184.	M. Sept. 4/18.
2 Y.	Otyman, Conrad. 7727.	M. April 11-13/18.
2 Y. L.G.S.	Self, Arthur Wm. G/71285.	M. April 11-13/18.
2 Y. X	Skinner, W. T. 3068.	K. April 12/18. Det.D./B.
‡2 Y.	Sweet, G. H. 48054.	M. April 24/18.
2 Y. XI	Tonkin, Leonard. 63982.	M. April 10-13/18.
‡2 Z.	Baker, A. 27723.	M. April 11-13/18.
‡2 Z.	Barker, E. 62046.	M. April 11-13/18.
2 Z.	Burton, J. E. 36827.	M. April 11-13/18.
2 Z. XVI	Busby, Sgt. J. 15463.	M. April 11-13/18.
‡2 Z.	Childs, A. W. 225234.	M. April 11-13/18.
‡2 Z.	Conlin, W. E. 245276.	M. April 11-13/18.
‡2 Z. XIV	Conquest, J. 66935.	M. April 10/18.
‡2 Z.	Conway, J. 4356.	M. Mar. 23/18.
2 Z.	Cope, Sgt. Jas. Idon. 8507.	K. April 10-13/18. Det.D./B.
2 Z.	Dean, George Chas. 10123.	M. April 12/18.
‡2 Z.	Gordon, J. 6642.	M. April 11-13/18.

December 1st, 1918.

Royal Fusiliers—contd.

B.E.F.

‡2 Z.	Horan, W. H. S. 800628.	M. April 11-13/18.
‡2 Z.	Hutchings, J. 81469.	M. April 11-13/18.
2 Z. XIV	Johnson, Sgt. Herb. Jas. 916	M. April 11-13/18.
2 Z. XIV	Johnson, Wm. Wood. 63853.	M. April 11-13/18.
2 Z. XVI	Middleditch, Geo. Simon. G/27278.	M. April 11-13/18.
2 Z.	Rider, Francis Hry. 47587.	M. April 11/18.
2 Z.	Scrace, C. G. G/51529.	M. April 11-13/18.
2 Z. XIV	Smith, Cpl. Harold. 29275.	M. April 11/18.
‡2 Z.	Wood, R. H. 275341.	M. April 11-13/18.
‡2 Z.	Young, L.-Sgt. T. H. 5998.	M. April 11-13/18.
2 H.Q. Sig. S.	Dutton, A. 228685.	M. April 11-13/18.
2 H.Q.	Terrett, W. 13884.	W. and M. April 11-13/18.
2 ?	Allan, Wm. Thos. 10881.	M. May 21/18.
‡2 ?	Benson, Geo. W. 8934.	W. Unoff. M. Oct. 6/18.
‡2 ?	Dainton, Oliver J. G. G/8514.	M. Oct. 2/18.
2 ?	Ferries, W. 20995.	M. April 12/18.
2 ?	Gordon, J. G. 442261.	M. April 11-13/18.
2 ?	Lennox, L.-Cpl. Colin. 22670.	M. April 11-13/18.
2 ?	Nelson, W. B. 295566.	M. April 11-13/18.
*3	**Consterdine-Chadwick, Capt. R. T.**	K. Oct. 4/18. Det.D./B.
‡3	**Davies, Lieut. R. A. L.**	K. Oct. 4/18. Det.D./B.
‡3	**Large, Capt. R. Murray.** (Fr. 7th.)	K. Nov. 4/18. Det.D./B.
*3	**Rogers, 2nd Lt. B. R. C.**	M. Oct. 17/18.
3 A. II	Hubberstey, Wm. G/84214.	M. Aug. 24/18.
3 A. II	Kelleher, John. 72140.	M. Aug. 8-11/18.
‡3 B. VI	Bartley, W. 34622.	K. Oct. 8/18. Det.D./B.
*3 B. V	Keeble, Ern. Garrard. G/92383.	M. Sept. 1/18.
3 C. IX	Hunter, Geo. G/95230.	M. Aug. 8-11/18.
‡3 C. XI	Tombling, Alb. Ernest. G/47082.	K. Oct. 17/18. Det.D./B.
‡3 D. XV	Gray, Wm. H. D. 2803.	M. Oct. 17/18.
‡3 D. XIV	Russum, E. 10941.	M. Oct. 17/18.
‡3 D. XV	Warnes, G. C. 72625.	M. Oct. 17/18.
4 W.	Butt, Stanley. 76496.	M. Aug. 23/18.
*4 W. III	Kemp, T. 75435.	K. Sept. 27/18. Det.D./B.
*4 W. III	Knill, Edwin Edward. 699046.	K. Aug. 21/18. Det.D./B.
4 W. II	Openshaw, Wilfred. 81977.	W. and M. Aug. 21/18.
4 W. IV	Ramsay, Cpl. Charles. 65302.	W. Unoff. M. Aug. 21/18.
*4 W.	Rowland, Sgt. Jos. Massie. 72431.	W. Unoff. M. Sept. 16/18.
‡ W. IV	Shaw, C. J. 16022.	M. Aug. 21/18.
4 W.	Swain, Arthur. 75465.	K. or D/W. April 10/18. Det.D./B.
4 W.	Thompson, Wm. 75105.	M. Aug. 21/18.
*4 X. V	Brown, A. 73801.	W. Unoff. M. Sept. 19/18
4 X. V	Brown, Thos. Wm. 755. (Fr. 12.)	W. and M. Aug. 23/18.
*4 X. V	Chapman, Harry. G/57474.	M. Aug. 31/18.
*4 X. VIII	Durham, Joseph. 49625.	K. Aug. 31/18. Det.D./B
4 X.	Hartley, Frank Edwd. 9548.	M. Mar. 21/18.
*4 X.	Taylor, Jack. 81980.	W. Unoff. M. Aug. 31/18.
4 X. VIII	Winmill, F. 283528.	M. Aug. 31/18.
4 Z. XVI	Lant, Edw. 25272.	M. Mar. 28/18.
4 Z.	Richardson, M. A. P/S. 7460.	M. Mar. 28/18.
4 Z. XVI	Rooper, Cpl. Lewis. 29277.	M. Mar. 28/18.
4 I.T.M.	Hill, A. 16436. (9 Bde.)	M. Mar. 28/18.
4 ?	Catherall, E. 21548.	M. Mar. 23/18.
4 ?	Chinery, A. F. S/76500.	W. and M. Aug. 21/18.
4 ? Sig. S.	Gandy, H. H. 205607. (65394.)	M. Mar. 24/18.
4 ?	Nash, Ern. 75463. (35973.) (Fr. E. Surrey.)	K. Mar. 28/18. Det.D./B.
*7	**Davis, Lieut. G. L. B.**	W. Unoff. M. Sept. 27/18
7	**Garside, Lieut. F. G.** (Fr. 9 Lond.)	M. abt. Aug. 22/18.

December 1st, 1918.

Royal Fusiliers—contd.

B.E.F.

7		Lanaway, 2nd Lt. F. C. (Fr. R. Sussex.)	M. Aug. 22/18.
*7 A.		Bull, Hry. Arth. 95948.	M. Sept. 28/18.
7 A.		Bunner, George. 68013.	K. April 5/18. Det.D./B.
7 A. I		Churchill, F. 60606.	M. Aug. 27/18.
7 A. IV		Comper, Wm. 68017.	M. April 5/18.
7 A. I		Criddle, E. J. G/78711.	M. Aug. 27/18.
7 A.		Freeman, Cpl. Walter. 13012.	M. Mar. 23/18.
7 A. I		Gibbons, A. C. 17609.	M. Aug. 27/18.
7 A. or B.		Huftwitt, H. F. 35938.	M. April 6/18.
7 A.		Jennings, Leslie Fredk. 59623.	M. April 5/18.
7 A.		Lindsay, Harry. 1347.	M. April 5/18.
7 A. III		Neal, A. 65972.	M. April 5/18.
7 A. II		Pigden, Charles. 20880.	M. Aug. 27/18.
*7 A.		Watson, Cpl. K. R. 9669.	W. and M. Sept. 29/18.
7 A. III		Wood, W. V. 20730.	M. Aug. 28/18.
7 B. V		Allan, Sgt. Thomas. 72840.	M. April 5/18.
7 B. I.T.M.		Buckley, W. 72929. (109 Bde.)	M. Mar. 25/18.
7 B. VI		Davies, Arthur. 74596.	M. April 5/18.
7 B. VII		Forrest, Lawrence L. 325909.	M. April 9-11/18.
7 B. VIII		Heasman, Sgt. John. 18829	K. Mar. 25/18. Det.D./B.
7 B. VII		Heazel, C. H. 61258.	M. April 5/18.
7 B.		Howard, Ernest. 78931.	M. Aug. 21/18.
*7 B. VII		Kitching, L.-Cpl. A. T. 75798.	M. April 5/18.
7 B.		Lingham, Oscar Stephen. 71637.	M. Mar. 25/18.
7 B.		Midwood, Norman. 9449.	K. May 26/18. Det.D./B.
7 B. VII		Moppett, Herb. Edw. 60697.	M. Mar. 23/18.
7 B. VII		Morrison, J. 75753.	M. April 5/18.
*7 B. VII		Norris, John Martin. 29356.	M. Sept. 21/18.
7 B. VIII		Nutt, Percy. 74648.	M. Mar. 23/18.
7 B.		Piggott, Jesse. 60386.	M. Mar. 23/18.
7 B. V		Richards, E. 75766.	M. April 5/18.
7 B.		Sparks, Josiah. 74609.	W. and M. Mar. 24/18
7 B. V		Vincent, F. G. 34920.	M. April 5/18.
7 B. VII		Wibberley, H. 75792.	M. April 5/18.
7 C. XI		Allen, K. J. 75802. (Fr. W. Yorks.)	M. April 6/18.
*7 C. XI		Beard, B. T. 82975.	M. Sept. 29/18.
*7 C. XI		Blunson, Chas. A. G/63907.	W. Unoff. M. Sept. 28/18.
7 C.		Chalcroft, Hry. H. 67925.	M. Mar. 23/18.
7 C.		Dennis, T. B. G/72508.	M. Mar. 27/18.
7 C.		Park, J. 74647.	M. April 6/18.
7 C.		Simpson, David. 75770.	M. April 6/18.
7 C. IX		Springford, Bertie. 55401.	K. May 25/18. Det.D./B.
7 C.		Travis, Harry. 74677.	M. Mar. 27/18.
7 C.		Williams, Bert Edw. 10710.	W. and M. April 6/18.
7 C. XI		Wright, Harold Wm. Geo. 52828.	M. April 6/18.
*7 D.		Hill, R. 77478.	W. and M. Aug. 21/18.
7 D. XVI		Hooper, W. G. A. 78871.	M. Aug. 21/18.
7 D. XIV		Hustwith, H. S. 35938.	M. April 13/18.
7 D.		Kibblewhite, Arthur Wm. 60657.	M. Aug. 21/18.
7 D.		Mountford, Jasper. 74644.	M. Aug. 21/18.
*7 D.		Quested, F. W. 71762.	K. Aug. 27/18. Det.D./B.
7 D. XVI		Sanders, Henry. 78906.	M. Aug. 21/18.
7 ?		Clarke, A. E. 8993.	M. April 5/18.
7 ?		Giles, Walter. 78713.	M. Aug. 27/18.
7 ?		Harrison, James. 14588.	M. April 5/18.
7 ?		Hill, P. A. 78733.	M. Aug. 27/18.
*7 ?		Hitchens, Richd. Jos. 75816. (Fr. Suffolks.)	K. April 3/18. Det.D./B.

December 1st, 1918.

Royal Fusiliers—contd.

B.E.F.

27 ?		Holt, John Horace. 95989.	K. Sept. 30/18. Det.D./B.
7 ?		Lewin, David S. 74630.	K. Mar. 21/18. Det.D./B.
7 ?		Plant, L.-Cpl. J. 43441.	M. April 9/18.
7 ?		Riches, W. 15259.	M. May 22/18.
7 ?		Turoock, S. 55283.	M. Aug. 27/18.
7 ?		Wrathall, Edgar. 75776.	M. Mar. 21/18.
9		**Hunter, 2nd Lt. A. L.**	M. Aug. 8/18.
9		**Nicholson, 2nd Lieut. A.**	K. Aug. 8/18. Det.D./B.
9 A. II		Barber, A. 66510.	W. and M. Mar. 27/18.
9 A.		Blakeman, L.-Cpl. W. 1480.	M. Mar. 27/18.
*9 A. I		Boyce, Lawrence Duncan. 79176.	M. Sept. 21/18.
*9 A. I		Carter, H. E. 79210.	W. Unoff. M. Sept. 18/18.
*9 A. I		Cheetham, Johnathan. 44308.	M. Oct. 4/18.
9 A.		Cox, Edward. 69374.	M. Mar. 27/18.
*9 A. III		Goodman, W. J. 78161.	W. Unoff. M. Sept. 21/18.
*9 A. I		Green, Wm. 11748.	M. Sept. 21/18.
9 A.		Laker, T. F. 43288.	M. Aug. 8/18.
*9 A. IV		Laxton, L.-Cpl. Percy A. 78560.	W. and M. Sept. 21/18.
9 A.		Maan, George Henry. 79351.	M. Aug. 28/18.
9 A.		Perry, F. O. 9851.	M. Mar. 27/18.
*9 A. IV		Pluck, Redvers Edward. 79860.	K. Oct. 10/18. Det.D./B.
9 A.		Rolls, T. 53328.	K. Aug. 22/18. Det.D./B.
*9 A.		Sumner, H. P. F. 198779.	M. Sept. 21/18.
9 A.		Warham, A. 5925.	M. Mar. 27/18.
9 A.		Wreyford, C. F. 10215.	M. Mar. 27/18.
*9 B. V		Jackson, Geo. 79071.	W. Unoff. M. Sept. 21/18.
*9 B. VII		Kennedy, Chas. Wilfred. G/79836.	M. Sept. 21/18.
*9 B. V		Lewis, Henry Thos. 79839.	M. Sept. 21/18.
*9 B. VI		Livingstone, Jas. 69103.	M. Sept. 21/18.
*9 B. VII		Montague, Wm. Geo. 76947.	W. and M. Sept. 21/18.
*9 B. VIII		Prior, Oliver Geo. 76957.	M. Sept. 21/18.
*9 B. VII		Walker, Benjamin. 79337.	M. Sept. 21/18.
*9 B. VIII		White, Cpl. Noble Alex. 62362.	W. and M. Sept. 21/18.
*9 C. XII		Belgian, Arthur. 79574.	M. Sept. 24/18.
9 C. X		Bright, Wm. John. 79061.	**M. Aug. 8/18.**
9 C.		Cook, L.-Cpl. Edw. Fred. 17459.	M. Aug. 8/18.
*9 C. IX		Farclough, J. R. 97604.	M. Sept. 21/18.
*9 C. XI		Grape, Harold Sydney. 48507.	M. Sept. 21/18.
9 C.		Hughes, Robt. 265927.	M. Mar. 22/18.
*9 C. X		Pattison, Henry. 79460.	M. Sept. 24/18.
*9 C. IX		Pettifer, A. 79856.	M. Sept. 21/18.
*9 C. XI		Price, Geo. Henry. 79900.	M. Sept. 21/18.
*9 C. X		Pyle, Edward. 79542.	M. Sept. 24/18.
*9 C. XII		Rivers, Thomas. 79470.	M. Sept. 21/18.
9 C. X		Robinson, Adam. 79481.	M. Aug. 28/18.
9 C.		Schooling, John Wm. G/95605	K. Aug. 8/18. Det.D./B.
*9 C. XII		Sidney, Thos. H. 79497.	M. Sept. 24/18.
*9 C. XI		Smith, W. H. 79872.	M. Sept. 21/18.
*9 C. IX		Spice, E. J. 78208.	M. Sept. 21/18.
9 C. IX		Tarrant, Edwin Gray. 78209.	M. Aug. 8/18.
9 C. IX		Tingley, E. J. 79880.	M. Aug. 21/18.
*9 C. X		Warren, J. A. 78569.	M. Sept. 21/18.
*9 C. XI		Wilding, Arthur E. 79895.	M. Sept. 21/18.
9 C. X		Wildman, Chas. Hy. 78225.	M. Aug. 28/18.
9 D. XVI		Ainscow. Geo. 49712.	K. Sept. 18/18. Det.D./B.
*9 D. XIII		Connelly, J. 79588.	W. Unoff. M. Sept. 19/18.
9 D. XIV		Graham, H. C. 79817.	M. Sept. 21/18.
9 D.		Johnson, Tom. 69159.	M. Mar. 27/18.
*9 D.		Jones, F. 87429.	M. Sept. 21/18.

December 1st, 1918.

Royal Fusiliers—contd.

B.E.F.

9 D. XIII	King, Thomas.	61753.	M. Mar. 27/18.
9 D.	Lewis, W. N.	59353.	M. Mar. 27/18.
9 D.	Nicholls, W.	75548.	M. Mar. 27/18.
9 D. XIII	Paul, Samuel.	12066.	M. Mar. 27/18.
9 D. XIII	Richardson, Thomas. 79546.		M. Aug. 28/18.
*9 D. XIV	Sell, Ern. Geo.	57277.	M. Sept. 21/18.
9 D. XV	Smith, G.	41363.	M. Mar. 27/18.
9 D.	Tarry, Wm. Thos.	62893.	W. and M. Mar. 27/18.
9 D.	Tinker, H.	59300.	M. Mar. 27/18.
*9 D. XIV	Wenham, A. C.	79888.	M. Sept. 18/18.
9 D.	White, E. J.	69439.	M. Mar. 27/18.
9 ?	Blundell, F. G.	G/S.15849.	M. Mar. 27/18.
*9 ?	Davis, Henry Charles. 87350.		M. Sept. 25/18.
*9 ?	Dennis, W. H.	79185.	K. Sept. 21/18. Det.D./B.
9 ?	Dunmore, John.	G/57909.	K. April 5/18. Det.D./B.
*9 ?	Farrow, S.	49632.	M. Sept. 21/18.
*9 ?	Faulkner, R. A.	87457.	M. Sept. 21/18.
9 ?	Fletcher, Sgt. E.	13507.	M. Aug. 8/18.
*9 Sig. S.	Gararon, J. H.	60540.	M. Sept. 21/18.
*9 I.T.M.	Leary, D. 7296. (36 Bde.)		M. Sept. 21/18.
9 ?	Nicholls, W.	17446.	M. Mar. 27/18.
9 ?	Tyler, E. G.	78575.	M. Aug. 8/18.
9 ?	Webb, C.	44190.	M. Mar. 27/18.
10 A. I	Blower, Charles.	71024.	M. Sept. 14/18.
*10 A. III	Bonham, G.	65608.	W. Unoff. M. Sept. 14/18.
10 A. III	Clarke, W.	5829.	M. Sept. 14/18.
‡10 A.	Gibbons, H. B.	86196.	M. Sept. 14/18.
10 A.	Scanes, Wm. John.	G/75102.	K. Mar. 21/18. Det.D./B.
‡10 A.	Smith, A. L.	229393.	M. Sept. 14/16.
‡10 B.	Cogan, V. J.	58151.	M. Sept. 14/18.
'10 B. VI	Daintith, Harold.	10487.	K. Aug. 25/18. Det.D./B.
‡10 C.	Elbourn, H. C.	79808.	M. Sept. 14/18.
‡10 D.	Avent, A.	14410.	M. Sept. 14/18.
‡10 D.	Beaumont, G.	68112.	M. Sept. 14/18.
*10 D.	Blythe, W. J.	5552.	M. Sept. 14/18.
10 D.	Brailey, Chas. H.	86254.	M. Sept. 14/18.
‡10 D.	Bright, G. W.	42879.	M. Sept. 14/18.
10 D.	Brown, L.-Cpl. J. H.	63220.	W. and M. Aug. 25/18.
‡10 D.	Bryant, G. H.	79407.	M. Sept. 14/18.
10 D. XVI	Bryant, J. H.	79061.	M. Sept. 21/18.
‡10 D. XVI	Bryant, Thos. Wm.	79072.	K. Aug. 25/18. Det.D./B.
10 D. XIV	Chennels, W.	1/5287.	M. Sept. 14/18.
‡10 D.	Ford, H. J.	52242.	M. Sept. 14/18.
‡10 D.	Gabites, T. E.	13797.	M. Sept. 14/18.
10 D. XVI	Gilbert, L.-Cpl. Sydney.	62549.	M. Aug. 25/18.
10 D. XIV	Green, Henry.	77927.	M. Sept. 7/18.
*10 D. XVI	Hainsworth, W.	77942.	M. Sept. 14/18.
‡10 D.	Hart, G. F.	13742.	M. Sept. 14/18.
‡10 D.	Hendy, F. J.	78521.	M. Sept. 14/18.
*10 D.	Holt, Geo.	86200.	M. Sept. 14/18.
‡10 D.	Jones, W.	82309.	M. Sept. 14/18.
‡10 D.	Lovney, W. S.	77954.	M. Sept. 14/18.
‡10 D.	Mann, F. F.	78469.	M. Sept. 14/18.
‡10 D.	Miles, T. J.	68600.	M. Sept. 14/18.
10 D.	Pestell, Walter R.	78025.	M. Sept. 14/18.
*10 D. XVI	Pickard, E. W.	49791.	M. Sept. 14/18.
‡10 D.	Pullinger, R.	44400.	M. Sept. 14/18.
‡10 D. XVI	Watts, Thos.	81363.	K. Oct. 8/18. Det.D./B.
10 ?	Evetts, Percy Gerald.	58624.	M. Sept. 14/18.

December 1st, 1918.

Royal Fusiliers—contd.

B.E.F.

10 ?		Froughton, J. 65870.	M. Sept. 14/18.
*10 ?		Weatherston, J. 69167.	M. Sept. 14/18.
*10 ?		Wormleighton, Thos. 86250.	M. Sept. 14/18.
*11 A.		Clark, S/B. Fredk. 78791.	M. Sept. 29/18.
11 A. IV		Clarkson, L.-Cpl. A. G/82422.	M. Aug. 7/18.
11 A.		Dawson, S/B. H. 7285.	M. Mar. 22/18.
11 A.		Dickerson, Robt. G/57110.	M. Aug. 30/18.
11 A. III		Docker, Edw. George. 52186.	M. Mar. 22/18.
11 A.		Downes, Sgt. H. 205647.	M. Mar. 22/18.
11 A. II M.G.S.		Eastick, D. 37390.	M. Mar. 22/18.
11 A.		Gibson, Cpl. T. W. 5912.	M. Mar. 22/18.
11 A.		Hillman, Wm. Saml. 228820. (Fr. 1st London.)	K. Mar. 23/18. Det.D./B.
11 A. I		Hodges, Richard. 75046.	M. Mar. 22/18.
11 A.		Hummerston, R. F. 63027.	M. Mar. 22/18.
‡11 A. I		Joyce, A. 51684.	W. Unoff. M. Aug. 21/18.
11 A. III		McKenzie, Ronald C. 205656.	K. Aug. 22/18. Det.D./B.
11 A. III		Moss, H. C. 228824. (Fr. 2/5 E. Kent.)	M. Mar. 22/18.
11 A.		Page, G. H. 225334.	M. Mar. 22/18.
11 A.		Pryor, L. C. 3704.	M. Mar. 22/18.
11 A. III		Seager, Bertie Cecil. 36170.	M. Mar. 21/18.
11 A.		Simmons, W. J. 48819.	M. Mar. 22/18.
11 A.		Smith, H. 3338.	M. Mar. 22/18.
‡11 A.		Smith, Cpl. K. 82529.	M. Aug. 30/18.
11 A.		Watkins, M.M., A. 703.	M. Mar. 22/18.
11 A.		Wilson, W. C. 66385.	M. Mar. 22/18.
‡11 B. VII		Bird, Edwin Jas. 875307.	M. Sept. 18/18.
11 B.		Brooks, A. 75002.	M. Mar. 22/18.
11 B.		Butterfield, G. 75006.	M. Mar. 22/18.
11 B.		Carter, B. 57315.	M. Mar. 22/18.
11 B. VIII		Chapman, Ernest A. 26285.	M. Mar. 22/18.
11 B. VII		Gorringe, J. F. 14244.	M. Mar. 22/18.
11 B.		Maloney, M. 46704.	M. Mar. 22/18.
11 B. V		Mann, S. 10533.	M. Mar. 22/18.
11 B.		Osborne, W. 36195.	M. Mar. 22/18.
11 B.		Pearson, H. 5913.	M. Mar. 22/18.
11 B. L.G.S.		Seville, L.-Cpl. Jas. H. 5204.	M. Mar. 22/18.
11 B.		Shoutridge, W. 42526.	M. Mar. 22/18.
11 B.		Sparkes, L.-Cpl. J. 60092.	M. Mar. 22/18.
11 B.		Stay, F. J. 58969.	M. Mar. 22/18.
11 C. IX		Barnes, Wm. Childs. G/75011.	W. and M. Mar. 22/18.
11 C.		Blake, B. P. 75014.	M. Mar. 22/18.
11 C.		Bowes, E. J. 780021.	M. Mar. 22/18.
11 C. IX		Davey, Joseph. P. H.	M. Mar. 22/18.
11 C. XI		Elsom, Herbt. Wm. 75032.	M. Mar. 22/18.
*11 C. IX		Gibbs, S. 100221.	M. Sept. 22/18.
11 C. X		Grummitt, S. V. 75044.	M. Mar. 22/18.
11 C.		Harris, L.-Cpl. Fred Jn. Thos. 15600.	K. Mar. 23/18. Det.D./B.
11 C.		Lewis, J. 9848.	M. Mar. 22/18.
11 C.		Ling, Sgt. E. 5442.	M. Mar. 22/18.
11 C.		McNay, William. 15048.	M. Aug. 18/18.
11 C.		Oliver, W. 52781.	M. Mar. 22/18.
‡11 C. XI		Pogue, Norman Clifford. 100229.	M. Sept. 30/18.
11 C. XII		Salster, L.-Cpl. S. 50250.	M. Mar. 22/18.
11 C.		Smith, H. 623.	M. Mar. 22/18.
11 C.		Strawford, Cpl. 66863.	M. Mar. 22/18.
*11 D. XVI		Bax, J. W. 82407.	K. Sept. 20/18. Det.D./B.

KK

December 1st, 1918.

Royal Fusiliers—contd.

B.E.F.

11 D. XVI	Birnie, Geo. Burnett. 17708.	W. and M. Aug. 7/18.
11 D.	Buckle, A. G. 48637.	Unoff. W. and M. Mar. 22/18.
11 D. XV	Burn, J. 100215.	W. and M. Sept. 18/18.
11 D.	Cherry, C. 75019.	M. Mar. 22/18.
11 D.	Clayton, R. 3269.	M. Mar. 22/18.
*11 D. XV	Coleman, P. 100216.	W. and M. Sept. 18/18.
11 D.	Dapson, W. F. 55001.	M. Mar. 22/18.
11 D. XIII	Day, L.-Cpl Maurice. 50354.	W. Unoff. M. Aug. 7/18.
11 D.	Diggins, Cpl. A. 8884.	M. Mar. 22/18.
11 D.	Fowler, L.-Cpl. R. 17986.	M. Mar. 22/18.
11 D.	Gaiger, A. 225074.	M. Mar. 22/18.
11 D.	Hurn, J. 50397.	M. Mar. 22/18.
11 D.	Jakes, A. 66997.	M. Mar. 22/18.
11 D.	Jones, Thomas. 252615.	M. Aug. 7/18.
11 D. XV	Merrell, Bertram. 52696.	M. Aug. 7/18.
*11 D. XV	Pannifer, Edward. G/87347.	W. and M. Sept. 18/18.
11 D.	Park, Harry. G/67787.	M. Mar. 22/18.
11 D.	Phillips, R. 26532.	M. Mar. 22/18.
11 D.	Price, J. F. 47683.	M. Mar. 22/18.
11 D. XIII	Pumfrey, J. 225361.	M. Mar. 22/18.
11 D. XV	Randall, Arthur F. 48337.	M. Mar. 21/18.
11 D. XVI	Reah, L.-Cpl. Louis. 47551.	M. abt. Mar. 22/18.
11 D. XV	Richardson, J. 57511.	M. Mar. 22/18.
11 D.	Rider, G. H. 11187.	M. Mar. 22/18.
11 D. XIV	Rockall, F. R. G. 50929.	K. Aug. 30/18. Det.D./B.
11 D.	Scott, J. 29081.	M. Mar. 22/18.
‡11 D.	Strachan, Leslie. 100233.	W. and M. Sept. 18/18.
11 D.	Taylor, M.M., Sgt. F. 8242.	M. Mar. 22/18.
11 D.	Terry, J. 7026.	M. Mar. 22/18.
11 D. XIV	Watson, Thos. Geo. 5425.	M. Mar. 22/18.
11 H.Q.	Denham, W. E. 7284.	M. Mar. 22/18.
11 H.Q.	Messam, H. W. 8166.	M. Mar. 22/18.
11 H.Q.	Shenton, L.-Cpl. J. 14007.	M. Mar. 22/18.
11 ?	Broderick, John. 2584.	M. Mar. 22/18.
C. ?	Elliott, Soloman. 61884.	M. Mar. 22/18.
C. ?	Graham, G. 79649.	M. Aug. 30/18.
C. ?	Kennedy, John M. 79683.	W. and M. Unoff. K. Aug. 22-23/18.
C. ?	Whittington, Sgt. 12247.	M. Mar. 21/18.
11 ?	Wilby, John Brankston. 108262.	M. Sept. 21/18.
13 1 III	Benton, Albert. 68554.	K. April 5/18. Det.D./B.
13 1 IV	Clark, L.-Cpl. E. 21037.	M. April 5/18.
13 1 I	Murphy, John. G/61953.	W. and M. April 5/18.
13 I. III	Norman, J. T. 63554.	M. April 5/18.
13 I	Sibbit, John. 8865.	M. April 5/18.
*13 2 II	Purchase, L.-Cpl. F. W. 2311.	K. Oct. 8/18. Det.D./B.
13 3	Kitchenoff, Wolf. G/68140.	W. and M. April 5/18.
*13 3	Markovitch, L.-Cpl. H. 100170.	K. Oct. 8/18. Det.D./B
13 3	Rushton, Thomas. 63939.	K. Mar. 7/18. Det.D./B.
13 4	Baxter, C. 75371.	M. April 5/18.
13 4	Crompton, John. 21145.	M. April 5/18.
‡13 4 XIII	Weller, Thos. 81155.	M. Oct. 8/18.
13 4 XVI	Wright, Sydney. 36380.	M. April 5/18.
13 Snip. S.	Appleby, Ern. Lawrence. 229712.	M. April 5/18.
13 ?	Arnold, Wm. 68103.	M. April 5/18.
13 ?	Byron, Wm. Hry. Rose. 15167.	M. April 5/18.
13 ?	Green, Dmr. E. 65694.	M. April 5/18.
13 ?	Muckell, Chas. Wm. 229747.	M. April 5/18.
13 ?	Peters, Walter. 36866.	M. April 6/18.
‡13 ?	Phillips, R. G. G/79080.	K. Sept. 4/18. Det.D./B.

December 1st, 1918.

Royal Fusiliers—contd.

B.E.F.

13 ?	Pyke, John. 63375.	M. April 5/18.	
13 ?	Waugh, James Herbert. G/75232.	W. and M. April 5/18.	
17 A.	Bishop, S. 68461.	M. Mar. 25/18.	
17 A. I	Dickinson, A. W. 51141.	M. Mar. 25/18.	
17 A. II	Haines, Wm. G/75160.	M. Mar. 16/18.	
17 A.	Maylie, H. W. 79024.	M. Mar. 17/18.	
‡17 A. III	Tester, M. 79022.	W. and M. Sept. 29/18.	
17 A.	Waters, M. 1118.	M. Mar. 25/18.	
17 A. IV	Webb, Wm. Richard. 69975.	M. Mar. 25/18.	
*17 B. VIII	Dole, Stephen Thos. 86170	M. Sept. 29/18.	
17 B.	Gibson, R. 11962.	M. Mar. 23/18.	
17 B. VI	Graham, C. 63584.	M. Mar. 24/18.	
17 B.	McDonald, A. 5614.	M. Mar. 24/18.	
17 B.	Mellor, J. 68548.	M. Mar. 24/18.	
17 B.	Rebbick, C. A. 69954.	M. Mar. 24/18.	
17 B. VI	Stone, A. E. 36052.	M. Mar. 24/18.	
17 B. VI	Upton, L.-Cpl. Fred. 60949.	M. Mar. 24/18.	
17 C.	Gray, S. 69603.	M. Mar. 24/18.	
17 C. XI	Hamilton, P. 68725.	M. Mar. 24/18.	
17 C.	Hudson, E. T. 68733.	M. Mar. 24/18.	
17 C. M.G.S.	Mattocks, Sgt. Thos. E/682.	M. Mar. 25/18.	
17 C. XI	Richardson, Charles. 38545.	M. Mar. 24/18.	
17 C.	Scollay, M.M., W. J. 8367.	M. Mar. 25/18.	
17 C.	Stratford, L.-Cpl. W. H. 60948.	M. Mar. 24/18.	
17 C. XII	Whybrow, T. 1775.	W. and M. Mar. 24/18.	
17 C.	Wyborn, R. A. 17275.	M. Mar. 25/18.	
17 D.	Arnold, H. 69549.	W. and M. Mar. 24/18.	
‡17 D.	Bell, Percy. 77857.	M. Sept. 29/18.	
17 D.	Bowman-ten-Sytthof, A. 13106.	M. Mar. 24/18.	
‡17 D. XIII	Bowthorpe, Sid. C. G/69562.	M. Sept. 29/18.	
17 D.	Bullock, W. 69568.	M. Mar. 24/18.	
*17 D. XVI	Busby, W. 95026.	M. Sept. 29/18.	
17 D. XIV	Fisher, Harry. 75308.	M. Mar. 24/18.	
17 D. XVI	Fowler, Jack. 11094.	M. Mar. 24/18.	
17 D. XIV	Franklin, Wm. Alf. 75313.	M. Mar. 24/18.	
17 D	Glover, H. M. 75321.	M. Mar. 24/18.	
17 D. XIV	Holt, W. H. 77196.	M. May 4/18.	
17 D.	Jackson, Cornelius Jas. 69615.	M. Mar. 24/18.	
17 D.	Johncock, H. G. 81134.	M. Mar. 24/18.	
17 D.	Moore, F. G. 225824.	M. Mar. 25/18.	
17 D. XV	Pelham J. 69637.	M. Mar. 24/18.	
17 D.	Simmons, W. C. 69660.	M. Mar. 24/18.	
17 D. XIV	Spicer, Ashby. 47830.	M. Mar. 24/18.	
*17 D. XVI	Warren, Harry. 77762.	M. Sept. 29/18.	
17 D.	Youngs, F. 34651.	M. Mar. 25/18.	
17 ?	Bilner, Joseph Albt. G/75271.	W. and M. Mar. 24/18.	
17 ?	Guest, Wm. 75153.	M. Mar. 25/18.	
17 ? Sig. S.	Lintott, R. F. R. 69623.	W. and M. Mar. 24/18.	
17 ?	Sheppard, Arthur E. 5627.	M. Mar. 25/18.	
17 ? Sig. S.	Shreeve, Francis Wm. 60947.	M. Mar. 24/18.	
17 ?	Simmons, L.-Cpl. 225827.	M. Mar. 23-24/18.	
17 ?	Thomson, Francis. 69985.	M. Mar. 24/18.	
17 ?	Thomson, Frank. 23966.	M. Mar. 24/18.	
22	**Freston, 2nd Lt. C. A. E.**	M. Mar. 25/18.	
23	**Balbirnie, 2nd Lt. J. V. E.**	K. Sept. 7/18.	Det.D./B.
23 A.	Craven, E. F. 66877.	M. Mar. 25/18.	
23 A.	Francis, J. F. 66782.	M. Mar. 25/18.	
23 A. L.G.S.	Good, L.-Cpl. Bertie John. G/29257.	M. Mar. 25/18.	

December 1st, 1918.

Royal Fusiliers—contd.

B.E.F.

23 A.		Harper, H. A. 20213.	M. Mar. 25/18.
23 A.		Hartnoll, L. 53235.	M. Mar. 25/18.
23 A. III		Hill, J. W. 67023.	M. Mar. 25/18.
23 A. II		Hope, L.-Cpl. Robt. G/113.	W. and M. Mar. 25/18.
*23 A. II		Kiff, A. 73413.	M. Oct. 8/18.
‡23 A.		Robinson, Robt. 65829.	M Oct. 8/18.
23 A.		Sanderson, L.-Cpl. R. 68456.	M. Mar. 25/18.
23 A. II		Spurrett, Rowland Geo. 4557.	M. Mar. 25/18.
23 B. VIII		Adams, W. 86124.	M. Sept. 6/18.
23 B. VIII		Bates, F. S. 86121.	M. Sept. 6-7/18.
*23 B.		Bullock, Frank Walter. 88439.	M. Sept. 7/18.
‡23 B.		Bush, E. E. 68686.	M. Sept. 7/18.
23 B.		Foster, E. G/93371. (Fr. 4 D.L.I. 73735.)	Unoff. M. Sept. 6/18.
*23 B.		Griffiths, Wm. Geo. G/80127.	K. Sept. 30/18. Det.D./B.
23 B. VII		Gurden, F. 86105.	M. Sept. 6/18.
‡23 B.		Hill, L. 75685.	M. Sept. 7/18.
‡23 B.		Hodgson, A. A. 93387.	M. Sept. 7/18.
‡23 B.		Lee, H. H. 90200.	M. Sept. 7/18.
23 B. VII		Newton, Geo. Henry. 86116.	Unoff. M. Sept. 6/18.
23 B. VII		Powney, A. F. 64043.	M. Mar. 25/18.
23 B. VII		Pretty, S. T. 78999.	M. Sept. 7/18.
23 B. VIII		Prior, F. 35759.	M. Sept. 6/18.
23 B VI		Roberts, Wm. 75643.	M. June 8/18.
23 B.		Sadgrove, Leonard. 8275.	Unoff. M., bel. K. Sept. 27/18.
‡23 B.		Ware, J. E. 89103.	M. Sept. 7/18.
*23 B. VII		Woolsey, W. 68823.	M. Sept. 30/18.
23 C.		Clinch, Alf. Thos. 66856.	M. Mar. 25/18.
23 C. XI		Cooke, C. R. 82259.	M. Aug. 2/18.
23 C.		Frear, Alfred. 66879.	M. Mar. 25/18.
23 C. X		Hodgett, Fred. 66546.	M. Mar. 23/18.
23 C. XII		Knight, Jas. Wm. 4785.	M. Mar. 25/18.
‡23 C.		Riley, Alfred W. 75645.	K. Aug. 24/18. Det.D./B.
23 C. X		Sear, P. 19165.	M. Mar. 25/18.
23 C. IX		Tattersfield, A. 23059.	M. Mar. 21/18.
23 D.		Biggs, John Mayo. 48639.	M. Mar. 25/18.
23 D.		Goldstraw, Cpl. Wm. Wright. 9499	W. and M. Mar. 23/18.
23 D. XIII		Hodgshon, Hry. R. 75704.	K. April 20/18. Det.D./B.
23 D. XVI		Howard, John. 62497.	M. Mar. 25/18.
23 D.		Jackson, Robert. 22623. (Fr. 32.)	M. Mar. 21/18.
23 D.		Macklin, R. 229377.	M. Mar. 25/18.
23 D.		Manley, C. H. 229539.	M. Mar. 25/18.
23 H.Q.		Venn, Sgt. Arthur Danks. 47960.	M. Mar. 25/18.
23 H.Q.		Wingate, Sgt. T. C. 186.	M. Mar. 23/18.
23 ?		Pye, Walter Percy. 81350.	M. Mar. 25/18.
24 A. II		Hanslip, C. W. G/51118.	M. Mar. 25/18.
*24 A.		Hull, Robert. 69268.	Unoff. M. Aug. 25/18.
24 B. V		Wheatley, Fredk. Robt. 62291.	W. Unoff. M. Aug. 23/18.
*24 B. VII		Willerton, Robert. 77046.	M. Aug. 23/18.
24 C.		Death, Cpl. A. S. 24083.	M. Mar. 25/18.
24 C.		Harper, Herb. 75172.	M. Mar. 25/18.
24 C.		Helmore, Sgt. Stanley Chas. 2977.	M. July 30/18.
24 C. IX		Kimber, E. 9517.	W. and M. Mar. 25/18.
24 C. XI		Little, E 61202.	M. Aug. 25/18.
24 C. X		Osborne, Geo. Sid. 77071.	Unoff. W. and M. Aug. 25/18.
24 C. XI		Price, S. 68652.	M. April 15/18.
24 C.		Price, S. 228853.	M. Mar. 22/18.
24 C.		Ridgewell, F. H. 3527.	M. Mar. 25/18.
24 C. XI		Spencer, L.-Cpl. Fred. G/48231.	W. Unoff. M. Aug. 23/18.

December 1st, 1918.

Royal Fusiliers—contd.

B.E.F.

24 D. XV	Astbury, L.-Cpl. Jas. 11435.	M. Mar. 25/18.
24 D. XIII	Baldock, E. 68672.	M. Mar. 25/18.
26	Newsome, 2nd Lt. C. W. (Fr. Middx.)	W. and M. July 14/18.
26 A. IV	Allen, Geo. Fred. 65020.	M. Mar. 21—April 2/18.
26 A.	Aspinall, Norman F. 64254.	M. Mar. 21—April 2/18.
26 A.	Baker, William. 22635.	M. July 19/18.
26 A.	Blunt, John. 52212.	M. Mar. 21/18.
26 A. II	Oakes, L. W. 50044.	M. Mar. 21—April 2/18.
26 A.	Webb, Sgt. Harry K. 17824.	M. Mar. 21—April 2/18.
26 A. I	White, Henry. 65444.	M. Mar. 28—April 4/18.
26 B.	Hurley, Harry. 229532.	M. Mar. 21—April 2/18.
26 B.	Smith, F. W. S. 32964.	M. Mar. 25/18.
26 C.	Brown, Frank. 67853.	M. Mar. 21—April 2/18.
26 C. XII	Morley, C. F. 229586.	M. Mar. 21—April 2/18.
26 C. X	Pagett, Thos. 66641.	W. and M. Mar. 21—April 2/18.
26 C.	Thompson, H. 64156.	W. and M. Mar. 21—April 2/18.
26 C. IX	Verinder, Sig. Edgar. 229623.	W. and M. Mar. 21—April 2/18.
26 C.	Wiles, Ernest Edwin. 41126.	M. Mar. 21—April 2/18.
26 D.	Allen, Arthur Fredk. 1199.	M. Mar. 21/18.
26 D.	Baxter, H. E. G/52637.	W. and M. Mar. 21—April 2/18.
26 D. XV	Harding, F. 16526.	M. Mar. 21—April 2/18.
26 D. XIV	Seckerson, Leonard. 64232.	W. and M. Mar. 21—April 2/18.
26 ?	Gorman, C.-S.-M. Cecil. 52677.	W. and M. Mar. 21—April 2/18.
26 ?	Penfold, Emery Jas. 22533. (Fr. 21 K.R.R.C.)	W. and M. Mar. 21/18.
32 A. II	Cooper, E. R. 60211.	M. Mar. 25/18.
32 C. XII	Butterworth, Les. Grover. 2295.	M. Mar. 25/18.
32 D. XVI	Coley, T. 589197.	M. Mar. 23/18.

EAST AFRICA.

25 ?	Grimes, J. H. G/58627.	M. Oct. 18/17.
25 ?	Rendle, W. 49174.	M. Oct. 18/17.
25 ?	Wiles, E. 61154.	M. Oct. 18/17.

BALKANS.

3 2 VII	Duggan, Fredk. George. 12408.	M. May 11/18.
3 3 X	Birt, Thomas. 10079.	M. May 11/18.

E.E.F.

38 A.	Cross, Lieut. H. B.	M., bel. K. Sept. 29/18.
38 A.	Lefcovitch, Philip. 1644.	M. Sept. 21/18.
23 A.	Levy, A/Sgt. L. 1837. (Fr. D.)	W. and M. Aug. 28/18.
*38 C. XI	Levy, J. 1289.	D/D. Oct. 24/18. Det.D./B.
38 D.	Allanowich, L. J/773.	M. Sept. 21/18.
‡38 D. XV	Blumenthal, L.-Cpl. Sam. J/1055.	D/D. Nov. 1/18. Det.D./B.
*38 D.	Levy, B. J/13	M. Sept. 21/18.
38 D. XV	Nelson, B. J/723.	M. Sept. 21/18.
*38 D.	Warenberg, A. J/1361.	M. Sept. 14/18.
38 ?	Gilman, B. 1256.	M. Sept. 9/18.
*38 ?	Gornstein, W. 22.	M. Sept. 21/18.
*38 ?	Milderner, T. 1219.	M., bel. K. Sept. 22/18.

December 1st, 1918.

ROYAL SCOTS.
B.E.F.

1 A. II	Dellar, Edw. Leslie. 53107.	M. May 18/18.	
1 D. XV	Kirkham, F. 40272.	M. April 12/18.	
2	**Aitcheson, 2nd Lt. R. Scott.**	M. abt. April 6/18.	
2	**Crossman, Capt. R. D.**	K. Sept. 27/18.	Det.D./B.
2 A. II	Allan, Sgt. Jas. 26584.	Unoff. M. April 12/18.	
2 A. III	Anderson, Thos. 42990.	M. April 12/18.	
2 A. II	Andrew, John A. 42996.	M. April 12/18.	
*2 A.	Austin, L.-Cpl. G. H. 331190.	K. June 28/18.	Det.D./B.
2 A.	Bell, Robert. 40296.	M. April 12/18.	
2 A.	Currie, Sgt. Peter. 11223.	W. and M. April 12/18.	
‡2 A.	Doncaster, L.-Cpl. H. 41135.	M. April 12/18.	
2 A. IV	Doxey, J. F. 325664.	M. April 12/18.	
2 A. III	Emslie, George. 38162.	M. April 12/18.	
2 A. II	Fraser, Don. 50991.	M. April 12/18.	
2 A. I	Gamble, L.-Cpl. C. W. 330738.	M. April 12/18.	
2 A. IV	Heaney, John. 19798.	M. April 12/18.	
2 A.	Hughes, L.-Cpl. Fred. 27406.	M. April 12/18.	
‡2 A.	Little, W. R. 41686.	W. and M. Aug. 23/18.	
2 A.	Lord, John Wm. 335390.	M. April 12/18.	
2 A. I	McAdie, Cpl. Jas. 31202.	M. April 12/18.	
*2 A. IV	McLaughlin, Edward. 48639.	M. Aug. 23/18.	
2 A. IV	McLennan, R. 17710.	M. April 12/18.	
2 A. III	Miller, John. 41953.	M. April 12/18.	
2 A. L.G.S.	Mitchell, Cpl. John. 12184.	M. April 12/18.	
2 A. IV	Stevenson, Cpl. Archibald. 30253.	W. and M. April 12/18.	
2 A.	Tombs, G. 331188.	M. April 12/18.	
2 A.	Watson, Sgt. John. 11802.	M. April 12/18.	
*2 B. V	Ackroyd, W. 42926.	M. Aug. 23/18.	
‡2 B.	Hill, J. N. 59962.	M. Sept. 2/18.	
2 B. VI	Hobbs, G. 325645.	M. Aug. 23/18.	
2 B. VI	Howitt, E. 353105.	M. Sept. 2/18.	
*2 B. VIII	Lewis, Alex. 376454.	M. Sept. 18/18.	
‡2 B.	McKay, E. 59966.	W. and M. Aug. 23/18.	
2 B. VI	Mackie, Walter. 51431	M. Aug. 23/18.	
*2 B. VII	McLaren, Daniel. 39007.	W. Unoff. M. Mar. 21/18.	
2 B. VI	Pugh, L.-Cpl. Jas. L. 46401.	W. and M. Aug. 23/18.	
‡2 B.	Scott, J. 27836.	M. Sept. 2/18.	
2 B. VIII	Sinclair, John. 26531.	W and M. Aug. 23/18.	
*2 B. VI	Smith, G. S. 48989.	M. Aug. 23/18.	
2 B. VIII	Sneddon, Robt. 353527.	M. April 12/18.	
‡2 B. V	Swanson, C. M. 30457.	K. Sept. 2/18.	Det.D./B.
2 C.	Davis, H. 302398.	M. April 12/18.	
2 C.	Duncan, Robert A. 53116.	M. April 12/18.	
2 C. IX	Elder, Charles. 22873.	M. April 12/18.	
2 C. XI	Finlay, Williams J. 42448.	M. April 12/18.	
‡2 C.	Henderson, J. 350619.	W. and M. Mar. 28/18.	
2 C. XII	Hudd, W. 302607.	M. April 12/18.	
2 C. X	Kyle, John. 42475.	M. April 12/18.	
2 C.	McKinlay, Alex. 120615.	M. April 12/18.	
2 C. XII	Maclaren, Wm. 49974.	M. April 12/18.	
2 C.	McNamee, George. 302764.	M. April 12/18.	
2 C. X	Openshaw, J. W. 22902.	M. April 12/18.	
2 C. X	Peace, Wm. 351544.	M. April 12/18.	
2 C. XI	Quarmby, Fred. 302110.	M. beg. April/18.	
2 C. L.G.S.	Ross, Alexander. 42005.	M. April 14/18.	
2 C. IX	Scott, Sgt. W. G. 271343.	M. April 12/18.	
‡2 C. X	Smith, Wm. 330544.	W. and M. Aug. 23/18.	
2 C.	Timms, Edwin. 302281.	M. April 12/18.	

December 1st, 1918.

Scots, Royal—contd.

B.E.F.

2 C.	White, G. 302377.	M. April 12/18.
2 D. XVI	Beattie, G. R. 49885.	M. April 12/18.
2 D. XV	Bruce, Robert. 351002.	M. April 12/18.
2 D.	Buchan, M.M., Sgt. Alex. 26697.	M. April 12/18.
‡2 D.	Davies, A. 271370.	M. Sept. 2/18.
2 D.	Durkin, L.-Cpl. J. 11275.	M. April 12/18.
2 D.	Ford, John Robt. Alex. 271347.	M. April 12/18.
2 D. XV	Hunter, James D. 49946.	M. April 12/18.
‡2 D.	Kean, R. 30303.	W. and M. Aug. 23/18.
‡2 D.	McDermott, A. 51414.	W. and M. Aug. 23/18.
2 D.	McIntosh, Sig. A. F. 375514.	M. April 12/18.
‡2 D.	McKinley, A. 348033.	M. April 12/18.
‡2 D.	O'Neil, R. 29768.	M. Aug. 23/18.
2 D. XV	Pettigrew, Thos. 42504.	W. and M. April 12/18.
‡2 D.	Reid, P. 375566.	M. Aug. 23/18.
2 D. XIV	Ritchie, W. 42146.	M. April 12/18.
2 D.	Waterfall, John. 301313.	M. April 12/18.
2 ?	Campbell, J. W. 34534	W. and M. Aug. 23/18.
‡2 ?	Cowper, John. 25778.	Unoff. M. Aug. 21/18.
2 ?	McLaughlin, Patk. 38631.	M. April 12/18.
*2 ?	Mack, James. 251093.	M. Sept. 18/18.
2 ?	Phillips, Harry. 49985.	M. April 12/18.
2 I.T.M.	Sales, Sgt. J. 10695. (8 Bde.)	M. Mar. 29/18.
2 ?	Steele, Joseph. 38992.	W. and M. April 12/18.
‡4 A.	Black, G. 202535.	M. Aug. 27/18.
*4 A. I	Chisholm, Wm. 275120.	M. Aug. 27/18.
‡4 A.	McQueen, W. 201066.	M. Aug. 27/18.
‡4 A.	Paul, Cpl. J. M. 200446.	M. Aug. 27/18
4 D. XVI	Higson, Harold S. 40409.	K. Aug. 23/18. Det.D./B.
4 ?	Menzies, Alec. 201351.	W. Unoff. M. Aug. 27/18.
*4 ?	White, Allan. 200138.	M. Aug. 27/18.
5-6	**Marshall, 2nd Lt. M.**	W. and M. Aug. 11/18.
5-6 A.	Downie, Wm. 275914.	K. abt. April 5. Det.D./B.
*5-6 A.	Drysdale, George. 19006.	M. Oct. 4/18.
5-6 A. II	Lloyd, E. W. 276674.	M. Aug. 11/18.
*5-6 A. I	Oswald, Sgt. Jas. 300646.	M. Oct. 2/18.
5-6 A.	Ross, A. M. 250114.	M. Aug. 11/18.
5-6 A. I	Ward, Francis. 48898.	K. Aug. 11/18. Det.D./B.
‡5 6 A.	Williams, C. 275598.	M. Oct. 2/18.
5 6 B. VI	Brook, J. W. 270733.	M. Aug. 11/18.
‡5 6 B.	Gibbons, Thos. 335902.	Unoff. M. early Oct./18.
5-6 B.	Glencorse, D. 520902.	M. Aug. 11/18.
5-6 B. VI	Walker, Harry Wilson. 302152.	M. Aug. 11/18.
5-6 C. XI	Burrows, David. 275938.	M. Aug. 11/18.
‡5-6 C.	Doig, Charlie. 48202	M. Oct. 2/18.
*5-6 C.	Frame, D. 49599.	M. Sept. 29/18.
*5-6 C.	Higgins, James. 260914.	M. Oct. 2/18.
‡5 6 C. XI	Leishman, Cpl. Robt. 201640.	M. Oct. 2/18.
*5-6 C. X	Mowat, J. R. 49581.	M. Oct. 2/18.
5-6 C. IX	Root, Edwin. 270190.	M. Mar. 22/18.
5-6 D.	Ellis, John. 50013.	M. Aug. 11/18.
5-6 D.	Humphreys James. 250463.	M. Aug. 11/18.
5-6 D. XV	Somerville, R. 275911.	M. Aug. 11/18.
7	**Mackenzie, Capt. K.** (Fr. 9th.)	M. Aug. 27/18.
7 B.	Hepburn, Sgt. Duncan. 303089.	W. and M. Aug. 27/18.
7 C.	Carruthers, Sgt. Robt. 302826.	M. Sept. 21/18.
7 C.	Firth, Jonas. 52212.	M. Sept. 21/18.
*7 D.	Jenkins, Wm. 52367.	M. Sept. 21/18.
*7 D. XV	Pentland, A/L.-Cpl. Robt. 250672.	M. Sept. 21/18.

December 1st, 1918.

Scots, Royal—contd.

B.E.F.

‡7 D. XV	Smith, Cpl. Albert.	303025.	M. Sept. 25/18.
*7 ?	Christie, Sgt. Andrew.	302848.	M. Sept. 21/18.
8 A. I	Betteridge, J.	45971.	M. April 10/18.
8 A. I	Blackshaw, John.	325452.	M. Mar. 22/18.
8 A. II	Chalmers, Geo. F.	53114.	M. April 10/18.
8 A. IV	Cunningham, Robert.	325197.	M. April 10/18.
8 A. III	Gray, Robert.	59034.	M. April 10/18.
8 A. IV	Keenan, Martin.	325043.	W. and M. April 10/18.
8 A. I	Nelson, W. H.	271024.	M. April 10/18.
8 A. III	Quinn, James.	21115.	W. and M. April 10/18.
8 A. I	Wilkie, Henry.	43707.	M. Mar. 22/18.
8 B. V	Gray, J. H.	41055.	K. April 12/18. Det.D./B.
8 B.	Hill, Andrew Park.	59039.	M. April 12/18.
8 B. VI	Moffatt, Alfred.	335617.	M. April 12/18.
8 B. V	Steele, Harry.	302315.	W. and M. July 23/18.
8 B.	Whitteron, Guy Reginald.	1290.	M. Mar. 22/18.
8 C. IX	Blackburn, Fred.	335706.	M. April 11/18.
8 C.	Blair, David.	53087.	M. April 11/18.
8 C.	Burness, W.	12123.	M. April 11/18.
8 C. X	Carleton, John.	42654.	M. April 11/18.
8 C.	Lygo, Herbert.	335711.	M. April 11/18.
8 C. X	Niven, Thos.	59073.	M. April 11/18.
8 C. X	Sawer, Thomas Henry.	40600.	M. April 11/18.
8 C. IX	Snell, Alex.	250329.	M. April 11/18.
8 C. XII	Speedy, Tom.	335566.	W. and M. Mar. 22-23/18.
8 C. IX	Taylor, Edward.	59090.	M. April 11/18.
*8 C. X	Wallace, Walter B.	330424.	W. and M. April 12/18.
8 ?	Buckham, Sig. Thos.	53089.	M. April 11/18.
*8 ?	Nelson, W. H.	42567. (Fr. R.E.)	M. April 13/18.
9	**Aitcheson, 2nd Lt. G.**		M. abt. April 6/18.
9	**Webster, 2nd Lt. B.**		M. Sept. 5/18.
9 A. IV	Alston, A.	35/1533.	M. Mar. 24/18.
‡9 A.	Anderson, D.	48621.	M. Sept. 4/18.
9 A. IV	Bowden, D.	276106.	M. Mar. 24/18.
9 A.	Brodie, Wm.	353407.	W. Unoff. M. Mar. 24/18.
9 A. I	Cairns, A.	330242.	Unoff. M. end Mar./18.
9 A. I	Cairns, John.	335480.	M. Mar. 23/18.
9 A. II	Cameron, Duncan.	44321.	M. April 20/18.
‡9 A.	Crozier, G.	41832.	W. and M. Aug. 1/18.
‡9 A. II	Davy, Wm. Stenson.	353263.	W. and M. Mar. 24/18.
9 A. I	Dewar, Wm.	44162. (Fr. 16 H.L.I.)	M. April 13/18.
9 A. IV	Geekie, Cpl. Tom.	352113.	W. and M. Mar. 24/18.
9 A. I	Gunn, Wm. C.	330243.	W. and M. Mar. 24/18.
‡9 A.	Hague, T.	326101.	M. Sept. 4/18.
‡9 A.	Kibble, F.	43250.	M. Sept. 4/18.
9 A. III	McLeod, L.-Cpl. Alex.	353427.	W. and M. Mar. 24/18.
9 A.	Nairn, R.	353414.	M. Mar. 24/18.
9 A. II	Newby, T.	353322.	M. Mar. 22/18.
9 A.	Pakey, E.	353358.	M. Mar. 28/18.
9 A. IV	Ramsay, Thos.	351492.	W. and M. Mar. 24/18.
9 A. III	Reid, H. G.	58944. (53258.) (Fr. 4 H.L.I.)	M. April 13/18.
9 A. III	Rice, Colin.	352442.	W. and M. Mar. 24/18.
9 A. II	Robertson, J. S.	58943.	M. April 13/18.
9 A. IV	Shepherd, Wm.	44141. (Late H.L.I., 55917.)	M. April 13/18.
9 A. IV	Spackman, Horace.	49169.	M. Mar. 24/18.
9 A.	Taylor, L.-Cpl. R .J.	302621.	K. Mar. 24/18. Det.D./B.
‡9 A. III	Tierney, Frank.	44132.	M. April 12/18

December 1st, 1918.

Scots, Royal—contd.

B.E.F.

9 A. III	Watt, L.-Cpl. Thos. G.	350034.	W. and M. Mar. 24/18.
9 A. I	Weir, Sig. Jn. McMichael.	350105.	M. Mar. 28/18.
	(1321.)		
9 A. IV	White, W. F.	250608.	W. Unoff. M. July 24/18.
9 B.	Anderson, Jas. Sharp.	351358.	M. Mar. 24/18.
9 B.	Boyle, James.	352419.	M. Mar. 24/18.
9 B. VIII	Bradley, J. R.	351970.	W. and M. Mar. 24/18.
9 B. VIII	Campbell, Robt.	56453.	M. April 12/18.
9 B. V	Downie, A.	53121.	Unoff. M. beg. April/18.
9 B.	Drysdale, Thos. B.	353541.	M. Mar. 24/18.
9 B. VIII	Ferguson, John.	44225.	M. April 12/18.
9 B.	Gowans, D. R.	330552.	M. Mar. 24/18.
9 B.	Hunt, William.	353132.	W. and M. Mar. 24/18.
*9 B. VII	Hunter, Thos.	353483	K. July 25/18. Det.D./B.
9 B.	Jackson, J. J.	353352.	W. and M. Mar. 24/18.
9 B. VIII	King, Arthur W.	353345.	M. Mar. 24/18.
9 B. VI	Leadbetter, Sig. W.	350352.	M. April 12/18.
9 B.	Lloyd, Arthur.	302560.	W. and M. Mar. 24/18.
9 B. VII	McCall, James.	275913.	M. July 24/18.
9 B. V	McKernan, L.-Cpl. Andrew P. 350170.		M. April 12/18.
9 B. V	Myles, D.	32237.	M. April 12/18.
9 B.	Porter, Robert.	46133.	W. and M. Mar. 24/18.
9 B. VIII	Quinney, Thos.	330316.	W. and M. Mar. 24/18.
9 B. VII	Robertson, Wm.	33520.	M. Mar. 24/18.
9 B. VI	Turnbull, James.	335079.	M. Mar. 24/18.
9 B. VIII	Verity, L.-Cpl. J. A.	351733.	M. Mar. 24/18.
9 B. V	Wallace, Robert.	53173.	M. April 12/18.
9 C. XII	Binns, G. H.	352726.	Unoff. M. April/18.
9 C. IX	Boyle, James.	44389.	W. Unoff. M. April 14/18.
9 C. XII	Clackers, James.	370133.	M. April 12/18.
9 C. X	Clarke, Ernest.	351388.	M. Mar. 24/18.
9 C. XII	Doull, A. S.	351317.	M. Mar. 22/18.
9 C. IX	Forsyth, L.-Cpl. A. R.	352740.	M. Mar. 22/18.
9 C. X	Graham, D.	350837.	W. Unoff. M. Aug. 1/18.
9 C. X	Graham, F. B.	301355.	M. Mar. 17/18.
9 C. XII	Izzitt, G. E.	330742.	M. Mar. 22/18.
9 C. XII	Johnstone, A.	271197.	M. July 24/18.
9 C. XII	Kelly, Alex.	335064.	M. Mar. 22/18.
9 C. XII	Liddell, George L.	44253.	M. April 12/18.
9 C. XII	Macdonald, Cpl. Hugh.	350950.	W. and M. Mar. 24/18.
9 C. IX	McIntyre, Archie.	350249.	W. and M. Mar. 22/18.
9 C. X	McLean, Hugh.	352118.	M. Mar. 22/18.
9 C. XI	McLellan, John.	51895.	M. April 12/18.
9 C. XI	McLellan, John.	31037.	M. April 12/18.
9 C.	Meadows, Herbert.	48277.	W. and M. Mar. 22/18.
9 C. IX	Muir, L.-Cpl. Harry.	44187.	M. April 4/18.
?9 C.	Rankin, Robt.	51390.	M. Aug. 1/18.
9 C. XI	Russell, Thomas.	56524.	M. Mar. 21-31/18.
9 C. XI	Todd, Robert.	353505.	M. Mar. 22/18.
9 C. XI	Watson, Andrew.	375295.	W. and M. Mar. 22/18.
9 D. XIV	Ashcroft, C.	325828.	M. Mar. 25/18.
*9 D. XV	Beecham, Herman.	251304.	M. Aug. 1/18.
9 D.	Carswell, Wm. J.	35745.	W. and M. Mar. 24/18.
9 D. XIII	Delaney, Chas.	352682.	M. April 12/18.
9 D. XVI	Forsyth, Thos.	55016.	M. April 12/18.
9 D. XIV	Grosset, T.	46116.	M. Mar. 28/18.
?9 D. XIV	Knight, Horace.	302423.	M. Aug. 1/18.
9 D.	Laughton, J. C.	59001. (54234.)	M. Aug. 1/18.

December 1st, 1918.

Scots, Royal—contd.

B.E.F.

9 D. XIV	Lawson, R. L. 202583.		Unoff. M. Sept. 4/18.
9 D. XIII	Oliver, James. 35378		W. and M. Mar. 25/18.
9 D. XIV	Oxborough, L.-Cpl. J. 353237.		M. April 12/18.
9 D. XVI	Paterson, George. 33836.		M. Mar. 23/18.
9 D.	Pattison, Cpl. E. 202094.		W. and M. April 12/18.
9 D.	Roe, James. 59011. (54248.)		M. April 12/18.
9 D. XV	Sharp, John. 58957.		W. Unoff. M. April 12/18.
9 D. XV	Stewart, Alex. 200122.		M. Sept. 3/18.
9 D. XV	Stewart, Hugh. 58950.		M. Aug. 1/18.
9 D. XVI	Watson, Alex. 49195.		M. Mar. 28/18.
9 ?	Burns, P. 38387.		M. April 13/18.
9 ?	Frew, William. 41636		M. bel. K. July 24/18.
9 ?	Harris, F. 302283.		M. Mar. 24/18.
9 ?	Henderson, Wm. 44239. (Fr. H.L.I.)		M. April 11/18.
9 ?	King, Robert. 74250.		M. April 12/18.
9 ? L.G.S.	Livingstone, L.-Cpl. John. 330252.		W. and M. April 12/18.
*9 ?	Miller, A. M. 301784.		M. Mar. 22/18.
9 ?	Morrod, Alfred. 351731.		M. April 12/18.
9 ?	Wallace, Robert. 44379.		M. April 12/18.
9 ?	Younger, David. 351244.		M. Mar. 24/18.
10 C.	McDowell, Harry. 59400.		M. April 25/18.
10 ?	Kennan, Martin. 325043.		W. and M. April 10/18.
11 C.	**Matheson, 2nd Lt. J. M.**		M. June 20/18.
11 A. III	Brown, Cpl. Edw. 200312.		M. April 10/18.
11 A. II	Bryceland, James. 41841.		M. April 10/18.
11 A.	Burns, George. 51187.		M. April 10/18.
11 A. III	Carnegie, Cpl. Thos. 19435.		W. and M. Mar. 22/18.
11 A.	Frater, Wm. 270720.		M. April 10/18.
11 A.	Graham, Geo. 350582		M. April 10/18.
11 A. I	Heseltine, L.-Cpl. J. 275247.		M. April 10/18.
11 A. I	Mackie, Cpl. R. 351193.		Unoff. M. April 16/18.
11 A. II	Mason, Harold. 47605.		M. April 10/18.
11 A.	Meek, Cpl. G. 20759.		M. Mar. 23/18.
11 A. III	Ormiston, James C. 325341.		M. Mar. 22/18.
11 A. I	Tait, Fergus H. 29871.		M. April 10/18.
11 A.	Tait, L.-Cpl. W. 41835.		M. April 10/18.
11 A.	Walker, Joe. 301955.		M. April 10/18.
11 A.	Wilson, Jas. 11774.		M. Mar. 22/18.
11 A. I	Wylie, A. 42828.		M. April 10/18.
11 B. VI	Adams, George. 326233		M. Mar. 22/18.
11 B. V	Craik, James. 30602.		M. Mar. 21/18.
11 B. VI	Gardiner, W. 42776.		M. Mar. 22/18.
11 B.	McGhee, M.M., Sgt. Jas. 9626. (Fr. 1st R. Scots.)		M. Mar. 22/18.
11 B. VII	Martin, Thomas. 41851.		K. Mar. 27/18. Det.D./B
11 B. VIII	Murray, George. 270314.		M. Mar. 23/18.
11 B. VIII	Robinson, Harry 42773.		M. Mar. 23/18.
11 B.	Stewart, E. 40809.		W. and M. Mar. 22/18.
11 B. VIII	Stoddart, Robert. 42772.		M. Mar. 22/18.
11 C. XII	Bogle, John. 411212.		M. Mar. 21/18.
11 C.	Burns, Jas. 41203. (Fr. 3rd.)		W. and M. Mar. 26/18.
11 C. XII	Dawber, George Edward. 270395.		W. and M. July 11/18.
11 C. XI	Fleming, H. 49059.		M. April 23/18.
11 C. IX	Gibb, Jas. Ramsay. 273070.		M. Mar. 23/18.
11 C. IX	Renwick, James. 43849.		M. Mar. 23/18.
11 C. IX	Robb, Robert. 41871.		M. Mar. 22/18.
11 C. XIV	Robertson, John Ferguson. 375628.		M. Mar. 24/18.
‡11 C.	Shelton, J. 353055.		M. Aug. 18/18.
11 C.	Wilkie, W. K. 48378.		M. Mar. 24-28/18.

December 1st, 1918.

Scots, Royal—contd.

B.E.F.

11 C. IX	Wilson, A. E. 351949.	M. Mar. 23/18.
11 C. XII	Wylie, Cpl. John. 16322.	M. Mar. 24/18.
11 D. XIV	Anderson, John. 270547.	M. Mar. 27/18.
11 D.	Emmerson, James. 32203. (Fr. R.A.M.C.)	M. July 28/18.
11 D. XIII	Forster, Herb. Jas. 50620	M. Mar. 22/18.
11 D. XIII	Greig, David. 42793.	M. Mar. 22/18.
11 D. XIII	Inglis, Wm. 12960.	M. Mar. 22/18.
11 D. XVI	McSwiggan, Cpl. Thos. P. 20981.	M. Mar. 22/18.
11 D. XV	Morrison, Albert. 40192.	W. and M. Mar. 21/18.
11 D. XIV	Oliver, Jas. 251167.	M. Mar. 23/18.
11 D. XIII	Robertson, Jas. 353564.	M. Mar. 24/18.
11 D.	Scott, W. 13345.	M. Mar. 20-25/18.
11 D. XIII	Thomas, Geo. Arth. 201768.	W. and M. Mar. 24/18.
11 D. XIII	Wilson, Wm. 43964.	M. Mar. 22/18.
11 D. XIII	Yendall, Matthew P. 42777.	W. and M. Mar. 27/18.
11 H.Q.	Smith, John. 532171.	K. Mar. 27/18. Det.D./B.
11 ?	Anderson, L.-Cpl. Robert. 59437.	M. April 25/18.
11 ?	Bennett, William. 351071.	M. April 10/18.
11 ?	Black, Cpl. Jas. 21010.	M. Mar. 22/18.
11 Sig. S.	Blackhall, L.-Cpl. Thos. A. 38196.	W. and M. Mar. 22-23/18.
11 ?	Johnston, L.-Cpl. Jas. 59451.	M. April 25/18.
11 ?	Kelly, John. 30261.	M. July 23/18.
11 ?	Killin, John. 18373.	M. April 20/18.
*11 ?	Mackay, Wm. G. 59448.	W. and M. April 25/18.
*11 ?	Ratcliffe, J. 53050.	M. Sept. 23/18.
*12	**Driver, 2nd Lt. H. S.**	W. and M. Oct. 1/18.
*12	**Lynch, 2nd Lt. J. M.**	K. Oct. 1/18. Det.D./B.
12 A. IV	Alexander, John. 51636.	M. April 25/18.
12 A.	Allan, John. 51635.	M. April 25/18.
12 A.	Anderson, Wm. 48245.	M. April 25/18.
12 A. III	Andrew, Tom. 40584	M. Mar. 26/18.
12 A. II	Archibald, Jas. 51569.	M. April 25/18.
12 A. or B.	Blackie, J. 38684.	M. April 25/18.
12 A. III	Campbell, Dougall. 30260.	M. April 25/18.
12 A. VII	Clingan, Andrew. 38695.	M. April 25/18.
12 A. I	Collins, L.-Cpl. P. J. 51825.	M. April 25/18.
12 A. III	Cook, I. A. 38177.	M. April 25/18.
12 A.	Craddock, H. C. 51515.	M. April 25/18.
12 A. III	Cummings, T. 15842.	M. April 25/18.
12 A. II	Dick, Charles. 9107.	M. April 26/18.
12 A.	Dickie, G. 49911.	M. Mar. 23/18.
12 A.	Edgar, W. 49921.	M. Mar. 23/18.
12 A. I	Fairbairn, C. 49859.	M. April 25/18.
12 A.	Gibson, L.-Cpl. David. 49861.	M. April 25/18.
12 A.	Gilfillan, David. 16232.	M. Mar. 23/18.
12 A. IV	Guthrie, Thos. Stewart. 49935.	M. April 25/18.
12 A.	Horton, John. 34344.	M. April 25/18.
12 A. IV	Howieson, L.-Cpl. Robert. 39512.	M. April 25/18.
12 A.	Hudson, Thos. Wm. 61913. (350205.)	M. April 25/18.
12 A. III	Jardine, George. 51645.	M. April 25/18.
12 A.	Jardine, Tom. 51642.	M. April 25/18.
12 A.	Kennedy, J. 15899.	M. Mar. 23/18.
12 A. III	Kidd, James. 24931.	M. May 3/18.
12 A. I	Lodge, William. 39616.	M. April 25/18.
12 A. II	Loy, George. 51621.	M. April 25/18.
12 A. II	Lyons, L.-Cpl. Charles. 31891.	M. April 25/18.
12 A.	McCallum, L.-Cpl. J. 29351.	M. Mar. 24/18.
12 A.	McDonald, A. 30817.	M. Mar. 23/18.

Scots, Royal—contd.

B.E.F.

12 A. III	McGhee, Samuel. 276248.	M. April 25/18.	
12 A.	McKenzie, G. 251235.	M. Mar. 26/18.	
12 A. IV	McLennan, Donald. 38650.	M. April 25/18.	
12 A. I	McLellan, John. 31072.	M. April 25/18.	
12 A.	McMillan, Donald. 26673.	M. April 25/18.	
12 A. III	McWilliams, John. 202913.	M. Mar. 23/18.	
12 A.	Maloney, Charles. 18500.	M. April 25/18.	
12 A.	Moffat, L.-Cpl. John. 12351.	M. Mar. 21/18.	
12 A. IV	Morrison, John F. 40083.	M. April 25/18.	
12 A. II	Morton, James. 51622.	M. April 25/18.	
12 A. IV	Neil, R. 33217.	M. April 25/18.	
12 A.	Pickie, George. 49911.	M. Mar. 23/18.	
12 A.	Pilkington, H. 39638.	M. Mar. 23/18.	
12 A.	Rae, L.-Cpl. J. M. 51573. (51673.)	M. April 25/18.	
12 A.	Roger, James. 15897.	M. April 25/18.	
12 A. or D.	Ross, Malcolm. 51854	M. April 25/18.	
12 A.	Russell, John B. 51640.	M. April 25/18.	
12 A. IV	Sawden, S. T. 326265.	M. April 25/18.	
12 A. IV	Shiel, L.-Cpl. Thomas. 27771.	M. April 25/18.	
12 A. I	Simpson, W. T. 34853.	M. April 25/18.	
12 A. II	Smith, L.-Cpl. Stewart. 30377.	M. April 25/18.	
12 A.	Stark, John A. 51652.	M. April 25/18.	
12 A.	Sweeny, J. 18406.	M. Mar. 26/18.	
12 A. I	Taylor, Hry. G. 40263.	M. April 25/18.	
12 A.	Ternent, Alex. 59425. (Fr. 3 Scots Rifles, 38282.)	K. April 19/18.	Det.D./B
12 A. IV	Todd, George. 11162.	M. April 25/18.	
12 A. III	Walker, L.-Cpl. Alex. 51598.	M. April 25/18.	
12 A.	Williams, Richard. 331053.	M. April 25/18.	
12 B. VII	Aitken, W. 49874.	W. and M. Mar. 23/18.	
12 B.	Alexander, J. 301588.	M. April 25/18.	
12 B.	Andrews, S. 42845.	M. Mar. 24/18.	
12 B.	Beaton, J. 250265.	M. Mar. 23/18.	
12 B. V	Bledge, Peter Aitken. 51463.	M. April 25/18.	
‡12 B. VI	Bothwell, L.-Cpl. Wm. 49886.	M. Oct. 17/18.	
12 B. VI	Bradbury, L.-Cpl. Arth. Thos. 61909.	M. April 25/18.	
12 B.	Brown, W. 375615.	M. Mar. 23/18.	
12 B. VII	Bryden, John. 59590.	M. April 24/18.	
12 B. VIII	Cruickshank, John. 49899.	M. April 25/18.	
12 B.	Davidson, C.-S.-M. T. G. 271419.	M. April 25/18.	
‡12 B. V	Dick, L.-Cpl. Robt. 351105.	M. Oct. 17-18/18.	
12 B.	Dougary, Cpl. John. 14947.	M. Mar. 23/18.	
12 B. V	Douglas, Thomas. 49910.	M. April 25/18.	
12 B.	Dunning, A. 270318.	M. Mar. 23/18.	
12 B.	Dunsmore, Jos. 51564.	M. April 25/18.	
12 B.	Ellis, G. 17363.	M. April 11/18.	
12 B. VI	Fortune, J. A. 49927.	M. April 25/18.	
12 B.	Galloway, L.-Cpl. A. A.	M. Mar. 23-18.	
12 B.	Gay, T. 13468.	M. Mar. 23/18.	
12 B. VI	Gourlay, Jas. 270991.	M. Mar. 25/18.	
12 B. VIII	Gruar, Andrew. 12423.	M. Mar. 26/18.	
12 B. VII	Hume, Robt. 20419.	M. April 25/18.	
12 B. VII	Jack, Henry. 59417.	M. April 25/18.	
‡12 B. V	Jones, John. 42452.	M. Oct. 1/18.	
12 B. VIII	Kerr, John. 273057.	M. April 25/18.	
12 B.	Kidd, John. 34295.	W. and M. Mar. 23/18.	
12 B.	Kinnear, Sig. David. 51539.	M. April 12/18.	
12 B.	McCracken, L.-Cpl. John. 351615.	M. April 25/18.	
12 B.	McDade, C. 13383.	M. April 25/18.	

December 1st, 1918.

Scots, Royal—contd.

B.E.F.

12 B. VI	McDonald, Alex. 51611.	M. April 12/18.
12 B.	McGinn, P. 10003.	M. April 25/18.
12 B. VI	McIntosh, James. 29823.	M. April 25/18.
12 B. V	Mack, F. 251157.	M. April 24/18.
12 B. VII	Mackie, L.-Cpl. Alex. 32146.	M. April 25/18.
12 B.	McLeod, L.-Cpl. J. 273104.	M. Mar. 23/18.
12 B.	McNeil, S. 38306.	M. Mar. 23/18.
12 B.	Marjoram, J. 59380.	M. April 25/18.
12 B. VII	Moultray, Jas. Douglas. 59428.	M. April 25/18.
12 B. VII	Nichol, Robert. 48994.	M. April 24/18.
12 B. VIII	Nicol, John. 3917.	M. April 25/18.
12 B. Sig.	Paterson, Robert. 18466.	M. April 25/18.
12 B. V	Poole, H. 352773.	M. Mar. 23/18.
12 B. V	Praunsmandel, M. 271452.	M. April 25/18.
12 B.	Purves, L.-Cpl. Thos. 51672.	M. April 25/18.
12 B.	Shepherd, Harry. 51856.	M. April 25/18.
12 B. VII	Simkin, Sig. Arthur E. 51535	M. April 25/18.
12 B.	Speirs, W. 27472.	M. Mar. 26/18.
12 B. VI	Stevenson, G. W. 352734.	M. Mar. 21/18.
12 B.	Stormont, W. 352751.	M. Mar. 23/18.
12 B.	Syme, R. 35651.	M. Mar. 26/18.
12 B. VIII	Thomson, Alex. 51461.	M. April 25/18.
12 B. VI	Tindlay, John Comrie. 49926.	M. April 25/18.
12 B. Sig. S.	Todd, M. 270321.	M. April 25/18.
12 B. VI	Tulloch, David. 271409.	M. April 25/18.
12 B. VI	Wallace, A. 40318.	M. April 25/18.
12 B.	Wolfenden, John. 51496.	M. April 25/18.
12 C.	Adams, J. 49873.	M. Mar. 23/18.
;12 C.	Adshead, W. 33441.	M. Mar. 23/18.
12 C.	Ansell, R. G. 302191.	M. April 25/18.
12 C.	Bastin, H. 302680.	M. April 25/18.
12 C. XII	Bryce, Robert. 43340.	M. Mar. 23/18.
12 C. XII	Buchanan, Wm. 51571.	M. April 25/18.
12 C.	Cairns, W. 34053.	M. Mar. 23/18.
12 C. X	Cameron, Sgt. A. 7846.	M. April 25/18.
12 C.	Camerson, H. 42834.	M. Mar. 25/18.
12 C.	Campbell, W. 50593.	M. Mar. 25/18.
12 C. X	Carlton, John. 27971.	M. Mar. 23/18.
12 C. XII	Cassidy, John. 51556.	M. April 25/18.
12 C.	Chirnside, D. 49890.	M. Mar. 23/18.
12 C. IX	Clark, Thomas. 33264.	M. April 25/18.
12 C.	Clydesdale, J. 270328.	M. Mar. 23/18.
12 C.	Crosbie, T. 49903.	M. Oct. 18/18.
12 C. or D.	Davies, Jas. Mill. 51660. (Fr. Scots Fus., 51280.)	K. April 11/18. Det. D./B.
12 C.	Douglas, J. 49918.	M. Mar. 23/18.
12 C.	Dove, S. 270083.	M. Mar. 23/18.
12 C. XII	Dowling, A. 14101.	M. Mar. 23/18.
12 C. XII	Elmslie, L.-Cpl. W. R. 59578.	M. April 25/18.
12 C. X	Esplin, W. R. 40164.	M. Aug. 18/18.
*12 C. IX	Everest, Alb. Geo. 23709.	M. April 25/18.
12 C.	Gibson, J. 49936.	M. Mar. 23/18.
12 C.	Gibson, J. 270341.	M. Mar. 23/18.
12 C.	Gilchrist, Wm. 51577.	M. April 25/18.
12 C. X	Gilmour, Andrew. 51616.	M. April 25/18.
12 C. IX	Gould, Wm. John. 51637.	M. April 25/18.
12 C. XI	Grant, J. B. 271394.	M. April 25/18.
12 C.	Hamilton, G. 270356.	M. Mar. 26/18.
12 C.	Hamilton, Robert. 51574.	M. April 25/18.

December 1st, 1918.

Scots, Royal—contd

B.E.F.

12 C.		Hardman, J. 42835.	M. Mar. 23/18.
12 C. X		Houston, Sam. 30636.	M. Mar. 23/18.
12 C. XI		Isherwood, N. 373282.	M. April/18.
12 C. XII		Jack, David Mc. 51606.	M. April 25/18.
12 C. XII		Kennedy, A. 49955.	M. April 25/18.
12 C.		Lees, M.M., C.-S.-M. J. 28019.	M. Mar. 23/18.
12 C. IX		McCash, Cpl. Wm. 34836.	M. April 25/18.
12 C.		McDonald, M. 325108.	M. Mar. 23/18.
12 C.		McIndoe, L.-Cpl. Thos. 51661.	K. April 11/18. Det.D./B
12 C.		McLennan, J. 16032.	M. Mar. 23/18.
12 C. IX		McNair, Andrew. 59420.	M. April 25/18.
12 C. X		Margoram, John. 51443.	M. April 27/18.
12 C. X		Millar, James Ross. 51830.	M. April 25/18.
12 C.		Miller, John. 51530.	W. and M. April 11/18.
12 C. XI		Molloy, Henry. 34358.	M. April 25/18.
12 C.		Mowat, Donald S. 271449	M. April 25/18.
12 C. IX		Neill, M.M., Andrew. 43346.	M. April 25/18.
12 C. XI		Oliphant, Geo. Farquhar. 271407	M. April 25/18.
12 C. XI		Patterson, Robt. 31014.	M. April 25/18.
12 C. XII		Penman, Wm. Blackwood. 38299.	M. April 25/18.
12 C. XI		Priest, John. 34492.	M. April 25/18.
12 C.		Proudfoot, John. 51628.	M. April 25/18.
12 C. XII		Purdie, George. 51585.	M. April 25/18.
12 C. XI		Quinney, David. 34940.	M. April 25/18.
12 C. XI		Reid, Allan L. 14036.	M. April 25/18.
12 C. XII		Richardson, James. 375578.	M. April 25/18.
12 C.		Shantis, John. 51484.	M. April 25/18.
12 C. X		Shillinglaw, James. 40753.	M. Mar. 23/18.
12 C. XII		Short, T. A. 29834.	M. April 25/18.
‡12 C.		Sime, M.M., Sgt. P. 14731.	M. Aug. 14/18.
12 C. X		Simpson, John. 41319.	M. April 25/18.
12 C. XII		Sloan, Robert. 51647.	M. April 25/18.
12 C. XI		Smith, Andrew. 51629.	M. April 25/18.
12 C. X		Smith, L.-Cpl. John. 25138.	M. April 25/18.
12 C. IX		Smith, Robert. 51630.	M. April 21-26/18.
12 C. X		Starrs, John. 59386.	M. April 25/18.
12 C.		Stirling, L.-Cpl. John. 59424.	M. April 26/18.
12 C. IX		Stirling, T. W. 51551.	M. April 25/18.
12 C.		Stott, Ernest Allister. 31186.	M. May 1/18.
12 C. IX		Strawhorn, David. 51612.	M. April 25/18.
12 C. IX		Stuart, R. 26538.	M. Mar. 23/18.
12 C. X		Thomson, Sig. Jack. 271408. (Fr. 3 K.O.S.B.)	M. Aug. 25/18.
12 C.		Tosh, A. 43344.	M. Mar. 23/18.
12 C. X		Vallance, L.-Cpl. W. F. M. 59427.	M. April 25/18.
12 C. IX		Wallace, Walter. 22773.	M. April 25/18.
12 C. IX		Ward, John. 9025.	M. April 25/18.
12 C.		Watson, Peter. 50389.	M. April 25/18.
12 C.		West, L.-Cpl. Peter. 200737. (Piper.)	M. April 25/18.
12 C.		Whigham, D. 15823.	M. Mar. 23/18.
12 C. XII		Williams, J. B. 31107.	M. April 25/18.
12 C. XII		Willson, George. 271395.	M. April 25/18.
12 C. XII		Wilson, J. 38588.	M. April 25/18.
12 C. IX		W'seman, L.-Cpl. Thomas. 51624.	M. April 25/18.
12 C.		Woodhead, J. 42863.	M. Mar. 23/18.
12 D. XIV		Aitchison, David P. 51655.	M. April 25/18.
12 D. XV		Beatson, James. 271435.	M. April 25/18.
‡12 D.		Best, John. 331153.	M. Oct. 2/18.
12 D.		Bowers, F. 24905.	M. Mar. 23/18.

December 1st, 1918.

Scots, Royal—contd.

B.E.F.

12 D. XIII	Charters, W. J. 51664.	M. April 25/18.	
12 D. XIII	Clark, Thomas. 51531.	M. April 25/18.	
12 D.	Davidson, J. 49916.	M. Mar. 23/18.	
12 D.	Drummond, Stewart. 14441.	M. April 25/18.	
12 D.	Duff, A. 30165.	M. Mar. 21/18.	
12 D.	Fergusson, H. 49933.	M. Mar. 23/18.	
12 D.	Ferguson, J. 23195.	M. Mar. 26/18.	
12 D. XIII	Frew, John. 351572.	W. and M. Mar. 21/18.	
12 D. XIII	Grainger, Robert. 45841.	W. and M. April 14/18.	
12 D. XIV	Hargraves, W. 42861.	M. April 11/18.	
12 D.	Harris, L.-Cpl. W. 302638.	M. Mar. 23/18.	
12 D.	Kenney, D. 26552.	M. Mar. 26/18.	
12 D.	Lamb, Albert V. 43058.	M. April 25/18.	
12 D. XIII	McIntosh, Archibald. 30936.	M. April 25/18.	
12 D. XIII	Mackenzie, Wm. 271438.	M. April 25/18.	
12 D.	McLean, A/Cpl. R. 40769.	M. Mar. 23/18.	
12 D.	Matthew, A. 375667.	M. Mar. 24/18.	
12 D. XIV	Mitchell, Cpl. James. 39676.	M. April 25/18.	
12 D.	Patterson, Henry. 51549.	M. April 25/18.	
12 D.	Ramsey, W. 300671.	M. Mar. 24/18.	
12 D. XIII	Sims, Mallinson. 51844.	M. April 25/18.	
12 D.	Smith, D. McG. 39649.	M. Mar. 23/18.	
12 D. XV	Tibbs, David. 271443.	M. April 25/18.	
12 D. XVI	Walker, George. 40253.	M. Mar. 21/18.	
12 D.	Weir, David. 51658.	M. April 15/18.	
12 D. XV	Wells, Alfred. 15586.	M. April 25/18.	
12 D.	Westwater, R. 376126.	M. Mar. 23/18.	
12 D. XIII	Whitlock, L.-Cpl. J. S. 27009.	M. April 25/18.	
12 D. XIV	Wright, Joseph. 67497.	M. April 25/18.	
12 H.Q.	Hunter, Sig. Peter. 21171.	M. April 25/18.	
12 H.Q. Sig.	Johanson, Wm. 34330.	M. April 25/18.	
12 H.Q.	McLellan, James. 276259.	M. April 25/18.	
12 H.Q.	Thomson, Andrew. 250131.	M. April 24/18.	
12 H.Q.	Thomson, George. 39658.	M. April 25/18.	
12 ?	Aitken, Hugh. 31372.	M. April 12/18.	
12 ?	Balmer, John. 51659. (Fr. Scots Fus., 51276.)	K. April 11/18.	Det.D./B.
12 ?	Boyd, Thomas. 51639.	M. April 25/18.	
12 ?	Brown, Sgt. James. 13004.	M. April 25/18.	
12 ?	Cunningham, Bglr. Hugh. 25888.	M. April 25/18.	
12 ?	Dobie, C.-S.-M. Robert. 271421.	M. April 25/18.	
12 ?	Franks, Sgt. C. F. 51842.	M. April 25/18	
12 ?	Hazelton, Joseph. 38311.	M. April 25/18.	
*12 ?	Kelly, Chas. Fredk. 51603.	M. April 25/18.	
12 ?	Knipinski, Andrew. 42849.	M. April 25/18.	
12 ?	Macfarlane, John R. 51503.	M. April 25/18.	
12 Sig. S.	McLean, Duncan C. 45974.	M. April 25/18.	
12 Sig. S.	Mulligan, L.-Cpl. Hugh. 14780.	M. April 25/18.	
12 ?	Steel, James. 46031.	M. April 25/18.	
12 Sig. S.	Taylor, L.-Cpl. Robt. 34186.	M. April 25/18.	
12 ?	Vernon, James. 16877.	M. April 25/18.	
12 ?	Wallace, John. 59432.	M. April 25/18.	
12 ?	Wilkie, John Anthony. 271393. (Fr. 3 K.O.S.B.)	M. April 25/18.	
12 ?	Will'son, Sgt. Wm. 13621.	M. April 25/18.	
12 ?	Young, Hugh. 271423.	Unoff. M. April 25/18.	
13 A. III	Beatson, Sgt. J. M. 303561.	M. Mar. 28/18.	
13 A.	Brown, B. 27713.	M. Mar. 28/18.	
13 A.	Cameron, T. 43187.	M. Mar. 28/18.	

December 1st, 1918.

Scots, Royal—contd.

B.E.F.

13 A.	Cannon, T. 273029.	M. Mar. 28/18.
13 A.	Curran, E. G. 33714.	M. Mar. 28/18.
13 A. II	Docherty, Robt. 49082.	M. Mar. 28/18.
13 A.	Duncan, Sgt. A. 27465.	M. Mar. 28/18.
13 A. IV	Ferguson, Thomas. 30046.	M. Mar. 28/18.
13 A.	Fleming, L.-Cpl. A. 202878.	M. Mar. 28/18.
13 A.	Grant, J. 51005.	M. Mar. 28/18.
‡13 A.	Grier, L.-Cpl. J. 44180.	M. Aug. 21/18.
‡13 A.	Haley, J. 60031.	M. Aug. 21/18.
13 A.	Harper, A. 4053.	M. Mar. 28/18.
13 A.	Hogland, John. 351837.	M. Aug. 27/18.
13 A.	Irving, I. 51019.	M. Mar. 28/18.
13 A.	Jamieson, R. 51027.	M. Mar. 28/18.
13 A.	Keeton, E. 41142.	M. Mar. 28/18.
13 A.	Kerr, A. 51029.	M. Mar. 28/18.
13 A.	Knox, A. 51031.	M. Mar. 28/18.
13 A. I	Little, Wm. 276305.	Unoff. M. June 20/18.
13 A. III	Lyon, James. 51036.	M. Mar. 28/18.
‡13 A.	McAloon, A. 53176.	M. Oct. 6/18.
13 A. IV	McColl, William. 38148.	M. Mar. 28/18.
13 A.	McCullam, L.-Cpl. John. 29351.	M. Mar. 21/18.
13 A.	McDonald, A. 20855.	M. Mar. 28/18.
13 A.	McDonald, Peter. 15603.	M. Mar. 26/18.
13 A. I	McIntosh, Norman. 43517.	M. Mar. 28/18.
13 A. II	McMaster, John. 31341.	M. Mar. 28/18.
13 A.	Mitchell, Alexander. 51040.	M. Mar. 28/18.
13 A.	Moir, W. 51039.	M. Mar. 28/18.
13 A.	Montgomery, R. 40747.	M. Mar. 28/18.
13 A.	Morrell, R. 41627.	M. Mar. 28/18.
13 A.	Murray, G. 51042.	M. Mar. 28/18.
13 A.	Orr, D.C.M., C.-S.-M. R. 15223.	M. Mar. 28/18.
13 A.	Picken, L.-Cpl. A. 43536.	M. Mar. 28/18.
13 A.	Porteous, L.-Cpl. P. 43380.	M. Mar. 28/18.
13 A.	Potter, Sgt. Robt. T. 271218.	M. Mar. 28/18.
13 A.	Ramsay, A. 235899.	M. Mar. 28/18.
13 A.	Robertson, E. 48514.	M. Mar. 28/18.
‡13 A.	Rogers, L.-Cpl. C. 17731.	M. Aug. 21/18.
‡13 A.	Smith, S. 53206.	M. Aug. 27/18.
13 A.	Steel, M.M., J. 16152.	M. Mar. 28/18.
13 A.	Stewart, C. 47536.	M. Mar. 28/18.
13 A.	Tait, F. 38397.	M. Mar. 28/18.
13 A.	Tansey, J. 201643.	M. Mar. 28/18.
13 A.	White, M. 330292. (5008.)	M. Mar. 28/18.
13 A.	Williamson, W. 31145.	M. Mar. 28/18.
‡13 B.	Angell, J. 302344.	M. Aug. 27/18.
13 B.	Chasser, J. 33610.	M. Mar. 28/18.
13 B.	Coates, W. 270534.	M. Mar. 28/18.
13 B.	Copland, J. 251615. (5430.)	M. Mar. 28/18.
13 B.	Fletcher, T. 50997.	M. Mar. 28/18.
13 B.	Foden, Harold. 17372.	Unoff. W. and M. Sept. 15/18.
13 B.	Gibson, J. 51007.	M. Mar. 28/18.
13 B.	Goldie, J. 51001.	M. Mar. 28/18.
13 B.	Gray, J. 50999.	M. Mar. 28/18.
13 B.	Hebberd, L.-Cpl. C. 18134.	M. Mar. 28/18.
13 B.	Heslin, Denis. 38803.	M. Mar. 21/18.
13 B.	Hutton, T. 34796.	M. Mar. 28/18.
13 B.	Johnstone, J. 51020.	M. Mar. 28/18.
13 B.	Kerr, E. 51028.	M. Mar. 28/18.
13 B. V	Lawrie, George R. 250261.	M. Mar. 28/18.

December 1st, 1918.

Scots, Royal—contd.

B.E.F.

13 B.		McGinlay, P.	3373.	M. Mar. 28/18.
13 B. VII		MacKenzie, A.	275576.	W. and M. Mar. 28/18.
13 B.		McLachlan, C.	46242.	M. Mar. 28/18.
13 B. V		McNal, J.	46275.	M. Mar. 28/18.
13 B. VII		Naismith, Cecil.	271004.	M. Mar. 28/18.
13 B.		Noble, A.	270153.	M. Mar. 28/18.
‡13 B.		Paterson, T. H.	53198.	M. Aug. 27/18.
13 B.		Paton, L.-Cpl. J.	41362.	M. Mar. 28/18.
13 B. VII		Penrice, John.	273030.	M. Mar. 28/18.
13 B. M.G.S.		Robertson, Wm.	27967.	M. Mar. 28/18.
13 B.		Robinson, J.	41150.	M. Mar. 28/18.
13 B.		Robinson, J.	270614.	M. Mar. 28/18.
13 B.		Rourke, J.	18463.	M. Mar. 28/18.
‡13 B.		Scott, E. A.	353553.	M. Aug. 27/18.
13 B. VI		Skidmore, Arthur.	41625.	M. Mar. 28/18.
13 B.		Smith, S.	2640.	M. Mar. 28/18.
13 B. VIII		Teather, John R.	46307.	M. Mar. 21-24/18.
13 B. VIII		Thom, John.	375525.	M. Mar. 28/18.
13 B.		Thomson, J.	27568.	M. Mar. 28/18.
13 B. VI		Wilson, H. G.	251294.	M. Mar. 28/18.
13 C.		Bathgate, T.	375440.	M. Mar. 28/18.
13 C.		Black, John.	39164.	M. Mar. 28/18.
13 C.		Fraser, J.	38680.	M. Mar. 28/18.
13 C.		Gibson, J.	14471.	M. Mar. 28/18.
13 C.		Hunter, J. C.	34211.	M. Mar. 28/18.
13 C.		Lees, J.	331090. (6450.)	M. Mar. 28/18.
13 C.		McDonald, A.	330701. (5742.)	M. Mar. 28/18.
13 C.		McMillan, J.	376517.	M. Mar. 28/18.
13 C.		Reid, P.	43068.	M. Mar. 28/18.
13 C.		Smith, F.	42986.	M. Mar. 28/18.
13 C. XIII		Wisely, E.	47609.	M. Aug. 27/18.
13 C. XI		Woodside, Fergus.	48455.	M. Mar. 28/18.
13 D. XIV		Breare, Ernest.	325883.	M. Mar. 29/18.
*13 D. XVI		Clough, T.	17586. (17327.)	M. Sept. 12/18.
13 D. XVI		Davie, Walter.	30320.	M. Mar. 28/18.
13 D. XIII		Don, Sgt. Thos.	25505.	M. Mar. 28/18.
13 D. XVI		Fenwick, James.	26893.	M. Mar. 28/18.
13 D.		Forrest, J.	26473.	M. Mar. 28/18.
13 D.		Hamlyn, W.	41382.	M. Mar. 28/18.
13 D.		Harvey, L.-Cpl. E.	20193.	M. Mar. 28/18.
13 D.		Kennedy, G.	39433.	M. Mar. 28/18.
13 D. XVI		Lunt, W. A.	202466.	M. June 21/18.
13 D.		McAulay, J.	49091.	M. Mar. 28/18.
13 D.		McCaig, T.	34793.	M. Mar. 28/18.
13 D.		McCaulay, N.	34428.	M. Mar. 28/18.
13 D.		Murray, J.	37487.	M. Mar. 28/18.
13 D. XIII		Robinson, Amos.	302140.	M. Mar. 28/18.
13 D.		Sommerville, H.	42895.	M. Mar. 28/18.
13 D.		Young, A.	30884.	M. Mar. 28/18.
13 ?		Anderson, Adam Jas.	38570.	M. Mar. 28/18.
13 ?		Bonner, Wm. Henry.	42883.	M. Mar. 28/18.
13 ?		Drennan, Geo. Rand.	271314.	M. Sept. 12/18.
13 ?		Flood, Tommie (Piper).	26239	K. Aug. 27/18. Det.D./B.
13 ?		Livingstone, Saml. Russell.	51035.	M. Mar. 28/18.
13 ?		McCourt, Patrick.	14841.	M. Mar. 21/18.
13 ?		McNeill, D.	32519.	M. Mar. 22/18.
13 ?		Mangham, J.	302567.	Unoff. M. April 25/18.
13 I.T.M.		Mason, J.	40418. (45 Bde.)	M. Mar. 28/18.

December 1st, 1918.

Scots, Royal—contd.

B.E.F.

13 ?		Muir, David. 24019.	M. Mar. 28/18.
13 ?		Murphy, Thos. 53070.	M. June 21/18.
‡13 ?		Watson, Andrew. 49381.	M. Oct. 6/16.
13 ?		Winter, R. 275480.	M. Mar. 28/18.
15		**Andrew, 2nd Lt. W. D.** ((Fr. 10th.)	M. Mar. 22/18. R/Enq.
15 A. II		Brown, James. 251091.	M. April 9-16/18.
15 A. I		Christie, John. 19989.	M. Mar. 22/18.
15 A.		Coburn, W. 51491.	M. April 9-16/18.
15 A.		Dickson, Thos. 17064.	M. April 9-16/18.
15 A. I		Dobb. C. E. 42756.	M. April 9-16/18.
15 A.		Hainey, Frank. 42670.	M. Mar. 22/18.
15 A. IV		Jackson, Chas. G. 270215.	M. Mar. 22/18.
15 A.		Kerr, Cpl. R. G. 29227.	M. Mar. 22/18.
15 A. II		Lawson, Lawrie. 27208.	M. Mar. 22/18.
15 A. III		Lillie, Robert. 39174	M. Mar. 22/18.
15 A. III		McFarlane, Jas. 42698.	M. Mar. 22/18.
15 A.		Montgomery, David A. 42687.	M. April 9-16/18.
15 A. I		Patrick, Algernon. 42757.	M. Mar. 22/18.
15 A.		Sangster, George. 51222.	M. April 9/18.
15 A. IV		Vickers, Sgt. C. 273280.	M. April 9-16/18.
15 A.		Warnock, Alex. 33214.	M. Mar. 22/18.
15 A.		Wyper, Sgt. D. 27114.	**M. Mar. 22/18.**
15 B. VIII		Boyce, John. 51277.	M. April 17/18.
15 B.		Chisholm, George. 270413.	M. Mar. 22/18.
15 B. VIII		Clark, Peter Ross. 50982.	M. April 9/18.
15 B. V		Crawford, M. 250293.	M. April 10/18.
15 B. VII		Drummond, L.-Cpl. Peter. 38637.	M. Mar. 22/18.
15 B. VII		Drummond, R. 34678.	M. Mar. 22/18.
15 B. VII		Garden, Robert. 48987.	M. Mar. 22/18.
15 B. VI		Grant, Duncan. 270757.	M. Mar. 22/18.
15 B.		Kirby, Cpl. John Alf. 270375.	M. Mar. 22/18.
15 B. V		Leitch, Jas. 30482.	M. Mar. 22/18.
15 B. VIII		McKenzie, Hugh. 30431.	M. Mar. 22/18.
15 B. VI		McLaughlin, John. 14191. (Fr. 13.)	K. April 17/18. Det.D./B.
15 B. VIII		Macmorran, Wm. 335207.	M. April 9-16/18.
15 B. VII		Scott, Wm. 43497.	M. April 9-16/18.
15 C. XII		Brown, John Cowan. 51278.	M. April 9-16/18.
15 C.		Grocott, M. 26435.	M. Mar. 22/18.
15 C. XI		Hagarty, P. 46383.	M. Mar. 22/18.
15 C.		Hughes, W. 46211.	M. Mar. 22/18.
15 C. X		Mackenzie, Albert J. S. 51055.	W. and M. **April 17/18.**
15 C. XI		Mitchell, Thos. 42702.	M. Mar. 22/18.
15 C. XII		Morrison, James Pryde. 51049.	M. April 9-16/18.
15 C. IX		Robertson, David. 39640.	M. Mar. 22/18.
15 C. IX		Roxburgh, John. 270829.	M. Mar. 22/18.
15 C. IX		Saunderson, Albert. 51408.	M. April 9-16/18.
15 C. IX		Smith, Charles. 51468.	M. April 9-16/18.
15 C.		Smith, L.-Cpl. H. H. 17746.	M. Mar. 22/18.
15 C. IX		Spooner, W. 42744.	M. April 9-16/18.
15 C X		Watt, Robert. 51123.	M. April 9-16/18.
15 C. X		Wilde, Harry. 270095.	M. April 30/18.
15 D.		Atkinson, John. 271224.	M. April 9-16/18.
15 D.		Brace, W. H. 42907.	M. Mar. 22/18.
15 D. XIII		Brown, Wm. 51400.	M. April 9-16/18.
15 D. XIII		Connell, L.-Cpl. Jas. 42666	M. Mar. 22/18.
15 D.		Conway, Alex. S. 11593.	M. Mid-March/18.
15 D. XV		Hodgkinson, L.-Cpl. Alex. 275724.	M. Mar. 22/18.
15 D. XIII		Kemp, J. 19530.	M. April 9-11/18.
15 D. XV		McClusky, Peter. 271227.	M. May 6/18.

December 1st, 1918.

Scots, Royal—contd.

B.E.F.

15 D.	McKellar, Dougal. 51234.	M. April 9-16/18.
15 D. XVI	Mill, Harold. 33168.	M. April 9-16/18.
15 D. XV	Morrin, T. 46424.	M. Mar. 22/18.
15 D. XVI	Shivers, Joe. 47743.	M. Mar. 21/18.
15 D.	Stacey, J. J. 42909.	M. Mar. 21/18.
15 D. XIV	Steedman, Wm. 48969.	M. April 9-16/18.
15 D. XIII	Taylor, J. Arthur. 43798.	K. Mar. 22/18. Det.D./B.
15 D. IV	Wallbank, A. 325627.	M. Mar. 22/18.
15 D.	Watson, Sgt. John Hyndman. 20076.	M. April 10/18.
15 D.	Winterburn, H. 18042.	K. Mar. 22/18. Det.D./B.
15 H.Q.	Darling, L.-Cpl. Robert. 19179.	M. Mar. 22/18.
15 I.T.M.	Brown, Geo. W. 42728. (121 Bde.)	M. April 9-16/18.
15 Sig. S.	Carlin, Wm. 29694.	M. April 9-16/18.
15 ?	Coubrough, Sgt. Wm. 270005.	M. Mar. 22/18.
15 ?	Garrould, A. L. 51486.	M. April 9-16/18.
15 ?	Guthrie, John. 15678.	M. Mar. 22/18.
15 ?	Langster, George. 51222.	M. April 9-16/18.
15 ?	Norval, A. 375906.	M. Mar. 22/18.
15 I.T.M.	Reynolds, T. 41671. (101 Bde.)	M. Mar. 22/18.
15 I.T.M.	Swann, W. 43637. (101 Bde.)	M. Mar. 22/18.
16 A. II	Brand, William. 202752.	M. April 9/18.
16 A. II	Cumming, George. 34575.	M. April 10/18.
16 A. III	Cuthill, James. 48608.	M. April 9/18.
16 A.	Dickie, Jas. Richardson. 18726.	M. April 17/18.
16 A. I	Fox, Sgt. Walter W. 42949.	W. and M. April 16/18.
16 A. II	Hailes, Robt. 51361.	M. April 9-16/18.
16 A. III	Holley, Jos. 50402.	M. April 9/18.
16 A.	Kenny, L.-Cpl. Thos. 27255.	M. April 9/18.
16 A.	McCrorie, James. 271200.	M. April 11/18.
16 A. IV	McIntyre, Alen R. 51288.	M. April 9/18.
16 A. IV	McLaren, Jas. 51311.	M. April 9-16/18.
16 A. L.G.S.	McLennan L.-Cpl. Duncan. 351179	M. April 9-16/18.
‡16 A.	McMenemy, H. 18859.	W. and M. May 19/18.
16 A. II	Millar, J. 19067.	M. Mar. 22/18.
16 A. III	Paterson, Robt. 41032.	W. and M. April 10/18.
16 A.	Porter, J. 41227.	M. Mar. 21/18.
16 A. II	Rennie, D. 25530.	M. April 9/18.
16 A. III	Robertson, John A. 251637.	M. April 9/18.
16 A. IV	Scott, Forrest. 51365.	M. April 9-16/18.
16 A. III	Scott, James. 51102.	M. April 9-16/18.
16 A.	Slater, H. W. 335722.	M. April 10-16/18.
16 A. III	Speirs, R. 38410.	M. Mar. 21/18.
16 A. III	Turner, Frank. 42763.	M. April 9-16/18.
16 A. or D.	Young, Robert. 51130. (Fr. L. & B. Horse.)	M. April 16/18.
16 B.	Brodie, J. 42936.	M. April 10-16/18.
16 B. VIII	Cowling, George. 38818.	W. and M. Mar. 22/18.
16 B. V	Donaldson, R. 270776.	M. April 9/18.
16 B. VIII	Donnelly, Henry. 43731.	M. April 7/18.
16 B. V	Gold, John. 41678.	M. April 10-16/18.
16 B. VII	Hay, M. 40754.	M. April 10-16/18.
16 B. V	Hume, A. 41521.	M. April 9/18.
16 B.	Lansdale, Frank. 326258.	M. April 10-16/18.
16 B.	McEwan, Wm. 33010.	M. April 10-16/18.
16 B. V	McIntyre, James. 350255.	M. April 10-16/18.
16 B. V	McLetchie, John. 41690.	M. April 10-16/18.
16 B. VI	Mather, Fred. 50668.	M. April 10-16/18.
16 B. VII	Neill, Tom. 51133.	M. April 16/18.
16 B. VII	Robinson, Wm. Dickinson. 301581.	M. Mar. 22/18.

December 1st, 1918.

Scots, Royal—contd.

B.E.F.

16 B. VII	Seaton, Cpl. George. 42509.		M. Mar. 22/18.
16 B. VII	Walker, John. 19947.		M. April 10/18.
16 C. X	Barker, George C. 270376.		M. April 9/18.
16 C. XII	Bates, Geo. Herb. 270312.		M. April 10/18.
16 C. XI	Baxter, Willie. 375689.		M. April 9-16/18.
16 C. XI	Bennett, S. 270126.		M. April 9-16/18.
16 C. or D.	Campbell, John Forsyth. 271242.		M. April 9-16/18.
16 C. XI	Chalmers, L.-Cpl. G. F. 39373.		W. and M. April 10/18.
16 C. X	Clark, James. 326271.		M. April 10/18.
16 C. X	Duff, A.-Sgt. John. 27995.		M. April 9-16/18.
16 C. XII	Erskine, George. 302392.		M. April 9/18.
16 C. XII	Fairbairn, W. 326210.		M. April 9/18.
16 C. X	Flannigan, Samuel. 242764.		W. and M. Mar. 22/18.
16 C. X	Fraser, T. 40845.		M. April 9-16/18.
16 C. XII	Gallaher, James. 34786.		M. April 16/18.
16 C. XI	Gorrell, John. 26586.		M. April 9/18.
16 C. L.G.S.	Hislop, Cpl. John. 43841.		M. April 9-16/18.
16 C. X	Irvine, Robt. M. 42708.		M. April 10-16/18.
16 C. XI	Lock, Geo. 31497.		M. April 9-16/18.
16 C. X	McGregor, John. 41501.		M. April 10/18.
16 C. X	McKee, Hamilton. 270936.		M. Mar. 22/18.
16 C. XI	McKenzie, Wm. 9000.		M. Mar. 22/18.
16 C. XII	McLellan, James. 352616.		M. April 10-16/18.
16 C. XII	McNiell, W. 42953.		M. April 10/18.
16 C. IX	Main, Wm. 72262.		M. Mar. 22/18.
16 C. X	Rennie, J. 34726.		M. April 10-16/18.
16 C. X	Robertson, Thomas. 29945.		M. April 10-16/18.
16 C. IX	Roe, J. 352791.		M. April 13-16/18.
16 C. IX	Spence, John M. 33719.		M. April 15/18.
16 C. IX	Stewart, David. 42242. (242817.)		M. April 10/18.
16 C.	Walker, James. 375687.		M. April 9-20/18.
16 C. XI	Young, John. 42969.		M. April 10/18.
16 D. XIII	Bell, James. 51354. (39279.)		M. May 12-16/18.
16 D. XIV	Brotherston, Geo. 51356. (Fr. S. Rifles, 36667.)		M. April 9-16/18.
16 D.	Brown, R. E. 49249.		M. April 9-16/18.
16 D. XVI	Cowling, A. 351850.		M. April 9-16/18.
16 D. XIII	Daily, William. 47559.		M. Mar. 21/18.
16 D. XIII	Grant, G. 4286.		M. April 9-16/18.
16 D. XVI	Lowndes, Sam. 46202.		M. April 9/18.
16 D. XVI	McDowell, Jas. 271361. (Fr. Scots. Rifles.)		M. April 9-16/18.
16 D. XIII	McPherson, John. 51290.		M. April 9/18.
16 D. XIII	Ramage, Robt. 273111.		M. Mar. 22/18.
16 D. XIII	Rennie, Thos. 50703.		M. Mar. 21/18.
16 D.	Rodger, Wm. 51318.		M. April 9-16/18.
16 D. XIV	Weir, L.-Cpl. J. B. 38069.		M. April 9/18.
16 D. XVI	Whan, David. 51128.		M. April 16/18.
16 D. XIII	Whan, Robt. 271195.		M. April 9/18.
16 ? I.T.M.	Angus, J. 18962. (Fr. 101 Bgde.)		M. April 10/18.
16 ? I.T.M.	Boyd, Sgt. J. M. 19424. (101 Bde.)		W. and M. April 10/18.
16 ?	Brown, Wm. 19723.		M. April 9-16/18.
16 ?	Gracey, Wm. 36274.		M. April 10/18.
16 ?	Hayes, James. 39451.		W. and M. April 10-16/18.
*16 ?	Howitson, George. 59737.		M. May 20/18.
16 ?	McDonald, Donald. 352511.		M. April 10/18.
16 ?	McGuigan, Patk. 14035.		M. Mar. 22/18.
16 ?	McLennan, C.-S.-M. Thos. 270429.		W. and M. April 10/18.
16 Sig.S.	Pyrah, Harry. 270164.		W. and M. April 9/18.

December 1st, 1918.

Scots, Royal—contd.

B.E.F.

16 ?		Rattle, James. 23660.	M. April 9-16/18.
16 ?		Simpson, L.-Cpl. D. 40119.	M. April 9-16/18.
*17		Bennie, 2nd Lt. A.	M. Sept. 30/18.
*17		Grant, 2nd Lt. A. I.	M. Sept. 30/18.
‡17 W. II		Cumming, Geo. 59351.	W. and M. Sept. 30/18.
‡17 W. IV		Inman, L.-Cpl. Joseph. 48756.	W. and M. Sept. 30/18.
17 W. II		Sandford, J. 41035.	M. Mar. 26/18.
‡17 X. VIII		Anderson, Sgt. J. 375094.	M. Sept. 30/18.
*17 X. V		Armour, Cpl. Wm. 30150.	M. Sept. 30/18.
‡17 X. V		Balmer, Robt. 59113.	M. Sept. 30/18.
*17 X. VI		Clark, John. 59335.	M. Sept. 30/18.
*17 X. VIII		Feachin, Thos. 273196.	M. Sept. 30/18.
‡17 X. V		Hamilton, Frank. 375774.	M. Sept. 30/18.
‡17 X. VIII		McKenzie, Thos. 301871.	M. Sept. 30/18.
‡17 X. VI		Macpherson, Lachlan. 59149.	M. Sept. 30/18.
17 X.		Millar, John. 21650.	W. Unoff. M. Mar. 25/18.
‡17 X. VI		Murdoch, John. 51140.	Unoff. M. Sept. 30/18.
‡17 X. VI		Sandison, J. 59561.	M. Sept. 30/18.
17 X. VI		Simpson, James. 50937.	W. and M. Mar. 25/18.
‡17 X. VI		Tait, W. J. 59585.	M. Sept. 30/18.
‡17 X. VIII		Wilkie, Rupert M. 59309.	M. Sept. 30/18.
*17 X. VIII		Wilson, Wm. K. 50738.	M. Sept. 30/18.
*17 Y. XI		Dawson, Thomas. 12187.	M. Sept. 10/18.
17 Y. XI		Doyle, L.-Cpl. Robt. 21858.	M. Mar. 26/18.
‡17 Y. XII		Innes, John. 34322.	W. Unoff. M. Sept. 29/18.
17 Y.		Kellock, John. 21870.	M. Mar. 26/18.
17 Y. X		Whiteford, Edward. 40631.	M. Mar. 25/18.
‡17 Z. XIV		Swan, David. 59300.	M. Sept. 30/18.
‡17 Z.		Withers, John F. 49457.	M. Sept. 29/18.
‡17 ?		Cunningham, Sgt. T. 22390.	M. Sept. 30/18.
17 ?		Govern, Tom M. 273193.	W. and M. Mar. 27/18.

E.E.F.

1 Garr. 4	McEwan, James. 29297.	M. bel, Drowned, July 20/18.
*4 A. I	Little, Wm. 276305.	M. June 21/18.
4 B. VII	Naismith, Geo. E. W. 200582.	K. Nov. 2/17. Det.D./B. R/Enq.
4 C.	Wright, W. 326725.	M. April 10/18.

NORTH RUSSIA.

2/10	Main, M.C., Lieut. D. A. M. (Fr. 6th H.L.I.)	M. bel. drowned Sept. 5/18.
‡2/10 B. VII	Hale, Cpl. F. R. 66111.	M., bel. K. Oct. 10/18.
*2/10 B. VII	Hogarth, L.-Cpl. R. S. 66113.	M. Oct. 10/18.
*2/10 B.	Laing, W. D. 52046.	Unoff. M. early Sept./18.
*2/10 B.	Walker, Sgt. G. F. 377084.	M., bel. Drowned, Oct. 10/18.
‡2/10 C. X	Lapham, L.-Cpl. Hry. Geo. 377094.	M., bel. drowned Oct. 10/18.
2/10 D. XVI	Holley, Wm. Hry. 66417.	M. Sept. 6/18.
*2/10 ?	Forrest, F. V. 376993.	M. Sept. 6/18.
2/10 ?	Hopton, Cpl. Ernest. 376918.	M. Sept. 6/18.
2/10 ?	Laing, W. S. 66433.	M. Sept. 6/18.
2/10 ?	Tickle, Albert Peter. 66508.	M. Sept. 6/18.

December 1st, 1918.

ROYAL SCOTS FUSILIERS.
B.E.F.

1 A. or C.	Ayres, John. 41320.	M. April 12/18.
1 A. IV	Barker, John. 204963.	M. April 12/18.
1 A.	Barnes, Edgar. 204970.	M. April 12/18.
1 A. IV	Corkill, W. R. 203711.	M. Mar. 12/18.
1 A.	Craig, Peter. 32505.	M. April 21/18.
‡1 A.	Davidson, M.M., D. 11852.	M. Sept. 18/18.
1 A. III	Davidson, John. 51769.	W. and M. April 12/18.
1 A. II	Docherty, Jas. 32583.	M. Mar. 28/18.
1 A.	Etheridge, Sgt. W. 202762.	M. Mar. 28/18.
*1 A. or B.	Gilmour, Wm. 33555.	M. April 12/18.
1 A. II	Gordan, John. 203218.	M. April 12/18.
1 A.	Gracie, T. J. 32293.	M. Mar. 28/18.
1 A. II	Henderson, Robt. 32389.	M. Mar. 28/18.
1 A.	Jackson, Robt. 41340.	W. and M. April 12/18.
1 A.	Livingstone, David. 24457.	M. April 12/18.
‡1 A.	McConnochie, R. 41746.	M. Sept. 18/18.
1 A. IV	McIntyre, Geo. 29931.	M. April 12/18.
1 A.	MacPherson, Thomas. 51100.	M. April 12/18.
1 A. III	Mason, F. 201394.	M. April 12/18.
1 A. III	Noble, Donald. 41066.	W. and M. April 12/18.
1 A. I	Ogilvie, James. 51125.	M. Mar. 28/18.
‡1 A. III	Paterson, John. 265718.	W. and M. Oct. 2/18.
1 A.	Phillips, David. 47680.	M. April 9/18.
*1 A.	Rafferty, James. 15443.	M. Oct. 2/18.
‡1 A.	Reid, J. 32373.	M. Sept. 18/18.
‡1 A.	Robertson, W. 240927.	W. and M. Aug. 22/18.
1 A.	Robinson, W. 28731.	M. Mar. 28/18.
1 A. II	Shaw, John. 202104.	M. Mar. 28/18.
1 A. II	Thomson, James. 20938.	M. Sept. 18/18.
1 A.	Wilson, David. 32289.	M. April 8/18.
1 B. V	Atkinson, Sig. Guy. 201260.	M. April 12/18.
‡1 B.	Barbour, W. 265246.	M. Sept. 18/18.
‡1 B.	Bell, T. 8255.	M. Sept. 18/18.
1 B. VIII	Cairns, L.-Cpl. R. 40898.	M. April 12/18.
1 B. V	Cameron, Cpl. James. 28226.	K. April 12/18. Det.D./B.
‡1 B.	Currie, A. 53603.	W. and M. Sept. 2/18.
1 B. VI	Garner, Harold George. 204603.	M. April 12/18.
*1 B.	Goodwin, N. 52553.	M. Sept. 18/18.
‡1 B.	Hendry, Wm. 28369.	M. Sept. 18/18.
1 B. VII	Higginson, Bertram P. 201251.	M. Mar. 28/18.
1 B.	Hill, E. 51073.	M. April 12/18.
1 B. VI	Holdsworth, Hedley. 202526.	M. April 12/18.
1 B.	Jones, E. 41312.	M. April 12/18.
1 B.	Kennedy, J. D. 47835.	M. April 12/18.
‡1 B.	Logan, W. 18268.	M. Aug. 22/18.
1 B. V	MacInnes, A. 205266.	M. April 12/18.
1 B.	Mason, Cpl. John. 18238.	M. April 12/18.
1 B. VII	Milne, James. 24009.	M. April 12/18.
1 B. VIII	Mooney, Stephen. 19978.	M. Sept. 18/18.
1 B. VIII	Murtha, Peter. 205219.	M. Mar. 28/18.
‡1 B.	Prendergast, N. 52519.	M. Sept. 18/18.
‡1 B.	Reilly, J. 52625.	M. Sept. 18/18.
‡1 B.	Robertson, P. 62664.	M. Sept. 18/18.
1 B. V	Scott, John. 52523.	M. Sept. 18/18.
1 B. VI	Scullion, George. 52414.	M. Sept. 18/18.
‡1 B.	Sharp, L.-Cpl. J. 52290.	M. Sept. 18/18.
*1 B. V	Shirkie, Michal. 52286.	M. Sept. 19/18.
1 B. VII	Smith, James F. 41598.	M. April 12/18.
‡1 B.	Spiers, J. 205239.	M. Sept. 18/18.

December 1st, 1918.

Scots Fusiliers, Royal—contd.

B.E.F.

1 B. VIII	Sproul, Jas. 32566.	M. April 12/18.
1 B. VII	Thom, John. 205286.	M. Unoff. W. **Mar. 28/18.**
1 B. VII	Wain, C. P. 204587.	M. April 12/18.
1 B. V	Watson, Robt. 205332.	M. April 12/18.
1 C.	McGlasson, Sgt. J. 40232.	M. April 12/18.
1 C. XII	MacGregor, Thos. 47676.	M. April 12/18.
1 C.	Meney, John. 205277.	M. Mar. 25/18.
‡1 C.	Millar, W. 41359.	M. Aug. 21/18.
‡1 C.	Stirton, T. 41344.	M. Aug. 21/18.
1 C.	Velzian, D. 5459.	Unoff., M. **April 12/18.**
1 D.	Bennett, William. 201289.	M. Mar. 28/18.
1 D.	Boyd, R. 203609.	M. Mar. 28/18.
1 D.	Burdon, W. 41351.	W. and M. **April 12/18.**
1 D. XV	Carson, Halbert. 31766.	M. April 12/18.
1 D.	Collingwood, Sgt. Sam. 240033.	M. Mar. 28/18.
1 D.	Craig, L.-Cpl. A. 13657.	M. Mar. 28/18.
1 D. XIII	Craig, L.-Cpl. Robert. 204972.	M. April 12/18.
1 D.	Drummond, J. 43386.	M. Mar. 28/18.
1 D. XIII	Gayler, C. 41316.	M. April 9/18.
1 D.	Grant, C.-S.-M. F. 6094.	M. Mar. 28/18.
1 D.	Hayes, W. 32475.	M. Mar. 28/18.
1 D. XVI	Holden, H. F. 41611.	M. April 12/18.
1 D.	Larnach, L.-Sgt. A. C. 19700.	M. April 12/18.
1 D. XIII	Leaney, J. 204688. (204969.)	M. April 12/18.
1 D. XIII	Legget, Wm. 51085.	M. Mar. 28/18.
1 D.	Low, A. 203780.	M. Mar. 28/18.
1 D.	McGregor, M.M., A/Cpl. 10738.	M. Mar. 28/18.
1 D.	McIver, A. 40292.	M. Mar. 28/18.
1 D.	MacMillan, J. 32590.	M. Mar. 28/18.
1 D. XIV	May, John. 41363.	M. April 12/18.
1 D.	Meikle, Sgt. O. 5735.	M. Mar. 28/18.
1 D. XIII	Murdoch, Andrew. 41319.	M. April 12/18.
1 D. XIII	Oliver, Thos. Galt. 48044.	M. Mar. 28/18.
1 D.	Scott, Cpl. T. 35033.	M. Mar. 28/18.
1 D. XIV	Shaw, Frank. 41355.	W. and M. **April 12/18.**
1 D. XV	Shirland, Louis Paterson. 451295.	M. April 12/18.
1 D.	Spiers, Duncan. 41579.	M. April 12/18.
1 D. XVI	Stewart, Peter. 41302.	M. April 12/18.
1 D.	Warrender, Cpl. Andrew. 24777.	M. April 12/18.
1 I.T.M.	Allan, A. 43114. (8 Bde.)	M. Mar. 28/18.
1 ?	Annan, Stewart McNevon. 41364.	M. April 12/18.
1 ?	Barr, Sgt Robt. Anderson. 204952. (Fr. 2/6 H.L.I., 204671.)	M. April 12/18.
1 ?	Campbell, Duncan McD. 13371.	M. May 18/18.
1 ?	Davis, R.-S.-M. Geo. Jas. 5301.	W. and M. **April 12/18.**
*1 ?	Haley, W. 16347.	M. Sept. 18/18.
1 ? I.T.M.	Kelly, Wm. 19201. (8 Bde.)	W. and M. **Mar. 28/18.**
1 ?	Kingstone, L.-Sgt. C. H. 15648.	M. April 12/18.
1 ?	McColl, John. 28217.	M. April 20-23/18.
1 ?	McColl, Wm. 28665.	W. and M. **Mar. 28/18.**
1 ?	Neill, Wm. 41574. (Fr. 3 Scot. Rfls.) (Late 39205.)	M. April 12/18.
1 ?	O'Donnell, P. 18338.	W. and M. **April 12/18.**
1 I.T.M.	Ralston, J 20577. (8 Bde.)	M. Mar. 28/18.
1 I.T.M.	Robertson, Jas. 51132. (8 Bde.)	M. Mar. 28/18.
1 ?	Ross, Jas. T. 41566.	M. Aug. 22/18.
1 I.T.M.	Scott, W. 34980. (8 Bde.)	M. Mar. 28/18.
1 ?	Storey, John. 41889.	M. April 12/18.
1 ?	Tilfer, Douglas. 51157.	M. April 10/18

December 1st, 1918.

Scots Fusiliers, Royal—contd.

B.E.F.

2 A.		Caldwell, James. 40492.	M. Mar. 22/18.
2 A.	IV	Donnelly, John. 28623.	M. Mar. 22/18.
2 A.		Gibb, T. 23720.	M. Mar. 24/18.
2 A.	III	Simpson, G. A. 28961.	M. Mar. 23/118.
2 A.	III	Smith, Charles. 33473.	M. Mar. 23/18.
2 A.		Urquhart, S. 28615.	M. Mar. 28/18.
2 A.	III	Wilson, Fred. 33188.	M. Mar. 22/18.
*2 B.		Burns, Wm. 285069.	M. Sept. 28/18.
2 B.	VII	Cork, Cpl. A. 24148.	W. and M. Mar. 26/18.
2 B.	VI	Crawford, A. 32259.	W. and M. April 10/18.
2 B.	V	Dalziel, Bryce G. 205387.	M. Mar. 26/18.
2 B.		Dickson, Robert. 17356.	W. and M. April 10/18.
2 B.		Garscadden, David. 40477.	M. April 11/18.
2 B.	VII	Hutcheson, James. 41459.	M. April 10/18.
‡2 B.		Kydd, Alexander. 16633.	M. Oct. 28/18.
*2 B.		McIlwee, D. 48426.	W. and M. Aug. 22/18.
2 B.	VI	Orr, Neil. 16386.	M. April 10/18.
2 B.	VI	Reed, L.-Cpl. G. 202828.	M. April 10/18.
2 B.	V	Richardson, A. H. 50945.	M. Mar. 26/18.
2 B.		Shand, Sgt. Wm. 51348.	W. and M. April 10/18.
2 B.	V	Steel, Andrew. 48178.	M. Mar. 26/18.
2 C.	IX	Bagley, W. 40429.	W. and M. Mar. 28/18.
2 C.	IX	Eckersley, Albert. 20390.	M. Mar. 28/18.
2 C.		Green, J. 40670.	M. Mar. 28/18.
2 C.	X	Jamieson, Wm. 24357.	M. Mar. 23/18.
2 C.		Joyce, John. 41635.	M. April 29/18.
2 C.	XII	Loftus, Charles. 43393.	M. April 10/18.
2 C.	IX	Luckie, Edw. 10619.	M. Mar. 28/18.
2 C.		McGuigan, J. 22967.	M. Mar. 28/18.
2 C.		McMillan, T. 23618.	M. Mar. 28/18.
2 C.		Miles, M.M., Cpl. H. 10665.	M. Mar. 28/18.
‡2 C.	XII	Monaghan, Robt. 41813.	W. and M. Sept. 28/18.
2 C.		Morrison, W. 240539. (6530.)	M. Mar. 28/18.
2 C.		Simpson, W. 43320.	M. Mar. 28/18.
2 C.		Todd, D. 9905.	M. Mar. 28/18.
2 C.		Wasp, A. 203117.	M. Mar. 28/18.
2 D.	XV	Caldwell, Alex. Hutchinson. 32149.	M. April 30/18.
2 D.	XV	Field, Geo. B. 202241.	W. and M. Mar. 27/18.
2 D.	XV	McEwen, Jas. 53643.	M. June 17/18.
2 D.		McGuire, J. 1455.	W. Unoff. M. April 30/18.
2 D.		McIntyre, C. 47611.	M. Mar. 28/18.
2 D.		McKay, R. 33470.	M. Mar. 27/18.
2 D.	XVI	Parkes, L.-Cpl. Albert. 41281.	M. Mar. 27/18.
2 D.	XIV	Thomson, William. 203701.	M. Mar. 27/18.
2 D.		Timmins, Matthew. 16554.	M. Mar. 27/18.
2 D.		Wallace, W. 32735.	M. Mar. 27/18.
2 D.		Wright, S. 43378.	M. Mar. 28/18.
2 ?		Bentley, H. 20699.	M. Mar. 26/18.
2 ?		Blackwood, Andrew Chalmers. 41477.	M. April 10/18.
2 ?		Campbell, Cpl. Sig. Andrew Ian. 200583.	M. April 10/18.
2 ?		Failes, D. 17626.	W. and M. June 16/18.
2 ?		Gilchrist, John 28393.	W. and M. July 19/18.
2 ?		Hall, Andrew A. 41259/4.	M. April 10/18.
2 ?		Hastie, Thos. 41516.	M. April 10/18.
2 ?		McAuley, J. 14088.	M. April 27/18.
2 ?		McPherson, James. 16953.	W. and M. April 11/18.
2 ?		Ripkewitch, Joseph. 48468.	M. April 10/18.
2 ?		Russell, David. 41570.	M. April 10/18.

December 1st, 1918.

Scots Fusiliers, Royal—contd.

B.E.F.

2 ?	Smith, Wm. 47787.	M April 10/18.	
2 ?	Wilson, G. V. 41437.	M. April 26/18.	
2 ?	Wilson, R.S.M. Robert. 6090.	M. April 10/18.	
2 ?	Wyper, Willie. 47859.	M. April 10/18.	
*4 B.	Logan, L.-Cpl. John. 13011.	M. Aug. 26/18.	
*4 C. X	Clarke, L.-Cpl. Joseph. 47508.	K. Sept. 28/18. Det.D./B.	
4 ?	Brannan, John. 52779.	Unoff. M. Oct. 1/18.	
2/4 C.	Chapman, Percy. 203603.	M. Mar. 28/18.	
*5	**Montgomerie, 2nd Lt. R.**	W. Unoff. M. Oct. 1/18.	
‡5 B.	Monteith, Wm. 240990.	M. Oct. 1/18.	
‡5 C.	Graham, Robt. 240240.	W. and M. Oct. 1/18.	
5 ?	Reed, John H. 41299.	M. April 12/18.	
6-7 A. L.G.S.	Dard, B. 40163.	M. Mar. 21/18.	
6-7 A. II	McGarvie, Cpl. Jas. 35047.	W. and M. April 18/18.	
6-7 A.	Mallon, Peter. 34902.	M. Mar. 22/18.	
6-7 A.	Parkins, L.-Cpl. W. 10572.	M. Mar. 21/18. R/Enq.	
6-7 A. III	Short, P. 203113.	K. April 18/18. Det.D./B.	
6-7 A. L.G.S.	Ward, B. 40163.	M. Mar. 21/18. R/Enq.	
‡6-7 B.	Machan, W. 201395.	M. Mar. 21/18.	
6-7 C.	Hall, B. Jos. 20407.	M. Mar. 21/18.	
6-7 C.	Orr, Sgt. Robt. 12288.	W. Unoff. M. Mar. 22/18.	
6-7 ?	James, Nun. 1349.	M. Mar. 21/18.	
6-7 ?	Stevenson, Duncan. 32540.	M. Mar. 21/18.	
2/6 Sig. S.	Ward, L.-Cpl. H. 305890.	M. Mar. 21/18.	
‡11 B.	Bird, H. 204262.	M. Sept. 2/18.	
*11 C. X	Cancy, Percy John. 59330.	M. Sept. 30/18.	
*11 C. IX	Manning, F. 59242.	K. Sept. 30/18. Det.D./B.	
‡11 D.	Adams, F. 32725.	M. Sept. 2/18.	
12 C.	Blyth, Wm. 295944.	M. July 22/18.	
12 C. IX	Evans, W. 296247. (Fr. Ayr and Lanark Yeo.)	W. Unoff. M. July 19/18.	
12 C. IX	Weatherstone, Geo. Hry. 296297.	M. July 10-17/18.	
*12 ?	Kitson, G. 49847.	M. Aug. 13/18.	

BALKANS.

8	Crawshaw, M.C., Capt. and Adjt. C. N.	M. bel. K. Sept. 19/18.	
*8	**Lamb, Lieut. H. H.**	M. Sept. 29(?)/18.	
*8 A.	Borriston, C.-S.-M. W. 6781	K. Sept. 19/18. Det.D./B.	
‡8 A. III	Ewart, James. 48042.	M. Sept. 19/18.	
8 A.	Gracie, John. 47733.	M. Sept. 19/18.	
*8 B. VII	Bell, David. 35904.	M. Sept. 19/18.	
‡8 B.	Cutmore, Geo. 14103.	M. Sept. 17/18.	
8 B.	Gilmour, Robt. 14172.	M. Sept. 19/18.	
8 B.	Hamilton, Sgt. John Paterson. 14524	W. and M. Sept. 19/18.	
8 B.	McInnes. Alfred. 19221.	M. Sept. 19/18.	
8 C.	Hutchinson, Edward. 36628.	M. Sept. 19/18.	
*8 C. X	Millar, R. 29088.	D/W. Sept. 20/18. Det.D./B.	
*8 D. XIII	Black, Arnot H. 28593.	M. Sept. 19/18.	
8 D.	Bolam, T. 15121.	M. Sept. 19/18.	
8 D. M.G.S.	Ford, B. 15059.	K. Sept. 19/18. Det.D./B.	
*8 D.	Lynch, Philip. 23675.	M. Sept. 18/18.	
8 D.	McLagan, Stuart. 24475.	M. Sept. 19/18.	
*8 ?	Behan, G. 28576.	M. Sept. 19/18.	
*8 ?	Boyd, L.-Sgt. J. 13839.	M. Sept. 19/18.	
*8 ?	Brown, J. 205254.	M Sept. 19/18.	
*8 ?	Cunningham, J. 23569.	M. Sept. 19/18.	
*8 ?	Dunnachie, W. 28914.	M. Sept. 19/18.	

December 1st, 1918.

Scots Fusiliers, Royal—contd.

BALKANS.

*8	?	Gallacher, P. 205390.	M. Sept. 19/18.
*8	?	Graham, A. 51495.	M. Sept. 19/18.
*8	?	Hunter, J. 16471.	W. and M. Sept. 19/18.
*8	?	Lauglin, W. 28387.	M. Sept. 19/18.
*8	?	Logan, J. 13969.	M. Sept. 19/18.
*8	?	Lowry, A. 23767.	M. Sept. 19/18.
*8	?	McCluskie, W. 16439.	M. Sept. 19/18.
*8	?	McDonald, H. 14108.	M. Sept. 19/18.
*8	?	McFadyen. 23718.	M. Sept. 19/18.
*8	?	McKenzie, R. 27096.	M. Sept. 19/18.
*8	?	McLean, L.-Cpl. W. 12390.	M. Sept. 19/18.
*8	?	Mills, Cpl. H. 14119.	M. Sept. 19/18.
*8	?	Murphy, L.-Cpl. D. 13942.	M. Sept. 19/18.
*8	?	Park, J. 28377.	M. Sept. 19/18.
*8	?	Stillie, J. 47677.	M. Sept. 19/18.
*8	?	Walker, L.-Cpl. J. 32690.	M. Sept. 19/18.
*8	?	Walkinshaw, W. 14409.	M. Sept. 19/18.

KING'S OWN SCOTTISH BORDERERS.

B.E.F.

1 A. or C.	Chatterton, A.-Sgt. W. H. 10465.	M. April 11/18.
‡1 A.	Dalgliesh, A. 41651.	W. and M. Aug. 18/18.
1 A. III	Donald, Robt. 202612.	K. April 11/18. Det.D./B.
‡1 A.	Duffy, J. 41861.	M. Aug. 18/18.
1 A. I	Gardner, J. 202192.	M. April 11/18.
1 A. II	Kydd, J. 202835.	M. April 11/18.
1 A.	Neave, James. 9405.	M. Aug. 18/18.
1 A. IV	Petroff, B. D. 31071.	W. and M. April 11/18.
1 A.	Ryan, James. 16300.	W. and M. April 11/18.
1 A. II	Trope, W. 31100.	W. and M. April 11/18.
1 A. I	Ward, John. 202653.	M. April 11/18.
1 A.	Welsh, Daniel. 41733.	M. Aug. 18/18.
1 A. I	White, Percy. 29871.	M. April 11/18.
1 B.	Allan, David. 12395.	M. April 11/18.
‡1 B.	Bedford, C. 18676.	W. and M. Aug. 18/18.
1 B. VI	Bemrose, Chas. Wm. 241281.	M. April 11/18.
1 B. V	Bracewell, Joe. 18438.	M. April 11/18.
1 B. VIII	Brown, William. 25563.	M. April 11/18.
1 B. VI	Cafferty, Martin. 13477.	M. April 11/18.
1 B. VI	Calvert, E. 241925.	M. April 11/18.
1 B. V	Cartwright, S. 27465.	M. April 11/18.
1 B. VIII	Fraser, John. 40485.	M. April 11/18.
1 B. VIII	Fraser, Thos. 25635.	M. April 11/18.
1 B. VI	Hall, James. 33259.	M. April 11/18.
1 B. VIII	Henry, Nathan M. 203221.	Unoff. M. May 10/18.
1 B. VI	Hume, J. M. 29890.	M. April 11/18.
*1 B. VII	Jack, Andrew. 201428.	M. Aug. 18/18.
1 B.	Langton, J. 41037.	M. Mar. 28/18.
1 B. VIII	McCardle, Patrick. 12877.	M. April 11/18.
1 B. VIII	MacGregor, Dugald. 17693.	M. April 11/18.
1 B. VIII	Moore, Hugh. 202699.	M. April 11/18.
1 B. VI	Murray, W. 7262.	M. April 11/18.
1 B.	Pickersgill, Cpl. Percy. 33607.	M. April 11/18.
1 B. V	Pollock, John K. 31536.	M. April 11/18.
1 B.	Rae, Sig. Wm. 242746.	M. April 11/18.

December 1st, 1918.

Scottish Borderers, King's Own—contd.

B.E.F.

1 B. VIII	Ritchie, Ronald Johnston. 202051.	M. April 11/18.
1 B. V	Smillie, James. 41146.	M. April 11/18.
1 B. VI	Stevenson, R. 203186.	M. April 11/18.
1 B.	Taylor, George C. 29865.	M. April 11/18.
1 B. V	Vencta, John. 41142.	M. April 11/18.
1 B. VI	West, Joe B. 41763.	M. Aug. 18/18.
1 B. V	Whillis, Thomas. 202902.	M. April 11/18.
1 C. IX	Brown, Chas. Alex. 203224.	M. April 11/18.
1 C.	Brown, Tom. 16037.	W. and M. April 11/18.
1 C.	Brown, Wm. 242369.	M. April 11/18.
1 C. IX	Church, P. 27902.	M. April 11/18.
1 C. XII	Davidson, George. 19016.	M. April 11/18.
1 C. X	Geddes, G. W. 40472.	M. April 11/18.
1 C. IX	Green, Samuel. 18190.	M. April 11/18.
1 C. IX	Hayes, C. E. 41095.	M. April 11/18.
1 C.	Lapere, William. 41548.	M. April 11/18.
1 C. XII	Macdonald, Jas. Myles. 29020.	M. April 11/18.
1 C. VIII	Milby, John. 40799.	M. April 17/18.
1 C.	Nelson, Maxwell. 18880.	M. April 11/18.
1 C. IX	O'Neil, P. 28970.	M. April 11/18.
1 C. X	Thoburn, Alex. 13326.	M. April 11/18.
1 D.	Agnew, R. 202883.	M. April 11/18.
1 D. XVI	Aitken, Archibald. 26039.	M. April 11/18.
1 D. XVI	Beauly, L.-Cpl. Wm. 241175.	M. April 11/18.
1 D. XIII	Crawford, Geo. 27085.	M. April 11/18.
1 D. XIV	Edgar, G. 22472.	M. April 11/18.
1 D. XVI	Hunter, Walter. 25048.	W. and M. April 11/18.
1 D. XVI	Lees, Jas. 202757.	M. April 11/18.
1 D. XV	McLaughlin, D. 202713.	M. April 11/18.
1 D. XIII	Martin, Edward. 16394.	M. April 11/18.
1 D.	Moffat, J. 40708.	M. April 11/18.
1 D. XVI	Munro, Wm. 41558.	M. April 11/18.
1 D. XV	Slimon, L.-Cpl. Wm. 202761.	M. April 11/18.
1 D. XIII	Tait, Wm. 16414.	M. April 11/18.
1 ?	Inving, T. 20247.	W. and M. April 11/18.
1 ?	Oliver, John Henry. 6579.	K. April 17/18. Det.D./B.
1 ?	Tait, Sig. John Hans. 202807.	M. April 11/18.
2	Cox, 2nd Lt. W. R.	M. Sept. 18/18.
2	Heygate, 2nd Lt.	M. June 11/18.
2 A. I	Paterson, L.-Cpl. John A. 32986.	W. and M. Aug. 26/18.
*2 B.	Barker, E. 22053	K. Aug. 26/18. Det.D./B.
2 B. VII	Cunningham, Robert. 33013.	D/W. April 24/18. Det.D./B.
2 B. VIII	Dickson, Chas. 34171.	K. Aug. 26/18. Det.D./B.
2 B. V	Leslie, James. 33064.	K. June 28/18. Det.D./B.
2 B. V	Lewis, George. 41424.	M. June 28/18.
2 B.	McQuire, Richard. 41184.	M. July 29/18.
2 B. VIII	Rutherford, Robert. 32479.	M. April 24/18.
2 B. VI	Younger, Andrew Richd. 41286.	D/W. May 15/18. Det. of cas.
‡2 C.	Forbes, W. 202209.	M. Sept. 18/18.
2 C. X	Heffron, Henry. 53133.	M. Sept. 18/18.
2 C.	Mack, Robert. 200468.	D/W. Sept. 3/18. Det.D./B.
*2 C. XI	Roberts, G. Stanley. 32721.	W. and M. Aug. 26/18.
‡2 C.	Skimming, W. 32719.	M. Sept. 18/18.
2 C. XII	Wood, James. 202077.	W. Unoff. M. Aug. 26/18.
‡2 D.	Kelly, Charles. 41210.	K. Sept. 18/18. Det.D./B.
2 D. XVI	Maxwell, L.-Cpl. Peter. 41453.	K. Aug. 26/18. Det.D./B.
2 D. VIII	Steele, J. 201803.	M. June 11/18.
2 ?	Dunlop, Alex. Reed. 41258.	D/W. May 21/18. Det.D./B.
2 ? I.T.M.	Logue, Marcus. 40402. (13 Bde.)	M. April 16/18.

December 1st, 1918.

Scottish Borderers, King's Own—contd.

B.E.F.

1		Common, 2nd Lt. H. A.	W. and M. Oct. 4/18.
‡4 A. I		Hitchen, Robt. 42278.	M. Oct. 3/18.
*4 A.		Liddle, L.-Cpl. Alex. 201569.	M. Sept. 20/18.
*4 A.		Richardson, W. 201528.	M. Oct. 3/18.
*4 B.		Kennedy, Kenneth. 35360	M. Oct. 4/18.
‡4 B.		Mercer, Henry. 201345.	W. and M. Oct. 4/18.
*4 B. VI		Mounce, Geo. 35207	M. Oct. 4/18.
*4 B.		Wallis, James E. 35232.	M. Oct. 4/18.
*4 C. XII		Hackes, Peter. 41147.	M. Sept. 17/18.
*4 D. XIV		Crosbie, James. 35109.	M. Oct. 3/18.
‡4 D.		Drew, George. 201979.	M. Oct. 3/18.
‡4 D.		Mathieson, Jas. 240508.	M. Oct. 3/18.
‡4 D. XVI		Melvin, Jas. 201911.	M. Oct. 3/18.
*4 D. XVI		Riddle, R. 201145.	M. Oct. 3/18.
*4 D.		Smith, Alex. H. 201258.	M. Oct. 3/18.
‡4 D.		Thomson, James. 35172.	M. Oct. 3/18.
‡4 ?		Baillie, George. 200061.	M. Oct. 3/18.
‡4 ?		Duffy, James. 35195.	M. Oct. 4/18.
‡4 ?		Snaith, J. T. 5805.	W. and M. Oct. 4/18.
5		Carmichael, Lieut. G. G. (Fr. 4.)	K. Aug. 1/18. Det.D./B.
‡5 A. II		Auld, James. 42083.	K. July 29/18. Det.D./B.
5 A.		Robertson, James. 251733.	K. July 29/18. Det.D./B.
5 A.		Sudron, Albert. 201699.	M. July 29/18.
‡5 B.		Allan, S. 34158.	M. July 29/18.
*5 B. V		Baxter, Evan. 42091.	M. July 29/18.
5 B.		Chalmers, James. 24157?.	W. Unoff. M. July 29/18.
5 B. VII		Kennedy, Thos. 41971.	M. July 29/18.
‡5 B.		Mackay, A. 40758.	M. July 29/18.
5 B. VIII		Marling, W. 203272.	K. Aug. 1/18. Det.D./B.
5 B.		Rennie, James. 28789.	W. Unoff. M. July 29/18.
‡5 B.		Spittal, R. 32655.	M. July 29/18.
*5 C. IX		Cameron, Geo. A. 42098.	M. Sept. 28/18.
5 C. L.G.S.		Houston, John. 241183.	M. Aug. 1/18.
5 C.		Murdoch, Peter. 240224.	M. July 29/18.
5 C.		Neil, L.-Cpl. C. R. 240839.	M. July 30—Aug. 1/18.
5 C.		Neil, L.-Cpl. R. 240577	W. and M. July 28—Aug. 1/18.
5 C. X		Reid, A. 42192.	W. Unoff. M. Aug. 1/18.
5 D. XVI		Brown, John. 17777.	M. Aug. 1/18.
‡5 D.		Gilmours, J. 241151.	M. Aug. 1/18.
‡5 D.		Graham, J. 200458.	M. Aug. 1/18.
5 D. XV		Kerr, Robert. 23541.	M. July 29/18.
*5 D. XIII		McPhail, George. 31511.	M. July 29/18.
‡5 D.		Smith, F. C. 31076.	M. July 29/18.
‡5 D.		Smith, J. 240908.	W. and M. July 25/18.
‡5 D.		Wilson, G. 27265.	M. Aug. 1/18.
5 ?		Dow, Henry. 42101.	M. July 29/18.
6		Gall, Lieut. C. McK.	M. Aug. 18/18.
6		Gardiner, Lieut. Charles.	W. Unoff. M. April 25/18. R/Enq.
6		Ramply, Lieut. W. T.	M. Sept. 30/18.
6 A. III		Allan, Walter. 15001.	M. Mar. 21-24/18.
6 A.		Ambrose, W. 10383.	M. Mar. 21/18.
6 A. IV		Cowe, R. A. 31377.	M. Mar. 21-24/18.
6 A. II		Dunlop, R. C. 40866.	W. and M. Mar. 21-24/18.
6 A. II		Foster, John. 27415.	W. and M. June 3/18.
*6 A. I		Hyam, L.-Cpl. Edward. 19221.	M. Sept. 30/18.
*6 A.		Lynn, David. 34999.	K. Sept. 30/18. Det.D./B.
6 A. IV		McCallum, Cpl. Wm. 29370.	M. Mar. 21-24/18.
6 A. IV		Malone, Peter. 32348.	M. Mar. 24/18.

December 1st, 1918.

Scottish Borderers, King's Own—contd.

B.E.F.

6 A. I	Mullen, L.-Cpl. M. 18923.		M. Mar. 22/18.
6 A. I	Semple, William. 32508.		W. and M. Aug. 18/18.
‡6 A.	Squires, W. 42171.		W. and M. Aug. 18/18.
6 A. III	Stewart, Wm. 28982.		M. April 25/18.
6 A. III	Sutherland, Geo. 28978.		W. and M. Mar. 21-24/18.
6 A.	Thomson, James. 16782.		M. Mar. 21-25/18.
6 B.	Archer, Fred. 242217.		Unoff. M. Mar. 21/18.
6 B. VI	Ballantyne, Chas. 23215.		M. April 25/18.
6 B.	Boyce, L.-Cpl. Frank Noble. 43057.		M. April 25/18.
6 B.	Clark, Robert. 40817.		M. July 29/18.
6 B. VI	Dick, John. 6909.		M. April 25/18.
6 B.	Dunlop, L.-Cpl. John. 32283.		M. April 25/18.
6 B.	Hastie, Wm. M. 30293.		M. Mar. 21-24/18.
6 B. VII	Jackson, L.-Cpl. Walter. 24994.		M. April 25/18.
6 B. VIII	Lawrie, P. 32321.		M. Mar. 21-24/18.
6 B. VII	Leishman, George. 31559.		W. and Unoff. M. April 25/18.
6 B. VIII	Lennie, John. 31394.		M. April 25/18.
6 B. VII	McArthur, John. 31118.		M. April 25/18.
6 B. VII	McDonald, J. 32599.		K. April 10/18. Det.D./B.
6 B. VII	Machie, Wm. 13971.		M. Mar. 21-24/18.
6 B. V	Munro, L.-Cpl. Jas. G. 32333.		M. April 25/18.
6 B. VIII	Ritchie, John. 31444.		M. April 25/18.
6 B.	Robertson, Cpl. Wm. 28708.		W. and M. Aug. 18/18.
6 B. VIII	Semple, George. 32524.		M. April 25/18.
6 B. V	Staig, D. 31677.		M. April 25/18.
6 B. VIII	Wilson, Wm. 31456.		Unoff. W. and M. April 25/18.
*6 B.	Woodcock, Joseph. 13898. (Fr. 8th.)		M. July 31/18.
6 C.	Cant, Sgt. B. 242033.		M. Mar. 21-24/18.
*6 C. XII	Corrigan, Robert. 34998.		M. Sept. 30/18.
‡6 C. XII	Craig, Robert. 30213.		M. Oct. 16/18.
6 C. X	Craven, J. 28806.		M. Mar. 21-24/18.
‡6 C. XII	Grant, Francis. 41948.		M. Oct. 16/18.
*6 C. XII	Hislop, James Brown. 32918/4.		M. Sept. 30/18.
6 C. IX	Holt, Harry. 28273.		M. Mar. 21-24/18.
6 C. XI	Kennedy, Geo. 31490.		W. Unoff. M. Mar. 21-24/18.
6 C.	McCluskey, M.M., Jas. 5784.		M. April 25/18.
*6 C. XII	Malcolm, Tom. 35033.		M. Sept. 30/18.
*6 C. XII	Martin, L.-Cpl. Edward. 202231.		M. Sept. 30/18.
6 C. XII	Masters, C. V. 40518.		W. and M. April 25/18.
6 C. XI	Mitchell, Chas. 29436.		M. April 11-12/18.
‡6 C. XII	Mullineaux, Samuel. 25839.		M. Oct. 16/18.
6 C. X	Neal, Edward Joseph. 16474.		M. April 25/18.
6 C. X	Patten, L.-Cpl. A. H. 40959.		M. Mar. 21/18.
‡6 C.	Petrie, L.-Cpl. John. 23500.		M. Sept. 30/18.
6 C. X	Richmond, Robt. 32180.		M. Mar. 21-24/18.
*6 C. XII	Robertson, Thos. 34969.		M. Sept. 30/18.
‡6 C. XII	Rogerson, Robt. 25597.		M. Oct. 16/18.
‡6 C. X	Shand, Duncan S. 35299.		M. Oct. 16/18.
6 C. X	Smith, Donald. 40512.		M. April 23/18.
‡6 C.	Stewart, Robt. D. 44104.		M. Sept. 30/18.
6 C. XI	Wilkie, Geo. 28880.		M. April 25/18.
6 C. XI	Young, John O. 41357.		M. April 25/18.
6 D. XIII	Allan, James. 26029.		K. Mar. 21-24/18. Det.D./B.
6 D. XIII	Barclay, Wm. M. 29093.		M. April 25/18.
6 D. XV	Beltrami, Angelo. 40712.		M. April 25/18.
6 D. XIV	Caithness, Cpl. J. 32246.		M. April 25/18.
6 D.	Clarke, Frank. 32428.		M. April 25/18.
6 D. XIV	Clark, Matthew. 41956.		M. Aug. 18/18.

December 1st, 1918.

Scottish Borderers, King's Own—contd.

B.E.F.

6 D. XIII	Cochrane, John. 27315.	M. April 25/18.
6 D.	Creighton, L.-Cpl. 28090.	M. April 25/18.
6 D. XIV	Dring, A. 21121.	W. Unoff. M. April 25/18.
6 D. XVI	Evans, John. 242222.	M. April 25/18.
‡6 D. XV	Ferguson, Samuel. 33032.	M. Oct. 15/18.
6 D. XV	Forteath, E. 29017.	M. Mar. 21-24/18.
6 D. XIV	Frank, A/Cpl. Arthur. 9087.	M. Mar. 24/18.
6 D. XIV	Fraser, L.-Cpl. Robert. 28186	M. April 25/18.
6 D. XIII	Gibson, L.-Cpl. T. D. 28997.	M. April 25/18.
6 D. XVI	Graham, Peter. 25766.	M. April 25/18.
6 D. XI	Hogg, Cpl. Jas. H. 27625.	K. Mar. 21-24/18. Det.D./B.
6 D.	Jardine, Jas. 25221.	M. April 23/18.
6 D. XV	Keeton, C. E. 17791.	M. Mar. 21-24/18.
6 D.	Lascelles, R. 15907.	W. Unoff. M. Mar. 21-24/18.
6 D.	McGinlay, Robert. 27207.	M. April 25/18.
6 D. XVI	McLeod, G. R. 21975.	M. April 25/18.
6 D. XIV	Quinn, J. 32365.	M. April 25/18.
6 D. XV	Rae, Robin B. 31673.	M. April 25/18.
6 B. XV	Renwick, John. 31679.	M. April 25/18.
6 D. XIII	Routledge, John. 32563.	M. April 25/18.
6 D.	Savidge, Henry. 40254.	M. April 25/18.
6 D.	Thomson, Sgt. Jas. 20053.	M. April 25/18.
6 H.Q. Sig.	Bell, Dick. 23372.	W. and M. April 25/18.
6 H.Q.	Bell, James. 25000.	M. Mar. 21-24/18.
6 H.Q.	Hay, J. 31372.	M. July 31/18.
6 H.Q.	McKay, James. 17273.	M. April 25/18.
6 H.Q.	Reid, Sig. Jas. 240612.	Unoff. W. and M. Mar. 24/18.
6 ?	Adam, Geo. 43094.	M. April 25/18.
‡6 ?	Doig, James. 201403.	M. Oct. 16/18.
6 ?	Hill, Jos. Henry. 242112.	M. Aug. 18/18.
‡6 ?	Jack, Henry. 35366.	M. Oct. 16/18.
6 ?	McCracken, L.-Cpl. Alex. 25811.	M. April 25/18.
6 Sig. S.	McLellan, Wm. 33084.	W. and M. April 25/18.
6 ?	Meldrum, David. 24620.	M. Mar. 26-27/18.
6 ?	Smith, Thos. 23039.	M. Mar. 21-24/18.
6 ?	Thompson, J. 7965.	M. Mar. 21-24/18.
6 ?	Thomson, Wm. 32648.	W. and M. Aug. 18/18.
*7-8	Sloan, 2nd Lt. J. B. (Fr. 5th.)	K. July 23/18. Det.D./B.
7-8	White, 2nd Lt. A. B. (Fr. 5th.)	M. bel. K. July 23/18.
7-8 A.	Armstrong, Wm. 32913.	W. Unoff. M. July 23/18.
‡7-8 A.	Aylmer, J. 25582.	M. Sept. 17/18.
*7-8 A. I	Bolton, Wilfred. 40243.	M. Sept. 17/18.
7-8 A. II	Broome, L.-Cpl. C. 21661.	W. and M. July 23/18.
7-8 A. IV	Crane, L.-Cpl. F. W. 242147.	W. Unoff. M. July 23/18.
7-8 A. III	Dalgliesh, Wm. 25472.	M. June 25/18.
*7-8 A.	Deakin, Robt. 12829.	M. July 23/18.
‡7-8 A.	Dickson, J. S. P. 42602.	M. Sept. 17/18.
7-8 A.	Fergus, Geo. 28884.	W. and M. July 23/18.
7-8 A. IV	Grahamshaw, A. 19940.	M. July 23/18.
7-8 A.	Hetherington, Thos. 41410.	W. Unoff. M. July 23/18.
*7-8 A. II	Lowe, P. 32086.	Unoff. M. Sept. 17/18.
‡7-8 A.	McCall, P. 32471.	W. and M. July 23/18.
7-8 A. IV	McDowall, Robert. 26902.	W. and M. July 23/18.
7-8 A. IV	McGeoghie, P. 23699.	W. Unoff. M. July 23/18.
7-8 A. IV	Macpherson, Sig. W. B. 201894.	W. Unoff. M. July 23/18.
7-8 A. IV	Page, L.-Cpl. Wm. 22007.	M. June 25/18.
7-8 A.	Palmer, Eric. 40003.	M. July 23/18.
‡7-8 A.	Pattison, G. 15400.	W. and M. July 23/18.

December 1st, 1918.

Scottish Borderers, King's Own—contd.

B.E.F.

7-8 A. III	Picken, A. 23255.	W. Unoff. M. July 23/18.
7-8 A. IV	Scott, Alex. 44168.	W. Unoff. M. July 23/18.
7-8 A. IV	Sharples, T. 21051.	W. Unoff. M. July 23/18.
7-8 A. I	Sneddon, Thos. 22707.	W. and M. July 23/18.
*7-8 A. IV	Turner, George. 43077.	M. July 23/18.
7-8 A. III	Tweedie, L.-Sgt. John. 40217.	W. and M. July 23/18.
7-8 A. III	Wightman, P. N. C. 32472.	M. July 23/18.
7-8 B. VIII	Arrowsmith, R. H. 29300.	M. April 10/18.
*7-8 B. V	Farmer, Eugene A. 240634.	W. and M. Sept. 17/18.
7-8 B. V	Galbraith, Hector. 33250.	K. Aug. 1/18. Det.D./B.
7-8 B. VI	Loudon, William. 40470.	W. and M. Mar. 28/18.
‡7-8 B.	McCracken, G. 35009.	M. Sept. 17/18.
7-8 B. VIII	Smith, Frank. 21477.	W. and M. Mar. 28/18.
7-8 B.	Woolley. 24068.	M. Mar. 28/18.
7-8 C. X	Clarkson, John. 23350.	M. July 23/18.
*7-8 C.	Drennan, Wm. 241007.	M. Sept. 17/18.
7-8 C.	Lane, Moses Henry. 40130.	M. July 23/18.
7-8 C.	McGhee, J. 40755.	M. Mar. 28/18.
7-8 C. X	Smith, W. H. 17712.	K. July 23/18. Det.D./B.
*7-8 C. XI	Walker, James. 42561.	M. Sept. 17/18.
7-8 D. XV	Bolton, Thomas. 25590.	M. July 23/18.
7-8 D. XIII	Bonham, Sigr. B. 20962.	W. Unoff. M. July 23/18.
7-8 D. XIV	Chamberlain, Sgt. Geo. Edwin. 17922.	K. July 23/18. Det.D./B.
7-8 D.	Clark, R. 242368.	M. July 23/18.
7-8 D. XV	Clough, L.-Cpl. J. 242077.	M. July 23/18.
7-8 D. XV	Dundas, W. 12226.	M. Mar. 28/18.
‡7-8 D.	Edgar, J. 30430.	W. and M. Aug. 1/18.
7-8 D. XIII	Farrell, Robt. 16790.	M. July 23/18.
7-8 D.	Flannigan, D. 23578.	M. July 23/18.
7-8 D. M.G.S.	Holmes, T. W. 29542.	M. July 23/18.
7-8 D.	Kent, C.-S.-M. W. 17003.	W. and M. July 23/18.
7-8 D. XV	Kilbride, John. 23760.	M. July 23/18.
7-8 D.	Mackie, John. 32958.	M. July 23/18.
‡7-8 D.	Millar, Forbes. 202765.	M. July 23/18.
7-8 D. XV	Moore, Charlie. 41502	M. July 23/18.
7-8 D. XIV	Peake, William. 40519.	M. Mar. 28/18.
7-8 D. XVI	Simm, Edward. 23400.	M. July 23/18.
7-8 D. XV	Wylie, M. 29395.	M. July 23/18.
7-8 ?	Bennett, G. B. 242208.	M. July 23/18.
7-8 ?	Cadden, James. 32925.	M. July 23/18.
7-8 L.G.S.	Cassidy, W. M. 40721.	M. July 23/18.
7-8 ?	Ferguson, James. 41528	W. and M. July 23/18.
7-8 M.G.S.	Gavaghan, Peter. 21115.	M. July 23/18.
7-8 ?	Glen, James. 18393.	M. July 23/18.
7-8 ?	McLuckie, J. 40808.	M. June 25/18.
7-8 ?	Murphy, Wm. 240900.	M. July 23/18.
7-8 ?	Paterson, M. John. 203556.	M. July 23/18.
‡7-8 ?	Robertson, R. N. 201592.	K. Sept. 25/18. Det.D./B.
7-8 ?	Wilson, James. 32966.	M. July 23/18.
12 ?	Turner, Nichols. 11973.	M. April 11/18.

E.E.F.

4 A. III	Young, G. 202687.	M. Oct. 4/17.

December 1st, 1918.

SCOTTISH RIFLES.
B.E.F.

1		Clarke, 2nd Lt. A. C.	K. Sept. 21/18. Det.D./B.
*1 A. II		Armstrong, G. H. T. 39144.	M. Sept. 21/18.
1 A. II		Benness, E. H. 41025.	M. April 13/18.
1 A.		Brunton, D. 41929.	M. May 8/18.
1 A. II		Corfield, Howard. 202303.	M. May 8/18.
1 A. II		Deeks, C. A. 40976.	W. and M. April 13/18.
1 A. II		Dick, Alexander. 31827.	M. May 8/18.
1 A.		Firth, Sig. Walter Jas. 21867.	W. and M. April 13/18.
*1 A. IV		McCulloch, John. 43274.	M. Sept. 21/18.
1 A. II		McKenzie, Cpl. Wm. 24710.	M. about Sept. 18/18.
*1 A. IV		Mitchell, George G. 42618.	M. Sept. 21/18.
1 A. I		Ness, David. 202448.	M. May 8/18.
‡1 A. III		Phillips, J. 37690.	W. Unoff. M. Sept. 21/18.
1 A. II		Ross, Allan Alex. 41032.	M. April 14/18.
*1 A. I		Sales, E. 202669	W. Unoff. M. Sept. 21/18.
1 A. or C.		Walker, Jas. 38653.	W. and M. April 14/18.
1 B. VII		Armstrong, William. 30297.	W. and M. April 14/18.
1 B. VIII		Bingham, Thos. 201502.	W. and M. April 14/18.
1 B.		Currie, Jas. 41208.	M. May 8/18.
1 B. VIII		Kennan, Joseph. 25637.	M. April 14/18.
1 B. VIII		McGregor, Geo. M. L. 37568.	M. April 14/18.
1 B.		McGregor, John. 26058.	W. and M. May 8/18.
‡1 B. V		McKillop, Robt. B. T. 42121.	M. Sept. 21/18.
1 B. VIII		King, W. J. 36534.	M. April 14/18.
1 B. VI		McPherson, Wm. 33764.	W. and M. May 8/18.
1 B. VI		Meldrum, A. 33290.	M. May 8/18.
1 B. VII		Munro, L.-Cpl. Wm. 11115.	M. May 8/18.
1 B. VIII		Neil, Thos. 200932.	M. April 14/18.
1 B. VI		Nicklas, C. 202896.	M. May 8/18.
*1 B. V		Orr, L.-Cpl. Andrew. 23108.	W. Unoff. M. Sept. 21/18.
1 B. VIII		Shuthers, Alexr. 41933.	M. April 14/18.
1 B.		Smith, Robert A. 33675.	M. April 14/18.
1 B. VII		Smith, W. A. 37284.	W. Unoff. M. July 29/18.
*1 B. VII		Stringer, Cpl. B. 42470.	M. Sept. 21/18.
1 B.		Veitch, L.-Cpl. W. 203292.	W. and M. May 8/18.
1 B. VIII		Watson, Jas. Bennett. 42630.	M. Aug. 13/18.
*1 B. VII		White, Wm. 42108.	M. Sept. 21/18.
1 C. X		Brown, Allan. 41035.	M. May 8/18.
1 C. XII		Knight, A. J. 204045	M. May 8/18.
1 C. XVI		McInnes, W. 37279.	M. May 8/18.
1 C. XII		Meikle, John. 38386.	M. May 8/18.
1 C. XII		Neilson, Joseph. 27757.	M. May 8/18.
1 C.		Pimm, Sgt. A. W. 8666.	M. May 8/18.
1 C.		Smith, Cpl. Wm. B. 41938.	W. and M. April 14/18.
‡1 C. X		Teler, Wm. 39347.	W. Unoff. M. Oct. 23/18.
1 C. X		Wright, J. 41865.	W. and M. May 8/18.
1 D.		Bolton, Frank. 7926.	M. May 8/18.
1 D. XIII		Docherty, Daniel. 33858.	W. Unoff. M. May 8/18.
*1 D. XV		Doores, John. 42831.	M. Sept. 21/18.
1 D. XIII		Innes, J. S. 235320.	W. and M. May 8/18.
1 D.		McAteer, Wm. 7343.	W. and M. May 8/18.
1 D. XVI		Monk, Cpl. Harry. 7596.	M. May 8/18.
1 D.		Timmins, Patrick. 238040.	W. and M. May 8/18.
1 ?		Henderson, Wilkin. 38358.	M. April 14/18.
1 ?		Reilly, Thos. 23398.	M. May 8/18.
2 A. III		Bailey, J. 242173.	M. Feb. 8/18.
2 A. II		Chadwick, Thos. 17577.	M. Mar. 25/18.
2 A.		Clunie, Wm. 41899.	M. Mar. 25/18.
2 A. II		Corner, R. 203921.	M. April 2/18.

December 1st, 1918.

Scottish Rifles—contd.

B.E.F.

2 A. II	Cox, E. C. 36352.	M. Mar. 25/18.	
2 A.	Crichton, L.-Cpl. David. 206155.	M. Mar. 25/18.	
2 A. IV	Deignan, Owen. 41562.	M. Mar. 21/18.	
2 A. IV	Dew, D. 241861.	M. Mar. 25/18.	
2 A. IV	Fieldsend, Wm. 203128.	M. Mar. 25/18.	
2 A. II	Geddes, A. 36844.	M. Mar. 24/18.	
2 A. IV	Getty, Robert. 238103. (35616.)	M. Mar. 25/18.	
2 A. Sig. S.	Gordon, L.-Cpl. Wm. 200885.	M. Mar. 25/18.	
2 A.	Henderson, Sgt. Adam. 1366.	M. June 23/18.	
2 A. I	Howells, Ernest. 203156.	M. Mar. 25/18.	
2 A. II	Liddall, J. A. 241059.	M. Mar. 25/18.	
2 A. II	Little, Thomas. 201920.	M. Mar. 25/18.	
2 A. I	McCulloch, Philip. 6914.	M. Mar. 25/18.	
2 A. I	McMahon. 265603.	M. Mar. 25/18.	
2 A. II	Shannon, Jas. 25934.	W. and M. Mar. 25/18.	
2 A. II	Siddall, John Arth. 241059.	M. Mar. 25/18.	
2 A. Sig. S.	Stalker, L.-Cpl. Andrew. 200952.	M. Mar. 25/18.	
2 A. IV	Webb, G. 242208.	M. Mar. 25/18.	
2 B. VI	Arnott, John. 38300.	M. Mar. 24/18.	R/Enq.
2 B. VIII	Bell, L.-Cpl. J. 18127.	M. Mar. 24/18.	
2 B. VII	Bettany, D. 18249	M. Mar. 24/18.	
2 B. VIII	Brown, Cpl. Wm. 266296.	M. Mar. 23-25/18.	
2 B. V	Burdon, William. 265713.	M. Mar. 24/18.	
2 B. VII	Christie, Sgt. Geo. 39307.	M. Mar. 24/18.	
2 B. V	Gilbert, Fred. 40738.	M. Mar. 24/18.	
2 B. VIII	Gillespie, James. 41266.	M. Mar. 24/18.	
2 B. VIII	Gordon, John. 8269.	M. Mar. 25/18.	
2 B. VIII	Halliday, Thos. 27693.	M. Mar. 24/18.	
2 B. V	Hillhouse, Wm. 33062.	M. Mar. 24/18.	
2 B. VI	Horner, Geo. Allan. 31750.	M. Mar. 24/18.	
2 B. VIII	Hudson, H. 203228.	M. Mar. 24/18.	
2 B. VI	Hunter, J. 33201.	M. Mar. 24/18.	
2 B. VII	Johnson, M. 24218.	M. Mar. 24/18.	
2 B. VIII	Keir, David. 35741.	M. Mar. 24/18.	
2 B. VI	Lazenby, William. 40762.	M. Mar. 24/18.	
2 B. VI	Leybourne, G. 202932.	M. Mar. 25/18.	
2 B. V	Logan, L.-Cpl. John. 33014.	M. Mar. 24/18.	
2 B. VII	McGinlay, Chas. 27699.	M. Mar. 24/18.	
2 B. VII	McLellan, L.-Cpl. John. 39349.	M. Mar. 25/18.	
2 B.	Morris, L.-Cpl. E. A. 9800.	M. Mar. 24/18.	
2 B. or C.	Purdie, Robert H. 26176.	M. Mar. 25/18.	
2 B. VIII	Scott, Archibald Douglas. 40734.	M. Mar. 24/18.	
2 B. VIII	Snowden, Chas. 201927.	M. Mar. 24/18.	
2 B. VI	Thornton, L.-Cpl. Jas. 30250.	M. Mar. 24/18.	
2 B. VII	Walker, Cpl. Robert. 23164.	M. Mar. 24/18.	
2 B. VIII	Whiteley, Wm. 29121.	M. Mar. 24/18.	
2 C. XI	Butcher, Geo. Fredk. 41735.	M. Mar. 24/18.	
2 C. IX	Clark, L.-Cpl. David. 241430.	M. Mar. 25/18.	
2 C. XI	Daunton, Walter. 35788.	M. Mar. 25/18.	
2 C.	Little, W. 10057.	M. Mar. 25/18.	
2 C. XI	McBride, Michael. 33007.	M. Mar. 25/18.	
2 C. XII	McCallum, Richard. 40669.	M. Mar. 25/18.	
2 C. XI	McDonald, James. 26475.	M. Mar. 24/18.	
2 C. X	McNiren, L.-Cpl. John. 200921.	M. May 28/18.	
2 C.	Marshall, Wm. 25919.	M. Mar. 24/18.	
2 C. XI	Muir, J. 33067.	M. Mar. 23/18.	
2 C. X	Murray, Wm. John. 39454.	M. May 28/18.	
2 C. XI	Robertson, Thos. 41795.	M. Mar. 24/18.	

MM

December 1st, 1918.

Scottish Rifles—contd.

B.E.F.

2 C. XI	Simpson, Sgt. H. 11086.	M. Mar. 10/18.
2 D. XIII	Brown, Wm. 203635.	M. Mar. 25/18.
2 D. XIII	Burnett, David. 36288.	M. Mar. 25/18.
2 D. XVI	Clunie, Wm. 204462.	M. Mar. 24/18.
2 D.	Goude, Sgt. F. 9652.	M. Mar. 24/18.
2 D. XVI	Johnstone, Wm. 40797.	M. Mar. 25/18.
2 D.	Keillar, L.-Cpl. Francis. 40748.	M. Mar. 25/18.
2 D.	Kirkham, L.-Cpl. J. 30170.	M. Mar. 25/18.
2 D. XIV	Livingstone, Jas. 203966.	M. Mar. 25/18.
2 D. XIV	McKenzie, L.-Cpl. George. 40419.	M. Mar. 25/18.
2 D.	Mathieson, L.-Cpl. Alex. 240241.	M. Mar. 25/18.
2 D. XVI	O'Hara, Wm. 30086.	M. Mar. 25/18.
2 D. XV	Ramsay, Wm. 39623.	M. Mar. 21-29/18.
2 D. XV	Rigg, Duncan McKenzie. 39341.	M. Mar. 25/18.
2 D. XVI	Scott, Jas. 203977.	M. Mar. 25/18.
2 D. XVI	Sline, L.-Cpl. B. L. J. 41758.	M. Mar. 25/18.
2 D. XVI	Stewart, Robt. 39503.	M. Mar. 25/18.
2 D. XV	Wallace, Cpl. John A. 200577.	M. Mar. 25/18.
2 D. XIV	Wallace, William. 25742.	M. Mar. 25/18.
2 D. XVI	White, Cpl. Alex. 7266.	M. Mar. 25/18.
2 D.	Woodhead, Joe. 241950.	M. Mar. 24/18.
2 H.Q.	Muir, L.-Cpl. David. 265293.	M. Mar. 25/18.
2 ?	Bremner, Harry. 41905.	M. Mar. 25/18.
2 ?	Clarke, A. G. 39616.	M. Mar. 25/18.
2 ?	Dodsworth, Jas. Wm. 241766.	M. Mar. 24/18.
2 ?	Dowie, Sgt. Jas. 6971.	M. Mar. 25/18.
2 ?	Duffy, Cpl. Chas. 10318.	M. Mar. 25/18.
2 ?	Flockhart, Walter. 38456.	M. Mar. 25/18.
2 ?	Jackson, E. 19647.	Unoff. M. about Sept. 10/18.
2 ?	Keenan, Patrick. 41783.	M. Mar. 24/18.
2 ?	Lyall, James. 203647.	M. Mar. 25/18.
2 ?	McKellar, Peter. 266141. (A.-Piper.)	M. Mar. 21/18.
*2 ?	McNally, P. 28012.	M. Mar. 25/18.
2 ?	Morris, Henry John. 8556.	W. Unoff. M. Mar. 25/18.
2 ?	Reid, D. 41915.	M. Mar. 25/18.
2 ? I.T.M.	Tod, Jas. Moffat. 25712. (23 Bgde.)	M. Mar. 25/18.
2 ?	Wastle, Wm. 41902.	M. Mar. 25/18.
2 ?	Wilson, Bglr. Wm. 25946.	M. Mar. 28/18.
5-6	Paterson, 2nd Lt. A.	M. July 14/18.
5-6 A. II	Ainslie, Cpl. James. 204259.	M. July 13-14/18.
5-6 B. VI	Dixon, J. W. 202772.	W. and M. May 8/18.
5-6 B.	O'Rourke. 8009.	M. May 8/18.
5-6 C. or D.	Gilmore, L.-Cpl. J. 241883.	M. May 8/18.
5-6 C. XII	Glover, A. C. 241213.	M. April 16/18.
5-6 C. IX	Nicol, James. 200991.	M. May 8/18.
5-6 C. XII	Orr, Archie N. 33244.	M. May 8/18.
*5-6 C.	Park, Sgt. P. 240144.	W. and M. Sept. 22/18.
5-6 C.	Smith, Edward Higgins. 38996.	M. July 13/18.
5-6 C. XII	Thompson, B. 241361.	M. May 8/18.
5-6 C. X	Watson, Frank. 242719.	W. and M. May 8/18.
*5-6 D. XIV	Crowford, John. 238119.	M. Sept. 22/18.
5-6 D.	Donaldson, J. 40662.	M. May 8/18.
*5-6 D. XVI	Glasgow, James. 42683.	M. Sept. 22/18.
5-6 D. XVI	Grierson, T. 37906.	M. May 8/18.
5-6 D. XV	McKenzie, Wm. 202740.	K. Sept. 24/18. Det.D./B.
5-6 D. XIV	Scott, Thos. 38774.	W. and M. May 8/18.
*5-6 D. XIII	Wilson, Wm. A. B. 42755.	M. July 29/18.
5-6 ?	Cooper, John. 37710.	M. May 8/18.
5-6 ?	Dobbins, Cpl. A. 240301. (2068.)	M. May 8/18.

December 1st, 1918.

Scottish Rifles—contd.

B.E.F.

5-6 ?	Hossack, Donald. 201132.	W. and M. **May 9/18.**	
5-6 ?	Lillywhite, George. 22271.	M. **May 8/18.**	
5-6 ?	McFareline, Claude. 40651.	M. Mar. 28/18.	
5-6 ?	Reekie, Jas. 33936.	M. **May 8/18.**	
5-6 ?	Rodger, Peter Stuart. 37323.	M. **May 8/18.**	
5-6 ?	Welsh, Robt. 11846.	M. **May 8/18.**	
2/5 C.	Beckett, G. E. 202905.	M. Mar. 25/18.	
8 W. IV	White, Wm. 42966.	K. July 29/18.	Det.D./B.
8 X. VIII	Heslop, William. 46164.	M. **July 29/18.**	
8 X. VI	Howard, G. 37445.	M. **July 24/18.**	
8 Y.	Gowanlock, M.M., Walter. 265465.	M. **July 29/18.**	
8 Y.	Lee, James. 291176.	W. Unoff. M. **July 23/18.**	
8 Z. XIII	Wilson, Wm. M. B. 40173.	M. **July 29/18.**	
9 A.	Aitken, J. 269075.	M. Mar. 23/18.	
9 A. IV	Barber, J. 19708.	M. Mar. 23/18.	
9 A.	Black, Alex. W. G. 38306.	M. Mar. 23/18.	
9 A. I	Brown, L.-Cpl. Wm. 33170.	M. Mar. 22/18.	
9 A. III	Carruthers, L.-Cpl. Walter. 40582.	M. Mar. 23/18.	
9 A.	Crear, D. 38321.	M. Mar. 23/18.	
9 A.	Crockett, W. 38537.	M. Mar. 23/18.	
9 A. IV	Donaldson, H. 26163.	M. Mar. 23/18.	
9 A.	Dowd, W. 6806.	M. Mar. 23/18.	
9 A.	Duncan, A. 315236.	M. Mar. 23/18.	
9 A. IV	Ellwood, W. 40975.	M. Mar. 23/18.	
9 A. III	Ferguson, Alexander. 40903.	M. Mar. 23/118.	
9 A.	Gallagher, J. 41451.	M. Mar. 23/18.	
9 A. I	Gibson, Wm. 23084.	M. Mar. 21/18.	
9 A.	Gilmour, W. 9935.	M. Mar. 23/18.	
9 A.	Horn, J. 23629.	M. Mar. 23/18.	
9 A.	Johnstone, J. 40577.	M. Mar. 23/18.	
9 A.	McCormack, H. 35469.	M. Mar. 23/18.	
9 A.	Mayers, H. 266771.	M. Mar. 23/18.	
9 A.	Meechan, M. 41536.	M. Mar. 23/18.	
9 A.	Munn, A. 17592.	M. Mar. 23/18.	
9 A.	Oakes, D. 46907.	M. Mar. 23/18.	
9 A. II	Paterson, Walter. 40247.	M. Mar. 23/18.	
9 A.	Pollock, Sgt. J. 15818.	M. Mar. 23/18.	
9 A. III	Pratt, David. 202095.	D/W. April 30/18.	Det.D./B.
9 A.	Rae, J. 40926.	M. Mar. 23/18.	
9 A. III	Robertson, Wm. 43388.	W. and M. **Mar. 23/18.**	
9 A.	Shearing, W. 241820.	M. Mar. 23/18.	
9 A.	Smith, J. 16590.	M. Mar. 23/18.	
9 A.	Smith, M. 241786.	M. Mar. 23/18.	
9 A.	Smith, W. 38639.	M. April 4/18.	
9 A.	Springall, A. 242050.	M. Mar. 23/18.	
9 A.	Stewart, J. 38158.	M. April 4/18.	
9 A. IV	White, Stewart. 26821.	M. Mar. 23/18.	
9 B.	Alston, W. J. 43308.	M. Mar. 22/18.	
9 B.	Bain, W. 28741.	M. Mar. 22/18.	
9 B.	Campbell, Sgt. D. 30346.	M. Mar. 22/18.	
9 B. VI	Dick, John. 34960.	M. Mar. 22/18.	
9 B.	Hodge, Sgt. John. 43367.	W. and M. **April 5/18.**	
9 B. VIII	O'Hara, Denis. 29299.	M. Mar. 22/18.	
9 B. V	Palmer, Adam Douglas. 235371.	W. and M. **April 25/18.**	
9 B. VII	Simpson, Robert. 315779.	K. April 26/18.	Det.D./B.
9 B.	Spencer, F. 9849.	M. Mar. 22/18.	
9 B. I.T.M.	Stanton, D. 12270. (27 Bde.)	M. Mar. 24/18.	
9 C. XII	Boyd, Archd. 40544.	M. Mar. 23/18.	
9 C. XII	Buchanan, John. 266496.	W. and M. **May 3/18.**	

Scottish Rifles—contd.

B.E.F.

9 C. XII	Carrigan, J. 38528.	W. and M. Mar. 23/18.	
9 C.	Jamieson, C.-S.-M. Robert. 240046.	M. Mar. 23/18.	
9 C. XI	McCamb, John. 40940.	M. May 3/18.	
9 C. XI	Mabon, L.-Cpl. Robt. 33589.	M. Mar. 21-27/18.	
‡9 C. XII	Newell, A. 43741.	W. Unoff. M. Oct. 4/18.	
9 C. or D.	Rowson, Cecil D. 203137.	M. Mar. 23/18.	
9 C. X	Turnbull, George. 54177.	M. Mar. 21-27/18.	
9 D. XIV	Brunton, J. 202253.	M. April 25/18.	
*9 D. XIII	Buchan, A. J. 39649.	M. April 25/18.	
9 D. XIV	Cheater, Wm. Jas. 43669.	M. Mar. 22/18.	
9 D. XIII	Cummings, Sgt. A. 42403.	M. April 25/18.	
9 D. XIII	Edison, Joseph. 14932.	M. April 25/18.	
9 D. XIV	Hardy, L.-Cpl. T. C. 33023.	M. April 25/18.	
9 D. XIV	Hare, Alexander. 36697.	M. April 25/18.	
‡9 D.	Hesslewood, J. 240971.	M. Mar. 23/18.	
9 D. XIV	Kidd, Sgt. Robt. 11462.	M. Mar. 23/18.	
9 D. XIII	Lumsden, James. 39680.	M. April 25/18.	
9 D.	McCowat, L.-Sgt. G. 30505.	M. Mar. 23/18.	
9 D. XIV	McDonald, John 39754.	M. April 25/18.	
9 D.	McKinson, A. 30500.	M. Mar. 23/18.	
9 D.	McMullen, J. 43454.	M. Mar. 23/18.	
9 D. XIII	McNeil, Hendry. 42390.	M. Mar. 23/18.	
*9 D.	McRoberts, Thos. H. 30281.	K. Mar. 23/18.	Det.D./B.
9 D. XIII	Mitchell, Kenneth. 39759.	M. April 25/18.	
9 D.	Neill, Wm. 33264.	M. Mar. 23/18.	
‡9 D.	Peck, Sgt. G. 19661.	M. Mar. 23/18.	
*9 D. XIV	Reddyhoff, Geo. Bertie. 43708.	M. Aug. 6/18.	
9 D. XIV	Ree, John Harry. 16845.	M. Mar. 23/18.	
9 D.	Smith, C. L. 38636.	M. Mar. 23/18.	
‡9 D.	Stimpson, R. 202016.	M. April 5/18.	
‡9 D.	Stritch, W. M. 28183.	M. April 5/18.	
9 D.	Thomson, R. 33017.	M. Mar. 23/18.	
9 D. XIV	Twaddle, James. 41034.	M. April 25/18.	
9 H.Q. Scouts	McLean, Wm. 20816.	K. April 27/18.	Det.D./B.
9 ?	Anderson, Alex. M. 240231.	M. Mar. 23/18.	
9 ?	Bell, W. 43715.	W. Unoff. M. Aug. 18/18.	
9 ?	Drysdale, Joseph. 42485.	M. April 25/18.	
*9 ?	Gray, Duncan. 38213.	M. Mar. 22/18.	
9 ?	Harlin, Patrick. 315208.	M. April 25/18.	
9 ?	McCran, Edward. 39751.	M. April 25/18.	
9 ?	McDonald, D. 316730.	W. Unoff. M. April 23/18.	
9 ?	McGhee, D. 12091.	M. Mar. 23/18.	
9 Sig. S.	McGowan, L.-Cpl. 40563.	M. Mar. 21/18.	
9 ?	Millar, John. 38387.	M. Mar. 23/18.	
9 ?	Robbins, Joseph. 39698.	M. April 25/18.	
9 Sig. S.	Scott, John. 43589.	M. Mar. 23/18.	
9 ?	Watt, William. 25082.	M. April 25/18.	
9 Sig. S.	Wilkinson, E. 10923.	M. Mar. 27/18.	
9 ?	Williamson, Thos. 38168.	M. April 5/18.	
10 A. IV	Adamson, T. 39031.	M. Aug. 1/18.	
10 A. I	Walker, Frank. 38945.	W. and M. July 23/18.	
10 B.	Clark, L.-Cpl. W. 34924.	M. Aug. 18/18.	
10 B. VII	Connell, Wm. 41104.	M. Aug. 19/18.	
10 B. V	Douglas, L.-Cpl. S. G. 39622.	M. Aug. 18-19/18.	
10 B. VI	Findlay, Donald. 20585.	M. July 23/18.	
10 B.	Fraser, K. 28711.	M. Mar. 23/18.	
10 B.	Gibson, W. 75632.	K. Mar. 28/18.	Det.D./B.
10 B. V	Gray, L.-Cpl. Alex. 375103.	M. Aug. 18-19/18.	
10 B. VI	Hamill, James. 33815.	M. Aug. 18/18.	

December 1st, 1918.

Scottish Rifles—contd.

B.E.F.

10 B. V	Stark, Thos. H. 38803.		Unoff. M. Aug. 18-19/18.
10 C.	Collins, G. 35105.		M. Mar. 28/18.
10 C.	Gardiner, Wm. 38346.		M. Mar. 28/18.
10 C. IX	Pugh, W. B. 39627.		M. Aug. 17/18.
10 C. IX	Sparks, Algey. 19616.		K. Mar. 28/18. Det.D./B
10 C.	Thain, L.-Cpl. D. 39370.		M. Mar. 28/18.
10 C.	Wilson, F. 40163.		M. Mar. 28/18.
10 D. XIV	Lynch, Peter K. 38853.		W. Unoff. M. July 29/18.
10 D.	Norwood, S. 38244.		M. Mar. 28/18.
‡10 D.	Ross, J. L. 39327.		M. Mar. 28/18.
10 ?	Brogan, C. 11108.		M. Aug. 18/18.
10 ?	Fleming, Wm. 240617.		M. Mar. 28/18.
10 ?	Hamson, Cpl. W. B. 40979.		M. Aug. 19/18.
10 ?	Hunter, James. 235316.		W. Unoff. M. July 23/18.
10 ?	McCormick, Geo. 39203.		W. Unoff. M. July 23/18.
10 ?	Macnamara, Daniel. 27790.		M. Aug. 18-19/18.
10 ?	Mabon, Thomas J. 29011.		M. Mar. 28/18.
10 ?	Middleton, Sgt. John. 375134.		M. Mar. 28/18.
10 ?	Morwood, Saml. 38244.		M. Mar. 28/18.
10 ?	Wood, L.-Cpl. Wm. E. 43679. (651373.) (Fr. R. Scots, 31388.)		M. Mar. 28/18.
18 A. I	Dalby, Fredk. A. 203241.		M. Sept. 2/18.
*18 A. II	Thomson, James R. 42586.		M. July 29/18.
*18 A. I	Young, A. M. 15485.		W. and M. Sept. 7/18.
*18 ?	Rutland, W. E. J. 44185.		K. Sept. 14/18. Det.D./B.

BALKANS.

11	Cox, Lieut. J. Lennox.		M. Sept. 19/18.
11	Luard, Lieut. P. D.		M. Sept. 19/18.
11	Trease, 2nd Lt. S. C. (Fr. 3 Sherw.)		M. Sept. 19/18.
11 I	Priestner, Sgt. W. 14455.		M. Sept. 19/18.
11 2 VI	McMillan, John. 15005.		M. Sept. 19/18.
*11 2 VI	Scott, Robt. 29343.		M. Sept. 19/18.
*11 2	Stark, Chas. P. Y. 291780.		M. Sept. 19/18.
11 2 V	Thom, James. 291775.		M. Sept. 19/18.
11 3	Carter, F. J. 37080. (Fr. A.S.C.)		M Sept. 19/18.
11 3 XI	Hodge, A. F. 28490.		M. Sept. 19/18.
*11 4 XIV	Fairbanks, Chas. Edward. 35414.		M. Sept. 19/18.
11 4 XIII	McCowatt, Cpl. Robt. 26041.		W. and M. Sept. 19/18.
*11 4 XVI	McRae, D. 26213.		M., bel. K. Sept. 19/18.
*11 ?	Anderson, J. 37058.		M. Sept. 19/18.
*11 ?	Ballantyne, C. S. 24801.		M. Sept. 19/18.
*11 ?	Brown, T. A. 40447.		M. Sept. 19/18.
‡11 ?	Burnett, L.-Cpl. J. 18430.		W. and M. Sept. 19/18.
*11 ?	Craig, H. 28391.		M. Sept. 19/18.
*11 ?	Dunn, J. 28167.		M. Sept. 19/18.
*11 ?	Hastings, Cpl. W. 15290.		M. Sept. 19/18.
*11 ?	Holmes. W. 14557.		M. Sept. 19/18.
*11 ?	James, T. S. 36111.		M. Sept. 19/18.
*11 ?	Lander, A/Sgt. T. 26663.		M. Sept. 19/18.
*11 ?	McDonald, T. 26654.		M. Sept. 19/18.
‡11 ?	McNicol, T. 26619.		W. and M. Sept. 19/18.
*11 ?	Oliver, Cpl. R. 20730.		M. Sept. 19/18.
‡11 ?	Rawson, A. 15404.		W. and M. Sept. 19/18.
*11 ?	Redshaw, Cpl. G. 19766.		M. Sept. 19/18.
*11 ?	Simpson, N. J. 25979.		M., bel. K. Sept. 19/18.
*11 ?	Stevens, A/L.-Sgt. B. 35376.		M. Sept. 19/18.

December 1st, 1918.

Scottish Rifles—contd.

BALKANS.

11 I.T.M.	Tonner, James. 25064.	M. Sept. 18/18.
‡11 ?	Townsley, A. 29301.	W. and M. Sept. 19/18.
*11 ?	Walker, P. 37048.	M. Sept. 19/18.
*11 ?	Webb, L.-Cpl. A. R. 19659.	M. Sept. 19/18.

E.E.F.

7 C. L.G.S.	Douglas, Wm. J. 265400.	K. Nov. 23/17. Det.D./B.
*8 ?	Stewart, Joseph. 290268.	K. Nov. 21-27/17. Det.D./B.

PERSIAN GULF.

1 (Garr. Batt.) D. Lewis, W. 24060. (Sig Inst. Corps.) D./Sun. at Meerut, July 12/18. Det.D./B.

SEAFORTH HIGHLANDERS.
B.E.F.

2	Orr, Lieut. J. A. A.	M. June 12/18.
2 A. II	Anderson, David. 26341.	D/W. April 21/18. Det.D./B.
‡2 A.	McGeachy, W. 43286.	W. and M. Mar. 28/18.
2 A. I	McLellan, Sgt. Rowat. 5490.	M. June 12/18.
2 A. III	McLennan, Jas. 21370.	M. Mar. 28/18.
2 A.	Ronaldson. Jas 8983	M. Mar. 28/18.
2 B. VIII	Bruce, George. 25739.	M. Mar. 28/18.
2 B. VIII	Christie, James R. CO/43274.	W. and M. Mar. 28/18.
2 B. VI	Munro, G. 203451.	M. Mar. 28/18.
‡2 B.	Wooldrage, J. R. 10989.	M. Sept. 1/18.
2 C. X	Robertson, D. 10850.	M. April 2/18.
2 C. XI	Ronaldson, John. 14289.	M. Mar. 28/18.
‡2 D.	Breen, T. P. 25738.	W. and M. Mar. 28/18.
2 D.	Duff. Geo. 22163.	M. Mar. 28/18.
*2 D. XIII	Hunter, James. 24842.	W. Unoff. M. Sept. 1/18.
2 D.	Muir, W. 12855.	M. Mar. 28/18.
‡2 ?	Connell, Josiah. 242237.	M. Aug. 31/18.
2 ?	McKechnie, John. S/41069.	M. Aug. 31/18.
‡4	Boyd, 2nd Lt. C. J.	M. Oct. 28/18.
‡1	Hermon, Lieut. J. A.	M. Oct. 28/18.
4 1	Baillie, Peter. 203648.	M. April 11/18.
‡4 1	Bain, A. 267185.	W. and M. Mar. 21-26/18.
4 1	Carpenter, L.-Cpl. W. 201266.	M. Mar. 21-26/18.
4 1	Craig, Peter T. 3/41659.	M. April 13/18.
4 1 II	Daniels, R. 241566.	K. April 9/18. Det.D./B.
4 1	Dougall, T. 22962.	M. Mar. 21-26/18.
4 1 II	Gourlay, Hugh. 4879.	M. Mar. 21-26/18.
4 1	Grant, James. 204204.	M. April 9-12/18.
4 1 III	Kennedy, L.-Cpl. Jas. Rowntree. 8338.	M. Mar. 21/18.
4 1	Kershaw, F. 201597.	M. Mar. 21-26/18.
4 1 I	Langrieuse, Sam. 203053.	M. Mar. 21/18.
4 1	Leeks, W. 41410.	M. Mar. 21-26/18.
4 1 III	Macdonald, William. 12406.	M. Mar. 21/18.
4 1	McGregor, J. 25486.	M. Mar. 21-26/18.
4 1 V	Neish, A. S/17285.	M. Mar. 23/18.
4 1	Ness, W. 202882.	W. and M. April 9-13/18.
‡4 1	Rooney, D. 202905.	W. and M. Mar. 21-26/18.
4 1	Scollay, T. 203973.	M. April 9-13/18.

December 1st, 1918.

Seaforth Highlanders—contd.

B.E.F.

4 1 IV	Sinclair, J. C. 312945.		M. Mar. 21-26/18.
4 1 III	Whyte, Thos. 41515.		W. Unoff. M. Mar. 21-26/18.
4 2 VI	Anderson, Wm. Jas. 24220.		M. July 20-26/18.
4 2 VII	Baillie, R. 13454.		M. Mar. 21-25/18.
4 2	Barby, John Chas. 266403		M. April 9-13/18.
4 2	Beck, J. 241943.		M. Mar. 21-26/18.
4 2 VI	Campbell, Donald. 203244.		W. Unoff. M. Mar. 26/18.
4 2	Cunningham, D. 235377.		M. April 13/18.
4 2 V	Fraser, Robt. 21050.		M. Mar. 21-26/18.
4 2	Goodfellow, J. P. S/41674.		M. April 9-13/18.
4 2 V	Hartley, J. V. 201978.		M. July 20/18.
4 2	Lauder, H. 8448.		M. Mar. 21-26/18.
4 2	McDonald, Thos. S/41773.		M. April 9-13/18.
4 2	McKellar, John. 302376.		M. April 9/13/18.
4 2	Mackenzie, D. 24316.		M. Mar. 21-26/18.
4 2	McKenzie, L.-Cpl. Duncan. 266569.		M. July 20/18.
‡4 2	McKenzie, W. 26032.		M. July 20-26/18.
4 2	McKenzie, Wm. 6362.		M. July 20/18.
4 2 V	McLaren, David. 203078.		M. July 20/18.
4 2	Marshall, W. 201251.		M. Mar. 21-26/18.
4 2 VIII	Millar, Arthur. 235369.		M. July 20-26/18.
4 2	Ogg, J. 25855.		M. Mar. 21-26/18.
4 2 VIII	Parker, J. 24215.		W. Unoff. M. July 20-26/18.
4 2	Peach, Sig. Richard. 203826.		M. April 9-13/18.
4 2	Philp, James. 41791.		M. April 9-13/18.
4 2	Robertson, Pat. 22289. (Fr. Black Watch.)		M. April 9/18.
4 2	Ross, John. 43202.		M. Mar. 21-26/18.
4 2	Swallow, W. 25882.		M. Mar. 21-26/18.
4 3	Birmingham, James. 202968.		M. April 9/13/18.
4 3	Bowie, A. 41503.		M. Mar. 21-26/18.
4 3	Clarke, J. 200559.		M. Mar. 21-26/18.
4 3 XI	Cowie, J. 43342.		M. Mar. 21-26/18.
4 3 X	Cruickshank, Daniel. 202777.		M. Mar. 21-26/18.
4 3	Depledge, A. H. 201537.		M. Mar. 21-26/18.
4 3 XI	Durno, Leslie. 41717. (Fr. B. W., 2632.)		M. July 20-26/18.
4 3	Hutchinson, T. 43346.		M. Mar. 21-26/18.
4 3 IX	Kinnear, Roland. 235368.		M. April 9-13/18.
4 3	Lunn, T. 21749.		M. Mar. 21-26/18.
4 3	Macauley, A. 201948.		M. Mar. 21-26/18.
4 3	MacKay, H. 23298.		M. Mar. 21-26/18.
4 3	Mackenzie, K. D. 200014.		M. Mar. 21-26/18.
4 3	MacSwayde, N. 25848.		M. Mar. 21-26/18.
4 3	Miller, W. 41410.		M. Mar. 21-26/18.
‡4 3	Parkinson, H. 201402.		W. and M. Mar. 21-26/18.
4 3	Shaw, Matthew. 4825.		M. Mar. 21/18.
‡4 4	Cameron, K. 25920.		W. and M. Mar. 28/18.
4 4	Cameron, P. 23765.		M. Mar. 21-26/18.
4 4	Duncan, J. 202684.		M. Mar. 21-26/18.
4 4 XV	Edwards, L.-Cpl. Fred F. 12001.		W. and M. Mar. 26/18.
4 4	Faulkner, L.-Cpl. A. 861.		M. Mar. 21-26/18.
4 4	Jenkins, W. 201372.		M. Mar. 21-26/18.
4 4 XIV	Johnson, J. H. 202717.		K. July 20-26/18. Det.D./B.
4 4	Johnstone, W. J. 41064.		M. Mar. 21-26/18.
4 4 XV	Kay, L.-Cpl. David. 202709.		W. Unoff. M. July 20-26/18.
4 4	McPhee, Murdo. 42018.		W. and M. Unoff. K. July 23/18.
4 4	Martin, T. H. 201742.		M. Mar. 21-26/18.
4 4	Morrison, L.-Cpl. Jas. 41571.		M. July 20/18.

Seaforth Highlanders—contd.

B.E.F.

4 4		Ogg, J. 43339.	M. Mar. 21-26/18.
4 4		Paterson, L. 25858.	M. Mar. 21-26/18.
4 4	XIII	Reid, George T. 25871.	M. Mar. 21-26/18.
4 4	XIV	Ross, Sgt. Robt. 200314.	Unoff. M. Mar. 23/18.
4 4	XIII	Scott, Geo. 203638.	M. July 20-26/18.
4 4	XV	Stark, C. 23949.	M. July 20-26/18.
4 4		Thomson, A. 203257.	M. Mar. 21-26/18.
4 4	XV	Thomson, Wm. 41402.	M. Mar. 21-26/18.
4 4		Walker, D. 242280.	M. Mar. 21-26/18.
4 4		Wynter, M. 15284.	M. Mar. 21-26/18.
4 4		Yeoman, P. 201803.	M. Mar. 21-26/18.
4 H.Q.		Baker, A. 201471.	M. Mar. 21/18.
4 H.Q.		Rainbow, Frank. 201052.	M. Mar. 21/18.
4 ?		Allan, Andrew. 235583.	M. April 9-13/18.
4 ?		Beatty, W. S/41986.	M. April 9-13/18.
4 ?		Breathit, Jas. S/41692.	M. April 9-13/18.
4 ?		Butler, Geo. 266740.	M. April 9-13/18.
4 ?		Findlater, Robert. 41772.	M. April 11/18.
4 ?		Gillies, H. 204205.	M. April 9-13/18.
4 ?		Hall, Thos. E. 201927. (Fr. 2nd.)	M. Mar. 22/18.
4 ?		Leitch, Chas. 41619. (2166.) (Fr. Bl. Watch.)	M. April 9-13/18.
4 ?		Lloyd, Edmund. 11709.	K. April 9/18. Unoff. M. April 26/18.
4 ?		McDonald, Neil. 24208.	M. April 9/18.
4 ?		McDunn, Peter. 203253.	M. Mar. 23-26/18.
4 ?		Primrose, Cpl. David. 7828.	M. April 11/18.
4 ?		Robertson, M. 23401.	M. April 9-10/18.
4 ?		Thorning, A. E. S/41649.	M. April 9-13/18.
4 ?		Tyler, Cpl. G. 201044.	M. Mar. 21/18.
4 ?		Winchester, John. S/42041.	M. April 9-13/18.
2/4 ?		Shann, J. W. 203944.	M. April 11/18.
*5 I.T.M.		Fraser, Lieut. J. C. (152 Bde.)	K. Mar. 21/18. Det.D./B.
‡5 A.	IV	Barlow, Cpl. Thos. 240805.	M. April 9/18.
‡5 A.		Burleigh, B. B. 23927.	M. April 9/18.
5 A.	IV	Donald, Tom. 24704.	M. April 9/18.
5 A.	II	Gunnis, M. 24823.	Unoff. M. April 9/18.
5 A.	III	Irvine, James. 40609.	M. July 28/18.
‡5 A.		Lawrence, G. L. 24172.	M. April 9/18.
5 A.	I	Logis, Jas. 24854.	M. April 9/18.
5 A.	II	Macdonald, J. H. 240092.	M. Mar. 21/18.
‡5 A.		McKinlay, W. C. 25554.	M. April 9/18.
‡5 A.		McQuaker, W. J. 24770.	M. April 9/18.
‡5 A.		McRobbie, A. 24142.	M. April 9/18.
5 A.	I	Marr, L.-Cpl. John. 205031.	M. April 9/18.
5 A.	I	Murray, J. 240163.	M. Mar. 21/18. R/Enq.
5 A.	II	Sutherland, Donald. 26468.	M. Mar. 21/18.
5 A.	I	Turner, James Rae. S/25562.	M. April 9/18.
5 B.		Barron, Sgt. A. J. 265168.	M. April 10/18.
5 B.	V	Campbell, Duncan. 24/96.	M. April 9/18.
‡5 B.		Clark, H. 22612.	M. April 10/18.
5 B.	V	Colvin, L.-Cpl. Thomas. 4597.	M. Mar. 21-25/18.
5 B.	VI	Dea, Alec. 241089.	M. April 11/18.
‡5 B.		Ferguson, L.-Cpl. A. 41225.	M. April 10/18.
‡5 B.		Geddes, T. 26493.	M. April 11/18.
5 B.	VII	Hannah, Wm. 22887.	M. April 9/18.
‡5 B.		Hunter, L.-Cpl. J. 241160.	M. April 10/18.
5 B.	VI	Hutchison, David. S/24135.	M. April 9-12/18.
5 B.		Linden, Hugh. 235283.	M. April 9-13/18.

December 1st, 1918.

Seaforth Highlanders—contd.

B.E.F.

5 B. VI	Lucas, Edw. Herb. 41061.	M. April 9/18.
5 B. VI	McGregor, Alex. B. S/24024.	M. Aug. 21-28/18.
5 B. VII	McLeod, Donald. 24284.	M. April 10/18.
‡5 B.	McLeod, Sgt. M. 240154	M. April 11/18.
5 B.	Mann, W. G. 260128.	M. Mar. 22/18.
‡5 B.	Milroy, J. 41230.	M. April 10/18.
‡5 B.	Murray, J. 23463.	M. April 10/18.
‡5 B.	Neilands, J. 263050.	M. April 10/18.
5 B. VI	Pendrich, Sig. A. 41098.	M. Mar. 24/18.
5 B. V	Reid, Geo. 263054.	M. Mar. 22/18.
‡5 B.	Service, J. 204296.	W. and M. Mar. 21/18.
‡5 B.	Strachan, H. 24150.	M. April 10/18.
5 B. V	Sutherland, Robt. 241294.	M. July 18/18.
5 B. V	Walker, James. 240883.	M. April 9/18.
‡5 C.	Crichton, M.M., D. 267504.	M. April 10/18.
‡5 C.	Hendry, D. 241443.	M. April 12/18.
5 C.	Kelly, William. 26481.	M. Mar. 24/18.
5 C. X	Macdonald, James. 203913.	M. April 10-11/18.
‡5 C.	Neilson, A. 3545.	M. April 10/18.
5 D. XV	Barker, Roland. 241255.	M. April 9/18.
5 D. XVI	Beavis, F. G. 10020.	M. April 9/18.
‡5 D.	Cairns, T. E. 40754.	M. April 11/18.
5 D. XIV	Campbell, Tom. 24711.	M. Mar. 22/18.
5 D. XVI	Connell, L.-Cpl. John. 240816.	M. April 9/18.
‡5 D.	Elliot, J. A. 41050.	M. April 10/18.
5 D.	Hastie, Chas. 241244.	W. Unoff. M. July 29/18.
5 D. XV	Hercock, Arthur Jas. 266394.	M. April 11/18.
‡5 D.	Logie, W. 265398.	M. April 10/18.
5 D. XVI	McClinton, Robert. 203416.	M. Mar. 21/18.
‡5 D.	McKay, A. 13306.	M. April 11/18.
‡5 D.	Mackay, D. 240905.	M. April 10/18.
5 D. XIII	Macpherson, Duncan. 202989.	W. and M. Mar. 21/18.
5 D. XIV	Ogilvie, David M. 21429.	M. Mar. 21/18. R/Enq.
‡5 D. XIV	Shiells, Wm. John. 43733.	K. Oct. 12/18. Det.D./B.
5 D. XIII	Sinclair, Cpl. James. 267297.	M. Mar. 25/18.
‡5 H.Q.	Bremner, B. 240614. (Fr. Staff.)	M. April 12/18.
‡5 H.Q.	Freeman, D. 240471. (Fr. Staff.)	M. April 12/18.
5 ?	Calder, George. 240512.	M. Mar. 21/18.
5 ?	McDonald, Duncan. 242278.	M. Mar. 21-31/18.
5 ?	Smith, W. E. 241941.	M. April 12/18.
6 A.	Anderson, L.-Cpl. P. 266640.	M. Mar. 25/18.
6 A. IV	Begg, George. 22760.	M. Mar. 23/18.
‡6 A.	Brookes, W. H. 266901.	M. April 9-12/18.
6 A. IV	Cameron, Donald. 285077.	M. Mar. 23/18.
6 A.	Campbell, J. P. 25171.	M. April 9/18.
‡6 A.	Chisholm, W. 285420.	M. April 6/18.
6 A.	Chisholm, William. 204076	M. Mar. 21/18.
6 A. III	Drysdale, Robert. 6036.	M. Mar. 24/18.
6 A. III	Duff, A. 41864.	W. Unoff. M. July 21/18.
6 A. IV	Finlayson, John D. 25182.	M. April 9/18.
‡6 A.	Forson, T. 24117.	M. April 9/18.
‡6 A.	Hodgson, H. W. 265591.	M. April 9/18.
*6 A.	Johnson, Jas. 12967.	M. Aug. 31/18.
6 A.	McCann, Joseph S. 14030.	M. April 9/18.
‡6 A.	MacKenzie, A. 41482.	M. April 10/18.
6 A. I	McKinley, Peter. 25491.	M. April 10/18.
6 A. I	Milne, William. S/25194.	M. April 10/18.

December 1st, 1918.

Seaforth Highlanders—contd.

B.E.F.

6 A.		Munro, J. S. 41531.	M. April 12/18.
6 A. I		Murray, James A. 285048.	M. July 20-26/18.
6 A.		Peterkin, C. 285248.	M. April 12/18.
5 A. II		Ross, Dan. 202561.	M. Mar. 25/18
6 A.		Sinclair, A. 41529.	M. April 9-12/18.
6 A. I		Slater, J. 265942	M. Mar. 25/18.
6 A.		Smith, Cpl. J. 266468.	M. April 10/18.
6 A. IV		Smith, Wm. Robt. Ogilvie. 267218.	M. Mar. 23/18.
6 A. IV		Wales, G. 285189.	M. Mar. 25/18.
6 B.		Binnie, C. 25198.	M. April 9-12/18.
6 B. VI		Bluntach, Wm. 41453.	M. April 9-14/18.
5 B.		Cameron, J. P. 25218.	M. April 9-12/18.
6 B. VI		Clark, Peter. S/24042.	M. April 9-12/18.
6 B.		Doig, N. 285267.	M. April 9-12/18.
6 B.		Donaldson, T. 24037.	M. April 9-12/18.
6 B.		Duffy, J. 25044.	M. April 9-12/18.
6 B. VI		Duthie, Gerald H. 24057.	M. April 9-12/18.
6 B.		Evans, J. 267519.	M. April 9-12/18.
6 B. VI		Fraser, D. T. S/25161.	M. April 9-12/18.
6 B.		Fulton, W. 204062.	M. April 9-12/18.
6 B. V		Horton, Cpl. A. T. 25592.	M. April 12/18.
6 B.		Hughes, W. 24021.	M. April 9/18.
6 B. VIII		Lawson, Cpl. R. 25575.	M. April 9-12/18.
6 B. VI		Leisk, F. 25541.	W. and M. Mar. 23/18.
6 B.		Lennie, C. E. 241885.	M. Mar. 25/18.
6 B.		McBean, A. 200913.	M. April 10/18.
5 B.		McCann, L.-Cpl. M. 285247.	M. Mar. 25/18.
6 B.		McCulloch, J. 204201.	M. Mar. 23/18.
6 B. V		McGregor, Alec. 25617.	M. April 9-12/18.
6 B.		McGrory, E. 283344.	M. Mar. 25/18.
5 B. VIII		McKay, Wm. 265343.	W. and M. Mar. 25/18.
6 B.		McKillop, W. 240737.	M. Mar. 25/18.
6 B.		Mitchell, Henry. 23984.	W. and M. Mar. 22/18.
6 B.		Roy, L.-Sgt. P. 265833.	M. Mar. 25/18.
6 B. VIII		Semper, L.-Cpl. Montague Conway. 266666.	M. Mar. 22/18.
6 B. VI		Shaw, Thos. 17873.	M. April 9-12/18.
6 B. VIII		Skelton, John. 265628.	M. Mar. 22/18.
6 B.		Steele, H. 17881.	M. Mar. 25/18.
6 B. VII		Threwl, Thos. 24236.	M. Aug. 12/18.
6 B. VIII		Walker, James. S/22563.	M. April 9-12/18.
6 C. XI		Allan, Peter. 10944.	M. April 9-12/18.
6 C. IX		Ambrose, L.-Cpl. A. C. 267507.	M. July 20-26/18.
6 C. XI		Blaney, Robert. 24781.	M. April 10/18.
6 C.		Dick, J. 41458.	M. April 9-12/18.
6 C.		Edwards, V.C., Sgt. Alex. 265475.	M. Mar. 25/18.
6 C.		Gordon, J. 265451.	M. April 11/18.
6 C.		Grant, J. 265179.	M. April 10/18.
6 C.		Henderson, R. 267633.	M. April 9/18.
6 C. L.G.S.		McCallidee, Cpl. John. 267359.	M. April 9-12/18.
6 C. X		Macdonald, A. 267254.	M. April 10/18.
6 C.		McDougall, D. 285039.	M. Aug. 31/18.
6 C.		McKechnie, R. 200799.	M. Mar. 21-24/18.
6 C.		McKenzie, Benjamin. 266537.	M. Mar. 24/18.
6 C. X		McKerron, James. 265216.	M. Mar. 21/18.
6 C.		Muir, Cpl. D. 25596.	M. April 9-12/18.
6 C.		Newlands, A. 265110.	M. Mar. 25/18.
6 C.		Rennie, F. 41462.	M. Mar. 21-24/18.
6 C.		Robertson, W. 285225.	M. Mar. 21-24/18.

December 1st, 1918.

Seaforth Highlanders—contd.

B.E.F.

6 C. X	Sinclair, John S. 267303.		W. and M. July 21/18.
‡6 C.	Smart, J. W. 203735.		M. April 9-12/18.
♭ C.	Snedden, James. 25003.		M. July 20-26/18.
6 C. XI	Steel, John. 17852.		M. Mar. 21-24/18.
6 C. IX	Steel, Robert. 285320.		M. Mar. 21-24/18.
‡6 C.	Towns, W. 17411.		M. April 9-12/18.
‡6 C.	Troughton, F. 25666.		M. April 9-12/18.
‡6 C.	Williams, L. H. 265668.		M. April 9-12/18.
‡6 C.	Wilson, J. 24942.		M April 9-12/18.
6 C. IX	Winter, Wm. A. 204154.		M. April 9-12/18.
6 D.	Allan, A. 41364.		M. Mar. 21-23/18.
6 D.	Barker, Albert E. 25675.		M. April 9-12/18.
6 D.	Barnes, Cpl. Isaac. 40028.		M. April 15/18.
6 D. XIV	Brass, James A. 12947.		M. Mar. 21-23/18.
6 D.	Brown, G. 203882.		M. Mar. 21-23/18.
6 D.	Cameron, Cpl. D. 266216.		M. Mar. 24-26/18.
6 D. XV	Campbell, R. 203264.		M. Mar. 24-26/18.
6 D. XIV	Crichton, Bryce McNaughton. S/25200.		M. April 12/18.
6 D. XV	Cunningham, Neil. 6548.		W. and M. July 9/18.
6 D. XV	Dale, S. 200989.		W. Unoff. M. July 21/18.
6 D. XIV	Dickson, John B. 8/13034.		M. April 9-12/18.
6 D. XIV	Facer, Percy. 203844.		M. April 9/18.
6 D. XIV	Farrell, Geo. S. 16433.		M. April 24-26/18.
6 D. XIV	Firth, Harold. 204083.		M. April 24-26/18.
6 D.	Fyfe, J. 241623.		M. Mar. 21-23/18.
6 D. XIV	Graham, Wm. 41452.		M. Mar. 21/18.
6 D. XVI	Ingram, L.-Sgt. George. 265457.		M. Mar. 24-26/18.
‡6 D.	Ivel, J. 16193.		M. April 12/18.
6 D. XIII	Keith, Angus N. S/24012.		M. April 9-12/18.
‡6 D.	Livingstone, J. C. 25205.		M. April 9/18.
6 D. XVI	McIntosh, John. 23010.		M. April 9-12/18.
‡6 D.	McLachlan, D. 24861.		M. April 9-12/18.
6 D.	Morrison, Allen J. 3/6973.		M. April 9-12/18.
6 D. XIV	Muldoon, Edward. 1/589.		M. Mar. 21-23/18.
‡6 D.	Nicol, J. K. 285368.		M. April 9-12/18.
6 D. XV	Noble, Andrew. S/24742.		M. April 9-12/18.
‡6 D.	Reid, R. 265282.		M. April 9-12/18.
‡6 D.	Ritchie, J. T. 25201.		M. April 9-12/18.
6 D.	Robertson, C.-S.-M. Jas. 265303.		W. and M. Mar. 25/18.
6 D. XVI	Smith, T. 26989.		M. abt. Mar. 21/18.
6 D.	Souter, Alex. 265767.		M. Mar. 24-26/18.
6 D.	Stewart, Sgt. Alex. 265717.		M. Mar. 25/18.
‡6 D.	Strachan, B. 22662.		M. April 9-12/18.
6 D. XVI	Tewnion, Jas. 25538.		M. April 9-12/18.
‡6 D.	Watt, F. D. S. 25507.		M. April 9-12/18.
6 D.	Wilson, H. 241155. (4496.)		M. Mar. 21-23/18.
6 D.	Wood, Wm. Napier. S/24938.		M. April 9-12/18.
6 D. XV	Yeats, Peter. 25539.		M. April 9-12/18.
6 Sig. S.	Aitken, D. 42054.		W. Unoff. M. July 21/18.
6 ?	Angus, John. 267333.		M. April 11/18.
6 ?	Arbuckle, John. 285122.		M. Mar. 25/18.
5 ?	Braid, Robert. 41493.		M. Aug. 30-31/18.
6 ?	Budge, James. 241385.		M. Mar. 22/18.
6 ?	Gant, William. 265531. (1920.)		M. April 12/18.
6 ?	Robertson, Wm. S/24913.		W. and M. April 9-12/18.
6 ?	Wheelhouse, W. 242281. (Fr. 5th.)		M. July 20-26/18.
7 A.	Cameron, Pnr. James. 5841.		M. April 11/18.
7 A.	Fyfe, James. 41138.		K. Mar. 11/18. Det.D./B.

December 1st, 1918.

Seaforth Highlanders—contd.

B.E.F.

‡7 A. II	Gow, Cpl. Henry C. 204968.	M. Sept. 28/18.
7 A. I	Hanley, John. 203646.	M. Mar. 24/18.
7 A. IV	Laing, Robert. 25808.	M. April 11/18.
7 A. IV	Leslie, Robert E. 12795.	M. Mar.—April/18.
‡7 A. III	McGlashen, D. 203654.	Unoff. M. Oct. 28/18.
7 A.	Stevin, W. 41558.	M. Mar. 23/18.
7 B.	Brown, James. 25075.	M. April 11/18.
7 B. VIII	Cook, A. 41105.	M. April 20/18.
7 B. VII	Curren, L.-Cpl. J. 40151.	M. April 11/18.
7 B. VI	Gillespie, Wm. Hy. 40383.	M. Mar. 25/18.
7 B. V	Guthrie, J. B. 25780.	W. and M. Mar. 24/18.
7 B. VI	Guyan, David G. 24048.	M. April 16/18.
7 B. V	Ingram, Robt. 1557.	M. Mar. 24/18.
7 B. V	Johnson, Ronald. 204685.	M. April 11/18.
7 B. V	McLeod, Chas. E. Harrop. 22744.	M. Mar. 26/18.
7 B.	Munro, Francis T. 266003.	M. April 11/18.
7 C. XI	Cannon, F. 11339.	M. April 25/18.
7 C. IX	Hodgson, Cpl. Alfred. 201409.	W. and M. July 17/18.
7 C. IX	Hogg, George. 13039.	M. Mar. 23/18.
7 C. IX	Howden, W. O. 25788.	M. Mar. 25/18.
7 C.	Laing, Richard C. 25804.	M. April 16/18.
7 C. XI	Simpson, Adams S. 24148.	M. April 25/18.
7 C.	Swayne, John D. S/24084.	W. and M. April 11/18.
7 C. X	Third, Alfred. S/26481.	W. and M. April 25/18.
7 C. X	Younger, James. 267666.	M. Mar. 23/18.
7 D.	Atkins, Horace. 266747.	M. Mar. 24/18.
7 D. I.T.M.	Bruce, Robt. 8532. (26 Bde.)	M. April 26/18.
7 D.	Ross, Ben B. 240485.	M. April 11/18.
7 D. XIII	Schultz, Wm. A. 265667.	M. Mar. 23/18.
7 D.	Sinclair, Arch. G. 204679.	M. Mar. 25/18.
7 D.	Watson, Thomas. 1518.	Unoff. M. April 16/18.
7 ?	Fraser, Hector. 200230.	W. and M. April 11/18.
*7 ?	Gribben, Robt. 25782.	M. Mar. 21/18.
7 ?	Laird, A. 43347.	M. Mar. 23/18.
7 ?	Osborne, John. 241997.	M. Mar. 23/18.
8	**Ford, 2nd Lt. A. M.**	W. and M. July 28/18.
*8 A.	Blacker, Clarence. 22395.	M. July 28/18.
8 A. II	Cairns, David. 14780.	M. July 28/18.
*8 A. III	Davidson, James. 41494.	W. and M. July 28/18.
‡8 A.	Logan, W. 42303.	M. July 28/18.
8 A.	Mackay, Walter. 40266.	M. July 28/18.
8 A.	Mackenzie, Roderick. 40273.	M. July 28/18.
8 A. II	Mulholland, Patrick. 17633.	W. Unoff. M. July 28/18.
8 A. III	Munro, Henry C. 25822.	M. July 28/18.
8 A. I	Ross, L.-Cpl. W. J. 42136.	W. Unoff. M. July 28/18.
‡8 A.	Sutherland, L.-Cpl. A. 267277.	M. July 28/18.
*8 B. VIII	Hastings, George. 23922.	M. July 28/18.
*8 B. VII	Katon, Archibald. 241812.	M. Aug. 22/18.
8 B.	Knowles, R. 11998.	M. Mar. 28/18.
8 B.	MacKay, A. 9133.	M. Mar. 28/18.
8 B. V	McKenzie, Robt. 10691.	W. and M. July 29/18.
8 B. V	Sparkes, Wilfred. 24656.	W. Unoff. M. July 28/18.
8 C. XII	Clarke, Charles. 23441.	M. July 28/18.
‡8 C.	Daniels, J. J. 203764.	M. July 28/18.
8 C.	Davidson, John. 41427.	M. July 28/18.
‡8 C.	Day, A. 10788.	M. July 28/18.
8 C. IX	Elliot, M.M., Wm. S/40678.	M. July 28/18.
8 C.	Lindsay, L.-Cpl. J. 10413.	M. Mar. 28/18.
8 C.	McClorey, John. 41526.	W. Unoff. M. July 28/18.

December 1st, 1918.

Seaforth Highlanders—contd.

B.E.F.

‡8 C.		MacKay, C. 240305.	W. and M. July 22/18.
8 C. X		Mackie, L.-Cpl. W. G. 42333.	W. Unoff. M. July 28/18.
8 C. XII		Mess, L.-Cpl. S. E. C. 40646.	M. July 28/18.
8 C. X		Miller, L.-Cpl. Alex. 204075.	M. July 28/18.
‡8 C.		Robertson, L.-Cpl. J. 200259.	M. July 28/18.
‡8 C.		Simpson, L.-Cpl. W. 266402.	M. July 28/18.
‡8 C.		Sturrock, D. 23438.	M. July 28/18.
8 C. IX		Turner, Wm. 6850.	W. Unoff. M. July 27/18.
8 D. XIII		Anderson, David. 41235.	M. July 28/18.
8 D.		Davies, William. 285259.	M. July 28/18.
‡8 D.		Elliot, R. 238015.	M. July 28/18.
‡8 D.		Logan, D. 235404.	W. and M. July 28/18.
8 D. XV		McIntyre, Archibald. 42305.	M. July 28/18.
‡8 D.		MacLean, J. 25819.	W. and M. July 28/18.
8 D. XV		McPhee, Cpl. Hugh. S/8547.	M. July 28/18.
8 D. XIV		Mudie, John. 25813.	W. and M. July 28/18.
‡8 D.		Simpson, W. 241959.	W. and M. July 28/18.
‡8 D.		Stainton, T. 242038.	M. July 28/18.
8 Sig. S.		Cameron, Alex. F. 16437.	Unoff. M. July 28/18.
8 ?		Elliott, Thomas. 200737.	K. July 28/18. Det.D./B.
8 ?		Jeffrey, Thomas. S/42301.	W. and M. July 28/18.
8 I.T.M.		Macdonald, Alex. 40875. (44 Bde.)	M. Mar. 28/18.
‡8 Sig. S.		Nicholson, John Wm. 18762.	M. July 28/18.
8 ?		Robbie, Julian. 42137.	M. July 28/18.
9 A. IV		Douglas, Robt. 235234.	M. Mar. 24/18.
9 A. II		Gorton, Wm. 9507.	M. Mar. 24/18.
9 A.		Graham, W. 4875.	M. Mar. 24/18.
9 A.		Hutchinson, S. 26401.	M. Mar. 26/18.
9 A.		McKenzie, Henry. 4019.	M. Mar. 24/18.
‡9 A.		Muircroft, Robert. 3610.	K. Mar. 24/18. Det.D./B.
9 B.		McKenzie, J. 11271.	M. Mar. 27/18.
9 D.		Lennie, L.-Cpl. Lawrence. 4447.	M. Mar. 24/18.
9 D. XV		Moir, John. 12903.	M. Mar. 24/18.
9 D.		Nicol, William. 7059.	W. and M. Mar. 26/18.

E.E.F.

1 ?		Duff, L.-Sgt. A. 626.	W. and M. June 14/18.
*1 ?		Dunn, Michael. 40593.	D/W. Sept. 21/18. Det.D./B.

PERSIAN GULF.

1 D.		Cole, Thomas. 2255.	M. Mar. 22/18.

SHERWOOD FORESTERS.

B.E.F.

1		Dawson, 2nd Lt. L. L.	M. May 27/18.
1 A. IV		Allcock, Ernest A. 83806.	M. April 24/18.
1 A. I		Allison, John Wm. 97879.	M. Mar. 26/18.
1 A. II		Baker, Chas. 109108.	M. May 27/18.
1 A.		Barnes, J. 108914.	M. May 27/18.
1 A. I		Barrows, E. 306780.	M. Mar. 26/18.
1 A. II		Batchelor, J. R. 95887.	M. May 27/18.
1 A. I		Bennett, G. H. 109156.	M. April 24/18.
1 A. III		Bennett, L.-Cpl. Robert. 93812.	M. May 27/18.
1 A. I		Bratt, J. 30141.	M. Mar. 25/18.

December 1st, 1918.

Sherwood Foresters—contd.

B.E.F.

1 A. III	Burchell, Owen. 72688.	M. Mar. 24/18.
1 A. IV	Chambers, L.-Cpl. T. 65902.	W. and M. June 3/18.
1 A. II	Crookes, Willie. 93587.	M. May 27/18.
1 A. I	Dobson, J. H. 203228.	M. Mar. 23/18.
1 A. IV	Donaldson, C. 100100.	M. Mar. 26/18.
1 A. II	Edwards, A. 306897.	M. April 23/18.
1 A. III	Evans, William. 109028.	M. June 27/18.
1 A. IV	Finney, W. 97410.	M. Mar. 21/18.
1 A. III	Hames, E. W. 95899.	M. May 27/18.
*1 A.	Harrison, L.-Cpl. Henry. 241519. (Fr. H.Q.)	M. May 27/18.
1 A.	House, C. 268807.	M. May 25/18.
1 A. IV	Hutton, Jacob. 108820.	M. May 27/18.
1 A. I.T.M.	Jeffries, R. 269851. (24 Bde.)	M. May 27/18.
1 A. or B.	King, G. E. 109139.	M. May 27/18.
1 A. I	Lazenby, Fred. 24229.	M. Mar. 26/18.
1 A. II	Lee, A. 109046.	M. May 27/18.
1 A. IV	Lewis, Saml. Herbert. 108838.	M. May 27/18.
1 A. II	Marsh, T. 102107.	M. May 26/18.
1 A. I	Middleton, Clarence. 18853.	M. Mar. 26/18.
1 A. I	Mills, L.-Cpl. G. 32382.	M. Mar. 21/18.
1 A. IV	Naysmith, Stephen. 102120.	M. May 27/18.
1 A. II	Peggs, James. 94496.	W. Unoff. M. May 27/18.
1 A.	Potterton, L.-Cpl. Wm. 4771.	M. May 27/18.
1 A. III	Rogers, F. J. 109118.	M. May 27/18.
1 A. I	Roylance, George. 108876.	M. May 27/18.
1 A. I	Rudge, Cpl. W. 5080.	M. Mar. 26/18.
1 A.	Scarfe, Tom. 70718.	M. May 27/18.
1 A. III	Silverlook, E. 71185.	M. May 27/18.
1 A. III	Spooner, L.-Cpl. Wm. 19955.	M. May 27/18.
1 A. IV	Summerfield, Colin. 109077.	M. April 24/18.
‡1 A.	Tallett, Harry. 307227.	M. May 27/18.
1 A. IV	Thorpe, E. 202514.	M. Mar. 26/18.
1 A. I	Waterhouse, C. 41461.	M. Mar. 26/18.
1 A. III	Wilde, L.-Sgt. T. 15717.	M. Mar. 26/18.
1 A. I	Wing, Jim. 306763.	M. Mar. 26/18.
1 B.	Allen, Geo. Wm. 83381.	M. May 27/18.
1 B. VI	Anstey, G. 72670.	M. May 27/18.
1 B. V	Aslen, T. W. 268306.	M. May 27/18.
1 B. VIII	Atherton, Stanley Harold. 109008.	M. May 27/18.
1 B.	Baird, Geo. W. 109105.	M. May 27/18.
1 B. VIII	Barrie, R. 72675.	M. May 27/18.
1 B. VI	Batting, L.-Cpl. Garry. 80004.	M. May 27/18.
1 B. V	Beesley, James. 108974.	M. May 27/18.
1 B. V	Best, George. 91558.	M. May 27/18.
1 B.	Blackmore, P. W. 67603.	M. May 27/18.
1 B. V	Brackner, Sgt. W. 13907.	M. May 21/18.
1 B. V	Bristow, W. 72672.	M. May 27/18.
*1 B. VIII	Chantry, S. 67033.	Unoff. M. May 27/18.
*1 B.	Charlton, Sgt. 202294.	K. Oct. 3/18. Det.D./B.
1 B. VII	Emmott, W. 108934.	M. May 27/18.
1 B.	Everitt, A. E. 100064.	M. Mar. 25/18.
1 B.	Furniss, Cpl. Fred. 205391.	M. May 27/18.
1 B. VIII	Foster, F. 267054.	M. May 25/18.
1 B. VI	Gamwell, R. J. 107508.	M. May 27/18.
1 B. VI	Greenwood, James. 107510.	M. May 27/18.
1 B. I.T.M.	Hall, L. 108943. (24 Bde.)	M. May 27/18.
1 B.	Handley, Joseph. 10120.	M. May 27/18.
1 B. VI	Hansbury, Joseph. 109035.	M. May 27/18.

Sherwood Foresters—contd.

B.E.F.

1 B.	Harral, Thomas. 205432.	M. May 27/18.
1 B. VII	Hart, J. 107525.	M. May 27/18.
1 B. VII	Hawkins, W. J. 109134.	M. May 27/18.
1 B.	Helenson, Fred. 205349. (Fr. H.Q.)	M. May 27/18.
1 B. V	Holland, Thomas. 108968.	M. May 28/18.
1 B. VIII	Hughes, R. 108942.	M. May 27/18.
1 B. VII	Huskinson, C. G. 91562.	M. May 27/18.
1 B. VIII	Jerrome, F. 108822.	M. May 27/18.
1 B.	Law, L.-Cpl. Arthur. 205442.	M. May 27/18.
1 B. VIII	Leonard, B. M. 108836.	M. May 27/18.
1 B. VIII	Leonard, Wm. 108837.	M. May 27/18.
♱1 B. VIII	Marshall, Alfred. 69007.	M. Aug. 27/18.
ʻ1 B. V	May, E. J. 41508.	M. May 27/18.
1 B. VII	Pickard, W. 109115.	M. May 27/18.
1 B.	Picker, F. W. 102123.	M. Mar. 26/18.
1 B. VI	Pilling, Wm. 205390.	M. May 27/18.
1 B.	Randall, W. 9633.	M. Mar. 27/18.
1 B. VI	Riley, J. 109117.	M. May 27/18.
1 B.	Sands, L.-Cpl. Arthur J. 108878.	M. May 27/18.
1 B. V	Shepherd, J. H. 109075	M. May 27/18.
1 B. VIII	Sherwood, G. W. 26566.	M. Mar. 26/18.
1 B. VIII	Spedding, W. 205453.	M. May 27/18.
1 B. VIII	Stickland, L.-Cpl. Robt. 72652.	M. May 27/18.
1 B. VIII	Swinglehurst, L.-Cpl. W. 19102	M. May 27/18.
1 B. VI	Tharp, Percy. 307115.	M. Mar. 26/18.
1 B.	Townsend, F. 20328.	M. Mar. 28/18.
1 B. VI	Trout, R. 4865.	W. and M. **June 1/18.**
1 B.	Wheldon, P. 307460.	M. Mar. 26/18.
1 C. X	Allan, Alex. 109103.	M. May 27/18.
1 C.	Ansell, Sgt. H. G. 8722.	M. May 27/18.
1 C. XI	Ashton, William 109007.	M. May 27/18.
1 C. IX	Bailey, Harry. 24991.	M. May 27/18.
1 C. XI	Barratt, Jos. Wm. 109011.	M. May 27/18.
‡1 C.	Belshaw, W. 91570.	M. May 27/18.
1 C. XII	Billings, L.-Cpl. S. J. 15839.	Unoff. M. end **Mar./18.**
1 C.	Bown, Geo. 91410.	M. May, 27/18.
1 C. X	Broadhurst, Sig. C. 108926. (Fr. 8th Manch.)	M. May 27/18.
1 C. X	Brocklesby, F. 91666.	M. May 27/18.
1 C. X.	Brown, H. 109020.	M. May 27/18.
1 C. XI	Burns, Henry. 109015.	M. May 27/18.
‡1 C. X	Calladine, C. 90167.	M. May 27/18.
1 C.	Cheshire, Rowland Fredk. 93925.	M. May 27/18.
1 C.	Child, Arthur. 70734.	M. May 27/18.
1 C. XII	Clayton, Cpl. G. H. 269228.	M. May 27/18.
ʻ1 C.	Coldwell, J. H. 78216.	M. Mar. 21/18.
‡1 C.	Cornwell, F. B. 73901.	M. May 27/18.
1 C.	Cowdell, C. 100061.	M. May, 27/18.
ʻ1 C. IX	Crosby, F. H. 268527.	M. May 27/18.
1 C.	Diver, Allen. 109023.	M. May 27/18.
1 C. X	Elliott, H. S. 97390	M. Mar. 26/18.
1 C. IX	Ellis, L.-Cpl. Chas. Greenwood. 93562.	M. Mar. 26/18.
1 C.	Ellis, J. P. A. 71933.	M. May 27/18.
1 C.	Ganley, E. J. 107512.	M. May 27/18.
1 C. XII	Goodal, Cpl. Archibald. 13874.	M. May 27/18.
1 C.	Gretton, Walter. 11279.	M. May, 27/18.
1 C. X	Hall, F. 31333.	Unoff. M. end **Mar./18.**

December 1st, 1918.

Sherwood Foresters—contd.

B.E.F.

1 C. XI	Hill, J. 107529.	K. April 25/18.	Det.D./B.
1 C. XII	Howes, T. J. P. 108979	M. May 27/18.	
1 C. IX	Hubbard, A. R. 100073.	M. May 27/18.	
‡1 C. IX	Hubbard, J. C. 95897.	M. May 27/18.	
1 C.	Hudson, W. V. 108816.	M. May 27/18.	
1 C. X	Hutchinson, L.-Cpl. Joseph. 93868.	M. May 27/18.	
1 C. XII	Johnson, G. 97909.	M. May 27/18.	
1 C.	Jones, Arthur J. 100076.	M. Mar. 23/18.	
1 C. X	Knowles, E. H. 108830.	M. May, 27/18.	
1 C. IX	Lynagh, Jas. 108841.	M. May 27/18.	
1 C. XI	McRae, Alfred. 101109.	K. April 24/18.	Det.D./B.
1 C. X	Marsden, Willie E. 94484.	M. May 27/18.	
1 C. IX	Marsland, L.-Cpl. John D. 240345.	M. May 27/18.	
‡1 C.	Mulvy, L.-Cpl. M. 26614.	M. May 27/18.	
1 C. XII	Murfin, Geo. 108852.	M. May 27/18.	
1 C. X	Nelson, James. 109056.	M. May 27/18.	
1 C.	Ormerod, Albert. 108858.	M. May, 27/18.	
1 C. XII	Pasquill, J. H. 108862.	M. May 27/18.	
1 C. XI	Pease, Frederick J. 242251.	M. May 24/18.	
1 C.	Plumley, E. 108864.	M. May 27/18.	
1 C. XII	Powell, J. 109116.	M. May 27/18.	
1 C. X	Press, L.-Cpl. Fred. 108866.	M. May 27/18.	
1 C. XII	Reid, Wm. Coventry. 109163.	M. May 27/18.	
‡1 C.	Roberts, Sgt. W. F. 13566.	M. May 27/18.	
1 C. XII	Sambrook, David. 235051.	M. May 25/18.	
1 C. IX	Scott, Albert. 108879.	M. May 27/18.	
1 C. XI	Sherwood, W. C. 72438.	W. Unoff. M. Aug. 28/18.	
1 C. X	Simcock, John. 71940.	M. May 27/18.	
1 C. XII	Syer, Fred. 109124.	M. May 27/18.	
1 C. IX	Tonks, H. 60678.	M. May 27/18.	
1 C.	Tyre, A. Collin. 108993.	M. May 27/18.	
*1 C. L.G.S.	Watson, G. W. 95970.	M. May 27/18.	
1 C.	Wharmby, L.-Cpl. C. 7810.	M. Mar. 28/18.	
1 C. X	Williamson, Harry. 109084.	M. May 27/18.	
1 C. X	Wyche, Thos. Arthur. 18496.	M. May 27/18.	
1 D.	Ashton, L.-Cpl. John Jas. 108900.	M. May 27/18.	
1 D. XIII	Bennett, S. 205420.	M. May 27/18.	
1 D.	Blazey, Sgt. T. 13971.	M. Mar. 26/18.	
1 D. XIV	Bulliman, H. 82988.	M. May 27/18.	
1 D.	Cashen, T. H. 109097.	M. May 27/18.	
‡1 D. XV	Clarkson, E. N. 109111.	M. May 27/18.	
1 D. XIV	Cox, C. S. 95807.	M. April 24/18.	
1 D.	Egerton, Samuel. 109027.	M. May 27/18.	
1 D.	Esswood, Cpl. J. 306151.	M. May 27/18.	
‡1 D.	Eyre, L.-Cpl. W. 11178.	M. May 27/18.	
1 D.	Fisher, D. F. 95932.	M. May 27/18.	
1 D.	Fletcher, Sgt. G. 70703.	M. Mar. 26/18.	
1 D. XV	Greener, Stephen. 71954.	M. May 27/18.	
1 D. XVI	Hacking, L.-Cpl. Samuel. 109036.	M. Mar. 26/18.	
1 D. XVI	Hallmark, P. 93629.	M. Mar. 26/18.	
1 D. XIII	Harrison, W. 24519.	M. May 27/18.	
1 D. XVI	Hulme, Cpl. J. 205410.	M. May 27/18.	
1 D. XIII	Lockley, J. 109155.	M. May 27/18.	
1 D. XIII	Millward, F. E. 47679.	M. May 27/18.	
1 D.	Montgomery, W. 26850.	M. April 26/18.	
1 D.	Noone, John. 108987.	M. May 27/18.	
1 D. XIII	Nutter, Francis Edw. 109006.	M. May 27/18.	
‡1 D. XIII	Orton, A. 95907.	M. May 27/18.	
1 D. XIII	Oxford, John. 109113.	M. May 27/18.	
‡1 D. XIII	Pidgeon, George. 100084.	M. May 27/18.	

December 1st, 1918.

Sherwood Foresters—contd.

B.E.F.

1 D. XIV	Platt, A. 97429.	M. Mar. 26/18.
1 D.	Potter, Sgt. T. G. 306237.	M. May 27/18.
1 D. XV	Powell, E. 96326.	M. Mar. 26/18.
1 D. XVI	Pugh, C. 109154.	M. May 27/18.
1 D. XIII	Riley, John Cleave. 109089.	M. May 27/18.
1 D. XIV	Russell, J. D. 95955.	M. May 27/18.
1 D. XIII	Scott, Wm. Jas. 109067.	M. May 27/18.
1 D. XIV	Sharpe, Reginald. 95913.	M. May 27/18.
1 D. XVI	Smith, G. Henry. 53167.	M. Mar. 27/18.
1 D.	Smith, H. T. 91563.	M. May 27/18.
1 D.	Taylor, G. W. 109125.	M. May 27/18.
1 D. XIII	Thompson, J. 50455.	M. May 27/18.
1 D.	Truman, Sgt. T. 19975.	M. Mar. 27/18.
1 D.	Twells, W. 23947.	M. Mar. 26/18.
1 D.	Tyer, L.-Cpl. John. 205470.	M. May 27/18.
1 D.	Wall, L.-Cpl. W. 31842.	M. Mar. 26/18.
1 D. XIII	Watkinson, G. 14981.	W. and M. Mar. 25/18.
1 D.	Watson, Chas. Israel. 242591. (A.P.O. Sec.)	M. May 27/18.
1 D.	Whitby, W. H. 266609.	M. Mar. 26/18.
1 D.	Wilkinson, W. 51979.	M. Mar. 26/18.
‡1 D.	Williams, A. 100104.	M. May 27/18.
1 D.	Wilson, H. 267554.	M. Mar. 27/18.
1 D.	Wooley, L.-Cpl. W. 266451.	M. Mar. 27/18.
1 H.Q.	Austin, H. 109102.	M. May 27/18.
‡1 H.Q.	Gibbons, Cpl. A. 24898.	M. May 27/18.
1 H.Q.	Holmes, Sig. Arthur. 108812.	M. May 27/18.
1 H.Q.	Malpass, Sig. Harry. 235043.	M. Mar. 26/18.
1 H.Q.	Mellor, Frank. 108849.	M. April 24/18.
1 H.Q.	Nunn, J. W. 7012.	M. May 27/18.
‡1 H.Q.	Telling, J. J. 309116.	M. May 27/18.
1 H.Q.	Walker, F. 205458.	M. May 27/18.
1 H.Q.	Watkins, Sig. John Emlyn. 108962.	M. May 27/18.
1 H.Q.	Wright, Geo. W. 108963.	M. May 27/18.
1 ?	Battison, Sgt. H. 266580.	M. Mar. 25/18.
1 ?	Blick, J. C. 78268.	M. Mar. 26/18.
1 ?	Burbidge, W. 73908.	M. Mar. 26/18.
1 ?	Cotton, Cpl. C. 95924.	M. May 27/18.
1 ?	Evans, L.-Cpl. W. O. 205474.	M. May 27/18.
1 I.T.M.	Ferney, Thomas. 109130. (21 Bde.)	M. May 27/18.
1 ? I.T.M.	Hooker, R. C. 61017. (24 Bde.)	M. May 27/18.
1 ?	Hunter, A. 107521.	M. May 27/18.
1 ?	Laden, Luke. 102104.	M. Mar. 26/18.
1 ?	Margett, Sgt. T. 7193.	M. May 27/18.
1 ?	Mather, W. H. 205447.	D/W. June 1/18. De:.D. 'B.
1 ?	Rooke, G. J. 108955.	M. May 27/18.
1 ?	Shelton, D.C.M., A.-C.-S.-M. J. H. 11095.	M. Mar. 26/18.
1 ?	Simmons, J. W. 97353.	M. May 27/18.
1 ? L.G.S.	Steel, John. 109073.	M. May 27/18.
1 ?	Thompson, W. H. 92326.	M. May 26-27/18.
1 ?	Thornton, A. 72657.	M. May 27/18.
1 ?	Wallworth, Harold. 205412.	M. April 24/18.
‡1 ?	Wood, L.-Cpl. W. J. 71943.	M. May 27/18.
1 ?	Woolley, Albert. 109147.	M. May 27/18.
2	**Eyre, 2nd Lt. H.**	M. Sept. 18/18.
2 A. I	Dawson, G. F. 10.	W. Unoff. M. Sept. 17-19/18.
2 A. III	Hughes, G. A. 72923.	K. Mar. 21-23/18. Det.D. 'B.

December 1st, 1918.

Sherwood Foresters—contd.

B.E.F.

‡2 A. III	Malpass, A. 96678.	K. Sept. 17/18. Det.D./B.
‡2 A. II	Ridgard, J. 22670.	W. Unoff. M. Sept. 17/18.
2 A. I	Shields, Cpl. C. 21297.	M. Mar. 21/18.
2 A. II	Smith, L.-Cpl. A. 25957.	M. Mar. 21-23/18.
2 A.	Sudbury, A. 14433.	M. Mar. 21-23/18.
2 A. L.G.S.	Williams, Cpl. E. 14138.	M. Mar. 21-23/18.
2 B.	Alliss, Wilfred. 64694.	M. April 11/18.
2 B. or C.	Benn, Fred. 21866.	M. Mar. 21/18.
‡2 B.	Burch, H. 72762.	M. Mar. 21-23/18.
‡2 B.	Drake, Sgt. H. 90015.	M. Sept. 17-19/18.
2 B. VIII	Henson, G. J. 96649.	M. Mar. 21-23/18.
*2 B. VIII	Ormerod, H. 102341.	K. Sept. 17/18. Det.D./B.
‡2 B. VI	Procter, W. 102127.	W. Unoff. M. Oct. 8/18.
2 B. VII	Speer, H. 72813.	M. Mar. 21/18.
2 B.	Stirling, Geo. 241996.	M. Mar. 12/18.
2 B. V	Taylor, L.-Cpl. John. 102213.	K. April 14/18. Det.D./B.
*2 B. VI	Troth, H. 49224.	W. Unoff. M. Sept. 18/18.
‡2 B. V	Walker, F. W. 27421.	M. Sept. 17-19/18.
2 B. VIII	Whieldon, Fred. 63071.	M. Mar. 21/18.
‡2 B. VI	White, Wilfred. 93729.	M. Sept. 17/18.
2 C.	Barker, J. 23093. (Fr. 9th.)	M. Mar. 21/18.
2 C. Sig. S.	Booty, Percy. 202169.	M. Mar. 21/18.
2 C. XI	Buxton, Jas. Wm. 92786.	M. Mar. 21-23/18.
2 C.	Clarke, Slater. 27976.	M. Mar. 21-23/18.
2 C. XI	Cooke, G. 72832.	M. Mar. 21/18.
2 C. X	De Veuve, W. 72850.	M. Mar. 21/18.
2 C.	Feeney, W. H. 50185.	M. Mar. 21-23/18.
2 C.	Fenton, Sgt. Jack. 90013.	M. Mar. 21/18.
2 C. XII	Fox, John Thos. 93433.	M. Mar. 21/18.
2 C. I.T.M.	Grainger, W. H. 90168. (71 Bgde.)	K. Mar. 21/18. Det.D./B.
2 C.	Gravestock, A. 72722.	M. Mar. 21-23/18.
2 C.	Henson, J. T. 97403.	M. Mar. 21-23/18.
‡2 C.	Holt, M. 238044.	W. Unoff. M. Sept. 17-19/18.
2 C. XI	Kemp, Thos. Arthur. 97911.	M. Mar. 21-23/18.
2 C. IX	Kirby, L.-Cpl. Frank. 22114.	M. Mar. 21-23/18.
2 C.	Lynch, E. A. C. 97914.	M. Mar. 21-23/18.
‡2 C.	Miller, Cpl. T. 265900.	K. Oct. 8-10/18. Det.D./B.
2 C.	Nettleship, A. 6367.	M. Mar. 21-23/18.
2 C. IX	Parkes, Sgt. W. 27407.	M. Sept. 17-19/18.
*2 C.	Rhodes, R. 106723.	K. Sept. 17-19/18. Det.D./B.
2 C.	Rolfe, John Wm. 22271.	M. Mar. 21/18.
2 C. XI	Terry, Joseph. 70569.	M. Mar. 21/18.
2 C. XI	Wells, H. 72871.	M. Mar. 21-23/18.
*2 C. XI	Wilkinson, Jas. 260038.	M. Sept. 18/18.
2 C.	Williams, H. 93721.	M. Mar. 21-23/18.
*2 D. XVII	Bottomley, Frank. 202370.	K. Sept. 17-19/18. Det.D./B.
2 D. XIII	Brookes, Robt. 4921.	M. Mar. 21-23/18.
2 D.	Christian, A. 23153.	M. Mar. 21/18.
2 D.	Hall, John. 10012.	M. May 27/18.
2 D.	Henney, C. W. 26606.	M. Mar. 21-23/18.
2 D. XIV	Hooper, C. 91508.	M. Mar. 21-31/18.
2 D. XV	Kirkland, James. 203664.	M. Mar. 21-23/18.
2 D. XIV	Morris, Sam. 73136.	M. Mar. 21/18.
2 D. XIII	Padgett, A. 102132.	M. Mar. 21-23/18.
2 D. XVI	Robinson, Miles. 203666.	M. Mar. 21-23/18.
‡2 D. XIV	Steel, Arthur Edward. 63066.	M. Sept. 19/18.
‡2 H.Q.	Birkiss, L.-Cpl. S. E. 70598. (Sig.)	W. Unoff. M. Sept. 17-19/18.
*2 H.Q.	Chambers, B. (Runner). 72807.	M. Sept. 18/18.

December 1st, 1918.

Sherwood Foresters—contd.

B.E.F.

2 Sig. S.	Allen, J. J. 202673.	M. Mar. 21/18.	
*2 ?	Berkin, J. A. 200764.	M. Sept. 18/18.	
2 ?	Cooper, J. 72720.	K. April 26/18, Det.D./B.	
*2 ?	Gibbons, Sig. H. 89271.	M. Sept. 19/18.	
2 ?	Gilbert, Sgt. Edwin. 90011.	K. Mar. 21/18. Det D./B.	
‡2 ?	Huckell, James Wm. 83576.	M. Sept. 17-19/18.	
2 ?	Jackson, A. D. 108948.	M. May 27/18.	
2 ?	Kitchington, George. 107630.	K. July 24/18. Det.D./B.	
2 Sig. S.	Langley, Claude. 107546.	D/W. July 24/18. Det.D./B.	
2 ?	Poxon, Edwin. 102131.	M. Mar. 21/18.	
*2 ?	Ridgard, J. 22670.	W. Unoff. M. Sept. 17/18.	
2 ?	Winsor, T. 73617. (Fr. 15.)	Unoff. M. end Mar./18.	
4 D.	Humberstone, W. 48478.	M. Mar. 21/18.	
*5 A. 1	Clarke, L. W. 81359.	W. Unoff. M. Sept. 29/18.	
*5 A.	Mason, Sig. Reginald. 202680.	M. Oct. 3/18.	
*5 A. I	Sammons, Joseph. 268853.	M. Oct. 3/18.	
‡5 B. VIII	Cutler, Wm. 235342.	M. Oct. 3/18.	
*5 B. VIII	Holmes, Arthur. 203515.	M. Oct. 3/18.	
*5 B. VIII	Hukin, David. 235082.	M. Oct. 3/18.	
*5 B. VIII	Hyman, G. H. 268933.	M. Oct. 3/18.	
‡5 B. VI	Wibberley, Ralph. 201485.	K. Oct. 3/18. Det.D./B.	
*5 C.	Alcock, A. M. 92392	M. Sept. 21/18.	
*5 C. X	Chapman, Henry Geo. 267718.	M. Oct. 3/18.	
‡5 C.	Rownsley, R. 92287.	M. Oct. 3/18.	
‡5 C. XI	Sanderson, S. 306224	W. Unoff. M. Oct. 2/18.	
5 C. IX	Saul, A. 73588.	M. Mar. 22-28/18.	
5 C. IX	Tittey, J. W. 93716.	K. Sept. 23/18. Det.D./B.	
5 D.	Hudson, George. 204366.	M. May 26/18.	
‡5 D. XV	Johnson, Arthur. 14077.	W. Unoff. M. Oct. 3/18.	
5 D.	Perks, Ronald. 96650	M. Mar. 21-23/18.	
‡5 D.	Varey, W. 46349.	M. Mar. 21/18.	
‡5 ?	Davis, G. A. 102237.	M. Oct. 3/18.	
5 ?	Edwards, W. R. 20925.	M. April 14/18.	
*5 Sig. S.	Greaves, W. 202589.	M. Oct. 3/18.	
‡5 ?	Jones, A. 103005.	M. Oct. 3/18.	
5 ?	Pearson, Percy. 204730.	M. Mar. 20/18.	
5 ?	West, Sylvester. 204465.	M. June 15/18.	
2/5 A.	Astell, J. C. 202845.	M. Mar. 21/18.	
2/5 A. III	Baggott, Laurence Samuel. 106136.	M. April 15/18.	
2/5 A.	Barlow, W. H. 26150.	M. Mar. 21/18.	
2/5 A. IV	Barrett, Edgar. 202346.	M. Mar. 21/18.	
2/5 A.	Beeston, H. 204356.	M. Mar. 21/18.	
2/5 A. II	Benson, Fredk. John. 106124	M. April 15/18.	
2/5 A.	Bredner, D. 76118.	M. Mar. 21/18.	
2/5 A.	Briggs, S. 61032.	M. Mar. 21/18.	
2/5 A.	Burgess, T. 17221.	M. Mar. 21/18.	
2/5 A.	Carter, E. G. 6970.	M. Mar. 21/18.	
2/5 A.	Chele, T. 45806.	M. Mar. 21/18.	
2/5 A.	Corby, John Jas. 86470.	M. April 15/18.	
2/5 A.	Cowell, W. 307163.	M. Mar. 21/18.	
2/5 A. IV	Crump, Tom Wm. 203520.	M. Mar. 21/18.	
2/5 A.	Crumplin, H. 92189.	M. Mar. 21/18.	
2/5 A.	Crute, D. 201043.	D/W. Mar. 21/18.	
2/5 A. II	Dakin, P. 25589.	M. Mar. 21/18.	
'2/5 A.	Dearman, H. T. 203356.	M. Mar. 21/18.	
2/5 A.	Dilley, A. 203192.	M. Mar. 21/18.	
2/5 A.	Dix, L.-Cpl. W. C. H. 241962.	M. Mar. 21/18.	
'2/5 A.	Doherty, H. 240322.	M. Mar. 21/18.	
'2/5 A.	Dunstan, E. W. 15095	M. Mar. 21/18.	

December 1st, 1918.

Sherwood Foresters—contd.

B.E.F.

2/5 A.		Evans, J. 268029.	M. Mar. 21/18.
2/5 A.		Eyre, H. 202132.	M. Mar. 21/18.
2/5 A.		Ford, G. H. 202550.	M. Mar. 21/18.
2/5 A.	I	Gladdin, Walter. 43252.	M. April 15/18.
2/5 A.		Greer, J. 267125.	M. Mar. 21/18.
2/5 A.		Harrington, C. 307117.	M. Mar. 21/18.
2/5 A.		Harris, A. 320509.	M. Mar. 21/18.
2/5 A.	III	Haslam, Thos. 25308.	M. Mar. 21-25/18.
2/5 A.		Haywood, F. 18888.	M. Mar. 21/18.
2/5 A.		Holtham, E. 15021.	M. Mar. 21/18.
2/5 A.		Jackson, L.-Cpl. R. 202795.	M. Mar. 21/18.
2/5 A.	II	Johnson, Harry. 106185.	M. April 14/18.
2/5 A.		Lewendon, L.-Cpl. G. 31256.	M. Mar. 21/18.
2/5 A.		Lockwood, H. 242603.	M. Mar. 21/18.
2/5 A.		Mells, T. 29333.	M. Mar. 21/18.
2/5 A.	II	Mills, Harry. 106198.	M. Mar. 21-31/18.
2/5 A.		Poole, C. 38353.	M. Mar. 21/18.
2/5 A.		Rice, N. F. 201001.	M. Mar. 21/18.
2/5 A.		Smith, L.-Cpl. E. 265267	M. Mar. 21/18.
2/5 A.		Stevens, A. 203551.	M. Mar. 21/18.
2/5 A.		Sutcliffe, F. 200719.	M. Mar. 21/18.
2/5 A.		Taylor, J. L. 93054.	M. Mar. 21/18.
2/5 A.		Tingle, S. J. 36088.	M. Mar. 21/18.
2/5 A.		Vardy, C. 18343.	M. Mar. 21/18.
2/5 A.		Wadsworth, H. 202373.	M. Mar. 21/18.
2/5 A.		Wallis, E. 202083.	M. Mar. 21/18.
2/5 A.		Walters, J. H. 201437.	M. Mar. 21/18.
2/5 A.		Walters, R. 200811.	M. Mar. 21/18.
2/5 A.		Watson, J. H. 200627.	M. Mar. 21/18.
2/5 A.	III	Williams, R. 260078. (267136.)	M. April 16/18.
2/5 B.		Allsopp, E. 201925.	M. Mar. 21/18.
2/5 B.		Arden, C. E. 102666.	W. and M. April 14/18.
2/5 B.		Bell, F. P. 67600.	M. Mar. 21/18.
2/5 B.	VI	Bentley, L. 47885.	M. Mar. 21/18.
2/5 B.		Brace, Norman Wilfred. 36372.	W. and M. Mar. 21/18.
2/5 B.		Browett, A. 265691.	M. Mar. 21/18.
2/5 B.		Brown, E. 202107.	M. Mar. 21/18.
2/5 B.	VII	Buick, R. H. 306932.	M. Mar. 21/18.
2/5 B.		Burton, Sgt. Cyril. 201890.	M. Mar. 21/18.
2/5 B.		Butcher, L.-Cpl. A. E. 200401	M. Mar. 21/18.
2/5 B.		Cattle, W. 74021.	M. Mar. 21/18.
2/5 B.	VI	Cooper, Arthur. 200862.	K. or D/W. April 12/18. Det.D./B.
2/5 B.		Cutler, J. R. 90732.	M. Mar. 21/18.
2/5 B.		Dyer, G. 200691.	M. Mar. 21/18.
2/5 B.		Emerson, H. A. 202860.	M. Mar. 21/18.
2/5 B.		Eyley, P. J. 201930.	M. Mar. 21/18.
2/5 B.		Feam, F. 8178.	M. Mar. 21/18.
2/5 B.		Figgett, W. 20667.	M. Mar. 21/18.
2/5 B.		Forman, J. H. 91762.	M. Mar. 21/18.
2/5 B.		Fountain, Cpl. F. 266106.	M. Mar. 21/18.
2/5 B.		Gibson, S. 305695.	M. Mar. 21/18.
2/5 B.		Groome, A. 201954.	M. Mar. 21/18.
2/5 B.		Hall, J. W. 307438.	M. Mar. 21/18.
2/5 B.	VII	Hodgkinson, Geo. 60227.	M. Mar. 21/18.
2/5 B.	VIII	Knight, W. 307430.	M. Mar. 21/18.
2/5 B.		Mead, H. 241672.	M. Mar. 21/18.
2/5 B.		Merrifield, J. 90789.	M. Mar. 21/18.
2/5 B.		Mitchell, Robt. 306908.	M. Mar. 21/18.
2/5 B.		Newton, H. 82811.	M. Mar. 21/18.

December 1st, 1918.

Sherwood Foresters—contd.

B.E.F.

2/5 B.	Page, Cpl. J. 265746.	M. Mar. 21/18.
2/5 B.	Parker, J. 202087.	M. Mar. 21/18.
2/5 B. VI	Pilkington, L.-Cpl. Ernest. 42048.	M. April 29/18.
2/5 B.	Rowley, J. 14692.	M. Mar. 21/18.
2/5 B.	Summerfield, James. 201941.	M. Mar. 21/18.
2/5 B.	Tunaley, L.-Cpl. H. 202398.	M. Mar. 21/18.
2/5 B.	Turner, G. H. 307102.	M. Mar. 21/18.
2/5 B. VI	Wakerley, H. J. 202881.	M. Mar. 28/18.
2/5 B. I.T.M.	Warwick, F. 203030. (178 Bde.)	M. Mar. 21/18.
2/5 B. VI	Webster, L.-Cpl. H. 41978.	M. Mar. 21/18.
2/5 B.	Wheldall, A. 268522.	M. Mar. 21/18.
2/5 B.	White, H. 22178.	M. Mar. 21/18.
2/5 B.	Wick, T. W. 97081.	M. Mar. 21/18.
2/5 B.	Wild, Arthur. 20752.	M. Mar. 21/18.
2/5 B.	Wood, J. J. 202080.	M. Mar. 21/18.
2/5 B.	Wright, W. 202533.	M. Mar. 21/18.
2/5 C.	Bence, Cpl. H. A. 202006.	M. Mar. 21/18.
2/5 C.	Brannan, James. 70395.	M. Mar. 21/18.
2/5 C.	Clifford, F. 203171.	M. Mar. 21/18.
2/5 C.	Collings, F. 235066.	M. Mar. 21/18.
2/5 C. XII	Cook, J. 235064.	M. Mar. 21/18.
2/5 C. or D.	Cooper, H. 92190.	M. Mar. 21-25/18.
2/5 C.	Crackle, L.-Cpl. S. 201932.	M. Mar. 21/18.
2/5 C.	Cross, W. G. 307215.	M. Mar. 21/18.
2/5 C.	Dean, J. W. 202073.	M. Mar. 21/18.
2/5 C.	French, G. 97275.	M. Mar. 21/18.
2/5 C. XIII	Fursey, J. E. 235031.	M. Mar. 21/18.
2/5 C.	Gadsden, L.-Cpl. H. 40525.	M. Mar. 21/18.
2/5 C. X	Heaton, Cpl. Harry. 202358.	M. Mar. 21/18.
2/5 C.	Henchcliffe, L. H. 70451.	M. Mar. 21/18.
2/5 C.	Henley, J. 93498.	M Mar. 21/18.
2/5 C.	Hicks, J. 93662.	M. Mar. 21/18.
2/5 C.	Hobkinson, L.-Cpl. H. 31277.	M. Mar. 21/18.
2/5 C.	Humphreys, C. V. 201777.	M. Mar. 21/18.
2/5 C.	Hunt, Sig. Geo. Hezekiah. 8a572.	M. Mar. 21/18.
2/5 C.	Hurd, W. E. 200267.	M. Mar. 21/18.
2/5 C.	Jackson, L.-Cpl. J. L. 200748.	M. Mar. 21/18.
2/5 C.	Johnson, J. H. 20046.	M. Mar. 21/18.
2/5 C. IX	Kirk, W. 23764.	M Mar. 21/18.
2/5 C.	Lane, W. 97089.	M. Mar. 21/18.
2/5 C.	Laurence, R. F. 90710.	M. Mar. 21/18.
2/5 C. IX	Leadill, J. Thos. 67618.	M. Mar. 21/18.
2/5 C.	Lees, R. 202387.	M. Mar. 21/18.
2/5 C.	Lester, H. 203779. (Fr. H.Q.)	M. Mar. 21/18.
2/5 C.	Love, J. 76410.	M. Mar. 21/18.
2/5 C.	Lowe, T. 266384.	M. Mar. 21/18.
2/5 C.	Lucock, Cpl. W. H. 90757.	M. Mar. 21/18.
2/5 C. IX	Lumley, L.-Cpl. 97090.	M. Mar. 21/18.
2/5 C.	Lynch, W. 202387.	M. Mar. 21/18.
2/5 C.	Marriott, G. H. 201877.	M. Mar. 21/18.
2/5 C.	Noy, L. 25347.	M Mar. 21/18.
2/5 C.	Paulson, W. 27826.	M. Mar. 21/18.
2/5 C.	Pinnell, W. T. 31391.	M. Mar. 21/18.
2/5 C.	Plater, H. 89192.	M. Mar. 21/18.
2/5 C.	Plowright, H. 266907.	M. Mar. 21/18.
2/5 C.	Robinson, J. W. 202418.	M. Mar. 26/18.
2/5 C.	Sharpe, G. A. 70046.	M. Mar. 21/18.
2/5 C.	Simpson, G. 13745.	M. Mar. 21/18.

December 1st, 1918.

Sherwood Foresters—contd.

B.E.F.

2/5 C. I.T.M.	Smith, H. 48548. (178 Bde.)	M. Mar. 21/18.	
2/5 C.	Streets, W. 55870.	M. Mar. 21/18.	
2/5 C.	Timms, T. 43714.	M. Mar. 26/18.	
2/5 C.	Tongue, A. 70576.	M. Mar. 21/18.	
2/5 C.	Vickers, H. 81802.	M. Mar. 21/18.	
2/5 C.	Walker, E. B. 203312.	M. Mar. 21/18.	
2/5 C.	Walker, W. 60584.	M. Mar. 21/18.	
2/5 C.	Walker, W. 266276.	M. Mar. 21/18.	
2/5 C.	Walker, Cpl. W. H. 200700.	M. Mar. 21/18.	
2/5 C.	Wall, W. A. 23752.	M. Mar. 21/18.	
2/5 C.	Waring, L.-Cpl. G. 73193.	M. Mar. 21/18.	
2/5 C.	Warren, E. 201071.	M. Mar. 21/18.	
2/5 C.	Whittaker, E. W. 200830.	M. Mar. 21/18.	
2/5 C.	Williams, W. J. 60464.	M. Mar. 21/18.	
2/5 C.	Wood, L.-Cpl. U. 235100.	M. Mar. 21/18.	
2/5 D. XIV	Argyle, Walter. 27391.	M. Mar. 21/18.	
2/5 D.	Atkins, J. T. W. 20754.	M. Mar. 21/18.	
2/5 D.	Ball, A. A. 201867.	M. Mar. 21/18.	
2/5 D.	Bayley, James. 107377.	M. April 14/18.	
2/5 D.	Benfield, W. H. 28276.	M. Mar. 21/18.	
2/5 D.	Betteridge, J. 206298.	M. Mar. 21/18.	
2/5 D.	Brocklehurst, F. 22141.	M. Mar. 21/18.	
2/5 D.	Burton, H. 19470.	M. Mar. 21/18.	
2/5 D.	Cooke, L.-Cpl. A. 23277.	M. Mar. 21/18.	
2/5 D.	Cox, T. 203537.	M. Mar. 22/18.	
2/5 D.	Dames, J. E. 267224.	M. Mar. 21/18.	
2/5 D.	Davies, L. 240162.	M. Mar. 21/18.	
2/5 D.	Dickman, Wm. 12835.	M. April 14-15/18.	
2/5 D.	Dovinson, A. E. 240722.	M. Mar. 21/18.	
2/5 D. XIII	Farrell, L.-Cpl. Saml. 201362.	M. Mar. 21/18.	
2/5 D. I.T.M.	Fox, J. 200722. (178 Bde.)	M. Mar. 21/18.	
2/5 D.	Harnbrook, G. I. D. 70244.	M. Mar. 21/18.	
2/5 D. XIII	Haslam, Arthur. 45262.	M. Mar. 21/18.	
2/5 D. XIV	Hills, Harold Herb. 269803.	M. Mar. 21/18.	
2/5 D.	Holmes, F. 203123.	M. Mar. 21/18.	
2/5 D.	Jelfs, J. 202897.	M. Mar. 21/18.	
2/5 D.	Jennings, A. 24582.	M. Mar. 21/18.	
2/5 D.	Jones, T. A. 19198.	M. Mar. 21/18.	
2/5 D. XIV	Kniveton, J. 106188.	M. April 15/18.	
2/5 D.	Lock, A. W. 202944.	M. Mar. 21/18.	
2/5 D.	McDonald, L.-Cpl. A. G. C. 76413.	M. Mar. 21/18.	
2/5 D.	Marsdon, Cpl. J. 11173.	M. Mar. 21/18.	
2/5 D.	Nicholson, W. 306316.	M. Mar. 21/18.	
2/5 D.	Pantson, W. 27826.	M. Mar. 21/18.	
2/5 D.	Parkes, W. 306903.	M. Mar. 21/18.	
2/5 D.	Perkins, H. 70072.	M. Mar. 21/18.	
2/5 D.	Plant, S. 97415.	M. Mar. 21/18.	
2/5 D.	Potts, E. R. 202077.	M. Mar. 21/18.	
2/5 D.	Poulson, Wm. 27826.	M. Mar. 21/18.	
2/5 D. I.T.M.	Riley, W. 200754. (178 Bde.)	M. Mar. 21/18.	
2/5 D.	Rose, J. W. 202410.	M. Mar. 21/18.	
2/5 D. XIII	Sims, J. 202824.	M. Mar. 21/18.	
2/5 D.	Singleton, F. 200737.	M. Mar. 21/18.	
2/5 D.	Smith, A. 200976.	M. Mar. 21/18.	
2/5 D.	Smith, C. 27979.	M. Mar. 21/18.	
2/5 D.	Stainfield, L.-Cpl. F. 15430.	M. Mar. 21/18.	
2/5 D.	Summers, G. 201168.	M. Mar. 21/18.	
2/5 D.	Tatton, S. 203740.	M. Mar. 21/18.	
2/5 D.	Tilling, H. E. 203200.	M. Mar. 21/18.	

December 1st, 1918.

Sherwood Foresters—contd.

B.E.F.

2/5 D.	Tomlinson, L.-Cpl. W. 11897.	M. Mar. 21/18.
2/5 D.	Turner, E. 200912.	M. Mar. 21/18.
2/5 D.	Turner, G. 70375.	M. Mar. 21/18.
2/5 D.	Varey, C. 240588.	M. Mar. 21/18.
2/5 D.	Vickers, A. H. 82314.	M. Mar. 21/18.
2/5 D.	Wallace, L.-Cpl. A. 71629.	M. Mar. 21/18.
2/5 D.	Walters, G. 201978.	M. Mar. 21/18.
2/5 D.	Watts, L.-Cpl. F. 25028.	M. Mar. 21/18.
2/5 D. XIII	Whysall, Herbert. 66514.	M. Mar. 21/18.
2/5 D.	Williams, W. J. 203544.	M. Mar. 21/18.
2/5 D.	Woodcock, G. W. 203197.	M. Mar. 21/18.
2/5 D.	Wyld, P. W. 67122.	M. Mar. 21/18.
2/5 H.Q.	Goude, J. H. 201874.	M. Mar. 21/18.
2/5 H.Q.	Jones, G. M. 307021. (Sni.)	M. Mar. 21/18.
2/5 H.Q.	Kirk, Cpl. F. 202084.	M. Mar. 21/18.
2/5 H.Q.	Miller, L.-Cpl. Robt. 202298.	M. Mar. 21/18.
2/5 H.Q.	Sayers, A. 14248.	M. Mar. 21/18.
2/5 H.Q.	Sefton, Cpl. C. C. 90762.	M. Mar. 21/18.
2/5 H.Q.	Temprell, J. 202111.	M. Mar. 21/18.
2/5 H.Q. Sig. S.	Ward, Arnold. 306783.	M. Mar. 21/18.
2/5 ?	Adams, H. R. 260043.	M. April 15/18.
2/5 I.T.M.	Boichat, W. 202916. (178 Bde.)	W. and M. Mar. 21/18.
2/5 ?	Bull, Arthur Albert. 201867.	M. Mar. 21/18.
2/5 ?	Evans, Walter Quinten. 102703. (Fr. 1 W. Kent.)	M. April 17/18.
2/5 ?	Parker, A.-Cpl. J. 97075.	M. Mar. 21/18.
2/5 ?	Rawlston, T. A. 82806.	M. Mar. 21/18.
6	Lake, 2nd Lt. T. A.	M. August 12/18.
‡6 A. II	Simpson, Zac. 269795.	W. Unoff. K. Oct. 3/18.
*6 C. XII	Pooley, L.-Cpl. W. 307025.	Unoff. M. Oct. 3/18. Det.D./B.
‡6 D. XIII	Brindley, J. A. 241599.	M. Oct. 3/18.
*6 Scout S.	Taylor, Bernard. 240438.	M. Aug. 13/18.
2/6	Nason, 2nd Lt. R. P. (Fr. 2 Notts Hussars.)	M. bel. K. April 16/18. Conf & Det.
2/6 A.	Brown, William. 242036.	M. April 18/18.
2/6 A.	Hitherby, L.-Cpl. A. 27967.	M. Mar 21/18.
2/6 A.	Holford, Arthur J. 306994.	M. Mar. 21/18.
2/6 A. I	Joicey, John Arthur. 103051.	M. April 21/18.
2/6 A.	Mason, C. 54304.	M. Mar. 21/18.
2/6 A. L.G.S.	Riggott, Jim 241670.	M. Mar. 21/18.
2/6 A. IV	Round, Fred. 97930.	M. April 18/18.
2/6 A. I	Tubb, H. 102312.	M. April 18/18.
2/6 A. I	Varley, Herbert. 103217.	M. April 18/18.
2/6 A.	Wilson, Charles H. 306044.	M. Mar. 21/18.
*2/6 B.	Blackett, J. 78921.	M. Mar. 21/18.
2/6 B.	Green, Jas. John. 267716.	M. April 18/18.
2/6 B. VII	Hiden, T. 103070.	M. April 18/18.
2/6 B. VII	Holt, L.-Cpl. J. G. 242080.	M. April 17/18.
2/6 B. VIII	Ingram, W. 28499.	M. end Mar./18.
2/6 B.	Lloyd, W. H. 29792.	M. Mar. 21/18.
2/6 B. VII	Nicholls, A. O. 241200.	M. Mar. 21/18.
2/6 B.	Ovendale, J. R. 306134.	M. Mar. 21/18.
2/6 B. VI	Rawlinson, A. 47640.	M. Mar. 21/18.
2/6 B.	Smith, Joe. 14509.	M. Mar. 21/18.
2/6 B.	Smith, Wilfred. 18763.	M. Mar. 21/18
2/6 B.	Wright, W. 268299.	M. Mar. 21/18.
2/6 C.	Aldridge, Jess. 242106.	M. Mar. 21/18.
2/6 C.	Brown, H. W. 268990.	M. Mar. 21/18.
2/6 C.	Flint, E. H. 265715.	M. Mar. 21/18.

December 1st, 1918.

Sherwood Foresters—contd

B.E.F.

2/6 C.	Hackpath, Walter. 50638.	M. Mar. 21/18.
2/6 C.	Hett, Arthur Thomas. 203784.	M. Mar. 21/18.
2/6 C.	Hill, G. E. 20049.	M. Mar. 21/18.
2/6 C.	Jago, Alfred. 94248.	M. Mar. 21/18.
2/6 C.	Kinsley, Jas. 241975.	M. Mar. 21/18.
2/6 C.	Newton, Chas. 83990.	M. Mar. 21/18.
‡2/6 C. or D.	Peach, J. 41281.	M. Mar. 21/18. R/Enq.
2/6 C.	Peat, Herbert. 241930.	M. Mar. 21/18.
2/6 C.	Percival, Geo. 241746.	M. Mar. 21/18.
2/6 C. IX	Powell, James. 240683.	M. Mar. 21/18.
2/6 C. or D.	Richardson, Thos. S. 93695.	M. Mar. 21/18.
2/6 C.	Spriggs, B. D. 306888.	M. Mar. 21/18.
2/6 C.	Unwin, W. M. 35909.	M. Mar. 21/18.
2/6 C.	Walker, H. 307462.	M. Mar. 21/18.
2/6 C.	Woolley, Sgt. Albert Wm. 30658.	M. Mar. 21/18.
‡2/6 C.	Wright, G. A. 307243.	**M. Mar. 21/18.**
2/6 D. XVI	Hill, J. 260125.	M. April 18/18.
2/6 D.	Jackson, Wm. E. 240681.	M. Mar. 21/18.
2/6 D.	Johnson, L.-Cpl. B. 31144.	M. Mar. 21/18.
2/6 D.	Powell, T. 269226.	M. Mar. 21/18.
2/6 D.	Rigby, James. 27556.	M. Mar. 21/18.
2/6 D.	Rotheram, L.-Cpl. C. 81834.	Unoff. M. end Mar./18.
2/6 D.	Rowley, F. 32166.	M. Mar. 21/18.
2/6 D.	Shaw, H. 49261.	M. Mar. 21/18.
2/6 D.	Skidmore, J. F. 82030.	M. Mar. 21/18.
2/6 D. XIII	Staton, S. V. 242315.	M. Mar. 21/18.
2/6 D.	Swann, W. H. 91772.	M. Mar. 21/18.
2/6 D.	Wain, A. 241808.	M. Mar. 21/18.
2/6 D.	Webster, Sgt. Wm. 240729.	M. Mar. 21/18.
2/6 ?	Brown, Andrew. 102097.	M. Mar. 21/18.
2/6 ?	Colton, M. J. 17800.	M. Mar. 21/18.
‡2/6 ?	Dakin, A. 241621.	**M. Mar. 21/18.**
2/6 ?	Dennis, Jack. 305552.	M. April 18/18.
2/6 ?	Hartley, C. 305918.	M. Mar. 21/18.
2/6 ?	Haslam, J. H. 241819.	M. Mar. 21/18.
2/6 ?	Peterson, A. W. 242151.	M. Mar. 21/18.
2/6 I.T.M.	Willis, L. 37761. (178 Bde.)	M. Mar. 21/18.
2/6 ?	Wint, F. 106268.	M. April 18/18.
2/6 ?	Woodward, Harold. 102995.	M. April 18/18.
7 A.	Abraham, Eustace. 72093.	M. Mar. 21/18.
7 A.	Archer, J. 85136.	M. Mar. 21/18.
7 A.	Ashwell, W. A. 72095.	M. Mar. 21/18.
7 A.	Barsby, L.-Cpl. N. E. 265855.	M. Mar. 21/18.
7 A. II	Basham, Elijah. 267095.	M. Mar. 21/18.
7 A.	Bettle, L.-Cpl. P. 266498.	M. Mar. 21/18.
7 A. I	Burns, John. 106703.	M. April 15/18.
7 A.	Clark, A. W. 90777.	M. Mar. 21/18.
7 A.	Cooper, Sid. 265708.	M. Mar. 21/18.
7 A.	Cotton, Bugler E. A. 265105.	M. Mar. 21/18.
7 A.	Foreman, W. 90779.	M. Mar. 21/18.
7 A.	Foster, Ernest. 82062.	M. Mar. 21/18.
7 A. III	Frogg, Ernest. 201988.	M. Mar. 21/18.
7 A.	Furness, H. 267977.	M. Mar. 21/18.
7 A. IV	Gray, Richard. 102452.	M. April 14/18.
7 A.	Hearn, L.-Cpl. A. 31172.	M. Mar. 21/18.
7 A. III	Jackson, G. W. 102785.	M. April 13/18.
7 A.	Kinder, John. 25131.	M. Mar. 21/18.
7 A. or D.	Lawton, L.-Cpl. John Hry. 265581.	M. Mar. 21/18.
‡7 A.	Pearson, J. 92086.	M. Mar. 21/18.

December 1st, 1918.

Sherwood Foresters—contd.

B.E.F.

7 A, I		Sellors, L.-Cpl. John. 269734.	M. Mar. 21/18.
7 A. I.T.M.		Sentance, Wa.ter. 266483. (178 Bde.)	M. Mar. 21/18.
7 A. IV		Stocks, J. T. 21686.	M. Mar. 21/18.
7 A.		Warburton, H. 97334.	M. Mar. 21/18.
7 A.		Watson, E. 82085.	M. Mar. 21/18.
7 A.		Welsh, W. J. 94518.	M. Mar. 21/18.
7 B.		Appleton, W. J. 94912.	M. Mar. 21/18.
7 B.		Atkins, William J. 235210.	M. Mar. 21/18.
7 B.		Bee, Sgt. A. E. 265285.	M. Mar. 21/18.
7 B.		Boden, Harry. 100024.	M. Mar. 21/18.
7 B. VIII		Brown, Harry. 265270.	M. Mar. 21/18.
7 B.		Bryan, G. H. 70652.	M. Mar. 21/18.
7 B. V		Burgess, Fred. 306880.	M. Mar. 21/18.
7 B. VII		Davey, E. J. 267146.	M. Mar. 21/18.
7 B.		Davis, Leslie. 265361.	M. Mar. 21/18.
7 B.		Difford, P. 85272.	M. Mar. 21/18.
7 B.		Foulds, James. 78224.	M. Mar. 21/18.
7 B.		Gumb, John R. 267443.	M. Mar. 6/18.
7 B.		Hardstaff, L.-Cpl. 265762.	M. Mar. 21/18.
7 B.		Hardy, T. 306015.	M. Mar. 21/18.
7 B.		Hooper, W. P. 266967.	M. Mar. 21/18.
7 B.		Howes, Joseph. 51298.	M. Mar. 21/18.
7 B. Sig. S.		Hubberstey, Hugh. 265563.	M. Mar. 21/18.
7 B. I.T.M.		Jackson, L.-Cpl. H. 27666. (178 Bde.)	M. Mar. 21/18.
7 B.		Jones, H. 86902.	M. Mar. 21/18.
7 B.		Jones, W. A. 100040.	M. Mar. 21/18.
7 B.		Leng, W. 102793.	M. Mar. 21/18.
7 B.		Machin, Sgt. W. 266147.	M. Mar. 21/18.
7 B.		Ogelsby, Geo. S. 265098. (1514.)	M. Mar. 21/18.
7 B. V		Ralph, Samuel. 92011.	M. Mar. 21/18.
7 B.		Revill, C. 3630.	M. Mar. 21/18.
7 B.		Sheaf, W. L. 72111.	M. Mar. 21/18.
7 B.		Sheppard, John Hry. 265820.	M. Mar. 21/18.
7 B.		Smithurst, J. G. 60310.	M. Mar. 21/18.
7 B.		Spurling, Walter Jas. 72122	M. Mar. 21/18.
7 B.		Stones, C. 21552.	M. Mar. 21/18.
7 B. VII		Tacey, J. A. 59277.	M. Mar. 21/18.
7 B.		Tomlinson, Cpl. L. 6479.	M. Mar. 21/18.
7 B.		Tuttle, W. 89055.	M. Mar. 21/18.
7 C.		Arnold, W. J. 71466.	M. Mar. 21/18.
7 C.		Bates, B. 91193.	M. Mar. 21/18.
7 C.		Bestwick, J. 70303.	M. Mar. 21/18.
7 C. IX		Bradby, G. 102761.	M. April 15/18.
7 C.		Bryan, Joe. 268804.	M. Mar. 21/18.
7 C.		Coe, P. G. 70753.	M. Mar. 21/18.
7 C. IX		Croll, James A. S/23006.	M. April 25/18.
7 C. IX		Delves, Bgl. Sid. 269871.	M. Mar. 21/18.
7 C.		Dunn, James. 106747.	M. April 16/18.
7 C.		Frank, W. 90780.	M. Mar. 21/18.
7 C.		Gardener, Oliver. 72142. (Fr. 174 Tunn. Co. R.E.)	M. Mar. 21/18.
7 C. IX		Gardiner, C. R. 74251. (300091.)	Unoff. M. April 16/18.
7 C.		Gardner, H. 267795.	M. Mar. 21/18.
7 C. XI		Gee, D. E. 91768.	M. Mar. 21/18.
7 C.		Godfrey, Jas. Cresswell. 268532.	M. Mar. 21/18.
7 C.		Harding, A. Hoilam. 59347.	M. Mar. 21/18.
7 C. XI		Hardisty, Fred. 300065.	K. April 16/18. Det.D./B.

December 1st, 1918.

Sherwood Foresters—contd.

B.E.F.

7 C.	Harnhill, J. T. 71464.	M. Mar. 21/18.
7 C. X	Hinkley, Henry Albert. 300101.	M. April 16/18.
7 C.	Holmes, Sig. A. E. 56591.	M. Mar. 21/18.
7 C.	House, H. R. 71982.	M. Mar. 21/18.
7 C.	Keneary, P. W. 71019.	M. Mar. 21/18.
7 C.	Leadbeater, Sgt. D. 265037.	M. Mar. 21/18.
7 C. X	Madden, B. 266704.	M. Mar. 21/18.
7 C.	Martin, L.-Cpl. Jas. 76219.	M. Mar. 21/18.
7 C. XI	Martin, Saml. 102804.	W. and M. April 11-16/18.
7 C.	Mills, J. T. 21114.	M. Mar. 21/18.
7 C.	O'Leary, W. 96047.	M. Mar. 21/18.
7 C.	Oliver, Harold. 268340.	M. Mar. 21/18.
7 C. X	Parker, Albert. 102894.	M. April 16/18.
7 C. X	Potter, H. J. 300102.	M. April 16/18.
7 C. X	Stevenson, Jas. Edw. 300030.	M. April 15/18.
7 C.	Wooller, H. W. 93998.	M. Mar. 21/18.
7 D.	Andrews, Fred. 93925.	M. Mar. 21/18.
7 D.	Baldwin, Wm. Geo. 201892.	M. Mar. 21/18.
7 D. XIV	Barker, J. 306762. (Fr. 2/8.)	M. Mar. 21/18.
7 D. XV	Beeman, W. A. 76359.	M. Mar. 21/18.
7 D.	Brierley, Arthur. 266842.	M Mar. 21/18.
7 D.	Browning, Wm. 268663.	M. Mar. 21/18.
7 D. XIII	Butters, D. 267217.	M. Mar. 21/18.
7 D. XVI	Cooper, Tom. 102798.	M. April 10/18.
7 D.	Dring, E. 86398.	M. Mar. 21/18.
7 D.	Everley, G. 27347.	M. Mar. 21/18.
7 D. XVI	Grey, Harry L. 27032.	M. Mar. 21/18.
7 D.	Holmes, Cpl. J. M. 202677.	M. Mar. 21/18.
7 D.	Hudston, D. 266858.	M. Mar. 21/18.
7 D.	Mayo, J. H. 267438.	M. April 15/18.
7 D. XIV	Page, Geo. Herb. 268747.	M. Mar. 21/18.
7 D.	Parrer, F. 93271.	M. Mar. 21/18.
7 D.	Parsons, Sig. H. J. F. 266845.	M. Mar. 21/18.
7 D. XVI	Pearson, L.-Cpl. Harry. 300050.	M. April 16/18.
7 D.	Pettit, Ernest Reginald. 73362.	M. Mar. 21/18.
7 D. XIII	Roe, Frank Edgar. 269316.	M. Mar. 21/18.
7 D.	Smith, L.-Cpl. Geo. 269865.	M. April 16/18.
7 D. XVI	Straughan, W. P. 74253. (Late 300071.)	Unoff. M. April 16/18.
7 D.	Upton, Sig. Leo. 201495.	M. Mar. 21/18.
7 D. XIV	Whitehead, C.-S.-M. Wm. 25592.	M. Mar. 21/18.
7 D.	Woolley, Frank. 268141.	M. Mar. 21/18.
7 H.Q.	Nicholson, H. 268110.	M. Mar. 21/18.
7 ?	Anderson, R. 15469.	M. Mar. 21/18.
7 ?	Birch, C. H. 269875.	M. Mar. 21/18.
7 ?	Brotherhood, Arthur. 265954.	M. Mar. 21/18.
7 ?	Goodey, Frank. 106769.	M. April 16/18.
7 ?	Taylor, W. 26479.	M. Mar. 21/18.
7 ?	Webber, L.-Cpl. A. 265641.	M. May 14/18.
2/7 A.	Beastall, C. 265809.	M. Mar. 21/18.
2/7 A.	Cox, C. W. 72099.	M. Mar. 21/18.
2/7 A.	Shaw, C. 293272.	M Mar. 21/18.
2/7 A.	Smith, Chas. W. 268162.	M. Mar. 21/18.
2/7 A.	Tinker, L.-Cpl. F. G. 266040.	M. Mar. 21/18.
2/7 A.	Woodward, C. H. H. 268183.	M. Mar. 21/18.
2/7 B.	Caunt, E. 17544. (Fr 12th.)	M. Mar. 21/18
2/7 B.	Hartley, Cpl. A. 204794.	M. Mar. 21/18.
2/7 B. VII	Middleton, L. S. 85322.	M. Mar. 21/18.
2/7 C. XII	Abbott, A. 267114.	M. Mar. 21/18.

December 1st, 1918.

Sherwood Foresters—contd.

B.E.F.

2/7 C.	Ashby, Samuel Jas. 267138.	M. Mar. 21/18.
2/7 C. IX	Hill, W. S. 14163.	M. April 16/18.
2/7 C. X	Knowles, Horace. 82091.	M. Mar. 21/18.
2/7 D. XIV	Cave, F. 91199.	M. Mar. 21/18.
2/7 D. XIII	Giles, W. H. 305059.	M. Mar. 21/18.
2/7 D. XIII	Harris, Sgt. B .E. 20263.	M. Mar. 21/18.
2/7 D. XIV	Jackman, W. 268802.	M. Mar. 21/18.
2/7 D. XIV	Pyle, Chas. T. 267281.	M. Mar. 21/18.
2/7 D.	Sharp, F. 268814.	M. Mar. 21/18.
8 A.	Birds, Cpl. G. 307359.	M. Mar. 22/18.
8 A.	Crampton, A. 204847.	M. Mar. 22/18.
8 A.	Huby, T. 71384.	M. Mar. 22/18.
8 A.	Ingram, H. F. 100006.	M. Mar. 22/18.
8 A.	Paulson, J. 203834.	M. Mar. 22/18.
‡8 A. III	Shay, W. 306450.	M. Mar. 22/18.
8 A.	Shipley, A. 3634.	M. Mar. 22/18.
8 C. IX	Harrison, A. 92865.	M. July 22/18.
‡8 C.	Robinson, Harry. 81580.	W. Unoff. M. Oct. 7/18.
‡8 D.	Poulter, P. V. 72814. (Fr. 2nd.)	M. Mar. 21/18.
2/8 ?	Tucker, Herbert Jas. 307210.	M. Mar. 21/18.
9	**Hudson, 2nd Lt. H. E.** (Fr. 1st.)	M., bel. K. June 18/18.
9 B.	Davey, J. S. 7564.	M. June 18/18.
9 B. VII	Hunt, Cpl. G. 5118.	**M. June 18/18.**
9 B.	Tilly, T. 108050.	**W. and M. June 18/18.**
*10 A. III	Gregory, M. 116417.	M. Sept. 18/18.
10 A. or D.	Rodwell, H W. 73357.	M. Mar. 23/18.
10 A.	Thompson, David. 74210.	W. and M. April 22/18.
10 A. IV	Wormsley, George. 23993.	W. and M. Mar. 23/18.
*10 B. VIII	Allsopp, George H. 116038.	M. Sept. 18/18.
10 B. VI	Hamer, W. H. 71237.	M. April 22/18.
‡10 B.	Bradley, J. W. 204474.	M. Mar. 22/18.
10 B. VI	Hawkrigg, F. W. 92057.	M. Mar. 31/18.
10 B.	Kettle, J. 10933.	M. April 22/18.
*10 B. VI	Leach, F. 116200.	M. Sept. 19/18.
10 B. VII	Lendis, L. A. 72283.	M. Mar. 23/18.
*10 B. VII	Oakland, Herbert. 116315.	M. Sept. 18/18.
*10 B. V	Palfreyman, Jas. 116636.	M. Sept. 18/18.
10 B. VII	Roberts, L.-Cpl. Edw. 72582.	M. April 22/18.
10 B. VIII	Roberts, Owen. 61114. (74163.)	Unoff. M. April 22/18.
10 B. VIII	Savidge, L.-Cpl. R. C. 32379.	M. April 22/18.
10 B.	Waring, Peter. 20066.	W. and M. Mar. 26/18.
10 B.	Warner, Wilfred. 204682.	K. Mar. 24/18. Det.D./B.
10 B. VIII	Woodward, R. 51338.	M. Mar. 21-28/18.
*10 C. XI	Alton, Wm. 19744.	M. June 11/18.
10 C. or D.	Freeman, Fred. Thos. 103455	W. and M. June 11/18.
‡10 C. X	Gazeley, J. W. 103470.	M. April 21/18.
‡10 C. XII	Goulder, J. 117269.	K. Oct. 20/18. Det.D./B.
10 C. X	Halford, Fred. 107693.	M. April 21/18.
10 C. IX	Harris, S. 103492.	M. April 21/18.
10 C. XI	Mellor, T. 268935.	M. April 21/18.
10 C. X	Parry, W. 23016.	M. April 21/18.
10 C. X	Rees, L. H. 74189.	M. April 21/18.
10 C. X	Roby, James. 29001.	M. April 21/18.
10 C.	Rose, Hry. Jas. 103469.	M. April 21/18.
10 C. IX	Secombe, John. 203635.	M. April 21/18.
10 C. IX	Shillitoe, Cpl. L. H. 241805.	M. April 21/18.
10 C. IX	Taylor, H. C. 74081. (66534.)	M. April 21/18.
10 D. XIII	Fisher, L.-Cpl. Claude W. 89175.	M. Sept. 18/18.
10 D.	Green, Frank. 103467.	‡M. April 21/18.

December 1st, 1918.

Sherwood Foresters—contd.

B.E.F.

10 D.	Hill, E. 20572.	M. Mar. 25/18.	
10 D. XIV	Hughes, Clarence. 72177.	K. Mar. 27/18.	Det.D./B.
*10 D. XIV	Lane, Francis Syd. 116183.	K. Sept. 10/18.	Det.D./B.
10 D. XIV	Leason, Scott. 28939.	M. Mar. 21-23/18.	
10 D.	Pinkerton, Alf. 74156. (Fr. 19 Welsh Fus., 28774..)	M. April 21/18.	
10 ?	Blundell, F. J. 103435.	M. April 21/18.	
10 ?	Dunmore, Frank. 103508.	M. Mar. 21/18.	
10 ?	Poole, H. 96168.	M. Mar. 2/18.	
10 ?	Shearman, Edwin. 103510.	M. April 21/18.	
‡11 A.	Garfield, F. 73060.	M. Oct. 5/18.	
‡11 A. II	Howlett, A. 57218.	M. Oct. 6/18.	
‡11 A. II	Lyons, Jn. Maddison. 71777.	M. Oct. 5/18.	
‡11 A. I	Wilkins, John Joseph. 201695.	M. Nov. 7/18.	
‡11 A. III	Wood, W. T. 201629.	W. Unoff. M. Oct. 5/18.	
*11 B. VI	Townsend, J. 235127.	M. Oct. 5/18.	
‡11 C. X	Brachpool, Ed. Thos. 267128.	M. Oct. 5/18.	
‡11 ?	Poxon, W. H. 20092.	M. Oct. 5/18.	
12 A.	Barber, F. 16941.	M. Mar. 27/18.	
12 A.	Fisher, Wilfred. 14621.	M. Mar. 21/18.	
12 A.	Saville, Herbert. 27475.	M. Mar. 22/18.	
12 B.	Adams, D. P. C. 73750.	M. Mar. 27/18.	
12 B.	Bowler, Pnr. John M. 94074.	M. Mar. 28/18.	
12 B.	Butler, Spr. Thos. 94071.	M. Mar. 28/18.	
12 B. VII	Hartley, F. 69052.	M. Mar. 27/18.	
12 B.	Lobeter, J. 18275.	M. Mar. 27/18	
12 C.	Holland, H. S. 21606.	M. Mar. 27/18.	
12 C.	Stinson, L. 20663.	M. Mar. 27/18.	
12 L.G.S.	Gilbert, L.-Cpl. Jn. Hry. 7977. (Fr. 1 N. Staffs.)	W. and M. Mar. 21/18.	
12 ?	Kipling, H. 28252.	M. Mar. 21/18.	
'12 ?	Restell, S. 94368.	W and M. Mar. 21/18.	
12 ?	Wilson, Edward. 45422. (Fr. 1st.)	M. Mar. 26/18.	
*12 ?	Wright, Arthur. 71552. (Fr. 6th.)	M. Mar. 21/18.	
15	Manship, 2nd Lt. C. B.	M. July 24/18.	
15	Whalley, 2nd Lt. L.	M. Mar. 26/18.	
*15 W.	Archer, E. 200640.	W. Unoff. M. Sept. 27/18.	
15 W. I	Carswell, Wm. 73515.	M. Mar. 22/18.	
15 W.	Jackson, L.-Cpl. C. E. 12412.	M. Mar. 22-28/18.	
15 W. III	Johnson, H. 71444.	W. and M. Mar. 22-28/18.	
15 W.	Smith, W. 331338.	M. Mar. 22-23/18.	
15 W. IV	Viney, C. ,73605.	Unoff. W. and M. Mar. 25/18.	
15 X.	Ball, W. 331157.	M. Mar. 22/18.	
15 X. VII	Bance, Albert Fredk. 73503.	W. and M. Mar. 22-23/18.	
15 X. V	Barber, Wm. 330864.	M. Mar. 22-28/18.	
15 X. M.G.S.	Miller, Sgt. Albt. 23828.	M. Mar. 22-28/18.	
‡15 X. VI	Oldham, Albert. 71334.	M. Sept. 27-30/18.	
15 X. VII	Roles, E. H. 73587.	W. and M. Mar. 22-28/18.	
*15 X.	Spelman, Sig. T. C. 65187.	Unoff. M. Oct. 7/18.	
15 X. VII	Young, Chas. 72992.	W. Unoff. M. June 12/18.	
15 Y.	Bower, Harry. 25244.	M. Mar. 22-28/18.	
15 Y. X	Butters, T. W. 73505.	M. Mar. 22-28/18.	
15 Y.	Cochrane, A. 75035. (73854.) (Fr. 2/1 Cambs.)	M. Mar. 22-28/18.	
15 Y.	Jones, Charles Henry. 106812.	W. and M. April 22/18.	
15 Y.	Penny, Cpl. W. 24529.	Unoff. M. July 24/18.	
15 Y. IX	Rolfe, B. 202389 or 74181.	M. April 12/18.	
15 Y. XII	Russell, E. 72402.	M. Mar. 22/18.	
15 Y.	Saxton, S. 59665.	M. Mar. 23-24/18.	

December 1st, 1918.

Sherwood Foresters—contd.

B.E.F.

15 Y.		Sheppard, Cpl. G. W. 331103.	W. Unoff. M. Mar. 22-28/18.
15 Y.	X	Smith, R. C. 46248.	M. Mar. 22-28/18.
15 Y.	XI	Smith, Stephen Wm. 72962.	M. Mar. 22-24/18.
15 Y.	XI	Tipping, E. Wm. 73600.	W. and M. Mar. 22-28/18.
15 Y.	XI	Trolley, T. 82032.	M. Mar. 22-28/18.
15 Z.	XVI	Bamford, Fred. 24185.	M. Mar. 24/18.
15 Z.	XVI	Cullen, Stephen Hy. F. 73521.	M. Mar. 22-28/18.
15 Z.		Cumming, P. 109178.	M. April 22/18.
15 Z.	XIII	Feather, G. 71653.	M. Mar. 22-28/18.
15 Z.		Hardwick, J. T. 49519.	W. and M. Mar. 22-28/18.
15 Z.	XIII	Harpin, Dennis. 103184.	M. April 22/18.
15 Z.		Hepworth, E. 21172.	M. Mar. 21/18.
15 Z.	XIII	Kelly, Thos. 72957.	M. Mar. 22/18.
15 Z.		King, Sgt. E. 2796.	M. Mar. 22/18.
15 Z.	XIII	Marsch, Percival. 82027.	M. Mar. 22-28/18.
15 Z.	XV	Mattinson, Arthur. 106847.	M. April 22/18.
15 Z.		Poole, F. 106864.	M. April 22/18.
15 Z.	XV	Presky, Wm. 331429.	W. and M. Mar. 22-28/18.
15 Z.	XV	Radford, Jimmy. 60658.	M. Mar. 22/18.
15 Z.	XV	Roots, F. 73619.	M. Mar. 22-28/18.
15 Z.	XVI	Sanderson, L.-Cpl. B. 46584.	M. Mar. 22-28/18.
15 Z.	XIV	Sherwood, J. M. 72403.	M. Mar. 22-28/18.
15 Z.	L.G.S.	Smith, E. 38038.	M. Mar. 28/18.
15 Z.	XIII	Smith, T. W. 47376.	M. Mar. 22-28/18.
15 Z.		Smith, Wm. 59375.	M. Mar. 22-28/18.
15 Z.	XIII	Swaby, Gilbert. 42185.	M. Mar. 22-28/18.
15 H.Q.		Hallam, Cpl. R. 24116.	M. Mar. 22-28/18.
15 ?		Hickman, Sigr. S. V. 203002	M. Mar. 22-28/18.
15 ?		Lee, Charles Edmund. 106820	M. Sept. 17/18.
15 ?		Shephard, Cpl. T. W. 381103.	W. and M. Mar. 22-28/18.
*15 ?		Vernon, L.-Cpl. Harry. 26451.	W. and M. Mar. 22-28/18.
15 ?		Warren, H. 72993. (Fr. A.S.C., 34727.)	M. Mar. 21/18.
16 A.		Bird, A. 72071.	M. Mar. 21-31/18.
16 A.		Bustin, Wm. Hry. 235061.	M. Mar. 31/18.
16 A.	I	Durnan, John. 76152.	M. Mar. 21-31/18.
16 A.	I	Fearn, R. M. 26140.	M. April 20/18.
16 A.		Gill, H. 20807.	M. April 25-29/18.
16 A.		Lacey, Cpl. Henry. 4075.	W. and M. Mar. 21-31/18.
16 A.		Murphin, Israel. 13769.	M. Mar. 25-29/18.
16 A.		Neail, M.M., H. 13737.	M. Mar. 21/18.
16 A.		Robinson, Geo. Arthur. 70034.	K. April 16/18. Det.D./B.
16 A.	IV	Thompson, A. 30345.	M. Mar. 21-31/18.
16 A.		Troop, Sgt. Allan Thos. 43437.	M. Mar. 31/18.
16 A.		Whitworth, Thos. E. 14683.	M. Mar. 21-31/18.
16 A.		Worsfold, E. A. 72188.	M. Mar. 21-31/18.
16 B.	VII	Frakes, W. H. 59189.	Unoff. M. end Mar./18.
16 B.	VIII	Hibbins, R. 241798. (Fr. 2/6.)	M. Mar. 31/18.
16 B.	VIII	Kenward, Francis. Hry. 32083.	M. Mar. 31/18.
16 B.		MacPherson, Ronald Hamilton. 76237	M. Mar. 21-31/18.
16 B.		Moseley, L.-Cpl. W. 20488.	M. Mar. 22/18.
16 C.		Ash, Wm. 268748.	M. Mar. 21-31/18.
16 C.	XII	Bee, J. W. 70909.	M. Mar. 21/18.
16 C.	XII	Brewin, Fredk. 95248.	M. Mar. 13/18.
16 C.	IX	Brown, Harry. 92889.	M April 16/18.
16 C.	IX	Collins, Arthur. 72448.	M. Mar. 31/18.
16 C.	X	Coulton, Redman W. 46844.	M. Mar. 21-31/18.
16 C.	X	Edwards, W. 88163.	M. Mar. 31/18.
16 C.	XI	Evans, Harry Jas. 72253.	M. Mar. 21-31/18.

December 1st, 1918.

Sherwood Foresters—contd.

B.E.F.

16 C. IX	Hewitt, Leonard. 21560.	M. Mar. 21/18.	
16 C.	Hickingbotham, W. 71115.	M. Mar. 21-31/18.	
16 C.	James, Geo. E. 92110.	M. Mar. 25-29/18.	
16 C. XI	Porter, Sidney. 95603.	M. Mar. 31/18.	
16 C.	Smith, L.-Cpl. E. E. 72534.	M. Mar. 21-31/18.	
16 D. XV	Attenborough, L.-Cpl. J. 43114.	M. Mar. 21/18.	
16 D. XIII	Bateman, Ernest. 73070.	W. and M. Mar. 21/18.	
16 D. XIV	Bayley, Frank Horace. 72638.	M. Mar. 31/18.	
16 D. XIII	Bennett, Sgt. G. W. 26469.	M. April 16/18.	
16 D. XVI	Dewey, Arthur Lionel. 76470.	K. Mar. 21-31/18. Det.D./B.	
16 D. XV	Dicken, G. 61008.	M. Mar. 21-31/18.	
16 D. XIII	Dornan, L.-Cpl. W. A. 97893.	M. Mar. 21/18.	
16 D. XV	Holt, G. W. 26643.	M. April 25-28/18.	
16 D. XVI	Kerry, James. 23233.	M. April 25/18.	
16 D. XV	Lowther, Wm. 72610.	M. April 25-29/18.	
16 D. XV	McIntosh, F. R. 14434.	M. Mar. 31/18.	
16 D. XIII	Rodwell, W. 72467.	M. April 16/18.	
16 D. XIV	Smith, Arthur. 15532.	M. Mar. 21-31/18.	
16 H.Q.	Feather, Percy. 71382.	M. Mar. 27-28/18.	
16 H.Q.	Parker, Wm. E. 25926.	W. and M. Mar. 21-31/18.	
16 H.Q.	Whale, M.M., Fred. 32566.	M. Mar. 31/18.	
16 ?	Baxter, Fredk. 23231.	M. April 16/18.	
16 ?	Wilson, G. W. 26269.	M. Mar. 21-31/18.	
16 ?	Wragg, Cpl. F. 28144.	M. Mar. 21-31/18.	

ITALY.

*11 D. XVI Widdowson, L.-Cpl. E. A. 203766.   M. Sept. 10/18.

KING'S SHROPSHIRE LIGHT INFANTRY.

B.E.F.

1	Hoare, Capt. R. A. (Fr. Pemb. Yeo.)	W. Unoff. M. Sept. 18/18.	
1 A. III	Beaumont, Walter. 32218.	M. April 14/18.	
‡1 A.	Clewes, P. 11403.	M. Aug. 13/18.	
1 A.	Curry, R. 27024.	M. Mar. 21-22/18.	
1 A.	Davies, R. J. 17205.	M. Mar. 21-22/18.	
‡1 A.	Earle, Cpl. W. G. 27345.	M. Aug. 13/18.	
1 A. III	Embrey, Frederick. 205064.	M. Mar. 21-22/18.	
1 A.	Field, Stanley. 201269.	M. Mar. 21-22/18.	
‡1 A.	Fowles, G. 22424.	M. Aug. 13/18.	
1 A. IV	Hoarty, Thomas. 27051.	M. Mar. 23/18.	
‡1 A.	Hogan, E. 15759.	M. Mar. 21-22/18.	
1 A. I	Jones, Windsor. 21973.	M. Aug. 13/18.	
1 A.	Law, J. 16692.	M. Mar. 21-22/18.	
1 A.	Monger, C. 27253.	M. Mar. 21-22/18.	
‡1 A.	Peel, F. 28172.	M. Aug. 13/18.	
1 A.	Richards, Cpl. T. 9930.	M. Mar. 21/18.	
1 A.	Slater, G. 9660.	M. Mar. 21-22/18.	
1 A.	Vernall, L.-Cpl. T. 9073.	M. Mar. 21-22/18.	
‡1 A.	Ward, Harry. 6566.	M. Mar. 21-22/18.	
1 A. I	Watkins, Cpl. A. A. 8003	M. Mar. 21-22/18.	
1 A. II	Watts, Algernon. 26842.	M. Mar. 21-22/18.	
1 A. I	Williams, A. 24371.	M. Aug. 13/18.	
1 A.	Yapp, H. 21345.	M. Mar. 21-22/18.	
*1 B. V	Baker, Claude. 205837.	K. Oct. 8/18. Det.D./B.	
*1 B.	Ball, Cpl. Henry. 38457.	W. and M. Sept. 19/18.	

December 1st, 1918.

Shropshire Light Infantry, King's—contd.

B.E.F.

*1 B. VII	Batson, T. D. 8676.	M. Sept. 19/18.	
1 B. V	Beddow, F. 5716.	M. Mar. 22/18.	
1 B.	Bevan, J. H. 230450.	**M. Sept. 19/18.**	
1 B. VIII	Bradburn, John. 20330.	M. Mar. 21/18.	
1 B.	Cadman, A. 6056.	M. Mar. 21/18.	
1 B.	Cheetham, D.C.M., Cpl. Wm. 17446.	M. Mar. 21-22/18.	
1 B.	Dodds, Albert. 26790.	M. Mar. 21-22/18.	
1 B.	Duerden, W. H. 32603.	M. Mar. 21-22/18.	
1 B. V	Fielding, Frank. 204490.	M. Mar. 21-22/18.	
1 B.	Heap, Sig. W. C. 18075.	M. Mar. 21-22/18.	
1 B. VII	Hill, Alfred. 237837.	M. Mar. 21-22/18.	
1 B.	Holding, W. 6169.	M. Mar. 22/18.	
1 B.	Merritt, J. H. 27251.	M. Mar. 21-22/18.	
1 B.	Millman, Joseph. 204389.	M. Mar. 21-22/18.	
‡1 B.	Moore, M.M., Sgt. T. 7720.	**M. Sept. 19/18.**	
1 B.	Nash, F. H. J. 27256.	M. Mar. 21-22/18.	
1 B.	Roberts, F. E. 18171.	M. Mar. 21-22/18.	
1 B.	Roberts, Wm. 9980.	M. Mar. 21-22/18.	
1 B. VI	Shepherd, Cpl. Charlie. 22406.	W. Unoff. M. Sept. 19/18.	
1 B. V	Skerratt, John Richard. 18008.	M. Mar. 21-22/18.	
1 B.	Taylor, Sgt. A. 6098.	M. Mar. 21/18.	
1 B. VIII	Taylor, L.-Cpl. Percy Jack. 17805.	M. Mar. 21/18.	
1 B. V	Wadlow, L.-Cpl. Alb. Thos. 205081.	M. Mar. 21-22/18.	
1 B. L.G.S.	Walley, G. 16094.	M. Mar. 21-22/18.	
1 B. VII	Weaver, O. J. 38498.	K. Sept. 9/18. Det.D./B.	
1 B.	Wickam, M. 9234.	M. Mar. 21-22/18.	
1 C.	Benbow, L.-Cpl. Jas. Wm. 12520.	M. Aug. 21/18.	
1 C.	Bennett, R. G. 20379.	M. Mar. 22/18.	
1 C. IX	Eves, William. 10910.	M. Mar. 22/18.	
‡1 C.	Gaston, G. 38493.	M. Sept. 19/18.	
1 C.	Hughes, R. 33724.	M. Mar. 21-22/18.	
‡1 C.	Inions, F. E. 12939.	M. Mar. 21-22/18.	
1 C. XII	James, John. 204821.	M. Mar. 21/18.	
1 C.	Jones, John Morris. 14619.	M. Mar. 21-22/18.	
1 C. XII	Kemp, D. 237907.	M. Mar. 22/18.	
1 C. or D.	Lees, R. D. 24863.	M. Mar. 21-22/18.	
1 C. XII	Peddar, Joe. 15266.	M. Mar. 21-22/18.	
1 C.	Tunnicliffe, Thos. C. 17064.	M. Mar. 21-22/18.	
1 C. XII	Watson, Wm. 34762	M. Mar. 21-22/18.	
1 C. X	Weaver, Geo. 24386.	M. Mar. 21-22/18.	
1 C.	Williams, E. 25419.	M. Mar. 21-22/18.	
1 C. XII	Williams, W. 26845.	M. Mar. 21/18.	
1 D. XVI	Brotherton, W. 27039.	M. Mar. 21-22/18.	
1 D. XIII	Bryan, Alfred. 27144.	M. May 13/18.	
‡1 D.	Cowles, L.-Sgt. J. H. 9512.	M. Mar. 21-22/18.	
‡1 D.	Davies, Sgt. J. 10793.	W. and M. Sept. 24/18.	
1 D.	Heath, W. 204053.	M. Mar. 22/18.	
1 D. M.G.S.	Humphreys, R. 26799.	M. Mar. 21-22/18.	
1 D. XV	Lawley, F. A. 24285.	M. Mar. 21-22/18.	
1 D.	Nicholson, Isaac Victor. 237693.	M. Mar. 21-24/18.	
1 D. XVI	Peters, E. S. 27266.	M. Mar. 21-22/18.	
1 D. XV	Shore, Sgt. A. 18135.	M. Mar. 21-22/18.	
*1 D.	Stevens, Sgt. W. 27565.	M. Sept. 18/18.	
1 D. XVI	Thorpe, Thos. Samuel. 24660.	M. Mar. 21/18.	
1 D. XIV	Wilkinson, John. 24087.	M. Mar. 21-23/18.	
1 D.	Wood, L.-Cpl. L. J. 8800.	M. Mar. 21-22/18.	
1 H.Q.	Jackson, George. 8794.	M. Mar. 21-22/18.	

December 1st, 1918.

Shropshire Light Infantry, King's—contd.

B.E.F.

1 ?		Cooke, Cpl. Collin. 26740.	M. Mar. 21-22/18.
1 ?		Harrison, Sgt. J. C. 7635.	M. Mar. 21/18.
1 ?		Jay, W. J. 236825.	M. April 14/18.
1 ?		Penn, J. 27262. (Fr. Warwicks, 10408.)	M. Mar. 21-22/18.
1 ?		Powell, Cpl. E. E. 9037.	M. Mar. 21/18.
1 ?		Williams, J. H. 202984.	M. Mar. 21-22/18.
4 A.		Ashton, Samuel. 31464.	M. Mar. 23-26/18.
4 A.		Baguley, K. 28373.	W. and M. May—June/18.
4 A.	II	Bradley, Edwin. 16484.	M. Mar. 23-26/18.
4 A.		Dawson, Sydney James. 31490.	K. Mar. 23-26/18. Det.D./B.
4 A.		Evans, Herbt. 31503. (Fr. S. Wales Borderers.)	M. Mar. 23-26/18.
4 A.		Ferrie, T. 32608.	M. Mar. 23-26/18.
4 A.		Gamage, Chas. 31511.	M. Mar. 23-26/18.
4 A.		Holder, E. E. 204103.	M. Mar. 23-26/18.
4 A.		Howe, Thos. J. 31531.	M. Mar. 23-26/18.
4 A.		Lewis, Oscar. 6181.	M. Mar. 23-26/18.
4 A.		Lloyd, Stanley S. 31631.	M. May 30/18.
4 A.		McKeon, L.-Cpl. J. 6843.	M. Mar. 23-26/18.
4 A.		Parry, J. 238666.	M. Mar. 23-26/18.
4 A.		Parry, Robt. 35852.	M. April 11/18.
4 A.		Pugh, G. H. 200932.	M. Mar. 23-25/18.
4 A.		Sawyer, John. 34248.	M. Mar. 23-26/18.
4 A.		Shanock, A/Cpl. H. 16213.	M. Mar. 23-26/18.
4 A.		Shellard, W. 204119.	M. Mar. 23-26/18.
4 A.		Small, J. 24425.	M. Mar. 23-26/18.
4 A.	IV	Spencer, Jas. 34579.	M. Mar. 23-26/18.
4 A.		Thomas, Cpl. W. 12806.	K. June 3/18. Det.D./B.
4 A.		Wilkinson, James. 31449.	W. and M. April 11-19/18.
4 A.	IV	Wilson, L.-Cpl. Wm. Gordon. 35888.	M. Mar. 23-26/18.
4 A.		Wood, G. 16625.	M. Mar. 26/18.
4 B.		Bounds, O. 201460.	M. Mar. 23-26/18.
4 B.		Brereton, J. H. 22273.	W. and M. Mar. 23-26/18.
4 B.		Craven, Harry. 13643.	D/W. June 6/18. Det.D./B.
4 B.		Davies, L.-Cpl. Enoch. 18288.	M. May 30—June 7/18.
4 B.		Dunkerley, Harold. 28213.	M. Mar. 23-26/18.
4 B.		Durins, C. 201500.	M. Mar. 23-26/18.
4 B.		Elcock, S. T. 201447.	M. Mar. 23-26/18.
4 B.		Evans, A. 10851.	M. Mar. 23-26/18.
4 B.		Hancock, K. J. 31516.	M. Mar. 23-26/18.
4 B.		Jones, Sgt. Jos. Chas. 200472.	M. April 10/18.
4 B.	V	Jones, J. J. 23676.	M. Mar. 23-26/18.
4 B.		Jones, W. 31534.	M. Mar. 23-26/18.
4 B.		Meredith, John Harold. 31552.	W. and M. Mar. 23-26/18.
4 B.		Morgan, L.-Cpl. John Ernest. 200635	M. Mar. 23-26/18.
4 B.		Pearson, Sgt. Geo. R. B. 200333.	M. Mar. 23-26/18.
4 B.		Quayle, Richard. 31617. (Fr. S.W.B.)	M. Mar. 23/18.
4 B.	V	Stringer, H. 34566.	M. Mar. 23-26/18.
4 B.		William, T. 18749.	M. Mar. 23-26/18.
4 B.		Williams, Rhys Llewelyn. 31591.	W. and M. April 11-19/18. R/Enq.
*4 C.		Aldersey, John. 35712.	M. April 11-19/18.
4 C.		Aston, A. 35717.	M. Mar. 23-26/18.
4 C.		Aston, A. H. 200592.	M. April 11-19/18.
4 C.		Band, Clarence. 35719.	M. Mar. 23-26/18.
4 C.	XII	Bickers, E. 16406.	M. May 30/18.
4 C.	XII	Brazier, Wm. Edward. 203588.	W. and M. Mar. 23-26/18.
4 C.	XI	Charles, Stanley. 237908.	M. Mar. 23-26/18.
4 C.		Davies, E. 201475.	

December 1st, 1918.

Shropshire Light Infantry, King's—contd.

B.E.F.

4 C.	Dorricott, T. 200311.	M. Mar. 23-26/18.
4 C. X	Driffill, H. 35767.	W. and M. May 30/18.
4 C. IX	Griffiths, L. 200452.	W. and M. May 31/18.
4 C.	Hobson, James. 31513.	M. Mar. 23-26/18.
4 C.	Hughes, G. 12191.	M. Mar. 23-26/18.
4 C.	Jones, E. 31626.	M. Mar. 23-26/18.
4 C.	Lane, T. T. 201482.	M. Mar. 23-26/18.
4 C. XII	Lewis, A. J. 31544.	M. Mar. 23-26/18.
4 C.	Lowe, Leon. 21277.	M. Mar. 23-26/18.
4 C. XII	Nicholls, J. 34639.	W. and M. Mar. 23-26/18.
4 C.	Owen, C. 238102.	M. Mar. 23-26/18.
4 C. IX	Phœnix, James. 237997.	M. Mar. 23-26/18.
4 C. Sig. S.	Pidcock, Harry. 31614. (1678.)	M. April 11-19/18.
4 C. XII	Price, John. 201418.	M. Mar. 23-26/18.
4 C.	Rowe, William. 27277.	M. Mar. 21-22/18.
4 C.	Rowlands, D. T. 26036.	M. Mar. 23-26/18.
4 C.	Smith, G. L. 7542.	M. Mar. 23-26/18.
4 C.	Sumner, J. 34553.	M. Mar. 23-26/18.
4 C.	Taylor, J. G. 26122.	M. Mar. 23-26/18.
4 C.	Thomas, E. R. 31650.	M. Mar. 23-26/18.
4 C.	Wise, Clifford. 35889.	W. and M. April 11-19/18.
4 C. XI	Woosman, S. 201467.	M. April 11-19/18.
4 C.	Yeoman, J. 12924.	M. Mar. 23-26/18.
4 D.	Blount, A. 24849.	M. Mar. 23-26/18.
4 D.	Broadhurst, A. E. 201343.	M. Mar. 23-26/18.
4 D.	Brunt, George. 17693.	M. Mar. 23-26/18.
4 D.	Corbett, George A. 200076.	M. Mar. 23-26/18.
4 D. XIII	Cross, V. W. 22159.	Unoff. M. June 2-5/18.
4 D. XVI	Harris, Thos. 292421.	K. May 30—June 7/18. Det.D./B.
4 D.	Hutchinson, J. 31528.	M. Mar. 23-26/18.
4 D.	Kelly, J. 31645.	M. Mar. 23-26/18.
4 D.	Lockhart, J. 202190.	M. April 1-5/18.
4 D.	Lowe, J. 32119.	M. Mar. 23-26/18.
4 D. XV	McKay, Thos. 35833.	M. April 11-19/18.
4 D.	Owen, J. E. 17203.	M. Mar. 23-26/18.
4 D. XIII	Pickford, Robt. 26998.	W. and M. April 11-19/18.
4 D.	Taylor, F. 31616.	M. Mar. 23-26/18.
‡4 H.Q.	Sant, Philip. 239112.	K. Aug. 16/18. Det.D./B.
4 ?	Goodson, Sid. Robt. 28289. (Fr. 2/7 Cheshires.)	K. May 10-11/18. Det.D./B.
4 ?	Higham, Thomas. 35801.	W. and M. May 30—June 7/18.
4 ?	Maley, Joseph. 200169.	M. Mar. 23-26/18.
4 ?	Pugh, A. Thomas. 18618.	M. Mar. 23-26/18.
4 ?	Williams Albert Jas. 200487.	W. and M. Mar. 23-26/18.
4 ?	Wright, F. J. 17398.	M. Aug. 15/18.
5 A. III	Westbury, G. 26977.	M. Mar. 21-22/18.
5 B.	Smith, Edward. 204408.	M. Mar. 23-26/18.
6 A.	Ball, Harold. 35379.	M. April 28/18.
6 A.	Cope, S. 239261.	K. Oct. 5/18. Det.D./B.
‡6 A. II	Davies, S. 24712.	W. and M. Mar. 28/18.
6 A. III	Davies, William H. 11342.	W. and M. Mar. 21—April 1/18.
6 A.	Ferrington, T. 27090.	M. Mar. 21—April 1/18.
6 A. IV	Homer, L.-Cpl. Andrew. 33002.	M. Mar. 21—April 1/18.
6 A. IV	Hudson, Sgt. Wm. Thomas. 17703.	M. Mar. 21-31/18.
6 A.	Hutchinson, Albert. 238737.	W. and M. Mar. 21/18.
6 A. II	Mann, F. J. 20762.	M. Mar. 21-31/18.
6 A.	Manns, A. S. 236000.	M. Mar. 21/18.
6 A.	Sankey, Charles. 34010.	M. Mar. 21—April 1/18.

December 1st, 1918.

Shropshire Light Infantry, King's—contd.

B.E.F.

6 A.		Wilkinson, John. 26498.	M. Mar. 21-31/18.
6 B. V		Brown, A. 11358.	M. Mar. 22/18.
6 B.		Burd, Harry. 21507.	M. Mar. 22/18.
6 B. VIII		Cocker, W. H. 35384.	M. Mar. 22/18.
6 B. V		Green, Ernest. 35411.	M. Mar. 22/18.
6 B.		Knights, E. G. 20819.	M. Mar. 22/18.
6 B. V		Pearson, Cpl. Leonard. 26448.	M. Mar. 22/18.
6 B. VI		Pryce, T. D. 23660.	M. Mar. 22/18.
6 B. VII		Pugh, E. J. 24704.	M. Mar. 22/18.
6 B. VIII		Smith, Robert. 20834.	M. Mar. 22/18.
6 B. VIII		Smith, William. 25308.	M. Mar. 22/18.
6 B. VIII		Webb, Harry. 27306.	M. Mar. 22/18.
6 C. IX		Badrock, W. 26897.	M. Mar. 25/18.
6 C. IX		Downs, L.-Cpl. S. J. 19521.	M. Mar. 21—April 1/18.
6 C. X		Hough, P. 239285.	W. and M. Mar. 21—April 1/18.
6 C. XI		Jeynes, Sidney. 25030.	M. Mar. 21-31/18.
6 C. X		Lanata, Dominic. 35444.	M. Mar. 23/18.
6 C. IX		Langford, Timothy Fredk. 35443.	M. Mar. 21/18.
6 C. IX		Newton, Wm. 238728.	M. Mar. 21-31/18.
6 C. X		Owen, R. R. 35463.	Unoff. M. Mar. 21/18.
		(Fr. S.W. Bdrs., 22249.)	
6 C.		Totterchell, W. J. 27300.	W. and M. Mar. 21—April 4/18.
6 D. XIII		Davies, L.-Cpl. R. 18166.	W. and M. Mar. 26/18.
6 D. XV		Hankinson, R. 203822.	M. Mar. 21—April 1/18.
6 D. XIV		Huyton, John. 238358.	M. Mar. 21-31/18.
6 D.		Oldham, T. 204400.	M. Mar. 22/18.
6 D.		Stocker, D. 133220.	W. and M. Mar. 21—April 1/18.
6 H.Q.		Fletcher, Sig. Ch. Edwd. 35409.	W. and M. Mar. 21/18.
‡6 ?		Adams, G. 25821.	M. Mar. 25-31/18.
6 ?		Corbett, George. 34394.	M. April 11-19/18.
6 ?		Davies, Bglr. Emmanuel Ellis. 26271.	M. Mar. 21—April 1/18.
6 ?		Evans, J. M. 21923.	W. and M. Mar. 21—April 1/18.
6 ?		Malins, W. J. 9894.	M. Mar. 21/18.
6 ?		Stone, Robert. 32922.	M. Mar. 21/18.
7		**Middleton, 2nd Lt.** (Fr. 2nd.)	M. bel. K. abt. Sept. 4/18.
7		**Pitchford, 2nd Lt. A. R.**	M. bel. K. Sept. 18/18.
7 A.		Barber, Ernest. 20025.	M., bel. K. Aug. 23/18.
7 B.		Allen, George. 21895.	M. Mar. 28/18.
7 B. VIII		Beazley, L.-Cpl. A. 236296.	M. Mar. 28/18.
7 B.		Bubb, Frank. 6431.	M. Mar. 28/18.
7 B. V		Clayton, Cpl. Charles. 25885.	M. Mar. 28/18.
7 B. V		Coombs, J. 26958.	M. Mar. 28/18.
7 B.		Dimelow, H. 34871.	M. Sept. 2/18.
‡7 B. VII		Glenn, Allan. 230803.	W. and M. Sept. 2/18.
7 B. V		Hinchcliffe, Wm. 35506.	M. Mar. 28/18.
7 B.		James, Edgar. 21975.	M. Mar. 28/18.
7 B.		Jones, Bugler W. 201195.	M. abt. Mar. 21/18.
*7 B.		Kershaw, Herbert. 21976.	K. May 21/18. Det.D./B.
7 B. VI		Morris, Louis. 35305.	M. Mar. 28/18.
7 B.		Ricketts, P. 27761.	Unoff. M. Mar.—April/18.
7 B. VI		Rider, J. J. 33492.	M. Mar. 28/18.
7 B. V		Roberts, G. 17361.	M. Mar. 28/18.
7 B.		Roberts, Thos. Edw. 16693.	M. Mar. 28/18.
‡7 B.		Sayce, L.-Cpl. G. W. 26947.	W. and M. Mar. 28/18.
7 B. VI		Sergent, Frederick. 26974.	M. Mar. 28/18.
7 B. VII		Waring, A. G. 35487.	M. Mar. 28/18.
7 C. L.G.S.		Clinton, L.-Cpl. Jas. 22196.	M. Mar. 28/18.
7 C. XII		Davies, Emlyn. 35493.	W. and M. Mar. 24/18.
‡7 C.		Davies, P. 27230.	M. Mar. 28/18.

December 1st, 1918.

Shropshire Light Infantry, King's—contd.

B.E.F.

*7 C. IX	Evans, Edw. T. 27010.	K. Sept. 27/18.	Conf. and Details.
7 C.	Ford, W. E. 26666.	M. Mar. 21/18.	
7 C.	Gardiner, L.-Cpl. J. W. 9973.	M. Mar. 28/18.	
*7 C.	Harris, T. R. 34846.	W. and M. Sept. 2/18.	
7 C. X	Hemmings, W. 7095.	M. Mar. 21/18.	
7 C. X	Jones, T. F. 27228.	M. Mar. 28/18.	
7 C.	Lighton, W. E. 24341.	K. April 22/18.	Det.D./B.
*7 C. IX	Mander, W. 27237.	M. Sept. 2/18.	
7 C.	Maskery, Cpl. W. 16951.	M. Mar. 28/18.	
7 C.	O'Brien, Pat. 7716.	M. Mar. 28/18.	
‡7 C. X	Parry, Cpl. R. H. 31611.	K. Oct. 28/18.	Det.D./B.
7 C.	Price, J. 35495.	M. Mar. 28/18.	
7 C.	Prosser, Leonard George. 24773.	M. Mar. 28/18.	
7 C.	Raisewell, W. 201069. (Fr. A.S.C.)	M. Mar. 28/18.	
7 C. XI	Robinson, Syd. H. 38618.	K. Aug. 21/18.	Det.D./B.
7 C.	Thomas, S. 11109.	M. Mar. 28/18.	
7 C.	Ward, G. 7512.	M. Mar. 28/18.	
7 C.	Wharton, J. E. 26352.	W. and M. Mar. 22/18.	
7 C. IX	Williams, Edgar. 35494.	M. Mar. 28/18.	
7 C. IX	Woolard, Sam. 35492.	M. Mar. 28/18.	
7 D.	Evison, Albert. 23527.	M. Aug. 21/18.	
7 D. XIII	Field, Daniel. 8328.	M. Sept. 2/18.	
7 D.	Hall, J. 11674.	M. Mar. 28/18.	
‡7 D.	Higgins, W. 22445.	M. Sept. 2/18.	
‡7 D.	Lundy, J. 29749.	M. Sept. 2/18.	
7 D.	Wells, George. 27817.	M. April 12/18.	
7 D.	Wilkins, A. D. 204128.	M. Mar. 28/18.	
7 ?	Beattie, William. 21896.	M. Mar. 28/18.	
7 ?	Bevan, R. D. 21904.	M. Mar. 28/18.	
7 ?	Grice, J. 24911.	M. Mar. 28/18.	
7 ?	Philpin, T. 35317.	W. and M. Mar. 24/18.	
7 ?	Ree, Harry. 14952.	M. Mar. 28/18.	
7 ?	Ryan, Martin. 5216.	W. Unoff. M. Sept. 2/18.	
7 ?	Wareham, C. W. 9812.	M. Mar. 28/18.	
10 1 I	Barlow, G. 33499.	M. Aug. 22/18.	
10 1	Bell, Herbert. 34203.	M. Aug. 22/18.	
10 1	Bostock, Edward. 230459.	M. Aug. 22/18.	
10 1	Chamberlain, Harry. 34043.	M. Aug. 21/18.	
10 1	Heynes, F. C. 230327.	M. Aug. 22/18.	
10 1	Jarvis, John Massey. 230465.	M. Aug. 22/18.	
*10 I. III	Kelly, Herbert. 31947.	M. Aug. 22/18.	
10 1	Moss, John Edw. 28260.	M. Aug. 22/18.	
10 1 IV	Pearman, John. 31870. (Fr. Shrops. Yeo.)	M. Aug. 22/18.	
10 1	Richards, John. 31869.		
10 1	Roberts, W. 230389.	M. Aug. 22/18.	
10 1	Smith, Charles. 31860.	M. Aug. 22/18.	
*10 I. I	Stanley, F. 31884.	M. Aug. 22/18.	
10 1 I	Vincent, Wm. Y. 27647.	Unoff. W. and M. Aug. 19/18.	
*10 I. I	Webb, Harry. 32312.	M. Aug. 22/18.	
10 2 VII	Booth, Sgt. Frank. 203547.	W. Unoff. M. Sept. 21/18.	
‡10 2	Davis, Geoffy.	K. Aug. 22/18.	Det.D./B.
10 3	Foster, G. 34124.	Unoff. W. Sept. 21/18.	
10 3 IX	Hartley, S. 237815.	M. Aug. 22/18.	
10 3	Hunt, Fredk. 230374.	M. Aug. 22/18.	
10 4 XIV	Galliers, C. 33246.	M. Aug. 21/18.	
10 4	Gower Vivian. 34137.	W. Unoff. M. Aug. 22/18.	
10 4 XIII	Price, S. 18813. (Fr. Shrop Yeo.)	M. Aug. 22/18.	
‡10 ?	Austin, G. F. 230137.	M. Aug. 23/18.	
		M. Aug. 22/18.	

December 1st, 1918.

Shropshire Light Infantry, King's—contd.

B.E.F.

‡10 ?	Austin, P.	230359.	M. Aug. 22/18.
10 ?	Bright, T. R.	230452.	M. Aug. 22/18.
‡10 ?	Bromley, H. J.	230193.	M. Aug. 22/18.
‡10 ?	Daine, G.	34119.	M. Aug. 22/18.
‡10 ?	Davies, A.	230121.	M. Aug. 22/18.
‡10 ?	Davies, A/Sgt. E.	13226.	M. Aug. 22/18.
‡10 ?	Davies, J.	31949.	M. Aug. 22/18.
10 ?	Edge, T. W.	230798.	M. Aug. 22/18.
‡10 ?	Evans, F.	230126.	M. Aug. 22/18.
‡10 ?	Evans, J. R.	230334.	M. Aug. 22/18.
‡10 ?	Farrington, A.	9909.	M. Aug. 22/18.
‡10 ?	Fox, A.	33748.	M. Aug. 22/18.
‡10 ?	Gittens, D. G.	203577.	M. Aug. 22/18.
‡10 ?	Gregory, J.	34111.	M. Aug. 22/18.
‡10 ?	Griffiths, J.	16560.	M. Aug. 22/18.
‡10 ?	Heath, A. C.	231022.	M. Aug. 22/18.
‡10 ?	Hines, Cpl. J.	9653.	M. Aug. 22/18.
‡10 ?	Jenkins, J.	27232.	M. Aug. 22/18.
‡10 ?	Jones, H.	230430.	M. Aug. 22/18.
‡10 ?	Langford, W.	230157.	M. Aug. 22/18.
‡10 ?	Law, G.	33240.	M. Aug. 22/18.
‡10 ?	McCormick, M.	34078.	M. Aug. 22/18.
‡10 ?	Moss, J. E.	8172.	M. Aug. 22/18.
‡10 ?	Parsell, H. E.	34091.	M. Aug. 22/18.
‡10 ?	Pearson, I. M.	28180.	M. Aug. 22/18.
‡10 ?	Riley, G. H.	25872.	M. Aug. 22/18.
‡10 ?	Roberts, L.	34957.	M. Aug. 22/18.
‡10 ?	Roberts, W.	34189.	M. Aug. 22/18.
‡10 ?	Roberts, W.	230387.	M. Aug. 22/18.
‡10 ?	Robinson, T.	230306.	M. Aug. 22/18.
10 ?	Round, J.	34068.	M. Aug. 22/18.
‡10 ?	Rowlands, W. H.	203611.	M. Aug. 22/18.
‡10 ?	Smith, H.	230967.	M. Aug. 22/18.
‡10 ?	Weston, J. W.	34193.	M. Aug. 22/18.

BALKANS.

*8	Davies, 2nd Lt. Walter. (Fr. 9th K.O.R.L.)		M. Sept. 22/18.
8	Nalder, Capt. Frank Shirley.		W. and M. Sept. 21/18.
*8 A.	Grubb, W.	25506.	M. Sept. 18/18.
8 A. III	Pointon, F. H.	19661.	K. Sept. 18/18. Det.D./B.
8 A. IV	Williams, L.-Cpl. Geo. Arthur.	12713.	M. May 23/18.
8 A. I	Williamson, Geo.	24397.	M., bel. K. Sept. 18/18.
8 B.	Law, H.	32539.	D/W. Sept. 19/18. Det.D./B.
*8 C. X	Hilliard, Percy.	35608.	M. Sept. 18/18.
*8 C. X	Parkinson, Harry R.		M., bel. K. Sept. 18/18.
*8 D. XIII	Meats, R.	20720.	M. Sept. 18/18.
*8 ?	Anderson, C.	32609.	M. Sept. 18/18.
*8 ?	Carsley, L.-Cpl. F. H.	15731.	M. Sept. 18/18.
*8 ?	Colley, E.	16642.	M., bel. K. Sept. 18/18.
*8 ?	Hamer, W.	13094.	M. Sept. 18/18.
*8 ?	Jones, W.	35609.	M. Sept. 18/18.
*8 ?	Mills, L.-Cpl. E.	15170.	M. Sept. 18/18.
*8 ?	Oliver, L.-Cpl. W.	12818.	M., bel. K. Sept. 18/18.
*8 ?	Thomas, E. R.	25624.	M. Sept. 18/18.
*8 ?	Tolson, F.	45742.	M. Sept. 18/18.

December 1st, 1918.

SNIPING CORPS.
B.E.F.

‡37 ? Arnold, A. E. 14539. (Fr. 6th W. Surrey.)   M. Mar. 28/18.

SOMERSET LIGHT INFANTRY.
B.E.F.

1 A.		Alford, S. J. 40194.	M. April 14/18.
‡1 A.		Allen, G. E. C. 30754.	W. and M. Aug. 30/18.
‡1 A.		Ball, G. B. L. 44423.	M. Aug. 30/18.
‡1 A.		Boon, F. 16411.	M. Aug. 30/18.
1 A.	III	Cooper, Sidney. 29403.	M. Mar. 29/18.
1 A.		Earle, A. B. 28172.	M. Mar. 29/18.
‡1 A.		Fidler, W. A. 28694.	M. Sept. 3/18.
1 A.		Greenow, S. 28185.	M. Mar. 29/18.
‡1 A.		Griffiths, W. 29339.	M. Aug. 30/18.
1 A.		Handcocks, Victor Clements. 27934.	M. Mar. 29/18.
‡1 A.		Lewis, W. 37789.	W. and M. Aug. 30/18.
1 A.	I	Lovell, Dudley. 204796.	M. April 14/18.
1 A.		May, W. 29614.	W. and M. Aug. 30/18.
1 A.	III	Peppin, W. F. 40342.	M. Aug. 30/18.
‡1 A.		Scott A. R. 44496.	M. Aug. 28/18.
‡1 A.		Whitcombe, C. 266200.	M. Aug. 30/18.
‡1 B.		Bickell, R. 30181.	M. Aug. 30/18.
1 B.	VI	Burbidge, E. J. 28150.	K. April 15/18. Det.D./B.
1 B.	V	Daly, J. C. 28746.	W. and M. April 14/18.
1 B.		Dawson, Harry. 29412.	M. April 14/18.
*1 B.	VII	Higgins, F. 204405.	W. and M. Aug. 30/18.
1 B.		Ralph, E. G. 32378.	W. and M. April 22/18.
*1 B.	V	Wood, R. J. 40691.	W. and M. April 22/18.
‡1 C.		Badby, R. 40803.	W. and M. Sept. 2/18.
‡1 C.		Baker, G. W. T. 39174.	M. Sept. 1/18.
1 C.	IX	Clark, Ern. Alb. Berry. 29401.	M. Aug. 30/18.
1 C.	X	Curtis, Wm. 32166.	M. April 14/18.
1 C.	IX	Ould, W. J. 29753.	M. Aug. 30/18.
1 C.	XII	Portbury, L.-Cpl. E. J.	Unoff. M. Sept. 2/18.
‡1 C.		Rodber, W. 203771.	W. and M. Sept. 2/18.
1 H.	XV	Haywood, Geo. 37933.	K. April 14/18. Det D./B.
1 H.	XVI	Wheare, Ernest S. 29134.	K. Aug. 28/18. Det.D./B.
1 ?		Amis, L.-Cpl. H. 29744.	K. Aug. 30/18. Det.D./B.
1 ?		Beare, Sgt. W. J. 29740. (Fr. D.C.L.I., 9362.)	K. April 15/18. Det.D./B.
1 ?		Coker, A. T. 30792.	M. Sept. 3/18.
1 ?		Eyre, Rodney. 36327.	M. Aug. 30/18.
1 ?		Johns, Ernest. 40329.	M. April 14/18.
1 ?		Lovett, Cuthbert Hugh. 40333.	K. April 14/18. Det.D./B.
*1 ?		Reynolds, G. O. 40138.	W. and M. Aug. 30/18.
6		**Hobhouse, Capt. P. E.**	W. and M. Mar. 21/18. R/Enq.
‡6 A.		Bailey, A. E. 10587.	M. Mar. 21/18.
6 A.		Broadway, E. C. 35757.	M. Mar. 21/18.
‡6 A.		Brown, W. C. 20210.	M. Mar. 21/18.
‡6 A.		Cheer, A. G. 265073.	M. Mar. 21/18.
‡6 A.		Cheshire, F. 28657.	M. Mar. 21/18.
‡6 A.		Clarke, Sgt. W. U. 18979.	M. Mar. 21/18.
‡6 A.		Collister, R. H. 28317.	M. Mar. 21/18.
6 A.	I	Coutts, Sig. Charles. 20441.	M. Mar. 21/18.
‡6 A.		Crockett, S. 26767.	M. Mar. 21/18.

December 1st, 1918.

Somerset Light Infantry—contd.

B.E.F.

6 A.	Curram, W. E. 28519.	M. Mar. 21/18.
6 A. I	Davis, L. Geo. 28688.	M. Mar. 21/18.
6 A. IV	Elliott, George. 33799.	M. Mar. 21/18.
6 A.	Emery, Sgt. E. 7750.	M. Mar. 21/18.
6 A.	Fish, Cpl. W. H. 34896.	M. Mar. 21/18.
6 A.	Fricker, W. 22531.	M. Mar. 21/18.
6 A.	Goddard, F. 204757.	M. Mar. 21/18.
6 A.	Goddard, P. W. 20228.	M. Mar. 21/18.
6 A. II	Hancock, Stan. Hezekiah. 29141.	M. Mar. 21/18. R/Enq.
6 A.	Hatt, G. 29149.	M. Mar. 21/18.
6 A.	Hayler, H. J. 28318.	M. Mar. 21/18.
6 A. 1	House, W. 29143.	M. Mar. 21/18.
6 A.	Hughes, Cpl. R. 15119.	M. Mar. 21/18.
6 A.	Hughes, W. H. 29445.	M. Mar. 21/18.
6 A.	Jones, Owen. 12302.	M. Mar. 21/18.
6 A.	Keston, F. 29158.	M. Mar. 21/18.
6 A.	Lye, L.-Cpl. G. H. 20444.	M. Mar. 21/18.
6 A. IV	Lynham, F. 26687.	M. Mar. 21/18.
6 A. (Snip. S.)	McGuinn, J. 28305.	M. Mar. 21/18.
6 A.	Mason, E. H. 37958.	M. Mar. 21/18.
6 A.	Maunders, W. 269261.	M. Mar. 21/18.
6 A.	Norman, C. 203671.	M. Mar. 21/18.
6 A.	Orledge, E. J. 203528.	M. Mar. 21/18.
6 A.	Payne, L.-Cpl. L. B. 29028.	M. Mar. 21/18.
6 A.	Perriman, H. 29180.	M. Mar. 21/18.
6 A.	Pollard, H. A. 38534.	M. Mar. 31/18.
6 A.	Rason, G. C. 14911.	M. Mar. 21/18.
6 A.	Reed, H. 29287.	M. Mar. 21/18.
6 A.	Richards, H. W. 29289.	M. Mar. 21/18.
6 A.	Roberts, C. 9857.	M. Mar. 21/18.
6 A.	Roseweare, S. J. 29292.	M. Mar. 21/18.
6 A.	Rowntree, T. S. 29460.	M. Mar. 21/18.
6 A.	Scorse, S. 29334.	M. Mar. 21/18.
6 A.	Sims, H. A. 28662.	M. Mar. 21/18.
6 A.	Sims, H. J. 29189.	M. Mar. 21/18.
6 A.	Snelling, Thomas. 27487.	M. Mar. 23/18.
6 A. III	Sque, W. H. 29295.	M. Mar. 21/18.
6 A. I.T.M.	Stevens, Fred. 6712. (43 Bde.)	M. Mar. 21/18.
6 A.	Stitch, C. C. 29303.	M. Mar. 21/18.
6 A. I	Taylor, Fred. 28639.	M. Mar. 21/18.
6 A. I	Treasure, A. 32448.	M. Mar. 21/18.
6 B.	Allford, W. 11365.	M. Mar. 21/18.
6 B.	Bartrum, F. 265503.	M. Mar. 21/18.
6 B.	Bateman, J. 28862.	M. Mar. 21/18.
6 B.	Bayes, P. F. G. 30290.	M. Mar. 21/18.
6 B.	Beauchamp, S. V. 28570.	M. Mar. 21/18.
6 B.	Bennett, H. L. 203845.	M. Mar. 21/18.
6 B.	Bland, W. A. 28836.	M. Mar. 21/18.
6 B.	Brown, W. J. 13466.	M. Mar. 21/18.
6 B.	Butterwath, L. 20009.	M. Mar. 21/18.
6 B.	Cheney, L.-Cpl. G. W. 37744.	M. Mar. 21/18.
6 B.	Coggins, E. 20419.	M. Mar. 21/18.
6 B.	Cooper, L. 28703.	M. Mar. 21/18.
6 B. VIII	Curry, Cpl. Alex. Edward. 32399.	M. Mar. 21/18.
6 B.	Day, C. W. 27329.	M. Mar. 21/18.
6 B. V	Douglas, Thomas. 6460.	M. Mar. 28/18.
6 B.	George, W. 10631.	M. Mar. 21/18.
6 B. VIII	Gibbs, Chas. Hry. 28524.	M. Mar. 21/18.
6 B. V	Godlonton, Chas. Robt. 29432.	M. Mar. 21/18.

December 1st, 1918.

Somerset Light Infantry—contd.

B.E.F.

6 B. V	Goodland, Stan. Albt. Isaac. 29426.	M. Mar. 21/18.
‡6 B.	Harwood, A. E. 25536.	M. Mar. 21/18.
‡6 B.	Hinks, A. R. 25751.	M. Mar. 21/18.
‡6 B.	Hitchon, H. 29443.	M. Mar. 21/18.
‡6 B.	Holman, S. T. H. 203562.	M. Mar. 21/18.
‡6 B.	Houghton, P. 29031.	M. Mar. 21/18.
‡6 B.	Jobbins, F. H. 30303.	M. Mar. 21/18.
‡6 B.	Johns, L.-Cpl. E. J. 204168.	M. Mar. 21/18.
‡6 B.	Lambert, Sgt. G. A. G. 11167.	M. Mar. 21/18.
‡6 B.	Macey, C. 32084.	M. Mar. 21/18.
‡6 B.	Manuel, Cpl. A. J. 202818.	M. Mar. 21/18.
6 B. V	Matthews, L.-Cpl. Edward. 9562.	M. Mar. 21/18.
‡6 B.	Morris, A. 9383.	M. Mar. 21/18.
‡6 B.	Newton, J. 38718.	M. Mar. 21/18.
‡6 B.	Norcutt, T. 32039.	M. Mar. 21/18.
‡6 B.	Parkman, L.-Cpl. E. 20534.	M. Mar. 21/18.
6 B. VIII	Partridge, E. 56001.	M. Mar. 21/18.
6 B. V	Perrett, E. 29273.	M. Mar. 21/18.
‡6 B.	Phippen, C.-S.-M. L. 14657.	M. Mar. 21/18.
6 B. VI	Powers, S. E. 29278.	M. Mar. 21/18.
‡6 B.	Pryce, W. R. 28513.	M. Mar. 21/18.
6 B.	Purchase, Sig. Fredk. Geo. 26087.	M. Mar. 21/18.
‡6 B.	Ratherham, F. 203306.	M. Mar. 21/18.
‡6 B.	Read, S. F. 29456.	M. Mar. 21/18.
6 B. VI	Reakes, Fredk. John. 200272.	M. Mar. 21/18.
‡6 B.	Reynolds, G. W. 28677.	M. Mar. 21/18.
‡6 B.	Ruffles, B. J. 28696.	M. Mar. 21/18.
‡6 B.	Spicer, H. J. 235025.	M. Mar. 21/18.
6 B.	Stevens, Charles. 10399.	M. Mar. 21/18.
‡6 B.	Sully, Sgt. S. W. 6718.	M. Mar. 21/18.
‡6 B.	Swaffield, F. V. 29305.	M. Mar. 21/18.
6 B. VII	Tarr, W. J. 266204.	M. Mar. 21/18.
6 B. V	Thomas, John Leonard. 27495.	M. Mar. 21/18.
‡6 B.	Thorne, W. 10275.	M. Mar. 21/18.
‡6 B.	Tolley, S. 38349.	M. Mar. 21/18.
‡6 B.	Trafford, P. G. 29314.	M. Mar. 21/18.
6 B.	Ward, E. 28643.	M. Mar. 21/18.
6 B. VII	Ward, George. 28541.	M. Mar. 21/18.
6 B. L.G.S.	Withers, W. 37620.	M. Mar. 21/18.
‡6 C.	Arthur, H. 34920.	M. Mar. 21/18.
‡6 C.	Boulton, C. F. 31918.	M. Mar. 21/18.
‡6 C.	Brimble, W. G. 17674.	M. Mar. 21/18.
‡6 C.	Brixton, W. G. 28690.	M. Mar. 21/18.
‡6 C.	Derges, C. J. 27449.	M. Mar. 21/18.
6 C. IX	Gapsill, C. H. 29136.	M. Mar. 21/18.
‡6 C.	Goodland, A. J. 20434.	M. Mar. 21/18.
‡6 C.	Gopsill, G. H. 29136.	M. Mar. 21/18.
‡6 C.	Grey, T. J. 235020.	M. Mar. 21/18.
6 C. IX	Griffin, Arthur. 29428.	M. Mar. 21/18.
‡6 C.	Griffin, L. 29429.	M. Mar. 21/18.
6 C. IX	Hall, H. 29195.	M. Mar. 21/18.
6 C. XII	Hamber, Sidney. 22522.	M. Mar. 21/18.
6 C. X	Hancock, A. H. 29435.	M. Mar. 21/18.
‡6 C.	Hawthorn, G. H. 28669.	M. Mar. 21/18.
‡6 C.	Heale, R. H. 29266.	M. Mar. 21/18.
‡6 C.	Hobson, B. 27398.	M. Mar. 21/18.
6 C. IX	Hoye, Charles. 29444.	M. Mar. 21/18.
‡6 C.	Jackson, G. H. 29155.	M. Mar. 21/18.

December 1st, 1918.

Somerset Light Infantry—contd.

B.E.F.

‡6 C.	Joshaw, T. 10456.	M. Mar. 21/18.
‡6 C.	Kith, J. 26739.	M. Mar. 21/18.
‡6 C.	Lee, W. H. 29164.	M. Mar. 21/18.
‡6 C.	Lewis, G. 29450.	M. Mar. 21/18.
‡6 C.	Longman, B. 29159.	M. Mar. 21/18.
6 C. or D.	Loveridge, H. 36677.	M. Mar. 21/18.
6 C. X	Lucas, E. B. 28528.	M. Mar. 21/18.
‡6 C.	Lucas, P. H. 28599.	M. Mar. 21/18.
‡6 C.	Martin, A. E. 16663.	M. Mar. 21/18.
6 C. XI	Mears, A. 29453.	M. Mar. 21/18.
‡6 C.	Meister, Sgt. C. F. 7364	M. Mar. 21/18.
‡6 C.	Moore, R. L. V. 29166.	M. Mar. 21/18.
6 C. X	Morris, Alb. Edw. 28530.	M. Mar. 21/18.
‡6 C.	Mortimer, Sgt. J. 204440.	M. Mar. 21/18.
‡6 C.	Neale, L.-Cpl. L. J. 200065.	M. Mar. 21/18.
6 C.	Park, F. J. 29454	M. Mar. 21/18.
‡6 C.	Payne, A. J. 29268.	M. Mar. 21/18.
6 C. X	Pepworth, Arthur Fredk. 29178.	M. Mar. 21/18.
‡6 C.	Pinney, L.-Sgt. E. 9818.	M. Mar. 21/18.
6 C. XII	Powell, Leslie. 29277.	M. Mar. 21/18.
‡6 C.	Prince, A. W. 20220.	M. Mar. 21/18.
6 C. XI	Rattley, J. J. 29455.	M. Mar. 21/18.
‡6 C.	Rendall, P. J. 25388.	M. Mar. 21/18.
‡6 C.	Rolfe, W. A. 29458.	M. Mar. 21/18.
‡6 C.	Saunders, W. 27309.	M. Mar. 21/18.
6 C.	Selway, Albt. 16514.	M. Mar. 21/18.
‡6 C.	Shaw, J. A. 28845.	M. Mar. 21/18.
‡6 C.	Sheppard, C. 29297.	M. Mar. 21/18.
6 C.	Slade, Robert. 7352.	M. Mar. 21/18.
‡6 C.	Stagg, F. G. 21532.	M. Mar. 21/18.
‡6 C.	Stark, J. 10932.	M. Mar. 21/18.
‡6 C.	Thomas, T. 20102.	M. Mar. 21/18.
‡6 C.	Titheridge, W. J. 29310.	M. Mar. 21/18.
6 C. XI	Tooke, Cpl. W. E. 27494.	M. Mar. 21/18.
6 C. XI	Ware, T. 26063.	M. Mar. 21/18.
6 C. XI	Williams, Wm. C. 29035.	M. Mar. 21/18.
6 C. IX	Woods, A. J. 29330.	M. Mar. 21/18.
‡6 D.	Anslow, A. G. 31908.	M. Mar. 21/18.
6 D. XV	Blackman, Edward Geo. 235023.	M. Mar. 21/18.
6 D. XIII	Blayden, L.-Cpl. Fred. 27277.	M. Mar. 21/18.
‡6 D.	Birch, W. E. 32592.	M. Mar. 21/18.
‡6 D.	Collins, A. 18903.	M. Mar. 21/18.
‡6 D.	Cornish, W. J. 27955.	M. Mar. 21/18.
‡6 D.	Eastaff, E. 21118.	M. Mar. 21/18.
‡6 D.	Fitton, F. 30215.	M. Mar. 21/18.
‡6 D.	French, G. 25783.	M. Mar. 21/18.
‡6 D.	Fuller, A. H. 29227.	M. Mar. 21/18.
‡6 D.	Gage, J. A. 28594.	M. Mar. 21/18.
6 D.	**Gazzard, Stanley. 28846.**	M. Mar. 21/18.
‡6 D.	Ginger, T. 32019.	M. Mar. 21/18.
‡6 D.	Goodfield, W. A. 28686.	M. Mar. 21/18.
‡6 D.	Greenway, A. J. V. 29427.	M. Mar. 21/18.
‡6 D.	Hadley, A. V. 28674.	M. Mar. 21/18.
‡6 D.	Hammell, J. 27945.	M. Mar. 21/18.
6 D. Sig. S.	Harmer, F. C. 29437.	M. Mar. 21/18.
‡6 D.	Hawker, R. 15933.	M. Mar. 21/18.
‡6 D.	Herbert, A. J. 29139.	M. Mar. 21/18.
‡6 D.	Hitchman, L.-Cpl. D. 32079.	M Mar. 21/18.
6 D. XVI	Hole, L.-Cpl. W. G. 204378.	M. Mar. 21/18.
6 D.	Hooper, Sgt. E. 204372.	M. Mar. 21/18.

December 1st, 1918.

Somerset Light Infantry—contd.

B.E.F.

6 D.	Irwin, Wilfred. 7356.	M. Mar. 21/18.
‡6 D.	Lawrence, E. T. 29160.	M. Mar. 21/18.
‡6 D.	Lloyd, H. 29165.	M. Mar. 21/18.
‡6 D.	Mackell, M.M., A. 29944.	M. Mar. 21/18.
6 D. XIV	Malford, L.-Cpl. R. G. 22408.	M. Mar. 22/18.
‡6 D.	March, E. J. 26878.	M. Mar. 21/18.
‡6 D.	Marshall, A. H. 29451.	M. Mar. 21/18.
‡6 D.	Marshall, F. W. 29168.	M. Mar. 21/18.
‡6 D.	Matthews L.-Cpl. J. A. D. 10846.	M. Mar. 21/18.
6 D.	Miller, M. E. 10299.	M. Mar. 21/18.
‡6 D.	Owen, W. 29171.	W. and M. Mar. 21/18.
‡6 D.	Palmer, C. 27355.	M. Mar. 21/18.
‡6 D.	Palmer, Sgt. G. 6086.	M. Mar. 21/18.
6 D. XIV	Palmer, W. 28624.	M. Mar. 21/18.
‡6 D.	Pennell, F. 32090.	M. Mar. 21/18.
‡6 D.	Rhymer, G. H. 26334.	M. Mar. 21/18.
6 D. XIII	Reynolds, A. E. 29185.	M. Mar. 21/18.
6 D. XIII	Richards, Alfred. 235031.	M. Mar. 21/18.
‡6 D.	Ring, W. J. 28535.	M. Mar. 21/18.
‡6 D.	Rockell, H. 9638.	M. Mar. 21/18.
‡6 D.	Rowden, S. J. 29182.	M. Mar. 21/18.
‡6 D.	Rush, W. E. 28671.	M. Mar. 21/18.
‡6 D.	Russon, A. J. 29294.	M. Mar. 21/18.
‡6 D.	Salisbury, W. 28711.	M. Mar. 21/18.
‡6 D.	Sampson, H. 11026.	M. Mar. 21/18.
6 D.	Sillett, C. E. 38496.	M. Mar. 28/18.
‡6 D.	Small, V. 31977.	M. Mar. 21/18.
6 D. XIV	Smith, George. 27946.	M. Mar. 21/18.
6 D. L.G.S.	Specker, E 17467.	M. Mar. 21/18.
‡6 D.	Surman, W. H. 29301.	M. Mar. 21/18.
‡6 D.	Thornborough, J. E. 29312.	M. Mar. 21/18.
6 D. XIV	Trowman, B. 29311.	M. Mar. 21/18.
‡6 D.	Tysell, A. 29224.	M. Mar. 21/18.
6 D. XV	Vickery, Cpl. H. F. 11563.	M. Mar. 21/18.
‡6 D.	Visper, Sgt. E. 204159.	M. Mar. 21/18.
6 H.Q.	Collard, Harry. 25737.	M. Mar. 21/18.
6 H.Q.	Forsdike, G. J. 27386.	M. Mar. 21/18.
6 H.Q.	Marsh, Wm. 13198.	M. Mar. 21/18.
6 H.Q. Sig. S.	Palmer, Fred. 28534.	M. Mar. 21/18.
6 Sig. S.	Blackett, L.-Cpl. W. S. 18851.	M. Mar. 23/18.
6 Snip. S.	Bryant, A. L. 27276.	M. Mar. 21/18.
6 ?	Doe, A. 32308.	M. Mar. 21/18.
6 ?	Faulkner, H. J. 203953.	M. Mar. 23/18.
6 ?	Flintoff, J. 42696. (Fr. 10 D.L.I.)	M. Mar. 21/18.
6 Sig. S.	Foot, G. T. 17739.	M. Mar. 21/18.
6 ?	Frebance, Pnr. G. 7366.	M. Mar. 21/18.
‡6 ?	Giblett, W. 38292.	M. Mar. 23/18.
6 Sig. S.	Hutchings, W. 25534.	M. Mar. 21/18.
6 ?	Kirby, M. H. 29447.	M. abt. Mar. 21/18.
6 ?	Lawrence, Harold. 29161.	M. Mar. 21/18.
6 ?	Meredith, W. 28595.	M. Mar. 21/18.
6 I.T.M.	Peacock, Chas. Francis. 11065. (43 Bde.)	M. Mar. 21/18.
‡6 ?	Sampson, Cpl. F. P. 30002.	M. Mar. 21/18.
6 ?	Settle, J. 29186.	M. Mar. 21/18.
‡6 ?	Sims, F. A. L. 38289.	M. Mar. 23/18.
6 ? Snip. S.	Snook, L.-Cpl. W. C. 8345.	M. Mar. 21/18.
5 ?	Stevens, H. G. 28659.	M. Mar. 21/18.
‡6 ?	Taylor, F. 26639.	M. Mar. 21/18.

December 1st, 1918.

Somerset Light Infantry—contd.

B.E.F.

6 ?		Townsend, H. 26917.	M. Mar. 21/18.
6 I.T.M.		Treasure, C. 26899. (43rd Bde.)	M. Mar. 21/18.
16 ?		Trickey, Sgt. C. S. W. 9717.	M. Mar. 21/18.
16 ?		Wakeley, C. 204178.	M. Mar. 21/18.
16 ?		Waller, Cpl. G. J. 28611.	M. Mar. 21/18.
16 ?		Walsh, R. 204175.	M. Mar. 21/18.
16 ?		Ward, L. W. 29318.	M. Mar. 21/18.
16 ?		Ward, S. E. 28643.	M. Mar. 21/18.
16 ?		Wareham, B. H. 19920.	M. Mar. 21/18.
16 ?		Webber, W. H. 29320.	M. Mar. 21/18.
16 ?		Wembridge, Cpl. F. J. 21749.	M. Mar. 21/18.
16 ?		Wheeler, W. 29323.	M. Mar. 21/18.
16 ?		Whilford, E. M. 29321.	M. Mar. 21/18.
16 ?		Whiting, W. 28668.	M. Mar. 21/18.
16 ?		Whitmore, F. 36697.	M. Mar. 21/18.
16 ?		Williams, H. 26882.	M. Mar. 21/18.
16 ?		Wills, A. R. 19146.	M. Mar. 21/18.
16 ?		Wilson, S. F. 34913.	M. Mar. 21/18.
16 ?		Wines, W. 29326.	M. Mar. 21/18.
16 ?		Wingate, L.-Cpl. W. R. 27518.	M. Mar. 21/18.
6 ? Snip. S.		Witt, L.-Cpl. Sid. Chas. 27520.	M. Mar. 21/18.
16 ?		Wood, F. 29328.	M. Mar. 21/18.
16 ?		Wright, G. H. 204383.	M. Mar. 21/18.
16 ?		Wright, J. 38291.	M. Mar. 23/18.
7		Smith, 2nd Lt. J. H.	M. Aug. 28/18.
7 A.		Brake, F. A. J. 265534.	M. Mar. 22—April 2/18.
7 A. I		Carpenter, Frank. 265875.	M. April 2/18.
7 A. I		Hemmings, W. 32583.	M. Mar. 22/18.
7 A.		Page, L.-Cpl. Wm. 11265.	M. Mar. 22—April 2/18.
7 A.		Williams, E. A. 32598.	M. Mar. 22/18.
7 A.		Wyatt, Samuel. 36545.	M. Mar. 22/18.
7 B.		Blanchard, S. 14658.	M. Mar. 25/18.
7 B.		Chesterman, S. C. 204290. (30331.)	M. Mar. 23/18.
7 B. VI		Marriner, Edward. 32034.	M. Mar. 23/18
7 B.		Smith, Harold. 29470.	M. Mar. 22/18
7 B.		Smith, J. 29473.	M. Mar. 22/18.
7 C.		Doyle, J. 39850.	M. Mar. 22/18.
7 C. IX		Greenslade, Charlie. 27254.	M. Mar. 22/18.
7 C.		Hammarton, Sgt. W. 14956.	M. Mar. 28/18.
7 C.		Harvey, Frank W. 27765.	M. Mar. 22/18.
7 C.		Osman, Harry Wm. Jas. 28960.	M. Mar. 22/18.
7 C.		Pargeter, A. 28963.	M. Mar. 22/18.
7 C. IX		Spearing, C. 26028.	M. Mar. 22/18.
7 C.		Westwood, Arthur. 29002.	M. Mar. 22/18.
7 C. XI		Willcocks, Albert. 29495.	M. Mar. 23/18.
7 C.		Williams, Ellis. 29497.	M. Mar. 22/18.
7 C.		Willmott, David Geo. 12148.	M. Mar. 22/18.
7 D. XV		Adams, L. R. 30318.	M. Mar. 22/18.
7 D.		Newton, J. 29508.	M. Mar. 22/18.
7 D. XIII		Parsons, A. C. 35752.	M. June 16/18.
7 D.		Sussex, L.-Cpl. George. 12558	M. Mar. 22/18.
7 H.Q.		Reakes, Charles. 25945	M. Mar. 22—April 2/18.
7 ?		Adams, A.-C.-S.-M. Edw. 4823.	M. Mar. 23/18.
*7 ?		Evry, H. J. 31901.	M. Mar. 22/18.
7 ?		Evans, R. 44306.	M. April 18/18.
7 ?		Huxham, F. S. 204212.	M. Mar. 22/18.
7 ?		Keeves, Geo. H. 38842.	M. Mar. 23/18.
7 ?		Knowles. L. G. 39943.	M. Mar. 24/18.
7 ?		Middleton, L.-Cpl. W. S. 26020.	M. Mar. 29/18.

December 1st, 1918.

Somerset Light Infantry—contd.

B.E.F.

*7 ?	Musty, Ernest John. 30326.	M. Mar. 22/18.
7 I.T.M.	Peach, Edw. 25771. (61 Bde.)	W. and M. Mar. 23/18.
7 ?	Readings, Arthur. 235073.	M. Mar. 23/18.
7 ?	Watson, Albert Victor. 26054.	M. Mar. 23/18.
‡8	**Golding, Capt. W. H.**	K. Oct. 31/18. Det.D./B.
8 A.	Coward, Cpl. A. 26647.	M. April 5/18.
8 A. II	Edgington, Herbert. 265573.	M. April 5/18.
8 A.	Hughes, Cpl. S. T. 27767.	M. April 5/18.
‡8 A.	Varndell, Fred. Jas. 28273.	M. Sept. 21/18.
8 C.	Badman, S. 38507.	M. April 5/18.
8 C. X	Bishop, W. 38285.	M. April 4/18.
8 C. IX	Collin, Thos. Chas. 235081.	M. April 5/18.
8 C.	Goodwin, W. 38863.	M. April 5/18.
8 C.	Isaac, Walter James. 28840.	M. April 5/18.
8 C.	Misselbrook, L. 28438.	M. April 5/18.
8 C.	Pembroke, F. 28547.	M. April 5/18.
8 C.	Stratford, Cpl. W. F. 28469.	M. April 5/18.
8 C.	White, James W. 38821.	M. April 5/18.
8 D.	Beardon, C. 38816.	M. April 5/18.
8 D. XIII	Hawkins, E. A. 28404.	M. April 5/18.
8 D.	Hooper, G. C. 28410.	M. April 5/18.
8 D.	Hoskin, George. 38828.	M. April 5/18.
8 D. XIII	Pattemore, Cpl. Percy. 17067.	M. April 5/18.
8 D. XIV	Quick, W. W. 26354.	M. April 5/18.
8 D.	Walter, A. 21685.	M. April 5/18.
‡8 ?	Ingram, W. A. 34239.	M. April 5/18.
‡8 ?	Lonnon, T. C. 36333.	M. April 5/18.
‡8 ?	Marriott, A. 38382.	M. Mar. 23/18.
8 ?	Mutton, A. 204300.	M. April 4-5/18.
‡8 ?	Raymond, W. J. 9756.	M. Mar. 23/18.
*10 A. IV	Roberts, W. 34189	M. Aug. 22/18.
*11 C. XII	Cudmore, T. H. 18431.	Unoff. M. about **Sept. 26/18.**
11 C. XII (Garr.)	Down, John S. 18423.	M. Sept. 2/18.
*12 A. III	Kneller, E. G. 39250.	K. Sept. 2/18. Det.D./B.
*12 A. III	Smith, J. R. 31179.	M. Sept. 2/18.
*12 D. XV	Cawley, Patrick. 295565.	M. Aug. 28/18.
‡12 D.	McWilliams, J. 31191.	M. Sept. 10/18.
‡12 D.	Moore, H. 31061.	M. Aug. 23/18.
12 D. XVI	Southgate, John. 39246.	Unoff. M. Sept. 9-10/18.
12 D. XVI	Stokes, Albert. 31182.	M. Sept. 2/18.
‡12 D.	Trethewey, L.-Cpl. W. 37220.	M. Sept. 10/18.
‡12 D.	White, S. 30406.	M. Sept. 10/18.
*12 ?	Lane, E. J. 30857.	M. Sept. 2/18.
‡12 ?	Manton, Arthur. 37483.	W. Unoff. M. Sept. 2/18.
‡18 B.	May, P. 39237.	M. Sept. 2/18.
‡18 B.	Taylor, W. 31150.	M. Sept. 2/18.
‡18 C.	Leach, H. 37371.	M. Sept. 2/18.
‡18 D.	Brown, W. A. 295470.	M. Sept. 2/18.

E.E.F.

5 A.	Wyatt, Cpl. G. W. 240707.	M. April 10/18.
‡5 D. XV	Cooper, Harry. 242066.	D/W. April 14/18. Det.D./B.
5 ?	Hames, W. 34246.	M. April 10/18.
5 ?	Robinson, T. 39041.	M., bel. K. **April 10/18.**

December 1st, 1918.

STAFF.

B.E.F.

9 Div. H.Q.	King, Hugh. 22706. (Fr. 8-9 Dub. Fus.)	K. April 26/18. Det.D./B.
47 Div.	Brown, Capt. T. G. (T.M.B. Offi.)	M. Oct. 5/18.
50 Div. H.Q. (Wireless S.)	Carter, E. 200983. (Fr. 4th Yorks.)	M. May 27/18.
50 Div. H.Q.	Marshall, F. G. 200492. (Fr. 4 North. Fus.)	M. May 27/18.
50 Div. H.Q.	Moore, Sgt. Christopher. 350689 (Fr. 7 D.L.I.)	M. May 27/18.
50 Div. H.Q.	Parsons, T. J. 48126. (G. Office)	M. May 27/18.
50 Div. H.Q.	Smith, W. F. 224202. (Fr. 5 D.L.I.)	M. May 27/18.
50 Div. H.Q.	Speight, Arthur. 275255. (G. Office) (Fr. 7 D.L.I.) (Draughtsman.)	M. Mar. 26/18.
51 Div. H.Q.	Roach, Desp. Rider Wallis. 240578. (Fr. 5 Seaforth Hrs.)	M. April 12/18.
*6 Bde. H.Q.	Gringer, Arthur F. 51927.	M. Mar. 24/18.
7 Inf. Bgde. H.Q.	Perrin, Capt. (A.-Maj.) R. P. (Fr. 7 Seaforths.)	M. May 27/18.
23 Bgde.	Brown, E. 6095 (Fr. 2 Middx.)	M. Mar. 27/18.
23 Bde.	Holliday, Clement. 300048. (Fr. 2 W. Yorks.)	M. Mar. 27/18.
23 Bde. H.Q.	Murton, A. E. W. (Fr. 2 Devon.)	M. May 26/18.
23 Bde. H.Q.	Smith, C. C. 96849. (Fr. 2 Mdx.)	M. June 2/18.
24 Bde. H.Q.	Eldred, John Thos. 8935. (Fr. 2 Northants.)	M. May 27/18.
24 Bde. H.Q.	Facer, W. 42652. (Fr. 1 Worcs.)	M. May 27/18.
24 Bde. Gds.	Harrison, A. C. 108944. (Fr. 1 Sherwoods.)	M. May 27/18.
24 Bde. H.Q.	Panther, Obs. Fred. Rd. 17476. (Fr. 2 Northants.)	M. May 27/18.
24 Bde. H.Q.	Whitehead, Sig. Wm. Alf. 27594. (Fr. 1 Worcs.)	M. May 27/18.
25 Bde. H.Q.	Hayward, T. C. 203423. (Fr. 2 E. Lancs.)	M. April 25/18.
25 Bde. H.Q.	Nicholas, H. 19377. (Fr. 2nd Northants.)	M. May 27/18.
34 Bde. H.Q.	Timmins, L.-Cpl. Elias. 6642. (Fr. 1 Worcs.)	M. May 27/18.
42 Bgde. H.Q.	Smart, G. E. 7127. (Fr. 9 K.R.R.C.)	M. Mar. 21-27/18.
‡48 Bde.	McCabe, Cpl. T. 10179. (Fr. 8-9 Dub. Fus.)	M. Mar. 23/18.
58 Inf. Bgde.	Kay, Sig. A. 235097. (Fr. 9 Welsh Fus.)	M. Mar. 28/18.
58 Bde.	Proctor, R. T. 40198. (Fr. 9 Welsh Regt.)	M. May 27/18.
64 Bde. H.Q.	McLean, Robt. Stevenson. 37208. (Fr. K.O.Y.L.I.)	M. April 26/18.
64 Bde. H.Q.	O'Callaghan, Pnr. L. W. 7454. (Fr. 1 E. Yorks.)	M. May 28/18.
64 Inf. Bde.	Smith, Sig. H. 50716. (Fr. East Yorks.)	M. May 28/18.
71 Bde. Sig. S.	Hill, K. J. 63040. (Fr. 2 Sher. For.)	M. Mar. 21-23/18.
75 Inf. Bde. H.Q.	Potter, J. R. 14326. (Fr. 8 K.O.R.L.)	M. May 27/18.

December 1st, 1918.   622

Staff—contd.

B.E.F.

121 Inf. Bgde.	Robinson, Sig. Edgar. 23581. (Fr. 13th Yorks.)	M. April 9-13/18.
146 Bde. H.Q.	Gledhill, Ben. 263055. (Fr. 6 W. Yorks.)	M. April 25/18.
149 Inf. Bde.	Alder, Sgt. W. 200476.	M. May 27/18.
149 Bde. H.Q.	Hatt, W. 39310. (Fr. 5 N. Fus.)	M. May 27/18.
149 Bde. H.Q.	Robbie, Fredk. Alex. 265696. (Fr. 6 N. Fus.)	M. May 27/18.
149 Bde. H.Q.	Thompson, Thos. 265551. (Fr. 6 North. Fus.)	M. May 27/18.
150 Bde. H.Q.	Coleman, W. E. 201646. (Fr. 4 E. Yorks.)	M. May 27/18.
150 Bde. H.Q.	Miller, Hugh. 307932. (Fr. A.S.C.)	W. and M. May 27/18.
150 Bde.	Norrell, Leonard. 240457. (Fr. 5th Yorks.)	M. May 27/18.
150 Bde.	Thompson, Sig. John Wm. 29463. (Fr. 4 E. Yorks.)	M. May 27/18.
‡152 Bde.	Hamilton, J. 40999. (Fr. 6 Seafths.)	M. April 11/18.
152	Hook, Geo. 15115. (Fr. 6 Gordons.)	M. April 11/18.
‡152 Bde.	Robinson, W. S. 202005. (Fr. 5th Seaforths.)	M. April 12/18.
152 Bgde. H.Q.	Simpson, Sig. Jas. G. 14306. (Fr. 6 Gordons.)	M. April 4/18.
‡152 Bde. H.Q.	Thomson, L.-Cpl. J. 265371. (Fr. 6 Seaforths.)	M. April 12/18.
153 Bde. H.Q.	Wilson, Douglas. 290025. (Fr. 7 Gordons.)	W. and M. April 12/18.
166 Bde. H.Q	Byron, Edwd. 240738. (Fr. 1/5 S. Lancs.) (Cyclist.)	M. Aug. 10/18.
173 Bde.	Powell, A. 231789. (Fr. 2/4 Lond.)	M. Mar. 21/18.

Cavalry.

21 Div. Supply	Fryer, G. M2/033120.	W. and M. Mar. 24/18.

Composite Battalion.

5th Army	Edwards, Lieut. A. H.	M. about April 1/18.
50 Div.	Turner, Capt. D. L. (Fr. 4 N. Fus.)	M. May 30/18.

Employment Base Depot.

3	Callagham, J. 19398. (Fr. M.G.C.)	M. May 20/18.

Schools.

8 Corps	O'Toole, Gerald. 373827. (Fr. 751 Area Emp. Co.) (Late Dub. Fus., 1903811.)	M. April 18/18.
16 (Div. Sig.)	Fleming, John. 18116. (Fr. 2 Mun. Fus.)	Unoff. M. end March—beg. April/18.
50 Div. Sig.	Gillions, V. J. 35650. (Fr. 4th Yorks.)	M. May 27/18.
(Phys. and Bayonet Tr.)	Catterall, H. 291212. (Fr. 1 Monmouths.)	M. abt. Mar. 21/18.

December 1st, 1918.

NORTH STAFFORDSHIRE REGIMENT.
B.E.F.

1 A. M.G.S.	Allsopp, Edward. 19391.	M. Mar. 21/18.
1 A.	Barnett, L.-Cpl. J. W. 17221.	M. Mar. 21/18.
1 A.	Blenkey, C. 238101.	M. Mar. 21/18.
1 A.	Brassington, Thos. Nathan. 28612.	M. Mar. 21/18.
1 A.	Cartlidge, S. 8284.	M. Mar. 21/18.
1 A. IV	Cawdell, G. 41219.	M. Mar. 21/18.
1 A. II	Charles, L.-Cpl. Albert John Aiden. 32288.	M. Mar. 21/18.
1 A. II	Chilton, Wm. 203802.	M. Mar. 21/18.
1 A. II	Clements, John. 34793.	M. Mar. 21/18.
1 A. L.G.S.	Fisher, Jos. Harlow. 29911.	M. Mar. 21/18.
1 A.	Flint, A. J. 41164.	M. Mar. 21/18.
1 A. III	Green, C. 30151.	M. Mar. 21/18.
1 A.	Hunt, A. E. 10382.	M. Mar. 21/18.
1 A.	Johnson, D. 9821.	M. Mar. 21/18.
1 A.	Johnson, R. R. 10022.	M. Mar. 21/18.
1 A.	Jones, L.-Cpl. J. T. 5723.	M. Mar. 21/18.
1 A.	Key, A. 11874.	M. Mar. 21/18.
1 A.	Littler, M.M., Sgt. J. 12751.	M. Mar. 21/18.
1 A. L.G.S.	Lloyd, Edw. 24969.	M. Mar. 21/18.
1 A.	Major, R. 40085.	M. Mar. 21/18.
1 A.	Perkins, Cpl. B. H. 6345.	M. Mar. 21/18.
1 A.	Poulson, S. 203278.	M. Mar. 21/18.
1 A.	Powell, W. 4836.	M. Mar. 21/18.
1 A.	Robinson, J. T. 7531.	M. Mar. 21/18.
1 A. II	Tawn, B. 26605.	M. Mar. 21/18.
1 A. I	Thursfield, Wm. 16189.	M. Mar. 21/18.
1 A.	Tomlinson, L.-Cpl. H. 41161.	M. Mar. 21/18.
1 A.	Vicker, D. H. 41171.	M. Mar. 21/18.
1 A.	Whittle, Hugh. 18348.	M. Mar. 21/18.
1 A.	Wigglesworth, L. 41176.	M. Mar. 21/18.
1 B.	Alderson, L. 17926.	M. Mar. 21/18.
1 B.	Bandaines, R. 50546.	M. Mar. 21/18.
1 B.	Bennett, L.-Cpl. T. 29972.	M. Mar. 21/18.
1 B	Borthwick, R. J. 60680.	M. Mar. 21/18.
1 B.	Bostock, Arthur. 19294.	M. Mar. 21/18.
1 B.	Brough, C.-S.-M. John. 5210.	M. Mar. 21/18.
1 B.	Carr, T. 41197.	M. Mar. 21/18.
1 B.	Cooper, L.-Cpl. C. W. 7671.	M. Mar. 21/18.
1 B.	Feather, Cpl. W. E. 25015.	M. Mar. 21/18.
1 B.	Fiddy, C. W. 238191.	M. Mar. 21/18.
1 B.	Firth, H. 23261.	M. Mar. 21/18.
1 B. VI	Gibbs, G. W. 23684.	M. Mar. 21/18.
1 B.	Groom, Cpl. J. 19552.	M. Mar. 21/18.
1 B. VI	Hall, Cpl. H. 27208.	M. Mar. 21/18.
1 B.	Hall, W. 7918.	M. Mar. 21/18.
1 B. L.G.S.	Hatherley, J. 28062.	M. Mar. 21/18.
1 B.	Hewson, W. 41182.	M. Mar. 21/18.
1 B.	Holbert, Cpl. J. 41212.	M. Mar. 21/18.
1 B.	Holland, W. 10606.	M. Mar. 21/18.
1 B.	Horne, W. 50512.	M. Mar. 21/18.
1 B.	James, T. 27459.	M. Mar. 21/18.
1 B. L.G.S.	Jones, P. E. 50820.	M. Mar. 21/18.
1 B.	Jones, M.M., L.-Cpl. T. W. 9815.	M. Mar. 21/18.
1 B.	Kirkland, T. 7449.	M. Mar. 21/18.
1 B.	Lloyd, L.-Cpl. W. 28651.	M. Mar. 21/18.
1 B.	Lockett, H. 13796.	M. Mar. 21/18.
1 B.	McDermott, G. 16831.	M. Mar. 21/18.
1 B.	Mitchell, W. J. 41193.	M. Mar. 21/18.

December 1st, 1918.

Staffordshire Regiment, North—contd.

B.E.F.

1 B.	Money, A. E. 50575.	M. Mar. 21/18.	
1 B.	Myles, J. 34892.	M. Mar. 21/18.	
1 B. VIII	Napper, Harry. 41216.	M. Mar. 21/18.	
1 B. L.G.S.	Newell, Wm. 19265.	M. Mar. 21/18.	
1 B.	Newmarch, D. 41183.	M. Mar. 21/18.	
1 B.	Nurse, L. F. 49515.	M. Mar. 21/18.	
1 B.	Ridge, G. 13161.	M. Mar. 21/18.	
1 B.	Rippingham, W. 41229.	M. Mar. 21/18.	
1 B.	Roberts, P. 10185.	M. Mar. 21/18.	
1 B. VIII	Rowley, Frank. 22673.	M. Mar. 21/18.	
1 B.	Scarratt, Sgt. H. 9790.	M. Mar. 21/18.	
1 B.	Simpson, William. 41173.	M. Mar. 21/18.	
1 B.	Tams, R. 16071.	M. Mar. 21/18.	
1 B.	Taylor, F. 26196. (Fr. H.Q.)	M. Mar. 21/18.	
1 B. V	Unwin, Walter. 7444.	M. Mar. 21/18.	
1 B.	Walklate, L.-Cpl. J. 8179.	M. Mar. 21/18.	
1 B.	Ward, J. A. 50799.	M. Mar. 21/18.	
1 B.	Williamson, J. 40042.	M. Mar. 21/18.	
1 C. IX	Bailey, C. S. 40611.	M. Mar. 21/18.	
1 C. IX	Balchin, Amos. 26469.	M. Mar. 21/18.	
‡1 C.	Barker, J. 11598.	M. Mar. 21/18.	
‡1 C.	Bell, S. T. 41218.	M. Mar. 21/18.	
‡1 C.	Besson, F. 47730.	M. Mar. 3/18.	
1 C. IX	Blaize, Herbert. 16473.	M. Mar. 21/18.	
1 C.	Booth, Cpl. E. 22963.	**M. Mar. 21/18.**	
1 C. IX	Bosson, Frank. 47730.	M. Mar. 21/18.	
1 C.	Bradbeer, J. E. 240080.	M. Mar. 26/18.	
1 C.	Bradshaw, Wm. 41190.	M. Mar. 21/18.	
1 C. X	Brown, R. W. 41230.	M. Mar. 21/18.	
1 C. XI	Carroll, Hugh. 34796.	M. Mar. 21/18.	
1 C. X	Cooper, L.-Cpl Jas. 200263.	M. Mar. 21/18.	
1 C. XI	Cosgrove, Joseph. 9962.	M. Mar. 21/18.	
‡1 C.	Duffy, T. 41187.	M. Mar. 21/18.	
‡1 C.	Dumbrill, J. 41198.	M. Mar. 21/18.	
1 C.	Eastwood, Harry. 32354.	M. Mar. 21/18.	
1 C. IX	Eccleshall, Albert. 41003.	M. Mar. 21/18.	
‡1 C.	Gargon, G. 32479.	M. Mar. 21/18.	
‡1 C.	Gray, W. 40057.	M. Mar. 21/18.	
‡1 C.	Grewcock, A. 27089.	M. Mar. 21/18.	
1 C. XII	Hancox, L.-Cpl. Herb. 41160.	M. Mar. 21/18.	
1 C. IX	Haynes, A. 40067.	M. Mar. 21/18.	
‡1 C.	Hince, J. 28660.	M. Mar. 21/18.	
1 C. XII	Holmes, A. 203755.	M. Mar. 21/18.	
‡1 C.	Hubbard, R. H. 27226.	M. Mar. 21/18.	
‡1 C.	Lowery, J. V. 32022.	M. Mar. 21/18.	
‡1 C.	Ludkin, W. 8809.	M. Mar. 21/18.	
‡1 C.	McGeevor, J. C. 7868.	M. Mar. 21/18.	
1 C. L.G.S.	Millard, S. J. 41191.	K. Mar. 21/18.	Det.D./B.
1 C. X	Moseley, C. V. 40587.	M. Mar. 21/18.	
1 C.	Priest, D. E. 41459.	M. Mar. 21/18.	
1 C.	Saring, J. F. H. 45763.	M. Mar. 26/18.	
‡1·C.	Scholfield, Sgt. R. 42360.	M. Aug. 31/18.	
1 C.	Sewards, G. F. 26615.	M. Mar. 21/18.	
1 C. XI	Simpson, W. H. 235059.	M. Mar. 21/18.	
1 C.	Tait, W. 48580.	**M. Mar. 21/18.**	
1 C. XI	Whetton, T. 40606.	M. Mar. 21/18.	
1 C. XII	Whitehead, Ernest. 24605.	M. Mar. 21/18.	
‡1 D.	Baker, Cpl. H. 8166.	M. Mar. 21/18.	
‡1 D.	Brittain, P. 241187.	M. Mar. 21/18.	

December 1st 1918.

Staffordshire Regiment, North—contd.

B.E.F.

1 D. XVI	Chamberlain, James. 19258.	M. Mar. 21/18.
‡1 D.	Clark, W. 5152.	M. Mar. 21/18.
‡1 D.	Constable, S. 41143.	M. Mar. 21/18.
1 D. XIV	Dabbs, A. E. 19308.	M. Mar. 21/18.
‡1 D.	Davies, J. 8129.	M. Mar. 21/18.
‡1 D.	Fairbrother, S. 40002.	M. Mar. 21/18.
‡1 D.	Forrester, F. V. 40040.	M. Mar. 21/18.
‡1 D.	Freer, C. D. 41145.	M. Mar. 21/18.
‡1 D.	Furbank, T. 17721.	M. Mar. 21/18.
‡1 D.	Gilbey, A. 29969.	M. Mar. 21/18.
‡1 D.	Harper, Sgt. J. 7249.	M. Mar. 21/18.
1 D.	Hudson, Arthur. 17610.	M. Mar. 21/18.
‡1 D.	Hurst, Sgt. J. 7249.	M. Mar. 21/18.
‡1 D.	King, T. 41152.	M. Mar. 21/18.
‡1 D.	Long, D. 48782.	M. Mar. 21/18.
‡1 D.	Lovatt, E. 16792.	M. Mar. 21/18.
‡1 D.	Massey, H. V. 41456.	M. Mar. 21/18.
‡1 D.	Mellor, J. W. 40027.	M. Mar. 21/18.
‡1 D.	Mitchell, E. T. 22990.	M. Mar. 21/18.
‡1 D.	Newman, W. 16594.	M. Mar. 21/18.
‡1 D.	Newton, A. 41153.	M. Mar. 21/18.
‡1 D.	Nicholls, S. 41154.	M. Mar. 21/18.
‡1 D.	Phillips, A. 40022.	M. Mar. 21/18.
1 D. XIII	Pickering, Wm. 235082.	M. Mar. 21/18.
1 D. L.G.S.	Pinkerton, Alex. 24022.	M. Mar. 26/18.
1 D.	Price, G. L. 46401.	M. Mar. 21/18.
1 D. XIII	Price, Geo. Richd. 41168.	M. Mar. 21/18.
1 D.	Ross, G. 25919.	M. Mar. 21/18.
1 D.	Rudge, L. 40625.	M. Mar. 21/18.
1 D.	Rutherford, R. J. 28653.	M. Mar. 21/18.
1 D.	Sanson, A. V. 50304.	M. Mar. 21/18.
1 D.	Sharpe, E. 26388.	M. Mar. 21/18.
1 D. XIV	Shelley, L.-Cpl. Joseph Albt. 242471.	M. Mar. 21/18.
1 D. XV	Sims, W. 28453.	M. Mar. 21/18.
1 D.	Smith, G. 48644.	M. Mar. 21/18.
1 D.	Sutcliffe, E. 438036.	M. Mar. 21/18.
1 D.	Taylor, H. 35842.	M. Mar. 21/18.
1 D.	Tidmarsh, W. S. 7748.	M. Mar. 21/18.
1 D.	Turner, J. 36520.	M. Mar. 21/18.
‡1 D.	Turton, C. 19404.	M. Mar. 21/18.
1 D. XIII	Vickerstaff, L. 25013.	M. Mar. 21/18.
1 D.	Wheelock, S. 29150.	M. Mar. 21/18.
1 D. XIII	Whieldon, Thos. 22461.	M. Mar. 21/18.
‡1 D.	York, L.-Cpl. W. D. 40103.	M. Mar. 21/18.
1 H.Q.	Baudains, Raymond. 69855. (Scout.)	M. Mar. 21/18.
1 ?	Allutt, S. 12063. (Fr. 9th.)	M. Mar. 21/18.
1 ?	Connolly, R. 8658.	M. Mar. 21/18.
1 ?	Dawson, G. W. 31740.	W. and M. Mar. 21/18.
1 ?	Espley, Joseph. 8781.	M. Mar. 21/18.
1 Sig. S.	Every, J. P. 7519.	M. Mar. 21/18.
*1 I.T.M.	Frost, Cpl. J. 7032. (72 Bde.)	M. Mar. 21/18.
1 ?	Jordan, Albert. 41167.	M. Mar. 21/18.
1 ?	Lightfoot, Albert. 15963.	M. Mar. 21/18.
1 ?	Lockley, Ernest. 8555.	M. Mar. 21/18.
1 ?	Podmore, Geo. 9555.	M. Mar. 21/18.
1 ?	Prince, Sig. William. 7738.	M. Mar. 21/18.
1 ?	Roberts, Jas. 14024.	M. Mar. 21/18.
*1 I.T.M.	Rowen, F. 16409. (72 Bde.)	M. Mar. 21/18.
1 ?	Sexton, Q.-M.-S. C. W. 8672.	

December 1st, 1918.

Staffordshire Regiment, North—contd.

B.E.F.

1 ?	Stimpson, W. W. 41201.	M. Mar. 21/18.	
1 ?	Truscott, A. 41523.	Unoff. M. end Mar./18.	
1 ?	Tuff, J. 46086.	M. Mar. 21/18.	
4 A.	Badger, H. 46901.	M. Mar. 25/18.	
‡4 A.	Newlyn, W. C. 45765.	M. Mar. 26/18.	
‡4 B. VIII	Lench, J. 38561.	M. Sept. 29/18.	
4 C.	Ash, W. 45673.	M. Mar. 25/18.	
4 C. IX	Jones, H. 35817.	M. Mar. 25/18.	
4 C.	Noden, L.-Cpl. T. 46600.	W. and M. Mar. 26/18.	
4 C.	Petty, J. 32564.	M. Mar. 25/18.	
4 D.	Allen, W. 25707.	M. Mar. 25/18.	
4 D.	Boothroyd, Cpl. H. 32625.	M. Mar. 25/18.	
*4 D.	Holmes, Harold. 43444.	W. Unoff. M. Sept. 29/18.	
4 D.	Leary, W. 45302.	M. Mar. 25/18.	
4 D.	Martin, Alfred. 19085.	M. Mar. 27/18.	
4 D. XV	Wilshaw, C. 203828.	Unoff. M. Mar. 25/18.	
4 ?	Warren, Fred. 201985. (Fr. 2/5th.)	M. Mar. 26/18.	
‡4 Sig. S.	Wilson, P. G. 46808.	K. Sept. 29/18. Det.D./B.	
5 A.	Chappell, Walter V. D. 202817.	M. Mar. 21/18.	
5 A.	Chard, H. W. P. 48155.	M. Mar. 21/18.	
5 A.	Corrigan, C. 40163.	M. Mar. 21/18.	
5 A.	Gill, F. H. 202193.	M. Mar. 21/18.	
5 A.	Green, T. G. 201980.	M. Mar. 21/18.	
5 A.	Hemmings, Bert. 200830. (Sig. S.)	M. Mar. 21/18.	
5 A. IV	Nott, Harry. 201601.	M. Mar. 21/18.	
5 A. I	Plackett, G. H. 40602.	M. Mar. 21/18.	
5 A.	Shaw, Cpl. Wm. H. 2392. (200262.)	M. Mar. 21/18.	
5 A. IV	Symcox, Cpl. Richd. Alf. 200434.	M. Mar. 21/18.	
5 A.	Tideswell, T. H. 42979.	K. April 17/18. Det.D./B.	
5 B. VIII	Baker, Leonard. 202063.	M. Mar. 21/18.	
5 B.	Brown, Herbert. 235241.	M. April 17/18.	
5 B.	Chapman, Ernest John. 241546.	M. April 17/18.	
5 B.	Dobson, Sig. H. 203210.	M. Mar. 21/18.	
5 B.	Hill, A. K. 50940.	M. Mar. 21/18.	
5 B.	Hollis, H. 200108.	M. Mar. 21/18.	
5 B.	James, Tom. 201913.	M. Mar. 21/18.	
5 B. VIII	Kidd, S. 202970.	M. Mar. 21/18.	
5 B.	Moreton, Albt. H. 202220.	M. Mar. 21/18.	
5 B.	Norman, Edward. 41759.	M. April 17/18.	
5 B.	Ruscoe, C. 25539.	M. Mar. 21/18.	
5 B.	Shenton, G. 240184.	M. Mar. 21/18.	
5 B.	Skelton, B. 202260.	M. Mar. 21/18.	
5 B.	Tunstall, I. 200006. (Sig. S.)	M. Mar. 21/18.	
5 B.	Whitehead, L.-Cpl. T. L. 106958.	M. April 16/18.	
5 B.	Wilson, Richard Thos. 106929.	M. April 15/18.	
5 C.	Allerdridge, F. T. 202372.	M. Mar. 21/18.	
5 C. XI	Baines, Edwin. 235067.	M. Mar. 21/18.	
5 C.	Bell, H. 202131.	M. Mar. 21/18.	
5 C.	Best, F. 201855.	M. Mar. 21/18.	
5 C.	Bowers, J. 201859.	M. Mar. 21/18.	
5 C.	Gater, P. A. 13080.	M. Mar. 21/18.	
5 C.	Harris, A. E. 42916.	M. April 15/18.	
5 C.	Johnson, S/B. J. J. 200470.	M. Mar. 21/18.	
5 C.	Leese, Cpl. Charles. 200117.	M. Mar. 21/18.	
5 C.	McDonald, Thos. 23996.	M. Mar. 21/18.	
5 C.	Myatt, Albert. 10110.	M. Mar. 21/18.	
5 C.	Price, J. T. 242416.	M. Mar. 21/18.	
5 C. X	Prince, Thos. 41704.	M. April 17/18.	

December 1st, 1918.

Staffordshire Regiment, North—contd.

B.E.F.

5 C.		Secker, Frank. 223949. (31913.)	M. Mar. 21/18.
5 C.	IX	Shore, Elijah. 201505.	M. Mar. 21/18.
5 C.	X	Turner, John W. 40321.	M. Mar. 21/18.
5 C.		Wakefield, C. 235085.	M. Mar. 21/18.
5 C.		Walters, L.-Cpl. A. Norman. 14229.	M. Mar. 21/18.
5 C.		Wood, E. J. 242086.	M. Mar. 21/18.
5 D.		Brassington, L.-Cpl. Thos. Geo. 200903.	M. Mar. 21/18.
5 D.		Brunt, Reg. Steph. 201261. (Fr. H.Q. Sigs.)	M. Mar. 21/18.
*5 D.	XIV	Cavanagh, Edward. 201882.	M. Mar. 21/18.
5 D.	XVI	Dillon, E. 202062.	M. Mar. 21/18.
5 D.	XV	Etherington, John. 200982.	M. Mar. 21/18.
5 D.		Gilliver, G. 47947.	M. Mar. 21/18.
5 D.		Grocott, Louis. 200539.	M. Mar. 21/18.
5 D.		Jackson, Tom. 200594.	M. Mar. 21/18.
5 D.	XIV	Johnson, Joseph. 202522.	M. Mar. 21/18.
5 D.		Kenyon, T. 23524 or 201539.	M. April 17/18.
5 D.		Leese, F. J. 47598. (Fr. 2/6th.)	M. Mar. 21/18.
5 D.		Palin, Fred. 200794.	M. Mar. 21/18.
5 D.		Paterson, Thos. 34866.	K. April 17/18. Det.D./B.
5 D.	XIII	Smith, L.-Cpl. J. 203168.	M. April 17/18.
5 D.		Spice, G. 50402.	M. Mar. 21/18.
5 D.	XV	Tams, L.-Cpl. Wm. 201341.	M. Mar. 21/18.
5 ?		Ablett, H. 41652.	M. May 17/18.
5 ?		Barlow, Walter. 42023.	M. April 17/18.
5 ?		Yates, Chas. 22958. (19180.) (Fr. E. Lancs.)	M. Mar. 21/18.
2/5 A.	L.G.S.	Baggaley, Wm. 201397.	M. Mar. 21/18.
2/5 A.	III	Frost, George Harold. 202189.	M. Mar. 21/18
2/5 A.		Gladden, C. J. 202604.	M. Mar. 21/18.
2/5 A.		Green, Geo. 235152.	M. Mar. 21/18.
2/5 A.		Hickling, Arnold James. 40405.	M. Mar. 21/18.
2/5 A.		Loach, H. 40307.	M. Mar. 21/18.
2/5 A.		Williams, John. 48282.	M. April 17/18.
2/5 B.		Bott, Herbert Ernest. 242571.	M. Mar. 21/18.
2/5 B.		Elliott, L.-Cpl. G. B. 201942.	M. Mar. 21/18.
2/5 B.		Finn, T. 38788.	M. Mar. 21/18.
2/5 B.		Kirk, Chas. 235153.	M. Mar. 21/18.
2/5 B.		McGlynn, Frank. 201954.	M. Mar. 21/18.
2/5 B.		Parkes, L.-Cpl. Geo. 202224.	M. Mar. 21/18.
2/5 B.	VII	Williams, John Rogers. 40552.	M. Mar. 21/18.
2/5 C.	XI	Steele, J. 201871.	M. Mar. 21/18.
2/5 C.		Turner, Howard. 202366.	M. Mar. 21/18.
2/5 D.	XVI	Appleyard, Stanley Thos. 202784.	M. Mar. 21/18.
2/5 D.	XVI	Cox, L.-Cpl. Leslie Orange. 701747	M. Mar. 21/18.
2/5 D.		Hargreaves, Ernest. 201079.	M. Mar. 21/18.
2/5 D.	XV	Kelsall, Dan. 200195.	M. Mar. 21/18.
2/5 D.		Riall, R. 40316.	M. April 17/18.
2/5 D.		Smith, Wm. 201223.	M. Mar. 21/18.
2/5 D.		Whittaker, Inman. 40185.	M. Mar. 21/18.
2/5 D.	XIV	Wilshaw, Sgt. E. 200258.	M. Mar. 21/18.
*6 A.		Carter, F. W. 203094.	M. Oct. 3/18.
‡6 C.	XI	Bottreill, Geo. 42250.	M. Oct. 3/18.
‡6 C.	XI	Gower, F. 240919.	W. Unoff. M. Sept. 29/18
6 C.		King, Victor. 42340.	M. Aug. 27/18.
6 C.	XI	Lawrence, Chas. Jas. 41593.	M. Aug. 27/18.
6 C.	XI	Pembleton, W. 43107.	M. Aug. 5/18.

December 1st, 1918.

Staffordshire Regiment, North—contd.

B.E.F.

6 C.	Perks, Ernest. 41706.	M. Aug. 27/18.
6 C. XI	Phillips, Chas. Alf. 202130.	M. Aug. 27/18.
6 C.	Woods, T. 41721.	M. Aug. 27/18.
6 ?	Spire, Thomas A. 42060.	M., bel. K. June 27/18.
2/6	**Mason, 2nd Lt. G.**	K. April 15/18. Det.D./B.
2/6 A. II	Barber, Wm. Horace. 42181. (18641) (Fr. 20 Middlx.)	W. and M. April 15-16/18.
2/6 A.	Barnes, Z. E. 41432.	M. Mar. 21/18.
2/6 A.	Beach, Ronald. 42176.	M. April 15/18.
2/6 A.	Beasley, W. C. V. 42182.	M. April 15/18.
2/6 A.	Beresford, Thomas G. 241507.	M. Mar. 21/18.
2/6 A. I	Blanchard, P. 242661.	W. and M. April 15/18.
2/6 A.	Boag, L. G. 41414.	M. Mar. 21/18.
2/6 A.	Cansdale, H. C. 40980.	M. Mar. 21/18.
2/6 A. I	Clark, A. 41636.	M. April 15/18.
2/6 A. III	Coleman, Edwd. 42186.	M. April 15/18.
2/6 A. III	Coleman, William. 41818.	M. April 15/18.
2/6 A.	Cooper, J. 42106.	M. April 15/18.
2/6 A.	Cross, George. 40360.	M. Mar. 21/18.
2/6 A. I	Dalrymple, Lawrence. 242096.	M. Mar. 21/18.
2/6 A.	Donnelly, Tom. 50550.	M. Mar. 21/18.
2/6 A. I	Easton, Tom. 242658.	M. April 15/18.
2/6 A.	Foord, L.-Cpl. Reg. G/42156.	M. April 15/18.
2/6 A.	Francis, Syd. 242070.	M. Mar. 21/18.
2/6 A.	Glass, L. 201131.	M. April 15/18.
2/6 A.	Griffin, Ernest. 241638.	M. Mar. 21/18.
2/6 A.	Heffer, C.-S.-M. Levi. 41423. (6473.)	M. Mar. 21/18.
2/6 A. IV	Hepworth, J. W. 41822.	M. April 15/18.
2/6 A.	Hollis, Jos. Matt. 201905.	M. Mar. 21/18.
2/6 A. III	Jones, J. H. 201454.	M. Mar. 21/18.
2/6 A.	Kelly, J. 16303.	M. Mar. 21/18.
2/6 A.	King, L. B. 26158.	M. April 15/18.
2/6 A.	McNab, Alex. 34885.	M. Mar. 21/18.
2/6 A. III	Marchant, William Geo. 42241.	M. April 15/18.
2/6 A.	Nicholl, Wm. 242694.	M. April 15/18.
2/6 A. II	Norris, Geo. Hy. 42224.	M. April 15/18.
2/6 A.	Oram, Richard. 48423.	M. Mar. 21/18.
2/6 A.	Pearce, J. C. 235199.	M. April 15/18.
2/6 A.	Perkins, T. 203154.	M. Mar. 21/18.
2/6 A. or D.	Reay, Aubrey. 32543.	M. April 15/18.
2/6 A. III	Rolfe, W. J. 41576.	M. April 15/18.
2/6 A.	Salt, Tom. 11962.	M. April 15/18.
2/6 A.	Stokes, A/L.-Cpl. J. T. 241517.	M. April 15/18.
2/6 A.	Tasker, C.-S.-M. W. 240913.	M. Mar. 21/18.
2/6 A. I	Thurston, John James. 41427.	M. Mar. 21/18.
2/6 A. IV	Vankinsbergh, A. 42165.	M. April 15/18.
2/6 A.	Vaughan, S. J. 202580.	M. Mar. 21/18.
2/6 A.	Webb, H. J. 241278.	M. Mar. 21/18.
2/6 B.	Aitken, Thos. G. 32098.	M. April 15/18.
2/6 B.	Almond, W. 40856.	M. Mar. 21/18.
2/6 B.	Arksey, W. A. 42871.	M. April 12-15/18.
2/6 B. VII	Beck, Thos. Cecil. 42091.	M. April 15/18.
2/6 B. VI	Buck, Jack. 41382.	M. Mar. 21/18.
2/6 B.	Cartledge, Cpl. Alfred. 241622.	M. Mar. 21/18.
2/6 B.	Collins, J. I. 41406.	M. April 15/18.
2/6 B.	Connell, A. 201436.	M. Mar. 21/18.
2/6 B.	Dolman, Sgt. Arthur Jas. 241059. (Cook.)	M. Mar. 21/18.
2/6 B.	Durose, E. 201139.	M. Mar. 21/18.

Staffordshire Regiment, North—contd.

B.E.F.

2/6 B.		Goulden, Arthur. 42111.	M. April 15/18.
2/6 B.		Haining, J. 40871.	M. April 15/18.
2/6 B.		Haran, Patrick. 42917. (Fr. Sherw For.)	M. April 15/18.
2/6 B.	VI	Harrison, R. 42078.	M. April 15/18.
2/6 B.		Hartley, Ernest. 42122.	M. April 15/18.
2/6 B.	VI	Hunter, J. W. 42120.	M. April 15/18.
2/6 B.		Jackson, H. 42924. (Fr. 1 Sherwds.)	M. April 15/18.
2/6 B.		Jefferson, G. E. 42899.	M. April 15/18.
2/6 B.		Jones, Cyril. 42892.	M. April 15/18.
2/6 B.		Larn, L.-Cpl. W. 41405.	M. April 15/18.
2/6 B.		Moore, B. A. 41385.	M. abt. Mar. 21/18.
2/6 B.	VII	Morris, Ernest Henry. 42077.	K. May 21 or 24/18. Det.D./B.
2/6 B.		Morris, J. 241560.	Unoff. M. Mar. 21/18.
2/6 B.	VI	Pierpoint, J. F. 42230. (Fr. 6 Middx., 14474.)	M. April 15/18.
2/6 B.		Reader, P. G. 41403.	Unoff. M. Mar. 21/18.
2/6 B.	V	Robertshaw, W. 32344.	M. April 15/18.
2/6 B.		Rogers, A. 202268.	M. Mar. 21/18.
2/6 B.		Shiels, Wm. 42144.	M. April 15/18.
2/6 B.		Taylor, Thos. Archibald. 50305.	M. April 15/18.
2/6 B.	VIII	Thompson, L.-Cpl. Arthur. 41408	M. Mar. 21/18.
2/6 B.		Upperton, Geo. Edward. 41564.	M. April 15/18.
2/6 B.	VI	Westwood, W. 41603.	M. April 15/18.
2/6 B.	VIII	Winchester, E. 41604.	M. April 15/18.
2/6 B.		Wright, S. Jesse. 203162.	M. Mar. 21/18.
2/6 C.		Bailey, Geo. 12046.	M. Mar. 21/18.
2/6 C.	X	Barnes, Edwin J. 203088.	M. Mar. 21/18.
2/6 C.		Brown, H. 242099.	M. Mar. 21/18.
2/6 C.	X	Brown, W. 22270.	M. Mar. 21/18.
2/6 C.		Clarke, Chas. F. 47895.	M. Mar. 21/18.
2/6 C.		Curtis, Robt. 48372.	M. Mar. 21/18.
2/6 C.		Fletcher, Joseph. 46344.	M. April 15/18.
2/6 C.	XI	Hubbard, J. T. 202024.	M. Mar. 21/18.
2/6 C.		Johnson, Cpl. Wm. 203412.	M. April 15/18.
2/6 C.		Richardson, T. A. 46588.	M. Mar. 21/18.
2/6 C.		Ross, Sidney. 240872. (Snip. S.)	M. Mar. 21/18.
2/6 C.		Simons, John Edward. 40459.	M. Mar. 21/18.
2/6 C.		Smith, D. 202205.	M. Mar. 21/18.
2/6 C.	XI	Stephenson, Willie Gladstone. 40385.	M. Mar. 21/18.
2/6 C.	IX	Walker, Sgt. H. 240177	M. Mar. 21/18.
2/6 C.		Welbourn, L.-Cpl. T. H. 241602	M. Mar. 21/18.
2/6 C.		Woodings, J. 241021.	M. Mar. 21/18.
2/6 D.		Bell, D. 48360.	M. Mar. 21/18.
2/6 D.		Bosley, W. 202312.	M. Mar. 21/18.
2/6 D.		Bowman, Sgr. Robt. 42151.	M. April 15/18.
2/6 D.	XIV	Brierley, Fred. 40277.	M. Mar. 21/18.
2/6 D.		Chatterton, W. T. 203019. (Sig. S.)	M. Mar. 21/18.
2/6 D.		Ellis, Arthur. 242633.	M. Mar. 21/18.
2/6 D.		Holland, G. W. 48666.	M. Mar. 21/18.
2/6 D.	XV	Lawton, Fred F. 201412.	M. Mar. 21/18.
2/6 D.	XVI	Rasen, Richard. 50630.	M. April 15/18.
2/6 D.		Rudd, Sgt. Ernest Victor. 260084.	M. Mar. 21/18.
2/6 D.		Sharpe, T. 235301.	M. April 15/18.
2/6 D.		Shulver, F. H. 32471.	M. Mar. 21/18.
2/6 D.		Slack, F. J. 240862.	M. Mar. 21/18.
2/6 D.		Smith, Chas. 203155. (Sig. S.)	M. Mar. 21/18.
2/6 D.		Smith, Herbert. 202989.	M. Mar. 21/18.
2/6 D.		Starkey, F. 241135.	M. April 15/18.

December 1st, 1918.

Staffordshire Regiment, North—contd.

B.E.F.

2/6 D.	Storr, Frank. 260070.		M. Mar. 21/18.
2/6 D.	Yarwood, R. 42105.		M. April 15/18.
2/6 H.Q.	Bakewell, L.-Cpl. Arthur. 240843.		M. Mar. 21/18.
2/6 H.Q.	Murrell, Sgt. George. 202082.		M. Mar. 21/18.
2/6 ?	Anderson, Cpl. B. 415001. (Fr. R.A.M.C.)		M. Mar. 21/18.
2/6 ?	Brian, B. 201283.		M. Mar. 21/18.
2/6 ?	Clackett, Chas. Wm. 50781. (69880.)		M. Mar. 21/18.
2/6 ?	Donnelly, J. 38070.		M. Mar. 21/18.
2/6 ?	Entwhistle, R. 42110. (59670.) Fr. Manchesters.)		M. April 15/18.
2/6 I.T.M.	Ford, L.-Sgt. J. 242066. (176 Bgde.)		M. Mar. 21/18.
2/6 ?	Fryer, T. 42901.		M. April 15/18.
2/6 ?	Graham, J. W. 42113.		M. April 15/18.
2/6 ?	Green, Sgt. A. A. 260079.		M. Mar. 21/18.
2/6 ?	Hearne, B. A. 42925.		M. April 15/18.
2/6 ?	Hinksman, Geo. 241725.		M. April 15/18.
2/6 ?	Impey, Sgt. Thos. George. 41419.		M. Mar. 21/18.
2/6 ?	Kelly, H. 15437.		M. April 15/18.
2/6 ?	Kirby, Alfred. 12172.		M. April 15/18.
2/6 Sig. S.	Magee, L. 240692.		W. and M. April 15/18.
*2/6 ?	Mellor, John Wm. 241631.		M. Mar. 21/18. R/Enq.
2/6 ?	Pendred, A. 41598.		M. April 15/18.
2/6 ?	Smith, W. 19030.		M. April 15/18.
2/6 ?	Strong, Geo. 40169.		M. April 15/18.
2/6 ?	Whiting, John Wm. 26286.		M. April 15/18.
8	**Moore, Lieut. T. S.** (Fr. 3rd.)		W. and M. May 30/18.
‡8 A.	Allen, T. P. 10081.		W. and M. Mar. 24/18.
8 A.	Bowen, J. E. 22923.		M. May 30/18.
‡8 A.	Bowers, T. 41253.		W. and M. Mar. 25/18.
8 A. IV	Brown, Harold. 22445.		M. April 10/18.
8 A. I	Lister, Herbert. 34338.		M. Mar. 24/18.
‡8 A.	McCabe, J. 24180.		M. Mar. 26/18.
8 A. IV	Moore, Fred John. 29905.		M. Mar. 24/18.
8 A.	Peace, Job. 32558.		M. April 10/18.
‡8 A.	Simmons, A. E. 34724.		M. Mar. 25/18.
‡8 A.	Steel, A/S/M. G. W. 9843.		M. Mar. 24/18.
8 A. 1	Taylor, Sgt. Fred. 34733.		M. Mar. 24/18.
‡8 B.	Anger, J. 41313.		M. Mar. 22/18.
8 B. V	Bishop, P. G. 40192.		W. Unoff. M. May 30/18.
‡8 B.	Bonnett, W. 42689.		M. April 10/18.
8 B. VIII	Bordoli, L.-Cpl. W. J. 42381.		M. May 29/18.
8 B. V	Burns, Edward. 52369.		M. May 30/18.
8 B. V	Glover, John. 41269.		M. Mar. 21/18.
8 B. or D.	Waltho, A. 39071.		M. May 30/18.
8 C.	Brockley, L. 201327.		M. May 30/18.
8 C. XII	Chaffey, Richd. Lewis. 242287.		M. May 30/18.
8 C.	Dalton, James. 40655.		M. May 30/18.
8 C. XII	Finney, A. B. 47835.		K. April 12/18. Det.D./B.
8 C. IX	Glover, Horace. 52384.		M. May 30/18.
8 C. X	Holloway, F. 40917.		M. Mar. 26/18.
8 C.	Leese, Cpl. John. 12740.		M. May 30/18.
8 C. X	Lomax, A. 235219.		M. May 30/18.
8 C.	Shinn, Geo. Fredk. 50648.		M. May 30/18.
8 C. IX	Sibley, G. 52382.		M. May 30/18.
8 C. IX	Smith, S. E. 41910. (Fr. 5 L.N. Lancs.)		M. May 30/18.
8 C. XI	Stubbs, J. 8109.		W. and M. Mar. 25/18.

December 1st, 1918.

Staffordshire Regiment, North—contd.

B.E.F.

8 C. XII	Thompson, Ben. 48446.	M. May 30/18.
8 D. XIV	Bryan, Richard. 13630.	M. June 6/18.
8 D. XV	Butler, W. 55094.	M. June 6/18.
8 D. XIV	Chambers, Thos. 29129.	M. May 30/18.
8 D.	Gittings, Cpl. A. 40668.	M. June 6/18.
8 D.	Hales, C. 40950.	M. May 30/18.
8 D. XIV	Hoyes, Cpl. F. A. 40750.	M. June 6/18.
*8 D. XV	Hunter, B. 41881.	M. May 30/18.
8 D. XIV	Owen, Cpl. Wilfred J. 241926.	M. May 30/18.
8 D. XIII	Pallister, F. A. 40245.	M. May 30/18.
8 D.	Palmer, L.-Cpl. Henry. 40477	M. June 6/18.
8 D.	Purton, William. 29906.	W. and M. May 30/18.
8 D. XIV	Self, Wm. John. 51032.	W. and M. May 30/18.
8 D. XIV	Smith, John Vincent. 235119.	M. May 27/18.
8 D. XIII	Stainthorpe, Sydney. 41922.	M. May 30/18.
8 ?	Bailey, L.-Cpl. Jas. 8234.	W. and M. May 30/18.
8 ?	Baxter, F. 41900.	M. April 18/18.
8 ?	Bowman, J. A. 42655.	W. and M. April 10/18.
8 ?	Bowman, J. W. 55096.	M. May 30/18.
8 ?	Briggs, Joe. 55095. (107453.)	M. April 10/18.
8 ?	Geary, H. 9976.	W. and M. Mar. 22/18.
8 ?	Mills, L. A. 41260.	M. May 30/18.
8 ?	Phillips, James Lile. 41263.	M. June 6/18.
8 ?	Roberts, Charles. 42746.	M. May 30/18.
8 ?	Rowley, Edwin A. 40817.	M. April 18/18.
8 ?	Udall, E. 47622.	W. and M. May 30/18.
8 ?	Ward, A/Sgt. George. 27192.	M. May 30/18.
*12	Harcourt, 2nd Lt. J.	W. and M. Oct. 5/18.
‡12 A.	Richards, G. 44050.	M. Aug. 29/18.
*12 B. I.T.M.	Nuttall, Herb. 44191. (119 Bde.)	M. Sept. 26/18.
*12 D. XIII	Ashman, Henry. 57171.	M. Sept. 11/18.
12 D. XV	Homer, Leonard. 57174.	M. Sept. 11/18.
12 D. XV	Howard, B. C. 52393.	K. Sept. 12/18. Det.D./B.

PERSIAN GULF.
(Dunster Force.)

7	Clark, Lieut. G. R. H. (Fr. 15 R.F.)	M. Aug. 26/18.
7	Russell, Lieut. W. Oswald.	M. Aug. 26/18.
7	Sparrow, M.C., Capt. Brian Hanbury. (Fr. 3 K.S.L.I.)	M. Aug. 26/18.
*7 A.	Brereton, J. 7895.	M. Sept. 14/18.
7 A.	Ellis, Arthur. 18540.	M. Aug. 26/18.
7 A.	Greenwood, James. 31761.	M. Aug. 26/18.
7 A.	Hawkesworth, Wm. Thos. 201552. (5126.)	M. Aug. 26/18.
7 A.	Leach, J. 14702.	M. Aug. 26/18.
7 A.	Lindsay, Henry Fredk. 33736.	M. Aug. 26/18.
*7 A.	Rayson, Robert. 31591.	M. Aug. 26/18.
7 A.	Wilson, Fred. M. 31857.	M. Aug. 26/18.
7 C. IX	Garnett, J. 39317.	M. Aug. 26/18.
*7 C.	Jarrett, Cpl. G. 39357.	M. Aug. 26/18.
*7 C.	Lowell, Wm. T. 15053.	M. Aug. 26/18.
*7 C. X	Oates, Evan. 47128.	M. Aug. 31/18.
7 C. IX	Wood, J. A. 21610.	M. Aug. 26/18.
7 D. XV	Billings, Sgt. John. 7942.	W. and M. Aug. 26/18.
7 D.	Breyen, Francis. 31699.	M. Aug. 26/18.
7 D.	Brown, Cecil. 27950.	M. Aug. 26/18.

December 1st, 1918.

Staffordshire Regiment, North—contd.

PERSIAN GULF.

7 D.	Chapman, H. 33714.	M. Aug. 26/18.
7 D. XII	Cope, C. 7935.	M. Aug. 26/18.
*7 D.	Etherington, F. 203633.	W. and M. Aug. 26/18.
7 D.	Friend, Ernest. 24172.	W. and M. Aug. 30/18.
7 D.	Machin, Sgt. A. J. 9482.	M. Aug. 26/18.
*7 D.	O'Connell, W. 32337.	W. and M. Aug. 26/18.
7 D.	Sawyer, F. 29525.	M. Aug. 26/18.
*7 ?	Allman, W. 202149.	M. Aug. 26/18.
*7 ?	Armstrong, Thomas. 31567.	D. Hamadan C.C.S., Oct. 7/18. Det.D./B.
‡7 ?	Banks, Henry. 32324.	D/D. Oct. 6/18. Det.D./B.
7 ?	Bevan, W. T. 47099.	M. Aug. 26/18.
*7 ?	Bloor, G. T. 14628.	M. Aug. 26/18.
*7 ?	Boswell, J. 32106.	M. Aug. 26/18.
*7 ?	Broadhurst, G. 200100.	M. Sept. 14/18.
*7 ?	Castle, H. 47102.	M. Aug. 26/18.
*7 ?	Dunn, J. 31572.	M. Aug. 26/18.
*7 ?	Fell, W. 37125.	M. Aug. 26/18.
7 ?	Gill, J. 33783.	M. Aug. 26/18.
*7 ?	Goodwin, C. 11358.	W. and M. Aug. 26/18.
*7 ?	Harwood, H. 45656.	M. Aug. 26/18.
*7 ?	Haxby, J. 202142.	M. Aug. 26/18.
*7 ?	Hayes, H. 17634.	M. Sept. 14/18.
*7 ?	Holland, J. 11481.	M. Aug. 26/18.
*7 ?	Hollowood, W. 17780.	M. Aug. 26/18.
*7 ?	Jameson, J. 47119.	M. Aug. 26/18.
*7 ?	MacFarlane, J. 33818.	M. Aug. 26/18.
*7 ?	Money, W. 8831.	W. and M. Aug. 26/18.
*7 ?	Moss, W. 48703.	W. and M. Aug. 26/18.
*7 ?	Pascoe, E. 203688.	M. Aug. 26/18.
*7 ?	Robertson, L.-Cpl. S. 32546.	M. Aug. 26/18.
*7 ?	Robinson, Cpl. W. 9659.	M. Aug. 26/18.
*7 ?	Stainrod, G. 33812.	M. Aug. 26/18.
*7 ?	Swalwell, T. 31881.	M. Aug. 26/18.

SOUTH STAFFORDSHIRE REGIMENT.

B.E.F.

2 A. II	Baines, Wm. 45010.	M. Mar. 24/18.
2 A. III	Cobbold, E. F. 41539.	M. Mar. 24/18.
2 A.	Garside, G. A. 40771. (Fr. 2/5.)	M. Mar. 24/18.
2 A. III	Marlow, J. 42039.	M. Mar. 24/18.
2 A.	Rushbury, J. 9320.	M. Mar. 24/18.
2 B.	Crowden, Wm. 24441.	M. Mar. 24/18.
*2 B.	Foster, G. 11305.	M. Sept. 3/18.
2 B. V	Gough, Thomas. 29742.	M. Mar. 24/18.
2 B.	Horne, L.-Cpl. P. V. 40711.	M. Mar. 24/18.
2 B.	Mason, Stanley. 235247. (Fr. 4 Essex, 300797.)	M. Mar. 24/18.
2 B. VI	Seeton, L.-Cpl. S. 40321.	W. Unoff. M. Aug. 23/18.
2 B. V	Swindlehurst, H. 42015.	M. Mar. 24/18.
2 B. VIII	Wray, A. 203705.	M. Mar. 24/18.
2 C.	Brooks, T. N. 41826.	M. Mar. 24/18.
2 C. IX	Clayton, J. 32206.	M. Mar. 24/18.
2 C.	Holgate, F. 32398.	M. Mar. 24/18.
2 C.	Ilanson, W. 21816.	M. Mar. 24/18.

December 1st, 1918.

Staffordshire Regiment, South—contd.

B.E.F.

‡2 C. XII	Knaggs, L. S.	43639.	W. Unoff. M. Sept. 29/18.
2 C. XII	Rhodes, T. B.	40029.	M. Mar. 24/18.
2 C. XII	Screen, T. A.	30237.	M. Mar. 24/18.
*2 C. XI	Walkling, E. L.	43615.	Unoff. M., bel. K. Aug. 23/18.
2 D. XVI	Burton, Arthur.	202194.	M. Mar. 24/18.
2 D. XV	Clayton, Cpl. Lawrence. 9944.		M. Mar. 24/18.
‡2 D.	Gregory, J.	49739.	K. Sept. 25/18. Conf. & Det.
2 D. XV	Pugh, Arthur.	240805.	M. Mar. 24/18.
2 D.	Revitt, H.	25383.	M. Mar. 24/18.
2 D. XIII	Simpson, John.	241798.	M. Mar. 24/18.
2 H.Q.	Powell, L.-Cpl. Regd. 40105. (Scouts)		W. and M. Mar. 24/18.
2 ?	Archer, Cyril Arthur. 9477.		M. Mar. 24/18.
2 ?	Bannister, Francis Geo. 46573.		M. April 30/18.
2 ? I.T.M.	Barber, R. H. 9263. (6 Bgde.)		W. and M. Mar. 24/18.
2 I.T.M.	Cox, L.-Cpl. W. H. 12075. (6 Bde.)		M. Mar. 24/18.
2 ?	Mara, S.	235247.	M. Mar. 24/18.
*2 ?	Stockdale, J. T. 48029.		W. Unoff. M. Sept. 28/18.
2 ?	Wilkinson, C. H. 203784.		M. Mar. 24/18.
4	**Tonks, 2nd Lt. Leslie Robt. Jas.**		K. April 12/18. Det.D./B.
4 A. I	Broadbent, R. C. 42842.		M. May 27/18.
4 A.	Brown, Joseph Geo. 36182.		M. April 10/18.
4 A. or B.	Clifford, John W. 107487.		M. May 27/18.
4 A. or B.	Coltman, R. H. 107485. (43732.)		M. May 27/18.
4 A. I	Dolby, Tom. 25071.		M. April 10/18.
4 A.	Douglas, L. 39307.		M. Mar. 24/18.
4 A. I	Farrow, G. M. 35723.		M. Mar. 24/18.
4 A. II	Ferguson, Wm. 45299.		M. April 26/18.
4 A.	Forester, John. 38687.		M. May 27/18.
4 A. I	Hayes, L.-Cpl. W. 43038.		M. April 10/18.
4 A. III	Impey, J. H. 41555.		M. May 30/18.
4 A. I	Ives, T. H. 36565.		M. April 10/18.
*4 A. IV	Jones, John. 39219.		M. April 10/18.
4 A. III	Knowles, T. 235264.		M. May 31/18.
4 A.	Leaf, Frederick Wm. 42644.		M. May 31/18.
4 A.	Lloyd, Fred. 39021. (Fr. H.Q.)		M. April 24/18.
4 A.	Lord, Walter. 42744.		M. April 10/18.
4 A.	Luckings, W. 42866. (Fr. 3 Essex.)		M. April 10/18.
4 A. or B.	Lupton, L.-Cpl. Harry. 45192.		M. April 25/18.
4 A. I	Mallaby, Horatio. 35689.		M. May 31/18.
4 A.	Mills, A. 11905.		M. April 10/18.
4 A. II	Schofield, W. 202397.		M. May 31/18.
4 A. III	Summers, B. 39320.		W. and M. Mar. 24/18.
4 A. I	Taylor, H. J. 39065.		M. May 27/18.
4 A. II	Taylor, Richard. 39943.		M. May 31/18.
4 A. III	Tester, David. 39346.		M. April 26/18.
4 A. I	Wood, Ernest. 35722.		M. April 26/18.
4 B. VI	Arbuckle, Harry. 45312.		M. April 11/18.
4 B.	Astley, Thomas A. 45314.		M. May 27/18.
4 B. VI	Bagshaw, George. 45514.		M. April 26/18.
4 B. VII	Brown, John. 39155.		M. April 15/18.
4 B.	Cant, S. 36934.		M. Mar. 24/18.
4 B.	Fisher, H. 42708.		M. April 12/18.
4 B.	Fletcher, Jesse. 42840.		M. April 13/18.
4 B. VII	Fogg, Albert. 32328.		M. April 10/18.
4 B.	Gittins, A. 39515.		M. April 11-12/18.
4 B. IV	Heathcock, George. 12883.		M. April 26/18.
4 B.	Holmes, L.-Cpl. Alfred. 9468.		Unoff. M. May 27/18.
4 B. V	Hughes, G. 36913.		M. Mar. 21/18.
4 B.	Hyde, Wm. 16449.		K. April 28/18. Det.D./B.

December 1st, 1918.

Staffordshire Regiment, South—contd.

B.E.F.

4 B. VI	Jackson, G. H. 42839.	M. April 13/18.
4 B. VIII	Johnson, H. 39845.	M. April 30/18.
4 B.	Lee, George, S. 39187.	M. April 10/18.
4 B. V	Mitchell, H. 43304.	M. April 12/18.
4 B. or C. L.G.S.	Morton, W. H. 38394.	M. April 10/18.
4 B.	Mottram, Sgt. J. 17384	M. April 10/18.
4 B. or D.	Ramsay, L. 42773.	M. May 28/18.
4 B. VI	Ruston, Herbert. 45746.	M. May 27/18.
4 B. or C.	Scase, A. 41477.	M. May 30/18.
4 B.	Stafford, Frank. 42797.	M. April 10/18.
4 B. V	Stevens, Fred. George. 202292.	M. April 10/18.
4 B. VIII	Stringfellow, S. J. 45771.	M. April 10/18.
4 B. VIII	Taylor, Ernest. 45782.	M. April 11/18.
4 B.	Tempemperley, W. 42816.	M. May 28/18.
4 B.	Wassell, Wm. 16833.	W. and M. Mar. 24/18.
4 B. VII	White, A. J. 38903.	M. Mar. 23/18.
4 B. VI	White, W. 43612.	M. May 28/18.
4 C.	Atkin, C. A. 32988.	M. May 30/18.
4 C. or D.	Binns, Leonard. 42667.	M. April 26/18.
4 C. IX	Bromley, A. 235279.	M. April 10/18.
4 C.	Brooks, A. 15559.	M. May 28/18.
4 C. XI	Clapp, W. H. 203690.	M. April 10/18.
4 C. or D.	Cookson, J. O. 48076.	M. April 10/18.
4 C.	Duffell, Geo. W. 42614.	M. May 30/18.
4 C. X	Gardner, H. 38409.	M. April 10/18.
4 C. X	Gill, Cpl. E. W. 31966.	M. April 6/18.
4 C.	Gillians, R. 43572.	M. May 31/18.
4 C. X	Hodgkinson, Cpl. Arthur. 39101.	M. April 26/18.
4 C. L.G.S.	Hodson, William. 39083.	M. April 10/18.
4 C.	Hunt, J. 38385.	M. April 10/18.
4 C.	Inman, Joshua. 42732.	M. April 10/18.
4 C. X	Maydew, W. E. 38436.	W. and M. May 28/18.
4 C. X	Meakin, Geo. Stanley. 39107.	M. Mar. 24/18.
4 C. IX	Powell, Thos. 203689.	W. and M. Mar. 24/18.
4 C. X	Price, E. 39588.	M. April 26/18.
4 C.	Rignall, F. J. 39130.	M. April 10/18.
4 C.	Robinson, Sydney. 42193.	K. June 4/18. Det.D./B.
4 C. IX	Robinson, Wm. Enoch. 46634.	M. April 10/18.
4 C. IX	Thompson, J. 202747.	M. April 10/18.
4 C.	Timmins, G. 26214.	M. April 9/18.
4 C.	Truman, B. 42809.	M. April 10/18.
4 C. or D.	Tuffin, C. F. T. 48033.	M. April 26/18.
4 C. or D.	Walker, A. 235270.	Unoff. M. April 25-30/18.
4 C.	Walker, F. E. 203623.	M. April 10/18.
4 C. IX	Ward, E. F. 45792.	M. April 10/18.
4 C.	West, Frank Laurence. 42825.	M. April 10-18/18.
4 C. IX	Woodhall, John Horace. 38386.	M. April 10/18.
4 D. X	Bate, Leonard Saml. 42663.	M. April 10/18.
4 D. XIII	Blackham, W. 36027.	M. April 26/18.
4 D.	Charlesworth, J. 42685.	M. May 27/18.
4 D.	Clark, Frank. 42678.	M. April 10/18.
*4 D.	Collier, Arthur Chas. 241990.	M. April 10/18.
4 D. XV	Davies, S. J. 28740.	M. April 10/18.
4 D.	Dungworth, M. 42692.	M. April 10/18.
4 D. XIII	Evans, O. A. 35469.	M. April 26/18.
4 D.	Hare, Sgt. F. J. 28513.	W. and M. Mar. 26/18.
4 D. XII	Holland, W. 42720.	M. May 27/18.
4 D.	Howard, Thos. 202617. (Fr. H.Q.)	M. April 10/18.
4 D.	Hunter, Philip. 42725.	M. April 10/18.

December 1st, 1918.

Staffordshire Regiment, South—contd.

B.E.F.

4 D.	Hunter, W. 42727.	M. May 27/18.
4 D.	Johnson, T. H. 45414.	M. April 10/18.
4 D.	Jones, W. A. 46979.	M. April 10/18.
4 D.	Milstead, Fredk. A. 41567.	Unoff. M. May 27/18.
4 D. XII	Newberry. 42883.	M. April 10/18.
4 D.	Pitt, Joseph A. 36070.	M. April 24/18.
4 D.	Pollock, Wm. 202497.	M. May 29/18.
‡4 D.	Smith, Albert Taylor. 40801.	M. May 28/18.
‡4 D. XI	Street, Cpl. Leslie A. 45449.	M. April 26/18.
4 D.	Taylor, F. A. 42812.	M. April 16/18.
4 D.	Taylor, W. A. 26717.	M. June 18/18.
4 D.	Taylor, Wilfred. 38131.	M. April 12/18.
4 D. XIII	Thaxter, George. 36689.	M. April 16/18.
4 D.	Thompson, Ernest. 31622.	M. April 28/18.
4 D. XIII	Willey, William. 36081.	M. April 26/18.
4 D.	Wooldridge, L.-Cpl. Joseph. 38958.	M. May 27/18.
4 H.Q.	Coxon, F. 36933.	M. Mar. 24/18.
4 ?	Ayers, E. 42625.	M. May 27/18.
4 ?	Bowmar, Carson. 42660.	M. April 10/18.
4 ?	Currie, Geo. 43724. (Fr. Sherwoods, 25091.)	D/W. April 11/18. Det.D./B.
4 ?	Dimmock, Adam. 29625.	M. May 20/18.
4 ?	Garfield, John Henry. 241036.	M. April 10/18.
4 ?	Grieves, Herbert. 45629.	M. April 10/18.
4 ?	Grimsley, L.-Cpl. W. 2692.	M. April 10/18.
4 ?	Hunt, L.-Cpl. George. 46975.	M. April 10/18.
4 ?	Jolley, Richard. 203598.	M. Mar. 27/18.
4 ?	Keeton, Robt. 203526.	M. April 10/18.
4 ?	Kelly, James. 45425.	M. May 29/18.
4 ?	Kirk, J. 45421.	M. April 10/18.
4 Sig. S.	Lloyd, L.-Cpl. Alb. Victor. 32170.	M. April 29/18.
4 ?	Markham, Frank. 35690.	M. Mar. 24/18.
4 ?	Nicholls, Thomas. 39275.	M. Mar. 24/18.
4 I.T.M.	O'Brien, Jas. 38978. (7th Bde.)	M. May 29/18.
4 ?	Pace, Alack. 9796.	K. April 27/18. Det.D./B.
4 ?	Pay, E. 9387.	M. April 26/18.
4 ?	Phillip, G. 31620.	W. and M. April 29/18.
4 ?	Pope, F. 23192.	M. Mar. 22/18.
4 ? I.T.M.	Richardson, Harry. 42875. (7 Bde.)	M. April 10/18.
4 ?	Scowcroft, F. J. 42861.	M. April 10/18.
4 ?	Thaxter, Arthur Percy. 37021.	M. April 10/18.
4 ?	Townsend, C. 9338. (Band.)	W. and M. May 29/18.
4 ?	Wager, A. E. 42874.	M. April 26/18.
3/4 ?	Clarke, J. 235286.	M. April 10/18.
5 D.	**Sykes, 2nd Lt. L. H.**	M. Oct. 3/18.
*5	**Wright, 2nd Lt. J. W.**	K. Oct. 12/18. Det.D./B.
5 A. II	Griffiths, Thos. 17991.	M. April 29/18.
*5 A. II	Mear, George. 203832.	M. Sept. 28-29/18.
‡5 B. V	Barratt, L.-Cpl. A. 23134.	M. Sept. 28/18.
*5 B. VIII	Garbett, Cpl. H. 241733.	M. Oct. 3/18.
‡5 B.	Madeley, P. L. 201880.	W. and M. Oct. 3/18.
‡5 B.	Stackhouse, S. 14105.	M. Oct. 3/18.
*5 B. L.G.S.	Wilcox, C. 201386.	M. Oct. 3/18.
*5 C.	Daft, W. C. 32735.	M. Oct. 3/18.
‡5 C. X	Farnworth, Richard. 42490.	M. Sept. 28/18.
‡5 C. IX	Jones, Charles. 200891.	W. and M. Oct. 3/18.
*5 C. IX	Matthews, C. 41054.	M. Oct. 3/18.
‡5 C. X	Shercliff, L.-Cpl. A. 203060.	M. Oct. 3/18.
5 D.	Dallow, Saml. 202948.	M. April 28/18.

December 1st, 1918.

Staffordshire Regiment, South—contd.

B.E.F.

‡5 D. XV	Hanson, Ernest Sam. 42615.	M. Sept. 28/18.
*5 D. XV	Johnson, J. S. 200356.	M. Sept. 28/18.
‡5 D. XIII	Nicholls, J. 17325.	M. Sept. 28/18.
‡5 D. XIV	Robinson, Thomas. 41060.	M. Unoff. K. Sept. 28/18.
*5 D. XIII	Taylor, R. 45114.	Unoff. W. and M. Sept. 28/18.
‡5 ?	Aldred, Sidney. 23026.	M. Oct. 3/18.
‡5 ?	Baker, J. H. 36383.	M. Sept. 28/18.
‡5 ?	Cliffe, H. 28275.	M. Oct. 12/18.
5 ?	Hardwick, Sgt. T. 203423.	M. Aug. 10/18.
‡5 ?	Hodges, Donavan. 200666.	M. Oct. 3/18.
‡5 Sig. S.	Staples, F. 201586.	W. and M. Sept. 28/18.
‡5 ?	Tilsley, John Thos. 203425.	K. Sept. 28-29/18. Det.D./B.
2/5 C	Browning, John. Jas. 203856.	M. Mar. 21/18.
‡6 B.	Rogers, J. 38209.	M. Aug. 22/18.
‡6 B.	Smith, R. 201202.	M. Aug. 22/18.
6 C. XII	Green, John Thos. 471725.	M. July 21/18.
*6 D.	Allaway, L.-Cpl. W. J. 29897.	M. Oct. 3/18.
‡6 ?	Clift, Mark. 240889.	M. Sept. 29/18.
‡6 ?	Woodward, Wm. 200929.	M. Oct. 3/18.
2/6 A. IV	Aston, Arth. Vincent. 42237.	M. Mar. 21/18.
2/6 A.	Davies, W. E. 203925.	M. April 15/18.
2/6 A. or D.	Kelly, Wm. 43638.	M. April 15/18.
2/6 A. IV	Manby, W. H. 42177.	M. Mar. 21/18.
2/6 A.	Reece, James. 16210.	M. Mar. 21/18.
2/6 A.	Roberts, F. J. 48811.	Unoff. K. May 2/18.
2/6 A.	Tetley, L.-Cpl. Geo. 42361.	M. Mar. 21/18.
2/6 B.	Allen, Sig. H. Abraham. 9795.	M. Mar. 21/18.
2/6 B.	Burman, Chas. Hry. 242101.	M. Mar. 21/18.
‡2/6 B.	Childe, H. 42518.	W. and M. April 15/18.
‡2/6 B.	Childe, William. 4993.	M. Sept. 28/18.
‡2/6 B.	Dixon, Sgt. H. 14248.	M. Mar. 21/18.
2/6 B.	Emmerson, W. S. 48090.	M. April 15/18.
2/6 B.	Evans, A. C. 19614..	M. Mar. 21/18.
2/6 B.	Fothergill, L.-Cpl. Sid. 242042.	M. Mar. 21/18.
2/6 B.	Garner, F. 242050.	M. Mar. 21/18.
‡2/6 B. VII	Graham, Anthony. 42496.	M. April 15/18.
2/6 B.	Hartland, S. 6956	M. Mar. 21/18.
2/6 B. VI	Jackson, H. 38176.	M. Mar. 21/18.
2/6 B.	James, A. 201241.	M. Mar. 21/18.
2/6 B.	Kimberley, H. 201312.	M. Mar. 21/18.
2/6 B.	Maiden, Bertie. 242112.	M. Mar. 21/18.
2/6 B. V	Mason, Sig: B. 242184.	M. Mar. 21/18.
2/6 B.	Perkins, L.-Cpl. H. V. 242117.	M. Mar. 21/18.
2/6 B. VII	Rawlings, A. S. 46621.	W. and M. April 15/18.
2/6 B.	Slator, Frances Hewitt. 25036.	M. Mar. 21/18.
2/6 B.	Thrippleton, J. W. 42532.	W. and M. April 15/18.
2/6 B. VII	Williams, James. 203944?	M. April 15/18.
2/6 B.	Woolridge, B. 241555.	M. Mar. 21/18.
2/6 C. IX	Beckett, Alf. 42120.	M. Mar. 21/18.
2/6 C. X	Blakemore, Cecil. 42251.	M. Mar. 21/18.
‡2/6 C.	Caddick, G. 241577.	M. Mar. 21/18.
2/6 C. IX	Cheetham, A. W. 42132.	M. Mar. 21/18.
2/6 C.	Cooper, Cpl. John. 202937.	M. Mar. 21/18.
2/6 C.	Davies, Alf. 202874.	M. Mar. 21/18.
2/6 C.	Favill, L.-Cpl. A. W. 240895.	M. Mar. 21/18.
2/6 C. XII	Fenton, Jas. Benj. 20674.	Unoff. M. Mar. 21/18.
2/6 C. IX	Hickton, R. 42155.	M. Mar. 21/18.
2/6 C.	Matthews, Jack. 42180.	M. Mar. 21/18.

December 1st, 1918.

Staffordshire Regiment, South—contd.

B.E.F.

2/6 C. I.T.M. Millward, W. R. 241583.		M. Mar. 21/18.
(176 Bgde.)		
2/6 C. Partridge, George. 200736.		M. Mar. 21/18.
2/6 C. Turgoose, H. 42213.		M. Mar. 21/18.
2/6 C. Vickers, George. 42216.		W. and M. Sept. 28/18.
2/6 C. Webster, A. E. 31628.		M. Mar. 21/18.
2/6 C. XI Whitwick, Ern. Fredk. 43614.		M. April 6/18.
2/6 C. Wicks, S. W. 42371.		M. Mar. 21/18.
2/6 D. XVI Black, J. 45322.		M. Mar. 21/18.
2/6 D. XVI Girt, G. 42150.		M. Mar. 21/18.
2/6 D. Glasby, Geo. Hy. 42152.		M. Mar. 21/18.
2/6 D. Marshall, Saml. Edw. 203950.		M. Mar. 21/18.
2/6 D. Mason, E. 23773.		M. Mar. 21/18.
2/6 D. Nicoll, David. 41849.		M. April 15/18.
2/6 D. XV Peacock, Benjamin. 43666.		M. April 15/18.
2/6 D. XIV Peatman, Selwyn Sherard. 24415.		M. Mar. 21/18.
2/6 D. Sinderson, R. 42360.		M. Mar. 21/18.
2/6 D. XV Smith, George. 48191.		M. April 16/18.
2/6 D. XIV Smith, N. F. 23831.		M. April 16/18.
2/6 D. XIII Tomkinson, W. 203941.		M. Mar. 21/18.
2/6 D. XV Totney, E. W. 38123.		M. Mar. 21/18.
2/6 H.Q. Darby, Sig. L. 240739.		M. Mar. 21/18.
2/6 H.Q. Evans, Joshua. 241205.		M. Mar. 21/18.
2/6 ? Barker, Ernest. 42240.		M. April 21/18.
2/6 ? Griffiths, John. 41974.		M. Mar. 21/18.
2/6 ? Howard, Wilfred A. 42027.		M. April 15/18.
‡2/6 ? Humphrey, H. C. 45245.		M. Mar. 21/18.
2/6 ? Jackson, L.-Cpl. W. G. 46092.		M. April 15/18.
2/6 ? Morgan, R. 201486.		M. Mar. 21/18.
2/6 ? Scott, J. E. 43689. (107086.)		M. April 16/18.
2/6 ? Slought, J. W. 42290.		M. Mar. 21/18.
2/6 ? Stanford, E. 37789.		M. Mar. 21/18.
7 White, Lieut. E. V.		M. Sept. 6/18.
7 A. II Gordon, C. 40158.		W. and M. Sept. 1/18.
*7 C. XI Sharman, F. 202192.		M. Sept. 6/18.
‡7 C. Waterhouse, Christopher. 48223.		M. Oct. 8/18.
7 D. XVI Crofts, H. 40439.		W. and M. Aug. 30/18.
‡8 C. Harris, Enoch Benj. 32948.		Unoff. K. Sept. 29/18.
8 D. XIV Mason, Albt. 40501.		M. Feb. 4/18.

ITALY.

1 A. III Halcox, A. 41723.		M. Aug. 9/18.
1 A. Thompson, W. 40879		W. and M. Sept. 8/18.
1 B. VI Haycock, Sgt. W. 203479.		W. Unoff. M. Aug. 8/18.
1 C. Dryden, J. 31755.		W. and M. Sept. 8/18.
1 D. XIV Walker, Joseph. 41807.		M. Aug. 9/18.

SUFFOLK REGIMENT.

B.E.F.

2 Baldwin, 2nd Lt. A. P.		M., bel. K. Sept. 27/18.
‡2 W. Bennett, C. 44162.		M. Mar. 28/18.
*2 W. Byham, Arthur Wm. 16017.		M. Aug. 30/18.
2 W. Carpenter, A. F. 41995.		M. Aug. 28/18.
2 W. Crick, F. 18814.		M. Mar. 28/18.
2 W. IV Goddard, Harold. 40871.		M. Mar. 28/18.

December 1st, 1918.

Suffolk Regiment—contd.

B.E.F.

‡2 W. III	Howe, C. 42371.		M. Unoff. K. Oct. 1/18.
2 W.	Hutchinson, H. 22020.		M. Mar. 28/18.
2 W.	Jones, Richard. 51273.		M. Aug. 30/18.
‡2 W. II	Neary, T. 44458.		W. Unoff. M. Oct. 1/18.
‡2 W. IV	Rehill, R. J. 330882.		K. Oct. 1/18. Det.D./B.
2 W.	Robinson, F. 40925.		M. Mar. 28/18.
*2 W.	Wyer, Edwin Frank. 50767.		M. Aug. 30/18.
2 X.	Addy, H. 43449.		M. Mar. 28/18.
*2 X. V	Amphlett, Fred. 44355.		M. Sept. 27/18.
2 X.	Bailey, G. 50663.		M. Mar. 28/18.
2 X.	Beavis, C. W. 43591.		M. Mar. 28/18.
2 X.	Bellaney, D. 26803.		M. Mar. 28/18.
‡2 X.	Berry, R. 14543.		M. Aug. 30/18.
‡2 X.	Brett, A. 34528.		M. Aug. 30/18.
‡2 X.	Card, C. 51249.		M. Aug. 30/18.
*2 X. VI	Crimmen, J. 329369.		M. Oct. 1/18.
‡2 X.	Gibbons, J. T. 9003.		M. Mar. 28/18.
2 X.	Gooch, A/Cpl. E. J. 8989.		M. Mar. 28/18.
‡2 X.	Green, O. 40085.		M. Aug. 30/18.
2 X.	Hartley, E. 17440.		M. Mar. 28/18.
‡2 X.	Jay, Sgt. A. 15389.		M. Aug. 30/18.
2 X.	Kitson, H. H. 17366.		M. Mar. 28/18.
2 X.	Lee, J. 23538.		M. Mar. 28/18.
2 X.	Mayes, J. W. 45533.		M. Mar. 28/18.
2 X.	Moss, Hamlet. 3/9985. (Fr. 8th.)		M. Mar. 28/18.
2 X.	Norman, J. V. 13857.		M. Mar. 28/18.
2 X.	Parminter, S. 5661.		M. Mar. 28/18.
‡2 X.	Perkinson, L.-Cpl. G. 331123.		M. Aug. 30/18.
‡2 X. VII	Rawlins, Graham Fredk. 44173.		M. Aug. 30/18.
‡2 X.	Rouse, A. 36777.		M. Aug. 30/18.
2 X.	Sisson, H. 203090.		M. Mar. 28/18.
2 X. V	Smith, A.-Sgt. A. J. 43625.		W. and M. Mar. 28/18.
2 X.	Sparrow, H. 19592.		W. and M. Mar. 28/18.
2 X.	Sutton, H. A. 240766.		M. Mar. 28/18.
2 X.	Symonds, R. C. 12041.		M. Mar. 28/18.
2 X.	Thirkettle, F. 17111.		M. Mar. 28/18.
2 X.	Wincup, Sgt. Chas. 14098. (Fr. 8.)		W. and M. Mar. 28/18.
2 X.	Woodroffe, A. 19915.		M. Mar. 28/18.
2 X.	Woolnough, C. F. 14189.		M. Mar. 28/18.
2 Y.	Briggs, H. L. 14515.		M. Mar. 28/18.
2 Y. IX	Brinklow, A. V. 328408.		W. and M. Mar. 28/18.
2 Y.	Bunn, B. L. 328332.		M. Mar. 28/18.
2 Y. IX	Card, J. C. 40825.		W. and M. Mar. 28/18.
2 Y. X	Champion, Spencer H. 40760.		W. and M. June 15/18.
‡2 Y.	Chandler, Cpl. H. 14205.		M. Aug. 30/18.
2 Y.	Corney, L.-Cpl. B. 26794.		M. Mar. 28/18.
2 Y.	Eaton, Frank. 200604.		M. Mar. 28/18.
2 Y.	Garrod, L.-Cpl. B. G. 41089.		M. Mar. 28/18.
2 Y.	Goldsmith, C. F. 27617.		M. Mar. 28/18.
2 Y. XI	Hector, John. 42538.		W. Unoff. M. June 15/18.
2 Y. IX	Hirst, Richd. 19196.		M. Mar. 28/18.
‡2 Y.	Holden, D. 50386.		M. Oct. 1/18.
*2 Y. XI	Hubble, Cyril. 42436.		K. Aug. 21/18. Det.D./B
2 Y.	Hughes, Sgt. R. 50627.		M. Mar. 28/18.
2 Y. XI	Land, G. 242276.		W. and M. Mar. 28/18.
2 Y.	Lawrence, W. 50602.		M. Mar. 28/18.
2 Y.	Matthews, F. P. 7714.		M. Mar. 28/18.
2 Y.	Miller, Harry Jas. 242808.		M. Mar. 28/18.
2 Y. X	Morley, Fred. 41300.		Unoff. M. Mar. 28/18.

December 1st, 1918.

Suffolk Regiment—contd.

B.E.F.

2 Y. XII		Oldham, J. 235275.	M. June 15/18.
‡2 Y.		Orriss, A. 49357.	M. Aug. 30/18.
2 Y. XII		Smith, L.-Cpl. Walter. 17852.	M. Mar. 28/18.
‡2 Y.		Sparkes, A. 41806.	M. Aug. 30/18.
2 Y.		Spoore, W. 23672.	M. Mar. 28/18.
2 Y.		Stally, J. 29007.	M. Mar. 28/18.
‡2 Y.		Steel, L. 40892.	M. Mar. 28/18.
2 Y.		Turrington, J. 43909.	M. Mar. 28/18.
2 Y.		Warne, E. A. 5499.	M. Mar. 28/18.
2 Y.		Willingham, W. 40900.	M. Mar. 28/18.
‡2 Y.		Woodcock, F. 290991.	M. Aug. 23/18.
2 Y. XII		Woolford, S. W. 42651.	W. and M. June 15/18.
2 Z.		Adams, H. G. 50171.	M. Mar. 28/18.
2 Z.		Amey, H. 31403.	M. Mar. 28/18.
2 Z.		Barnsdale, L.-Cpl. F. H. 41279.	M. Mar. 28/18.
*2 Z.		Bates, J. Wm. 201854.	M. Aug. 30/18.
2 Z.		Beeken, L.-Cpl. H. 16982.	M. Mar. 28/18.
2 Z.		Bentley, A/L.-Cpl. S. 9304.	M. Mar. 28/18.
2 Z.		Blyth, J. I. 42429.	K. Aug. 30/18. Det.D./B.
2 Z.		Borley, A. C. 8104.	M. Mar. 28/18.
2 Z.		Brook, F. R. 24736.	M. Mar. 28/18.
2 Z.		Brown, C.-S.-M. E. W. 6195.	M. Mar. 28/18.
2 Z.		Burton, J. 41276.	M. Mar. 28/18.
2 Z.		Butler, Cpl. H. 40750.	M. Mar. 28/18.
2 Z.		Butler, A/Sgt. W. 19284.	M. Mar. 28/18.
2 Z.		Caseley, G. W. 18659.	M. Mar. 28/18.
2 Z.		Collins, W. C. 45977.	M. Mar. 28/18.
2 Z.		Colman, A. 45234.	M. Mar. 28/18.
‡2 Z.		Cone, C. 24103.	M. Aug. 30/18.
2 Z.		Crockford, F. 7619.	M. Mar. 28/18.
2 Z.		Crompton, F. 41285.	M. Mar. 28/18.
2 Z.		Crosswell, L.-Cpl. V. B. 14874.	M. Mar. 28/18.
2 Z.		Curtis, F. 12919.	M. Mar. 28/18.
2 Z.		Dean, Sgt. S. 9724.	M. Mar. 28/18.
2 Z.		Doncaster, L.-Cpl. R. 24067.	M. Mar. 28/18.
2 Z. XIII		Fish, George. 40461.	M. Mar. 27/18.
2 Z.		Friend, Cpl. F. W. 9378.	M. Mar. 28/18.
2 Z.		Fulcher, A/Cpl. H. 43728.	M. Mar. 28/18.
2 Z.		Gilbert, C. 201440.	M. Mar. 28/18.
2 Z.		Green, W. 24449.	M. Mar. 28/18.
2 Z.		Halls, H. C. 38786.	M. Mar. 28/18.
2 Z. XV		Hammond, Cpl. Arthur. 13515.	M. May 24/18.
2 Z.		Hitter, A. 200630.	M. Mar. 28/18.
2 Z.		Hooker, L.-Cpl. A. G. J. 13479.	M. Mar. 28/18.
2 Z.		Howard, B. F. 40679.	M. Mar. 28/18.
2 Z.		Humphrey, S. 28804.	M. Mar. 28/18.
2 Z. XIII		Ings, G. H. 22103.	M. Mar. 25/18.
2 Z.		Keeble, F. 12732.	M. Mar. 28/18.
2 Z.		Licence, V. 200301.	M. Mar. 28/18.
‡2 Z.		Lucas, C. H. 45751.	M. Mar. 28/18.
2 Z.		Mayes, E. 12285.	M. Mar. 28/18.
2 Z.		Morter, Albert James. 51113.	M. Mar. 28/18.
2 Z.		Osborne, R. C. 50745.	M. Mar. 28/18.
2 Z.		Oswell, C. 235042.	M. Mar. 28/18.
2 Z.		Pepper, H. J. 15114.	M. Mar. 28/18.
2 Z. XV		Pilkington, A. 235305.	M. May 24/18.
2 Z.		Plummer, J. W. 43777.	M. Mar. 28/18.
2 Z. XVI		Pottle, R. J. 200843.	M. Mar. 28/18.
2 Z.		Purell, A. E. 26935.	M. Mar. 28/18.

December 1st, 1918.

Suffolk Regiment—contd.

B.E.F.

2 Z.	Racher, A. 26844.	M. Mar. 28/18.
2 Z.	Robinson, M. 43789.	M. Mar. 28/18.
2 Z.	Rutter, L. 41064.	M. Mar. 28/18.
2 Z.	Sawyer, W. E. 12365.	M. Mar. 28/18.
2 Z.	Saxby, A. 241196.	M. Mar. 28/18.
2 Z.	Scott, S. J. 44157.	M. Mar. 28/18.
2 Z. XIV	Sherwin, E. S. 235067.	M. Mar. 28/18.
2 Z. XIV	Smith, Albert Hy. 328346.	M. Mar. 28/18.
2 Z. XIII	Smith, Harry. 42308.	M. Aug. 30/18.
2 Z. XV	Thorndyke, W. 201897.	M. Mar. 28/18.
2 Z. XVI	Tilson, Edgar W. 41318.	M. Mar. 21/18.
2 Z. XIV	Topple, Charles. 29193.	M. Mar. 28/18.
2 Z. XIV	Trennery, Wm. 201637.	M. Mar. 28/18.
2 Z. XV	Turner, F. 202112.	M. Mar. 28/18.
2 Z.	Tyrrell, F. E. 52256.	M. Aug. 30/18.
2 Z.	Waters, G. 34404.	M. Mar. 28/18.
2 Z.	Watling, R. C. 24012.	M. Mar. 28/18.
2 Z.	Webb, A. 202113.	M. Mar. 28/18.
2 Z. XIII	Weymouth, Francis. 41121.	M. Mar. 28/18.
2 Z.	Williams, J. J. 19634.	M. Mar. 28/18.
2 ?	Abbott, James. 15423.	M. Mar. 28/18.
*2 ?	Allcorne, Alfred. 27761.	W. and M. Aug. 21/18.
*2 ?	Ashworth, Harold. 44189.	K. Sept. 27/18. Det.D./B.
2 I.T.M.	Baker, Ernest Alb. 24969. (76 Bde.)	M. Mar. 28/18.
2 ?	Clow, A. 34572.	M. Mar. 28/18.
2 ?	Cornish, M.M., Sig. A. 19338.	M. Mar. 28/18.
2 ?	Diaper, J. W. 52105.	K. April 13/18. Det.D./B.
2 ?	Fusher, Dmr. A. 9233.	M. Mar. 28/18.
2 ? Sig. S.	Miller, L.-Cpl. C. H. 7314.	M. Mar. 27/18.
2 ?	Morling, Cpl. Rob. Sam. 18494.	W. and M. Mar. 28/18.
2 ?	Watson, Arthur. 235283.	W. Unoff. M. Aug. 21/18.
4 A.	Womack, L.-Cpl. Hedley. 14756.	M. Mar. 23/18.
7 A.	Dean, F. C. 42054.	M. Mar. 26-27/18.
7 A.	Grimwade, C. A. 35055.	W. and M. Mar. 26-27/18.
7 A. IV	Hagg, A. 13886.	M. Mar. 23/18.
7 B. VI	Blaryeby, Alf. John. 291042.	M. Mar. 26-27/18.
‡7 B.	Boakes, E. W. 13932.	M. April 5/18.
7 B. VI	Cowles, L.-Cpl. A. E. 24854.	M. Mar. 27-28/18.
7 B. L.G.S.	Oliver, H. 290315.	M. Mar. 26-27/18.
7 B.	Sampson, Cpl. J. W. 265110.	Unoff. M. Mar. 27/18.
7 B. VI	Wilding, A. F. 26691.	M. Mar. 26-27/18.
7 B. V	Youngs, Sidney. 43290.	M. Mar. 22-23/18.
7 C.	Charlton, Henry. 9754.	K. Mar. 26-27/18. Det.D./B.
7 C.	Hodge, Roy. 24525.	M. Mar. 26-27/18.
7 C.	Sayer, F. 43211.	Unoff. K. Mar. 27/18 Det.D./B.
7 D.	Billam, Edgar. 41162.	K. Mar. 26-27/18. Det.D./B.
‡7 D.	Drew, Sgt. W. 265080.	M. April 5/18.
7 D. Trans. S.	Friend, R. W. 9197. (Fr. 2nd.)	W. Unoff. M. Aug. 21/18.
‡7 D.	Goodings, J. 45343.	M. April 5/18.
‡7 D.	Hardwick, L.-Cpl. J. R. 40776.	M. April 5/18.
‡7 D.	Lawrence, C. 15580.	M. April 5/18.
‡7 D.	Richardson, C. F. 43232.	M. April 5/18.
7 D. XVI	Skinner, H. 23312.	M. April 5/18.
7 ?	Clarke, E. 7762.	M. Mar. 26-27/18.
7 ?	Herbert, Arth. Henry. 290491.	K. Mar. 26-27/18. Det.D./B.
7 ?	Horgan, Sgt. J. 7198.	K. Aug. 8/18. Det.D./B.
8 ?	Robinson, W. C. 14082. (Fr. 1 Ent. Batt.)	M. April 24/18.
9 A.	Warren, W. 14939.	M. Mar. 21-25/18.

December 1st, 1918.

Suffolk Regiment—contd.

B.E.F.

9 B.		Cole, E. 21324. (Fr. 9 L.N. Lancs.)	M. April 8/18.
9 C.		Allum, Chas. 15160.	M. April 8-12/18.
9 C.	L.G.S.	Longstaff, John. 50365.	K. April 22/18. Det.D./B
9 C.		March, H. W. 29826.	M. April 15/18.
9 ?	I.T.M.	Burn, Cpl. Clifford. 15426. (71 Bde)	M. Mar. 21/18.
11 A.		Brasnett, Sgt. Walter Edw. 13968.	M. April 9-19/18.
11 A.		Bunting, Arthur. 15324.	M. April 2/18.
11 A.	I	Capitain, C. F. 330307.	M. April 9-19/18.
11 A.	III	Croft, L.-Cpl. S. 20458.	M. April 9-10/18.
11 A.	III	Fisk, B. W. 30967.	M. April 9/18.
11 A.	I	Glenister, W. 25053.	M. April 9-19/18.
11 A.	II	Hills, Fred. 43747.	M. April 9-19/18.
11 A.	III	Howard, J. W. 40518.	M. April 9-19/18.
11 A.	I	Howe, Jack. 41975.	M. April 9-19/18.
11 A.	III	Howlett, Harry. 40667.	M. Mar. 10/18.
11 A.		Leggett, F. A. 24809.	M. April 9-19/18.
11 A.	II	Lewis, Joseph. 37946.	M. April 9-19/18.
11 A.		Mower, Percy Jas. 29217.	M. April 10/18.
11 A.	IV	Newman, J. 45155.	M. April 9-19/18.
11 A.	II	Sawyer, F. H. 33592.	M. Mar. 21-22/18. R/Enq.
11 A.		Theobald, G. E. 23613.	M. April 9/18.
11 A.	II	Thompson, Joseph. 15690.	M. Mar. 21-22/18. R/Enq.
11 A.	IV	Turner, C. 290185.	M. Mar. 21-22/18. R/Enq.
11 A.		Wakefield, E. J. 41417.	M. April 9-19/18.
11 A.		Woods, Mark. 32902.	M. April 9-19/18.
‡11 B.	VII	Bourn, Arthur W. 43421.	M. April 9-19/18.
11 B.	V	Clifton, P. 50381.	K. April 9-19/18. Det.D./B.
11 B.	V	Cover, Jack P. 41527.	M. April 12/18.
11 B.	I.T.M.	Gallimore, Thos. 41214. (101 Bgde.)	M. Mar. 22/18.
11 B.	VI	Hammond, Geo. 27054.	M. April 9/18.
11 B.	VI	Johnson, Charles. 36351.	M. April 9-19/18.
11 B.		Pinn, L. J. 327661.	M. Mar. 22/18. R/Enq.
11 B.		Sargent, L.-Cpl. Harry. 10017.	M. April 19/18.
11 B.		Taylor, Fred. 41141.	M. Mar. 21-22/18. R/Enq.
11 B.		Winch, J. H. 9700.	M. April 9-19/18.
11 C.	XI	Ashley, W. 290448.	M. April 9-19/18.
11 C.	XII	Ashman, Cpl. F. W. 17045.	M. April 9-19/18.
11 C.		Bailey, William. 50310.	M. April 9-19/18.
11 C.	X	Blizzard, J. 26527.	M. April 10/18.
11 C.	IX	Brown, H. 41942.	W. and M. April 10/18.
11 C.		Charles, C. B. 20119.	M. April 18/18.
11 C.	IX	Dawson, W. 35774.	M. April 9-19/18.
11 C.	X	Gandy, Jesse. 36582.	W. and M. April 17/18.
11 C.	IX	Graham, Leonard. 50337.	M. April 10-19/18.
11 C.		Hazell, Sgt. O. R. 43012.	M. April 9-19/18.
11 C.	X	Heath, T. P. 43023.	M. April 9-19/18.
11 C.		Howlett, H. C. 43878.	M. April 9-19/18.
*11 C.		Isaacson, W. S. 14307.	M. April 9/18.
11 C.	IX	Marsh, Stanley Richard. 41515.	M. April 9/18.
11 C.	X	Plummer, H. R. 40445.	M. April 9-19/18.
11 C.		Smith, W. H. 25194.	M. April 9-19/18.
11 C.		Wilkinson, Fredk. 36929.	W. and M. April 9/18.
11 D.	XVI	Clarke, W. F. 42009.	M. April 9-19/18.
11 D.	XIII	Goodrum, R. R. 291119.	M. April 9-16/18.
11 D.		Haddon, Gilbert. 14851.	M. April 9-19/18.
11 D.		Rooks, A. 201936.	M. April 9/18.
11 D.	XIV	Sellman, George. 41513.	W. and M. April 9-19/18.
11 D.		Setchell, C. 202872.	

December 1st, 1918.

Suffolk Regiment—contd.

B.E.F.

11 D. XIII	Swain, F. W. 21787.	M. April 9/18.	
11 H.Q.	Jakins, Horace. 17232.	M. Mar. 21/18.	
11 H.Q.	Tuttle, H. A. 13937.	M. April 19/18.	
11 ?	Andrew, C. A. 49615.	M. April 9/18.	
11 ?	Everett, James. 44087.	M. April 9-19/18.	
11 ?	Fisher, John Willie. 41205.	K. April 9/18. Det.D./B.	
11-?	Haynes, W. 17614.	M. April 9-19/18.	
11 ?	Jeffreys, H. G. 24604.	M. April 19/18.	
11 ?	Peak, Arthur. 33543.	M. April 9/18.	
11 ?	Wiffen, L.-Cpl. Albert Edward. 50026.	M. April 9-19/18.	
12 A. II	Baker, L.-Cpl. J. 18348.	M. Mar. 21-25/18.	
‡12 A.	Baker, V. S. 20888.	M. Mar. 21-25/18.	
12 A.	Balaam, D. 13746.	M. Mar. 21/18.	
12 A.	Balls, W. 51178.	M. Mar. 21-25/18.	
*12 A.	Bolton, L.-Sgt. Fredk. Geo. Jas. 266491.	M. Sept. 28/18.	
12 A.	Boxall, W. 28535.	M. Mar. 21-25/18.	
12 A.	Brett, F. 43995.	M. Mar. 21-25/18.	
12 A.	Broadhurst, Thos. Wm. 42089. (Fr. Liverpools.)	M. April 8-12/18.	
12 A. II	Broughton, F. 50331.	W. and M. Mar. 21-25/18.	
12 A.	Buxton, Sgt. Wm. Arthur. 12187.	W. and M. Mar. 21/18.	
12 A.	Carney, J. 50311.	M. Mar. 21-25/18.	
12 A.	Carter, W. R. 15027.	M. Mar. 21-25/18.	
12 A. XII	Catton, J. W. 41053.	M. Mar, 21/18.	
12 A.	Clark, E. 27603.	M. Mar. 21/18.	
12 A.	Cox, W. 20978.	M. Mar. 21-25 18.	
‡12 A.	Cracknell, A. R. 44057.	M. Mar. 21-25/18.	
12 A. III	Davis, Thos. Reginald. 50807.	M. April 8-10/18.	
12 A.	Day, A. 14303.	M. Mar. 21-25/18.	
12 A.	Ellis, F. 44104.	M. Mar. 21-25/18.	
12 A.	Everett, F. 50416.	M. Mar. 21-25/18.	
12 A.	Gaffer, W. 40026.	M. Mar. 21-25/18.	
12 A. I	Gilbey, Arnold. 43947.	M. Mar. 25/18.	
12 A.	Gowler, A. 40555.	M. Mar. 21-25/18.	
12 A.	Grady, Martin. 42212. (Fr. L'pools.)	W. and M. April 8-12/18.	
12 A.	Hall, L.-Cpl. A. 22448.	M. April 8/18.	
12 A.	Hall, J. 330991.	M. Mar. 21-25/18.	
12 A.	Horrex, J 329126	M. Mar. 21-25/18.	
12 A.	Hunt, C. 50419.	M. April 8-12/18.	
12 A.	Lawrence, L.-Cpl. R. 27639.	M. Mar. 21-25/18.	
12 A. IV	Little, G. 45806.	M. April 8-12/18.	
12 A.	Marshall, C. A. 51038.	M. April 8/18.	
12 A.	Moger, E. H. 42147.	M. April 8-12/18.	
12 A.	Norris, L. C. 63255.	W. Unoff. M. Sept. 28/18.	
12 A.	Nunn, D. J. 20766.	M. Mar. 21-25/18.	
12 A.	Parsons, J. 27653.	M. Mar. 21-25/18.	
12 A.	Pike, H. W. 21019.	M. Mar. 21/18.	
12 A.	Pilgrim, C. 27654.	M. Mar. 21-25 18.	
12 A. I	Pullen, E. 28691.	M. Mar. 21-25/18.	
12 A.	Richardson, F. 51221.	M. Mar. 21-25/18.	
12 A.	Robins, A. C. 41686.	M. Jan. 6/18. R/Enq.	
12 A. IV	Simmonds, W. E. 34567.	M. Mar. 21-25/18.	
12 A.	Smith, Sgt. Chas. 20656.	M. Mar. 21/18.	
12 A, III	Smith, James. 27664.	M. Mar. 21-25/18.	
12 A.	Stevens, George. 42338.	M. April 8-12/18.	
12 A.	Sudell, Thomas. 42176.	M. April 8-12/18.	
12 A.	Thelwell, L.-Cpl. R. 50302.	M. Mar. 21-25/18.	

December 1st, 1918. 643

Suffolk Regiment—contd.

B.E.F.

12 A. I	Wase, Edward. 330276.	M. April 8/18.
12 B.	Adams, S. 44078.	M. Mar. 21/18.
12 B.	Armstrong, G. 24240.	M. Mar. 21-25/18.
12 B.	Belcher, W. 27829.	M. Mar. 21-25/18.
12 B.	Bird, C. 265345.	M. April 9-12/18.
12 B.	Bull, W. 27363.	M. Mar. 21-25/18.
12 B.	Carpenter, W. G. 42472.	M. April 8-12/18.
12 B.	Cotillard, A. 22195.	M. Mar. 21-25/18.
12 B.	Daniels, T. 37964.	M. Mar. 21-25/18.
12 B.	Emson, Wm. 42470.	M. April 8/18.
12 B. VIII	Fairhall, Chas. Edw. 21286.	M. Mar. 21-25/18.
12 B.	Farrow, A/Cpl. J. 20873.	M. Mar. 21-25/18.
12 B. VI	Fitch, W. 200772.	M. April 12/18.
12 B. V	Garlick, William John. 41483.	M. Mar. 21-25/18.
12 B. V	Giles, E. 50336.	M. Mar. 21-23/18.
12 B.	Glazin, G. 22460.	M. Mar. 21-25/18.
12 B.	Godbold, Sgt. F. J. 15150.	M. Mar. 21-24/18.
12 B.	Gooderham, T. 18054.	M. Mar. 21-25/18.
12 B.	Hardy, George. 27374. (Fr. H.A.C.)	M. April 12/18.
12 B.	Howe, W. 20391.	M. Mar. 21-25/18.
12 B.	Kinger, P. 50377.	M. Mar. 21-25/18.
12 B.	Langley, L.-Cpl. T. W. 21373.	M. Mar. 21-25/18.
12 B.	Lowe, H. 21404.	M. Mar. 21-25/18.
12 B.	McCathan, J. 27371.	M. Mar. 21-25/18.
12 B.	Martin, Walter H. 27318.	M. April 9-12/18.
12 B.	Miller, G. 22329.	M. Mar. 21-25/18.
12 B.	Minns, Walter Ernest. 20782.	M. Mar. 21-25/18.
12 B. VIII	Northrop, R. 44060.	M. Mar. 21-25/18.
12 B.	Paines, L.-Cpl. H. 21756.	M. April 8/18.
12 B. VII	Plumb, Fredk. Chas. 40051.	M. Mar. 21/18.
12 B.	Pratt, D.C.M., L.-Cpl. W. 15811.	M. Mar. 21-25/18.
12 B.	Quaife, Frederick James. 325333.	M. April 8-12/18.
12 B.	Robinson, William. 42167.	M. April 12/18.
12 B.	Smith, Ern. Amos. 265327. (Fr. 2/6.)	M. April 8-12/18.
12 B.	Smith, W. 31022.	M. Mar. 21-25/18.
12 B.	Sowerbutts, T. 50359.	M. Mar. 21-25/18.
12 B. VIII	Turner, W. J. 33600.	M. Mar. 21/18.
12 B.	Warrell, C. 51082.	M. Mar. 21-25/18.
12 B.	Whiteman, L.-Cpl. P. 50285.	M. Mar. 21-25/18.
12 B.	Williams, Sgt. F. 43831.	M. Mar. 21-25/18.
12 B.	Williams, W. 30954.	M. Mar. 21-25/18.
12 B.	Wilson, C. 8309.	M. Mar. 21-25/18.
12 C. X	Atkins, M.M., Richd. Edw. 22815.	M. April 8-12/18
12 C.	Baker, H. J. 34862.	M. April 6/18.
12 C. XII	Bugg, W. G. 41954.	M. April 8-12/18.
‡12 C.	Gurr, W. C. 50161.	M. Mar. 21-25/18.
12 C.	Hall, R. 41057.	M. April 8-12/18.
12 C.	Harrowem, A. J. 21902.	M. Mar. 21-25/18.
12 C.	Hatcher, Fred. 7761.	M. Mar. 21/18.
*12 C.	Hughes, Geo. Augustus. 21945.	M. April 8-12/18.
12 C. IX	Kearley, M. J. 41678.	M. April 8-12/18
12 C.	Keasey, S. I. 14455.	M. Mar. 21-25/18.
12 C. X	Peters, W. 50397.	M. April 8-12/18.
12 C. X	Squirrell, L.-Cpl. G. 13851.	M. Mar. 22/18.
12 C.	Thirtle, Herbert Victor. 43641.	M. April 9/18.
12 C. IX	Thornber, Douglas. 42185.	M. April 8-12/18.
12 C. X	Wareham, L.-Cpl. S. 41559.	W. and M. April 8-12/18.
12 C. M.G.S.	Watts. P. J. 40356.	M. April 8-12/18.
12 D.	Aldous, George Robert. 40292.	M. Mar. 21-25/18.

December 1st, 1918.

Suffolk Regiment—contd.

B.E.F.

12 D.		Bailey, James Wm. 42359.	M. April 8-12/18.
12 D.		Barnes, A. J. 19151.	M. Mar. 21-25/18.
12 D.		Brown, C. 41021.	M. Mar. 21-25/18.
12 D.		Bullen, Sgt. C. 15425.	M. Mar. 21-25/18.
12 D.		Clark, G. F. 40548.	M. Mar. 21-25/18.
12 D. XIII		Cook, Frederick. 17725.	M. Mar. 21-25/18.
12 D.		Crispen, A. 27477.	M. Mar. 21-25/18.
12 D.		Haslen, Cpl. A. 42454.	W. and M. April 8-12/18.
12 D.		Hensley, L.-Cpl. W. 23948.	M. Mar. 21-25/18.
12 D. XVI		Holland, Daniel. 41035.	M. Mar. 21-25/18.
12 D. XV		Howlett, J. 43971.	M. Mar. 21/18.
12 D.		Jackson, E. J. 22170.	M. Mar. 21-25/18.
12 D. XV		Kersey, S. J. 14455.	M. Mar. 21/18.
12 D. XVI		Layton, Richard Lewis. 330847.	M. Mar. 21-25/18.
12 D.		Leeves, H. 50426.	M. Mar. 21-25/18.
12 D.		Lythell, Sgt. A. 34872.	M. Mar. 21-25/18.
12 D.		Martin, H. J. 43032.	M. Mar. 21-25/18.
12 D. XV		Maynard, H. 22194.	M. April 8-12/18.
12 D.		Nevard, Cpl. H. J. 7976.	M. Mar. 21-25/18.
12 D.		Newman, C. 50180.	M. Mar. 21-25/18.
12 D.		Nice, A. E. 200800.	M. Mar. 21 25/18.
12 D.		Packham, W. 27520.	M. Mar. 21-25/18.
12 D. XV		Parker, G. 27518.	M. Mar. 21/18.
12 D.		Parker, Wm. C. 27513.	M. Mar. 21-25/18.
12 D. XVI		Payne, Ern. Thos. 51228.	M. Mar. 21/18.
12 D. XV		Pennock, S. 200119.	M. Mar. 21-25/18.
12 D.		Rising, F. 40924.	M. Mar. 21-25/18.
12 D.		Rush, H. W. 44003.	M. Mar. 21-25/18.
12 D. XVI		Stone, Joseph. 41637.	M. Mar. 22/18.
12 D.		Stow, Frank. 45088.	M. Mar. 21-25/18.
12 D. XV		Thompson, J. E. 30802.	M. April 8-12/18.
12 D.		Townsend, J. 27539.	M. Mar. 21/18.
12 D.		Tricher, F. G. 14836.	M. Mar. 21-25/18.
12 D.		Tunney, A/Cpl. A. 22388.	M. Mar. 21-25/18.
12 D.		Ward, C. 34330.	M. Mar. 21-25/18.
12 D.		Ware, G. H. 27551.	M. Mar. 21-25/18.
12 D.		Watts, H. 23739.	M. Mar. 21-25/18.
12 D.		Watts, L.-Cpl. Walter. 27803.	M. May 8-12/18.
12 D. XIII		Willmott, Harry. 44002.	M. Mar. 21-25/18.
12 D. L.G.S.		Woods, L.-Cpl. P. W. 44076.	M. Mar. 21/18.
12 D.		Wright, L.-Cpl. Ern. 9499.	W. and M. Mar. 21-25/18.
12 D.		Youle, Alb. Geo. 42474.	M. Mar. 25/18.
12 H.Q.		Davis, L.-Cpl. J. W. 27607.	M. Mar. 21/18.
12 H.Q.		Sayer, L.-Cpl. Edgar. 17183.	M. Mar. 21-25/18.
12 ?		Baxall, William. 28535.	M. April 8-12/18.
12 ?		Carter, E. J. 51170.	M. Mar. 21-25/18.
12 ?		Clarke, Allen. 42614.	M. April 9-10/18.
12 ?		Howland, Harold Frank. 42372.	W. and M April 8-12/18.
12 ?		King, Chas. Henry. 42554.	M. April 9-10/18.
12 ?		Parker, Arthur. 42165	M. April 8-12/18.
12 ?		Rigby, Fred. 42200.	M. April 12/18.
12 ?		Smith, John. 42380.	M. April 8-12/18.
12 ?		Tann, Cpl. W. H. 27667.	M. Mar. 21/18.
12 ?		Williams, J. 42196.	M. April 8 12/18.
12 ?		Woolston, F. 265316.	M. April 8-12/18.
12 ?		Wright, B. 23499.	M. April 4-12/18.
‡15 A. III		Keech, Jas. 21319.	Unoff. W. and M. mid. Sept./18.
‡15 A.		Palmer, E. 320540.	M. Oct. 18/18.

December 1st, 1918.

Suffolk Regiment—contd.

BALKANS.

*1 ?	Bullard, E. 26531.		M. Sept. 18/18.

E.E.F.

‡5	Smith, Lieut. D. C. W.		M. Oct. 22/18.

EAST SURREY REGIMENT.
B.E.F.

1 B. VI	Church, Joseph. 28556.		K. June 6/18. Det.D./B.
1 B. VI	Stockbridge, W. J. 12318.		M. Aug. 21/18.
1 C.	Butler, Edward J. 12416.		M. Aug. 22/18.
*1 C. X	Welsted, A. F. 26120.		W. Unoff. M. Aug. 21/18.
‡1 D.	Clucas, C. 28607.		W. and M. Aug. 30/18.
6 C. XII	Thompson, John. 205038.		M. Mar. 28/18.
7 B. VII	Collins, A. W. 10060.		M. Mar. 21/18.
7 B. V	Cook, Wm. Samuel. 242530.		M. Aug. 23/18.
7 D.	Nash, Cpl. Ernest. 5986.		M. Mar. 21/18.
8	**Haworth, Lieut. M. B.** (Fr. 5th.)		K. Mar. 22/18. Det.D./B.
8	**Todd, Capt. H. S.** (Fr. 4th.)		K. Sept. 18/18. Det.D./B.
8 A.	Baker, Mark. 4692.		W. and M. April 4/18.
8 A.	Bathurst, Arthur Edward. 206202.		M. May 19/18.
‡8 A.	Bell, J. W. 36305.		M. April 4/18.
8 A. I	Bolt, H. G. 13624. (Fr. 13th.)		D/W. Sept. 2/18. Det.D./B
8 A. IV	Chambers, C. 36379.		M. April 4/18.
‡8 A.	Champion, L.-Sgt. R. 25644.		M. April 4/18.
‡8 A.	Clark, E. 33687.		M. April 4/18.
‡8 A.	Clarke, G. 25201.		M. April 4/18.
‡8 A.	Coller, F. 13637.		M. April 4/18.
‡8 A.	Cox, F. 8669.		M. April 4/18.
‡8 A.	Cullmore, E. V. 35053.		M. April 4/18.
‡8 A.	Davis, C. 20983.		M. April 4/18.
8 A. IV	Evans, H. Fredk. 31230.		M. Mar. 22/18.
‡8 A.	Fitzjohn, A. J. 6565.		M. April 4/18.
8 A. IV	Fribbins, A. G. 17072.		M. April 4/18.
‡8 A.	Harris, C. 6997.		M. April 4/18.
8 A. I	Heym, E. 4243.		M. April 4/18.
‡8 A.	Hobbs, F. 35292.		M. April 4/18.
‡8 A.	Horsley, W. V. 32591.		M. Mar. 22/18.
‡8 A.	Langridge, C. 36723.		M. Mar. 22/18.
‡8 A.	Lovejoy, H. 10724.		M. April 4/18.
‡8 A.	Lunnan, W. 7071.		M. April 4/18.
‡8 A.	Miller, A. J. 36353.		M. April 4/18.
8 A. II	Mulligan. Alex. 35945.		M. Mar. 22/18.
8 A. I	Pearce, W. H. 26009.		M. Mar. 22/18.
‡8 A.	Reeves, A. 35017.		M. May 19/18.
8 A. III	Reeves, Chas. Fredk. 40015.		M. Mar. 22/18.
8 A. III	Sheppard, Chas. Edw. 35024.		M. April 4/18.
8 A. II	Smith, Albert. 33848.		M. Mar. 23/18.
‡8 A.	Webb, T. 35002.		M. Mar. 22/18.
8 A. III	Wemyss, Kenneth. 12686.		M. Mar. 25/18.
8 A. IV	Winters, W. 35311.		M. Mar. 23/18.
‡8 B.	Adams, J. 36716.		M. Aug. 6/18.
8 B.	Andrews, R. L. 29380. (G/85119.)		M. Mar. 23/18.
‡8 B.	Auger, H. 36747.		M. Mar. 23/18.
‡8 B.	Bowers, G. 8262.		M. Mar. 23/18.
‡8 B.	Butterworth, J. 25965.		M. Mar. 23/18.

December 1st, 1918.

Surrey Regiment, East—contd.

B.E.F.

8 B.		Castle, Geo. Hy. 32573.	M. Mar. 23/18.
*8 B. VIII		Clare, H. S. 35598.	M. Aug. 7/18.
‡8 B.		Cook, E. J. 6516.	M. Mar. 23/18.
*8 B. VI		Ferritt, W. F. 36752.	M. Aug. 7/18.
8 B. VI		Ford, J. W. H. 10721.	M. Mar. 23/18.
‡8 B. VII		Frith, W. J. 14535.	M. Oct. 7/18.
‡8 B.		Fuller, F. G. 4998.	M. Mar. 23/18.
8 B. VIII		Furse, L.-Cpl. C. C. L. 972.	M. Mar. 23-31/18.
‡8 B.		Garwood, E. 21229.	M. Mar. 23/18.
8 B. VII		Goatcher, A. P. 32339.	M. Aug. 7/18.
‡8 B.		Gondrill, C. 17543.	M. Mar. 23/18.
‡8 B.		Gordon, C. 14193.	M. Mar. 23/18.
8 B. VI		Harwood, Watson Edwin. 37184.	M. Aug. 7/18.
8 B. VIII		Hopper, T. B. J. 29332.	M. Aug. 7/18.
‡8 B.		House, G. 11980.	M. Mar. 23/18.
8 B. VIII		Howard, J. W. 29274.	M. Aug. 7/18.
‡8 B.		Kelly, E. 30187.	M. Mar. 23/18.
8 B. VIII		Knight, A. F. 2699.	M. Aug. 7/18.
8 B. VIII		Lane, Thomas. 35096.	M. Aug. 7/18.
8 B. VI		Larkin, C. 281834.	W. Unoff. M. Sept. 1/18.
‡8 B.		Leader, C. 5041.	M. Mar. 23/18.
‡8 B.		Mager, Cpl. W. 205012.	W. and M. Mar. 23/18.
‡8 B.		Martin, A. 38895.	M. Mar. 23/18.
8 B.		Middlehurst, J. 34937.	M. Mar. 23/18.
8 B. VIII		Miles, James. 34722.	M. Mar. 23/18.
‡8 B. VIII		Nicholls, W. P. 27080.	M. Sept. 19/18.
‡8 B.		Scholes, W. 36703.	M. Mar. 23/18.
8 B. VI		Smith, F. S. 25909.	M. Mar. 23/18.
8 B.		Smithers, C. 31121.	M. Mar. 23/18.
‡8 B.		Steny, L.-Cpl. A. 6477.	M. Mar. 23/18.
‡8 B.		Steny, A. 35022.	M. Mar. 23/18.
‡8 B.		Stuteley, H. 34308.	M. Mar. 23/18.
‡8 B.		Sullivan, A. 21657.	M. Mar. 23/18.
8 B. VIII		Surridge, F. 13676.	M. Aug. 7/18.
8 B. L.G.S.		Turnham, Thos. Jas. 31832.	M. Aug. 7/18.
‡8 B.		Tween, W. G/25897.	M. Aug. 6/18.
‡8 B.		Wheeler, F. 201992.	M. Mar. 23/18.
‡8 B.		Whitehand, C. 35038.	M. Mar. 23/18.
8 B.		Wood, C. 11710.	D/W. April 21/18. Det.D./B.
8 B.		Woodward, Walter Stanley. 33103.	M. Mar. 23/18.
‡8 B.		Wright, E. C. 9486.	M. Mar. 23/18.
‡8 C.		Avann, A. 6137.	W. and M. April 4/18.
‡8 C.		Bishop, A. 34587.	M. April 4/18.
8 C. XII		Botten, Alfred. 206219.	K. Aug. 6/18. Det.D./B.
8 C. X		Brown, Joseph. 29292.	M. Aug. 6/18.
8 C. XI		Challis, Fredk. 19265.	M. Mar. 23/18.
‡8 C.		Colwell, H. 30349.	M. Mar. 23/18.
8 C. XI		Corbett, H. J. 20961.	M. April 4/18.
‡8 C.		Corkish, J. 28543.	M. April 4/18.
8 C. IX		Coward, Henry Alfred. 32564	M. Aug. 7/18.
8 C.		Cox, Cpl. D. M. 5198.	M. April 4/18.
8 C. X		Dawes, Harry. 29277.	K. Aug. 7/18. Det.D./B.
‡8 C.		Dyer, H. 36751.	M. Mar. 23/18.
‡8 C.		Forster, R. J. 36668.	M. Mar. 23/18.
8 C.		Franklin, L. T. 10378.	W. and M. Mar. 31—April 5/18.
8 C.		Glover, R. 814.	M. April 4/18.
‡8 C.		Goodchild, V. F. 21665.	M. April 4/18.
‡8 C.		Greatwood, C. 6971.	M. April 23/18.

December 1st, 1918.

Surrey Regiment, East—contd.

B.E.F.

8 C.	Harford, L.-Cpl. H. 30379.	M. April 4/18.
8 C.	Harvey, John. 39378.	M. Aug. 7/18.
8 C.	Hollings, W. R. 31859.	M. April 4/18.
8 C.	Holloway, C. 34975.	M. Mar. 23/18.
8 C.	Jewers, C. H. 35326.	M. Aug. 7/18.
8 C. IX	Jones, C. H. 8223.	M. Mar. 23/18.
8 C.	Jones, L.-Cpl. R. T. 34594.	M. Mar. 23/18.
8 C.	Kemp, Ernest. 5250.	M. April 4/18.
8 C.	Kendall, J. 3617.	M. April 4/18.
8 C.	Lockwood, A. 34981.	M. Mar. 23/18.
8 C.	Lovick, H. G. 35069.	M. Mar. 11/18.
8 C. XI	Lynn, Albert. 204006.	M. Mar. 23/18.
8 C. IX	Moon, J. 32937.	M. Mar. 16/18.
8 C.	Nickerson, C.-Q.-M.-S. H. J. 7691.	M. Mar. 23/18.
8 C.	Norton, V. 11781.	M. Mar. 23/18.
8 C. IX	Openshaw, Robert. 35926.	M. Aug. 7/18.
8 C.	Pidgeon, C.-Q.-M.-S. R. 240864.	M. April 4/18.
8 C.	Quinland, E. L. 203727.	M. Mar. 23/18.
8 C.	Roof, A. 32129.	M. Mar. 22/18.
8 C. XI	Shelley, G. 1744.	M. Mar. 23/18.
8 C.	Simpson, Sgt. Alf. 35991.	M. April 4/18.
8 C. X	Smith, B. 7559.	M. Aug. 7/18.
8 C. X	Sparkes, L.-Cpl. Regd. A. 5316.	M. Mar. 23/18.
8 C. X	Stemp, Allen. 35022.	M. Mar. 23/18.
8 C.	Todd, Grieve. 35806.	M. Aug. 7/18.
8 C. IX	Townsend, Horace. 26039.	M. Aug. 7/18.
8 C.	Wells, A. 18411.	M. Mar. 23/18.
8 C. XI	West, S. 18511.	M. Mar. 23/18.
8 C. XII	Wheeler, Alf. John. 35037.	M. Mar. 23/18.
8 C.	Willett, W. 28278.	M. Mar. 23/18.
8 C.	Wilson, L.-Cpl. Geo. Thos.	M. April 4/18.
8 C. X	Worsfold, Wm. H. 29356.	M. Aug. 7/18.
8 D.	Botting, W. 10905.	M. April 4/18.
8 D. XIV	Fitch, A. 202840.	M. April 4/18.
8 D.	Franklin, William Harold. 36392.	M. Mar. 23/18.
8 D. XV	Gill, Alfred Edward. 26046.	W. and M. Mar. 31—April 5/18.
8 D.	Hammond, Edw. John. 26047. (Fr. H.Q.)	M. April 4/18.
8 D.	James, D.C.M., M.M., L.-Cpl. Wm. 1728.	W. and M. April 4/18.
8 D. XV	Newbon, Walter. 4421.	M. April 4/18.
8 D.	Plackett, H. 19297.	W. & M. Mar. 31—April 5/18.
8 D.	Pryse, Thos. James. 23704.	W. and M. Mar. 31—April 5/18.
8 D. XIII	Richards, E. 23700.	M. Mar. 23/18.
8 D. XIII	Rogers, Sidney. 36177.	W. and M. Mar. 31—April 5/18.
8 D. XVI	Smith, M.M., Eric. 22433.	K. Mar. 22—April 4/18. Det.D./B.
*8 D.	Smith, Sig. Percy Lonsdale. 35956.	W. Unoff. M. Sept. 18/18.
8 D. XV	Sutton, Howard C. 32053.	W. Unoff. M. Mar. 31—April 5/18.
8 D.	Woodyard, F. 614.	M. April 4/18.
8 H.Q.	Comber, S/B. Geo. Henry. 26002.	M. Aug. 7/18.
8 H.Q.	Smeaton, S/B. Jas. 5125.	Unoff. M. Aug. 6/18.
8 H.Q.	Ward, Sig. C. E. 206227.	M. Aug. 7/18.
8 H.Q.	Wilshire, Geo. 25902.	M. Aug. 6/18.
8 ?	Barham, Sig. L.-Cpl. Ern. Fredk. 15858.	M. Aug. 8-10/18.
8 ?	Barsden, A. 5152.	M. Mar. 23/18.
8 ?	Carroll, John. 34736.	M. abt. Mar. 21/18.
8 ?	Cussen, J. 678276. (281226.)	M. Aug. 7/18.
8 ?	Dainton, C. E. 33913.	M. Aug. 6/18.

December 1st, 1918.

Surrey Regiment, East—contd.

B.E.F.

8 ?	Hill, C.-S.-M. Horace. G. 25661.	M. Mar. 23/18.	
8 ?	Marsh, W. 35733.	K. Sept. 1/18. Det.D./B.	
8 ?	Moore, L.-Cpl. D. A. 22922.	K. Mar. 22/18. Det.D./B.	
8 ?	Ousley, Samuel Geo. 29390.	M. Aug. 7/18.	
8 ?	Overington, W. 36360.	M. Mar. 23/18.	
8 ?	Phillips, E. 282983.	M. Aug. 6/18.	
8 I.T.M.	Poacher, R. J. 28302. (55 Bde.)	M. April 4/18.	
8 ?	Potter, William. 9014.	M. April 4/18.	
8 ?	Randall, W. 11769.	M. Mar. 22/18.	
8 ?	Spicer, L. 31883.	M. April 4/18.	
8 ?	Syms, Charles. 892.	M. April 4/18.	
9 A.	Barrett, Ernest. 2178.	M. July 31/18.	
9 A.	Carter, Henry Thomas. 35218.	M. Mar. 21-27/18.	
‡9 A.	Deverill, E. 27229.	M. Sept. 3/18.	
9 A.	Faulkner, Robt. Wallace. 8105.	M. Mar. 21-27/18.	
‡9 A.	Harmer, S. M. 2199.	Unoff. M. Oct. 16/18.	
‡9 A. III	Hewitt, E. 26748.	M. Oct. 16/18.	
9 A. II	Hicks, L.-Cpl. Wm. Robt. 24098.	M. Mar. 21-27/18.	
‡9 A.	Horton, C. 29073.	M. Sept. 3/18.	
*9 A. II	Hyman, Samuel. 27262.	M. Sept. 3/18.	
9 A.	Jones, David. 35380.	M. Mar. 21-27/18.	
9 A.	King, L.-Cpl. Arthur. 691.	M. Mar. 21-27/18.	
*9 A. I	Leppard, L. S. 35090.	M. Oct. 16/18.	
9 A. II	Lock, C. E. 10478.	M. Mar. 21-27/18.	
*9 A. II	Odell, Harry. 10470.	M. Sept. 3/18.	
9 A.	Rymills, Sgt. W. 1187.	M. Mar. 21-27/18.	
9 A.	Sorge, Percy. 18325.	M. Mar. 21-27/18.	
‡9 A.	Spencer, Chas. 26735.	Unoff. M. Oct. 16/18.	
9 A. I	Stickland, H. G. 22751.	M. Mar. 21/18.	
‡9 A. III	Temple, Harry. 26682.	Unoff. M. Oct. 16/18.	
‡9 A. I	Wilcock, W. 28971.	Unoff. M. Oct. 16/18.	
9 A. II	Wilkinson, Arth. Chas. 33661.	M. Mar. 21-27/18.	
‡9 A. I	Wilson, Fredk. 24091.	M. Oct. 16/18.	
9 A.	Wright, E. P. 32319.	M. Mar. 21-27/18.	
9 B.	Arnold, J. 33641.	M. Mar. 21-27/18.	
9 B. VII	Chappell, J. 8440.	M. Mar. 21-22/18.	
‡9 B. VIII	Dady, G. 24915.	Unoff. M. Oct. 14-20/18.	
9 B.	Dodson, W. 23888.	M. Mar. 21-27/18.	
‡9 B. V	Feary, W. 11802.	Unoff. M. Oct. 16-20/18.	
‡9 B.	Haley, Arthur. 203938.	W. and M. Oct. 16/18.	
‡9 B. VI	Harrison, Cpl. Wm. R. 37548.	Unoff. M. Oct. 16/18.	
‡9 B. VI	Naylor, Herbert. 26751.	Unoff. M. Oct. 19/18.	
*9 B.	Orange, C. H. 15347.	Unoff. M. Oct. 14/18.	
9 B. VI	Rayner, Sydney. 33623.	M. April 18/18.	
9 B. VIII	Richardson, Henry David. 32328.	Unoff. M. Sept. 1/18.	
*9 B.	Russell, David. 26667.	Unoff. M. Oct. 16/18.	
9 B. VI	Rycroft, R. W. 31843.	M. Mar. 21-27/18.	
9 B.	Stilwell, H. E. 23445.	M. Mar. 21/18.	
*9 B. VIII	Such, Alfred. 26677.	Unoff. M. Oct. 17/18.	
9 B. V	Tyler, H. 25397.	M. Mar. 21/18.	
9 C.	Barns, H. 8260.	M. Mar. 21-27/18.	
9 C.	Bournes, E. 21573.	M. Mar. 21-27/18.	
‡9 C. X	Burton, W. T. 27261.	M. Oct. 16/18.	
9 C.	Cranston, Sgt. George. 10368.	M. Mar. 24/18.	
9 C.	Day, Charles. 11921.	W. and M. Mar. 21-27/18.	
‡9 C. XII	Fryers, Alf. Wm. 27237.	Unoff. M. Oct. 16/18.	
9 C.	Heywood, L.-Cpl. Ern. 35953.	M. Mar. 21-27/18.	
‡9 C.	Hoaley, W. 86.	W. and M. Mar. 21-27/18.	
9 C.	Hope, F. S. 24923.	W. and M. Mar. 21-27/18.	

December 1st, 1918.

Surrey Regiment, East—contd.

B.E.F.

‡9 C. X	Hutson, W. G. 27261.	Unoff. M. Oct. 22/18.
‡9 C. XI	Irving, J. N. 242643.	M. Mar. 21-27/18.
9 C.	Lock, L.-Cpl. W. J. 6497.	M. Mar. 21-27/18.
9 C.	Palmer, R. 35015.	M. Mar. 21-27/18.
9 C. X	Paramore, J. 13851.	M. Mar. 21-27/18.
‡9 C. IX	Randell, Chas. 18131.	Unoff. M. Oct. 22/18.
‡9 C. IX	Richards, L.-Cpl. Griffiths Geo. 204325.	Unoff. M. Oct. 22/18.
9 C. X	Sabin, Tom. 23002.	W. and M. Mar. 21-27/18.
9 C. X	Turner, Arthur. 16104.	W. and M. Mar. 21-27/18.
9 C.	Whistle, Benjamin. 1034.	M. Mar. 21-27/18.
9 C. X	Wiles, Harry. 24350.	M. Mar. 24/18.
9 D. XIII	Althorpe, G. 32099.	M. Mar. 21/18.
9 D. XIII	Chipping, Sgt. R. 1987.	M. Mar. 21-27/18.
‡9 D.	Davis, W. E. 35199.	M. Oct. 16/18.
9 D. XV	Dollamore, W. E. 18167.	M. Mar. 21-27/18.
9 D.	Foster, C. 203016.	M. Mar. 21-27/18.
9 D. XIII	Harrison, Wm. 32991.	M. Mar. 24-27/18.
9 D. XV	Higgins, L.-Cpl. D. 11800.	M. Mar. 25/18.
9 D. XV	Jones, F. M. 30130.	M. Mar. 21-27/18.
‡9 D.	Pain, W. 21888.	Unoff. M. Oct. 19/18.
9 D. XIII	Peach, G. E. 33072.	M. Mar. 21-27/18.
9 D. XIV	Singleton, F. B. 3547.	M. Mar. 21/18.
9 D. Sig. S.	Standen, Wm. 2034.	M. Mar. 21-27/18.
9 D. XIII	Tipler, Harry. 24900.	M. Mar. 21-27/18.
9 H.Q. Sig. S.	Horlock, L.-Cpl. Allan. 10936.	M. Mar. 22/18.
9 H.Q.	Tyson, Wm. 8128.	M. Mar. 24/18.
9 H.Q.	Whiting, Herbert E. 6673.	W. and M. Mar. 21-27/18.
9 I.T.M.	Newland, G. 20647. (72 Bde.)	M. Mar. 21/18.
9 ?	Pocklington, R. G. 12186.	M. Mar. 21-27/18.
9 ?	Wheatley, T. W. 25942.	M. Mar. 21/18.
12	**Barry, Capt. F. P.**	W. and M. Sept. 4/18.
12 A. III	George, F. T. 27010.	M. Aug. 20/18.
12 A.	Grainge, Harry Last. 33383.	M. Mar. 24/18.
12 A.	Knowles, F. 26488.	M. Sept. 4/18.
‡12 A. II	Langley, Harold. 35821.	M. Oct. 2/18.
12 A. II	Thacker, Chas. 35995.	M. Mar. 24/18.
12 B. VII	Chapman, Cpl. Edward. 675064.	Unoff. K. Sept. 3/18. Det.D./B.
‡12 B. VIII	Collins, L.-Cpl. Wm. 25197.	W. and M. Oct. 1/18.
12 B. VIII	Dax, Sidney Henry. 26802.	W. and M. Aug. 12/18.
12 B. VII	Gatford, J. W. 25355.	M. Mar. 25/18.
*12 B. V	Kirby, H. W. 27012.	W. and M. Sept. 4/18.
‡12 B.	May, E. J. G/28538.	M. Aug. 19/18.
12 B. VI	Monk, John Chas. 34605.	M. Mar. 25/18.
12 B.	Shine, John. 8187.	M. Aug. 7/18.
12 C. X	Devey, Alfred. 14285.	M. Mar. 25/18.
‡12 C.	Elliott, A. W. 27399.	M. Sept. 4/18.
12 C.	Eyles, B. 16008.	M. Mar. 25/18.
‡12 C. X	Falkner, J. E. C. 26819.	W. Unoff. M. Oct. 1/18.
12 C. XII	Finnigan, Wm. Geo. 36278.	M. Mar. 23-25/18.
*12 C. IX	Gale, S. 37172.	M. Sept. 4/18.
12 C. IX	Goddard, Cpl. G. C. 36956.	M. Mar. 25/18.
*12 C. XI	Johnson, Edw. Victor. 27416.	W. and M. Sept. 4/18.
12 C. X	Jotcham, L.-Cpl. W. 26447.	M. Mar. 25/18.
12 C. XII	Maris, E. 36805.	M. Mar. 25/18.
12 C. IX	Martin, A. J. 12609.	M. Mar. 25/18.
12 C.	Mayhin, Arthur. 8773.	M. Mar. 25/18.
12 C. IX	Phipps, James. 35544.	M. Mar. 25/18.
*12 C. IX	Rayner, Walter. 25776.	M. Aug. 9/18.

December 1st, 1918.

Surrey Regiment, East—contd.

B.E.F.

*12 C. X	Rowsell, W. J.	32290.	Unoff. K. Oct. 3/18. Conf. & Det.
12 C.	Stephens, Charles.	26435.	M. Mar. 25/18.
12 C. XI	Thurley, A.	33210.	M. Mar. 25/18.
12 C.	Tomlinson, C.	241971.	M. Mar. 25/18.
12 C. X	Valentine, Cpl. W.	20434.	M. end Mar. 19/18.
12 C.	Westbrook, Robert.	26459.	M. Mar. 21/18.
‡12 D.	Chapman, A. E.	25345.	M. Sept. 4/18.
*12 D. XV	Fox, L.-Cpl. A. R.	G/36672.	W. and M. Sept. 4/18.
*12 D.	Oswell, L. C.	34955.	M. Sept. 4/18.
‡12 D.	Rothery, A.	25004.	M. Sept. 4/18.
12 ?	Bagg, Leonard.	14242.	W. Unoff. M. Aug. 9/18.
12 ?	Bickerdyke, Wm.	204593.	M. Mar. 23/18.
12 ?	Bickerton, Will.	26467.	M. Mar. 23/18.
*12 ?	Buller, E. F.	26784.	W. and M. Sept. 4/18.
12 ?	Burkin, W.	32321.	M. Mar. 24/18.
12 ?	Cheshire, Robert.	204378.	M. Mar. 26/18.
12 ?	Dean, F. C.	26475.	M. Mar. 26-27/18.
12 ?	Dyson, F.	32621.	W. and M. Mar. 25/18.
12 ?	Edmunds, L.-Cpl. Eric.	204376.	M. Mar. 25/18.
12 ?	Gallagher, Joseph.	22779.	W. Unoff. M. Aug. 9/18.
12 ?	Harraden, Wm. A.	17296.	M. April 1/18.
12 ?	Hatchard, A.	26485.	M. Mar. 23/18.
12 ?	Hoyland, Wm. Percy.	26482.	M. Mar. 23/18.
12 ?	Mercer, J.	26448.	M. Mar. 25/18.
*12 ?	Moffatt, David.	27397.	W. and M. Sept. 4/18.
12 ?	Nutley, Cpl. Francis Vic. Har. 33379.		M. Mar. 25/18.
12 ?	O'Brien, Terence.	38656.	M. Mar. 23/18.
12 ?	Rendell, John Wm. Hry. 26499. (Fr. Manch.)		M. Mar. 23/18.
12 ?	Robbins, J.	36421.	M. Mar. 25/18.
12 ?	Whitfield, S. R.	25850.	M. Mar. 23/18.
13 ?	**Cowlin, Lieut. A. E.**		M. about April 14/18.
13 A. III	Babbage, F. J.	19723.	M. April 9/18.
13 A. IV	Brooker, A.	204806.	M. April 9/18.
13 A. IV	Callan, Edw. Henry.	9033.	M. April 5-9/18.
13 A. III	Green, L.	33262.	Unoff. M. Mar. 23-26/18.
13 A.	Hawkins, R. J. 25788. (Fr. H.Q.)		M. April 9/18.
13 A. I	Hone, Leonard.	22404.	M. April 9/18.
13 A. III	Jiggins, F. C.	16004.	M. April 9/18.
13 A. IV	Martin, S.	35989.	M. April 9/18.
13 A.	Millard, E. 11689. (Snip. S.)		M. Mar. 23-26/18.
13 A. I	Palmer, Ern. Wm.	13633.	M. April 9/18.
13 A.	Parker, Sgt. H. L.	13503.	M. April 9/18.
13 A. I	Turner, J.	23725.	M. April 9/18.
13 B. V	Green, Wm. Geo.	28673.	M. April 9/18.
13 B. VII	Grove, Reginald H.	14642.	M. April 9/18.
13 B. I.T.M.	Guy, Edwd. Arth. 11352. (119 Bde.)		Unoff. M. April 9/18.
13 B. VI	Hack, H. J.	18364.	M. April 9/18.
13 B. V	Hastings, Alfred.	241483.	M. April 9/18.
13 B. V	Mardell, A.	28569.	M. April 9/18.
13 B.	Newns, Cpl. R. H.	14589.	M. April 9/18.
13 B. VIII	Oakes, D. E.	32938.	M. Mar. 23/18.
13 B. V	Page, A. J.	16282.	M. April 9/18.
13 B. VI	Plackett, W. I.	26034.	M. April 9/18.
13 B. VIII	Punter, L.-Cpl. Herb. Geo.	10126.	M. April 9/18.
13 B.	Rawling, Charles.	G/35685.	M. April 9/18.
13 B. VI	Reade, Sgt. V. F.	4489.	K. April 9/18. Det.D./B.
13 B. VI	Robertson, W.	11324.	M. April 9/18.

December 1st, 1918.

Surrey Regiment, East—contd.

B.E.F.

13 B. VIII	Wallis, J. A. 24052.	M. April 9/18.	
13 C. XII	Davey, Wm. Hy. 30561.	M. Mar. 23-26/18.	
13 C. XI	Edington, F. 36159.	K. Mar. 23-26/18.	Det.D./B.
13 C. IX	Godfrey, Geo. Hry. 6876..	M. April 9/18.	
13 C.	Hopkins, Cecil Fredk. 11498.	M. April 9/18.	
13 C. XII	Horn, Geo. 15510.	M. April 9/18.	
13 C. XI	Hudson, Harold Geo. 185071.	M. April 9/18.	
‡13 C. X	Leaton, J. H. 32098.	M. April 9/18.	
13 C. X	Morris, R. 343719.	Unoff. M. April 9/18.	
13 C. X	Moseley, John. 11974.	M. April 9/18.	
13 C. IX	Thomas, Stanley. 28710.	M. April 9/18.	
13 C. IX	Took, B. 21275.	M. April 9/18.	
13 C.	Wellington, H. H. 28715.	M. April 9/18.	
13 C. XII	Worthington, George. 19772.	M. April 9/18.	
*13 D. XVI	Burgess, A. 202592.	M. Mar. 23/18.	
13 D. XVI	Davis, P. A. 204750.	M. Mar. 23-26/18.	
13 D. XVI	Duffy, E. 35848.	M. April 9/18.	
13 D.	Elliott, G. 13764.	M. April 9/18.	
13 D. XIV	Greenhalgh, Harry. 35950.	M. Mar. 23-26/18.	
13 D.	Hurcomb, J. D. W. 24011.	M. April 9/18.	
13 D. XIV	Jackson, L.-Cpl. F. 19554.	M. April 9/18.	
13 D.	Jarvis, Sgt. Alb. E. 7218.	M. April 9/18.	
13 D. XIII	Kent, H. 202962. (Fr. 7th.)	M. April 9/18.	
13 D.	Pocock, L.-Cpl. Harry Richd. 32663	M. April 9/18.	
13 D.	Pringle, Sgt. Geo. Jas. 15515.	M. April 9/18.	
13 D.	Slawson, G. H. 32170.	M. Mar. 23-26/18.	
13 D. XVI	Webber, L.-Cpl. E. R. 20932.	M. April 9/18.	
13 D. XIV	Wheeler, J. E. 20012.	M. April 9/18.	
13 D.	Wilson, Geo. Stan. 28718. (Fr. 2/9 Middlesex.)	M. April 9/18.	
‡13 H.Q.	Ruddle, J. 14774.	M. April 9/18.	
*13 ?	Grindey, J. 7675. (674.)	W. and M. April 9/18.	
13 Snip. S.	Hairs, Martin S. F. 22445.	M. April 8-9/18.	
13 ?	Harston, Fred. 35082.	M. April 9/18.	
13 ?	Lynch, G. 26921. (Fr. Middlx., 128278.)	M. April 9/18.	
13 ?	Newnham, Chas. John. 14624.	M. April 9/18.	
13 ?	Peskett, C. 11094.	M. April 9/18.	
13 ?	Redgrave, A. 26952.	M. April 9/18.	
13 ?	Shippham, Albert. 204100.	M. April 9/18.	
13 ?	Smith, A. G. 2108.	M. April 9/18.	
13 ?	Wiegold, G. W. 14649.	M. Mar. 23-26/18.	

ROYAL WEST SURREY REGIMENT.

B.E.F.

1 A. I	Buss, Sydney. 61034.	M. April 14/18.
*1 A. II	Cater, W. A. 69047.	M. Sept. 17/18.
1 A.	Clark, W. 6085.	M. April 14/18.
*1 A. IV	Downes, Jas. Fenwick. 69145.	M. Sept. 21/18.
1 A. I	Duncan, Fredk. 265257.	M. Sept. 28/18.
*1 A. I	Larkin, L.-Cpl. A. E. 18931.	M. April 14/18.
1 A.	Maraska, John. 25589.	M. April 14/18.
1 A. II	Prizeman, Walter. 265706.	M. April 14/18.
1 A.	Skinner, L.-Cpl. Walter. 16059.	M. April 14/18.
1 A. I	Smith, Cpl. John. 205390.	M. April 14/18.
1 A. II	Sparkes, H. S. J. G/25256. (18309.)	M. April 14/18.

December 1st, 1918.

Surrey Regiment, Royal West—contd.

B.E.F.

1 A. III	Stupples, Alb. 25257.		M. April 14/18.
1 A.	Wackett, E. F. 39876.		M. April 14/18.
1 B. VI	Aspinall, J. E. 25568.		**M. April 14/18.**
1 B. VII	Bagshaw, Eric Geo. 25320.		M. April 13/18.
1 B.	Balaam, J. 60911.		M. April 13/18.
1 B. VIII	Barker, H. J. 60389.		M. April 14/18.
‡1 B. V	Barrett, S. 37033.		**M. Sept. 21/18.**
1 B. V	Carter, G. 5928.		M. April 13/18.
1 B.	Edwards, Edward. 24457.		M. April 13/18.
1 B. V	Fill, E. E. 61247.		M. April 13/18.
*1 B. V	Foster, F. 13800.		M. Oct. 21/18.
*1 B. VII	Hardcastle, F. J. 29717.		M. Sept. 21/18.
1 B.	Holmes, E. H. H. 23685.		Unoff. M. **April 14/18.**
‡1 B.	Jacks, G. 69124.		**M. Sept. 21/18.**
1 B. VIII	Jacobs, Frank. 1366.		M. April 13/18.
1 B. V	Judd, A. 25294.		M. April 14/18.
1 B. VIII	Mayhew, A. 8226.		**M. April 24/18.**
1 B. VI	Miatt, T. W. 61230.		M. April 14/18.
1 B. VIII	Perrin, B. W. 63387.		M. June 13/18.
1 B. V	Peters, Gnr. W. H. 25230. (19017.)		M. April 14/18.
1 B. V	Pickwick, Alfred. 25214.		M. April 13/18.
*1 B.	Randle, Allen Irwen. 69508.		M. Sept. 21/18.
‡1 B. V	Rickman, J. A. 69027.		**K. Sept. 21/18.** Det.D./B.
1 B. VIII	Short, R. 25263.		M. April 13/18.
1 B.	Shurmer, Harry. 66927.		W. and M. **April 16/18.**
*1 B.	Stevens, Sgt. D. J. 205904.		Unoff. W. and M. Sept. 21/18.
*1 B. V	Tillett, Wm. G. 21024.		M. April 13/18.
1 B.	Tripp, Sgt. Francis Geo. 6305.		M. April 13/18.
‡1 B. V	Wilsher, Sid. Llewellyn. 30000.		**M. Sept. 21/18.**
1 C. X	Annets, G. 10569.		M. April 13/18.
1 C. X	Cooper, E. S. 60841.		M. April 13/18.
1 C. X	Corbyn, James. 21085.		M. April 13/18.
1 C. XI	Deadman, Cpl. Jas. 11039.		W and M. April 13/18.
1 C. X	Dullaway, A. 8015.		M. April 13/18.
1 C. X	Dunn, Thos. Jas. Johnson. 12707.		M. April 13/18.
‡1 C. XII	Grice, H. W. 69003.		**M. Sept. 21/18.**
*1 C. XI	Hewlett, Cpl. A. E. 24398.		M. Sept. 21/18.
1 C. XI	Horne, B. J. 25161.		K. April 13/18. Det.D./B.
1 C. X	Jones, M.M., Cpl. B. 6197.		M. April 14/18.
1 C. IX	Lee, Sgt. 63795.		M. April 13/18.
1 C.	Osmond, Chas. 25591.		M. April 13/18.
1 C. XI	Reeves, W. C. 5182.		M. April 14/18.
1 C. XII	Skilton, C. D. 13462.		M. April 13/18.
1 C. XI	Styles, Geo. Samuel. 67659.		W. and M. **April 14/18.**
1 C. X	Townley, F. 25267.		M. April 14/18.
1 C. XI	Weller, Geo. 37961.		M. April 13/18.
1 D. XVI	Ager, F. W. 206125.		M. April 14/18.
1 D. XV	Bettsworth, A. E. 25169.		M. April 14/18.
*1 D. XIII	Greenslade, L.-Cpl. Cecil Edw. 25142.		K. Sept. 21/18. Det.D./B.
1 D.	Hancock, Edwin. 25581.		M. April 13/18.
*1 D. XIII	Head, G. A. 25407.		K. Sept. 21/18. Det.D./B.
1 D. XIII	Joyce, P. W. 6267.		W., and M. April 13/18.
1 D. XV	Knowles, Ernest. 22996.		K. April 13/18. Det.D./B.
1 D. XVI	Miller, C. R. 25309.		M. April 14/18.
1 D. XIII	Richards, Sig. G. W. 200954.		M. April 14/18.
1 D. XV	Romaine, Tom Lawrence. 63392.		M. April 14/18.
1 D. XIV	Tanner, R. 61317.		M. April 14/18.
1 D. XIII	Wood, W. F. 25600.		M. April 14/18.
1 H.Q.	Morgan, F. 9476.		M. April 14/18.

December 1st, 1918.

Surrey Regiment, Royal West—contd.

B.E.F.

1 ?	Abbott, Cp. Edwin. 240472.	M. April 13/18.
1 ?	Brooks, Will. 204855.	M. April 14/18.
1 ?	Bryant, Cpl. J. W. 5460.	M. April 13/18.
1 ?	Buckley, Harry. 25571.	M. April 13/18.
1 ?	Connolly, Thomas. 23708.	M. April 14/18.
1 ?	Long, Ernest. 202319.	M. April 13/18.
1 I.T.M.	McHarg, Hugh. 39837. (19 Bde.)	M. April 16/18.
2/4 A. IV	Baker, John. 60638.	W. and M. July 31/18.
2/4 A. or B.	Sasse, Chas. A. 7108.	M. July 29/18.
2/4 A. I	Snook, G. T. 203094.	M. early June/18.
2/4 A.	Tamlin, Thos. Alex. G/63043.	W. Unoff. M. July 23/18.
2/4 B. V	Clarke, Joel. 21894.	M. July 29/18.
2/4 B.	Copus, L.-Cpl. Herb. David. 203006.	M. July 29/18.
2/4 B.	Johnson, P. 63592.	M. July 29/18.
2/4 B.	Poulter, L.-Cpl. A. 206642.	M. July 27/18.
*2/4 B. V	Whitaker, Thos. R. 70360.	K. Oct. 8/18. Det.D./B.
2/4 C.	Buller, H. 201861.	W. Unoff. M. July 29/18.
2/4 H.Q.	Bailey, A. E. 63037.	M. July 22/18.
2/4 ?	Brackley, A 203033.	M. July 29/18.
3/4 C. XII	Barry, H. 24936.	M. April 2/18.
6 A. I	Broughton, G. 69335.	M. Unoff. K. Aug. 9/18.
6 A. I	Dams, Harry James. 70016.	M. Aug. 8/18.
6 A. I	Davies, Fredk. Lewis. G/69291. (Fr. R. Sussex.)	M. Aug. 9/18.
*6 A. II	Earl, Arthur Bernard. G/69297.	K. Aug. 10/18. Det.D./B.
5 A. I	Elkin, L.-Cpl. Alf. Alb. 6783.	W. and M. June 30/18.
6 A.	Foxton, George. 69549.	M. Aug. 28/18.
‡6 A. L.G.S.	Hayes, Fred Bennett. 205631.	W. and M. Sept. 7/18.
6 A. III	Jackson, R. H. 69205.	W. and M. June 30/18.
‡6 A.	Miles, C. H. 69209.	M. Aug. 9/18.
‡6 A. IV	Richards, Geo. 69476.	M. Aug. 29/18.
6 A. II	Woolger, L.-Sgt. Manfred Eustace. 22217.	M. June 30/18.
6 B. VIII	Brooks, W. 67564.	M. July 1/18.
6 B. V	Bryant, John Wm. 69391.	M. Aug. 27/18.
6 B.	Burry, L.-Cpl. Wm. John. 21788.	K. Aug. 23/18. Det.D./B.
6 B. V	Donetta, David John. 29368.	Unoff. M. July 1/18.
6 B. V	Owen, H. E. 69211.	M. June 30/18.
6 B.	Reed, W. 70108.	M. June 20/18.
6 B. V	Spiers, Alf. J. 22198.	M. June 30/18.
6 C. X	Addison, F. 21578.	W. and M. June 30/18.
5 C. IX	Cuthbert, Roland. 5812.	M. Mar. 28/18.
‡6 C. IX	Green, J. 79035.	Unoff. M. abt. Oct. 15/18.
6 C. X	Heath, A. E. 25410.	M. April 28/18.
6 C. XI	Kipping, Wm. 205078.	M. Mar. 28/18.
6 C. XII	Lake, Walter Thos. 69182.	K. June 30/18. Det.D./B.
6 D. XIV	Allington, Edw. Penrose. 61136.	M. Mar. 28/18.
6 D. XVI	Baker, W. 69664.	M. Mar. 28/18.
6 D. XIII	Boxall, Alfred J. 205981.	W. and M. June 30/18.
6 D. XVI	Cook, L.-Cpl. S. L. 203634.	M. Mar. 28/18.
*6 D. XV	Feavyour, A. 69306.	W. Unoff. M. Oct. 9/18.
6 D. XIII	Gadsdon, J. 61475.	W. and M. June 30/18.
6 D.	Gibbs, H. 60795.	M. June 30/18.
6 D. XV	Goward, L.-Cpl. W. 59570.	M. June 30/18.
‡6 D. XVI	Loveless, F. 69403.	W. and M. Aug. 23/18.
6 D. XV	Morton, Stan. Jos. G/69448.	M. Aug. 23/18.
6 D.	Norris, E. 70091.	W. and M. June 30/18.
6 D. XV	Parnell, L.-Cpl. C. J. 8128.	W. Unoff. M. June 30/18.
6 D.	Simpson, A. 70117.	M. July 1/18.

December 1st, 1918.

Surrey Regiment, Royal West—contd.

B.E.F.

6 D. XV	Small, R. R. 70121.	W. and M. **June 30/18.**	
‡6 D. XIII	Smith, S. H. 61483.	K. **July 30/18.** Det.D./B.	
6 D. XIII	Winter, L. 61091.	M. **Mar. 28/18.**	
6 H.Q. Sig. S.	Hine, John Thomas. 12158.	K. **June 30/18.** Det.D./B.	
*6 ?	Barlow, E. D. 6392.	W. Unoff. M. **June 30/18.**	
6 ?	Cranham, Frank. 13567.	M. **Mar. 28/18.**	
6 ?	Paine, William Thos. 6779.	M. **June 30/18.**	
6 ?	Peto, Fredk. W. 11126.	W. and M. **Mar. 28/18.**	
7 A. I	Atkins, Stanley Richd. 722654.	M. **Mar. 23/18.**	
7 A. III	Baker, J. W. 4036.	M. **April 26/18.**	
7 A. II	Bezer, Wm. Percy. 22855.	M. **April 26/18.**	
7 A. I	Butcher, F. S. 243067.	M. **Mar. 23/18.**	
‡7 A.	Chaplin, E. 63493.	M. **Aug. 23/18.**	
7 A. I	Collins, Albert. 1776.	W. and M. **Mar. 21/18.**	
7 A.	Coulstock, L.-Cpl. Herb. 5738. (S/B.)	M. **Mar. 23/18.**	
7 A. II	Dive, W. F. 63522.	M. **April 26/18.**	
7 A. Sig. S.	Greenstreet, Harry T. 38689.	M. **Aug. 8/18.**	
7 A.	Hudson, L.-Cpl. H. 68550.	W. and M. **April 26/18.**	
7 A. III	Kemp, Alfred. 12278.	W. and M. **Mar. 21/18.**	
7 A. II	Maple, A. G. 14893.	M. **Mar. 23/18.**	
7 A. III	Orchard, Geo. Sidney. 7626.	K. **April 26/18.** Det.D./B.	
7 A. I	Page, G. W. 24142.	M. **Aug. 8/18.**	
7 A.	Paterson, L.-Cpl. Edward. 3467.	M. **April 26/18.**	
7 A. II	Pennell, Sidney Frank. 62927.	M. **April 26/18.**	
7 A. I	Pugh, Horace Wm. 60503.	M. **Aug. 8/18.**	
7 A. III	Shaw, Alb. Victor. 2781.	M. **Mar. 23/18.**	
7 A. IV	Simmons, John. 70249.	M. **April 26/18.**	
‡7 A. or C.	Stacey, A. H. 201635.	M. **April 21/18.**	
7 A. II	Stroud, Chas. 205453. (265829.)	M. **Mar. 23/18.**	
7 A. II	Tant, Cpl. R. J. 39391.	M. **April 26/18.**	
7 A. III	Tingey, Frank E. 68652.	M. **April 26/18.**	
7 A.	Tomlinson, C. F. 11553.	M. **April 26/18.**	
7 A.	Unsted, Lennie Edwin. 68655.	M. **April 26/18.**	
7 A. III	Usher, A. J. 60878. (Fr. 3/4.)	M. **Mar. 23/18.**	
7 A.	Vans, Henry Charles. 68967.	M. **April 26/18.**	
7 A.	Watts, A. J. 70275.	M. **April 26/18.**	
7 A. II	Weatherburn, H. J. 70276.	M. **April 26/18.**	
7 A.	Wightman, Victor A. 62939.	M. **April 26/18.**	
7 A. III	Wright, Albert. 70282.	M. **April 26/18.**	
7 B. VIII	Anderson, Cpl. R. 23442.	M. **Mar. 25/18.**	
7 B. V	Auger, Jas. 60668.	M. **Mar. 25/18.**	
7 B. VI	Briffett, G. W. 25704.	K. **Aug. 10/18.** Det.D./B.	
7 B. VIII	Brannan, Hy. Chas. 242125.	M. **Mar. 23/18.**	
7 B.	Chandler, Cpl. W. F. 37293.	M. **April 26/18.**	
7 B. L.G.S.	French, J. 6510.	M. **Mar. 23/18.**	
7 B. V	Gander, Albert Edward. 68525.	M. **Aug. 8/18.**	
7 B.	Glasscock, Walter Jas. G/68367.	M. **Mar. 28/18.**	
7 B. VIII	Green, W. J. G/63369.	M. **Mar. 23/18.**	
*7 B. V	Howard, A. C. 265482.	M. **Aug. 8/18.**	
7 B. VIII	Jewell, Sgt. H. 14886.	M. **Mar. 23/18.**	
‡7 B. VII	Rowland, Harry. 29740.	W. and M. **Sept. 19/18.**	
7 B. VII	Smith, L.-Cpl. Major Edw. 13201.	W. and M. **Mar. 22/18.**	
7 B. IV	Spenceley, F. 6390.	M. **Mar. 21/18.**	
7 B. L.G.S.	Valentine, Cpl. W. J. 11072.	M. **Aug. 8/18.**	
7 B.	Walder, A. A. 37829.	M. **Mar. 25/18.**	
7 B. V	Whitfield, L.-Cpl. Alb. Edw. 37831.	M. **Mar. 23/18.**	
7 B.	Williams, W. E. 242485.	M. **Mar. 21/18.**	
‡7 C.	Atkiss, B. 72347.	M. **Aug. 20/18.**	
‡7 C.	Barker, A. 22946.	M. **Aug. 20/18.**	

December 1st, 1918.

Surrey Regiment, Royal West—contd.

B.E.F.

7 C. XII	Boden, L.-Cpl. Arthur. 10955.	M. Aug. 8/18.	
7 C.	Bourne, F. G. 37717.	M. Mar. 21/18.	
7 C.	Capeling, J. W. 25350. (Fr. H.Q.)	M. Mar. 23/18.	
7 C.	Cooper, Reginald. 63445.	W. and M. Mar. 22/18.	
7 C.	Emery, Walter Jas. 241906.	M. Mar. 21/18.	
27 C.	Fox, T. 72318.	M. Aug. 20/18.	
7 C.	Graver, O. J. G. 25397.	W. and M. Mar. 23/18.	
7 C.	Hawkes, Ernest. 69944.	W. and M. Aug. 8/18.	
27 C.	Henson, L. 72434.	M. Aug. 20/18.	
7 C.	Huckbody, Sgt. J. 207950.	W. and M. Mar. 22/18.	
7 C. XI	Hurrell, H. 11825.	M. Mar. 23/18.	
7 C. XI	Newstead, Norman Geo. 67342.	M. Aug. 8/18.	
7 C.	Oliphant, J. 60852.	M. Mar. 18/18.	
7 C.	Priestman, L.-Cpl. Leonard. 242696	M. Aug. 19/18.	
7 C. XI	Russell, H. J. 10465.	M. Mar. 23/18.	
7 C. X	Thurley, Simon Wilfrid. 60000.	M. April 4/18.	
7 C.	Weedon, C. 201652.	W. and M. Mar. 23/18.	
7 C.	Whitrick, W. C. 67360.	M. Aug. 8/18.	
7 D. XVI	Andrews, R. 59946.	M. Mar. 23/18.	
7 D. XVI	Bacchus, H. 68480.	M. Aug. 8/18.	
7 D.	Bias, Ernest. 205948.	M. Mar. 23/18.	
7 D. XV	Bookham, A. 37709.	M. Mar. 23/18.	
7 D. XVI	Chantler, A. Chas. 68500.	Unoff. M. Aug. 8/18.	
7 D. XIV	Cook, Frank. 13614.	M. Mar. 23/18.	
7 D.	Edden, Wm. F. 25374.	M. Mar. 23/18.	
7 D. XVI	Gray, H. V. 201493.	M. Mar. 23/18.	
7 D. XVI	Kennis, L.-Cpl Cyril D. 29437.	D/W. April 6/18.	Det.D./B.
7 D. XV	Letts, Scott. 10218.	M. Mar. 23/18.	
7 D. XIII	Martin, F. 22896.	W. and M. Mar. 22/18.	
7 D. XVI	Saunders, Ern. Henry. 241993.	M. Mar. 23/18.	
7 D.	Stevens, Fredk. George. 61447.	K. Mar. 21/18.	Det.D./B.
7 D.	Wall, E. 4691.	M. Mar. 23/18.	
7 D. XIII	Watling, Alfred Wm. 60755.	M. Mar. 23/18.	
7 D. XVII	Winterburn, W. L. 60695.	M. Mar. 21/18.	
7 D.	Withey, Cpl. H. Q. 11021.	M. Mar. 23/18.	
7 H.Q. Sig. S.	Butler, H. G. 68497.	M. April 26/18.	
7 H.Q.	Green, Cpl. G. F. 387.	W. and M. Mar. 23/18.	
7 H.Q.	Gristwood, L.-Cpl. E. G. 40104.	M. April 26/18.	
7 ?	Adams, John Glanville. 243064.	M. Mar. 23/18.	
7 ?	Boom, A. J. 63938. (Fr. 2/2 Lond., 279163.)	M. April 26/18	
7 ?	Boyd, Gilbert Stanley. 68489.	M. Aug. 8/18.	
7 ?	Clack, Rupert. 67782.	M. Aug. 8/18.	
7 Sig. S.	Clarke, Hy. 683634.	M. April 26/18.	
7 ?	Claydon, E. 1928.	M. Mar. 23/18.	
7 ?	Collett, Cpl. H. 242048.	M. Mar. 23/18.	
7 ?	Edgell, Reginald. 68944.	M. April 28/18.	
7 ?	Elliott, Alfred. 25375.	M. Mar. 23/18.	
7 ?	Goodwin, Herbert. 72311.	M. Aug. 20/18.	
7 ?	Hambly, George. 68950.	M. April 26/18.	
7 ?	Lloyd, Fredk. John. 68956. (Fr. 2/2 London, 83278.)	M. April 26/18.	
7 ?	Navin, Thomas. 10409.	M. Aug. 8/18.	
7 ?	Page, Harry. 15230.	M. Mar. 23/18.	
7 ?	Ruff, H. J. 14899.	M. Mar. 21/18.	
7 ?	Sanford, George Henry. 136.	M. April 26/18.	
7 ?	Webb, A. W. 60586.	M. Mar. 23/18.	
7 ?	Webb, Francis George. 68971.	M. April 26/18.	
7 ?	Williams, L.-Cpl. Thos. 3734.	M. April 26/18.	

December 1st, 1918.

Surrey Regiment, Royal West—contd.

B.E.F.

8 A. II	Crocker, W. J. 25536. (18803.) (Fr. A.V.C.)		M. Mar. 22/18.
8 A.	Dibble, G. T. 205785.		M. Mar. 28/18.
8 A. II	Howard, J. C. 10882.		M. Mar. 21/18.
8 A. I	Levitt, H. A. 207015.		M. Mar. 22/18.
8 A.	Plucknett, L.-Cpl. Claud. Chas. 8048.		M. Mar. 22/18.
8 A.	White, H. J. 24322.		M. Mar. 21/18.
‡8 A. I	Wilson, C. 29495.		D/W. Oct. 11/18. Det.D./B.
8 B.	Copson, Harold W. 23769.		M. Mar. 21/18.
8 B. VIII	Geary, Albert. 206232.		M. Mar. 21/18.
8 B.	Pearson, John. 205479.		M. Mar. 21/18.
8 B.	Petzing, C. 23738.		K. Mar. 21/18. Det.D./B.
8 B. VI	Townsend, H. P. 23735.		M. Mar. 21/18.
8 C.	Howell, G. 14852.		M. Mar. 24/18.
8 C. XII	Jones, H. 40045.		M. Mar. 21/18.
8 C. IX	Macro, Arth. Regd. 23754.		W. and M. Mar. 26/18.
8 C. XI	Maxted, L.-Cpl. Stan. Bevis. 7746.		M. Mar. 21/18.
8 C. XI	Skipper, W. W. 23770.		M. Mar. 21/18.
‡8 D.	Ryder, Thos. Hry. 6044.		M. Mar. 28/18.
8 H.Q.	Thomson, Alex. G/6464.		M. Mar. 21/18.
8 ?	Armstrong, P. 25522.		M. Mar. 21/18.
8 ?	Botting, J. D. 15.		W. and M. Mar. 22/18.
8 I.T.M.	Cumbers, H. 11976. (17 Bde.)		M. Mar. 25/18.
8 L.G.S.	Francis, L.-Cpl. Arthur. 206821. (Fr. 4th.)		K. Mar. 21/18. Det.D./B.
8 Sig. S.	Hall, F. J. 201674.		M. Mar. 21/18.
‡8 ?	Pullen, Alb. Victor. 7548.		M. Mar. 22/18.
8 Sig. S.	Tilley, S. 67646.		M. Mar. 26/18.
8 ?	Tyler, J. H. 25131.		M. Mar. 21/18.
8 ? I.T.M.	Wilmot, S. W. 11990. (17 Bde.)		M. Mar. 22/18.
‡9 C. IX	Scott, Wm. Howard. 50289.		K. Oct. 13/18. Det.D./B.
10 A. IV	Cooper, F. J. 21791.		W. and M. Mar. 22-26/18.
10 A. III	Roberts, L.-Cpl. P. A. 207796.		M. Mar. 21/18.
10 A.	Stone, L.-Cpl. Sidney. 21703.		M. Mar. 21/18.
10 A. I	White, George. 241060.		M. Mar. 21—April 1/18.
10 B. VIII	Horne, F. B. 243133.		M. Mar. 22-26/18.
10 B.	Stoneham, F. P. 25773.		M. Aug. 8-9/18.
10 B. VII	Tidmarsh, C. 205509.		Unoff. M. Aug. 8-9/18.
10 B.	Wells, H. 63808.		M. Mar. 21—April 1/18.
10 C.	Swift, J. 23034.		M. Mar. 21/18.
10 C. XI	Trinnaman, B. 60750.		M. Mar. 21/18.
10 C. X	Wheeler, A. C. A. 243012.		M. Mar. 21/18.
10 D.	Martin, Fredk. Robt. 10651.		M. Mar. 21—April 1/18.
10 D. XV	Morris, S. J. 6258.		M. Mar. 21/18.
10 D. XIV	Sargent, W. 3234.		M. Mar. 21/18.
10 ?	Ayres, D. A. 241895.		M. Mar. 22-26/18.
10 ?	Cooper, Charles. 241290.		M. Mar. 21/18.
10 ?	Ede, A. 63542.		M. Mar. 21/18.
10 ?	Flutter, Victor. 1858.		M. Mar. 21—April 1/18.
10 ?	Harrison, W. J. 25009.		M. Mar. 21/18.
*10 ?	Izzard, F. A. 25958.		W. Unoff. M. Sept. 29/18.
10 ?	Jones, W. R. 22645.		M. Mar. 22/18.
10 ?	Rance, Bandsman W. 22689.		Unoff. M. bel. K. May—June/18. Det.D./B.
10 ?	Stone, Herb. Bertram. 23071.		M. Mar. 22/18.
10 ?	White, H. 3817.		M. Mar. 21—April 1/18.
*11	**Darlington, Lieut. T.**		M. Oct. 1/18.
11 A. II	Clark, R. L. 68717.		W. and M. July 19/18.
11 A.	Clarke, E. A. G/11245.		Unoff. M. Mar. 22-23/18.

December 1st, 1918.

Surrey Regiment, Royal West—contd.

B.E.F.

11 A. II	Darnell, J. 13319.	M. Mar. 23/18.
11 A. II	Edwards, Art. 3443.	M. Mar. 23/18.
11 A.	Goody, Cpl. G. T. 11198.	M. Mar. 23/18.
11 A.	Green, Obsr. E. 72939.	M. bel. K. July 19/18.
11 A. III	Huntley, A. E. 14836.	M. Mar. 23/18.
11 A. III	Kitson, A. 12802.	M. Mar. 23/18.
11 A. II	Oliver, W. J. 18710.	M. Mar. 23/18.
11 A. III	Perryman, R. J. 25014.	M. Mar. 23/18.
11 A. I	Piddock, Cpl. F. D. 11472.	W. Unoff. M. Mar. 23/18.
11 A. II	Shirley, F. W. 11674.	M. Mar. 23/18.
11 A.	Silk, J. 38382.	Unoff. M. Mar. 23/18.
‡11 A. I	Tomblin, Herb. Ed. G/24232.	W. and M. Oct. 3/18.
11 A. IV	Whiffen, C. 5492.	M. Mar. 28/18.
11 A. III	White, Frank. 18235.	W. Unoff. M. Mar. 29/18.
11 B. V	Brewer, W. H. 37304.	M. Mar. 23/18.
11 B. VII	Butcher, E. 37034.	M. Mar. 23/18.
11 B. VII	Collacott, F. J. 67883.	M. May 20/18.
11 B. V	Dumant, F. E. 260994.	M. Mar. 23/18.
11 B. VI	Evans, A. 206997.	Unoff. M. Mar. 21/18.
11 B.	Friday, J. 18665.	M. Mar. 21/18.
11 B. L.G.S.	Humphrey, W. F. 11299.	M. Mar. 23/18.
11 B. VII	Kemp, J. 6722.	M. Mar. 23/18.
11 B. V	Macdonald, Ronald M. 11550.	M. Mar. 23/18.
11 B.	Perry, Wm. Arthur. 3327.	M. April 28/18.
11 B. VIII	Ryalls, James. 207679.	M. Mar. 23/18.
11 B.	Sewell, Harry. 242191.	M. Mar. 23/18.
*11 B. VIII	Sibley, F. J. 25057.	M. Mar. 23/18.
11 B. VII	Small, Alfred James. 14667.	M. Mar. 23/18.
11 B. VII	Taylor, Eric H. 37553.	M. Mar. 23/18.
11 B. V	Trow, P. V. 11234.	M. Mar. 23/18.
11 C.	Cook, S. A. 11632.	W. Unoff. M. Mar. 23/18.
11 C. XI	Faulkner, W. 37481.	W. Unoff. M. Mar. 23/18.
11 C. XI	Harrison, G. W. 22940.	W. Unoff. M. Mar. 23/18.
*11 C. L.G.S.	Hebblewhite, L.-Cpl. J. 68007.	Unoff. M. Oct. 3/18.
11 C. XII	Jones, W. H. 40046.	M. Mar. 23/18.
11 C. X	Migen, T. 11261.	M. Mar. 23/18.
11 C. VI	Prentice, H. 243003.	M. Mar. 23/18.
11 C. XI	Ring, Jas. 11062.	M. Mar. 23/18.
11 C.	Thomas, Arth. Rowland. 25069.	Unoff. M. Mar. 25/18.
11 D.	Halford, Cpl. A. 11041.	M. Mar. 21/18.
‡11 D. XV	Smith, S. 67893.	W. and M. Oct. 1/18.
11 D.	White, Sidney W. 207763.	M. Mar. 23/18.
‡11 H.Q.	Springate, John Edgar. G/9759.	W. and M. Oct. 1/18.
11 ?	Bessant, Sgt. 25684.	K. Sept. 29/18. Det.D./B.
‡11 ?	Carnal, Thos. Richd. G/6965.	W. and M. Oct. 1/18.
*11 ?	Chasney, Lawrence H 67880.	K. Oct. 1/18. Det.D./B.
‡11 ?	Gentle, Bernard. 68000.	Unoff. M. Oct. 1/18.
11 ?	Harmen, H. C. 207002.	K. April 18/18. Det.D./B.
11 ?	Hogg, Fredk. Chas. 25677.	M. Mar. 21/18.
11 ?	Martin, A. W. 37361.	M. Mar. 23/18.
11 ?	Ray, G. 6543.	M. Mar. 23/18.
11 ?	Thornton, Irvine. G/25654.	M. Mar. 21/18.
11 ?	Todd, Albert. 38920.	M. Mar. 23/18.

N.B. The 22nd and 24th London Regiment have been affiliated as Territorials to the W. Surrey, their records being transferred to Hounslow. For enquiries for men spoken of as 22nd and 24th W. Surrey see under 22nd and 24th Londons.

E.E.F.

2/4 D.	Johnson, L.-Cpl. A. W. 201784.	K. Dec. 21/17. Det.D./B.

December 1st, 1918.

Surrey Regiment, Royal West—contd.

PERSIAN GULF.

*5 A. III Toone, Arth. Chas 243596.   M., bel. Drowned, Sept. 25/18.

SURREY YEOMANRY.

BALKANS.

*? ? Turney, B. 11282.   M. Sept. 25/18.

ROYAL SUSSEX REGIMENT.

B.E.F.

*2 I.T.M. Baddeley, Lieut. A. J. (2 Bde.) M. Oct, 23/18.
 2   Knifton, 2nd Lt. J. McK. (Fr. 3rd.) M. July 21/18.
‡2   Loader, 2nd Lt. E. S.   W. Unoff. M. Nov. 4/18.
 2 C.   Sunderland, Lieut. G.   M. Sept. 27/18.
*2 A. IV Bisgood, L.-Cpl. G. C. H. 18554. Unoff. M. Sept. 24/18.
‡2 A.   Foreman, L.-Cpl. G. W. 8091.   M. Sept. 18/18.
*2 A. III Kelsey, R. C. 5003.   W. Unoff. M. Sept. 24/18.
‡2 A.   Miles, J. 14065.   M. Sept. 18/18.
 2 B. L.G.S. Nott, H. 14818.   M. July 25/18.
 2 B. VII Penny, Sidney Jas. 6142 M. July 23/18.
‡2 B.   Wrist, Norman. 34598.   K. Nov. 4/18. Det.D./B.
*2 C. IX Berry, Alfred. 18542.   M. Sept. 24/18.
*2 C. XII Brown, F. C. 18885.   M. Sept. 24/18.
*2 C. XI Flower, Edward. G/16422. W. Unoff. M. Sept. 24/18.
*2 C. XI Hillsdon, Wm. R. 20721.   K. Sept. 24/18. Det.D./B.
‡2 C. XII Lloyd, Wm. 18620.   K. Sept. 24/18. Det.D./B.
‡2 C. XI Lovell, C. 18619.   M. Sept. 24/18.
‡2 C. XII Pemberton, A/Sgt. A. 19819. M. Sept. 24/18.
‡2 C.   Saunders, E. 19209.   M. Sept. 24/18.
‡2 C. X Willett, John Alfred. 15995. M. Sept. 24/18.
‡2 D. XIII Stark, Fredk. 10431.   M. Sept. 24/18.
*2 D. XV Walmsley, Harold. 19346.   M. Sept. 24/18.
 2 ?   Craythorn, L.-Cpl. Harry Johnson. K. July 10/18. Det.D./B.
         18886.
 4 A.   Smith, David J. 21641.   K. July 23/18. Det.D./B.
‡4 A. II Stevens, Geo. 25392.   K. Oct. 8/18. Det.D./B.
 4 B.   Coomber, G. Harold. 200698. W. Unoff. M. July 29/18.
 4 B.   Richardson, E. G. 200374.   W. Unoff. M. July 29/18.
 4 C.   Boniface, F E. 201176.   W. and M. July 29/18.
 4 C. IX Dowling, Leo. Hubert. 20172. W. and M. July 29/18.
 4 C.   Gennery, Cecil Wm. 22177.   M. Sept. 1-2/18.
 4 C. XI Leftwick, Percy Jas. 25437. W. and M. July 29/18.
 7 A. I Allen, A. T. 17668.   M. Aug. 13/18.
 7 A. I Allen, Reg. Geo. 14772.   M. April 4/18.
 7 A. I Appleby, Arth. Fenwick. 22933. M. April 2/18.
 7 A.   Bateman, Wm. Jas. 19925.   M. April 5/18.
 7 A.   Bridgeland, W. T. 315363.   M. Aug. 13/18.
 7 A. III Dumsday, F. 18079.   M. April 3/18.
 7 A. II Heaseman, W. G. 14048.   M. April 5/18.
 7 A. I Howden, Saml. Chas. 23011.   M. April 5/18.
 7 A. I Marchant, Fred. 8976.   M. April 5/18.
 7 A. I Marsh, T. 18130.   M. April 5/18.

RR

December 1st, 1918.

Sussex Regiment, Royal—contd.

B.E.F.

7 A.		Mitchell, Henry John. 16053.	M. April 5/18.
7 A. I		Munslow, James. 23614.	W. and M. Aug. 13/18.
7 A.		Selby, Sgt. A. E. 111.	M. Aug. 8/18.
7 A.		Southon, Jesse. 1099.	M. April 5/18.
‡7 A. I.T.M.	Stephenson, M. 23025. (36 Bde.)	M. Aug. 26/18.
‡7 A.		Swift, F. 24074.	M. Sept. 18/18.
‡7 B. VIII	Berry, Alfred. 24259.	M. April 5/18.
7 B. VIII	Boniface, G. 16483.	M. April 5/18.
7 B.		Browne, L.-Cpl. A. J. 17780.	M. April 5/18.
7 B. VII	Cook, A. J. 20197.	M. April 5/18.
*7 B. VIII	Foster, William H. 1928.	K. Sept. 24/18. Det.D./B.
7 B.		Huggett, George. 651828.	M. April 5/18.
7 B. V	Keating, J. 3925.	M. Mar. 27/18.
‡7 B.		Mercer, H. 16833.	M. Sept. 21/18.
7 B. VIII	Sawyer, Harry Geo. 20419.	M. April 5/18.
7 B.		Wade, Arthur. 14740.	M. April 5/18.
7 C. XII	Ashenden, Sgt. A. H. 23693.	K. Aug. 8/18. Det.D./B.
7 C.		Browne, Edmund Miller. 23797.	M. Aug. 8/18.
7 C. XI	Burgess, A. 20220.	M. Aug. 8/18.
‡7 C. XI	Caddow, Robert. 18421.	K. Sept. 18/18. Det.D./B.
7 C. XII	Cox, Sid. 23807.	M. Aug. 13/18.
7 C. XII	Debenham, H. 23310.	M. Aug. 13/18.
7 C. IX	Downman, Leonard I. 14597.	M. Aug. 8/18.
7 C. XII	Kennaby, J. C. D/18716.	Unoff. K. Aug. 13/18. Det.D./B.
7 C. X	Lawson, Thos. Art. 19496.	M. Aug. 13/18.
7 C.		Philcox, T. W. 1232.	M. Aug. 8/18.
*7 C. XII	Relfe, Percival Edward. 2179.	M. Sept. 21/18.
‡7 C. IX	Russell, Alf. G/25788.	K. Oct. 25/18. Det.D./B.
7 D.		Alderton, L.-Cpl. Jas. 17766.	M. Mar. 27/18.
7 D.		Boater, J. 10737.	M. Mar. 27/18.
7 D. XIII	Butcher, J. H. 18881.	M. Aug. 13/18.
7 D. XV	Corbett, Harold. 266511.	K. Aug. 8/18. Det.D./B.
7 D. XVI	Dearling, Robert. 18078.	M. April 5/18.
7 ?		Hamson, F. 22544.	Unoff. K. Aug. 8/18. Conf. and Det
7 ?		Hudson, Cpl. E. 19904.	M. Aug. 13/18.
8 ?		Smith, Robt. Valentine. 201243. (Fr. 7 W. Surreys.)	M. Aug. 8/18.
9 A.		Finch, Wm. L. 1683.	M. Mar. 21—April 3/18.
9 A. III	Playford, J. F. 24364.	M. Mar. 21—April 3/18.
9 A. I	Rous, L.-Cpl. Arthur. 8342.	M. Mar. 21/18—April 3/18.
9 A.		Swan, Andrew. 5907.	M. Mar. 21/18.
9 A.		Webb, Chas. Wm. 18695.	M. Mar. 21—April 3/18.
9 B.		Hoskin, James. 17192.	M. June 5/18.
9 B. VI	Pearcy, W. R. 3368.	W. and M. Mar. 22/18. R/Enq.
9 B.		Randall, Harold. 18653.	M. Mar. 21—April 3/18.
9 C. IX	Cook, James. 18803.	M. Mar. 21/18.
9 C.		Fleet, Wm. Leeson. 18811.	M. Mar. 21/18.
9 C.		Fuller, John Arthur. 18813.	M. Mar. 21/18.
9 C. IX	Heather, Arthur. 19692.	M. Mar. 21/18.
9 C.		King, J. 260165.	M. Mar. 21/18.
9 C. IX	Norris, L.-Cpl. E. H. 16349.	W. and M. Mar. 22/18.
9 C.		Pargeter, Thos. Geo. 25080. (Fr. 3 E. Kents, 18826.)	M. abt. Mar. 21/18.
9 C. IX	Riches, R. 18797.	M. Mar. 21/18.
9 C. X	Simmons B. A. 19533.	M. Mar. 21—April 1/18.
9 C. IX	Turner, A. S. 16313.	M. Mar. 22/18.
9 D.		Bailey, Sgt. W. B. 6339.	M. Mar. 22/18.
9 D. XV	Burtenshaw, C. E. 24457.	M. Mar. 22/18.
9 D. XIV	Chambers, A. H. 20561.	M. Mar. 25/18.

December 1st, 1918.

Sussex Regiment, Royal—contd.

B.E.F.

9 D.		Clift, A. C. 16809.	M. Mar. 21/18.
9 D. XIII		Gardner, F. 8881.	W. and M. Mar. 22/18.
9 ?		Follett, Wm. 8035.	M. Mar. 21/18.
9 ?		Fuller, Sgt. C. 5786.	M. Mar. 22/18.
9 I.T.M.		Isaacson, A. 19161. (73 Bde.)	Unoff. K. Sept. 15/18. Det.D./B.
9 ?		Santer, W. A. 12141.	W. and M. Mar. 21/18.
10 C. XI		Youell, H. E. 14742.	M. Mar. 21/18.
11 A.		Head, C. 1405.	M. Mar. 21—April 3/18.
11 A.		Langrish, R. A. 15581.	M. Mar. 21—April 3/18.
11 A.		Lumm, Wm. 18724.	M. Mar. 21/18.
11 A.		Verion, Cpl. H. 1784.	M. Mar. 21—April 3/18.
11 A.		Walters, H. G. 17299.	M. Mar. 21/18.
11 A. III		Waterman, Edw. Chas. 5492.	M. Mar. 21—April 3/18.
11 A.		Weaver, W. 4125.	M. Mar. 21—April 3/18.
11 B. V		Burnell, Jos. Edw. 202781.	M. April 24-29/18.
11 B.		Damon, C. H. 17076.	M. Mar. 21—April 3/18.
11 B.		Faulkner, C. G. R. 5904.	M. Mar. 21—April 3/18.
*11 B.		Lingcord, W. A. 18721.	K. Mar. 22/18. Det.D./B.
11 B. VIII		Mercer, A. S. 18728.	W. and M. April 24-29/18.
11 B.		Olcey, J. W. 22679.	M. Mar. 21—April 3/18.
11 B.		Tee, Sgt. George Fred. 201543.	M. April 24-29/18.
11 B.		Voice, George. 266666.	M. Mar. 21-31/18.
11 C. XII		Dunham, A. J. 17408.	M. Mar. 24-29/18.
11 C.		Page, A/Cpl. C. A. 1145.	M. Mar. 21—April 3/18.
11 C. X		Pusey, Edward. 18749.	M. April 3/18.
11 C. X		Redman, Geo. J. 265087.	M. Mar. 21-31/18.
11 C.		Starkey, Digby. 16735.	M. Mar. 21/18.
11 D. XIII		Burton, F. 15233.	M. Mar. 21—April 3/18.
11 D.		Bushell, G. 20718.	M. Mar. 21—April 3/18.
11 D. XV		Castello, Claude Cecil 6343. (10255.)	M. Mar. 21—April 3/18.
11 D. XV		Coles, L.-Cpl. Walter. 15068.	W. and M. Mar. 23—April 3/18.
11 D.		Crouch, J. 1522.	M. Mar. 21—April 3/18.
11 D.		Grant, G. W. 11772.	M. Mar. 21—April 3/18.
11 D. XVI		Hills, V. 11561.	W. and M. May 14/18.
11 D. XVI		Jacobs, S. 5519.	M. Mar. 22/18.
11 D.		Lucas, F. W. 18723.	M. Mar. 21—April 3/18.
11 D.		Smith, C. G. 18757.	M. Mar. 21—April 3/18.
11 D.		Taylor, C. R. 15782.	M. Mar. 21—April 3/18.
11 D. XIV		Thompsett, Alb. Henry. 17915.	M. Mar. 21/18.
*11 H.Q.		Crouch, W. 1877.	M. Mar. 21/18.
11 ?		Blanche, A. A. 1868.	W. and M. Mar. 21—April 3/18.
11 ?		Bull, S. 16896.	W. and M. April 24-29/18.
11 ?		Carter, H. J. 15703.	M. Mar. 21-31/18.
11 ?		Cockett, H. E. 1017.	M. Mar. 21—April 3/18.
11 ? I.T.M.		Haffenden, A.-Cpl. James. 595. (116 Bde.)	M. Mar. 24-30/18.
11 ?		Stevens, Frank. 203188.	M. Mar. 21/18.
12 A. I		Rance, Geo. Ed. 15584.	M. April 26/18.
12 H.Q.		Walker, Cpl. E. G. 1624.	M. Mar. 23/18.
12 I.T.M.		Bryant, Ernest. 1872. (116 Bde.)	Unoff. W. and M. Mar. 11/18.
13 A.		Ambers, Geo. Jas. 18941.	M. April 26/18.
13 A. III		Baldwin, C. K. 17939.	M. April 26/18.
13 A.		Bassett, Cpl. H. 260026.	M. April 26/18.
13 A. III		Bramall, L.-Cpl. F. 15351.	M. Mar. 22/18.
13 A. III		Brooks, C. 5825.	M. Mar. 22/18.
13 A. I		Brooks, R. J. 201775.	M. April 26/18.
13 A. I		Buckley, L.-Cpl. T. 17057.	M. April 26/18.
13 A.		Burchell, Percy Dudley. G/17786.	M. Mar. 23/18.
13 A. IV		Butcher, G. G/16114.	M. April 26/18.

December 1st, 1918.

Sussex Regiment, Royal—contd.

B.E.F.

13 A.	Cammell, J. H. 18937.	M. April 26/18.
13 A. I	Carr, L.-Cpl. Jas. Wilfred. 10370.	W. Unoff. M. April 16/18.
13 A.	Carter, G. 17806.	M. Mar. 23/18.
13 A.	Collins, A. 18935.	M. April 26/18.
13 A.	Cook, Geo. 18942.	M. April 26/18.
*13 A.	Daniels, Claude R. 18944.	M. April 26/18.
13 A. III	Dorling, J. 18952.	M. April 26/18.
13 A.	Evans, Stanley. 18947.	M. April 26/18.
13 A. II	Flitton, Henry. 18750.	M. April 26/18.
13 A. V	Furmidge, J. A. 6668.	M. April 26/18.
13 A. II	Gosney, Louis. 18956.	M. April 26/18.
13 A. I	Hall, R. A. G/23244.	M. Mar. 23/18.
13 A. I	Hole, A. H. 17946.	M. April 26/18.
13 A. III	Mead, Cecil J. 5598.	M. April 26/18.
13 A.	Mole, M.M., Sgt. J. 14845.	M. April 26/18.
13 A. IV	Moody, S. A. 17142.	M. April 26/18.
13 A. I	Walsh, A. 22906.	M. Mar. 23/18.
13 A. III	Whalley, Jonathan. 22757.	M. April 26/18.
13 B. VII	Barrett, L.-Cpl. A. G. 4002.	M. Mar. 30/18.
13 B.	Behr, F. G. 16391.	M. April 26/18.
13 B. VII	Boaks, J. 13171.	M. Mar. 21/18.
13 B. V	Browning, T. 5793.	M. April 26/18.
13 B. VI	Butcher, H. T. 6597.	M. Mar. 24/18.
13 B.	Cashin, Sgt. A. 4207.	W. and M. Mar. 23/18.
13 B. V	Garman, W. 8667.	M. May 26/18.
13 B. VIII	Howe, A. E. G. 8980.	M. April 26/18.
13 B.	James, W. G/21511.	W. and M. Mar. 23/18.
13 B. VII	Joy, B. 24418.	M. April 24/18.
13 B. V	Larkin, R. 14238.	M. April 26/18.
13 B. VII	Millward, Gilbert. G/17155.	W. Unoff. M. Mar. 24/18.
13 B.	Parsons, L.-Cpl. John. 2995.	M. April 26/18.
13 B. VI	Pepper, H. G. 16858.	M. April 26/18.
13 B.	Reed, Sgt. A. H. 6430.	M. Mar. 23/18.
‡13 B. VI	Treagus, F. 17018.	M. Mar. 27/18.
13 B. VIII	Tugwell, F. 17912.	M. Mar. 24/18.
13 B. VII	Walker, C. W. 16957.	M. April 26/18.
13 B. VI	Willis, Ern. Ewart. 16962.	M. April 26/18.
13 C.	Bowley, W. 4006.	M. Mar. 23/18.
13 C.	Branch, G. B. 3063.	M. Mar. 22/18.
13 C. XII	Brown, L.-Cpl. Lawrence Wilfred. 11906.	M. April 13/18.
13 C. IX	Cobby, L.-Cpl. 9243.	M. Mar. 24/18.
13 C.	Funnel, W. J. 7287.	M. Mar. 22/18.
13 C. X	Gray, W. G. 17234.	M. April 26/18.
13 C.	Horton, Alfred. G/17957.	W. and M. April 26/18.
13 C. XII	King, Arthur Ern. Granett. 202353.	W. and M. Mar. 28/18.
13 C. XII	Nicholls, F. 24439.	M. April 16/18.
13 C.	Parker, W. 2986.	M. Mar. 21/18.
13 C.	Pearson, Frank. 5577.	M. April 26/18.
13 C.	Percival, Enos. 22640.	M. Mar. 22/18.
13 C. X	Reynolds, W. G/24302.	Unoff. M. end Mar./18.
13 C.	Russell, Cpl. S. 4081.	M. April 26/18.
13 C.	Simmons, Walter. 2840.	M. April 26/18.
13 C. IX	Still, W. G. 24445.	M. April 26/18.
13 C. M.G.S.	Stringer, L.-Cpl. G. S. 3223.	W. and M. April 26/18.
13 C.	Ware, Sig. R. K. 1492.	M. April 26/18.
13 C.	Welch, A. 17250.	M. April 26/18.
‡13 C. IX	Wilson, L.-Sgt. E. F. 17924.	M. Mar. 25/18.
13 C.	Wiseman, Leonard. G/17257.	M. Mar. 22/18.

December 1st, 1918.

Sussex Regiment, Royal—contd.

B.E.F.

13 C. XII	Young, L.-Cpl. A. F. 17928.	M. April 26/18.
13 D.	Burdfield, M. 290078.	M. April 26/18.
13 D. XIV	Burgess, L.-Cpl. E. G. 17069.	M. Mar. 25/18.
13 D. XIII	Burton, J. W. 290124.	M. April 26/18.
13 D.	Creasy, Jas. Hry. G/5897.	M. April 26/18.
13 D. XIII	Fitch, L.-Cpl. Arthur Clifford. 14000.	M. April 26/18.
13 D.	Fletcher, L.-Cpl. Beaumont. 290298.	M. Mar. 25/18.
13 D. XV	Grace, F. 15910.	M. Mar. 22/18.
13 D. XVI	Kinsey, Sig. L. 22948.	M. April 26/18.
13 D. XIV	Loades, G. C. 17456.	M. April 26/18.
13 D. XIV	Lock, Harold. 17430.	M. April 26/18.
13 D.	Mannering, Sig. Geo. 1113.	M. Mar. 29/18.
13 D. XVI	Stevens, G. 202344.	M. April 26/18.
13 D. XIV	Tasker, W. 2234.	M. Mar. 29/18.
13 D.	Tite, Ernest. 17467.	M. April 26/18.
13 D. XIV	Twitchett, H. C. 201836.	W. and M. Mar. 24/18.
13 D. XIII	Vansittart, W. 24511.	M. April 26/18.
13 H.Q.	Howard, J. W. 17852.	M. April 26/18.
13 H.Q.	Norman, Sig. Les. Alf. 17002.	M. April 26/18.
13 H.Q.	Teague, E. A. 18242.	M. Mar. 22/18.
13 ?	Ede, Sig. F. 1312.	M. April 26/18.
13 ?	Gunton, G. 18958.	M. April 26/18.
13 Trans.	S. Herbert, L.-Cpl. Percy. 2912.	M. April 21/18.
13 ?	Hooper, Geo. 16135.	M. April 26/18.
13 ?	Keeley, Herbert C. 3798.	M. Mar. 22/18.
13 ?	Stone, R.-S.-M. B. A. 200023.	M. April 26/18.
13 ?	Vick, Sig S. E. 9600.	M. April 26/18.
16	Boardman, 2nd Lt. A. (Fr. 1st.)	M. Sept. 21/18.
16	Thomas, 2nd Lt. W. E. (Fr. 1st.)	M. Sept. 21/18.
16	Triggs, Lieut. H. T.	M. Sept. 21/18.
‡16 A. III	Beacon, Edward John. 21788.	M. Sept. 21/18.
‡16 A. II	Bridger, P. 18055.	M. Sept. 21/18.
‡16 A. I	Tottem, Albert. 22255.	M. Sept. 21/18.
‡16 B. VIII	Jones, W. 201758.	M. Sept. 21/18.
‡16 B. VII	Wood, F. W. 315081.	Unoff. M. Sept. 24/18.
*16 C. X	Dengate, Jas. Ernest. 4236.	M. Sept. 25/18.
*16 C. X	Harvey, Reginald. 315508.	M. Sept. 21/18.
‡16 C. XII	Knight, Edward Jas. 315320.	M. Sept. 21/18.
*16 C. X	Rathborn, Thos. Edmund. 315170.	M. Sept. 21/18.
*16 C. XI	Smith, Sydney. 315348.	Unoff. M. Sept. 21/18.
‡16 C. X	Watson, Chas. 3711.	M. Sept. 21/18.
‡16 C.	Whitewood, Cpl. Frank. 320759.	W. Unoff. M. Sept. 21/18.
*17 B.	Magilton, Herbert. 30055.	M. Sept. 14/18.

E.E.F.

*4 A.	Lugg, Sgt. S. 200145.	K. Nov. 4/17. Det. D. B

TANK CORPS.

(Late Machine Gun Corps, Heavy.)

B.E.F.

1 A.	Coupland, E. 307191.	M. Aug. 8/18.
1 A.	Dempsey, G. 306780.	M. Aug. 8/18.
1 A.	Feast, H. 95025.	M. Oct. 4/18.
1 A.	Harris, Frank. 76591.	M. Aug. 8/18.

December 1st, 1918.

Tank Corps—contd.

B.E.F.

*1 A.		Slorance, L.-Cpl. J. C. 112893.	W. Unoff. M. Sept. 27/18.
1 B.		Moore, Chas. Ernest. 200050.	M. Aug. 10/18.
1 C.		Adams, Jas. 307679.	M. Aug. 8/18.
1 C.		Bettis, H. G. 111608.	M. Aug. 8/18.
1 C.		Ferris, Dvr. R. 97250.	M. Mar. 21/18.
1 C. X		Gibbs, Arthur. 93052.	M. Mar. 24/18.
1 C.		Laverick, J. W. 76002.	M. Aug. 10/18
‡1 C. III		Lloyd, Thos. Fred. 96931.	M. Oct. 17/18.
1 C.		Sissons, Syd. 307051.	M. May 3/18.
‡1 ?		Arrell, B. 95480.	M. Aug. 8/18.
‡1 ?		Franklin, A. H. 111742.	M. Aug. 10/18.
1 ?		Goodwin, C. 307020.	W. and M. April 24/18.
‡1 ?		Gray, G. 40375.	M. Aug. 10/18.
‡1 ?		Hitchens, E. G. 306297.	M. Aug. 10/18.
‡1 ?		Johnson, D. 76065.	M. Aug. 10/18.
‡1 ?		Neild, C. A. 201012.	M. Aug. 11/18.
‡1 ?		Roblin, W. 306036.	M. Aug. 10/18.
*2 A.		Atkinson, G. R. 137191.	Unoff. M. Sept. 21/18.
2 A.		Burton, Chas. 92916. (5486.) (Fr. Middlesex.)	W. and M. Mar. 22/18.
2 A. I		Chapman, G. A. 76614.	M. Mar. 22/18.
2 A.		Hollern, Robert. 766087.	M. Mar. 22/18.
2 A.		Ryan, Joseph. 78669.	M. Mar. 22/18.
2 B.		Wright, Cpl. Alb. Fredk. 75917.	M. Mar. 22/18.
2 C.		Adams, Eden. 69669.	M. Mar. 22/18.
2 ?		Ariss, B. 111631.	M. Mar. 22/18.
2 ?		Bateman, Cpl. A. S. 75299.	M. Mar. 22/18.
2 ?		Chappell, Walter. 76389.	M. Mar. 22/18.
2 ?		Fathers, D. 76988.	M. Mar. 22/18.
2 ?		McCartney, J. 75221.	M. Mar. 22/18.
2 ?		Scanlon, Cpl. T. 75728.	M. Mar. 22/18.
2 ?		Turner, C. W. 76466.	M. Mar. 22/18.
2 ?		Watts, P. 111424.	M. Mar. 22/18.
3 A.		Rodger, John M. 20052.	Unoff. M. Oct. 3/18.
3 B.		Toombs, Victor. 200669.	Unoff. M. Aug. 20/18.
4 A.		Dinning, James. 304967.	M. Aug. 8-10/18.
*4 A.		Newman, B. 305811.	M. Aug. 10/18.
4 A.		Plumridge, H. W. 95711.	M. Aug. 10/18.
*4 A.		Pritchard, Arthur. 306413.	M. Aug. 10/18.
4 A.		Robinson, W. H. 201908.	W. and M. Mar. 22/18.
*4 B.		Holmes, Sgt. Ernest Edgar. 75443.	K. Aug. 8/18. Det.D./B.
4 B.		Matthews, F. 94914.	M. Mar. 22/18.
4 B.		Rice, R. T. 95715.	M. Mar. 22/18.
4 C.		Campbell, L.-Cpl. Jack. 200737.	M. Mar. 22/18.
4 C.		Glew, Wm. G. 116114.	M. Aug. 9/18.
4 C.		Lowson, Arthur. 200829.	M. Aug. 11/18.
4 C. XII		McDonald, J. 95543.	M. Aug. 9/18.
4 C. X		Staniford, Percy. 307483.	K. Aug. 8/18. Det.D./B.
4 C.		Tidman, Wm. Henry. 76194.	M. Aug. 11/18.
4 ?		Halford, R. H/11478.	M. Mar. 22/18.
4 ?		Jacques, W. 201718.	M. Mar. 21/18.
4 ?		Mitchell, A. 96649.	M. Mar. 22/18.
4 ?		Stanley, G. A. 96756.	M. Mar. 22/18.
*5		Bayliss, Capt. P. B.	M. Oct. 3/18.
5		Gower, 2nd Lt. F. J. H. (Late E. 15.)	M. about Nov. 23/17.
5		Mumby, 2nd Lt. H. C.	M. Oct. 3/18.
5 A.		Cooke, C. 78981.	M. Mar. 21/18.
*5 A.		Croley, W. 91702.	K. Oct. 3/18. Det.D./B.
*5 A. II		Emerson, S. E. 309242.	K. Oct. 3/18. Det.D./B.

December 1st, 1918.

Tank Corps—contd.

B.E.F.

5 A. III	Whitworth, W. 112390.	K. Mar. 26/18. Det.D./B.
5 B.	Frazer, W. S. 201004.	M. April 16/18.
5 B. VII	Haines, R. J. A. 78202.	W. and M. April 16/18.
5 B. VII	Harbach, Wm. 78727.	M. April 16/18.
5 B. VII	Haylock, Cpl. J. V. 78419.	W. and M. April 16/18.
*5 B. VIII	Phillips, T. R. 306970.	M. Unoff. K. Aug. 8-10/18.
5 B.	Tillman, Horace G. 307678.	M. Aug. 8/18.
5 C. X	Caygill, H. 91859.	W. and M. Mar. 27/18.
‡5 ?	Agnew, J. 206242.	M. Aug. 10/18.
5 ?	Alder, G. W. 78870.	M. Mar. 22/18
5 ?	Cresswell, H. R. 78718.	M. Mar. 22/18.
‡5 ?	Daly, L.-Cpl. V. B. 201017.	M. April 16/18.
5 ?	Doncaster, E. S. 91858.	M. Mar. 22/18.
‡5 ?	Dow, J. J. 305235.	M. Aug. 10/18.
‡5 ?	Doyle, J. 305336.	M. April 16/18.
‡5 ?	Drew, W. A. 78289.	M. April 16/18.
*5 ?	Goodwin, Sgt. J. 200993.	M. April 16/18.
‡5 ?	Holden, J. 200950.	M. Aug. 10/18.
5 ?	Horne, W. L. 91839.	M. Mar. 22/18.
5 ?	Logan, Wm. 305208.	M. April 16/18.
‡5 ?	McCaskie, J. 306113.	M. Aug. 8/18.
'5 ?	O'Toole, Sgt. B. 78424.	M. Aug. 8/18.
‡5 ?	Prosser, W. 111757.	M. April 16/18.
5 ?	Vanstone, Alf. J. 306077.	M. April 16/18.
‡5 ?	Whittaker, G. 302000.	M. April 16/18.
*6 A.	Howard, 2nd Lt. Edgar S.	K. Aug. 9/18. Det.D./B.
‡6 A.	Jones, 2nd Lt. H. F.	M. Nov. 6/18.
6	West, Lt.-Col. R. A.	M., bel. K. Sept. 2/18.
6 A.	Moore, J. 110367.	W. Unoff. M. Aug. 9/18.
6 A.	Norman, Gnr. L. 92271.	M. Aug. 11/18.
6 B.	Bibbans, Christopher. 201233.	M. Aug. 9/18.
‡6 B.	Drake, Albert E. J. 94970.	M. Oct. 8/18.
6 ?	Fenton, Sgt. Lewis. 95478.	W. and M. Aug. 23/18.
‡7 A.	Duddridge, Sgt. H. 201379.	M. Sept. 30/18.
7 B. VII	Smith, Philips H. 96755.	M. April 14/18.
7 C. X	Donnelly, Wm. John. 305510.	M. April 13/18.
7 ?	Holman, Gnr. A. 304434.	M. April 25/18.
7 ?	Powell, F. 302281.	M. Aug. 30/18.
8	Jefferies, 2nd Lt. S. S.	M. Aug. 10/18.
8 A. III	Brown, G. 97218.	M. Mar. 24/18.
8 A.	Filby, M.M., J. A. 77465.	M. Aug. 9/18.
8 A. III	Riddiough, J. 95413.	W. Unoff. M. Aug. 8/18.
8 A. I	Stark, John. 201993.	M. Mar. 21/18.
8 A.	Watkin, John. 306730.	M. Aug. 9/18.
8 A.	Williams, Eric V. Owen. 202010	M. Mar. 24/18.
8 B. VII	Ambrose, A. A. 77327.	W. Unoff. M. Aug. 23/18.
8 B. VIII	McGhie, Thos. K. 305180.	W. Unoff. M. Aug. 23/18.
*8 C.	Thompson, J. T. 202006.	M. Sept. 29/18.
‡8 ?	Mackenzie, D. 305209.	M. Aug. 23/18.
9 A.	Edwards, L.-Cpl. T. 95344.	M. Mar. 24/18.
9 A.	Hurren, W. 78236.	M. Mar. 25/18.
9 A. II	Sharples, Albt. Victor. 75844.	M. Aug. 25/18.
9 A.	Thelwell, Joe. 78584.	M. Mar. 25/18.
9 A.	Williams, T. C. 77390.	M. Aug. 25/18.
9 B. VII	Brown, L.-Cpl. Evan. 91390.	M. July 23/18.
9 B. VII	Farrin, C. E. 91207.	Unoff. K. July 23/18. Det.D./B.
9 B.	Forster, Thomas. 91934.	M. July 28/18.
9 ?	Day, Thos. Wm. 308954.	D/W. April 2/18. Conf. & Det.D./B.
‡9 ?	Garner, H. 78122.	W. and M. Sept. 2/18.

December 1st, 1918.

Tank Corps—contd.

B.E.F.

‡9 ?		Manser, J. W. 304287.	M. Aug. 25/18.
‡9 ?		Pedder, Sgt. F. 305146.	M. Aug. 25/18.
‡9 ?		Staniforth, D. H. 78672.	M. July 23/18.
‡9 ?		Watts, L.-Cpl. S. 95320.	M. Sept. 2/18.
‡9 ?		Wearing, L.-Cpl. L. L. 91251.	M. Aug. 25/18.
10		**Davey, Capt. R. W.**	M. Aug. 21/18.
10 A.		Brown, G. W. 78820.	Unoff. M. Aug. 21/18.
10 A.		Fleck, H. 301290.	M. Aug. 21/18.
10 A.		Jordan, W. 94955.	M. Aug. 21/18.
10 A.		Mitchell, John Edwin. 306398.	M. Aug. 21/18.
10 A.		Treleaven, J. H. 205514.	M. Aug. 21/18.
10 A.		Tunnicliffe, Frank Ern. 110145.	M. Aug. 8/18.
*10 B.		Hornett, C. W. 308444.	Unoff. M. Oct. 23/18.
10 B.		Shaw, J. R. 109884.	W. and M. Aug. 8/18.
*10 ?		Bowers, L.-Cpl. W. H. 110018.	M. Aug. 21/18.
‡10 ?		Broadbridge, A. 301274.	M. Aug. 21/18.
‡10 ?		Brown, A. C. 306024.	M. Aug. 9/18.
10 ?		Franklyn, F. 75218.	M. Aug. 21/18.
‡10 ?		Green, A. E. 110092.	M. Aug. 21/18.
10 ?		Howarth, L.-Cpl. Stephen Rowland. 110094.	M. Aug. 9/18.
‡10 ?		Hoyle, J. H. 110103.	M. Aug. 9/18.
‡10 ?		Lester, R. 111597.	M. Aug. 21/18.
‡10 ?		Pater, E. B. 307695.	M. Aug. 21/18.
‡10 ?		Peter, C. J. 307701.	M. Aug. 21/18.
11 C.		**Galsworthy, 2nd Lt. E.**	M. Sept. 27/18.
11		**Wilde, 2nd Lt. H.**	K. Sept. 3/18. Det.D./B.
11 A.		Belshaw, T. 111719.	Unoff. M. Aug. 23/18.
*11 A. I		Carter, Fred. 112308.	W. Unoff. M. Sept. 27/18.
11 A. II		Gill, Thos. 111836.	Unoff. M. Sept. 2/18.
‡11 A.		Marshall, Peter. 109654.	M. Sept. 3/18.
11 A.		Willan, Geo. Herbert. 309126.	M. Sept. 2/18.
11 B.		Brewster, Francis Jas. 302738.	M. Aug. 25/18.
11 B. V		Clark, Arthur Edward. 97013.	M. Aug. 25/18.
11 B.		Hurd, John. 205195.	M. Aug. 25/18.
‡11 B.		Mitchell, Edward. 307705.	M. Oct. 8/18.
*11 B.		Spraggan, David. 109595.	M. Sept. 29/18.
‡11 C. XI		Dias, Stephen S. 112182.	K. Aug. 23/18. Det.D./B.
‡11 C.		Law, Sgt. E. 300520.	W. Unoff. M. Sept. 27/18.
11 ?		Bartlett, L.-Cpl. F. W. 109571.	M. April 22/18.
‡11 ?		Wilson, F. 307585.	M. Sept. 2/18.
12		**Ackroyd, Lieut. R. G.**	M. Aug. 31/18.
12		**Christian, 2nd Lt. A.** (Fr. 1st.)	M. Sept. 27/18.
12		**Soutar, 2nd Lt. G. C.**	W. and M. Sept. 2/18.
'12 A.		Keârns, T. B. 109836.	Unoff. M. Aug. 31/18.
*12 B. V		Clark, George. 304613.	M. Sept. 2/18.
12 B. V		Petherick, L.-Cpl. Henry Walter. 304732.	Unoff. M. Sept. 2/18.
*12 B. V		Temple, Dvr. W. 307654.	M. Sept. 2/18.
12 C. X		Christmas, Wm. 302749.	Unoff. M. Aug. 21/18.
12 ?		Barr, Robert. 302899.	M. Sept. 2/18.
12 ?		Heron, W. A. G. 205116.	M. Aug. 31/18.
12 ?		Markham, Albert E. 301896.	M. Aug. 23/18.
12 ?		Pratt, W. 111202.	M. Aug. 31/18.
12 ?		Ruscoff, W. 309190.	M. Sept. 2/18.
12 ?		Teaque, E. J. 305867.	M. Aug. 31/18.
13		**Bale, Lieut. T. W.**	W. and M. Aug. 10/18.

December 1st, 1918.

Tank Corps—contd.

B.E.F.

13 C.	Hedges, 2nd Lt. W. R.	W. Unoff. M. Sept. 18/18.
13	Millar, 2nd Lt. J.	M., bel. K. Sept. 24/18.
13 A.	Quarrie, Jas. 307764.	W. and M. Aug. 9/18.
13 B.	Abbott, J. W. C. 301558.	M. April 24-25/18.
13 B.	Cameron, Donald. 301453.	M. April 24/18.
*13 B. VI	Collins, Sam. 307670.	M. Sept. 24/18.
13 B.	Crocker, P. 301416.	M. Mar. 25/18.
13 B.	Edwards, D. J. 301433.	M. April 25/18.
13 B. VII	Ewers, Thos. David. 111823.	M. April 25/18.
*13 B.	Gray, F. E. 307704.	M. Sept. 24/18.
13 B.	Hill, John Wm. 304437.	W. and M. April 25/18.
13 B. VIII	Jones, P. R. 304232.	M. April 24—May 10/18.
13 B. VIII	Keel, S. F. 301554.	M. April 24/18.
*13 B. V	King, Wm. Geo. 305636.	Unoff. M. end Sept./18.
13 B.	Lawrence, R. H. H/301556.	M. April 24/18.
13 B.	Lewis, H. E. C. 301982.	M. April 25/18.
13 B. VIII	Miller, W. E. 301557.	M. April 24-25/18.
13 B. VIII	Penson, H. 301420.	M. April 28/18.
13 B.	Pugsley, Sgt. Richd. Gordon. 205014.	M. April 25/18.
*13 B. VIII	Ratcliffe, R. 305267.	M. Sept. 24/18.
13 B. VIII	Roberts, M.M., Frank. 308699. (Fr. 9 Manch., 351505.)	W. Unoff. M. Aug. 10/18.
13 B. VIII	Rout, Robert. 301566.	M. April 24/18.
13 B. VIII	Rowlands, Gnr. H. J. 301963	M. April 27/18.
13 B.	Stretton, H. 301413.	M. April 25/18.
13 B.	Taylor, Henry. 300236.	M. April 25/18.
‡13 B. VIII	Taylor, Jas. 305220.	W. Unoff. M. Aug. 10/18.
13 B.	Wilkinson, J. W. 300433.	M. April 25/18.
13 B. VI	Willding, A. T. 112837.	M. April 24/18.
13 B.	Wright, Cpl. O. G. 301907.	M. April 25/18.
13 C. II	Adams, John Sidney. 92706.	W. and M. April 26/18.
13 C.	Fullerton, Thos. 305215.	W. and M. April 26/18.
13 C.	Richards, T. A. 301582.	M. April 26/18.
13 C. XII	Turner, William. 301425.	M. April 26/18.
‡13 ?	Brett, John R. 301568.	M. Aug. 23/18.
‡13 ?	Deller, L.-Cpl. P. S. 306079.	M. Sept. 24/18.
13 ?	Derbyshire, J. 301629.	M. April 26/18.
13 ?	Fellows, A. J. 305436.	M. Aug. 10/18.
13 ?	Halfpenny, G. H. 304322.	M. Mar. 24/18.
‡13 ?	Jobson, H. 305635.	M. Aug. 8/18.
13 ?	Kilmartin, John. 307744.	M. April 26/18.
13 ?	MacDonald, Ronald. 304239.	M. April 25-28/18.
‡13 ?	Noakes, H. F. 304446.	M. Aug. 23/18.
‡13 ?	Oglivie, A. 205251.	M. Aug. 8/18.
13 ?	Plant, A. G. 301456.	W. and M. April 25/18.
‡13 ?	Richardson, D. 307823.	M. April 25/18.
‡13 ?	Rooms, T. 301948.	M. Aug. 8/18.
‡13 ?	Smith, W. O. 304435.	M. April 25/18.
13 ?	Styles, J. 300453.	M. April 25/18.
*14 A.	Helme, Dvr. Mech Rich. 109694.	M. Aug. 10/18.
14 A. II	Lewis, Leon. 301758.	M. Aug. 9/18.
*14 A. IV	Roberts, Cpl. Alb. 301750.	W. Unoff. M. Aug. 9/18.
14 A. II	Wright, L.-Cpl. Walter Edw. 97353.	M. Aug. 8-10/18.
14 B.	Blair, Cpl. Peter. 307229.	M. Aug. 9/18.
14 B.	Dawson, Sgt. G. 301902.	M. Aug. 9/18.
14 B.	King, L. 301764.	M. Aug. 9/18.
*14 B.	Suttenstall, Wm. 301687.	M. Aug. 9/18.
14 B.	Thomas, A. S. 205361.	K. Aug. 9/18. Det. D./B.
14 C. IX	Gibson, Joe. 304957.	M. Aug. 9/18.

December 1st, 1918.

Tank Corps—contd.

B.E.F.

14 C.		Pickering, H. 301852.	M. Aug. 9/18.
‡14 ?		Allsopp, J. H. 301783.	M. Aug. 9/18.
‡14 ?		Andrew, R. 305034.	M. Aug. 9/18.
‡14 ?		Crowther, A. 301706.	M. Aug. 9/18.
‡14 ?		Ferris, W. 305039.	M. Aug. 9/18.
‡11 ?		Green, W. J. 96921.	M. Aug. 8/18.
‡14 ?		Sattenhall, W. 301687.	M. Aug. 9/18.
15 A.		Freshney, Stewart. 307789.	Unoff. M. Aug. 9/18.
15 A. III		Haselton, E. C. 96748.	M. Aug. 9/18.
15 A.		Tuck, A. J. 304481.	M. Aug. 21/18.
15 C.		Pritchard, Albt. Edw. 304894.	K. Aug. 9/18. Det.D./B.
‡15 ?		Askey, L.-Cpl. H. 304492.	M. Aug. 21/18.
‡15 ?		Dillon, F. 308004.	M. Aug. 9/18.
15 ?		Gallagher, E. 308000.	M. Unoff. K. Aug. 8/18.
‡15 ?		Hulsmeier, Sgt. A. 307330.	W. Unoff. M. Sept. 27/18.
‡15 ?		McLachlan, A. 307960.	M. Aug. 9/18.
‡15 ?		MacLean, J. W. 97305.	M. Aug. 8/18.
‡15 ?		Robertson, W. 307783.	M. Aug. 9/18.
‡15 ?		Smith, J. H. 304645.	M. Aug. 9/18.
‡16 A.		Devis, Sgt. Arthur Stanley. 200612.	Unoff. M. Sept. 29/18.
‡16 A.		Levy, Jonas. 307909.	M. Sept. 29/18.
‡16 C.		Carter, E. 75790.	M. Sept. 29/18.
‡16 C.		Donald, L.-Cpl. Robert. 307895.	M. Sept. 29/18.
‡16 C.		Inglis, Jarvis. 307456.	M. Sept. 29/18.
*16 C.		Tindley, A. 304808.	Unoff. M. Sept. 29/18.
‡16 ?		Drewett, C. G. 307433.	K. Oct. 17/18. Det.D./B.
17 A.		Eggs, Sgt. Percy. 92812.	M. July 20/18.
*17 A.		Hawley, J. 308574.	Unoff. M. Sept. 29/18.
17 A. III		Sheard, W. D. 78670.	K. Sept. 29/18. Det.D./B.
‡17 A.		Smartt, Arthur. 309329.	M. Sept. 29/18.
17 B VI		Wilson, L.-Cpl. Horace. 92831.	M. Aug. 21/18.

LIGHT TANK CORPS.
B.E.F.

3 B.		Day, L.-Cpl. B. T. 76449.	M. Aug. 9/18.
3 B. V		Hammond, Thos. Wm. 92298.	M. Aug. 9/18.

TRENCH MORTAR BATTERIES
(ARTILLERY).

(Vide R.F.A. and R.G.A.)

TRENCH MORTAR BATTERIES.
INFANTRY.

N.B.—These names also appear under their respective regiments.

Bgde. Batty. **B.E.F.**

1		Bairstow, Wm. 40326. (Fr. 1 Cam. Hrs.)	M. April 18/18.
1		Burke, Jn. 3166. (Fr. 1 N. Lancs.)	M. April 18/18.

December 1st, 1918.

Trench Mortar Batteries—contd.

Infantry—contd.

B.E.F.

Bgde. Batty.

Bgde.			
1	Hudson, Herb. 26709. (Fr. 1 N. Lancs.)	M. April 18/18.	
1	Humphreys, Wm. Fredk. 25861. (Fr. 1 N. Lancs.)	M. April 18/18.	
1	Kitchen, Jos. 4733. (Fr. 1 N. Lancs.)	M. April 18/18.	
1	Kitton, Otho J. 33561. (Fr. 3rd Well. N.Z.)	K. Mar. 30/18. Det.D./B.	
1	Vernon, L.-Cpl. Wm. Hry. (Fr. 1 N. Lancs.)	M. April 18/18.	
1	Welch, A. 18119. (Fr. 1 Bl. Watch.)	M. April 18/18.	
6	Barber, R. H. 9263. (Fr. 2 S. Staffs)	W. and M. Mar. 24/18.	
6	Bridgland, S. 9583. (Fr. 1 E. Kent)	W. and M. Mar. 21/18.	
6	Cox, L.-Cpl. W. H. 12075. (Fr. 2 S Staffs.)	M. Mar. 24/18.	
7	Emberton, Fredk. Howard. 265758. (Fr. 6 Cheshires.)	M. May 27/18.	
7	Gray, Arthur A. 23037. (Fr. 1 Wilts.)	M. April 9/18.	
7	Hayes, Sgt. Wm. 16670. (Fr. 10 Cheshires.)	M. April 9/18.	
7	Higgins, John. 18778. (Fr. 13 Ches.)	M. April 9/18.	
7	Horsfield, M.M., L.-Cpl. E. 49979. (Fr. 11th Cheshires.)	M. May 27/18.	
7	O'Brien, Jas. 38978. (Fr. 4 S. Staffs.)	M. May 29/18.	
7	Richardson, Harry. 42875. (Fr. 4 Staffs.)	M. April 10/18.	
8	Allan, A. 43114. (Fr. 1 Scots Fus.)	M. Mar. 28/18.	
8	Kelly, Wm. 19201. (Fr. 1 Scots Fus)	W. and M. Mar. 28/18.	
8	Ralston, J. 20577. (Fr. 1 Scots Fus.)	M. Mar. 28/18.	
8	Robertson, Jas. 51132. (Fr. 1 Scots. Fus.)	M. Mar. 28/18.	
8	Sales, Sgt J. 10695. (Fr. 1 R. Scots)	M. Mar. 28/18.	
8	Scott, W. 34980. (Fr. 1 Scots Fus.)	M. Mar. 28/18.	
9	Hill, A. 16436. (Fr. 4 R.F.)	M. Mar. 28/18.	
11	**Denham, Lieut. R. G.** (Fr. 2 Wilts.)	M. May 30/18.	
11	Florendene, W. 28371. (Fr. 1 Hants)	M. Mar. 28/18.	
12	Grubb, Geo. 51674. (Fr. 16 Cheshs.)	M. Mar. 24/18.	
12	Howes, T. E. 28297. (Fr. K.O.R.L. and A.S.C.)	M. Mar. 29/18.	
13	Logue, Marcus. 40402. (Fr. 2nd K.O.S.B.)	M. April 16/18.	
*13	Spink, J. 10426. (Fr. 1 W. Kent.)	M. April 16/18.	
16	Herrick, Ern. John. 12914. (Fr. 1 E. Kents.)	K. Sept. 18/18. Det.D./B.	
16	Peckett, Reg. 35762. (Fr. 1 W. Yorks.)	Unoff. M. Mar. 21/18.	
17	Cowperthwaite, Tom. 28197. (Fr. 3 R.B.)	M. Mar. 28/18.	
17	Cumbers, H. 11976. (Fr. 8 W. Surrey.)	M. Mar. 25/18.	
17	Niven, Cpl. A. F. 16065. (Fr. 3 Rifle Bde.)	M. Mar. 21/18.	
17	Potter, W. 275. (Fr. 3 R.B.)	M. Mar. 28/18.	
17	Wilmot, S. W. 11990. (Fr. 8 W. Surrey.)	M. Mar. 22/18.	
18	Bell, J. W. 8616. (Fr. 1 W Yorks.)	M. Mar. 21/18.	

December 1st, 1918.

Trench Mortar Batteries—contd.
   Infantry—contd.
   B.E.F.

Bgde.	Batty.		
18	Bindley, W. J. 14870. (Fr. 1 W. Yorks.)	M. Mar. 21/18.
18	Butcher, Cpl. J. 22221. (Fr. 2 D.L.I.)	M. Mar. 21/18.
18	Catchpole, H. W. 26009. (Fr. 2 D.L.I.)	W. and M. Mar. 21/18.
18	Collingwood, J. G. 148. (Fr. 2nd D.L.I.)	M. Mar. 21/18.
18	Day, H. V. 23183. (Fr. 11 Essex.)	M. Mar. 21/18.
18	Deacon, H. 101018. (Fr. 1 W. Yorks)	M. Mar. 21/18.
18	Girling, E. 17406. (Fr. 11 Essex.)	M. Mar. 21/18.
19	McHarg, Hugh. 39837. (Fr. 1 W. Surreys.)	M. April 16/18.
21	Ferney, Thos. 109130. (Fr. 1 Sher.)	M. May 27/18.
21	Leatherbarrow, J. 300492. (Fr. 18th Liverpools.)	M. Mar. 21/18.
21	Upton, Cpl. C. 57967. (Fr. 18 L'pool)	M. Mar. 21/18.
23	Buckingham, F. (Fr. 2 Devon.)	M. April 24/18.
23	Chaytor, Chas. Hry. 42481. (Fr. 2 W. Yorks.)	M. May 27-29/18.
23	Cornollie, H. 325625. (Fr. 2 W. Yorks.)	M. April 24/18.
23	Cusick, Robt. 15492. (Fr. 2 Middx.)	Unoff. M. May 27/18.
23	Field, Jas. Wm. 62313. (Fr. 2 W. Yorks.)	M. May 27/18.
23	Fortune, H. T. J. 290779. (Fr. 2nd Devons.)	M. May 26/18.
23	Gartside, Ellis. 15529. (Fr. 2 Devons)	M. April 24/18.
23	Heysett, L.-Cpl. Wm. 29702. (Fr. 9 Devons.)	M. May 27/18.
23	Neal, Wm. 203912. (Fr. 2 Mddx.)	M. Mar. 23/18.
23	Pratt, Reg. Jas. G/89434. (Fr. 2 Middlesex.)	M. May 27/18.
23	Tod, Jas. Moffat. 25712. (Fr. 2 Scot. Rifles.)	M. Mar. 25/18.
'24	Lever, 2nd Lt. H. B. (Fr. 5 Beds.)	W. and M. Oct. 14/18.
24	Beecroft, W. G. 267161. (Fr. 2/6 Glosters.)	K. Mar. 25/18. Det. D. B.
24	Blunt, Wm. 202353. (Fr. 1 Worcs.)	Unoff. M. April 27/18.
24	Hall, L. 108943. (Fr. 1 Sher. For.)	M. May 27/18.
24	Hooker, R. C. 61017. (Fr. 1 Sher. For.)	M. May 27/18.
24	Jeffries, R. 269851. (Fr. 1 Sher. For.)	M. May 27/18.
24	Priest, Geo. 21756. (Fr. 1 Worcs.)	M May 27/18.
24	Reed, Geo. 10988. (Fr. 1 Worcs.)	M. May 27/18.
24	Seldon, Wm. 26054. (Fr. 1 Worcs.)	M May 27/18.
25	Gilpin, Thos. 20100. (Fr. 2 E. Lancs.)	W. and M. Mar. 23/18.
25	Hebborn, V. 36852. (Fr. 2 Berks.)	M. May 27/18.
25	Macdonald, D. 42438. (Fr. 2 Berks.)	M. May 27/18.
25	Taylor, Cpl. Wm. Hry. 203165. (Fr. 2 R.B.)	M. April 24/18.
26	Bruce, Robt. 8532. (Fr. 7 Seaforths.)	M. April 26/18.
'27	Stanton, D. 12270. (Fr. 9 Scot. Rfls.)	M. Mar. 24/18.
28	Smart, W. 1732. (Fr. 1 S.A.I.)	M. Mar. 22/18.
29	Boyle, J. 17887. (Fr. 1 Dub. Fus.)	M. Mar. 21-29/18.
'36	Leary, D. 7296. (Fr. 9 R. Fus.)	M. Sept. 21/18.

December 1st, 1918.

Trench Mortar Batteries—contd.

Infantry—contd.

Bgde. Batty.   B.E.F.

Bgde.	Batty.	Name	Status
36		Stephenson M. 23025. (Fr. 7 Sussex)	M. Aug. 26/18.
41		Fox, H. 1905. (Fr. 8 K.R.R.C.)	M. April 4/18.
41		Hyde, Alb. Edw. 31241. (Fr. 7 R.B.)	M. Mar. 21/18.
42		Hopkins, T. 1402. (Fr. 9 R. Bde.)	M. Mar. 21/18.
42		May, W. 14641. (Fr. 9 K.R.R.C.)	M. Mar. 21/18.
42		Theed, J. A. 10212. (Fr. 8 K.R.R.C.)	M. Mar. 21/18.
42		Wakelin, Cpl. J. 3922. (Fr. 9 R.B.)	Unoff. M. Mar. 21/18.
42		Woodward, Frank. 25952. (Fr. 5 Ox. and Bucks.)	M. Mar. 21/18.
43		Peacock, Chas. Fran. 11065. (Fr. 6 S.L.I.)	M. Mar. 21/18.
43		Richardson, Walter. 22268. (Fr. 6 K.O.Y.L.I.)	M. Mar. 21/18.
43		Stevens, Fred. 6712. (Fr. 6 S.L.I.)	M. Mar. 21/18.
43		Treasure, C. 26899. (Fr. 6 Som. L.I.)	M. Mar. 21/18.
43		Wells, J. A. 43273. (Fr. 10 D.L.I.)	M. Mar. 21/18.
43		Whitaker, S. 12917. (Fr. 6 K.O.Y.L.I)	M. Mar. 21/18.
44		Anderson, Geo. 20901. (Fr. 7th Camerons.)	M. Mar. 28/18.
44		Forbes, Jas. 291577. (Fr. 8-10 Gordons.)	M. Mar. 21/18.
44		Hadden, A. 17454. (Fr. 8-10 Gordons)	M. Mar. 28/18.
44		Henderson, W. B. 20538. (Fr. 8-10 Gordons.)	M. Mar. 28/18.
44		Howatt, J. 6582. (Fr. 8-10 Gordons.)	M. Mar. 28/18.
44		Innes, A. 17454. (Fr. 8-10 Gordons.)	M. Mar. 28/18.
44		Macdonald, Alex. 40875. (Fr. 8 Seaforths.)	M. Mar. 28/18.
44		McGiven, Sgt. Hugh. 5585. (Fr. 8-10 Gordons.)	M. Mar. 28/18.
44		Maclachlan, J. 40737. (Fr. 7 Camerons.)	M. Mar. 28/18.
44		McQueen, D. 241202. (Fr. 8-10 Gordons.)	M. Mar. 28/18.
44		Newlands, Jas. 10073. (Fr. 8-10 Gordons.)	M. Mar. 28/18.
45		Brock, Geo. F. 202656. (Fr. 11 A. & S. Highlanders.)	M. Mar. 28/18.
45		Linton, J. 40210. (Fr. 11 A. & S. Highlanders.)	M. Mar. 21-28/18.
45		Mason, J. 40418. (Fr. 13 R. Scots.)	M. Mar. 28/18.
45		Russell, Geo. 15945. (Fr. 6 Camerons.)	M. Mar. 28/18.
47		Blacker, Walter. 3163. (Fr. 2 R.I. Regt.)	M. Mar. 22/18.
*47		Harris, T. 7192. (Fr. 1 Mun. Fus.)	M. Mar. 21/18.
*47		McHaile, P. 2615. (Fr. 6 Conn. Rangers.)	M. Mar. 22/18.
*47		Maquinness, T. B. 2495. (Fr. 6 Conn. Rangers.)	M. Mar. 22/18.
*47		Vaughan, D. 10200. (Fr. 1 Mun. Fus.)	M. Mar. 21/18.
*47		Ward, Cpl. J. 4692. (Fr. 6 Conn. Rangers.)	M. Mar. 22/18.
48		Darcy, Hugh. 25781. (Fr. 8-9 Dub. Fus.)	M. Mar. 30/18.

December 1st, 1918.

Trench Mortar Batteries—contd

Infantry—contd.

Bde. Batty. B.E.F.

Bde.			
‡49	Dunne, Cpl. Jas. 9210. (Fr. 7-8th Irish Fus.)	M. Mar. 21/18.	
49	Ellis, Cpl. Jn. Arnold. 201437. (Fr. 4 W. Riding.)	M. April 15/18.	
49	Kinnear, John. 20308. (Fr. 7 Muns. Fus.)	M. Mar. 21/18.	
49	Magee, Edw. 28771. (Fr. 7 Innis. Fus.)	M. Mar. 21/18.	
50	Pearce, J. W. 69013. (Fr. 4 N. Fus.)	M. May 27/18.	
53	Blows, Cpl. A. J. 8722. (Fr. 8 Berks)	M. Mar. 21/18.	
53	France, R. F. 18287. (Fr. 8 Berks)	M. Mar. 21/18.	
53	Pike, A. W. 43584. (Fr. 7 Beds.)	M. Mar. 21/18.	
53	Willetts, R. 19126. (Fr. 8 Berks.)	M. Mar. 21/18.	
55	Poacher, R. J. 28302. (Fr. 8 E. Surrey.)	M. April 4/18.	
55	Swift, L.-Cpl. Edw. 5250. (Fr. 7 W. Kent.)	M. Aug. 6/18.	
56	Lamont, F. 512787. (Fr. 14 Lond.)	M. Mar. 28/18.	
57	Chivers, L.-Cpl. Norman Chas. 20295. (Fr. 8 Glos.)	M. April 10/18.	
57	Cole, Cpl. Geo. 17671. (Fr. 8 Glos.)	M. April 10/18.	
57	Johnstone, Fredk. Geo. 11436. (Fr. 8 Glos.)	M. April 10/18.	
58	Bowers, J. G. 23760 (Fr. 2 Welsh Fus.)	M. April 10/18.	
58	Carrigan, G. S. 36089. (Fr. 9 R. W. Fus.)	M. April 10/18.	
58	Hedges, Harold. 64665. (Fr. 9 Welsh Regt.)	M. June 6/18.	
58	Thomas, Wm. 203369. (Fr. 6 Wilts.)	M. April 10/18.	
58	Watts, Percy Jn. 203337. (Fr. 6 Wilts)	M. April 18/18.	
58	Williams, Arth. Jos. 19364. (Fr. 6 Wilts?)	K. Sept. 3/18.	Det.D./B.
59	Chaffer, Alfred. 15900. (Fr. 11 R.B.)	M. Mar. 21-31/18.	
59 Stokes Batt.	O'Hara, J. T. 8700. (Fr. 11 K.R.R.)	M. Mar. 22/18.	
59	Taylor, Thos. Richd. 36540. (Fr. 11 K.R.R.C.)	M. Mar. 28/18.	
61	Peach, Edw. 25771. (Fr. 7 Som.L.I.)	W. and M. Mar. 23/18.	
62	Clifton, A. E. C. 203004. (Fr. 1 Lincoln.)	M. May 27/18.	
62	Fox, Sam. 43099. (Fr. 1 Lincs.)	M. May 27/18.	
62	Harle, Tom. 37567. (Fr. 12-13 N. F.)	M. May 27-29/18.	
62	Jemm, H. 40179. (Fr. 2 Lincolns.)	M. May 27/18.	
62	Knott, Geo. 32/525. (Fr. 12/13 North. Fus.)	M. May 27-29/18.	
62	Layboum, R. 38330. (Fr. 4 N. Fus.)	M. May 27/18.	
62	Robinson, Hny. Sam. 15863. (Fr. 1 Lincoln.)	M. April 16/18.	
‡62	Wydell, C. 202998. (Fr. 2 Lincs.)	M. May 27/18.	
64	McKie, Jonathan. 18598. (Fr. 15 D.L.I.)	M. Mar. 24/18.	
71	Addison, I. E. 14696. (Fr. 9 Norfolks.)	M. Mar. 21/18.	
71	Bunn, Cpl. Clifford. 43768. (Fr. 9 Norfolks.)	M. Mar. 21/18.	
71	Burn, Cpl. Clifford. 15426. (Fr. 9 Suffolks.)	M. Mar. 21/18.	

December 1st, 1918.

Trench Mortar Batteries—contd.
  Infantry—contd.

B.E.F.

Bgde.	Batty.		
71	Farrow, H. C. 40218. (Fr. 9 Norfolks.)	M. Mar. 21/18.	
71	Grainger, W. H. 90168. (Fr. 2 Sherwoods.)	K. Mar. 21/18.	Det.D./.B.
*72	Front, Cpl. J. 7032. (Fr. 1 N. Staffs.)	M. Mar. 21/18.	
72	Newland, G. 20647. (Fr. 9 E. Surrey)	M. Mar. 21/18.	
*72	Rowen, F. 16409. (Fr. 1 N. Staffs.)	M. Mar. 21/18.	
73	Isaacson, A. 19161. (Fr. 9 Sussex.)	Unoff. K. Sept. 15/18.	Det.D./B.
74	Cowle, J. 29262. (Fr. 9 L.N. Lancs.)	M. May 28/18.	
74	Edwards, E. A. 57341. (Fr. 3 Worcrs.)	M. May 27/18.	
*74	Glover, T. R. 25152. (Fr. 3 Worc.)	M. April 10/18.	
*74	Gough, S. J. 13437. (Fr. 3 Worc.)	M. April 10/18.	
*74	Ireson, A/Cpl. J. 10794. (Fr. 3 Worc.)	M. April 10/18.	
74	Moorhouse, E. B. 42371. (Fr. 3 Worcs.)	W. and M. May 26/18.	
*74	Priest, T. 33979. (Fr. 9 N. Lancs.)	M. April 10/18.	
*74	Wadsworth, L.-Cpl. C. 14562. (Fr. 9 K.O.Y.L.I.)	Unoff. M. April 4/18.	
*74	Ward, H. 24577. (Fr. 9 N. Lancs.)	M. April 10/18.	
*74	Woodburn, M. 28200. (Fr. 9 N. Lancs.)	M. April 10/18.	
75	Cadman, Jos. 17939. (Fr. 11 Chesh.)	W. and M. April 12/18.	
75	Cavanagh, Jn. 1318. (Fr. 2 S. Lan.)	M. Mar. 29/18.	
75	Downs, Eli A. 16933. (Fr. 11 Chesh.)	M. May 29/18.	
75	Gregory, Arth. 28478. (Fr. 8 Border)	M. April 15/18.	
75	Hamlet, Ralph. 39289. (Fr. 2 S. Lancs.)	M. May 27/18.	
76	Baker, Ern. Alb. 24969. (Fr. 2 Suffolks.)	M. Mar. 28/18.	
76	McNeill, Livingstone. 203249. (Fr. 1 Gordons.)	M. Mar. 21/18.	
89	Dod, C. M. 51708. (Fr. 19 L'pools.)	M. April 28-29/18.	
89	Irvine, W. 42859. (Fr. 17 Livp'ls)	M. April 30/18.	
*92	Hodgins, T. H. 6089. (Fr. 11 E. Yorks.)	M. April 12/18.	
*92	Regan, F. 25622. (Fr. 11 E. Yorks.)	M. April 12/18.	
94	Hudson, John Richd. 17944. (Fr. 11 E. Lancs.)	M. May 4/18.	
100	Daniels, Cpl. A. 20614. (Fr. 2 Worc.)	W. and M. April 16/18.	
*101	Solly, M.C., Capt. W. B. (Fr. 11 Lancs. Fus.)	D/W. Oct. 19/18.	Det.D./B
101	Angus, J. 18962. (Fr. 16 R. Scots.)	M. April 10/18.	
101	Boyd, Sgt. J. M. 19424. (Fr. 16 R. Scots.)	W. and, M. April 10/18.	
101	Brown, Geo. W. 42728. (Fr. 15 R. Scots.)	M. April 9-16/18.	
101	Gallimore, Thos. 41214. (Fr. 11 Suffolks.)	M. April 12/18.	
101	Reynolds, T. 41671. (Fr. 15 R. Scots)	M. Mar. 22/18.	
101	Swann, W. 43637. (Fr. 15 R. Scots.)	M. Mar. 22/18.	
102	Briggs, Wm. 40675. (Fr. 23 North Fus.)	W. and M. Mar. 21/18.	
102	Chappelow, L.-Cpl. Harry. 24/1674. (Fr. 23 N. Fus., 5442.)	M. Mar. 21/18.	
102	Preston, H. M. Herman. (Fr. 25 North. Fus.)	M. April 8-12/18.	
102	Scott, R. 242002. (Fr. 22 N. Fus.)	Unoff. M. April 7/18.	

December 1st, 1918.

Trench Mortar Batteries—contd.
    Infantry—contd.

B.E.F.

Bde. Batty.

103	Simpson, J. 41277. (Fr. 9 North. Fus.)	M. Mar. 22/18.
106	Fealey, James. 31150. (Fr. 12° H.L.I.)	M. Mar. 21-27/18.
107	Blaber, Walter. 47415.	K. Mar. 29/18. Det.D./B.
107	McGuinness, Thos. 40068. (Fr. 9 Irish Fus.)	M. Mar. 21/18.
107	Pettigrew, John. 441. (Fr. 8 I. Rifles)	M. Mar. 27/18.
108	Carnduff, Robt. 13/17388. (Fr. 12 Irish Rifles.)	M. Mar. 26/18.
108	Goodacre, Herbert. 43167. (Fr. 12 Irish Rifles.)	M. Mar. 21/18.
109	Buckley, W. 72929. (Fr. 7 R. Fus.)	M. Mar. 25/18.
*109	Cochrane, T. 15414. (Fr. 9 Innis. Fus.)	M. Mar. 21/18.
109	Donaghy, A.-Cpl. Jim. 23292. (Fr. 9 Innis. Fus.)	M. Mar. 21-29/18.
*109	Harrison J. 20035. (Fr. 9 Innis. Fus)	M. Mar. 21/18.
109	Mayne, Cpl. Wm. 27687. (Fr. 9 Irish Fus.)	M. Mar. 21/18.
109	Taylor, Robt. 19706. (Fr. 10 Innis. Fus.	M. Mar. 21/18.
110	**White, 2nd Lt. C. K.** (Fr. 8 Leictr.)	K. Sept. 1/18. Det.D./B.
*110	Bullivant, R. 201597. (Fr. 8 Leics.)	M. Mar. 22/18.
*110	Draper, E. 14562. (Fr. 6 Leics.)	M. Mar. 23/18.
110	England, Herbert. 41331. (Fr. 8 Leices.)	M. May 27/18.
110	Foster, Selwyn. 36072. (Fr. 7 Leics.)	M. Mar. 22/18.
*110	Guess, A. A. 11621. (Fr. 8 Leics.)	M. Mar. 22/18.
110	Leech, L.-Cpl. Wm. Harry. 15275. (Fr. 9 Leicester.)	M. Mar. 22/18.
*110	Newbold, G. 13117. (Fr. 6 Leics.)	M. Mar. 23/18.
110	Parkinson, W. 11102. (Fr. 6 Leic.)	M. May 27/18.
110	Phillips Arth. 40922. (Fr. 8 Leics.)	M. Mar. 22/18.
*110	Wormall, H. W. 25836. (Fr. 8 Leics.)	M. Mar. 22/18.
116	Byrant, Ern. 1872. (Fr. 12 Sussex.)	Unoff. W. and M. Mar. 11/18.
116	Haffenden, A.-Cpl. Jas. 595. (Fr. 11 Sussex.)	M. Mar. 24-30/18.
117	Abbis, F. W. 4629. (Fr. 17th K.R.R.C.)	K. Mar. 25/18. Det.D./B.
117	Cleasby, Herbert. 27870. (Fr. 17 K.R.R.)	M. Mar. 21-30/18.
117	Kerr, H. 1235. (Fr. 16 R.B.)	M. Mar. 23-30/18.
117	Page, W. 14827. (Fr. 1 R.B.)	M. Mar. 23-30/18.
117	Yates, A. 12044. (16 Rifle B.)	M. Mar. 25-30/18.
118	Girdlestone, G. W. 325475. (Fr. Cambs.)	M. Mar. 21-30/18.
119	Choppen, L.-Cpl. W. T. 19482. (Fr. 21 Middlesex.)	Unoff. M. Mar. 21-23/18.
119	Guy, Edw. Arth. 11352. (Fr. 13 E. Surrey.)	Unoff. M. April 9/18.
*119	Nuttall, Herb. 44191. (Fr. 12 N Staffs.)	M. Sept. 26/18.
121	Elam, Horace. 25678. (Fr. 13 Yorks.)	M. April 9-13/18.
121	Jones, Jas. 41657. (Fr. 13 Yorks.)	W. and M. April 10/18.
122	Brown, Jack. C/7018. (Fr. 18 K.R.R.C.)	M. Mar. 24/18.

December 1st, 1918.

Trench Mortar Batteries—contd.
    Infantry—contd.

B.E.F.

Bgde.	Btty.		
127	Case, Jas. Thos. 351651. (Fr. 5th Manch.)	K. Sept. 2/18.	Det.D./B.
141	Clark, S. L. 630398. (Fr. 20 Lond.)	M. Mar. 24/18.	
141	Dove, C. E. 648149. (Fr. 20 Lond.)	M. Mar. 24/18.	
141	Fairweather, C. 573174. (Fr. 17 Londons.)	M. Mar. 24/18.	
141	Lawrence, F. A. 45766. (Fr. 18 Londons.)	M. Mar. 24/18.	
141	Norman, W. 29004. (Fr. 20 London)	M. Mar. 24/18.	
141	Sellings, J. W. 610809. (Fr. 19 Londons.)	M. Mar. 24/18.	
141	Wallington, R .D. 608273. (Fr. 18 Londons.)	M. Mar. 24/18.	
146	Clayford, Cpl. Char. Edw. 265624. (Fr. 7 W. Yorks.)	M. April 25/18.	
146	Cutts, Wm. 201410. (Fr. 5 W. Yorks.)	M. April 25/18.	
146	Hill, G. 58959. (Fr. 5 W. Yorks.)	M. Mar. 25/18.	
146	Lawton, Wm. 266839. (Fr. 7 W. Yorks.)	M. April 25/18.	
146	Wright, Cpl. Edw. 265778. (Fr. 7 Yorks.)	M. May 13/18.	
*146	Wright, W. 27464. (Fr. 7 W. Yorks)	M. April 12/18.	
147	Farr, Fred. 305395. (Fr. 1 W. Rid.)	M. April 13/18.	
148	**Ludlow, Lieut. L.G.S.** (Fr. 4 K.O.Y.L.I.)	M. Aug. 11/18.	
149	**Benson, Lieut. J. M.** (Fr. 4 North Fus.)	M. May 27/18.	
149	Barber, Fred. 66475. (Fr. 4 N. Fus.)	M. May 27/18.	
‡149	Charton, W. 92. (Fr. 4 North. Fus.)	M. May 27/18.	
‡149	Hearnshaw, F. H. 267509. (Fr. 4 North. Fus.)	M. May 27/18.	
149	Lees, Cpl. Sam. 243443. (Fr. 5 N. Fus.)	Unoff. M. May 27/18.	
149	Meek, Chas. Hry. Jas. 204612. (Fr. 4 N. Fus.)	M. April 12/18.	
‡149	Phillips, W. 201225. (Fr. North. Fus.)	M. May 27/18.	
‡149	Summerville, J. 201071. (Fr. North. Fus.)	M. May 27/18.	
150	Barker, L.-Cpl. C. 203176. (Fr. 4 E. Yorks.)	M. May 27/18.	
150	Boothby, Walter. 201088. (Fr. 4 E. Yorks.)	M. Mar. 22/18.	
150	Higgs, J. M. 34926. (Fr. 4 Yorks.)	M. May 27/18.	
150	Kirk, J. H. 22784. (Fr. 12 Yorks.)	M. May 27/18.	
150	Kirkham, B. 243635. (Fr. 4 Yorks.)	W. and M. May 27/18.	
150	Lowther, T. H. 39123. (Fr. 4 Yorks.)	M. May 27/18.	
150	Payne, Victor. 235210. (Fr. 7 Yorks.)	M. May 27/18.	
150	Seaton, Chas. 241380. (Fr. 5 Yorks)	M. May 27/18.	
150	Stafford, Mervyn J. C. 35674. (Fr. 5 Yorks.)	M. May 27/18.	
*151	Blackwood, R. 290665. (Fr. 7 B.W.)	M. Mar. 21-26/18.	

December 1st, 1918.

Trench Mortar Batteries—contd.

Infantry—contd.

B.E.F.

Bgde. Batty.

151	Embleton, John Wm. 203355. (Fr. 6 D.L.I.)	M. May 27/18.
151	Ratcliffe, Arnold. 91528. (Fr. 5th D.L.I.)	M. May 27/18.
151	Wedgwood, L.-Cpl. Herb. Dawson. 256691. (Fr. 6 D.L.I.)	M. May 27/18.
*152	**Fraser, Lieut. J. C.** (Fr. 5 Seaforth Highlanders.)	K. Mar. 21/18. Det.D./B.
153	Devlin, J. 241916. (4549.) (Fr. 7 Gordons.)	M. Mar. 21-26/18.
153	Fraser, W. 240163. (1533.) (Fr. 7 Gordons.)	M. Mar. 21/18.
153	Grant, R. 265577. (10787.) (Fr. 7 Gordons.)	M. Mar. 21/18.
153	Petrie, Alex. 266134. (Fr. 7 Gordons)	M. Mar. 21/18.
153	Robson, T. 290826. (3432.) (Fr. 7 Gordons.)	M. Mar. 21-26/18.
157	Murray, Wm. 201507. (Fr. 6th D.L.I.)	M. May 27/18.
*165	Marsden, J. H. 242793. (Fr. 6 Lpls.)	M. April 9/18.
*165	Mawdsley, W. 267208. (Fr. 7 Lpls.)	M. April 9/18.
‡170	Loxham, S. C. 244938. (Fr. 5 N. Lancs.)	W. and M. Oct. 2/18.
*170	Mather, Cpl. Jos. 241405. (Fr. 2/5 L.N. Lancs.)	M. Oct. 4/18.
‡170	Thistlewaite, F. G. 241009. (Fr. 2/5 K.O.R.L.)	K. Oct. 2/18. Det.D./B.
173	Burville, A. G. 283839. (Fr. 2/4 Londons.)	M. Mar. 23/18.
173	Lowin, W. E. 67694. (Fr. 3 London)	M. Mar. 24/18.
174	North, Hry. Chas. 365179. (Fr. 7 Londons.)	W. and M. Aug. 8/18.
176	Ford, L.-Sgt. J. 242066. (Fr. 2/6 N. Staffs.)	M. Mar. 21/18.
176	Millward, W. R. 241583. (Fr. 2/6 S. Staffs.)	M. Mar. 21/18.
177	Maghie, Wilfrid. 241857. (Fr. 2/5 Lincs.)	W. and M. Mar. 23/18.
178	Fox, J. 200722. (Fr. 2/5 Sher. For.)	M. Mar. 21/18.
178	Jackson, L.-Cpl. H. 27666. (Fr. 7 Sher. For.)	M. Mar. 21/18.
178	Nichols, Thos. Jas. 203559. (Fr. 2/5 Sherwood For.)	M. Mar. 21/18.
178	Riley, W. 200754. (Fr. 2/5 Sher. For.)	M. Mar. 21/18.
178	Sentance, Walter. 266483. (Fr. 7th Sherwood Foresters.)	M. Mar. 21/18.
178	Warwick, F. 203030. (Fr. 2/5 Sher. For.)	M. Mar. 21/18.
178	Willis, R. 37761. (Fr. 2/6 Sherwoods.)	M. Mar. 21/18.
183	Archer, W. 201714. (Fr. 2/4 Gordons)	M. Mar. 20/18.
183	Penn, A. J. 200513. (Fr. 2/7 Worcs.)	M. Mar. 21/18.
184	Butler, L.-Sgt. Albt. Hry. 200186. (Fr. 2/4 Berks, 1878.)	M. Mar. 21/18.
184	Finnetry, Matt. J. 202319. (Fr. 2/4 Berks.)	M. Mar. 21/18.

December 1st, 1918.

Trench Mortar Batteries—contd.

Infantry—contd.

B.E.F.

Bgde. Batty.

*185	Jakeman, Willie. 266387. (Fr. 2/7 W. Yorks.)	M. Sept. 27/18.
188 (Stokes)	Cole, Douglas Wm. S/1308. (Po.) (Fr. 1 R.M.L.I.)	M. Mar. 24/18.
188	Holmes, Francis. 23967. (Fr. 13 N. Fus.)	M. May 27-29/18.
190	**Hewson, 2nd Lt. S. B.** (Fr. 6 Lond.)	K. Aug. 27/18. 'Det.D./B.
197	Roscoe, Harry. 203241. (Fr. 2/8 Lancs. Fus.)	M. Mar. 21/18.
198	Myers, J. 242440. (Fr. 2/5 E. Lancs.)	M. Mar. 21/18.
198	Rawlins, Jos. 38454. (Fr. 2/5 E. Lancs.)	W. and M. Mar. 22/18.
198	Sprung, Wm. Alb. 53368. (Fr. 2/9 Manchesters.)	M. Mar. 21/18.
199	McGrath, Jos. 302121. (Fr. 8 Manch.)	M. Mar. 21/18.

BALKANS.

77	Tonner, Jas. 25064. (Fr. Scot. Rfls.)	M. Sept. 18/18.

E.E.F.

*232	Stanton, Harold Bruce. 203838. (Fr. 4 Wilts & 5 Devons.)	M. Sept. 19/18.

ITALY.

13	Spink, J. 10426. (Fr. 1 W. Kents.)	M. April 16/18.

SOUTH WALES BORDERERS.

B.E.F.

1	**Llewellin, 2nd Lt. W. M. J.**	M. Aug. 17/18.
1 B.	Baker, Wm. 48008.	M. April 18/18.
1 B. VII	Owens, William. 46864.	M. April 18/18.
1 B.	Winn, Sgt. W. 10627.	M. April 18/18.
‡1 C.	Birtwistle, T. 48012.	M. Sept. 14/18.
‡1 C.	Davies, E. B. 48657.	M. Aug. 29/18.
‡1 C.	Horrocks, R. 48075.	M. Sept. 14/18.
‡1 C.	Jones, G. 46821.	M. Aug. 18/18.
1 C. XI	Owens, L.-Cpl. Ben. 25302.	M. Aug. 17/18.
1 D.	Atkinson, Thos. 11507.	M. Sept. 15/18.
1 D. XV	Forster, Alb. Fredk. 46354.	M. Sept. 15/18.
‡1 D.	Heap, B. 25915.	M. Sept. 15/18.
‡1 D.	Iles, T. 36454.	M. Sept. 15/18.
‡1 D.	Lewis, W. 35372.	M. Sept. 15/18.
‡1 D.	Strange, A. G. 40712.	M. Sept. 15/18.
*1 D.	Taylor, J. W. 44533.	K. Sept. 15/18. Det.D./B.
1 H.Q. Sig. S.	Fitzpatrick, Sgt. T. 41150.	M. April 18/18.
1 ?	Davies, T. 29077.	W. and M. April 11/18.
1 ?	Jones, R. H. 31110. (Att. 2 Entr. Bn.)	M. April 11/18.
2 A.	Ansell, W. 18162.	M. April 11/18.
2 A.	Barry, J. 15715.	M. April 11/18.
‡2 A.	Betts, A. A. 41377.	M. April 11/18.
2 A.	Catton, J. C. 40639.	M. April 11/18.
2 A. IV	Clack, L. 40189.	M. April 10/18.
2 A. III	Clements, W. G. 40818.	M. April 11/18.

December 1st, 1918.

Wales Borderers, South—contd.

B.E.F.

‡2 A.	Collett, P. J. 10677.	M. April 11/18.
‡2 A.	Connor, P. 45989.	M. April 11/18.
‡2 A.	Crimmins, J. 39264.	M. April 11/18.
‡2 A.	Dixon, G. T. 45131.	M. April 11/18.
2 A. II	Duley, S. G. 45673.	W. and M. April 11/18.
2 A.	Evans, Cpl. Alfred Robert. 9649.	M. Feb. 8/18.
‡2 A.	Faulkner, F. J. 41370.	M. April 11/18.
2 A.	Flute, W. 40655.	M. April 14/18.
2 A. I	Hargreaves, F. 41375.	W. and M. April 11/18.
2 A.	Jones, John Harry. 10295.	M. April 11/18.
2 A. III	Jones, W. J. 26825.	M. April 11/18.
2 A. I	Jordan, Cyril. 48088.	M. April 11/18.
2 A. III	Knight, J. 41373.	M. April 11/18.
2 A. III	Lloyd, Samuel. 39421.	M. April 11/18.
2 A. I	McWilliam, A. 30335.	M. April 11/18.
2 A.	Moss, A. 39427.	M. April 11/18.
‡2 A.	Roberts, D. E. 40750.	M. April 11/18.
‡2 A.	Roe, G. 46444.	M. April 11/18.
2 A. II	Smith, A. E. 24019.	M. April 11/18.
2 A.	Smith, T. J. 23529.	M. April 11/18.
2 A.	Stuart, C.-S.-M. D. L. 8898.	W. and M. April 11/18.
‡2 A.	Tough, Cpl. T. 24856.	M. April 11/18.
2 A.	Vaughan. D. A. 29016.	M. April 11/18.
‡2 A.	Williams, L. 39825.	M. April 11/18.
2 A.	Williams, M. C. 41368.	M. April 11/18.
‡2 B.	Beecroft, T. J. 29673.	M. Aug. 31/18.
2 B.	Brown, W. J. 38768.	M. April 11/18.
‡2 B.	Bryant, P. 27093.	M. April 11/18.
2 B.	Clapton, L.-Cpl. Arth. Chris. 12075	M. April 11/18.
‡2 B.	Davies, D. 41455.	M. April 11/18.
2 B. VIII	Davies, Evan D. 41451.	M. April 11/18.
2 B. V	Duncan, W. D. 45134.	M. April 11/18.
2 B.	Eaton, D. H. 44067.	M. April 11/18.
*2 B. VI	Finedon, A. 40595.	M. Sept. 29/18.
2 B. VIII	Godfrey, Jos. Wm. 22782.	W. and M. April 11/18.
‡2 B.	Green, W. J. 42682.	M. Aug. 26/18.
‡2 B.	Hogg, A. 22560.	M. April 11/18.
2 B. VIII	Holden, Thurston. 47460.	M. April 12/18.
2 B. VII	Howell, John Andrew. 38675.	M. April 10/18.
2 B.	Hughes, Morgan J. 30520.	W. and M. April 11/18.
2 B. VI	James, W. 25272.	M. April 11/18.
2 B. VII	Jaques, Fred. 45153.	M. April 11/18.
‡2 B.	Jenkins, E. J. 30118.	M. April 11/18.
2 B. VIII	Johnston, L. 48085.	M. April 11/18.
‡2 B.	Jones, D. M. 31657.	M. April 11/18.
‡2 B.	Jones, E. 22419.	M April 11/18.
‡2 B.	Jones, Cpl. J. 39514.	M. April 11/18.
2 B. VI	Jones, T. L. 45739.	M. April 11/18.
‡2 B.	Jones, W. 42699.	M. Aug. 26/18.
2 B. VI	Jones, Wm. 41284.	M. April 11/18.
2 B. VIII	Lake, Daniel. 48094.	M. April 11/18.
‡2 B.	Latta, R. 31927.	M. April 11/18.
2 B. V	Lee, L.-Cpl. S. S. 48095.	M. April 11/18.
2 B.	Maddox, Cpl. Geo. 34622.	M. April 11/18.
2 B. VIII	Marsh, A.-Cpl. Norman. 24795.	M. April 11/18.
2 B.	Mellington, L.-Cpl. E. 10052.	W. and M. April 11/18.
2 B. VIII	Morris, L.-Cpl. Stephen. 46420.	M. April 11/18.
2 B.	Murphy, J. 46427.	M. April 11-18/18.

December 1st, 1918.

Wales Borderers, South—contd.

B.E.F.

2 B.		Pine, Sgt. Fredk. 9570. (known as "Tich.")	M. April 11/18.
2 B.		Richards, Fred. 27280.	M. Aug. 31/18.
2 B.	VIII	Richards, Cpl. Richard. 31295.	M. April 11/18.
‡2 B.		Roberts, A. 39438.	M. April 11/18.
‡2 B.		Rollerson, J. P. 48123.	M. April 11/18.
2 B.	VIII	Rudd, Sam. 46447.	M. April 11/18.
‡2 B.		Sharrock, E. 48135.	M. April 11/18.
2 B.	VI	Smith, Wm. 31372.	M. April 11/18.
2 B.	VIII	Stone, Joseph. 34576.	M. bel. K. April 11/18.
‡2 B.		Towers, W. 31591.	M. April 11/18.
2 B.	VII	Walker, B. L. 39590.	M. April 11/18.
2 B.	VII	West, L.-Cpl. Ch. Horace. 40645.	M. April 11/18.
‡2 B.		Wheeler, A. F. 39824.	M. April 11/18.
2 C.		Aingworth, A. V. 35119.	M. April 11/18.
2 C.	IX	Barber, G. R. 28986.	M. April 9/18.
2 C.		Beer, E. F. 263016.	M. April 11/18.
2 C.	X	Brotherstone, T. 42284.	M. April 11/18.
2 C.	XI	Bull, W. 39838.	M. April 11/18.
2 C.	X	Burrows, A. 29661.	M. April 11/18.
2 C.	X	Collins, F. 40821.	W. and M. April 11/18.
‡2 C.		Davies, Sgt. D. 10669.	M. April 11/18.
2 C.	X	Elliott, H. 39857.	M. April 11/18.
2 C.	X	Evans, A. S. 29146.	M. April 11/18.
‡2 C.		Evans, R. J. 29103.	M. April 11/18.
‡2 C.		Griffiths, L. 14515.	M. April 11/18.
2 C.	XII	Griffiths, Reg. 31688.	M. April 11/18.
‡2 C.		Hall, A. 39571.	M. April 11/18.
2 C.	X	James, J. 13748.	M. Aug. 18/18.
2 C.		Jones, Fred. 41444.	M. April 11/18.
‡2 C.		Jones, W. W. 39038.	M. April 11/18.
‡2 C.		Lawrence, C. E. 22839.	M. April 11/18.
‡2 C.		McClusty, J. 40909.	M. April 11/18.
‡2 C.		Madden, A. 40606.	M. April 11/18.
‡2 C.		Manley, W. H. 28346.	M. April 11/18.
2 C.		Pace, Cpl. Emmanuel. 24309.	M. April 11/18.
2 C.	XI	Peach, W. 44443.	M. April 11/18.
‡2 C.		Rees, H. 41304.	M. Aug. 18/18.
2 C.	XI	Renshaw, W. 39363.	M. April 11/18.
2 C.	IX	Short, James. 36566.	M. April 11/18.
2 C.	X	Sivyer, Edwin. 44401.	M. April 11/18.
2 C.	XI	Smith, A. 40974.	W. and M. April 11/18.
‡2 C.		Smith, J. R. 9917.	M. April 11/18.
‡2 C.		Swyer, E. 44401.	M. April 11/18.
2 C.		Turton, D.C.M., L.-Cpl. J. 24821.	W. Unoff. M. April 11/18.
‡2 C.		Williams, R. 24087.	M. April 11/18.
2 C.	IX	Winrow, H. 45983.	M. April 11/18.
‡2 C.		Winson, H. 45983.	M. April 11/18.
2 C.	XII	Young, F. G. 29084.	M. April 11/18.
‡2 D.		Billings, H. 40624.	M. April 11/18.
2 D.		Campbell, Cpl. Robert. 202479.	M. April 11/18.
2 D.	XV	Crawford, Wm. 44274.	M. April 11/18.
‡2 D.		Davies, J. 39902.	M. April 11/18.
2 D.		Day, Thomas. 39022.	M. April 11/18.
‡2 D.		Ellis, S. 41334.	M. April 11/18.
‡2 D.		Evans, C. W. H. 29165.	M. April 11/18.
2 D.	XIII	Evans, Theo J. 31588.	M. April 11/18.
2 D.	XV	George, L.-Cpl. Ivor. 29082.	M. April 11/18.

Wales Borderers, South—contd.

B.E.F.

‡2 D.	Hackett, J. 41449.	M. April 11/18.
‡2 D.	Hancock, W. 38844.	M. April 11/18.
2 D. XIV	Hirnsworth, Edward. 38835.	M. April 11/18.
2 D. XIV	Howard, T. 41348.	Unoff. M. April 11/18.
2 D. XVI	Howell, N. T. 38577.	M. April 11/18.
‡2 D.	Hudson, M.M., Sgt. C. 40526.	M. April 11/18.
‡2 D.	Hughes, L.-Cpl. G. I. 41345.	M. April 11/18.
‡2 D.	Hughes, J. 29425.	M. April 11/18.
2 D. XV	Jones, Edward David. 41282.	M. April 11/18.
2 D. XIII	Kinnersley, W. C. 48092.	M. April 11/18.
2 D.	Maloney, Richard. 46481.	M. April 11/18.
‡2 D.	Phillips, T. 39207.	M. April 11/18.
2 D. XIV	Pilling, Wm. 46439.	M. April 11/18.
‡2 D.	Powell, J. 46437.	M. April 11/18.
2 D.	Rice, L.-Cpl. J. R. 9964.	M. April 11/18.
2 D.	Risbridger, Leo. Geo. 46450.	M. April 11/18.
2 D. XV	Stone, W. 20872.	M. April 11/18.
2 D. XV	Wilkes, Arthur L. 48148.	K. Mar, 11/18. Det.D./B.
2 D.	Wilkes, Harry Hyde. 22314.	Unoff. M. April 11/18.
2 D. XV	Williams, B. 30233.	M. April 11/18.
‡2 D.	Wilson, Cpl. W. A. 10479.	M. April 11/18.
‡2 D.	Wood, G. 38918.	M. April 11/18.
2 D. XVI	Worrall, L.-Cpl. J. N. 39959.	M. April 11/18.
2 H.Q.	Clifford, Edw. 25268.	M. April 11/18.
2 H.Q.	Ramsay, John D. 41478. (Fr. 14 Welsh Fus.)	M. April 11/18.
2 ?	Cotton, J. C. 40639.	M. April 11/18.
2 ?	Hydes, M. P. 45143.	W. and M. April 11/18.
2 ?	Murray, S. 25765.	M. April 11/18.
2 ?	Roby, Wm. 46442.	M. April 11/18.
2 ?	Taylor, Francis. 26397.	W. and M. April 11/18.
2 ?	Thomas, Cpl. H. H. 48141.	K. Feb. 9/18. Det.D./B.
5 A. or B.	Barrett, Richard. 17680.	M. Mar. 24/18.
5 A.	Clark, A. 36155.	M. April 11/18.
5 A.	Evans, John. 21355.	M. Mar. 25/18.
5 B.	Carey, A. L. 22449.	M. Mar. 24/18.
5 B. V	Cordwell, G. T. 42521.	W. and M. Mar. 24/18.
5 B.	Hill, George. 37122.	W. and M. June 1/18.
5 B.	Huss, L.-Cpl. F. A. 40834.	W. and M. Mar. 25/18.
5 B. VIII	Ingham, Gilbert Turner. 38681.	K. April 13/18. Det.D./R.
5 B. VII	Kiernan, James Leo. 41565.	K. May 7/18. Det.D./B.
5 B. VI	Lewis, John A. 29792.	K. April 13/18. Det.D./B.
5 B.	Morris, David Rowland. 41583.	M. April 13/18.
5 B.	Notcutt, K. 35560.	M. Mar. 24/18.
5 B. V	Owlett, C. S. 40971.	M. Mar. 21/18.
5 B.	Wallwork, J. T. 46483.	M. April 11/18.
5 C.	Boxell, Pnr. Wm. E. J. 42512.	W. Unoff. M. May 30/18.
‡5 C.	Brown, H. J. 425151.	M. Mar. 25/18.
5 C.	Dickinson, Alb. 40989.	D/W. April 20/18. Dets. of Cas
5 C. XI	Morgan, Griffith Evans. 26533.	M. Mar. 23/18.
5 C. IX	Owen, Alfred. 39812.	W. and M. May 30/18.
5 C.	Robinson, F. 21612.	M. June 7/18.
5 C. XI	Wilkins, G. 41901.	W. Unoff. M. May 30/18.
5 D. XIV	Andrews, W. 40981.	M. April 11/18.
5 D.	Baker, Edward. 38651.	M. May 30/18.
5 D. XV	Broadbent, James. 38644.	M. April 11/18.
5 D.	Bull, A. 39835.	W. and M. Mar. 25/18.
5 D. XV	Burgess, Joseph. 46307.	K. April 17/18. Det.D./B.
5 D.	Chapman, Harry. 36048.	M. May 30/18.

December 1st, 1918.

Wales Borderers, South—contd.

B.E.F.

5 D.	Clark, T. P.	41517. (40483.)	W. and M. April 16/18.
5 D. XIV	Coleman, T.	20691.	M. April 17-18/18.
5 D. XVI	Daniels, Frank.	49550.	M. May 30/18.
5 D. XIII	Davies, Trevor Rhys.	32013.	M. May 30/18.
5 D.	Dewhurst, Stanley.	46343.	W. and M. Mar. 24/18.
5 D.	Edwards, Sgt. Evan.	14511.	M. April 11/18.
5 D.	Etheridge, G. W.	40482.	K. April 17/18. Det.D./B.
5 D. XV	Fuller, H. W.	18266.	M. April 11/18.
5 D.	Gould, E.	24631.	M. May 30/18.
5 D.	Graves, L.-Cpl. Wm.	14600.	M. and W. Mar. 24/18.
5 D. XIII	Hesketh, Charles.	49571.	W. and M. May 30/18.
5 D.	Howells, R.	14547.	M. May 30/18.
5 D. XIII	Jones, J. Arthur.	53950.	W. and M. May 30/18.
5 D. XIII	Lefley, Leonard.	34663.	M. May 30/18.
5 D. XV	Masheter, A. E.	49628.	W. and M. May 30/18.
5 D.	Owens, A.	39344.	W. and M. Mar. 24/18.
*5 D.	Pritchard, J. W.	39431.	M. April 11/18.
5 D. XV	Roberts, William.	30277.	M. May 30/18.
5 D.	Seager, Dmr. Albert.	14320.	K. April 10/18. Det.D./B.
5 D.	Sharp, J.	39750.	M. April 11-12/18.
5 D.	Smith, A. J.	26409.	M. Mar. 25/18.
5 D.	Smith, E.	22795.	M. Mar. 21/18.
5 D.	Smith, W. J.	41620. (40384.)	M. April 12/18.
5 D. XV	Thomas, Cpl. Geo.	12068.	M. April 11/18.
5 D. XIII	Webster, H. H.	41508.	M. April 11/18.
5 H.Q.	Cole, Ernest Newton.	14479.	M. April 11/18.
5 H.Q.	Powell, W. J.	39747.	M. April 11/18.
5 H.Q.	Sheppard, H.	39749.	M. April 13/18.
*5 ?	Brown, Frank.	17640.	M. May 30/18.
5 ?	David, W.	32026.	M. May 30/18.
5 ?	Davies, Thos. John.	46192.	W. and M. May 30/18.
5 ?	Lee, Wm.	41578.	M. April 11/18.
5 ?	Read, A.	42467.	M. Mar. 24/18.
5 ?	Thompson, Llewellyn.	48771.	M. Mar. 23/18.
5 ?	Veness, E. F.	41642.	M. April 11/18.
6 A.	Arding, Charles.	48865.	M. May 28/18.
6 A. I	Bowen, C.	267426.	M. May 28/18.
6 A. III	Caddy, R. Ernest.	30151.	W. and M. April 9-15/18.
6 A.	Caladine, H.	31289.	M. May 28/18.
6 A. I	Carr, R. F.	45687.	M. May 28/18.
6 A. I	Carthy, Francis Joseph.	41718.	M. May 28/18.
6 A.	Egerton, Wm. Thos.	41740 (3418.)	W. and M. April 9-15/18.
6 A.	Evans, J.	17623.	M. May 28/18.
6 A. III	Farrington, Geo.	41747.	M. May 28/18.
6 A. II	Grandorge, Mat. Wm.	41001.	M. April 9-15/18.
6 A. IV	Heath, Alb. Gordon.	42408.	M. April 9-15/18.
6 A. III	Hughes, O. J.	46969.	M. May 28/18.
6 A.	Jones, W. S.	14707.	M. April 9-15/18.
6 A. II	Owen, D. I.	25385.	M. April 10/18.
6 A.	Payne, F.	1649.	M. April 15/18.
6 A. I	Porter, S.	40132.	M. April 9-15/18.
6 A. I	Robinson, Robert.	11138.	W. and M. May 28/18.
6 A. II	Spoors, Lord Tom.	40923.	W. and M. April 9/18.
6 A. I	Thomas, J. C.	39445.	M. Mar. 28/18.
6 A.	Thomas, John.	31984.	M. May 28/18.
6 A. IV	Warne, E.	29133.	M. April 5-10/18.
6 A. II	Williams, J.	40352.	M. May 28/18.
6 A. III	Williams, Percy.	16972.	M. April 11/18.
6 A.	Young, Llewellyn.	17353.	M. May 28/18.

December 1st, 1918.

Wales Borderers, South—contd.

B.E.F.

6 B. VI	Prince, H. 29802.	K. April 9-15/18. Det.D./B.
6 C. X	Balme, Sidney. 46678.	M. May 27/18.
6 C. XI	Easthope, Cpl. W. E. 24165.	M. May 30/18.
6 C.	Fawcett, John Thomas. 48921.	M. April 9-15/18.
6 C. or D.	Franklin, A. 23859.	W. and M. April 9/18.
*6 C.	Hughes, W. 40686.	K. April 12/18. Det.D./B.
6 C. XII	Humber, Montague. 42249.	M. April 9-15/18.
6 C.	Pearson, Syd. 17183.	M. April 9-15/18.
6 C.	Terry, Sgt. Wm. 16725.	M. May 27/18.
6 C.	Watson, Wm. 260322.	W. and M. May 29/18.
6 D.	Bailey, Sydney. 41699.	M. April 9-15/18.
6 D.	Blake, R. 2297.	M. April 9-15/18.
‡6 D.	Blake, Richard. 48872.	M. April 9-15/18.
6 D. XIV	Boswell, Samuel W. 26639.	M. April 9-15/18.
6 D.	Brown, H. G. 41710. (2552.)	M. April 9-15/18.
6 D.	Brown, R. 2297.	M. May 30/18.
6 D.	Critchley, W. A. 48892.	M. April 9-15/18.
*6 D. XV	Elsdon, W. 42404.	M. May 27/18.
6 D. XV	Green, Chas. 42293.	M. April 10/18.
6 D. XIII	Griffiths, Percival Dawson. 48925.	M. April 10/18.
6 D. XIII	Harris, G. 40130.	Unoff. W. and M. April 11/18.
6 D. XV	Herbert, Frank. 34545.	M. April 15/18.
6 D. XV	Hughes, P. J. 40889.	M. Mar. 25/18.
6 D. XV	Hunt, P. 53826.	M. May 26/18.
6 D.	Lacey, Wm. 17249.	M. May 28/18.
6 D.	Leah, L.-Cpl. Fred. 40016.	M. April 9-15/18.
6 D. XVI	Lewis, Emrys H. 29232.	M. April 16/18.
6 D.	Lightfoot, James. 25113.	M. May 27/18.
6 D. XIII	Lloyd, R. 41075.	M. April 9-15/18.
6 D.	Morton, S. O. 4090.	M. May 26/18.
6 D.	Reynolds, W. T. 17529.	M. April 9/18.
6 D. XV	Roberts, Samuel. 48843.	M. May 28/18.
6 D.	Shackleton, L.-Cpl. H. 12144.	M. May 30/18.
6 D.	Smith, Sgt. J. E. 17198.	M. May 30/18.
6 D.	Taylor, R. 16845.	M. Mar. 21/18.
6 D. XV	Turnbull, Robson. 40932.	M. April 11/18.
6 D. XVI	Washington, Geo. 230369.	M. May 30/18.
6 D. XV	Watkins, J. 11896.	M. April 9-15/18.
6 D.	Wheeler, Ronald David. 17436.	M. April 9/18.
6 D. XVI	Yarwood, Joe. 46011.	M. May 30/18.
6 ?	Barker, Dmr. Jack. 48885.	M. April 9/18.
6 ?	Danford, L.-Cpl. Arth. 20661.	M. April 12/18.
6 ?	Elston, W. F. 41741.	M. April 9-15/18.
‡6 ?	Evans, M. D. 27403.	M. Mar. 21/18.
6 ?	Garrard, Ever Sam. 36590.	M. Mar. 21/18.
6 ?	Hampton, J. 44415.	M. Mar. 21/18.
*6 ?	Kavanagh, T. 19382.	M. April 9-15/18.
6 ?	McLoughlin, M. 46967.	M. Mar. 21/18.
6 ?	Rees, Idris. 31882.	M. Mar. 21/18.
6 ?	Rigby, Sig. Reg. 45997.	M. abt. Mar. 21/18.
6 ?	Snowball, T. 40927.	M. May 28/18.
6 ?	Thomas, S. V. 48409.	M. Mar. 21/18.
6 ?	Wakefield, H. 40940.	K. April 12/18. Det.D./B.
6 ?	Ward, Gladstone. 19782.	M. Mar. 21/18.
*6 ?	Youcks, Joshua. 41056.	K. April 11/18. Det.D./B.
8 ?	Rees, Jack W. 15966.	M Mar. 21/18.
‡10 B. VII	Jones, A. R. 58721.	K. Oct. 8/18. Det.D./B.
10 C.	Ball, H. 29380.	M. May 9/18.
‡10 C.	Millen, W. H. 51863.	M. Sept. 5/18.

December 1st, 1918.

Wales Borderers, South—contd.

B.E.F.

10 C. IX	Phillips, James. 53109.	M. April 26/18.	
‡10 C.	Thomason, W. 48570.	M. Aug. 29/18.	
10 D. XIII	Armitage, Jas. 46300.	K. Sept. 2/18.	Det.D./B.
10 D. XVI	Beale, Alf. Ernest. 48642.	M. May 9/18.	
10 D.	Cartwright, H. 38655.	Unoff. M. May 9/18.	
11 A. IV	Bradnock, L.-Cpl. Thos. Geo. 38541.	M. April 11/18.	
11 B. VIII	Court, Stanley. 30152.	M. April 11/18.	
11 B.	Cross, Chas. 30024.	M. April 11/18.	
11 B. V	Dodgeon, A. E. 38724.	M. April 11/18.	
11 B.	Hogarth, H. 38630.	M. April 11/18.	
11 B.	Jones, Stephen Hry. 285099. (Fr. 2 Entr.)	M. April 11/18.	
11 B.	Parsons, Sgt. Hry. 46324. (Fr. 2 Entr.)	M. April 11/18.	
11 B. V	Walters, John T. 30568. (Fr. 2 Ent.)	M. April 11/18.	
11 B.	Webber, Sgt. Hartly Chas. 22293. (Fr. 2 Entr.)	M. April 11/18.	
11 B.	Willon, Sig. Thos. 27619.	M. April 11/18.	
11 D.	Parry, R. H. 29563.	M. April 11/18.	
11 ?	Beynon, Thomas. 30078. (Fr. 2 Ent.)	M. April 11/18.	
11 ?	Davies, Gioylin Rees. 228274. (Fr. 2 Entr.)	M. April 11/18.	
11 ?	Evans, Jacob. 28262. (Fr. 2nd Ent.)	M. April 11/18.	
11 ?	Hall, Cpl. Jas. 33976. (Fr. 2 Entr.)	M. April 11/18.	
11 ?	Helton, Harrison. 38673. (Fr. 2 Ent.)	M. April 11/18.	
11 ?	Pye, D. 22839. (Fr. 2 Ent.)	M. April 11/18.	
12 D.	Crossdale, L.-Cpl. Geo. 24218.	M. April 11/18.	

BALKANS.

7	Davies, 2nd Lt. C. A.	W. and M. Sept. 18/18.
7	Dick, Capt. Watson Tulloch.	W. and M. Sept. 22/18.
7	Gotelee, Lieut. G. H. (Welsh Fus.)	M. Sept. 19/18.
7	Jones, 2nd Lt. Emyr Griffith.	W. and M. Sept. 22/18.
7	Lucas, Lieut. E.	M. Sept. 18/18.
7	Mills, M.C., Capt. E. E.	W. and M. Sept. 18/18.
7	Roberts, 2nd Lt. W. (Fr. Welsh R.)	M. Sept. 18/18.
7	Whitehorn, Lieut. W. J.	M. Sept. 18/18.
*7 C.	Woolley, 2nd Lt. W. L.	W. and M. abt. Sept. 19/18.
*7 A. I	Coulthard, E. J. 48305.	M. Sept. 18/18.
*7 A. M.G.S.	Fear, Cpl. J. 15297.	M. Sept. 18/18.
*7 A. I	Hall, Wm 64068.	M. Sept. 18/18.
7 A.	Harrington, John. 15722.	M. Sept. 18/18.
7 A. I	Lloyd, Evan. 48304.	M. Sept. 18/18.
*7 A. II	Rawlinson, T. W. 48388	M. Sept. 18/18.
*7 B. V	Allrow, Richd. Chris. 64072.	M. Sept. 18/18.
*7 B.	Drew, S. F. 14054.	M. Sept. 18/18.
7 B.	McDermott, Sgt. Jas. 15733.	M. Sept. 18/18
*7 B. VI	Shand, David. 46240.	M. Sept. 18/18.
7 B.	Slade, Francis Henry. 15264.	M. Sept. 18/18.
*7 B. VII	Ward, O. G. 19262.	M. Sept. 18/18.
*7 C. L.G.S.	Abel, Fredk. Jas. 64091. Fr. 23 Welsh Regt.)	M. Sept. 18/18.
7 C.	Bennett, Geo. Edward. 14954.	M. Sept. 18/18.
*7 C.	Brannan, Dominick. 64060.	M. Sept. 18/18.
7 C.	Coward, John Calvert. 45421.	M. Sept. 18/18.
*7 C.	Letts, T. F. 64061.	M. Sept. 18/18.
*7 C.	Newman, Brynley. 44953	M. Sept. 18/18.

December 1st, 1918.

Wales Borderers, South—contd.

BALKANS.

*7 C.	Smith, David. 19024.	M. Sept. 18/18.
‡7 C.	Whines, Sgt. Bert. 15683.	M. Sept. 18/18.
‡7 C. X	Willliams, Cpl. Tom. 18323.	M. Sept. 18/18.
7 D. XVI	Benjamin, H. B. 22893.	M. Sept. 18/18.
‡7 D. XVI	Braddock, Frank. 48223.	K. Sept. 18/18. Det.D./B.
*7 D.	Ellison, Geo. L. 64036.	M. Sept. 18/18.
*7 D.	Hanson, James. 48272.	M. Sept. 18/18.
*7 D. XV	Harris, Willie. 44123.	M. Sept. 18/18.
*7 D.	Hill, Jas. Healey. 64032	M. Sept. 18/18.
7 D.	Johnson, Harold. 64034.	M. Sept. 18/18.
*7 D. XIII	Lewis, Jason. 15436.	M. Sept. 18/18.
7 D.	Mawer, George. 48395.	M. Sept. 18/18.
‡7 D. XIII	Pinch, G. H. 202259.	M. Sept. 18/18.
7 D. XIV	Rackham, L.-Sgt. J. 19079.	M. Sept. 18/18.
7 D.	West, Wm. 64069.	M. Sept. 18/18.

ROYAL WARWICKSHIRE REGIMENT.
B.E.F.

1	Joyce, Lieut. W. H. (M.O.)	D/W. May 18/18. Det.D./B.
1 A. I	Beecham, Paolo. 34809.	D/W. April 16/18. Det.D./B.
1 A.	Bocock, G. F. 19491.	M. April 15/18.
1 A. IV	Bradburn, Richard. 21705.	M. bel. K. April 15/18.
1 A. III	Cook, W. A. 34828.	M. May 15/18.
*1 A. II	Dodd, Cpl. W. 2000.	K. April 15/18. Det.D./B.
1 A.	Holden, C. 9055.	M. Aug. 9/18.
1 A.	Longdon, Wm. 27591.	M. April 15/18.
1 A.	Thorne, Sig. Thos. Hry. 35419.	K. or D/W. April 15/18. Det.D./B.
1 A.	Woolton, L.-Cpl. Chris. 1026.	M. April 15/18.
1 B. VIII	Austin, Cecil. 34801.	K. Aug. 30/18. Det.D./B.
1 B. VIII	Ealing, L.-Cpl. Sidney. 4693.	M. Aug. 30/18.
1 B. V	Haseldine, Stanley. 36395.	M. Aug. 30/18.
1 C. IX	Chappell, Sig. S. 27317.	K. or D/W. abt. April 15/18. Det.D./B.
1 C.	Davidson, Cpl. J. 33065.	W. and M. April 1/18.
1 C. IX	Palfery, Alfred H. 303006.	M. April 15/18.
1 C. IX	Percy, Geo. Fredk. 34891.	W. and M. April 15/18.
1 D. XIV	Giles, H. 33158.	M. Aug. 30/18.
1 D. XIV	Golding, F. H. 36260.	M. Aug. 30/18.
1 D.	Lowe, H. 1743.	M. Mar. 28/18.
1 D. XIV	Price, John Marsh. 27816.	M. Aug. 30/18.
1 D.	Sanderson, L. 14855.	M. Mar. 28/18.
1 ?	Layland, A. 1000.	W. and M. June 11/18.
2/5 H.Q.	Beacham, Jos. 203246. (Salv. S.)	W. and M. Mar. 22/18.
*6 B. VI	Webber, Garfield Leon. 260446.	M. Sept. 17/18.
2/6	**Darvell, 2nd Lt. G. W.**	M., bel. K. May 7/18.
2/6	**Huxley, 2nd Lt. R. C.** (Fr. 8th.)	W. and M. May 7/18.
‡2/6 A.	Alford, N. W. 25040.	M. Mar. 21-31/18.
2/6 A. I	Askew, Oliver. 25304.	M. Mar. 21-31/18.
2/6 A.	Asquith, J. T. 202400.	M. Mar. 13/18.
‡2/6 A.	Brogan, J. 203754.	M. Mar. 21-31/18.
‡2/6 A.	Brown, L.-Cpl. H. H. 8421	M. Mar. 21-31/18.
2/6 A. III	Burton, Claude. 331336.	M. April 11-12/18.
‡2/6 A.	Carter, J. H. 38148.	M. April 11-12/18.
‡2/6 A.	Davey, W. T. 203835.	M. April 11-12/18.
2/6 A. IV	Edwards, J. W. 25860.	M. April 11/18.
‡2/6 A.	Elliott F. 26877.	M. April 11-12/18.

December 1st, 1918.

Warwickshire Regiment, Royal—contd.

B.E.F.

2/6 A.	Fereday, F. J. 241512.	M. Mar. 22/18.
2/6 A. IV	Foster, Alfred. 203191.	W. and M. Mar. 21/18.
‡2/6 A.	Freeman, C. H. 26214.	M. April 11-12/18.
‡2/6 A.	Gould, W. 29134.	M. April 11-12/18.
2/6 A. I	Hague, Thos. 202424.	M. April 11-12/18.
‡2/6 A.	Hancox, P. 203545.	M. April 11-12/18.
2/6 A.	Harris, Harold Frank. 202284.	M. Mar. 21-31/18.
2/6 A. I	Hodgkiss, Herb. 260017.	M. Mar. 21-31/18.
‡2/6 A.	Luinell, H. 260361.	M. April 11-12/18.
‡2/6 A.	Martin, H. 25912.	M. April 11-12/18.
2/6 A. III	Moss, William. 28874.	M. Mar. 21/18.
2/6 A.	Neale, W. G. 260066.	M. Mar. 22/18.
2/6 A.	Playforth, F. A. 242496.	M. April 11-12/18.
‡2/6 A.	Richards, W. 200825.	M. Mar. 21-31/18.
2/6 A.	Robinson, Ernest Edw. 241864.	M. Mar. 21/18. R/Enq.
2/6 A. II	Rodgers, T. 242354.	M. Mar. 22/18.
2/6 A.	Stubbs, Geo. 29504.	M. April 11-12/18.
2/6 A. or D.	Trim, Arth. Wm. Thos. 260243.	W. and M. Mar. 24/18.
2/6 A.	Turner, W. 37695.	M. April 11-12/18.
2/6 A. III	Vanner, Frank. Albt. Vic. 35435.	M. Mar. 21/18.
2/6 A. II	Woods, Cecil Frank. 203304.	M. Mar. 21-31/18.
‡2/6 B.	Baker, G. T. 201587.	M. April 11-12/18.
2/6 B.	Barratt, Jas. 260192.	M. Mar. 22/18.
2/6 B. VII	Birt, F. G. 35084.	M. Mar. 22/18.
‡2/6 B.	Brown, Sgt. J. H. 240066.	M. April 11/18.
2/6 B. VII	Busby, L.-Cpl. F. 24223.	M. Mar. 21-31/18.
‡2/6 B.	Cannon, J. 203487.	M. Mar. 21-31/18.
2/6 B. VII	Cardwell, Thos. 202483.	M. Mar. 21/18.
2/6 B. VIII	Clemmet, Joseph. 201873.	M. April 11-12/18.
2/6 B.	Collister, Wm. 29752.	W. and M. May 8/18.
2/6 B. V	Cook, Thos. John. 26361.	M. Sept. 5/18.
2/6 B. VI	Dent, Chas. Harold. 20784.	M. April 11-12/18.
‡2/6 B.	Ellis, J. E. 242497.	M. Mar. 21-31/18.
‡2/6 B.	Gastrill, T. R. 26752.	M. April 11-12/18.
2/6 B.	Gibbins, Sig. G. H. 201812.	M. Mar. 21/18.
‡2/6 B.	Grubb, W. H. 37431.	M. April 11-12/18.
‡2/6 B.	Hambleton, A. 25651.	M. April 11-12/18.
2/6 B.	Hanson, A. J. 240861.	M. Mar. 22/18.
2/6 B. VI	Hayes, H. 29486.	M. April 11-12/18.
‡2/6 B.	Hedges, L.-Cpl. H. H. 200763.	M. Mar. 21-31/18.
2/6 B. VIII	Hewett, F. G. 38408.	M. Mar. 21-31/18.
2/6 B.	Hewitt, Horace Saml. 37451.	M. April 11/18.
‡2/6 B.	Hooper, A. J. 26228.	M. April 11-12/18.
‡2/6 B.	Hughes, J. K. 37464.	M. April 11-12/18.
‡2/6 B.	Humphreys, H. J. 37445.	M. April 11-12/18.
‡2/6 B.	Jones, F. 260206.	M. April 11-12/18.
‡2/6 B.	Jones, Cpl. G. 240386.	M. Mar. 21-31/18.
2/6 B.	Kerr, James. 202541.	M. April 11-12/18.
2/6 B. VII	Lines, F. 14/1627.	M. Mar. 21-31/18.
‡2/6 B.	Luff, Cpl. H. 241844.	M. April 11-12/18.
‡2/6 B.	Makepeace, G. H. 16316.	M. Mar. 21-31/18.
‡2/6 B.	Mallabar, W. 21192.	M. Mar. 21-31/18.
‡2/6 B.	Mantle, W. 27132.	M. Mar. 21-31/18.
‡2/6 B.	Martin, E. 268937.	M. April 11-12/18.
‡2/6 B.	Minnett, Cpl. F. A. 260031.	M. Mar. 21-31/18.
2/6 B.	Moore, Walter. 37971.	M. Mar. 21-31/18.
2/6 B.	Newman, C. 201215.	M. April 11-12/18.
‡2/6 B.	Peacock, S. 260037.	M. Mar. 21-31/18.
‡2/6 B.	Poolton, L.-Cpl. J. 330129.	M. April 11-12/18.

December 1st, 1918.

Warwickshire Regiment, Royal—contd.

B.E.F.

2/6 B.	Radcliffe, L.-Cpl. Harry. 202449.	M. April 3-9/18.
‡2/6 B.	Rampley, A. A. 29369.	M. Mar. 21-23/18.
2/6 B.	Rose, W. E. 200407.	K. April 12/18. Det.D./B.
2/6 B.	Sergeant, Wm. Norris. 241870.	M. Mar. 21-31/18.
2/6 B. L.G.S.	Simms, P. A. 200261.	M. Mar. 20-30/18.
‡2/6 B.	Stevens, G. W. 27177.	M. Mar. 21-23/18.
‡2/6 B.	Toogood, H. J. 241484.	M. Mar. 21-23/18.
‡2/6 B.	Webb, F. H. 18708.	M. Mar. 21-31/18.
2/6 B.	Whitby, Charles. 260051.	M. Mar. 21-31/18.
‡2/6 B.	Williamson, Cpl. J. 241924.	M. Mar. 21-31/18.
2/6 B. V	Wiseman, F. T. 8324.	M. Mar. 21-31/18.
‡2/6 B.	Woodward, W. J. 26009.	M. Mar. 21-31/18.
2/6 C. XII	Anderson, Robert. 202399.	M. Mar. 20—April 3/18.
2/6 C. XI	Brooks. 241935.	M. Mar. 20/18.
2/6 C.	Cribb, Cpl. J. A. 25766.	M. Mar. 20/18.
‡2/6 C.	Howard, H. B. 26031.	M. April 11-12/18.
‡2/6 C.	Howes, F. 203737.	M. April 11-12/18.
2/6 C. X	Johnson, Henry. 29130.	M. Mar. 21—April 9/18.
‡2/6 C.	Kirtland, E. R. 203832.	M. April 11-12/18.
2/6 C.	Knowles, A. 25808.	M. April 11/18.
2/6 C. IX	Marston, H. 242469.	M. April 20/18.
2/6 C. IX	Palmer, Fredk. 242304.	M. Mar. 20—April 3/18.
2/6 C.	Parslow, J. 241011.	M. Mar. 20—April 3/18.
2/6 C.	Porter, L.-Cpl. Ernest. 25924.	M. Mar. 20—April 3/18.
2/6 C.	Walton, Arthur. 242309.	M. April 11/18.
2/6 C.	Wood, R. 202347.	M. April 11/18.
2/6 D. XV	Baskett, George. 1712.	M. Mar. 21 or 31/18.
2/6 D. XIV	Cave, George. 203173.	W. and M. Mar. 28/18.
‡2/6 D.	Cole, T. H. 203511.	M. April 11-12/18.
‡2/6 D.	Dewell, J. 203790.	M. April 11-12/18.
‡2/6 D.	Ellgood, L.-Cpl. H. 201494.	M. April 11-12/18.
‡2/6 D.	Fellows, S. 242955.	M. April 11/18.
2/6 D.	Fieldhouse, F. 240389.	M. Mar. 21/18.
‡2/6 D.	Grant, A. 9864.	M. April 11-12/18.
2/6 D.	Hart, A. 50391.	M. May 8/18.
‡2/6 D.	Heritage, C. W. 203509.	M. April 11-12/18.
‡2/6 D.	Hirous, W. 38037.	W. and M. April 13/18.
*2/6 D.	Hoar, S. C. A. W. 37969.	M. Sept. 3/18.
2/6 D.	Humphreys, A. 241965.	M. April 11-12/18.
‡2/6 D.	Hurley, J. L. 29897.	M. April 11-12/18.
2/6 D.	Maggs, Ernest Fredk. 26887	M. Aug. 11-12/18.
2/6 D.	Matthews, Cpl. J. W. 3609.	M. Aug. 11-12/18.
2/6 D.	Nelson, R. 260032.	K. Mar. 22/18. Det.D./B.
2/6 D. XV	Osborne, H. J. 242764.	M. April 11-12/18.
2/6 D.	Reading, W. 242957.	M. April 11-12/18.
2/6 D.	Webber, Stuart G. 260245.	M. April 12/18.
2/6 D.	Wheeler, Ernest. 241381.	M. April 11-12/18.
2/6 D. XVI	White, Thos. 2910(	M. Sept. 4/18.
2/6 D. XIII	Whitehead, J. George. 266736.	M. Aug. 11-12/18.
2/6 D.	Wilson, J. 25784.	M. Mar. 21/18.
2/6 ?	Beale, Regd. 260360.	W. and M. Mar. 21/18.
‡2/6 ?	Burke, Jn. Edward. 22443.	M. May 27/18.
*2/6 ?	Edwards, Geo. 25646.	M. Mar. 20—April 3/18.
2/6 ?	Fisher, W. 202340.	M. Mar. 22/18.
2/6 ?	Rafferty, John. 29584.	M. April 11-12/18.
‡2/6 ?	Sherwood, V. 201028. (Fr. 2/4 Ox. and Bucks.)	M. April 11-12/18.
2/6 ?	Wincott, L. G. 202886.	M. Mar. 21—April 4/18.
7	**Groutage, 2nd Lt. J. H.**	M. Mar. 30/18.

December 1st, 1918.

Warwickshire Regiment, Royal—contd.

B.E.F.

7		Telson, 2nd Lt. H.	M. Mar. 30/18.
2/7 W. I		Bell, L.-Cpl. F. 267140.	M. Mar. 21/18.
2/7 W.		Binnall, John. 306516.	K. April 28/18. Det.D./B.
2/7 W.		Brace, H. J. 201415.	K. April 16/18. Det.D./B.
2/7 W.		Butlin, T. 268352.	M. Mar. 23/18.
2/7 W. IV		Cheney, A. 28945.	M. Mar. 24/18.
2/7 W.		Cole, L.-Cpl. R. H. 268390.	M. Mar. 24/18.
2/7 W. II		Goble, C. L. 268389.	W. and M. Mar. 22/18.
2/7 W. I		Heath, Arth. Alf. 305602.	M. Mar. 19/18.
2/7 W.		Herringshaw, J. 203504.	W. and M. April 13/18.
2/7 W. III		Knighton, Fred. W. 24571.	M. Mar. 24/18.
‡2/7 W. III		Oldham, Harry J. 42268.	K. Oct. 24/18. Det.D./B.
2/7 W. III		Summers, W. 306402.	M. Mar. 24/18.
2/7 X. VII		Buckingham, E. 37766.	W. and M. April 14/18.
2/7 X. VIII		Duncan, E. 29690.	M. Mar. 24/18.
2/7 X. VIII		Frear, John Wm. 25228.	K. April 12/18. Det.D./B.
2/7 X.		Maynard, Frank. 28807.	W. and M. April 14/18.
2/7 X VII		Pickles, A. 325151.	M. Mar. 24/18.
2/7 X. VII		Sutherland, Thos. 267960.	M. April 14/18.
2/7 X.		Wright, James. 267992.	M. Mar. 22/18.
2/7 Y. IX		Havill, A. J. 35141.	W. and M. Mar. 24/18.
2/7 Y. XI		Isaacs, T. 17650.	M. April 14/18.
2/7 Y. XI		Oughton, L.-Cpl. E. H. 266298.	W. and M. Mar. 23/18.
2/7 Z. XV		Barrie, Sig. Fred. L. 307512.	M. Mar. 22/18.
2/7 Z. XVI		Bewsher, T. 306955.	M. Mar. 22/18.
2/7 Z. XVI		Butler, Charles. 307201.	M. April 12/18.
2/7 Z. XV		Coley, L.-Cpl. H. G. 266745.	M. Mar. 22/18.
2/7 Z. XV		Day, George. 28752.	M. Mar. 22/18.
2/7 Z. XV		Edwards, Frank H. 306016.	W. and M. Mar. 23/18.
*2/7 Z. XIII		Garnsey, W. J. B. 28929.	M. Mar. 21/18.
2/7 Z. XVI		Hindley, L.-Cpl. F. 305689.	M. Mar. 22/18.
2/7 Z. XV		Irons, Wm. 307396.	M. Mar. 24/18.
2/7 Z. XIV		Johnson, T. 268150.	M. Mar. 22/18.
2/7 Z. XVI		Pinnegar, A. 203814.	M. Mar. 23/18.
2/7 Z.		Rawlinson, Chas. 37473.	M. April 13/18.
2/7 Z. XIV		Reading, A. G. 32482.	M. April 14/18.
2/7 Z. XVI		Robinson, W. 328052.	M. Mar. 22/18.
2/7 Z.		Tylar, A.-Cpl. Jas. Hawke. 266735.	M. Mar. 23/18.
2/7 Z. XV		White, G. E. S. 22140.	M. April 14/18.
2/7 Z.		Whyte, A. I. 307509.	M. Mar. 24/18.
2/7 H.Q.		Baxendale, L.-Cpl. T. 268448. (H.Q. Rnr.)	M. Mar. 28/18.
2/7 H.Q.		Thompson, Edwin. 307504.	M. Mar. 22/18.
2/7 H.Q. Sig.		Wenmouth, Wm. J. 28942.	M. Mar. 22/18.
2/7 ?		Ashton, Colin. 32886. (Fr. 11th Hussars.)	K. Mar. 24/18. Det.D./B.
2/7 ?		Brett, S. A. 37944.	M. Mar. 24/18.
2/7 ?		Buckley, Sam. 32697.	M. Mar. 24/18.
2/7 ?		Mylton Sydney A. 266771.	M. Mar. 23/18.
2/7 ?		Rolls, H. L. 307511.	M. Mar. 22/18.
2/7 ?		Russ, Sid. Ernest. 33652.	M. Mar. 21/18.
*8 D. XVI		Jones, Sig. Alb. Oscar. 306185.	K. Oct. 9/18. Det.D./B.
‡2/8 A.		Stayte, A. V. 37693.	M. April 11-12/18.
‡2/8 B.		Taylor, A. A. 201175.	M. April 11-12/18.
2/8 D. XVI		Ayres, Geo. 28125. (Fr. 25th.)	M. Mar. 21/18.
2/8 D.		Parish, Herbert. 24644.	M. April 14/18.
2/8 D. XIII		Pringle, Wm. 29660. (Fr. 25 Ent.)	W. and M. April 14/18.
‡2/8 D.		Semark, A. 241869.	M. April 11-12/18.
2/8 D. XV		Southgate, Chas. R. 32999.	M. Mar. 21-28/18.

December 1st, 1918.

Warwickshire Regiment, Royal—contd.

B.E.F.

10		Cockle, 2nd Lt. Clarence Tapocott. (Fr. 5 Suffolks.)	W. and M. Sept. 6/18.
10 A.	M.G.S.	Axford, Cpl. A. 7968.	M. April 18-19/18.
10 A.	III	Foster, L. 27339.	M. Mar. 21-26/18.
10 A.		Knott, Geo. A. 28749.	M. Mar. 23/18.
10 A.	I	Lacey, Geo. J. 24840.	M. Mar. 23/18.
10 A.		Richmond, Fred. 35549.	M. Mar. 23/18.
10 A.		Stringer, L.-Cpl. L. F. 307496.	M. Mar. 21-26/18.
10 A.	II	Tillyer, H. 23270.	M. April 19/18.
10 A.		Underhill, Frank Arthur. 35558.	M. Mar. 23/18.
10 A.	I	Walker, W. H. 35474.	M. April 10/18.
10 A.		Woolley, F. H. 24128. (Fr. 11.)	M. Mar. 21-26/18.
10 B.		Butler, G. W. 28732.	Unoff. M. Sept. 6/18.
10 B.		Court, E. J. 35461.	M. April 10-19/18.
10 B.		Cox, T. 240213.	M. Mar. 24/18.
10 B.	V	Dixon, F. J. 34836.	M. Mar. 23/18.
10 B.		Ebsworth, Bert. 24842.	M. April 4/18.
10 B.	VIII	Hallam, A. K. 20475. (Fr. 7th and 11th.)	M. Mar. 23/18.
10 B.		Hazlewood, H. 35496.	W. Unoff. M. April 10-19/18.
10 B.		Hite, Cpl. A. C. 6329.	K. Mar. 22/18. Det.D./B.
10 B.		Hollingworth, H. 37583.	W. Unoff. M. June 11/18.
10 B.		Jackson, W. 24279.	M. April 10-19/18.
10 B.	VIII	King, W. S. 8656.	W. Unoff. M. May 30/18.
10 B.		Missenden, Geo. 35576.	M. April 19/18.
10 B.		Mumford, W. 24782.	M. Mar. 23/18.
10 B.		Northcote, Reg. John. 35497.	K. April 26/18. Det.D./B.
10 B.		Pearce, H. H. 34889.	M. Mar. 23/18.
10 B.	VIII	Perkins, Fred. 242799.	M. Mar. 23/18.
10 B.	VII	Smith, Percy. 15303.	W. Unoff. M. Mar. 23/18.
10 B. or C.		Smith, L.-Cpl. W. A. 14/1622.	M. Mar. 22/18.
10 B.		Sparkes, Cpl. W. H. 24280.	M. Mar. 23/18.
10 B.		Tuckett, Arth. Lionel. 35519.	M. April 10-19/18.
10 B.		Yapp, J. C. 22496.	M. April 10/18.
10 C.		Bateson, Sgt. Chas. 1829.	M. April 10/18.
10 C.		Belson, A. 35478.	M. April 10-19/18.
‡10 C.	XI	Bird, Gordon Herbert. 36162.	M. Sept. 20/18.
10 C.		Burton, C. S. 28675.	W. and M. Mar. 23/18.
*10 C.		Gardner, H. 17787.	W. and M. May 3/18.
10 C.	XII	Goodman, Geo. 20516.	W. and M. Mar. 23/18.
10 C.		Hawkins, Sgt. J. H. 39788.	M. April 10-19/18.
10 C.	X	Haynes, Geo. Herbert. 17857	M. May 31/18.
10 C.	X	Ingamells, Reuben. 25898.	M. Mar. 21-26/18.
10 C.		Ireland, W. 5506.	M. April 10-19/18.
10 C.	IX	Isham, H 19087.	M. April 10/18.
10 C.*		Jennings, Edwd. 34865.	W. Unoff. M. April 10/18.
10 C.		Jones, John. 39456.	M. April 10-19/18.
10 C.	XII	Malin, J. 3679.	M. April 10/18.
10 C.		Moore, Arthur. 22567.	Unoff. M. April 10/18.
‡10 C.	X	Norris, E. T. 50504.	M. Sept. 20/18.
10 C.		Peach, J. H. 50544.	M. Sept. 20/18.
*10 C.		Rose, L.-Cpl. James. 32596.	M. Sept. 20/18.
10 C.	X	Shelley, G. 27993.	M. April 10-19/18.
10 C.	XI	Stone, J. 40420.	K. June 1/18. Det.D./B.
10 C.	X	Stubbs, E. H. 34442.	M. April 10/18.
10 C.	X	Williams, J. 19590.	M. May 20/18.
10 D.	XIII	Adams, E. T. 28673.	M. April 10-19/18.
10 D.	XIII	Ball, E. J 20470.	M. Mar. 23/18.
10 D.	XV	Beale, Leonard. 5586.	M. April 10-19/18.

December 1st, 1918.

Warwickshire Regiment, Royal—contd.

B.E.F.

10 D. XIII	Brenton, Arthur Jas. 35483.	Unoff. M. April 3/18.
10 D. XIII	Broome, T. 20381.	M. Mar. 23/18.
*10 D.	Burrell, A. C. 32889.	M. Sept. 20/18.
‡10 D.	Buxton, J. W. 17773.	M. April 10/18.
10 D.	Clayton, Joseph. 32665.	M. April 18-19/18.
10 D.	Cockbill, C.-Q.-M.-S. Harry. 4476.	W. Unoff. M. April 10/18.
*10 D. XV	Cook, H. G. 34956.	M. Sept. 20/18.
10 D. XIII	Eden, Sig. H. 21901.	M. April 10/18.
10 D. XIV	Ellis, Sig. Benjn. John. 29855	Unoff. M. April 10/18.
10 D.	Felton, Jack. 35505.	M. early April/18.
10 D. XIII	Godwin, P. 20388.	M. April 10-19/18.
10 D.	Gregson, Robt. 35527.	M. April 10/18.
10 D. XII	Hall, Geo. 35397.	M. Mar. 23/18.
10 D. XV	Hancock, S. C. 35486.	M. April 10-19/18.
‡10 D. XIII	Hanson, C. 8123.	M. Mar. 22/17.
10 D. XVI	Hawker, Leonard. 201089	M. April 18/18.
*10 D.	Haydon, Vincent. 331153.	M. Sept. 20/18.
*10 D.	Heard, L.-Cpl. 43332.	Unoff. M. Sept. 20/18.
10 D.	Higham, Sgt. Peter. 11906. (Fr. 11)	W. and M. April 10-19/18.
10 D.	Lang, Thomas. 35538.	M. April 10-19/18.
10 D.	Lawley, B. 18116.	M. Mar. 23/18.
*10 D. XIV	Loveridge, J. 50672.	M. Sept. 20/18.
*10 D. XIV	Mitchell, Wm. Hry. Robt. 25161.	Unoff. M. Sept. 20/18.
*10 D.	Nicholson, A. 23572.	Unoff. M. Sept. 20/18.
‡10 D. XV	Powell, Albert. 30151.	M. Sept. 20/18.
10 D.	Prior, P. 24874.	M. April 10-19/18.
10 D.	Rowland, Syd. Leslie. 39769.	M. April 10-17/18.
10 D. XIII	Sears, Ernest. 261668.	W. and M. Mar. 23/18.
*10 D. XIV	Sellars, E. 22563.	Unoff. M. Sept. 20/18.
10 D.	Tongue, Sgt. R. 9015.	M. April 10-19/18.
10 D. XV	Vatcher, Onesimus. 35425.	M. April 10-19/18.
10 D. XVI	Walton, L.-Cpl. G. H. 19253.	M. April 10-19/18.
*10 D. XV	White, R. A. 50752.	M. Sept. 20/18.
'10 D. XIII	Young, Alb. Edward. 50762.	M. May 31/18.
10 H.Q.	Hughes, E. P. 905.	K. April 10/18. Det.D./B.
10 H.Q.	Long, A. 27378.	K. April 25/18. Det.D./B. R/Enq.
10 H.Q.	Thornett, Sig. Albert. 16581.	K. April 10/18. Det.D./B.
10 ?	Congrave, John Jas. P. 16380.	K. Mar. 23/18. Det.D./B.
‡10 ?	Downton, F. A. 43321.	M. Sept. 20/18.
10 ?	Dyke, Dmr. Albert. 15063.	M. Mar. 23/18.
10 ?	Randall, Charles. 16333.	M. Mar. 23/18.
10 ?	Rose, Geo. Chas. 306198.	K. April 12/18. Det.D./B.
*10 ?	Smallwood, J. 8041.	M. Sept. 20/18.
10 ?	Thomas, Chas. Edwin. 35492.	M. June 1/18.
10 ?	White, A. C. F. 35518. (Fr. Devons)	M. April 18-19/18.
11 A.	Whillock, Saml. 4535.	M. April 9/18.
11 C.	Evans, L.-Cpl. E. 27797.	M. Mar. 22/18.
11 C.	Gadsby, B. A. 15210.	M. Aug. 22/18.
11 C.	Smith, Oliver Thomas. 16441.	M. Mar. 22/18.
11 ?	Batchelor, G. W. R. 19269.	M. Mar. 22/18.
11 ?	Vaughan, A. 8071.	W. and M. Mar. 22/18.
11 ?	Waldron, R. W. 16314. (Fr. 15 Ent:)	W. and M. Mar. 22/18.
14 A. II	Bough, W. 21096.	W. and M. April 13/18.
14 A. I	Kefford, L. 25399	M. April 13/18.
14 A. I	Ridley, Reg. Geo. 35332.	M. April 13/18.
14 A. I	Windred, Wm. 17638.	M. April 13/18.
14 B.	Bolton, Ralph Jas. 25269.	M. April 14/18.
14 B. V	Coley, W. 15/1150.	M. April 14/18.
14 B.	Drake, Walter. 30415.	M. April 14/18.

December 1st, 1918.

Warwickshire Regiment, Royal—contd

B.E.F.

14 B.		Dursley, L. 9308.	M. April 13/18.
14 B. VI		Shore, James H. 35343.	W. and M. April 14/18.
14 B. VII		Smith, Alfred. 32568.	M. April 14/18.
14 B. VI		Walker, O. J. 25120.	M. April 13/18.
14 B.		Wilson, Arthur. 36512.	M. Sept. 17/18.
*14 C. XII		Dent, W. H. 1251.	K. Sept. 27/18. Det.D./B.
‡14 D.		Butler, F. W. 27657.	W. and M. Sept. 27/18.
‡14 D. XV		Packer, L.-Cpl. E. G. 35323.	W. and M. Sept. 26/18.
‡14 D.		Pridmore, H. 22532.	M. Sept. 25/18.
*14 D. XIII		Rafferty, E. P. 38252.	K. Sept. 27/18. Det.D./B.
14 ?		Mooney, L.-Cpl. Nicholas. 32474.	W. and M. May 2/18.
14 ?		Watson, Cpl. George. 28931.	K. July 8/18. Det.D./B.
*15 A.		Leyland, Cpl. Thos. 34487.	M. Sept. 29/18.
15 B. or C.		Bowen, R. B. 330024.	W. and M. April 13/18.
15 B. V		Hedge, H. G. 18995.	W. and M. April 12/18.
15 B. or C.		Trinder. 18644.	M. April 12/18.
*15 D. XII		Penn, Fred. 1624.	K. April 14/18. Det.D./B
*15 H.Q.		Woods, Robt. 16964.	M. Aug. 30/18.
15 ?		Harris, A. G. 37824.	W. and M. April 13/18.
15 ?		Reid, Alex. 235131.	M. April 12/18.
16		**Chippington, 2nd Lt. H. I.**	D/W. Aug. 25/18. Det.D./B.
16		**Rudell, 2nd Lt. E. A.** (Fr. 3.)	W. Unoff. M. Sept. 27/18.
16 A.		Norton, Thomas. 932.	M. Aug. 23/18.
16 B. VII		Leonard, M. 48419.	W. Unoff. M. Aug. 23/18.
‡16 B.		McLoughlin, F. 38273.	W. and M. Aug. 23/18.
16 B.		Margetts, L.-Cpl. A. V. 50213.	M. Aug. 22/18.
16 C.		Burt, Donald. 35248.	Unoff. M. April 23/18.
16 C.		Urpeth, L.-Cpl. W. 32591.	W. Unoff. M. Aug. 23/18.
*16 D. XIV		**Briggs, T.** 52252.	K. Sept. 1/18. Det.D./B.
16 D. XIV		Leddon, Gilbert. 33231.	M. Aug. 21/18.
16 ?		Ayto, John Wm. 52239.	K. Sept. 16/18. Det.D./B.
16 ?		Childs, L. R. 52261.	M. Sept. 2/18.
2/16 Z.		Attwill, Arth. E. 50341.	M. May 8/18.

ITALY.

5		Guest, 2nd Lt. J. E. C. (Fr. 7th.)	M. Sept. 9/18.
*5 A. IV		Fryer, E. 29015.	M. Sept. 9/18.
5 A. II		Johnson, Jack. '201959.	M. Sept. 9/18.
5 A.		Revell, A. T. 235168.	W. and M. Aug. 9/18.
*5 A.		Smith, T. 33370.	M. Sept. 9/18.
5 A. II		Webber, Chas. J. S. 207410. (Fr. A.S.C.)	M. Sept. 7-13/18.
*5 A.		Wharton, J. 34521.	M. Sept. 9/18.
5 B.		Burton, Cpl. J. W. 203424.	W. and M. Aug. 9/18.
5 B. VIII		Hey, Sgt. Edward. 203441.	M. Aug. 8/18.
5 B.		Terry, L. 200137.	M. June 15/18.
*5 C.		Bradshaw, Sgt. Robt. 203444.	M. Sept. 9/18.
5 C.		Chadaway, E. 200222	M. Sept. 9/18.
5 C.		Curtis, E. 200363.	M. Sept. 9-10/18.
*5 C. XI		Easton, Wm. Herb. 27103.	M. Sept. 9/18.
*5 C.		Green, H. L. 34526.	M. Sept. 9/18.
5 C.		Hudson, S. 200418.	M. June 15/18.
*5 C.		Hughes, L.-Cpl. J. T. 200933.	M. Sept. 9/18.
*5 C. XI		Pilling, Cpl. W. 203000.	M. Sept. 9/18.
*5 C.		Salt, G. H. 201380.	M. Sept. 9/18.
*5 C.		Seal, Sgt. B. 201748.	M. Sept. 9/18.
*5 C. XII		Walker, J. J. 200658.	M. Sept. 9/18.
5 D.		Cook, W. 200477.	M. June 15/18.

December 1st, 1918.

Warwickshire Regiment, Royal—contd.

ITALY.

5 D.	Davis, H. 200980.	M. June 15/18.
5 D.	Hale, C. 33273.	M. June 15/18.
5 D. XIV	Knights, L.-Cpl. Albt. Wm. 33081.	M., bel. P/W., June 15/18.
5 D.	Potter, L.-Cpl. R. G. 33324.	M. June 15/18.
5 D.	Ryman, C. 203057.	M. June 15/18.
5 D.	Williams, H. 200133.	M. June 15/18.
5 D. XIV	Young, W. J. 38778.	M. June 15/18.
5 H.Q.	Richards, Sig. Leslie M. 200604.	M. June 15/18.
5 ?	Smith, C. W. 148691. (Fr. 48 M.G.C.)	M. June 15/18.
‡6 A. I	Stevens, Chas. Leonard. 37929.	M. Oct. 4/18.
6 B.	Bartlett, A. E. 240063.	M. April 30/18.
‡6 C. IX	Hawley, George. 245150.	M. Sept. 2/18.
7 B.	Thompson, Sgt. L. 265511.	M. Aug. 8/18.
7 ?	Mason, L.-Cpl. A. J. 435213. (Fr. R.A.M.C.)	W. and M. Aug. 9/18.
8 C.	Doust, C. 33670.	M. June 15/18.
8 C.	Holness, A. V. 33682.	M. June 15/18.
8 C. XI	Witton, W. 305492.	M. June 18/18.

PERSIAN GULF.
(Dunster Force.)

9	Bowen, Lieut. R. S.	M. Sept. 1/18.
9	Buchanan, Capt. John. (Fr. R.A.M.C.)	M. Sept. 2/18.
9	Paget, Lieut. C.	M. Sept. 1/18.
9	Rogers, Lieut. C. W.	M. Sept. 1/18.
9 A.	Arnold, L.-Cpl. Herb. John. 16844.	M. Sept. 1/18.
*9 A.	Barrow, E. 11277.	M. Sept. 1/18.
9 A.	Beacham, H. G. 16031.	M. Sept. 1/18.
9 A.	Beasley, A. S. 22546.	M. Sept. 1/18.
*9 A.	Black, C. 306166.	M. Sept. 1/18.
9 A.	Braithwaite, Lennard. 22053.	M. Sept. 1/18.
9 A. IV	Brown, Cpl. S. T. 15865.	M. Sept. 1/18.
9 A.	Cridge, George. 6265.	M. Sept. 1/18.
9 A. III	Evans, David. 10901.	M. Sept. 1/18.
*9 A.	Field, J. 16272.	M. Sept. 1/18.
9 A.	Field, R. 16627.	M. Sept. 1/18.
9 A.	Jones, Sgt. John. 200060.	M. Sept. 1/18.
9 A. IV	Luntley, F. W. 200303.	M. Sept. 1/18.
9 A.	Murray, James. 21481.	M. Sept. 1/18.
*9 A. IV	Pacey, Wm. 12582.	M. Sept. 1/18.
9 A.	Pane, A. H. 8932.	M. Sept. 1/18.
*9 A.	Parkes, Edmund. 22976.	M. Sept. 1/18.
*9 A. I	Parry, Lewis W. 12321.	M. Sept. 1/18.
*9 A.	Satchwell, Cpl. J. T. 5505.	M. Sept. 1/18.
9 A.	Sperring, E. 15796.	M. Sept. 1/18.
9 A. IV	Spokes, Geo. Wm. 16172.	M. Sept. 1/18.
*9 A.	Stewart, L.-Cpl. Jas. Pearl. 4118.	M. Sept. 1/18.
9 A.	Welch, Sgt. J. 9961.	M. Sept. 1/18.
*9 A.	White, E. 22822.	M. Sept. 1/18.
9 B.	Callaghan, J. 1724.	M. Sept. 14/18.
9 B.	Fletcher, T. W. 16830.	M. Sept. 1/18.
*9 C.	Beddowes, Wm. Geo. 2564.	W. and M. Sept. 1/18.
9 C. XII	Boot, W. 21935.	M. Sept. 1/18.
9 C.	Collett, Sgt. Cornelius Knight. 202612.	M. Sept. 1/18.
*9 C. X	Gaston, Alb. Harold. 242015.	W. and M. Sept. 1/18.

December 1st, 1918.

Warwickshire Regiment, Royal—contd.
PERSIAN GULF.
(Dunster Force.)

*9 C.		Lucas, J. H. 21652.	W. and M. Sept. 1/18.
? C.		Taylor, Cpl. Fred Oscar. 1610.	M. Sept. 1/18.
*9 C.		Townsend, L.-Cpl. E. 3037.	M. Sept. 14/18.
9 C.		Weston, Wm. Henry. 241417.	M. Sept. 1/18.
*9 D.	XIII	Summers, James. 20697.	M. Aug. 31/18.
*9 ?		Beck, A. 22546.	M. Sept. 1/18.
*9 ?		Barker, I. 11283.	M. Sept. 1/18.
*9 ?		Beckton, A. 22050.	M. Sept. 1/18.
*9 ?		Borune, A 30050	M. Sept. 1/18.
*9 ?		Brennan, J. 16404.	M. Sept. 1/18.
*9 ?		Bruer, C.-Q.-M.-S. F. 1510.	W. and M. Sept. 1/18.
*9 ?		Burnett L.-Cpl. C. 17065.	M. Sept. 1/18.
*9 ?		Cashmore, A. 22869.	M. Sept. 1/18.
*9 ?		Cattell, A. 2728.	M. Sept. 1/18.
*9 ?		Cox, E. 22881.	M. Sept. 1/18.
*9 ?		Firth, H. 1880.	M. Sept. 1/18.
*9 ?		Gilbert, W. 22906.	M. Sept. 1/18.
*9 ?		Hancox, Sgt. J. 3154.	M. Sept. 1/18.
*9 ?		Harrison, L.-Cpl. A. 1570.	W. and M., bel. K. Sept. 1/18.
*9 ?		Harrison, W. 4454.	W. and M. Sept. 14/18.
*9 ?		Hayes, C. 19429.	W. and M. Sept. 1/18.
*9 ?		Horton, Sgt. A. 7098.	M. Sept. 1/18.
9 ?		Hubbard, C.-Q.-M.-S. R. 3123.	M. Sept. 1/18.
*9 ?		Jones, H. 1767.	M. Sept. 1/18.
*9 ?		Marsh, Betram Thos. 16356.	D/D. Sept. 26/18. Det.D./B.
*9 ?		Mills, G. 1773.	W. and M., bel. K. Aug. 31/18.
*9 ?		Milner, T. 12798.	M. Sept. 1/18.
*9 ?		Morris, L.-Cpl. W. 1419.	M. Sept. 1/18.
*9 ?		Smythe, F. 3076.	M. Sept. 1/18.
*9 ?		Soden, C. 4222.	M. Sept. 1/18.
*9 ?		Stansbie, A. 1506.	M. Sept. 1/18.
*9 ?		Stinson, H. 15582.	M. Sept. 1/18.
*9 ?		Stockham, H. 2622.	M. Sept. 1/18.
*9 ?		Taylor, F. 203507.	M. Aug. 31/18.
*9 ?		Vincent, H. 11624.	M. Sept. 1/18.
*9 ?		Warner, O. 21490.	M. Sept. 1/18.
*9 ?		Wilson, L.-Cpl. J. 1602.	M. Sept. 1/18.
9 ?		Worsley, Jas. Hry. 54562. (Fr. R.A.M.C.)	M. Sept. 1/18.

ROYAL WELSH FUSILIERS.
B.E.F.

*2		Ware, 2nd Lt. W.	M. Oct. 27/18.
2 A.	II	Ashworth, Wm. 29068.	K. Sept. 13/18. Det.D./B.
2 A.		Chatterton, G. 201869.	W. Unoff. M. July 12/18.
2 A.	II	Huckle, J. H. 28385.	M. Aug. 23/18.
2 B.	V	Bennett, C. 73312.	K. Sept. 1/18. Det.D./B.
*2 B.		Brum, C.-S.-M. F. 22684.	M. Sept. 1/18.
2 C.	XI	Bell, A. K. 73308.	M. July 11/18.
2 C.	XII	Cecil, F. 69473.	M. June 12/18.
2 C.	XII	Gray, Harry, 41629.	M. April 29/18.
2 C.	XII	Hart, W. E. 93398.	D/W. April 25/18. Det.D./B.
2 C.	X	Jones, R. E. 55012.	M. July 11/18.
2 D.	XIII	Hall, L.-Cpl. Thos. 24215.	K. Aug. 26/18. Det.D./B.
2 D.	XIV	Pearson, Frank. 45798.	W. and M. May 7/18.

December 1st, 1918.

Welsh Fusiliers, Royal—contd.

B.E.F.

2 I.T.M.	Bowers, J. G. 23760. (58 Bde.)	M. April 10/18.	
2 ?	Griffith, Griffith Edm. 18380.	M. May 27/18.	
*2 ?	Jones, Sgt. W. 235388.	K. Sept. 1/18.	Det.D./B
*2 ?	Nelmes, W. T. 93767.	W. Unoff. M. Sept. 27/18.	
2 ?	Thomas, C. P. 16004.	M. July 12/18.	
4 A.	Dobbins, T. A. 201070.	M. Mar. 23/18.	
4 A. III	Verity, W. B. 202251.	M. April 6/18.	
4 A.	Williams, Philip. 201258.	M. Mar. 21/18.	
4 A. II	Williams, Robt. 201061.	M. Mar. 23/18.	
4 B. VI	Davies, A. 200987.	M. April 6/18.	
4 B. VI	Firth, Arthur. 202105.	M. Mar. 23/18.	
4 B. VI	Forrest, Arthur. 202106.	M. April 6/18.	
4 B. VI	Jones, Owen Morris. 203399.	M. April 16/18.	
4 B.	Jones, L.-Cpl. Wm. 200687.	W. and M. April 6/18.	
4 B.	Rogers, Edgar. 200912.	W. Unoff. M. April 6/18.	
4 B. VII	Travers, Harold. 203453.	M. April 16/18.	
4 C. XI	Hughes, Hugh. 201113.	M. Mar. 23/18.	
4 C. XI	Morris, Job. 201081.	M. Mar. 23/18.	
4 C. IX	Phythion, J. A. 202603.	M. Mar. 23/18.	
9	**Phillips, Capt. J. W.**	M. May 30/18.	
9 A.	Andrews, S. C. 54193.	M. Mar. 22/18.	
9 A. I	Bane, Frank. 235417.	M. April 9-18/18.	
9 A. III	Birchall, Cpl. Harry. 33065.	M. Mar. 22/18.	
9 A.	Cawthrey, Joseph Henry. 61154	M. May 30/18.	
9 A.	Chappell, L.-Cpl. Geo. Howard. (Fr. 15th.)	M. April 8-18/18.	
9 A.	Chrimes, M. J. 54290.	M. Mar. 22/18.	
9 A. I	Clutton, L.-Cpl. Frank. 17290.	M. Mar. 22/18.	
9 A.	Davies, Thos. 267929.	M. April 8-18/18.	
9 A.	Goodman, Ernie. 56361.	M. April 8-18/18.	
9 A.	Green, Wm. 23726.	M. April 8-18/18.	
9 A.	Hamner, Wilfred. 47063.	M. Mar. 22/18.	
9 A. I	Hampson, Edw. 52562.	M. May 28—June 14/18.	
9 A.	Hart, Arthur R. 27069.	M. May 28—June 14/18.	
9 A.	Henry, David John. 14205.	M. May 27/18.	
9 A.	Hopper, L.-Sgt. Albert. 16570.	M. April 8-18/18.	
9 A.	Horler, Albert. 14945.	M. June 5/18.	
9 A. III	Jenkins, Morgan Wm. 56281.	M. May 30/18.	
9 A. IV	Jones, Arthur. 39006.	M. Mar. 22/18.	
9 A.	Jones, L.-Cpl. B. 36077.	M. Mar. 22/18.	
9 A.	Jones, J. E. 291537.	M. Mar. 22-23/18.	
9 A. III	Jones, R. 205074.	M. April 8-18/18.	
9 A. I	Jones, Sylvanus Henry. 25271.	M. Mar. 22/18.	
9 A.	Jones, T. Inman. 20043	M. May 28/18.	
9 A.	Kinsey, J. H. 55260.	M. Mar. 22/18.	
9 A.	Marshall, F. T. 202452.	M. May 15/18.	
9 A.	Marsland, R. 60344.	M. May 30/18.	
9 A.	Milton, H. 70067.	M. April 8-18/18.	
9 A.	Moran, Matthew. 74990.	M. April 8-19/18.	
9 A. IV	Morris, Arthur. 52990.	M. May 28/18.	
9 A.	Morris, John. 15004.	M. Mar. 22/18.	
9 A.	Morris, T. W. 204513.	M. May 28/18.	
9 A.	Murphy, L.-Cpl. T. 17331.	M. Mar. 22/18.	
9 A.	O'Neill, John. 242254.	M. April 8-18/18.	
9 A.	O'Neill, Cpl. M. O. 54340.	M. April 8-18/18.	
9 A. I	Phillips, F. 52771.	M. May—June/18.	
9 A.	Pollard, J. M. 201817.	M. April 8-18/18.	
9 A.	Pritchard, George. 56595.	M. April 8-18/18.	
9 A.	Pye, Edward. 47146.	M. Mar. 22/18.	
9 A.	Rees, Ben. 69413.	M. May—June/18.	

December 1st, 1918. 693

Welsh Fusiliers, Royal—contd.

B.E.F.

9 A.	Rees, Brintey G. 73200.	M. Mar. 22/18.
9 A.	Rees, W. 60936.	M. Mar. 22/18.
*9 A.	Reeves, L.-Cpl. W. 14738.	M. May 28/18.
9 A.	Regan, H. 64096.	M. April 8-18/18.
9 A.	Robinson, Ewart Gladstone. 57906.	M. April 17/18.
9 A.	Sears, Harold. 242889.	M. May 28—June 4/18.
9 A. IV	Shaw, Fredk. Wilson. 24923.	M. May 28—June 14/18.
9 A. or D.	Sherratt, G. H. 56114.	M. May 28—June 14/18.
9 A.	Swann, S. C. 73655.	M. April 10/18.
9 A. II	Thomas, Wm. Morris. 70581.	M. April 8-18/18.
9 A.	Thomas, Wm. Rees. 13355.	M. April 8-18/18.
9 A.	Tinstey, R. 70334.	M. May 28/18.
9 A.	Turner, Fred. Geo. 56333.	M. May 22 June 14/18.
9 A.	Turner, J. 64573.	M. May 28/18.
9 A.	Vizard, W. 235675.	M. May 28—June 14/18.
9 A.	Walker, R. 33044.	M. Mar. 22/18.
9 A.	Webster, Sig. Walter. 204377.	M. May 28—June 14/18.
9 A. II	Wyatt, H. J. 73217.	M. Mar. 22/18.
9 B.	Allman, George. 74551.	M. Feb. 2/18.
9 B. V	Austin, N. F. 75296.	M. May 30/18.
9 B. V	Barton, G. H. 75144.	M. April 18/18.
9 B.	Barton, W. G. 56301.	M. May 28—June 14/18.
9 B.	Bassett, M.M., J. 15020.	M. Mar. 22/18.
9 B.	Bowcott, Sgt. A. D. 57930. (Fr. Welsh Regt.)	M. May 28/18.
9 B. VII	Burberry, Alfred H. 55902.	M. Mar. 22/18.
9 B. VI	Chapman, M.M., S/B. Jos. 53999.	M. May 28—June 6/18.
9 B. VII	Copson, Albt. Lionel. 235166.	M. May 28—June 14/18.
9 B. V	Cottam, L.-Cpl. Albert. J. 52479.	M. Mar. 22/18.
9 B. V	Dawson, Fred. 292740.	M. May 28—June 14/18.
9 B. VI	Driver, W. 57937.	M. May 28—June 14/18.
9 B.	Etherington, Harry. 47026.	M. May 27—June 14/18.
9 B. VII	Evans, F. L. 267140.	M. Mar. 23/18.
9 B. V	Evans, Geo. 66928.	M. May 28—June 14/18.
9 B. V	Forshaw, Wm 64591.	M. May 28/18.
9 B.	Goodwin, Richard. 54842.	M. May 28—June 14/18.
9 B.	Green, G. 75899.	M. May 28—June 14/18.
9 B.	Hanvy, Ralph. 48880.	M. May 28/18.
9 B. VIII	Jones, Edward. 203670.	M. June 7/18.
9 B. VII	Jones, Hugh. 203964.	M. May 23—June 14/18.
9 B. VI	Jones, John. 23419.	M. May 22/18.
9 B.	Jones, Peter. 64679.	M. May 30/18.
9 B. VI	Jones, Thomas. 13185.	M. May 30/18.
9 B. VIII	Kilburn, L.-Cpl. J. 74987.	M. May 28—June 14/18.
9 B. VII	Kingdon, A. R. 75494.	M. May 28—June 14/18.
9 B. VI	Kinnish, R. R. 37348.	M. May 28/18.
9 B. VIII	Law, E. 206753.	M. May 30/18.
9 B. VIII	Leonard, Frank. 28848.	M. May 27—June 14/18.
9 B. VIII	Leyland, Tom. 52466.	M. Mar. 28/18.
9 B. VI	Marland, Cpl. Percy. 33001.	M. May 28—June 14/18.
9 B. V	Matthews, J. 57954.	M. May 28/18.
9 B. V	Morgan, L.-Cpl. J. T. K. 44217.	M. May 28—June 14/18.
9 B.	Morgan, L. G. 75544.	M. May 28—June 14/18.
9 B. VIII	Morris, Owen. 315549.	M. May 28—June 14/18.
9 B. VIII	Munro, Ian. 60288.	M. May 28/18.
9 B. V	Murray, Jas. Allen. 46230.	K. Mar. 22/18. Det.D./B.
9 B. VI	Owens, Robert. 75323.	M. May 28—June 14/18.
9 B.	Reeve, W. G. 291663.	M. Mar. 22/18.
9 B.	Rogers, Arthur. 70497.	M. April 8/18.

December 1st, 1918.

Welsh Fusiliers, Royal—contd.

B.E.F.

9 B. VIII	Smith, E. W. 56471.	M. May 30/18.
9 B. V	Tait, Sgt. H. B. 31005.	M. Mar. 22/18.
9 B.	Taylor, John Herbert. 70508.	M. May 28—June 14/18.
9 B.	Thomas, Elias. 35142.	M. May 30/18.
9 B.	Thomas, L.-Cpl. H. T. 5425.	M. May 28—June 14/18.
9 B. VIII	Varley, E. J. T. 235196.	M. May 30/18.
9 B. V	Williams, J. E. 57912.	M. May 28/18.
9 B. VII	Williams, John. 13237.	M. May 25/18.
9 B.	Williams, T. J. 55542.	M. April 8-18/18.
9 B. VIII	Wilson, Edward. 70515.	M. May 28—June 14/18.
9 C.	Beddoe, M.M., D. J. 54195.	M. Mar. 22/18.
‡9 C.	Bowden, Cpl. J. 5599.	M. Sept. 15/18.
9 C.	Burns, Wm. A. 266833.	M. Mar. 22/18.
9 C. IX	Connors, Patrick. 38417.	M. Mar. 22/18.
9 C.	Cook, Fredk. Arthur. 57959.	M. May 30/18.
9 C.	Cooze, Wm. Jas. 60512.	M. Mar. 22/18.
9 C.	Davies, Daniel. 13484.	M. Mar. 22/18.
9 C.	Foster, Herbert. 74606.	M. April 10/18.
9 C.	Guttridge, Sig. Wm. 45181.	M. May 28/18.
9 C.	Harris, J. T. 44014.	M. Mar. 22/18.
9 C. X	Healey, Fred. 235087.	M. May 30/18.
9 C.	Horridge, Thomas. 57925.	M. May 28—June 14/18.
*9 C.	Hughes, Cpl. R. 265927.	M. Mar. 22/18. R/Enq.
9 C. XII	Humphries, Jas. 46211.	M. Mar. 22/18.
9 C. IX	John, A. E. 69429.	M. Mar. 22/18.
9 C. XII	Johns-Williams, J. 315754.	M. April 10/18.
9 C.	Jones, L.-Cpl. T. J. 12349.	M. May 28—June 14/18.
9 C. IX	Jones, Wm. Alb. 203592.	M. Mar. 22/18.
9 C. XI	Kay, Herbert. 57949.	M. bet. May 28—June 14/18.
9 C. IX	Knight, E. H. 46280.	M. May 28/18.
9 C.	Mitchell, Benjamin. 47118.	M. May 28—June 6/18.
9 C.	Morgan, Sgt. John. 238118.	M. April 8-18/18.
9 C.	Owen, J. H. 204310.	M. May 28—June 14/18.
9 C.	Papa, Sgt. Angels. 45006.	Unoff. M. May 30/18.
9 C.	Pearce, Archibald L. 45048.	M. May 28—June 14/18.
9 C. IX	Powell, Dan. 268238.	M. May 28—June 14/18.
9 C.	Richards, E. 70588.	M. April 10/18.
9 C.	Roden, W. C. 69636.	M. May 28—June 14/18.
9 C.	Stephens, T. J. 70590.	M. April 10/18.
9 C. XI	Thomas, Wm. 203669.	M. May 30/18.
9 C.	Varndell, Chris. Claud Thos. 70586.	M. May 28—June 14/18.
9 C. X	Wheeler, David. 241978.	M. May 28/18.
9 C.	Williams, Cpl. W. P. 57157.	M. May 28—June 14/18.
9 D.	Archer, C. 56351.	M. May 28/18.
9 D.	Beale, A. E. 57920.	M. May 28—June 14/18.
9 D.	Bennett, Bert Thomas. 14819.	M. May 28—June 14/18.
9 D.	Burt, L.-Cpl. A. T. 73627.	M. May 30/18.
9 D.	Dentith, Sgt. S. 57903.	M. April 8-20/18.
9 D.	Duckworth, Wm. 67043.	M. April 8/18.
9 D.	Eaton, Salisbury. 42175.	M. May 28—June 14/18.
9 D.	Edwards, L.-Cpl. A. F. 55403.	M. May 28—June 14/18.
9 D.	Evans, Sgt. David John. 16877.	M. April 10/18.
9 D.	Evans, Thos. G. 61538.	M. April 8-18/18.
9 D.	Evans, Wm. Edw. 268049.	M. April 8-18/18.
9 D. XIV	Foster, E. 266884	M. May 28/18.
9 D. XV	Glover, Alfred. 57926.	M. April 8-18/18.
9 D.	Griffiths, Ed. Alfred. 57953.	M. April 8-18/18.
9 D.	Griffiths, Wm. Harold. 57916.	M. April 8-18/18.

December 1st, 1918.

Welsh Fusiliers, Royal—contd.

B.E.F.

9 D.		Hagger, L.-Cpl. C. H. 57946.	M. April 8-18/18.
*9 D.	XVI	Hall, L.-Cpl. H. E. 60430	K., April 29/18. Det.D./B.
9 D.	XV	Herbert, Donald. 57951.	M. April 8-18/18.
9 D.		Hindley, H. 28564.	M. Mar. 22/18.
9 D.		Hopwood, J. R. 17222.	M. Mar. 22/18.
9 D.	XIV	Jones, Albert. 57913.	M. May 28/18.
9 D.		Jones, Enock Morgan. 22574.	M. April 8-18/18.
9 D.		Jones, Cpl. Idris. 37943.	M. May 28—June 14/18.
9 D.	XIV	Jones, W. T. 57915.	M. May 29/18.
9 D.	XV	Kelly, Lawrence. 47088.	M. May 28—June 14/18.
9 D.		Lewis, L.-Cpl. Gilbert Edw. 31014.	M. April 8-18/18.
9 D.		Lewis, Lewis. 57955.	M. April 8-18/18.
9 D.		Lockwood, L.-Cpl. Arth. Chas. 22116.	M. April 8-18/18.
9 D.		Lord, —. 57919.	M. April 9/18.
9 D.	XV	Mulroy, Thos. 46481.	M. April 8-18/18.
9 D.	XIII	Parry, Ellis Henry. 40341.	M. May 27-28/18.
9 D.	XV	Parry, Wm. H. 75503.	M. April 6-18/18.
9 D.	XIV	Partington, Ern. Wm. 60219.	M. April 8-18/18.
9 D.	XIII	Pearce, J. C. 14194.	M. Mar. 22/18.
9 D.		Pearson, Cpl. P. 60725.	M. May 28—June 14/18.
9 D.	XVI	Roberts, T. J. 43688.	M. May 28—June 14/18.
9 D.	XVI	Sewell, W. 242992.	M. May 30/18.
9 D.	XVI	Spragg, L.-Cpl. L. 55988.	M. May 25-27/18.
9 D.	XIV	Thomas, J. 23869.	M. April 8-18/18.
9 D.	XVI	Thomas, L.-Cpl. R. O. 20915	M. May 28—June 14/18.
9 D.	XVI	Thomas, Sidney Chas. 70086.	M. April 8/18.
9 D.	XVI	Thorne, A. John. 267949.	M. May 28—June 14/18
9 D.		Urmson, S. 55971.	M. May 28/18.
9 D.	XIII	Vaughan, Ed. 55689.	M. May 28/18.
9 D.	XIII	Watkin, Oswald. 203547.	M. May 28—June 14/18.
9 D.	XVI	Watts, Ernest. 69501.	M. April 8-18/18.
9 D.	XIV	Widdup, Walter. 70512.	M. May 28/18.
9 D.	XV	Williams, David. 44244.	M. April 8-18/18.
9 D.	XIII	Williams, H. 21069.	M. May—June/18.
9 D.	XIII	Woodward, Wm. 316789.	M. May 28/18.
9 H.Q. Sig. S.		Cousins, F. J. 57509.	M. May 31/18.
9 H.Q.		Davis, Wm. Newman. 238125. (Fr. R.A.M.C., 366340.)	M. April 18/18.
9 H.Q.		Powell, David Jos. 46237.	W. and M. Mar. 22/18.
9 ?		Anstice, N. F. 75296.	M. May 27/18.
9 ?		Barton, G. H. 75144.	M. May 28/18.
9 ?		Blundell, Jas. Fredk. 8209.	M. April 8-18/18.
9 I.T.M.		Carrigan, G. S. 36089. (58 Bde.)	M. April 10/18.
9 Sig. S.		Costello, Robert. 46474.	M. May 28—June 14/18.
9 Sig. S.		Foster, R. 46284.	M. May 28/18.
9 ?		Gillett, Henry. 21974.	M. April 8-18/18.
*9 ?		Graham, A. 66853.	M. May 28/18.
9 L.G.S.		Gredy, L. M. W. 243044.	M. May 28—June 14/18.
9 Sig. S.		Griffin, Alb. Edward. 24575.	M. Mar. 22/18.
9 ?		Hughes, John David. 61221.	M. April 8-18/18.
9 ?		Knowles, W. 32561.	M. April 18/18.
9 ?		Slater, Albert. 12305.	M. Mar. . /18.
9 ?		Thomas, John. 70071.	M. April 8/18.
9 ?		White, Cpl. John A. 22718.	M. May 29-30/18.
9 ?		Wreford, T. 61425.	M. May 28—June 14/18.
9 ?		Wright, Dan. R. 36388.	W. Unoff. M. April 29/18.
10 B.	V	Brown, Edwin. 56450.	M. April 22/18.
*13 A.		Thomas, John E. 39726.	K. Aug. 26/18. Det.D./B.
*13 A.		Williamson, Richard. 93530.	W. and M. Aug. 29/18.

December 1st, 1918.

Welsh Fusiliers, Royal—contd.

B.E.F.

‡13 C. X	Brown, Sgt. Wm. Sam. 18769.	W. Unoff. M. Sept. 19/18.	
*13 C. XI	Evans, E. 69143. (Fr. 10th.)	M. April 7/18.	
13 C. IX	Evans, G. 46333.	M. Aug. 23/18.	
13 C. XI	Hanger, W. H. 22272.	W. Unoff. M. April 22/18.	
13 C.	Saunders, E. 54816.	W. and M. April 22/18.	
13 C. XI	Turner, Douglas. 58027.	Unoff. M. Aug. 26-31/18.	
13 C. X1	Walling, Jas. Laurence. 58032.	K. Aug. 23/18. Det.D./B.	
13 C.	Williams, T. J. 60966.	W. Unoff. M. April 22/18.	
*13 D.	Jones, Cpl. A. 56993.	K. Aug. 23/18. Det.D./B.	
13 D. XIII	Smith, C. F. 45527.	W. Unoff. M. Aug. 28/18.	
13 H.Q.	Anderson, Bertram. 72860.	K. Aug. 27/18. Det.D./B.	
‡13 ?	Hutson, G. 96148.	K. Oct. 21/18. Det.D./B.	
*13 ?	Oliver, L.-Cpl. Walter. 43469.	M. Aug. 23/18.	
13 ?	Worthy, W. 93518.	M. Sept. 1/18.	
14	**Evans, 2nd Lt. J.**	M. Sept. 19/18.	
14	**Parker, 2nd Lt. Colin.**	M. Sept. 19/18.	
14	**Roberts, 2nd Lt. T. O** .(Fr. 1st.)	M. bel. K. Sept. 18/18.	
*14 A. IV	Dane, Cpl. Harry. 23257.	K. Aug. 26/18. Det.D./B.	
14 A.	Frost, J. 55862.	M. June 21/18.	
‡14 A.	Hughes, R. J. 20024.	K. Sept. 18/18. Det.D./B.	
14 A. III	Mather, Jas. 204837.	K. Aug. 26/18. Det.D./B.	
*14 B. VIII	Clough, Harold. 73333.	W. Unoff. M. Sept. 18/18.	
*14 B. VIII	Collier, James. 58230.	M. Sept. 18/18.	
*14 B.	Davies, Sgt. Thos. Alb. 315043.	W. and M. Sept. 18/18.	
14 B.	Hayes, Wm. Victor. 44131.	M. June 21/18.	
*14 B. L.G.S.	Johnson, Harold. 35553.	W. and M. Sept. 18/18.	
14 B.	Jones, T. H. 49870.	M. June 21/18.	
*14 B. V	Lang, Sgt. Joseph. 20443.	W. and M. Sept. 18/18.	
*14 B. V	Oldham, C. 55364.	W. Unoff. M. Sept. 18/18.	
*14 B. V	Owen, Lewis Roberts. 73182.	Unoff. W. and M. Sept. 2/18.	
‡14 B.	Roach, J. 41656.	M. Sept. 18/18.	
‡14 B.	Robins, W. C. 17389.	M. Sept. 18/18.	
‡14 B.	Sharland, C. 93703.	M. Sept. 18/18.	
14 C.	Beauchamp, Thos. 67682.	M. April 22/18.	
14 C. X	Blackburn, R. 75949.	W. and M. April 22/18.	
14 C. IX	Bushell, A. 315200.	W. and M. April 21/18.	
14 C. XI	Coulburn, H. G. 75941.	W. Unoff. M. April 22/18.	
14 C. XI	Griffiths, Griffith. 61134.	M. April 22/18.	
*14 D. XIII	Boulton, W. J. 80207.	M. Sept. 18/18.	
‡14 D.	Brown, W. J. 80208.	M. Sept. 18/18.	
14 D. XV	Carr, R. S. 56381.	M. April 22/18.	
14 D.	Carter, Sgt. Len. 340472.	M. April 22/18.	
14 D. XVI	Davies, William. 235330.	M. April 22/18.	
14 D. L.G.S.	Doyle, J. 292264.	W. and M. April 22/18.	
14 D.	Leathers, A. 55839.	M. April 22/18.	
14 D. XVI	McGrath, D. 60587.	M. April 22/18.	
14 D.	Whittaker, Sgt. A. 17443.	M. April 22/18.	
14 ?	Hodkinson, L.-Cpl. H. 56372.	M. April 22/18.	
*15 B. VIII	Naylor, Frank. 291347.	K. Aug. 16/18. Det.D./B	
16	**Holland, 2nd Lt. T.**	K. Sept. 18/18. Conf. & Det.	
16	**Lewis, 2nd Lt. D. E.**	W. Unoff. M. Sept. 18/18.	
*16	**Saunders, 2nd Lt. G. E.**	M., bel. K. Sept. 18/18.	
16 A. II	Boardman, Thos. 73520.	K. Mar. 15/18. Det.D./B.	
‡16 A. II	Cooke, Thomas. 73513.	W. Unoff. M. Oct. 8/18.	
16 A.	Hiscock, Herbert G. 60158.	M. April 22/18.	
‡16 A.	Jones, John. 93935.	W. Unoff. M. Oct. 8/18.	
16 A. III	Lucas, Fredk. Arth. 34705. (Fr. 15.)	K. April 22/18. Det.D./B.	
‡16 B.	Murphy, Cornelius. 35055.	W. Unoff. M. Sept. 18/18.	
16 B. VI	Roberts, Thos. 75328.	K. Sept. 18/18. Det.D./B.	

December 1st, 1918.

Welsh Fusiliers, Royal—contd.

B.E.F.

16 B.		Williams, Wm. R. 203762.	M. April 22/18.
‡16 C. IX		Davies, Wm. Henry. 87157.	M. Sept. 18/18.
*16 C. X		Edwards, Peter. 87158.	M. Sept. 10/18.
16 C.		Hughes, W. M. 265896.	M. April 22/18.
16 C.		Langford, Cpl. Geo. T. 18543.	M. April 22/18.
‡16 D. XIII		Chadwick, George. 33152.	M. Sept. 18/18.
‡16 D.		Done, Percy. 58344.	M. Sept. 18/18.
‡16 D. XVI		Flint, H. 241706.	M. Sept. 18/18.
16 D. XVI		James, Rarchard. 57152.	M. April 22/18.
16 D.		Jones, John. 204088.	M. April 22/18.
‡16 D.		Jones, Thomas. 17197.	M. Sept. 18/18.
*16 D.		Jones, Wm. 61016.	M. Sept. 18/18.
16 D. XVI		Melvin, E. 35132.	W. and M. April 22/18.
16 D.		Owen, H. H. 53765.	M. April 22/18.
*16 D.		Prince, Sgt. W. 205288.	W. Unoff. M. Sept. 18/18.
16 D. XIII		Slatcher, Chas. 267670.	M. April 22/18.
16 D.		Ward, L.-Sgt. Bert. 21792.	D/W. April 12/18. Det.D./B.
16 D. XV		Wilson, Joseph. 66945.	M. April 22/18.
16 ?		Siddall, Stanley. 46664.	W. and M. April 22/18.
‡17 A.		Jones, J. P. 77271.	M. Sept. 3/18.
‡17 A.		Jones, T. H. 77275.	M. Sept. 2/18.
‡17 A.		Liptrott, J. L. 58414.	M. Sept. 3/18.
*17 B.		Culverwell, Eric. 58405.	W. Unoff. M. Sept. 3/18.
*17 B. VIII		Sheppard, A. 93661.	M. Sept. 3/18.
*17 D.		Hibbert, Sig. A. 73414. (Fr. H.Q.)	M. Sept. 6/18.
17 D. XV		Johnstone, F. A. A. 73603.	M. May 1/18.
17 D. XIII		Turner, H. 70470.	M. May 1/18.
*17 ?		Lewis, Wm. Edgar. 93591.	W. Unoff. M. Sept. 6/18.
‡25 A. IV		Hughes, Joseph. 54504.	M. Sept. 21/18.
‡25 A. IV		Powell, Ernest. 290893.	Unoff. M. Sept. 18/18.
‡25 B. V		Carswell, Thos. 60015.	M. Sept. 21/18.
25 B. VII		Grundy, Thos. Henry. 315230.	W. and M. Sept. 18/18.
*25 D.		Davies, L.-Cpl. John. 355905.	W. Unoff. M. Sept. 26/18.
*25 D.		Hughes, L.-Cpl. C. 355892.	W. Unoff. M. Sept. 29/18.

BALKANS.

11	Jones, Capt. C. H.	W. and M. Sept. 18/18.
11	Jones, 2nd Lt. J. (Fr. Welsh Regt.)	W. and M. Sept. 18/18.
*11 D.	Thomas, 2nd Lt. N. L.	Unoff. W. and M. Sept. 18/18.
11	Whall, M.C., Capt. W. E.	M. May 6/18.
11 A.	Gadd, E. 14300.	M. May 6/18.
‡11 A.	Jones, Sgt. J. 14009.	K. Sept. 18/18. Det.D./B.
*11 B.	Anderson, A. 205228.	M. Sept. 18/18.
*11 B.	Grimes, Michael Jos. 77067.	M. prob. Sept. 18/18.
‡11 B. VI	Jones, David. 24782.	M. Sept. 18/18.
*11 B.	Parry, Ellis W. 14446.	M. Sept. 18/18.
*11 B.	Plant, L.-Cpl. A. W. 77073.	M. prob. Sept. 18/18.
‡11 C. XI	Bland, Fred. 205233.	M. prob. Sept. 18/18.
‡11 C. X	Higginbotham, Harold. 56463.	M. Sept. 28 (18?)/18.
*11 C. IX	Hughes, Wm. Thos. 69840.	M. prob. Sept. 18/18.
*11 C.	Kelly, L.-Cpl. Charles. 46123.	M. prob. Sept. 18/18.
*11 C.	Pemberton, Harry. 14063.	M. Sept. 18/18.
*11 C.	Pilkington, J. 77036.	M. Sept. 18/18.
11 D. XIII	Alabaster, John. 68898.	W. and M. May 6/18.
‡11 D.	Bellis, Thomas. 267730.	M. prob. Sept. 18/18.
11 D. XIV	Harrison, John. 46133.	M. May 6/18.
11 D.	Jones, John. 235344.	M. May 6/18.
11 D.	Pettifer, Sgt. Jos. W. 15481.	M. May 6/18.

December 1st, 1918.

Welsh Fusiliers, Royal—contd.

BALKANS.

11 D.	Walters, Emrys. 68890.	K. **May 6/18.** Det.D./B.
‡11 D. XIV	Williams, John. 205222.	M. prob. **Sept. 18/18.**
11 ?	Brooks, R. S. 204957.	M. **May 11/18.**
*11 ?	Humphreys, Jack. 27908.	M. **Sept. 18/18.**
11 ?	Jones, W. J. 13960.	M. **May 6/18.**
*11 ?	Nester, Thomas. 77054.	M. prob. **Sept. 18/18.**

E.E.F.

5 C.	Wallsgrave, L.-Cpl. J. 38953.	K. **Mar. 9/18.** Det.D./B.
25 D. XIII	Goodison, L.-Cpl. Harold. 315685.	M. **Nov. 30/17.**

ITALY.

‡1	**Bromley, 2nd Lt. G.**	M. **Oct. 25/18.**
1 A. II	Jones, Evan Wilson. 40132.	M. **May 3/18.**
1 A. III	White, L.-Cpl. G. M. 55722.	M. **May 3/18.**

WELSH REGIMENT.

B.E.F.

‡2 A. II	Bevis, Albert Edw. 285617.	D/W. **Oct. 20-25/18.** Det.D./B.
‡2 B.	Thomas, H. 39424.	M. **Sept. 2/18.**
*2 C. IX	Bailey, J. Wm. 290906.	K. **Sept. 26/18.** Det.D./B.
6 A.	Chadwick, Hammond. 49624.	M. **May 20/18.**
6 C.	Hore, Chas. 265488.	M. **April 18/18.**
6 C. IX	Powell, B. M. 55632.	M. **April 18/18.**
*6 C. XI	Thomas, J. H. 26263.	M. **April 18/18.**
2/6 B. V	Davis, Sgt. L. 242226.	M. **April 11-12/18.**
9	**Evans, 2nd Lt. H. R.**	W. and M. **Sept. 19/18.**
9	**Jones, 2nd Lt. J. C.** (Fr. 16th.)	W. and M. **May 27/18.**
9 A.	Ardern, L.-Cpl. F. 54244.	M. **May 30/18.**
9 A. I	Ash, J. 54015.	M. **May 30/18.**
9 A.	Brown, L.-Cpl. W. C. J. 53737.	M. **Mar. 24/18.**
9 A.	Charles, D. J. 43298.	M. **May 18/18.**
9 A. I	Chitty, Fredk. Geo. 32023.	M. **Mar. 23/18.**
9 A. I	Cliff, L.-Cpl. Thos. Arch. 62556.	M. **May 30/18.**
9 A.	Colton, Albert. 18600.	M. **Mar. 24/18.**
9 A.	Cook, Edwin. 11795.	M. **May 30/18.**
9 A.	Davey, A. 19547.	M. **May 30/18.**
9 A. I	Davies, Griffith. 64841.	M. **May 30/18.**
‡9 A.	Dorgan, W. 8442.	M. **May 30/18.**
9 A.	Dower, E. 38794.	M. **May 30/18.**
9 A. III	Drinnan, Harold. 33909.	M. **May 30/18.**
9 A.	Earls, T. Y. 10513. (Bands.)	M. **May 30/18.**
9 A. I	Evans, W. 40194.	M. **May 30/18.**
9 A.	Evans, William Fredk. 56174.	M. **Mar. 23/18.**
9 A. I	Fairclough, L.-Cpl. Thos. S. H. 646661.	M. **May 30/18.**
9 A. IV	Fay, Jos. Gerrard. 56194.	M. **Mar. 23/18.**
9 A. III	Francis, Ebenezer. 54117.	M. **Mar. 24/18.**
9 A.	Garbutt, F. G. 56247.	M. **May 30/18.**
9 A.	Gaskell, Harry. 62577.	M. **May 30/18.**
9 A.	George, Robt. 18131.	M. **Mar. 24/18.**
9 A.	Gray, J. S. 56246.	M. **May 30/18.**
9 A.	Gregson, Thomas. 56252.	M. **May 30/18.**
‡9 A.	Hall, J. 285488.	M. **May 30/18.**

December 1st, 1918.

Welsh Regiment—contd.

B.E.F.

9 A.	Hardman, Walter. 64672.	M. May 30/18.
9 A.	Hayes, J. C. 26059	M. May 30/18.
9 A.	Heath, L.-Cpl. W. G. 54255.	W. and M. Mar. 23/18.
9 A. I.T.M.	Hedges, Harold. 64665. (78 Bde.)	M. June 6/18.
9 A.	Henshaw, G. 56266.	W. and M. April 16/18.
9 A. III	Holland, C. 57033.	M. May 30/18.
9 A.	Holman, Wm. 64307.	M. May 30/18.
9 A.	Howcroft, Thos. 20508.	M. May 30/18.
9 A.	Hughes, Arthur. 285006.	M. Mar. 24/18.
9 A. III	Hughes, Samuel. 56256.	M. May 30/18.
9 A. IX	Ingham, W. H. 56271.	M. May 30/18.
9 A.	Jackson, Wm. 56272.	M. May 30/18.
9 A.	James, A. 43235.	M. May 30/18.
9 A.	Jenkins, D. 13780.	M. Mar. 24/18.
9 A. II	Jenkins, M.M., David. 33697.	M. May 30/18.
9 A. I	Johnson, Alb. Richard. 56223.	M. May 30/18.
9 A.	Jones, E. T. 54250.	M. May 30/18.
9 A. or D.	Jones, Henry. 203722.	M. Mar. 23/18.
9 A. II	Jones, O. A. T. 56227.	M. May 30/18.
9 A.	Jones, R. 33202.	M. May 30/18.
9 A.	Knight, L.-Cpl. Harold. 64682.	M. May 30/18.
9 A.	Lewis, R. 56298.	M. July 6/18.
9 A.	Lloyd, J. H. 56300.	M. May 30/18.
9 A. I	Lundrigan, William Thos. 56299.	M. May 30/18.
9 A.	Miles, L.-Cpl. Geo. 39962.	M. May 30/18.
9 A. III	Monks, A. 20940.	M. May 30/18.
9 A.	O'Brien, Sgt. J. 57149.	M. May 30/18.
9 A.	Ollerenshaw, Jas. 56314.	M. May 30/18.
9 A.	Portlock, Wallace Geo. 56447.	M. May 30/18.
9 A. II	Richards, L.-Cpl. Harold Wm. 54947.	M. May 30/18.
9 A.	Ridgway, Harry. 56328.	M. May 30/18.
9 A. I	Roberts, Gwilym. 65451.	M. May 30/18.
9 A. I	Roper, H. 65455.	M. May 29/18.
9 A. I	Roughley, John. 64694.	M. May 30/18.
9 A. I	Sharples, Syd. James. 65459.	M. May 30/18.
9 A. IV	Smith, Thos. 65471.	M. April 29/18.
9 A.	Snowball, J. E. 65291.	M. May 30/18.
9 A.	Squires, John Hry. 285511.	W. and M. Mar. 23/18.
9 A. I	Steedman, T. 56139.	W. and M. Mar. 23/18.
9 A. I	Thomas, R. L. 65476.	M. May 30/18.
9 A. I	Troak, A. W. 65478.	M. May 29-30/18.
9 A.	Walmsley, Sig. Harry. 61280.	M. Mar. 24/18.
9 A. I	Watson, G. F. 60625.	M. May 30/18.
9 A.	Webber, H. 54264.	M. Mar. 24/18.
9 A.	Whalley, J. A. 64711.	M. May 30/18.
9 A.	Williams, J. C. 56636.	M. May 30/18.
9 A.	Williams, W. J. 32668.	M. May 30/18.
9 B.	Ashton, E. 56353.	M. May 30/18.
9 B.	Booth, E. Raymond. 56370.	M. May 28/18.
9 B. VIII	Crossley, Fred. 206748.	M. May 30/18.
9 B. VIII	Elder, R. J. 203098.	M. May 30/18.
9 B.	Farr, John. 38332. (Fr. H.Q.)	M. May 30/18.
9 B.	Faulkner, Thos. 18550.	M. Mar. 23/18.
9 B. or D.	Flook, Cpl. S. G. 53785.	M. Mar. 23/18.
9 B.	Harford, H. 56655.	M. May 30/18.
9 B.	Harvey, A. 55500.	M. May 30/18.
9 B.	Harvey, J. R. 32568.	M. May 20/18.
9 B.	Hudson, H. F. 55248.	M. May 30/18.
9 B. VII	Marsh, Edward. 56310.	M. May 30/18.

December 1st, 1918.

Welsh Regiment—contd.

B.E.F.

9 B. VIII	Midgley, Arnold. 74052.	M.	May 30/18.
9 B. VI	Moon, D. W. 45318.	M.	Mar. 23/18.
9 B. VI	Newcombe, L.-Cpl. Geo. Wilfred. 64691.	M.	May 30/18.
9 B.	Parry, Sgt. E. C. 65286.	M.	April 17/18.
9 B. VI	Partington, Thos. 64345.	M.	May 30/18.
9 B. V	Rawson, H. 65257.	M.	May 30/18.
*9 B.	Richards, Cpl. Roger. 28378.	M.	May 30/18.
9 B.	Roberts, W. 56325.	M.	May 30/18.
9 B. VII	Robson, L.-Cpl. Edward. 59313.	M.	May 30/18.
9 B. VI	Spencer, C. L. 2885.	M.	May 30/18.
9 B.	Stephens, Edw. Chas. 64364.	M.	Mar. 23/18.
9 B.	Swain, John James. 56331.	M.	May 30/18.
9 B.	Thomas, L.-Cpl. Wm. Nicholas. 62091.	M.	Mar. 23/18.
9 B. V	Thorne, L.-Cpl. Chas. Alb. 16443.	M.	May 30/18.
9 B.	Tilston, Saml. Gordon. 65272.	M.	May 30/18.
9 B. VI	Voisey, L.-Cpl. H. 46490.	M.	May 30/18.
9 B. VIII	Wells, Godfrey Spungeon. 74060.	M.	May 30/18.
9 B.	Williams, R. E. 26347.	M.	Mar. 23/18.
9 B.	Withers, L/S. Edw. Alf. 65287.	M.	May 30/18.
9 B.	Wood, W. 43821.	M.	May 30/18.
9 C.	Baker, Sig. C. 49058.	M.	Mar. 26/18.
9 C.	Barnes, Jack. 56389.	W. and M.	April 17/17.
9 C.	Bush, Sig. A. E. 48359.	M.	Mar. 24/18.
9 C. IX	Collins, Dan. 23879.	M.	Mar. 21-23/18.
9 C.	England, F. A. 24028.	M.	May 30/18.
9 C.	Fisher, M. H. 26132.	M.	May 30/18.
9 C. X	Hancock, Lewis. 44728.	M.	May 30/18.
9 C. IX	Higgins, Peter. 291522.	M.	May 30/18.
9 C. IX	Hole, L.-Cpl. A. J. 290377.	M.	May 30/18.
9 C. IX	Love, E. G. 12725.	M.	April 11/18.
9 C.	Milton, F. 54037.	M.	Mar. 23/18.
9 C.	Phillips, R. T. 54566.	M.	Mar. 26/18.
9 C.	Richards, C.-S.-M. Wm. Geo. 14837.	M.	May 30/18.
9 D.	Ashton, W. T. 56449.	M.	June 14/18.
9 D.	Baines, William. 56439.	M.	May 30/18.
9 D. XIII	Bate, Geo. 56438.	M.	May 30/18.
9 D. XIII	Beeken, A. 57151.	M.	May 30/18.
9 D.	Blake, Ivor. 59586.	M.	May 30/18.
9 D. XVI	Calman, James. 62559.	M.	May 30/18.
9 D. XVI	Campion, G. 62551.	M.	May 30/18.
9 D.	Carpenter, Jack. 13800.	M.	May 31/18.
9 D.	Cook, Harold. 61572. (Fr. H.Q.)	M.	May 30/18.
9 D. XIV	Cunliffe, J. 63675.	M.	May 30/18.
9 D. XIV	Davies, D. J. 52964.	M.	May 30/18.
9 D.	Davies, Percy Gregory. 39709.	M.	May 30/18.
9 D. XIV	Dyer, Herbert. 56187.	M.	May 30/18.
9 D. XIII	Edwards, W. T. 202720.	M.	May 30/18.
9 D. XIII	Ervings, C. 49465.	M.	May 30/18.
9 D. XIII	Evans, A. O. 62364.	M.	May 30/18.
9 D.	Evans, Evan Benjamin. 202751.	M.	May 30/18.
9 D. XV	Evans, Samuel. 266982.	M.	May 30/18.
9 D. XIII	Evans, William. 202711.	M.	May 30/18.
9 D. XIII	Flanagan, Henry. 32725.	M.	May 30/18.
9 D. XVI	Fowler, G. H. 202436.	M.	May 30/18.
9 D.	Goodwin, J. 56249.	M.	May 30/18.
9 D. XIII	Goring, L.-Cpl. J. M. 61044.	M.	May 30/18.
9 D. XIV	Grimes, C. 56430.	M.	May 30/18.

December 1st, 1918.

Welsh Regiment—contd.

B.E.F.

9 D. XV	Hamer, Henry. 291240.	M. May 30/18.
9 D. XVI	Harris, W. H. 24604.	M. May 30/18.
9 D. XIV	Hartley, Arthur. 62582.	Unoff. M. June 4-10/18.
9 D.	Jenkins, Gwynfor. 266401.	W. and M. April 16/18.
9 D.	Jones, Cpl. David Morgan. 21849.	M. May 30/18.
9 D. XIV	Jones, L.-Cpl. Ivor. 30316.	M. May 30/18.
9 D.	Jones, Lewis. 33806.	M. May 30/18.
9 D. XIV	Latham, B. 19219.	M. May 30/18.
9 D.	Litchfield, W. 290935.	M. May 30/18.
9 D. XVI	Lubbock, S. J. 285033.	M. May 30/18.
9 D. XIV	Moon, T. 54006.	M. May 30/18.
9 D.	Morgan, J. H. 62006.	M. May 30/18.
9 D.	Morris, W. H. 63695.	M. May 30/18.
9 D.	Novis, Arthur. 266427.	M. May 30/18.
9 D.	O'Donohue, Jas. 64341. (Fr. H.Q.)	M. May 30/18.
9 D.	Parfitt, Percy. 241408. (3446.)	M. May 30/18.
9 D.	Parsons, Harry. 46298.	M. May 30/18.
9 D. XV	Pearce, Thos. 61411.	M. May 30/18.
9 D.	Pepler, Cpl. J. 53704.	M. May 30/18.
*9 D.	Phillips, A. G. 202727.	M. May 30/18.
9 D. XVI	Price, J. J. 202489.	M. May 30/18.
9 D.	Rees, James. 26412.	M. May 30/18.
9 D.	Richards, A. A. 43782.	M. May 30/18.
9 D. XIV	Richards, Fred. 48191.	M. May 30/18.
9 D.	Richards, Jenkin. 202908.	M. April 17/18.
9 D.	Ridge, William L. 21997.	M. May 30/18.
*9 D. V	Saunders, A. 32629.	M. May 30/18.
9 D. XVI	Scourfield, L.-Cpl. D. J. 56341.	M. May 30/18.
9 D.	Simon, Ishmael. 202662.	M. May 30/18.
9 D. XIV	Slade, Wm. 203073.	M. May 30/18.
9 D. XV	Smart, Benjamin. 56434.	M. May 30/18.
9 D. XV	Stark, Arth. Reg. Chas. 17760. (Fr. 14th.)	M. May 30/18.
9 D.	Taylor, Donald. 57010.	M. May 30/18
9 D.	Thomas, John H. 30352.	M. May 30/18.
9 D. XVI	Thomas, Sid. Wm. 23423.	M. May 30/18.
9 D. XIV	Thomas, Willie. 33855.	M. May 30/18.
9 D. L.G.S.	Walton, M.M., L.-Cpl. E. 44715	M. May 30/18.
9 D.	Wibeau, L.-Cpl. Walter A. 54930.	M. May 30/18.
9 D. XV	Williams, Cpl. A. J. 13352.	M. May 30/18.
9 D. XIII	Williams, D. 65281.	M. May 30/18.
9 D.	Williams, David. 61435.	M. Mar. 23/18.
9 D.	Williams, David. 267061.	M. May 30/18.
9 D.	Williams, Wm. 18858.	.M. May 30/18.
9 D.	Williams, Wm. Jas. 16135.	M. May 30/18.
9 D. XVI	Williamson, Colin. 56426.	M. May 30/18.
9 ?	Adams, Charles. 60291.	M. Mar. 23/18.
9 ?	Bracegirdle, W. 37202.	K. April 16/18. Det.D./B.
9 ?	Cole, Cpl. Thos. 26974	M. May 30/18.
9 ?	Colly, L.-Cpl. F. 9489.	M. Mar. 23/18.
9 ?	Davies, R. 33551.	M. May 30/18. (2nd Cas.)
9 ?	Davies, Thos. 54494. (Fr. 10th.)	M. April 16/18.
9 ?	Jones, Wm. Tudno. 56278.	K. April 16/18. Det.D./B.
9 ?	Mead, W. 54237.	M. May 30/18.
9 ?	Moore, H. P. 56306.	M. May 30/18.
9 ?	Morgan, Randolph. 53828.	W. and M. June 5/18.
9 ?	Pickup, L.-Cpl. Arthur 56320.	M. May 30/18.
9 ?	Powell, T. 285534.	M. Mar. 23/18.
9 ?	Roberts, Saml. 56326.	M. April 17/18.

December 1st, 1918.

Welsh Regiment—contd.

B.E.F.

*9 ?	Roberts, W. 56433.	M. May 30/18.	
9 Sig. S.	Simpson, Sgt. A. 14193.	M. May 30/18.	
9 ?	Witeau, L.-Cpl. W. A. 54930.	M. May 30/18.	
‡9 ?	Wright, J. 65277.	M. June 6/18.	
10 B.	Lord, Sgt. W. 27871.	Unoff. K. about March 21/18. Det	
13	**Leech, 2nd Lt. P. L.**	K. Aug. 27/18. Det.D./B.	
13 A. IV	Appleyard, Ernest. 72805.	K. Sept. 1/18. Det.D./B.	
‡13 A. IV	Beddis, T. H. 58175.	M. Unoff. K. Sept. 18/18.	
*13 B. VIII	Griffiths, Tom. 58287.	Unoff. M. Oct. 18/18.	
‡13 B.	Lewis, Ewart. 58218.	M. Sept. 18/18.	
13 C. XII	Hallett, G. J. 54315.	M. Mar, 24/18.	
‡13 C. XII	Ridings, Joseph. 63707.	M. Sept. 18/18.	
‡13 D.	Jones, F. 58327. (Fr. 3rd, 58346.)	M. Sept. 18/18.	
‡13 D. XIII	King, H. P. 38333.	M. Sept. 18/18.	
13 ?	Justin, Chas. (Sh.-mr.) 18867.	K. Sept. 25/18. Det.D./B.	
13 ?	Lewis, L. T. 58340.	M. Sept. 22/18.	
14 A. I	Gilks, Frank. 21922.	M. April 13/18.	
*14 A. IV	Matthews, Ira. 58445.	K. Oct. 8/18. Det.D./B.	
*14 B. VII	Lloyd, L.-Cpl. E. P. 76928.	K. Oct. 20/18. Det.D./B.	
14 B.	Smith, Geo. Outram. 290685.	K. Aug. 27/18. Det.D./B.	
‡14 C.	Judge, Peter. 64383.	Unoff. W. and M. Sept. 18/18.	
14 C.	Rowland, W. L. 83/44410.	M. June 20/18.	
*14 ?	Sayes, J. L. 58456.	Unoff. W. and M. Sept. 18/18.	
15	**Evans, 2nd Lt. R. C.**	M. Aug. 24/18.	
‡15 A. IV	Foley, Patrick. 59376.	M. Oct. 8/18.	
‡15 A. II	Hulm, J. 72866.	W. and M. Sept. 18/18.	
‡15 A.	Schofield, H. M. 57966.	M. Sept. 1/18.	
‡15 C.	Cooper, W. E. 26986.	M. Aug. 22/18.	
‡15 C. IX	Evans, Morgan Rees. 53914.	W. Unoff. M. Sept. 18/18.	
15 C. X	Holmes, Jas. 73033.	M. Aug. 29/18.	
*15 C.	Magnall. R. 291939. (Fr. H.Q.)	W Unoff. M. Sept. 18/18.	
16 H.Q.	Bowen, Sydney. 57136.	M April 10-20/18.	
‡16 ?	Smith, Arthur Henry. 54912.	K. Aug. 27/18. Det.D./B.	
18 A.	Alexander, L.-Cpl. Jas. 1983.	M. April 13/18.	
18 A. III	Allcoat, J. H. 60944.	M. April 13/18.	
‡18 A.	Barnfield, W. 28382.	M. April 13/18.	
18 A. III	Bartlett, S. 266461.	M. April 13/18.	
‡18 A.	Bell, R. L. 61128.	M. April 13/18.	
‡18 A.	Benbow, M. 54107.	M. April 13/18.	
‡18 A.	Brigstocks, A. 202846.	M. April 13/18.	
18 A. II	Bufton, L.-Sgt. David Edwin. 27673	W. and M. April 10/18.	
18 A. I	Davies, Cpl. R. B. 25891.	M. April 13/18.	
18 A. IV	Evans, Wm. Fredk. 59418.	M. April 10-13/18.	
18 A. I	Felton, Fred. 61177.	M. Mar. 24/18.	
18 A. I	Fletcher, Carl. 61297.	K. Mar. 24/18. Det.D./B.	
18 A. III	Gauder, A. N. 55954.	K. Mar. 24/18. Det.D./B.	
18 A. II	Hall, Alfred. 266731.	M. April 13/18.	
18 A. III	Holmes, Henry. 61209.	M. April 13/18.	
18 A. III	Howells, D. I. 202750.	M. April 13/18.	
18 A.	Hughes, Alfred. 65193.	M. April 15/18.	
18 A. IV	Jackson, Ern. Clifford. 61221.	M. April 13/18.	
18 A. I	Monks, John. 291556.	M. April 13/18.	
18 A. IV	Nutter, P. T. 61238.	M. April 13/18.	
18 A. IV	Owen, Richard. 26452.	M. April 10-12/18.	
18 A. III	Rees, Cpl. William. 37855.	M. April 13/18.	
18 A.	Rimell, P. 27714.	M. April 13/18.	
18 A.	Thomas. L.-Cpl. Reggie. 27787.	M. April 12/18.	
18 A.	Tierney, Henry. 27881.	M. April 13/18.	
‡18 B.	Anthony, J. J. 45278.	M. April 13/18.	

Welsh Regiment—contd.

B.E.F.

18 B. VII	Barlow, Robt. 61295.	M. April 12/18.
18 B.	Bevan, Sig. E. C. 28667.	M. April 13/18.
18 B. V	Bradshaw, W. T. 61293.	M. April 13/18.
18 B. VIII	Brown, W. 28003.	M. April 13/18.
‡18 B.	Clegg, J. 28864.	M. April 13/18.
‡18 B.	Davies, F. 28411.	M. April 13/18.
‡18 B.	Davies, J. 26032.	M. April 13/18.
18 B.	Davies, Thos. L. 65169.	M. April 13/18.
‡18 B.	Davies, W. J. 50498.	M. April 13/18.
18 B. VI	Donoughue, Matthew. 266860.	M. Mar. 24/18.
18 B. V	Foster, A. 61183.	M. April 13/18.
,18 B.	Garfield, Cpl. William. 54543.	M. Mar. 21—April 13/18.
18 B. L.G.S.	Griffiths, Richard. 65190.	M. April 13/18.
18 B. or C.	Harding, Edgar. 26091.	W. and M. Mar. 24/18.
18 B. VIII	Harrington, F. G. 55977.	M. Mar. 24/18.
18 B. VIII	Heyes, J. H. 61203.	M. April 13/18.
18 B.	Hiscox, F. 25768.	M. April 14/18.
18 B.	Holland, Harold. 61208.	M. Mar. 24/18.
18 B. V	Holmes, J. E. 55962.	M. Mar. 24/18.
18 B. V	Houghton, Samuel. 61212.	M. April 13/18.
18 B. VII	Hunt, James. 55976.	M. Mar. 24/18.
18 B. VII	James, F. H. 55988.	M. April 13/18.
18 B.	Johnson, W. M. 55987.	M. Mar. 24/18.
18 B.	Jones, Idris. 65208.	M. April 13/18.
18 B. VIII	Jones, William H. 55989.	M. Mar. 24/18.
18 B.	Melbourne, Richard T. 65227.	M. April 13/18.
18 B.	Morgan, Wilfred. 65225.	M. April 13/18.
18 B. VIII	Prosser, Albert. 27806.	M. Mar. 24/18.
18 B.	Tarling, F. 290071.	M. April 13/18.
18 B.	Thomas, Sgt. E. 25691.	M. April 9/18.
18 B.	Thomas, T. 202843.	M. Mar. 24/18.
18 B.	Towell, W. E. 26468.	W. and M. Mar. 24/18.
18 B.	Woodman, Jack. 44564.	M. Mar. 13/18.
18 C.	Baldwin, A. E. 28821.	M. April 13/18.
‡18 C.	Barrett, M.M., J. 25978.	M. April 13/18.
,18 C. X	Bentley, F. H. 290718.	W. and M. May 2/18.
‡18 C.	Bevan, B. R. 290206.	M. April 13/18.
18 C.	Beynon, Cpl. George. 28522.	M. April 11-13/18.
‡18 C.	Bradley, J. 61138.	M. April 13/18.
18 C. XII	Bromwell, A. R. 61140.	M. April 16/18.
‡18 C.	Brown, W. 61142.	M. April 13/18.
18 C.	Clews, Thomas. 28337.	M. April 9/18.
18 C.	Evans, Wm. John. 28106.	M. April 13/18.
18 C. IX	Foster, Wm. 36170.	M. April 10/18.
18 C. XI	Frank, W. A. 52663.	M. April 13/18.
18 C. XII	Green, Ern. W. 53794.	M. Mar. 24/18.
18 C.	Hale, W. 28089.	M. April 13/18.
18 C. XII	Harding, R. F. 61199.	M. April 13/18.
18 C. XII	Howells, Walter H. 28432.	M. April 13/18.
18 C. XI	Hull, J. J. 61220.	M. April 13/18.
18 C.	Jones, Jeffrey. 28107.	M. April 13/18.
18 C.	Kelly, John. 55995.	M. April 13/18.
18 C. XI	Lockley, R. R. 56001.	M. April 13/18.
18 C. X	Morrell, F. G. 56016.	M. April 13/18.
18 C.	Organ, Reginald L. 65233.	M. April 8-10/18.
18 C.	Pinfield, Arthur. 65239.	M. Mar. 13/18.
*18 C.	Williams, W. H. 26287.	M. April 9/18.
18 D. XIII	Angel, William. 39224.	M. April 9/18.
18 D.	Arthur, J. 28595.	M. April 13/18.

December 1st, 1918.

Welsh Regiment—contd.

B.E.F.

18 D.		Bache, S. 27508.	M. April 9/18.
18 D.		Badman, J. 48101.	M. April 13/18.
‡18 D.		Baldwin, J. W. 61121.	M. April 13/18.
‡18 D.		Bowen, T. 25907.	M. April 13/18.
‡18 D.		Cavanagh, P. 53527.	M. April 13/18.
‡18 D.		Cooper, M.M., L.-Cpl. A. E. 51223.	M. April 13/18.
18 D. XIII		Crockett, A. G. 288064.	M. April 13/18.
‡18 D.		Dally, J. 28726.	M. April 13/18.
18 D.		Davies, Tom. 242011.	W. and M. April 10/18.
18 D.		Duffy, John. 1164.	M. April 13/18.
18 D.		Hendy, Gilbert J. 28670. (Band.)	M. April 13/18.
‡18 D.		Jones, T. A. 77568.	M. Aug. 24/18.
18 D.		Lewis, L.-Cpl. W. J. 25461.	W. and M. Mar. 24/18.
18 D.		McKay, Albert. 51837.	W. and M. April 9/18.
18 D. XIV		Moyst, James. 44787.	M. April 13/18.
18 D. XVI		Nash, F. W. 203583.	M. Mar. 13/18.
18 D. XVI		Pascoe, Percival Chas. 56045.	M. Mar. 13/18.
18 D. XIII		Penlington, Walter. 61242.	M. April 13/18.
18 D. XIV		Plant, Thos. Arth. 61244.	W. and M. April 9/18.
18 D. XVI		Thomas, John. 16806.	M. April 13/18.
18 D.		Thompson, M. 28699.	M. April 13/18.
18 D. XVI		Tickle, G. 61275.	M. April 13/18.
18 D. XV		Wallis, G. F. C. 28794.	M. April 13/18.
18 D. XIII		Whittaker, W. 291106.	W. and M. Mar. 24/18.
18 H.Q.		Morgan, M. J. 28319.	M. April 13/18.
18 ?		Adams, William. 65140.	M. April 13/18.
18 ?		Boylin, W. H. 65152.	M. Mar. 21/18.
18 ?		Cornish, E. J. 49721.	M. April 13/18.
18 ?		Crump, Fred Albert. 65163.	M. April 9/18.
18 ?		Davis, H. M. 51685.	M. April 13/18.
18 ?		Dixie, Sidney. 65171.	M. April 9/18.
18 ?		Gammon, F. R. 65182.	M. April 13/18.
18 ?		Garside, Wm. John. 65186.	M. April 13/18.
18 ?		Goss, A. 65188. (31603.)	M. April 13/18.
18 ?		Hill, Thomas. 61204.	M. Mar. 24/18.
18 ?		Hughes, James. 65195.	M. April 13/18.
18 ?		Hughes, John Owen. 65196.	M. April 13/18.
18 ?		Jenkins, Llewelyn John. 65206.	M. April 13/18.
18 ?		Jones, Arthur. 65214.	M. April 13/18.
18 ?		Morris, Samuel. 26058.	M. April 13/18.
18 ?		Onions, C. F. 65235.	M. April 13/18.
18 ?		Pedder, F. C. 61268.	M. April 13/18.
18 ?		Roach, Harry Stephen. 28103.	M. April 13/18.
18 L.G.S.		Thomas, L.-Cpl. E. J. 27633.	M. April 13/18.
18 ? L.G.S.		Winslow, Sgt. J. W. 26295.	M. April 13/18.
24		**Woolf, Lieut. W.**	M. Sept. 21/18.
‡24 A. I		Davies, Sgt. W. J. 320198.	M. Sept. 21/18.
‡24 A.		Evans, W. H. 61652.	M. Sept. 21/18.
*24 A.		Mills, Cpl. John Rupert. 61653.	Unoff. M. or K. early Aug./18.
*24 B. VI		Howard, J. E. 57555	K. Sept. 7/18. Det.D./B.
*24 B.		Jenkins, C.-S.-M. Edwin. 320011.	M. Sept. 21/18.
24 B. L.G.S.		John, Sgt. J. H. 320643.	Unoff. M. Sept. 21/18.
*24 C. IX		Ferguson, Wm. 57548.	W. Unoff. M. Sept. 8/18.
‡24 C.		Hooper, F. J. 320947.	M. Aug. 20/18.
*24 C. XII		Smith, Cpl. F. C. 320689.	M. Sept. 19/18.
‡24 D. XVI		Davies, Geo. Bamford. 320723.	M. Sept. 21/18.

December 1st, 1918.

Welsh Regiment—contd.

BALKANS.

1 B.		Burden, J. T. 59903.	M. April 9/18.
1 B.		Williams, Gwilym. 16358.	B. bel. K. April 9/18.
1 ?		Saunders, R. 50389.	M. April 9/18.
11 C.		**Brownson, 2nd Lt. A. R.**	M. Sept. 18/18.
11		**Evans, Lieut. D. E.**	M. bel. K. Sept. 18/18.
11 A.		**Fielder, Lieut. Charles.**	M. abt. Sept. 18/18.
11		**Hughes, Captain N. A.**	M. bel. K. Sept. 18/18.
11		**Jones, Lieut. T. B.** (Fr. 9th.)	W. and M. Sept. 18/18.
11		**Weeks, Captain H. R.**	M. bel. K. Sept. 18/18.
*11 A.		Fitton, Tom Harry. 206768.	M. Sept. 18/18.
*11 A. II		Hall, F. 79762.	M. Sept. 18/18.
*11 A. IV		Jacobs, A. V. 14747.	M. Sept. 18/18.
*11 A. III		Matthews, R. J. 22994.	M. Sept. 18/18.
*11 A. II		Morgan, Cpl. E. L. 19341.	M. Sept. 18/18.
*11 A. I		Morris, Sig. E. J. 14946.	M. Sept. 18/18.
‡11 A. IV		Southwood, Walter. 201722.	M. Sept. 18/18.
*11 A.		Thomas, Richard. 50058.	K. Sept. 18/18. Det.D./B.
*11 B. V		Bagnall, A. 64008.	M. Sept. 18/18.
*11 B. VI		Lloyd, Tom. 63126.	D/W. Sept. 21/18. Det.D./B.
*11 B. VII		Talbot, E. 52867.	M. Sept. 18/18.
*11 C.		Davies, Sgt. A. 47241.	M. Sept. 18/18.
*11 C. XII		Hellawell, John. 58848.	M. Sept. 18/18.
*11 C. X		Henning, W. C. 47281.	M. Sept. 18/18.
‡11 C. X		Jones, Gomer. 63138.	M. Unoff. W. Sept. 18/18.
*11 C. XI		Jones, W. H. 15350.	M. Sept. 18/18.
*11 C.		Kissack, F. H. 79703.	M. Sept. 18/18.
*11 C. XI		McKnight, J. H. 14936.	M. Sept. 18/18.
*11 C. X		Maddox, W. R. 206824.	M. Sept. 18/18.
‡11 C. XII		Price, Watkin. 45758.	M. Sept. 18/18.
*11 C. X		Rees, L.-Cpl. B. O. 14717.	K. Sept. 18/18. Det.D./B.
11 C.		Shibko, Cpl. Issey. 15550.	M. Sept. 18/18.
11 C.		Warminger, Jas. Henry. 32858.	M. April 13/18.
*11 D. M.G.S.		Briley, Sgt. D. 15071.	M. Sept. 18/18.
‡11 D. XV		Fogg, Harry. 58537.	M. Sept. 18/18.
*11 D.		Gibson, G. E. 64010.	M. Sept. 18/18.
‡11 D. XVI		James, Victor. 76581.	M. Sept. 18/18.
‡11 D. XV		Jeffree, Glen. 203586.	M. Sept. 18/18.
*11 D.		Richards, L.-Cpl. W. T. 16216.	M. Sept. 18/18.
*11 D. XVI		Twiggs, C. H. 64029.	M. Sept. 18/18.
*11 H.Q.		Davey, Fred. 26571. (Scout S.)	M. Sept. 18/18.
‡11 ?		Eaton, Tom. 64098.	M. Sept. 18/18.
*11 ?		Harding, Maurice. 58633.	M. Sept. 18/18.
‡11 ?		Moore, Wm. John. 79490.	K. Sept. 18/18. Det.D./B.
*11 ?		Richardson, T. 50842.	D/W. Oct 8/18. Det.D./B.
*11 ?		Vicarage, Walter. 26956.	M. Sept. 18/18.

E.E.F.

4 C.		Fudge, Walter J. 202172.	M. May 12/18.

PERSIAN GULF.

8 ?		Davies, J. M. 27361.	M. April 27/18.

EAST RIDING YEOMANRY.
E.E.F.

Craggy, Sgt. Stuart. 50380. (att. 10 I.C.C.)   W. and M. Mar. 28/18.

WEST RIDING REGIMENT (DUKE OF WELLINGTON'S).
B.E.F.

1 ?	I.T.M.	Farr, Fred. 305395. (147 Bde.)	M. April 13/18.
2 A.	III	Goddard, Herbert. 242611.	M. April 15/18.
‡2 B.	VIII	Brazewell, Wm. 35320.	K. Oct. 24/18. Det.D./B.
2 B.		Brierley, Harold. 24109.	K. May 3/18. Det.D./B.
*2 B.		Cockroft, Cpl. Sam. 29674.	K. Aug. 20/18. Det.D./B.
2 B.	VIII	England, F. W. 29011.	M. April 15/18.
2 B.	V	Fielding, Cpl. Harold. 24955.	M. Sept. 1/18.
‡2 B.		Harrop, J. 24976.	M. April 15/18.
2 B.	VIII	Metcalfe, J. P. 204330.	W. and M. April 19/18.
‡2 B.		Overend, P. 267092.	M. Aug. 31/18.
2 C.	XII	Avery, Edgar. 29615.	W. and M. Sept. 1/18.
*2 C.		Barrett, Wm. Tatlock. 26111.	W. and M. Aug. 31/18.
2 C.	VIII	Brookes, J. R. 22331.	K. Aug. 30/18. Det.D./B.
‡2 C.		Green, A. 202221.	M. Aug. 31/18.
2 C.		Hunter, Dennis W. 268982.	M. April 15/18.
‡2 C.		Lee, W. 24766.	M. Aug. 31/18.
*2 C.	X	Leech, W. 22354..	M. Aug. 10/18.
‡2 C.	X	Macpherson, Sgt. Wm. 30659.	M. Sept. 20/18.
2 C.	XI	Mitchell, G. A. 38528.	Unoff. M. Aug. 31/18.
2 C.	VII	Naylor, James. 15375.	M. Aug. 31/18.
2 C.		Snowden, Harry. 14433.	M. Aug. 31/18.
‡2 C.		Taylor, G. 29368.	M. Aug. 31/18.
2 D.		Allen, Edgar. 31775.	K. Aug. 30/18. Det.D./B.
‡2 D.		Fonckes, J. 307706.	M. Mar. 28/18.
‡2 D.		Green, H. 26343.	M. Aug. 31/18.
‡2 D.		Sewell, A. 241494.	M. Aug. 31/18.
‡2 D.		Walker, S. 29085.	M. Aug. 31/18.
2 ?		Law, Arth. Reg. 200743.	W. and M. Aug. 31/18.
*2 ?		Thornton, B. 23687.	M. Aug. 31/18.
2 ?		Tuikham, W. I. 266393.	M. Aug. 31/18.
‡4		**Grantham, Capt. W.**	K. Oct. 11/18. Det.D./B.
4 A.		Hellewell, L.-Cpl. Harold. 203173.	M. April 11/18.
‡4 B.	VI	Greenwood, Wright. 203149.	M. Oct. 11/18.
4 B.	VIII	Grindrod, Wilfrid. 34017.	W. and M. June 20/18.
4 B.	V	Hunt, John Wm. 201002.	M. April 14/18.
4 C.	IX	Atkin, Arnold. 202170.	M. April 1/18.
4 C.		Barron, A. M. 26500.	W. and M. April 10/18.
4 C.	XI	Blackburn, Joe. 263007.	M. April 10/18.
4 C.	IX	Gibson, F. 202180.	M. April 10/18.
4 C.	XI	Greenwood, H. 202144.	M. April 10/18.
4 C.	X	Jaques, A. 33280.	M. April 10/18.
4 C.	XI	Jubb, Mattw. Henry. 29633.	W. and M. April 10/18.
4 C.	XI	Lisle, J. T. 31783.	M. April 10/18.
4 C.	L.G.S.	Mitchell, C. 26269.	W. and M. April 10/18.
4 C.	XI	Mitchell, L.-Cpl. D. A. 24057. (Fr. 8.)	M. April 10/18.
4 C.	IX	Nuccoll, Thomas. 242463. (6789.)	M. April 10/18.
4 C.		Riley, Clement. 201851.	Unoff. W. and M. April 10/18.
4 C.	XI	Schofield, John Arth. 204204.	M. April 10/18.
4 C.	XII	Sharpe, J. 33275.	M. April 14/18.
4 C.		Wagstaff, Walter. 31921.	M. April 14/18.
4 C.	XI	Whiteley, J. E. 20382.	M. April 10/18.
4 C.	IX	Wilson, L.-Cpl. Chas. 201686.	M. April 10/18.
4 C.	XI	Wilson, William. 203139.	M. April 10/18.
4 C.	X	Wray, H. 26645.	M. April 10/18.

UU

December 1st, 1918.

West Riding Regiment (Duke of Wellington's)—contd.

B.E.F.

4 C. IV	Wray, J. 235127.		M. May 10/18.
4 D. XVI	Bradbury, Richard Curtis. 202408.		M. April 26/18.
*4 D. XV	Harvey, L.-Cpl. Geo. Wm. 17186.		Unoff. M. Oct. 11/18.
4 D. XV	Jackson, Willis. 266336.		M. April 11/18.
4 D. XV	Skirraw, W. A. 260009.		K. or D/W. abt. April 17/18. Det.D./B.
4 Sig. S.	Baxter, Walter. 31277.		W. and M. April 10/18.
4 I.T.M.	Ellis, Cpl. John Arnold. 291437. (49 Bde.)		M. April 13/18.
4 Sig. S.	Gott, G. W. 17994.		M. April 13/18.
4 ?	Longbottom, Walter. 204920.		M. April 14/18.
4 ?	Midgley, Sig. Joseph. 202586.		W. and M. April 10/18.
*2/4 A. I	Arnold, Ernest. 18071.		M. Sept. 12/18.
*2/4 A. I	Barrow, John James. 238228.		M. Sept. 12/18.
‡2/4 A.	Bramwell, Jn. Thos. 22423.		K. July 20/18. Det.D./B.
*2/4 A.	Cowell, W. H. 26323		K. July 20/18. Det.D./B.
*2/4 A. III	Jarvis, D. E. 35888.		K. Sept. 29/18. Det.D./B.
2/4 A.	Ruddlesden, George. 200984.		M. July 20/18.
*2/4 A. I	Schofield, Wm. 306181.		K. Aug. 30/18. Det.D./B.
*2/4 A.	Shield, H. 34864.		M. about Sept. 12/18.
2/4 B. VIII	Brooks, Leon. Morton. 244110.		M. July 20/18.
2/4 B.	Frankland, Alonzo. 205407.		K. July 20/18. Det.D./B.
2/4 B.	Waddington, Harry. 267154.		M. July 20/18.
2/4 B.	Whitmore, Joseph. 201479.		M. July 20/18.
2/4 C.	Cowling, P. 21037.		M. July 21/18.
*2/4 C. XII	Hunt, John. 263149.		Unoff. K. Sept. 2/18.
*2/4 C. X	Johnson, Jos. Haley. 49810.		K. Aug. 25/18. Det.D./B.
'2/4 C. IX	Parker, Walter. 25308.		M. June 18/18.
‡2/4 C. XI	Roberts, J. H. 35226.		M. Sept. 29/18.
2/4 C.	Robertson, Victor. 238065.		M. July 20/18.
2/4 C. XI	Smith, Harry. 306801.		M. Sept. 24/18.
2/4 D. XIII	Evers, L.-Cpl. T. L. 38587.		K. July 20/18. Det.D./B.
2/4 D. XV	Haley, Sam. 24822.		M. July 20/18.
*2/4 D. XIII	Hamer, Wm. Sid. Arth. 263101.		M. Sept. 29/18.
‡2/4 D.	Marwood, Cpl. J. 235672.		M. Aug. 31/18.
2/4 D.	Piggott, Arthur. 15274.		W. and M. Aug. 30/18.
2/4 D. XIV	Taylor, John Jas. 22313.		K. July 20/18. Det.D./B.
2/4 D.	Wilcock, Horace. 31808.		K. July 20/18. Det.D./B.
*2/4 H.Q.	Ball, L.-Cpl. Fredk. 200624.		W. and M. Sept. 24/18.
2/4 ?	Smith, H. 49797. (20928.) (Fr. 2/5.)		W. Unoff. M. Aug. 25/18.
5 A.	Cairns, Wm. 33629. (Fr. 3 W. Surr.)		M. Mar. 27/18.
5 A.	Fryer, H. 202879.		M. Mar. 26/18.
5 A. IV	Hoffman, E. 242789.		W. and M. July 20/18.
*5 A. II	McBride, Wm. 26240.		K. Sept. 28/18. Det.D./B
‡5 A.	Robinson, G. 268937.		M. Aug. 25/18.
5 A.	Shingles, A. 26303.		M. Mar. 27/18.
5 A.	Whitehead, W. A. 26461.		M. July 22/18.
5 B. VI	Garton, Leonard. 49672.		W. Unoff. M. Aug. 25/18.
5 C. XII	Birkett, L.-Cpl. H. G. 201105.		M. July 22/18.
*5 C.	Burrows, Sig. W. 306346.		M. Aug. 25/18.
5 C.	Cayer, C. 267241.		M. July 22/18.
'5 C. XII	Dilman, Cpl. C. 11099.		M. July 28/18.
'5 C. XI	Hanson, Alfred. 202923.		W. and M. July 22/18.
5 C.	Johnstone, Alex. 26290.		M. Mar. 27/18.
5 C. IX	Mellor, Alfred. 242926.		M. July 22/18.
5 C. X	Newton, Herbert. 29263.		M. July 22/18.
5 C.	Piercy, Dmr. G. R. 240270.		W. and M. July 21/18.
*5 C. XII	Smith, Ern. Wm. 33635.		W. and M. July 21/18.
5 C. IX	Stevens, E. C. 26245.		M. July 22/18.

December 1st, 1918.

West Riding Regiment (Duke of Wellington's)—contd.

B.E.F.

5 C. X	Turner, J. W. 260026.		M. July 22/18.
5 C.	White, A. I. 16630.		K. Aug. 25/18. Det.D./B.
5 D.	Coldwell, Cpl. H. 203618.		M. Mar. 29/18.
5 D. XIII	Davis, A. 15245.		M. Mar. 29/18.
5 D.	Hird, S. 266948. (14771.)		M. Mar. 29/18.
5 D. XIII	Phillips, Arthur. 242406.		W. and M. Mar. 28/18.
5 D.	Pollard, F. 240259.		M. Mar. 29/18.
5 D. XIII	Robinson, H. 241241.		M. Mar. 29/18.
5 D. XIII	Standish, L.-Cpl. Alf. 300077.		M. Mar. 29/18.
5 D. XIII	Wardell, Ernest. 235502.		M. Mar. 21/18.
5 D. XIII	Winterbottom, Hugh. 10464.		M. Mar. 29/18.
5 ?	Taylor, Dmr. Wilfred. 202924.		M. Mar. 27/18.
5 ?	Wilkinson, L.-Cpl. Stan. 241103.		K. July 21/18. Det.D./B.
2/5 A	Potts, Harry. 269311.		M. Mar. 28/18.
‡2/5 B. VIII	Dyson, Sgt. Frank Crossley. 240948.		K. Sept. 12/18. Det.D./B.
2/5 C.	Holmes, Sgt. Chas. Edw. 204495.		K. July 20/18. Det.D./B.
2/5 D. XIII	Garside, Joseph. 16434.		M. Mar. 16/18.
6 A. III	Mahoney, W. 268213.		M. April 11/18.
6 B. VIII	Moore, J. 265014.		W. and M. April 11/18.
6 C. X	Clarke, A. 34132.		M. June 11/18.
6 C.	Evans, Fred. 267369.		M. April 11/18.
6 C. X	Nicholson, Cpl. Walter. 242534		M. April 11/18.
6 D. XIV	Bennett, Henry Edward. 242760.		M. April 13/18.
6 D. XIII	Cox, F. 26134.		K. April 11/18. Det.D./B.
6 D. XIV	Maddeys, Henry. 242520.		W. and M. April 13/18.
6 D. XIV	Smith, Jas. Magson. 242213.		M. April 13/18.
6 D. XIV	Stephenson, W. 26622.		M. April 13/18.
6 D.	Taylor, Alb. Athley. 41178.		W. and M. April 12/18.
6 ?	Dickinson, L.-Cpl. Ernt. 265650.		M. April 29/18.
6 ?	Mann, W. 202031.		M. April 14/18.
*7	**Watson, Capt. J. L.**		W. and M. Oct. 12/18.
7 A. I	Barstow, Walter. 242951.		M. April 19/18.
7 A. III	Davison, Thos. Wm. 26148.		M. April 14/18.
7 A.	Jennings, Wm. Henry. 269160.		M. April 14/18.
7 A. or C.	Morrison, J. P. 242189.		W. and M. April 25/18.
7 A. III	Smith, A. B. 242334.		M. April 29/18.
7 A. IV	Wright, Sgt. J. W. 306126.		M. April 14/18.
7 B. VI	Brassington, Harold Reginald. 29658		M. Mar. 22/18.
‡7 B.	Harris, Abel Farrar. 26385.		K. Oct. 11/18. Det.D./B.
7 B. VIII	Hinchliffe, Allen. 203759.		M. April 13/18.
7 B. V	Seaward, C. 17366.		M. April 17/18.
7 B. VII	Simpson, J. 308065.		W. and M. April 13/18.
7 B. VI	Staniforth, Percy. 307325.		Unoff. M. April 29/18.
7 C. IX	Booth, L. F. 240799.		W. and M. April 12/18.
7 C. IX	Bower, W. L. 267636.		M. April/18.
7 C. L.G.S.	Dransfield, Fred. 305876.		M. April 25/18.
7 C.	Emmott, Sam. 23075.		M. April 13/18.
7 C.	Evans, Sgt. H. L. 268192.		W. and M. April 13/18.
*7 C. IX	Marshall, J. D. 307741.		W. and M. April 12/18.
7 C. XII	Reeves, C. 16738.		M. April 25/18.
7 C.	Robinson, L.-Cpl. Jas. Robt. 305739		M. April 13/18.
7 C. X	Shaw, Cpl. Wm. 305224.		M. April 13/18.
7 C.	Terry, W. E. 241496.		M. April 13/18.
7 C. IX	Thomas, Walton. 13603.		K. April 12/18. Det.D./B.
7 C. XI	Waddilove, Robert. 305704.		M. April 13/18.
7 C. XI	Whitaker, James. 307737.		M. April 25/18.
‡7 D. XV	Allison, A. 203232.		K. Oct. 11/18. Det.D./B.
7 D.	Crowther, Gordon. 205395.		M. April 29/18.

December 1st, 1918.

West Riding Regiment (Duke of Wellington's)—contd.

B.E.F.

7 D. XIII	Dolby, Fredk. 25463.	W. and M. **April 12/18.**
7 D. XV	Hancox, Sgt. George. 308197.	M. **April 13/18.**
7 D.	Hargreaves, Clifford. 235073.	M. **April 29/18.**
7 D.	Mackey, Wilfred. 265165.	M. **April 29/18.**
7 D.	Phillips, A. 25434. (Fr. Suffolks.)	M. **April 13/18.**
7 D. XIV	Roper, B. 205167.	M. **April 29/18.**
7 D. XIV	Stansfield, Harry. 242218.	W. and M. **April 13/18.**
7 D. XIII	Wharton, H. M. T. 307224.	M. **April 29/18.**
7 ?	Baylis, L.-Cpl. Frank. 11135.	M. **April 29/18.**
7 ?.	Smith, J. B. 201177.	M. **April 13/18.**
7 ?	Webb, J. 26697.	M. **April 13/18.**
7 ?	Whiles, J. W. 241660. (Fr. 2/5.)	K. April 29/18. Det.D./B.
2/7 C. XII	Gray, W. H. 25206.	M. **Mar. 27/18.**
8 A. III	Robertson, John. 11337.	M. **April 29/18.**
8 D. XV	Eastwood, Wm. 25479.	M. **April 13/18.**
*9	**Roebuck, Capt. A. E. E.**	K. Sept. 8/18. Det.D./B.
9 A. I	Downes, A. E. 25670.	W. and M. **Mar. 24/18.**
9 A. I	Walton, Harry. 24926.	M. **Mar. 24/18.**
‡9 B.	Budd, W. H. 25627.	M. **Sept. 8/18.**
9 B. VII	Fossard, Harry. 14049.	W. and M. **Mar. 24/18.**
9 B. V	Robinson, Willis. 25589.	W. and M. **Mar. 22/18.**
9 C. XII	Craven, Alfred. 267367.	M. **Sept. 1/18.**
‡9 C.	Crawford, J. 33777.	M. **Aug. 28/18.**
*9 C. XII	Hall, John Richard. 24513.	M. **Oct. 12/18.**
‡9 D. XV	Gillooley, B. 26929.	W. Unoff. M. **Sept. 1/18.**
9 D. XIII	Holt, J. 26955.	K. Sept. 1/18. Det.D./B.
*9 D. XVI	Smith, Harry. 34998.	Unoff. M. early **Oct./18.**
*9 D. XVI	Sunter, Rowland. 35003.	M. **Sept. 18/18.**
*13	**Priday, 2nd Lt. H. E. L. (Fr. 7th.)**	M. **Oct. 14/18.**

ITALY.

10	**Pass, 2nd Lt. A. E.**	W. and M. **Aug. 26/18.**
*10 A.	Kennedy, Cpl. J. 242295.	W. and M. **Aug. 26/18.**
10 B.	Robinson, Cpl. J. 203385.	M. **June 21/18.**
10 B.	Robinson, Sgt. J. 12323.	M. **Aug. 26-27/18.**
10 B. VII	Robinson, Cpl. Reginald. 13142.	M. **Aug. 26-27/18.**
*10 B.	Webb, E. P. 25918.	M. **Aug. 26/18.**
*10 C.	Clark, L.-Cpl. A. 25966	M. **Aug. 26/18.**

WILTSHIRE REGIMENT.

B.E.F.

1	**Gunning, Lieut. J. W.**	K. Mar. 24/18. Conf. & Det.
1	**Turnbull, 2nd Lt. F. E. (Fr. D.L.I.)**	M. **May 27/18.**
*1 A.	Beardmore, Jas. Gregory. 105672.	K. Aug. 12/18. Det.D./B.
1 A. II	Bowrage, Jas. Henry. 27444.	M. **April 10/18.**
1 A. I	Cheater, Alf. Arth. C. 27465.	M. **April 10/18.**
1 A.	Clarke, Chas. Francis. 21868.	M. **May 29/18.**
1 A. L.G.S.	Clift, L.-Cpl. F. 19084.	M. **Mar. 24/18.**
1 A.	Cooper, P. 25566.	M. **Mar. 24/18.**
1 A. L.G.S.	Dean, A. W. 18284.	M. **April 9/18.**
1 A.	Durham, W. C. 24126.	M. **Mar. 24/18.**
1 A.	Elwell, C. J. 33261.	M. **Mar. 24/18.**
1 A.	Falkner, H. G. 39606.	M. **May 27/18.**
1 A.	Farr, Herbert Walter. 21869.	M. **May 21/18.**
1 A.	Ferris, Wm. Cecil. 27488.	M. **April 10/18.**

December 1st, 1918.

Wiltshire Regiment—contd.

B.E.F.

1 A. I	Glazebrook. 27499.	M. April 10/18.	
1 A.	Grist, Alfred Chas. 21886.	M. May 27/18.	
1 A. I	Gundry, L. O. 27504.	M. April 10/18.	
1 A. I	Hope, F. T. 33553.	M. April 10/18.	
1 A. II	Lamey, A. 27636.	M. April 10/18.	
1 A. II	Linsdell, W. 27532.	M. April 10/18.	
*1 A. III	Lynch, John. 43855.	M. Sept. 18/18.	
1 A.	Maggs, Stanley. 202728.	M. April 10/18.	
1 A. IV	Manley, Cecil Eric. 25692.	M. Mar. 24/18.	
1 A.	Moore, George. 27546.	M. April 10/18.	
1 A. II	Peacock, W. 27639.	M. April 10/18.	
1 A.	Pearce, W. A. 36928.	M. April 10/18.	
1 A. III	Perry, Cpl. Wm. 205657.	M. May 27/18.	
1 A.	Proffitt, T. 36934.	M. Mar. 30/18.	
1 A.	Robbins, Harry. 36938.	M. April 10/18.	
1 A.	Roe, A. E. 29801.	M. April 12/18.	
1 A.	Rosier, C. 36939.	M. April 10/18.	
1 A. II	Round, Alfred. 35493.	M. April 10/18.	
1 A. II	Sheppard, E. W. 29616.	M. Mar. 24/18.	
1 A.	Shillabeer, L.-Cpl. Harold. 28039.	M. May 27/18.	
1 A.	Spruels, L.-Cpl. W. 9737.	M. April 10/18.	
1 A. I	Sutton, E. 27589.	M. April 10/18.	
1 A.	Titt, Sidney. 202711.	M. April 10/18.	
1 A.	Warren, Francis Hry. 36966.	M. April 14/18.	
1 A. I	Watkins, W. R. 27605. (Fr. London Rifle Bgde.)	M. April 10/18.	
1 A. I	Whinney, Arthur. 27610.	M. April 10/18.	
‡1 A.	Yates, George. 26707.	M. April 26/18.	
1 B. V	Bainton, A. W. 18031.	M. April 12/18.	
1 B. VI	Bewick, J. D. 27099.	K. April 10/18.	Det.D./B.
1 B.	Bishop, W. 39678.	M. April 26/18.	
1 B.	Bland, G. W. 27215.	M. Mar. 24/18.	
1 B.	Bolter, W. J. 8670.	M. April 12/18.	
1 B.	Bowden, Fredk Geo. 204306	M. May 27/18.	
1 B. VIII	Budd, Frank. 27219.	M. April 10/18.	
1 B. VII	Cottrell, S/B. John Burton. 202897.	M. April 12/18.	
1 B. VII	Davis, L.-Cpl. R. W. 26940.	M. April 12/18.	
1 B.	Dunkason, Robert. 31712.	M. April 12/18.	
1 B.	Dyke, Stanley. 17.	M. April 12/18.	
1 B. VII	Edmonds, L.-Cpl. Wm. John. 19171	M. April 12/18.	
1 B. VIII	Fowler, W. H. 27169.	M. Mar. 24/18.	
1 B. VII	Freer, Horace Green. 37297.	M. May 27/18.	
*1 B.	Garrett, T. J. 39724.	W. Unoff. M. Sept. 18/18.	
1 B.	Gee, A. 37312.	M. May 27/18.	
1 B. VII	Gurton, Lawrence Percy. 27505.	M. April 12/18.	
1 B. VIII	Hawkins, W. 26549.	M. April 12/18.	
1 B. VII	Hick, F. J. 27986.	M. May 27/18.	
1 B.	Hounsome, Edward. 39804.	M. May 27/18.	
1 B. VI	Kings, Sgt. 33104.	W. and M. May 27/18.	
1 B. VII	Mackay, A. 27534.	M. May 27/18.	
1 B.	Moore, C. 31766.	M. April 12/18.	
1 B. VIII	Munday, Leslie Wm. 27676.	M. April 12/18.	
‡1 B.	Owston, L.-Cpl. Jas. 39975.	K. Sept. 1/18. Det.D./B.	
1 B. VI	Pitcher, Jas. Norman John. 36931.	M. April 12/18.	
1 B. VIII	Purkiss, Fredk. 31618.	M. Mar. 24/18.	
1 B.	Roberts, F. 27565.	M. April 12/18.	
1 B.	Roberts, L.-Cpl. J. 27425.	M. April 12/18.	
‡1 B. VII	Rolfe, L.-Cpl. Arth. Geo. 220050.	W. Unoff. M. Sept. 18/18.	

December 1st, 1918.

Wiltshire Regiment—contd.

B.E.F.

1 B. VIII	Rooney, Sgt. George. 33106.	M. April 12/18.
1 B. VIII	Scammell, Sidney Harry. 26160.	M. Mar. 21/18.
1 B.	Searle, John Albert. 29746.	Unoff. M. May 27/18.
*1 B.	Stephens, W. B. 27688.	M. April 12/18.
1 B. VI	Thomas, N. B. 34240.	M. April 12/18.
1 B.	Turney, Wm. 27201.	M. April 26/18.
1 B.	Walden, George. 27627.	M. April 10/18.
1 B.	Walters, Sgt. Geo. 9003.	M. Mar. 24/18.
1 B. VI	Way, A. E. 26349.	M. April 12/18.
1 C. IX	Baker, Geo. 27438.	M. April 12/18.
1 C. XI	Balson, B. 39619.	W. and M. April 26/18.
1 C. X	Battison, G. 202871.	M. Aug. 15/18.
1 C.	Betts, F. 39693.	M. May 29/18.
1 C. X	Brett, J. 37490.	M. May 27/18.
‡1 C.	Bundy, L.-Sgt. A. E. 39943.	M. Aug. 15/18.
1 C.	Cainey, Cpl. G. 204640.	M. May 27/18.
1 C.	Chamberlain, A. J. 29626.	M. May 27/18.
1 C. IX	Chapman, Harry Ernest. 27464.	M. April 12/18.
1 C.	Chilvers, A. H. 27466.	K. April 17/18. Det.D./B.
1 C.	Coleman, Alf. Wm. 27469.	M. April 12/18.
1 C.	Corbett, Joseph Charles. 35577.	M. April 10-11/18.
‡1 C.	Ford, C. 37301.	M. Aug. 15/18.
1 C.	Foster, Fred Stephen. 27494.	M. April 12/18.
1 C. X	Fowle, Chas. Hny. 39773. (Fr. 2/1 Somerset L.I.)	M. May 27/18.
1 C. IX	Fry, C. E. S. 39697.	M. April 26/18.
1 C.	Gall, Wm. Albert. 37302.	M. Aug. 15/18.
1 C.	Green, L.-Cpl. A. 29556.	M. April 12/18.
1 C. IX	Greenway, Jos. Edward. 35621.	M. April 12/18.
1 C. X	Grove, Cpl. F. T. 205761.	M. Aug. 15/18.
1 C. L.G.S.	Gush, C. E. 26968.	M. April 12/18.
1 C.	Haines, R. 39635.	M. May 27/18.
1 C. X	Hodge, H. 30034.	W. and M. Aug. 16/18.
1 C.	Hodgson, J. W. 40009.	M. Aug. 15/18.
1 C.	Holley, G. 27653.	M. April 11/18.
1 C. IX	Hosking, L. F. 39794.	M. May 27/18.
1 C. IX	Kings, T. F. 36149.	M. May 27/18.
1 C. X	Legg, C. J. 23026.	W. and M. Mar. 24/18.
1 C. X	Littlecott, Henry. 202707.	W. Unoff. M. April 10/18.
‡1 C.	Long, E. W. 28065.	M. Aug. 15/18.
1 C. X	Lown, T. A. 26806.	M. Mar. 24/18.
1 C.	Lynes, E. 36234.	W. and M. May 27/18.
1 C. M.G.S.	McCrann, Luke. 29785.	M. April 12/18.
1 C.	McRae, J. 27542.	M. April 12/18.
1 C. XI	Miles, W. H. 27646. (Fr. 3 Rifle B.)	M. April 12/18.
1 C. XI	Morse, A. 37498.	M. May 27/18.
1 C.	Morss. 27657.	M. April 4/18.
1 C.	Mulcare, Joseph. 39751.	M. May 29/18.
1 C.	Nicholls, Sigr. Morley. 39721	M. May 27/18.
1 C.	Palmer, S. H. 8242.	M. Mar. 24/18.
1 C.	Pattenden, L.-Cpl. Sid. Chas. 17619.	M. Mar. 24/18.
1 C. IX	Payton, A. 29690.	M. May 27/18.
1 C. IX	Raisey, W. H. 20727.	M. Mar. 24/18.
1 C.	Rogers, Basil. 39939.	M. Aug. 12/18.
1 C. IX	Shrubb, Stanley E. G. 27576.	M. April 12/18.
‡1 C.	Saigent, S. G. T. 39708.	M. Aug. 15/18.
‡1 C.	Slade, W. H. 28102.	M. Aug. 15/18.
1 C. IX	Stanton, W. 36952.	M. Mar. 24/18.
5 C.	Staples, F. J. 202416.	M. April 12/18.

December 1st, 1918.

Wiltshire Regiment—contd.

B.E.F.

1 C. IX	Strong, Cpl. Thos. S. 39653.	D/W. **Sept. 11/18.** Det.D./B.
1 C.	Tanner, H. V. 3/380.	M. May 27/18.
‡1 C.	Uncles, M. C. 30049.	M. Aug. 15/18.
1 C.	Walden, W. 27600.	M. May 13/18.
1 C. X	Wells, A. B. 204645.	M. May 27/18.
1 C. XI	Westcott, L.-Cpl. Norman Ben. 36974	M. April 12/18.
1 C. X	Weston, D. W. 31606.	M. **Mar. 24/18.**
1 C.	White, R. 27698.	M. April 12/18.
1 C. IX	Wickens, G. V 27612.	M. April 12/18.
1 C. IX	Widcombe, A. J. 36978.	M. April 12/18.
1 C.	Wilson, John Bargh. 39722.	M. May 27/18.
1 C.	Wilson, W. L. 37484.	M. Aug. 16/18.
1 C. IX	Wright, A. E. 35708.	M. April 12/18.
1 D. XIII	Brown, F. 27452.	M. May 28/18.
1 D. XIV	Brown, Percy Dunington. 33935.	M. **Mar. 24/18.**
1 D.	Brown, R. W. G. 34225.	M. May 27/18.
1 D.	Bumstead, L.-Cpl. G. T. 6047.	M. **Mar. 24/18.**
1 D.	Coombs, Reg. Geo. 27491.	**M. May 27/18.**
1 D.	Doddington, J. 37464.	**M. May 27/18.**
1 D. XV	Durham, John H. 202331.	M. **Mar. 24/18.**
1 D. XIV	Farmer, Cpl. H. F. 23155.	**M. Mar. 24/18.**
1 D. L.G.S.	Griffen, L.-Cpl. L. 18524.	M. April 12/18.
1 D.	Hancock, Cpl. Ernest. 204637.	W. and M. May 27/18.
1 D. XVI	Hayes, J. 27634.	**W. and M. May 27/18.**
1 D. M.G.S.	Hiscocks, F. 22549.	M. April 12/18.
1 D. XIV	Hodgetts, E. 203164.	M. **Mar. 24/18.**
1 D. XIV	Jacobs, W. 35180.	M. April 12/18.
1 D. XV	Kingdon, P. 27670.	M. **April 4/18.**
1 D. XIV	Lawson, J. H. T. 21833.	M. **Mar. 24/18.**
1 D. XIII	Legge, John. 17931.	M. April 12/18.
1 D.	Lovelock, Walter G. 18046.	M. **May 27/18.**
1 D.	Meennie, A. 21712.	M. May 27/18.
1 D.	Moreton, A. C. 39670.	M. May 27/18.
1 D.	Old, John Thomas. 10167.	M. May 27/18.
1 D. XIII	Pallender, S. C. 17619.	M. **Mar. 24/18.**
1 D. XIV	Patchett, Albert Edw. 27555.	M. **May 27/18.**
1 D. XV	Pawsey, E. G. 27638.	M. April 12/18.
1 D.	Powrie, Wm. 204644.	M. May 27/18.
‡1 D.	Prince, C. G. 18126.	M. **Sept. 11/18.**
1 D.	Rowe, A. J. 27687.	M. April 12/18.
1 D.	Sutcliffe, Tom. 37480	M. May 27/18.
1 D.	Taylor, John. 36961.	D/W. **June 8/18.** Det.D./B.
1 D. XIV	Watkins, Percival. 27994.	M. April 10/18.
1 D. XVI	White, H. A. 35317.	M. May 27/18.
1 D. XIII	Wyman, C. 26348.	M. **Mar. 24/18.**
1 H.Q.	Bushell, Tom. 22780.	W. and M. May 27/18.
1 H.Q. Scouts	Foster, Snip. Wm. Radcliff. 23642.	M. April 10/18.
1 H.Q. Snip. S.	Gage, J. 7955.	Unoff. M. **Mar. 28/18.**
1 H.Q.	Styler, W. 27149.	M. **Mar. 24/18.**
1 H.Q. Sig. S.	Wagstaffe, R. 29741.	M. April 12/18.
1 ?	Alexander, C. 27430.	M. April 10/18.
1 ?	Alford, F. 23666.	**M. Mar. 24/18.**
1 ?	Austin, Henry Jas. 27433.	**M. May 27/18.**
1 ?	Bailey, A. H. 10397.	**M. Mar. 24/18.**
1 ?	Bancroft, E. 10502.	**M. Mar. 24/18.**
1 ?	Bangs, Wm. 37266. (Late 2 Wilts.)	M. **April 5/18.**
1 ?	Barnard, W. J. 37261.	M. April 12/18.
1 ?	Bartholemew, P. 9451.	M. **Mar. 24/18.**

December 1st, 1918.

Wiltshire Regiment—contd.

B.E.F.

‡1 ?	Beacham, E. 203025.	W. and M. Mar. 24/18.
1 ?	Bell, George H. 9028.	M. April 12/18.
1 ?	Benham, E. 12636.	M. Mar. 24/18.
1 ?	Beynon, F. C. 23021.	M. Mar. 24/18.
1 ?	Bird, L.-Cpl. James. 5844.	M. April 10/18.
1 ?	Blackledge, Sgt. W. G. 27976.	K. April 10/18. Det.D./B.
1 ?	Bowyer, Maurice. 27445.	M. April 10/18.
1 ?	Bradstone, F. A. 26567.	M. Mar. 24/18.
1 ?	Brimblecombe, J. 203013.	M. Mar. 24/18.
‡1 ?	Brodie, G. C. 34712.	M. Mar. 22/18.
1 ?	Burchell, A. 6900.	M. April 12/18.
1 ?	Burrell, J. 203420.	M. Mar. 23/18.
‡1 ?	Butt, H. 26373.	M. Mar. 23/18.
‡1 ?	Carter, W. 21224.	M. Mar. 24/18.
1 ?	Chandler, A. E. 6685.	M. April 12/18.
‡1 ?	Chittenden, A. C. 21642.	M. Mar. 24/18.
‡1 ?	Clark, Cpl. M. F. 29887.	M. Mar. 24/18.
1 ?	Cole, Walker Chas. 10378.	M. May 27/18.
1 ?	Cook, Geo. Chas. 37276.	M. April 12/18.
‡1 ?	Couldrey, W. H. 25563.	M. Mar. 24/18.
1 ?	Coward, Maurice Geo. 26378.	M. Mar. 24/18.
1 ?	Crawford, A. 27476.	W. and M. April 12/18.
1 ?	Cummings, E. H. 28001.	M. April 10/18.
‡1 ?	Dean, H. C. 27233.	M. Mar. 24/18.
‡1 ?	Dobson, G. T. 22205.	M. Mar. 24/18.
1 ?	Dotson, F. E. 27974.	M. April 12/18.
1 ?	Duckham, S. H. 37291.	M. April 12/18.
1 ?	Dunn, Arthur. 37289.	M. April 12/18.
1 ?	Edwards, Wm. J. 39766.	W. and M. May 27/18.
1 ?	Endsor, H. 37294.	M. April 12/18.
1 ?	Evans, H. 220053.	M. May 27/18.
‡1 ?	Everitt, C. W. 33309.	M. Mar. 24/18.
‡1 ?	Fangrieves, W. A. 33135.	M. Mar. 24/18.
1 ?	Farley, J. E. 27081.	M. April 12/18.
‡1 ?	Foot, R. J. 21099.	M. Mar. 24/18.
‡1 ?	Ford, L.-Cpl. C. E. 36855.	W. Unoff. M. Sept. 18/18.
1 ?	Furnell, C. H. A. 31614.	M. Mar. 24/18.
1 ?	Gallier, B. 27498.	M. April 10/18.
1 ?	Garrett, J. 29815.	M. Mar. 24/18.
1 ?	Giddings, Walter. 39683.	M. Aug. 15/18.
1 ?	Glover, N. J. 203743.	M. May 27/18.
1 Sig. S.	Gray, L.-Cpl. G. 19350.	M. April 12/18.
1 ? Sig. S.	Hacker, Cpl. R. J. 21119.	M. April 12/18.
1 ?	Hale, Cpl. E. G. 8286.	M. April 24/18.
1 ?	Hall, M.M., L.-Cpl. C. 22236.	M. Mar. 24/18.
1 ?	Hall, J. 27247.	M. Mar. 24/18.
1 ?	Hardiman, W. F. 33480.	M. Mar. 24/18.
1 ?	Hedges, A. H. 39705.	M. Aug. 15/18.
‡1 ?	Holley, H. C. 19143.	M. Mar. 24/18.
1 ?	Hosking, J. 204294.	M. April 12/18.
‡1 ?	Hughes, V. 34302.	M. Mar. 24/18.
‡1 ?	Hunt, E. 202856.	M. Mar. 24/18.
‡1 ?	Ireland, H. J. 19816.	M. April 12/18.
1 ?	James, C. E. 37665. (Late 5 Dorsets, 30952.)	
1 ?	Kelsey, W. 35464.	M. Mar. 24/18.
1 ?	Kitching, Arthur. 3/9935.	M. May 27/18.
1 ?	Knight, T. W. 32288.	M. Mar. 24/18.
1 ?	Knott, F. 26849.	M. Mar. 24/18.

December 1st, 1918.

Wiltshire Regiment—contd.

B.E.F.

1	?	Lane, L.-Cpl. A. 18938.	M. Mar. 24/18.
1	?	Lapham, R. 29770.	M. Mar. 24/18.
1	?	Lawrence, R. G. 904.	M. Mar. 24/18.
1		Leeds, A. 27531.	M. April 12/18.
1	?	**Lervy, A. G. 39823.**	M. May 27/18.
1	?	Lewin, E. J. 202678.	M. Mar. 24/18.
1	?	Lewis, Hry. Stephen. 26252.	M. April 12/18.
1	?	Lowe, J. 27253.	M. Mar. 24/18.
1	?	Loun, T. A. 26806.	M. Mar. 24/18.
1	?	McGuinness, A. 39776.	M. May 27/18.
1	?	Mason, A. 27537.	M. April 12/18.
1	?	Melbourne, J. 27143.	M. Mar. 24/18.
1	?	Miles, F. 26350.	M. Mar. 24/18.
1	?	Miles, L. J. 28018.	M. April 11/18.
1	?	Milligan, Donald Geo. 35216	M. May 27/18.
1	?	Moore, J. 20149.	M. Mar. 24/18.
1	?	Myall, H. C. 31710.	M. Mar. 24/18.
1	?	Nash, Willie. 27549.	M. April 10/18.
1	?	Nation, Wm. John Salfin. 27678.	M. April 10/18.
1	?	Partridge, G. 27424.	M. April 12/18.
‡1	?	Pearce, A. 22541.	M. Mar. 24/18.
‡1	?	Ponting, E. 202788.	M. Mar. 24/18.
‡1	?	Powell, J. T. 35676.	M. Mar. 24/18.
‡1	?	Pratley, W. 27124.	M. Mar. 24/18.
‡1	?	Redman, J. 22475.	M. Mar. 24/18.
‡1	?	Richards, F. G. 35313.	M. Mar. 24/18.
‡1	?	Roberts, E. 33924.	M. Mar. 24/18.
*1	?	Rook, G. H. 35539	M. Sept. 18/18.
1	?	Searle, E. 34351.	M. April 12/18.
1	?	Smith, R. H. 35420.	M. Mar. 23/18.
‡1	?	Stevens, H. 10886. (Fr. 13 Worcs.)	M. May 27/18.
1	?	Stoneman, W. J. 35673.	M. Mar. 24/18.
1	?	Stretton, A. G. 36951.	M. April 12/18.
1	?	Taylor, F. 27591.	M. April 12/18.
‡1	?	Taylor, G. H. 36955.	M. Mar. 24/18.
‡1	?	Taylor, W. E. 36956.	M. Mar. 24/18.
‡1	?	Teagle, E. 29890.	M. Mar. 24/18.
1	Sig. S.	Treloar, Percy B. 203015.	M. Mar. 24/18.
‡1	?	Triffin, J. 7049.	M. Mar. 24/18.
‡1	?	Vallence, C. H. 32187.	M. Mar. 24/18.
1	?	Wadhaus, W. E. 36972.	M. Mar. 21/18.
‡1	?	Warder, C. E. 31581.	M. Mar. 24/18.
1	?	Watts, W. 34106.	**M. April 12/18.**
‡1	?	Westmore, E. A. 26660.	M. Mar. 24/18.
‡1	?	White, H. 36976.	M. Mar. 24/18.
1	?	Woodcock, Reg. John. 28029.	M. April 12/18.
‡1	?	Woods, F. H. 22920.	M. Mar. 24/18.
‡1	?	Wootten, E. A. 23725.	M. Mar. 24/18.
2 I.T.M.		**Denham, Lieut. R. G.** (11 Bde.)	M. May 30/18.
2		**Hatton, 2nd Lt. E. R.**	W. and M. May 8/18.
*2 A. IV		Bailey, A. T. 28249.	M. Sept. 3/18.
2 A. II		Ball, Samuel A. 26955.	M. Mar. 21/18.
2 A. IV		Boswell, Sigr. Walter. 202100	M. April 26/18.
2 A.		Bunce, R. 22727.	M. May 31/18.
2 A. I		Collier, J. H. 10782.	M. Mar. 21/18.
2 A. IV		Gibb, L.-Cpl. C. E. 10919.	M. Mar. 21/18.
2 A. III		Hobbs, H. J. 11175.	**M. April 26/18.**
2 A.		Jefferies, Cpl. Wallace. 415.	M. April 26/18.
2 A. III		Jennings, L.-Cpl. Bert. 35772.	**M. May 31/18.**

December 1st, 1918.

Wiltshire Regiment—contd.

B.E.F.

2 A. III	Palmer, James. 23401.	M. April 26/18.	
2 A. III	Pridham, W. J. 39853.	M. May 31/18.	
‡2 A.	Tinham, A. H. 22101.	M. Mar. 21/18.	
2 A. I	Turner, A. J. 35945.	M. May 31/18.	
2 A. II	Walker, J. W. 19552.	M. Mar. 21/18.	
2 A. IV	Wallington, Hy. Jas. 3/9462.	M. Mar. 21/18.	
2 B. VIII	Bames, L.-Cpl. C. W. 11257.	K. June 1/18.	Det.D./B.
2 B. VII	Benham, L.-Cpl. J. M. 22841.	M. Mar. 21/18.	
2 B. V	Bickell, Frederick. 29668.	M. Mar. 21/18.	
2 B. VII	Care, W. J. 31639.	M. Mar. 21/18.	
*2 B.	Chard, A. V. 36287.	M. May 22/18.	
*2 B. L.G.S.	Clark, G. R/9847.	M. Mar. 21/18.	
2 B. VI	Crockford, H. 33681.	M. Mar. 21/18.	
2 B. VII	Evans, F. S. 35735.	M. May 31/18.	
2 B. VIII	Gray, Reginald. 29605.	M. April 25/18.	
2 B. II	Gregory, L.-Cpl. J. 18142.	M. Mar. 21/18.	
*2 B. VII	Haskett, Ernest Chas. 35540.	M. Mar. 21/18.	
2 B. VII	Marsh, A. J. 27123.	M. Mar. 21/18.	
2 B. VIII	Morris, W. 26919.	M. Mar. 21/18.	
2 B. VII	Motley, Percy A. 26922.	M. Mar. 21/18.	
2 B. VI	Perry, Thos. Hry. 19010.	M. Mar. 21/18.	
2 B. VIII	Sawyer, E. W. 32975.	M. Mar. 21/18.	
2 B. VII	Smith, L.-Cpl. Fred. John. 35268.	M. and W. Sept. 19/18.	
2 C. IX	Baker, Cpl. Arthur F. 25888.	M. Mar. 21/18.	
2 C. XI	Butt, Arthur. 23669.	M. Mar. 22/18.	
2 C. XII	Crisp, Edward. 37283.	M. May 24-31/18.	
2 C.	Davies, J. 22134.	M. Mar. 21/18.	
2 C. IX	Fossey, Frank Victor. 27097.	M. April 26/18.	
2 C.	Harrison, Geo. 17916.	M. April 26/18.	
2 C. IX	Harrison, Robt. 19622.	M. Mar. 21/18.	
2 C. X	Hibberd, H. G. 24138.	M. Mar. 21/18.	
2 C. IX	Huggins, Harry Geo. 31859.	M. Mar. 21/18.	
2 C. XII	Keates, E. 22660.	M. Mar. 21/18.	
2 C. IX	King, H. G. 203093.	M. Mar. 21/18.	
2 C.	Ladd, Cpl. H. W. David. 8402.	M. Mar. 21/18.	
*2 C.	Le Tissier, J. 19201.	M. May 8/18.	
2 C. XII	Loader, J. 31796.	M. Mar. 21/18.	
2 C. XII	Maguire, A. W. 26169.	M. Mar. 21/18.	
2 C. XI	Maslin, C. 26055.	M. Mar. 21/18.	
‡2 C.	Nobbett, W. 204283.	M. Aug. 10/18.	
2 C. IX	Pellett, Geo. H. 26815.	M. Mar. 21/18.	
2 C. L.G.S.	Ralph, W. J. 27017.	M. Mar. 21/18.	
2 C. L.G.S.	Rogers, Gilbert. 314.	M. Mar. 21/18.	
2 C. IX	Saunders, R. B. 36322.	M. May 30-31/18.	
2 C. XII	Seston, W. A. 26886.	M. Mar. 21/18.	
2 C. XI	Sims, G. 31781.	Unoff. M. Mar. 21/18.	
2 C. X	Veasey, Thomas. 26995.	M. April 26/18.	
2 C. X	Vowden, D. E. 36963.	Unoff. M. May 31/18	
2 C.	Weston, L.-Cpl. W. 8424.	M. Mar. 21/18.	
2 C. IX	Wise, A. E. 22735.	M. Mar. 21/18.	
2 D.	Bolter, Sgt. Harry. 10688.	M. Mar. 21/18	
2 D.	Carter, L.-Cpl. Henry. 7485.	M. Mar. 21/18.	
2 D. XIII	Cleal, W. 19027.	M. May 8/18.	
2 D. XIV	Coombes, John. 31778.	M. Mar. 21/18.	
2 D. XIII	Edwards, W. 29821.	M. Mar. 21/18.	
2 D. XIII	Elliott, Sid. John. 25867.	M. Mar. 21/18.	
2 D.	Freegard, Wm. H. 202515.	M. May 8/18.	
2 D. XVI	Gray, Frank E. 10324.	M. May 8/18.	
2 D. XV	Hillier, A. 220009.	M. May 8/18.	

December 1st, 1918.

Wiltshire Regiment—contd.

B.E.F.

2 D. XVI	Jacques, Archie A. 7798.	M. May 8/18.
2 D. XV	Kreckeler, L.-Cpl. E. 19587.	M. May 8/18.
2 D.	Littlecott, L.-Cpl. Reginald. 24612.	M. May 31/18.
2 D. XIII	Mantell, L.-Cpl. Douglas. 24204.	M. Mar. 21/18.
2 D. XV	Mattock, Fred. 11092.	M. Mar. 21/18.
2 D.	Mould, E. 18439.	M. Mar. 21/18.
2 D. XIV	Neale, L.-Cpl. W. A. 26848.	M. Mar. 21/18.
*2 D. XIV	Norridge, W. 220018.	M. May 8/18.
2 D.	Offer, A. 18405.	M. Mar. 21/18.
2 D. XIV	Perry, A. 26719.	M. Mar. 21/18.
2 D. XV	Pitcher, C. R. 36422.	M. May 30/18.
2 D. XV	Pollard, Thos. John. 29655.	M. Mar. 27/18.
2 D. XVI	Sanders, E. R. 39861.	M. June 6/18.
2 D. XIII	Scadden, J. J. 24533	M. Mar. 21/18.
2 D. XVI	Smith, Cpl. C. 29620.	M. Mar. 21/18.
2 D. XIII	Snell, W. H. 26993.	M. Mar. 4/18.
2 D.	Spiers, Pascoe. 26723.	M. Mar. 21/18.
2 D. XIV	Thornbury, H. J. 9856.	M. Mar. 21/18.
2 D. XIV	Voller, W. 26830.	M. Mar. 21/18.
2 D. XV	Welsh, F. G. 26751.	M. May 8/18.
2 D. XVI	White, Sig. H. G. 24524.	M. May 8/18.
2 D. XIV	Whittock, Ern. W. A. 29743.	M. Mar. 21/18.
2 D. XVI	Willmott, H. 33499.	M. Mar. 21/18.
2 D. XV	Woodyatt, Thomas. 203103.	M. Mar. 21/18.
2 H.Q. Sig.	Kington, Walter. 19085.	M. April 26/18.
2 B. VIII	Bristowe, L.-Cpl. Harry. 35814	W. and M. May 31/18.
2 ?	Chandler, Dmr. A. 26755.	M. Mar. 21/18.
2 ?	Cooke, L.-Cpl. Lionel John. 10225.	M. Mar. 21/18.
2 ?	Cox, W. 26907.	M. Mar. 21/18.
2 ?	Griffin, William. 33462.	M. Mar. 21/18.
2 ?	Hammacott, W. 29681.	W. Unoff. M. Aug. 9/18.
2 T	Harvey, S/B. Arch. Edw. 11841.	M. Mar. 21/18.
2 ?	Hutchins, S/B. E. J. 9115.	M. Mar. 21/18.
2 ?	Lazenby, E. R. 27720. (Fr. 6th.)	W. and M. May 31/18.
2 ?	Long, E. A. 36900.	M. May 31/18.
2 Trans. S.	Love, S. 22323.	W. Unoff. M. April 26/18.
‡2 ?	Rabet, Jules. 202821.	M. April 10/18.
2 ?	Weeks, Sgt. Herbert Job. 27035.	M. Mar. 21/18.
2 ?	White, E. 8517.	M. June 1/18.
2 ?	Wilds, Jas. 26564.	M. Mar. 21/18.
2 ?	Williams, Fred. 36253.	W. and M. May 31/18.
2 ?	Wiscombe, F. 29623.	W. Unoff. M. May 8/18.
4 B.	Waite, G. 35208.	M. April 10/18.
4 C.	Rogers, L. C. 35744.	M. April 10/18.
6 A.	Armstead, A. H. 35837	M. April 10/18.
6 A.	Ashford, C. 27834.	M. April 10/18.
‡6 A.	Avlott, A. 27742.	M. April 10/18.
6 A. III	Bailey, R. E. 27317.	M. Mar. 23/18.
6 A.	Blunt, A. S. 36824.	M. April 10/18.
6 A.	Bridges, Jack. 27746.	M. April 10/18
6 A. IV	Congdon, A. H. 27337.	M. Mar. 23/18.
6 A. IV	Davis, G. E. 27343.	M. April 10/18.
6 A. III	Davis, Robt. 27794.	M. Mar. 10/18.
6 A.	Done, N. E. 38649.	Unoff. M. April 10/18.
6 A. III	Frampton, W. J. 22743.	M. April 10/18.
6 A.	Freestone, Cpl. Saml. 204124. (Fr. Wilts Yeo.)	M. Mar. 23/18.
6 A.	Hacker, F. 21118.	M. Mar. 23/18.
6 A.	Holland, G. A. 17586.	K. May 5/18. Det.D./B.

December 1st, 1918.

Wiltshire Regiment—contd.

B.E.F.

6 A.	Horrow, L.-Cpl. W. J. 27907.	M. April 10/18.
6 A. III	Jones, Harold Walter. 10973.	M. Mar. 23/18.
6 A.	Jones, J. F. 27293.	M. Mar. 23/18.
6 A. II	Major, Chas. 27281	M. April 10/18.
6 A. II	Mountjoy, Wm. A. 27932.	M. April 10/18.
6 A.	Newman, Arth. Wm. 27934.	M. April 10/18.
6 A. III	Payne, W. 29567.	M. April 10/18.
6 A. IV	Pike, P. 320794. (Late 1 R.W.Y., 20110.)	M. May 31/18.
6 A. IV	Strong, J. 204192.	M. Mar. 23/18.
6 A.	Sutton, Sgt. Fredk. Walter. 203179.	M. April 10/18.
6 A.	Thomas, Sgt. F. 11365.	M. April 10/18.
6 A. I.T.M.	Williams, Arth. Jos. 19364. (58 Bde.)	K. Sept. 3/18. Det.D./B.
‡6 A.	Withers, J. 204233.	M. April 10/18.
6 B.	Andrew, H. 20322.	M. April 10/18.
‡6 B.	Aplin, L.-Cpl. J. W. 34805.	M. April 10/18.
6 B.	Arnold, Geo. Jas. 27312.	M. Mar. 23/18.
6 B.	Ash, L.-Cpl. A. E. 204229.	M. April 10/18.
‡6 B.	Badham, J. R. C. 27745.	M. April 10/18.
‡6 B.	Baker, E. A. 27702.	M. April 10/18.
6 B. V	Baker, F. E. 203224.	M. Mar. 23/18.
‡6 B.	Biddlecombe, E. 27937.	M. April 10/18.
6 B.	Blurton, C. H. 27917.	M. April 10/18.
6 B.	Bonnett, Horace. 27885.	M. April 10/18.
‡6 B.	Boucher, J. J. 27862.	M. April 10/18.
6 B.	Brewerton, W. B. 27737.	M. April 10/18.
6 B.	Colman, Harold Jas. 35824.	M. April 10/18.
6 B.	Crook, William. 203262.	M. Mar. 23/18.
6 B.	Dollery, Frank. 36403.	K. April 29/18. Det.D./B.
6 B. VI	Dyson, E. W. 27751.	M. April 10/18.
6 B.	Farr, G. H. 31741.	M. April 10/18.
6 B. M.G.S.	Grant, L.-Cpl. J. 20756.	M. Mar. 23/18.
6 B.	Harris, L.-Sgt. R. J. 3/160.	M. Mar. 23/18.
6 B. VI	Haskell, Sidney Frank. 27377.	M. Mar. 23/18.
6 B.	Hillman, G. 36875.	M. April 10/18.
6 B.	Hodges, J. N. 27755	M. April 10/18.
6 B.	Holmes, Sig. Horace. 27410	M. April 10/18.
6 B. V	Jackett, Arthur Saml. 203466.	M. Mar. 23/18.
6 B.	James, S. J. 27385.	M. Mar. 23/18.
6 B.	Jenkins, Edw. Leoline. 27757. (Fr. 9 Londns, 394529.)	M. April 10/18.
6 B. VI	Kelland, Percy. 27389.	M. Mar. 23/18.
6 B. VII	Kitney, Herbt. 204069.	M. Mar. 23/18.
6 B.	Langdon, F. G. 27888.	M. April 10/18.
‡6 B.	Light, D. 203309.	M. April 10/18.
6 B. L.G.S.	Loney, Chas. Stanley. 36901.	M. April 10/18.
6 B.	Nicholls, J. A. 27889.	M. April 10/18.
6 B.	Parker, E. W. 27761. (Fr. 9 Londons.)	M. April 10/18.
6 B. VI	Pitman, Alf. John. 27851.	M. April 10/18.
6 B. VII	Sollis, Sig. Geo. 202762.	M. April 10/18.
6 B.	Spiers, Sig. S. B. 27411.	M. April 10/18.
6 B. V	Stock, Spencer B. 27764.	M April 10/18.
6 B.	Uren, Clarence. 27767.	M. April 10/18.
6 B.	Wilkes, H. E. 27765.	M. April 10/18.
‡6 C.	Astridge, J. 27854.	M. April 10/18.
*6 C. or D.	Brown, C. G. 25870.	M. April 10/18.
6 C. IX	Burton, W. F. 31715.	M. Mar. 23/18.

December 1st, 1918.

Wiltshire Regiment—contd.

B.E.F.

6 C. XII	Clifford, Robert. 10325.	M. Mar. 27/18.
6 C. XII	Derby, Geo. Wm. 27710.	M. April 10/18.
*6 C. XI	Gill, E. 32292.	M. Mar. 23/18.
6 C. XII	Hill, J. A. 27715.	M. April 10/18.
6 C. X	Kier, A. 27719.	M. April 10/18.
6 C.	Kingman, John Wuthian. 27946.	M. April 10/18.
6 C. IX	Whitehead, Arthur A. 27845	M. April 10/18.
6 C. L.G.S.	Willis, Wm. Fred. 27738.	M. April 10/18.
6 D. XIV	Allcock, C. 11411.	M. Mar. 23/18.
6 D.	Ashley, Sgt. A. 204225. (Fr. 1 Wilts Yeo.)	M. Mar. 23/18.
6 D. XIV	Baugh, Cpl. Alex. G. 9297.	M. April 10/18.
6 D. XVI	Bell, L.-Cpl. A. B. 29571.	M. April 10/18.
6 D.	Buckingham, Sig. W. T. H. 29923.	M. Mar. 23/18.
6 D.	Camwell, H. 27331.	M. Mar. 23/18.
6 D.	Christian, W. G. 31935.	M. Mar. 23/18.
6 D. XV	Cornish, Arthur Victor. 203254.	M. Mar. 23/18.
6 D.	Cox, H. K. 27860.	M. April 10/18.
6 D. XIII	Gurd, Ernest. 32998.	W. and M. Mar. 23/18.
6 D.	Harding, G. F. T. 35178.	M. April 10/18.
6 D.	Harris, G. 31590.	M. Mar. 23/18.
6 D.	Hinton, Edgar John. 203294.	M. April 10/18.
6 D. XIV	Jarvis, Wm. Francis. 11322.	M. April 15/18.
6 D. XIII	Jays, John. 203423.	M. April 10/18.
6 D.	Jeffery, George. 35828.	M. April 10/18.
*6 D.	Moore, G. 27302.	M. April 10/18.
6 D. XIII	Morse, H. 203315.	W. and M. April 15/18.
6 D. L.G.S.	Price, J. 204185.	M. April 10/18.
6 D.	Reid, David Y. 27303.	M. April 10/18.
6 D.	Shave, P. E. 35212.	W. and M. April 10/19.
6 D. XIV	Thatcher, W. J. 203368.	M. Mar. 16/18.
6 D. I.T.M.	Thomas, Wm. 203369. (58 Bgde.)	M. April 10/18.
6 D.	White, S. J. 203383.	M. Mar. 23-28/18.
6 H.Q.	Harris, Sig. R. 17909.	M. Mar. 23/18.
*6 ?	Andrews, J. J. H. 36810.	M. Mar. 23/18.
*6 ?	Annear, J. 27314.	M. Mar. 23/18.
*6 ?	Ball, F. 203112.	M. Mar. 23/18.
*6 ?	Ball, R. R. S. 29922.	M. Mar. 23/18.
*6 ?	Banwell, E. J. 36826.	M. Mar. 23/18.
*6 ?	Barcus, W. G. 27319.	M. Mar. 23/18.
*6 ?	Barnes, C. A. 36817.	M. Mar. 23/18.
*6 ?	Bate, F. 27320.	M. Mar. 23/18.
*6 ?	Beauchamp, C. H. W. 10599.	M. Mar. 23/18.
*6 ?	Bennett, F. J. 203229.	M. Mar. 23/18.
6 ?	Bessent, E. R. 203206.	M. Mar. 23/18.
*6 ?	Biggen, C. T. 36818.	M. Mar. 23/18.
*6 ?	Bird, A. W. 27324.	M. Mar. 23/18.
*6 ?	Blackford, E. G. 22594.	M. Mar. 23/18.
*6 ?	Blackmore, R. L. 27323.	M. April 10/18.
6 ?	Boucher, A. G. 36822.	M. Mar. 23/18.
*6 ?	Bown, G. E. 36828.	M. Mar. 23/18.
*6 ?	Brown, O. J. 202246.	M. Mar. 23/18.
*6 ?	Buckland, R. 32996.	M. Mar. 23/18.
*6 ?	Bush, W. E. J. 203244.	M. Mar. 23/18.
6 ?	Carew, C. E. 36836.	M. April 10/18.
*6 ?	Chandler, R. 27333.	M. Mar. 23/18.
*6 ?	Chapman, S. H. 27334.	M. Mar. 23/18.
6 Sig. S.	Chaplin, L.-Cpl. Walter. Hy. (Charlie). 13975.	M. Unoff. K: April 10/18.

December 1st, 1918.

Wiltshire Regiment—contd.

B.E.F.

6 ?	Clack, G. E. 203592. (Fr. 4th.)	M. April 10/18.
16 ?	Clark, W. 203250.	M. Mar. 23/18.
16 ?	Clifford, R. 203251.	M. Mar. 23/18.
16 ?	Coates, H. W. 203252.	M. Mar. 23/18.
16 ?	Collins, A. H. 27342.	M. Mar. 23/18.
16 ?	Cowley, W. F. 27340.	M. Mar. 23/18.
16 ?	Cox, G. 36839.	M. Mar. 23/18.
6 ?	Cox, H. G. 27835.	M. April 10/18.
16 ?	Cox, S. J. 36838.	M. Mar. 23/18.
16 ?	Crook, H. 19963.	M. Mar. 23/18.
16 ?	Cross, C. 204101.	M. Mar. 23/18.
16 ?	Crowley, G. T. 17712.	M. Mar. 23/18.
16 ?	Disbury, E. G. 27351.	M. Mar. 23/18.
16 ?	Douglas, H. 27349.	M. Mar. 23/18.
6 ?	Doyle, Patrick. 27778.	M. April 10/18.
16 ?	Drewitt, E. F. 203271.	M. Mar. 23/18.
16 ?	Dyas, J. E. 27350.	M. Mar. 23/18.
16 ?	Ebborn, L.-Cpl. H. H. 204158.	M. Mar. 23/18.
16 ?	Edwards, A. S. 27353.	M. Mar. 23/18.
16 ?	Edwards, W. A. 27352.	M. Mar. 23/18.
16 ?	Ellsmore, R. W. 27354.	M. Mar. 23/18.
16 ?	Eyres, A. V. 204208.	M. Mar. 23/18.
16 ?	Farris, B. G. 10864.	M. Mar. 23/18.
16 ?	Foote, W. 254101.	M. Mar. 23/18.
16 ?	Forris, Cpl. E. G. 9650.	M. Mar. 23/18.
16 ?	Foster, G. W. 11818.	M. Mar. 23/18.
6 ?	Frampton, C. E. 204254.	M. April 10/18.
16 ?	Gardin, F. 36856.	M. Mar. 23/18.
16 ?	Garrett, W. 36858.	M. Mar. 23/18.
16 ?	Gay, H. 203279.	M. Mar. 23/18.
16 ?	Gelliffe, G. H. 22751.	M. Mar. 23/18.
16 ?	Giddings, Cpl. C. 203181.	M. Mar. 23/18.
16 ?	Giddings, L.-Cpl. C. 204134.	M. Mar. 23/18.
16 ?	Gittings, R. J. 27360.	M. Mar. 23/18.
16 ?	Glover, F. 36862.	M. Mar. 23/18.
16 ?	Gray, C. H. 22013.	M. Mar. 23/18.
6 ?	Gray, Walter. 27366.	M. Mar. 23/18.
16 ?	Gullidge, W. 36864.	M. Mar. 23/18.
16 ?	Harisford, H. J. 36869.	M. Mar. 23/18.
16 ?	Harison, H. J. 27375.	M. Mar. 23/18.
16 ?	Harris, Sig. Jack. 208760.	M. Sept. 28/18.
16 ?	Harris, L.-Cpl. W. 22281.	M. Mar. 23/18.
6 ?	Hawkins, Benjamin. 27369.	M. Mar. 23/18.
16 ?	Hawkins, F. G. 36871.	M. Mar. 23/18.
16 ?	Heath, L.-Cpl. L. 132.	M. Mar. 23/18.
6 ?	Holvey, F. O. 36884.	M. Mar. 23/18.
6 ?	Isaacs, P. H. 31743.	M. Mar. 23/18.
16 ?	Jordan, F. A. 27388.	M. Mar. 23/18.
6 ?	Jukes, Wm. 27816. (Fr. 1 R.I.Rif.)	M. April 10/18.
16 ?	Kelsey, C. A. 35401.	M. Mar. 23/18.
16 ?	King, B. 203305.	M. Mar. 23/18.
16 ?	Kirby, W. E. 27391.	M. Mar. 23/18.
16 ?	Lampert, C. 27395.	M. Mar. 23/18.
16 ?	Lane, J. 203306.	M. Mar. 23/18.
16 ?	Leach, F. E. 36898.	M. Mar. 23/18.
6 ?	Lewis, J. 204107. (Fr. 1 Wilts Yeo.)	M. Mar. 23/18.
16 ?	Limburn, E. E. 23108.	M. Mar. 23/18.
6 ?	Marshall, Walter Leonard. 39603.	M. April 10/18.
6 ?	Mills, George Alfred. 36908.	M. Mar. 23/18.

December 1st, 1918.

Wiltshire Regiment—contd.

B.E.F.

6 ?	Newband, C. J. 27848.	M.	April 10/18.
‡6 ?	Paddock, C. 203325.	M.	Mar. 23/18.
‡6 ?	Parsons, E. 22451.	M.	Mar. 23/18.
‡6 ?	Perrett, C. F. 203331.	M.	Mar. 23/18.
‡6 ?	Perry, R. W. 36925.	M.	Mar. 23/18.
‡6 ?	Pickett, W. 203340.	M.	Mar. 23/18.
6 ?	Philipps, Sidney Wm. 27891. (Fr. 6 Dorset, 31102.)	M.	April 10/18.
‡6 ?	Pocock, Sgt. C. A. 203175.	M.	Mar. 23/18.
‡6 ?	Robinson, A. 204206.	M.	Mar. 23/18.
‡6 ?	Rust, C. R. 204201.	M.	Mar. 23/18.
‡6 ?	Sheppard, M.M., B. T. 29739.	M.	Mar. 23/18.
‡6 ?	Spriggs, H. 204215.	M.	Mar. 23/18.
6 ?	Sutton, F. J. 35146. (Fr. 4th.)	M.	April 10/18.
‡5 ?	Vincent, F. 15026.	M.	Mar. 23/18.
‡6 ?	Watts, E. H. 22490.	M.	Mar. 23/18.
6 I.T.M.	Watts, Percy John. 203337. (58 Bde.)	M.	April 18/18.
‡6 ?	Weston, A. C. W. 203382.	M.	Mar. 23/18.
‡6 ?	Weston, Cpl. F. 30.	M.	Mar. 23/18.
‡6 ?	Williams, L.-Cpl. J. 29559.	M.	Mar. 23/18.
‡6 ?	Wright, H. W. 203139.	M.	Mar. 23/18.
‡7 A.	Barnes, Frank Graham. 33077.	W.	Unoff. M. Oct. 4-7/18.
‡7 B.	Brandon, A. 14304.	W.	Unoff. M. Oct. 4-7/18.

E.E.F.

4 A.	Bunce, Charles Wm. 200841.	M. bel. P/W.	April 10/18.
4 A. III	Humby, L.-Cpl. F. A. 200914.	W. and M.	April 10/18.
4 A.	Robins, L.-Cpl. G. 200474.	W. and M., bel. K.	April 10/18.
4 B.	Wright, Herbert Jas. 35843.	M.	April 10/18.
4 ?	Cousins, C. 200198.	M.	April 10/18.
4 ?	Day, H. G. 200564.	W. and M., bel. K.	April 10/18.
*4 ?	Smith, Hry. James. 46677. (Fr. Hants.)	D/W. Sept. 20/18. Det.D./B.	
*4 I.T.M.	Stanton, Harold Bruce. 203838. (232 Bde.) (Fr. 5 Devons.)	M.	Sept. 19/18.

WORCESTERSHIRE REGIMENT.

B.E.F.

*1	Leach, 2nd Lt. E. T.	W. and M.	Oct. 14/18.
1	Prosser, Capt. A. E.	M.	Oct. 14/18.
1 C.	Walford, Capt. H. S.	M.	May 27/18.
1 A.	Bartlett, W. T. 235277.	M.	Mar. 25/18.
1 A.	Bateman, R. 200461.	M.	May—June/18.
1 A. IV	Baxter, J. H. 72966.	M.	May 27—June 6/18.
1 A.	Bayliss, E. 41133.	M.	May 27—June 6/18.
1 A. IV	Bebb, F. W. 14/952.	M.	Mar. 25/18.
1 A. II	Bedford, Joe. 44171.	M.	May 27/18.
1 A. III	Bellman, A. E. 51196.	M.	May 27/18—June 6/18.
1 A. I	Boraston, W. 46943.	M.	Mar. 25/18.
A.	Brainsby, W. H. 42294.	M.	Mar. 25/18.
1 A. II	Brandwick, Charles. 51195.	M.	May 27—June 7/18.
1 A. II	Brazier, Edwin. 51205.	M.	May 27—June 6/18.
1 A. III	Brooke, Geoffrey J. 51203.	M.	May 27—June 6/18.
1 A. IV	Brookes, Edward. 41215.	M.	May 27/18.
1 A. I	Buckley, Dmr. Saml. 206225.	M.	May 27/18—June 6/18.

December 1st, 1918.

Worcestershire Regiment—contd.

B.E.F.

1 A. II	Bunt, L. 51209.		M. May 27—June 6/18.
1 A.	Butler, Cpl. F. 22387.		M. Mar. 25, 18.
1 A. I	Burt, S. T. 42931. (47799.)		M. May 27/18—June 6/18.
1 A. II	Cayless, H. 51213.		M. May 27—June 6/18.
1 A. I	Chance, Sidney. 21472.		M. May 27—June 6/18.
1 A. IV	Coleman, Wm. Jas. 51219.		M. May 27/18.
1 A.	Davis, L.-Cpl. A. 15709.		M. Mar. 23-28/18.
1 A. ¶	Day, Harry Christmas. 37643		M. Mar. 25/18.
1 A.	Duckers, J. 55171.		M. May 27/18—June 6/18.
1 A. III	Dunn, Dudley Edgar. 51232.		M. May 27/18.
1 A.	Dutton, G. B. W. 51713.		M. May 27—June 6/18.
1 A. II	Eden, W. H. 51233.		M. May 27—June 6/18.
1 A. I	Evans, Cpl. A. E. 29897.		M. May 27—June 6/18.
1 A.	Forrester, C.-S.-M. Frank E. 20744.		M. May 27—June 6/18.
1 A. I	Gilbey, L.-Cpl. Wm. 242300.		M. May 27—June 6/18.
1 A. IV	Golledge, J. W. 42937.		M. May 27/18.
1 A. II	Green, E. 15424.		M. May 27/18.
1 A. I	Hammond, J. 42947.		M. May 26/18.
1 A. L.G.S.	Harper, Cpl. Harold. 15319.		M. April 2/18.
1 A. I	Hawkins, G. 235281.		M. May 26/18.
1 A. IV	Hickinbottom, W. 45967.		W. Unoff. M. end April/18.
1 A. I	Hopkins, William. 55270.		M. May 27/18.
1 A. I	Horton, W. H. 41634.		M. Mar. 29/18.
1 A. or D.	Jones, Geo. Stanley. 53091.		M. April 26/18.
1 A.	Kinch, Horace Victor. 51266		M. May 27/18—June 6/18.
1 A.	Langford, E. 241078.		M. May 27—June 6/18.
1 A.	Lepine, H. J. 37548.		M. Mar. 26/18.
1 A. II	Lucas, Joseph. 41129.		M. May 27—June 6/18.
1 A. I	Mayes, W. R. 51270.		M. May 27/18.
1 A. IV	Mead, C. A. 35159.		M. May 27/18—June 6/18.
1 A. IV	Meeks, A. 203987.		M. Mar. 25/18.
1 A. IV	Mill, P. A. 51271.		M. May 27/18.
1 A.	Partridge, L.-Cpl. W. J. 13420.		M. Mar. 29/18.
1 A. I	Peplow, L.-Cpl. Bert. 235297.		M. May 27—June 6/18.
1 A.	Phillips, E. W. 41507.		M. Mar. 26/18.
1 A.	Philpotts, Francis Edwin. 17665.		M. Mar. 27/18.
1 A.	Powers, T. W. 41200.		M. Mar. 23-28/18.
1 A.	Pratt, S. E. 235288.		M. May 27—June 6/18.
1 A.	Raybould, A. 20175.		M. Mar. 25/18.
1 A.	Roberts, G. 242591.		M. May 27—June 6/18.
1 A.	Scammell, Fredk. Thos. 38521.		M. May 27/18.
1 A. III	Smith, C. 34528.		M. May 27/18.
1 A. III	Southwick, Herbert B. 36583.		M. Mar. 25/18.
1 A.	Terry, G. 9745.		M. May 27—June 6/18.
1 A. I	Tiplady, S. 206211.		M. May—June/18.
1 A.	Tomlinson, W. 42949. (47817.)		M. May 27—June 6/18.
1 A.	Towers, Watson. 41135.		M. May 21/18.
1 A. or B.	Townsend, Wm. R. 380308. (260299.)		M. Mar. 21—April 1/18.
1 A. ¶	Train, Archie Wm. 36739.		W. and M. Mar. 25/18.
1 A. III	Tucker, F. G. 43110.		M. Aug. 28/18.
1 A. III	Tulk, Frank Albert. 29984.		M. May 27—June 5/18.
1 A.	Watts, H. 235299.		M. May 27—June 6/18.
1 A.	Wilkes, Cpl. Thos. 8679.		M. May 27—June 6/18.
1 A.	Williams, J. H. 42239.		M. May 27/18—June 6/18.
1 B. VIII	Ainley, J. 206251.		W. and M. Mar. 23/18.
*1 B. VI	Alsopp, Thos. Edgar. 235011.		M. Mar. 23/18.
1 B. VII	Barton, J. 202197.		M. May 27—June 6/18.
1 B. L.G.S.	Bentley, L.-Cpl. Sidney. 200163.		M. May 27/18.
1 B. or C.	Blackwell, Sgt. J. W. 11397.		

December 1st, 1918.

Worcestershire Regiment—contd.

B.E.F.

1 B.	Boulton, H. 15386.	M. Mar. 23—April 1/18.
1 B.	Bridgen, H. 235012.	M. April 2/18.
1 B. VII	Brodie, L.-Cpl. A. 55290.	M. May 27/18.
1 B.	Brookes, G. F. 235013.	M. Mar. 23—April 1/18.
1 B.	Bugg, E. 42296.	M. Mar. 23—April 1/18.
1 B.	Burton, J. 202197.	M. Mar. 23—April 1/18.
1 B.	Case, Saml. J. 51212.	M. May 27—June 6/18.
1 B.	Chandler, E. 241367.	M. Mar. 23—April 1/18.
1 B. V	Clayes, Fredk. 200203.	W. and M. Mar. 21—April 1/18.
1 B. VII	Cocker, L.-Cpl. John Edw. 27425.	M. May—June/18.
1 B.	Coles, A. 42304.	M. April 2/18.
1 B.	Crosby, A. J. 41185.	M. May 27—June 6/18.
1 B. VI	Culpitt, George T. 51223.	M. May 27/18—June 6/18.
1 B. V	Davies, Thomas Fredk. 51226.	M. May 27/18.
1 B.	Derrick, F. W. 242043.	M. Mar. 23—April 1/18.
1 B. VII	Drew, Harold. 40674.	W. Unoff. M. Mar. 23—April 1/18.
1 B.	Dutton, F. 25852.	M. Mar. 23-28/18.
1 B.	Evans, H. 8910.	M. Mar. 23—April 1/18.
1 B.	Fox, A. S. 42820.	M. May—June/18.
1 B.	Gale, W. 40550.	M. Mar. 23-28/18.
1 B.	Gower, V. 42238.	M. Mar. 23-28/18.
1 B.	Griffiths, L.-Cpl. A. 203756.	M. Mar. 23—April 1/18.
1 B. VI	Gunthorpe, Frank Wm. 51248.	M. May 27—June 6/18.
1 B. VI	Hale, S/B. Wm. Joseph. 206236.	M. May 27/18.
1 B.	Hammond, A. 46834.	M. Mar. 23—April 1/18.
1 B. or D.	Hancox, Charles. 45911	M. Mar. 28/18.
1 B. VIII	Hand, John. 201827.	M. Mar. 23—April 1/18.
1 B. VI	Harrison, L.-Cpl. J. H. 27960.	M. Mar. 23—April 1/18.
1 B.	Hayes, A. 34580.	M. Mar. 23/18.
1 B. VI	Hollis, Cpl. Ralph. 23280.	M. May 27—June 6/18.
1 B.	Horton, Cpl. F. A. 11649.	M. Mar. 23—April 1/18.
1 B.	Ison, J. 51606.	M. Mar. 23—April 1/18.
1 B.	King, S. J. 55280.	M. May—June/18.
1 B. or D.	Kitchen, Anthony. 235295.	M. May 27/18.
1 B. VI	Lamden, W. L. 50094.	M. Mar. 23—April 1/18.
1 B. VIII	Lovegrove, J. 55302.	M. May 27/18.
1 B. V	Maxwell Archibald. 55160.	M. May 27/18.
1 B. VII	Mayo, Leonard Fredk. 55303.	M. May 27/18.
1 B.	Mills, R. 6634.	M. Mar. 23—April 1/18.
1 B.	Smart, Hy. 203587.	M. Mar. 23—April 1/18.
1 B. V	Smith, A. 16678.	M. Mar.—April/18.
1 B. VI	Stringer, H. G. 27008.	M. Mar. 23—April 1/18.
1 B. V	Taylor, F. 234408.	M. May 26/18.
1 B.	Troughton, A. E. 202759.	M. Mar. 23/18.
1 B. VIII	Turberville, Thos. Henry. 55284.	M. May 27/18.
1 C.	Adams, F. 42278.	M. Mar. 23-28/18.
*1 C. IX	Arlett, T. 44475.	M. Oct. 14/18.
*1 C. X	Barnes, Cpl. A. F. 10377.	M. May 27/18.
1 C.	Barton, E. H. 200400.	M. May 27—June 6/18.
1 C. X	Beedham, A. L. 42285.	M. May 27—June 6/18.
1 C.	Brice, E. 206201.	M. May 27/18.
*1 C. X	Britton, W. 35473.	M. May 27/18.
1 C. XII	Bryan, J. 235302.	M. Mar. 25/18.
1 C.	Bullock, L.-Cpl. A. E. 25968.	M. Mar. 23-28/18.
1 C. X	Burford, Charles. 202402.	M. Mar. 23—April 1/18.
‡1 C. X	Butler, Henry Geo. 44374.	M. Oct. 14/18.
1 C. IX	Byrnes, A. 33369.	M. May 27/18.
1 C. X	Cale, L.-Cpl. H. 30255.	M. May 27/18.

December 1st, 1918.

Worcestershire Regiment—contd.

B.E.F.

‡1 C.		Carpenter, J. 43147.	M. Oct. 14/18.
1 C. X		Clarke, L.-Cpl. Alb. 206256.	M. May 27/18.
1 C.		Clews, J. W. 55275.	M. May 27—June 6/18.
1 C.		Cole, E. 19690.	M. Mar. 23-28/18.
1 C.		Collins, C. 45957.	M. Mar. 25/18.
1 C.		Corrie, Sgt. H. 11336.	M. Mar. 23—April 1/18.
1 C. X		Cottrell, A. 41217.	M. Mar. 23—April 1/18.
1 C. IX		Crump, Thomas. 19501.	M. May 27—June 6/18.
1 C.		Crumpton, B. 201068.	M. May—June/18.
1 C.		Devey, John Percy. 51228.	M. May—June/18.
1 C. IX		Drinkwater, Wm. 40320.	M. May 27—June 6/18.
1 C. XI		Edwards, H. 235033.	M. Mar. 24/18.
1 C.		Ellis, L.-Cpl. J. 9827.	M. Mar. 25/18.
1 C.		Evans, J. L. 10808.	M. May—June/18.
1 C. XII		Gamble, L.-Cpl. J. 8978.	M. Mar 25/18.
1 C. XI		Goule, E. 235034.	M. Mar. 25/18.
1 C. XII		Grafton, W. H. 51245.	M. May 27—June 6/18.
1 C.		Greenway, B. 201381.	M. Mar. 28/18.
1 C. XII		Griffiths, R. E. 203022.	M. May 27/18.
1 C. X		Grove, Sgt. H. 29918.	M. May 27/18.
1 C.		Haddon, H. 14385.	M. May 27—June 6/18.
‡1 C. IX		Hanks, Wm. 51361.	M. Oct. 14/18.
‡1 C. X		Harwood, Alfred. 44452.	M. Oct. 14/18.
1 C.		Hill, C. 40237.	M. Mar. 23-28/18.
‡1 C. XI		Hirst, Walter. 43096.	M. Oct. 14/18.
1 C. XII		Hodson, George. 203618.	M. April 8/18.
1 C.		Jarvis, Thos. 46275.	M. May 27—June 6/18.
1 C. XI		Johnson, F. H. 34897.	M. April 23/18.
‡1 C. XI		Kibble, Thos. Jas. 43341.	M. Oct. 14/18.
1 C.		Lake, Albert. 203117.	M. Mar. 23/18.
1 C. XI		Lewis, Cpl. Leo. Fredk. 33548.	M. May—June/18.
1 C.		McDonnell, H. 9798.	M. April 11/18.
1 C.		Mansell, Cpl. W. 8191.	M. Mar. 23—April 1/18.
1 C. X		Marshall, Ernest. 206242.	M. May 27/18—June 6/18.
‡1 C. XII		Meek, W. D. 4333.	M. Oct. 14/18.
1 C.		Moore, D.C.M., Sgt. W. 12024.	M. Mar. 23-28/18.
‡1 C. IX		Mustoe, H. A. 51275.	M. Oct. 14/18.
‡1 C. IX		Neale, Dan. 44473.	W. Unoff. M. Oct. 14/18.
1 C.		Newey, G. W. 11685.	M. May 27/18.
‡1 C. XII		Nicholas, I. W. 44383.	M. Oct. 14/18.
1 C. XII		Odell, W. G. 42921.	M. May 27/18—June 6/18.
1 C.		Penny Cpl. E. 11057	M. Mar. 23-28/18.
1 C.		Reynolds, Jos. Wm. 44156.	M. May 27—June 6/18.
1 C. X		Rossall, Geo. 44162.	M. May 27—June 6/18.
1 C.		Silk, John. 17338.	M. May 27/18.
‡1 C. XII		Smith, A. E. 58066.	M. Oct. 14/18.
1 C. IX		Smith, Chris. Arth. 235274.	M. May 27-31/18.
1 C. X		Smith, F. 23949.	M. May 27/18—June 6/18.
1 C. XII		Smith, G. H. 48089.	M. May 27/18.
1 C. XI		Smith, Horace Chester. 201764.	M. May 27/18.
1 C. IX		Southan, Tom. 42915.	M. May 27/18.
1 C.		Southwick, W. 49392.	M. Mar. 22—April 1/18.
1 C. XI		Stewart, W. A. 42591.	M. May 27/18—June 6/18.
‡1 C.		Vaisey, Geo. 9550.	M. May 27/18.
‡1 C. IX		Walker, L.-Cpl. Fred. 43065.	M. Oct. 14/18.
‡1 C.		Webber, Bnd.-Sgt. Lancelot Guy. 8964.	M. May 27/18.
1 C. XII		Wilson, W. J. 42930.	M. May 27/18.
1 C. XI		Wright, H. E. 15220.	M. May 27—June 3/18.

December 1st, 1918.

Worcestershire Regiment—contd.

B.E.F.

1 D. XVI	Arrowsmith, W.	21146.	M. Mar. 22-28/18.
1 D.	Beach, J. H.	42220.	M. May 27—June 6/18.
1 D.	Benfield, W. C.	15047.	M. Mar. 23-28/18.
1 D. XIII	Bowen, Cpl. J.	241600.	M. Mar. 21/18.
1 D. XVI	Dartnell, Percy.	235004.	M. Mar. 23-28/18.
1 D.	Evans, B.	42315.	M. Mar. 23-28/18.
1 D.	Gigg, C. H.	40532.	M. Mar. 23-28/18.
1 D.	Griffin, J.	235010.	M. Mar. 23—April 1/18.
1 D.	Harris, J.	15368.	M. Mar. 23-28/18.
1 D.	Hawkes, Joseph.	12727.	M. May 27—June 6/18.
1 D.	Hill, Wm.	24365.	M. May 27—June 6/18.
1 D. XV	Joynes, G.	260048.	M. Mar. 23-28/18.
1 D.	Lee, L.-Cpl. A. J.	12034.	M. Mar. 23-28/18.
1 D.	Marsh, Harold.	46185.	M. May 27—June 6/18.
1 D. XIII	Martin, L.-Cpl. F. T.	202217.	M. May 27/18.
1 D.	Moyan, Sig. Harold.	52389.	M. May 27—June 6/18.
1 D. XV	Newby, John.	50815.	M. May 27/18.
1 D. XVI	Newnham, G.	260339.	M. May 27—June 6/18.
1 D. XIV	Perkes, Fredk.	52404.	Unoff. M. May 27/18.
1 D XIV	Robson, Frank C.	47611.	M. May 27—June 6/18.
1 D.	Rowbottom, Dmr. F.	40486.	M. May 27—June 6/18.
1 D.	Seymour, Cpl. J.	10570.	M. Mar. 23/18.
1 D.	Sharman, F.	202199.	M. Mar. 25/18.
1 D. XV	Simons, G.	38240.	M. Mar. 25/18.
1 D.	Soley, Sgt. F.	9811.	M. Mar. 23-28/18.
1 D.	Stanier, Chas.	33332.	M. Mar. 23-28/18.
1 D. XIII	Vann, Reginald.	42948.	M. May—June 18.
1 D. XIV	Walters, F.	204554.	M. May 27—June 6/18.
1 D. XIV	Webster, Bertie Andrew.	48832.	M. Mar. 23-28/18.
1 D. XIII	Welsford, C. F.	36813.	M. Mar. 23-28/18.
1 D. XIV	Wise, M. S.	51725.	W. and M. Mar. 23/18.
1 H.Q. Sig. S.	Bissell, Wm.	18963.	M. Mar. 23/18.
1 H.Q.	Brown, Pnr. G.	34574.	M. Mar. 28/18.
1 H.Q.	Chandler, A. P.	206278.	K. April 24/18. Det.D./B.
1 H.Q.	Clarke, W. L.	30693.	M. May 27/18.
1 H.Q.	Jordan, Pnr. J. A.	37255.	M. Mar. 23-28/18.
1 H.Q. Sig. S.	Page, Chas. Hry.	45130.	M. June 27/18.
1 H.Q.	Proctor, George.	206209.	M. May 27/18.
1 H.Q.	Rimmer, Edward.	17831.	M. Mar. 23-28/18.
1 H.Q. Sig. S.	Taylor, J.	203430.	M. May 27—June 6/18.
1 ?	Benjamin, J. M.	42288.	M. Mar. 23-28/18.
1 ?	Blandford, Wm.	55273	M. May 27—June 6/18.
1 I.T.M.	Blunt, Wm.	202353. (24 Bde.)	Unoff. M. April 27/18.
1 ?	Dove, Maurice Scott.	42312.	M. Mar. 25/18.
1 ?	Dye, H. J.	6483.	M. May 27—June 6/18.
‡1 ?	Evason, R. E.	241227.	M. Oct. 14/18.
1 ?	Fallowfield, R.	42316.	M. April 2/18.
1 ?	Freeman, Frank.	51238.	M. May 27/18.
1 ?	Hancox, Joseph.	45947.	K. Sept. 5/18. Det.D./B.
1 ?	Holland, Alfred Wm.	41631.	M. May 27—June 6/18.
1 ?	Honey, H.	42229.	M. April 1/18.
1 ?	Huntley, Albert Wm.	51259.	M. May 27—June 6/18.
1 ?	Mitchell, W. H.	42238.	M. Mar. 23—April 1/18.
1 ?	Owen, G.	202599.	M. Mar. 23—April 1/18.
1 ?	Paddock, F. J.	21745.	M. May 27—June 6/18.
1 I.T.M.	Priest, George.	21756. (24 Bde.)	M. May 27/18.
1 ?	Randle, A.	24917.	M. Mar. 25/18.
1 I.T.M.	Reed, George.	10988. (24 Bde.)	M. May 27/18.
‡1 ?	Russell, H. W.	42916.	M. Oct. 14/18.

December 1st, 1918.

Worcestershire Regiment—contd.

B.E.F.

1 ?		Ryland, R. 306210. (Fr. 5 Glos.)	M. May 27—June 6/18.
1 L.T.M.		Seldon, Wm. 26054. (24 Bde.)	M. May 27/18.
1 ?		Sparrey, L. C. 241543.	M. May 27/18.
1 ?		Wyatt, Henry James. 13552.	M. Mar. 23—April 1/18.
*2		**Benbow, 2nd Lt. S.**	K. Sept. 29/18. Det.D./B.
2 A. IV		Ascroft, T. H. 2206.	Uno.ff M. April 17/18.
2 A. I		Barber, F. J. 52259.	M. April 10-17/18.
2 A. IV		Batchelor, Henry. 203188.	M. April 11-17/18.
‡2 A.		Beddocs, G. 41920.	M. April 11-17/18.
2 A. IV		Blues, Henderson. 42068.	M. April 11-17/18.
2 A.		Bridgewater, Sig. J. T. 203190.	M. April 11-17/18.
2 A. II		Cale, F. J. 50410.	M. April 11-17/18
2 A. IV		Clelford, L. J. 203158.	W. and M. April 11-17/18.
2 A.		Cole, A. 52289.	W. and M. April 11-17/18.
2 A. I		Cooper, John. 46279.	M. April 11-17/18.
2 A. IV		Hooton, G. E. 204096.	W. Unoff. M. April 11-17/18.
2 A.		Jordon, L.-Cpl. W. H. 33282.	M. April 11-17/18.
2 A. IV		King, W. 30988.	M. April 11-17/18.
2 A. IV		McIlroy, Harold Sutton. 241970.	M. April 11-17/18.
2 A. IV		Millward, A. 241449.	W. and M. April 11-17/18.
2 A. I		Stenner, L.-Cpl. A. H. 35140.	M. April 11-17/18.
2 A. III		Stephens, Percy Leonard. 50478.	M. April 11-17/18.
2 A.		Stirgess, Eric Wm. 203929.	M. April 11-17/18.
2 A. I		Summers, T. 30151.	M. Mar. 18/18.
2 A. III		Thomas, William John. 48855.	M. April 11-17/18.
*2 A.		Thompson, Dick. 41091.	M. Oct. 1/18.
2 A.		Turner, Douglas Alfred. 9812.	K. April 11-17/18. Det.D./B.
2 A. I		Wyer, L.-Cpl. Francis Arth. 27973.	M. April 11-17/18.
2 B. L.G.S.		Davies, P. 19060.	W. and M. April 16/18.
? B. VII		Down, H. W. 52302.	W. and M. April 15/18.
2 B. VII		Freeman, Chas. W. 203169.	M. April 11/18.
2 B. VI		Hall, Fredk. Geo. 50508.	M. April 11/18.
2 B. VI		Isaacs, Edgar. 51543.	M. April 15/18.
? B. VII		Jones, Cpl. Hy. Benbow. 240405.	M. April 16/18.
2 B. VII		Love, J. 200433.	M. April 11-17/18.
2 B. VII		Millard, Wm. Edgar. 50450.	M. April 11-17/18.
2 B. V		Moseley, H. 204224.	M. April 11-17/18.
2 B. VI		New, A. E. 50814.	M. April 11-17/18.
2 B. VII		Partington, Cpl. Jos. Francis. 27153.	M. April 11-17/18.
2 B. VII		Quin, Alfred. 50461.	M. April 15/18.
2 B. VIII		Smart, V. 25949.	W. and M. April 16/18.
2 B. VII		Stanley, A. S. 42530.	M. April 11-17/18.
2 C. XI		Ash, Sydney. 41919.	W. and M. April 12/18.
2 C. IX		Barfoot, C. 44331.	M. July 19/18.
2 C.		Birch, James Jeff. 201000.	M. April 11-17/18.
‡2 C. X		Blake, Cpl. Henry. 44289.	M. Sept. 29/18.
2 C. IX		Blaynee, C. J.	M. April 11/18.
2 C. XII		Branch, William. 25121.	M. April 14/18.
2 C. XII		Brown, G. 30961.	M. April 11-17/18.
2 C. X		Bruton, W. 31105.	M. April 11-17/18.
2 C. IX		Davies, Cpl. John. 8624.	M. April 11-17/18.
2 C. XI		Davies, W. T. 40229.	W. and M. April 13/18.
2 C.		Everard, Henry Edward. 30164.	M. April 11-17/18.
? C. IX		Faulkner, S. J. 25370.	W. and M. April 12/18.
2 C.		Gardener, Henry Edward. 30164.	M. April 11-17/18.
2 C. IX		Griffin, Harry G. 204055.	M. April 11-17/18.
2 C. X		Harding, H. 42052.	M. April 11-17/18.
2 C. XI		Hill, L.-Cpl. Wilfred. 16333.	W. and M. April 12/18.
2 C. X		Jakeman, Ernest. 21091.	M. April 11-17/18.

December 1st, 1918.

Worcestershire Regiment—contd.

B.E.F.

2 C.		Ness, Horace. 49294.	M. April 11-17/18.
2 C. X		Wells, Arthur. 27541.	M. April 11-17/18.
2 C. X		White, John. 16405.	M. April 11-17/18.
2 C. XII		Wills, E. 32203.	M. April 11-17/18.
2 C. XI		Winning, H. E. 31501.	M. April 11-17/18.
2 D.		Bristow, Sgt Herb. 5806.	M. April 11-17/18.
2 D. XV		Bussell, L.-Cpl. A. 50766.	W. and M. April 15/18.
‡2 D. XIV		Carter, Henry. 57708.	M. Sept. 29/18.
2 D.		Colwell, S. 52287.	W. and M. April 15/18.
2 D. XIV		Crisp, J. 42033.	M. April 11-17/18.
‡2 D. XIV		Ford, E. G. 51455.	M. Sept. 29/18.
‡2 D. XIV		Funge, A. 44273.	M. Sept. 29/18.
2 D. XIII		Griffiths, W. 24878.	M. April 11-17/18.
2 D. XV		Humphries, W. G. W. 202961.	W. and M. April 15/18.
2 D. XV		Lloyd, Wm. J. 204092.	M. April 11-17/18.
2 D.		Lomas, Cpl. C. A. 9904.	K. April 15-18/18. Det.D./B.
2 D.		Loveridge, F. 242661.	W. and M. April 16/17.
2 D. XIV		Mason, T. J. 204133.	W. and M. April 11-17/18.
*2 D. XV		Meek, Thomas. 27555.	M. April 17/18.
2 D. L.G.S.		Newey, C. W. 26063.	M. April 11-17/18.
2 D. XVI		Prescott, M. N. 42042.	M. April 11-17/18.
*2 D. XVI		Sorrell, Joseph. 50661.	M. Sept. 29/18.
‡2 D. XIV		Tallack, Rodney Merrifield. 57701.	M. Sept. 29/18.
2 D. Snip.		Waite, T. W. 48825.	M. April 11-17/18.
2 H.Q.		Adland, C. M. 40443.	M. April 11-17/18.
2 H.Q.		Andrew, L.-Cpl. Martin. 9617.	M. April 11-17/18.
2 H.Q.		Lawrence, Walter J. 35932. (Police)	M. April 11-17/18.
2 H.Q.		Palmer, Esau. 36313.	M. April 11-17/18.
2 H.Q.		Portman, Wm. Edgar. 31076.	M. April 11-17/18.
‡2 ?		Allen, J. W. 13403.	K. Sept. 29/18. Det.D./B.
2 ? L.G.S.		Bashford, Thomas. 20196.	M. April 11-17/18.
‡2 ?		Cassidy, Patrick Wm. 11047.	M. Oct. 12/18.
2 ?		Chamberlain, Cpl. 8258.	M. April 11-17/18.
*2 ?		Coombes, L.-Cpl. Wm. 8912.	W. and M. April 11/18.
2 I.T.M.		Daniels, Cpl. A. 20614. (100 Bde.)	W. and M. April 16/18.
2 Sig.		Davis, W. H. 203958.	M. April 11-17/18.
2 ?		Ford, T. R. 52312.	M. April 11-17/18.
2 ?		Grice, Sunley. 42073.	M. April 11-17/18.
2 ?		Peates, C. 15059.	M. April 9-14/18.
2 ?		Perkins, L.-Cpl. Albert. 25253.	K. April 11-17/18. Det.D./B.
2 ?		Sale, H. 34703.	W. and M. April 13/18.
2 ?		Stallard, W. T. 48839.	K. Sept. 29/18. Det.D./B.
2 ?		Thorne, Wm. 42067.	M. April 17/18.
2 ?		Wootton, W. 8528.	M. April 11-17/18.
3		**Grant, Capt. T.**	**W. and M. May 27/18.**
3 A. I		Adderley, J. C. 235361.	M. Mar. 22/18.
3 A. I		Addis, Thos. 41852.	W. and M. Mar. 21/18.
3 A.		Alderthay, Bruce. 36244.	M. May 27/18.
3 A.		Andrews, Reginald Arthur. 41822.	M. Mar. 22/18.
3 A. I		Appleyard, Cpl. Percy. 53040.	M. May 27/18
3 A. I		Astley, L. 41936.	Unoff. W. and M. Mar. 22/18.
3 A.		Atkins, R. Howard. 53041.	M. May 27/18.
3 A. I		Baker, A. E. 41820.	M. May 27/18.
3 A.		Ball, Edgar Addison. 53042.	M. April 26/18.
3 A. II		Beasley, J. 20470.	M. May 27/18.
3 A.		Belfield, C. V. 41947.	M. Mar. 22/18.
3 A.		Bentley, A. H. 41824.	M. April 10/18.
3 A.		Biggin, V. 41949.	M. Mar. 22/18.

December 1st, 1918.

Worcestershire Regiment—contd.

B.E.F.

3 A. III	Billingsley, John Alex. 41950	M. Mar. 22/18.
3 A. III	Bird, Thomas J. 260349.	W. and M. Mar. 21/18.
3 A. I	Bowman, A. M. 41286.	Unoff. M. Mar. 22/18.
3 A. or B.	Brennan, P. 41964.	M. Mar. 22/18.
3 A. I	Brinkworth, Wm. Thos. 40224.	M. May 27/18.
3 A.	Broadwell, J. 41823.	W. and M. Mar. 21/18.
3 A.	Cassidy, Peter Anthony. 41828.	M. April 21/18.
3 A. or B.	Clark, J. R. 41971.	M. April 26/18.
3 A. or B.	Colliver, S. O. 57375. (Fr. Ox. Hussars, 3824.)	Unoff. M. May 27/18.
3 A. III	Eaton, F. T. 41857.	M. May 27/18.
3 A. III	Etheridge, F. 37561.	M. Mar. 22/18.
3 A. I	Evans, Cpl. W. H. 53073.	M. Sept. 7/18.
3 A.	Fairhurst, T. 53074.	M. May 27/18.
3 A. II	Finch, W. J. 41831.	M. May 27/18.
3 A. I	Greenfield Eli. 41834.	M. May 27/18.
‡3 A. III	Hadley, L.-Cpl. W. 46250.	W. Unoff. M. May 29/18.
3 A.	Helliwell, Roland. 42018.	M. May 27/18.
3 A.	Hough, Albert. 53088.	M. April 26/18.
3 A. IV	Jackson, Jas. H. 46285.	M. April 11/18.
3 A.	Langmead, C. 41837.	M. Mar. 22/18.
‡3 D. III	Midwinter, H. C. 41419.	M. April 11/18.
3 A. II	Moore, Walter. 22916.	W. and M. April 11/18.
3 A. II	Morgan, Alfred. 39594.	M. April 11/18.
3 A.	Morgan, D. J. 53104.	M. May 27/18.
3 A. II	Peplow, Charles. 53110.	M. May 27/18.
3 A.	Perry, L.-Cpl. Jas. 23432.	W. and M. Mar. 21/18.
3 A. I	Pitt, Alfred James. 39886.	W. and M. April 10/18.
3 A. I	Poole, R. 51296.	M. May 27/18.
3 A. III	Rock, T. 201325.	M. May 27/18.
3 A. III	Veck, W. 23683.	W. and M. Mar. 24/18.
3 A.	Wells, L.-Sgt. Robt. Hry. 28000.	M. May 27/18.
3 A. III	Wesley, Percy John. 43997. (Fr. 9th Suff. and Entr.)	M. April 10/18.
3 A. II	Whetton, Cpl. Albert. 39887.	M. Mar. 22/18.
3 A. III	Wooldridge, Albert. 46794.	M. April 11/18.
3 B. V	Allen, H. 33512.	W. and M. April 11/18.
3 B.	Bennett, N. G. 52490.	M. Mar. 22/18.
3 B. VI	Bird, Sidney. 53048.	M. May 27/18.
3 B.	Blackwell, F. 41962.	M. Mar. 22/18.
3 B.	Britland, W. H. 41963.	M. Mar. 21-22/18.
3 B. V	Clough, James. 41973.	M. Mar. 22/18.
3 B.	Crick, Walter E. T. 207285.	M. May 27/18.
3 B. VIII	Crookes, H. 41987.	M. May 27/18.
3 B.	Evans, Percy. 57364.	M. May 27/18.
3 B. VI	Field, Fredk. Charles. 41859.	M. May 27/18.
3 B.	Fleetwood, A. B. 52513.	M. Mar. 22/18.
*3 B. V	Gamlen, E. 41865.	W. Unoff. M. May 27/18.
3 B. VI	Garlick, A. E. 53078. (326343.)	M. May 27/18.
*3 B. I.T.M.	Glover, T. R. 25152. (74 Bde.)	M. April 10/18.
*3 B. I.T.M.	Gough, S. J. 13437. (74 Bde.)	M. April 10/18.
3 B.	Harper, C.-S.-M. J. E. 10900.	M. Mar. 22/18.
3 B. V	Harris, F. J. 57367.	D/W. June 6/18. Det.D./B.
3 B.	Hemming, Cpl. F. 27322.	M. April 12/18.
3 B.	Hill, Edmund. 36303.	M. April 11/18.
3 B.	Hill, T. 49340.	M. May 27/18.
3 B. V	Hollis, E. Joseph. 35959.	M. Mar. 22/18.
3 B. or C.	Hunt, Ernest. 41878.	M. April 11/17.
3 B. V	Hussey, L.-Cpl. F. S. 36791.	W. and M. May 28/18.

December 1st, 1918.

Worcestershire Regiment—contd.

B.E.F.

3 B. VI	Johnson, Chas. Wm. 57408.	M. May 27/18.	
3 B. or C.	Kendall, E. J. 204110.	M. May 27/18.	
3 B. V	Lewis, C. Brindley. 16646.	M. May 27/18.	
3 B. or C.	Mason, T. R. 27526.	M. May 27/18.	
3 B. VI	Metcalfe, Harold. 42368.	M. Mar. 23/18.	
*3 B.	Mitton, Wm. 38534.	K. Mar. 22/18.	Det.D./B.
3 B. or C.	Morris, W. E. 57288.	M. May 27/18.	
3 B. II	Morrogh, B. A. 53105.	M. May 27/18.	
3 B.	Mullins, H. 50967.	M. May 27/18.	
3 B.	Page, F. C. 50979.	M. May 27/18.	
3 B. or C.	Rossiter, W. 46468.	M. May 27/18.	
3 B. VI	Sadler, A. 27277.	M. Mar. 22/18.	
3 B. V	Sanby, W. B. 53122.	W. Unoff. M. April 26/18.	
3 B. IV	Savage, Wm. John. 202657.	M. April 10/18.	
3 B. VI	Sefton, Harry. 204009.	M. June 27/18.	
3 B.	Smallbones, L.-Cpl. Thos. Hry. 7818.	M. April 11/18.	
3 B. V	Stanley, F. E. 57360.	M. May 27/18.	
3 B. VI	Thornton, Edw. 57385. (Fr. 2 Ox. and Bucks.)	M. May 27/18.	
3 B. or C.	Webb, Christ. Hy. 57331.	M. May 27/18.	
3 B.	Williams, Ernest. 39639.	M. May 23/18.	
3 C.	Barber, H. 10113.	M. May 29/18.	
*3 C. XII	Britton, G. 30751.	M. May 27/18.	
3 C. or D.	Cheatle, T. 204100.	M. April 10/18.	
3 C. or D.	Chellingworth, A. E. 48156.	M. May 27/18.	
3 C. or D. L.G.S.	Collins, L.-Cpl. Vic. Jas. 20155	M. May 27/18.	
3 C.	Cooper, Wm. Albert. 202788.	M. May 27/18.	
3 C.	Crew, Allan. 41982.	M. May 27/18.	
3 C. or D.	Croton, F. A. 202471.	M. April 10/18.	
3 C.	Deeley, S. H. 57334.	M. May 27/18.	
3 C. or D.	Dews, W. R. 44857.	W. and M. April 12/18.	
3 C. XII	Feriton, L.-Cpl. 35879.	M. April 10/18.	
3 C. X	Flood, Sam. 57388.	M. April 26/18.	
3 C. or D.	Foster, George. 42003.	M. Mar. 22/18.	
3 C. VII	Foster, J. V. 16761.	M. May 27/18.	
3 C. or D.	Gibbard, Bernard K. 46937.	M. April 17/18.	
3 C. X	Harrison, Charles G. 57262.	M. May 27/18.	
3 C. or D.	Heighton, Richd. 42017.	M. April 26/18.	
3 C. VIII	Hood, Wm. Geo. 48058.	M. May 27/18.	
3 C. XI	Hudson, W. 42021.	M. May 27/18.	
*3 C. I.T.M.	Ireson, A/Cpl. J. 10794. (74 Bde.)	M. April 10/18.	
3 C. or D.	Isaac, Sgt. R. L. 23286.	M. May 28/18.	
3 C. IX	Jones, F. 204109.	M. May 27/18.	
3 C. XII	Jones, John Leonard. 39563.	M. April 10/18.	
3 C. or D.	Kenyard, A. E. 42386.	W. and M. April 10/18.	
3 C. IX	Lewis, J. W. 57417.	M. April 26/18.	
3 C. or D.	Mackrill, Arth. Dumas. 57410.	M. May 27/18.	
3 C. or D.	Merry, A. J. 41886.	M. May 27/18.	
3 C. or D.	Nuttall, Harold. 57390.	M. May 27/18.	
3 C. or D.	Owen, F. 41896.	W. and M. April 10/18.	
3 C. or D.	Peacock, S. 57302.	M. May 27/18.	
3 C. IX	Probert, L.-Cpl. W. 40572.	M. May 28/18.	
3 C.	Rafferty, G. 33423.	M. May 27/18.	
3 C.	Randall, G. P. 42385.	M. April 4/18.	
3 C. or D.	Renyard, A. E. 42386.	W. Unoff. M. April 10/18.	
*3 C. IX	Robinson, J. 42459.	M. May 27/18.	
3 C. or D.	Russell, G. H. 57357.	M. May 27/18.	
3 C. or D.	Sheppard, Horace Smith. 57307.	M. May 27/18.	

December 1st, 1918.

Worcestershire Regiment—contd.

B.E.F.

3 C. XI	Sutton, F. F. 40543.		M. May 27/18.
3 C. or D.	Terheege, Thomas. 40859.		M. April 10/18.
3 C. IX	Timms, P. L. 57358		M. May 27/18.
3 C.	Turley, J. 7433.		M. May 27/18.
3 C. XII	Wood, W. G. 40440.		M. May 27/18.
3 D.	Abercrombie, Tom. 48468.		M. May 27/18.
3 D.	Adams, A. 57281.		M. May 27/18.
3 D.	Folland, E. 42001.		M. Mar. 22/18.
3 D.	Franklin, Gilbert. 42004.		M. April 10/18.
3 D.	Gardner, M.M., Sgt. A. J. 18682.		W. and M. May 28/18.
3 D.	Gibson, Robert. 42006.		M. Mar. 22/18.
3 D.	Hall, Thos. Gerald. 42013.		M. May 27/18.
3 D.	Hayward, F. J. 57346.		M. May 27/18.
3 D.	Herbert, Wm. 42463.		M. April 10/18.
3 D.	House, Robt. 57301.		M. May 27/18.
3 D.	Hutt, F. R. 207278.		M. April 26/18.
3 D.	Kirk, Thomas. 57284.		M. May 27/18.
3 D.	Long, Edmund Grove. 57326.		M. May 27/18.
3 D.	Nicolls, S. C. 41894.		M. April 10/18.
3 D.	Oakley, Sgt. Daniel. 201277.		W. and M. May 27/18.
3 D.	Payey, A. W. 57273.		M. May 27/18.
3 D.	Price, L.-Cpl. W. A. 33128.		W. and M. April 10/18.
3 D.	Rowberry, A. D. 242367.		M. May 27/18.
‡3 D.	Symonds, F. 57344.		**M. May 27/18.**
3 D.	Symonds, Wm. 41902.		M. April 10/18.
3 D. XVI	Tongue, S. 8812.		M. May 27/18.
3 D.	Vincent, Arthur Samuel. 57316.		M. May 27/18.
3 D.	Watkinson, Clifford. 57337.		Unoff. M. May 27/18.
3 H.Q.	Harris, Sig. James. 202721.		K. May 27/18. Det.D./B.
3 H.Q. Sig. S.	Tucker, G. H. 33175.		M. May 27/18.
3 ? Sig. S.	Anderson, Alex. 12686.		M. May 27/18.
3 ?	Bott, W. 203975.		M. May 27/18.
3 ?	Colliver, S. O. 57375. (Fr. Oxford Hussars, 3824.)		M. May 27/18.
3 ?	Darwood, T. 53059.		M. April 26/18.
3 ?	Davies, A. H. 42874.		Unoff. M. May 27/18.
3 I.T.M.	Edwards, E. A. 57341. (74 Bde.)		M. May 27/18.
3 ?	Elleman, Cpl. C. 9226.		M. May 27/18.
3 ?	Exell, Cpl. Wm. 235382. (Fr. 4 Glos., 420127.)		W. and M. April 10/18.
*3 ?	Holdem G. H. 242362.		M. April 10/18.
3 ?	Hollis, C. 8219.		M. May 27/18.
3 ?	Homer, W. 203628.		M. May 27/18.
3 ?	Lewis, Albert. 52480.		M. Mar. 22/18.
3 ?	McCarthy, T. H. 40861		M. May 27/18.
3 ?	Mitchell, A. V. 50961.		M. May 27/18.
3 I.T.M.	Moorhouse, E. B. 42371. (74 Bde.)		W. and M. May 26/18.
3 ?	Newport, Regd. 203221. (Fr. 7th.)		M. April 26/18.
3 ?	Portsmouth, Wm. 42469.		M. April 10-13/18.
3 ?	Powell, David Marsden. 57402.		K. April 26/18. Det.D./B.
3 ?	Price, Arthur. 38966.		M. May 27/18.
3 ?	Rhodes, C. A. 42387.		M. May 27/18.
3 Sig. S.	Richards, L.-Cpl. John. 12114.		**M. June 6/18.**
3 ?	Richardson, A. Fred. 57521. (Fr. 10.)		W. and M. May 28—June 18/18.
3 ?	Robinson, C. R. 42865		M. April 10/18.
3 ?	Savage, Frank. 41899.		M. May 27/18.
3 ?	Sherwood, Walter. 53124.		W. and M. **April 26/18.**
3 ?	Smith, Wilfrid. 57343.		M. May 27/18.
3 ?	Taylor, W. J. 203673.		M. April 10/18.

December 1st, 1918.

Worcestershire Regiment—contd.

B.E.F.

3 ?		Watson, Sgt. Geo. Robt. 19488.	M. April 10/18.
4 W. II		Barnett, G. W. 50408.	M. June 15/18.
4 W.		Davies, James. 8025.	M. June 15/18.
4 W. I		Haddleton, W. 37855.	M. June 15/18.
4 W. III		Hardy, E. 50308.	K. Sept. 29/18. Det.D./B.
4 W. IV		Hopkins, W. 16521.	M. June 15/18.
4 W. IV		Hunt, Stanley Charles. 41625.	M. June 15/18.
4 W. I		Johnson, E. B. 50440.	K. June 15/18. Det.D./B.
4 W. III		Kears, Fredk. 22707.	M. June 16/18.
4 W. III		Kendall, W. 46115.	M. June 15/18.
4 W. IV		Lambert, W. J. 53149.	M. April 13/18.
4 W.		Mumford, Enoch. 45262.	M. June 15/18.
4 W.		Stevens, Herbert. 50479.	M. June 15/18.
4 X. V		Arkell, J. T. 31449.	M. April 12/18.
4 X. VII		Dutton, Sgt. Wm. 51765.	M. June 17/18.
4 X. VII		Hunt, R. S. 46107.	W. Unoff. M. Oct. 14/18.
4 X.		Nowlan, Albert Thos. 37504.	W. and M. Mar. 25/18.
4 X. VI		Short, R. J. 45122.	W. and M. June 15/18.
4 Y. XII		White, C. 204244.	K. April 27/18. Det.D./B.
1 Z. XV		Smith, Charles. 25092.	M. April 11/18.
4 ?		Drain, Bernard. 9124.	M. June 15/18.
4 ?		Stepney, Charles. 30754.	M. June 15/18.
6 C.		Wood, Chris. 22549.	W. and M. Mar. 21/18.
2/7 A. IV		Fisher, Geo. Wm. Henry. 203197.	M. April 11-17/18.
2/8		**Hutchinson, 2nd Lt. A. N.** (Fr. 7.)	M Mar. 22/18.
2/8 A. I		Boorn, E. J. 204225.	M. Mar. 21/18.
2/8 A. IV		Casson, Arthur. 50738.	M. Mar. 21-31/18.
2/8 A.		Coleman, J. 12166.	M. Mar. 21-31/18.
2/8 A. II		Haggar, Cpl. W. 23224.	M. Mar. 21-31/18.
2/8 A.		Hartles, Sgt. J. W. 240251.	M. Mar. 21/18.
2/8 A.		Holmes, E. 41240.	M. Mar. 22/18.
2/8 A. I		Parker, Tom T. 42643.	M. Mar. 21-31/18.
2/8 A. L.G.S.		Wright, W. 242234.	M. Mar. 21/18.
2/8 B. V		Culnerhouse, G. 241429.	M. Mar. 21/18.
2/8 B. or H.Q.		Ince, Alb. John. 241455.	M. Mar. 21/18.
2/8 B.		May, A. 241407.	M. Mar. 21/18.
2/8 B.		Mellward, L.-Cpl. S. 201904.	M. Mar. 21-31/18.
2/8 B.		Sibley, J. 201655.	M. Mar. 21-31/18.
2/8 B.		Smith, Sgt. T. 241423.	M. Mar. 21-30/18.
2/8 B.		Wood, O. G. 240741.	M. Mar. 21/18.
2/8 C. XI		Basterfield, L.-Cpl. H. 201086.	M. Mar 21/18.
2/8 C.		Bishop, Ernest Victor. 242149.	M. Mar. 21/18.
2/8 C. XI		Crane, H. 260332.	M. Mar. 21-31/18.
2/8 C.		Hemming, C.-S.-M. P. 241385.	M. Mar. 21/18.
2/8 C. X		Lane, A. 13468.	M. Mar. 21-31/18.
2/8 C. X		Mallin, J. 30138.	M. Mar. 21-31/18.
2/8 C. XI		Noyes, J. 260340.	M. Mar. 21-31/18.
2/8 C. X		Petherick, Edwin. 242085.	M. Mar. 21/18.
2/8 C. IX		Phillips, Sig. W. 20158.	M. Mar. 21-31/18.
2/8 C. XII		Potter, P. 29981.	M. Mar. 21-31/18.
2/8 C.		Pugh, Sgt. G. 200230.	M. Mar. 21/18.
2/8 C.		Rice, B. 241964.	M. Mar. 21/18.
2/8 C.		Summers, Alfred. 241195.	M. Mar. 21/18.
2/8 C.		Thompson, L.-Sgt. S. C. 240708.	M. Mar. 21-31/18.
2/8 C. L.G.S.		Watchorn, Cpl. E. 242231.	M. Mar. 21/18.
2/8 D.		Bates, C. J. 43675.	Unoff. M. Aug. 12/18.
2/8 D. XIII		Hughes, L.-Cpl. F. D. 202313.	M. Mar. 21/18.
2/8 D.		Hyatt, O. 57902.	M. Aug. 12/18.
2/8 D. L.G.S.		Kane, L.-Cpl. Chas. 242184.	M. Mar. 21/18.

December 1st, 1918.

Worcestershire Regiment—contd.

B.E.F.

2/8 D.		Mycock, Herbert. 52533.	K. April 15/18. Det.D./B.
2/8 D. XIV		Peplow, H. F. 203407.	M. Mar. 21/18.
2/8 D.		Tomkinson, J. H. 240780.	M. Mar. 21/18.
2/8 D.		Wells, M.M., Cpl. A. V. 11341.	M. Mar. 21-31/18.
2/8 H.Q.		Fowler, Jack. 240243.	M. Mar. 21/18.
2/8 H.Q.		Jones, F. 203647.	M. Mar. 21-31/18.
2/8 ?		Barlow, Herbert. 41483.	M. Mar. 21-31/18.
2/8 ?		Harris, Chas. T. 242665.	M. Mar. 21/18.
2/8 ?		Lacey, Cpl. 241394.	M. Mar. 21/18.
2/8 ?		Lane, H. 35097.	M. Mar. 21/18.
2/8 ?		Newey, C. W. 263080.	M. Mar. 21/18.
2/8 ?		Stevens, Wilfrid. 263090.	M. Mar. 21-31/18.
10		**Beaman, 2nd Lt. W. A.**	K. April 10/18. Det.D./B.
10		**Ward, 2nd Lt. P. F. S.** (Fr. 2/7.)	K. Mar. 23/18. Det.D./B.
‡10 A.		Beer, Sgt. W. G. 202672.	M. Mar. 23/18.
10 A. II		Bell, G. 203353.	M. Mar. 22/18.
10 A. IV		Bishop, W. 203259.	M. Mar. 22/18.
10 A. II		Bolter, A. J. 203620.	M. May 28—June 18/18.
10 A. I		Butcher, Robt. Bucknole. 57426.	M. May 28—June 18/18.
10 A. I		Callahan, A. E. 24234.	M. Mar. 22/18.
10 A. IV		Cartwright, Vic. 30976.	K. Mar. 22/18. Det.D./B.
10 A.		Chatterton, J. 19059.	M. May 28—June 18/18.
10 A.		Clifford, Sig. L. H. 207297.	W. Unoff. M. May 28—June 18/18.
10 A. II		Daybank, G. 30703.	W. and M. Mar. 23/18.
10 A. I		Derry, George. 8841.	M. May 30/18.
10 A. IV		Fordanshi, C. 57515.	M. May 28—June 4/18.
‡10 A. IV		**Garbutt, W. 42322.**	M. Mar. 16/18.
10 A. or D.		Gardner, J. 201902.	M. Mar. 21/18.
10 A. III		Geugh, Stanley Reginald. 57453.	K. July 4/18. Det.D./B.
10 A. I		Gulliver, P. F. 34538.	M. Mar. 22/18.
10 A.		Hall, A. J. 17007.	W. and M. Mar. 22/18.
10 A.		Hanson, W. H. 42336.	M. April 10/18.
10 A.		Harsant, Fred 202202	M. April 10/18.
10 A.		Hartlebury, Sgt. F. J. 200161.	M. Mar. 22/18.
10 A.		Haworth, I. 57458.	M. May 28—June 18/18.
10 A I		Hill, James. 14926.	M. Mar. 21/18.
10 A.		Hodgson, R. 42344.	M. April 10/18.
10 A. II		Holden, J. 201078.	M. Mar. 22/18.
10 A. III		Kirkham, George. 39994.	M. Mar. 21/18.
10 A.		Lee, Samuel. 201862.	M. May 28/18.
10 A. III		Lowe, C. H. H. 41693.	M. Mar. 22/18.
10 A. II		McDonald, A/Cpl. A. 40726.	W. Unoff. M. Mar. 22/18.
10 A. I		Matta, Frank. 207265.	M. May 28—June 18/18.
10 A.		Matthews, S. H. 202574.	M. Mar. 22/18.
10 A.		Moore, W. 40703.	M. Mar. 22/18.
10 A. I		Muncaster, L.-Cpl. Thos. Barwise. 201912.	M. Mar. 22/18.
10 A.		Nunn, Walter. 42746.	M. Mar. 22/18.
10 A.		Parkin, F. W. G. 51286.	M. May 28—June 16/18.
10 A.		Pearce, Joseph. 51293.	W. and M. May 28—June 18 18.
10 A. III		Perks, Leo. John. 22919.	W. and M. Mar. 22/18.
10 A. I		Pitt, L.-Cpl. G. 40023.	M. April 10/18.
10 A.		Rabone, Joe. 22721.	M. April 10/18.
10 A. IV		Smith, J. W. 40117.	M. Mar. 22/18.
10 A. III		Smith, Wm. John. 46783.	M. Mar. 22/18.
10 A.		Stagg, W. 51324.	M. May 28—June 28/18.
10 A.		Stinchcombe, Wilfred. 18676.	M. May 30/18.
10 A. I		Stock, Albert. 51327.	W. Unoff. M. May 28—June 18/18.
10 A. III		Surman, L. 17567.	M. April 10/18.

December 1st, 1918.

Worcestershire Regiment—contd.

B.E.F.

* 10 A.		Tellam, L. 57492.	M. May 28—June 18/18.
10 A.		Tilbrook, W. 42759.	M. April 10/18.
10 A.	II	Treasure, Frank. 51341.	M. May 27—June 8/18.
10 A.	IV	Trodd, John G. S. 207309.	M. May 28—June 18/18.
10 A.	I	Turner, Joseph. 42271.	M. Mar. 22/18.
10 A.	II	White, Joe 42273.	M. Mar. 22/18.
10 A.	IV	Wilkes, Alf. 20824.	W. Unoff. M. Mar. 22/18.
10 B.	VII	Ashford, Edward. 235122.	M. April 28/18.
10 B.	VIII	Bardsley, Isaac. 235130.	M. Mar. 21/18.
10 B.		Bolton, F. 201065.	M. May 28—June 18/18.
10 B.	V	Branch, A. 38166.	M. Mar. 21/18.
10 B.	VI	Brown, C. E. 16361.	M. Mar. 21/18.
*10 B.	VII	Busby, John. 44183.	W. and M. May 28—June 18/18.
10 B.	VI	Culliton, William. 42244.	M. April 10/18.
10 B.	VI	Cupper, T. E. 201732.	W. and M. Mar. 21/18.
10 B.		Danes, Ernest. 51488.	W. and M. May 27—June 6/18
10 B.	V	Davis, James. 241389.	W. and M. May 28—June 18/18.
10 B.	VIII	Edmunds, L.-Cpl. Alb. Vic. 39873.	M. Mar. 21/18.
10 B.	V	Edwards, J. 8751.	W. Unoff. M. Mar. 21/18.
10 B.	VII	Green, A. C. 35579.	M. April 10/18.
10 B.		Hodges, Evan. 36332.	M. April 10/18.
10 B.	VIII	Johnson, Harry. 235116.	M. April 10/18.
10 B.	V	Kellow, F. G. 36984.	M. April 10/18.
10 B.	VII	Kings, E. T. 203645.	M. April 10/18.
10 B.		Lee, J. 43558.	W. and M. May 28—June 18/18.
10 B.		Lees, Sam. 235159.	M. Mar. 1/18.
10 B.	VII	Mann, Chas. 422260.	W. Unoff. M. April 10/18
10 B.		Murch, T. G. 241972.	M. May 28/18.
10 B.	VI	Orme, George. 51285.	M. April 10/18.
10 B.	VIII	Smith, S. 42836.	M. Mar. 21/18.
10 B.	VIII	Suttle, Ernest. 235173.	W. and M. May 28—June 18/18.
10 B.	VII	Vyle, John. 44199.	M. April 10/18.
10 B.	VII	Ward, F. 203383. (Fr. 2/7th.)	M. May 30/18.
10 C.	XI	Ball, H. M. 204284.	M. Mar. 22/18.
10 C.	XI	Bradley, Thos. W. 202396.	Unoff. M. May 30/18.
10 C.		Bull, H. M. 204284.	M. April 10/18.
10 C.		Bunn, Leonard. 201836.	M. April 10/18.
10 C.	IX	English, W. 36841.	M. Mar. 21/18.
10 C.	IX	Fleming, T. 18175.	M. Mar. 21/18.
10 C.	X	Gill, F. 39994.	M. Mar. 21/18.
*10 C.	X	Gill, F. T. 42254.	M. April 10/18.
10 C.		Green, E. J. 202419.	M. Mar. 22/18.
10 C.		Hartley, Wm. 235146.	W. and M. May 28—June 18/18.
10 C.	XI	Hearson, Geo. H. 42255.	W. and M. April 10/18.
10 C.		Heayns, Henry. 202636.	M. Mar. 21/18.
10 C.	XI	Huckfield, Arthur. 241556.	M. May 30/18.
10 C.	XI	James, Jack. 42257.	M. May 28—June 18/18.
10 C.	IX	Jones, G. W. 57518.	W. Unoff. M. Mar. 21/18.
10 C.	IX	Kitchen, Sgt. Walter. 45083.	M. May 28—June 18/18.
10 C.		Law, H. 37201.	M. April 10/18.
10 C.		Lee, W. 49961.	M. May 28—June 6/18.
10 C.	X	Pearson, Wm. Henry. 57473.	M. May 28—June 18/18.
10 C.	IX	Pope, J. E. 207329.	M. April 10/18.
10 C.	X	Scott, John. 235199.	W. and M. May 28—June 18/18.
10 C.	IX	Sturges, Gerald M. 51420.	M. April 10/18.
10 C.	XI	Turner, Thos. Will. 202620.	M. April 10/18.
10 C.	XII	Wilson, Arthur. 42764.	M. Mar. 22/18.
10 D.	XVI	Barker, Frank. 203666.	M. April 10/18.
10 D.	XV	Beard, Cpl. F. W. 43538.	M. April 10/18.

December 1st, 1918.

Worcestershire Regiment—contd.

B.E.F.

10 D. XIV	Cliffe, W. R. 20376.	M. April 10/18.
10 D. XIV	Etheridge, G. 25694.	M. April 10/18.
10 D. XV	Goddard, G. H. 34246.	D/W. April 17/18. Det.D./B.
10 D. XIV	Hardiman, E. V. 37837.	M. Mar. 24/18.
10 D. L.G.S.	Jukes, A. J. 21496.	M. Mar. 24/18.
10 D. XIII	Long, L.-Cpl. Fredk. 235250.	M. April 10/18.
10 D. XVI	Stevenson, A. 235176.	M. Mar. 21/18.
10 H.Q.	Cooper, William. 12232.	M. April 10/18.
10 H.Q.	Priest, James. 14249.	M. Mar. 23/18.
10 ?	Bunn, Saml. 38177.	W. and M. Mar. 22/18.
10 ?	Cox, E. J. V. 57437.	M. May 30/18.
10 ?	Hill, Wm. 45960.	M. April 10/18.
10 ?	Pembury, George. 38170.	M. Mar. 21/18.
10 ?	Whittaker, H. 202542.	M. Mar. 21/18.
14 A. II	Bean, Geo. 41706.	M. Mar. 25/18.
14 A. III	Bromley, Ralph Hodgson. 41705.	M. Mar. 25/18.
14 A.	Evans, L.-Cpl. W. 25118.	W. and M. Mar. 25/18.
14 A. III	Loveridge, A. 22403.	W. and M. Mar. 21/18.
14 A.	Smith, J. J. 24759.	M. Mar. 25/18.
14 B.	Davies, John. 10936.	W. Unoff. M. Mar. 24/18.
14 B.	Hartnoll, H. 41731.	M. Mar. 25/18.
14 B. VII	Squance, William. 202159.	M. Mar. 25/18.
14 B. VII	Tomlinson, W. 42415.	M. Mar. 25/18.
14 C.	Caldicott, B. G. 235328.	M. Mar. 25/18.
14 C.	Edwards, L.-Cpl. W. 30756.	W. and M. Mar. 25/18.
‡14 ?	Green, A. H. 18954.	M. May 27/18.
14 ?	Watson, John. 40218.	W. and M. Mar. 25/18.

BALKANS.

11 D.	Willets, Harry. 27211.	W. and M. May 30/18.
‡11 H.Q.	Hodgkins, A. E. 29925.	D. in 28 G.H. Oct. 19/18. Det.D./B.
‡11 ?	Vaughan, T. 38161.	K. Sept. 3/18. Det.D./B.

ITALY.

8 C. X	Kreps, Sidney. 51059.	M. Aug. 3/18.
8 C.	White, Sgt. Oliver. 240075.	M. Aug. 25/18.

PERSIAN GULF.

9 A.	Barnes, Walter E. 36433.	M. Sept. 14/18.
9 A.	Henderson, Cpl. F. 13762.	M. Sept. 14/18.
9 B.	Chance, Walter Jas. 35735.	M. Sept. 14/18.
9 B.	Jacobs, W. 34086.	M. Sept. 14/18.
9 B.	Morris, Fredk. Chas. 36165.	M. Sept. 14/18.
9 B.	Oakley, Wm. Horace. 27018.	M. Sept. 14/18.
9 B.	Wainwright, Sgt. Geo. D. 200672.	M. Sept. 14/18.
9 C.	Callow, W. J. 34276.	M. Sept. 14/18.
9 C.	Davies, L.-Cpl. Geo. 202833.	W. and M. Sept. 14/18.
9 C. XII	Hamilton, Cpl. J. 45085.	M. Sept. 14/18.
9 C. XII	Mills, E. F. 44549.	M. Sept. 14/18.
9 C.	Moore, Albert. 14576.	M. Sept. 14/18.
9 C	Walters, Wm. 36174.	M. Sept. 14/18.
9 ?	Buckland, H. 35268.	M. Sept. 14/18.
9 ?	Davies, E. 22315.	M. Sept. 14/18.
*9 ?	Davis, L.-Cpl. G. 202833.	W. and M. Sept. 14/18.
9 ?	Freeman, L.-Cpl. W. W. 19916.	M. Sept. 14/18.
9 ?	Gwynne, R. P. 13608.	M. Sept. 14/18.
9 ?	Homer, J. 39888.	M. Sept. 14/18.

December 1st, 1918.

Worcestershire Regiment—contd.

PERSIAN GULF.

9 ?	Mills, E. F.	44549.		M. Sept. 14/18.
9 ?	Morley, A.	35702.		M. Sept. 14/18.
9 ?	Palmer, L.-Cpl. W. W.	17673.		M. Sept. 14/18.
9 ?	Pope, E.	39902.		M. Sept. 14/18.
9 ?	Robertson, J.	45511.		M. Sept. 14/18.
9 ?	Wakeman, C. J.	22394.		M. Sept. 14/18.
9 ?	White, Sgt. W.	11814.		M. Sept. 14/18.

YORK HUSSARS.
B.E.F.

20 B. IV	Matthews, Alex. 331421.	M. April 1/18.

YORKSHIRE REGIMENT.
B.E.F.

‡2	**Tenny, Lieut. F.**	W. and M. Nov. 7/18.
2 A. I	Anderson, Harold. 15859.	M. Mar. 22/18.
2 A.	Bailey, Sig. Geo. E. 38710.	M. May 8/18.
2 A. I	Blackmore, H. S. 48401.	M. May 8/18.
‡2 A.	Brown, C. 9233.	M. Mar. 22/18.
2 A.	Burnett, Geo. Edw. 15333.	M. Mar. 22/18.
2 A. II	Goldberg, E. 41429.	D/W. Sept. 29/18. Det.D./B.
2 A. L.G.S.	Hackin, L.-Cpl. 27509.	M. May 8/18.
‡2 A.	Harrison, R. 24331.	M. Mar. 22/18.
2 A. IV	Hemmingway, A. 33555.	M. April 4/18.
2 A. II	Hickox, P. 35156.	Unoff. M. May 8/18.
‡2 A.	Hill, F. E. 46655.	M. Mar. 22/18.
‡2 A.	Hilton, E. 10426.	M. Mar. 22/18.
*2 A.	Jobling, M.M., Fredk. 8091.	M. May 8/18.
‡2 A.	Johns, H. 33558.	M. Mar. 22/18.
2 A.	Jones, Sgt. H. 10802.	M. Mar 22/18.
2 A. I	Leach, Owen. 48104.	M. May 8/18.
‡2 A.	Lowther, G. R. 204987.	M. Mar. 22/18.
‡2 A.	McCarthy, C. 11212.	M. Mar. 22/18.
‡2 A.	McDonald, J. 38323.	M. Mar. 22/18.
‡2 A.	McGarn, J. W. 10785.	M. Mar. 22/18.
2 A. II	Moate, Richard. 35492.	M. May 8/18.
2 A.	Morgan, Sgt. John. 10499.	M. Mar. 22/18.
2 A. I	Nightingall, L.-Cpl. W. 39228.	M. Mar. 22/18.
‡2 A.	Pratt, J. 10302.	M. Mar. 22/18.
2 A.	Riley, Fred Hartley. 35525.	M. May 8/18.
‡2 A.	Sample, J. 48128	M. Mar. 22/18.
2 A. I	Smith, Douglas. 35540.	K. May 8/18. Det.D./B.
2 A. II	Southcott, Claude Theophilus. 42477.	Unoff. M. May 8/18.
2 A.	Taylor, L.-Cpl. John R. 20222. (Fr. H.Q.)	M. May 8/18.
2 A.	Thornton, Herbert. 235081.	M. Mar. 22/18.
2 A. II	Turner, Harrison. 42729.	M. May 8/18.
‡2 A.	Wade, R. 48135	M. Mar. 22/18.
*2 A. I	Walker, J. H. 30364.	M. Mar. 22/18.
2 A. L.G.S.	Wilson, Wm. Edward. 12805.	W. and M. Mar. 22/18.
2 A. I	Wood, L.-Cpl. Robt. 3368. (Fr. H.Q.)	M. May 8/18.
‡2 A.	Youell, H. 38117.	M. Mar. 22/18.

December 1st, 1918.   735

Yorkshire Regiment—contd.
B.E.F.

‡2 B. VIII	Adams, D. 204989.	M. Sept. 29/18.
2 B.	Archer, Cpl. Henry. 9465.	M. May 8/18.
2 B. VII	Baker, D. 266154.	M. Mar. 24/13.
2 B. VII	Bates, R. E. 200538. (Fr. 4 Yorks)	W. and M. Mar. 27/18.
*2 B. VI	Bishop, Geo. T. 39077.	M. Sept. 29/18.
2 B. VII	Booker, Joseph. 28459.	M. May 8/18.
2 B. V	Bourton, H. J. 42279.	M. May 8/18.
2 B. VII	Bulman, M. B. 38525.	M. Mar. 21/18.
2 B. VI	Caines, Norman. 48085.	K. Mar. 22/18. Det.D./B.
2 B. V	Chicken, Cpl. Wm. Fred. 16416.	M. May 8/18.
2 B.	Dickson, L.-Cpl. John. 33738.	M. May 8/18.
‡2 B.	Emery, C. 13511.	M. Mar. 21/18.
2 B.	Fothergill, A. 39069.	M. May 8/18.
2 B. V	Gibbons, W. 46777.	M. May 8/18.
*2 B. V	Goulden, W. 42843.	M. May 8/18.
2 B. VII	Lisle, Andrew. 48102.	M. May 8/18.
‡2 B.	Lynch, M. 201260.	M. Mar. 22/18.
2 B. V	McDonald, Peter. 7732.	W. and M. Mar. 21/18.
2 B. VI	Macdonald, W. V. 41868.	M. May 8/18.
2 B. V	Manning, L.-Cpl. Saml. 23606.	M. May 8/18.
2 B. VII	Midwood, Harold. 35494.	M. May 8/18.
‡2 B.	Millett, J. 46793.	M. Mar. 22/18.
2 B. VII	Schofield, Herb. 41232.	M. Mar. 21/18.
2 B. VI	Simpson, Harold. 48118.	K. Mar. 21/18. Det.D./B.
2 B. VII	Smith, J. H. 16802.	M. Mar. 22/18.
2 B. V	Walker, L.-Sgt. Geo. Wm. 3/9119.	M. May 8/18.
2 B. V	Watson, Thos. 16743.	M. Mar. 22/18.
2 B. VII	Wilson, Harry. 41711.	W. and M. Mar. 22/18.
2 C.	Fletcher, Wm. 46775.	M. Mar. 21-24/18.
2 C. X	Forcer, Percy. 46625.	W. and M. Mar. 21/18.
2 C.	Harper, G. W. 8763.	M. May 8/18.
2 C. XI	McWilliam, Allan Stewart. 243551.	M. May 8/18.
2 C. XII	Marley, F. 203165.	W. Unoff. M. Mar. 22/18.
‡2 C.	Mellady, Sgt. H 8391.	M. Mar. 22/18.
2 C. XI	Nicholson, H. C. 33169.	M. May 8/18.
2 C.	Pike, Sgt. W. E. 7429.	M. Mar. 23/18.
2 C. IX	Porthouse, Geo. 13116.	K. May 6/18. Det.D./B.
2 C. X	Smith, G. E. 204191.	M. May 8/18.
2 C. XI	Sugden, Willie. 235284.	M. Mar. 21/18.
2 C. IX	Wrightson, Geo. Arthur. 46588.	M. Mar. 21/18.
2 D. XVI	Airey, Herbert Horace. 39232.	M. May 8/18.
2 D. XV	Atkinson, A. 243154.	M. May 8/18.
2 D.	Bantham, J. W. 38950.	M. Mar. 19/18.
2 D.	Bate, L.-Cpl. F. J. 18103.	M. May 8/18.
2 D.	Blenkin, A. 9094.	M. May 8/18.
2 D. XIII	Blenkin, L.-Cpl. Fredk. 27905.	Unoff. M. May 8 18.
2 D. XIII	Brunskill, N. 45343.	M. Mar. 22/18.
2 D.	Burns, Robert. 205298.	M. May 8/18.
‡2 D.	Byrne, R. 48137.	M. Mar. 22/18.
‡2 D.	Cantfield, Sgt.-Maj. F. 5237.	M. Mar. 22/18.
2 D. XIII	Copeland, J. J. 241413.	M. May 8/18.
2 D. XVI	Criss, L.-Cpl. Wm. Robt. 33735.	M. May 8/18.
2 D.	Donald, F 18857.	M. May 8/18.
2 D. XVI	Dove, Cecil. 48088.	M. Mar. 22/18.
2 D. XIV	Garnett, Thos. 38827.	M. Mar. 22/18.
2 D. XIII	Greenwood, H. 16578.	W. and M. Mar. 22/18.
2 D. XVI	Hayes, Rowland Garfield. 26275.	M. Mar. 22/18.
2 D. XIV	Horsfield. 38002.	M. May 8/18.
2 D. XIII	Langstaff, Robt. 45355.	W. and M. Mar. 29/18.

December 1st, 1918.

Yorkshire Regiment—contd.

B.E.F.

2 D. XIV	Mitchell, Joseph. 32919.	M. Mar. 22/18.	
2 D.	Morrison, E. 20481.	M. Mar. 22/18.	
2 D. XV	Naylor, W. 20423.	M. May 8/18.	
2 D. XVI	Northrop, Cpl. F. B. 30673.	M. May 8/18.	
2 D.	Pearl, S. C. 33401.	M. May 8/18.	
2 D. XVI	Pollard, Herbert. 30609.	**M. May 8/18.**	
2 D. XIII	Preston, R. 240609.	M. May 8/18.	
2 D. XV	Rawjack, D. 30709.	W. and M. May 8/18.	
2 D. XV	Reay, Harold Jacob. 38970.	M. May 8/18.	
2 D. XV	Roberts, James. 35522.	M. May 8/18.	
2 D.	Rodwell, E. 3/7432.	M. Mar. 22/18.	
2 D.	Rowe, J. D. 30709.	W. and M. May 27/18.	
2 D.	Ruffles, Cpl. A. 20548.	Unoff. W. and M. Mar. 28/18.	
2 D. XV	Selby, G. 48119.	M. Mar. 22/18.	
2 D. XIV	Sharratt, A. 34620.	M. May 8/18.	
2 D.	Smith, Adam. 34619.	M. May 8/18.	
2 D. XV	Spriggs, Thomas. 34622.	M. Mar. 22/18.	
2 D.	Start, G. E. 13533.	M. Mar. 22/18.	
2 D.	Stewart, George Wm. 12672.	M. May 8/18.	
2 D. XV	Stringer, A. 33678.	M. May 8/18.	
2 D.	Sulton, Wm. Alfred. 35533.	M. May 8/18.	
2 D. XIV	Swallows, Percy. 35537.	M. May 8/18.	
2 D.	Teel, M. 204354.	M. Mar. 22/18.	
2 D. XIII	Walsh, Patrick. 260100.	M. May 8/18.	
2 D.	West, C.-S.-M. H. 240710.	K. May 8/18.	Det.D./B.
2 ?	Bowes, George. 266520.	M. Mar. 22/18.	
2 ?	Duffey, J. 47236.	M. Mar. 22/18.	
2 ?	Ellis, L. A. 27080.	M. Mar. 22/18.	
2 ?	Harrison, J. H. 11975.	M. Mar. 21/18.	
2 ?	Leo, Jos. Guiseppe. 33713.	M. May 8/18.	
2 ?	Millett, Chas. Wm. 12671.	M. May 8/18.	
2 ?	Oates, L.-Cpl. Jos. 260134.	M. May 8/18.	
2 ?	O'Brien, Thos. E. 35504.	K. May 6/18.	Det.D./B.
2 ?	Outhwaite, Harry. 35503.	M. May 8/18.	
2 ?	Palmer, H. 24873.	W. and M. May 8/18.	
2 ?	Portgate, Tom. 45230.	M. May 8/18.	
2 ?	Thurlow, Sgt. Jack. 9283.	M. May 27-29/18.	
2 ?	Wilson, E. 33573.	M. Mar. 21/18.	
2 ?	Windress, E. 30461.	M. Mar. 22/18.	
2 ?	Zimmerman, N. 42533.	M. May 8/18.	
4	Purcell, Lieut. V. W. W. S.	M. May 27/18.	
4 W. III	Bagley, Cpl. T. 201562.	M. May 27/18.	
4 W.	Bailey, Harry. 235106.	M. May 27/18.	
4 W. IV	Baker, A. W. 35633.	M. May 27/18.	
4 W. IV	Baker, Fred. 243744.	M. May 27/18.	
4 W.	Baker, W. L. 235516.	M. May 27/18.	
4 W.	Bannister, Fred. 235003.	M. May 27/18.	
4 W. I	Beaver, J. W. 243624.	K. Mar. 24/18.	Det.D./B.
4 W.	Belton, Cpl. James. 34046.	M. May 27/18.	
4 W.	Bird, Chas. Dyker. 20670.	M. Mar. 28/18.	
4 W. I	Brice, Jas. 34906. (Fr. 16 Welsh Regt.)	M. May 27/18.	
4 W.	Brooke, Geo. Hy. 36199.	M. Mar. 23/18.	
4 W.	Buffham, J. 27397.	M. May 27/18.	
4 W.	Carter, W. 35104.	M. May 27/18.	
4 W.	Christmas, Ben. Chas. 35108.	M. May 27/18.	
4 W.	Church, V. G. 35109.	M. May 27/18.	
4 W.	Clarke, A. H. 35554.	M. May 27/18.	
4 W. II	Cook, J. 203835.	M. May 27/18.	

December 1st, 1918.

Yorkshire Regiment—contd.

B.E.F.

4 W. I	Cook, W. 26235.	M. May 27/18.
4 W.	Darbyshire, H. 35129.	W. and M. April 9-12/18.
4 W.	Davison, P. 46578.	M. May 27/18.
4 W. III	Dawson, L.-Cpl. John Geo. 200059	M. May 27/18.
4 W. II	Dixon, Jas. Chas. 35130.	M. Mar. 25/18.
4 W.	Eastby, Sgt. F. A. 34403.	M. May 27/18.
4 W.	Goosey, Charlie Septemus. 202285.	M. May 20/18.
4 W.	Grout, Wm. 20089.	M. May 27/18.
4 W. I	Hall, A. 35301.	M. May 27/18.
4 W. II	Hartley, T. 41683.	M. May 27/18.
4 W. II	Harvey, S. 35363.	M. May 27/18.
4 W.	Hutchinson, Cpl. T. 33009.	M. May 27/18.
4 W.	Jukes, R. 201374.	M. May 27/18.
4 W. Sig. S.	Kay, Osmond. 22652.	M. May 27/18.
4 W. I.T.M.	Kirkham, B. 243635. (150 Bde.)	W. and M. May 27/18.
4 W.	Lacy, L.-Cpl. 46531.	M. May 27/18.
4 W.	Landress, L.-Cpl. Albert. 241465.	M. April 9-12/18.
4 W.	Lumley, James. 201183.	M. May 27/18.
4 W.	McCabe, L.-Cpl. Pat. 30840.	M. May 27/18.
4 W. II	Mason, A. A. 33968.	M. May 27/18.
4 W.	Metcalfe, Godfrey. 201890.	M. May 27/18.
4 W.	Mett, John. 201657.	M. May 27/18.
4 W.	Middleton, G. S. 25142.	M. May 9-12/18.
4 W. I	Miller, Arthur Chas. 32913.	M. April 12/18.
4 W.	Mitchell, Ed. 35182.	M. April 9-12/18.
4 W. L.G.S.	Morris, R. T. 201687.	M. May 27/18.
4 W.	Musgrave, Thos. 25608.	M. May 27/18.
4 W. IV	Nicholls, Robt. Henry. 33107	M. May 27/18.
4 W. IV	Noble, F. D. 203099.	M. May 27/18.
4 W.	O'Neill, M. 12401.	M. May 27/18.
4 W.	Oxley, J. T. 22717.	M. May 27/18.
4 W. II	Rees, Gwyn. 34962.	M. May 27/18.
4 W.	Renforth, John. 46543.	M. May 27/18.
4 W.	Rogers, John James. 200473.	M. May 27/18.
4 W.	Smith, H. 240854.	M. May 21-27/18.
4 W. I	Spoors, Wm. 242504.	M. May 27/18.
4 W. IV	Sutton, H. 46540.	M. May 27/18.
4 W.	Thompson, D. 201384.	M. May 27/18.
4 W.	Thorpe, Dmr. R. M. 200951.	M. May 27/18.
4 W. III	Upton, J. E. H. 35604.	M. May 27/18.
4 W. III	Vernon, J. E. 31753.	M. May 27/18.
4 W.	Walters, Harry. 24000.	M. Mar. 25/18.
4 W.	Webster, W. 242153.	M. May 27/18.
4 W. I	West, Frank. 29229.	M. April 9/18.
4 W.	White, Charles. 23868.	M. May 27/18.
4 W.	Wilson, W. H. 46821.	W. and M. Mar. 23/18.
4 W. I	Wood, T. R. 240391.	M. May 27/18.
4 X.	Adamson, Reginald. Thos. 201710.	M. April 11/18.
4 X. L.G.S.	Allison, John Geo. 14562.	M. May 19/18.
4 X.	Armes, Cyril E. 43552.	M. May 27/18.
4 X.	Axford, W. 41911.	M. May 27/18.
4 X.	Baume, Stanley. 43655.	M. May 27/18.
4 X. V	Bellwood, W. 202429.	M. May 27/18.
4 X. VIII	Breckon, Tom. 43612.	M. May 27/18.
4 X.	Brooks, Rich. John. 35637.	M. May 27/18.
4 X. VII	Butler, Ernest Arthur. 43636.	M. May 27/18.
4 X.	Cadman, Ernest. 34640.	M. May 27/18.
4 X. VIII	Capestick, Saml. 43563.	M. May 27/18.
4 X.	Chamberlain, E. 35613.	

December 1st, 1918.

Yorkshire Regiment—contd.

B.E.F.

4 X. VIII	Cleasby, Thos. Wm. 203120.	M. Mar. 25/18.
*4 X. VII	Cooke, F. J. 33919.	M. May 27/18.
4 X. Sig. S.	Crow, Fred. 201105.	M. May 27/18.
4 X.	Desborough, Arthur. 235092.	M. Mar. 25/18.
4 X.	Drury, J. W. 200625.	M. May 27/18.
4 X.	Edmond, G. W. 43667.	M. May 27/18.
4 X.	Ewart, Wm. Black. 17407.	M. Mar. 28/18.
4 X.	Fairey, W. R. 200513.	M. Mar. 25/18.
4 X. VIII	Fitzhugh, Fredk. Stanley. 43670.	M. May 27/18.
4 X.	Grant, L.-Cpl. B. 20115.	M. Mar. 24/18.
4 X.	Green, W. 43572.	M. May 27/18.
4 X. V	Hayle, Albert V. W. 28088.	M. April 9-12/18.
4 X.	Hazell, A. F. 35624.	M. May 27/18.
4 X. VI	Hier, W. T. 34927. (Fr 16 Welsh)	M. May 23/18.
4 X. I.T.M.	Higgs, J. M. 34926. (150 Bde.)	M. May 27/18.
4 X. VII	Holdsworth, Cpl. Regd. Senior. 34698.	M. May 27/18.
4 X.	Hugh, William. 34925.	M. May 27/18.
4 X.	Jones, Edwin C. 34934.	M. May 27/18.
4 X. VII	Jones, Wm. David. 238010.	M. May 27/18.
4 X. VIII	Kearton, J. C. 33236.	M. April 9-12/18.
4 X.	Layburn, Robt. 20892.	M. Mar. 25/18.
4 X.	Lee, F. 42392.	M. April 9-12/18.
4 X. VII	Lewis, Sidney. 34945.	M. May 27/18.
4 X.	Lovelock, George. 42395.	M. Mar. 25/18.
4 X.	Luke, Wm. Ellison. 17483.	M. May 27/18.
4 X.	McLean, W. 35332.	M. April 9-12/18.
4 X.	Martin, L.-Cpl. E. S. 21196.	M. May 27/18.
4 X.	Peat, J. H. 200388.	M. May 27/18.
4 X.	Porter, D. 19972.	M. May 27/18.
4 X.	Redshaw, A. C. 34708.	M. May 27/18.
4 X.	Reed, J. 35570.	M. May 27/18.
4 X. VI	Richards, Charles. 48445.	M. May 27/18.
4 X. VI	Richards, Sgt. T. 201049.	M. May 27/18.
4 X.	Self, W. 240447.	M. Mar. 25/18.
4 X.	Smith, C. E. 35582.	M. May 27/18.
4 X. V	Spence, L.-Cpl. T. H. 200073.	M. May 27/18.
4 X. VI	Strawford, R. 34718.	M. May 27/18.
4 X.	Thompson, Geo. Sample. 26397.	M. Mar. 25/18.
4 X.	Tummey, L. 35572.	M. May 27/18.
4 X.	Uttley, Thos. Hry. 43716.	M. May 27/18.
4 X. V	Waumsley, H. V. 43742.	M. May 27/18.
4 X. VI	Wilkinson, J. 48149.	M. May 27/18.
4 Y. X	Abnett, Percy Victor. 33118.	M. May 27/18.
4 Y. IX	Abrams, Thomas. 35003.	M. May 27/18.
4 Y.	Armin, Cpl. Thos. Wm. 240668.	M. May 27/18.
4 Y. XII	Ashby, T. 266065.	M. May 27/18.
4 Y. XII	Bainbridge, A. A. 265928.	M. May 27/18.
4 Y. XI	Ball, A. 204192.	M. May 27/18.
4 Y.	Bannister, Ewart. 32464.	M. Mar. 20/18.
4 Y. XII	Boocock, J. 35541.	M. May 27/18.
4 Y. XII	Brown, D. 48397.	M. May 27/18.
4 Y.	Bryan, D. 25146.	W. and M. Mar. 26/18.
4 Y.	Butler, Wm. Jas. 35622.	M. May 27/18.
4 Y.	Charnock, H. 36350.	M. Mar. 23/18.
4 Y. IX	Day, A. D. 201854.	M. May 27/18.
4 Y. IX	Deane, Patrick. 34645.	M. Mar. 28/18.
*4 Y.	Essam, B. 202277.	Unoff. M. end Mar./18.

WW

December 1st, 1918.

Yorkshire Regiment—contd.

B.E.F.

4 Y. IX	Ford, Frank Eric. 33787.	M. May 27/18.
4 Y. X	Foster, Sgt. W. 29863.	M. May 27/18.
4 Y. IX	Fray, W. E. 35635.	M. May 27/18.
4 Y. IX	Gannon, Thomas. 200601.	M. May 27/18.
4 Y.	George, Frank T. 35621.	M. May 27/18.
4 Y. XII	Gray, G. W. 203139.	M. May 27/18.
4 Y.	Hamilton, A. 15750.	M. May 27/18.
4 Y.	Hatfield, John. 21460.	M. Mar. 26/18.
4 Y.	Higgins, P. B. 43675.	M. April 9/18.
4 Y.	Hillaby, A. 201273.	M. May 27/18.
4 Y. IX	Hunton, A. 28294.	M. May 27/18.
4 Y.	Hutchings, Phil. 200399.	W. and M. Mar. 22/18.
4 Y. XII	Ireland, L.-Cpl. W. J. 24751.	M. May 27/18.
4 Y. XII	James, W. 34938.	M. May 27/18.
4 Y. X	Johnson, L.-Cpl. S. 200905.	M. May 27/18.
4 Y.	Johnston, James A. 43581.	M. May 27/18.
4 Y.	Jones, Albert. 48370.	M. May 27/18.
4 Y.	Jones, Frank Leonard. 48302.	M. May 27/18.
4 Y. X	Jones, Wm. Geo. 35626.	M. May 27/18.
4 Y.	Keaton, Harold. 35316.	M. May 27/18.
4 Y.	Keating, C. 9348.	M. May 27/18.
4 Y.	Kitchen, Cpl. Isaac. 34700.	M. May 27/18.
4 Y. IX	Lowe, H. 35053.	M. May 27/18.
4 Y. X	Loy, Cpl. John J. 240662.	M. Mar. 26/18.
4 Y. XII	McNulty, E. 201979.	M. Mar. 22/18.
4 Y. X	Magill, John James. 235661.	M. May 27/18.
4 Y. or Z.	Maude, Frank. 58098.	M. May 27/18.
4 Y.	Miller, A. H. 33847.	M. May 27/18.
4 Y.	Moore, Fred. 43588.	M. May 27/18.
4 Y.	Moorhouse, J. W. 38132.	M. May 27/18.
4 Y.	Newlove, Sgt. J. R. 235514.	M. May 27/18.
4 Y.	Parkin, C.S.M., John Michael. 14611	M. May 27/18.
4 Y.	Peacock, M.M., Cpl. Ern. 200556.	M. May 27/18.
4 Y. XI	Pearson, Percy. 43595.	M. May 27/18.
4 Y. IX	Peters, George T. 35062.	M. May 27/18.
4 Y. XI	Proud, L.-Cpl. Ernest. 201787.	M. Mar. 26/18.
4 Y.	Reay, R. 205345.	M. May 27/18.
4 Y.	Rennison, A. 265324.	M. May 27/18.
4 Y. XII	Richmond, Rigson. 204643.	M. May 27/18.
4 Y. IX	Rowe, F. L. 43598.	M. April 9-12/18.
4 Y.	Sanderson, Sgt. Fred. 200443.	M. May 27/18.
4 Y. IX	Scott, L.-Cpl. L. Stan. 24406.	M. Mar. 27/18.
4 Y. X	Smiddy, W. H. 34722.	M. May 27/18.
4 Y.	Smith, Sgt. T. A. 200396.	W. and M. April 9-12/18.
4 Y. IX	Smith, Wm. Arthur. 204616.	M. May 27/18.
4 Y. XI	Sparrow, Chas. 35597.	M. May 27/18.
4 Y. XII	Stevens, C. J. 35605.	M. May 27/18.
4 Y. IX	Stuart, Matthew R. 204398.	M. May 27/18.
4 Y. X	Taft, Jas. R. 48378.	M. May 27/18.
4 Y.	Taylor, Sgt. Hry. Jos. 17568.	M. May 27/18.
4 Y. XI	Thomas, J. H. 45585.	M. May 27/18.
4 Y.	Trenbirth, L.-Cpl. Matt. 203060.	M. May 27/18.
4 Y.	Turner, George. 204399.	M. April 9-12/18.
4 Y. XII	Underwood, W. T. 35562.	M. May 27/18.
4 Y.	Ushaw, Frank. 43715.	M. May 27/18.
4 Y. IX	Vincent, W. J. 34982.	M. May 27/18.
4 Y. XII	Wagstaffe, Frank. 260094.	M. May 27/18.
4 Y. X	Wallis, F. W. 48369.	M. May 27/18.
4 Y.	West, Sgt. Walter. 240681.	W. and M. April 9-12/18.

December 1st, 1918.

Yorkshire Regiment—contd.

B.E.F.

4 Y.	Whysall, L.-Cpl. 48162.	M. May 27/18.
4 Y.	Wilson, Fred. 240510.	M. Mar. 22/18.
4 Y. L.G.S.	Wood, Claude. 48073.	M. May 27/18.
4 Z.	Allison, Alf. Metcalfe. 204903.	M. Mar. 26/18.
4 Z.	Altringham, William. 241422.	M. May 27/18.
4 Z. XV	Archbold, L.-Cpl. Jos. Shaw. 202060.	M. May 27/18.
4 Z. XVI	Astley, H. 235155.	M. May 27/18.
4 Z. XIV	Baines, Y. 46734.	M. May 27/18.
4 Z.	Baxter, Clarke. 204736.	M. May 27/18.
4 Z. XIII	Beaumont, Milton. 48047.	M. May 27/18.
4 Z. XVI	Brier, Edwin. 58099.	M. May 27/18.
4 Z.	Brown, A. W. 35095.	M. May 27/18.
4 Z. XVI	Burdon, W. 46827.	M. May 27/18.
4 Z.	Burt, C. W. T. 35100.	M. May 27/18.
4 Z.	Caldecoat, P. 35101.	M. May 25/18.
4 Z.	Calvert, A. B. 200100.	M. May 27/18.
4 Z.	Carter, A. E. 35013.	M. April 9-12/18.
4 Z.	Clarke, Henry. 35111.	M. May 27/18.
4 Z. XIV	Connolly, Mathew. 201675.	M. May 27/18.
4 Z.	Cox, J. J. 35577.	M. May 27/18.
4 Z. XIII	Crosby, John Hry. 46515.	W. and M. Mar. 26/18.
4 Z.	Cross, Ernest. 35124.	M. May 27/18.
4 Z.	Darling, Chas. 30728.	M. May 27/18.
4 Z.	Davison, E. O. 201752.	M. April 9-12/18.
4 Z.	Dovey, Chas. Edward. 35133.	M. April 9-12/18.
4 Z.	Fawcett, William. 202940.	M. May 27/18.
4 Z. XV	Fleet, W. 22696.	M. May 27/18.
4 Z.	Forster, Sgt. Edwin. 19540.	M. May 27/18.
4 Z. XVI	Garbutt, R. 8543.	M. May 27/18.
4 Z. XVI	Gilder, Edwin. 35145. (Fr. W. Yorks, 35441.)	W. and M. April 9-12/18.
4 Z.	Gill, L. 35147.	M. May 27/18.
4 Z.	Haw, J. C. 35161. (Fr. W. Yorks.)	M. April 9-12/18.
4 Z.	Howitt, W. E. 35170.	M. April 11/18.
4 Z.	Hutchinson, Sgt. Frank. 200577.	M. May 27/18.
4 Z.	Ibson, E. H. 203897.	M. May 27/18.
4 Z.	Isaac, Cuthbert. 260025.	M. May 27/18.
4 Z.	Jarman, J. C. 35181.	M. May 27/18.
*4 Z. XIII	Johnson, L.-Cpl. F. G. 240911.	M. May 27/18.
4 Z.	Kay, T. W. 201951.	M. May 27/18.
4 Z.	Kelsey, Cpl. E. E. 243068.	K. Mar. 26/18. Det.D./B.
‡4 Z.	Knight, A. 204392.	M. May 27/18.
4 Z. XIII	Lane, A. 235093.	M. May 27/18.
4 Z.	Laycock, Thomas 35322.	M. May 27/18.
4 Z.	Legg, L.-Cpl. Reginald. 200811.	M. May 27/18.
4 Z.	McEvoy, T. 203044.	M. May 27/18.
4 Z. XIII	Minett, Norman. 35183.	M. May 27/18.
4 Z. XV	Morgan, L.-Cpl. John. 16717.	W. and M. Mar. 22/18.
4 Z. XIII	Mounsey, J. W. 35334.	M. May 27/18.
4 Z.	Murphy, Joseph. 21450.	M. May 27/18.
4 Z.	Murphy, Maurice. 21458.	M. Mar. 26/18.
4 Z. XV	Patterson, Fred. 43726.	M. May 27/18.
4 Z. XIII	Payler, P. V. 35192.	M. May 27/18.
4 Z.	Pryke, J. 200503.	M. May 27/18.
4 Z.	Pryke, Cpl. S. 200551.	M. May 27/18.
4 Z. XVI	Raper, M. N. 27239.	M. May 27/18.
4 Z.	Robinson, Edward. 26555.	M. May 27/18.
4 Z.	Robinson, S. C. 21187.	M. Mar. 26/18.
4 Z.	Savage, R. 203674.	M. May 27/18.

December 1st, 1918.

Yorkshire Regiment—contd.

B.E.F.

4 Z. XV	Stokes, Cpl. Harry. 8023.	M. May 27/18.
4 Z.	Summers, L.-Cpl. H. 202691.	M. May 27/18.
4 Z.	Taylor, E. 27439.	M. May 27/18.
4 Z.	Taylor, J. T. 203764.	M. April 9-12/18.
4 Z. XVI	Truman, Cpl. E. A. 29575.	M. May 27/18.
4 Z.	Wade, Harold. 46532.	M. May 27/18.
4 Z.	Wisbey, J. H. 201573.	M. May 27/18.
4 H.Q.	Board, Alfred. 241729.	M. April 12/18.
4 H.Q.	Cherry, F. 200528.	M. May 27/18.
4 H.Q.	Fletcher, Sydney. 200294.	M. May 29/18.
4 H.Q. Sig. S.	Maybray, C. 26297.	M. May 27/18.
4 H.Q. Scouts	Norris, W. G. 235181.	M. May 27/18.
4 H.Q.	Pearson, L. 19031. (Snip. S.)	M. May 27/18.
4 H.Q.	Rush, Patrick. 35654.	M. May 27/18.
4 H.Q. Sig. S.	Short, Frank McDonald. 12414	M. May 27/18.
4 H.Q.	Thurrell, A. E. 21023. (Scouts.)	M. May 27/18.
4 H.Q.	Young, Geo. 29607. (Fr. 13th.)	M. May 27/18.
4 ?	Birch, J. 46672.	M. May 27/18.
4 ?	Brown, W. 201511.	M. May 27/18.
4 ?	Brown, W. J. 200542.	M. May 27/18.
4 ?	Clibbon, Wm. 35115.	M. May 27/18.
4 Trans. S.	Cole, W. C. 202230.	M. April 11/18.
4 Snip. S.	Cooper, F. H. 13412.	M. May 27/18.
4 ?	Copp, Cpl. E. C. 235681.	M. May 27/18.
4 ?	Derbyshire, Fredk. John. 235643.	M. May 17/18.
4 Snip. S.	Dickinson, Arth. Jos. 34707.	M. May 27/18.
4 ?	Dowding, L.-Cpl. Ernest. 238014.	M. May 27/18.
4 Sig. S.	Edwards, T. W. 201515.	M. May 27/18.
4 Snip. S.	Fuller, Herb. 34022.	M. May 27/18.
4 ?	Gomersall, Cpl. F. 27083.	W. and M. Mar. 23/18.
4 ?	Hall, G. 29526.	M. May 27/18.
4 ?	Halliwell, Frank. 35302.	M. April 9-12/18.
4 ?	Harvey, Sidney. 35160.	M. May 27/18.
4 ?	Hedditch, Geo. 35297.	M. April 9/18.
4 ?	Hier, Wm. Thomas. 34927.	M. May 27/18.
4 ?	Holroyd, F. 35167.	M. April 9-12/18.
4 Sig. S.	Hunt, Cpl. H. W. 201162.	M. May 27/18.
4 ?	Kimmer, F. J. 35576. (Fr. Berks.)	M. May 27/18.
4 Sig. S.	Lonsdale, L.-Cpl. A. 203064.	M. May 27/18.
4 ? I.T.M.	Lowther, T. H. 39123. (150 Bde.)	M. May 27/18.
4 ?	Markham, Edgar. 22766.	M. May 27/18.
4 ?	Monether, A. P. 35328. (Fr. 7 Manc.)	M. April 9-12/18.
4 ?	Morris, Harold. 35058.	M. May 27/18.
4 ?	Neil, Edward. 35338.	M. April 9-12/18.
4 ?	Nelson, Horsley. 35187.	M. April 9/18.
4 ?	O'Neill, Wm. 35647.	M. May 27/18.
4 ?	Parker, A. E. 35190.	W. and M. April 9-12/18.
4 ?	Peill, Isaac. 35342.	M. April 9/18.
4 Sig. S.	Pennock, L.-Cpl. John. 200107.	M. May 27/18.
4 ?	Penny, Bernard. 35614.	M. May 27/18.
4 Sig. S.	Quinlan, J. 235184.	M. April 12/18.
4 Sig. S.	Robinson, B. 204141.	M. May 27/18.
4 ?	Robinson, L.-Cpl. Octavius. 200372.	W. and M. Mar. 23/18.
4 ?	Routledge, Jas. 38730.	K. June 12/18. Det.D.B.
4 Sig. S.	Skelton, Robt. Matthew. 240810.	M. April 11/18.
4 ?	Small, Sydney. 27456.	M. May 27/18.
4 ?	Smith, John C. 29679. (Fr. 13.)	M. May 27/18.
4 Sig. S.	Spalding, R. 235116.	M. Mar. 25/18.
4 ? L.G.S.	Taylor, F. G. 266215.	M. May 27/18.

December 1st, 1918.

Yorkshire Regiment—contd.

B.E.F.

4 ?	Thompson, Geo. Beattie. 260144.	K. April 9-12/18.	Det.D./B.
‡4 ?	Thomson, John Edw. 203733. (Fr. A.S.C.)	M. abt. May 17/18.	
4 ?	Walker, Wm. 243423.	M. Mar. 23/18.	
4 ?	Wells, Sgt. J 200171.	M. May 27/18.	
4 Sig. S.	Wildon, Mark. 201277.	M. May 27/18.	
4 ?	Young, W. 200231.	M. May 27/18.	
5	**Fraser, Lieut. H. H.** (Fr. 2nd.)	M. May 27/18.	
5	**Jowett, 2nd Lt. S. F.**	M. May 27/18.	
5	**Lowther, 2nd Lt. W.**	M. May 27/18.	
5 A.	Ashworth, Harry. 35395.	M. April 11/18.	
5 A. IV	Aterton, F. D. 48374.	M May 27/18.	
5 A. III	Bacon, C. 48166.	M. May 27/18.	
5 A. I	Barnett, Alfred Jas. 35689.	M. May 27/18.	
5 A.	Bentley, Henry. 240262.	M. May 27/18.	
5 A.	Bissell, L.-Cpl. J. W. 19604.	M. May 27/18.	
5 A. IV	Black, Thomas. 202179.	M. May 27/18.	
5 A. I	Bottomley, Barkill. 204418	M. May 27/18.	
5 A. III	Bradley, W. B. 48238.	M. May 27/18.	
5 A.	Brooks, Alfred Richard. 34435.	M. May 27/18.	
5 A.	Bullock, Edw. Saml. 35761.	M. May 27/18.	
5 A. IV	Cadman, T. 15883.	M. May 27/18.	
5 A. IV	Campbell, Fredk. John. 33768.	M. May 27/18.	
5 A. III	Carnell, E. 47349.	M. May 27/18.	
5 A. IV	Carr, L.-Cpl. J. 34052.	M. May 27/18.	
5 A. III	Carrington, A. 48201.	M. May 27/18.	
5 A.	Chadwick, Sgt. Leonard. 241265.	M. May 27/18.	
5 A.	Clark, Jas. 240288.	M. May 27/18.	
*5 A.	Clarke, Edwin. 265690.	M. May 27/18.	
5 A.	Clarke, Harry. 48360.	M. May 27/18.	
5 A. II	Collins, Cpl. G. J. 235739.	M. May 27/18.	
5 A.	Conway, Sig. Leslie John Hy. 34724. (235708.) (Fr. 2/1 Yorks Drags., 176035.)	M. May 27/18.	
5 A. III	Coyles, John W. 243910.	M. May 27/18.	
5 A. III	Crisp, L.-Cpl. Thos. 260157.	M. July 7/18.	
5 A. III	Cromwell, William. 33927.	Unoff. M. May 27/18.	
5 A. IV	Dixon, James Henry. 46701.	M. May 27/18.	
5 A.	Dunn, F. W. 16626.	M. May 27/18.	
5 A. IV	Dutton, H. 48183.	M. May 27/18.	
5 A.	Dysch, L.-Cpl. H. 35756.	M. May 27/18.	
5 A.	Earl, Henry. 203133.	M. May 27/18.	
5 A.	Eaton, J. 35433. (5583.) (Fr. 3 Manc.)	M. April 11/18.	
5 A. II	Edes, Saml. 20276.	M. May 27/18.	
5 A. IV	Ettringham, Cpl. Henry. 13097.	M. April 11/18.	
5 A. II	George, Henry. 35710.	M. May 27/18.	
*5 A.	Gordon, J. 46417.	M. May 27/18.	
‡5 A.	Haggerty, J. M. 26701.	M. May 27/18.	
5 A. II	Hale, Albert. 35687.	M. May 27/18.	
5 A. III	Hall, W. J. 242965.	M. Mar. 27/18.	
5 A. III	Hayes, Ed. 35748.	M. May 27/18.	
5 A. I	Hayes, Wm. 241229.	M. May 27/18.	
5 A.	Heaney, Peter. 48024.	M. May 27/18.	
5 A. II	Hill, Alf. James. 35698.	M. May 27/18.	
5 A. III	Hoban, Austin. 20029.	M. Mar. 28/18.	
5 A.	Hodgson, Chas. 243487.	M. May 27/18.	
5 A.	Howlett, A. 33103. (Fr. M.G.C.)	Unoff. M. May 27/18.	
5 A. IV	Humphrys, George. 34058.	M. May 27/18.	

WW2

December 1st, 1918.

Yorkshire Regiment—contd.

B.E.F.

5 A	James, W. Edgar. 35723.	M. May 27/18.
5 A.	Jarvis, C. 34646.	M. April 11/18.
5 A.	Jefferson, M. R. 24918.	M. April 11/18.
5 A. II	Kerfoot, H. 41862.	M. May 27/18.
5 A.	Knaggs, T. 240213.	M. May 27/18.
5 A. IV	Kwist, Henry. 48138.	M. May 27/18.
5 A.	Laws, Sgt. E. H. 13498.	M. April 11/18.
5 A.	Lawson, S. W. 34417.	M. May 27/18.
5 A.	Lees, Fred. 35202.	M. April 11/18.
5 A.	Lewis, Ernest. 205443	M. Mar. 28/18.
5 A. or C.	McNulty, C. J. 38702.	W. and M. Mar. 25/18.
5 A. II	Maltby, Samuel. 242471.	M. May 27/18.
5 A.	Manson, Sgt. Fred. Bayes. 240841.	M. Mar. 28/18.
5 A. IV	Mills, A. E. 48180.	M. May 27/18.
5 A.	Moses, Cpl. Jacob. 17115.	M. May 27/18.
5 A. II	Overton, J. 29803.	M. May 27/18.
5 A.	Percival, Walter. 34874.	M. May 27/18.
5 A. I	Perks, F. V. 42436.	M. May 27/18.
5 A.	Peters, Fredk. 29710.	Unoff. M. May 27/18.
5 A. II	Pratt, Robert. 240131.	Unoff. M. end Mar./18.
5 A. IV	Proctor, Fred. 48329.	M. May 27/18.
5 A. IV	Raine, John. 48292.	M. May 27/18.
5 A. II	Robertson, J. W. 200620.	M. May 27/18.
5 A. IV	Rosser, J. A. 35070.	M. May 27/18.
5 A.	Ryan, Peter. 17291.	M. May 27/18.
5 A. I	Salmon, Harold. 25020.	W. and M. Mar. 28/18.
5 A.	Smith, Sgt. George. 28231.	M. May 27/18.
5 A.	Smith, Sig. H. J. 265150	M. May 27/18.
5 A. I	Smith, Harry. 35742.	M. May 27/18.
5 A. III	Smith, John. 14335.	M. April 11/18.
5 A. III	Smith, Michael. 48243.	M. May 27/18.
5 A. II	Smithson, J. E. 20786.	M. May 27/18.
5 A. IV	Snowden, L.-Cpl. T. E. 15143.	M. Mar. 23/18.
5 A.	Stockwell, Cpl. Albert. 235738.	M. May 27/18.
5 A.	Swindell, W. H. 35258.	M. May 27/18.
5 A.	Thomas, S. T. F. 35263.	M. May 27/18.
5 A.	Thompson, R. 35264.	M. April 11/18.
5 A. IV	Tindall, Geo. Wm. 266633.	M. May 27/18.
5 A. IV	White, W. 19903.	M. May 27/18.
‡5 A. IV	Wilson, Tom. 24735.	M. May 27/18.
5 B. VI	Adams, Arthur. 48420.	M. May 27/18.
5 B.	Aldred, G. 35396.	M. April 11/18.
5 B. VI	Ambler, Geo. 34649.	M. Mar. 30/18.
5 B.	Banham, Percy. 34061.	M. May 27/18.
5 B.	Barker, Walter G. 240643.	M. May 27/18.
5 B. VIII	Barron, Fred. 12746.	M. May 27/18.
5 B. VI	Birch, C. W. H. 40483.	M. May 21/18.
5 B.	Borrill, Frank. 48389.	M. May 27/18.
5 B.	Boyd, Anthony. 13222.	M. May 27/18.
5 B. VI	Broadbent, Sgt. Tom. 26616.	M. May 27/18.
5 B.	Brown, John. 48102.	M. May 27/18.
5 B. VI	Buchan, G. W. T. 241508.	M. May 27/18.
5 B. VIII	Budd, H. J. 35734.	M. May 27/18.
5 B. VII	Burnley, R. W. 242701.	M. Mar. 25/18.
5 B.	Carr, Eliot. 46667.	M. May 27/18.
5 B. VI	Carruthers, H. F. 48217.	M. May 27/18.
5 B. V	Casey, P. 35665.	M. May 27/18.
5 B. VII	Conley, W. 30246.	M. May 27/18.

December 1st, 1918.

Yorkshire Regiment—contd.

B.E.F.

5 B.		Crampton, W. H. 35737.	M. May 27/18.
5 B. V		Crow, H. 35744.	M. May 27/18.
5 B. V		Davis, H. 35708.	M. May 27/18.
5 B.		Denham, Eric M. 34682	M. May 27/18.
5 B. V		Dodds, R. L. 48350.	M. May 27/18.
5 B.		Druce, Charles. 35718.	M. May 27/18.
5 B. VII		Dunk, Hubert. 35671.	M. May 27/18.
5 B. VIII		Dunkerley, W. 34697.	M. May 27/18.
5 B. VI		Emmerson, W. 204511.	M. May 27/18.
5 B. V		Emmitt, Albt. Pratley. 241552.	M. Mar. 26/18.
5 B.		Fairchild, F. H. 34081.	M. May 27/18.
5 B. VII		Featonby, W. 25156.	M. Mar. 26/18.
5 B.		Fenwick, J. C. C. 202039.	W. and M. April 12/18.
5 B. VIII		Fisher, J. 24807.	M. May 27/18.
5 B. V		Fletcher, Herb. Jas. 34839.	M. May 27/18.
5 B. VI		Gibson, Fred. 242373.	W. and M. Mar. 30/18.
5 B. VII		Gibson, T. L. 43609.	M. May 27/18.
5 B. VI		Glover, C. W. 48419.	M. May 27/18.
5 B. VIII		Gough, Frederick. 204543.	M. May 27/18.
5 B. VI		Green, Chas. Geo. Robt. 235012.	M. May 27/18.
5 B.		Guest, P. T. 35746.	M. May 27/18.
5 B. VII		Guiver, A. E. 34918.	M. May 27/18.
5 B. V		Hansom, E. O. V. 204098.	Unoff. M. May 27/18.
5 B. VII		Harvey, Geo. 35763.	M. Mar. 27-28/18.
5 B.		Heslop, Sig. R. 243307.	M. May 27/18.
5 B.		Hodgson, John Edwin. 48363.	M. April 11—May 27/18.
5 B. VIII		Jones, J. 203208.	M. May 27/18.
5 B. VII		Jones, Wm. 34688.	M. May 27/18.
5 B.		Jukes, Arthur. 240909.	M. May 27/18.
5 B. VI		Kinsman, H. 42388.	M. May 27/18.
5 B. VI		Lanfear, H. 48439.	M. April 11/18.
5 B. VI		Lansdell, L. W. 235253.	M. May 27/18.
5 B. VII		Larkin, W. 34786.	M. May 27/18.
5 B. VI		Laverick, J. W. 21462.	M. May 27/18.
5 B.		Lordon, W. 30497.	M. April 11/18.
5 B.		Lowes, C. 20180.	M. May 27/18.
5 B. V		Lyons, Arthur. 36696.	M. May 27/18.
5 B. V		McGregor, Edward. 3/8178.	M. April 11/18.
5 B.		Marshall, E. 35207.	M. May 27/18.
5 B. VII		Mason, Cpl. David. 34405.	M. April 11/18.
5 B.		Maudlin, F. 203388.	M. Mar. 26/18.
5 B.		Moore, William. 36379.	M. April 11/18.
5 B.		Morpeth, George. 46669.	M. May 27/18.
5 B. VI		Morris, Percy. 34860.	M. April 11/18.
5 B.		Nicholls, C. 35217.	M. April 11/18.
5 B.		O'Hare, Wm. Herbert. 35222.	M. May 27/18.
5 B.		Owen, Thomas S. 45559.	M. May 27/18.
5 B. VIII		Pearson, Douglas. 35740.	M. May 27/18.
5 B. VI		Pendergast, Wm. 15648.	M. May 27/18.
5 B.		Poulter, Frank. 35292.	M. July 11/18.
5 B.		Reed, James. 48330.	M. May 25/18
5 B. VI		Rogerson, H. 38887.	M. Mar. 28/18.
5 B. L.G.S.		Rowlands, L.-Cpl. Wm. 12935.	M. May 27/18.
5 B. V		Rutter, Joseph Henry. 46725.	M. May 27/18.
5 B. VII		Savory, J. H. 35241.	M. May 27/18.
5 B. VII		Scott, F. 46449.	M. May 27/18.
5 B. V		Simpson, Robert K. 20038.	M. May 27/18.
5 B. or D.		Simpson, S. H. 29400.	M. May 27/18.
5 B. VII		Smith, Alfred Reynolds. 48058.	M. May 27/18.

December 1st, 1918.

Yorkshire Regiment—contd.

B.E.F.

5 B. VIII	Soulsby, Richard Rennie. 48233.	M. May 27/18.
5 B. V	Stewart, W. 48057.	M. May 27/18.
5 B. VIII	Stiman, E. 201312.	M. Mar. 28/18.
5 B.	Stockton, Sgt. Percy. 240627.	M. June 17/18.
5 B. V	Stone, Albt. Edw. 238020.	M. May 27/18.
5 B. VII	Taylor, J. W. 48252.	M. May 27/18.
5 B. VIII	Thomas, Isiah. 34095.	M. May 27/18.
5 B.	Tinsworth, Frederick. 35265.	M. April 11/18.
5 B.	Tranmer, Cpl. John Wm. 240080.	M. May 27/18.
5 B.	Turner, Jas. 48218.	M. May 27/18.
5 B. V	Turner, L.-Cpl. Wm. 28183.	M. April 11/18.
5 B. V	Walker, E. F. 35769.	M. May 27/18.
5 B.	Watkinson, L.-Cpl. Wm. 42542.	M. May 27/18.
5 B.	Webb, Walter J. 35766.	M. May 27/18.
5 B. V	Weir, Sgt. Saml. Robt. 16058.	M. May 27/18.
5 B.	West, George. 20191.	M. May 28/18.
5 C. IX	Abraham, James. 9423	M. Mar. 25/18.
5 C.	Andrews, Geo. 8585.	M. May 27/18.
5 C. XI	Appleyard, Stanley. 13947.	M. April 25/18.
5 C.	Bailey, J. 204387.	M. May 27/18.
5 C. X	Baxter, J 30005.	M. May 27/18.
5 C. IX	Bell, William. 22726.	M. May 27/18.
5 C. IX	Berriman, W. G. 21368.	M. Mar. 25/18.
5 C. XI	Bishop, Wm. Jas. 34804.	M. May 27/18.
5 C. IX	Brice, Victor. 34639.	M. Mar. 30/18.
5 C. XI	Brydon, Joseph. 34794.	M. May 27/18.
5 C. XII	Chambers, Claude. 36188.	M. May 27/18.
5 C. VII	Cox, Sgt. H. 33474.	M. May 27/18.
5 C.	Curry, Cuthbert. 34809.	M. May 27/18.
5 C.	Dawe, R. M. 35668.	M. May 27/18.
5 C.	Dinsdale, J. R. 13157.	M. May 27/18.
5 C.	Dunn, T. O. 48417.	M. May 27/18.
5 C.	Frary, J. W. 26474.	M. May 27/18.
5 C. XI	Gordon, Sgt. A. E. 33885.	M. about May 22/18
5 C. X	Hewison, Alfred. 3/8811.	M. May 27/18.
5 C. X	Hilton, James. 16592.	M. May 27/18.
5 C.	Ireland, Norman. 25554.	M. May 27/18.
5 C.	Jessop, Wm. Bell. 241226.	M. May 27/18.
5 C. XI	Kane, M. 205092.	M. May 27/18.
5 C. XI	McLaren, J. 34865.	M. May 27/18.
5 C.	Mahoney, J. 238027.	M. April 11/18.
5 C. X	Manders, E. C. 42404.	M. May 27/18.
5 C. IX	Mawhood, John Hyder. 33991.	M. May 27/18.
5 C. IX	Milburn, Joe. 4859.	M. Mar. 27/18.
5 C.	Morgan, George Henry. 205067.	M. May 27/18.
5 C. XI	Mudd, George. 38140.	M. May 27/18.
5 C.	Noble, J. H. 34868.	M. May 27/18.
5 C. XI	Parfoot, George. 35224.	M. May 27/18.
5 C.	Pattison, Wilfred. 243916.	M. May 27/18.
5 C. X	Pye, F. 240319.	M. May 27/18.
5 C.	Raftery, Michael. 241374. (Fr. H.Q.)	M. Mar. 27/18.
5 C. XII	Reed, James W. 48021.	M. May 27/18.
5 C. XI	Roberts, Cpl. C. F. 11855.	M. May 27/18.
5 C. X	Robertshaw, Herbert. 38220.	M. May 27/18.
5 C.	Ross, Chas. Bassett. 243413.	M. May 27/18.
5 C. XII	Shaw, Joe. 43630.	M. May 27/18.
5 C.	Shields, L.-Cpl. A. C. 240289.	M. May 27/18.
5 C. XII	Stevens, Alfred. 241705.	M. abt. Mar. 21/18.
5 C.	Stewart, Alfred. 204121.	M. May 27/18.

December 1st, 1918.

Yorkshire Regiment—contd.

B.E.F.

*5 C. XII	Stones, Thos. Ernest. 43604.	M. May 27/18.
5 C. X	Sutherst, Cpl. S. 26605.	M. May 27/18.
5 C.	Taylor, Jas. 35436. (Fr. Manch.)	M. April 11/18.
5 C.	Teed, Wm. Andrew. 18269.	M. May 27/18.
5 C. IX	Tyres, Archer. 242520.	M. May 27/18.
5 C. X	Wainwright, G. E. 35271.	K. June 12/18. Det.D./B.
5 C. IX	Wharrie, Herb. Arthur. 41799	Unoff. M. end Mar./18.
5 C. XII	Whitaker, Cpl. George. 13314.	M. May 27/18.
5 C. X	Wilding, William. 235024.	M. Mar. 23/18.
5 C.	Williamson, Fred. 35278.	M. May 27/18.
5 C.	Wilson, Joseph. 11642.	M. May 27/18.
5 C. XII	Winkworth, G. 42898.	M. May 27/18.
5 C. XI	Winterburn, L.-Cpl. Chas. 200172.	M. April 25/18.
5 C. X	Wood, Stephen. 242698.	M. May 27/18.
5 C. XII	Woodhead, J. A. 260156.	M. May 27/18.
5 C. IX	Wylie, Sig. Lewis Edw. 205290.	M. May 27/18.
5 C. XI	Yoxall, William Hry. 35738.	M. May 27/18.
5 D. XIV	Allison, M.M., L.-Cpl. Frank. 33199.	M. May 27/18.
5 D. XIII	Bax, L. H. H. 33757.	M. May 27/18.
5 D. XV	Beavon, F. 35701.	M. May 27/18.
5 D. XVI	Blackett, Fred. 205088.	M. May 27/18.
5 D. XIII	Blakelock, Stanley. 265009.	M. May 27/18.
5 D. XIV	Blenco, George. 34124.	M. May 27/18.
5 D. XVI	Buckley, Percy. 34680.	M. May 27/18.
5 D.	Cadman, George. 241532.	M. May 27/18.
5 D. XIV	Catchpole, Sgt. James Wm. 35744.	M. May 27/18.
5 D.	Chippendale, T. 240883.	M. May 27/18.
5 D.	Coleman, L.-Cpl. Jas. H. 24054.	M. May 27/18.
5 D. XIII	Crossley, Fred. 48214.	M. May 27/18.
5 D.	Dawson, Sgt. J. 240072.	M. May 27/18.
5 D.	Dawson, John David. 48334.	M. May 27/18.
5 D. XIV	Dodd, Frank. 34460.	M. May 27/18.
5 D. XV	Dudley, F. 35750.	M. May 27/18.
5 D.	Gibson, L.-Cpl. G. 33583.	M. May 27/18.
5 D. XV	Gibson, Sgt. H. 240265.	M. Mar. 25/18.
5 D.	Gowans, F. 22491.	M. April 11/18.
5 D. XV	Grantham, Sidney Bertram. 35752.	M. May 15/18.
5 D. XVI	Gull, L.-Cpl. J. H. 241638.	M. Mar. 29/18.
5 D. XIV	Healey, Arthur. 241458.	M. May 27/18.
5 D.	Holland, W. B. 39129.	M. May 27/18.
5 D.	Hornby, L.-Cpl. Geo. 240903.	M. May 27/18.
5 D.	Houlston, Sgt. Harry. 235737.	M. May 27/18.
5 D. XIII	Howard, C. L. 35658.	M. May 27/18.
*5 D. XV	Hubbard, P. 35173.	M. May 27/18.
5 D. XIII	Jackson, Hry. Chas. 240220.	M. Mar. 30/18.
5 D. XIV	Jackson, Norman. 48316.	M. May 27/18.
5 D. XIII	Jarvis, L.-Cpl. Robert. 36422.	M. May 27/18.
5 D.	Jones, John Theophilus. 35043.	M. May 27/18.
5 D.	Kellett, John Henry. 35408. (Fr. Manchesters.)	M. May 27/18.
5 D. XVI	Layzell, Percy Geo. 34017.	M. May 27/18.
5 D.	Leggett, E. 235608.	M. May 27/18.
5 D. XVI	Lloyd, T. E. 35724.	M. May 27/18.
5 D. XV	Lowe, Walter. 33800.	M. May 27/18.
5 D. XV	Martin, Jack. 35208.	M. May 27/18.
5 D.	Mossendrew, E. 35215.	M. April 11/18.
5 D. XV	Musgrave, N. 35216.	M. May 27/18.
5 D.	Newcombe, Cpl. A. 240699.	M. May 27/18.
5 D.	O'Brien, Lawrence. 11735	M. May 27/18.

December 1st, 1918.

Yorkshire Regiment—contd.

B.E.F.

5 D.		Parnaby, Sgt. Raymond. 240390.	M. April 11/18.
5 D.		Payne, S/M. P. 235513.	M. May 27/18.
5 D. XIII		Pearce, E. 34767.	M. May 27/18.
5 D.		Powell, George. 202026.	M. May 27/18.
5 D. XV		Prest, F. 21347.	M. April 11/18.
5 D.		Renton, M. L. 27346.	M. Mar. 22/18.
5 D.		Richardson, J. J. 14955.	M. May 27/18.
5 D. XIII		Robson, R. 14703.	M. May 27/18.
5 D.		Rowlands, Joseph. 35435.	M. April 11/18.
5 D. XIII		Sharples, Albert. 35362.	M. May 27/18.
5 D.		Skinner, Albert. 35249.	M. May 27/18.
5 D. XVI		Smart, L.-Cpl. G. W. 240385.	M. May 27/18.
5 D. XIV		Smith, S. L. 7951.	W. and M. Mar. 29/18.
5 D.		Smith, Samuel. 35363.	M. April 11/18.
5 D. XVI		Stoker, Thomas. 48431.	M. May 27/18.
5 D.		Tansey, Arthur. 35370.	M. May 27/18.
5 D. XIV		Thorley, James. 35078.	M. May 27/18.
5 D. XIII		Thorne, John Fred. 34772.	M. May 27/18.
5 D. XVI		Thwaite, Thomas. 242720.	M. April 11/18.
5 D.		Towse, Sgt. J. S. 240030.	M., bel. K. April 11/18.
5 D. XIV		Tweddle, Ralph. 44864.	M. May 27/18.
5 D. XIII		Vessey, H. M. 34792.	M. May 27/18.
5 D.		Wade, John. 265687.	M. May 27/18.
5 D.		Walton, J. 25733.	M. May 27/18.
5 D. XII		Ward, Joseph. 48197.	M. May 27/18.
5 D. XIII		Waterson, Hry. Leslie. 48176.	M. May 27/18.
5 D. XIII		West, Robert. 243320.	M. May 27/18.
5 D. XIII		Whittred, F. 242237.	M. May 27/18.
5 D. XIII		Wilkinson, George. 13508.	M. May 27/18.
5 D. Sig. S.		Winterburn, E. 38113.	M. May 27/18.
5 D. XIII		Woodall, Sgt. Frank. 42536.	M. May 27/18.
5 D.		Wray, James. 35381.	M. April 11/18.
5 D. XIV		Wright, Eric Henry. 48270.	M. May 27/18.
5 H.Q.		Bowden, M.M., Saml. Hollingworth. 19541.	M. May 27/18.
5 H.Q. Sig. S.		Brook, G. H. 38105.	M. Mar. 28/18.
5 H.Q.		Cooper, L.-Cpl. Leonard. 240112.	M. May 27/18.
5 H.Q.		Dillamore, Sig. Alf. 34686. (260153.)	M. May 27/18.
5 H.Q.		Dinsdale, F. 240504.	M. Mar. 26/18.
5 H.Q.		Filloken, Sig. S. F. 205785.	M. May 27/18.
5 H.Q.		Foulkes, Herbert. 35034.	M. May 27/18
5 H.Q.		Frank, J. R. 28664.	M. May 27/18.
5 H.Q.		Hanson, Charles. 241221.	M. May 27/18.
5 H.Q.		Harper, Stan. 25725. (23579.) (Scouts)	M. May 27/18.
5 H.Q. Sig.		Johnson, Frank. 265403.	M. May 27/18.
5 H.Q. Sig.		Lyons, Frank. 240161.	M. May 27/18.
5 H.Q.		Marshall, Alf. 240250.	M. May 27/18.
5 H.Q.		Myers, W. P. 243865.	M. May 27/18.
5 H.Q. Snip. S.		Parker, Mark. 241031.	M. Mar. 23/18.
5 H.Q.		Richardson, E. Wm. 38705.	M. May 27/18.
5 H.Q.		Rickard, Sig. A. W. 35236.	M. May 27/18.
5 H.Q.		Ripley, L.-Cpl. Chas. Leon. K. 20198	M. Mar. 25/18.
5 H.Q.		Roe, Sgt. J. 240572.	M. May 27/18.
5 H.Q. Sig.		Salter, Cpl. Fredk. Geo. 240063.	M. May 27/18.
5 H.Q.		Singleton, R. 25492.	M. May 27/18.
5 H.Q.		Smith, Sigr. Harry. 266424.	M. May 27/18.
5 H.Q.		Smithson, J. 34475.	M. May 27/18.
5 H.Q.		Symons, Wm. 240630.	M. May 27/18.
5 H.Q.		Whitehead, Sig. J. T. 28682.	M. May 27/18.

December 1st, 1918.

Yorkshire Regiment—contd.

B.E.F.

5 H.Q.		Witty, Ralph. 235028.	M. May 27/18.
5	?	Andrews, Geo. Fredk. 35670.	M. May 27/18.
5	?	Baldwin, J. 201679.	M. May 27/18.
5	?	Bennett, Ernest. 35760.	M. May 27/18.
5	?	Bennett, W. 34742.	M. May 27/18.
5	?	Blair, Ernest. 35660.	M. May 27/18.
5	?	Carlin, Benj. 48425.	M. May 27/18.
5	?	Carling, J. 241037.	M. April 11/18.
5	?	Catlin, H. 240370.	M. May 27/18.
5	?	Chapman, W. F. 235744. (Fr. 3/8 Middx.)	M. May 27/18.
5	?	Clifford, Cpl. H. 35714.	M. May 27/18.
5	?	Cooke, J. L. 35437. (Fr. 3 Manch., 16970.)	M. May 27/18.
5	?	Coulbeck, Chas. 240251.	W. and M. May 27/18.
5 Trans. S.		Dale, W. 240139.	M. May 27/18.
5	?	Deusley, R. J. 201044.	M. May 27/18.
5	?	Fellows, Alfred. 48170.	M. May 27/18.
5	?	Gillan, J. 20407.	M. May 27/18.
5	?	Guymer, S/B. C. T. 21385.	M. May 27/18.
5	?	Harker, J. 20625.	M. May 27/18.
5	?	Hicks, Jas. 35304.	M. Mar. 27/18.
5	?	Hill, Arthur. 34685.	M. May 27/18.
5	?	Hood, Sig. Alfred. 38141.	M. May 27/18.
5	?	Jarvis, C.-S.-M. Albt. Leon. 35285.	M. May 27/18.
5	?	Lane, H. S. 35200. (35455.)	M. April 11/18.
5	?	Long, Albert. 35205.	M. April 8/18.
5	?	Margerison, T. 238019.	M. May 27/18.
5	?	Miller, John. 14487.	M. May 27/18.
5	?	Millwood, Arthur Kenneth. 35211.	M. April 11/18.
5	?	Parsons, G. 23503.	M. May 27/18.
5	?	Paerse, W. 35801.	M. May 27/18.
5	?	Peters, Alfred. 35345.	M. April 11/18.
5	?	Powell, Joseph. 35228.	M. May 27/18.
5	?	Prescott, Sgt. Leonard. 35286.	M. April 11/18.
5	?	Prior, Joseph. 202133.	W. and M. Mar. 30/18.
5	?	Pritchard, S. 34881.	M. May 27/18.
5	?	Roberts, Wm. Jas. 35775.	M. May 27/18.
5	?	Ruel, Walter A. H. 35791.	M. May 27/18.
5	?	Scott, L.-Cpl. John. 33936.	M. May 27/18.
5 I.T.M.		Seaton, Chas. 241380. (150 Bde.)	M. May 27/18.
5 Sig. S.		Shepherd, F. W. 242954.	M. Mar. 21/18.
5	?	Simmonds, Charles. 48282.	M. May 27/18.
5	?	Smith, A./L.-Sgt. J. E. 390047. (1252.) (Fr. R.A.M.C.)	M. May 27/18.
5	?	Smithson, Harry. 265476.	M. May 30/18.
5 I.T.M.		Stafford, Mervyn J. C. 35674 (150 Bde.)	M. May 27/18.
5	?	Stemp, C. Henry Wm. 35254.	M. April 11/18.
5	?	Swann, C. 48173.	M. May 27/18.
5	?	Walton, Cpl. Chas. 13466.	M. May 27/18.
5	?	Wheatley, Joseph. 260140.	M. Mar. 26/180.
5	?	Williams, W. 35090.	M. May 27/18.
5	?	Woodmansly, Cpl. Bertram. 240083.	M. May 27/18.
6 C.		Thirtle, James. 14233.	M. May 27/18.
6 D. XV		Castle, Jos. Edw. 266290.	M. May 9/18.
6	?	Andrew, L.-Sgt. F. 11310.	M. Mar. 30/18.
7	?	Woodrow, S/B. H. J. 235273.	M. May 27/18.

December 1st, 1918.

Yorkshire Regiment—contd.

B.E.F.

7 I.T.M.	Wright, Cpl. Edw. 265778. (146 Bde.)	M. May 13/18.
*9 H.Q.	Fairbank, W. 12443.	K. Oct. 5/18. Det.D./B.
10 A.	Elliott, Sgt. J. 11834.	M. Mar. 22/18.
10 A. III	Reynolds, Ernest. 27119.	M. May 27/18.
10 C.	Bell, Harry. 19522.	W. and M. Mar. 27/18.
10 C.	Thompson, H. 205477.	M. Mar. 27/18.
10 C.	Willey, F. 10495.	W. and M. Mar. 27/18.
10 D. XIII	Scott, L.-Cpl. S. 24408.	M. Mar. 27/18.
‡10 ?	Baker, H. 44851. (Fr. 20 Ent. Bn.)	W. and M. Mar. 27/18.
12 W.	Alton, Edward. 22767.	W. and M. April 11/18.
12 W.	Binks, J. A. 46152.	M. April 9-11/18.
12 W.	Brookbank, H. 23915.	M. April 9-11/18.
12 W.	Dean, Frederick. 17299.	M. April 9-11/18.
12 W. III	Fearne, Chas. Ernest. 46103.	M. April 9-11/18.
12 W. III	Longfellow. L. S. 34787.	W. and M. April 9-11/18.
12 W.	Miller, Albert Jay. 19910.	M. April 9-11/18.
12 W.	Morgan, Sig. O. 25002.	W. and M. April 9-11/18.
12 W. II	Nicholson, John Edward. 34735.	M. April 9-11/18.
12 W.	Robson, Robt. Herdman. 46129	M. April 9-11/18.
12 W.	Tookey, A. 48187.	M. April 9-11/18.
12 W.	Wilkins, F. 48384.	M. April 9-11/18.
12 X. VI	Beighton, G. E. 34459.	M. April 9-11/18.
12 X. VII	Bell, Willie. 33759.	M. April 9/18.
12 X. VIII	Botting, John Willie. 34747.	M. April 9-11/18.
12 X. V	Bottomley, Percy. 27598.	M. April 9-11/18.
12 X. VII	Clayton, J. 34105.	M. April 9-11/18.
12 X. VI	Dellow, John. 46204.	K. April 9-11/18. Det.D./B.
12 X. VII	Eyre, Ern. Harry. 241525.	M. April 9-11/18.
12 X. VII	Henderson, Neil. 46243.	M. April 9-11/18.
12 X.	Hunt, H. 46247.	M. April 9/18.
12 X. V	Jefferson, L.-Cpl. W. 21296.	W. and M. April 9-11/18.
12 X. VIII	Johnson, Arthur. 27253.	M. April 9/18.
12 X. VII	Renwick, Michael Maughan. 48169.	M. April 9-11/18.
12 X.	Reynolds, Chas. Egerton. 235261.	M. April 9-11/18.
12 X. VI	Scott, Wm. 241064.	W. and M. April 9-11/18.
12 X.	Thompson, John. 20461.	W. and M. April 9-11/18.
12 X. VII	Tidman, Thos. Geo. 34832.	M. April 9-11/18.
12 X. V	Tyler, Thos. W. 34831.	M. April 9-11/18.
12 X.	Ward, Alb. 33819.	M. April 9-11/18.
12 X.	Wingate, Wm. 47905.	M. April 9/18.
12 Y.	Barber, L. H. 241848.	M. April 9-11/18.
12 Y. X	Gillson, Thomas. 21042.	M. April 9-11/18.
12 Y. IX	Goldsbrough, T. W. 48190.	M. April 9-11/18.
12 Y. IX	Heseltine, John Edward. 48184	W. and M. April 9-11/18.
12 Y. X	Readman, W. E. 28094.	K. April 10-11/18. Det.D./B.
12 Y. XII	Wilkinson, G. E. 34774.	M. May 9-11/18.
12 Y.	Windross, L.-Cpl. A. W. 21408.	M. April 9-11/18.
12 Y. XI	Wootton, A. 235266.	M. Mar. 24/18.
12 Z. XIV	Taylor, Wm. Durrand. 47895.	M. Mar. 31/18.
12 Z. V	Timmins, John William. 47896.	M. April 9-11/18.
12 H.Q.	McGlashan, T. 41671.	M. May 27/18.
12 I.T.M.	Kirk, J. H. 22784. (150 Bde.)	M. May 27/18.
13	Mitchell, Major T. J. (Fr. 16 Middx)	D/W. April 12/18. Det.D./B.
13 A. III	Annandale, W. 36041.	M. Mar. 22/18.
13 A. IV	Binks, Harold. 235223.	W. and M. Mar. 22/18.
13 A. I	Brunson, Chas. 46869.	M. Mar. 22/18.
13 A.	Brynn, Ernest. 46724.	M. Mar. 22/18.
13 A.	Evans, H. D. 33937.	M. Mar. 22/18.

December 1st, 1918.

Yorkshire Regiment—contd.

B.E.F.

13 A.	Harland, Robt. Archer. 38466.	M. April 9-13/18.
13 A.	Hunt, S. 46782.	M. Mar./18.
13 A. I	Jackson, John. 23201.	M. Mar. 22/18.
13 A.	Leese, L. 46790.	W. and M. Mar. 22/18.
13 A. IV	Nixon, L.-Cpl. R. 241138.	K. Mar. 22/18. Det.D./B.
13 A.	Palmer, Sgt. Geo. Edw. 204151. (Fr. 4th.)	M. April 9-13/18.
13 A.	Sampson, E. 43344.	M. Mar. 22/18.
13 A. I	Smith, Frank. 23877.	M. Mar. 22/18.
13 A.	Smithson, T. H. 21326.	M. April 13/18.
13 A.	Stevenson, Luke. 46815.	Unoff. M. Mar. 20/18.
13 A.	Traynor, John W. 23857.	M. April 9-13/18.
13 A.	Wild, Frank. 34987.	M. April 9-13/18.
13 B.	Anfield, C. 48382.	K. April 9-13/18. Det.D./B.
13 B. VIII	Atkinson, Hetherington. 25742.	W. and M. April 22/18.
13 B.	Bannister, Edwin. 43654.	M. May 27/18.
13 B. VI	Bartliff, Chas. Wm. 27224.	M. Mar. 22/18.
13 B.	Billson, T. 266652.	M. April 9/18.
13 B.	Brown, James. 43719.	M. April 9/18.
13 B. VII	Dickinson, E. 24203.	W. and M. Mar. 22/18
13 B. VIII	Edwards, Edwin. 33986.	K. Mar. 22/18. Det.D./B.
13 B. VII	Johnstone, Frank. 29804.	M. Mar. 21/18.
13 B. I.T.M.	Jones, Jas. 41657. (121 Bde.)	W. and M. April 10/18.
13 B.	Knowles, Cpl. E. 33996.	M. Mar. 22/18.
13 B. Sig. S.	Nicholson, Robt. 204234.	M. Mar. 21—April 2/18.
13 B. VI	Price, John. 13258.	M. Mar. 22/18.
13 B. V	Sleightholme, T. B. 19966.	W. and M. Mar. 22/18.
13 B.	Standley, Ellis. 26486	M. Mar. 22/18.
13 C.	Burt, Percy. 33932.	M. April 9-13/18.
13 C.	Lowther, J. W. 12033.	M. April 9-13/18.
13 D. XIV	Clayforth, C. 32491.	W. and M. Mar. 22/18.
13 D. XIV	Dale, Arthur. 28455.	W. and M. Mar. 22/18.
13 D.	Inchbold, L.-Cpl. 14350.	W. and M. Mar. 22/18.
13 D.	Marginson, W. 33802. (Fr. 7th.)	M. April 9-13/18.
13 D.	Scott, J. C. 8252.	M. Mar. 22/18.
13 D.	Walker, Joe. 38435.	M. April 9-13/18.
13 H.Q.	Vickers, W. 29398.	M. April 9/18.
13 ?	Bonser, J. W. 29695.	W. and M. Mar. 23/18.
13 ?	Briner, A. 35015.	W. and M. April 9-13/18.
13 ?	Britton, J. 34060.	M. Mar. 22-23/18.
‡13 ?	Clayton, Brian. 24816.	M. May 21-29/18.
13 ?	Davies, Edward. 35019.	M. April 9-13/18.
13 ?	Drury, J. T. 241445.	M. Mar. 22/18.
13 I.T.M.	Elam, Horace. 25678. (121 Bde.)	M. April 9/11/18.
13 ?	Elley, W. H. 48304.	M. April 9-13/18.
13 ?	Else, Sydney. 48262.	M. April 9-13/18.
13 ?	Gibson, Jas. W. C. 48364.	M. April 9-13/18.
13 ?	Green, Ernest. 21402.	M. Mar. 22/18.
13 ?	Head, Ernest Arthur. 35038.	M. April 9-13/18.
13 ?	Holder, T. H. 34924.	M. April 9-13/18.
13 ?	Hortley, Edward. 34071.	M. April 9-13/18.
13 ?	Noble, F. T. 34956	M. April 9-13/18.
13 ?	Northam, Jas. 34954.	M. April 9-15/18.
13 ?	Oliphant, Grainger. 35061.	M. April 9-13/18.
13 ?	Parker, H. 29560.	M. April 9-13/18.
13 ?	Parrish, Ernest S. 34961. (Fr. 16 Welsh Rgt.)	M. April 9-13/18.
13 ?	Reynolds, Jack John. 35067. (Fr. 15 R. Wel. Fus., 27085.)	M. April 9-13/18.

December 1st, 1918.

Yorkshire Regiment—contd.

B.E.F.

13 ?	Ryall, J. D. 48436.	M. April 9-13/18.
13 ?	Saunderson, C. F. 34977. (Fr. Welsh Regt.)	M. April 9-13/18.
13 ?	Walker, Joe. 38435.	M. Mar. 22/18.
13 ?	Warlow, Sig. Geo. Thos. 35682.	M. April 9-13/18.
13 Sig. S.	York, W. E. 24946.	M. April 9-13/18.

ITALY.

9 C. IX	Matthews, Arthur. 34491.	M. July 20/18.
9 C. IX	Roberts, John. 266475.	M. July 20/18.
79 D. XIII	Vearonelly, Arthur. 242521.	M. Oct. 5/18.

EAST YORKSHIRE REGIMENT.
B.E.F.

1	**Barrett, 2nd Lt. N. K.** (Fr. 4 Yorks.)	M. Sept. 18/18.
1 A.	Aber, H. 30049	M. April 25/18.
1 A. III	Adams, Edward. 52682.	M. May 28/18.
1 A. IV	Arnold, Charles. 29621.	M. April 16/18.
1 A.	Attwood, James. 25134.	M. May 28/18.
1 A.	Ayre, L.-Cpl. Fred. Jack. 41466.	M. May 28/18.
1 A.	Bailey, L.-Cpl. Hilton. 29624.	M. May 28/18.
1 A. I	Barnes, Frank. 29633.	M. Mar. 22/18.
1 A.	Bateson, Hugh. 29637.	M. Mar. 22/18.
1 A. I	Beck, Frank. 29037.	M. April 25/18.
1 A.	Berry, Cpl. B. G. 21213.	M. May 28/18.
1 A. II	Bird, Isaac. 30042.	M. April 16/18.
1 A.	Birkett, T. E. 29625.	M. April 25/18.
1 A.	Boardman, Wm. Miller. 220412.	M. April 25/18.
1 A. IV	Bosworth, R. 45.	M. April 25/18.
71 A.	Brocksbank, I. W. 41322.	M. Sept. 1/18.
1 A.	Brown, H. 10561. (Fr. 6th.)	M. Mar. 22/18.
1 A. I	Burshett, Wm. 29627.	M. April 25/18.
1 A. I	Camidge, L.-Cpl. James. 21020.	M. May 27/18.
1 A. IV	Cattle, L. 19335.	M. April 25/18.
71 A.	Cooper, W. 42513.	M. Aug. 26/18.
1 A. I	Cox, George Wm. 25584.	M. April 25/18.
1 A. III	Curzon, Frank. 30030.	M. April 25/18.
1 A.	Dyke, G. H. 30034.	M. April 25/18.
1 A.	Fisher, Cpl. W. 16015.	M. April 25/18.
1 A.	Fitzjohn, W. 16177.	M. May 28/18.
1 A.	Glasper, Eli Smith. 30647.	M. April 25/18.
1 A. I	Grant, Jesse. 37938.	M. April 25/18.
1 A. III	Greenwood, Geo. 40975.	M. May 28/18.
1 A. III	Gregory, Geo. 41785.	M. May 28/18.
1 A.	Hainsworth, E. H. 220653. (58043.) (Fr. 4 W. Yorks.)	M. Sept. 18/18.
1 A.	Hardman, Maurice. 30024.	M. April 25/18.
1 A.	Harrison, H. 45851.	M. May 28/18.
1 A.	Harrison, M. 30878.	M. May 27/18.
1 A. I	Heathorn, W. 30051.	M. April 25/18.
1 A. II	Heppel, Robert. 18816.	M. April 25/18.
1 A. I	Hilton, Harry. 41795.	M. May 28/18.
1 A. III	Jaques, S. A. 41809.	M. May 28/18.
1 A. I	Johnson, John Hey. 204066. (41811)	M. May 28/18.
1 A.	Lilley, Harvey. 30093.	M. April 25/18.

December 1st, 1918.

Yorkshire Regiment, East—contd.

B.E.F.

1 A.	Limback, J. 160.	M. May 28/18.
1 A.	Longstaff, Jack. 3072.	M. April 25/18.
*1 A. IV	Lord, J. H. 51606.	M. Sept. 18/18.
1 A. IV	McLaren, Robert. 42443.	M. May 28/18.
1 A.	McLaughlin, P. 41814.	Unoff. M. June 26/18.
1 A.	Marfitt, Geo. 12/929.	M. Mar. 22/18.
1 A.	Metcalfe, Robert. 30097.	M. April 24/18.
1 A. II	Morfitt, George. 929.	M. Mar. 22/18.
1 A. IV	Neate, Thos. Geo. 42446.	M. May 28/18.
1 A. I	Needham, Cpl. John. 220474.	M. April 25/18.
1 A. III	Nesbitt, Stephen. 51579.	M. Sept. 18/18.
1 A. III	Nicholson, Thos. Henry. 30555.	M. April 25/18.
1 A. I	Oliffe, T. W. 30089.	M. May 28/18.
1 A. II	Owen, R. 205446. (30352.) (Fr. 10.)	M. Mar. 23/18.
1 A. III	Pepper, Geo. Edw. 42448.	M. May 28/18.
1 A.	Piggott, John. 204278.	M. Mar. 22/18.
1 A. III	Radcliffe, Tom. 30756.	M. April 25/18.
1 A. or B.	Ryman, Sidney Robt. 30754.	M. April 25/18.
*1 A. III	Shepherd, Thos. Robt. 30022.	M. April 25/18.
1 A.	Skoyles, S.-S.-M. R. 6114.	M. May 28/18.
1 A. IV	Smith, Jas. Edward. 30783.	M. May 27/18.
1 A. IV	Stevens, W. 220484.	M. April 25/18.
1 A.	Stonehouse, Wm. Fredk. 40913.	M. April 25/18.
1 A. III	Sutton, John Wm. 30715.	M. April 22/18.
1 A.	Tattersfield, Arnold. 30088.	M. April 25/18.
‡1 A.	Taylor, J. 51240.	M. Sept. 18/18.
1 A.	Thompson, J. 10128.	M. May 28/18.
1 A. or B.	Thompson, W. 1278.	M. April 25/18.
‡1 A.	Topham, G. H. 30801.	M. Sept. 18/18.
1 A.	Walker, L.-Cpl. Chas. 26171.	M. May 28/18.
1 A. IV	Ward, Augustus Simon. 30608.	M. May 28/18.
1 A.	Ward, Bertram. 30773.	M. April 25/18.
1 A. III	Ward, Wm. 40984.	M. May 28/18.
1 A. IV	Wediake, Cpl. Richard. 30610.	M. May 28/18.
1 A. IV	Welsh, L.-Cpl. T. 3/6663.	M. April 25/18.
1 A. III	Wharton, Wm. Henry. 200673	M. May 28/18.
1 A. IV	Winter, H. 955.	M. April 25/18.
1 A.	Wright, A. 30776	M. April 25/18.
1 A. III	Yates, L.-Cpl. J. R. 11848.	M. April 25/18.
1 A.	Youles, W. D. 29993.	M. April 23-25/18.
1 B.	Allison, Sgt. Herbert. 8997.	M. April 25/18.
1 B.	Barker, Herbert Cecil. 39736.	M. Sept. 10/18.
1 B.	Bateman, Jas. Edw. 33475.	M. April 25/18.
1 B.	Beaumont, Harry. 41834.	M. May 28/18.
1 B. VII	Brabyn, Walter A. 52710.	W. and M. May 28/18.
1 B. VIII	Bradley, Scaling. 31224.	M. April 25/18.
1 B. VI	Brigonall, W. 201225.	M. Mar. 22/18.
1 B.	Brown, Alf. 6308.	M. April 10/18.
‡1 B.	Cingel, E. 29662.	M. Aug. 26/18.
1 B. VIII	Cockroft, Geo. Henry. 51596.	M. Sept. 10/18.
1 B.	Colton, Sig. A. A. 1264.	M. April 25/18.
1 B.	Cooper, Harry. 29647.	M. April 25/18.
1 B.	Crisp, W. G. 42397.	W. and M. May 25/18.
1 B. V	Cummings, L.-Cpl. Stephen. 30771.	M. April 25/18.
1 B.	Dawkins, Sid. Lewis. 52683.	M. May 28/18.
1 B. V	Dobson, Walter. 29043.	M. April 25/18.
1 B. V	Edwards, Thomas. 29653.	M. Mar. 22/18.
1 B. V	Exely, Alb. Bryan. 10475.	M. April 25/18.
1 B. VIII	Franks, Jas. 29655.	M. Mar. 22/18.

Yorkshire Regiment, East—contd.

B.E.F.

1 B. V	Gott, L.-Cpl. Wm. 220469.	M. April 25/18.
1 B. VI	Green, Geo. 220479.	M. April 25/18.
*1 B. VII	Hardy, Robt. W. 56703.	M. Sept. 10/18.
1 B. VI	Harney, Robt. Wm. 29976.	M. May 28/18.
1 B.	Harrison, Wm. 29982.	M. May 28/18.
1 B.	Haydon, H. W. 42361.	M. May 28/18.
1 B. VII	Heads, Frederick. 29669.	M. April 25/18.
1 B. VIII	Herron, James. 14/156.	M. Mar. 31/18.
1 B. V	Hewish, A. A. 29682.	M. June 13/18.
1 B.	Holmes, Thos. 29667.	M. April 25/18.
1 B. VIII	Jackson, John. 30656.	W. and M. April 16/18.
B. VI	Lambert, J. 42463.	M. May 28/18.
1 B.	Lister, John. 31193.	K. Aug. 26/18. Det.D./B.
1 B.	Lucas, F. 204266.	M. April 23/18.
*1 B. V	McGrah, F. E. 39267.	M. Sept. 10/18.
1 B. VII	McInally, A.-Cpl. Jas. 30090.	M. April 25/18.
1 B. VIII	Mayman, E. A. 30663.	M. April 25/18.
‡1 B.	Mitchell, A. R. 52736.	M. Aug. 26/18.
1 B. VIII	Moore, Chas. 30752.	W. and M. April 16/18.
*1 B. VIII	Moore, H. 51902.	W. and M. Sept. 18/18.
*1 B. VIII	Prime, F. T. 38989.	M. Aug. 15/18.
1 B.	Reilly, F. 31512.	M. Mar. 22/18.
‡1 B.	Richardson, G. 52761.	M. Aug. 15/18.
1 B.	Robson, Wm. John. 36853.	M. April 25/18.
1 B. V	Rusholme, J. H. 23793.	M. April 25/18.
1 B. VIII	Sawyer, Geo. W. 30758.	W. and M. April 15/18.
1 B.	Simmens, A. 52730.	M. May 28/18.
1 B. V	Smith, W. Ernest. 30563.	M. April 25/18.
*1 B.	Spence, Albert. 30073.	M. Sept. 10/18.
1 B. VII	Spence, Boden. 33295.	M. April 25/18.
‡1 B.	Spowart, H. 50838.	M. Sept. 10/18.
1 B.	Stark, Louis Henry. 1281.	M. April 25/18.
1 B	Swales, C. H. 30606.	W. and M. April 16/18.
1 B. VII	Tarbatt, Lewis. 31574.	M. April 25/18.
*1 B.	Thomas, Walter. 28628.	M. Sept. 10/18.
1 B.	Walton, M. 30587.	M. April 25/18.
1 B.	Wigzell, W. F. 31471.	M. April 25/18.
1 B. VII	Wilkinson, A. E. 220462.	M. April 25/18.
1 B.	Wilson, Harry. 42428.	M. May 28/18.
1 B. VI	Winship, Leonard. 1092.	M. April 25/18.
‡1 B. VI	Woodhall, A. D. 51386.	M. Sept. 10/18.
1 C. XI	Andrews, Oswald Norman. 30621.	M. April 25/18.
1 C. XII	Arrand, Charles. 42573.	K. Aug. 24/18. Det.D./B.
1 C. IV	Bardsley, J. 33327.	M. April 25/18.
1 C.	Bell, J. 16783.	M. April 25/18.
1 C. XII	Beresford, Thos. 30634.	M. April 25/18.
1 C.	Betts, Fredk. Jas. 21565.	M. Mar. 22/18.
1 C. XII	Betts, Richard. 30630.	M. April 25/18.
*1 C.	Binley, John. 61335.	M. Sept. 10/18.
1 C. IX	Bird, L.-Cpl. M. E. 30603.	M. April 25/18.
‡1 C.	Borthwick, Edward. 51590.	M. Sept. 10/18.
1 C.	Borthwich, John Robt. 35138.	M. April 24/18.
‡1 C.	Bowran, J. W. 51591.	M. Sept. 10/18.
1 C. IX	Bramley, L.-Cpl. Thos. G. 30625.	M. April 25/18.
*1 C. IX	Brook, A. 28630.	M. Sept. 10/18.
1 C. IX	Buxton, Kenneth. 220448.	M. April 25/18.
1 C.	Cannell, Sgt. W. C. 50657.	M. Sept. 10/18.
‡1 C.	Cannell, Sgt. W. E. 54.	M. Sept. 10/18.
1 C.	Chisholm, John. 30641.	M. May 28/18.

December 1st, 1918.

Yorkshire Regiment, East—contd.

B.E.F.

1 C. VIII	Clarkson, S. 42500.	M. Aug. 4/18.
1 C.	Cross, T. W. 30642.	M. April 25/18.
1 C. IX	Crossman, A. 30639.	M. April 25/18.
1 C. X	Curry, H. 205414.	M. Mar. 28/18.
1 C.	Cutmore, R. 36407.	W. and M. Mar. 22/18.
‡1 C.	Davidson, W. 19599.	M. Sept. 10/18.
‡1 C.	Davison, R. H. 51344.	M. Sept. 10/18.
1 C. XI	Dawson, G. 30643.	M. April 25/18.
1 C.	Dean, W. F. 42355.	M. May 28/18.
1 C.	Drewery, Archie. 23858.	M. May 28/18.
1 C. IX	Durtnal, Wm. 42455.	M. May 28/18.
1 C. IX	Edmondson, Richard. 50764.	M. Sept. 8/18.
1 C. IX	Ellershaws, John. 50723.	M. Sept. 10/18.
‡1 C. XI	Gibbon, Edward. 51634.	**M. Sept. 10/18.**
‡1 C.	Gilks, S. I. M. 51352.	**M. Sept. 10/18.**
1 C.	Hack, W. G. 42123.	M. May 27/18.
*1 C. XII	Handley, Sgt. Gordon. 220686.	W. Unoff. M. Sept. 18/18.
‡1 C.	Harburn, S. **51602.**	**M. Sept. 18/18.**
1 C. XII	Harkess, D. E. 205159.	M. April 25/18.
1 C.	Hicks, Charles. 28969.	M. April 25/18.
1 C. X	Holmes, A/Sgt. Jas. Arthur. 6414.	M. April 25/18.
1 C.	Holmes, L.-Cpl. Wm. 15644.	M. April 25/18.
1 C.	Howlett, Harold. 42405.	M. May 28/18.
1 C. XII	Job, T. 29591. (Fr. 161292, A.S.C.)	M. Mar. 22/18.
1 C. IX	Johnson, A. W. 33536. (Fr. 3rd.)	M. April 25/18.
1 C.	Jordan, A. 201442.	M. Mar. 22/18.
1 C.	Josh, John. 51356.	M. Sept. 10/18.
*1 C.	Kipling, Wm. 51358.	M. Sept. 10/18.
1 C. XI	Knapp, A. 204212.	M. Mar. 22/18.
1 C.	Langton, Arthur. 39715.	M. Sept. 19/18.
1 C.	Laverty, John Geo. 51365.	M. Sept. 10/18.
1 C. L.G.S.	Lewis, J. R. 37060.	M. April 25/18.
1 C. XI	Lilley, H. 26332.	M. April 25/18.
1 C. XI	Lovatt, Frances. 30774.	M. April 25/18.
1 C.	Lowdon, Roger. 35124.	W. and M. Mar. 22/18.
1 C. X	McLaren, Robt. Wood. 52749. (Fr. N. Fus., 65925.)	K. May 28/18. Det.D./B.
1 C. XI	Mercer, Cpl. H. 125047.	M. April 25/18.
1 C. XII	Moore, Robert. 38450.	M. Mar. 22/18.
‡1 C.	Nisbett, Sgt. G. 15239.	M. Oct. 24/18.
‡1 C.	Norton, C. J. 28998.	M. Sept. 2/18.
1 C. XI	Orriss, Chas. Fred. 42410.	M. May 28/18.
*1 C.	Owen, Harry. 39273.	M. Sept. 10/18.
1 C. X	Palmer, J. W. 33483.	M. April 25/18.
1 C.	Parkin, Ed. 15531.	M. April 25/18.
1 C. XI	Pickles, Harry. 35066.	M. May 28/18.
1 C. IX	Reed, F. 220452. (240941.)	M. April 25/18.
1 C.	Ripley, T. R. 30753. (Fr. 12 Yorks)	M. April 25/18.
*1 C. XI	Robertson, George. 51580.	M. Sept. 10/18.
1 C.	Sansom, T. H. 30004.	M. May 28/18.
‡1 C.	Sellers, S. F. 39864.	**M. Sept. 10/18.**
1 C. XI	Smith, Arthur. 36412.	W. and M. Mar. 22/18.
1 C. IX	Smith, J. 30648. (Fr. 2 Yorks, 19631.)	M. April 25/18.
‡1 C.	Smith, J. 51646.	**M. Sept. 10/18.**
1 C. X	Souther, John Wm. 30001.	M. May 28/18.
*1 C. X	Stephenson, Jn. Geo. Embleton. 51377.	M Sept. 10/18.

December 1st, 1918.

Yorkshire Regiment, East—contd.

B.E.F.

‡1 C.		Summers, T. 51581.	M. Sept. 10/18.
1 C.		Summers, T. G. 78628.	M. Sept. 10/18.
1 C. X		Tassaker, A. 30684.	M. April 25/18.
‡1 C.		Taylor, J. F. 39349.	M. Sept. 10/18.
1 C.		Thompson, James. 24529.	M. April 25/18.
‡1 C.		Turnbull, J. G. 51378.	M. Sept. 10/18.
1 C. XI		Underhill, W. 42422.	M. May 28/18.
‡1 C.		Walley, L. 51382.	M. Sept. 10/18.
1 C. X		Walthew, Francis Hry. 30689.	M. April 25/18.
1 C.		Watkinson, J. 220460.	M. April 25/18.
1 C.		Watson, A. E. 39972.	M. Sept. 5/18.
1 C. XI		Wilson, Frances Arthur. 19469.	M. April 25/18.
1 C. IX		Wilson, J. A. 30688.	M. May 28/18.
*1 C.		Wood, A J. 51648.	M. Sept. 10/18.
1 C. XII		Wright, E. 50629.	M. Sept. 18/18.
‡1 D.		Allott, J. 39322.	M. Sept. 10/18.
1 D.		Armstrong, Fred. 14796.	M. April 25/18.
1 D. XIII		Artis, Walter. 31132.	M. Mar. 22/-8.
1 D. XIV		Atkinson, Sgt. Geo. Ernest. 13/1181.	M. April 25/18.
1 D. XVI		Barker, Geo. Stan. 52771.	M. May 28/18.
1 D. XIII		Barraclough, Thos. Henry. 52766.	M. May 26-27/18.
1 D.		Barrett, Fred. 30054.	M. April 25/18.
1 D. XV		Beedham, W. B. 205276.	M. May 27/18.
1 D. XIV		Bell, G. 38350.	M. Mar. 22/18.
1 D.		Bennison, Norman. 65940.	M. May 28/18.
1 D.		Berry, Cpl. Charles. 42346.	M. May 28/18.
1 D. XIV		Birch, Wm. 36999.	M. April 16/18.
1 D. XVI		Blackett, John Simpson. 30698.	M. April 16/18.
1 D. XIV		Blastman, Jesse. 29711.	M. April 25/18.
1 D.		Bocock, E. 30050.	M. April 25/18.
1 D.		Bostock, Alfred Ernest. 52775.	M. May 28/18.
1 D. XV		Bowler, L.-Cpl. Richd. Saml. 30770.	M. April 25/18.
1 D. XIII		Bradford, Frank. 52767. (65949.)	M. May 27/18.
1 D. XIV		Broadley, Wm. 52683.	M. May 28/18.
‡1 D.		Brumby, F. W. 39697.	M. Sept. 10/18.
1 D. XVI		Bull, Harry Clarence. 23902. (30702)	M. April 16/18.
‡1 D. XV		Chamberlain, Fredk. 29979.	M. Sept. 10/18.
‡1 D.		Champ, J. W. E. 52211.	M. Oct. 11/18.
1 D.		Claydon, Robt. 65827.	M. May 27/18.
1 D. XIII		Cooney, Thos. 31061.	M. Mar. 22/18.
1 D.		Cooper, Leonard. 12188.	M. April 26/18.
1 D.		Darlington, Frank Willis. 4162.	M. May 27/18.
1 D. XVI		Dowson, John G. 51598.	M. Sept. 10/18.
*1 D. XIII		Dunkerley, S. 39731.	M. Sept. 10/18.
1 D. XVI		Ellis, C. 26645.	M. Mar. 22/18.
1 D. XIV		Everett, George. 14/220.	M. May 27/18.
1 D. XIII		Fairbank, E. 30720.	M. May 27/18.
1 D.		Faulkner, Ern. 20717. (Fr. H.Q.)	M. May 28/18.
1 D. XVI		Firth, Arth. Luther. 52780.	M. May 27/18.
1 D. XV		Flack, John A. 29980.	M. April 25/18.
1 D. XIV		Frankland, Harold. 30744.	M. April 25/18.
1 D. XIII		Garton, Tom. 31530.	M. April 25/18.
1 D.		Gates, Augustus Edw. 42342.	M. May 28/18.
1 D. XV		Giles, G. A. P. 29981.	M. April 25/18.
1 D. XV		Hainsworth, L.-Cpl. Geo. 220472.	M. April 25/18.
*1 D. XIII		Higgins, A. W. 39678.	M. Sept. 10/18.
1 D. XIV		Hirst, Ernest. 30705.	M. May 27/18.
1 D. XV		Hodgson, Richard. 29014.	M. April 25/18.

December 1st, 1918.

Yorkshire Regiment, East—contd.

B.E.F.

1 D. XIII	Holmes, Alf. Henry. 30651.	M. May 28/18.
1 D. XIII	Howe, F. 205195.	M. May 28/18.
1 D.	Howell, Cpl. P. D. 42359.	M. May 28/18.
1 D. XVI	Hunt, L.-Cpl. Cyril. 31006.	M. May 28/18.
1 D. XIII	Hunter, A. 51353.	M. Sept. 10/18.
‡1 D.	Hunter, G. 51635.	M. Sept. 10/18.
1 D. XVI	Hurdman, Francis W. 41806.	M. May 28/18.
1 D.	Jameson, Wm. 16316.	M. April 25/18.
1 D.	Jones, Cpl. Edw. 12672.	M. April 24/18.
1 D. XVI	Lawson, R. H. 42407.	M. May 28/18.
*1 D. XIV	Lilburn, J. 29916.	M Aug. 26/18.
‡1 D.	Little, S. 51360.	M. Sept. 10/18.
1 D. XIII	Lloyd, Sig. H. T. 30582.	M. April 25/18.
1 D.	Lunt, Tom. 28562.	M. Mar. 22/18.
1 D. XIV	McGrath, Chas. John. 220312.	M. April 25/18.
1 D. XVI	Machie, L.-Cpl. S. 29698.	M. April 25/18.
1 D.	Manus, Chas. M. 38630.	M. May 28/18.
1 D.	Marshall, Robt. 29703.	M. May 28/18.
1 D. XIV	Middleton, John. 30709.	M. April 25/18.
1 D.	Miller, Arth. 10346.	M. Mar. 22/18.
*1 D. XIII	Milleu, Geo. Robt. 50809.	K. Aug. 23/18. Det.D./B.
‡1 D. XIII	Mordecai, H. H. 30727.	M. Sept. 10/18.
‡1 D.	Mossom, A. O. 51373.	M. Sept. 10/18.
1 D.	Mowforth, Frank. 39734.	M. Sept. 10/18.
1 D.	Murray, J. E. 42408.	M. May 28/18.
1 D. XV	Oliver, Richd. Pattison. 29900. (52790.)	M. May 28/18.
1 D. XVI	Oxley, Frederick. 29992.	M. April 16/18.
1 D. XVI	Oyston, R. 30778.	W. and M. April 16/18.
1 D.	Pengilley, Norman John. 29709.	Unoff. M. end Mar./18.
1 D. XV	Rawcliffe, J. H. 22044.	M. May 28/18.
‡1 D.	Reid, A. 50821.	M. Sept. 2/18.
1 D.	Richardson, Herb. Edw. 18657.	M. May 28/18.
1 D.	Rockett, J. W. 30047.	M. April 22-25/18.
1 D. XIV	Salmon, Fred. Geo. 30676.	M. May 28/18.
1 D. XV	Sanders, Geo. 42388.	M. May 28/18.
1 D.	Sanderson, Wm. 0713.	M. May 27/18.
1 D. XV	Sharkett, Wm. 32946.	M. May 27/18.
1 D.	Shaw, Fred. 42414.	M. May 28/18.
‡1 D.	Shepherdson, A. W. 39723.	M. Sept. 10/18.
1 D.	Simpson, Norman. 18659.	M. May 28/18.
‡1 D.	Slater, J. 51376.	M. Sept. 10/18.
*1 D. XIII	Smith, W. A. 50836.	M. Sept. 10/18.
1 D. XV	Southall, Wm. 29905.	M. May 27/18.
1 D.	Spratling, Robt. 29003.	M. April 25/18.
1 D. XIV	Sprout, J. E. 42416.	M. May 28/18.
1 D. XIV	Stanbury, J. O. 42371.	M. May 28/18.
1 D. XV	Stewart, Robert. 42415.	M. May 28/18.
1 D. XIV	Swift, S/B. Joseph. 30760.	M. April 25/18.
1 D. XIII	Tatum, Cpl. Albt. Edw. 42419.	M. May 28/18.
1 D. XV	Taylor, Cpl. John Geo. 30772.	M. May 27/18.
1 D. XV	Taylor, Oswald Stanley. 42374.	M. May 28/18.
1 D. XIII	Thompson, Sgt. W. A. 342.	M. April 16/18.
1 D. XIV	Thompson, Sgt. W. E. 8883.	M. April 20-25/18.
1 D. XIV	Tindale, W. L. 30575.	M. April 16/18.
1 D XIV	Toft, A. E. 22633.	M. May 28/18.
1 D. XV	Towell, R. 220458.	M. April 25/18.
1 D. XVI	Tubbs, L.-Cpl.	M. May 28/18.
*1 D. XV	Tucker, Harry. 50696.	K. Aug. 26/18. Det.D./B.

December 1st, 1918.

Yorkshire Regiment, East—contd.

B.E.F.

‡1 D. XIII	Turner, F. 50841.		M. Sept. 10/18.
1 D.	Walton, J. H. 30598.		M. April 25/18.
1 D.	Walton, T. W. 42386.		M. May 28/18.
1 D. XIV	Walwyn, L.-Cpl. S. J. 202889.		M. April 25/18.
1 D. XVI	Wardell, A. M. 203495.		M. April 16/18.
1 D.	Wardill, G. W. 205261.		M. April 25/18.
1 D. XIII	Whyte, John. 42378.		M. May 28/18.
1 D. XVI	Wilcockson, G. 773.		M. April 25/18.
1 D.	Williams, J. W. 28741.		M. April 24/18.
1 D. XV	Williams, Joseph. 30588.		M. April 25/18.
1 D. XIV	Williamson, David. 30581.		M. April 25/18.
1 D. XIV	Winter, J. H. 220463.		M. April 25/18.
1 D. XIII	Woodcock, W. H. 220483.		M. April 25/18.
1 D.	Wright, Alb. Edward. 205350.		W. and M. Mar. 22/18.
1 D. XIV	Young, L.-Cpl. Robt. H. 29715.		M. April 25/18.
1 H.Q.	Freeman, Horace. 205700.		M. April 25/18.
1 H.Q.	Greasley, Sig. A. 26966.		M. April 25/18.
1 H.Q.	Hardy, Pnr. W. W. 23983.		M. May 27/18.
1 H.Q.	Hatton, Sig. E. J. 30706.		M. May 28/18.
1 H.Q.	Maltwood, Sidney. 42444.		Unoff. M. May 27/18.
1 H.Q.	Minter, Cpl. Fredk. Theodore. 7727.		M. April 25/18.
1 H.Q. Snip. S.	Robinson, Thos. S. 10958.		M. May 28/18.
1 H.Q.	Sultan, A. 30585.		M. May 27/18.
1 H.Q.	Thorp, Cyril. 29085. (Bn. Runner.)		M. April 25/18.
1 ?	Bishop, L.-Cpl. W. R. 225289.		M. April 25/18.
1 ?	Bown, D. A. 42393. (Fr. 6 Middlx.)		M. May 28/18.
1 ?	Carr, Herbert. 31100.		M. Mar. 22/18.
1 ?	Clarkson, Thos. Arthur. 51343. (Fr. 19 North. Fus.)		M. Sept. 10/18.
1 ?	Davies, Frank. 31323.		M. May 27/18.
1 ?	Eldon, Frank. 13/92.		M. April 25/18.
1 ?	Garton, Sig. J. H. 32344.		Unoff. M. April 25/18.
1 ?	Hague, John. 7574.		M. May 28/18.
1 ?	Harrison, John. 52719.		M. May 28/18.
1 ?	Haynes, Albert. 41791.		M. May 29/18.
‡1 ?	Henderson, L.-Cpl. D. A. 41822.		**M. May 27/18.**
1 ?	Hickson, Sgt. F. W. 8597.		M. April 25/18.
1 ?	Huitt, C.-S.-M. R. 10011.		M. May 28/18.
1 ?	Kay, Victor. 225004. (Fr. 5th.)		M. May 28/18.
1 ?	McKie, J. A. 31038.		M. May 28/18.
*1 ?	Martin, Robert. 51392.		M. Sept. 10/18.
*1 ?	O'Connor, David. 57654.		M. Sept. 10/18.
1 ?	Patterson, Robt. 30775.		M. May 28/18.
1 ?	Perks, Sgt. F. 30012.		M. April 16/18.
*1 ?	Sanders, Francis Chas. 39771.		M. Sept. 18/18.
1 ?	Smith, Sniper C. E. 29189.		M. May 28/18.
*1 ?	Spencer, T. H. 51945.		M. Sept. 18/18.
1 ?	Stephenson, Sgt. Oscar. 225043.		M. May 28/18.
1 ?	Teagle, Cpl. Alfred. 8641.		M. April 25/18.
1 ?	Wilson, Cpl. Jos. Copeman. 28254.		M. April 25/18.
1 ?	Woodcock, J. H. 127.		M. April 25/18.
1 ?	Woollatt, Sgt. P. 7761.		K. May 28/18. Det.D./B.
2 D.	Nye, L.-Cpl. Arthur. 9772.		K. April 10/18. Det.D./B.
2 D. XV	Whittaker, W. R. 50041.		M. Sept. 8/18.
2 ?	Laws, R. 18444.		M. Mar. 21/18.
4	**Given, 2nd Lt. B.**		M. Mar. 28/18.
4	**Watson, 2nd Lt. W.**		M. May 27/18.
‡4 A.	Andrew, A. 38303.		**M. Mar. 30/18.**
‡4 A.	Baker, A. J. 205580.		**M. Mar. 30/18.**

December 1st, 1918.

Yorkshire Regiment, East—contd.

B.E.F.

‡4 A.	Baldwin, F. C. 200709.	M. Mar. 23/18.
4 A.	Barrow, F. 205395.	W. and M. Mar. 23/18.
*4 A. II	Baty G. F. 42189.	M. May 27/18.
‡4 A.	Bevan, A. P. 27198.	W. and M. Mar. 30/18.
4 A. I	Biggins, Jas. R. 205634.	M. May 27/18.
‡4 A.	Blackburn, J. F. 40823.	M. April 13/18.
4 A.	Brankley, J. 201691.	M. May 27/18.
4 A. III	Burt, Fredk. Ernest. 42095.	M. May 27/18.
‡4 A.	Cherry, F. 205418.	M. Mar. 23/18.
4 A.	Cooke, Thos. 42215.	M. May 27/18.
‡4 A.	Cooper, A. J. 21228.	M. Mar. 23/18.
4 A. I	Cooper, Fred. 201115.	M. May 27/18.
4 A. III	Currie, D. 26166.	M. Mar. 29/18.
‡4 A.	Davies, C. A. 41610.	M. April 13/18.
III	Dodson, Clifford. 29893.	M. May 27/18.
4 A. III	Doody, Wm. 42059.	M. May 27/18.
‡4 A.	Douglas, A. 205533.	M. April 10/18.
4 A. III	Dunn, Walter Sidney. 220101.	M. April 11/18.
4 A.	Elliott, Daniel. 36837.	M. Mar. 31/18.
‡4 A.	Featherstone, H. 26665.	M. Mar. 31/18.
4 A. II	Foulkes, V. 48268.	M. May 27/18.
4 A.	Gallant, H. J. 29586.	W. and M. April 11/18.
4 A. III	Gledhill, Joseph. 35206.	M. April 11/18.
4 A.	Graham, J. B. 29442.	M. May 27/18.
4 A. II	Green, Joseph. 19613.	M. Mar. 31/18.
‡4 A.	Green, S. B. 41625.	M. April 13/18.
4 A. I	Gregory, Herbert. 29476.	M. April 10/18.
4 A. III	Haines, R. G. 42144.	M. May 27/18.
4 A. II	Harpin, Fred. 36761.	M. May 27/18.
4 A.	Harrison, Thomas. 201779.	M. April 10/18.
4 A. I	Harrison, Walter. 200227.	M. May 27/18.
4 A.	Hetherington, Geo. Edw. 205137.	M. May 27/18.
4 A. IV	Hey, Saml. 42266.	M. May 27/18.
4 A. I	Hodgson, Arnold. 201339.	M. April 10/18.
4 A.	Housley, John. 220024.	M. April 10/18.
4 A. II	Huxley, John K. 42276.	M. May 27/18.
4 A.	Hyde, Frederick. 202509.	M. May 27/18.
4 A. I	Jackson, P. 201186.	M. April 12/18.
4 A. Sig. S.	Jackson, Richard. 2365.	M. May 27/18.
4 A.	Johnson, Cpl. R. W. 971.	M. May 27/18.
‡4 A.	Johnson, W. H. 201561.	W. and M. Mar. 23/18.
‡4 A.	Jones, F. N. 41643.	M. April 10/18.
4 A.	Jones, Henry Wilfred. 25578.	M. May 27/18.
4 A.	Jones, Cpl. J. M. 13/1158.	M. May 27/18.
4 A.	Keatley, Sgt. A. B. 28907.	M. May 27/18.
4 A.	Keith, Herbert. 16814.	M. Mar. 23/18.
4 A. III	Ketley, Frank. 3667.	M. Mar. 27/18.
4 A.	Larkman W. 200969. (Fr. H.Q.)	M. May 27/18.
4 A. II	Lattimer, Jas. Wilfred. 205392.	M. May 27/18.
4 A.	Laverick, Cpl. J. 201263.	M. May 27/18.
‡4 A. II	Leach, A. 200943.	M. May 27/18.
4 A. I	Lougley, Frank. 42294.	M. May 27/18.
4 A. II	Longlone, G. H. 31047.	M. Mar. 23/18.
4 A.	McNally, C.-S.-M. P. 1087.	M. May 27/18.
‡4 A.	Morris, J. E. 41668.	M. April 10/18.
4 A.	Morrison, Wm. 42183	M. May 27/18.
‡4 A.	Moses, W. H. 205805.	M. Mar. 23/18.
4 A. II	Murray, James. 37275.	K. April 9/18. Det.D./B.

December 1st, 1918.

Yorkshire Regiment, East—contd.

B.E.F.

‡4 A.		Nicholls, C. 41676.	M. April 10/18.
4 A.		Novinski, Isadore. 29777.	M. May 27/18.
‡4 A.		Nuttall, E. 41671.	M. April 10/18.
4 A.	II	Palmer, S. 200313.	M. May 27/18.
‡4 A.		Phillips, L. J. 41679.	**M. April 29/18.**
4 A.	III	Pigott, Alexander. 42103.	M. May 27/18.
4 A.	III	Pollard, James Redgate. 29420.	M. Mar. 21/18.
4 A.		Price, Alfred. 52831.	M. May 27/18.
‡4 A.		Redshaw, W. 41032.	M. April 10/18.
4 A.		Richardson, John. 36785.	M. May 27/18.
4 A.	I	Rilatt, J. R. 6299.	M. Mar. 25/18.
4 A.		Rippon, J. H. 41312.	M. May 27/18.
4 A.	II	Roberts, W. 203172.	M. May 27/18.
4 A.		Senior, M.M., A. 205301.	W. and M. April 9/18.
4 A.	IV	Smethurst, W. 42179.	M. May 27/18.
4 A.	III	Smith, Harry. 652.	M. Mar. 23/18.
4 A.	II	Stafford, Ralph Taylor. 29599.	M. May 27/18.
‡4 A.		Storry, H. 200266.	**W. and M. Mar. 23/18.**
4 A.	I	Taylor, Leslie. 52813.	M. May 27/18.
4 A.	III	Thomson, Percy Jas. 40426.	M. May 27/18.
4 A.	I	Ward, Chas. H. 42160.	M. May 27/18.
‡4 A.		Wilcox, G. W. 1220.	M. Mar. 27/18.
‡4 A.		Willmer, L. 40153.	M. April 10/18.
4 A.		Wilson, David. 29448.	M. May 27/18.
4 A.		Wilson, Geo. Herbert. 42166.	M. May 27/18.
4 B.	VIII	Attwell, L. L. 42121.	M. May 27/18.
‡4 B.		Bailey, A. G. 202975.	**M. April 13/18.**
4 B.	V	Beaman, H. E. 42152.	M. May 27/18.
4 B.	I	Bennett, Fred. 42102.	M. May 27/18.
4 B.		Beswick, Sydney. 30806.	M. April 10/18.
4 B.		Blears, E. 30808.	M. May 27/18.
4 B.	I.T.M.	Boothby, Walter. 201088. (150 Bde.)	M. Mar. 22/18.
4 B.	VII	Bowling, Maurice. 220095.	M. May 27/18.
4 B.	VII	Bowyers, Harry. 30805.	M. May 27/18.
4 B.		Bridge, H. 42087.	M. May 27/18.
4 B.		Broadwell, Hedley. 41012.	M. April 10/18.
4 B.		Broderick, Martin. 42196.	M. May 27/18.
‡4 B.		Browes, A. J. 29579.	**M. April 13/18.**
4 B.	V	Bryant, A. C. 42182.	M. May 27/18.
4 B.		Bucktrout, John Richmond. **41317.**	M. Unoff. W. April 10/18.
4 B.		Butcher, E. C. 205574.	M. May 27/18.
‡4 B.		Carter, W. 36492.	M. Mar. 27/18.
4 B.	VI	Chandler, E. 42106.	M. May 27/18.
4 B.		Charles, George. 42210.	M. May 27/18.
4 B.	VII	Clarke, Cyril. 202977.	M. Mar. 23/18.
4 B.	VII	Cocking, Harry. 33307.	M. May 27/18.
4 B.	VIII	Colgrave, L.-Cpl. C. W. 201527.	M. May 27/18.
4 B.	VIII	Colgrave, Sgt. H. 201523.	M. May 27/18.
4 B.		Cruddas, A. 1447.	M. Mar. 23/18.
4 B.	VIII	Davies, Ishmael. 203656.	M. April 10/18.
4 B.	V	Dutton. J. 42233.	M. May 27/18.
4 B.		Fisher, A/Sgt. Horace 10/445.	M. May 27/18.
4 B.	VII	Fletcher, C. A. B. 42110.	M. May 27/18.
4 B.		Fuller, Geo. Leslie. 203452.	M. April 10/18.
4 B.	VI	Gardner, T. R. 42249.	M. May 27/18.
4 B.	VIII	George, Charles. 42216.	M. May 27/18.
4 B.	I	Gibbins, R. H. 42141.	M. May 24/18.
4 B.	VII	Gibson. C. G. 220209.	M. May 27/18.

December 1st, 1918.

Yorkshire Regiment, East—contd.

B.E.F.

‡4 B.		Gledhill, H. 1035.	M. Mar. 23/18.
4 B.		Gulliford, A. 41410.	M. May 27/18.
4 B.	VII	Hanson, W. 205744.	M. Mar. 23/18.
4 B.	V	Harding, J. W. 37264.	M. Mar. 21/18.
4 B.		Haynes, Jas. Ed. 42265.	M. May 27/18.
4 B.		Heard, James. 225452.	M. May 27/18.
4 B.	VIII	Heyworth, Arth. Vernon. 35308.	M. May 27/18.
‡4 B.		Hodgson, E. 24844.	M. Mar. 23/18.
4 B.	VI	Howell, Fred. 225243.	M. May 27/18.
4 B.	VII	Hunt, Cpl. Arth. H. 200277	M. Mar. 23/18.
4 B.	V	Jackman, Harry. 28875.	M. May 27/18.
4 B.	VI	Jenkins, Jas. Edmund. 42142.	M. May 27/18.
‡4 B.		Kears, J. 205597.	M. April 10/18.
‡4 B.		Kirby, J. 37001.	M. April 10/18.
*4 B.	V	Lavender, L.-Cpl. Danl. Purcel. 42289.	M. May 27/18.
4 B.	V	Livesey, Percy. 42290.	M. May 27/18.
4 B.		Ludders, G. A. 203442.	W. and M. April 10/18.
4 B.		Malpas, E. 17862.	M. Mar. 23/18.
4 B.	VI	Martin, D. 29465.	M. May 27/18.
4 B.		Maslin, Horace. 26553.	M. May 27/18.
4 B.	VIII	Mawson, R. H. 201714.	M. May 27/18.
4 B.	VIII	Melling, Jos. 42301.	M. May 27/18.
4 B.	VI	Mitchell, G. W. 1316.	M. Mar. 23/18.
4 B.	V	Moran, F. W. 42305.	M. May 27/18.
4 B.		New, Henry. 40146.	M. May 27/18.
‡4 B.		Nugent, D. H. 204271.	M. April 10/18.
4 B.		Proby, G. 200299.	W. and M. Mar. 23/18.
4 B.		Rawling, J. R. 205584.	W. and M. Mar. 23/18.
4 B.		Rawson, Fred. 27324.	M. Mar. 23/18.
4 B.		Robins, F. G. 42120.	M. May 27/18.
4 B.		Robinson, Cpl. A. 13/468.	M. May 27/18.
*4 B.	VII	Robson, Stephen. 220674.	M. Sept. 10/18.
4 B.		Shakesby, R. 25037.	M. Mar. 23/18.
4 B.		Smith, J. M. 202870.	M. May 27/18.
4 B.	VI	Sowerby, Wm. 28730.	M. May 27/18.
4 B.		Tate, J. E. 23894.	M. Mar. 27/18.
4 B.	VII	Taylor, W. E. 52826.	M. May 27/18.
‡4 B.		Thorley, Cpl. R. 32850.	M. Mar. 23/18.
4 B.	XIII	Tooley, Charles. 220191.	M. May 27/18.
4 B.		Toyston, T. W. 42067.	M. May 27/18.
‡4 B.		Tunell, W. 202947.	M. Mar. 25/18.
‡4 B.		Tye, W. 200755.	M. April 10/18.
4 B.	VI	Underhill, J. 42157.	M. May 27/18.
4 B.	VIII	Usher, Cpl. C. H. 21136.	M. May 27/18.
*4 B.		Vowles, H. 42153. (Fr. Welsh Regt., 30891.)	M. May 27/18.
4 B.		Whitaker, Henry. 41071.	M. April 10/18.
4 B.	VIII	Williams, Geo. Trevor. 42170.	M. May 27/18
4 B.	VII	Williams, Dmr. J. 17637.	M. May 31/18.
4 B.	VIII	Wilson, J. J. 201145.	M. Mar. 23/18.
‡4 B.		Wilson, M. 37141.	M. April 13/18.
4 B.	VII	Woolford, A. E. 42129.	M. May 27/18.
4 B.	VI	Wright, L. N. 42170.	M. May 25/18.
4 B.	VII	Yates, Ernest. 42171.	M. May 27/18.
4 C.		Barlow, James. 29500.	M. May 15/18.
4 C.	X	Baxter, Jas. 42190.	M. May 27/18.
4 C.		Bayes, J. Wm. 27930.	W. and M. Mar. 23/18.
4 C.	XII	Benson, F. W. 205529.	M. May 27/18.

December 1st, 1918.

Yorkshire Regiment, East—contd.

B.E.F.

4 C. XII	Birch, Chas. Hy.	42192.	M. **May 27/18.**
‡4 C.	Blaney, J. W.	202358.	M. **April 10/18.**
4 C.	Boshier, Geo. Ern.	42104.	M. **May 27/18.**
‡4 C.	Brown, R.	201852.	M. **April 10/18.**
4 C. IX	Carter, F.	29415.	M. **May 27/18.**
4 C.	Clark, Ernest.	42217.	M. **May 27/18.**
4 C.	Clift, Albert Wm.	41609.	M. **May 27/18.**
4 C. IX	Danbrook, Percy.	205334.	M. **April 13/18.**
4 C.	Davey, Harold.	41614.	M. **May 27/18.**
4 C. XII	Dawkins, Jos. Hry.	52834. (235047.)	M. **May 27/18.**
4 C.	Deakin, R. G.	429086.	M. **May 27/18.**
4 C. XI	Donallon, Edward.	42229.	M. **May 27/18.**
4 C.	Dowie, John G.	29549.	M. **May 27/18.**
4 C.	Drew, W. George.	41615.	M. **May 27/18.**
4 C.	Eddolls, E. J.	42138.	M. **May 27/18.**
‡4 C.	Ellis, A.	19069.	M. **Mar. 23/18.**
4 C.	Farrar, J. G.	205710.	M. **May 27/18.**
4 C. XII	Fawcett, G. E.	41624.	M. **May 27/18.**
4 C. XI	Fullalove, Edw.	41623.	M. **May 27/18.**
4 C. X	Gales, R. H.	205478.	M. **May 27/18.**
4 C. XII	Gibbon, Norman.	41629.	M. **May 12/18.**
4 C.	Goodwin, H.	42112.	M. **May 27/18.**
4 C. XII	Graham, Thos.	42251.	M. **May 27/18.**
4 C. IX	Gray, Joe Law.	17502.	W. and M. **Mar. 23/18.**
4 C.	Grimbleby, Chas. Hny.	201260.	M. **May 27/18.**
4 C. XII	Grimshaw, Harry.	41630.	M. **May 27/18.**
4 C. XII	Hall, Sgt. A. P.	200296.	M. **May 27/18.**
4 C.	Hancock, Jabez.	41634.	M. **May 27/18.**
4 C. IX	Harrison, Henry.	42261.	M. **May 27/18.**
4 C. X	Hibbs, Vincent.	42268.	M. **May 25-27/18.**
4 C.	Horsfall, A. R.	28943.	M. **May 15/18.**
4 C. X	Howarth, Saml.	42089.	M. **May 27/18.**
4 C.	Hunt, Alf. Norman.	29555.	M. **Mar, 23/18.**
4 C.	Jackson, A. S.	202067.	M. **May 27/18.**
4 C. XI	Jones, D. D.	42284.	M. **May 27/18.**
4 C. XI	Jones,-Lloyd, L.-Cpl. W. A.	42173.	M. **May 27/18.**
4 C.	Jorden, Thomas.	41641.	M. **May 27/18.**
4 C.	Kirk, Sig. Arth.	201234.	M. **May 27/18.**
4 C. XI	Kirkby, C. W.	28436.	M. **Mar. 30/18.**
4 C. X	Lett, Ralph Brotherton.	42091	M. **May 27/18.**
4 C. X	Lively, Sig. Wm.	42292.	M. **May 27/18.**
4 C.	Lucas, R.	42151.	M. **Mar. 27/18.**
‡4 C.	Lunn, M.	29543.	W. and M. **Mar. 23/18.**
4 C. XI	Mackay, Cpl. Donald.	220579	M. **May 27/18.**
4 C.	Miles, G. W.	203436.	M. **April 10/18.**
‡4 C.	Neal, W.	200353.	M. **April 13/18.**
4 C. XI	Peacock, J. G.	29550	M. **Mar. 26/18.**
4 C. XII	Pike, L.-Cpl. A. J.	202877.	M. **Mar. 30/18.**
4 C.	Rawson, Frank.	201229.	M. on or since **Mar. 26/18.**
‡4 C.	Reynolds, H.	37081.	M. **April 10/18.**
4 C. XI	Robson, E. R.	29595.	M. **May 27/18.**
4 C. X	Rouson, John S.	205789.	M. **May 27/18.**
4 C. XII	Scales, Jas. Henry.	52837. (34972.)	M. **May 27/18.**
4 C.	Scott, J. T.	31142. (25005.)	M. **May 27/18.**
4 C.	Seement, P.	205517.	M. **May 27/18.**
‡4 C.	Shaksley, R.	25037.	M. **Mar. 23/18.**
4 C.	Shillito, R.	200434.	M. **May 27/18.**
‡4 C.	Slee, B.	203296.	M. **Mar. 23/18.**
4 C. XII	Stephenson, Geo. Tom.	205381.	M. **May 27/18.**

December 1st, 1918.

Yorkshire Regiment, East—contd.

B.E.F.

4 C.		Stow, Chas. Hny. 17795.	M. May 27/18.
4 C.		Thomas, Llewellyn. 34979.	M. May 27/18.
4 C. IX		Thornton, C. 40917.	M. May 27/18.
4 C. XII		Timson, W. 42072.	M. May 27/18.
‡4 C.		Trussler, Cpl. W. T. 36517.	W. and M. Mar. 23/18.
4 C.		Vale, Thos. Francis. 220581.	M. May 27/18.
‡4 C.		Walton, N. 40894.	M. April 10/18.
4 C.		Ward, W. P. 205404.	M. May 27/18.
4 C.		Warren, Bertram Fredk. 40891.	M. May 27/18.
4 C.		Watkiss, George. 18096.	M. Mar. 23/18.
‡4 C.		Whiteman, J. 33101.	M. April 9/18.
4 C. X		Whitworth, L.-Cpl. G. 21567.	M. May 27/18.
4 C.		Wilson, M. 23574.	M. April 13/18.
‡4 C.		Wood, W. C. 205593.	M. Mar. 23/18.
4 D. XIII		Andrews, F. S. 42108.	M. May 27/18.
‡4 D.		Atkinson, R. 41310.	M. April 10/18.
‡4 D.		Austin, A. 29453.	M. April 10/18.
‡4 D.		Bailey, T. T. 30807.	M. April 10/18.
4 D. XVI		Banks, T. H. 204072.	M. May 27/18.
4 D.		Barker, R. R. 200178.	M. May 27/18.
4 D.		Barnett, Cpl. E. 225255.	M. May 27/18.
‡4 D.		Bateman, A. 5148.	M. April 10/18.
4 D. XIV		Bladon, Jas. 42194.	M. May 27/18.
‡4 D.		Borrill, J. 205234.	W. and M. Mar. 23/18.
4 D. XV		Bracewell, Ben. 42195.	M. May 27/18.
		Bradford, H. 37209.	M. May 27/18.
4 D.		Brooks, Arthur. 42197.	M. May 27/18.
4 D. XV		Brooks, L.-Cpl. T. C. 201825.	M. May 27/18.
4 D.		Brown, E. 11/483.	M. May 27/18.
4 D. XV		Brown, Ernest A. 200677.	M. May 27/18.
4 D.		Brown, Sgt. J. 13/1063.	M. May 27/18.
4 D. XV		Bunn, L.-Cpl. Bertie. 202943.	M. May 27/18.
4 D. XIV		Campbell, Jas. Wallace. 25582.	M. May 27/18.
4 D.		Carlisle, Thos. 42206.	M. May 27/18.
‡4 D.		Carr, W. D. 225411.	M. April 10/18.
4 D. XIII		Casey, Alf. 42210.	M. May 27/18.
4 D.		Cattling, Jas. H. 6814.	M. May 27/18.
‡4 D.		Cook, J. 202174.	M. April 13/18.
4 D.		Cooke, John Joseph. 42214.	M. May 27/18.
4 D.		Cooper, Leonard. 42094.	M. May 27/18.
4 D. XIII		Cooper, Philp Hry. 42111. (Fr. 2/4 Royal Berks.)	M. May 27/18.
4 D. XIV		Corry, L.-Cpl. 29487.	M. May 27/18.
4 D.		Cowell, G. 201505.	M. May 27/18.
4 D. XIV		Creasey, Fred. 201809.	M. May 27/18.
4 D. XV		Cross, Saml. B. 42220.	M. May 27/18.
4 D. XIII		Davis, W. J. 52844.	M. May 27/18.
4 D. XIV		Day, Alexander. 29583.	M. May 27/18.
‡4 D.		Denton, H. 41619.	M. April 13/18.
4 D. XIV		Eades, George. 42078.	M. May 27/18.
4 D.		Eland, L.-Cpl. W. H. 29505.	M. May 27/18.
4 D.		Evans, Charles. 203630.	M. May 27/18.
4 D. XIV		Evans, J. H. 42237.	M. May 27/18.
4 D. XIII		Ferguson, Daniel. 42240.	M. April 10/18.
4 D. XVI		Fountain, Henry. 205732.	M. May 27/18.
4 D.		Frankland, Ernest. 17028.	M. May 27/18.
4 D. XIII		Gabbott, Leslie. 42247.	M. May 27/18.
4 D. XIII		George, Arth. C. 42250.	M. May 27/18.
‡4 D.		Glover, A. 25615.	M. Mar. 27/18.

Yorkshire Regiment, East—contd.

B.E.F.

4 D.		Hansley, J. 220024.	M. April 10/18.
4 D.		Harridge, James. 42272.	M. May 27/18.
4 D.		Hill, Albert. 42269.	M. May 28/18.
4 D. XIV		Hill, Sgt. Geo. Arth. 201384.	M. May 27/18.
4 D.		Hollings, J. 18911.	M. May 27/18.
4 D. XVI		Howarth, Wm. 42275.	M. May 27/18.
4 D. XIII		Howe, W. C. 37165.	M. Mar. 29/18.
4 D.		Johnson, Chris. 200171.	M. May 27/18.
4 D. XIV		Jones, Harold Foulkes. 41642.	M. May 27/18.
4 D. XV		Key, John. 29892.	M. May 27/18.
4 D. Sig. S.		Lamb, A. E. 201838.	M. Mar. 29/18.
4 D. XIV		Lawrance, W. G. 35575.	M. May 27/18.
4 D. XIV		Lee, W. 41657.	M. May 27/18.
4 D.		Lett, T. B. 12619.	M. Mar. 29/18.
4 D.		Lewis, G. E. 41656.	M. April 10/18.
4 D. XV		Logan, Peter. 41653.	M. May 27/18.
4 D. XVI		Lonsdale, G. 29592.	M. May 27/18.
4 D.		McGowan, Walter. 41662.	M. May 27/18.
4 D.		McManns, R. 41661.	M. April 10/18.
4 D. XIV		Mellor, Joe. 42302.	M. May 27/18.
4 D.		Molyneux, H. 41658.	M. April 10/18.
4 D.		Moore, C. 36324.	M. May 27/18.
4 D.		Morgan, Edw. 41665.	M. May 27/18.
4 D.		Morgan, Cpl. W. 1386.	M. April 10/18.
4 D. Sig. S.		Newman, Cpl. Ernest. 200250.	M. April 10/18.
4 D.		Nilson, J. V. 202445.	M. Mar. 23/18.
4 D. L.G.S.		North, C. E. 201014.	M. May 27/18.
4 D.		Parker, T. 33224.	M. Mar. 23/18.
4 D. XIV		Parker, L.-Cpl. Wallace. 29410.	M. April 7/18.
4 D. XIII		Peacock, Wm. H. 29558.	M. Mar. 10/18.
4 D. XIV		Penny, C. F. 201182.	M. May 27/18.
4 D.		Powell, Peter. 41678.	M. May 27/18.
4 D.		Preston, A. 201419.	M. April 10/18.
4 D. XIV		Redmore, A. 205717.	M. May 27/18.
4 D. XV		Rudd, Cpl. A. W. 223011.	M. May 27/18.
4 D. XVI		Scott, Sgt. Wm. Royl. 201090.	M. May 27/18.
4 D.		Shepherd, A. E. 200710.	M. May 27/18.
4 D. XVI		Sloan, Joseph. 37831.	M. Mar. 23/18.
4 D.		Smith, E. 41057.	M. April 10/18.
4 D. XV		Stevenson, J. 42083.	M. May 27/18.
4 D.		Surbuts, Willie. 202818.	M. May 27/18.
4 D.		Sylvester, C. 29496.	M. April 10/18.
4 D. XVI		Tansill, F. G. 42156.	M. May 27/18.
4 D. XIII		Taylor, Cpl. F. 22862.	M. May 27/18.
4 D. XVI		Taylor, John. 29446.	M. April 10/18.
4 D. XVI		Walsh, Joseph. 42159.	M. May 27/18.
4 D.		Ware, Osborne Digby. 48163	M. May 27/18.
4 D. XV		Watson, Robert. 29568.	M. May 27/18.
4 D. XVI		Webb, T. E. 42097.	M. May 27/18.
4 D.		Wilkinson, Sgt. Harry Manly. 13/286.	M. Mar. 25/18.
4 D. XIV		Woods, D.C.M., Wm. 201149.	M. May 27/18.
4 D. XV		Yates, Sid. Green. 200512.	M. May 27/18.
4 D.		Young, F. 19451.	M. May 26/18.
4 H.Q.		Boynton, L.-Cpl. G. E. 200822. (2910.)	M. May 27/18.
4 H.Q.		Footitts, G. E. 220137.	M. May 27/18.
4 H.Q.		Porter, Cpl. J. 201576	M. May 27/18.
4 H.Q.		Richardson, Harry. 201491.	M. May 27/18.

December 1st, 1918.

Yorkshire Regiment, East—contd.

B.E.F.

4 H.Q.	Taylor, Fred Ern. Leslie. 203068.	M. May 27/18.
4 ?	Agden, A. 22076.	M. May 27/18.
4 ?	Ashley, A. E. 29501.	M. May 27/18.
4 ?	Ayrton, F. 58101.	M. May 27/18.
4 ?	Banks, M. 203435.	M. May 27/18.
4 ? I.T.M.	Barker, L.-Cpl. C. 203176. (150 Bde.)	M. May 27/18.
4 ?	Bownas, Robt. 41255. (Fr. 3 E. Yorks.)	M. April 10/18.
4 ?	Caplin, R. H. 41608.	M. May 27/18.
4 ?	Catton, Jacob. 41702. (47718.) (Fr. 5 Manch.)	M. April 10/18
4 ?	Collinson, A.-C.-S.-M. Wm. John. 200510.	M. May 27/18.
4 ?	Costello, Mark. 203768.	M. May 27/18.
4 ?	Dale, Cpl. Joe. 13/71.	M. May 27/18.
4 ?	Davis, T. 38477.	M. April 11/18.
4 ?	Dewhurst, Fred. 42226. (F Welsh Regt.)	M. May 27/18.
4 ?	Dolan, John. 42228.	M. May 27/18.
4 ?	Dresser, J. A. 25007.	M. Mar. 25/18.
4 ?	Driscoll, F. A. 37032.	M. April 10/18.
4 ?	Eskholme, G. F. 52838.	M. May 27/18.
4 ?	Foster, Harold. 42244.	M. May 27/18.
*4 ?	Foyston, J. W. 42067.	M. May 27/18.
4 ?	Galvin, -C.-S.-M. David. Thos. 7949.	M. April 10/18.
4 ?	Jackson, R. 200567	M. May 27/18.
4 ?	Lister, A. E. 205764.	M. Mar. 23/18.
4 ?	MacAulay, Thos. 29456.	M. Mar. 23/18.
4 ?	McCarthy, Sgt. Harry Johnson. 201071.	M. May 27/18.
4 ?	McMillan, L.-Cpl. Robt. 37126.	M. May 27/18.
4 Sig. S.	Moody, Rawson. 200230.	M. May 27/18.
4 ?	Moor, H. 120.	M. Mar. 31/18.
4 ?	Neathey, Victor Stan. 41673.	M. April 9/18.
4 ?	Nix, Cpl. J. 200737.	M. May 27/18.
4 ?	Pethers, W. H. Shaw. 17405.	M. April 10/18.
4 ?	Porter, W. 7.	M. May 27/18.
4 ?	Pottinger, Bert. 42122. (Fr. 2/4 Berks.)	M. May 27/18.
4 ?	Pyrah, Thos. Wilkinson. 200254.	M. May 27/18.
4 ?	Rawson, F. 20147.	M. April 12/18.
4 ?	Robson, H. D. 4555.	M. May 27/18.
4 ?	Saddington, C. W. 200671.	M. May 27/18.
4 ?	Smith, P. H. 41299.	W. and M. May 27/18.
4 ?	Spink, Walter. 200455.	M. May 27/18.
4 ?	Taylor, Geo. David. 28484.	M. Mar. 29/18.
4 ?	Thompson, M. 29564.	M. May 27/18.
4 ?	Tomlin, Thomas Herbert. 11629.	M. May 27/18.
4 ?	Tucker, Richd. 200647.	M. May 27/18.
4 ?	Ward, L.-Cpl. Arthur. 18522. (Fr. 13th.)	M. Mar. 23/18.
4 ?	White, Cpl. Norman. 5760.	M. May 27/18.
4 ?	Wickens, F. C. 42109.	M. May 27/18.
5 B. VIII	Major, Hy. Albt. 226038.	M. May 27/18.
5 ?	Jefferson, R. 24918.	M. April 11/18.
5 ?	Peterson, Olaf. 39217.	M. May 27/18.
6 B.	Bedford, Geo. Wm 30692.	M. April 25/18.
7	**Lightley, 2nd Lt. A.**	M. Mar. 31/18.

December 1st, 1918.

Yorkshire Regiment, East—contd.

B.E.F.

7 A. IV	Adlard, J. K.	12248.	M. May 29/18.
7 A. I	Appleton, G. W.	37151.	M. July 21/18.
7 A. IV	Bell, H.	33064.	M. Mar. 31/18.
*7 A. II	Childe, Norman.	41972.	M. Sept. 18/18.
‡7 A.	Clough, S.	39401.	M. Sept. 18/18.
*7 A. II	Coulson, J. T.	42316.	M. Sept. 18/18.
‡7 A.	Daniels, T. W.	51263.	M. Sept. 18/18.
*7 A. I	Davis, G. W.	38946.	W. and M. Sept. 18/18.
7 A. II	Don, A. 201222. (Fr. 4th.)		M. Mar. 31/18.
7 A. III	Fenby, W.	30986.	M. June 9/18.
7 A.	Hogg, G.	40204.	K. Aug. 27/18. Det.D./B.
7 A. IV	Holmes, Sgt. J L.	12/407	M. Mar. 31/18.
7 A. IV	Keates, L.-Cpl. C. H.	204202.	M. June 8/18.
7 A. II	Kirkup, W. N.	32854.	M. June 8/18.
7 A.	Mann, L.-Cpl. Walter.	**11276.**	M. Mar. 24/18.
*7 A.	Mitchell, L.-Cpl. John.	30734.	M. Sept. 18/18.
7 A.	Parfitt, Fredk.	13028.	K. Aug. 23/18. Det.D./B.
7 A. III	Pickering, Fred.	1390.	M. Mar. 21/18.
‡7 A.	Pockitt, S.	33466.	W. and M. Mar. 31/18.
‡7 A.	Potts, J.	41031.	M. Sept. 18/18.
7 A.	Simpson, C.	11247.	M. Mar. 31/18.
7 A.	Sisson, M.	35217	M. Mar. 31/18.
*7 A.	Spencer, A.	11714.	M. Mar. 31/18.
‡7 A. II	Stevens, Arth. Jas.	51562.	M. Sept. 18/18.
7 A. III	Thompson, Joseph.	33211.	W. and M. Mar. 30/18.
7 A. III	Wears, Thos.	29363.	W. and M. Mar. 24/18
*7 B.	Bainbridge, Geo. Robt.	51549.	M. Sept. 18/18.
‡7 B.	Blythe, L.-Cpl. R.	21614.	M. Sept. 18/18.
7 B.	Botham, Sgt. Jas. Stan.	10158.	M Mar. 31/18.
7 B. VI	Brameld, Arthur T.	40986.	M. Mar. 31/18.
‡7 B.	Flinn, J. D.	51399.	M. Sept. 18/18.
7 B.	Foott, Alb.	36918.	M. Mar. 31/18.
7 B. VII	Foster, Wm.	29524.	M. Mar. 31/18.
*7 B. VIII	Goodliffe, J. W.	51528	M. Sept. 18/18.
*7 B. VIII	Hanlon, C. J.	51402.	M. Sept. 8/18.
7 B. V	Hodgson, Thomas H.	51425.	M. Sept. 18/18.
7 B. VII	Hooton, A.	220231.	M. Mar. 31/18.
7 B. Sig. S.	Jackson, Sgt. Melville Thos. 11680.		M. Mar. 24/18.
7 B.	Jarvis, R.	29324.	M. Mar. 31/18.
7 B.	Leech, Sgt. Fredk. 9592. (Fr. 1st.)		M. May 5/18.
7 B.	MacDonald, —.	1497.	M. Mar. 25/18.
‡7 B.	Mason, S.	29537.	W. and M. Mar. 25/18.
7 B. V	Noble, H.	38379.	M. Mar. 31/18.
7 B. VI	Oddy, Wm.	16277.	M. June 8/18.
‡7 B.	Rolfe, A. G.	51532.	M. Sept. 18/18.
7 B. VII	Shepperson, Ernest.	780.	M. Mar. 25/18.
7 B.	Simpson, J.	16389.	M Mar. 25/18.
7 B. V	Thorpe, Sam. Geo.	36727.	M. Mar. 25/18.
7 B.	Tinker, Stanley.	12148.	M. Mar. 31/18.
7 B.	Tweddle, J. P.	41009.	M. April 29/18.
7 B.	Ward, Norman.	36932.	M. Mar. 31/18.
‡7 B.	Whitford, R.	13336t.	W. and M. Mar. 25/18.
7 C. XI	Bushell, Harry.	9333.	M. Sept. 2/18.
7 C.	Dance, Sgt. John Arthur.	26956.	M. June 8/18.
7 C.	Deakin, A/Sgt. Dan.	11813.	M. June 8/18.
7 C. XII	Froggett, Geo. Wilfred.	22723.	M. Mar. 31/18.
7 C.	Fuller, Harry S.	29316.	W. and M. Mar. 31/18.

December 1st, 1918.

Yorkshire Regiment, East—contd.

B.E.F.

‡7 C.	Haigh, W. 28334.	M. Sept. 18/18.
‡7 C.	Lewis, W. H. 42134.	M. Sept. 2/18.
‡7 C.	Linley, J. 13019.	M. Aug. 28/18.
7 C.	Partington, Tom. 205560.	K. Mar. 31/18. Det.D./B.
‡7 C.	Seymour, W. C. E. 36657.	M. Aug. 28/18.
7 C.	Williams, W. L. 37885.	W. and M. Mar. 31/18.
*7 D. XV	Allison, Wm. 51394.	M. Sept. 18/18.
‡7 D.	Best, F. 39443.	M. Sept. 18/18.
*7 D. XVI	Bosworth, L.-Cpl. C. 200604.	W. and M. Sept. 18/18.
7 D. XVI	Coley, Enoch. 40822. (40882, 40884.)	M. Mar. 24/18.
‡7 D.	Cropper, G. S. 21520.	M. Sept. 18/18.
‡7 D.	Deighton, W. 39468.	M. Sept. 18/18.
*7 D.	Douglas, R. Jackson. 39986.	M. Sept. 18/18.
‡7 D. XIV	Dunn, Wm. 39391.	M. Sept. 18/18.
7 D.	Ellis, Cpl. Joyn Thos. 14717.	M. Mar. 31/18.
7 D. XVI	Gale, George Hry. 29389.	M. Mar. 23/18.
7 D. XIV	Gatus, A. 19132.	M. Mar. 28/18.
‡7 D.	Graham, I. 57429.	M. Sept. 18/18.
‡7 D.	Hague, H. 39422.	M. Sept. 19/18.
*7 D.	Harrington, Ed. Grainger. 51435.	M. Sept. 18/18.
7 D. XIII	Hazel, W. 33098.	W. and M. Mar. 25/18.
‡7 D.	Mossop, W. 51489.	M. Sept. 18/18.
‡7 D.	Nye, J. W. 225975.	M. Aug. 27/18.
7 D.	Wilson, G. E. 21029.	M. Mar. 31/18.
7 ?	Martin, Harry. 40869.	M. Mar. 31/18.
7 ?	Petty, L.-Cpl. W H. 28245.	K. Mar. 21/18. Det.D./B.
7 ?	Reynard, James. 28344.	Unoff. M. Mar. 21-31/18.
8 A.	Mason, A. 17820.	M. May 27/18.
*8 B. VII	Hayton, Wm. Ward. 32958.	M. Mar. 25/18.
8 C.	Scott, Thos. 205796.	M. April 10-15/18.
9 ?	Darley, S. Jos. 41872. (Fr. W. Yorks)	M. April 12/18.
10 B.	**Banham, 2nd Lt. E.** (Fr. York & Lancs.)	M. Sept. 29/18.
10	**Bradbury, 2nd Lt. W. R.** (Fr. W. Yorks.)	K. Sept. 7/18. Det.D./B.
10	**Rayner, 2nd Lt. H.**	M. Sept. 4/18.
‡10 A.	Adams, R. F. 30318.	M. Sept. 4/18.
10 A.	Allen, R. 30322.	M. April 13/18.
10 A. III	Arbon, W. 36306.	M. Mar. 24/18.
‡10 A.	Barrett, F. 25597.	M. Sept. 4/18.
10 A.	Barrs, Go. Thos. 37049.	M. Mar. 24/18.
10 A.	Beven, Franklin Geo. 30337.	M. April 12/18.
10 A.	Booty, G. W. 21812.	M. April 12/18.
10 A.	Bradbrook, Alf. A. 30345.	M. April 13/18.
10 A.	Brealey, W. G. 27921.	M. Mar. 24/18.
10 A.	Brown, Norman Poole. 51197.	M. Sept. 7/18.
*10 A.	Cain, Sgt. T. 8/17067.	M. Sept. 7/18.
10 A. III	Canty, Charles. 125.	M. Sept. 7/18.
*10 A. I	Chambers, Geo. Edward. 28047.	M. Sept. 29/18.
‡10 A.	Davison, G. S. 17717.	M. April 13/18.
10 A.	Denton, A. E. 1257.	M. Mar. 24/18.
10 A. IV	Dixon, W. 1356.	M. April 12/18.
‡10 A.	Ellis, M. 27344	M. Sept. 4/18.
10 A.	Ford, Ernt. 10044.	M. April 27/18.
10 A. or C.	Gladwell, L.-Cpl. E. 36642.	W. and M. April 12/18.
‡10 A.	Hargreaves, J. H. 19725.	M. April 13/18.
10 A. IV	Hawksworth, A. 39203.	M. Sept. 4/18.
10 A. II	Hicks, F. T. 37923.	M. Mar. 24/18.
‡10 A.	Ingmire, J. 26648.	M. Sept. 7/18.

December 1st, 1918.

Yorkshire Regiment, East—contd.

B.E.F.

10 A.	Latus, L.-Cpl. Sidney. 10/275.	M. Apr.l 13/18.
10 A.	Lilly, George Edward. 22418.	**M. Aug. 15/18.**
10 A.	Ling, L.-Cpl. Bertie. 29197.	M. Apr.l 12/18.
10 A.	Loftus, Hugh. 21921.	M. Mar. 29/18.
10 A. III	Maher, John. 30174.	**M. April 13/18.**
10 A.	Milsom, George. 18890.	M. April 13/18.
10 A. II	Parker, Walter. 5568.	M. Mar. 24/18.
‡10 A.	Porter, A. 13021.	M. Sept. 4/18.
10 A. II	Spivey, T. F. 51201.	**M. Oct. 7/18.**
‡10 A	Suffill, S. 27061.	M. Sept. 7/18.
10 A. III	Thurlow, F. 6758.	M. July 26/18.
‡10 A.	Webb, W. 774.	M. April 12/18.
10 A. III	Wood, Robert. 33463.	M. April 13/18.
10 B. VI	Armstrong, J. F. 30109.	**M. April 12 18.**
‡10 B.	Bean, J. B 30112.	M. April 12/18.
‡10 B.	Berrisford, W. 30133.	M. April 12/18.
10 B.	Briggs, Wm. Hirst. 1218.	**M. April 12/18.**
10 B.	Brown, Alfred 12/578.	M. April 12/18.
10 B.	Bulmer, Sgt. R. B. 334.	**M. April 12/18.**
10 B. V	Burns, I. 31165.	M. Mar. 26/18.
‡10 B.	Butterfield, W. 51132.	M. Sept. 4/18.
10 B.	Church, John Wm. 42319.	**M. Aug. 15/18.**
‡10 B.	Clayford, D. 37890.	M. April 12/18.
‡10 B.	Crawford. G. 30132.	M. April 12/18.
10 B.	Crombie, J. B. 33051.	**M. April 27/18.**
10 B. V	Curry, Keith. 220037.	M. April 12/18.
*10 B. or D.	Everitt, A. 38897.	W. and M. Sept. 4/18.
10 B.	Flavell, L.-Cpl. Joel. 30145.	M. April 12/18.
‡10 B.	Gowan, L.-Cpl. D. 779.	M. April 12 18.
10 B. VIII	Hicks, L.-Cpl. H. 681.	**M. April 12/18.**
10 B.	Hill, Frank. 28939.	M. April 12/18.
10 B. VIII	Hill, Fredk. 30288.	**M. April 12/18.**
10 B.	Hillyard, H. 37901.	M. April 12/18.
10 B.	Hodds, Harry. 208.	**M. April 12/18.**
‡10 B.	Hood, S. 29192.	M. April 12 18.
10 B.	Horsfall, W. 20.	**M. April 12/18.**
‡10 B.	Hutton, S. 29956.	M. April 12/18.
‡10 B.	Jackson, J. 225176.	M. April 12/18.
10 B.	Jackson, Cpl. W. B. 12/1366.	**M. Mar. 25/18.**
10 B. VII	Johnson, L.-Cpl. Jas. 27244.	**M. April 12/18.**
10 B. VII	Knight, Charles. 18979.	K. April 10/18. Det.D./B.
10 B.	Lawton, Percy. 30104.	**M. Mar. 28-29/18.**
‡10 B.	Lax, J. H. 220433.	M. April 12/18.
10 B.	Ledger, J. H. 37047.	K. June 28/18. Det.D./B.
10 B.	Long, Walter. 1407.	M. Mar. 26/18.
10 B.	McCabe, John. 40937.	M. April 12/18.
‡10 B.	McGowan, T. 29971.	**M. April 12/18.**
10 B.	Mellen, W. 30176.	M. April 18/18.
10 B. VI	Mallalieu, H. 30183.	**M. April 12/18.**
10 B.	Morris, Harold. 225713.	**M. Mar. 26/18.**
10 B. VI	Nichols, W. 27990.	M. April 12/18.
10 B.	Nicholson, Matthew. 17629.	M. April 12/18.
10 B.	Nicholson, W. 33021. (36672.)	W. and M. Mar. 25/18.
10 B.	Parker, J. 29959.	**M. April 12/18.**
‡10 B.	Powell, H. 40873.	**M. April 12/18.**
10 B.	Reid, W. 30204.	**M. April 12/18.**
10 B. VI	Richardson, Norman. 33086.	**M. April 12/18.**
10 B. VII	Sleight, G. 23967.	M. April 12/18.
‡10 B.	Smethurst, E. 6334.	**M. April 12/18.**

December 1st, 1918.

Yorkshire Regiment, East—contd.

B.E.F.

10 B.		Smith, R. J. 225794.	M. April 12/18.
10 B. VI		Smurthwaite, T. 29963.	M. April 27/18.
‡10 B.		Sorby, W. 30273.	M. April 12/18.
10 B.		Stather, Sgt. J. N. 205.	M. April 12/18.
10 B. V		Tether, A. 225342.	M. Mar. 26/18.
10 B.		Thompson, Edw. Milburn. 10716.	M. April 12/18.
10 B. V		Weetman, J. A. 30224.	M. April 12/18.
‡10 B.		White, A. T. 30315.	M. April 12/18.
‡10 B.		Wilkinson, J. 30303.	M. April 12/18.
10 B. VI		Williams, Cecil. 30234.	M. April 12/18.
‡10 C.		Alexander, A. 38244.	M. Sept. 7/18.
10 C. IX		Anderson, Geo. Wm. 42307.	M. Aug. 15/18.
10 C. XII		Barnsley, Joseph. 35208.	M. Mar. 28/18.
‡10 C.		Barrass, H. 14260.	M. April 12/18.
‡10 C.		Billingham, F. J. D. 30339.	M. April 12/18.
10 C. XII		Blanchard, Cpl. H. 7883.	M. Sept. 7/18.
10 C.		Boardman, John. 30245. (Fr. 19 Manchs., 36530.)	M. April 12/18.
‡10 C.		Butler, L.-Cpl. G. W. 75.	M. April 12/18.
‡10 C.		Cosgrove, J. 15748.	M. April 14/18.
‡10 C.		Emes, W. H. 204248.	M. April 12/18.
‡10 C.		Gummow, C. 30155.	M. April 12/18.
‡10 C.		Hagestadt, J. 39681.	M. Sept. 7/18.
10 C.		Heaven, Edwin. 9767.	M. April 12/18.
10 C.		Henderson, J. A. 51209.	M. Sept. 7/18.
10 C.		Holroyd, Robt. Hry. 37094.	W. and M. Mar. 24/18.
10 C.		Hudson, C. 27269.	M. Mar. 28/18.
10 C. XII		Jessup, Geo. 708.	M. April 12/18.
10 C.		Johnson, A. E. 204259.	M. Mar. 24/18.
10 C. IX		Johnson, Francis Herbert. 519.	W. and M. April 12/18.
‡10 C. XI		Johnson, Noel Jos. Richard. 51725.	W. Unoff. M. Sept. 29/18.
10 C.		Johnson, T. G. 205269.	M. April 12/18.
10 C. XII		Jordan, L.-Cpl. Jas F. 934.	M. April 12/18.
10 C.		Langthorp, G. F. 1223	M. April 12/18.
10 C.		Lawrence, John. 30169.	M. April 11/18.
‡10 C.		Leegood, C. R. 220037.	M. Aug. 15/18.
‡10 C.		Leeson, G. 27980.	M. April 12/18.
10 C.		Marr, Stanley. 79.	M. April 12/18.
10 C. X		Marshall, T. C. 24807.	W. and M. April 12/18.
10 C.		Mitchell, Albert. 37048.	M. Mar. 26/18.
10 C.		Newbert, Sgt. F. E. 78.	W. and M. April 12/18.
‡10 C.		Padgett, H. L. 30260.	M. April 12/18.
‡10 C.		Parkin, F. 38950	M. Sept. 7/18.
‡10 C.		Pitts, C. 12309.	M. Sept. 29/15.
‡10 C.		Pollard, S. 30296.	M. Sept. 7/18.
10 C.		Proudfoot, W. 36981.	M. Sept. 7/18.
10 C.		Roberts, D. 751.	M. Mar. 24/18.
10 C.		Roo, Sgt. J. 225198.	M. Aug. 15/18.
10 C.		Smith, C. 12/1445.	M. April 12/18.
‡10 C.		Stanworth, W. 30...	M. Aug. 8/18.
‡10 C.		Thorpe, C. 30276.	M. April 12/18.
10 C.		Troop, Wm. Hy. 37213.	M. Sept. 7/18.
10 C. IX		Verity, C. 30300.	M. April 27/18.
10 C. IX		Vincent, Geo. L. 34839.	W. and M. Aug. 15/18.
*10 C. IX		Waddingham, J. H. 39412.	Unoff. M. Sept. 28/18.
‡10 C.		Weighell, T. J. 30302.	M. Aug. 15/18.
10 C.		Whiteley, Charles. 12/61.	W. and M. April 12/18.
*10 C.		Wood, John Wm. 82811.	M. Sept. 7/18.
10 C.		Wright, J. E. 38586.	M. April 12/18.

December 1st, 1918.

Yorkshire Regiment, East—contd.

B.E.F.

10 D. XVI	Ashworth, H. E. 36640.	W. and M. April 12/18.
10 D.	Denton, G. 16938.	M. Mar. 27/18.
10 D.	Ellwell, S. E. 225916.	M. Mar. 27/18.
‡10 D.	Fisher, D. 25489.	M. April 12/18.
‡10 D.	Hall, H. 205824.	M. Aug. 15/18.
10 D.	Hall, H. 42.	M. Mar. 27/18.
10 D. XIV	Marwood, J. 99.	Unoff. M. April 10/18.
10 D. XVI	Richards, Wm. Hry. 30268.	M. April 12/18.
10 D.	Taylor, R. A. 247.	M. Mar. 27/18.
10 D. XVI	Turner, Cpl. Arth. Sergeant. 950.	M. Aug. 15/18.
10 D.	West, W. 25265.	M. Mar. 27/18.
10 H.Q.	Naylor, A. B. 11/464.	W. and M. June 28/18.
10 ?	Bradley, John. 51144.	M. Aug. 15/18.
10 ?	Canham, Frank. 29944.	M. April 12/18.
10 ?	Cawkwell, Fred. 21563.	M. April 12/18.
10 ?	Hester, J. W. 814.	M. April 12/18.
10 ?	Holmes, Frank. 10/305	M. April 12/18.
10 ?	Hull, Hunter. 12/42. (Fr. 12th.)	M. Mar. 27/18.
10 ?	Linford, John Harold. 10898.	W. and M. Mar. 25/18.
*10 ?	Nash, Fredk. 41164 or 41168.	W. Unoff. M. Sept. 7/18.
‡10 ?	Seagrove, Albert. 39429.	K. Sept. 29/15. Det.D./B.
10 ?	Simon, H. S. 21806.	M. May 3/18.
10 ?	Smith, Harold. 1251.	M. April 12/18.
10 ?	Vasey, Cpl. Robt. Newton. 51167. (Fr. 2/1 E. Rid. Yeo.)	M. Aug. 15/18.
10 ?	Williams, L.-Cpl. Thos. 30230.	M. April 12/18.
11	**Skevington, 2nd Lt. W. P.**	W. and M. Sept. 8/18.
11 A.	Baldwin, Charlie. 727.	M. Aug. 11/18.
11 A.	Blanshard, Leonard. 29766.	M. April 12/18.
*11 A.	Boyd, E. W. 52612.	K. Aug. 3/18. Det D./B.
11 A. I	Brace, John Chadwick. 27010.	M. Mar. 28/18.
‡11 A.	Brooks, W. H. 1011.	M. April 12/18.
11 A. III	Brown, W. 41699.	M. Sept. 6/18.
‡11 A.	Carr, G. 41854.	M. April 12/18.
‡11 A.	Chatterton, W. 4856.	M. April 12/18.
‡11 A.	Collins, J. E. 41864.	M. April 12/18.
11 A.	Hall, W. 41903.	M. April 12/18.
‡11 A.	Hawkins, Sgt. F. W. 130.	M. April 12/18.
11 A.	Higginson, Albert. 19431	M. April 25/18.
11 A.	Jinks, W. 12227.	W. and M. Mar. 25/18.
11 A.	Lawrence, Cpl. Moses. 28067.	M. April 12/18.
‡11 A.	Leavy, C. 29760.	M. April 12/18.
11 A.	McPherson, A. 28614.	W. and M. Mar. 27/18.
11 A.	Mann, C. 30353. (Fr. 3 W. Ridings, 39458.)	M. April 12/18.
*11 A.	Mayor, Harry. 42180.	M. Sept. 30/18.
11 A.	Middleton, Sgt. J. T. 1262.	M. Mar. 27/18.
‡11 A.	Moody, C. L. 30306.	M. April 12/18.
‡11 A.	Newbury, H. E. S. 30372.	M. April 12/18.
11 A.	North, H. 30368.	K. April 25/18. Det.D./B.
11 A.	Pagdin, F. 35061.	M. April 12/18.
11 A.	Pinches, Joseph. 30378.	M. April 12/18.
11 A.	Quince, T. G. 52607.	K. June 28/18. Det.D./B.
‡11 A.	Reeve, S. S. 30393.	M. April 12/18.
11 A.	Robinson, Leonard. 30396. (Fr. 3 W. Ridings, 38502.)	M. April 12/18.
‡11 A.	Roster, A. 30391.	M. April 12/18.
11 A.	Rutledge, Robert. 87.	M. Mar. 27/18.
11 A.	Towers, Cpl. Wm. 28595.	M. April 12/18.

December 1st, 1918.

Yorkshire Regiment, East—contd.

B.E.F.

11 A. L.G.S.	Usher, Cpl. W. E. 241.	M. April 12/18.	
11 A. III	Webb, Sydney Wm. 22472.	M. April 12/18.	
11 A.	Wharton, Mat. 8502.	K. Mar. 27/18.	Det.D./B.
11 A. IV	Whisker, L.-Cpl. H. 12/698.	M. Mar. 26/18.	
*11 B.	Atkinson, Isaac. 17514.	M. April 12/18.	
11 B.	Boyes, J. C. 6474.	**M. Mar. 27/18.**	
‡11 B.	Cawthorn, J. 107.	M. April 12/18.	
‡11 B.	Constable, E. V. 41865.	M. April 12/18.	
‡11 B.	Craven, H. W. 213.	M. April 12/18.	
11 B.	Crawford, J. 29778.	M. Sept. 8/18.	
11 B.	Cross, Ernest. 29773.	M. Mar. 27/18.	
‡11 B.	Downing, Harry. 51800.	K. Sept. 27/18.	Det.D./B.
11 B.	Ellis, Cpl. Arthur Pearson. 24878.	M. Sept. 6/18.	
‡11 B.	Escreet, W. P. 41884.	M. April 12/18.	
11 B. VII	Exley, Owen W. 41722.	M. Sept. 8/18.	
11 B. VI	Fowler, J. 6921.	W. and M. Mar. 27/18.	
11 B.	Freeman, Jos. Reginald. 41729.	W. and M. Aug. 16/18.	
11 B.	Gale, Philip. 36427.	M. Mar. 27/18.	
‡11 B.	Gallon, D. 205174.	M. April 12/18.	
11 B. VII	Garratt, Ernest. 41733.	**M. Sept. 8/18.**	
11 B.	Goodey, C. F. 41895.	M. April 12/18.	
11 B.	Gray, Lawrence Bertram. 41897.	M. April 12/18.	
11 B.	Hooper, F. G. 42137.	M. Sept. 8/18.	
11 B.	Hopkinson, A. 36542.	M. April 11/18.	
‡11 B.	Isaac, W. V. 42264.	M. Sept. 8/18.	
‡11 B.	Johnson, J. W. 1111.	M. April 12/18.	
‡11 B.	Maddeson, T. 41940.	W. and M. Sept. 8/18.	
11 B. VIII	Palmer, W. 11/956.	M. April 12/18.	
‡11 B.	Pickles, J. 60969.	M. Sept. 8/18.	
‡11 B.	Potter, H. 87.	M. Sept. 8/18.	
11 B. VI	Potter, Percival E. 52637.	W. and M. Sept. 8/18.	
11 B. VI	Powell, Harold Walter. 29457.	M. Sept. 8/18.	
11 B. V	Poxon, S. L. 40904.	M. Sept. 8/18.	
11 B.	Pratt, Harold. 33516.	M. April 12/18.	
‡11 B.	Reynolds, S. T. 30406.	M. April 12/18.	
‡11 B.	Roberts, Harry. 30409.	W. and M. Sept. 8/18.	
11 B.	Robinson, Angus. 30407.	M. Mar. 21/18.	
‡11 B.	Rogers, H. G. 30399.	M. April 12/18.	
‡11 B.	Searing, E. E. 30437.	M. April 12/18.	
*11 B.	Snaith, Ralph. 50975.	W. and M. Aug. 15/18.	
‡11 B.	Solomon, M. 30448.	M. April 12/18.	
11 B.	Stephenson, Arthur C. 28568.	M. Sept. 8/18.	
11 B.	Stocks, A. 30446.	W. and M. Aug. 15/18.	
‡11 B.	Thomis, R. 40887.	M. April 12/18.	
11 B.	Thompson, G. E. 10204.	M. Mar. 27/18.	
‡11 B.	Wright, F. 15383.	M. Sept. 8/18.	
11 C. IX	Abbey, Wm. Chas. 225899.	M. Mar. 24/18.	
11 C. XIII	Baker, Caryl. 42051.	**M. June 28/18.**	
11 C.	Barton, Harry George. 220586.	W. and M. **June 28/18.**	
11 C.	Blanshard, W. 602.	**M. April 12/18.**	
11 C.	Brand, J. 967.	M. Mar. 27/18.	
11 C.	Brookes, B. 35208.	M. Mar. 28/18.	
11 C.	Brown, L.-Cpl. G. H. 622.	M. Mar. 24/18.	
11 C.	Dobson, Richard. 38281.	**M. June 28/18.**	
*11 C.	Holland, Alfred. 41756.	W. and M. June 28/18.	
‡11 C.	Hozan, H. 18624.	M. April 12/18.	
11 C.	Pearson, Ernest Meal. 36765.	M. Mar. 25/18.	
‡11 C.	Roper, A. E. 1280.	M. April 12/18.	

YY

December 1st, 1918.

Yorkshire Regiment, East—contd.

B.E.F.

11 C.		Sharpe, Cpl. F. L. 393.	W. and M. April 12/18.
11 C.		Stewart, Herbert. 36592.	M. Mar. 24/18.
‡11 C.		Taylor, F. 30469.	M. April 12/18.
11 C.		Taylor, Jas. Thos. 30464.	M. April 12/18.
‡11 C.		Taylor, O. 30466.	M. April 12/18.
‡11 C.		Thompson, T. H. 30478.	M April 12/18.
‡11 C.		Timpson, J. A. 30475.	M. April 12/18.
‡11 C.		Turpin, W. H. 30459.	M. April 12/18.
‡11 C.		Tuttle, F. W. 30471.	M. April 12/18.
‡11 C.		Varley, L.-Cpl. R. 225330.	W. and M. Sept. 6/18.
11 C.		Webb, Leonard. 30482. (Fr. 3 W. Riding, 38427.)	M. April 25/18.
11 C. XI		Webb, Stanley Jules. 24901.	M. Mar. 24/18.
*11 D. XVI		Appleyard, James. 35009.	M. Sept. 8/18.
‡11 D.		Armitage, G. 42057.	M. Sept. 8/18.
11 D.		Arnold, F. 27907.	M. April 12/18.
‡11 D.		Ashby, P. 36430.	M. April 12/18.
11 D. XIII		Bailey, Thos. E. 225486.	W. and M. Mar. 27/18.
‡11 D.		Bond, C. P. 22101.	M. April 12/18.
11 D.		Brinkley, J. R. 28139.	M. Mar. 27/18.
‡11 D.		Brocklesby, S. R. 500.	M. April 12/18.
11 D. XIV		Bryan, A. 19154.	M. April 12/18.
‡11 D.		Callaghan, Sgt. J. 600.	W. and M. Sept. 8/18.
‡11 D.		Cockshaw, H. 560.	M. April 12/18.
11 D.		Crook, Arthur. 30533.	M. June 28/18.
11 D.		Curtis, Harry Bramham. 201971.	M. Sept. 8/18.
‡11 D.		Everitt, F. W. 220496.	M. April 12/18.
‡11 D.		Farquhar, J. D. 42239.	M. Sept. 8/18.
‡11 D.		Fort, W. 50917.	M. Sept. 8/18.
11 D. XIV		Greenough, Cpl. A. 36439.	Unoff. M. Sept. 14/18.
‡11 D.		Grice, G. 50918.	M. Sept. 8/18.
11 D.		Groves, Fredk. Geo. 30535.	M. April 12/18.
‡11 D.		Hall, W. 611.	M. Sept. 8/18.
‡11 D.		Higginson, A. 41916.	M. April 12/18.
‡11 D.		Hogson, T. 41917.	M. April 12/18.
11 D. XIII		Hogg, Leo. 29780.	M. April 12/18.
‡11 D.		Hourne, E. K. 41922.	M. April 12/18.
‡11 D.		Hodson, W. 41971.	M. April 12/18.
11 D.		Hughes, Thomas Colin. 41925.	M. April 12/18.
‡11 D.		Humpage, R. 30536.	M. Sept. 8/18.
‡11 D.		James, W. J. 204257.	M. Sept. 8/18.
*11 D.		Jarratt, Cpl. 203086.	M Sept. 8/18.
‡11 D.		Kendrick, W. A. 28520.	M. April 12/18.
‡ 11 D.		Kenneby, E. 627.	M. Sept. 8/18.
11 D.		Kirk, J. W. 51.	M. Mar. 27/18.
11 D. XVI		Lane, C. 37227.	M. Sept. 8/18.
11 D.		Lee, James. 647.	M. Sept. 8/18.
11 D.		Littlewood, Wm. 52893.	M. Aug. 9/18.
11 D.		McGinty, John. 28602.	M. Mar. 27/18.
‡11 D.		Mallatratt, A. L. 41775.	M. Sept. 8/18.
11 D.		Matkin, A. F. 51001.	M. Sept. 8/18.
11 D.		Molden, Lawrence. 41949.	M. April 12/18.
‡11 D.		Mullis, M.M., W. 17941.	M. Sept. 8/18.
11 D.		Pottage, G. E. 30522.	Unoff. M. Sept. 8/18.
‡11 D.		Raper, W. 30516.	M. April 12/18.
11 D.		Riley, Lenard. 29785.	M. April 12/18.
‡11 D.		Smith, E. R. 50935.	M. Sept. 8/18.
11 D.		Spetch. 571.	M. April 12/18.
11 D.		Taylor, H. 11/264.	M. Mar. 27/18.

December 1st, 1918.

Yorkshire Regiment, East—contd.

B.E.F.

‡11 D.	Waddingham, B. 27307.	M. April 12/18.	
11 D.	Wallis, Chas Hny. 30519.	M. April 12/18.	
11 D.	Ward, F. 30521.	M. April 12/18.	
*11 D. XVI	Wellbourn, F. 31215.	M. Sept. 8/18.	
‡11 D.	Whiteley, J. W. 30507.	M. April 12/18.	
‡11 D.	Whitfield, W. 30520.	M. April 12/18.	
‡11 D.	Wilde, C. F. 30508.	M. Sept. 8/18.	
11 D.	Willmer, G. E. 30506. (Fr. W. Ridings.)	M. April 12/18.	
11 D.	Wood, James. 30541.	M. April 12/18.	
11 D.	Yarrow, G. W. 30510.	M. April 12/18.	
‡11 D.	Young, E. 27085.	M. April 12/18.	
11 ?	Crabtree, Henry E. 28934.	M. July 12/18.	
11 ?	Daniels, J. 41871.	M. April 12/18.	
11 ?	Greaves, Horace Albert. 41899.	M. April 12/18.	
11 ?	Hale, Wilfred. 41903.	M. April 12/18.	
*11 I.T.M.	Hodgins, T. H. 6089. (92 Bde.)	M. April 12/18.	
11 ?	Mackay, Alex. Samuel. 41939.	M. April 12/18.	
11 ?	Maw, J. 201184.	M. Sept. 8/18.	
11 ?	Mayes, Charles. 30365.	M. April 12/18.	
11 ?	Oakes, Geo. 11/874.	K. Mar. 27/18. Det.D./B.	
*11 ?	Phillips, Harry. 51013.	M. Sept. 8/18.	
*11 I.T.M.	Regan, F. 25622.	M. April 12/18.	
11 ?	Richardson, Peter. 30392.	M. April 12/18.	
11 ?	Rodgers, W. S. 30394.	M. April 12/18.	
11 ?	Shapcott, F. S. 23683.	K. or D/W. abt. April 12/18. Det.D./B.	
11 ?	Slater, P. A. 55508.	M. July 25/18.	
11 ?	Warnes, Geo. E. 1320.	M. April 12/18.	
11 ?	Wilson, Ernest J. 22348.	M. Mar. 27/18.	
12 D. XIII	Melaney, Laurence. 36595.	M. April 6-9/18.	
12 D.	Taylor, Sgt. Danson. 420.	M. Mar. 31/18.	
‡12 ?	Harrison, L.-Cpl. T. 29616.	M. Mar. 27/18.	
12 Tran. S.	Tomlinson, J. H. 665.	M. Mar. 23/18.	
13 D.	Topham, J. 19653.	M. Mar. 22/18.	
13 ?	Folly, F. E. 33913.	M. Mar. 22/18.	

BALKANS.

2 A. I	Hemsworth, Walter. 201863.	K. Aug. 24/18. Det.D./B.

WEST YORKSHIRE REGIMENT.

B.E.F.

1 A. I	Docksey, G. 236089.	M. Mar. 21/18.
1 A.	Lee, Thos. 268764. (16955.)	M. Mar. 21/18.
1 A.	Leversidge, H. 12496.	M. Mar. 21/18.
1 A.	McManus, E. 42696.	M. Mar. 21/18.
1 A. I	Mason, Albert. 204057.	M. Mar. 21/18.
1 A. IV	Meacham, Joseph. 59036.	M. Mar. 21/18.
1 A.	Petty, J. W. 325076.	M. April 25/18.
1 A.	Phillips, Richard. 7731.	M. Mar. 21/18.
1 A.	Scott, T. G. 36785.	M. Mar. 21/18.
1 A. III	Seaton, Jas. 3/7949.	M. Mar. 21/18.
1 A. I	Skinner, Wm. Jedmas. 52558.	M. Mar. 21/18.
1 A. IV	Smith, Harry 41784.	M. Mar. 21/18.
1 A. II	Sun, L.-Cpl. H. 12254.	M. Mar. 21/18.

Yorkshire Regiment, West—contd.

B.E.F.

*1 B. VI	Bainbridge, A. 47121.	M. Sept. 17/18.	
*1 B. VI	Broadwith, J. A. 64250.	M. Sept. 17/18.	
1 B. VI	Brook, William. 52521.	M. Mar. 21/18.	
1 B. VII	Clarke, Robert. 42073.	M. Mar. 21/18.	
1 B. VII	Cook, L.-Cpl. John Edw. 8113.	W. Unoff. M. Sept. 17/18.	
*1 B. VIII	Croft, Norman Reg. 64123.	M. Sept. 17/18.	
1 B.	Downes, W. 29614.	M. Mar. 21/18.	
‡1 B.	Fox, Geo. 64106.	M. Sept. 17/18.	
*1 B. VII	Fraser, L.-Cpl. John Wm 60400.	M. Sept. 17/18.	
1 B.	Hall, C. 52494.	M. Mar. 21/18. R/Enq.	
*1 B.	Hartley, L.-Cpl. R. 13912.	M. Sept. 17/18.	
1 B. VIII	Hirst, H. 64097.	M. Sept. 18/18.	
1 B.	Place, Cpl. W. 9936.	M. Mar. 21/18.	
*1 B. V	Renton, L.-Sgt. Arthur. 18/1086.	M. Sept. 17/18.	
‡1 B. VI	Shaw, W. H. 200235.	M. Sept. 17/18.	
‡1 B. VII	Straker, T. 52334.	M. Sept. 17/18.	
1 B.	Thompson, Wm. H. 21114.	M. Mar. 21/18.	
1 B. VII	Tindale, L.-Sgt. Thos. Rickaby. 12634.	M. Mar. 21/18.	
*1 B. VII	Tomlinson, J. 28012.	M. Sept. 17/18.	
1 B. L.G.S.	Walker, Sgt. Chas. 24034.	M. Mar. 21/18.	
1 B. VI	Wigglesworth, L. 41778.	M. Mar. 21/18.	
1 B VII.	Wright, George P. 59081.	M. Mar. 23/18.	
*1 C. X	Bernard, W. P. 60646.	M. Sept. 17/18.	
1 C. XI	Brown, Cpl. John. 38685.	W. Unoff. M. July 14/18.	
1 C. X	Holdsworth, John. 10132	M. Aug. 9/18.	
1 C. XI	Jackson, Amos Wm. 48993.	M. Aug. 9/18.	
1 C. XI	Landin, Harold. 41044.	M. Mar. 21/18.	
1 C.	Leighton, G. F. 12370.	M. Mar. 21/18.	
1 C.	Mellor, Thomas Edison. 51322.	M. Mar. 27/18.	
1 C. XI	Parkin, Gilbert. 52626.	M. Mar. 21/18.	
1 C.	Routledge, Sgt. J. W. 739.	M. Mar. 21/18.	
1 C. XII	Sibson, L.-Cpl. Harry. 22354.	M. Mar. 21/18.	
1 C. XII	Smith, Cpl. John. 8583.	M. Mar. 21/18.	
‡1 C.	Tattersall, S. B. 37881.	M. Aug. 9/18.	
1 C. L.G.S.	Turner, A/Cpl. C. 17197.	M. Mar. 21/18.	
1 C. XI	Wardman, R. L. 34705.	M. Mar. 21/18.	
1 C.	Woodward, L.-Cpl. G. 11774.	M. Mar. 21/18.	
1 D. XIV	Bonney, Wm. 200616.	M. April 25/18.	
1 D.	Bowyer, V. 52495.	M. Mar. 21/18. R/Enq.	
1 D. XV	Brown, S. L. 865.	M. Mar. 21/18.	
1 D.	Cloutt, Harry. 34376.	M. Mar. 21/18. R./Enq.	
1 D.	Dockerty, Sgt. George. 6466.	Unoff. M. April 1-24/18.	
1 D.	Larner, Wm. 300022.	M. Mar. 21/18.	
1 D. XIV	Lund, J. 18590.	M. Mar. 21/18.	
1 D.	Martin, L.-Cpl. Geo. Robt. 9939.	M. Mar. 21/18.	
1 D. XVI	Perry, R. J. 47939.	M. Mar. 21/18.	
1 D.	Wainwright, L.-Cpl. W. 9632.	M. Mar. 21/18.	
1 D. XIII	Wilcock, Thos. 52577.	M. Mar. 21/18.	
1 D.	Wroe, Maurice. 32576.	M. Mar. 21/18.	
‡1 ?	Aldworth, J. C. 56660. (Fr. 12 R.E.)	M. Sept. 17/18.	
1 I.T.M.	Bell, J. W. 8616. (18 Bde.)	M. Sept. 17/18.	
1 I.T.M.	Bindley, W. J. 14870. (18 Bde.)	M. Mar. 21/18.	
‡1 ?	Burnett, J. R. 205275.	M. Sept. 17/18.	
‡1 ?	Chapman, J. 54348.	M. Sept. 17/18.	
1 I.T.M.	Deacon, H. 10108. (18 Bde.)	M. Mar. 21/18.	
1 ?	Hawley, Thomas. 29429.	M. July 14/18.	

December 1st, 1918.

Yorkshire Regiment, West—contd.

B.E.F.

1 ?		Hutchinson, H. 25193.	W. and M. **Aug. 9/18.**
1 ?		Manning, C. A. 53729.	W. and M. **Aug. 9/18.**
‡1 ?		Newell, Brian Colthurst. 52543.	M. **Sept. 17/18.**
1 ? I.T.M.		Peckett, Reg. 15762. (16 Bde.)	Unoff. M. **Mar. 21/18.**
*1 ?		Waddington, Sig. Ed. 24322.	W. Unoff. M. **Sept. 19/18.**
2		**Bastow, Capt. Frank.**	K. **May 27/18.** Det.D./B.
2		**McAllister, 2nd Lt. C.** (Fr. 8/9 R. Dub. Fus.)	W. and M. **May 27/18.**
2		**Richardson, 2nd Lt. R. B.**	M. **May 27/18.**
2		**Williams, Lieut. E.** (Fr. 18th.)	M. **Mar. 28/18.**
2 A.		Abbott, Lancelot Thompson. 62208.	M. **May 27-29/18.**
2 A. II		Adams, L.-Cpl. C. C. 52913.	M. **Mar. 25/18.**
2 A. I		Bamford, W. 62270.	M. **May 27/18.**
2 A. IV		Barker, L.-Cpl. W. A. 608634.	M. **April 27/18.**
2 A.		Booth, T. 52930.	M. **Mar. 29/18.**
2 A. II		Brearey, E. 60829.	M. **May 27/18.**
2 A.		Brittain, Harry Lamb. 48890.	K. **Sept. 2/18.** Det.D./B.
2 A.		Brown, J. I. 240296.	M. **Mar. 21/18.**
2 A.		Burgoyne, C. T. 52927.	M. **Mar. 29/18.**
2 A.		Cawood, M.M., S. 9222.	M. **Mar. 28/18.**
2 A. or D. I.T.M.		Chaytar, Chas. Hry. 42481. (23rd Bde.)	M. **May 27-29/18.**
2 A. IV		Cluderay, T. 49105.	M. **May 27-29/18.**
2 A.		Cobbin, W. A. 1673.	M. **Mar. 29/18.**
2 A. I.T.M.		Comollie, H. 325625. (23 Bde.)	M. **April 24/18.**
2 A. III		Dennison, Sgt. Mark. 204094.	M. **April 24/18.**
2 A.		Drayton, W. 42538.	M. **Mar. 29/18.**
2 A. II		Drever, Wm. G. 57972.	M. **May 27-29/18.**
2 A. II		Eaton, L.-Cpl. Horace. 5361.	M. **May 27-29/18.**
2 A. II		Fairhurst, Harold. 62321.	M. **May 27-29/18.**
2 A.		Fairlie, R. 9569.	M. **Mar. 28/18.**
2 A. II		Farmer, Bramwell. 62284.	M. **April 24/18.**
2 A.		Gardiner, Percy. 325195.	M. **May 27/18.**
2 A. IV		Gibson, Robert. 40960.	M. **April 24/18.**
2 A.		Goodair, W. 52978.	M. **May 27-29/18.**
2 A. II		Gorbert, H. 52980.	M. **May 27/18.**
2 A.		Gracey, M. A. 53290.	M. **Mar. 29/18.**
2 A. II		Graham, Alex. M. 53289.	D/W. **April 6/18.** Det.D./B.
2 A. II		Gray, James. 57980.	M. **April 24/18.**
2 A. I		Hainsworth, Thos. Hny. 60853.	M. **May 27-29/18.**
2 A.		Hall, Cpl. H. 396.	M. **Mar. 29/18.**
2 A.		Hancock, J. 202458.	M. **Mar. 29/18.**
2 A.		Hargreaves, L.-Cpl. W. P. 25450.	M. **Mar. 29/18.**
2 A.		Henry, E. 52987.	M. **Mar. 27/18.**
2 A. II		Higgins, Peter. 59253.	M. **May 27-29/18.**
2 A. III		Holmes, William. 39334.	M. **April 24/18.**
2 A.		Hurt, A/Cpl. G. L. 8951.	M. **Mar. 29/18.**
2 A.		Jennings, L.-Cpl. 60849.	M. **May 27-29/18.**
2 A. III		Kirby, Tom. 24363.	M. **May 26/18.**
2 A.		Kirkman, W. H. 60230.	M. **Mar. 29/18.**
2 A. IV		Lambert, J. 60232.	M. **Mar. 29/18.**
2 A.		Lawson, G. G. 200861.	M. **Mar. 29/18.**
2 A.		Lilley, P. 53012.	M. **Mar. 29/18.**
2 A. II		McBride, Thos. 42517.	M. **May 27-29/18.**
2 A. I		Metcalfe, Wm. Harris. 235498.	M. **Mar. 29/18.**
2 A. II		Moor, L.-Cpl. Wm. 267473.	M. **April 24/18.**
2 A.		Mortimer, W. 241361.	M. **May 27-29/18.**
2 A.		Murray, Peter. 18104.	M. **Mar. 25/18.**

YY2

Yorkshire Regiment, West—contd.

B.E.F.

2 A.	Myers, W. 307124.	M. Mar. 29/18.
2 A. I	Newton, J. E. 25169.	M. Mar. 29/18.
2 A.	Nicholson, Edwin Austin. 60850.	M. May 27-29/18.
2 A.	Nicholson, Wilfred. 60860.	M. May 27-29/18.
2 A. III	Nisbet, John. 72461.	M. May 27-29/18.
2 A. IV	Pickering, G. H. 39161.	M. May 27-29/18.
2 A. III	Plumb, F. C. 201499.	M. May 26-27/18.
2 A. III	Quigley, Thomas. 242538.	M. April 24/18.
2 A. III	Ridgway, Cpl. F. 28588.	M. May 27/18.
2 A.	Ridley, Henry Fredk. 8672.	M. May 27-29/18.
2 A.	Ridley, R. 60361.	M. Mar. 29/18.
2 A. III	Roach, Thomas. 53048.	M. May 27/18.
2 A. III	Rogers, E. 53050.	M. Mar. 29/18.
2 A.	Rowe, H. 36824.	M. Mar. 29/18.
2 A. III	Rushworth, Wilfred. 241249.	M May 27/18.
2 A.	Simmons, A. 15864.	M. Mar. 29/18.
2 A. II	Simpson, H. 202776.	M. May 27-29/18.
2 A. II	Smith, A. Frank. 53060.	M. Mar. 29/18.
2 A.	Smith, J. L. 42496.	M. May 27-29/18.
2 A. I	Smith, Wilfred Bernard. 72529.	M. May 27-29/18.
2 A. IV	Taylor, W. 72533.	M. May 27/18.
2 A. III	Tresman, L.-Cpl. Hy. J. 72560. (36683.)	K. May 18/18. Det.D./B.
2 A.	Woodhead, L. 267048.	M. Mar. 29/18.
2 B. VII	Allen, L. H. 52915.	M. Mar. 28/18.
2 B. VII	Allen, W. O. 60698.	M. May 27/18.
2 B. VI	Batley, Ernest. 307558.	M. Mar. 28/18.
2 B. VIII	Briggs, James. 52923.	M. Mar. 28/18.
2 B. VI	Brook, Harold. 62284.	M. April 24/18.
2 B. V	Brook, T. 55129.	M. May 27/18.
2 B.	Brown, M. 42125	M. Mar. 27/18.
2 B. VIII	Carr, L.-Cpl. Haddison. 38816.	M. April 24/18.
2 B. V	Clarke, L.-Cpl. J. 7146.	W. and M. **April 24/18.**
2 B.	Cockson, George. 62294.	M. May 27-29/18.
2 B. VIII	Creaser, Thomas Albert. 60326.	M. April 24/18.
2 B. V	Crowther, H. 62490.	M. May 27-29/18.
2 B.	Dennison, P. 52955.	M. Mar. 28/18.
2 B. V	Duffy, L.-Cpl. Jas. 307291.	M. May 27-29/18.
2 B. VI	Eady, Sydney. 268909.	M. April 24/18.
2 B. V	Edmondson, Herbert. 238223.	M. April 24/18.
2 B. VII	Edwards, Arthur. 268364.	M. April 24/18.
2 B. VI	Frith, Harold. 60687.	M. April 24/18.
2 B. V	Gallagher, John. 60690.	M. April 24/18.
2 B.	Gee, Tom. 270032.	M. Mar. 24/18.
2 B.	Grant, Arthur. 37491.	M. April 27/18.
2 B. VIII	Hall, T. W. 53002.	M. May 27-29/18.
2 B. VII	Harrison, Harold Edward. 60394.	M. April 24/18.
2 B.	Hawksworth, Harold B. 53294. (Fr. Durham L.I.)	M. Mar. 29/18.
2 B.	Holmes, R. 53303.	M. Mar. 28/18.
2 B. VI	Horsley, C. 52981.	M. Mar. 25/18.
2 B.	Horton, Ivy. 53002.	M. Mar. 27/18.
2 B. V	Hunter, H. 53301.	M. Mar. 27/18
2 B.	Jones, F. 53304.	M. Mar. 28/18.
2 B.	Jones, T. 53305.	M. Mar. 28/18.
2 B. VIII	Kay, Clifford. 53307.	M. May 27/18.
2 B.	Knowles, S. 53008.	M. Mar. 27/18.
2 B.	McKay, F. 19037.	M. Mar. 28/18.
2 B.	Mascall, Cpl. Wm. T. 9380.	M. May 27-29/18.

December 1st, 1918.

Yorkshire Regiment, West—contd.

B.E.F.

2 B. V	Mason, Wm. 53023.	M. May 27-29/18.
2 B.	Moore, B. 62163.	M. April 24/18.
2 B. or D.	Newton, Benj. 45915.	M. May 27-29/18.
2 B.	Oliver, S. 53033.	M. Mar. 28/18.
2 B. VIII	Orme, Wm. Joseph. 53319.	M. Mar. 28/18.
2 B. VIII	Owen, Harold E. 53034.	M. Mar. 28/18.
2 B. V	Parr, Frank. 268649.	M. May 27-29/18.
2 B.	Parsons, A. J. 62492.	M. May 27-29/18.
2 B.	Pattinson, C.-S.-M. C. A. 6090.	M. May 27-29/18.
2 B. VIII	Pescod, John Wm. 72463.	M. April 24/18.
2 B. or D.	Preece, L.-Cpl. Jas. 57134.	M. May 27-29/18.
2 B. VII	Presbury, W. J. 53037.	M. Mar. 27/18.
2 B. V	Preston, Chas. Wm. 53110.	M. May 27/18.
2 B. V	Randle, N. 1212.	M. April 24/18.
2 B. VII	Rawe, S/B. A. 307070.	M. Mar. 28/18.
2 B. VII	Revill, Chas. J. 53053.	M. Mar. 27/18.
2 B. V	Rose, G. W. 59015.	M. April 24/18.
2 B. VIII	Schofield, G. 72569. (20017x.)	M. May 27/18.
2 B.	Simpson, Wm. S. 205485.	M. April 24/18.
2 B. VIII	Smith, John Kenneth. 62480.	M. May 27-29/18.
2 B. VII	Stanton, W. 60547.	M. April 24/18.
2 B.	Stephenson, W. 8569.	M. Mar. 27/18.
2 B. V	Taylor, J. 17079.	K. Mar. 27/18. Det.D./B.
2 B. VI	Taylor, Wm. 266268.	M. April 24/18.
2 B. VII	Tetley, W. 268762.	M. Mar. 28/18.
2 B. VI	Turner, L.-Sgt. John. 40965.	M. Mar. 28/18.
2 B. VI	Turner, John Jas. 204639. (72474.)	W. and M. May 27/18.
2 B.	Wells, Walter Robinson. 8841.	M. April 24/18.
2 B. VIII	Williamson, Fred. 270044.	M. May 27/18.
2 B.	Wilson, J. 60169.	M. May 23/18.
2 B.	Wooler, Wilfred. 25322.	M. April 12/18.
2 C.	Alderson, C.-S.-M. T. 8461.	M. May 27/18.
2 C. XI	Barwick, Fredk. Hudson. 266999.	M. May 27/18.
2 C. XII	Bell, G. A. 51304.	M. May 27-28/18.
2 C.	Boddy, R. H. 1232.	M. Mar. 25/18.
2 C. IX	Boshell, Fran. Jas. 307461.	M. June 27-29/18.
2 C. XII	Brown, G. H. 41037.	Unoff. M. April 21/18.
2 C. XII	Burton, Robert. 58686.	M. Mar. 28/18.
2 C.	Cank, George Wm. 52945.	M. Mar. 28/18.
2 C.	Chain, Hyman. 300069.	M. May 27-29/18.
2 C.	Cheetham, H. 268901.	M. Mar. 28/18.
2 C. IX	Clarkson, North. 260041.	W. and M. April 24/18.
2 C. X	Daykin, John Edwards. 57141.	M. April 24/18.
2 C. X	Docwra, Colin Cecil. 60208.	M. May 27-29/18.
2 C.	Ecclesby, Joe Wm. 242449.	M. May 27-29/18.
2 C.	Ellis, Hubert. 62489.	M. May 27-29/18.
2 C. XI	Evans, Richard Harold. 60212.	M. Mar. 25/18.
2 C. X	Forster, Wm. 59437.	M. May 27/18.
2 C. IX	Foulsham, Cpl. Arth. Allen. 204244.	M. May 27-29/18.
2 C.	Frost, H. 58746.	M. Mar. 28/18.
2 C. X	Gates, G. 235641. (Fr. D.L.I.)	M. April 24/18.
2 C. X	Gledhill, Harry. 202618.	M. May 27/18.
2 C. XI	Glover, R. V. 52977.	M. May 27-29/18.
2 C.	Green, Sgt. W. H. 8596.	M. May 27/18.
2 C.	Griffin, Patrick. 16323.	M. May 27-29/18.
2 C.	Hammond, W. 58588.	M. Mar. 28/18.
2 C.	Harris, L.-Cpl. R. 305076.	M. Mar. 28/18.
2 C. XII	Heywood, F. 20376.	M. Mar. 28/18.
2 C. XII	Holt, Arthur. 39422.	M. May 27/18.

December 1st, 1918.

Yorkshire Regiment, West—contd.

B.E.F.

2 C.	Homersham, C. 59445.	M. May 27/18.
2 C.	Hucknall, T. W. 62463.	M. May 27-29/18.
2 C. IX	Huggan, Cpl. C. H. 204286.	M. May 27/18.
2 C. XII	Hustler, Harry. 59455.	M. April 24/18.
2 C.	Hutchinson, H. 52994.	M. Mar. 28/18.
2 C. IX	Jackson, A. H. 235505.	M. Mar. 28/18.
2 C. XII	Jones, Alfred. 268706.	M. May 27/18.
2 C.	Kay, John. 203859.	M. April 27-28/18.
2 C. XII	Kendall, Victor Albert. 33200.	M. May 27-29/18.
2 C.	Kitchingman, D.C.M., Cpl. Wm. 9498.	M. Mar. 26/18.
2 C. XII	Maughan, J. 59589.	M. April 24/18.
2 C. XI	Midgley, Ernest. 202508.	M. May 27-29/18.
2 C. X	Moorhouse, J. J. 53024.	K. Mar. 25/18. Det.D./B.
2 C. X	Phillips, C. F. 266038.	M. April 24/18.
2 C. XI	Pigott, A. 202810.	W. Unoff. M. April 24/18.
2 C. XI	Proudfoot, Daniel. 59507.	M. April 24/18.
2 C. XII	Rhodes, A. 62470.	M. May 27-29/18.
2 C.	Robson, R. L. 60362.	M. Mar. 28/18.
2 C.	Rodden, L.-Cpl. J. T. 41046.	M. Mar. 28/18.
2 C. IX	Rooney, Peter. 59315.	M. May 27/18.
2 C. IX	Rushforth, Lister. 306978.	M. Mar. 28/18.
‡2 C.	Sanderson, R. S. 40997.	M. Mar. 21/189.
2 C. IX	Saville, Tom. 72524.	M. May 27-29/18.
2 C.	Smith, Harold. 42581.	W. and M. Mar. 28/18.
2 C.	Spence, Jos. Thos. 306660.	M. April 25/18.
2 C. VIII	Spencer, T. 17694.	M. May 27-29/18.
2 C. X	Stone, Reg. 58677.	M. Mar. 28/18.
2 C. IX	Swift, Ben. 58696.	M. Mar. 25/18.
2 C. XI	Taylor, L.-Cpl. Richd. R. 60371.	W. and M. April 24/18.
2 C. XII	Underwood, J. H. 72541.	M. May 27/18.
2 C. XII	Walker, James. 54554.	M. Mar. 22/18.
2 C.	Waugh, William. 235500.	M. Mar. 28/18.
2 C. IX	Williams, Evan Pater. 203037.	M. April 24/18.
2 C. IX	Willows, George. 42699.	M. Mar. 28/18.
2 C. X	Wilson, Jos. Fothergill. 306528.	M. May 27-29/18.
2 D. XIV	Abrahams, S. 25351.	M. May 25/18.
2 D. XIII	Alderwick, W. 267496.	M. May 23/18.
2 D. XIV	Alexander, H. 60192.	M. May 27-29/18.
2 D.	Andrews, Edgar. 305103. (Fr. H.Q.)	M. May 27-29/18.
2 D. XIV	Baisden, Ernest. 60084.	M. May 27-29/18.
2 D. XIII	Bateman, Ernest. 53061.	M. April 24/18.
2 D. XIII	Binns, Edgar. 202273.	M. May 27-29/18.
2 D. XV	Boyd, Stephen. 59176.	M. April 24/18.
2 D.	Brooke, J. 266108.	M. Mar. 27/18.
2 D. XVI	Brown, Tom. 9009.	M. May 27-29/18.
2 D.	Burke, C. H. 27124.	M. Mar. 27/18.
2 D.	Burrows, Sig. John. 72487.	M. May 27/18.
‡2 D.	Cawthorne, H. 305109.	M. Mar. 28/18.
2 D.	Chapman, Fred G. 205471. (Fr. H.Q.)	M. May 27/18.
2 D.	Clayton, E. 9375.	M. Mar. 27/18.
2 D.	Clennett, W. 52942.	M. Mar. 27/18.
2 D. V	Collins, Edward E. 240169.	M. May 28/18.
2 D. XIV	Frazer, James. 58843.	M. April 24/18.
2 D.	Greenwood, L.-Cpl. S. 9029.	M. Mar. 27/18.
2 D.	Guthrie, J. W. 202925.	M. May 27-29/18.
2 D. XIV	Hall, Walter. 53003.	K. Mar. 27/18. Det.D./B.
2 D.	Harker, L.-Cpl. Fred. 41814.	M. May 27/18.

December 1st, 1918.

Yorkshire Regiment, West—contd.

B.E.F.

2 D.	Hartley, J. W. 52989.	M. Mar. 27/18.
2 D.	Hullah, G. 1297.	M. Mar. 27/18.
2 D. XIII	Jackson, Lewis Henry. 242974.	M. April 24/18.
2 D.	Lennox, W. C. 235495.	M. Mar. 27/18.
2 D. XIII	Lewis, C. H. 60083.	M. May 28/18.
2 D.	Lightowler, A/Sgt. A. 12356.	M. Mar. 27/18.
2 D. XV	Mace, Horace A. 59656.	M. April 24/18.
2 D. XIV	Mills, R. A. 35496.	M. May 8/18.
2 D.	Morey, W. 204195.	M. May 27-29/18.
2 D.	Nicholson, M.M., Sgt. G. 41004.	M. May 27-29/18.
2 D. XV	North, Tarner T. 267070.	M. May 27-29/18.
2 D. XVI	Pallister, Harry. 306942.	M. April 24/18.
2 D. XV	Palmer, H. 59302.	M. May 27-29/18.
2 D.	Pethyt, D. 58748.	M. Mar. 27/18.
2 D. XIV	Pratt, G. H. 53042.	M. May 28/18.
2 D.	Raine, James William. 72508.	M. May 27-29/18.
2 D.	Randall, J. Thos. 8655.	M. Mar. 27/18
2 D. XIII	Rankin, A. 59311.	M. May 27-29/18.
2 D.	Richardson, G. 305944.	M. Mar. 27/18.
2 D.	Robertshaw, Cpl. A. 16341.	M. Mar. 27/18.
2 D. XV	Salt, Charles. 59525.	M. April 24/18.
2 D.	Sewell, H. 306470.	M. Mar. 27/18.
2 D. XIII	Sharpe, Fredk. 122025.	M. April 24/18.
2 D. XV	Shaw, A. 59167.	M. April 24/18.
2 D. XV	Smith, Sidney. 5334.	M. April 24/18.
2 D.	Spencer, H. 40179.	M. Mar. 27/18.
2 D.	Spencer, W. 53339.	M. Mar. 27/18.
2 D. XVI	Statham, Samuel. 27388.	M. May 27/18.
2 D.	Steel, H. 41010.	M. Mar. 27/18.
2 D. XVI	Stockdale, Alexander. 72470. (Fr. H.Q.)	M. May 27/18.
2 D. XIII	Stork, Thomas. 53338.	M. May 27/18.
2 D.	Sykes, A. 63298.	M. Aug. 28/18.
2 D.	Teale, Sgt. A. 241015.	M. April 24/18.
2 D. XV	Turner, Fred. 270036.	**M. May 27/18.**
2 D. XIII	Uncless, —. 37498.	M. Mar. 27/18.
2 D.	Wake, J. 62472.	**M. May 28/18.**
2 D. XIV	Walsh, Jack. 28421.	M. May 27/18.
2 D. XVI	Watson, Ernest. 10928.	M. April 24/18.
2 D.	Webb, Scout H. 72542.	M. May 27/18.
2 D. XIV	Wheway, Stanley C. J. 59548	M. May 27-29/18.
2 D.	Wilde, T. 59350.	M. April 24/18.
2 D. XIV	Wilman, C. 122008.	M. April 24/18.
2 H.Q.	Abbott, James. 205203.	M. bel. K. Feb. 23/18. R/En'!
2 H.Q.	Beighton, Ernest. 48499.	M. May 27/18.
2 H.Q.	Bill, Clifford Edmund. 62285.	M. May 27-29/18.
2 H.Q.	Boulton, Sig. Saml. S. 59026.	Unoff. M. May 27/18.
2 H.Q. Scouts	Bracewell, Alfred. 240665.	M. June 27-29/18.
2 H.Q.	Brown, Clfford. 24080.	M. May 27-29/18.
2 H.Q.	Cauwood, L.-Cpl. S. 9222.	M. Mar. 28/18.
2 H.Q.	Denton, Horace. 306784.	M. May 27/18.
2 H.Q.	Gee, A. 52879.	M. May 27-29/18.
2 H.Q.	Gooding, Ernest Robert. 13402.	M. May 27-29/18.
2 H.Q.	Hunt, H. 8613.	M. May 27-29/18.
2 H.Q.	Kirk, S. 54730.	M. Mar. 28/18.
2 H.Q.	Linley, Sig. H. 58963.	M. May 27-29/18.
2 H.Q.	Mallinson, Arthur. 55112.	M. May 27-28/18.
2 H.Q.	Massey, Fred. 240991.	M. May 27-29/18.
2 H.Q.	Matthews, Thos. 20663.	M. May 27/18.

December 1st, 1918.

Yorkshire Regiment, West—contd.

B.E.F.

2 H.Q.	Moses, Harold. 307146.	M. May 27/18.
2 H.Q.	Moulton, G. J. 204268. (Scouts.)	M. May 27-29/18.
2 H.Q.	Riggle, Phil. 307056.	M. May 27-29/18.
2 H.Q.	Rowbottom, Vincent. 53056.	M. Mar. 25/18.
2 H.Q.	Shreeve, Sig. A. 21338.	M. April 24/18.
2 H.Q.	Smith, L.-Cpl. George. 265292.	M. May 27-29/18.
2 H.Q.	Staples, George. 325177.	M. May 27-29/18.
2 H.Q. Sig. S.	Sykes, Herbert. 14032.	M. May 27-29/18.
2 H.Q.	Taylor, Walter. 22856.	M. May 27/18.
2 H.Q.	Walder, Sig. A. 20700.	M. May 27-29/18.
2 H.Q.	Wilson, L.-Cpl. J. 268027.	M. May 27/18.
2 ?	Adamson, L.-Cpl. Percy Jos. 62467.	M. May 27/18.
2 Sig. S.	Atkinson, Sig W. 20660.	M. May 27-29/18.
2 Sig. S.	Badger, Fredk. Arthur. 20527.	M. May 27-29/18.
2 ?	Brown, Cpl. J. 4/7629.	M. May 27-29/18.
2 ?	Burnett, John Arthur. 60321.	M. May 21-29/18.
2 ?	Butterworth, L.-Cpl. Willie. 62292.	M. May 27/18.
2 ?	Carter, E. 72491. (Medl. Aid. Post.)	M. May 27/18.
2 ?	Cartwright, Charles. 52951.	M. Mar. 28/18.
2 ?	Clowting, Wm. 59133.	M. May 27-29/18.
2 ?	Cunningham, Jeremiah. 62054.	M. May 27/18.
2 ?	Davis, Wm. 22216.	M. May 27-29/18.
2 ?	Dawson, John. 58570.	M. May 27-28/18.
2 ?	Exley, L.-Cpl. John. 12300.	M. Mar. 24/18.
2 I.T.M.	Field, James Wm. 62313. (23 Bde.)	M. May 27/18.
2 ?	Fowler, C. T. S. 62320.	M. May 27-29/18.
2 ?	Glover, Edric M. 20559.	M. May 27-29/18.
2 ?	Gray, Cpl. Oliver. 235493.	M. May 27-29/18.
2 ?	Grayson, Dmr. Geo. Hy. 39196.	M. May 27-29/18.
2 ?	Harrop, Dmr. John Wm. 59809.	W. and M. May 27/18.
2 ?	Holmes, Sgt. W. 10027.	M. May 27-29/18.
2 ?	Lee, A. 235486.	M. May 27-29/18.
2 ?	Lindsay, R. M. 270021.	M. May 27/18.
2 ?	Metterick, Arthur. 270061.	K. May 27/18. Det.D./B.
2 ?	Plaice, George. 59506.	M. May 27/18.
2 ?	Simpson, Norman. 72522.	M. May 29/18.
2 ?	Townend, John T. 305845.	K. May 27/18. Det.D./B.
2 ?	Usher, John. 62482.	M. May 27/18.
2 ?	**Wilcock, Jas. Sykes. 267799.**	M. May 27-29/18.
2 ?	Wood, Archie. 59777.	M. May 23/18.
2 ?	Wood, J. E. 43394.	M. May 27/18.
4 W.	Adamson, T. V. 200838.	M. Mar. 26/18.
4 ?	Deakin, Harold. 54820.	M. April 25/18.
*2/4 ?	Deegan, J. 41734.	K. May 23/18. Det.D./B.
5	**Potts, 2nd Lt. W. E.**	K. April 13/18. Det.D./B.
5 A. IV	Adams, Alfred. 205071.	M. April 25/18.
5 A. III	Atkinson, F. G. 200532.	M. April 25/18.
5 A. IV	Bates, Walter. 58988.	M. April 25/18.
5 A.	Bean, L.-Cpl. Philip. 200390.	M. April 14/18.
5 A. II	Bennion, J. H. 205072.	M. April 25/18.
5 A. II	Bielby, J. 201595.	M. April 25/18.
5 A. IV	Brook, Arthur. 201618.	M. April 25/18.
5 A. IV	Clarke, Victor John. 46512.	**M. April 25/18.**
5 A. III	Davey, P. 203967.	M. April 25/18.
5 A. IV	Goodieson, Arth. Edwin. 325045.	M. April 25/18.
5 A. I	Greenwood, Chas. 963.	M. April 25/18.
5 A. III	Greenwood, Norris. 18/1421.	M. April 25/18.
5 A. IV	Hall, L.-Cpl. J. 24522.	M. April 25/18.
5 A.	Holbrey, Sgt. J. W. **203239.**	M. April 25/18.

December 1st, 1918.

Yorkshire Regiment, West—contd.

B.E.F.

5 A.	Hopkin, H. 202959.	M. April 25/18.
5 A.	Jackson, John. 58961.	Unoff. M. April 25/18.
5 A. IV	Johnson, John Edgar. 16/1718.	M. April 25/18.
5 A. II	Johnson, Robt. 42854. (Fr. 8th.)	M. April 25/18.
5 A. IV	Keenan, James Henry. 235520.	M. April 25/18.
5 A. I	Lamb, L.-Cpl. Wm. 1364.	M. April 25/18.
5 A.	Marsh, Albert. 20593.	M. April 25/18.
5 A. I	Marshall, W. C. 59790.	M. April 25/18.
5 A. IV	Mee, F. T. 57910.	M. April 25/18.
5 A. III	Midgley, Harold. 200992.	M. April 25/18.
5 A.	Moore, S. B. 200737.	M. April 25/18.
5 A. III	Morris, Owen A. 51421.	M. April 25/18.
5 A. IV	Mulry, Victor. 40817.	M. April 25/18.
5 A.	O'Shaugnessy, Amos. 20734.	M. April 25/18.
5 A. I	Owen, H. 200614.	M. April 25/18.
5 A. IV	Park, Harry. 57113.	M. April 25/18.
5 A. IV	Scott, J. A. 54866.	M. April 25/18.
5 A. II	Sykes, J. W. 58976.	Unoff. M. April 25/18.
5 A.	Taylor, J. T. 307237.	M. April 25/18.
5 A.	Taylor, Stephen. 58936.	M. April 25/18.
5 A. I	Walker, L.-Cpl. Herbert. 202915.	M. April 25/18.
5 A. II	Walker, Wilfred. 202972.	M. April 25/18.
5 A. II	Watson, Allen W. 307246.	M. April 25/18.
5 A.	Wheeldon, Joseph. 9. (Fr. 21st.)	M. April 25/18.
5 A.	Whitehead, L.-Cpl. Tom. 325036.	W. and M. April 25/18.
5 A. IV	Wilson, L.-Cpl. S. 201602.	M. April 25/18.
5 A. III	Winter, Joseph. 205155.	M. April 25/18.
5 A. II	Yeoward, L.-Cpl. D. 240494.	M. April 25/18.
5 B.	Altoft, F. 307380.	M. April 25/18.
5 B. VI	Austwick, T. 42812.	M. April 25/18.
5 B.	Barton, L.-Cpl. Fred. 200183.	M. April 25/18.
5 B.	Beattie, L.-Cpl. J. W. 248.	M. April 25/18.
5 B. VII	Brown, Webster. 205349.	M. April 25/18.
5 B.	Chadwick, William. 49063.	M. April 25/18.
5 B. VII	Crowther, Russell Eric. 205211.	M. April 25/18.
5 B. VI	Dickinson, Bernard. 40744.	M. April 25/18.
5 B. V	Eccles, Percy. 235629.	M. May 26/18.
5 B. VII	Elson, G. 202234.	M. April 25/18.
5 B. VI	Fieldhouse, Fred. 54846.	M. April 25/18.
5 B. VIII	Fletcher, L.-Cpl. H. 241813.	M. April 25/18.
5 B.	Gardner, Clifford. 305266.	M. April 25/18.
5 B. VI	Grundy, Fred James. 58955.	M. April 25/18.
5 B. VI	Heaton, Joseph. 430.	M. April 25/18.
5 B. VI	Holmes, Mark H. 54815.	M. April 25/18.
5 B.	Hyde, J. 203489.	M. April 25/18.
5 B. VIII	Keighley, Leonard. 203829.	M. April 25/18.
5 B. or D.	Kenah, J. W. 202881.	M. April 25/18.
5 B.	Leck, Horace Bentley. 347.	M. April 25/18.
5 B.	Leigh, A. 1063.	M. April 25/18.
5 B. VII	MacDonald, Danl. Currie. 307306.	M. April 25/18.
5 B. V	Marshall, James. 242910.	M. April 25/18.
5 B.	Mason, F. W. 59511.	M. April 25/18.
5 B. V	Midgley, L.-Cpl. Ronald Stansfield. 57445.	M. April 25/18.
5 B. VII	Mosby, Fred. 48748.	M. April 25/18.
5 B. VIII	Mounsey, Fred. 270201.	M. April 25/18.
5 B.	Nelson, A. C. 27509.	M. April 25/18.
5 B. VI	Noble, H. 306314.	Unoff. M. April 25/18.
5 B. VII	Parker, Edward. 325210.	Unoff. M. April 25/18.

December 1st, 1918.

Yorkshire Regiment, West—contd.

B.E.F.

5 B.		Parker, Sgt. J. H. 202348.	M. April 25/18.
5 B.	VII	Payne, Fred. 48805.	M. April 25/18.
‡5 B.	V	Potts, Leonard. 40076.	M. April 25/18.
5 B.		Roberts, William Blakey. 305484.	M. April 25/18.
5 B.	VII	Rushworth, Albert. 21/22.	M. April 25/18.
5 B.	V	Scurrah, Edgar. 28590.	M. April 25/18.
5 B.		Smith, J. R. G. 48747.	M. April 25/18.
5 B.	VIII	Stairmand, E. W. 20666.	M. April 25/18.
5 B.	VI	Stones, Cpl. H. 751.	M. April 25/18.
5 B.		Sykes, Harold. 25889.	M. April 25/18.
5 B.	V	Taylor, Albert. 49038.	Unoff. M. April 25/18.
5 B.	VII	Thomson, Peter. 13971.	M. April 25/18.
5 B.	VII	Tolmie, George. 20/248.	M. April 25/18.
5 B.		White, R. J. 35278.	M. May 27/18.
5 B.	V	Wilkinson, Leonard Wood. 307654.	M. April 25/18.
5 B.	VIII	Withers, L.-Cpl. Saml. Wm. 27674.	M. April 25/18.
5 C.		Atkinson, Robert. 50445.	M. April 25/18.
‡5 C.		Bailes, Sgt. A. 200940.	M. Nov. 1/18.
*5 C.		Baker, Frederick. 26723.	Unoff. M. Oct. 11/18.
5 C.		Bates, Sgt. Harry. 236184.	M. April 25/18.
5 C.	XI	Bates, W. T. 19774.	M. April 25/18.
*5 C.		Bateson, Jas. Thompson. 315014.	Unoff. M. April 25/18.
5 C.		Bowen, E. 59047.	M. May 25/18.
5 C.	IX	Bowman, Arthur. 267498.	M. April 25/18.
5 C.	XI	Brodrick, Anthony. 59045.	M. April 25/18.
5 C.	XII	Carroll, W. 58932.	M. April 25/18.
5 C.	XI	Cox, H. 307140.	M. April 25/18.
5 C.	IX	Darnbrough, J. 205076.	M. April 25/18.
5 C.	X	Dyson, L.-Cpl. Harry. 202794.	M. April 25/18.
5 C.	V	Evans, Geo. Harold Crossley. 54374.	M. April 25/18.
*5 C.		Frith, W. A. 202745.	M. April 25/18.
5 C.	X	Garnett, Arthur. 201116.	M. April 25/18.
5 C.	XI	Gledhill, Frances Edw. 54883.	M. April 25/18.
5 C.		Haigh, George. 54873.	M. April 25/18.
5 C.		Harris, H. J. 59033	M. April 25/18.
5 C.	XII	James, Wilmot Mountain. 681.	M. April 25/18.
5 C.		Jowett, W. H. 983.	M. April 25/18.
5 C.	XII	Keen, E. W. 235650.	M. April 25/18.
5 C.	Sig.	Leak, Edwin. 33397.	Unoff. M. April 25/18.
5 C.	XI	McNally, Cpl. J. R. 200657.	M. April 14/18.
5 C.		Marston, J. W. 33389.	M. April 25/18.
5 C.	XI	Middleton, John Hawks. 43297.	M. April 25/18.
5 C.		Molloy, John Wm. 59064.	Unoff. M. April 25/18.
5 C.	X	Moore, V. 202671.	M. April 25/18.
5 C.		Murray, Sgt. George. 52433.	M. April 25/18.
5 C.	X	Parker, S. 307536.	M. April 25/18.
5 C.	IX	Pollitt, A. 59038.	M. April 25/18.
5 C.	X	Prendergast, Thos. 54821.	M. April 25/18.
5 C.	XI	Prest, John. 54488.	M. April 25/18.
5 C.		Raftry, Sgt. John. 200789.	M. April 25/18.
5 C.		Rayner, W. 13674.	M. April 25/18.
5 C.	XII	Reed, J. 255667.	M. April 25/18.
5 C.		Robson, Arthur. 235664.	M. April 25/18.
5 C.		Rodgers, L.-Cpl. J. 240274.	M. April 25/18.
5 C.	XI	Sabine, Wm. Ewart. 32449.	M. April 25/18.
5 C.	XI	Scott, L.-Cpl. C. 307394.	Unoff. M. April 25/18.
5 C.	XI	Sharp, A. 307735.	M. April 25/18.
5 C.		Sharpe, A. A. 230.	M. April 25/18.
5 C.	X	Shaw, Fred. 58972.	M. April 25/18.

December 1st, 1918.

Yorkshire Regiment, West—contd.

B.E.F.

5 C. IX	Smith, Ernest.	300062	M. April 25/18.
5 C. IX	Smith, Leonard Chas.	42785.	M. April 25/18.
5 C. XI	Stead, Thomas.	21/279.	M. April 25/18.
5 C. X	Swaine, Mellin.	715.	M. April 25/18.
5 C. X	Walker, Percy.	205107.	M. April 25/18.
5 C.	Webster, George.	59700.	M. April 25/18.
5 C.	Wegg, R.	32230.	M. April 25/18.
5 C. XI	West, Edmund Allan.	202943.	M. April 25/18.
5 C. XI	White, Wilfred Stanley.	42593.	M. April 25/18.
5 C. IX	Whitehead, Tom.	22965.	M. April 25/18.
*5 C.	Wilkinson, W. H.	39638.	M. April 25/18.
5 C.	Wilkinson, Cpl. Wm.	200170.	M. April 25/18.
5 C.	Wooler, Ernest.	202904.	M. April 14/18.
5 D.	Adkin, L.-Cpl. A. J.	200171.	M. April 25/18.
‡5 D. XIII	Alden, Thos.	265883.	W. Unoff. M. Oct. 13/18.
5 D. XIV	Atkinson, L.-Cpl. J. B.	21272.	M. May 27/18.
5 D.	Aylott, E.	62452.	M. June 20/18.
5 D. XIV	Baslington, J.	203050.	M. April 25/18.
5 D. XIII	Beckett, Russel Geo.	20906.	M. April 25/18.
5 D.	Blagden, J.	58984.	M. April 25/18.
*5 D. XIII	Brown, J.	66455.	Unoff. M. Oct. 13/18.
5 D. XIV	Caddick, Wm. J.	205224.	M. April 25/18.
*5 D. XIII	Chappell. H. T.	54091.	M. Oct. 13/18.
5 D. XIV	Clinton, Frank.	52754.	M. April 25/18.
5 D. XIV	Delaney, Thos.	240440.	M. April 25/18.
5 D. XV	Glover, Harry.	235643.	M. April 25/18.
5 D. XIV	Goldthorpe, A.	205352.	M. April 25/18.
5 D. XV	Hall, Fred.	203011.	M. April 25/18.
5 D. XIII	Hanson, L.	205169.	M. April 25/18.
5 D. XIV	Herd, Sgt. George.	200847.	M. April 25/18.
5 D.	Horne, Sgt. J. N.	203240.	M. April 25/18.
5 D. XIV	Horner, Wilfred.	201485.	Unoff. M. April 25/18.
*5 D. XIV	Howarth, A.	62861.	M. Oct. 13/18.
5 D. XIV	Hunter, C. Fred.	325068.	M. April 25/18.
5 D. XVI	Illingworth, James.	59035.	M. April 25/18.
5 D. XIV	Illingworth, Jos. Edgar.	205111.	M. April 15-18/18.
*5 D. XVI	Jackson, Wilfred.	203092.	Unoff. M. Oct. 13/18.
5 D. XIV	Jackson, Wm. Henry.	203091.	M. April 18/18.
5 D. XIII	Malensey, W.	235665.	M. April 25/18.
5 D. XIII	Marks, E. G.	27058.	M. April 25/18.
5 D. XV	Martin, Joseph.	57785.	M. April 25/18.
5 D. XVI	Mitchell, H. A.	40793.	M. April 25/18.
5 D.	Moss, Sgt. H.	305383. (677483.)	M. April 25/18.
5 D.	Needham, E.	18320.	M. April 25/18.
5 D. XIV	Pintches, D. T.	52434.	M. April 25/18.
5 D.	Priestley, Albert.	202247.	M. April 25/18.
5 D. XIV	Richmond, George.	205286.	M. April 25/18.
5 D. XIV	Rodwell, L.-Cpl. E.	201614.	M. April 25/18.
5 D. XV	Sands, Thos. Adam Walter.	242724.	M. April 25/18.
5 D. XIV	Sanofski, Jesse.	202186.	M. April 25/18.
5 D.	Saynor, John.	41650.	M. April 25/18.
5 D. XV	Smith, W. J.	59072.	M. April 25/18.
5 D. XVI	Stokell, J.	59018.	M. April 25/18.
5 D. XVI	Taylor, Harold.	37136.	M. April 25/18.
5 D. XV	Thompson, Herbert.	17/669.	M. April 25/18.
5 D. XVI	Todd, W. T.	54601.	M. April 25/18.
5 D. XV	Walsh, Wm.	790.	M. April 25/18.
5 D. XIII	Wood, L.-Cpl. W. E.	200626.	M. April 25/18.
5 D. XIII	Wye, L.-Cpl. Geo. Wm.	59687.	M. April 25/18.

December 1st, 1918.

Yorkshire Regiment, West—contd.

B.E.F.

5 D.	Young, Stanley. 201007.	M. April 25/18.
5 ?	Bagnall, E. J. 20375.	M. April 25/18.
5 ?	**Bowman, R. S.** 307277.	**M. April 25/18.**
5 ?	Brannan, James. 66513.	M. June 19/18.
5 ?	Carr, Wm. 8493.	M. April 25/18.
5 ?	Coates, J. 307499.	M. April 25/18.
5 ?	Curtis, Wm. 307500.	D/W. April 13/18. Det.D./B.
5 I.T.M.	Cutts, Wm. 201410. (146 Bde.)	M. April 25/18.
5 ?	Faricy, John. 35409.	M. April 11/18.
5 I.T.M.	Hill, G. 58959. (146 Bde.)	M. Mar. 25/18.
5 ?	**Littlewood, A. E.** 40909.	**M. April 24/18.**
5 ?	Marshall, Wm. 59036.	M. April 25/18.
*5 ?	Merifield, Ernest. 57871.	M. April 25/18.
5 ?	Nelson, E. 51326.	M. April 25/18.
5 ?	Snow, Fred. 48.	**M. April 25/18**
5 ?	Watson, W. J.	M. May 27/18.
5 ?	Wilson, Harry B. 266499.	M. April 25/18.
5 ?	Wilson, James. 18994.	**M. April 25/18**
2/5	**Donkersley, 2nd Lt. R.**	K. July 26/18. Det.D./B.
2/5	**Jennings, 2nd Lieut. W.** (Fr. 5.)	M. July 29/18.
2/5 C.	**Schindler, 2nd Lt. W. B.**	M. July 20/18.
2/5 A.	Barker, Sig. E. 266059.	W. and M. July 20/18.
*2/5 A.	Haithwaite, Chris. 201662.	M. Aug. 27/18.
2/5 A. IV	Shaw, Wm. 60494.	M. July 20/18.
2/5 A.	Slater, C. 3774c.	M. July 20/18.
2/5 A. IV	Tunnicliff, Percy. 53773	W. and M. July 20/18.
*2/5 B. VII	Brown, John. 56911.	K. July 20/18. Det.D./B.
2/5 B.	Harvey, E. J. 53421.	M. July 31/18.
2/5 B. VIII	Moram, S. 47090.	M. July 20/18.
2/5 B.	Parnaby, W. 57886.	M. July 20/18.
2/5 C.	Appleby, Wm. 52220.	W. Unoff. M. July 20/18.
2/5 C.	Bisby, Bernard. 57221.	K. July 20/18. Det.D./B.
2/5 C. XII	Brown, George A. 17/337.	W. and M. July 20/18.
2/5 C.	Ford, Samuel. 20461.	M. July 20/18.
2/5 C. IX	Jonas, E. 49565.	W. and M. July 20/18.
2/5 D.	Cade, L.-Cpl. A. 202114.	**M. July 31/18.**
2/5 D. XIII	Coates, A. 57017.	**M. July 20/18.**
2/5 D.	Grimbleby, Cpl. Ernest. 202090.	M. July 20/18.
2/5 D. XV	Lofthouse, Wm. 60856.	M. July 31/18.
2/5 D. XVI	Rowland, W. H. 60282.	M. May 27/18.
2/5 D. XIII	Todd, T. 200980.	**M. April 24/18.**
2/5 D.	Waldby, Robt. Alf. 201531.	**M. July 20/18.**
2/5 D.	Watson, E. 54546.	M. July 31/18.
2/5 H.Q.	Baker, Tom. 201119.	M. June 2/18.
2/5 ?	Allinson, Geo. Hry. 49369.	M. July 31/18.
2/5 ?	Barker, Robert. 55605.	**M. July 31/18.**
2/5 ?	Campbell, Clifford. 53888.	**M. July 31/18.**
2/5 ?	Doughty, L.-Cpl. Fred. 27273.	**M. July 20/18.**
2/5 ?	Driscoll, John. 51934.	M. Mar. 29/18.
2/5 ?	Feather, Norman. 62076.	M. July 31/18.
2/5 ?	Greenwood, L.-Cpl. Alf. 241362.	W. and M. July 20/18.
2/5 ?	Haigh, Arthur. 28684.	**M. July 31/18.**
2/5 ?	Harrison, George. 16/836.	**M. July 31/18.**
2/5 ?	Johnson, John. 60436.	**M. July 31/18.**
2/5 ?	Magson, Walter. 42618.	**M. July 31/18.**
2/5 ?	O'Melia, Jas. Wm. 203160.	**M. July 24/18.**
2/5 ?	Snell, H. 202674.	**M. July 31/18.**
2/5 ?	Stanger, R. H. 52340.	M. July 20/18.
2/5 ?	Tyler, Gilbert Ringham. 42320.	M. July 21/18.

December 1st, 1918.

Yorkshire Regiment, West—contd.

B.E.F.

2/5 ?	Vernon, A. 48908.	M. July 20/18.
6	Brown, 2nd Lt. R. (Fr. 4 Yorks.)	M. July 13/18.
*6	Hesketh, 2nd Lt. J.	W. Unoff. M. Oct. 11/18.
6	Millar, 2nd Lt. J.	M. April 25/18. R/Enq.
6	Wistance, D.S.O., M.C., Lt.-Col. W. A. (Fr. 5 S. Staffs.)	W. and M. April 25/18.
6 A. III	Backhouse, L.-Cpl. Albert. 240638.	M. April 25/18.
6 A. I	Baines, John. 260039. (8679.)	M. April 25/18.
6 A. I	Barker, Sig. O. 242783.	M. April 25/18.
6 A.	Bell, Robert. 272775.	M. April 25/18.
6 A.	Blanchard, L.-Cpl. E. A. 242551.	M. April 25/18.
6 A. I	Brailsford, Frank. 55100.	M. April 25/18.
6 A. II	Brookes, Sgt. Fred. 240798.	M. April 25/18.
6 A. III	Christon, John Wm. 42712.	M. April 25/18.
6 A. III	Coultas, Walter. 242516.	M. April 25/18.
6 A. I	Deacon, Ernest. 241045.	M. April 26/18.
6 A. I	Denniss, L.-Cpl. G. H. 242938.	M. April 25/18.
6 A. I	Duckett, Cpl. Harry. 240508.	M. April 25/18.
6 A. IV	Fish, Cpl. Lister. 242948.	M. April 25/18.
6 A. I	Fletcher, George. 305466.	M. April 25/18.
*6 A.	Friedlander, D. 204181.	W. Unoff. M. Oct. 11/18.
6 A. I	Gibbon, J. G. 242787.	M. April 25/18.
6 A. II	Grainger, Alfred. 42719.	M. April 25/18.
6 A. II	Hoyle, Joseph Wilfred. 40274.	M. April 25/18.
6 A.	Jones, John. 242606.	M. April 25/18.
6 A. III	Kellet, Tom. 306341.	M. April 25/18.
6 A. III	Kemp, J. A. 268016.	M. April 23/18.
6 A. IV	Linfoot, Jim. 23638.	M. April 25/18.
6 A.	Lister, R. V. 240163.	M. April 25/18.
6 A. IV	McQuire, J. 201651.	M. April 24-30/18.
6 A. III	Manning, L.-Cpl. W. H. 241622.	M. April 25/18.
6 A.	Martin, Geo. 37184.	M. April 25/18.
6 A. I	Mortimer, W. H. 242608.	M. April 25/18.
6 A.	O'Shea, Daglan. 242817.	M. April 25/18.
6 A.	Plackett, Sgt. Harry. 305413.	Unoff. M. April 25/18.
6 A.	Poole, Sgt. Alf. 241214.	M. April 25/18.
6 A.	Ramsbotham, R. 240594.	M. April 25/18.
6 A.	Robinson, Arthur. 57301.	M. April 25/18.
6 A. III	Simpson, William. 307466.	M. April 25/18.
6 A. I	Sturgeon, Ernest Edw. 51151.	M. April 25/18.
‡6 A. II	Sykes, Sidney Wm. 62975	K. Oct. 11/18. Det.D./B.
6 A. IV	Thompson, Alban Ruddock. 39773.	M. April 25/18.
6 A. III	Tidmarsh, Alfred. 18/805.	M. April 25/18.
6 A. II	Vear, J. 200513.	M. April 25/18.
6 A. I	Wakefield, Harry J. 51138.	M. April 25/18.
6 B. VII	Atkinson, Sig. Horace. 241588.	M. April 22/18.
6 B. V	Birch, John. 242101.	M. April 25/18.
6 B. VIII	Brigham, Percy. 242681.	M. April 25/18.
6 B. VI	Broadbent, L.-Cpl. Wm. Edward. 240288.	M. April 25/18.
6 B. VI	Brown, John. 241598.	M. April 25/18.
6 B.	Browne, D.C.M., Sgt. Will. 241048	M. April 25/18.
6 B.	Buck, Sgt. W. 307399.	M. April 25/18.
6 B. VI	Bundy, John Wilson. 242415.	M. April 25/18.
6 B. VI	Cooper, George. 267649.	M. April 25/18.
6 B.	Coulton, L.-Cpl. W. 18/98.	M. April 25/18.
‡6 B. VIII	Cox, R. 260076.	W. Unoff. M. Oct. 11/18.
6 B.	Coyne, Wm. 307491.	M. April 25/18.
6 B. VII	Fenwick, Edward. 267534.	M. May 25/18.

Yorkshire Regiment, West—contd.

B.E.F.

6 B. VII	Ferguson, J. 305808.	M. April 2/18.	
6 B.	Franklin, W. 49629.	M. April 25/18.	
6 B.	Gambler, Sgt. Robt. 40152.	M. April 25/18.	
6 B. VII	Goodchild, G. H. 242356.	M. April 25/18.	
6 B. V	Greenwood, H. 307448.	Unoff. M. April 25/18.	
6 B. V	Haigh, James William. 307531.	M. April 25/18.	
6 B. V	Hansboro, James. 39189.	M. April 25/18.	
‡6 B. VI	Hatfield, Rupert. 204138.	M. Oct. 11/18.	
6 B. V	Hicks, H. 13148.	M. April 25/18.	
6 B. VII	Holdsworth, J. H. 260051.	M. April 25/18.	
6 B. VI	Hudson, Cpl. John. 240558.	Unoff. M. April 25/18.	
6 B. VI	Jennings, Walter. 34043.	M. April 25/18.	
6 B.	Keelty, James. 37370.	M. April 25/18.	
6 B.	Lee, F. 241799.	M. April 25/18.	
6 B. V	McCormack, Wm. 14394.	M. April 25/18.	
6 B.	McDonald, Wm. 241654.	M. April 25/18.	
6 B. V	Mitchell, T. 260059.	M. April 25/18.	
6 B.	Paterson, John Wm. 242884.	M. May 14/18.	
6 B. VI	Phillips, R. H. 62947.	Unoff. M. July 15-25/18.	
6 B.	Pullan, Prince. 307642.	M. April 25/18.	
6 B.	Rhodes, Albert. 200091.	M. April 25/18.	
6 B. VII	Ruddick, L.-Cpl. F. 200388.	M. April 25/18.	
6 B.	Sanderson, R. 49664.	M. April 25/18.	
6 B. L.G.S.	Schofield, Cpl. Willie. 241846.	M. April 25/18.	
6 B.	Self, Roland Amos. 21529.	M. April 25/18.	
6 B. VII	Stephenson, L.-Cpl. R. 242764.	Unoff. M. April 25/18.	
6 B. VII	Stevenson, C. R. 33370.	Unoff. M. April 25/18.	
6 B. VIII	Tattersall, Sig. Edward R. 241777.	M. April 25/18.	
6 B. VIII	Warne, William Arth. 305776.	M. April 25/18.	
6 B.	Weavill, Fred. 40522.	M. April 25/18.	
6 B. VI	Wilson, L.-Cpl. P. 49628.	Unoff. M. April 25/18.	
‡6 B. VIII	Woodhouse, Chas. 48661.	M Oct. 11/18.	
6 B.	Worrall, Wm. L. 57610.	M. April 25/18.	
6 B. VI	Worsnop, Albert. 307148.	M. April 25/18.	
6 B. VII	Yeowart, D. 242773.	M. April 25/18.	
6 C. X	Blamires, Arthur. 241699.	M. April 25/18.	
‡6 C. IX	Blenkinsop, C. 63668.	W. and M. Oct. 11/18.	
‡6 C. XII	Bottomley, Fred. 1513.	K. Oct. 12/18.	Det.D./B.
6 C. X	Bradley, Cpl. Greenwood. 241764.	Unoff. M. April 25/18.	
6 C.	Briggs, W. A. 241586.	M. April 25/18.	
6 C. XI	Broadbent, J. T. 26301.	M. April 25/18.	
6 C. XI	Burgess, Harold. 241684.	M. April 25/18.	
6 C. XI	Dawson, L.-Cpl. J. E. 42835.	K. April 25/18.	Det.D./B.
6 C. XI	Guest, Frank. 51900.	M. April 25/18.	
6 C. XII	Haigh, R. F. 709.	M. April 25/18.	
6 C. XII	Jacklin, David. 34283	M. April 25/18.	
6 C. XI	Jewitt, J. 42722.	M. April 25/18.	
6 C. XII	Kitchen, L. 41593.	M. April 25/18.	
6 C. X	Lawrance, Cpl. Joseph. 43225.	M. April 25/18.	
6 C. XI	Levi, Dan. 242685.	M. April 25/18.	
‡6 C.	Millard, J. 63706.	M. Oct. 11/18.	
6 C. X	Miller, Geo. Henry. 240032.	M. April 25/18.	
6 C. X	Mitchell, Thomas. 34175.	M. April 25/18.	
6 C.	Parker, L.-Cpl. Harold. 240959.	M. April 25/18.	
6 C. XII	Potter, H. J. 52459.	M. April 25/18.	
6 C. IX	Powell, H. 325077.	M. April 25/18.	
6 C.	Rawlins-Inns, John Fredk. 56737.	M. April 25/18.	
6 C. XII	Sowden, Percy. 16/1252.	M. April 25/18.	

December 1st, 1918.

Yorkshire Regiment, West—contd.

B.E.F.

6 C.		Underwood, L.-Sgt. S. 240046. (Fr. R.A.M.C., 1130.) (H.Q. Staff Chiropodist.)	M. April 25/18.
6 C. IX		Whiteley, John Wm. 49024.	M. April 25/18.
6 D. XIII		Aldersley, A. 240168.	M. April 25/18.
6 D.		Austerberry, L.-Cpl. Harry. 240429.	M. April 25/18.
6 D. XVI		Bairstow, Stead. 260092.	M. April 25/18.
6 D.		Bell, Cpl. F. 241390.	M. April 25/18.
6 D. XVI		Benson, L.-Cpl. Arthur. 242852.	M. April 25/18.
6 D. XIII		Blood, J. 241812.	M. April 25/18.
6 D.		Bonner, Wm. Geo. 42710.	M. April 25/18.
6 D. XIII		Brearton, M. 263025.	M. April 25/18.
6 D.		Broadbent, Gilson. 242651.	M. April 25/18.
6 D. XIV		Buddle, Heze. 57010.	M. April 14/18.
6 D.		Burley, H. 51158.	M. April 25/18.
6 D. XVI		Edmonds, Ben. 42716.	M. April 25/18.
6 D.		Gaunt, S. 307077.	M. April 25/18.
6 D. XIII		Gorman, W. 48412.	Unoff. M. April 25/18.
6 D. XVI		Gott, L.-Cpl. J. W. 241597.	M. April 25/18.
6 D. XIII		Heptonstall, Sgt. J. H. 305507.	M. April 25/18.
6 D. XV		Heslop, William H. 42720.	M. April 25/18.
6 D.		Horrocks, E. 307727.	M. April 14/18.
6 D.		Horsman, Sgt. Wm. 18/586.	M. April 25/18.
6 D. XV		Hudson, L.-Cpl. Wm. 263006.	M. April 25/18.
6 D. XVI		Hughes, L.-Cpl. Harry. 242713.	M. April 25/18.
6 D. XV		Jobling, Thomas. 42723.	M. April 25/18.
6 D. L.G.S.		Johnson, W. 242584. (Fr. 3/8.)	M. April 25/18.
6 D. XV		Joy, R. 39798.	M. April 25/18.
6 D.		Kellett, L.-Cpl. W. 41745.	M. April 25/18.
6 D. XVI		Kirby, Herbert. 36684.	M. April 25/18.
6 D.		Lancaster, Horace. 24126.	M. April 25/18.
6 D. XV		Lawrence, Sgt. Harry. 240106.	M. April 11/18.
6 D.		Matthews, Cpl. W. 238032.	M. April 14/18.
6 D. XV		Mead, Sig. S. 241512.	M. April 25/18.
6 D. XIII		Morris, Roy. 241702.	M. April 25/18.
6 D. L.G.S.		Patchett, John. 242618.	M. April 25/18.
6 D. XIII		Pickthall, Cpl. Ronald. 48577.	M. April 25/18.
6 D.		Pipes, Thomas. 22273.	M. April 25/18.
6 D. XV		Pitt, A. W. 39634.	M. April 25/18.
6 D.		Potter, John. 21316.	M. April 25/18.
6 D.		Pratt, Harold. 242904.	M. April 14/18.
6 D.		Richardson, Arthur. 30693.	M. April 25/18.
6 D. XIII		Riley, Abraham. 263022.	M. April 25/18.
6 D. XV		Robinson, Edward. 242612.	M. April 25/18.
6 D. XVI		Schofield, Claude. 49549.	M. April 25/18.
6 D. XV		Thorp, Geo. Hy. 52480.	M. April 25/18.
6 D. XV		Uttley, T. 240773.	M. April 25/18.
6 D.		White, V. 240210.	M. April 25/18.
6 H.Q. Scouts		Doherty, Wm. 242913.	M. April 25/18.
6 H.Q.		Farrar, Harry. 25288.	M. April 25/18.
6 H.Q.		Hitchen, E. 18/641.	M. April 25/18.
6 H.Q.		South, G. 1219.	M. April 25/18.
6 H.Q. Sig. S.		Stead, L. 241528.	M. April 25/18.
6 ?		Barker, R.-S.-M. H. 240002.	M. April 25/18.
*6 ?		Barstow, Stead. 260092.	M. April 25/18.
6 ?		Bundell, L.-Cpl. F. 236194.	M. April 25/18.
6 ?		Cuthbert, Sgt. I. H. 240746.	M. April 25/18.
6 ?		Dixon, Cpl. Thos. 240426.	M. April 25/18.

December 1st, 1918.

Yorkshire Regiment, West—contd.

B.E.F.

6 ?	Farrugia, Publio. 46222.	M. April 25/18.
6 ?	Fender, David Richardson. 40102.	M. April 25/18.
6 ?	Fynn, Thos. 270213.	M. April 25/18.
6 ?	Gee, Cpl. Albert. 241034.	M. April 25/18.
6 ?	Hooper, John. 56707.	M. April 25/18.
6 ?	Metcalfe, W. 306613.	M. April 25/18.
6 ?	Mooney, Andrew. 242780.	M. April 14/18.
6 ?	Parker, H. 47094.	M. April 25/18.
6 ?	Pickard, J. R. 49724.	M. April 25/18.
6 ?	Pickles, M.M., Sgt. Horace. 241047.	M. April 25/18.
6 ?	Priestley, Cpl. R. H. 240592.	M. April 14/18.
6 ?	Smith, L. 242201.	W. and M. April 25/18.
6 ?	Tuson, Sgt. J. W. G. 16/783.	M. April 25/18.
6 ?	Walker, Charlie. 241713.	M. April 25/18.
7 A. IV	Ackeroyd, F. P. 242144.	M. April 25/18.
7 A. IV	Benn, W. 307710.	M. April 16/18.
7 A. II	Brosgall, P. 48813.	M. April 16/18.
7 A.	Brunton, A. 268767.	M. April 16/18.
7 A.	Callf, S. 60759.	M. May 24/18.
7 A. I	Carney, W. 43834.	M. April 16/18.
7 A. III	Carter, Riley. 267786.	M. April 16/18.
‡7 A.	Chinery, James. 267848.	M. April 16/18.
7 A.	Coles, Albert. 55087.	M. April 16/18.
7 A. III	Colley, Albert. 42831.	M. April 16/18.
7 A. II	Cromack, S. B. 26613.	M. April 15/18.
7 A. I	Dawe, George Edward. 25230.	M. April 25/18.
7 A. I	Dean, J. 55076.	M. April 16/18.
7 A. II	Dunwoodie, John. 42838.	M. April 25/18.
7 A. II	Eardley, A. 270264.	M. April 16/18.
7 A. IV	Fletcher, H. 48831.	M. April 16/18.
7 A. II	Greason, S. 39365.	M. April 16/18.
7 A. II	Herbert, G. A. 266699.	M. April 16/18.
7 A.	Hickman, Harold. 58683.	M. April 16/18.
7 A. II	Lyth, George Robert. 266363.	M. April 16/18.
7 A. III	Maud, H. 307116.	M. April 16/18.
*7 A. II	O'Donnell, James. 265282.	M. April 16/18.
7 A. or D.	Pennington, F. 265391.	W. and M. April 16/18.
7 A. II	Rainbow, Bertram. 171.	M. April 15/18.
7 A.	Rhodes, A. J. 267839.	M. April 14-16/18.
7 A. IV	Rhodes, Willie. 268115.	W. and M. April 16/18.
7 A. III	Ripper, F. 267850.	M. April 16/18.
7 A. II	Robinson, J. T. 42903.	M. April 16/18.
7 A. II	Roxby, W. 54505.	M. April 25/18.
7 A.	Shinn, James W. 29456.	M. April 25/18.
7 A. III	Simpson, Henry. 267657.	M. April 16/18.
7 A.	Slack, J. W. 57796.	M. April 16/18.
7 A. III	Somerville, William. 54532.	M. April 16/18.
7 A.	Stevenson, L.-Cpl. Chas. 266764.	M. April 16/18.
7 A. I	Steventon, George. 54525.	W. & M. April 16/18.
7 A. I	Thomson, D. 59157.	M. April 16/18.
‡7 A. IV	Todd, Wilfred. 62820.	M. Oct. 11/18.
7 A. III	Wade, George. 57948.	M. April 16/18.
7 B.	Atkinson, Bugler Fred. 266600.	M. April 16/18.
7 B. V	Benson, Wm. 20529.	M. April 25/18.
7 B.	Carter, Tom. 965.	M. Mar. 29/18.
‡7 B. V	Dawson, L.-Cpl. F. 265613.	W. Unoff. M. Oct. 11/18.
7 B. V	Fletcher, L.-Cpl. E. 268065.	M. April 14/18.
7 B. VIII	Ford, Sgt. W. T. 265066.	W. and M. April 16/18.
7 B. or C.	Fuller, Walter D. 307638.	M. April 25/18.

December 1st, 1918.

Yorkshire Regiment, West—contd.

B.E.F.

7 B. VI	Howgate, Jas. Hry. 266626.	M. April 16/18.
7 B.	Hull, Herbert. 22862.	K. Oct. 9/17. Det.D./B.
7 B.	Kaye, Ben. 266852.	M. April 10/18.
7 B. VII	Kirk, Arthur. 268204.	M. April 16/18.
7 B.	Parkes, Bugler H. 266546.	M. April 16/18.
7 B.	Shaw, Harold. 266246.	M. April 25/18.
7 B. VII	Shepherd, Charles. 306102.	M. April 25/18.
7 B. VI	Terry, Philip. 39246.	M. April 25/18.
7 B.	Tunney, Bugler Francis. 267913.	M. April 25/18.
7 B. VI	Witts, Harry. 267010.	M. April 25/18.
7 B.	Woods, H. 266008.	M. April 25/18.
7 B. VIII	Worsnop, Roy. 265860.	M. April 25/18.
7 C. XII	Appleyard, Percy. 56662.	M. April 16/18.
7 C.	Ashness, Sgt. Norris. 303007.	M. April 16/18.
7 C. IX	Baines, Tom. 26794.	M. April 16/18.
7 C. XI	Barnes, H. 305308.	M. April 16/18.
7 C. XI	Bell, Robert. 54586.	M. April 25/18.
7 C.	Chambers, Joseph. 266612.	M. April 16/18.
7 C. IX	Collier, W. G. 57647.	M. April 16/18.
7 C. XII	Cooper, A. 205185.	M. April 16/18.
7 C.	Dancer, J. E. 266208.	M. April 16/18.
7 C. IX	Dean, W. 267946.	M. April 16/18.
7 C. X	Duckworth, W. 241714.	M. April 16/18.
7 C. IX	Eneny, John. 54453.	M. April 16/18.
7 C.	Fare, Fred. 242542.	M. April 16/18.
7 C. XII	Finnell, J. 39169.	M. April 16/18.
‡7 C. XI	Gibson, J. 201727.	M. Oct. 11/18.
7 C. IX	Goddard, N. 267932.	M. April 16/18.
7 C. XII	Hallgate, George Fredk. 263008.	M. April 25/18.
7 C.	Hunt, L.-Cpl. John. 267773.	M. April 16/18.
7 C. IX	Jackson, J. J. 42853.	M. April 16/18.
7 C. X	Jones, L.-Cpl. John. 27642.	M. April 16/18.
7 C.	Ledgard, Harry. 266891.	M. May 16/18.
7 C. XII	Maddison, Walter. 56717.	M. April 16/18
7 C. XI	Marshall, John Jefferson. 32374.	M. April 16/18.
7 C. X	Mudd-nan, A. 238035.	Unoff. M. April 16/18.
7 C. XI	Newton, J. H. 270084.	M. April 16/18.
7 C. XII	Normanshaw, B. J. 57707.	M. April 25/18.
7 C. X	Norris, Edmund. 39563.	M. April 16/18.
7 C. XI	Ogier, Ferdinand. 48889.	M. April 16/18.
7 C. XI	Pickard, William. 39883.	M. April 16/18.
7 C.	Prentice, A. 56728.	M. April 16/18.
7 C.	Ridsdale, F. 8452.	M. May 15/18.
‡7 C. XI	Robinson, John. 62802.	M. Oct. 11/18.
7 C.	Silcock, Sgt. Wm. 266945.	M. April 14/18.
7 C.	Southern, Chas. 56747.	M. April 16/18.
7 C. IX	Tracey. 19/124.	M. Mar. 26/18.
7 C. XI	Weatherley, L.-Cpl. H. 42660.	M. April 16/18.
7 C.	Westmorland, John. 267045.	M. April 16/18.
7 C. IX	Wharam, A. 307371.	M. April 16/18.
7 C. X	Whitley, Ellison. 265529.	W. and M. April 16/18.
7 C.	Wilson, Roy Harrison. 57917.	M. April 16/18.
7 C. XI	Woodcock, Clarence. 4538.	M. April 16/18.
7 D. XV	Addis, C. 267282.	M. April 26/18.
7 D.	Atkinson, L.-Cpl. Wm. Peter. 42227.	M. April 14/18.
7 D.	Barran, R. 267391.	M. April 16/18.
7 D. XV	Battersby, L.-Cpl. C. H. 265211.	M. April 16/18.
7 D.	Bolsover, Jas. Arthur. 205271.	M. April 16/18.
7 D.	Bouljer, W. J. 32021.	M. April 16/18.

December 1st, 1918.

Yorkshire Regiment, West—contd.

B.E.F.

‡7 D.	Broughton, H. 265192. (Fr. 22 Reinf. C. Comp. Bn.)	M. April 14/18.
7 D. XV	Burns, Thomas James. 267769.	M. April 16/18.
7 D. XIV	Casey, Edward. 27752.	M. April 16/18.
7 D. XV	Chadburn, A. C. 28020.	M. April 16/18.
7 D. XIV	Cundale, R. F. 305783. (Fr. 2/8, 2857.)	M. April 10-20/18. 2nd Cas.
7 D. XV	Drake, Maurice. 267905.	M. April 16/18.
7 D. XIV	Eastwood, Herbert. 267606.	M. April 16/18.
7 D. XIII	Fox, T. 48622.	M. April 16/18.
7 D. XIII	France, L.-Cpl. Wm. Hy. 242709.	M. April 16/18.
7 D. XV	Glass, Sig. A. 37614.	M. April 16/18.
7 D. XVI	Gray, J. 41553.	M. April 16/18.
7 D. XV	Horne, Wm. Jos. 48656.	M. April 16/18.
7 D. XIII	Kay, Ben. 266852.	M. April 15/18.
7 D. XVI	Leeman, F. 270272.	M. April 25/18.
7 D. XIV	Mawson, Gilb. 268487.	M. April 16/18.
7 D.	Miller, John Willie. 240591.	M. April 16/18.
7 D. XIII	Rawlings, A. 265508.	M. April 16/18.
7 D. XIII	Simmonite, Thomas. 18/1531.	M. April 16/18.
7 D. XIII	Smith, Alf. 12030.	M. April 16/18.
7 D. XIV	Smith, R. W. 267860.	M. April 16/18.
7 D. XVI	Stead, W. 39538.	W. and M. April 13/18.
7 D. XIV	Stonebridge, Walter. 11697.	M. April 16/18.
7 D. XV	Tattersall, H. P. 411591.	M. April 25/18.
7 D. XVI	Taylor, R. J. 52478.	M. April 16/18.
7 D.	Winder, John. 241882.	M. April 16/18.
7 ?	Amos, L.-Cpl. C. W. 202214.	M. April 16/18.
7 I.T.M.	Clayford, Cpl. Chas. Edw. 265624. (146 Bde.)	M. April 25/18.
7 ?	Fearnside, S/B. L.-Cpl. T. H. 481.	M. April 15/18.
7 ?	Flanagan, T. 48638.	M. April 16/18.
7 ?	Kay, George. 306416.	M. April 16/18.
7 I.T.M.	Lawton, Wm. 266839. (146 Bde.)	M. April 25/18.
7 ?	Lee, Dmr. Samuel. 203285.	M. April 25/18.
7 ?	Pitchford, James. 267805.	M. April 25/18.
7 ? L.G.S.	Read, R. B. 267864.	M. April 16/18.
7 ?	Thornton, W. 267676.	W. and M. April 25/18.
7 ?	Ward, E. 307439.	M. April 16/18.
7 ?	Welding, Walter. 57905.	M. April 25/18.
7 ?	Wilson, Alex. Murray. 200348.	M. April 16/18.
*7 I.T.M.	Wright, W. 27464. (146 Bde.)	M. April 14/18.
2/7 A.	Craven, Jas. 57138.	M. Mar. 27/18.
‡2/7 B.	Moore, K. J. 60453.	M. April 9/18.
2/7 D.	Hawke, Jas. 60724.	M. April 9/18.
2/7 D.	Martin, A. H. 270202.	M. Mar. 26/18.
2/7 D.	Webb, Sgt. H. 39555.	M. April 19/18.
2/7 ?	Hartnell, Pnr. Herb. Hy. 51836.	M. April 29/18.
*2/7 I.T.M.	Jakeman, Willie. 266387. (185 Bde.)	M. Sept. 27/18.
8	**Dawson, 2nd Lt. W. H.**	K. July 20/18. Conf & Det.
8	**Palmer, 2nd Lt. A. E.**	M. Sept. 27/18.
8	**Pearson, 2nd Lt. R.** (Fr. Yorks.)	W. and M. July 28/18.
8	**Percival, 2nd Lt. J. L.**	K. Sept. 30/18. Det.D./B.
8	**Whittell, 2nd Lt. W. J.**	M. Sept. 27/18.
8 A.	Baxter, Joe. 63774.	M. July 28/18.
‡8 A.	Bloxam, C. A. 60160.	M. Sept. 27/18.
‡8 A.	Bottomley, J. 58710.	M. Mar. 26/18.
8 A.	Buckridge, Leon. Glencoe. 83771.	M. July 28/18.
‡8 A.	Flitcroft, Sig. James. 63897.	M. Sept. 27/18.

December 1st, 1918.

Yorkshire Regiment, West—contd.

B.E.F.

*8 A.		Robinson, Frank 49941.	W. and M. Sept. 1/18.
8 B. L.G.S.		Bent, Milnes Watts. 72568.	M. May 25/18.
8 B.		Birdsall, E. 53165.	W. Unoff. M. Sept. 1/18.
8 B.		Buchanan, Wm. Gray. 242306.	M. July 20/18.
8 B. VII		Cotterill, Horace. 52894.	M. July 20/18.
8 B.		Cowell, L.-Cpl. W. 305225.	M. May 24/18.
8 B. VI		Graves, Cpl. George. 42448.	M. July 20/18.
‡8 B.		Hardy, Leonard. 60725.	M. Sept. 27/18.
‡8 B.		Holmwood, L. 53938.	M. Sept. 1/18.
‡8 B.		Hought, W. 42850.	W. and M. Sept. 1/18.
‡8 B. VIII		Scott, Henry. 203477.	M. Sept. 27/18.
8 B.		Stephenson, L.-Cpl. Joseph. 23568.	M. July 20/18.
8 B. VI		Turner, Cpl. J. J. S. 52477.	W. and M. July 20/18.
8 C. X		Bradshaw, Geo. L. 45902.	K. Sept. 27/18. Det.D./B.
8 C. IX		Brown, W. 27583.	K. July 20/18. Dets.D./B.
8 C. XI		Hewson, Thos. Fredk. 58667.	K. Mar. 26/18. Det.D./B.
‡8 C. X		Pullan, F. W. 62793.	M. Sept. 27/18.
*8 C. X		Taylor, A. 307647.	M. Sept. 27/18.
8 D.		Gardiner, W. 63798.	M. July 27/18.
*8 D. XV		Halliday, Wm. Fairbairn. 59450.	K. July 20/18. Det.D./B.
8 D. XIV		Lawson, S. H. 53679.	M. July 20/18.
8 D. XV		Oldfield, Harold. 59499.	K. July 20/18. Det.D./B
8 D. XV		Parkinson, James. 40185.	W. and M. July 20/18.
8 D. XVI		Pickering, E. 39632.	M. April 16/18.
8 D. XIV		Rouse, E. C. 53714.	M. July 20/18.
8 D. XIII		Sherwood, H. 60496.	K. July 28/18. Det.D./B.
8 H.Q.		Woof, John Harry. 306621.	M. Mar. 26/18.
8 ?		Akers, Herbert. 63764.	M. July 28/18.
8 ?		Bates, James Edward. 60322.	M. July 20/18.
8 ?		Burns, A. 53882. (S/92841.) (Fr. 15-17 W. Yorks & K.O.Y.L.I.)	M. July 20/18.
8 ?		Buttery, Sgt. Fred. 306795.	W. Unoff. M. July 28/18.
8 ?		Fisher, Alfd. John. 63795.	M. July 28/18.
8 ?		Fort, H. M. 63794	M. July 28/18.
8 ?		Goodyear, Horace. 59603.	W. and M. July 20/18.
8 ?		Johnstone, Jas. Fleming. 20475.	M. July 28/18.
8 ?		Killingreay, R. A. 270228.	W. and M. July 20/18.
8 ?		Lupton, W. 838.	W. and M. July 20/18.
8 ?		Marshall, Ronald Arthur. 53867.	K. July 20/18. Det.D./B.
*8 ?		Mawhood, J. 61925.	M. Sept. 1/18.
8 ?		Poppleton, L.-Cpl. Frank. 201611.	M. July 20/18.
8 ?		Preston, William. 325046.	M. Mar. 28/18.
8 ?		Scott, R. 53717.	M. July 20/18.
8 ?		White, C. A. 62833. (Fr. 7th.)	M. July 28/18.
2/8		Firth, 2nd Lieut. Percy.	W. and M. July 29/18.
2/8 B. V		Hills, Thos. Fredk. 51876.	W. and M. Mar. 26/18.
2/8 C.		Gaskell, Harry. 21/807.	M. July 21/18.
2/8 D.		Hodgson, Chas. Wm. 52370.	M. July 28/18.
2/8 D. XIII		Whitewick, Cpl. Clarence Howard 306275.	M. July 20/18.
‡9		Bedford, 2nd Lt. T. A.	M. Nov. 5/18.
‡9		Marsden, 2nd Lt. F. G.	M. Nov. 5/18.
*9 A.		Chadwick, Charles. 37656.	M. Oct. 11/18.
9 C. XI		Adkin, Cpl. A. R. 235920.	M. June 27/18.
9 C. IX		Sissons, L.-Cpl. Geo. Regd. 236003.	M. June 27/18.
9 D. XVI		Hodgkin, J. W. 241735.	W. and M. Aug. 25/18.
10		Reynolds, 2nd Lt. P.	M. Sept. 19/18.
*10 A. I		Bowling, L.-Cpl. C. 306333.	Unoff. M. Aug. 4/18.

December 1st, 1918.

Yorkshire Regiment, West—contd.

B.E.F.

10 A. II	Clark, A. 42249.	W. and M. April 22/18.	
10 A.	Cook, J. 57380.	M. Sept. 18/18.	
10 A. II	Glew, G. R. 307664.	W. Unoff. M. Aug. 26/18.	
10 A. I	Walmesley, Herb. Drake. 53673.	W. and M. April 22/18.	
10 A.	Ward, Harold. 24005.	M. Aug. 24/18.	
‡10 A. I	Whitehead, Joe 61798.	M. Sept. 18/18.	
*10 B. VIII	Everatt, J. 49376.	K. Aug. 25/18. Det.D./B.	
*10 B. VI	Hant, Cyril. 305559.	K. Aug. 25/18. Det.D./B	
*10 B. L.G.S.	Harrington, L.-Cpl. H. S. 37436.	M. Sept. 4-5/18.	
10 B.	Houchen, H. A. 267355.	M. Mar. 22/18.	
10 B. VIII	Kemp, S. 307605.	M. Mar. 30/18.	
‡10 B.	Laycock, A. 333.	M. Mar. 30/18.	
*10 B. VII	Morriss, L.-Cpl. A. 21050.	K. Aug. 14/18. Conf. & Dets.	
10 B.	Mower, R. 56429.	M. Sept. 4-5/18.	
*10 B. VII	Raftery, L.-Cpl. J. 41270.	Unoff. M. Aug. 24/18.	
‡10 B. VIII	Rogers, G. H. 37448.	W. Unoff. M. Oct. 20/18.	
*10 B. VI	Rowbotham, Lance Conway. 66221.	M. Sept. 18/18.	
10 B. VIII	Simpson, J. 201653.	M. Mar. 23/18.	
10 B. VI	Wilson, A. S. 53637.	K. June 11/18. Det.D./B.	
‡10 C.	Baker, G. W. 53656.	M. Sept. 9/18.	
‡10 C.	Barker, E. 11546.	M. Aug. 24/18.	
10 C. IX	Brammer, Chas. 61816.	M. Aug. 24/18.	
10 C.	Button, L.-Cpl. Sydney Victor. 12117.	M. Mar. 24/18.	
‡10 C.	Carney, W. 11776.	M. Aug. 24/18.	
10 C. XI	Chadwick, Ernest. 32523.	M. July 31/18.	
10 C. IX	Clark, W. 61837.	M. Sept. 9/18.	
10 C. XI	Cocklin, Robt. 53118.	M. Aug. 24/18.	
‡10 C.	Cole, E. F. 61839.	M. Aug. 24/18.	
*10 C.	Crane, H. 51787.	M. Aug. 24/18.	
10 C. IX	Cunliffe, Herb. 32154.	M. Aug. 24/18.	
10 C. XI	Danby, A. 18/1561.	W. and M. Mar. 24/18.	
*10 C.	Friend, J. W. 38116.	M. Sept. 20/18.	
*10 C. XII	Frost, Walter. 12248.	M. Sept. 9/18.	
‡10 C.	Hargreaves, T. W. 40637.	M. Sept. 18/18.	
10 C. XII	Henderson, Fred. 37147.	M. Mar. 24/18.	
10 C. XI	Hunter, George. 267475.	M. May 4/18.	
*10 C. XI	Kightley, F. 325198.	W. Unoff. M. Sept. 18/18.	
*10 C. XII	Oade, L.-Cpl. J. W. 66564.	M. Sept. 19/18.	
*10 C. X	Payler, E. 49744.	M. Sept. 10/18.	
‡10 C.	Priestley, E. 75178.	M. Sept. 18/18.	
*10 C.	Robinson, John Hry. 300047.	M. Aug. 27/18.	
‡10 C.	Shelton, W. 56524.	M. Sept. 10/18.	
10 C. XII	Southwick, Jas. 307827.	M. Sept. 10/18.	
10 C. IX	Steel, T. 267887.	M. Mar. 24/18.	
10 C.	Summers, Samuel. 43341.	M. Mar. 22/18.	
*10 D.	Ainsworth, G. 77252.	M. Sept. 10/18.	
*10 D. XIV	Airey, T. 61811.	K. Aug. 24/18. Det.D./B.	
10 D. XVI	Bassindale, C. 61825.	M. April 21/18.	
10 D. XV	Bower, Tom. 47145.	M. Sept. 10/18.	
10 D. XVI	Curran, W. H. 59858.	M. April 21/18.	
10 D. XVI	Day, H. J. 61857.	M. April 21/18.	
10 D. XVI	Featherston, J. W. 47272.	M. April 21/18.	
10 D. XVI	Fenton, G. 19250.	K. Aug. 24/18. Det.D./B.	
10 D. XVI	Foulds, F. 61866.	M. April 21/18.	
10 D.	Hargrave, Rowlatt. 307103.	M. Mar. 24/18.	
10 D. XVI	Jump, Arthur Deakin. 53646.	M. April 21/18.	
‡10 D. XIV	Nattras, Albert. 56211.	M. Oct. 11/18.	
10 D. XIII	Pinnock, Edward. 20921	M. April 21/18.	
‡10 D.	Shotton, S. 53228.	M. Sept. 10/18.	

December 1st, 1918.

Yorkshire Regiment, West—contd.

B.E.F.

10 D. XIV	Wassall, Wm. Hry. 61799.	M. **April 30/18.**	
10 D. XVI	Wilcox, H. B. 32686.	M. **April 21/18.**	
10 H.Q.	Fisher, Rnr. Wm. 306581.	M. **Aug. 27/18.**	
‡10 ?	Bendelow, C. 49456.	W. Unoff. M. **Oct. 13/18.**	
10 ?	Booth, Tom. 27689.	M. **April 22/18.**	
*10 ?	Brooksbank, J. 56216.	M. **Aug. 4/18.**	
10 ?	Leese, Jas. Hy. 53215. (Late North. Fus., 04803.)	M. **April 21/18.**	
10 ?	Mayne, Thos. Jas. 60519.	M. **April 22/18.**	
10 ?	Robson, George. 43132.	K. **Mar. 24/18.** Det.D./B.	
10 ?	Wright, H. E. 53232.	M. **Mar. 21/18.**	
11 C.	Roebuck, J. H. 26019.	M. **Mar. 24/18.**	
13 B.	Denouellis Sylvester. 29573.	M. **Mar. 22/18.**	
13 B. VII	Hargraves, Bell. 25611.	M. **Mar. 22/18.**	
15-17	**Reed, Lieut. B.** (Fr. 10th.)	M., bel. K. **April 12/18.**	
15-17	**Smith, 2nd Lt. R. H.**	M. **Mar. 31/18.**	
15-17 A. II	Battye, A. 41575.	M. **Mar. 27/18.**	
15-17 A.	Bailes, Sgt. Lewis. 1573.	Unoff. M. **April 13/18.**	
15-17 A.	Botterill, John. 39175.	M. **Mar. 27/18.**	
15-17 A. IV	Bowler, Walter. 57370.	M. **Mar. 27/18.**	
15-17 A. II	Bray, Cpl. Hry. Arthur. 61776.	W. and M. **April 12/18.**	
15-17 A. I	Brogden, Sig. Harold. **62043.**	M. **April 12/18**	
15-17 A.	Brown, Alf. Edward. 1680.	M. **Mar. 27/18.**	
15-17 A.	Brown, Sgt. Geo. Wm. 15572.	M. **Mar. 21/18.**	
15-17 A.	Burns, Frank. 62015.	M. **April 12/18.**	
15-17 A.	Dobson, G. 27877.	M. **Mar. 27/18.**	
15-17 A.	Edwards, L.-Cpl. Fredk. 62265.	M. **April 12/18.**	
15-17 A.	Fawcett, Gilbert. 1623.	M. **Mar. 25/18.**	
15-17 A.	Fowler, L.-Cpl. H. A. 1360.	Unoff. M. **July 19/18.**	
15-17 A.	Gill, William. 62096.	M. **April 12/18.**	
15-17 A.	Holdsworth, W. 32360.	M. **Mar. 27/18.**	
*15-17 A. III	Houlden, A. 55518.	M. **July 19/18.**	
15-17 A.	Jenkinson, J. W. 39460.	M. **Mar. 27/18.**	
15-17 A.	Kemp, George. 51316.	M. **Mar. 27/18.**	
15-17 A.	Linley. 60967.	W. Unoff. M. **July 19/18.**	
15-17 A. IV	Malkin, L.-Cpl. F. 17/41443.	M. **Mar. 27/18.**	
15-17 A.	Piercy, Geo. Wallace. 62193.	M. **April 12/18.**	
15-17 A.	Rewcastle, John Grant. 61726.	Unoff. M. **April 9/18.**	
15-17 A.	Ross, Alfred. 33094.	M. **Mar. 27/18.**	
15-17 A. I	Rothery, V. 62199.	M. **April 14/18.**	
15-17 A.	Sanderson, Peter Charles. 61733.	M. **April 12/18.**	
15-17 A. III	Simpson, Ernest. 38270.	W. and M. **July 19/18.**	
15-17 A.	Smith, Charles. 62228.	M. **April 12/18.**	
15-17 A.	Smith, Dennis. 62215.	M. **April 12/18.**	
15-17 A.	Smith, R. 39599.	M. **Mar. 27/18.**	
15-17 A.	Taylor, G. H. 42180.	M. **Mar. 27/18.**	
15-17 A. III	Tetley, Syd. 20/217.	M. **July 19/18.**	
15-17 A. IV	Turner, Chas. 307839.	M. **April 16/18.**	
15-17 A. IV	Wood, L.-Cpl. Jas. Wm. 40136.	M. **Mar. 27/18.**	
15-17 B.	Ager, Walter. 52009.	W. and M. **April 13/18.**	
15-17 B. V	Armitage, Cpl. Geo. 28779.	M. **Mar. 27/18.**	
15-17 B.	Beetham, Chas. 61593.	M. **April 12/18.**	
15-17 B.	Birch, Harry. 62039.	M. **April 12/18.**	
15-17 B.	Bridgewater, W. 61605.	W. Unoff. M. **July 19/18.**	
15-17 B. V	Carver, Hny. Herb. 6164. (10856.)	M. **April 12/18.**	
15-17 B. VII	Collins, David. 38049.	M. **April 12/18.**	
15-17 B.	Cook, Harry. 16/1365.	M. **Mar. 27/18.**	
15-17 B.	Craig, A. G. 42199.	M. **Mar. 27/18.**	
15-17 B.	Cure, Cpl. Edward. 1180.	M. **April 12/18.**	

December 1st, 1918.

Yorkshire Regiment, West—contd.

B.E.F.

*15-17 B. VI Dougherty, John. 203005.	M. Sept. 17/18.	
‡15-17 B. Edwards, G. E. 51938	M. Sept. 18/18.	
15-17 B. V Fern, F. 21223.	M. July 19/18.	
15-17 B. V Flatley, John. 40253.	K. Mar. 26/18. Det.D./B.	
15-17 B. V Fleming, Frank. 21553.	K. July 19/18. Det.D./B.	
15-17 B. VII Flinn, F. 21533.	K. July 19/18. Det.D./B.	
15-17 B. VIII Franklin, N. W. 37484.	M. Mar. 27/18.	
15-17 B. Freeman, S/B. H. 33014.	M. Mar. 27/18.	
15-17 B. Goodyear, Sgt. Walter Barton. 43642	M. Mar. 27/18.	
15-17 B. Grace, Sgt. Frank. 240059.	M. April 14/18.	
15-17 B. V Grindley, Edward. 62100.	M. April 12/18.	
15-17 B. Hall, C. E. 61659.	M. April 12/18.	
‡15-17 B. V Hall, Manney. 53920.	M. July 19/18.	
15-17 B. V Hepburn, Cpl. Robt. 10929. (Fr. 18)	M. Mar. 27/18.	
15-17 B. V Hodgson, Fred. 62115.	K. July 19/18. Det.D./B.	
15-17 B. VI Holley, A. W. 62134.	M. April 12/18.	
15-17 B. Hughes, L.-Cpl. Thomas. 15/1716.	M. Mar. 27/18.	
15-17 B. Jeff, J. 31706.	M. Mar. 27/18.	
15-17 B. Jones, Cpl. Arthur. 983.	M. Mar. 27/18.	
15-17 B. Keighley, M.M., Cpl. Snowden. 18/203.	M. April 12/18.	
15-17 B. V Lambert, C. H. 37899.	M. Mar. 27/18.	
15-17 B. VIII Lewis, J. T. 62152.	W. and M. April 13/18.	
*15-17 B. Moore, G. S. 53855.	M. Sept. 15/18.	
15-17 B. Murgatroyd, Albert. 18/1564	M. Mar. 27/18.	
15-17 B. VI Pilling, Horace. 41401.	M. Mar. 27/18.	
15-17 B. Pratt, Lester. 37125. (Fr. 18.)	M. April 12/18.	
15-17 B. Proctor, Frank. 41469.	M. Mar. 27/18.	
15-17 B. Redhead, L. E. 62206.	M. April 12/18.	
15-17 B. Rotheram, Albert. 27488.	M. Mar. 27/18.	
15-17 B. Sleight, E. D. 62225.	M. April 12/18.	
*15-17 B. V Sutcliffe, Orlando. 60964.	W. and M. June 28/18.	
15-17 B or C. Toone, Frank. 60591.	M. July 31/18.	
15-17 B. Treller, R. 17/789.	M. Mar. 27/18.	
15-17 B. Wade, Tom. 38093.	M. Mar. 27/18.	
15-17 B. Ward, Edw. Copley. 62256.	M. April 12/18.	
*15-17 B. V Whitelam, W. H. 62262.	K. Aug. 19/18. Det.D./B	
15-17 B. VII Wood, Albert. 41572.	M. Mar. 27/18.	
15-17 B. VII Wood, Wm. Evelyn. 42185.	M. Mar. 27/18.	
15-17 B. Yates, Charles. 33379.	M. Mar. 27/18.	
15-17 C. Beecroft, H. 40164.	M. Mar. 27/18.	
15-17 C. XI Betts, H. 62042.	M. April 12/18.	
15-17 C. Blakey, Alf. Wm. 40173.	M. Mar. 27/18.	
15-17 C. X Box, John Stephen. 61601.	M. April 12/18.	
15-17 C. X Cockroft, Chas. Henry. 27504.	M. Mar. 27/18.	
15-17 C. IX Collins, F. Roy. 43831. (Fr. M.G.C. 72501.)	M. Mar. 27/18.	
15-17 C. XII Cooper, Robert R. 61622.	W. and M. April 12/18	
15-17 C. Cross, Robert. 42205.	M. Mar. 27/18.	
15-17 C. Cullimore, G. 29079.	M. Mar. 27/18.	
15-17 C. IX Davis, Joseph John. 61629.	M. April 12/18.	
15-17 C. IX Dimbleby, Richd. 41445.	W. and M. Mar. 27/18.	
15-17 C. X Dyson, J. 41535.	M. Mar. 27/18.	
15-17 C. Frost, Charles. 354.	M. Mar. 27/18.	
15-17 C. IX Greaves, Henry Geo. 62090.	M. April 12/18.	
15-17 C. Halliday, Walter. 300110.	M. Mar. 27/18.	
15-17 C. Haque, T. 1306.	K. June 28/18. Det.D./B.	
15-17 C. Harrisson, R. L. 42202.	M. Mar. 27/18.	
15-17 C. XI Harrison, Saml. Robt. 42191.	M. Mar. 27/18.	

December 1st, 1918.

Yorkshire Regiment, West—contd.

B.E.F.

15-17 C.	Hepworth, Jos. Albert. 62109.	M. April 12/18.
15-17 C. X	Hodgson, C. E. 42967.	M. Mar. 28/18.
15-17 C. XI	Jackson, T. 59115.	M. Mar. 27/18.
15-17 C.	Jones, Cpl. Percy Harold. 15/532.	M. Mar. 27/18.
15-17 C.	Judd, L.-Cpl. Joe. 535.	Unoff. M. Mar. 27/18.
15-17 C. XII	Layfield, Harry. 25075.	W. Unoff. M. June 28/18.
15-17 C. IX	Leafe, T. E. 62150.	M. April 12/18.
15-17 C.	Mellor, F. 51321.	M. Mar. 27/18.
15-17 C.	Mudd, Archie Hugh. 43729.	W. June 28/18.
15-17 C. XI	Nottingham, Cyril. 37376.	M. Mar. 27/18.
15-17 C.	Robinson, Stanley. 39237.	M. Mar. 27/18.
15-17 C.	Rodley, Ted. 17/409.	W. and M. Mar. 27/18.
15-17 C. XI	Smith, Walter. 61740.	Unoff. M. April 12/18.
15-17 C. XII	Watson, W. H. 62254.	M. April 12/18.
15-17 D. XIV	Atty, Jas. 62012.	M. April 12/18.
15-17 D.	Baines, Sydney. 53369.	M. April 12/18.
15-17 D. XIII	Blackburn, Arthur. 43004.	M. Mar. 27/18.
15-17 D.	Bolton, Squire. 32180.	W. and M. Mar. 27/18.
15-17 D. XV	Carney, T. 42196.	M. Mar. 21/18.
15-17 D. XIV	Dyson, Leonard. 62070.	M. April 12/18.
15-17 D.	Flint, Cpl. Wm. Maddox. 61775.	M. April 12/18.
15-17 D.	Hayward, E. 43010.	M. Mar. 27/18.
‡15-17 D. XIII	Hill, Irving. 53428.	M. April 4/18.
15-17 D. XIV	Hodgson, W. P. 61671.	W. and M. April 12/18.
15-17 D.	Hoyle, James Albert. 18/354.	M. Mar. 27/18.
15-17 D.	Janney, H 41426.	M. Mar. 27/18.
15-17 D.	Kean, L.-Cpl. Albert. 41419	M. Mar. 27/18.
15-17 D.	Knockton, G. 53450.	M. April 12/18.
15-17 D.	Lacey, Ernest. 18/729.	W. and M. Mar. 27/18.
15-17 D. XIV	Layburn, Edward. 61696.	M. April 12/18.
15-17 D. XVI	Lickard, Ernest. 35406.	M. Mar. 27/18.
15-17 D. XIII	Pickles, Walter. 32367.	M. Mar. 28/18.
15-17 D.	Read, Cpl. W. T. 8748.	W. Unoff. M. Mar. 24/18.
15-17 D.	Rowse, Cpl. Ernest. 776.	W. and M. April 12/18.
15-17 D.	Salter, F. H. 59638.	M. April 12/18.
15-17 D. XV	Shaw, Seth. 62216.	W. and M. April 12/18.
15-17 D. XIII	Spurr, L.-Cpl. Samuel. 24867.	M. Mar. 27/18.
15-17 D.	Sutcliffe, Joe. 54902.	M. Mar. 27/18.
15-17 D. XIII	Tully, George. 59635.	M. Mar. 25/18.
15-17 D.	Walker, A. 42183.	M. Mar. 27/18.
15-17 D.	Ward, Richard. 53361.	M. April 12/18.
15-17 H.Q.	Buckton, Sig. Tom. 17/135.	M. Mar. 27/18.
15-17 ?	Baker, J. 12783.	W. Unoff. M. Mar. 24/18.
15-17 ?	Bentley, Joe H. 72561.	K. July 19/18. Det.D./B.
15-17 ?	Boothman, Harry. 62040.	M. April 12/18.
15-17 ?	Briggs, George. 62014. (107419.)	M. April 12/18.
15-17 ?	Buckley, Edgar. 53380.	M. April 12/18.
15-17 ?	Cartledge, Herbert. 62051.	M. April 12/18.
‡15-17 ?	Deadman, John. 64099.	M. Sept. 17/18.
15-17 ?	Denton, E. 36376.	M. Mar. 27/18.
15-17 ?	Greenfield, T. 40422.	M. Mar. 27/18.
15-17 ?	Johnson, S. 42208.	M. Mar. 27/18.
15-17 ?	Kelly, D. R. 59629.	M. Mar. 27/18.
15-17 ?	Lawson, A. 18/185.	M. Mar. 27/18.
15-17 ?	Lister, Benjamin. 62151.	W. and M. April 12/18.
15-17 ?	Longthorne, J. 41687.	M. June 10/18.
15-17 ?	Pilkington, Edward. 61718.	M. April 13/18.
15-17 ?	Randall, H. C. 62209.	W. Unoff. M. July 19/18.
15-17 ? L.G.S.	Rowley, Chas. 62207. (107603.)	K. April 12/18. Conf. & Det.

December 1st, 1918.

Yorkshire Regiment, West—contd.

B.E.F.

15-17 ?	Saxton, E. 27519.	M. Mar. 27/18.
15-17 ?	Tattersfield, Ernest. 1566.	M. April 12/18.
15-17 ?	Williamson, Fred. 62263.	W. and M. April 12/18.
16 A. II	Arkill, R. 39567.	M. Mar. 27/18.
16 B. VI	Newson, Jack. 1022.	M. Mar. 21/18.

KING'S OWN YORKSHIRE LIGHT INFANTRY.

B.E.F.

‡1 B.	Drake, L.-Cpl. Willie. 24888.	W. and M. Oct. 17/18.
2	**Maud, 2nd Lt. F. S.**	M. Oct. 3/18.
*2 A. IV	Stephens, A. 35544.	W. and M. Sept. 3/18.
‡2 B.	Allen, W. 23142.	M. Aug. 19/18.
‡2 B. V	Brook, Norman. 242655.	W. Unoff. M. Oct. 3/18.
‡2 B.	Dixon, H. 25038.	M. Aug. 19/18.
2 B. V	Hall, C. H. 47651.	M. April 4/18.
2 B. VI	Huggings, Chas. Hry. 48234.	M. May 27/18.
‡2 B.	Nutton, J. W. 53190.	M. Sept. 10/18.
2 B. V	Watson, Tom. 38937.	M. Aug. 19/18.
‡2 B.	White, G. C. 24598.	M. Aug. 19/18.
2 C. XI	Hooley, G. V. 62068.	M. Aug. 19/18.
‡2 C. XII	Lake, J. 53277.	K. Oct. 3/18. Det.D./B.
2 C. XI	Morgan, George H. 205057.	M. Aug. 19/18.
‡2 D.	Dyson, J. C. 62333.	W. and M. Aug. 23/18.
2 D.	Jones, John E. 62080.	W. Unoff. M. Aug. 11/18.
4	**Ashworth, 2nd Lt. F.** (Fr. 1.)	W. and M. July 20/18.
4 I.T.M.	**Ludlow, Lieut. L. G. S.** (148 Bde.)	M. Aug. 11/18.
4	**Spelman, 2nd Lt. H. H.**	M. Sept. 21/18.
*4	**Turner, 2nd Lt. G. H.**	M. Oct. 15/18.
4 W. IV	Askwith, W. 33125.	M. April 14/18.
4 W.	Bamborough, Jonas. 44628.	M. April 14/18.
4 W. III	Benson, W. F. 36770.	M. Mar. 14/18.
4 W. III	Booth, F. 34460.	M. April 10/18.
4 W. IV	Brierley, D. N. 47378.	M. April 14/18.
4 W. II	Brierley, Wilfred. 202632.	M. April 13/18.
4 W. I	Carroll, John. 35998.	M. April 4/18.
4 W. III	Crompton, W. 47819.	M. April 14/18.
4 W. II	Flint, Benj. Wilkinson. 35879	M. April 14/18.
4 W. IV	Greaves, Thos Wm. 242239	K. April 13/18. Det.D./B.
4 W. III	Peacock, Harrison. 38883.	M. April 14/18.
4 W.	Smith, Thomas. 201953.	M. April 13/18.
4 W. III	Sutcliffe, Percy. 47024.	M. April 14/18.
4 W. IV	Sweeney, Vincent. 13040.	M. July 30/18.
4 W. I	Touzer, S. 201356.	M. July 30/18.
4 W. IV	Wilkinson Wilfred. 200484.	M. April 14/18.
4 W.	Womack, Sgt. James Edw. 201472.	M. April 14/18.
4 X. V	Carless, L.-Cpl. J. J. 36370.	M. April 14/18.
4 X. VI	Dinsdale, T. A. 11484.	M. July 30/18.
4 X. VI	Fawcett, Ledgard. 202122.	M. April 14/18.
4 X. VIII	Heaton, George. 205233.	K. April 14/18. Det.D./B.
4 X. VII	Hodgkinson, Frank. 205110.	W. and M. April 13/18.
4 X. V	Lee, Fredk. 205068.	M. April 14/18.
4 X.	Marsden, L.-Cpl. 34991.	M. April 15/18.
4 X. or Y.	Smith, Clement. 625792.	M. July 20/18.
4 X. V	Walker, Edward. 36912.	M. April 14/18.
4 Y.	Almond, John T. 241541.	M. July 30/18.

December 1st, 1918.

Yorkshire Light Infantry, King's Own—contd.

B.E.F.

4 Y.		Atkins, Sam. 47708.	M. April 14/18.
4 Y. XI		Butcher, Thos. 36905.	M. April 14/18.
4 Y.		Forbes, H. P. 44636.	W. and M. April 29/18.
4 Y. IX		France, Frank. 242171.	M. April 14/18.
4 Y.		Green, E. R. 36786.	M. April 9/18.
4 Y. X		Hodgson, Thos. 42167.	K. April 29/18. Det.D./B.
4 Y. IX		Kaye, S. 35904.	W. and M. April 29/18.
4 Y. X		Lawson, J. 36800.	W. Unoff. M. April 29/18.
4 Y. X		Parratt, Chas. Edward. 201088.	K. April 14/18. Det.D./B.
4 Y. or Z.		Pemberton, W. 36448.	M. April 14/18.
4 Y. XII		Platts, L.-Cpl. 241792.	M. April 14/18.
4 Y. XI		Rastrick, B. 36452.	M. July 30/18.
4 Y.		Reynard, Frank. 45424.	M. April 14/18.
*4 Y. XI		Rickhuss, John. 241495.	M. Sept. 22/18.
4 Y. IX		Saville, Jos. Horace. 34308.	M. April 14/18.
4 Y.		Wintersgill, S. 202359.	M. April 29/18.
4 Z.		Bartle, Sig. Fred. 2184.	M. April 29/18.
4 Z. XIII		Burton, Charles. 32955.	Unoff. M. mid. April/18.
4 Z. XVI		Clay, Harry. 201924.	M. April 13/18.
4 Z. XVI		Grimsey, A. J. 36101.	M. April 4/18.
4 Z. XIV		Gunning, Michael. 36789.	M. April 14/18.
4 Z. XVI		Holmes, Harry. 200314.	M. April 25/18.
4 Z. XV		Nelson, E. 29916.	W. and M. April 13/18.
4 Z.		Siddle, H. 242874.	M. April 26/18.
4 Z. XIV		Smith, W. 242363.	W. and M. April 13/18.
4 Z. XVI		Smithies, Albert. 242602.	M. April 14/18.
‡4 Z.		Wright, J. 205626.	M. April 23/18.
4 ? Trans. S.		Appleby, Walter. 203296.	W. Unoff. M. April 14/18.
4 ?		Bell, T. H. 36822.	M. April 14/18.
4 ?		Clarke, Sgt. E. 23831.	M. Sept. 21/18.
4 ?		Davison, N. S. 36001.	M. April 14/18.
4 ?		Goodall, Sgt. W. P. 16240.	M. April 14/18.
4 ?		Hampshire, Arthur. 50814.	M. April 2/18.
‡2/4 B.		**Campbell, 2nd Lt. W.** (Fr. Y. & L.)	K. Nov. 4/18. Det.D./B.
2/4		**Hinchcliffe, 2nd Lieut. C. E.**	W. and M. July 20/18.
2/4 A. III		Allen, Robt. L. 240195.	M. July 20/18.
2/4 A.		Allsop, C. H. 47342.	M. Mar. 27/18.
2/4 A.		Armitage, E. 21642.	M. Mar. 27/18.
2/4 A.		Athorn, Cpl. E. 201462.	M. Mar. 27/18.
2/4 A.		Auty, Samuel. 52663.	M. Sept. 3/18.
2/4 A. I		Bamforth, Ronald. 235852.	K. April 16/18. Det.D./B.
2/4 A. II		Barker, Albert. 29696.	M. Mar. 27/18.
2/4 A.		Brennan, L.-Cpl. C. 14955.	M. Mar. 27/18.
2/4 A. M.G.S.		Colley, L.-Cpl. W. 200760. (2906.)	M. Mar. 27/18.
2/4 A.		Davenport, E. R. 39471.	M. July 19/18.
2/4 A.		Douglas, R. 32099.	M. Mar. 27/18.
2/4 A.		Ellerington, A. 240714.	M. Mar. 27/18.
2/4 A. II		Fawcett, H. 39992.	M. July 20/18.
2/4 A.		Firth, A. 3508.	M. Mar. 27/18.
2/4 A.		Foster, Roland. 200779.	M. Mar. 27/18.
2/4 A.		Fox, Sgt. A. 240195.	W. Unoff. M. July 20/18.
‡2/4 A.		Greenwood, F. 39606.	W. and M. Aug. 27/18.
2/4 A. III		Holgate, R. 39691.	M. Mar. 27/18.
2/4 A.		Hopkins, Thomas. 37433.	M. Mar. 27/18.
2/4 A. I		Meeking, John. 62558.	M. June 20/18.
2/4 A. II		Sheard, L.-Cpl. W. 39365.	M. July 20/18.
2/4 A.		Simpson, George. 205610.	M. Mar. 27/18.
*2/4 A. III		Simpson, Wm. 63964.	W. Unoff. M. Sept. 27/18.

December 1st, 1918.

Yorkshire Light Infantry, King's Own—contd.

B.E.F.

‡2/4 A.	Smith, G. W. 41737.	M. Sept. 12/18.
2/4 A.	Sorby, Claude. 201147.	M. Mar. 27/18.
2/4 A.	Stones, Sgt. Jess. 11891.	M. Mar. 27/18.
2/4 A. III	Thickett, H. 39737.	M. Mar. 27/18.
2/4 A. III	Tiffany, L.-Cpl. Alfred. 39368.	M. July 20/18.
2/4 A.	Walker, A. 44925.	M. Mar. 27/18.
2/4 A.	Webster, Sandall. 21069.	M. Mar. 27/18.
*2/4 A. II	While, Wm. 37444.	M. Sept. 2/18.
2/4 A.	Whitlock, Walter E. 37422.	M. Mar. 27/18.
2/4 B.	Barrett, Rich. Ern. 39374.	M. July 20/18.
2/4 B.	Beanland, Joseph. 44923.	M. Mar. 27/18.
2/4 B. V	Brook, Percy. 39373.	M. July 20/18.
2/4 B. VI	Brooke, Harold. 202690.	M. Mar. 27/18.
2/4 B. V	Burton, John Edward. 35325.	M. Mar. 27/18.
2/4 B. V	Cantrill, E. 35575.	M. Mar. 27/18.
2/4 B. VII	Drewery, L.-Cpl. Wal. Gordon. 36940.	M. July 20/18.
2/4 B. V	Hepworth, Harry. 46450.	M. Mar. 21/18.
2/4 B. VII	Hudson, L.-Cpl Herb. Edwin. 243069.	W. and M. Mar. 27/18.
2/4 B. V	Kaye, Arthur. 39396.	M. July 20/18.
2/4 B.	Kirk, A. 240129.	M. Mar. 27/18.
2/4 B. VII	Mitchell, Ernest. 37459.	M. Mar. 27/18.
2/4 B. VII	Mitchell, W. C. 36431.	M. Mar. 27/18.
2/4 B.	Parry, Cpl. Wm. 39362.	K. Sept. 2/18. Det.D./B.
2/4 B. VIII	Sutton, Wm. 51859.	M. July 20/18.
2/4 B.	Tudball, Thos. Henry. 263007.	M. Mar. 27/18.
2/4 B.	Walker, Thos. 37667.	M. Mar. 27/18.
‡2/4 B.	White, N. 39499.	W. and M. Aug. 25/18.
2/4 B.	Wright, L. 40666.	W. and M. Mar. 27/18.
‡2/4 C.	Chadwick, T. 65266.	M. Aug. 27/18.
*2/4 C. XI	Erskine, Wm. 63897.	W. Unoff. M. Sept. 15/18.
2/4 C. XII	Field, Arthur. 62554.	M. July 20/18.
2/4 C. IX	Herbert, Alex. 34739.	M. July 26/18.
2/4 C.	Jenkinson, T. J. 202652.	M. June 5/18.
2/4 C. XI	Lister, Victor Albert. 62553.	M. July 20/18.
‡2/4 C.	Longbottom, W. 65275.	M. Aug. 27/18.
2/4 C.	Morley, Horace. 15530.	M. June 5/18.
*2/4 C.	Vollands, L.-Cpl. Herb. Swift. 202498	W. Unoff. M. Sept. 14/18
2/4 D. XV	Booth, Cpl. J. F. 241765.	M. Mar. 27/18.
2/4 D.	Donnelly, Michael E. 871.	M. Aug. 27/18.
2/4 D. XIII	Gilleard, W. H. P. 34302.	M. Mar. 28/18.
‡2/4 D.	Hancock, F. 65236.	W. and M. Aug. 27/18.
2/4 D. XIII	Hancock, S. 263179.	W. and M. Aug. 27/18.
‡2/4 D. XIII	Hobson, George. 63591.	M. Sept. 28/18.
2/4 D. XV	Jennings, Andrew. 241607.	M. Mar. 28/18.
2/4 D. XIV	Kenyon, Horace. 39344.	K. July 22/18. Det.D./B.
2/4 D.	Mackay, Jack. 37439.	M. Mar. 7/18.
2/4 D.	Parker, J. W. 28242.	M. Mar. 27/18.
2/4 D. XV	Pennock, A. 201204.	M. Mar. 28/18.
*2/4 D. XIII	Richardson, Harold. 51847.	M. June 4/18.
2/4 D.	Sanderson, Alfred. 47765.	K. or D/W. Mar. 28/18. Det.D./B.
2/4 D.	Scott, James. 36933.	M. Mar. 28/18.
2/4 D.	Simpson, S. J. 24589.	M. Mar. 28/18.
2/4 D. XV	Smith, James. 36462.	M. Mar. 28/18
2/4 D.	Thorpe, Arthur. 62595.	M. Sept. 13/18.
‡2/4 D. XIV	Todd, Matt. 58840.	W. Unoff. M. Sept. 27/18.
*2/4 D. XIII	Weightman, Henry. 51879.	K. Sept. 14/18. Det.D./B.
2/4 ?	Busfield, R. P. 45000.	M. Mar. 27/18.

December 1st, 1918.

Yorkshire Light Infantry, King's Own—contd.

B.E.F.

2/4 ?	Dunlin, W. 46424.	M. June 5/18.
2/4 ?	Houston, Thos. 37454.	M. July 20/18.
2/4 ?	Kelly, Walter. 1494.	M. Oct. 2/18.
2/4 ?	Kingham, Edw. Wm. 37436.	M. July 23/18.
2/4 ?	Law, W. J. 43703.	M. April 14/18.
2/4 ?	Lester, W. 51912.	M. July 27/18.
2/4 ?	Oldfield, H. B. 2311.	W. and M. July 20/18.
2/4 ?	Raynor, Ben. 203933.	M. July 20/18.
*2/4 ?	Scratcherd, Cyril. 62582.	W. Unoff. M. Sept. 12/18.
2/4 ?	Tait, G. R. 63348.	M. Aug. 27/18.
2/4 ?	Vyse, T. W. 65281.	K. Aug. 25/18. Det.D./B.
3/4 D.	Donnelly, Michael. 63316.	M. Aug. 27/18.
5 A.	Allanson, O. 35854.	M. Mar. 27/18.
5 A.	Barnaby, J. 241032.	M. Mar. 27/18.
5 A. I	Berriman, Alfred. 35987.	M. July 20/18.
5 A. III	Boulds, Lawrence. 3/1530.	M. Mar. 27/18.
5 A. IV	Brooks, L.-Cpl. H. T. 241143.	M. Mar. 27/18.
5 A.	Burgoin, A. 35859.	M. Mar. 27/18.
5 A. IV	Carr, J. 62510.	W. and M. July 20/18.
*5 A. I	Challoner, A. 51793.	M. Sept. 2/18.
5 A. IV	Cooper, J. E. 44209.	M. Mar. 27/18.
5 A.	Cox, L.-Cpl. D. 242163.	M. Mar. 27/18.
5 A.	Crimmins, T. 240766.	M. Mar. 27/18.
‡5 A.	Crook, J. 205702.	M. Sept. 12/18.
5 A. I	Crowther, John Wm. 62605.	W. and M. Sept. 2/18.
5 A. II	Dyett, Cpl. Wm. John. 58115.	M. July 20/18.
5 A. III	Ellis, C. 63583.	M. Sept. 12/18.
5 A.	Elsworth, John. 62519.	W. and M. July 20/18.
5 A.	Ewens, A. F. 44021.	M. Mar. 27/18.
5 A.	Foster, L.-Cpl. G. 241021.	M. Mar. 27/18.
*5 A. IV	Gill, Charles W. 62997.	M. Sept. 12/18.
‡5 A.	Hayes, J. 36527.	M. Sept. 12/18.
5 A.	Hollings, Sgt. Irving. 241233.	M. Mar. 27/18.
5 A.	Horton, T. 35896.	M. Mar. 27/18.
5 A.	Howard, J. 240837.	M. Mar. 27/18.
5 A.	Howell, W. 241306.	M. Mar. 27/18.
5 A.	Jager, C. W. 3611.	M. Mar. 27/18.
5 A.	Johnson, C. 47646.	M. Mar. 27/18.
5 A.	Johnson, T. H. 39212.	M. Mar. 27/18.
5 A. I	Kitchen, Chas. E. 242840.	M. Mar. 27/18.
‡5 A.	Knowles, J. 27891.	M. July 20/18.
5 A. II	Langham, Wm. 14774.	M. Mar. 27/18. (2nd Cas.).
5 A. III	Lazenby, Geo. Arthur. 39215.	M. Mar. 27/18.
5 A. III	Magee, John. 35915.	M. Mar. 27/18.
5 A.	Newsome, L.-Cpl. H. 18815.	M. Mar. 27/18.
5 A.	Nuttall, John Wm. 36121.	M. Mar. 27/18.
5 A. IV	Park, T. W. 58071.	W. and M. July 20/18.
5 A. I	Phipps, Cpl. E. G. 51024.	M. Mar. 27/18.
5 A. III	Ridsdale, F. G. 35983.	M. Mar. 27/18.
5 A.	White, L.-Sgt. Frank. 34489.	M. Mar. 28/18.
5 A.	Wilkinson, Alphews. 58105.	M. July 20/18.
5 B.	Andrews, H. 242078.	M. Mar. 27/18.
5 B.	Asher, L.-Cpl. G. 241395.	M. Mar. 27/18.
5 B.	Badcock, Cpl. W. 240519.	M. Mar. 27/18.
5 B. VIII	Beddoes, Jobe. 240990.	M. July 20/18.
5 B. VIII	Bickel, Claude T. 43660.	K. July 20/18. Det.D./B.
‡5 B. V	Bowers, W. H. 63093.	M. Sept. 12/18.
5 B.	Cannon, Thos. 240875.	W. and M. July 20/18.
‡5 B.	Coates, A. 63985.	M. Sept. 12/18.

December 1st, 1918.

Yorkshire Light Infantry, King's Own—contd.

B.E.F.

5 B.		Coffey, P. 1352.	M. Mar. 27/18.
‡5 B.		Corner, H. 63975.	M. Sept. 12/18.
5 B.	VIII	Cross, C. 26227.	M. July 20/18.
5 B.		Davies, E. 332.	M. Mar. 27/18.
5 B.	VI	Draper, Cpl. H. E. 203092.	W. and M. July 20/18.
‡5 B.		Fay, L.-Cpl. W. 62530.	M. Sept. 12/18.
5 B.	V	France, J. 240793.	M. Mar. 27/18.
5 B.	VI	France, L.-Sgt. Wm. 241288.	M. Mar. 27/18.
5 B.		Freeman, L. 240450.	M. Mar. 27/18.
‡5 B.		Fulwood, B 204165.	M. Oct. 9/17.
5 B.		Garner, H. 23098.	K. Sept. 2/18. Det.D./B.
‡5 B.		Greenwood, H. 43139.	M. Sept. 2/18.
5 B.		Haxby, M. 45666.	M. Mar. 27/18.
‡5 B.		Hill, F. 36989.	M. Sept. 12/18.
5 B.		Hingley, Cpl. A. 240570.	M. Mar. 27/18.
5 B.		Hirris, J. 240786.	M. Mar. 27/18.
‡5 B.		Hollingworth, E. A. 52451.	W. and M. Aug. 27/18.
5 B.		Isaac, R. 2403059.	M. Mar. 27/18.
‡5 B.		Kipling, H. 62466.	W. and M. Aug. 27/18.
*5 B.		Kitchen, M. 52573.	W. and M. Sept. 2/18.
5 B.	VIII	Lawrence, Edwin. 51031.	M. Mar. 27/18.
5 B.		McLaren, J. E. 243039.	M. Mar. 27/18.
5 B.	VII	Marshall, W. 241876.	M. Mar. 27/18.
5 B.	V	Marson, Wm. Tindell. 39226	M. Mar. 27/18.
5 B.	VI	Mason, B. H. 31871.	M. Mar. 27/18.
5 B.	V	Oxley, F. J. 39229.	M. Mar. 27/18.
5 B.		Pearce, A. 39230.	M. Mar. 27/18.
5 B.	V	Porter, Fred. 39233.	M. July 20/18.
5 B.		Raper, H. 203332.	M. July 20/18.
5 B.	VIII	Reaney, William. 242929.	M. Mar. 27/18.
5 B.	V	Reay, James. 39240.	M. Mar. 27/18.
5 B.	VI	Reece, Walter. 39236.	M. Mar. 29/18.
*5 B.		Reed, John. 39239.	W. Unoff. M. Sept. 2/18.
5 B.		Ryalls, L.-Cpl. Wm. 241352.	M. Mar. 27/18.
5 B.	V	Smith, Roy. 205172.	M. Mar. 27/18.
5 B.	VII	Spooner, Wm. 205209.	M. Mar. 27/18.
5 B.		Taylor, George. 58093.	W. and M. July 20/18.
‡5 B.		Twigg, Sgt. John. 241581.	M. June 23/18.
5 B.	VII	Wales, H. 63451.	K. Aug. 25/18. Det.D./B.
‡5 B.		West, S. 63536.	M. Sept. 12/18.
5 B.		Wheeler, Eli. 235469.	W. and M. July 20/18.
5 B.	V	Whitaker, Ernest. 41092.	M. Mar. 27/18.
5 B.	VIII	Whitfield, T. C. 58103.	M. July 20/18.
5 B.	VIII	Wilkinson, Walter. 39267.	M. Mar. 27/18.
5 B.	V	Young, E. S. 39269.	M. Mar. 27/18.
‡5 C.		Barnett, J. W. 62950.	M. Sept. 12/18.
5 C.		Beadall, A. 4971.	M. Mar. 27/18.
5 C.		Beardmore, W. 242101.	M. Mar. 27/18.
5 C.	IX	Beaumont, John Victor. 62496.	M. Sept. 2/18.
5 C.		Birks, H. 205663.	M. Mar. 27/18.
5 C.	XI	Boam, D.C.M., H. J. 242753.	M. Mar. 27/18.
5 C.		Boulby, Ernest. 13299.	M. Mar. 27/18.
5 C.	X	Brotherton, Robt. Lee. 37016.	M. July 20/18.
5 C.	X	Connell, Martin. 205665.	M. Mar. 27/18.
‡5 C.	X	Cooper, M.M., J. W. 42858.	M. Mar. 27/18.
5 C.		Daniels, Willie. 30103.	M. Mar. 27/18.
5 C.		Dixon, K. 242497.	M. Mar. 27/18.
‡5 C.	XII	Fairchild, Cpl. Thos. 23107.	M. Sept. 2/18.
5 C.		Fenton, Sgt. T. H. 241211.	M. Mar. 27/18.

December 1st, 1918.

Yorkshire Light Infantry, King's Own—contd.

B.E.F.

5 C.		Foster, Sgt. J. G. 240731.	M. **Mar. 27/18.**
5 C.		Gaskin, R. J. 43533.	M. **Mar. 27/18.**
‡5 C.		Goodinson, G. H. 52470.	M. **Sept. 2/18.**
‡5 C.		Grace, Sgt. J. T. 240590.	M. **April 14/18.**
5 C.		Gray, R. 11366.	M. **Mar. 27/18.**
5 C.		Greaves, H. H. 62999.	M. **Sept. 2/18.**
*5 C.		Holmes, Bertie Champion. 63004.	M. **Sept. 12/18.**
‡5 C.		Jordon, J. M. 53398.	M. **Sept. 12/18.**
5 C. X		Lambert, John Martin. 44185.	M. **Mar. 27/18.**
‡5 C.		Littlewood, W. 63443.	M. **Sept. 12/18.**
5 C. IX		Lonsdale, H. 205661.	M. **Mar. 27/18.**
5 C. X		Oates, Alex. 43092.	M. **Mar. 27/18.**
‡5 C.		Parkin, J. 201758.	M. **Sept. 12/18.**
5 C.		Patrick, L. J. 35590.	M. **Mar. 27/18.**
‡5 C.		Reddyhoff, E. 53364.	M. **Sept. 12/18.**
‡5 C.		Rooke, J. 47698.	K. **July 20/18.** Det.D./B.
5 C. XI		Smith, Geo. Jewitt. 36852	M. **July 20/18.**
5 C. X		Thomas, Edwin M. S. 62471.	W. and M. **July 20/18.**
5 C. IX		Thompson, L.-Cpl. A. 26858.	M. **Mar. 27/18.**
‡5 C.		Thompson, M. 63782.	M. **Sept. 12/18.**
5 C.		Thorpe, Harry. 24628.	M. **July 20/18.**
‡5 C.		Watts, C. 53395.	M. **Sept. 12/18.**
‡5 D.		Button, W. 205717.	M. **Sept. 12/18.**
*5 D.		Clark, A. W. 62966.	W. and M. **Aug. 27/18.**
5 D.		Hattersley, Horace. 202945.	M. **Aug. 27/18.**
‡5 D.		Hilder, F. J. 36792.	W. and M. **Aug. 25/18.**
5 D.		Hodgson, James. 5268.	W. and M. **Aug. 27/18.**
‡5 D.		Phillips, J. M. 63203.	M. **Sept. 2/18.**
5 D. XV		Pooter, James Wm. 50702.	W. Unoff. M. **July 20/18.**
5 D. XIII		Robson, J. R. 58076.	K. **Aug. 27/18.** Det.D./B.
‡5 D.		Scott, A. 64035.	M. **Sept. 12/18.**
*5 D. XV		Smith, Joseph N. 64032.	M. **Sept. 11/18.**
‡5 D.		Tew, Walter. 66380. (225055.)	M. **Sept. 12/18.**
‡5 D.		Winterburn, W. 63450.	M. **Sept. 2/18.**
‡5 D. XV		Wrightham, John. 63815.	M. **Sept. 12/18.**
‡5 Sig.		Cole, A. 263077.	W. Unoff. M. **Sept. 29/18.**
*5 ?		Foot, J. W. 63994.	M. **Sept. 12/18.**
‡5 ?		Greenwood, T. 51816.	M. **Sept. 12/18.**
5 ?		Hughes, George. 62468.	M. **July 20/18.**
*5 ?		Woodall, John Wm. (S/B.)	W. Unoff. M. **Sept. 27-30/18.**
5 ?		Wray, Maurice. 35670.	M. **April 14/18.**
2/5 A. III		Crawford, Charles. 50526.	M. **Mar. 27/18.**
2/5 A. II		Gilligan, John. 24927.	M. **Mar. 27/18.**
2/5 A. III		Nightingale, Arth. Edw. 50541.	M. **Mar. 27/18.**
2/5 B. V		Bennett, H. G. 242827.	M. **Mar. 27/18.**
2/5 B. V		Davies, L.-Cpl. James. 242756.	W. and M. **Mar. 28/18.**
2/5 B.		Plummer, J. 242746.	M. **Mar. 27/18.**
2/5 B. VI		Smith, George. 46567.	K. **July 20/18.** Det.D./B.
2/5 B. VI		Tatchell, Ernest. 21386.	M. **Mar. 27/18.**
2/5 D.		Deakin, Wilfred Ewart. 241973.	K. **Mar. 28/18.** Det.D./B.
*6 A. III		Halladay, L.-Cpl. Wm. 34552.	M. **April 25/18.**
‡6 B. VI		Jowett, Harold. 46361. (Fr. 16 Ent.)	D.W. **April 1/18.** Det.D./B.
6 B. I.T.M.		Whitaker, S. 12917. (43 Bde.)	M. **Mar. 21/18.**
6 C.		Forshaw, Edgar. 12881.	M. **April 25/18.**
6 D. XVI		Dodds, Edward E. 50048	M. **April 25/18.**
6 D. XIII		Throup, Herbt. 50586. (Fr. 16 Ent.)	M. **April 25/18.**
6 D. XV		Varley, Ern. Edw. 205021. (Fr. 16 Ent.)	K. **April 22-25/18.** Det.D./B.
6 ?		Anderson, Wm. Robt. Jas. 36207.	M. **April 25/18.**

December 1st, 1918.

Yorkshire Light Infantry, King's Own—contd.

B.E.F.

6 ?	Best, Wm. F. 22518. (Fr. 2/4 Lond.)	M. April 25/18.	
6 ?	Hart, Rockley. 47592.	M. April 25/18.	
6 ?	Lightowler, G. A. 46376.	K. Mar. 31/18.	Det.D./B
6 ?	Peel, P. 21973.	M. April 25/18.	
6 I.T.M.	Richardson, Walter. 22268. (43 Bde)	M. Mar. 21/18.	
6 ?	Senior, L.-Cpl. G. T. 36278.	M. Mar. 31/18.	
6 ?	Spruce, Fredk. John. 203600.	M. April 25/18.	
6 ?	Widdowson, L.-Cpl. Wm. R. 13597.	M. April 25/18.	
7 A.	Brannon, L/S. J. 20029. (Fr. 14 Ent.)	K. April 2/18.	Det.D./B.
7 B.	Smith, L.-Cpl. Shepley Vickers. 10428 (Att. 14 Entr.)	M. April 4/18.	
7 D.	Starr, A. C. A. 40762.	K. Aug. 16/18.	Det.D./B.
7 ?	Cooper, Noah. 11133.	M. May 27/18.	
7 ?	Ellison, A. 201065.	M. Mar. 25/18.	
‡7 ?	Robinson, T. 44677.	M. April 4/18.	
7 ?	Swithenbank, Walter. 205316. (Fr. 14 Entr.)	M. April 4/18.	
7 ?	Wildblood, Cpl. J. E. 15912. (Fr. 9 Scots Rifles.)	M. April 25/18.	
9	**Greenshields, 2nd Lt. J. A.**	W. and M. May 27/18.	
9 A.	Best, A/Cpl. Marshall. 39724	M. May 27/18.	
9 A.	Betts, Sydney. 205655.	M. Mar. 27/18.	
9 A. III	Bird, Ernest. 29369.	M. April 26/18.	
9 A.	Bough, J. O. 39311.	M. May 27/18.	
9 A.	Boulton, J. 26992.	M. May 27/18.	
9 A.	Brooks, Harold. 24776.	W. and M. April 26/18.	
9 A.	Burgan, F. 37015.	M. Mar. 25/18.	
9 A.	Clark, Arthur Jos. 37025.	M. Mar. 22/18.	
*9 A. or D.	Clarkson, Henry. 52281.	W. Unoff. M. Sept. 18/18.	
‡9 A.	Cummings, G. C. 63707.	M. Sept. 9/18.	
9 A.	Doyle, Cpl. Claude. 42982. (Fr. H.Q. Sig.)	M. May 27/18.	
‡9 A.	Garside, F. 53466.	M. Sept. 9/18.	
9 A.	Gill, Albert. 20260.	M. April 26/18.	
9 A. II	Glover, Harry. 36177.	M. Mar. 22/18.	
9 A. II	Green, I. L. 37528.	W. and M. April 26/18.	
9 A. III	Hepworth, Arthur. 1265.	M. April 26/18.	
9 A. II	Houlder, I. W. 39732.	M. Mar. 21/18.	
9 A. II	Hutchinson, Sgt. Ern. 1601.	M. Mar. 22/18.	
9 A.	Irving, John. 39331.	W. and M. May 25/18.	
9 A. IV	Jackson, Cpl. J. W. 235790.	W. and M. Mar. 22/18.	
9 A.	Jamieson, Wm. 37189.	M. Mar. 22/18.	
9 A.	Jones, R. 242431.	K. April 26/18.	Det.D./B.
9 A.	Kennedy, M. W. 33226.	M. May 27/18.	
9 A.	Kirkham, Percy. 35655.	M. May 27/18.	
9 A. I	Lambert, Fred. 39826.	M. May 27/18.	
9 A.	Laycock, S. 42368.	M. April 26/18.	
9 A.	Lindley, Walter. 47841.	W. and M. April 25/18.	
‡9 A.	Morley, Cpl. J. 12/1112.	W. Unoff. M. Oct. 8/18.	
9 A	Morley, William. 26996.	M. May 27/18.	
9 A.	Murray, L.-Cpl. W. 27373.	M. April 26/18.	
9 A. I	Norton, John. 27989.	M. May 27/18.	
‡9 A.	Oldroyd, A. 53457.	M. Sept. 7/18.	
9 A.	Prest, L.-Cpl. W. G. 42186.	M. May 27/18.	
9 A. I	Robinson, H. J. A/51397.	M. May 27/18.	
9 A. III	Scott, M.M., G. 18361.	M. Mar. 22/18.	
9 A. IV	Shaw, L.-Cpl. J. W. 42960.	M. Mar. 22/18.	
9 A.	Shillito, F. W. E. 24648	M. May 27/18.	
9 A. IV	Steels, A. 16153.	M. Mar. 22/18.	

December 1st, 1918.

Yorkshire Light Infantry, King's Own—contd.

B.E.F.

9 A. IV	Summerscales, Geo.	200917.	M. May 27/18.
9 A.	Tattersall, W. T.	37047.	M. Mar. 22/18.
9 A.	Thompson, B.	203357.	M. May 27/18.
9 A.	Thorpe, L.-Sgt. G.	16413.	M. April 26/18.
9 A.	Townsend, Cpl. Geoffrey.	27072.	W. and M. April 26/18.
‡9 A.	Verrill, Sgt. T. V.	204626.	M. Sept. 9/18.
9 A.	Wilkinson, W.	49673	M. May 27/18.
9 A.	Woolley, W.	24532.	W. and M. April 26/18.
9 B. V	Bailey, Thos.	17289.	M. May 27/18.
9 B. V	Barber, Fred.	43148.	M. May 27/18.
9 B.	Barber, W. H.	37492.	M. May 27/18.
‡9 B.	Bartholomew, R.	63868.	M. Sept. 9/18.
9 B.	Barthram, E.	10036.	M. April 25/18.
9 B.	Bloor, J.	37061.	M. May 27/18.
9 B.	Blott, Percy.	42533.	M. May 27/18.
9 B. VI	Bournan, Albert.	42152.	M. May 25/18.
9 B. V	Bramwell, Thomas E.	37129	M. May 27/18.
9 B.	Buckingham, S. F.	39305.	M. May 27/18.
9 B. V	Capron, L.-Cpl. A.	39293.	M. April 26/18.
9 B. VII	Carrott, Hry. Patterson.	39316.	M. April 26/18.
9 B.	Colver, Harold Ernest.	39299.	M. April 21/18
9 B. V	Connor, J. W.	200549.	M. May 27/18.
9 B. V	Cox, S. G.	35870.	M. May 27/18.
9 B.	Crossley, William.	39319.	M. April 26/18.
9 B.	Duggan, C. H.	35569.	M. Mar. 22/18.
9 B.	Feast, Cpl. P. F.	16092.	W. and M. Mar. 23/18.
9 B.	Fowler, W.	13638.	W. and M. April 25/18.
*9 B. VII	Glendinning, John Joseph	63745.	W. Unoff. M. Sept. 9/18.
‡9 B.	Goddard, E.	62714.	M. Sept. 9/18.
9 B.	Goldthorpe, James.	30224.	M. May 27/18.
9 B.	Green, C. E.	39327.	M. April 26/18.
9 B. V	Hardy, F.	8999.	M. April 21/18.
9 B.	Harratt, John.	47630.	W. and M. April 26/18.
9 B.	Harvey, Sgt. Ashton E.	38953.	M. Mar. 22/18.
9 B.	Hayes, Wilton.	37182.	M. May 27/18.
9 B.	Horner, L.-Cpl. Henry.	28868.	M. May 27/18.
9 B. VI	Howarth, John.	37077.	M. April 26/18.
9 B. V	Irons, Jas. Ernest.	36674.	M. May 27/18.
9 B.	Judson, Ernest.	38704.	M. May 27/18.
9 B.	King, K. L.	235543.	M. May 27/18.
9 B.	Lawrence, Cpl. Conrad.	39291.	M. April 26/18.
9 B.	Liley, H.	39301.	M. May 27/18.
9 B.	Lomas, Albert.	39821.	M. May 27/18.
9 B. VIII	Lomes, S. A.	203968.	Unoff. M. April 26/18.
9 B. V	Newell, James.	24745.	M. April 24/18.
9 B. VI	Rastrick, Thomas.	39968.	M. April 26/18.
9 B. V	Robinson, H. B.	44100.	M. May 27/18.
9 B. V	Robson, John Robt.	38757.	M. April 26/18.
9 B. VIII	Rowland, H. G.	42251.	M. April 26/18.
9 B. VIII	Shaw, Jas. Arth.	64915. (59835.)	K. Aug. 26/18. Det.D./B.
9 B.	Shaw, L.-Sgt. J. L.	235794. (305559.)	M. Mar. 22/18.
9 B.	Smith, J. J.	40769.	M. May 27/18.
9 B.	Squire, L.-Cpl. Vernon.	43639.	M. May 27/18.
9 B.	Terry, C. E.	41284.	M. May 27/18.
‡9 B.	Thompson, J. E.	62800.	M. Sept. 9/18.
9 B.	Titley, George.	37688.	M. May 27/18.
9 B. V	Wedgwood, Herbert.	36614.	M. Mar. 24/18.

AAA

December 1st, 1918.

Yorkshire Light Infantry, King's Own—contd.

B.E.F.

9 B. VIII	Whitely, Ernest. 49618.	M. May 27/18.
9 B.	Wilkinson, Jas. 235780.	W. and M. Mar. 22/18.
9 C.	Ackroyd, L.-Cpl. Wm. 235115.	M. May 27/18.
9 C. X	Barnfield, B. 36585.	M. May 27/18.
9 C. IX	Barratt, S. 37133.	M. May 27/18.
9 C. X	Bass, Charles F. 39309.	W. and M. April 26/18.
?9 C.	Baxter, Cpl. E. 235795.	W. and M. Aug. 26/18.
9 C. XII	Brooke, Cyril. 37478.	M. May 27/18.
9 C.	Broadhead, Sig. Wallace. 37275.	M. May 27/18.
9 C. XII	Cashmore, E. C. 39314.	M. April 26/18.
9 C.	Chamberlain, Robt. Wildgoose. 43467	M. Mar. 22/18.
9 C. XI	Clarke, J. O. 202697.	W. and M. April 26/18.
9 C. XI	Clayton, Thos. Kendal. 34233.	M. Mar. 22/18.
9 C.	Cograve, A. 47034.	M. Mar. 21/18.
9 C.	Coutts, D. 43729.	M. May 27/18.
9 C. XI	Curtis, F. H. 36593.	M. Mar. 25/18.
9 C. IX	Dixon, J. B. 39756.	M. May 27/18.
9 C.	Ellershaw, G. W. 37157.	M. May 27/18.
9 C. IX	Ellis, Alfred. 35120.	M. April 26/18.
9 C.	Entwistle, J. H. 37154.	M. May 27/18.
9 C.	Garside, J. 2364.	W. Unoff. M. April 25/18.
9 C.	Gibson, G. 34975.	M. May 27/18.
9 C. X	Gledhill, Burton. 36784.	W. and M. April 26/18.
9 C.	Harling, H. 38697.	M. May 27/18.
9 C.	Heptonstall, Sig. W. 201029.	M. May 28/18.
9 C.	Heseltine, L.-Cpl. J. A. 37076.	M. May 27/18.
9 C. X	Hirst, J. W. 49651.	M. May 27/18.
9 C.	Hornsby, Saml. 39329.	W. and M. April 24/18.
9 C.	Hughes, Cpl. W. C. 17169.	M May 27/18.
9 C.	Kevitt, Alf. 38709.	W. and M. April 26/18.
9 C.	Lucas, Edgar. 200106.	M. May 27/18.
9 C. IX	Mann, Geo. Percy. 39334.	M. April 26/18.
9 C.	Martin, Arthur. 36260.	M. May 27/18.
9 C. X	Moakes, Sgt. Ernest. 21332.	M. April 26/18.
9 C. IX	Murton, I. L. 46432.	M. May 27/18.
9 C.	Ormondroyd, Wm. 201392.	M. April 26/18.
9 C. XI	Oxberry, Joseph. 43489.	M. May 27/18.
9 C. IX	Portsmouth, Wm. 16977.	W. and M. April 26/18.
9 C. IX	Poyser, S. 35352.	M. May 27/18.
9 C.	Ransom, William. 35620.	M. May 27/18.
?9 C.	Ripley, S. 15015.	M. Sept. 9/18.
9 C.	Rowbottom, A. 64986.	K. Aug. 15/18. Det.D./B.
9 C.	Salmon, Sgt. Alf. 42291.	M. May 26/18.
9 C.	Summers, Cpl. W. R. 205106.	M. May 24/18.
9 C. IX	Sykes, A. 37250.	M. May 27/18.
9 C.	Thomas, Joshua. 37256.	M. Mar. 22/18.
?9 C.	White, J. 63857.	M. Sept. 9/18.
9 C. X	Whiteley, Arthur. 13679.	M. Mar. 22/18.
9 C.	Williamson, H. 205517.	M. April 26/18.
9 C. XI	Wills, A. 38783.	M. April 26/18.
9 D.	Adams, W. 205618.	M. May 27/18.
9 D. XVI	Baker, L.-Cpl. A. 23526.	W. and M. April 25/18.
9 D.	Banks, James. 37018.	M. May 27/18.
9 D. XIII	Brooks, Edward. 36213.	M. April/18.
9 D. XVI	Burkill, Arthur. 202351.	W. and M. April 26/18.
9 D.	Chadwick, L.-Cpl. A. L. 50708.	W. and M. April 26/18.
9 D. XIV	Chapman, Wm. 33104.	M. April 26/18.
9 D.	Christie, James. 43586.	M. May 27/18.
9 D. XV	Dalton, W. R. 43093.	M. May 27/18.

December 1st, 1918.

Yorkshire Light Infantry, King's Own—contd.

B.E.F.

‡9 D.		Dudding, F. C. 36745.	M. Sept. 9/18.
9 D.		Duggan, C. H. 37070.	M. Mar. 22/18.
9 D.		Elly, John. 36602.	M. May 27/18.
9 D.		Evans, L.-Sgt. J. W. 17853.	M. Mar. 23/18.
9 D. XIII		Garside, Gordon. 43038.	M. May 27/18.
9 D. L.G.S.		Gibson, Sgt. Ernest. 17903.	M. Mar. 28/18.
*9 D. XIV		Gibson, Jos. Watson. 63712.	M. Sept. 9/18.
9 D.		Hammil, David. 42392.	M. May 27/18.
9 D. XIV		Hanson, John Henry. 37531.	M. April 26/18.
9 D.		Hart, J. J. 37529.	M. Mar. 22/18.
9 D.		Hawkins, Thos. Hry. 203738.	M. May 27/18.
9 D. XIII		Hawksworth, Charles. 40029.	M. Mar. 22/18.
‡9 D.		Henley, Fred. 30125.	K. Sept. 18/18. Det.D./B.
9 D. L.G.S.		Hill, Thos. Ralph. 235527.	M. May 27/18.
9 D.		Hirst, Wilfred Heap. 30089.	M. Mar. 22/18.
9 D.		Hobson, T. Harry. 241989.	M. May 27/18.
9 D. XV		Holmes, Walter. 200250.	M. May 27/18.
9 D.		Hoyle, James. 36635.	M. May 27/18.
9 D.		Kaye, Alb. Edward. 1492.	M. May 29/18.
9 D. XIV		Kershaw, Cyril. 38710.	M. May 27/18.
*9 D.		Lees, John Thos. Holmes 37205.	W. Unoff. M. Sept. 18/18
9 D.		Leonard, Sig. G. 200216.	M. Mar. 27/18.
9 D.		Lightfoot, Herbert. 21104.	M. May 27/18.
9 D. XIV		MacArthur, Samuel. 35035.	W. and M. April 26/18.
9 D.		Maloney, Cpl. James. 43002. (Fr. 126 R.E.)	W. and M. Mar. 22/18.
9 D.		Maude, John. 37033.	M. Mar. 23/18.
9 D. XIV		Mellor, J. 24705.	M. Mar. 22/18.
9 D.		Milson, Joe. 46630.	M. June 25/18.
9 D. XIV		Morris, Bernard. 39844.	M. Mar. 22/18.
9 D. XV		Nicholson, Andrew. 43487.	M. Mar. 22/18.
9 D.		Padley, L.-Cpl. C. W. 25744.	M. May 27/18.
9 D.		Richardson, G. 34662.	M. May 27/18.
9 D. Sig. S.		Richardson, L.-Cpl. Percy. 29480.	W. and M. April 26/18.
9 D. L.G.S.		Robinson, R. W. 235347.	M. May 27/18.
9 D.		Rooker, A. 16889.	M. May 27/18.
9 D.		Roper, J. W. 242180.	M. May 27/18.
9 D. XV		Senior, Harold. 39723.	M. Mar. 22/18.
9 D. XIV		Setters, H. 36606.	M. Mar. 22/18.
9 D. XIV		Shepherd, R. 37087.	M. May 27/18.
9 D.		Sledden, Richard. 37088.	W. and M. April 26/18.
9 D.		Smith, E. 37281.	M. May 27/18.
9 D. XIII		Soanes, G. 3712.	M. May 27/18.
9 D. XVI		Steel, Jas. Wm. 38870.	M. May 27/18.
9 D. XV		Stevenson, R. 44113.	M. May 27/18.
*9 D.		Sykes, Samuel. 34089.	M. Aug. 16/18.
9 D. XIV		Terheege, P. 13769.	M. May 27/18.
9 D.		Turbyne, Robert. 38575.	M. May 27/18.
*9 D. XV		Waltham, Nathan. 53433.	W. and M. Sept. 9/18.
9 D. XIV		Ward, L.-Cpl. Joseph. 34708.	W. and M. April 24/18.
9 D.		Webb, A. E. 41134.	M. April 25/18.
9 D. XIII		Westmoreland, G. H. 242276.	M. May 27/18.
9 D.		Whittaker, John. 36647.	M. Mar. 22/18.
9 D.		Wilson, G. 41327.	M. May 27/18.
9 D.		Wormald, Sgt. W. 15270.	W. and M. Mar. 22/18.
9 H.Q.		Abbott, Sig. G. E. 39303.	M. about May 28/18.
9 H.Q.		Bates, Cpl. Joseph. 21236.	K. Aug. 15/18. Det.D./B
9 H.Q.		Booth, E. 15274.	M. May 27/18.
9 ?		Bairstow, Mathew. 43056.	M. Mar. 22/18.

804

December 1st, 1918.

Yorkshire Light Infantry, King's Own—contd.

B.E.F.

9	?	Barton, G. 35189.	M. Mar. 22/18.
9	?	Blondon, A. 36615.	W. and M. April 26/18.
9	?	Booth, Frank. 31619.	M. May 27/18.
9	?	Burthram, E. 10036.	W. and M. April 25/18.
9	?	Darcey, C.-S.-M. G. 39001.	W. and M. Mar. 23/18.
9	?	Easom, A. F. 50697.	W. and M. April 26/18.
*9	?	Holgate, Herbert. 36163.	M. Sept. 9/18.
9	?	Johnson, J. 82905.	M. April 26/18.
9	?	Jowett, Thos. Lister. 62736.	K. Aug. 26/18. Det.D./B.
9	?	Kenney, J. F. 37194.	M. April 17/18.
9	?	Lund, J. D. 37207.	M. May 27/18.
9	?	Maddock, L.-Cpl. Thomas. 8804.	M. April 26/18.
9	?	Micklewright, Sgt. W. 51393.	M. April 22/18.
9	?	Moss, Ernest. 38729.	M. May 27/18.
9	?	Newbould, Sig. A. 21273.	M. April 26/18.
9	?	Prest, Lancelot. 34653.	W. and M. April 25/18.
*9	?	Richards, D. B. 64950.	W. Unoff. M. Sept. 18/18.
9	?	Uttley, H. 43527.	M. May 27/18.
*9	I.T.M.	Wadsworth, L.-Cpl. C. 14562. (74 Bde.)	Unoff. M. April 4/18.
9	?	Wilson, Tom. 21830.	M. April 26/18.
9	?	Worthington, S. 10031.	M. May 27/18.
10	A.	Tott, Sgt. N. G. 14046.	W. and M. April 26/18.
10	C.	Nicholson, Andrew. 43487.	M. Mar. 22/18.
10	?	Bond, E. A. 36692. (Fr. 20 Ent.)	M. Mar. 27/18.
10	?	Brown, Herbert. 13101.	M. April 14/18.
10	?	Percival, E. 38748.	M. May 27/18.
*12	A.	Ellis, Sgt. Ernest. 1514.	M. April 13/18.
12	A.	Sykes, Fred. 1071.	W. and M. April 13/18.
12	B.	Archer, R. E. 37120.	W. and M. April 13/18.
12	B.	Bate, L.-Cpl. H. 257.	M. April 13/18.
12	B.	Cooke, Frank. 330.	W. and M. April 13/18.
12	B.	Cornwell, A. 1815.	M. April 13/18.
12	B.	Davis, L.-Cpl. W. 338.	M. April 13/18.
‡12	B.	Donalan, M. 205196.	M. April 13/18.
12	B.	Duxbury, Arthur. 1788.	M. April 13/18.
12	B.	Duxbury, John W. 1789.	M. April 13/18.
‡12	B.	Hartshorne, J. 37854.	M. April 13/18.
‡12	B.	Heald, F. 397.	M. April 13/18.
12	B. VIII	Humpherson, Cpl. Walter Preston. 1162.	M. April 13—May 4/18.
*12	B.	Jow, J. Wm. 13059.	M. April 13/18.
12	B.	Knighton, L.-Cpl. S. H. 35588.	M. April 13/18.
12	B.	Lewis, A. 437.	M. April 13/18.
‡12	B.	McCormack, W. H. 1232.	M. April 13/18.
12	B.	Smith, L.-Cpl. E. 507.	W. and M. April 13/18.
12	B. V	West, F. P. 49590.	M. April 13/18.
12	B. VIII	Wood, L. 1615.	M. April 13/18.
12	B. VIII	Wright, Albert. 37820.	M. April 13/18.
‡12	C.	Bottomley, B. 1980.	M. April 13/18.
‡12	C.	Burton, W. 1777.	M. April 13/18.
‡12	C.	Charnock, S. 68.	M. April 13/18.
‡12	C.	Day, F. E. 999.	M. April 13/18.
‡12	C.	Drury, C. 1627.	M. April 13/18.
12	C.	Firth, Allan. 34114.	M. April 13/18.
‡12	C.	Hancock, J. 660.	M. April 13/18.
12	C.	Heaton, S. 1197.	M. April 13/18.
‡12	C.	Hill, J. W. 402.	M. April 13/18.
‡12	C.	Holt, J. 1019.	

December 1st, 1918.

Yorkshire Light Infantry, King's Own—contd.

B.E.F.

12 C.	Horan, Thomas. 44216.	M. April 13/18.
12 C. X	Jenkinson, J. 50649.	M. April 3-10/18.
‡12 C.	Law, H. 1636.	M. April 13/18.
‡12 C.	Liversidge, M. 671.	M. April 13/18.
‡12 C.	Lunt, J. 675.	M. April 13/18.
‡12 C.	Moyser, A. 1569.	M. April 13/18.
‡12 C.	Sadler, A. 209.	M. April 13/18.
‡12 C.	Saunders, A. 37829.	M. April 13/18.
12 C.	Smith, Henry. 1066.	M. April 13/18.
‡12 C.	Sugden, A. 212.	M. April 13/18.
12 C. XI	Sutcliffe, Bgr. E. 2151.	M. April 13/18.
12 C.	Timbrell, Wm. Alf. 12/1215.	M. April 13/18.
‡12 C.	Townsend, L.-Sgt. 97.	M. April 13/18.
‡12 C.	Varley, Sgt. C. 1578.	M. April 13/18.
12 C.	Ward, Henry. 1369.	M. April 13/18.
12 C. X	West, Fredk. John. 44755.	M. April 13/18.
‡12 C.	Wilson, J. 239.	M. April 13/18.
‡12 C.	Winter, J. W. 35985.	M. April 13/18.
12 D.	Allison, James. 34150.	M. April 13/18.
12 D.	Bergan, L.-Cpl. Chas. Roebuck. 41768.	M. about April 13/18.
‡12 D.	Bray, C. H. 34222.	M. April 13/18.
12 D.	Chennell, Allen. 890.	W. and M. April 13/18.
‡12 D.	Clarke, A. E. 204501.	M. April 13/18.
12 D. XVI	Cook, A. 40252.	M. April 13/18.
12 D.	Donohue, Pnr. Albert. 903.	M. April 13/18.
12 D.	Foreman, H. 49486.	W. and M. April 13/18.
12 D.	Hey, Harvey. 1683.	W. and M. April 13/18.
12 D. XIII	Malin, Alfred George. 204479.	M. April 13/18.
‡12 D.	Marshall, G. W. 1412.	M. April 13/18.
12 D.	Mortimer, Robert. 1041.	M. April 13/18.
12 D. XIV	Oldham, J. T. 37222.	W. and M. April 13/18.
12 D. XIII	Potter, Ernest. 204515.	M. April 13/18.
‡12 D.	Richardson, J. 44902.	M. April 13/18.
12 D.	Warne, Harold. 204521.	M. April 13/18.
‡12 D.	Watson, J. 1260.	M. April 13/18.
12 H.Q.	Griffin, John. 49491.	W. and M. April 13/18
12 ?	Asprey, Samuel. 618.	M. April 13/18.
12 ?	Carter, A. G. 12732.	W. and M. April 13/18.
12 M.G.S.	Malaure, W. 451.	W. and M. April 13/18.
*15	Pugh, 2nd Lt. D. W.	M. Oct. 7/18.

ITALY.

8 C. XII	Briggs, F. 36981.	K. June 9/18. Det.D./B.

YORK & LANCASTER REGIMENT.

B.E.F.

*2	May, 2nd Lt. W. J.	D/W. Mar. 23/18. Det.D./B.
2 A. IV	Astley, Walter. 57849.	K. Sept. 18/18. Det.D./B.
2 A. I	Bower, J. H. 23656.	W. and M. Mar. 21/18.
*2 A.	Chambers, Thomas. 57942.	M. Aug. 18/18.
*2 A. IV	Cracknell, E. 202827.	W. and M. Sept. 18/18.
2 A.	Crawshaw, C. 202516.	M. Mar. 21/18.
2 A.	Edwards, S. L. 21458.	M. Mar. 21/18.

AAA2

December 1st, 1918.

York and Lancaster Regiment—contd.

B.E.F.

‡2 A.	Falkard, Sgt. G. 7582.	M. Sept. 18/18.
2 A.	Greenwood, J. T. 150.	W. and M. Mar. 21/18.
‡2 A.	Hamilton, A. 31112.	W. and M. Mar. 21/18.
2 A.	Harrison, Wm. 242396.	M. Mar. 21/18.
2 A.	Ibinson, James. 38826.	M. Mar. 21/18. R/Enq.
‡2 A.	Isdell, J. W. 11572.	M. Sept. 18/18.
‡2 A. III	Johnson, T. 203166.	Unoff. M. Mar. 21/18.
*2 A. IV	Poole, Geo. Hutchinson. 204008.	M. Sept. 18/18.
2 A. II	Priest, W. A. 32426.	M. Mar. 21/18.
*2 A. III	Shelton, F. 202915.	M. Sept. 18/18.
2 A.	Simpson, W. 1394.	M. Mar. 21/18. R/Enq.
2 A. IV	Walker, L.-Cpl. C. 34107.	M. Mar. 21/18.
2 A.	Watson, Jack. 16063.	W. and M. Mar. 21/18.
‡2 A.	Wilson, L.-Cpl. W. C. 34008.	W. and M. Mar. 21/18.
‡2 B. VI	Clarke, Wm. 57851.	K. Sept. 18/18. Det.D./B.
2 B.	Cooper, M.M., R. 20423.	M. Mar. 21/18. R/Enq.
*2 B.	Jackson, Cpl. Edwin. 12/419.	M. Sept. 18/18.
2 B.	Palmer, C. H. 35591.	M. Mar. 21/18.
2 B.	Yates, L.-Cpl. Fred. 38091.	M. Mar. 21/18.
2 C. L.G.S.	Busby, L.-Cpl. Walter. 31060.	M. Mar. 21/18.
2 C.	Gale, J. W. 37972.	M. Mar. 21/18.
*2 C. XI	Herbert, A. E. 53543.	W. and M. Sept. 18/18.
*2 C. X	Howard, Simpson James. 34043.	W. Unoff. M. Sept. 24/18.
‡2 C.	Walker, P. 32201.	M. Mar. 21/18.
*2 C.	Watson, L.-Cpl. J. 40324.	W. Unoff. M. Sept. 18/18.
2 D.	Abbott, Sgt. Sydney Clifford. 28615.	M. Sept. 18/18.
2 D.	Beels, Arthur. 30692.	M. May 8/18.
‡2 D. XVI	Belton, F. S. 46126.	M. Sept. 18/18.
‡2 D.	Buckley, A. 28098.	M. Sept. 18/18.
*2 D. XVI	Cunningham, R. H. 205342.	M. Sept. 18/18.
‡2 D.	Harrop, W. 40375.	M. Sept. 18/18.
*2 D.	Hodgkinson, Harold. 8509.	M. Sept. 18/18.
‡2 D.	Kirby, M. C. 57883.	M. Sept. 18/18.
*2 D. XV	McPhee, D. A. 58009.	K. Sept. 8/18. Det.D./B.
‡2 D.	Moore, J. 21228.	W. and M. Mar. 21/18.
2 D.	Sharp, John. 14/100. (Fr. 10th.)	M. Mar. 21/18.
*2 ?	Folkard, Sgt. Geo. 7582.	M. Sept. 18/18.
*2 ?	Guest, Herbert. 1481.	M. Sept. 18/18.
‡2 ?	Meikle, Joseph. 58004.	W. and M. Sept. 18/18.
4	**Alty, Lieut. Daniel.** (Fr. 5 L'pools.)	M. Sept. 3-9/18.
*4	**Gilson, 2nd Lt. E. N.**	M. Oct. 13/18.
*4	**Greenwood, Lieut. J. B.** (Fr. 19th Lanc. Fus.)	W. and M. Oct. 13/18.
4 A. II	Atkinson, Ralf. 204461.	M. April 26/18.
4 A. III	Bramley, Fredk. 33098.	W. and M. April 13-14/18.
‡4 A. IV	Clarke, Jonas. 17690.	Unoff. M. Oct. 13/18.
4 A.	Courtney, Joseph Gerald. 1784.	M. April 12/18.
4 A.	Fogarty, Cyril. 238010.	M. April 14/18.
4 A. III	Oates, Cpl. Ernest. 200592.	M. April 12/18.
‡4 A.	Pert, J. H. 46674.	M. Sept. 15/18.
4 A. IV	Thompson, J. H. 32596.	W. and M. April 13/18.
4 A.	Whiteoak, Chas. Buckley. 45316.	M. April 12/18.
*4 A. IV	Winter, Harold R. 46695.	M. Sept. 17/18.
4 B. VIII	Brookfield, L.-Cpl. A. 203381.	K. April 26/18. Det.D./B
4 B. VII	Drew, Sgt. Wm. 201288. (3236.)	M. April 14/18.
4 B. VII	Giles, A. V. 38845.	W. and M. April 12/18.
4 B. VII	Hart, Arthur. 205381.	W. and M. April 12/18.
*4 B. VII	Kershaw, Jesse. 47256.	Unoff. M. Oct. 13/18.
‡4 B. V	Morton, Alfred. 202844.	K. Sept. 23/18. Det.D./B.

December 1st, 1918.

York and Lancaster Regiment—contd.

B.E.F.

4 B. VII	Morton, James. 31483.		M. **April 13/18.**
4 B. or D.	Norton, Joseph. 201806.		M. **April 13/18.**
4 B. VIII	Smith, Cpl. F. P. 28101.		M. **April 14/18.**
4 B. IV	Stables, Fred. 21982.		M. **April 26/18.**
4 B.	Symons, Cpl. C. 203145.		M. **April 26/18.**
‡4 B. VIII	Taylor, Sam. Thos. 235.		M. **Oct. 13/18.**
4 B. VII	Upton, Ernest. 203301.		M. **April 12/18.**
‡4 C. IX	Atkinson, L.-Cpl. J. W. 33331.		M. **Oct. 13/18.**
4 C. XII	Bass, E. 33508.		M. **April 12/18.**
4 C.	Beckett, Reginald. 21994.		M. **April 12/18.**
*4 C.	Goodrich, Cpl. J. E. Cyril. 12/122.		Unoff. M. **Oct. 13/18.**
4 C. XI	Harrold, Frank. 41778.		M. **April 12/18.**
*4 C. XII	Hemingway, N. S. 58233.		M. **Oct. 13/18.**
‡4 C. IX	Himsworth, Sgt. Harry. 200881.		M. **Oct. 13/18.**
‡4 C. XI	Holt, Fred. 47244..		W. Unoff. M. **Oct. 13/18.**
‡4 C.	Hornby, S. B. 57741.		M. **Oct. 13/18.**
4 C. XII	Jarman, Fred. 203188.		M. **April 12/18.**
*4 C.	Jarman, W. L. 235909.		M. **Oct. 13/18.**
‡4 C. XI	Kitching, L.-Cpl. Geo. 240102.		M. **Oct. 13/18.**
*4 C. XI	Lenney, Chas. E. 46697.		Unoff. M. **Oct. 13/18.**
4 C. X	Miller, Wallace. 37712.		M. **April 12/18.**
*4 C. XI	Murphy, Walter. 202259.		M. **Oct. 13/18.**
*4 C. IX	Muscatt, B. W. 47106.		Unoff. M. **Oct. 13/18.**
‡4 C.	Shimeld, Sgt. Frank. 203615.		M. **Oct. 3/18.**
‡4 C. XI	Todd, James. 241174.		M. **Oct. 13/18.**
4 C. X	Townsend, A. 1184.		M. **April 12/18.**
‡4 C.	Whorton, W. F. 241229.		M. **Oct. 13/18.**
4 C.	Willitt, Percy. 31548.		M. **April 12/18.**
4 D.	Allan, S/B. T. D. 242686.		M. **April 26/18.**
4 D. XVI	Clark, John Thomas. 41653.		M. **April 14/18.**
4 D. XIV	Clarke, A. C. 32474.		M. **April 12-14/18.**
4 D. XV	Cooper, Albert. 34448.		M. **April 12/18.**
4 D. XIII	Hawnt, Leonard. 203904.		W. and M. **April 12/18.**
4 D. XV	Higgs, H. E. 203387.		M **April 12/18.**
4 D. XIII	Jackson, L.-Cpl. H. 235091.		M. **April 14/18.**
4 D. XIII	Jefferies, Cpl. F. 203600.		M. **April 12/18.**
*4 D. XIII	Kingsnorth, Arthur Henry. 46615.		M. **Oct. 13/18.**
4 D.	Lawson, J. 41986.		M. **April 12/18.**
4 D.	Marshall, E. H. 33377.		M. **April 12/18.**
‡4 D.	Mason, Aiden. 46667.		M. **Oct. 13/18.**
4 D. XIII	Nixon, L.-Cpl. H. H. 203398.		M. **April 14/18.**
‡4 D. XV	Ramsden, J. 46977.		M. **Oct. 13/18.**
4 D. XIV	Reynolds, Sam. 241924.		M. **April 12/18.**
‡4 D.	Simm, T. G. 57764.		M. **Oct. 13/18.**
4 D. XV	Travis, Walter. 241878.		M. **April 12/18.**
4 D. XVI	Whitehead, L.-Cpl. A. G. 203276.		M. **April 12/18.**
4 D. XIV	Wright, Sidney Victor. 33417.		M. **April 26/18.**
*4 ?	Binney, J. Y. 37722.		Unoff. M. **Oct. 13/18.**
4 ?	Clayton, T. 242073.		M. **April 6/18.**
4 ?	Davis, W. 21976.		M. **April 29/18.**
4 ?	Grant, W. 200330.		M. **April 14/18.**
4 ?	Green, Dmr. A. 235808.		W. and M. **April 26/18.**
4 ?	Helm, Edw. 242785.		M. **April 12/18.**
4 ?	Jackson, Geo. 241932.		M. **April 13/18.**
*4 ?	Parkinson, J. E. 12/1290.		Unoff. M. **Oct. 13/18.**
4 ?	Pettett, Asaph Thos. 9593.		W. and M. **April 12/18.**
4 Scout S.	Smith, Fred. Herbt. White. 204217.		M. **April 13/18.**
4 ?	Westlake, George. 200290.		M. **April 12-14/18.**
4 ?	Wiles, Willie. 201090.		W. and M. **April 26/18.**

December 1st, 1918.

York and Lancaster Regiment—contd.

B.E.F.

*4 Sig. S.		Wilson, H. 22163.	Unoff. M. Oct. 13/18.
‡4 ?		Wragg, Chas. Herb. 37529. (Sig.)	Unoff. M. Oct. 13/18.
2/4		Seddon, 2nd Lt. H. (Fr. 5 Lancs. Fus.)	K. Aug. 25/18. Det.D./B.
2/4 A.	II	Ackersley, Wm. 58164.	M. Aug. 9/18.
*2/4 A.		Barrass, Cpl. Ralph. 20969.	M. Aug. 25/18.
2/4 A.	II	Brown, Ronald B. 881.	W. Unoff. M. July 20/18.
2/4 A.	III	Cranmer, T. D. 34940.	M. July 20/18.
2/4 A.		Crossland, Alb. 204734.	W. Unoff. M. July 20/18.
2/4 A.	I	Garner, Thos. Geo. 58098.	M. Sept. 2/18.
2/4 A.	II	Hanson, H. 23673.	W. and M. July 20/18.
2/4 A.		Hunt, Arthur. 240405.	W. Unoff. M. July 20/18.
‡2/4 A.		Lee, N. G. 55657.	M. Aug. 25/18.
2/4 A.		Lee, Wallace Genever. 67792.	M. Aug. 25/18.
2/4 A.		Moorhouse, W. 32297.	K. July 21/18. Det.D./B.
2/4 A.	III	Pickard, Ernest 202733.	M. July 20/18.
‡2/4 A.		Ritchie, F. 55663.	M. Aug. 25/18.
2/4 A.		Vernon, Wm. 202379.	M. July 20/18.
2/4 A.	IV	White, Cpl. Jos. Edw. 201543.	M. Aug. 25/18.
2/4 A.	I	Williamson, J. H. 203034.	M. July 10/18.
2/4 A.	I	Williamson, L.-Cpl. Wm. A. 202540.	W. and M. July 20/18.
‡2/4 A.		Wilson, J. 32924.	M. Aug. 25/18.
*2/4 B.	V	Armstrong, E. 57612.	K. Sept. 27/18. Det.D./B.
2/4 B.		Booth, F. 17224.	M. July 21/18.
‡2/4 B.		Colley, R. 55638.	M. Sept. 2/18.
2/4 B.	V	Garbutt, Percy. 41797.	K. July 21/18. Det.D./B.
2/4 B.		Hardwick, T. H. 17876.	M. July 21/18.
2/4 B.	VI	Harrison, Wm. 44050.	M. July 31/18.
*2/4 B.		Howe, L.-Cpl. T. W. 37633.	Unoff. K. Aug. 29/18.
*2/4 B.	VIII	Hurton, A. 45593.	M. Sept. 29/18.
2/4 B.	VII	Kelsey, L.-Cpl. Henry. 202568.	M. July 21/18.
‡2/4 B.		Lambert, W. 55751.	M. Sept. 2/18.
*2/4 B.		Moyle, L.-Cpl. Stanley. 57607.	M. Sept. 2/18.
2/4 B.	V	Ripley, J. 235793.	M. July 21/18.
*2/4 B.		Stewart, Joseph. 58135.	W. Unoff. M. Sept. 2/18.
2/4 C.	XII	Brooks, J. E. 1195.	W. Unoff. M. July 20/18.
2/4 C.		Clubley, Cpl. Wm. 32865.	W. Unoff. M. July 20/18.
‡2/4 C.		Everitt, T. 55640.	M. Sept. 2/18.
*2/4 C.	IX	Herbert, Alex. 34739.	M. July 20/18.
*2/4 C.	XII	Hobbs. A. J. 31614.	W. Unoff. M. Sept. 2/18.
2/4 C.	IX	Howarth, Reuben. 202454.	M. Aug. 26/18.
‡2/4 C.		McAuliffe, A. 55702.	M. Aug. 26/18.
2/4 C.		McEvoy, Jack. 19616.	M. July 20/18.
2/4 C.		Metcalfe, J. 32896.	M. July 20/18.
2/4 C.		Moxon, Harry. 40216.	Unoff. W. and M. July 20/18.
2/4 C.		Mumby, Sgt. C. E. 240869.	W. Unoff. M. Aug. 26/18.
‡2/4 C.		Oram, R. E. 35578.	M. Aug. 26/18.
2/4 C.		Parsons, L.-Sg. Joseph. 203128.	W. Unoff. M. July 22/18.
2/4 C.		Priestley, S. A. 32814.	W. Unoff. M. July 20/18.
2/4 C.	XI	Quinn, T. 33256.	W. and M. Mar. 26/18.
2/4 C.		Ranyard, W. W. 44004.	M. July 20/18.
‡2/4 C.		Rhodes, F. 55740.	M. Sept. 2/18.
2/4 C.		Richardson, Cpl. Bernard. 201301.	M. July 20/18.
2/4 C.	X	Shawcross, Alfred. 58035.	M. Sept. 2/18.
2/4 C.		Shirley, Sgt. Geo. 201109.	M. Aug. 26/18.
2/4 C.	XII	Shuttleworth, Fred. 58032.	M. Sept. 2/18.
2/4 C.		Smith, J. E. 202653.	W. and M. July 24/18.
2/4 C.	IX	Taylor, Harry. 58141.	W. Unoff. M. Sept. 2/18.
2/4 C.	IX	Townsin, A. C. 38318. (Fr. 8th.)	W. and M. Mar. 28/18.

December 1st, 1918.

York and Lancaster Regiment—contd.

B.E.F.

‡2/4 C.	Unwin, H. 55718.	M. Aug. 26/18.
‡2/4 C. IX	Whitton, G. H. 45836.	K. Sept. 12/18. Det.D./B.
*2/4 C.	Wrighton, E. 235803.	M. Sept. 12/18.
*2/4 D. XIV	Bennett, A. E. 55746.	W. Unoff. M. Aug. 25/18.
2/4 D.	Bingham, J. W. 204832.	M. July 20/18.
2/4 D.	Bramall, L.-Sgt. Frank. 201448.	M. July 20/18.
2/4 D.	Brown, Robert. 32862.	M. July 20/18.
2/4 D. XIII	Chadwick, J. 42148.	W. Unoff. M. July 20/18.
2/4 D.	Heathcote, Walter. 202487.	W. Unoff. M. July 20/18.
2/4 D.	Machin, L.-Cpl. Richd Geo. 202971.	M. July 20/18.
2/4 D. XII	Sisson, John. 58136.	W. Unoff. M. Sept. 2/18.
2/4 D. XVI	Staton, John. 34177.	M. July 20/18.
‡2/4 D.	Townend, A. 55758.	M. Sept. 2/18.
2/4 D. XVI	Townend, Arthur. 55194.	M. Sept. 2/18.
2/4 ?	Bell, W. 58003.	M. Sept. 2/18.
‡2/4 ?	Challoner, C. 58189.	M. Sept. 2/18.
‡2/4 ?	Dalby, J. 58425.	M. Sept. 12/18.
‡2/4 ?	Fieldsend, J. 58200.	M. Sept. 2/18.
2/4 ?	Grayson, Ernest. 202748.	W. Unoff. M. July 20/18.
2/4 ?	Green, John R. 58097.	K. Sept. 2/18. Det.D./B.
2/4 ?	Holdsworth, A. 240911.	W. Unoff. M. July 20/18.
*2/4 ?	Johnson, Charles. 240866.	M. Aug. 26/18.
2/4 ?	Jones, Harry. 58111.	W. Unoff. M. Sept. 2/18.
‡2/4 ?	Moore, J. 58137.	M. Sept. 2/18.
2/4 ?	Paramor, Ralph. 32901.	M. Sept. 2/18.
*2/4 ?	Richmond, Harold. 58307.	M. Sept. 13/18.
2/4 ?	Smalley, G. 55778.	M. Aug. 25/18.
2/4 ?	Smith, Morris. 24476.	M. July 21/18.
2/4 ?	Spouse, Harry. 45858.	M. July 21/18.
2/4 ?	Stafford, James. 20179.	W. Unoff. M. Aug. 25/18.
*2/4 ?	Stork, C. C. 57545.	M. Sept. 2/18.
‡2/4 ?	Wallace, W. W. 57585.	M. Sept. 2/18.
‡2/4 ?	Young, T. 57587.	M. Sept. 15/18.
5	**Ambler, 2nd Lt. E.**	K. April 26/18. Det.D./B.
5	**Burkinshaw, 2nd Lt. H. T.**	M. Sept. 19/18.
5 A.	Beatson, W. 37926.	M. April 26/18.
5 A. IV	Bird, Wilfred. 241468.	W. and M. April 26/18.
5 A. IV	Bradbury, L.-Cpl. H. 241611.	M. April 27/18.
5 A. III	Broadbent, T. W. 44085.	M. April 19/18.
5 A.	Case, Sgt. J. W. 220582.	K. April 6-18/18. Det.D./B.
5 A. IV	Cox, Joseph H. 241437.	M. April 11-15/18.
5 A. I	Duroe, Francis. 204658.	M. April 11/18.
5 A. III	Guest, Arthur. 43771.	W. Unoff. M. April 18/18.
*5 A. IV	Hutchinson, Percy C. F. 18576.	M. April 26/18.
5 A.	Jackson, Edward. 241686.	W. and M. April 16-18/18.
5 A. II	Miller, William. 201923.	K. April 11-15/18. Det.D./B.
5 A.	Pollard, G. W. 242795.	M. April 17/18.
5 A. I	Relph, Cyril. 12/2003.	W. and M. April 26/18.
5 A. I	Ruston, Harry. 241452.	M. April 11-13/18.
5 A.	Stephenson, C. C. 31514.	W. and M. April 16/18.
5 A.	Tingle, Wm. 241208.	W. and M. April 26/18.
5 A. III	Tyas, Herbert. 42118.	K. April 11-15/18. Det.D./B.
5 A. III	Williamson, L.-Cpl. John. 21262.	Unoff. W. and M. April 17/18.
*5 A. III	Woods, W. 235670.	Unoff. M. Oct. 13/18.
5 B. VIII	Carroll, J. 242739.	W. and M. April 16-18/18.
5 B. V	Crane, George. 241422.	M. April 11/18.
5 B. V	Durose, Cpl. F. 240532.	M. April 8/18.
*5 B.	Ellis, Fred. 44087.	W. Unoff. M. Sept. 12-15/18.
5 B.	Flatters, Wm. Edw. 44799.	W. and M. April 11-19/18.

December 1st, 1918.   811

York and Lancaster Regiment—contd.

B.E.F.

‡5 B. VII	Taylor, Ern. Rowley. 47299.	M. Oct. 13/18.
5 B.	Thompson, A. 10996.	W. and M. April 11-15/18.
5 C. XI	Bates, C. 204733.	W. and M. April 11-15/18.
5 C.	Crombie, Robert. 26006.	W. and M. April 19/18,
5 C. XI	Flint, C. A. 204396.	M. April 11-15/18.
*5 C.	Kelk, Sgt. R. 240251.	M. April 12/18.
5 C. X	Liversedge, Tom. 205256.	M. April 11-15/18.
5 C. XI	Long, S. 19688.	W. and M. April 11-15/18.
5 C. X	Spencer, C. 44002.	W. and M. April 27/18.
5 C. XII	Swift, L.-Cpl. F. 242091.	M. April 11-15/18.
5 C. X	Whitehead, Arthur. 204818.	M. April 11-15/18.
*5 D. XIV	Batchelor, H. J. 47506.	Unoff. M. Oct. 13/18.
5 D. XV	Cartwright, Ben. 242144.	W. and M. April 11-15/18.
*5 D. XIV	Clarke, Robert. 1337.	M. Oct. 13/18.
*5 D. Sig. S.	Clode, H. W. 46596.	Unoff. M. Oct. 13/18.
*5 D. XIV	Doughty, Osmond. 45571.	Unoff. M. Oct. 13/18.
*5 D.	Dunn, E. 47378.	Unoff. M. Oct. 13/18.
5 D.	Fraser, O. 34254.	M. April 26-29/18.
*5 D. XVI	Gibbs, R. H. 22893.	Unoff. M. Oct. 13/18.
5 D. XIII	Greenwood, Ernest. 204880.	M. April 12/18.
5 D.	Halmshaw, Herb. 235281.	W. and M. April 11-15/18.
5 D. XIII	Harlow, Harold. 242111.	W. Unoff. M. April 15/18.
5 D.	Oakton, Albert. 241409. (Fr. H.Q.)	M. April 26/18.
*5 D.	Senior, Matthew. 43399.	Unoff. M. Oct. 13/18.
5 D. XVI	Smith, Walter Godfrey. 204898.	W. and M. April 11-15/18.
‡5 D. XV	Swan, L.-Cpl. W. 34407.	W. Unoff. M. Oct. 13/18.
5 D. XIII	Tomlinson, C. T. 31531.	W. and M. April 11-15/18.
5 D. XVI	Watson, Joseph Arthur. 204770.	K. April 11/18. Det.D./B.
5 D.	Wigglesworth, Geo. 26102.	M. April 15/18.
5 H.Q.	Heppinstall, Cpl. Geo. 240470.	M. April 13/18.
5 H.Q.	Lee, Nicholas. 242604. (Sig. S.)	M. April 11/18.
5 H.Q.	Rusby, Sig. Newton. 242418.	M. April 11/18.
5 H.Q.	Stephenson, Francis. 241970.	W. and M. April 16-18/18.
5 ?	Duncan, K. 242342.	M. Mar. 26/18.
5 Trans. S.	Hall, G. E. 204580. (Fr. „th.)	W. and M. April 18/18.
5 ?	Hutchinson, Fredk. 40187.	K. April 29/18. Det.D./B.
5 ?	Pitt, W. D. 35582.	M. April 11-15/18.
5 ?	Taylor, J. E. 48318.	M. May 22/18.
5 ?	Taylor, J. T. 1300.	M. April 11-15/18.
5 ?	Taylor, Jas. 35736.	M. April 11/18.
5 ?	Walker, W. A. E. 242777.	M. April 29/18.
5 ?	Wilson, Herb. Fredk. 16467.	M. April 11-19/18.
5 ?	Yearwood, J. 18451.	M. April 11-15/18.
2/5 D. XIV	Hughes, Chas. 205388.	M. April 12/18.
*6 A. IV	Belson, O. 33944.	Unoff. M. Oct. 16/18.
‡6 A. or B.	Cook, H. 31768.	W. Unoff. M. Oct. 1/18.
‡6 A. IV	Rowland, Frank. 22033.	M. Oct. 1/18.
‡6 B. VI	Bennett, C. L. 45640.	M. Oct. 1/18.
6 B. V	McConkey, Albert. 20535.	M. Sept. 8/18.
*6 D.	Bates, L.-Cpl. T. 14107.	W. and M. Oct. 1/18.
‡6 D. XVI	Boothroyd, John. 33032.	M. Nov. 1/18.
7 A. I	Coombes, J. R. 235859.	M. Mar. 25/18.
7 A.	Waterworth, Geo. 11510.	W. and M. Mar. 25/18.
7 B.	Atkinson, J. 235825.	M. Mar. 25/18.
‡7 B.	Harvey, A/Cpl. B. 13304.	M. Mar. 25/18.
‡7 B.	Jeffcock, Ernest. 698.	W. and M. Mar. 25/18.
7 C. XII	Johnson, A. 31312.	M. Mar. 25/18.
7 D.	Wilkinson, G. H. 12433.	W. and M. Mar. 25/18.
7 ?	Wright, L.-Cpl. W. C. 35373	W. and M. Mar. 25/18.

December 1st, 1918.

York and Lancaster Regiment—contd.

B.E.F.

10 ?		Cargreaves, Tom. 17363.	M. Mar. 21/18.
13 A. or B.		Barker, H. 32062.	W. and M. Mar. 27/18.
13 A.		Brown, Frank. 45283.	Unoff. M. April 12/18.
13 A. III		Fuller, Frank. 235626.	M. Mar. 27/18.
13 A.		Groark, James. 19677.	W. and M. April 12/18.
13 A.		Ireland, Richard. 46202.	M. April 12/18.
13 A.		Jones, Lloyd. 1244.	M. June 28/18.
13 A. II		Lees, Norman. 45326.	M. April 12/18.
13 A. or C.		Lucas, R. H. 205461.	M. Mar. 27/18.
13 A.		Rhoden, J. 53559.	M. Sept. 18/18.
13 A. III		Roberts, Rich. Percy. 235466	M. April 12/18.
13 A.		Statham, A. 40459.	M. April 12/18.
13 A. III		Thompson, Saml. Wilson. 242427.	M. April 12/18.
13 B. VI		Ardron, Ernest. 26.	M. April 12/18.
13 B. VII		Benton, L.-Cpl. E. A. 45234.	M. June 28/18.
13 B. V		Bonell, John. 39483.	M. June 27/18.
13 B. VIII		Dent, A.-Cpl. James. 266.	M. June 28/18.
13 B. VI		Downes, Walter Leslie. 37575.	M. April 12/18.
13 B. VII		Mitton, James. 46209.	M. June 28/18.
13 B. V		Moxon, L.-Cpl. Fred. 13/1276.	W. and M. April 11/18.
13 B.		Scarfe, Sgt. George. 1283.	M. April 12/18.
13 B. VII		Waddington, Wm. 692.	M. June 27/18.
13 B.		Walshaw, Geo. Lionel. 45192. (Fr. 2/5.)	M. April 12/18.
13 C.		Barnett, James. 508.	M. April 12/18.
13 C. XI		Brown, Chas. Elnit. 45237.	M. April 12/18.
13 C. XII		Chadburn, Sgt. Theo. 201768.	M. April 12/18.
13 C.		Charlton, James. 34875.	M. April 12/18.
‡13 C.		Clark, G. 9950.	M. Mar. 24/18.
13 C.		Cooper, H. 38011.	M. Mar. 27/18.
13 C.		Devlin, Frank. 33391.	M. April 12/18.
13 C. XII		Dyson, L.-Cpl. Albert. 14229.	M. April 12/18.
*13 C. L.G.S.		Eastell, Farr W. 235725.	M. April 12/18.
13 C.		Fisher, Charles E. 45215.	M. April 12/18.
13 C.		Fyffe, A. E. 108. (Fr. 12th.)	M. Mar. 27/18.
13 C. XII		Greenfield, Percy Wm. 31285.	W. and M. April 12/18.
13 C. X		Harte, M. 37659.	M. July 13/18.
13 C.		Irons, Percy Wm. 39105.	M. April 12/18.
13 C.		Jowett, Alfred. 31632.	M. Mar. 27/18.
13 C. X		Lowe, Vincent. 27618.	M. April 12/18.
13 C.		Mark, Cpl. R. W. 33539.	M. April 12/18.
13 C.		Matthews, Sig. Frank. 42508.	M. April 12/18.
13 C. XI		Nicholson, W. H. 1012.	M. April 12/18.
‡13 C. IX		Read, A. E. 235653.	M. Mar. 27/18.
13 C. XIII		Sharman, Isaac. 31899.	M. April 12/18.
13 C. X		Slater, W. J. 235341.	M. April 12/18.
‡13 C.		Swann, E. 201072.	M. Sept. 18/18.
13 C. XII		Tasker, J. W 46283.	M. April 12/18.
13 C.		Taylor, Albert. 235722.	M. Mar. 27/18.
13 C.		Todd, F. W. 203664.	M. Mar. 27/18.
13 D.		Bratton, Alex. 45287.	M. April 12/18.
13 D. XVI		Burdin, C. 53601.	M. Sept. 18/18.
13 D.		Chaddock, Cpl. Wm. Myring. 12/1337	M. April 12/18.
‡13 D.		Fiddler, T. 242574.	M. Sept. 18/18.
13 D.		Fletcher, G. 870.	W. and M. April 12/18.
13 D.		Follows, A. Samuel. 46474.	M. April 12/18.
13 D.		Froggatt, Sgt. J. S. 12/372.	W. and M. April 12/18.
13 D.		Hall, John Wm. (Fr. W. Yorks.)	M. April 12/18.
13 D.		Hollis, Cpl. W. 414.	M. April 12/18.

December 1st, 1918.

York and Lancaster Regiment—contd.

B.E.F.

13 D.	Hussey, Ern. W. 46486.	M. April 12/18.
‡13 D.	Lowe, J. 45252.	M. Sept. 18/18.
13 D.	Poskitt, Tom 1139. (84400.)	M. April 12/18.
13 D. XIV	Rhodes, Wilfred. 45274.	M. Unoff. K. April 12/18
13 D. XV	Walsh, H. 203728.	M. April 13/18.
‡13 D.	Wilkinson, G. H. 57882.	M. Sept. 18/18.
13 ?	Beever, Harry. 45290.	M. April 12/18.
13 ?	Bocock, Edmund Oliver. 59394.	M. April 12/18.
13 ?	Colbenson, Sam. 46250.	M. June 28/18.
13 ?	Crosfill, Walter. 46274.	M. April 12/18.
13 ?	Dawson, F. 31588.	M. Mar. 26/18.
13 ?	Follows, H. 31610.	M. April 12/18.
13 ?	Jubb, Sid. Fred. 46487.	M. April 12/18.
13 ?	Loach, Thomas. 46491.	M. April 12/18.
13 ?	Natfield, F. Nelson. 77412. (Fr. 18th D.L.I.)	M. April 16/18.
13 ?	Ogle, Geo. 46346.	W. and M. April 12/18.
13 ?	Steele, L.-Cpl. E. 24389.	W. and M. June 27/18.
13 ?	Timms, Albert. 12/801.	M. April 12/18.
13 ?	Unwin, L.-Cpl. Reg. 12/535.	M. April 12/18.
13 ?	Watson, Herbert Jas. 46242.	M. April 12/18.

BALKANS.

1 ?	Holgate, C. 38450.	M., bel. K. April 15/18.

ITALY.

9 D.	Anderson, L.-Cpl. R. T. 34471.	M. June 15/18.
9 D.	Cassy, D. A. 302125.	M. June 15/18.
9 D.	Chambers, Herb. 38171.	M. June 15/18.
9 D.	Cook, J. 34574.	M. June 15/18.
9 D.	Green, H. 34484.	M. June 15/18.
9 D.	Joy, J. W. 235381.	M. June 15/18.
9 D.	Race, A. 32517.	M. June 15/18.
9 D.	Robson, L.-Cpl. B. 235486.	M. June 15/18.
9 D.	Vollans, S. 683.	M. June 15/18.

THIS LIST CANCELS ALL PREVIOUS LISTS.

AUSTRALIAN BRANCH

British Red Cross
AND
Order of St. John.

ENQUIRY LIST.
DECEMBER 1st, 1918.

MEDITERRANEAN, FRANCE AND BELGIUM.

36, GROSVENOR PLACE,
LONDON, S.W.1.

Telephone: Victoria 8576.
8577.
8578.
Ext. 7 & 8.

December 1st, 1918.

AUSTRALIAN IMPERIAL FORCES.

The names with ‡ are New Enquiries; those with * have appeared in the Supplement of November 15th, 1918.

THE FOLLOWING ABBREVIATIONS ARE USED:—

C.Q.M.S.	Company-Quarter-Master-Sergeant.	L.G.S. ...	Lewis Gun Section.
C.S.M. ...	Company-Sergeant-Major.	M.G.S. ...	Machine Gun Section.
Det. D/B.	Details Death and Burial asked.	R/Enq. ...	Renewed Enquiry.
D/Dis. ...	Died of Disease.	R.S.M. ...	Regimental-Serjeant-Major.
D/W ...	Died of Wounds.	S/B ...	Stretcher-bearer.
H.Q. ...	Headquarters.		

1st BATTALION A.I.F.

Co.		
	Adams, D. 6701.	K. Aug. 23/18. Det.D./B.
	Brown, A. F. 1010.	K. June 10/18. Det.D./B.
	Bull, Lieut. L. M.	K. Sept. 18/18. Det.D./B.
	Burke, R. J. 6708.	K. July 12/18. Det.D./B.
	*Chapman, L.-Cpl. W. 6960.	K. Sept. 18/18. Det.D./B.
	Davis, J. S. 1024.	K. April 17/18. Det.D./B.
	‡Fenwick, E. 7728.	K. Aug. 25/18. Det.D./B.
	Furner, V. R. R. 2854.	D/W. May 26/18. Det.D./B.
A.	‡Gosper, Cpl. L. J. 6012.	K. Sept. 18/18. Det.D./B.
	Hauber, H. E. 1920.	K. April 16/18. Det.D./B.
	Heavey, G. P. 2160.	D/W. April 17/18. DetD./B.
	‡Hyde, G. 4035.	K. Sept. 18/18. Det.D./B.
	‡Hunia, W. 3068A.	K. July 7/18. Det.D./B.
	Kelly, R. C. 5726.	K. Aug. 23/18. Det.D./B.
	‡Kiley, T. 7511.	K. Sept. 18/18. Det.D./B.
	Langman, E. H. 3816.	K. July 12/18. Det.D./B.
	Laracy, Lieut. F. P.	M., bel. drowned, R.M.S. Leinster, Oct. 10/18.
	*McGirr, P. E. 7540.	K. April 15/18. Det.D./B.
	Matthias, R. 4037.	K. Aug. 23/18. Det.D./B.
	Melville, H. F. 3871.	K. Aug. 23/18. Det.D./B.
	Morton, G. M. 3408.	K. Aug. 23/18. Det.D./B.
	*Perrett, E. S. 7775.	K. Aug. 23/18. Det.D./B.
	‡Perry, J. A. K. 7772.	D/W. Aug. 24/18. Det.D./B.
	‡Peterkin, W. J. 7025.	K. Sept. 21/18. Det.D./B.
	‡Rose, H. R. 3623.	K. Sept. 18/18. Det.D./B.
	*Rostron, A. 3157.	K. Aug. 11/18. Det.D./B.
	‡Row, J. R. 873.	K. Sept. 18/18. Det.D./B.
	‡Smith, A. 1130.	K. Sept. 18/18. Det.D./B.
	Throwden, H. J. 7837.	K. Aug. 23/18. Det.D./B.

December 1st, 1918.

2nd BATTALION A.I.F.

Co.
‡Andrews, W. T. 6749.	D. Oct. 20/18. Det.D./B.
Bellam, J. C. 6467.	D/W. June 28/18. Det.D./B.
‡Brown J. W. 2072.	K. Aug. 13/18. Det.D./B.
‡Cameron, J. W. 4468.	D/W. Aug. 28/18. Det.D./B.
Chant, J. 6485.	K. April 17/18. Det.D./B.
‡Clout, E. W. 6233.	K. Aug. 23/18. Det.D./B.
‡Cook, E. T. 6723.	K. Sept. 18/18. Det.D./B.
‡Davis, W. T. 6732.	K. Aug. 23/18. Det.D./B.
Ede, A. S. 7707.	K. Aug. 23/18. Det.D./B.
Edwards, A. P. 4343.	K. June 18/18. Det.D./B.
‡Fergusson, A E. 4488.	K. Aug. 23/18. Det.D./B.
‡Francis, R. S. 411.	K. Sept. 18/18. Det.D./B.
Franklin, J. B. 4487.	K. April 14/18. Det.D./B.
‡Gilbert, L. F. 7716.	D/W. Sept. 18/18. Det.D./B.
Harris, G. 7556.	K. April 23/18. Det.D./B.
‡Hines, W. T. 786.	K. Sept. 18/18. Det.D./B.
‡Hood, N. C. E. 7726.	K. Sept. 18/18. Det.D./B.
*Johnson, Cpl. G. V. 4346	K. Sept. 11/18. Det.D./B.
‡Johnstone, D. 6033.	K. Sept. 18/18. Det.D./B.
‡Kane, G. T. 7493.	D/W. Sept. 5/18. Det.D./B.
‡Kelly, J. J. 5266.	K. Sept. 18/18. Det.D./B.
‡Kirby, J. 5716.	D/W. Sept. 25/18. Det.D./B.
‡Nyman, A. 7021.	K. Sept. 11/18. Det.D./B.
Palmer, H. W. 6859.	K. Aug. 15/18. Det.D./B.
Pierce, A. M. 121A.	K. Aug. 23/18. Det.D./B.
‡Quelch, G. R. 530.	K. Sept. 18/18. Det.D./B.
‡Sheen, Lieut. S. J.	D. Sept. 20/18. Det.D./B.
*Soloman, W. 2682.	K. Aug. 23/18. Det.D./B.
A. Stephenson, Sgt. J. C. 790.	K. June 26/18. Det.D./B.
‡Strafford, T. F. 4261.	K. Sept. 18/18. Det.D./B.
Talbot, M.M., H. 4276.	K. Mar. 10/18. Det.D./B.
‡Titterdon, E. C. C. 2250.	D/W. Aug. 23/18. Det.D./B.

3rd BATTALION A.I.F.

Amodes, A. S. 2779.	K. Aug. 9/18. Det.D./B.
‡Badger, A. 3687.	D/W. Aug. 3/18. Det.D./B.
‡Cambage, M. C. 2776.	K. Sept. 18/18. Det.D./B.
‡Carlington, J. M. 6888.	K. Aug. 23/18. Det.D./B.
Casey, T. B. 1916.	K. June 24/18. Det.D./B.
Cheadle, G. 2732	K. Aug. 22/18. Det.D./B.
Clark, D. F. 2297.	K. June 24/18. Det.D./B.
‡Clarke, J. R. 7463.	K. Sept. 18/18. Det.D./B.
Coleman, E. V. 5663.	K. Aug. 23/18. Det.D./B.
Collins, J. W. 3029.	D/W. Aug. 25/18. Det.D./B.
Doherty, P. 7469.	K. Aug. 23/18. Det.D./B.
‡Doyle, W. J. 1107A	K. Aug. 9/18. Det.D./B.
Finucane, F. 7241.	K. Aug. 23/18. Det.D./B.
‡Fitt, F. H. 7243.	K. Aug. 23/18. Det.D./B.
Fleming, J. 7596.	K. June 20/18. Det.D./B.
‡Gjessing, A. 7250.	D/W. Aug. 23/18. Det.D./B.
‡Griffiths, J. H. 7243.	K. Aug. 23/18. Det.D./B.
Hatton, P. J. 7489.	K. Aug. 23/18. Det.D./B.
‡Hudson, R. W. 7263.	K. June 21/18. Det.D./B.
Jeffery, J. 3132.	K. April 17/18. Det.D /B.
‡Johns, J. A. 5690.	K. Aug. 23/18. Det.D./B.
Kesham, Lieut. M. M.	K. Aug. 23/18. Det.D./B.
‡Kyle, A. R. 7497.	K. Sept. 18/18. Det.D./B.

December 1st, 1918.

3rd Battalion A.I.F.—contd.

Co.

Leclerc, H. O. 2361.	K. Aug. 9/18. Det.D./B.
‡Lillie, E. D. 7499.	K. Sept. 19/18. Det.D./B.
*McDonald, Lieut. C. J.	D/W. Sept. 15/18. Det.D./B.
‡McGeorge, C. F. 6858.	K. May 4/18. Det.D./B.
McGrath, W. 5148.	D/W. Aug. 23/18. Det.D./B.
Mackie, C. J. 3142.	K. Aug. 23/18. Det.D./B.
Morrison, G. 2734.	K. Aug. 22/18. Det.D./B.
Morrison, J. D. 2645.	K. Aug. 23/18. Det.D./B
‡Mutton, S. H. 7515.	K. Sept. 21/18. Det.D./B.
‡Pascoe, W. R. 7558.	D/W. Aug. 15/18. Det.D./B.
‡Pakes, R. P. 5720.	K. Sept. 18/18. Det.D./B.
‡Polson, E. S. 7053.	K. April 14/18. Det.D./B.
Rohan, J. C. 6083.	K. April 14/18. Det.D./B.
‡Ryan, H. R. V. 2865.	K. Sept. 21/18. Det.D./B.
Sanderson, J. J. 6565.	K. Aug. 23/18. Det.D./B.
‡Smith, A. J. 3978.	K. June 24/18. Det.D./B.
Smith, E. K. 5184.	K. April 14/18. Det.D./B.

This case missed lists last year.

Watterson, J. W. 24.	D/W. May 7/17. Det.D./B.

4th BATTALION A.I.F.

Allen, G. L. C. 7436.	K. July 10/18. Det.D./B.
‡Atkinson, A. 2558.	K. Sept. 11/18. Det.D./B.
Blade, J. 6849.	M. Sept. 11/18.
‡Boast, T. 1448.	K. Sept. 19/18. Det.D./B.
‡Bradshaw, T. E. 7454.	D/W. Sept. 11/18. Det.D./B.
*Bruce, R. H. 2787.	K. Aug. 23/18. Det.D./B.
Collins, J. D. 7460.	M. Sept. 11/18.
*Gillman, A. W. 6731.	M. Sept. 13/18.
‡Gray, A. 6271.	K. Aug. 23/18. Det.D./B.
‡Guider, J. H. 7473.	K. Sept. 11/18. Det.D./B.
Hughes, J. E. G. 3789.	M. April 16/18.
Kay, J. 6744.	K. Aug. 23/18. Det.D./B.
Lukeman, W. J. 240.	K. Aug. 23/18. Det.D./B.
McCreanor, F. 3180.	M. Sept. 11/18.
‡McLeod, K. N. 3182.	K. Sept. 18/18. Det.D./B.
McMahon, C. M. 6579.	M. April 16/18.
‡Mahy, F. E. 3170.	D/W. Sept. 11/18. Det./D.B.
Maitland, H. G. M. 3823.	K. April 16/18. Det.D./B.
Mercer, A. 6305.	K. Aug. 23/18. Det.D./B.
‡Miller, R. 452.	D/W. Aug. 23/18. Det.D./B.
*Poulton, O. J. 7519.	K. July 11/18. Det.D./B.
Reader, W. 5204.	M. Sept. 18/18.
Richards, W. J. 1650.	K. April 16/18. Det.D./B
Roberts, E. R. K. 6078.	K. April 16/18. Det.D./B.
Stevens, A. L. 7839.	K. Aug. 23/18. Det.D./B.
Taylor, H. A. 2850.	K. April 16/18. Det.D./B.
Wicht, C. H. 7542.	M. Sept. 11/18.

December 1st, 1918.

Co.

5th BATTALION A.I.F.

Aird, A. R. 7116.	D/W. Aug. 26/18. Det.D./B.
‡Bray, J. 236B.	K. Aug. 23/18. Det.D./B.
‡Cleland, W. 240B.	K. Aug. 9/18. Det.D./B.
Clotz, F. M. 7464.	K. Aug. 10/18. Det.D./B.
Coombes, G. 7215.	D/W. Aug. 10/18. Det.D./B.
*Easton, L. S. 6489.	D/W. Aug. 10/18. Det.D./B.
Eishold, O. 7475.	K. Aug. 11/18. Det.D./B.
Ferguson, J. J. 5371.	D/W. Aug. 12/18. Det.D./B.
Flanagan, G. 3814.	K. Aug. 9/18. Det.D./B.
Fullerton, S. D. 5375.	K. Aug. 23/18. Det.D./B.
‡Ginger, F. 7254.	K. Aug. 23/18. Det.D./B.
Hancock, E. C. 3845.	D/W. Aug. 23/18. Det.D./B.
*Horwood, W. H. 7025.	K. Aug. 23/18. Det.D./B.
Hyland, G. 1764.	K. Aug. 9/18. Det.D./B.
McIntosh, D. S. 900.	K. Aug. 10/18. Det.D./B.
McKenzie, C. C. 7347.	K. Aug. 11/18. Det.D./B.
Moore, L. W. 2520.	D/W. April 26/18. Det.D./B.
‡Perry, R. 5424.	K. Aug. 23/18. Det.D./B.
‡Tapson, L. V. 7565.	K. Aug. 23/18. Det.D./B.
Taylor, F. M. 6821.	D/W. Aug. 25/18. Det.D./B.
Tighe, F. P. 6594.	K. Aug. 9/18. Det.D./B.
‡Wallace, T. R. 7589.	K. Sept. 23/18. Det.D./B.
‡Woodbridge, C. W. 7585.	K. Aug. 10/18. Det.D./B.
‡Woodmore, C. H. 1825.	D/W. Aug. 26/18. Det.D./B.

Special Enquiry.

‡Drayton, L. A. 6737.	D/W. Oct. 2/17. Det.D./B.

6th BATTALION A.I.F.

*Aldrich, W. A. 6458.	K. July 4/18. Det.D./B.
‡Allan, J. G. 2776.	K. Aug. 10/18. Det.D./B.
‡Bridges, O. 2340A.	D/W. Sept. 6/18. Det.D./B.
Chapman, P. 2791.	K. Aug. 10/18. Det.D./B.
‡Clouson, B. 2846.	K. Aug. 10,18. Det.D./B.
Conolly, J. 7459.	M. Aug. 23/18.
*Cust, W. G. 4472.	K. Aug. 23/18. Det.D./B.
Desilva, A. S. 7595.	D/W. Aug. 23/18. Det.D./B.
Fletcher, F. 5089.	K. Aug. 10/18. Det.D./B.
Gay, D.C.M., M.M., Cpl. R. V. 499.	K. Aug. 10/18. Det.D./B.
Goold, J. H. 3325A.	K. Aug. 10/18. Det.D./B.
Griffiths, W. P. 7493.	K. Aug. 8/18. Det.D./B.
Hamilton, G. A. J. 7501.	W. and M. Aug. 10/18. Det.D./B.
‡Irons, N. O. 6287.	K. Aug. 23/18. Det.D./B.
Johnson, H. W. 4223.	W. and M. Aug. 10/18. Det.D./B.
‡Jorgensen, H. 3823.	K. Aug. 23/18. Det.D./B.
‡Kilfeder, W. C. 4836.	D/W. Aug. 11 18. Det.D./B.
‡Knight, A. 6296.	K. Aug. 23/18 Det.D./B.
‡Maroney, P. 2143.	D/W. Aug. 24 18. Det.D./B.
‡Mitchell, R. W. 7524.	K. Aug. 23/18. Det.D./B.
‡O'Donaghue, H. J. 7545.	K. Aug. 23/18. Det.D./B.
‡Oldfield, A. W. 3888.	K. Aug. 10/18. Det.D./B.
Simmons, P. 7080.	K. Aug. 10/18. Det.D./B.
Smith. Lieut. W. E. Warne-Street, J .K. 2862.	D/W. Sept. 20/18. Det.D./B. K. Aug. 10/18. Det.D./B.
Talava, A. 5499.	W. and M. Aug. 23/18.
Thomas, Cpl. G. E. 3957.	K. Aug. 23/18. Det.D./B.
Thomson, Lieut. S. A.	K. Aug. 10/18. Det.D./B.
Wilson, T. W. F. 7584.	K. Aug. 23/18. Det.D.B
‡Woodnorth, W. N. 569.	K. Aug. 23/18. Det.D./B.

December 1st, 1918.

7th BATTALION A.I.F.

Co.

	Brighton, A. P. 4133.	K. April 17/18. Det.D./B.
	‡Carter, W. W. 3021.	D/W. Aug. 24/18. Det.D./B.
	Christie, C. J. 6474.	K. Aug. 9/18. Det.D./B.
	Clark, J. R. 736.	K. April 11/18. Det.D./B.
	Conningsby, E. H. 6479.	K. Aug. 23/18. Det.D./B.
	‡Corbett, St. E. R. 657.	D/W. July 4/18. Det.D./B.
	Cowan, C. 6982.	K. Aug. 9/18. Det.D./B.
	Crawford, Sgt. G. 4177.	D/W. Aug. 9/18. Det.D./B.
	*Croft, G. J. 5991.	K. Aug. 9/18. Det.D./B.
	Donnelly, F. 7503.	K. Aug. 9/18. Det.D./B.
	‡Dore, D. 2637.	K. Aug. 9/18. Det.D./B.
	Dow, L. W. 6612.	D/W. Aug. 9/18. Det.D./B.
	Emery, F. W. 5676.	W. and M. Aug. 9/18.
	Field, W. M. 7480.	D/W. Aug. 9/18. Det.D./B.
	‡Floyd, H. H. 1752.	K. Aug. 9/18. Det.D./B.
	Foster, A. R. 3635B.	K. Aug. 23/18. Det.D.B.
	Girven, T. J. 5387.	K. Aug. 9/18. Det.D./B.
A.	‡Hulett, C. F. 5690.	K. Aug. 9/18. Det.D./B.
	Joseph, S. A. 6522.	K. Aug. 9/18. Det.D./B.
	‡Keating, T. F. 6294.	K. Aug. 23/18. Det.D./B.
	Lyons, J. H. 7520.	K. Aug. 9/18. Det.D./B.
	McCallam, L.-Cpl. E. W. 2713.	K. Aug. 9/18. Det.D./B.
	‡McDonald, J. C. 7052.	K. Sept. 29/18. Det.D./B.
	Maher, H. 2746.	K. Aug. 9/18. Det.D./B.
	Marshall, R. W. 3162.	K. Aug. 9/18. Det.D./B.
	Milne, A. F. 2621.	K. Aug. 9/18. Det.D./B.
	Monaghan, J. 7039.	K. Aug. 9/18. Det.D./B.
	Mundelein, F. C. 3429.	K. Aug. 9/18. Det.D./B.
	Nettleton, T. 1858.	K. Aug. 9/18. Det.D./B.
	*Radcliffe, Sgt. J. B. 3456.	D/W. Aug. 9/18. Det.D./B.
	Roberts, G. 7064.	K. Aug. 9/18. Det.D./B.
	Ross, J 196.	D/W. Aug. 10/18. Det.D./B
	Ryland, G. 7309.	D/W. Aug. 11/18. Det.D./B
	Scott, Lieut. W. E.	M. Aug. 8-10/18.
	‡Smith, J. H. 6353.	D/W. Aug. 23/18. Det.D./B.
	Thomas, J. A. 6356.	K. Aug. 1/18. Det.D./B.
	Wallace, G. 1705A.	K. Aug. 9/18. Det.D./B.
	‡Whitehead, J. F. 3501.	K. Aug. 23/18. Det.D./B.

8th BATTALION A.I.F.

Allen, S. P. 4134	W. and M. Aug. 11/18.
Aret, E. 6211.	W. and M. Aug. 9/18. Prev. Reptd.
Birch, M.M., I. T. 369.	K. Aug. 9/18. Det.D./B.
Bolton, C. 6627.	K. April 14/18. Det.D./B.
‡Bonner, R. 3026.	D/W. April 17/18. Det.D./B.
‡Brown, A. C.	K. Aug. 11/18. Det.D./B.
Christie, S. R. 7464.	K. Aug. 11/18. Det.D./B.
Clery, W. 3056.	K. Aug. 9/18. Det.D./B.
Henderson, J. S. 567.	D/W. June 30/18. Det.D./B.
Herricks, P. 6038.	K. Aug. 9/18. Det.D./B.
Hussey, J. 1671	D/W. Aug. 10/18. Det.D./B.
Johnston, Capt. G. E.	K. Aug. 23/18. Det.D./B.
Jones, W. N. 6883.	D/W. Aug. 23/18. Det.D./B.
Knight, W. 7528.	K. Aug. 11/18. Det.D./B.
Knight, W. 6882.	D/W. Aug. 12/18. Det.D./B.

December 1st, 1918.

8th Battalion A.I.F.—contd.

Co.

*Leverett, G. E. 6555.	K. Aug. 9/18.	Det.D./B.
‡McCallum, C. W. 156.	K. Aug. 11/18.	Det.D./B.
McCulloch, Cpl. C. 6374.	K. Aug. 9/18.	Det.D./B.
*McLaren, L. N. 2642.	K. Aug. 23/18.	Det.D./B.
Matheson, D. S. 7626.	D/W. Aug. 11/18.	Det.D./B.
Maund, G. W. 7537.	K. Aug. 9/18.	Det.D./B.
*Naylor, R. J. W. 6573.	K. Aug. 9/18.	Det.D./B.
‡Nichols, E. L. 6855.	D/W. Aug. 10/18.	Det.D./B.
Post, E. C. 5440.	K. Aug. 23/18.	Det.D./B.
‡Riseley, E. 3594.	K. Aug. 9/18.	Det.D./B.
*Robinson, T. J. 6584.	K. Aug. 11/18.	Det.D./B.
Singleton, J. 1172.	K. Aug. 9/18.	Det.D./B.
‡Thompson, P. 5781.	D/W. Aug. 23/18.	Det.D./B.
‡Williams, A. L. 5237.	K. Aug. 23/18.	Det.D./B.

9th BATTALION A.I.F.

*Campbell, W. G. 2630A.	D/W. Sept. 18/18.	Det.D./B.
English, A. R. 758A.	W. Unoff. M. Aug. 12/18.	
‡Goodwin, A. J. 7838.	K. Aug. 11/18.	Det.D./B.
Hansen, J. 5501.	K. April 24/18.	Det.D./B.
‡Hayes, E. P. 2386A.	K. Sept. 18/18.	Det.D./B.
Hine, G. 65.	M. June 20/18.	
‡Hundtoft, J. 6993.	D/W. Aug. 12/18.	Det.D./B.
‡Jackson, A. 6997.	K. Sept. 19/18.	Det.D./B.
Johnston, H. F. 2724A.	K. Aug. 23/18.	Det.D./B.
Jorgensen, J. 1704.	K. Aug. 23/18.	Det.D./B.
Kerr, C. A. 3764.	K. Aug. 10/18.	Det.D./B.
King, B. G. 2734A.	D/W. Aug. 23/18.	Det.D./B.
Logan, A. H. 5702.	K. July 22/18.	Det.D./B.
‡Marsden, H. 6064.	K. July 21/18.	Det.D./B.
Martin, G. T. 6284.	D/W. April 24/18.	Det.D./B.
‡Mikalsen, N. H. 7028.	K. Aug. 25/18.	Det.D./B.
Miles, P. A. 7024.	D/W. Aug. 13/18.	Det.D./B.
*Nelson, N. 5437.	K. Aug. 11/18.	Det.D./B.
Nilon, M. A. 6505.	D/W. July 21/18.	Det.D./B.
‡Palk, E. 6833.	K. July 19/18.	Det.D./B.
Rhodes, L.-Sgt. F. G. J. 4279.	D/W. Aug. 10/18.	Det.D./B.
Roache, M. 7760.	D/W. Aug. 24/18.	Det.D./B.
‡Slater, R. G. 706.	K. June 21/18.	Det.D./B.
Walker, R. R. 4907.	K. July 19/18.	Det.D./B.
*Watson, H. J. 6534.	D/W. Aug. 11/18.	Det.D./B.
‡Wyatt, F. 7756.	K. Aug. 11/18.	Det.D./B.

10th BATTALION A.I.F.

Ahern, J. P. 2576B.	K. Aug. 11/18.	Det.D./B.
‡Atkinson, L.-Cpl. F. J. E. R. 6955.	K. Aug. 26/18.	Det.D./B.
Bowden, H. L. 7205.	K. Aug. 26/18.	Det.D./B.
Beatty, W. J. 2729.	W. and M. April 24/18.	
Bradley, F. M. 772.	K. June 30/18.	Det.D./B.
‡Burrows, P. C. 2119.	D/W. Sept. 13/18.	Det.D./B.
‡Campbell, W. Y. 7216.	K. Aug. 10/18.	Det.D./B.
Clark, E. A. 6986.	M. July 30/18.	
Crabb, M. J. R. 6229.	K. April 24/18.	Det.D./B.

December 1st, 1918.

10th Battalion A.I.F.—contd.
Co.

Davies, A. R. 4460.	D/W. **May 30/18.** Det.D./B.
Davis, J. 755.	K. **May 30/18.** Det.D./B.
*Faint, Sgt. W. 355.	K. **Aug. 11/18.** Det.D./B.
Frost, F. F. 7234.	D/W. **May 30/18.** Det.D./B.
‡Fuller, R. N. 1461.	**K. Aug. 23/18.** Det.D./B.
Groves, G. E. 6463.	D/W. **July 31/18.** Det.D./B.
*Guy, P. G. 5370.	K. **Aug. 10/18.** Det.D./B.
Hammersley, E. J. 3453.	W. and M. **April 24/18.**
Hansen, W. E. 2381.	D/W. **Aug. 10/18.** Det.D./B.
Harkin, D. N. 6259.	M. **April 24/18.**
Hassam, Lieut. O. D.	D/W. **May 20/18.** Det.D./B.
Hennessey, Cpl. J. H. 2619.	W. and M. **April 24/18.**
Horner, E. G. 5121.	K. **April 24/18.** Det.D./B.
Knight, J. G. 7508.	K. **July 4/18.** Det.D./B.
Kruger, A. R. H. 7510.	K. **July 30/18.** Det.D./B.
McKay, R. J. L. 5410.	D/W. **Aug. 15/18.** Det.D./B.
Marion, M.M., Cpl. J. M. 4640.	M. **April 24/18.**
Mitchell, F. W. 6792.	K. **July 4/18.** Det.D./B.
‡Morris, A. H. 1993.	D/W. **Aug. 5/18.** Det.D./B.
Nelson, F. D. 2416.	K. **July 30/18.** Det.D./B.
Nelson, L.-Cpl. W. J. C. 3843.	W. and M. **April 24/18.**
‡Picker, P. 50.	K. **Sept. 18/18.** Det.D./B.
Price, W. H. 5254.	K. **May 30/18.** Det.D./B.
‡Randell, J. C. 7061.	K. **July 23/18.** Det.D./B.
Reardon, J. B. 3079.	W. and M. **June 4/18.**
Rees, F. S. W. 1974A.	D/W. **June 3/18.** Det.D./B. R/Enq
‡**Scott, Lieut. C. J.**	K. **July 22/18.** Det.D./B.
Skuse, A. F. 6020.	K. **July 24/18.** Det.D./B
Sutcliffe, A. 2800.	K. **Aug. 11/18.** Det.D./B.
‡Taylor, W. 185.	D/W. **Sept. 18/18.** Det.D./B.
Thomson, G. W. 915.	K. **April 24/18.** Det.D./B.
Williams, C. A. 2700.	K. **Aug. 11/18.** Det.D./B.
Williams, E. G. 1195.	K. **Mar. 27/18.** Det.D./B.
Worthington, W. J. 3974.	D/W. **Aug. 25/18.** Det.D./B.

Special Enquiry.

‡Roberts, J. 6816.	K. **Sept. 3/17.** Det.D./B.

11th BATTALION A.I.F.

Cain, W. C. 3033.	D/W. **April 24/18.** Det.D./B.
Coles, R. H. 5075.	K. **Aug. 23/18.** Det.D./B.
Cox, A. E. 7702.	W. and M. **Aug. 10/18.**
Davie, J. 6749.	K. **Aug. 10/18.** Det.D./B.
Elkington, A. E. 6755.	K. **Aug. 23/18.** Det.D./B.
‡**Elliot, 2nd Lieut. D. M.**	D/W. **Sept. 18/18.** Det.D./B.
Erwood, C. O. 2131.	D/W. **Aug. 11/18.** Det.D./B.
Hansen, H. 7735.	W. and M. **Aug. 10/18.**
‡Hill, F. 4822.	K. **Sept. 18/18.** Det.D./B.
Kelly, T. B. 7742.	K. **Aug. 10/18.** Det.D./B.
‡Long, S. A. 2402.	K. abt. **Aug. 23/18.** Det.D./B.
‡McKenzie, C. C. 6869.	K. **Aug. 10/18.** Det.D./B.
Mills, A. 7282.	K. **June 24/18.** Det.D./B.
Porter, J. W. 3440.	K. **Aug. 10/18.** Det.D./B.
Richards, W. J. 6098.	K. **Mar. 21/18.** Det.D./B.
‡Richmond, R. A. 6573.	D/W. **Aug. 10/18.** Det.D./B.
‡Rutland, R. H. 7597.	D/W. **Sept. 19/18.** Det.D./B.
‡Salter, W. E. G. 2256A.	K. **Aug. 23/18.** Det.D./B.

December 1st, 1918.

11th Battalion A.I.F.—contd.
Co.

*Shier, J. 99. — K. Aug. 10/18. Det.D./B.
‡Smyth, N. L. 6815. — K. April 24/18. Det.D./B.
Sutherland, E. G. 8035. — K. Aug. 23/18. Det.D./B.
Taylor, G. H. 7799. — K. April 22/18. Det.D./B.
Thomas, G. F. 7353. — K. June 3/18. Det.D./B.
Walker, J. M. 4620. — K. Aug. 10/18. Det.D./B.
Walsh, T. H. 7809. — D/W. Aug. 27/18. Det.D./B.

12th BATTALION A.I.F.

Bannister, H. C. 6963. — M. April 23/18.
‡Bird, Sgt. L. C. 2561. — K. Sept. 18/18. Det.D./B.
Clark, H. 4462. — K. Aug. 25/18. Det.D./B.
‡Clark, J. 406A. — D/W. Aug. 13/18. Det.D./B.
Davis, G. E. O. 5682. — K. Aug. 23/18. Det.D./B.
‡Fox, T. J. 6735. — K. Sept. 28/18. Det.D./B.
‡Howie, J. 2948. — K. Aug. 23/18. Det.D./B.
James, A. E. 759. — M. July 26/18.
Killalea, Cpl. R. J. 530. — M. April 24/18.
Kingston, C. E. 6298. — K. Aug. 11/18. Det.D./B.
McDonough, H. 6771. — K. Aug. 25/18. Det.D./B.
McNally, L.-Cpl. H. J. 3398. — D/W. May 10/18. Det.D./B.
*Maingay, C. F. C. 6304. — K. Sept. 18/18. Det.D./B.
Pelham, F. H. 4351. — K. Aug. 23/18. Det.D./B.
Reed, E. H. 6337. — K. April 23/18. Det.D./B.
Richardson, M. W. 8052. — K. Aug. 23/18. Det.D./B.
Robinson, L.-Cpl. C. J. 1473. — D/W. Mar. 14/18. Det.D./B.
Rowell, C. E. 771. — K. Aug. 23/18. Det.D.B.
Seymour, T. 3354. — D/W. Aug. 26/18. Det.D./B.
*Smith, S. H. 6596. — K. Aug. 23/18. Det.D./B.
Stevenson, L. D. 7800. — W. and M. April 23/18.
Wiggin, R. 7091. — K. Aug. 11/18. Det.D./B.
Wilson, C. 7348. — K. April 23/18. Det.D./B.
‡Woods, F. O. 2831. — D/W. May 29/18. Det.D./B.

13th BATTALION A.I.F.

Byrne, M. A. 3246. — D/W. July 5/18. Det.D./B.
‡Copah, A. T. 3614. — K. July 4/18. Det.D./B.
*Davis, Lieut. H. B. — W. and M. Oct. 29/18.
‡Devine, R. 6240. — D/W. Oct. 1/18. Det.D./B.
Ferguson, D. 5683. — K. Sept. 18/18. Det.D./B.
Ford, A. T. 3638. — M. July 4/18.
Foster, H. 6514. — K. July 4/18. Det.D./B.
‡Gore, A. E. 6028. — D/W. Sept. 18/18. Det.D./B.
Low, W. D. 1776. — D/W. Aug. 1/18. Det.D./B.
‡Lundie, A. P. 1613. — K. Aug. 8/18. Det.D./B.
McLachlan, J. C. 6285. — D/W. Aug. 8/18. Det.D./B.
‡Oswald, A. 933. — D/W. Aug. 8/18. Det.D./B.
‡Sloan, R. A. 7314. — D/W. Sept. 18/18. Det.D./B.
Smith, W. A. 5768. — D/W. Aug. 7/18. Det.D./B.
Stafford, S. P. 2740. — D/W. Aug. 6/18. Det.D./B.
Stewart, J. 3458. — K. Aug. 9/18. Det.D./B.

D.   *Swain, M.M., A. V. 3470. — K. Aug. 8/18. Det.D./B.
Toogood, A. J. 6111. — D/W. April 7/18. Det.D./B.
‡Warren, T. J. 7328. — K. Aug. 19/18. Det.D./B.
Wills, J. M. 7099. — K. Aug. 8/18. Det.D./B.

December 1st, 1918.

14th BATTALION A.I.F.
Co.
Allerton, G. R. 7437.	W. and M. Aug. 8/18.
‡Bracken, J. 4365.	K. Sept. 19/18. Det.D./B.
Dix, J. A. 7231.	K. Aug. 8/18. Det.D./B.
*Englert, B. G. 7342.	K. May 31/18. Det.D./B.
‡Evans, M. L. 7006.	K. Sept. 19/18. Det.D./B.
‡Fletcher, A. A. 1812.	K. Sept. 18/18. Det.D./B.
Goddard, H. C. 1945.	K. Aug. 8/18. Det.D./B.
‡Grist, J. R. 97A.	K. Aug. 8/18. Det.D./B.
Harrison, M.M., E. 6139.	K. June 16/18. Det.D./B.
Hughes, W. L. 5494.	K. July 4/18. Det.D./B.
Lewis, Cpl. H. H. 5404.	K. Aug. 1/18. Det.D./B.
‡Lindner, W. 6767.	D/W. Aug. 20/18. Det.D./B.
‡Sergeant, C. C. 2429.	K. Sept. 18/18. Det.D./B.
‡Skidmore, H. F. 2643.	K. Sept. 18/18. Det.D./B.
Smith, J. 7181.	D/W. Aug. 21/18. Det.D./B.

15th BATTALION A.I.F.
‡Bailes, H. P. 2889.	K. Aug. 13/18. Det.D./B.
‡Brown, R. V. 7688A.	D/W. Sept. 24/18. Det.D./B.
*Davies, B. C. 2240.	D/W. Sept. 19/18. Det.D./B.
Dawes, T. J. B. 7844.	K. July 4/18. Det.D./B.
‡Draper, L. 6963.	K. Sept. 18/18. Det.D./B.
‡Hamilton, H. 6514.	D/W. Aug. 20/18. Det.D./B.
‡Harrison, J. 5434.	K. Sept. 18/18. Det.D./B.
‡Hogan, M.M., L.-Cpl. M. T. 2998.	D/W. Sept. 18/18. Det.D./B.
Low, G. A. 6050.	D/D. at sea, June 29/18. Det.D./B.
Newbigging, W. 6065.	K. April 25/18. Det.D./B.
Ryan, R. J. 7859.	K. July 4/18. Det.D./B.
Saundercock, A. R. 6909.	K. Aug. 8/18. Det.D./B.
‡Smith, G. 790.	D/W. Sept. 18/18. Det.D./B.
‡Williams, G. 5538.	K. Aug. 13/18. Det.D./B.
Williams, H. G. 6583.	K. July 4/18. Det.D./B.

16th BATTALION A.I.F.
‡Andrew, H. R. 5978.	D/W. Sept. 19/18. Det.D./B.
Carter, C. E. 7044.	D/W. Aug. 12/18. Det.D./B.
‡Howard, A. L. 2346.	K. accid. Oct. 9/18. Det.D./B.
*O'Brien, J. D. 6069.	K. Aug. 8/18. Det.D./B.
‡O'Neill, J. J. 1074.	K. Aug. 12/18. Det.D./B.
Peachey, A. 7089A.	K. Aug. 10/18. Det.D./B.
*Ray, W. E. 7293.	Bel. drowned ex Boonah, Sept. 1/18
‡Waugh, C. W. 6903.	K. Sept. 18/18. Det.D./B.
Wilde, J. 7151.	K. April 5/18. Det.D./B.

17th BATTALION A.I.F.
Chapman, W. J. 7162.	K. May 15/18. Det.D./B.
‡Coucher, E. G. 1173.	K. Oct. 3/18. Det.D./B.
‡Coulon, A. J. 6404.	K. Aug. 9/18. Det.D./B.
‡Chopin, L.-Cpl. C. F. G. 7134.	D/W. Oct. 3/18. Det.D./B.

December 1st, 1918.

17th Battalion A.I.F.—contd.
Co.

*Coombes, F. J. 1171.	K. Aug. 31/18. Det.D./B.
‡Daisley, Cpl. W. 4400.	K. Aug. 31/18. Det.D./B.
Doherty, H. J. 6791.	K. Aug. 31/18. Det.D./B.
‡Dulhunty, N. J. 1924.	K. Aug. 21/18. Det.D./B.
‡Ellis, S. W. 6415.	K. Aug. 31/18. Det.D./B.
‡Gavin, H. P. 5348.	K. Oct. 3/18. Det.D./B.
‡Hodgson, Sgt. H. 906.	D/W. Aug. 9/18. Det.D./B.
Jones, T. S. 1229A.	D/W. July 31/18. Det.D./B.
Kelly, A. W. 590A.	D/W. Aug. 17/18. Det.D./B
‡Kilminister, A. H. 7065.	K. Oct. 3/18. Det.D./B.
‡Livingstone, J. 4153.	W. and M. Aug. 31/18.
*Main, H. 6296.	K. Oct. 3/18. Det.D./B.
‡Pearce, W. H. L. 4098A.	K. Aug. 31/18. Det.D./B.
Purcell, R. H. 6118.	M., bel. Drowned, Aug. 3/18, Warilda.
*Power, T. 5394.	K. Aug. 30/18. Det.D./B.
Reynolds, W. E. 6134.	D/W. Aug. 31/18. Det.D./B.
‡Robertson, L. 6188.	K. Oct. 4/18. Det.D./B.
Robinson, R. H. 5400.	K. Aug. 31/18. Det.D./B.
‡Sloan, W. 2305.	D/W. Oct. 3/18. Det.D./B.
Smith, W. E. 4531.	K. Aug. 9/18. Det.D./B.
*Tremaine, W. C. 1339.	K. Oct. 3/18. Det.D./B.
Willis, S. D. 6161.	K. Aug. 9/18. Det.D./B.
‡Wilson, Sgt. R. 1322.	K. Aug. 31/18. Det.D./B.
‡Woodhouse, E. E. 5112.	K. Aug. 31/18. Det.D./B.
Young, E. 6913.	K. Aug. 8/18. Det.D./B.

18th BATTALION A.I.F.

‡Bartlett, A. 377.	K. Aug. 28/18. Det.D./B.
‡Baird, W. T. 5783.	K. Aug. 31/18. Det.D./B.
‡Birrell, J. 5294.	K. Oct. 3/18. Det.D./B.
Black, J. T. 5303.	W. and M. May 3/18.
Bleakley, L.-Cpl. W. L. 4778.	D/W. May 14/18. Det.D./B.
*Brown, L. H. 4822A.	D/W. Sept. 2/18. Det.D./B.
‡Burns, W. N. 7032.	K. Oct. 3/18. Det.D./B.
*Ellis, W. H. 3562.	K. Aug. 31/18. Det.D./B.
Field, E. A. 4679.	K. Aug. 9/18. Det.D./B.
‡Gordon, G. L. 6301.	D/W. April 10/18. Det.D./B.
Hawke, H. V. 7070.	K. Aug. 9/18. Det.D./B.
Jebb, D. R. 7020.	K. Aug. 9/18. Det.D./B.
Jones, A. E. 2164.	D/W. April 9/18. Det.D./B.
‡Kerr, R. E. 2167.	D/W. Oct. 3/18. Det.D./B.
‡Kerwick, J. 6108.	D/W. Oct. 3/18. Det.D./B.
Lavell, H. J. 593.	K. April 15/18. Det.D./B.
*Lawrie, A. K. 2692.	K. Aug. 31/18. Det.D./B.
‡Leaman, E. S. 2046.	K. Oct. 3/18. Det.D./B.
‡Leech, L.-Cpl. J. 5061.	K. Oct. 3/18. Det.D./B.
McMinn, R. W. 5840.	K. Aug. 9/18. Det.D./B.
‡Malone, W. T. 6359.	D/W. Aug. 8/18. Det.D./B.
‡Napier, G. W. J. 5379.	K. Oct. 3/18. Det.D./B.
Porter L.-Cpl. C. A. 1986.	K. April 15/18. Det.D./B.
Prothero, L.-Cpl. W. A. 297.	K. April 15/18. Det.D./B.
Ryan, G. 3902A.	K. April 15/18. Det.D./B.
Scotland, R. C. 5873.	K. Aug. 9/18. Det.D./B.
Scott, F. 6619.	K. Aug. 11/18. Det.D./B.
Skarratt, E. H. 5881.	K. Aug. 31/18. Det.D./B.
Smith, D. 4246.	K. Aug. 9/18. Det.D./B.
Smith, G. 6904	K. April 15/18. Det.D./B.

December 1st, 1918.

18th Battalion A.I.F.—contd.
Co.

	Southern, H. 6638.	K. **Aug. 31/18.** Det.D./B.
	‡Stephens, W. 5661.	K. **Oct. 4/18.** Det.D./B.
	Thompson, W. E. 3957.	K. **May 19/18.** Det.D./B.
	Webb, D. R. 7020.	D/W. **Aug. 9/18.** Det.D./B.
	‡Willis, G. S. 5894.	K. **Oct. 3/18.** Det.D./B.

Special Enquiry.

‡Lloyd, J. 1201. K. **Sept. 1/17.** Det.D./B.

19th BATTALION A.I.F.

	Bannister, A. G. 1657.	W. and M. **April 7/18.**
	Bowen, H. W. 1149.	W. and M. **Aug. 11/18.** Det.D./B.
D.	‡Brown, L.-Sgt. C. A. 2341.	D. **Aug. 11/18.** Det.D./B.
	‡Brown, H. G. 3769.	D/W. **Oct. 4/18.** Det.D./B.
	‡Curtis, C. H. 4807.	K. **Oct. 3/18.** Det.D./B.
	*Daft, A. T. 4386.	K. **Aug. 31/18.** Det.D./B.
	*Douglas, F. J. 6543.	K. **Aug. 31/18.** Det.D./B
	Flett, D. G. 5816A.	K. **Aug. 11/18.** Det.D./B.
	Funnell, F. E. 3804.	K. **April 9/18.** Det.D./B.
	Goman, W. T. 6522.	K. **Aug. 31/18.** Det.D./B.
	*Graham, N. J. 6642.	W. and M. **Oct. 3/18.**
	‡Hall, J. 1392.	K. **Oct. 3/18.** Det.D./B.
	‡**Hampson, Lieut. J.**	D. **Oct. 6/18.** Det.D./B.
	‡Harding, B. J. S. 6079.	K. **Aug. 31/18.** Det.D./B.
	Harris, G. W. 4425.	K. **April 7/18.** Det.D./B.
	Harrison, T. 4427.	K. **July 17/18.** Det.D./B
	‡Hastings, S. N. 7013.	K. **Aug. 31/18.** Det.D./B.
	Jenner, R. H. 6652.	K. **Aug. 31/18.** Det.D./B.
	Kershaw, F. J. 7088.	M. **Aug. 11/18.**
	‡MacKinnon, C. N. 2446.	K. **Aug. 30/18.** Det.D./B.
	McLure, O. P. 6114.	K. **Aug. 31/18.** Det.D./B.
	*Madden, C. 6645	K. **Aug. 31/18.** Det.D./B.
	Mooney, Cpl. J. I. 2055.	K. **Aug. 30/18.** Det.D./B.
	‡Oxley, H. J. 619.	K. **Aug. 31/18.** Det.D./B.
	‡Pearson, E. 3895.	K. **April 12/18.** Det.D./B.
	Sambrook, H. C. 6397.	K. **April 7/18.** Det.D./B.
	Sheppard, H. 4760.	K. **April 7/18.** Det.D./B.
	Sinclair, C. F. 2476.	M. **Aug. 11/18.**
	‡Smart, E. S. M. 669.	K. **Mar. 29/18.** Det.D./B.
	Sullivan, J. 659.	K. **Aug. 11/18.** Det.D./B.
	‡Vaughan, H. B. 1669A.	K. **Aug. 29/18.** Det.D./B.
	‡Walker, W. L. 7158.	K. **Aug. 8/18.** Det.D./B.
	Wiles, E. D. 5903.	K. **Aug. 8/18.** Det.D./B.

20th BATTALION A.I.F.

	Allen, A. F. 2103.	K. **Aug. 8/18.** Det.D./B.
	Barton, D. 756B.	K. **Aug. 31/18.** Det.D./B.
	‡Brown, H. 5787.	K. **Aug. 11/18.** Det.D./B.
D.	‡Burton, S. 2123.	K. **Oct. 3/18.** Det.D./B.
	‡Cashman, D. L. 4669.	K. **Aug. 31/18.** Det.D./B.
	‡Cocks, H. B. 6893.	K. **Aug. 31/18.** Det.D./B.
	*Cracknell, L. C. 6072.	K. **Aug. 31/18.** Det.D./B.
	Doyle, M.M., T. 57A.	K. **April 7/18.** Det.D./B.
	Fleming, C. D. G. 3794	K. **Aug. 11/18.** Det.D./B

December 1st, 1918.

20th Battalion A.I.F.—contd.

Co.

Forbes, R. 1199.	K. Aug. 8/18. Det.D./B.
Garner, W. 5944.	K. Aug. 11/18. Det.D./B.
Grieg, J. 5458.	K. April 7/18. Det.D./B.
‡Harrington, G. J. 717A.	K. Aug. 31/18. Det.D./B.
Hendry, J. W. 6110.	D/W. Aug. 31/18. Det.D./B.
Heywood, G. 4147.	K. April 7/18. Det.D./B.
Horton, R. N. 6913.	K. April 7/18. Det.D./B.
Innes, T. G. 4705.	K. April 7/18. Det.D./B.
James, W. 4452.	K. Aug. 11/18. Det.D./B.
Jones, H. 6616.	K. July 9/18. Det.D./B.
Justice, R. V. 6358.	K. April 7/18. Det.D./B.
‡Kemp, F. A. 3824.	K. Oct. 3/18. Det.D./B.
Knight, C. O. 4174.	K. Mar. 1/18. Det.D./B.
Lee, H. 6920.	K. April 7/18. Det.D./B.
Leman, L. V. 3866A.	K. May 20/18. Det.D./B.
Linsley, Sgt. G. 31.	K. April 7/18. Det.D./B.
McCready, G. O. 6813.	K. Aug. 11/18. Det.D./B.
‡McDonald, A. 6450.	K. Oct. 3/18. Det.D./B.
McKinnon, F. N. 6208.	K. April 7/18. Det.D./B.
‡McLean, A. 6145.	D/W. Aug. 9/18. Det.D./B.
Neary, A. J. 6395.	M. April 7/18.
‡Notson, W. S. 404.	D/W. Oct. 6/18. Det.D./B.
*O'Neill, D. D. 727.	K. Aug. 31/18. Det.D./B.
‡Paine, E. E. 5390.	K. Aug. 11/18. Det.D./B.
‡Patterson, R. 5079.	K. Aug. 31/18. Det.D./B.
Perkins, H. E. 4800	D/W. May 27/18. Det.D./B.
‡Rosie, F. 773A.	K. Aug. 8/18. Det.D./B.
Scott, Cpl. N. R. 996.	K. April 7/18. Det.D./B.
Simpson, H. 2445.	D/W. July 22/18. Det.D./B.
Smith, E. J. 4771.	D/W. April 8/18. Det.D./B
‡Sullivan, N. F. 2451.	D. Oct. 4/18. Det.D./B.
Tait, W. G. 8983A.	K. Aug. 11/18. Det.D./B.
Waters, E. R. 693A.	K. April 7/18. Det.D./B.
Watson, F. T. 5659.	K. April 7/18. Det.D./B.
Watson, R. E. 5104.	K. Mar. 24/18. Det.D./B.
Webb, G. J. 6648.	D/W. May 20/18. Det.D./B.
Wells, J H. 4786.	D/W. April 8/18. Det.D./B.
Wood, G. 4788.	K. July 4/18. Det.D./B.

Special Enquiry.

‡Evatt, Lieut. R. S.	K. Sept. 20/17. Det.D./B.
‡Clifton, A. J. 433	K. May 2/17. Det.D./B.

21st BATTALION A.I.F.

‡Barclay, J. A. 2330.	K. Oct. 5/18. Det.D./B.
Bottomley, W. J. 7199.	K. Sept. 1/18. Det.D./B.
Britton, S. W. 3778.	D/W. Sept. 3/18. Det.D./B
Christensen, A. 689.	D/W. April 12/18. Det.D./B.
‡Clifton, C. R. 7213.	D/W. Oct. 6/18. Det.D./B.
‡Cope, Lieut. A. L.	K. Sept. 1/18. Det.D./B.
‡Dawson, V. A. 832.	K. Oct. 5/18. Det.D./B.
Elliott, T. G. 1791A.	D/W. April 18/18. Det.D./B.
Glasgow, W. I. 5021.	K. Sept. 1/18. Det.D./B.
‡Hussey, W. J. 6820.	K. Sept. 1/18. Det.D./B.
‡McDowell, M. A. 6930A.	K. Aug. 8/18. Det.D./B.
‡McIntosh, W. A. 7291.	K. Sept. 1/18. Det.D./B.

December 1st, 1918.

21st Battalion A.I.F.—contd.

Co.

‡Montgomery, W. 929.	D/W. **Oct. 5/18.** Det.D./B.
Olive, S. L. 5390.	K. **Aug. 5/18.** Det.D./B.
Pinfold, W. A. 6085.	K. **April 14/18.** Det.D./B.
‡Savage, J. C. 6887.	K. **Oct. 5/18.** Det.D./B.
‡Summers, W. R. 68861.	K. **Sept. 2/18.** Det.D./B.
‡Thomas, R. W. 516.	K. **Oct. 5/18.** Det.D./B.
Thompson, E. W. 664.	K. **Sept. 1/18.** Det.D./B.
‡Verdon, H. P. 5923.	D/W. **Sept. 4/18.** Det.D./B.
‡**Weir, D.C.M., M.M., Lieut. R. L.**	K. **July 26/18.** Det.D./B.
‡Wilson, C. L. 6162.	K. **Oct. 5/18.** Det.D./B.
‡Wilson, J. A. 4559.	K. **Sept. 1/18.** Det.D./B.

Special Enquiry.

‡Reece, A. E. 2882.	K. **Oct. 9/17.** Det.D./B.

22nd BATTALION A.I.F.

Ames, B. 6768A.	K. **May 20/18.** Det.D./B.
‡Brain, J. 6287.	D/W. **Oct. 4/18.** Det.D./B.
‡Bregenzer, E. R. 123.	K. **Aug. 18/18.** Det.D./B.
‡Coates, F. H. 3791.	K. **Aug. 27/18.** Det.D./B.
‡Cunningham, H. J. 59029.	K. **Sept. 2/18.** Det.D./B.
*Dahlitz, E. B. 6787A.	D/W. **July 21/18.** Det.D. B.
‡Davis, A. 3823.	K. **Oct. 3/18.** Det.D./B.
Davis, A. W. 5792.	D/W. **May 21/18.** Det.D./B.
Davis, W. 5577.	M. **Aug. 18/18.**
Dolan, L.-Sgt. F. 3825.	M. **Aug. 18/18.**
Durham, W. J. 6799A.	K. **May 19/18.** Det.D. B
Egan, H. J. 1071.	M. **Aug. 18/18.**
*Ellis, L. G. 4002.	K. **Aug. 18/18.** Det.D. B.
Foots, J. M. 4104.	D/W. **April 23/18.** Det.D./B
Fraser, J. L. 6798.	K. **May 19/18.** Det.D./B.
‡Gleeson, A. J. 6812A.	K. **Oct. 4/18.** Det.D./B.
Hancock, F. 4720.	M. **May 19/18.**
Heffernan, Sgt. J. 308.	M. **Aug. 18/18.**
Hill, V. G. 6360.	M. **Aug. 18/18.**
Hurst, A. S. 6361.	M. **Aug. 18/18.**
Jackson, L.-Cpl. J. D. 6101.	M. **Aug. 18/18.**
Kelly, E. J. 6946A.	M. **Aug. 18/18.**
McCartin, Lieut. L. A.	K. **Aug. 18/18.** Det.D. B
McIntyre, A. J. 518.	W. and M. **Aug. 18/18.**
Morris, A. 1979.	W. and M. **Aug. 18/18.**
*Morris, J. 873.	K. **Aug. 18/18.** Det.D. B.
‡Poole, C. E. 50104.	K. **Oct. 4/18.** Det.D./B.
Reyment, E. J. 6885.	M. **May 19/18.**
Rowley, P. R. L. 3870. (Att. 8th M.G.C.)	K. **Mar. 22/18.** Det.D./B.
*Russell, L. 681.	D/W. **July 27/18.** Det.D. B.
Sargeant, H. 5681.	D/W. **Sept. 3/18.** Det.D./B.
‡Smith, E. W. 68941.	K. **Aug. 18/18.** Det.D./B.
Swift, T. G. L. 3942.	W. and M. **Aug. 18/18.**
Westaway, Lieut. H. W.	M. **Aug. 18/18.**

December 1st, 1918.

23rd BATTALION A.I.F.

Co.

‡Brown, N. 5312.	K. Sept. 1/18. Det.D./B.
Burniston, H. M. 5548.	K. Aug. 7/18. Det.D./B.
‡Churchill, G. C. 3780.	K. Sept. 1/18. Det.D./B.
Cock, F. W. 6801.	K. Aug. 18/18. Det.D./B.
*Cornell, E. 6310.	D/W. Sept. 2/18. Det.D./B.
Edwards, H. J. 1511.	K. Mar. 22/18. Det.D./B.
‡Featherston, J. 4693.	K. Sept. 2/18. Det.D./B.
Ford, C. W. 1923.	D/W. Sept. 10/18. Det.D./B.
Jones, E. 6873A.	K. July 4/18. Det.D./B.
Kelly, J. 1232.	M. Sept. 3/18.
‡Lorimer, R. W. 592.	K Sept. 1/18. Det.D./B.
‡McCoombe, S. R. 190.	K. Sept. 1/18. Det.D./B.
‡Mactier, R. 6929.	K. Sept. 1/18. Det.D./B.
*Nelson, Lieut. F. M.	K. June 26/18. Det.D./B.
‡Pederson, N. 1249.	K. Sept. 1/18. Det.D./B.
Pleasance, E. H. 1119.	K. Aug. 31/18. Det.D./B.
‡Sheeran, H. 7366A.	D/W. Sept. 1/18. Det.D./B.
‡Thompson, H. G. 6896.	K. July 23/18. Det.D./B.
‡Wallmeyer, L. 5895.	K. Sept. 1/18. Det.D./B.
‡Walton, J. G. 3962.	K. Sept. 1/18. Det.D./B.

24th BATTALION A.I.F.

Anderson, H. A. 3946.	K. Sept. 1/18. Det.D./B.
Andrew, R. J. 4352.	K. Sept. 1/18. Det.D./B.
‡Armstrong, W. J. 6276.	K. Aug. 31/18. Det.D./B.
Black, J. C. 2119.	K. June 12/18. Det.D./B.
‡Brown, U. H. 6794.	D/W. Oct. 5/18. Det.D./B.
*Campbell, J. M. 51331.	M. Oct. 5/18.
*Chattin, H. R. 5127.	K. Oct. 5/18. Det.D./B.
*Clancey, J. A. 2352.	M. Oct. 5/18.
‡Cooper, A. C. 2868.	K. Aug. 28/18. Det.D./B.
*Cumming, M.M., Sgt. G. H. 2354.	K. Oct. 5/18. Det.D./B.
Ellen, T. M. 6307	K. Aug. 31/18. Det.D./B.
‡Fraomer, H. 32/1504.	K. Sept. 1/18. Det.D./B.
Goodison, R. J. 6933.	K. June 11/18. Det.D./B.
‡James, T. A. 6818.	K. Sept. 1/18. Det.D./B.
Jarrett, S. G. 6839.	M. Aug. 18/18.
*Lavery, J. J. 3947.	K. Oct. 5/18. Det.D./B.
‡Leggett, R. K. 6827.	K. Oct. 5/18. Det.D./B.
‡Love, W. B831A.	K. Aug. 31/18. Det.D./B.
‡McCarthy, T. 6856.	K. Oct. 6/18. Det.D./B.
‡McGill, R. A. 6097.	K. Oct. 5/18. Det.D./B.
MacKenzie. J. 4317.	K. May 31/18. Det.D./B.
Maddox, S. W. 5860.	D/W. Sept. 1/18. Det.D./B.
‡Making, J. L. 5373.	D/W. Sept. 1/18. Det.D./B.
Marocco, V. J. 5120.	D/W. Aug. 7/18. Det.D./B.
Matthews, J. G. 4461.	D/W. July 25/18. Det.D./B.
‡Maxwell, J. L. 6835.	W. and M. Oct. 5/18.
*Miles, A. 3193.	D/W. Oct. 7/18. Det.D./B.
†Miller, H. B. 6838.	K. Oct. 5/18. Det.D./B.
Millman, L. C. 2274.	K. Aug. 18/18. Det.D./B.
‡Missen, A. P. 5863.	K. Oct. 5/18. Det.D./B.
Morris, A. E. 1702A.	K. Sept. 1/18. Det.D./B.
‡Noble, C. L. 340.	K. Aug. 31/18. Det.D./B.
Olsen, T. O. 6863.	D/W. Aug. 28/18. Det.D./B
‡Part, L.-Cpl. T. R. 77.	K. April 25/18. Det.D./B.

December 1st, 1918.

24th Battalion A.I.F.—contd.

Co.

Paterson, R. H. 2458.	D/W. Aug. 3/18. Det.D./B.
Pilley, A. G. 483.	K. Aug. 15/18. Det.D./B.
Sharp, D. L. 166A.	D/W. April 28/18. Det.D./B.
Wilson, C. 6414.	M. Aug. 18/18.
*Wood, S. 4218.	K. Sept. 1/18. Det.D./B.

25th BATTALION A.I.F.

Alford, R. D. 4356.	D/W. Sept. 2/18. Det.D./B.
Allan, C. J. 4655.	M. July 16/18.
Allport, F. 3456.	D/W. July 5/18. Det.D./B.
‡Archer, S. A. 564.	D/W. Sept. 2/18. Det.D./B.
Behan, W. C. 6033.	D/W. May 25/18. Det.D./B.
Brown, J. A. 4533A.	K. June 13/18. Det.D./B.
Brown, J. E. 2139B.	K. June 10/18. Det.D./B.
Burton, H. 5652.	D/W. July 18/18. Det.D./B.
Casey, J. 3632.	K. April 24/18. Det.D./B.
Cavanagh, R. R. 5810.	K. July 17/18. Det.D./B.
‡Clifford, C. A. 6791.	K. Sept. 2/18. Det.D./B.
‡Cole, C. G. 4403.	D/W. Oct. 3/18. Det.D./B.
‡Coley, C. C. 6421.	K. Sept. 2/18. Det.D./B.
‡Collins, C. F. 6059.	K. June 10/18. Det.D./B.
Collins, L. T. 4408.	D/W. Aug. 10/18. Det.D./B.
‡Colwill, A. 7030.	K. Oct. 3/18. Det.D./B.
‡Conway, R. G. 7042.	K. July 17/18. Det.D./B.
Cloherty, C. C. 5942.	M. June 10/18.
Davies, A. 5362A.	K. July 7/18. Det.D./B.
Diggens, E. S. 6307.	K. Aug. 29/18. Det.D./B.
Dixson, E. 4789.	K. July 4/18. Det.D./B.
Elliott, J. H. 5824.	D/W. June 11/18. Det.D./B.
Evans, H. 6545.	K. July 4/18. Det.D./B.
Evans, Cpl. H. O. 856.	K. June 10/18. Det.D./B
Frederick, J. H. 685.	K. July 4/18. Det.D./B.
Freier, G. W. 3703.	K. July 17/18. Det.D./B.
‡Gawith, W. J. 6566.	D/W. Sept. 2/18. Det.D./B.
‡Gilhespy, R. 4707.	D/W. June 29/18. Det.D./B.
‡Gosden, T. 2656.	D/W. Sept. 4/18. Det.D./B.
Groves, A. 6563.	K. July 4/18. Det.D./B.
Hansen, E. 5845.	K. June 10/18. Det.D./B.
Hammill, J. L. 5104.	D. April 19/18. Det.D./B.
‡Hartnup, W. H. 385.	K. Sept. 2/18. Det.D./B.
Hooke, G. R. 5351.	K. July 4/18. Det.D./B.
*Ingram, Lieut. H. A.	D/W. Aug. 13/18. Det.D./B.
‡Izdebski, 2nd Lt. C. V.	K. Sept. 2/18. Det.D./B.
Johnson, A. F. 5596.	D/W. April 24/18. Det.D./B.
Johnson, B. G. 4150.	K. June 10/18. Det.D./B.
Kelly, R. M. 5600.	K. June 10/18. Det.D./B.
*Kinsella, M. 6152.	D/W. June 27/18. Det.D./B.
Lawton, J. H. 5607.	M. June 10/18.
‡Lestrange, J. P. 5369.	K. Oct. 3/18. Det.D./B.
Liddle, A. H. 2693A.	K. June 10/18. Det.D./B.
McCluskey, A. J. 4514.	K. July 17/18. Det.D./B.
‡McGrath, W. 6205.	K. Oct. 3/18. Det.D./B.
McKenzie, H. C. 7079.	K. July 16/18. Det.D./B.
‡Mitchell, C. S. 5376.	K. Oct. 3/18. Det.D./B.
‡Moroney, M. 1626.	D/W. Oct. 4/18. Det.D./B.
*Murphy, J. 1957.	K. Sept. 2/18. Det.D./B.

December 1st, 1918.

25th Battalion A.I.F.—contd.
Co.

Neilson, H. W. 6845.	K. July 17/18. Det.D./B.
*Nowell, F. 4194.	M. Oct. 3/18.
*Painter, Sgt. A. 954.	K. June 10/18. Det.D./B.
Parsons, A. R 4199.	D/W. July 19/18. Det.D./B.
Ramsay, P. L. 5396.	K. June 10/18. Det.D./B.
Real, A. S. 6378.	M. June 10/18.
Recourt, J. W. H. 6769.	K. Sept. 2/18. Det.D./B.
Ridler, E. H. 3894.	K. June 10/18. Det.D./B.
Robinson, W. H. 4209.	K. June 27/18. Det.D./B.
*Sammells, H. E. 5916.	D/W. Sept. 10/18. Det.D./B.
Schultz, G. A. 2764.	W. and M. June 12/18.
Searle, G. R. 5646.	K. June 27/18. Det.D./B.
Springer, W. 6195.	M. June 10/18.
Symonds, E. T. 997.	M. June 10/18.
Thompson, J. W. 3657.	K. Sept. 2/18. Det.D./B.
Townshend, J. R. D. 6163.	K. July 17/18. Det.D./B.
Ward, E. H. 6106.	M. June 10/18.
‡Warner, W. C. 5664.	K. July 4/18. Det.D. B.
White, A. 4785.	M. June 10/18.
White, F. A. 4782.	K. June 10/18. Det.D./B.
‡Williams, F. C. 5098.	K. Oct. 3/18. Det.D./B.
‡Wilson, G H. 6764.	K. Oct. 3/18. Det.D./B.
Wilson, W. 6886.	M. June 10/18.
Young, H. J. 5437.	K. June 10/18. Det.D./B.

Re-opened Special Enquiry, previously listed in wrong Battalion.

*Williams, A. J. 3694. K. May 3-4/17. Det.D./B.

26th BATTALION A.I.F.

Adam, W. P. 6029.	M. Aug. 11/18.
Bruford, Lieut. H. R. B.	K. Oct. 3/18. Det.D./B.
Carney, M. 4994.	M. Oct. 3/18.
Clarke, W. J. 3785.	K. Sept. 1/18. Det.D./B.
‡Doak, A. 3278.	K. Aug. 9/18. Det.D./B.
Dray, H. J. 6529.	M. Oct. 3/18.
‡Elliott, Cpl. R. 627.	K. Oct. 3/18. Det.D./B.
‡Fleming, V. J. R. 5006.	W. Unoff. M. Oct. 3/18.
Frier, J. V. 3471.	M. May 28/18.
*Keillor, T. H. 6558.	D/W. Aug. 9/18. Det.D./B.
Keith. F. 4817.	M. Sept. 2/18.
*Leslie, A. S. 5862.	D/W. Sept. 4/18. Det.D./B.
‡Macdonald, A. D. 6578.	D/W. Oct. 6/18. Det.D./B.
‡McLucas, U. R. R. 4466.	K. Aug. 8/18. Det.D./B.
Mabbitt, F. M. 5388.	M. Oct. 3/18.
*Monteith, Lieut. R. H.	K. Sept. 2/18. Det.D./B.
‡Muir, W. G. 6822.	D/W. Aug. 8/18. Det.D./B.
*Phillips, W .A. 5395.	K. Sept. 2/18. Det.D./B.
Rew, C. H. B. D. 7111	M. Oct. 3/18.
‡Robinson, E. C. 5656.	K. Oct. 3/18. Det.D./B.
Straiton, F. 6170.	K. Sept. 2/18. Det.D./B.
Surch, J. R. 6167.	K. Aug. 11/18. Det.D./B.
Walker, F. R. 5928.	D/W. Aug. 8/18. Det.D./B.

December 1st, 1918.

27th BATTALION A.I.F.

Co.

*Carr, F. P. 38. — K. Aug. 10/18. Det.D./B.
*Carr, W. J. P. 6. — K. Aug. 8/18. Det.D./B.
‡Clappe, E. 5323. — K. Oct. 3/18. Det.D./B.
Conigrove, A. H. 3066. — K. Oct. 3/18. Det.D./B.
*Curgenven, W. F. 2344. — K. Sept. 2/18. Det.D./B.
Delbridge, Sgt. S. R. 2354. — K. Sept. 2/18. Det.D./B.
‡Flavel, B. L. 6081. — K. Aug. 8/18. Det.D./B.
Greig, C. A. L. 5299. — K. Aug. 8/18. Det.D./B.
Hill, A. J. 6913. — K. May 3/18. Det.D./B.
Jensen, Sgt. C. M. 4659. — M. June 10/18.
Kain, R. 3331. — W. and M. June 10/18.
Kluge, W. 362. — M. June 10/18.
Lambert, M.M., G. L. 619. — D/W. Oct. 4/18. Det.D./B.
‡Lammey, Sgt. A. J. 2389. — K. Sept. 2/18. Det.D./B.
*McFarlane, C. E. 384. — K. Sept. 2/18. Det.D./B.
*McDonald, Cpl. C. 2449. — K. Oct. 3/18. Det.D./B.
‡Marriott, T. E. 5616. — K. Aug. 30/18. Det.D./B.
Moran, A. S. 5902. — K. Aug. 8/18. Det.D./B.
‡Oswald, Lieut. C. W. O. — K. Aug. 31/18. Det.D./B.
*Paterson, A. L. 2217. — K. Sept. 2/18. Det.D./B.
Qu'nlivan, F. 6143. — D/W. Aug. 31/18. Det.D./B.
Roberts, P. C. 2473. — K. Aug. 9/18. Det.D./B.
Smith, W. S. 2529. — D/W. Aug. 10/18. Det.D/B
Stephens, L.-Cpl. C. F. 6654. — K. June 10/18. Det.D./B.
Stockham, Lieut. S. C. — D/W. Aug. 18/18. Det.D./B.
Worley, W. M. 6175. — K. July 18/18. Det.D./B.

28th BATTALION A.I.F.

Arnold, T. R. 7017. — K. June 14/18. Det.D./B.
*Ball, D. H. 7256. — K. Sept. 2/18. Det.D./B.
Bromley, D. E. 4987. — M. June 14/18.
*Browning, B. M 7392. — K. Oct. 3/18. Det.D./B.
‡Bruce, E. J. 4073. — D/W. Sept. 2/18. Det.D./B.
‡Campbell, P. C. 6303. — D/W. Sept. 2/18. Det.D./B.
*Clarkson, D. D. 7257. — K. Oct. 3/18. Det.D./B.
*Clayton, T. G. 1689. — K. Aug. 8/18. Det.D./B.
Curtis, Cpl. G. N. 919. — K. June 10/18. Det.D./B.
‡Fallon, L.-Cpl. J. A. 4423. — D/W. Aug. 11/18. Det.D./B.
French, R. 5004. — W. and M. June 10/18.
‡Gordon, B. L. 6404A. — K. Sept. 2/18. Det.D./B.
Hayden, J. E. 6093. — K. Aug. 11/18. Det.D./B.
*Johnson, R. 4763. — K. June 14/18. Det.D./B.
*Keogh, R. 4763. — K. Sept. 2/18. Det.D./B.
McEachern, W. 3136. — D/W. Sept. 3/18. Det.D./B.
Mouchemore, E. C. 6351. — K. Oct. 3/18. Det.D./B.
Moxon, F. C. 6124. — K. June 10/18. Det.D./B. R/Enq.
Norton, W. 5414. — W. and M. June 10/18.
‡Orr, J. 7115. — D/W. Oct. 4/18. Det.D.'B.
Pittard, J. A. 6630. — K. June 10/18. Det.D./B.
Preston, J. 6370A. — K. Aug. 4/18. Det.D./B.
*Rafferty, J. 3122. — K. Aug. 11/18. Det.D./B.
Robinson, F. E. 4205. — W. and M. June 10/18.
Sheehan, T.-Cpl. T. J. 5087. — K. Oct. 4/18. Det.D./B.
Smith, C. F. 4302. — K. June 10/18. Det.D./B.
Smith, E. J. 5081. — K. June 10/18. Det.D./B.
*Spencer, F. 5785. — K. Aug. 29/18. Det.D./B.
*Williams, A. E. G. 5672. — K. Sept. 2/18. Det.D./B.

December 1st, 1918.

29th BATTALION A.I.F.

Co.

‡Bray, G. D. 4645.	D/W. Oct. 1/18. Det.D./B.
‡Carter, E. J. 2880.	D. at sea, R.M.S. Leinster, Oct. 10/18.
‡Collivér, A. 5006.	K. Sept. 30/18. Det.D./B.
‡Duncan, H. V. 522.	K. Aug. 29/18. Det.D./B.
Faulks, T. 3231.	M., bel. drowned Aug. 3/18, Warilda.
Gronhait, W. J. 2650.	D/W. July 30/18. Det.D./B.
‡Herd, D. H. 256.	K. Aug. 9/18. Det.D./B.
Hogan, R. F. 4548.	K. July 29/18. Det.D./B.
‡Keenihan, H. J. J. 4463.	K. Sept. 9/18. Det.D./B.
‡Liddle, J. 2690.	K. July 29/18. Det.D./B.
‡Lilley, W. J. 5051.	K. Aug. 29/18. Det.D./B.
Mack, F. L. 4330.	D/W. July 29/18. Det.D./B.
Maggs, A. 4081.	K. July 29/18. Det.D./B.
Matthews, M. 1190.	K. July 29/18. Det.D./B.
Morrish, L. 1418.	K. Aug. 9/18. Det.D./B.
*Nelson, W. 3837.	D/W. Aug. 9/18. Det.D./B.
Nielsen, C. O. 4098.	K. Mar. 19/18. Det.D./B.
O'Brien, Sgt. W. P. 5085.	K. Aug. 9/18. Det.D./B.
‡Patterson, L. N. 2974.	K. July 29/18. Det.D./B.
‡Patterson, Sgt. R. G. E. 2975.	D/W. Sept. 10/18. Det.D./B.
Proctor, R. A. 3657.	M. July 29/18.
‡Rawlings, W. R. 3603.	K. Aug. 9/18. Det.D./B.
Rock, G. O. 2986.	D/W. Aug. 11/18. Det.D./B.
‡Rosser, H. L. 2987.	K. Aug. 9/18. Det.D./B.
Russell, Cpl. L. 330.	D/W. Aug. 10/18. Det.D./B.
Saunders, C. F. 2090.	K. Aug. 9/18. Det.D./B.
Stewart, H. A. 4890.	K. July 29/18. Det.D./B.
Thomas, H. E. 966.	D/W. July 31/18. Det.D./B.
‡Travers, F. J. J. 2774.	K. Aug. 9/18. Det.D./B.

30th BATTALION A.I.F.

Baker, C. F. 2884.	K. July 29/18. Det.D./B.
‡Bickerton, Sgt. L. B. 2283.	K. Sept. 20/18. Det.D./B.
Boys, Cpl. W. T. 600.	K. Sept. 3/18. Det./D./B.
‡Cork, H. H. 5002.	K. July 30/18. Det.D./B.
‡Cotterill, A. S. 3208.	D/W. Aug. 28/18. Det.D./B.
Curnow, W. T. 4522.	K. Aug. 28/18. Det.D./B.
Gulson, N. N. 888.	D/W. Oct. 1/18. Det.D./B.
Hanley, A. 2137A.	K. Aug. 8/18. Det.D./B.
Hindes, G. 2655.	K. Aug. 28/18. Det.D./B.
‡Morris, F. F. 2979.	K. Sept. 4/18. Det.D./B.
Severs, C. B. 4299.	M. June 23/18.
Tarrant, J. 549.	K. Sept. 29/18. Det.D./B.
‡Watts, L.-Cpl. A. G. 3050.	K. Sept. 26/18. Det.D./B.
*Wells, M.O., Major J. C.	D/W. Aug. 10/18. Det.D./B.
‡Wilson, J. 2190.	D. Aug. 28/18. Det.D./B.
‡Yates, E. W. Earle-. 3223.	K. Aug. 28/18. Det.D./B.

December 1st, 1918.

31st BATTALION A.I.F.

Co.

Bell, Cpl. A. R. 1531.	D/W. **Sept. 10/18.** Det.D./B.
‡Buchan, Lieut. L.	K. accid. **Sept. 5/18.** Det.D./B.
‡Butcher, A. J. 1051.	K. **Sept. 29/18.** Det.D./B.
*Charter, Sgt. A. 1575.	K. **Sept. 8/18.** Det.D./B.
‡Conyers, E. F. 2902.	K. **Aug. 9/18.** Det.D./B.
†Fraser, L. M. 3803.	K. **Aug. 28/18.** Det.D./B.
*Gair, Lieut. I. N.	D/W. **Sept. 30/18.** Det.D./B.
‡Gard, W. E. 3237.	K. **Aug. 30/18.** Det.D./B.
George, H. 661.	W. and M. **Aug. 9/18.** Det.D./B.
‡Hamilton, F. 4072.	K. **Aug. 22/18.** Det.D./B.
†Hilliar, F. G. 343.	K. **Sept. 29/18.** Det.D./B.
Laidlaw, E. L. 3581.	M., bel. Drowned **Aug. 3/18**, Warilda.
McCormack, J. M. 1069.	D. of injuries **June 7/18.** Det.D./B.
‡Middleton, A. R. 2992.	D/W. **Oct. 1/18.** Det.D./B.

32nd BATTALION A.I.F.

‡Appelbee, H. R. 4747.	K. **June 23/18.** Det.D./B.
*Bampton, H. J. 438.	K. **Aug. 8/18.** Det.D./B.
*Butler, F. 1227.	K. **Sept. 3/18.** Det.D./B.
‡Chatfield, A. G. 3783.	K. **Aug. 1/18.** Det.D./B.
‡Drane, A. 4049.	D/W. **July 29/18.** Det.D./B.
Gudopp, E. C. 4528.	K. **June 24/18.** Det.D./B.
Kennedy, R. S. J. 1302.	K. **June 24/18.** Det.D./B.
*McCann, T. 4860.	K. **July 30/18.** Det.D./B.
‡McCrossin, A. J. 1010.	D. **Sept. 15/18.** Det.D./B.
Morrison, F. R. S. 3284.	D/W. **July 30/18.** Det.D./B.
‡Neilson, C. C. A. 3600.	K. **July 30/18.** Det.D./B.
Neville, W. 1022.	K. **June 24/18.** Det.D./B.
O'Donnell, M. E. 15022.	K. **May 20/18.** Det.D./B.
Rowley, P. R. L. 3870.	K. **Mar. 22/18.** Det.D./B.
‡Sowter, C. C. S. 2896.	W. Unoff. M. **Sept. 30/18.**
Smith, E. C. 4367.	K. **July 28/18.** Det.D./B.
*Smith, T. J. 2985.	K. **Aug. 8/18.** Det.D./B.
Steer, H. A. 4980.	K. **Aug. 1/18.** Det.D./B.
‡Tench, Lieut. G. T. K.	D/W. **Sept. 29/18.** Det.D./B.
*Werndley, F. O. 4090.	D/W. **Aug. 1/18.** Det.D./B.
‡Whithy, C. C. 4612.	K. **Aug. 1/18.** Det.D./B.
Wilkins, E. 4239.	Died at sea **Aug. 3/18**, Warilda.
Wray, A. W. 305.	M. **July 28/18.**

33rd BATTALION A.I.F.

Abbott, N. 3862.	M. bel. Drowned **Aug. 3/18**, Warilda.
Allison, A. M. 6601.	D/W. **June 26/18.** Det.D./B.
Anderson, C. H. 2762.	K. **Mar. 30/18.** Det.D./B.
Burgoyne, M.M., L.-Cpl. A. W. 1808	K. **May 7/18.** Det.D./B.
‡Callcott, C. N. 52.	K. **Aug. 8/18.** Det.D./B.
‡Cameron, K. G. 1796.	K. **Aug. 31/18.** Det.D./B.
Carmody, L. J. 624.	K. **Aug. 30/18.** Det.D./B.
‡Carson, Lieut. G. M.	K. **Aug. 31/18.** Det.D./B.
Cocksedge, T. H. 2041.	K. **Aug. 8/18.** Det.D./B.
Collins, J. L. 4993.	K. **Aug. 22/18.** Det.D./B.
Corsie, S. M. 745.	K. **Aug. 22/18.** Det.D./B.
Daley, C. C. 6297.	M. **Aug. 30/18.**

December 1st, 1918.

33rd Battalion A.I.F.—contd.

Co.

Darlington, H. 3294.	M. May 7/18.
Doyle, W. P. 3284.	D/W. Aug. 8/18. Det.D./B.
*Everitt, A.-Cpl. R. 749.	D/W. Aug. 22/18. Det.D./B.
Farleigh, Lieut. A. G.	K. Aug. 22/18. Det.D./B.
‡Farquharson, F. 5016.	D. Aug. 31/18. Det.D./B.
Graham, A. H. 3065.	K. Aug. 16/18. Det.D./B.
‡Greethead, W. A. 54198.	D. Oct. 16/18. Det.D./B.
Griffiths, A. E. 4126.	D/W. Sept. 1/18. Det.D./B.
‡Hagan, J. W. 445.	K. Sept. 30/18. Det.D./B.
Hopkins, C. F. 790.	D/W. Aug. 27/18. Det.D./B.
Hoskins, J. T. J. 1477.	D. May 25/18. Det.D./B.
Hourigan, G. M. 779.	K. May 10/18. Det.D./B.
Hyland, T. W. 3314.	K. Mar. 30/18. Det.D./B.
Isackson, R. 3077.	K. Mar. 30/18. Det.D./B.
Jarrett, H. T. 3324.	M. May 7/18.
‡Kennedy, N. 366.	K. Aug. 30/18. Det.D./B.
Langford, J. 3086.	K. April 4/18. Det.D./B.
Lawley, H. A. 2714.	K. May 7/18. Det.D./B.
*McKenzie, D. R. 3345.	K. Aug. 30/18. Det.D./B.
McLauchlan, J. K. 1880.	K. Aug. 31/18. Det.D./B.
Mason, J. S. 1964.	K. Aug. 22/18. Det.D./B.
Molloy, W. P. 131.	D/W. April 18/18. Det.D./B.
‡Moore, C. N. 1979.	K. Oct. 1/18. Det.D./B.
Moran, J. J. 3675	K. May 6/18. Det.D./B.
*Morrisby, Sgt. C. F. 985.	K. Sept. 4/18. Det.D./B.
Organ, B. F. 1986.	K. Aug. 31/18. Det.D./B.
‡Parkin, E. 526.	K. Aug. 30/18. Det.D./B.
Patterson, R. 3101.	K. May 7/18. Det.D./B.
Quinn, J. J. 637.	K. Aug. 8/18. Det.D./B.
‡Ramsay, J. E. 2433.	D/W. July 15/18. Det.D./W.
‡Reynolds, A. J. 1895.	K. Aug. 31/18. Det.D./B.
Scott, T. 2648.	K. Aug. 30/18. Det.D./B.
Shea, J. 3371.	D/W. April 20/18. Det.D./B.
Smith, B. 1907.	K. June 21/18. Det.D./B.
Smith, F. 3377.	D/W. Mar. 31/18. Det.D./B.
Smith, J. N. 3698.	**K. Mar. 30/18.** Det.D./B.
Stier, L.-Cpl. F. H. 1241.	K. April 4/18. Det.D./B.
Thompson, C. F. 2934.	K. June 10/18. Det.D./B.
Thompson, R. S. 3132.	K. Aug. 30/18. Det.D./B.
Tyrrell, W. R. 3383.	D/W. July 23/18. Det.D./B.
‡Watson, W. H. 3412.	K. Oct. 1/18. Det.D./B.
Wenban, L.-Cpl. A. E. **5106.**	K. Mar. 30/18. Det.D./B.
‡Wheaton, L. N. 3408.	K. Aug. 22/18. Det.D./B.
*Wilson, C. F. 3145.	K. May 7/18. Det.D./B.
*Witt, G. W. 2414.	D/W. Sept. 3/18. Det.D./B.
‡Woodmansey, F. 6650.	D/W. Aug. 25/18. Det.D./B.
Wright, G. H. 3146.	K. Aug. 22/18. Det.D./B.

34th BATTALION A.I.F.

‡Ashton, A. 4972.	D/W. Sept. 2/18. Det.D./B.
‡Bloomfield, J. M. 4978.	K. Aug. 30/18. Det.D./B.
Brown, F. H. 3604.	K. July 15/18. Det.D./B.
Campbell, A. C. 3024A.	K. May 6/18. Det.D./B.
Carney, W. G. 7459.	D/W. May 8/18. Det.D./B.
*Cummins, J. 7705.	K. Aug. 1/18. Det.D./B.
Douglas, W. A. 7183.	D/W. Aug. 22/18. Det.D./B.

December 1st, 1918.

34th Battalion A.I.F.—contd.
Co.

*Drury, M. R. 3300.	K. Aug. 31/18. Det.D./B.
*Dungey, J. 1889.	W. and M. Aug. 23/18. Det.D./B.
Dunshea, A. E. 7174.	D/W. Aug. 23/18. Det.D./B.
Duthie, G. L. 748.	K. April 5/18. Det.D./B.
‡Erwin, A. A. 3041.	D/W. Mar. 31/18. Det.D./B.
*French, W. A. 7062A.	K. Aug. 31/18. Det.D./B.
Gibbs, A. C. 87.	K. Aug. 18/18. Det.D./B.
Grace, S. G. 2074.	K. April 3-5/18. Det.D./B.
Haines, B. A. K. 3318.	K. Aug. 8/18. Det.D./B.
Hare, A. J. 2808.	K. Aug. 18/18. Det.D./B.
‡Hill, F. J. 1131.	K. Aug. 30/18. Det.D./B.
Hyde, W. 796.	K. May 8/18. Det.D./B.
‡Iken, G. E. 2335.	D/W. Oct. 1/18. Det.D./B.
Iliffe, J. G. 7547.	K. May 7/18. Det.D./B.
Jessop, C. E. 7869.	K. Aug. 31/18. Det.D./B.
Leard, H. G. 1848.	K. April 3-5/18. Det.D./B.
Lloyd, J. A. 3337.	K. Aug. 31/18. Det.D./B.
McCrimmon, M. 3353.	K. Aug. 22/18. Det.D./B.
*McPherson, A. 7009.	K. July 31/18. Det.D./B.
Murphy, P. E. 2815.	K. April 6/18. Det.D./B.
‡O'Brien, F J. 3090.	K. Sept. 29/18. Det.D./B.
Petty, F. 7520.	K. Mar. 30/18. Det.D./B.
Shechy, A. J. 3382.	K. Aug. 8/18. Det.D./B.
Smith, W. G. 7533.	M. Mar. 5/18.
Tillett, J. B. V. 2169.	K. May 7/18. Det.D./B.
Turbe, L. E. 2863.	M. May 9-10/18.
Walker, L. J. 4323.	D/W. April 1/18. Det.D./B.
Withers, A. A. J. 7567.	K. May 6/18. Det.D./B.
‡Yates, G H. 7572.	K. Aug. 20/18. Det.D./B.

Special Enquiry.

‡Lipscombe, E. J. 2348.	K. May 16/17. Det.D./B.

35th BATTALION A.I.F.

Ball, E. S. 2046.	K. April 5/18. Det.D./B.
‡Burchell, C. D. 1082.	K. Sept. 9/18. Det.D./B.
Cowley, W. 6773.	K. April 4/18. Det.D./B.
Curran, T. R. 1085A.	D/W. May 8/18. Det.D./B.
Davies, A. J. 6775.	K. April 5/18. Det.D./B.
Davis, R. B. 57.	K. Aug. 8/18. Det.D./B.
Douglas, J. M. 3620.	K. April 5/18. Det.D./B.
Fellows, G. 2030.	M. April 5/18.
Gallagher, F. C. 3509A.	K. Aug. 23/18. Det.D./B.
‡Goold, E. 1811.	K. Sept. 1/18. Det.D./B.
Grant, F. N. 3053.	K. April 5/18. Det.D./B.
Griffiths, A. W. 4263.	D/W. April 11/18. Det.D./B.
*Grono, W. H. 6807.	K. Aug. 22/18. Det.D./B.
‡Hatch, S. F. 3327.	K. Aug. 22/18. Det.D./B.
Hawick, T. L. 6811A.	K. April 5/18. Det.D./B.
Hudson, A. C. S. 7263.	K. Mar. 4/18. Det.D./B.
Landon, L. W. 5046.	K. Aug. 22/18. Det.D./B.
McCloy, Cpl. G. S. 3097.	K. Aug. 8/18. Det.D./B.
McDermott, E. G. 3673.	K. April 4/18. Det.D./B.
McGregor, J. C. 1839.	D/W. Aug. 22/18. Det.D./B.
McIver, T. 6803.	K. April 4/18. Det.D./B.

December 1st, 1918.

35th Battalion A.I.F.—contd.

Co.

McKenzie, D. 3357.	K. April 4/18. Det.D./B.
Marks, M. 7097.	K. Aug. 8/18. Det.D./B.
Miller, W. J. 2094.	M. Aug. 22/18.
Monk, P. H. 6838.	K. April 4/18. Det.D./B.
Moore, H. F. 2848.	K. May 4/18. Det.D./B.
Moore, S. J. 3768.	K. April 5/18. Det.D./B.
Naughton, J. F. 1963.	M. April 5/18.
Nelson, J. V. 7295.	K. Aug. 8/18. Det.D./B.
Ormiston, J. H. 2372.	D/W. May 6/18. Det.D./B.
Penfold, S. 1209.	K. April 4/18. Det.D./B.
Reilly, J. 2866.	K. April 5/18. Det.D./B.
Richardson, J. W. 190.	D/W. Aug. 8/18. Det.D./B.
*Rix, D. 6821.	D/W. Aug. 29/18. Det.D./B.
Robertson, W. 883.	M. Aug. 8/18.
Robinson, A. G. 2125.	K. May 6/18. Det.D./B.
‡Scott, L.-Cpl. H. 3382.	D/W. Aug. 8/18. Det.D./B.
Scott, J. A. 7318.	K. Aug. 28/18. Det.D./B.
‡Skelly, T. E. 2147.	K. Aug. 28/18. Det.D./B.
Smith, E. J. 3697.	K. April 4/18. Det.D./B.
Smith, P. J. 3454.	K. Aug. 8/18. Det.D./B.
‡Stewart, C. 4849.	K. Aug. 22/18. Det.D./B.
Stiles, E. A. 3229.	K. May 2/18. Det.D./B.
‡Trenean, P. J. 54772.	D. Oct. 13/18. Det.D./B.
Walton, F. C. 6680.	K. April 5/18. Det.D./B.
Williams, H. S. H. 3716.	D/W. April 6/18. Det.D./B.
Wilson, W. J. 6902.	K. May 4/18. Det.D./B.
Worland, Lieut. E. F.	D/W. Aug. 30/18. Det.D./B.
Wright, H. G. 1920.	K. April 5/18. Det.D./B.

36th BATTALION A.I.F.

Carroll, W. J. 3023.	K. April 4/18. Det.D./B.
Colyer, Lieut. H. M.	K. April 12/18. Det.D./B.
*Davies, A. G. 1816.	K. April 4/18. Det.D./B.
Dickson, A. 3292.	K. April 4/18. Det.D./B.
Hall, C. 3313.	K. April 4/18. Det.D./B.
Jarrett, J. 3756.	K. April 6/18. Det.D./B.
Jensen, T. N. 1144.	D/W. May 16/18. Det.D./B.
Johnson, C. D. 3068.	K. Mar. 3/18. Det.D./B.
McDonald, C. 2017.	D/W. April 6/18. Det.D./B.
Morgan, J. S. 2356.	D/W. April 4/18. Det.D./B.
‡Ridley, F. C. 1904.	K. April 12/18. Det.D./B.
Weeks, R. R. 3400.	M. May 7/18.
White, A. 2405.	K. April 4/18. Det.D./B.
Wild, F. J. 2894.	K. April 4/18. Det.D./B.

37th BATTALION A.I.F.

‡Allen, F. C. 3010.	K. Aug. 25/18. Det.D./B.
Banbrick, J. S. 6145.	K. Feb. 10/18. Det.D./B.
Brister, G. E. 543.	D/W. Aug. 11/18. Det.D./B.
Dyson, R. P. 96.	D/W. Aug. 10/18. Det.D./B.
Garland, H. W. 2069.	K. April 4/18. Det.D./B.
Gillam, W. R. 2564.	K. Aug. 30/18. Det.D./B.
‡Haynes, J. 6029.	K. Sept. 29/18. Det.D./B.

December 1st, 1918.

37th Battalion A.I.F.—contd.

Co.

Hood, O. R. 6786. W. and M. **Aug. 30/18.**
*Howes, Cpl. W. P. 2573. K. **Aug. 30/18.** Det.D./B.
*Huggard, W. B. 904. K. **Aug. 26/18.** Det.D./B.
*Kerr, J. F. L. 3420. K. **Aug. 25/18.** Det.D./B.
Marlin, A. R. 2728. K. **Aug. 30/18.** Det.D./B.
Osboldstone, J. R. 97. K. **Aug. 10/18.** Det.D./B.
Pellas, I. O. T. 6065. K. **Aug. 12/18.** Det.D./B.
Rankin, J. F. 1261. K. **Feb. 10/18.** Det.D./B.
Robbins, H. W. 2136. K. **Feb. 10/18.** Det.D./B.
Rolfe, G. T. 678. M. **Aug. 10/18.**
Sims, R. E. 998. K. **Aug. 10/18.** Det.D./B.
Sisley, P. N. 1012. K. **April 16/18.** Det.D./B.
Tyres, H. 1298. W. and M. **Aug. 10/18.**
Ward, F. J. 3190. D/W. **June 13/18.** Det.D./B.
Watt, D. W. 684. K. **Feb. 10/18.** Det.D./B.
‡**Willis, Lieut. H. J.** K. **Aug. 30/18.** Det.D./B.

38th BATTALION A.I.F.

Begbie, A. H. 1791. W. Unoff. M. **Oct. 7/18.**
‡Berry, G. 3269. D/W. **Aug. 11/18.** Det.D./B.
*Bowen, Sgt. J. H. 237. K. **Sept. 29/18.** Det.D./B.
Box, H. R. 23. K. **Aug. 9/18.** Det.D./B.
‡Byrne, V. B. 827. K. **Sept. 29/18.** Det.D./B.
‡**Callan, Lieut. C. T.** K. **Sept. 29/18.** Det.D./B.
‡Callen, J. D. 4277. K. **Sept. 29/18.** Det.D./B.
‡Carter, P. 6476. K. **Oct. 31/18.** Det.D./B.
‡Delarey, F. J. 2552. D. **Sept. 29/18.** Det.D./B.
‡Dryden, H. T. 1756. K. **Aug. 12/18.** Det.D./B.
‡Fisher, W. D. 2411A. K. **Aug. 11/18.** Det.D./B.
Forrester, J. P. 7005. K. **Aug. 24/18.** Det.D./B.
Gibson, G. F. 3306. K. **Aug. 10/18.** Det.D./B.
*Gilnooley, Cpl. A. 890. K. **Aug. 31/18.** Det.D./B.
‡Grigg, G. T. 2566. K. **Aug. 31/18.** Det.D./B.
‡Harrison, H. 1203. D/W. **Sept. 29/18.** Det.D./B.
‡Holmes, C. J. 910. K. **Aug. 24/18.** Det.D./B.
Howell, N. R. 1951. K. **Aug. 31/18.** Det.D./B.
‡Ihms, H. A. 2173. K. **Aug. 24/18.** Det.D./B.
‡Jorgenson, C. 577. K. **Aug. 31/18.** Det.D./B.
Knuckey, L.-Cpl. F. W. L. 66. M., bel. drowned, R.M.S. Leinster, **Oct. 10/18.**
‡**Maudsley, Major A. J.** K. **Aug. 31/18.** Det.D./B.
*Meldrum, Sgt. L. R. 3108. K. **Aug. 24/18.** Det.D./B.
‡Morris, J. 3338. K. **Sept. 29/18.** Det.D./B.
*Myers, J. L. 593. K. **Sept. 8/18.** Det.D./B.
‡Reville, F. W. 3395. D/W. **July 20/18.** Det.D./B.
‡Routley, C. T. 1958. K. **Aug. 28/18.** Det.D./B.
Roxburgh, J. 2631. Died at sea **Aug. 3/18**, Warilda.
‡Smith, J. W. 989. K. **Aug. 24/18.** Det.D./B.
‡Sturman, W. H. 4891. K. **Aug. 26/18.** Det.D./B.
‡Todd, A. J. 398. D/W. **Oct. 3/18.** Det.D./B.
‡Treloar, J. H. 3427. K. **Aug. 28/18.** Det.D./B.
‡Walsh, J. F. 2897. D/W. **Aug. 31/18.** Det.D./B.
*Westley, E. J. 3429. K. **Aug. 31/18.** Det.D./B.

December 1st, 1918.

39th BATTALION A.I.F.

Co.

‡Anderson, R. F. 2774A.	D/W. Aug. 30/18. Det.D./B.
‡Baker, L. F. 5972.	D/W. July 21/18. Det.D./B.
‡Booth, A. L. 3257.	K. Sept. 10/18. Det.D./B.
‡Cunningham, T. 756.	K. Aug. 31/18. Det.D./B.
‡Ellen, A. 1817.	D/W. Aug. 31/18. Det.D./B.
‡Jenkins, W. C. 1330.	D/W. Sept. 10/18. Det.D./B.
‡Kable, P. G. 2582.	K. Sept. 30/18. Det.D./B.
‡Looker, E. A. 6059.	K. Sept. 29/18. Det.D./B.
‡McColl, A. J. 534.	D/W. Sept. 11/18. Det.D./B.
*McDonald, J. 2120.	K. July 30/18. Det.D./B.
‡Matthews, R. J. 4136.	K. Sept. 8/18. Det.D./B.
‡Pellow, A. 3120.	D. Aug. 26/18. Det.D./B.
‡Wynne, R. 1935.	K. Sept. 10/18. Det.D./B.

40th BATTALION A.I.F.

A.

*Armstrong, Sig. S. R. 105.	K. Sept. 1/18. Det.D./B.
*Curtis, M. E. 7717.	D/W. Aug. 24/18. Det.D./B.
Dickenson, P. 3577.	K. May 9/18. Det.D./B.
Harris, A J. 2770.	K. April 9/18. Det.D./B.
Lewis, R. N. 2357.	K. Aug. 12/18. Det.D./B.
‡Mahoney, Lieut. T.	K. Aug. 30/18. Det.D./B.
Quin, J. L. 983.	M. June 13/18.

41st BATTALION A.I.F.

Claridge, R. O. J. 2912.	M., bel. Drowned Aug. 3/18, Warilda.
Henry, J. W. E. 3212.	K. Sept. 1/18. Det.D./B.
*Hone, W. A. 893.	K. Aug. 22/18. Det.D./B.
Kelso, R. J. 3422.	D/W. Aug. 8/18. Det.D./B.
Linklater, L.-Cpl. V. 93.	W. and M. Mar. 29/18.
Lourhman, P. 2229.	W. and M. Aug. 24/18.
*McIntosh, S. K. 3329.	D/W. Aug. 29/18. Det.D./B.
Maag, G. H. 3635.	D/W. Sept. 1/18. Det.D./B.
Mansell, J. H. 2012.	K. Aug. 12/18. Det.D./B.
Morrow, C. 919.	D/W. Sept. 8/18. Det.D.B.
‡Myers, T. 3679.	K. Sept. 1/18. Det.D./B.
‡Philp, A. E. V. 264.	D/W. Oct. 3/18. Det.D./B.
‡Ray, J. P. 3226.	W. and M. Sept. 1/18.
‡Shacker, E. J. 695.	K. June 26/18. Det.D./B.
‡Trotman, E. J. 5202.	K. Sept. 29/18. Det.D./B.
‡Turner, G. H. 990.	K. Sept. 7/18. Det.D./B.
Welch, C. F. 552.	K. Aug. 8/18. Det.D./B.

Special Enquiry.

‡Marsen, A. 2622.	K. Oct. 5/17. Det.D./B.

42nd BATTALION A.I.F.

Barrett, G. E. 2769.	K. Aug. 12/18. Det.D./B.
Bickersteth, R. 3349.	K. Aug. 12/18. Det.D./B.
Brown, C. L. 1276.	K. Aug. 12/18. Det.D./B.
*Collin, Lieut. C. L.	K. Sept. 1/18. Det.D./B.

December 1st, 1918.

42nd Battalion A.I.F.—contd.
Co.

Conrad, Lieut. H. V.	K. Aug. 8/18. Det.D./B.
Driscoll, O. J. 542.	K. Sept. 2/18. Det.D./B.
‡Easlea, C. 3291.	K. Aug. 31/18. Det.D./B.
Ewing, A. 2307.	W. and M. Aug. 12/18.
Fittock, E. R. 3035.	K. Aug. 12/18. Det.D./B.
‡Fritsch, M. T. 4149.	K. Aug. 25/18. Det.D./B.
Goode, T.-Sgt. C. H. 1784.	M. Aug. 12/18.
‡Hart, W. J. 366.	K. Aug. 26/18. Det.D./B.
Jack, M.C., Capt. T.	W. and M. Aug. 12/18.
Jacobsen, L. N. 1256.	K. Aug. 12/18. Det.D./B.
‡Jaffa, H. E. 3018.	K. Sept. 6/18. Det.D./B.
Marsh, C. R. 216.	K. Aug. 25/18. Det.D./B.
Martin, T. A. 880.	K. Sept. 1/18. Det.D./B.
Millar, E. A. 854.	K. Aug. 12/18. Det.D./B.
*Nigro, J. 3361.	D/W. Sept. 9/18. Det.D./B.
Power, C. N. 3066.	M., bel. Drowned Aug. 3/18, Warild
Price, O. B. 3409.	K. Aug. 7/18. Det.D./B.
Richardson, R. C. G. 1072.	K. Aug. 26/18. Det.D./B.
*Taylor, H. L. 955.	W. and M. Aug. 12/18.
Thompson, 2nd Lt. K. S.	K. Aug. 31/18. Det.D./B.
Williamson, G. H. 1993.	K. Aug. 12/18. Det.D./B.
*Wynne, F. O. R. 3133.	K. Sept. 1/18. Det.D./B.

43rd BATTALION A.I.F.

‡Breheny, M. J. 2536.	K. Sept. 29/18. Det.D./B.
‡Breheny, P. F. 2545.	K. Oct. 17/18. Det.D./B.
Card, H. G. B. 2299.	K. Aug. 22/18. Det.D./B.
Chapman, L. 4767.	M. June 1/18.
Coombs, S. S. 1785.	K. May 28/18. Det.D./B.
Donnelly, F. L. 3052.	K. Aug. 8/18. Det.D./B.
‡Farmer, M. C. 3053.	D/W. Aug. 25/18. Det.D./B.
‡Mahony, 2nd Lt. C. R.	K. Sept. 1/18. Det.D./B.
Marriott, T. O. H. 4820.	M. Sept. 1/18.
‡Mitchell, W. A. 3096.	D/W. Aug. 23/18. Det.D./B.
‡Nesbit, R.-S.-M. D. 535	D/W. July 19/18. Det.D./B.
*O'Brien, L. V. 4489.	K. July 4/18. Det.D./B.
‡Oswald, Capt. G. H.	D/W. Sept. 1/18. Det.D./B.
‡Reiss, A. G. 3594.	K. Sept. 29/18. Det.D./B.
‡Saunders, W. F. 3710.	D/W. Sept. 2/18. Det.D./B.
*Smith, T. H. 3489.	K. Sept. 1/18. Det.D./B.
Stillwell, Cpl. F. D. 563.	K. Sept. 1/18. Det.D./B.
Stuart, A. C. 2621.	D/W. Aug. 22/18. Det.D./B.
*Thatcher, G. 592.	K. Aug. 26/18. Det.D./B.
Tynan, A. E. 596.	K. Aug. 12/18. Det.D./B.
‡Wethers, J. J. 5770.	K. Sept. 29/18. Det.D./B.
*Wade, P. 2898.	K. Sept. 1/18. Det.D./B.
Worby, L.-Cpl. P. J. 2166.	K. Sept. 1/18. Det.D./B.

44th BATTALION A.I.F.

‡Adams, Lieut. J.	K. Aug. 26/18. Det.D./B.
Campbell, W. L. 1633.	K. Mar. 28/18. Det.D./B.
Duckham, W. H. 3378.	D/W. July 4/18. Det.D./B.
Faulkner, Lieut. W. G.	K. Aug. 31/18. Det.D./B.
Fitzgerald, A. 3055.	K. Aug. 26/18. Det.D./B.

December 1st, 1918.

44th Battalion A.I.F.—contd.
Co.

Fulcher, J. 3654.	K. Aug. 8/18. Det.D./B.
‡Gregg, R. E. 798.	D/W. Aug. 26/18. Det.D./B.
Henry, G. J. 2580.	M. Mar. 28/18.
Hewitt, N. W. 1655.	D/W. Aug. 24/18. Det.D./B.
‡Holman, V. 2112.	D/W. July 5/18. Det.D./B.
‡Hutchinson, L. C. 3376.	K. Aug. 22/18. Det.D./B.
Krug, D. 978.	K. Aug. 23/18. Det.D./B.
McLennan, D. 642.	K. July 4/18. Det.D./B.
Paterson, T. W. 2233.	M. Sept. 29/18.
Robson, G. 653.	K. Aug. 8/18. Det.D./B.
Reed, E. E. 20419.	M. Sept. 29/18.
Smith, I. H. J. 3359.	D/W. Aug. 8/18. Det.D./B.

45th BATTALION A.I.F.

Black, J. F. 2889.	K. April 5/18. Det.D./B.
Brown, H. W. 1885.	K. April 5/18. Det.D./B.
Carr, L.-Cpl. J. W. 2756.	M. April 29/18.
‡Cheetham, H. T. 7715.	D/W. Sept. 18/18. Det.D./B.
Clarke, S. B. 2891.	K. April 5/18. Det.D./B.
*Dietze, Lieut. J. H.	K. Sept. 18/18. Det.D./B.
‡Gibson, W. 3525.	K. Sept. 18/18. Det.D./B.
‡Hoskin, H. 7069.	K. Sept. 18/18. Det.D./B.
Murray, H. 5415.	K. April 5/18. Det.D./B.
Neill, J. 3425.	K. April 6/18. Det.D./B.
*Paine, H. 2703.	K. Sept. 7/18. Det.D./B.
Pearce, W. 3112.	K. Dec. 14/17. Det.D./B.
*Plunkett, A. A. 2221.	D/W. Sept. 19/18. Det.D./B.
Seers, L.-Cpl. G. E. J. 3225.	K. April 5/18. Det.D./B.
Stanley, B. 4308.	D/W. April 10/18. Det.D./B.
Stewart, D. J. 3718.	K. Aug. 8/18. Det.D./B.
Taylor, E. B. 2242.	D/W. May 5/18. Det.D./B.
Wells, A. D. 4328.	K. April 5/18. Det.D./B.
Wheeldon, C. W. D. 2256.	K. Aug. 19/18. Det.D./B.

46th BATTALION A.I.F.

‡Broman, Sgt. E. 1862.	K. Aug. 19/18. Det.D./B.
‡Byrne, M.C., Lieut. L.	K. Sept. 18/18. Det.D./B.
Calder, L.-Cpl. A. 2792.	K. Sept. 18/18. Det.D./B.
Callanan, E. 1084.	K. April 18/18. Det.D./B.
‡Conley. 3543.	K. Aug. 8/18. Det.D./B.
‡Gray, J. E. 2199.	K. Sept. 19/18. Det.D./B.
‡Greenham, W. 2472.	K. July 9/18. Det.D./B.
‡Lydiate, A. 3171.	K. Aug. 18/18. Det.D./B.
Milne, H. 4876.	K. May 10/18. Det.D./B.
‡Nicholls, R. E. 2761.	D/W. Aug. 18/18. Det.D./B.
Nuth, W. T. 3349A.	K. Aug. 8/18. Det.D./B.
Ross, J. K. 3105.	K. Aug. 8/18. Det.D./B.
‡Schwind, D. J. 3803.	K. Aug. 8/18. Det.D./B.

December 1st, 1918.

47th BATTALION A.I.F.

Co.

	Anderson, T. J. 2330.	K. April 5/18. Det.D./B.
	Anderson, W. 2381.	K. May 2/18. Det.D./B.
	Baird, A. 2886.	K. April 5/18. Det.D./B.
	Bean, J. C. W. 3107.	K. April 5/18. Det.D./B.
	Beasley, S. 1881.	K. April 5/18. Det.D./B.
	Corbett, H. 4287.	W. and M. May 2/18.
	Cornwell, L.-Cpl. A. E. 1980.	K. April 5/18. Det.D./B.
	Coughlan, L. B. 3407.	K. April 5/18. Det.D./B.
	Coxon, E. 3125.	K. April 5/18. Det.D./B.
	Curtis, F. 714.	K. April 5/18. Det.D./B.
	Dickenson, Cpl. M. W. 2416A	W. and M. April 5/18.
	Dilger, L.-Cpl. W. M. 3130.	K. April 5/18. Det.D./B.
	Duncan, A. E. J. 2606.	K. April 5/18. Det.D./B.
	Dunn, T. H. 4031.	K. April 5/18. Det.D./B.
	Eames, H. 3799.	K. Mar. 28/18. Det.D./B.
	Evans, J. J. M. 4160.	K. April 5/18. Det.D./B.
	Fitzpatrick, J. 2424.	M. April 5/18.
	Fulton, W. E. 2164.	K. Aug. 28/18. Det.D./B.
	Greco, J. H. 74.	K. April 5/18. Det.D./B.
	Green, G. H. 3315.	K. April 5/18. Det.D./B.
	Harrison, M. 4048.	K. April 5/18. Det.D./B.
	Helmstedt, W. E. 2785A.	K. April 5/18. Det.D./B.
	Jones, C. G. A. 4184.	K. April 5/18. Det.D./B.
	Kucks, J. R. 2912.	K. May 3/18. Det.D./B.
	Levinge, G. H. 3370A.	K. April 5/18. Det.D./B.
	Luke, A. 2198.	K. April 5/18. Det.D./B.
	McGregor, W. 3708.	K. April 5/18. Det.D./B.
	McManus, G. H. 2480.	K. April 5/18. Det.D./B.
	*Milne, W. 3182.	K. April 5/18. Det.D./B.
	Moore, Sig. J. 3012.	K. April 5/18. Det.D./B.
	Morley, J. H. 2923.	K. Mar. 28/18. Det.D./B.
	Parkinson, W. H. 2841.	K. May 2/18. Det.D./B.
	Peacock, G. E. 3682.	K. April 5/18. Det.D./B.
	Priest, G. A. E. 3886.	K. April 5/18. Det.D./B.
	Rockliff, A. 7225.	K. April 5/18. Det.D./B.
	Santry, A. J. 3178.	K. April 5/18. Det.D./B.
	Smerdon, H. 5185.	K. April 5/18. Det.D./B.
	Stafford, Sgt. J. McL. 2792.	K. April 5/18. Det.D./B.
	Stephenson, H. D. 3206.	K. April 5/18. Det.D./B.
	Stevenson, J. G. 2502.	K. April 5/18. Det.D./B.
A.	Stone, C. E. F. 2792A.	K. April 5/18. Det.D./B.
	Tedford, W. R. 3233.	K. April 5/18. Det.D./B.
	Walker, C. R. A. 2808.	K. April 3/18. Det.D./B.
	‡Watson, Sgt. E. D. 1762.	K. April 5/18. Det.D./B.
	Watson, E. D. 1760.	K. April 5/18. Det.D./B.
	Willis, H. 3693.	K. April 5/18. Det.D./B.
	Wilson, R. 3180.	K. Mar. 25/18. Det.D./B.

Special Enquiry.

‡Ebzery, C. 2769.   K. Oct. 12/17. Det.D./B.

48th BATTALION A.I.F.

Bennett, F. N. 4765.	K. April 5/18. Det.D./B.
Bishop, H. H. 3122.	K. April 5/18. Det.D./B.
Botten, G. 5064.	K. May 3/18. Det.D./B.
Brogan, J. 1887.	M. May 3/18.

48th Battalion A.I.F.—contd.

Co.

Brown, E. F. 1640A.	K. May 3/18. Det.D./B.
Bull, F. 4300A.	D/W. July 11/18. Det.D./B.
Burrington, H. F. 4306.	K. May 3/18. Det.D./B.
Drummond, H. M. 1658.	K. April 5/18. Det.D./B.
Elms, H. 2654	K. May 3/18. Det.D./B.
Farrell, J. 3107.	M. May 3/18.
Grieg, W. R. 2169.	D/W. June 26/18. Det.D./B.
*Grimston, F. C. 4437.	K. May 3/18. Det.D./B.
Harris, C. F. 6524.	D/W. Aug. 8/18. Det.D./B.
‡Helier, W. 6827.	K. Sept. 18/18. Det.D./B.
Hitchcock, H. 2684.	W. and M. May 3/18.
Hutchinson, F. M. 3945.	K. May 3/18. Det.D./B.
Inglis, T.-Cpl. E. C. 2352.	K. May 3/18. Det.D./B.
James, A. M. 2435A.	K. April 5/18. Det.D./B.
James, O. 4349.	K. May 3/18. Det.D./B.
Joseph, T.-Cpl. P. H. M. 3451.	K. May 3/18. Det.D./B.
Keefe, E. 3667.	K. May 12/18. Det.D./B.
Kelly, N. W. 5045.	K. May 3/18. Det.D./B.
*Lee, R. E. 4163.	K. July 8/18. Det.D./B.
‡Leo, J. J. 1951.	K. Sept. 18/18. Det.D./B.
Mallyon, A. K. 1697.	K. May 3/18. Det.D./B.
Millar, R. G. 3419.	K. May 3/18. Det.D./B.
Miller, R. R. 6851.	M. May 3/18.
Mundy, W. H. 2944.	K. April 6/18. Det.D./B.
Nicholls, J. W. 6126.	K. May 30/18. Det.D./B.
O'Brien, J. 4443.	K. Aug. 9/18. Det.D./B.
Oma, Sgt. N. F. 2967.	K. April 5/18. Det.D./B.
Quinn, C. E. L. 2615.	K. May 3/18. Det.D./B. R/Enq.
Sheldon, Lieut. W. C.	D/W. Oct. 4/18. Det.D./B.
Small, W. C. 2988.	K. April 5/18. Det.D./B.
Smallacombe, G. P. 6896.	M. May 3/18.
Smith, J. 2930.	K. May 3/18. Det.D./B.
Taylor, G. F. 3317.	K. June 24/18. Det.D./B.
Thompson, G. T. 3919.	M. May 3/18.
Tidmarsh, C. E. 2254.	K. Aug. 8/18. Det.D./B.
Tothill, H. J. 2427.	K. April 5/18. Det.D./B.
Tough, A. 4394.	M. May 3/18.
Ward, Lieut. L. N.	K. Sept. 19/18. Det.D./B.
Whiteford, J. W. 3772.	K. April 6/18. Det.D./B.
Wilks, L.-Cpl. M. T. 5864.	M. May 3/18.
Williams, F. G. 4870.	K. May 3/18. Det.D./B.

49th BATTALION A.I.F.

Allard, J. J. 3230.	K. April 5/18. Det.D./B.
Anderson, L.-Cpl. T. J. 2330.	K. April 5/18. Det.D./B.
Armfield, W. H. 2382.	K. April 5/18. Det.D./B.
Birney, R. 3361.	K. April 25/18. Det.D./B.
Brown, J. W. 5042.	K. April 5/18. Det.D./B.
Brown, W. J. L. 3369.	D/W. June 15/18. Det.D./B.
Chapman, W. 2412.	W. and M. April 5/18.
Davis, A. 2804.	K. April 5/18. Det.D./B.
Davis, J. 3154.	K. April 5/18. Det.D./B.
‡Edwards, F. T. 1649.	K. Aug. 30/18. Det.D./B.
Fraser, J. 3636.	K. Aug. 12/18. Det.D./B.
Greene, T. W. W. 1652.	K. April 5/18. Det.D./B.
Greenup, V. 3599.	K. April 5/18. Det.D./B.

December 1st, 1918.

49th Battalion A.I.F.—contd.

Co.

Hatfield, H. 3661.	D/W. May 12/18. Det.D./B.
Jackson, A. W. 1672.	D/W. April 10/18. Det.D./B.
MacDonald, A. S. 2957.	K. April 5/18. Det.D./B.
McDonald, W. F. 5152A.	W. and M. Aug. 11/18.
McGhee, J. 2202.	K. April 5/18. Det.D./B.
Mellis, J. 3727.	K. June 11/18. Det.D./B.
*Miller, P. J. 4749.	K. April 5/18. Det.D./B.
Palmer, T. D. 7305.	K. Mar. 29/18. Det.D./B.
Park, T. G. 3709.	K. April 26/18. Det.D./B.
Risk, J. T. 3233.	K. Aug. 14/18. Det.D./B.
Seabrook, G. C. 3727.	K. April 5/18. Det.D./B.
Smith, H. R. 1647.	D/W. April 27/18. Det.D./B.
Thomson, L. C. 3512.	K. Aug. 11/18. Det.D./B.
White, T. 3461.	K. April 10/18. Det.D./B.
‡Woods, O. C. 3239.	D/W. Sept. 15/18. Det.D./B.

Special Enquiry.

‡Lilly, G. C. 3206.	K. Oct. 12/17. Det.D./B.

50th BATTALION A.I.F.

‡Anderson, C. R. 2363.	D/W. Sept. 4/18. Det.D./B.
Bailey, J. C. 1116.	K. April 25/18. Det.D./B.
Bawden, C. 3764.	D/W. Sept. 16/18. Det.D./B.
‡Bell, W. 1639.	W. and M. Sept. 11/18.
‡Blidgland, S. E. 3252.	D/W. Aug. 17/18. Det.D./B.
Brewer, B. J. 6288.	K. April 25/18. Det.D./B.
Daniell, W. G. 1899.	K. April 25/18. Det.D./B.
*Dawe, B. C. 2164.	K. Aug. 11/18. Det.D./B.
Farnham, H. 4524.	K. Aug. 13/18. Det.D./B.
Fitzgerald, L. 3399.	K. April 25/18. Det.D./B.
Fohman, F. C. 3021.	K. April 25/18. Det.D./B.
‡Gluyas, R. R. 5029.	D/W. Aug. 17/18. Det.D./B.
‡Gundry, R. A. V. 4132.	K. Aug. 11/18. Det.D./B.
Hughes, L. L. 4450.	D/W. April 27/18. Det.D./B.
Hutchesson, R. L. 3656.	K. April 25/18. Det.D./B.
Johnson, E. E. 3419.	K. April 25/18. Det.D./B.
‡McMahon, J. G. 3682.	K. Aug. 11/18. Det.D./B.
McCoy, A. F. 2449.	K. Aug. 6/18. Det.D./B.
Merrifield, G. L. 2698.	K. April 25/18. Det.D./B.
Plane, A. R. 3690.	K. April 25/18. Det.D./B.
‡Richardson, S. 6662.	D/W. Aug. 12/18. Det.D./B.
‡Ryan, A. J. 3465.	D/W. Aug. 31/18. Det.D./B.
Sampson, G. J. 4264.	D/W. April 12/18. Det.D./B.
Scott, W. B. 6637.	K. Aug. 11/18. Det.D./B.
Stribbling, A. C. 2731.	D/W. April 25/18. Det.D./B.
‡Tucker, F. L. 3485.	K. Sept. 13/18. Det.D./B.
Waugh, C. 3518.	K. April 25/18. Det.D./B.
Woolfit, M.M., L.-Cpl. F. N. M. 2014	K. April 25/18. Det.D./B.

51st BATTALION A.I.F.

Bennetts, E. J. 6778.	D/W. April 30/18. Det.D./B.
Booker, F. P. 3126.	K. April 24/18. Det.D./B.
Cousins, G. O. 3031.	K. April 25/18. Det.D./B.

December 1st, 1918.   31A

51st Battalion A.I.F.— contd.
Co.

	Coward, E. C. B. 7709.	K. April 25/18. Det.D.5B.
	East, H. A. 3393.	K. April 24/18. Det.D./B.
	Evans, G. F. 7931.	K. April 28/18. Det.D./B.
	Gibbs, J. T. 3384.	K. April 25/18. Det.D./B.
	Higham, M. 3870.	K. April 24/18. Det.D./B.
	Holden, W. J. 2925.	K. June 10/18. Det.D./B.
	James, J. 3881.	M. April 24/18.
	James, W. E. 15021.	K. Sept. 12/18. Det.D./B.
	Johnston, W. F. 3396.	D/W. April 26/18. Det.D./B.
	Kemp, E. W. 3404.	M. April 24/18.
	Kennedy, H. H. 1676.	K. April 24/18. Det.D./B.
	Leslie, R. M. 7591.	K. April 24/18. Det.D./B.
	Lillingston, R. 2946.	K. April 24/18. Det D./B.
	Lockhart, T. T. 3873.	K. April 24/18. Det.D./B.
	Monaghan, T. 2414.	K. April 24/18. Det.D./B.
	Morpett, H. H. 1972A.	K. April 25/18. Det.D./B.
	Murray, T. 3666.	K. June 10/18. Det.D./B.
	O'Donnell, F. 2682.	K. April 25/18. Det.D./B
	Ogier, A. E. 1983.	K. April 25/18. Det.D./B.
	O'Gorman, R. 1620.	K. April 24/18. Det.D./B.
	O'Keefe, Sgt. M. 3391.	D/W. June 11/18. Det.D./B.
	Perkins, A.-Cpl. E. K. 3469.	K. April 24/18. Det.D./B.
A.	Phillips, F. A. 2705.	K. April 28/18. Det.D./B.
	Pope, J. 3163.	K. April 25/18. Det.D./B.
	Rainbird, J. W. 3435.	K. April 24/18. Det.D./B.
	Read, A. 1989.	K. April 25/18. Det.D./B
	Ryan, A. K. 2716.	K. April 5/18. Det.D./B.
	Smith, G. W. 3929.	K. April 24/18. Det.D./B.
	Smith, W. L. 4383.	K. April 24/18. Det.D./B.
	Thompson, L.-Cpl. J. G. 2679.	M. April 24/18.
	Thompson, R. W. 7803.	K. April 24/18. Det.D./B
	Thomson, R. H. 3992.	K. April 24/18. Det.D./B.
	Wadman, P. J. 2756.	K. April 24/18. Det.D./B.
	Wheatley, P. G. 4023.	K. April 24/18. Det.D./B.
	Wheeler, E. T. 2620.	D/W. Mar. 24/18. Det.D./B.
	Williams, D. T. 7556.	K. April 25/18. Det.D./B.
	Worland, J. 4626.	K. Mar. 21/18. Det.D./B.
	Young, C. B. 3011.	K. April 24/18. Det.D./B.

52nd BATTALION A.I.F.

Armstrong, J. A. 7442.	K. April 24/18. Det.D./B.
Beatty, T. G. 3368.	W. and M. April 24/18.
Bradley, H. 6894.	K. April 3/18. Det.D./B.
Brown, H. J. 3111.	W. and M. April 5/18.
Cowan, T. J. 3737.	M. April 24/18.
Dellar, F. C. 3284.	K. April 24/18. Det.D./B.
Elliott, W. S. 3359.	M. April 24/18.
Fraser, A. F. 1775A.	W. and M. April 24/18.
Galley, F. E. 789.	D/W. April 17/18. Det.D./B.
Gilbert, F. T. 3304.	K. April 5/18. Det.D./B.
Gray, F. E. 2659.	K. April 5/18. Det.D./B.
Greber, A. C 2890.	M. April 24/18.
Groves, A. 6758.	W. and M. April 5/18.
Hughes, L.-Cpl. E. J. 7093.	D/W. May 1/18. Det.D./B.
Keys, W. J. 3426.	K. April 5/18. Det.D./B.
Lee, W. A. 3656.	K. April 24/18. Det.D./B.

December 1st, 1918.   32A

52nd Battalion A.I.F.—contd.

Co.

McGilvray, H. 2006.	M. **April 5/18.**
Matthews, Cpl. T. 599.	W. and M. **April 24/18.**
Mildren, Q.-M.-S. J. P. 643.	Unoff. M. **Jan./17.**
Morton. W. 2700.	K. **April 5/18.** Det.D./B.
Parker, C. 2966.	K. **April 5/18.** Det.D./B.
Payne, J. 3684.	D/W. **April 25/18.** Det.D./B.
Pinkerton, R. 5165.	W. and M. **April 24/18.**
Pye, H. 2235.	K. **April 24/18.** Det.D./B.
Robertson, M. W. 2755.	K. **April 5/18.** Det.D./B. **R/Enq.**
Sheppard, E. C. 1733.	W. and M. **April 24/18.**
Snellman, A. 3743.	K. **Apr.l 24/18.** Det.D./B.
Stanley, T. 6844	M. **April 5/18.**
Thomas, S. 2989.	D/W. **May 12/18.** Det.D./B.
Unwin, W. J. 6853.	K. **April 5/18.** Det.D./B.
Vivian, C. 6913.	K. **April 5/18.** Det.D./B.
Welsh, V. 3202.	W. and M. **April 5/18.**

Special Enquiry.

‡Williamson, J. 2519.	K. **Oct. 21/17.** Det.D./B.
‡Wilson, G. A. 3415.	D/W. **Oct. 15/17.** Det.D./B.

53rd BATTALION A.I.F.

‡Adams, H. 4703.	K. **Sept. 1/18.** Det.D./B.
‡Althouse, Lieut. E.	K. **Sept. 30/18.** Det.D./B.
*Bennett, A. L. 4533.	K. **Sept. 1/18.** Det.D./B.
Bradley, E. W. 4694.	K. **Sept. 1/18.** Det.D./B.
*Edgley, N. 1189.	D/W. **July 7/18.** Det.D./B.
‡Ferguson, A. 910.	D. **Oct. 2/18.** Det.D./B.
‡Ferguson, J. E. 2833.	K. **Sept. 30/18.** Det.D./B.
‡Grice, B. S. 3386A.	D. **Oct. 2/18.** Det.D./B.
‡Godding, F. H. 891.	K. **Sept. 30/18.** Det.D./B.
*Griffin, W. B. 2165.	K. **Sept. 1/18.** Det.D./B.
‡Grove, W. J. 1670.	W. and M. **Oct. 1/18.**
‡Harvey, R. E. 4705.	D/W. **Sept. 1/18.** Det.D./B.
‡Heath, S. W. 3155.	D/W. **Sept. 30/18.** Det.D./B
Hill, G. R. J. 3234B.	K. **Mar. 1/18.** Det.D./B.
Johnson, A. C. D. 2688.	K. **Sept. 1/18.** Det.D./B.
*Lamerton, Lieut. W. L.	K. **Sept. 1/18.** Det.D./B.
Lee, J. F. 3418.	K. **July 29/18.** Det.D./B.
‡Leislaighter, A. E. 4593.	K. **Sept. 1/18.** Det.D./B.
‡Lester, C. H. 3506.	K. **Sept. 1/18.** Det.D./B.

C.

Lyons, T. D. 3346.	K. **Sept. 1/18.** Det.D./B.
McArdle, L.-Cpl. R. F. 4824.	K. **Sept. 1/18.** Det.D./B.
‡McCullags, E. 3672.	K. **Sept. 1/18.** Det.D./B.
‡McKinnon, A. G. 4799.	K. **Sept. 30/18.** Det.D./B.
Martin, A. R. 3374A.	D/W. **July 23/18.** Det.D./B.
‡Masson, H. 3191.	K. **Sept. 1/18.** Det.D./B.
‡Masson, W. M. D. 3185.	K. **Sept. 1/18.** Det.D./B.
*Morrice, G. H. 4784.	K. **Sept. 1/18.** Det.D./B.
*Pavey, A. H. 5432.	K. **Sept. 1/18.** Det.D./B.
‡Ralph, 2nd Lt.	K. **Sept. 30/18.** Det.D./B.
Styles, W. J. 1745.	K. **Sept. 1/18.** Det.D./B.
‡Upton, C. L. 2010.	D/W. **Sept. 1/18.** Det.D./B.

December 1st, 1918.

54th BATTALION A.I.F.

C.

Buckley, A. H. 1876. K. Sept. 1/18. Det.D./B.
‡Chapman, L.-Cpl. J. 4938. D/W. Sept. 1/18. Det.D./B.
‡Cheffins, C. R. 3605. K. Sept. 1/18. Det.D./B.
‡Diggs, C. R. 3629. D. Sept. 2/18. Det.D./B.
‡Edmunds, E. 1621. K. Oct. 2/18. Det.D./B.
‡Foster, N. W. 7785. K. Sept. 1/18. Det.D./B.
‡Halgren, A. R. 4300. D/W. Oct. 1/18. Det.D./B.
Hickey, F. S. P. 3550. K. Sept. 1/18. Det.D./B.
*Howard, C. G. 3656. K. Sept. 1/18. Det.D./B.
‡**Hunt, Lieut. F. W.** K. Oct. 1/18. Det.D./B.
McGrath, T. D. 3674. D/W. Sept. 1/18. Det.D./B.
Marles, H. A 2938. K. Sept. 1/18. Det.D./B.
Masterton, H. 2423. K. Sept. 1/18. Det.D./B.
‡O'Brien, C. V. 3688. K. Aug. 31/18. Det.D./B.
‡Redding, B. 4868. D/W. Oct. 2/18. Det.D./B.
*Reddon, C. W. B. 5435. K. April 26/18. Det.D./B.
Robinson, A. J. 3719. K. Sept. 1/18. Det.D./B.
‡Smith, F. C. 2979. D/W. Oct. 1/18. Det.D./B.
‡Thorncroft, C. A. 7049. D/W. Oct. 1/18. Det.D./B.

55th BATTALION A.I.F.

‡Anchor, V. B. 2557. K. Aug. 17/18. Det.D./B.
‡Bedson, A. L. 5331. K. Sept. 30/18. Det.D./B.
‡Bellchambers, A. A. 2372. D/W. Sept. 1/18. Det.D./B.
Bourke, W. 1086. D/W. Sept. 2/18. Det.D./B.
Buckley, M.M., J. J. 2133. D/W. Sept. 3/18. Det.D./B.
‡Collins, W. G. 2139. D/W. Sept. 2/18. Det.D./B.
Dennis, G. H. 3743. K. Sept. 1/18. Det.D./B.
‡**Dillow, 2nd Lt. W.** K. Oct. 1/18. Det.D./B.
‡Donohue, W. 5352. K. Sept. 30/18. Det.D./B.
Edwards, E. J. 3056. K. Sept. 2/18. Det.D./B.
Ellis, V. M. 3777. K. Sept. 2/18. Det.D./B.
‡Flynn, W. A. 1653. D/W. Sept. 2/18. Det.D./B.
Goodman, W. E. 1909B. D/W. May 27/18. Det.D./B.
‡Holden, E. D. 2848. K. Sept. 30/18. Det.D./B.
***Hunt, 2nd Lt. S. E.** K. Sept. 1/18. Det.D./B.
Inglis, Lieut. A. J. K. Sept. 2/18. Det.D./B.

D. Kerr, P. J. 5121. M. Aug. 17/18.
‡King, G. 2701. K. Sept. 1/18. Det.D./B.
‡Marsden, T. S. 2644. K. Aug. 22/18. Det.D./B.
‡Merritt, H. A. 2864. K. Sept. 2/18. Det.D./B.
Mitchell, A. E. 3378. K. Sept. 1/18. Det.D./B.
‡Moore, R. T. 2457. K. Sept. 2/18. Det.D./B.
Morgan, P. L. 3599. D/W. May 25/18. Det.D./B.
‡O'Rourke, T. 3452. K. Sept. 30/18. Det.D./B.
‡Primmer, E. M. 2209. K. Sept. 2/18. Det.D./B.
‡Kelly, R. W. 3143. K. July 22/18. Det.D./B.
‡Robertson, M. C. 3619. K. Sept. 1/18. Det.D./B.
‡Rogers, W. 2987. D/W. Sept. 1/18. Det.D./B.
‡Sheridan, J. F. 3922. K. Sept. 2/18. Det.D./B.
Smith, Lieut. G. H. K. Aug. 17/18. Det.D./B.
Stewart, H. W. 2228. D/W. June 29/18. Det.D./B.
Stringer, A. F. 2836. K. Sept. 2/18. Det.D./B.
‡Sullivan, E. 2731. K. Sept. 30/18. Det.D./B.
‡Walker, A. W. 2267. K. Sept. 1/18. Det.D./B.
Watson, C. S. 3654. D/W. Sept. 1/18. Det.D./B.

December 1st, 1918.

55th Battalion A.I.F.—contd.

Co.

      Special Enquiry.
    ‡Conlon, W. E. 2134.   K. Sept. 26/17. Det.D./B.

      This case missed lists last year.
    Sewell, J. G. 5434.   K. Mar. 2/17. Det.D./B.

56th BATTALION A.I.F.

  Bain, R. B. 3039.   K. Sept. 1/18. Det.D./B.
*Barton, P. 3118.   K. Sept. 2/18. Det.D./B.
‡Dutton, L. J. 3076.   K. Sept. 1/18. Det.D./B.
‡Farrell, J. 2650.   D/W. Sept. 3/18. Det.D./B.
‡Haynes, C. W. 3743.   K. Sept. 30/18. Det.D./B.
‡Hicks, W. 2187.   K. Aug. 22/18. Det.D./B.
‡Holford, H. V. 3401.   K. Sept. 1/18. Det.D./B.
*Huntingdon, R. H. 2189.   K. Aug. 19/18. Det.D./B.
  Leabeater, A. E. 5152.   K. July 22/18. Det.D./B.
  Maher, M. T. 1699.   K. April 25/18. Det.D./B.
‡Murphy, E. 3868.   D/W. Sept. 2/18. Det.D./B.
‡Nicholls, E. G. 3172.   D/W. Sept. 19/18. Det.D./B.
  Peterson, P. A. 3638.   K. Sept. 1/18. Det.D./B.
  Scott, A. 254A.   D/W. May 21/18. Det.D./B
‡Seers, C. E. 3473.   D/W. Oct. 1/18. Det.D./B.
  Simpson, F. H. A. 3505.   M. Sept. 1/18.
‡Slater, T. 1734A.   K. Aug. 28/18. Det.D./B.
‡Tait, J. P. 5458.   D/W. July 5/18. Det.D./B.
*Wood, S. G. 2271.   K. Sept. 1/18. Det.D./B.

57th BATTALION A.I.F.

  Ainsworth, A. E. 7682.   K. April 24/18. Det.D./B.
  Black, M. R. 1878.   D/W. Aug. 8/18. Det.D./B.
  Eldershaw, Sgt. A. G. 4963.   K. July 28/18. Det.D./B.
  Hunt, A. 692.   D/W. Aug. 8/18. Det.D./B.
‡Joliffe, F. 3690.   K. Sept. 29/18. Det.D./B.
  McMahon, J. 3203.   W. and M. April 27/18.
‡Muncey, J. H. 5146.   K. Sept. 29/18. Det.D./B.
‡Stephenson, M. T. 2261.   D/W. Oct. 2/18. Det.D./B.
‡**Thomson, Lieut. J. J.**   D/W. Sept. 29/18. Det.D./B.
  Walsh, J. P. 1992.   K. July 21/18. Det.D./B.
*Warburton, W. J. 3267.   K. Sept. 25/18. Det.D./B.

58th BATTALION A.I.F.

‡Berry, J. G. 3354.   K. Sept. 2/18. Det.D./B.
‡Bowler, J. B. 3039.   K. Sept. 2/18. Det.D./B.
  Brett, A. J. C. 3363.   K. Aug. 30/18. Det.D./B.
‡Daniell, C. C. 2398.   K. Sept. 2/18. Det.D./B.
  Davis, E. S. 3099.   D/W. April 25/18. Det.D./B.
‡Gladstone, E. 2172.   K. Sept. 2/18. Det.D./B.
‡Gunn, C. J. 1691.   K. Oct. 1/18. Det.D./B.
  Katterns, Sgt. J. J. L. 1983.   K. June 7/18. Det.D./B.

December 1st, 1918.   35A

58th Battalion A.I.F.—contd.

Co.

*Lumsden, J. W. 4536.   K. Sept. 2/18. Det.D./B.
‡McEnerny, T. 2932.   K. Sept. 30/18. Det.D./B.
*O'Bryan, R. J. 3428.   K. Aug. 8/18. Det.D./B.
 Osborne, S. R. 3115.   K. April 15/18. Det.D./B.
*Templeman, J. A. 2990.   K. Sept. 2/18. Det.D./B.

59th BATTALION A.I.F.

‡Bain, A. A. 3351.   K. Aug. 9/18. Det.D./B.
 Barnard, G. H. 5968.   M. Sept. 2/18.
 Brand, B. 2865.   K. July 4/18. Det.D./B.
‡Browne, J. E. 5056.   K. Aug. 9/18. Det.D./B.
‡Bulmer, C. O. 3036.   D/W. Sept. 1/18. Det.D./B.
*Chivers, J. H. 2144.   K. April 24/18. Det.D./B.
*Clark, C. H. 2883.   K. Aug. 15/18. Det.D./B.
 Cox, J. W. 3067.   K. Mar. 13/18. Det.D./B.
 Dennison, A. A. 3535.   K. April 15/18. Det.D./B.
‡Drummond, C. H. 2152.   K. Aug. 10/18. Det.D./B.
‡Fisher, J. 1629.   K. Aug. 8/18. Det.D./B.
‡Gill, G. A. 2908.   K. Aug. 8/18. Det.D./B.
‡Hill, W. J. 3411.   K. Aug. 31/18. Det.D./B.
 Hogan, D. 2190.   K. Aug. 8/18. Det.D./B.
 Howe, A. M. 3130.   K. April 25/18. Det.D./B.
 Ingram, C. 3539.   K. Aug. 8/18. Det.D./B.
‡Jones, H. J. 2928.   K. Sept. 2/18. Det.D./B.
‡Jones, R. G. 2925.   K. Aug. 8/18. Det.D./B.
 Knapp, L. H. 2192.   D/W. Sept. 12/18. Det.D./B.
 McCleary, H. 3449.   K. Aug. 8/18. Det.D./B.
 McLean, T. E. 2885.   K. Aug. 9/18. Det.D./B.
*Macpherson, R. 4575.   D/W. Sept. 3/18. Det.D./B.
‡Neale, Capt. S. W.   D/W. Sept. 29/18. Det.D./B.
‡Nolan, E. 3436.   D/W. Sept. 20/18. Det.D./B.
 O'Loughlin, P. J. 2759.   K. Aug. 8/18. Det.D./B.
‡O'Neill, H. P. 2237.   K. Aug. 8/18. Det.D./B.
 Perks, L. 726.   K. Aug. 17/18. Det.D./B.
*Pleasance, A. E. 5179.   D/W. Sept. 29/18. Det.D./B.
*Ryan, P. R. 2964.   W. and M. Sept. 29/18.
 Scott, R. H. 2770.   K. Aug. 8/18. Det.D./B.
‡Somers, J. L. E. 3487.   K. Oct. 1/18. Det.D./B.
‡Thomas, H. 5215.   K. Sept. 2/18. Det.D./B.

Special Enquiry.

‡Perry, L.-Cpl. E. E. 2616.   K. Oct. 16/17. Det.D./B.

60th BATTALION A.I.F.

 Adamson, C. S. 5326.   K. April 27/18. Det.D./B.
‡Browne, L.-Cpl. E. T. 2635.   D/W. Sept. 2/18. Det.D./B.
*Chambers, J. W. 1624.   K. Sept. 21/18. Det.D./B.
‡Clark, L.-Cpl. L. H. 2647.   D/W. Oct. 5/18. Det.D./B.
 Crouch, A. G. 3515.   K. Aug. 9/18. Det.D./B.
‡Cubbins, L. J. L. 3126.   D. Oct. 21/18. Det.D./B.
*Daniels, N. L. 2033.   D/W. Aug. 31/18. Det.D./B.
‡Fowler, G. H. 2162A.   K. Sept. 29/18. Det.D./B.
 Ingamells, G. G. 3538.   K. Aug. 8/18. Det.D./B.

December 1st, 1918.

60th Battalion A.I.F.—contd.

Co.

‡Irving, E. R. 1046.	D/W. Oct. 1/18. Det.D./B.
‡McCormack, P. L. 3451.	K. Sept. 29/18. Det.D./B.
‡McDonald, W. T. 3452.	K. Aug. 8/18. Det.D./B.
‡Mackinnon, H. M. 3447.	K. April 27/18. Det.D./B.
Manson, H. J. M. 2717.	K. April 27/18. Det.D./B.
Nichoils, E. G. 2497.	K. April 4/18. Det.D./B.
*Smith, C. W. 2970.	K. Aug. 8/18. Det.D./B.
Steer, A. E. 3665.	D/W. Aug. 8/18. Det.D./B.

INFANTRY BRIGADE H.Q. A.I.F.

Bgde.

1 Div.	Harder, J. G. 6254.	D/W. April 12/18. Det.D./B.
1 Div.	Kennedy, Capt. M. S.	D/W. Jan. 2/18. Det.D./B

ANZAC PROVOST CORPS.

Harston, A. L. 275.	K. May 20/18. Det.D./B.
‡Hitchcock, L. J. 6022.	K. Aug. 8/18. Det.D./B.
White, F. 2522.	D/W. May 21/18. Det.D./B.

PIONEER BATTALIONS A.I.F.

Batt. Co.

‡1	Allison, F. S. 2813.	D. Oct. 5/18. Det.D./B.
‡1	Bottomley, A. J. 4149.	K. Aug. 25/18. Det.D./B.
*1	Janetzki, E. 4319.	K. July 13/18. Det.D./B.
‡1	Loubet, R. H. 3618.	D/W. Aug. 25/18. Det.D./B.
1	Morrison, W. 4140.	D/W. Sept. 17/18. Det.D./B.
1	Stevenson, J. 1909A.	K. Aug. 23/18. Det.D./B.
‡1	Taylor, G. S. 4187A.	D/W. Aug. 25/18. Det.D./B.
‡1	Taylor, P. A. 4713.	K. July 7/18. Det.D./B.
*1	Thoroughgood, H. H. 4194.	K. Aug. 25/18. Det.D./B.
‡2	Booth, S. 1136.	K. Aug. 10/18. Det.D./B.
‡2	McGough, L.-Cpl. P. 915.	W. and M. Oct. 5/18.
‡2	McKinnon, S. E. 1561.	K. Oct. 5/18. Det.D./B.
‡2	Newman, E. V. 2684.	K. Oct. 3/18. Det.D./B.
‡2	North, W. F. 3681.	K., accid., Aug. 12/18. Det.D./B.
‡2	**Roth, Capt. L. C.**	D/W. Oct. 6/18. Det.D./B.
‡2	Taylor, J. H. 3656.	W. and M. Oct. 5/18.
‡3	Austin, P. O. 2574A.	D/W. Sept. 30/18. Det.D./B.
*3	Bethune, D. G. 1504.	K. Aug. 22/18. Det.D./B.
3	Sutton, C. 3467.	K. Aug. 24/18. Det.D./B.
3	Wells, J. L. 3137.	K. Aug. 24/18. Det.D /B.
*4	Guest, F. V. 306.	K. Aug. 8/18. Det.D./B.
4	Kennedy, W. C. 2891	K. April 6/18. Det.D./B.
‡4	**Manning, Capt. G. G.**	K. Aug. 8/18. Det.D./B.
4	Marshall, Cpl. R. 645.	K. April 6/18. Det.D./B.
4	Payne, J. A. 2923.	K. April 6/18. Det.D./B.
4	Stewart, E. J. 3194.	K. April 6/18. Det.D./B.
4	Taylor, E. J. 1845.	D/W. May 20/18. Det.D./B.
‡5	Foster, H. 3704.	K. Sept. 29/18. Det.D./B.
*5	Ratley, L. C. 3125.	K. Aug. 31/18. Det.D./B.
‡5	Vaubel, F. C. 2841.	K. Sept. 29/18.

December 1st, 1918.

MACHINE GUN BATTALIONS A.I.F.

Bn.	Co.			
1	2	Anderson, F. J. 7203.	D/W. Sept. 4/18.	Det.D./B.
1	2	Anderson, W. T. 426.	D/W. July 4/18.	Det.D./B.
1	2	Bell, C. 3017.	M. June 11/18.	
‡1	1	Bristol, D. S. 281.	K. Aug. 23/18.	Det.D./B.
1	3	Cairns, L. D. 1176.	K. Mar. 27/18.	Det.D./B.
1	2	Callaghan, H. J. B. 674A.	K. April 9/18.	Det.D./B.
‡1	2	Davis, N. E. 9515.	K. Aug. 11/18.	Det.D./B.
*1	1	Frewin, E. A. 678.	K. Sept. 19/18.	Det.D./B.
1		Gale, K. St. C. 811.	D/W. Aug. 12/18.	Det.D./B.
1	1	Halloran, J. D. A. 286.	K. May 31/18.	Det.D./B.
1	2	Hanney, J. M. 2387.	K. April 9/18.	Det.D./B.
1	1	Keating, H. E. 3418.	K. April 16/18.	Det.D./B.
1		Lane, A. E. 640A	D/W. Aug. 11/18.	Det.D./B.
*1		McGlinn, C. 4225A.	K. Sept. 19/18.	Det.D./B.
‡1	2	McKnigh, J. T. 2945.	K. April 9/18.	Det.D./B.
1	3	Morris, O. 4404.	D/W. Aug. 11/18.	Det.D./B.
1		Murray, H. A. 6061.	D/W. May 17/18.	Det.D./B.
1		Pearce, F. A. 2972.	D/W. April 18/18.	Det.D./B.
1		Stoessel, G. E. 3142.	K. Aug. 13/18.	Det.D./B.
‡1		Whalan, R. P. 477.	K. Sept. 18/18.	Det.D./B.
‡1		Williams, W. J. 475.	D/W. Aug. 24/18.	Det.D./B.
1	2	Wilmot, H. 569.	D/W. June 11/18.	Det.D./B.
‡1		Yates, F. J. 2410.	K. Sept. 19/18.	Det.D./B.
‡2	7	Auckran, J. L. G. C. 672A.	K. July 19/18.	Det.D./B.
2		Brain, E. 634.	K. Aug. 8/18.	Det.D./B.
‡2		Clarke, H. K. 597.	D/W. Oct. 3/18.	Det.D./B.
2		Cleland, H. M. 6732.	D. July 4/18.	Det.D./B.
2		Easton, C. 719.	D/W. Aug. 24/18.	Det.D./B.
2		Gunn, Sgt. P. O. 816.	K. Aug. 9/18.	Det.D./B.
‡2	5	Hill, W. J. 234.	K. Aug. 19/18.	Det.D./B.
2		Hopson, J. L. 415B.	K. Aug. 22/18.	Det.D./B.
‡2		Hull, R. T. 1152.	K. Aug. 11/18.	Det.D./B.
2		Jones, S. 3556.	K. July 4/18.	Det.D./B.
‡2		Lloyd, J. 1201.	K. Sept. 2/18.	Det.D./B.
‡2	5	Napper, A. 5169.	D/W. Oct. 6/18.	Det.D./B.
‡2		Parkhill, D. C. M. 1593.	K. Aug. 11/18.	Det.D./B.
‡2		Punchard, W. 1564.	K. Oct. 4/18.	Det.D./B.
‡2		Scarborough, W. J. 645.	K. Sept. 1/18.	Det.D./B.
2	7	Shearer, J. M. 2015.	K. June 10/18.	Det.D./B.
‡2		**Wallace, 2nd Lt. T. A.**	D./W Aug. 17/18.	Det.D./B.
‡2	22	Warde, H. S. 72.	K. Aug. 11/18.	Det.D./B.
2		Williamson, P. 2263.	K. July 18/18.	Det.D./B.
2	5	York, J. W. 3125.	K. April 9/18.	Det.D./B.
‡3		Allnut, H. T. 13.	K. Aug. 7/18.	Det.D./B.
3		Blamey, W. J. 455A.	K. July 4/18.	Det.D./B.
3	11	Ducksbury, S. J. 523.	D. April 30/18.	Det.D./B.
‡3 att.		**Faulkner, Lieut. W. G.**	K. Aug. 31/18.	Det.D./B.
3		Free, S. J. 415.	D/W. May 26/18.	Det.D./B.
3		Gardner, L. G. W. 794.	K. Aug. 22/18.	Det.D./B.
3		**Irwin, Lieut. T. R.**	D/W. Aug. 8/18.	Det.D./B.
3		Mills, H. 554.	K. Aug. 8/18.	Det.D./B.
‡3		Moate, F. F. 641.	K. Sept. 18/18.	Det.D./B.
‡3		O'Brien, H. J. 85. •	K. Sept. 29/18.	Det.D./B.
3		Price, V. D. 393.	K. Aug. 10/18.	Det.D./B.
3	9	Sullivan, Sgt. L. J. 327A.	K. July 17/18.	Det.D./B.
3		Walker, Cpl. D. 428B.	K. Sept. 3/18.	Det.D./B
4		Daley, A. 1140.	K. Aug. 8/18.	Det.D./B.
4		Harris, H. M. 870.	K. May 3/18.	Det.D./B.
‡4	24	Mufford, J. 6854.	D/W. Aug. 9/18.	Det.D./B.

December 1st, 1918.

Machine Gun Battalions—contd.

Bn.	Co.		
*4	12	Thorne, C. H. 395.	K. Aug. 19/18. Det.D./B.
‡4	4	Winkle, F. J. 439.	D/W. Sept. 23/18. Det.D./B.
5		Ashton, S. 2043.	D/W. Sept. 4/18. Det.D./B.
5		Chenhall, H. B. 6482.	D/W. Aug. 12/18. Det.D./B.
5		Daley, R. J. 3038.	D/W. Sept. 2/18. Det.D./B.
*5		Doutch, D. C. 1825.	M. Oct. 2/18.
5	15	Fraser, R. J. 291.	K. April 27/18. Det.D./B
5		Gillis, A. 3109.	K. July 29/18. Det.D./B.
5	8	Harris, J. W. 681.	D/W. April 13/18. Det.D./B.
‡5		Magner, F. J. 804.	K. July 30/18. Det.D./B.
*5		O'Donnell, K. 651.	D/W. Aug. 31/18. Det.D./B.
‡5		Pullan, W. 1346.	K. Sept. 7/18. Det.D./B.
*5		Robinson, C. L. 610.	K. Sept. 2/18. Det.D./B.
5		Shade, J. 653.	K. Aug. 20/18. Det.D./B.
‡5		Smith, J. 175.	K. Aug. 31/18. Det.D./B.
‡5		Stewart, A. J. 3256.	D. Oct. 29/18. Det.D./B.
‡5		Tiver, C. P. 14625.	D/W. Aug. 22/18. Det.D./B.

Squad.	FLYING CORPS A.I.F.	
‡½Flt.	Chapman, Lieut. J. E.	K. Aug. 8/18. Det.D./B.
2	Hammond, Lieut. T. J.	M. June 12/18.
2	Howard, M.C., Capt. R. W.	M. Mar. 22/18.
‡2	McKeown, Lieut. J. A. H.	M. Oct. 14/18.
2	Taylor, Lieut. A. L. D.	K. May 18/18. Det.D./B.
3	Jeffers, Lieut. J. P.	M. Sept. 9/18.
3	Peel, 2nd Lt. J. C.	M. Sept. 21/18.
3	Ralfe, Capt. H. D. E.	K. May 6/18. Det.D./B.
‡4	Baker, M.M., Lieut. T. C. R.	M. Nov. 4/18.
4 Att.	Browne, Lieut. J. S. M.	M. June 27/18.
4	Eddie, 2nd Lt. M. H.	M. Sept. 5/18.
4	Finnie, 2nd Lt. A.	K. May 22/18. Det.D./B.
‡4	Goodson, Lieut. E. J.	M. Nov. 5/18.
*4	Kilsley, 2nd Lt. M. J.	M. Oct. 30/18.
4	Lockley, Lieut. A. H.	K. Sept. 5/18. Det.D./B.
4	McCleery, Lieut. E. P. E.	K. Aug. 17/18. Det.D./B.
4	Martin, 2nd Lt. W. S.	K. June 12/18. Det.D./B.
‡1	Palliser, Lieut. A. J.	M. Nov. 5/18.
‡4	Rhodes, Lieut. C. W.	M. Nov. 5/18.
*4	Sims, 2nd Lt. P. J.	M. Oct. 29/18.
4 Att.	Sinclair, 2nd Lt. L. R. (R.A.F.)	M. May 14/18.
‡4	Symons, Lieut. P. W.	M. Nov. 5/18.
5	Carter, Lieut. D. C.	M. Sept. 5/18.

MOUNTED DIVISIONS A.I.F.

22nd Corps Troops.

	Daly, J. E. 3881.	K. Aug. 29/18. Det.D./B.
	Jury, A. J. 624.	D/W. April 22/18. Det.D./B

Divisional Cavalry.

| 5 Div. | Craig, A. C. M. 157. | D/W. April 9/18. Det.D./B. |

December 1st, 1918.

ANZAC H.Q.

Lawrence, Lieut. A. W.   D. Feb. 27/18. Det.D./B.

FIELD ARTILLERY A.I.F.

Bgde.	Batty.		
‡1	3	Badkin, J. G. 27289.	D/W. Sept. 21/18. Det.D./B.
‡1		Evalt, F. S. 31079.	D/W. Sept. 29/18. Det.D./B.
‡1	1	Feneley, C. B. 35604.	K. Sept. 16/18. Det.D./B.
‡1		McDonald, R. 3558.	K., accid., Sept. 4/18. Det.D./B.
1	2	Rawlinson, E. H. 215.	K. Aug. 29/18. Det.D./B.
2		Baxter, F. E. 4440.	K. Aug. 22/18. Det.D./B.
*2		**Boulton, Lieut. S. P.**	D/W. Oct. 3/18. Det.D./B.
‡2		Moon, L. L. 29754.	D/W. Oct. 3/18. Det.D./B.
‡2		Nurse, C. H. 34319.	K. Mar. 21/18. Det.D./B.
‡2		Sandberg, W. 2333.	K. Sept. 26/18. Det.D./B.
*3	9	Chambers, J. H. F. 34127.	D/W. Sept. 18/18. Det.D./B.
‡3		Fackerell, H. 5533.	D/W. Sept. 4/18. Det.D./B.
‡3		Nairn, H. 30097.	D/W. Sept. 30/18. Det.D./B.
‡3		Taylor, J. H. 30219.	K. Sept. 15/18. Det.D./B.
4		Hair, W. A. 8898.	K. July 13/18. Det.D./B.
‡4	11	Lather, P. N. 25297.	K. Sept. 29/18. Det.D./B.
‡4		Leeky, W. M. 6612.	K. Sept. 1/18. Det.D./B.
*4	11	McMichael, D. A. 34214.	K. Sept. 1/18. Det.D./B.
‡4		McRae, G. A. 28439.	K. Sept. 1/18. Det.D./B.
‡4		Matthews, E. 1406.	K. Aug. 22/18. Det.D./B.
4		**Rowan, Lieut. T. K.**	M. Aug. 23/18.
‡4	11	Wyatt, G. A. 6581.	D/W. Sept. 18/18. Det.D./B.
‡5		Kenwood, W. B. H. 10180.	K. Sept. 2/18. Det.D./B.
‡5	15	Longwill, W. N. 1898.	K. Oct. 8/18. Det.D./B.
‡5	13	Nowland, C. L. 7826.	D. Sept. 29/18. Det.D./B.
‡6		Baxter, N. T. 1433.	K. Aug. 8/18. Det.D./B.
‡6		Bloch, F. L. 34944.	K. Aug. 17/18. Det.D./B.
‡6		Feore, C. L. 8040.	K. Aug. 16/18. Det.D./B.
‡6	15	McGorrin, J. F. 33929.	K. Sept. 26/18. Det.D./B.
‡6	18	Potts, R. 8424.	K. Oct. 9/18. Det.D./B.
‡6		Semmel, W. C. 16479.	D/W. Aug. 17/18. Det.D./B.
‡6		Welch, S. 31092.	K. Oct. 17/18. Det.D./B.
*7		Bezer, H. J. 28053.	K. Aug. 22/18. Det.D./B.
‡7		Ferris, W. R. 31130.	D/W. Aug. 26/18. Det.D./B.
7		Hepburn, T. 22011.	K. April 19/18. Det.D./B.
7		Kidd, J. 31179.	D. May 21/18. Det.D./B
7	25	Walters, H. V. 36539.	K. Aug. 31/18. Det.D./B.
8		Brown, J. M. 28858.	D/W. June 7/18. Det.D./B.
‡8		Derrez, A. M. 30132.	K. Aug. 28/18. Det.D./B.
‡8		White, W. T. 35913.	K. Aug. 31/18. Det.D./B.
‡8		Whitty, K. M. 19696.	K. Oct. 20/18. Det.D./B.
*10		Bayliff, G. 35270.	K. Aug. 8/18. Det.D./B.
‡10		Casson, S. S. 31154.	K. Sept. 26/18. Det.D./B.
‡10		Cornish, E. T. 346.	K. Aug. 8/18. Det.D./B.
*10		Digby, F. D. M. 15557.	M. Sept. 28/18.
*10	39	Dutton, S. J. 2340.	K. Aug. 8/18. Det.D./B.
‡10		Leggo, E. N. C. 37430.	D/W. Oct. 20/18. Det.D./B.
‡10	39	Moore, J. V. L. 33877.	D/W. Sept. 28/18. Det.D./B.
*10		O'Connor, S. 2891.	K. Aug. 13/18. Det.D./B.
10	37	Robertson, H. 34811.	D/W. April 10/18. Det.D./B.
‡10		Raymont, W. H. 1569.	D/W. Oct. 12/18. Det.D./B.
‡10		Stott, A. P. 4351.	D/W. Oct. 25/18. Det.D./B.
		Gordon, Dvr. J. A. 3369.	K. Oct. 3/18. Det.D./B.

December 1st, 1918.   40A

Field Artillery A.I.F.—contd.

Bgde.   **Batty.**

‡11		Hudson, R. W. 1404.	D/W. **Sept. 18/18.** Det.D./B.
11		McLaren, H. N. 33508.	D/W. **Sept. 18/18.** Det.D./B.
‡11		Munro, A. A. 31017.	K. **Sept. 14/18.** Det.D./B.
11		Todd, G. B. 4306.	K. **April 24/18.** Det.D./B.
‡12		Corbitt, E. H. 31171.	K. **Oct. 11/18.** Det.D./B.
*12		Johnson, H. 32119.	K. **Sept. 15/18.** Det.D./B.
12		Richardson, Cpl. S. F. 6842.	K. **Sept. 1/18.** Det.D./B.
13		Morris, W. A. 3864	D/W. **Aug. 9/18.** Det.D./B.
‡13		Myers, D. 1085	K. **Aug. 11/18.** Det.D./B.
13		Tasker, W. G. 29167.	D/W. **Aug. 9/18.** Det.D./B.
‡14		Hardy, J. S. 35338.	D/W. **Aug. 25/18.** Det.D./B.
*14		MacCulley, A. A. 5689.	D/W. **Oct. 23/18.** Det.D./B.
*14		Milner, Sgt. W. H. 11776.	K. **Aug. 31/18.** Det.D./B.
‡14		Pearce, R. A. 29768.	K. **Sept. 2/18.** Det.D./B.
14		Stewart, A. J. 1288.	D/W. **Aug. 23/18.** Det.D./B.
1st Siege		Triggs, A. A. 518	K. **July 5/18.** Det.D./B.
3 Army	8	Browne, M. 371.	D. **April 11/18.** Det.D./B.
3		Healy, L. G. 35206.	D/W. **Aug. 9/18.** Det.D./B.
3		Henderson, A. 27592.	D/W. **June 14/18.** Det.D./B.
3	10	Seage, A. J. 11131.	K. **Sept. 30/18.** Det.D./B.
3		Johnson, H. W. 36628.	K. **May 22/18.** Det.D./B.
‡3	9	Ronald, Dvr. J. 21150.	K. **Sept. 3/18.** DetD./B.
12		Murdoch, W. J. 2532.	M. **April 14/18.**

Special Enquiry.

| ‡10 | 37 | Lipscombe, N. 33. | K. **April 23/17.** Det.D./B. |

HOWITZER BATTERIES.

Batty.

‡	102	Delaney, Lieut. M. J.	D/W. **Sept. 9/18.** Det.D./B.
‡	105	Blake, Lieut. L. R.	D/W. **Oct. 3/18.** Det.D./B.
‡	105	Roach, W. A. 28176.	D. **Oct. 9/18.** Det.D./B.
‡	108	Walsh, E. F. 22973.	K. **Aug. 3/18.** Det.D./B.
‡	110	Cummings, W. H. 2168.	K. **Aug. 9/18.** Det.D./B.
‡	114	Scadman, V. A. 15026.	K. **Sept. 4/18.** Det.D./B.

AMMUNITION COLUMNS.

Div.

2	Joyce, E. D. 29301.	K. **Aug. 10/18.** Det.D./B.
*2	Wallis, Dvr. G. E. 9324.	D/W. **Oct. 4/18.** Det.D./B.
‡3	Johnston, L. R. 18484.	K. **Sept. 1/18.** Det.D./B.
‡4 att.	Young, M.O., Capt. R. P.	K. **Sept. 18/18.** Det.D./B.
5	Phillis, R. J. 10082.	K. **Aug. 15/18.** Det.D./B.

LIGHT TRENCH MORTAR BATTERIES

Batty.

‡2	Pole, T. E. 2418.	K. **Aug. 23/18.** Det.D./B.
3	Stapleton, J. J. 478.	K. **Sept. 1/18.** Det.D./B.
‡5	Travers, T. 1286.	K. **July 18/18.** Det.D./B.
‡7	Pitfield, V. H. 3425.	D/W. **Oct. 2/18.** Det.D./B.
7	Richards, J. 1966.	K. **July 6/18.** Det.D./B.

December 1st, 1918.

Light Trench Mortar Batteries—contd.

Batty.

‡7	Walter, W. C. G. 5677.	K. Aug. 28/18. Det.D./B.
*11	Carmody, M. D. 869.	K. Sept. 1/18. Det.D./B.
12	Howard, L.-Cpl. A. A. 3773.	K. April 5/18. Det.D./B.
*13	Hartung, E. 29609.	D/W. Aug. 5/18. Det.D./B.
‡13	Jenkins, W. A. H. 32523.	D/W. Aug. 6/18. Det.D./B.
*14	Bean, N. M. 5344.	K. Sept. 1/18. Det.D./B.
*14	Colgan, G. 1642.	W. and M. Sept. 2/18.
14	Neill, J. H. 1634.	K. Aug. 19/18. Det.D./B.
14	O'Shea, A. E. 6331.	D/W. July 4/18. Det.D./B.
14	Poxon, J. W. 1805.	D/W. Aug. 28/18. Det.D./B.
14	Tiedemann, J. A. 32073.	K. July 30/18. Det.D./B.
*14	Wills, V. D. 5479.	K. Sept. 4/18. Det.D./B.
14	Young, G. 3658.	K. Sept. 1/18. Det.D./B.
‡15	Meehan, W. W. 1695.	K. Sept. 2/18. Det.D./B.
‡15	Thomas, F. W. 3171.	K. Aug. 27/18. Det.D./B.

Special Enquiry.

‡2	Marlow, G. T. 2748.	D/W. Sept. 21/17. Det.D./B.
‡11	Morrison, A. C. W. 2605.	K. Oct. 16/17. Det.D./B.

HEAVY AND MEDIUM TRENCH MORTAR BATTERIES.

1	Kingham, A. 9934.	D/W. May 30/18. Det.D./B.
‡U/5A.	Forsyth, A.-S.-M. W. 3047.	D/W. Aug. 9/18. Det.D./B.

Div. TRENCH MORTAR BRIGADE.

5	Murphy, P. 31224.	K. Aug. 17/18. Det.D./B.

FIELD ENGINEERS A.I.F.

1st Army Corps Troop	Ward, C.-S.-M. W. D. 4591.	D/W. April 17/18. Det.D./B.
‡1	Marlow, W. J. 2218.	D/W. Aug. 12/18. Det.D./B.
‡1	Peterson, 2nd Lt. F. T.	K. Sept. 11/18. Det.D./B.
‡2	Davidson, Capt. F. S.	K. Sept. 15/18. Det.D./B.
‡2	Hughes, L. 6406.	K. Aug. 23/18. Det.D./B.
2	Humphrey, E. G. 7036.	D/W. Mar. 15/18. Det.D./B.
*2	Young, W. 16245.	K. Sept. 15/18. Det.D./B.
‡3	Thomson, A. E. 17801.	K. Aug. 25/18. Det.D./B.
‡3	Tillack, K. 20759.	K. Sept. 12/18. Det.D./B.
‡4	Alexander, H. D. 1502.	K. Aug. 17/18. Det.D./B.
‡5	Rand, F. W. 2194.	K. Aug. 31/18. Det.D./B.
6	Elais, M.M., 2nd Lt. R. H.	K. July 26/18. Det.D./B.
7	Carter, J. 3566.	D/W. Sept. 1/18. Det.D./B.
‡7	Murray, W. P. 20898.	D. Oct. 3/18. Det.D./B.
‡7	Williamson, J. E. 7254.	K. Sept. 1/18. Det.D./B.
12	Hook, G. W. 3109.	W. and M. Aug. 8/18
13	Dawes, S. J. 158N.	D/W. July 12/18. Det.D./B.
‡14	Stirling, W. A. 2434.	K. Nov. 6/18. Det.D./B.
‡15	Brown, J. 10927.	K. Sept. 29/18. Det.D./B.
‡15	Gross, J. C. 20896.	K. Sept. 29/18. Det.D./B.

December 1st, 1918.

SIGNALLING COMPANIES.

Div. Sec.
1		Boyd, E J. 19008.	K. Aug. 17/18. Det.D./B.
‡1		McNamara, M.M., Sgt. L. W.	D/W. Sept. 18/18. Det.D./B.
‡2		Sangster, L. E. R. 879.	K. Aug. 18/18. Det.D.B.
4		Lyons, L. 2229.	K. Mar. 27/18. Det.D./B.
‡4		Pasco, M. O. 1511.	K. Aug. 6/18. Det.D./B.
2 Wireless S.	Reding, N. 5471.		K. Aug. 18/18. Det.D./B.

MINING AND TUNNELLING COMPANIES.

Co.
1	Smith, N. C. 2761	Drowned in Seine, July 30/18. Det.D./B.
Dtls.	Michie, W. 7795.	M. April 10/18.

RAILWAY OPERATING COMPANIES A.I.F.

3 Light Rly.	Gisler, C. 1446.	K. Mar. 21/18. Det.D./B.
Broad Gauge	Johnson, M.M., C. R. 4458.	K. April 24/18. Det.D./B.

ANZAC CYCLIST CORPS.

1	Fotana, R. B. 2016.	D/W. Sept. 1/18. Det.D./B.

ARMY MEDICAL CORPS A.I.F.

Fld. Amb.
‡2	Maher, T. P. 220A.	D/W. Aug. 11/18. Det.D./B.
‡5	Teal, J. E. 1722.	K. Oct. 3/18. Det.D./B.
‡8	Eldridge, J. 6714.	K. Sept. 3/18. Det.D./B.
*8	Whitaker, C. S. 6677.	K. Sept. 8/18. Det.D./B.
‡8	Williams, J. 9080.	K. Sept. 20/18. Det.D./B.
*9	Rabinovitch, E. H. 17708.	K. Aug. 31/18. Det.D./B.
*9	Rockfort, V. A. 6575.	D/W. Aug. 23/18. Det.D./B.
9	Woodham, T. M. 13861.	K. Aug. 29/18. Det.D./B.
‡13	Ritchie, J. 11264.	K. Sept. 18/18. Det.D./B.
14	Graham, A. J. 6373.	D/W. Mar. 28/18. Det.D./B.
14	Saunders, J. 164.	D/W. May 20/18. Det.D./B.
‡14	Smith, T. W. 2016.	K. Sept. 20/18. Det.D./B.
15	Bone, C. 110.	D. April 25/18. Det.D./B.

Special Enquiry.
‡2	Ponting, E. E. 271.	D/W. Sept. 23/17. Det.D./B.

ARMY SERVICE CORPS, A.I.F.

‡	Corrigan, R. 9946	K. Aug. 30/18. Det.D./B.
4 Co.	Niccol, N. J. 102.	D/W. May 30/18. Det.D./B.
5	Potter, B. 7618.	D/W. July 3/18. Det.D./B.
18	Richardson, H. O. 7999.	Died at sea Aug. 3/18, Warilda.
‡3 Div. Trn. H.Q.	Parry, L. K. 10257.	D. Nov. 2/18. Det. D./B.
4 Div. Trn.	Slocombe, R. S. 2797.	D/W. April 14/18. Det.D./B.
5 Div. Trn. 10 Co.	Allinson, F. C. 1005.	W. and M. July 4/18.

December 1st, 1918.

POST OFFICE CORPS A.I.F.

†	Quinn, C. V. 1415.	D/W. Sept. 10/18. Det.D./B.
	Ryan, R. L. 3427.	M. Sept. 11/18. Det.D./B.

ARMY ORDNANCE A.I.F.

Div.		
4	Manton, Sgt. H. C. 9319.	K. May 2/18. Det.D./B.

SALVAGE CORPS A.I.F.

‡1	Anderson, H. 571.	D/W. Aug. 31/18. Det.D./B.
1 Div.	Sale, A. T. 2280.	D/W. July 3/18. Det.D./B.
‡1	Marson, R. G. 1978.	K. Aug. 31/18. Det.D./B.
3 H.Q.	Turnbull, M. 30526.	D/W. April 20/18. Det.D./B.

MISCELLANEOUS.

‡1 Div. Traf. Cont.	Manuel, W. L. 1388.	D/W. Aug. 24/18. Det.D./B.
‡Aus. Vet. Hpl.	Drayton, G. F. 3382.	K. Sept. 2/18. Det.D./B.
Empl. Coy.	Remington, D. 5200.	D. July 10/18. Det.D./B
7 Bde. Snipers	Davis, R. W. 4409. (Late 27 Bn.)	K. May 28/18. Det.D./B.

MEDITERRANEAN SECTION E.E.F.

LIGHT HORSE REGIMENTS A.I.F.

Reg.	Sqd.		
1		Caldwell, W. A. 19221.	K. July 14/18. Det.D./B.
1		Chappel, R. W. 7716.	K. July 13/18. Det.D./B.
1		Carr, C. N. 154.	M. May 1/18.
1		Ellerton, J. L. 109.	K. July 14/18. Det.D./B.
1		**Hancock, 2nd Lieut. F.**	M. Jan. 20/18.
1		Mann, P. 3008.	D/W. Mar. 28/18. Det.D./B.
1		Murray, A. J. 2655.	K. July 10/18. Det.D./B.
1		O'Donnell, M. 730.	D/W. July 17/18. Det.D./B.
1		Scott, T. M. 983.	K. July 14/18. Det.D./B.
1		Young, A. 217.	K. July 16/18. Det.D./B.
2		Archibald, L. L. 2928.	K. April 11/18. Det.D./B.
2		Chambers, J. A. 311	K. July 16/18. Det.D./B.
2		Collett, P. P. 3414.	K. April 11/18. Det.D./B.
2		Cormick, G. F. 3175.	K. July 14/18. Det.D./B.
2		Curran, D. 2809.	D. April 23/18. Det.D./B.
2		Emerson, J. E. R. 646.	D/W. April 11/18. Det.D./B.
2		Irish, V. C. 3240.	K. July 14/18. Det.D./B.
3		Fleming, N. M. 1216.	K. April 30/18. Det.D./B.
3		Ladner, M. J. 3296.	D. June 4/18. Det.D./B.
3		**Priestley, Major P. H.**	K. May 3/18. Det.D./B.
3		Wells, W. H. 1289.	K. April 11/18. Det.D./B.
4		Blackall, L. C. 3796.	K. May 4/18. Det.D./B.
4		Burrows, A. 2933.	W. and M. May 2/18.
4		Harrison, E. T. 1203.	K. July 14/18. Det.D./B.
4		Ibbs, C. H. 3520.	K. July 16/18. Det.D./B.

December 1st, 1918.

MEDITERRANEAN SECTION E.E.F.

Light Horse Regiments A.I.F.—contd.

Reg.	Sqd.		
4		McCarey, W. A. 799.	K. May 4/18. Det.D./B.
4		Woods, W. J. 2394.	K. May 1/18. Det.D./B.
5		Beck, C. 14076.	D/W. April 24/18. Det.D./B.
5		Ensor, E. E. 155.	D/W. April 30/18. Det.D./B.
5		Hennessey, A. F. 1407.	M. Sept. 21/18.
5		Lumley, P. H. 1183.	D/W. Mar. 30/18. Det.D./B.
5		Sheridan, H. B. 3379.	D. Jan. 24/18. Det.D./B.
5		Wright, H. 747.	M. Sept 17/18.
6		Baker, E. J. 2942.	D/W. Mar. 22/18. Det.D./B.
6		Boyle, E. 2869.	K. Mar. 28/18. Det.D./B.
6		Bradshaw, A. 226.	M. Mar. 28/18.
6		Burlace, Sgt. W. H. 233.	K. Mar. 28/18. Det.D./B.
6		Donnison, G. F. 1492.	M. Mar. 28/18.
6		Gallagher, L. M. 2330.	K. Mar. 28/18. Det.D./B.
6		Gear, G. C. 3534.	D/W. Mar. 29/18. Det.D./B.
6		Johnstone, L. K. 1487.	K. Mar. 28/18. Det.D./B.
6		Loveband, L. W. 740.	K. Mar. 27/18. Det.D./B.
6		Maybury, R. C. 1642.	M. Mar. 28/18.
6		Pryor, L. A. 1932.	K. Mar. 28/18. Det.D./B.
6		**Ridgway, 2nd Lieut. F. L.**	W. and M. Mar. 28/18.
6		Sharpe, Sgt. W. J. 2377.	M. Mar. 28/18.
6		Sherwin, N. D. 319.	M. Mar. 28/18.
6		Vance, T. H. 825.	D. Mar 27/18 Det.D./B.
6		Waygood, A. E. 531.	M. Mar. 28/18.
6		White, F. A. V. 1121.	K. Mar. 27/18. Det.D./B.
6		Wilkins, C. 1692.	M. Mar. 28/18.
7		Albon, S. F. 1003.	D. Aug. 21/18. Det.D./B.
7		Hall, F. P. 89.	K. Mar. 27/18. Det.D./B.
7		King, D. 201.	K. Mar. 27/18. Det.D./B.
7		Lawson, J. G. 1502.	K. Mar. 30/18. Det.D./B.
7		Wetherell, A. J. 3496.	K. July 15/18. Det.D./B.
8		Emery, C. W. 1501.	K. May 1/18. Det.D./B.
8		Gaylor, G. V. 3261.	W. and M. May 8/18.
9		Bockelberg, F. B. 101.	K. May 1/18. Det.D./B.
9		Harris, S. 270.	D/D. May 7/18. Det.D./B.
9		Johnson, H. M. 1978.	D. at Sea, Jan. 31/18. Det.D./B.
9		Lowrie, A. J. 1419.	D/D. Jan. 31/18. Det.D./B.
9		McGinty, S. 1159.	K. May 3/18. Det.D./B.
9		Medhurst, P. W. 1577.	K. May 3/18. Det.D./B.
9		Williamson, G. 1050.	K. Mar. 30/18. Det.D./B.
10		Bremner, A. B. 1116.	D/W. June 3/18. Det.D./B.
10		Godrich, H. W. 3295.	D. April 11/18. Det.D./B.
10		Goyder, A. G. 3180.	W. and M. recently.
10		Maywood, R. E. 1255.	D/W. May 10/18. Det.D./B.
10		Mumby, C. 1626.	D. Aug. 27/18. Det.D./B.
11		Farlow, H. H. 2308A.	W. and M. May 1/18.
11		Germain, C. 1248.	D/W. May 1/18. Det.D./B.
11		Lake, A. 537.	K. April 30/18. Det.D./B.
11		Loughran, E. C. 1014.	D/W. May 25/18. Det.D.B.
11		McKenzie, B. S. 1305.	D/W. Jan. 1/18. Det.D./B.
11		Powell, C. 1211.	W. and M. May 1/18.
*12		Whiteside, J. 2182.	D. April 4/18. Det.D./B.
13		Pillow, H. F. 568.	D/W. Aug. 18/18. Det.D./B.
*15		Beer, W. J. 2633.	M. Sept. 19/18.
1 M.G.S.		Rixon, B. G. 2957.	K. July 14/18. Det.D./B.

December 1st, 1918.   45A

MEDITERRANEAN SECTION E.E.F.
AUSTRALIAN ARMY MEDICAL CORPS.

1 L.H. Fld. Amb.	Bell, W. J. 53.	D/W. June 25/18. Det.D./B.
4 L.H. Fld. Amb.	Floyd, L. L. 311A.	D. Mar. 8/18. Det.D./B

IMPERIAL CAMEL CORPS.
Anzac Batts.

	Collins, R. N. J. 2017.	K. Mar. 30/18. Det.D./B
1	Campbell, T. W. McKenzie-. 2403.	K. April 11/18. Det.D./B.
1	Feebrey, W. L. 3105.	K. April 10/18. Det.D./B.
1	Miller, W. C. 1776.	K. April 10/18. Det.D./B.
1	Quin, R. C. 2427.	K. April 11/18. Det.D./B.
1	Raynor, W. J. 1153.	K. May 10/18. Det.D./B.
1	Souter, J. M. 1404.	K. April 10/18. Det.D./B.
3	Osborne, J. L. A. 1780.	K. April 11/18. Det.D./B.
4	Bantoft, T. 1003.	K. Mar. 28/18. Det.D./B.
4	Brown, W. J. 2449.	K. Mar. 30/18. Det.D./B.
4	Campbell, N. H. 2160.	K. Mar. 30/18. Det.D./B.
4	Campbell, S. J. 2157.	K. Mar. 30/18. Det.D./B.
4	Cheney, L.-Cpl. E. 1308.	M. Mar. 30/18.
4	Clifford, R. 2894.	M. Mar. 30/18.
4	Delaney, L. S. 1380.	M. Mar. 30/18.
4	Haag, M.M., G. J. 2276.	M. Mar. 30/18.
4	Lincoln, Cpl. B. C. 1466.	M. Mar. 30/18.
4	Trenaman, W. R. 2414.	M. Mar. 30/18.
4	Williams, H. C. 1780.	W. and M. Mar. 31/18.
13	Morrison, R. 184.	D. Dec. 10/17. Det.D./B.

MISCELLANEOUS.

1st Adv. Depot	Johnson, S. H. 1624.	D/W. May 11/18. Det.D./B

FLYING CORPS A.I.F.
Squad.

1	Farquhar, Lieut. A. W. K.	K. June 26/18. Det.D./B.
1	Kreig, Lieut. L. P.	K Aug. 19/18. Det.D./B.
1	Oxenham, 2nd Lt. G. V.	K. June 26/18. Det.D./B.
1	Walker, Lieut. J. M.	K. Aug. 22/18. Det.D./B.
1	Walker, Lieut. J. K. Curwen.	K. accid. April 3/18. Det.D./B.

AUSTRALIAN ARMY SERVICE CORPS.

Chadwick, W. S. 15059.	D. Feb. 1/18. Det.D./B.

THIS LIST CANCELS ALL PREVIOUS LISTS.

CANADIAN BRANCH.

British Red Cross
AND
Order of St. John

DECEMBER 1st, 1918.
ENQUIRY LIST.

FRANCE AND BELGIUM.

YORK HOTEL,
BERNERS STREET,
LONDON, W.1.

December 1st, 1918.

CANADIAN IMPERIAL FORCES.

CANADIAN CAVALRY.
FORT GARRY HORSE.

Campbell, M.C., Capt. D.	K. Nov. 20/17. Det.D./B.
Newby, Lieut. A. T.	M. bel. P/W. Aug. 10/18.
Black, M. 476281.	M. Aug. 10/18.

(From 1st Essex Yeomanry.)

Bradley, G. W. 80976.	M. April 1/18.
C. Squad Brown, T. 114056.	M. Aug. 10/18.
C. Squad Browning, L. A. 115054.	M. Aug. 10/18.
Dentrey, A. E. 551901.	W. and M. April 1/18.
Greaves, J. S. 228317.	M., bel. K. Mar. 30/18.
A. Squad. Hancock, H. 551944.	W. and M. April 1/18.
Myers, A. V. 7818.	M. Aug. 10/18.
McGaw, J. A. 818146.	M. Aug. 10/18.
Ouellette, S. 660856.	W. and M. Aug. 8/18.
Peterbough, R. 2147495.	M. Aug. 10/18.
C. Squad Smith, G. B. 115048.	M. Aug. 10/18.
C. Squad Snyder, N. 15023.	W. and M. Mar. 30/18.
Thomas, T. R. 115095.	M., bel. K. Mar. 30/18.
Thompson, G. J. 300668.	W. and M. Aug. 10/18.
Wright, C. D. 2147509.	M. Aug. 10/18.

LORD STRATHCONA'S HORSE.

B. Squad. Cook, H. 109279.	M. Mar. 23/18.
Cook, H. J. 551802.	M. April 2/18.
B. Cullinan, Sgt. E. 6168.	K. Mar. 30/18. Det.D./B.
A. Squad Daly, D. E. 907148.	M. Aug. 8/18.
Feeney, M. 3030345.	M. Aug. 8/18.
Ferguson, F. 67587.	M. April 2/18.
C. Squad Henderson, G. J. 551835.	D/W. Mar. 30/18. Det.D./B.
Hines, W. 111234.	M., bel. K. Mar. 25/18.
C. Squad. Hornby, G. R. 2293409.	Died Mar. 30/18. Det.D./B.
C. Squad. Hoyland, A. 7785.	Died, bel. K. Mar. 30/18. Det.D./B.
Little, W. 226129.	M. April 2/18.
C. Squad Morris, W. 2270301.	K. Mar. 25/18. Det.D./B.
Muir, J. E. 551033.	K. Mar. 30/18. Det.D./B.
Salmon, S. F. 6065.	K. April 2/18. Det.D./B.
C. Squad. Sandison, Cpl. J. 2930.	K. Mar. 30/18. Det.D./B.
C. Squad Scott, J. A. 551804.	K. Mar. 30/18. Det.D./B.
A. Squad Stewart, G. K. 551869.	K. April 2/18. Det.D./B.
C. Squad Thompson, J. J. L. 551151.	K. Mar. 30/18. Det.D./B.

ROYAL CANADIAN DRAGOONS.

Bourbonnais, A. 3796.	M. Mar. 23/18.
B. Squad Brames, C. 14916.	K. Mar. 30/18. Det.D./B.
C. Squad. Burnett, R. C. 3805.	M. Mar. 23/18.

December 1st, 1918.

Royal Canadian Dragoons—contd.

	Campbell, H. G. 550282.	M. Mar. 30/18.
	Cox, G. S. 114808.	M. Mar. 30/18.
C. Squad.	Gray, H. T. 38576.	W. and M. Mar. 24/18.
	Jamieson, E. D. 550310.	M. Mar. 30/18.
B. Squad.	Kirkwood, R. O. 21083.	K. Mar. 30/18. Det.D./B.
B. Squad.	Lainsbury, J. 14657.	M. Mar. 30/18.
C. Squad.	Lefurgey, A. McM. 878.	W. and M. Mar. 23/18.
B. Squad.	Lickert, C. 3758.	W. and M. Mar. 23/18.
C. Squad.	Lydiatt, H. J. 550474.	M. Mar. 23/18.
	Madden, H. W. 550409.	M., bel. K. Mar. 25/18.
	Martin, L.-Cpl. E. R. 14658.	M. Mar. 24/18.
A. Squad.	Rafuse, M. U. 114620.	K. Mar. 23/18. Det.D./B.
A. Squad.	Robertson, W. B. 114627.	W. and M. Mar. 23/18.
	Robinson, W. C. 7407.	M. Mar. 30/18.
	Salter, A. J. 612.	M. Mar. 30/18.
	Tracy, J. F. 550535.	K. Aug. 8/18. Det.D./B.
	Wade, A. H. 125.	M. Mar. 26/18.
B. Squad.	Watson, G. 114904.	W. and M. Mar. 23/18.
B. Squad.	Welsh, Cpl. M. 15581.	M. Mar. 30/18.

CANADIAN ARTILLERY.

3rd Brigade, C.G.A.

‡ Sharples, Lieut. J. W. K. Oct. 30/18. Det.D./B.

CANADIAN FIELD ARTILLERY.

3rd Brigade.

McTaggart, D.S.O., Major W. B. K. Sept. 2/18. Det.D./B.
Jones, G. 214221. M. Aug. 12/18.
Kirkpatrick, Gnr. E. L. 349303. M. Sept. 27/18.

5th Brigade.

‡ Madden, Dvr. A. 560. W. and M. Sept. 27/18.

6th Brigade.

Bruce, D. A. 349348. K. Sept. 3/18. Det.D./B
24 Hamilton, R. H. 317023. W. and M. Aug. 8/18.

8th Brigade.

Soden, A. 2152369. K. Sept. 2/18. Det.D./B.

9th Brigade.

Teed, Lieut. D. L. K. Sept. 1/18. Det.D./B.

Anti-Aircraft.

*E. Martin, E. 77778. M. Oct. 1/18.

CANADIAN LIGHT TRENCH MORTAR BATTERIES.

*3 Scott, E. P. 210855. M. Oct. 1/18.

December 1st, 1918. 4c

CANADIAN ENGINEERS.

3 T.N.C.	Goguen, P. 2005552.	M. Sept. 30/18.
3 A.T.C.E.	Riley, E. H. 2005249.	M. Sept. 7/18.
9 Bat.	Palmer, Cpl. T. S. 501003.	K. Oct. 1/18. Det.D./B.

C.E.R.P.

Clifford, R. 505142. K. May 20/18. Det.D./B.

CANADIAN RAILWAY TROOPS.

2 Batt.	Favelle, A. T. J. 2502959.	Unoff. W. and M. Mar./18.
C.O.R.C.C.	Smaill, W. C. 502884.	M. June 27/18.

CANADIAN MACHINE GUN CORPS.

Batt.

1	Benny, Lieut. W. W.	M. Oct. 1/18.
‡1 K.	Blackie, Sgt. G. 192448.	Unoff. W. and M. Sept. 28/18.
1	Eyre, J. C. 267011.	K. Aug. 26/18. Det.D./B.
*1	Ferguson, A. E. 651589.	M. Oct. 1/18.
*1	Gilbert, A. F. 256286.	M. Oct. 1/18.
1	Miller, E. A. 460374.	M. Aug. 31/18.
1 K.	Miller, A. M. 540419.	K. Aug. 29/18. Det.D./B.
1	Phillips, A. 417932.	M. Sept. 1/18.
*1	Salmon, A.-B.-S.-M. A. B. 18396.	K. Sept. 2/18. Det.D./B.
2	Bole, Lieut. J. G.	K. Aug. 28/18. Det.D./B.
2	Holliday, F. S. 542127.	K. Sept. 9/18. Det.D./B.
*2	Ross, Cpl. F. J. 817530.	K. Aug. 27/18. Det.D./B.
‡3	Adams, Sgt. A. E. 799716.	K. Sept. 24/18. Det.D./B.
*3 A. Batty.	Carpenter, L. A. 240355.	K. Sept. 24/18. Det.D./B.
4	Finn, Lieut. W. C.	K. Sept. 30/18. Det.D./B.
4	Chalmers, R. 1033425.	M. Aug. 8/18.
4	Hunt, Cpl. E. W. 163489.	M. Aug. 8/18.
4	Knapp, W. R. 832080.	M. Aug. 8/18.
4 K.	Milholm, W. S. 130171.	M. Aug. 8/18.
‡4	Millard, W. S. 3310177.	K. Sept. 27/18. Det.D./B.
4 M.	Monds, Sgt. G. E. 799497.	M. Aug. 8/18.
4	Unwin, W. T. 791212.	M. Aug. 8/18.
16	MacLeod, E. J. 688252.	K. Oct. 30/17. Det.D./B.
Pool	McLean, Lieut. C. G.	K. April 9/18. Det.D./B.

BORDENS MACHINE GUN BATTERY.

Keeling, V. R. 288410.	W. and M. Mar. 24/18.
Roy, H. C. 288152.	M. Mar. 24/18.

December 1st, 1918.

EATONS MACHINE GUN BATTERY.
Knight, A. L. 911801. W. and M. Mar. 24/18.

MOTOR MACHINE GUN BATTERY.
Johnson, Cpl. A. E. 795. K. Oct. 30/17. Det.D./B.
Lamb, G. C. 888053. W. and M. Mar. 24/18.

2nd Motor Machine Gun Brigade.
Auty, H. L. 2137619. M. Oct. 8/18.

CAV. BDE. M.G. SQUAD.
Reid, A. J. 15296. M. Mar. 23/18.

C.A.P.C. ATT. 7th CAN. INF. BDE.
Young, Capt. A. H. K. Sept. 8/18. Det.D./B.

CANADIAN INFANTRY.

•		Addison, F. G. 404751.	W. and M. Oct. 1/18.
1 D.		Chapman, G. 2448412.	K. Aug. 30/18. Det.D./B.
1 B.		Copnell, Cpl. J. 406279.	K. Aug. 30/18. Det.D./B.
1		Eggleton, W. E. M. 675535.	M. Aug. 30/18.
1		Fenton, H. S. 407114.	K. Aug. 17/18. Det.D./B.
*1		Green, A. W. 412116.	M. Oct. 1/18.
*1		Grier, A. G. 195371.	M. Oct. 1/18.
1 C.		Looker, H. J. 126909.	K. Nov. 6/17. Det.D./B.
*1		McGillivray, D. R. 651376.	M. Oct. 1/18.
1 C.		McNeill, N. A. 651843.	W. and M. Aug. 30/18.
1		Robertson, M.M., A.-Cpl. J. H. 657286.	M. Oct. 1/18.
1		Thompson, F. 748250.	W. and M. Aug. 30/18.
1 B.		Welsh, W. H. 201719.	K. Aug. 30/18. Det.D./B.
1		Worrell, W. E. 444052.	W. and M. Aug. 30/18.
2 A.		Barry, H. 455748.	M., bel. K. Aug. 31/18.
2 A.		Connerty, B. 639995.	K. Aug. 30/18. Det.D./B.
2		Fanning, G. D. 246267.	K. Aug. 8/18. Det.D./B.
2 A.		Fitzgerald, W. J. 850290.	M., bel. W. Nov 11/17.
*2		Lante, R. H. 3180298.	W. and M. Sept. 27/18.
2		Moore, Sgt. G. H. 172243.	K. Aug. 30/18. Det.D./B.
2		McCarthy, E. L. 246187.	M., bel. W. Sept. 27/18.
2		Payne, H. 270650.	K. Aug. 30/18. Det.D./B.
2		Sewell, H. 745474.	D. Nov. 6/17. Det.D./B.
2 D.		Tuck, G. S. H. 675258.	K. Aug. 30/18. Det.D./B.
2		Wells, C. 639868.	M. Jan. 25/18.
†3		Scott, Lieut. S. W.	K. Oct. 1/18. Det.D./B.
*3		Clark, E. W. 784899.	K. Nov. 6/17. Det.D./B.
3		Couchman, G. B. 91533.	M. Sept. 27/18.
3 D.		Davis, R. O. 803205.	K. Sept. 2/18. Det.D./B.
3 C.		Franklin, R. S. 473066.	K. Aug. 30/18. Det.D./B.
3 C.		George, L. W. 799056.	K. Aug. 30/18. Det.D./B.

December 1st, 1918.

Canadian Infantry—contd.

*3 B.	Gray, C. M. 3132235	K. Sept. 27/18. Det.D/B.
*3 B.	Lacey, H. 602216.	K. Oct. 1/18. Det.D./B.
3	Lambert, J. E. 739417.	M. Sept. 27/18.
3	Moss, C. 802557.	M. Feb. 4/18.
*3 B.	Paterson, Cpl. G. C. 172271.	W. and M. Sept. 27/18.
3	Poirier, P. T. 766276.	M. Aug. 30/18.
*3 D.	Raines, H. E. 769079.	K. Aug. 31/18. Det.D./B.
3	Taylor, L. 3032072.	M. Sept. 27/18.
3	Waite, C. F. 850241.	M. Aug. 8/18.
4	Butler, L.-Cpl. W. 769878.	M., bel. K. Sept. 3/18.
4 D.	Carter, G. 814251.	M., bel. K. April 23/18.
‡4	Goebel, G. R. 736696.	K. Oct. 21/18. Det.D./B.
4 D.	Hawkey, J. R. 802890.	K. Aug. 8/18. Det.D./B.
4	Ireland, T. W. 772552.	W. and M. Aug. 30/18.
4	Maloney, T. 772644.	M., bel. K. Aug. 31/18.
4	Stewart, T. M. 246840.	M. Oct. 1/18.
5	Chalmers, R. S. 2355888.	M. Sept. 1/18.
5 A.	Cottrell, W. D. 104191.	K. Sept. 1/18. Det.D./B.
5 C.	Gorman, J. 174572.	K. Nov. 10/17. Det.D./B.
5 B.	Gray, Jas. 268122.	K. Nov. 10/17. Det.D./B.
‡5 C.	Holland, L. 105812.	K. Sept. 27/18. Det.D./B.
5 B.	Hutchinson, B. E. 907436.	M. bel. K. July 26/18.
5	Lennox, A. C. 928263.	M., bel. P/W. Sept. 1/18.
5 Scout Sec.	Meyers, C. S. 463128.	K. Sept. 1/18. Det.D./B.
5	Mollard, K. 1051013.	W. and M. Sept. 1/18.
5 B.	Murch, J. 925019.	M. bel. K. July 26/18.
5	McDonald, A. J. 908079.	K. Aug. 9/18. Det.D./B.
5	Norskin, J. 1051191.	W. and M. July 26/18.
5	Parker, J. 925023.	M. bel. K. July 26/18.
5 B.	Richards, A. W. 12892.	K. Aug. 8/18.
*5	Skinner, L.-Cpl. T. H. 267577.	D/W. Oct. 1/18. Det.D./B.
5	Strate, Sgt. E. G. 925626.	M., bel. P/W. Sept. 1/18.
5	Tanguay, E. A40610.	M. Sept. 27/18.
*7	Becker, G. P. 760383.	W. and M. Sept. 27/18.
7 B.	Bell, Sgt. H. R. 431086.	K. Nov. 10/17. Det.D./B.
*7 C.	Bland, R. E. 429099.	K. Sept. 2/18. Det.D./B.
‡7 B.	Downey, A. G. 524745.	K. Sept. 2/18. Det.D./B.
7 C.	Johnson, R. A. C. 116861.	K. Sept. 3/18. Det.D./B.
‡7	McEwen, K. 2204182.	K. Oct. 12/18. Det.D./B.
7	McPherson, H. 442150.	Died June 3/16. Det.D./B.
7 A.	Patterson, Sgt. M. B. 430114.	Died Nov. 10/17. Det.D./B.
7 C.	Ross, W. L. 790081.	K. Aug. 15/17. Det.D./B.
7	Smith, S. 760809.	M. Aug. 9/18.
7	Stewart, D. McG. 440555.	K. Sept. 27/18. Det.D./B.
7 B.	Waldram, E. 104599.	K. Aug. 15/17. Det.D./B.
8 A.	Angst, L. J. 292002.	Died Aug. 15/17. Det.D./B.
8	Briggs, W. 865778.	W. and M. Aug. 9/18.
8 C.	Bryden, T. H. 234548.	K. Aug. 15/17. Det.D./B.
*8	Collins, P. A. 3106111.	W. and M. Sept. 28/18.
8 D.	Dellow, R. S. 829229.	K. Aug. 9/18. Det.D./B.
8	Drexler, S. 820900.	M. Sept. 2/18.
8	Goodall, W. D. 892586.	W. and M. Aug. 29/18.
8	Hill, V. F. H. 2129386.	M. Sept. 29/18.
8 C.	Holliday, C. S. 235080.	K. Aug. 31/18. Det.D./B.

December 1st, 1918.

Canadian Infantry—contd.

8 B.		Ingram, C. F. 727106.	M. Sept. 29/18.
*8 Scout S.		Lumby, R. 199278.	K. Sept. 28/18. Det.D./B.
8 B.		Murray, John. 1018398.	K. Aug. 29/18. Det.D./B.
8		McAskie, J. R. 2379571.	M. Sept. 27-29/18.
*8		McDonald, C. 2379433.	W. and M. Sept. 28/18.
8		Nelson, F. 274062.	M. Sept. 2/18.
8 D.		Newell, W. 2128865.	K. Aug. 9/18. Det.D./B.
8 A.		Norwood, G. 2128935.	K. Sept. 29/18. Det.D./B.
*8		Parks, J. E. 235068.	M. Sept. 27-29/18.
*8 A.		Pratt, J. 2173435.	K. Aug. 9/18. Det,D./B.
‡8 B.		Preston, J. 425770.	K. Sept. 3/18. Det.D./B.
*8		Sellick, D. G. 186856.	W. and M. Sept. 29/18.
‡8		Spearpoint, J. 53737.	K. Aug. 29/18. Det.D./B.
8		Thorpe, E. E. 100641.	K. April 28/17. Det.D./B.
*8		Tollemache, P. G. 14755.	W. and M. Sept. 29/18.
*10		Anderson, Lieut. R. W. H.	K. Sept. 27/18. Det.D./B.
10		Cooper, A.-Cpl. W. 22985.	M., bel. W. Sept. 3/18.
10		Forster, E. P. 183867.	K. Sept. 3/18. Det.D./B.
10		Johnson, W. L. 883510.	K. Nov. 11/17. Det.D./B.
*10 B.		Jones, L.-Sgt. G. P. 430694.	K. Aug. 9/18. Det.D./B
10 C.		Knight, A.-Sgt. A. G. 426402.	K. Sept. 3/18. Det.D./B.
*10 B.		Mowat, C. 3206213.	K. Sept. 28/18. Det.D./B.
*10		McKenzie, J. D. 904585.	K. Sept. 28/18. Det.D./B.
*10 B.		Nicholls, L. W. 183807.	K. Sept. 28/18. Det.D./B.
‡10		Roberts, S/B. F. W. J. 231549.	K. Sept. 28/18. Det.D./B.
10 D.		Rogers, T. 184058.	M. Sept. 2/18.
10		Rowe, J. M. 115970.	M., bel. W. Sept. 3/18.
10 C.		Stickney, J. C. 602519.	K. Aug. 15/18. Det.D./B.
10 D.		Vaughan, R. A. 2114899.	W. and M. Aug. 8/18.
10		White, G. A. 252483.	K. April 28/17. Det.D./B.
13		Llwyd, M.C., Lieut., (A.-Capt.) C. D.	K. Oct. 1/18. Det.D./B.
13		Reaume, Lieut. J. S.	K. Oct. 1/18. Det.D./B.
*13		Bazan, C. 1031218.	M. Oct. 10/18.
*13		Beaupre, E. E. 3082807.	M. Oct. 10/18.
*13		Bell, R. W. 2075654.	M. Oct. 10/18.
*13		Bickel, G. H. 151534.	M. Oct. 10/18.
*13		Blake, E. 2134958.	M. Oct. 10/18.
*13		Bouyer, A. L. 152866.	M. Oct. 10/18.
13		Buckley, J. 3230283.	M. Sept. 27/18.
*13		Chippendale, H. C. 3082671.	M. Oct. 10/18.
*13		Collins, E. C. 3082913.	M. Oct. 10/18.
*13		Commerford, J. 4040114.	M. Oct. 10/18.
*13		Connolly, L. 684481.	M. Oct. 10/18.
*13		Cowhey, T. 132776.	M. Oct. 10/18.
13		Decoste, A. 712068.	M. Oct. 1/18.
*13		Desmarais, J. C. 113174.	M. Oct. 10/18.
*13		Elder, F. R. 3010016.	M. Oct. 10/18.
*13 A.		Elliott, Cpl. F. G. 842258.	M. Oct. 10/18.
*13		Farnell, R. W. 223358.	M. Oct. 10/18.
*13		Foley, M. 1031393.	M. Oct. 10/18.
‡13		Gibson, L. N. 204293.	W. and M. Oct. 1/18.
*13		Gillies, J. A. 204910.	M. Oct. 10/18.
*13		Hepburn, J. 887331.	M. Oct. 10/18.
*13		Hill, Sgt. W. 427408.	M. Oct. 10/18.
*13		Houston, C. W. 3081162.	M. Oct. 10/18.
*13		Hughes, J. J. 3082260.	M. Oct. 10/18.
13		Johnstone, L.-Cpl. A. 132213.	D/W. Aug. 8/18. No. 1 Fld. Amb. Det.D./B.

December 1st, 1918.

Canadian Infantry—contd.

*13	Kelly, P. J. 3083029.	M. Oct. 10/18.
*13	Kemp, G. L. 727157.	M. Oct. 10/18.
*13	Killeavy, H. G. 3081957.	M. Oct. 10/18.
*13	Leclair, E. E. 3082846.	M. Oct. 10/18.
*13	Macdonald, D. 1031221.	M. Oct. 10/18.
*13	Macdonald, J. 2075478.	M. Oct. 10/18.
*13	MacGregor, J. F. 1030400.	M. Oct. 10/18.
*13	Maxwell, J. 2075552.	M. Oct. 10/18.
*13	McKenzie, J. 3083424.	M. Oct. 10/18.
*13	McLean, R. G. 3082737.	M. Oct. 10/18.
*13	McNeill, N. A. 224414.	M. Oct. 10/18.
*13	Miles, W. J. 1030148.	M. Oct. 10/18.
*13 C.	Nolan, M. 1030620.	M. Oct. 10/18.
*13	O'Dea, A. 1030755.	M. Oct. 10/18.
13	Price, H. M. 1030427.	M., bel. W. Aug. 8/18.
13	Reed, J. J. 3010055.	W. and M. Sept. 2/18.
*13	Rowe, W. E. 3030049.	M. Oct. 10/18.
‡13	Rush, L.-Sgt. S. 712215.	M. Oct. 1/18.
*13	Saulter, M. H. W. 4040890.	M. Oct. 10/18.
*13	Sheehan, T. 1069956.	M. Oct. 10/18.
‡13 A.	Shepherd, W. R. 204756.	K. Oct. 20/18. Det.D./B.
*13	Tildsley, W. H. 3082472.	M. Oct. 10/18.
*13	Webber, J. G. F. 1069961.	M. Oct. 10/18.
*13	Weyland, C. 4040239.	M. Oct. 10/18.
13 A.	Wigmore, J. A. 713037.	K. Aug. 8/18. Det.D./B.
14	**McLean, M.C., D.C.M., Lt. A. L.**	K. Sept. 2/18. Det.D./B.
14	**Neilson, Lieut. F. K.**	K. Aug. 8/18. Det.D./B.
*14	Adams, A. P. 3080401.	M. Oct. 1/18.
*14	Arbuthnot, G. 448597.	M. Oct. 1/18.
*14	Beauchamp, J. 860766.	M. Oct. 1/18.
*14	Belanger, A. 416346.	M. Oct. 1/18.
14	Belleveaux, T. 416833.	M. Aug. 9/18.
14	Blaney, J. 164037.	M. Sept. 2/18.
*14	Boivin, H. 50821.	M. Oct. 1/18.
*14	Brisebois, N. 3155407.	M. Oct. 1/18.
*14	Clarke, J. 3080082.	M. Oct. 1/18.
*14	Cooke, P. H. 3081735.	M. Oct. 1/18.
*14	Cote, J. 2134914.	M. Oct. 1/18.
*14	Coughlin, J. M. 40)30112.	M. Oct. 1/18.
14	Coull, L. G. 684786.	W. and M. Sept. 2/18.
*14	Cullinan, E. W. 3080397.	M. Oct. 1/18.
*14	Day, J. 920106.	M. Oct. 1/18.
*14	Ellis, C. H. 648293.	M. Oct. 1/18.
*14	Gadona, E. 3156024.	M. Oct. 1/18.
*14	Gamache, P. J. 3080836.	M. Oct. 1/18.
*14 A.	Gunn, W. 3082393.	M. Oct. 1/18.
*14	Hutchison, W. 527601.	M. Oct. 1/18.
14	Jones, G. R. 444074.	M. Aug. 9/18.
14 Sig. S.	Kearns, M. C. 748349.	K. Aug. 8/18. Det.D./B.
*14	King, A.-Cpl. J. 437161.	K. Oct. 1/18. Det.D./B.
*14	Kynnersley, J. 513544.	M. Oct. 1/18.
*14	Laurin, H. 857031.	M. Oct. 1/18.
*14	Leavitt, H. J. 1054223.	M. Oct. 1/18.
*14	Magill, H. 3080579.	M. Oct. 1/18.
*14	Marceau, A. 3157050.	M. Oct. 1/18.
14	Metherell, E. 602149.	M. Sept. 1/18.
*14	McAvay, M. 294630.	M. Oct. 1/18.
*14	McFern, H. 1054680.	M. Oct. 1/18.
14	Niven, A. 3081022.	W. and M. Sept. 1/18.

December 1st, 1918.

Canadian Infantry—contd.

*14	O'Brien, J. P. 3314382.	M. Oct. 1/18.
14	Ramsay, Sgt. A. 130268.	K. Sept. 1/18. Det.D./B.
*14	Reilly, W. Mc. 3314099.	M. Oct. 1/18.
*14	Rodgers, H. 3081663.	M. Oct. 1/18.
*14	Roy, A. 858944.	W. and M. Sept. 30/18.
*14	Ryan, H. P. 841429.	M. Oct. 1/18.
*14	Sadgrove, E. 823885.	M. Oct. 1/18.
14	Smith, A. 3080514.	K. Aug. 9/18. Det.D./B.
‡14	Stephenson, S. 3317130.	W. and M. Oct. 1/18.
*14	Trott, W. 448985.	M. Oct. 1/18.
*14	Turner, W. 3106320.	M. Sept. 27/18.
*14	Vezina, N. 660653.	M. Oct. 1/18.
*14 Intell. S.	Vonberg, L. C. 1054208.	K. Sept. 27/18. Det.D./B.
14	Walker, L.-Cpl. W. F. 1054334.	K. Sept. 2/18. Det.D./B.
*14	Wheelock, B. 3106116.	M. Oct. 1/18.
*14	Wood, W. H. 3081085.	M. Oct. 1/18.
*15	**Winnifrith, Capt. G. S.**	D/W. Sept. 27/18.
15 B.	Meikle, G. H. 1090175.	K. Aug. 9/18. Det.D./B.
15 A.	Perkins, G. 444800.	K. Aug. 9/18. Det.D./B.
15 A.	Saunders, F. C. 192593.	K. Sept. 2/18. Det.D./B.
15	Sawkins, E. H. 439072.	M. Sept. 2/18.
15	Wood, W. 285312.	M. Sept. 2/18.
16	**Bell-Irving, M.C., Major R. O.**	K. Oct. 1/18. Det.D./B.
‡16	**Drummond-Hay, Lieut. E.**	K. Sept. 2/18. Det.D./B.
‡16	**Thompson, Lieut. E. P.**	K. Aug. 16/18. Det.D./B.
*16	**Widmeyer, M.M., Lieut. S. R.**	K. Oct. 1/18. Det.D./B.
16	Appel, F. J. 2021790.	M. Oct. 1/18.
*16	Bigham, J. S. 736968.	K. Sept. 2/18. Det.D./B.
16	Bouvier, W. 2129346.	M. Oct. 1/18.
16	Brown, A. 736490.	M. Oct. 1/18.
*16	Brumage, H. 1000173.	W. and M. Oct. 1/18.
16	Caine, J. G. 29310.	M. Oct. 1/18.
16	Carey, T. 736739.	W. and M. Aug. 16/18.
16	Carse, G. 2021892.	K. Oct. 1/18. Det.D./B.
16	Chase, W. 291079.	W. and M. Sept. 2/18.
16	Colegrave, W. R. 2021895.	M. Oct. 1/18.
*16	Crampain, R. E. 865795.	W. and M. Oct. 1/18.
16	Dixon, Cpl. J. 186090.	K. Aug. 19/18. Det.D./B.
16	Fair, N. McL. 256836.	M. Oct. 1/18.
16	Ferens, J. C. 736452.	M. Oct. 1/18.
*16	Gabriels, P. 721606.	W. and M. Oct. 1/18.
16 B.	Gibb, A. C. 15086.	M., bel. K. April 28/18.
16	Gilmore, A.-Cpl. D. J. McK. 736662.	M. Oct. 1/18.
*16	Gordan, J. 1000508.	K. Aug. 8/18. Det.D./B.
*16 B.	Gowan, R. 701292.	W. and M. Oct. 1/18.
16	Gray, R. J. 2379264.	M. Oct. 1/18.
16	Hambleton, J. 2128880.	M. Oct. 1/18.
16	Hanson, H. C. 180059.	M. Oct. 1/18.
16	Henderson, W. D. 2129280.	M. Oct. 1/18.
16	Hough, N. 225886.	M. Oct. 1/18.
*16	Jackson, Sgt. W. H. 29406.	W. and M. Oct. 1/18.
16	Jordan, H. J. 1001191.	M. Aug. 16/18.
16	Kirkconnell, J. 150451.	M. Oct. 1/18.
16	LaFleur, L.-Cpl. M. 49693.	M. Oct. 1/18.
*16	Kivell, A.-Cpl. H. T. 871125.	W. and M. Oct. 1/18.
16	Larson, G. 2129176.	M. Oct. 1/18.
16	Little, J. 2129315.	M. Oct. 1/18.

December 1st, 1918.

Canadian Infantry—contd.

16	Lyle, G. H. 2129243.	M. Oct. 1/18.
16	Mackey, E. R. 257498.	M. Oct. 1/18.
16	Margetts, C. 922590.	M. Oct. 1/18.
16	Millar, G. S. 2128971.	M. Oct. 1/18.
16	Morris, A. G. 2129170.	M. Oct. 1/18.
16	Morriseau, J. 1072169.	M. Oct. 1/18.
16	Muir, J. T. 1000600.	K. Nov. 7/17. Det.D./B.
*16 Sig. S.	Munro, J. McL. 429226.	W. and M. Oct. 1/18.
16	Murray, T. A. 257504.	M. Oct. 1/18.
16	Murray, H. 1060181.	M. Oct. 1/18.
16	Murray, M. N. 2379123.	M. Oct. 1/18.
16	Mustard, E. H. 2129047.	M. Oct. 1/18.
16	McCurdy, J. 2129179.	M. Oct. 1/18.
16	McCurr, J. 871980.	M. Oct. 1/18.
16	McIsaac, H. D. 2129181.	M. Oct. 1/18.
16	McLennan, J. 721823.	M. Oct. 1/18.
16	McLeod, J. 46867.	W. and M. Aug. 16/18.
16	Newstead, J. C. 257442.	M. Oct. 1/18.
16	Ogden, J. Le R. 2379605.	M. Oct. 1/18.
*16	Palsson, S. 722901.	W. and M. Oct. 1/18.
16	Pasich, T. 2378951.	M. Oct. 1/18.
16	Pickett, L. S. 910772.	M. Oct. 1/18.
16	Porter, W. G. 2128934.	M. Oct. 1/18.
16	Powell, A. E. 1001211.	W. and M. Aug. 16/18.
16	Ramsey, W. 2128921.	M. Oct. 1/18.
16	Reid, R. 2379629.	M. Oct. 1/18.
16	Roy, A. R. 2379366.	M. Oct. 1/18.
16	Rutherford, T. 2129663.	M. Oct. 1/18.
*16	Scott, Sgt. J. C. 28670.	W. and M. Oct. 1/18.
16	Smith, J. 4097063.	M. Oct. 1/18.
16	Smith, R. J. 2129308.	M. Oct. 1/18.
16	Smith, S. J. 2379862.	M. Oct. 1/18.
*16	Stamp, T. A. 1000702.	K. Aug. 8/18. Det.D./B.
16	Stockwell, A. H. 427392.	K. Sept. 4-7/16. Det.D./B.
16	Stretch, J. B. 1263521.	M. Oct. 1/18.
16	Stroud, J. C. 2129654.	M. Oct. 1/18.
16	Stubblefield, R. W. 1069931.	M. Oct. 1/18.
16	Troke, J. J. 258517.	M. Oct. 1/18.
16	Vandal, G. 258198.	M. Oct. 1/18.
16	Voorhis, R. 872085.	M. Oct. 1/18.
16	Whiffin, T. A. 2128924.	M. Oct. 1/18.
16	White, E. L. 256326.	M. Oct. 1/18.
*16	Willes, F. C. 524339.	W. and M. Oct. 1/18.
16	Wilson, S. 2115180.	M. Oct. 1/18.
16	Wood, F. 1072122.	M. Oct. 1/18.
16	Wrench, H. 257062.	M. Oct. 1/18.
16	Yarrington, E. 722273.	M. Oct. 1/18.
16	Zerbin, G. 2129268.	M. Oct. 1/18.
16	Zimmerman, W. G. 693086.	M. Oct. 1/18.
18	**Barnes, Lieut. R. B.**	K. Sept. 15/17. Det.D./B.
18	**Mackedie, Lieut. A/Capt. A. R.**	K. Aug. 28/18. Det.D./B.
‡18	Iverson, A. 844603.	W. and M. Aug. 27/18.
‡18	Mitchell, C. 651804.	K. Aug. 28/18. Det.D./B.
18	Mitchell, E. 802618.	M. Aug. 28/18.
18 B.	Rowbotham, L.-Cpl. T. 160382.	M. Aug. 28/18.
18	Skilton, Cpl. L. 409655.	K. Aug. 9/18. Det.D./B
*18	Stansfield, J. 189294	M. Oct. 10/18.

December 1st, 1918.

Canadian Infantry—contd.

19	Duncan, Lieut. (A.-Capt.) A. J.	M. Oct. 9/18.
19	Bary, A. E. 853164.	W. and M. Aug. 28/18.
19	Carroll, Cpl. M. 55818.	W. and M. Aug. 8/18.
19	Gairns, R. 800224.	W. and M. Aug. 16/18.
*19 B.	Haygarth, A. J. 757817.	K. Aug. 27/18. Det.D./B.
19	Hennessy, J. 3031940.	M. Aug. 28/18.
*19	Nodwell, T. R. 657242.	W. and M. Oct. 11/18.
19	Pharand, H. 274163.	M. Aug. 27/18.
19	Place, H. F. 225787.	M. Aug. 28/18.
19	Stewart, N. P. 55718.	W. and M. Aug. 16/18.
19	Sullivan, W. V. 803200.	W. and M. Aug. 27/18.
19	Walker, H. J. 3231327.	K. Aug. 28/18. Det.D./B.
19 D.	White, H. S. 542251.	M. June 21/18.
‡19	Wilson, A. J. 799572.	M. Oct. 10/18.
20	Chormann, P. J. 3032325.	M. Aug. 28/18.
‡20	Edmondson, F. G. 157575.	M., bel. K. Oct. 11/18.
20 D.	Gordon, Cpl. P. 201381.	K. Aug. 28/18. Det.D./B.
*20	Greig, A. A. 766385.	W. and M. Aug. 27/18.
20 Sct. S.	Miller, B. G. 1045025.	K. Aug. 8/18. Det.D./B.
20	Munro, T. M. 679136.	K. Aug. 28/18. Det.D./B.
20	Parry, F. H. 237389.	M. Aug. 28/18.
20 C.	Patterson, W. 3032853.	M. Aug. 28/18.
*20	Riley, D. M. 925524.	W. and M. Aug. 28/18.
20	Wallace, R. 724620.	M. Aug. 28/18.
*20	Woodcock, A. B. 454720.	W. and M. Aug. 26/18.
*21	Boswell, M.M., Lieut. L.	D/W. Aug. 28/18. Det.D./B.
21 A.	Barr, D. 3320489.	K. Aug. 8/18. Det.D./B.
21	Desrochers, V. 3055864.	M. Aug. 28/18.
21	Hefferman, R. G. 675733.	M. Aug. 27/18.
21	Hay, J. 59444	M. Aug. 26/18.
‡21 B.	King, W. J. 663432.	K. Aug. 8/18. Det.D./B.
21 B.	Jordan, J. C. 2265939.	M. Aug. 28/18.
*21	Miller, H. 725570.	M. Aug. 28/18.
‡21	Smith, F. E. 256195.	M. Oct. 11/18.
‡21 B.	Wood, H. 724304.	K. Oct. 11/18. Det.D./B.
*22	Boudreau, A. 3031564.	M. Oct. 2/18.
22	Croff, J. 856502.	W. and M. Aug. 16/18.
22	Dumont, A. L. 1021239.	K. Nov. 9/17. Det.D./B.
22	Dupuis, W. 2320413.	W. and M. Aug. 16/18.
22	Lafrance, A. 660162.	M., bel. P/W. June 8/18.
22	Landry, J. E. I. 889097.	W. and M. Aug. 27/18.
22	Tessier, D. 2002108.	W. and M. Aug. 27/18.
24 Sec. 5th Inf. Bde. H.Q.	Walker, D.S.O., M.C., Major A. L.	K. Aug. 9/18. Det.D./B.
24	Haines, F. E. 1078818.	M. Nov. 10/17.
24	Hayes, J. 65433.	K. Sept. 17/16. Det.D./B.
24	Kirk, A. H. 602510.	M., bel. K. Aug. 8/18.
*24	Lavargne, D. 145727.	M. Oct. 13/18.
24 B.	Norris, R. A. 802836.	K. Aug. 27/18. Det.D./B.
24	Robinson, C. 421.	M. Aug. 8/18.
24	Robinson, D. 841128.	K. Aug. 27/18. Det.D./B.
24	Savoie, G. 684075	W. and M. Aug. 7/18.
24 A.	Stewart, L. D. 1030184.	M. Aug. 27/18.
24	Talbot, L. 684441.	M. Oct. 3/18.
24 B.	Whitty, W. J. 841688.	M. Aug. 28/18.

December 1st, 1918.

Canadian. Infantry—contd.

25	Collins, A.-Cpl. A. D. 471000.	M. **Sept. 23/18.**
25	Fulmer, J. W. 901136.	K. **Aug. 28/18.** Det.D./B.
25 C.	King, H. R. 901291.	K. **Aug. 9/18.** Det.D./B.
25	McLean, R. 716117.	M. **Aug. 8/18.**
*25	Wile, R. L. 902381.	W. and M. **Sept. 24/18,**
26	Campbell, A.-Sgt. C. D. 69143.	M. **Sept. 26/18.**
*26 C.	Clark, C. H. 709566.	K. **Aug. 28/18.** Det.D./B.
26 B.	Clark, A. W. 715240.	K. **Aug. 28/18.** Det.D./B.
26	Cormier, J. N. 793879.	W. and M. **Aug. 8/18.**
26	Darcus, A.-L.-Cpl. C. 69227.	K. **Aug. 28/18.** Det.D./B.
26	Doherty, J. D. 818136.	W. and M. **Aug. 28/18.**
26	Ducett, H. 4060192.	M. **Sept. 26/18.**
26 D.	Lampitt, J. 469731.	K. **Aug. 28/18.** Det.D./B.
*26	Murray, J. C. 709651.	K. **Aug. 28/18.** Det.D./B.
26	McDonald, M. M. 715925.	W. and M. **Aug. 16/18.**
*26	McKenzie, S. A. 712193.	W. and M. **Oct. 10/18.**
26 D.	Ramsey, B. F. 742331.	D/W. **Aug. 28/18.** Det.D./B.
26	Robertson, W. 715295.	W. and M. **Aug. 27/18.**
‡26	Ross, N. 712937.	K. **Aug. 28/18.** Det.D./B.
*26 C.	Sellen, T. W. 742961.	W. and M. **Oct. 10/18.**
26 D.	Sutthery, W. T. 709197.	W. and M. **Aug. 16/18.**
‡27	**Pulford, Capt. F. M.**	K. **Oct. 1/18.** Det.D./B.
27 C.	Coutts, W. R. 1000043.	M. **June 25/18.**
27	Dudley, F. J. 2378579.	M. **June 25/18.**
27	Moore, A. E. 71922.	K. **June 25/18.** Det.D./B.
27	Nation, F. W. 71505.	M. **June 25/18.**
27	Pedley, T. 425197.	M. **June 25/18.**
27 B. Co.	Smith, J. 2114885.	K. **Nov. 6/17.** Det.D./B.
*28	Coppell, L.-Cpl. E. 440466.	K. **Aug. 26/18.** Det.D./B.
28 D.	Crampton, F. 441836.	K. **Aug. 9/18.** Det.D./B.
28	Gagnon, L.-Cpl. E. W. 73902.	K. **June 6/16.** Det.D./B.
29	**Goffin, Lieut. R. G.**	K. **Aug. 9/18.** Det.D./B.
29	Buck, W. 2137643.	M., bel. K. **June 3/18.**
29	Gillis, D. 799327.	M. **Sept. 5/18.**
29	McLeod, A. K. 2204470.	M., bel. K. **June 3/18.**
29 D.	Powys, E. T. O 790894. (M.G.S.)	D. **Aug. 19/17.** Det.D./B.
29	Stringer, A. C. 739499.	W. and M. **Sept. 5/18.**
29	Yahner, A. 413117.	M. **Sept. 5/18.**
*31	**Barnes, Lieut. R. H.**	K. **Oct. 11/18.** Det.D./B.
31	**Morgan, M.M., Lieut. H. P.**	K. **Oct. 6/18.** Det.D./B.
31 B.	Atkinson, R. E. 231382.	K. **Nov. 6/17.** Det.D./B.
31	Brunyee, J. 231276.	K. **Dec. 11/17.** Det.D./B.
31	Chard, R. A. 424658.	W. and M. **Aug. 9/18.**
31 C.	Crawford, J. L. 231582.	Died **Nov. 6/17.** Det.D./B.
31 D.	Desantos, J. 624622.	Died **Nov. 6/17.** Det.D./B.
31	Hodge, R. F. 2355559.	K. **June 25/18.** Det.D./B.
31	Kidd, L.-Cpl. J. 808798.	M. **June 25/18.**
31	Laforet, E. D. 3131406.	W. and M. **June 25/18**
31	Laidlaw, W. J. 3130259.	W. and M. **June 25/18.**
31 C.	Law, A. J. W. 425015.	Died **Sept. 15/16.** Det.D./B.
31	Lightle, A. I. 625234.	K. **Aug. 21/17.** Det.D./B.
31	Pinkham, C. W. 697059.	W. and M. **Aug. 9/18.**
31 B.	Squire, Sgt. G. F. 252478.	K. **Nov. 6/17.** Det.D./B.

December 1st, 1918.

Canadian Infantry—contd.

‡38		Harrison, Lieut. S. L. T.	K. Sept. 29/18. Det.D./B.
38		Thwaite, Lieut. W.	W. and M. Aug. 10/18.
38		Adair, T. M. 835761.	M. Aug. 10/18.
38		Adams, J. M. 514272.	K. Sept. 2/18. Det.D./B.
38		Armstrong, W. 639717.	W. and M. Aug. 10/18.
‡38 D.		Barden, Cpl. G. F. 643220.	K. Sept. 29/18. Det.D./B.
38		Beall, G. 3055853.	M. Aug. 10/18.
‡38		Brunet, H. E. 3055680.	M. Nov. 3/18.
38 A.		Dillane, J. A. 3309.	M. Aug. 10/18.
*38		Hall, J. S. 839066.	K. Aug. 10/18. DetD./B.
*38 D.		Herd, Sgt. S 404616.	K. Sept. 2/18. Det.D./B.
‡38		Johnson, R. 639253.	M. Nov. 2/18.
38		Lewis, W. 1042092.	M. Aug. 10/18.
38		Morrow, H. E. 2098899.	M. Aug. 10/18.
38		Nile, H. 410373.	M. Aug. 10/18.
38		O'Neill, L. B. 788877.	M. Sept. 27/18.
*38		Russell, G. R. 48592.	K. Sept. 2/18. Det.D./B.
38 A.		Simpson, W. E. 270619.	M. Aug. 10/18.
'*38		Walker, E. J. 835327.	M. Aug. 10/18.
38		Walker, P. E. 1042725.	M. Aug. 10/18.
38		Warner, E. W. 633054.	M. Aug. 10/18.
38		Wiley, W. 754970.	W. and M. Aug. 10/18.
38 A		Wilson, Cpl. A. 730257	M. Aug. 10/18.
42 B.		Downie, F. C. 841473.	K. April 9/17. Det.D./B.
*42		O'Mulverny, T. H. 190394.	D/W. Aug. 12/18. Det.D./B.
42 A.		Sutton, F. 144362.	K. Sept. 29/18. Det.D./B.
43		Wilson, Lieut. R. J.	M. Aug. 16/18.
43		Bannerman, A. M. 693298.	W. and M. Aug. 16/18.
43		Boal, J. V. 859802	M. Aug. 28/18.
43 H.Q. Co.		Boote, L. H. 859423.	W. and M. Aug. 16/18.
*43 D.		Borthwick, G. 2129187.	W. and M. Oct. 1/18.
43 B.		Botham, T. C. 2136359.	M. Aug. 16/18.
43		Bougie, J. 2383333.	W. and M. Aug. 16/18.
*43 D.		Brohan, P. H. 3131550.	K. Oct. 1/18. Det.D./B
*43		Cahill, E. F. 1045865.	M. Oct. 1/18.
*43		Carey, A. C. 928291.	M. Oct. 1/18.
43		Clubb, A. 2373340.	M. Aug. 16/18.
43		Coburn, D. K. 1000442.	M. Aug. 16/18.
*43		Cruise, T. 3320213.	W. and M. Oct. 1/18.
43		Cummings, R. J. 2181343.	W. and M. Aug. 16/18.
43		Davie, J. 859317.	M. Aug. 16/18.
*43		Donovan, C. L. 871652.	M. Oct. 1/18.
43		Durnin, J. J. 2173546.	W. and M. Aug. 16/18.
43		Edge, J. 693346.	K. Oct. 26/17. Det.D./B.
*43		Harwood, J. W. 258090.	M. Oct. 1/18.
43		Hayes, J. 2129096.	W. and M. Aug. 16/18.
*43		Holmes, M. F. 2408318.	M. Oct. 1/18.
43 B.		Horne, F. 859520.	W. and M. Aug. 16/18.
43 Scout S.		Horwood, R. H. S. 529201.	M. Aug. 16/18.
*43		Humphries, F. C. 1263603.	M. Oct. 1/18.
43		Jamison, H. J. R. E. 424956.	M. Aug. 16/18.
*43		Jennings, J. E. 700949.	M. Oct. 1/18.
43		Keddie, O. V. 693112.	M. Aug. 16/18.
43		Leversidge, H. 1000729.	W. and M. Aug. 16/18.
43		Mackie, R. 859946.	W. and M. Aug. 16/18.
43		Mann, L.-Cpl. H. 859727.	W. and M. Aug. 16/18.

December 1st, 1918.

Canadian Infantry—contd.

43	Mitchell, G. 859759.	W. and M. **Aug. 16/18.**
43 C.	Mowat, Cpl. J. 153100.	W. and M. **Aug. 16/18.**
43	Murray, W. A. 859892.	M. **Aug. 16/18.**
43	McRae, Sgt. D. 199000.	W. and M. **Aug. 16/18.**
43	Prudhomme, L.-Cpl. E. 859371.	W. and M. **Aug. 16/18.**
43 D.	Raport, M. D. 859736.	K. **Aug. 8/18.** Det.D./B.
43	Reid, J. A. 2128966.	M. **Aug. 16/18.**
43	Robertson, C. 2129332.	M. **Aug. 16/18.**
43	St. Germain, C. 693042.	W. and M. **Aug. 16/18.**
*43	Smith, Sgt. C. H. 198648.	M. **Oct. 1/18.**
43 Sig. S.	Stone, W. 225654.	W. and M. **Aug. 28/18.**
43	Stott, G. 153301.	M. **Aug. 16/18.**
*43 Sig. S.	Tookey, J. H. 467661.	K. **Sept. 30/18.** Det.D./B.
43	Treliving, J. A. 252296.	K. **Aug. 8/18.** Det.D./B.
43	Williams, E. 871307.	K. **Nov. 14/17.** Det.D./B.
*43	Wylie, W. 922623.	M. **Oct. 1/18.**
44	**Wilkins, Lieut. R. P.**	K. **Sept. 27/18.** Det.D./B.
*44	Adams, A. 865441.	W. and M. **Sept. 28/18.**
44	Ballendine, O. 460257.	W. and M. **Sept. 2/18.**
*44	Bertram, W. C. 1084338.	M. **Sept. 27/18.**
‡44	Chaboyer, W. 1084376.	W. and M. **Sept. 28/18.**
44	Chapagne, A. 820536.	W. and M. **Sept. 2/18.**
44 D.	Clarke, J. V. 821107.	K. **Sept. 2/18.** Det.D./B.
*44	Cunningham, Cpl. W. B. 865074.	K. **Oct. 27/18.** Det.D./B.
*44	Ferris, S. T. 3255607.	W. and M. **Sept. 28/18.**
*44	Hewitt, R. 235130.	W. and M. **Sept. 27/18.**
44 A.	Knight, D. T. K. 865322.	K. **Aug. 10/18.** Det.D./B.
*44	McRae, D. L. 2129395.	M. **Sept. 27/18.**
*44	Pilling, H. H. 2380278.	M. **Sept. 27/18.**
44	Richards, M. J. 820552.	W. and M. **Sept. 2/18.**
*44	Rudolf, Sgt. O. R. 234095.	K. **Sept. 2/18.** Det.D./B.
44	Sedor, P. J. 2155643.	M. **Sept. 2/18.**
*44	White, Sgt. J. 725123.	W. and M. **Sept. 28/18.**
*46	**Cunningham, Lieut. R. A.**	K. **Sept. 27/18.** Det.D./B.
46	Bensen, F. H. 255180.	M. **Sept. 2/18.**
‡46	Brown, J. 1069719.	W. and M. **Sept. 2/18.**
46 A.	Carter, C. R. 472566.	K. **Sept. 28/18.** Det.D./B.
46	Cornish, S. 256035.	M. **Sept. 2/18.**
46	Gallerneau, R. 276530.	M. **July 27/18.**
‡46	Grisedale, M. 1009321.	K. **Sept. 28/18.** Det.D./B.
*46 B.	Hassall, R. 255488.	Unoff. W. and M. **Sept. 1/18.**
46	Josephson, F. 291556.	M. **Sept. 3/18.**
46	Kidd, T. H. 1010241.	M. **Sept. 27/18.**
*46 A.	Kinnear, A. J. 2021691.	K. **Sept. 27/18.** Det.D./B.
46 B.	Martin, L.-Cpl. K. L. 255728.	M. **Feb. 14/18.**
46 A.	McDonald, G. C. T. 255002.	W. and M. **Aug. 10/18.**
‡46	Purcell, Cpl. J. J. 126357.	W. and M. **Sept. 27/18.**
‡46	Renwick, C. 276135.	W. and M. **Sept. 27/18.**
46 B.	Wilkinson, C. 257961.	M. **Sept. 28/18.**
‡46	Wilson, H. S. 1009498.	W. and M. **Sept. 2/18.**
*47	**Gregg, Lieut. A. T.**	K. **Sept. 27/18.** Det.D./B.
47 B.	Alexander, T. O. 2015171.	K. **Sept. 3/18.** Det.D./B.
47	Barnes, B. J. 826350.	M. **Aug. 11/18.**
47	Fletcher, J. 645309.	Died **Aug. 21/17.** Det.D./B.
‡47	Foulke, F. F. 2356381.	W. and M. **Sept. 28/18.**

December 1st, 1918.

Canadian Infantry—contd.

*47	Hunter, A. E. 116817.	M. Sept. 27-29/18.
47 C.	Jones, N. 145572.	M. Sept. 27/18.
*47	Mundon, R. E. 790970.	M., bel. K. Aug. 8/18.
47 D.	McGechie, T. 629885.	Died Aug. 18-25/17. Det.D./B.
47	O'Brien, J. E. 902453.	M. Aug. 11/18.
47	Osburn, O. D. 525259.	W. and M. Aug. 10/18.
47	Tronson, J. 2142318.	Died Oct. 26/17. Det.D./B
*49	Degagnes, J. 844292.	M. Sept. 28-29/18.
49 C.	Emerson, C. L. 252467.	K. Oct. 30/17. Det.D./B.
49 (Snip. S.)	Hovey, A. Le B. 231668.	K. Oct. 30/17. Det.D./B.
49 D.	McRitchie, N. M. 898086.	K. Oct. 30/17. Det.D./B.
‡49	McTavish, M. G. 904493.	K. Oct. 9/18. Det.D./B.
‡49	Taylor, W. H. 100437.	K. Sept. 29/18. Det.D./B.
50	Armstrong, R. W. 3317003.	W. and M. Sept. 2/18.
50	Bangerter, A. J. 812185.	K. June 3/17. Det.D./B.
50	Christie, G. 258224.	K. Oct. 26/17. Det.D./B.
50	Clark, J. 808703.	K. Aug. 10/18. Det.D./B.
50	Cooney, W. J. 3105770.	W. and M. Sept. 2/18.
50	Emms, A.-Sgt. J. 447063.	K. Sept. 28/18. Det.D./B.
50 C.	Fleming, J. A. W. 3205836.	K. Sept. 28/18. Det.D./B.
50 B.	Gamblin, S. G. 883286.	M. Aug. 10/18.
50	Goodwin, G. J. 808895.	M. Aug. 10/18.
50	Jones, J. W. 893029.	K. Oct. 24/17. Det.D./B.
50	Keddy, W. O. 1263541.	M., bel. K. Aug. 10/18.
50	Miller, W. G. 231777.	W. and M. Sept. 2/18.
50	McCrimmon, J. D. 3205337.	M. Aug. 8/18.
50	Rush, E. D. 2115787.	W. and M. Sept. 2/18.
50	Slingerland, H. A. 808399.	M. Aug. 10/18.
50 A.	Smith, N. 781799.	K. Aug. 10/18. Det.D./B.
50	Whyte, J. J. 3205860.	M. bel. K. Aug. 10/18. Det.D./B.
*52 A.	Akers, A. H. 2476545.	K. Sept. 28/18. Det.D./B.
52	Bolt, R. 754075.	M. Aug. 28/18.
*52 A.	Clarke, R. G. 234811.	W. and M. Aug. 27/18.
‡52	Dods, N. 256883.	M. Sept. 28/18.
*52 D.	Donald, W. H. 784045.	M. Sept. 28/18.
52	Fisher, R. A. 2114950.	K. Aug. 28/18. Det.D./B.
*52	Fraser, T. 2383479.	K. Aug. 28/18. Det.D./B.
*52	Hillstrom, H. 225368.	M. Sept. 28/18.
*52	Jakeman, H. 234394.	K. Aug. 8/18. Det.D./B.
*52	Mayo, L. 830184.	M. Sept. 28/18.
*52 D.	Neale, A. S. 234753.	K. Oct. 1/18. Det.D./B.
*52	Ryan, M. 648787.	M. Sept. 28/18.
52	Todd, T. W. 264376.	M. Aug. 28/18.
54	**Preston, Lieut. H. B.**	K. Sept. 27/18. Det.D./B.
*54 A.	Allen, J. 3105962.	M. Sept. 30/18.
54	Finch, J. 757862.	M. Aug. 8/18.
‡54 C.	Hare, A. W. 3314333.	K. Sept. 30/18. Det.D./B.
*54	Hennessey, W. A. 3314570.	M. Sept. 30/18.
54 D.	Rogers, H. C. 2507403.	K. Sept. 2/18. Det.D./B.
54	Turner, D. E. 305035.	K. Aug. 8/18. Det.D./B.
54	White, W. 249094.	M. Aug. 8/18.
58	**Johnson, M.C., Lieut. (A.-Capt.) W. W.**	M. Oct. 1/18.
58	**Pollock, Capt. R.**	K. Sept. 29/18. Det.D./B.
58	**Way, Lieut. J. H.**	K. Aug. 27/18. Det.D./B

December 1st, 1918.

Canadian Infantry—contd.

‡58	Adams, R. W.	3106012.	K. Aug. 27/18. Det.D./B.
*58	Beardwood, W.	678756.	W. and M. Aug. 27/18.
*58	Bennett, E. H.	3106990.	M. Oct. 1/18.
‡58	Dennison, J.	3106248.	W. and M. Sept. 30/18.
‡58	Duncan, A.	3310067.	W. and M. Sept. 29/18.
*58 A.	Eyre, L.-Sgt. J.	427375.	K. Oct. 1/18. Det.D./B.
‡58	Gatherum, D.	3314168.	K. Sept. 28/18. Det.D./B.
*58 B.	Grindin, T.	727343.	W. and M. Aug. 27/18.
*58	Groves, Sgt. W. J.	451450.	M. Oct. 1/18.
58	Hammond, H. W.	210417.	M. Aug. 28/18.
*58	Hanniford, J. R.	2507339.	W. and M. Aug. 27/18.
*58	Harris, C. W.	454441.	M. Oct. 1/18.
58	Ostrom, F.	648689.	M. Aug. 29/18.
*58 A.	Page, C.	2304306.	W. and M. Aug. 27/18.
*58 A.	Peterson, L.-Cpl. G. A.	427115.	M. Aug. 27/18.
58 C.	Scott, W.	452505.	K. Aug. 8/18. Det.D./B.
*58	Sparrow, H.	1066069.	W. and M. Aug. 27/18.
58	Springgay, P. J.	2438325.	M. Aug. 8/18.
72 D.	Angus, D. A.	2020722.	M. Sept. 2/18.
72	Ball, R. T.	1031011.	W. and M., bel. P/W. Sept. 29/18.
72	Belfountaine, V. L.	2137812.	M. Sept. 29/18.
*72	Broadhead, L. B.	826862.	W. and M. Sept. 29/18.
*72 D.	Campbell, A. R. S.	103035.	W. and M. Sept. 2/18.
*72	Christopherson, A. J.	2021289.	W. and M. Sept. 29/18.
72	Crofts, L.-Cpl. W. B.	2025236.	K. Sept. 29/18. Det.D./B.
72	Devore, J.	2030257.	M. Aug. 10/18.
*72	Harrington, K. R.	525479.	W. and M. Sept. 29/18.
72	Jack, A.	2137658.	K. Sept. 29/18. Det.D./B.
*72	Johnston, D.	2138283.	W. and M. Sept. 2/18.
72	Maher, J. J.	778373.	M. Sept. 29/18.
*72	Martin, A.	2138449.	M. Sept. 29/18.
*72	Ryan, J. P.	1049067.	W. and M. Sept. 2/18.
72 A.	Sorenson, P. S.	2025280.	K. Sept. 2/18. Det.D./B.
72 B.	Stewart, T. M.	2137848.	W. and M., bel. P/W. Sept. 29/18.
*75	Bell, C. A.	916115.	K. Sept. 30/18. Det.D./B.
*75 D.	Campbell, C. G.	514434.	K. Sept. 30/18. Det.D./B.
75 C.	Connolly, C. M.	404810.	K. Sept. 2/18. Det.D./B.
‡75	Derochie, G. L.	788303.	M. Oct. 25/18.
*75 A.	Hazeldine, C.	681234.	M. Sept. 30/18.
‡75	McArthur, W. A.	163886.	M. Oct. 25/18.
‡75	McConachie, D. J.	757756.	M. Oct. 25/18.
*75	McIntyre, R.	642879.	M. Sept. 30/18.
‡75	MacPherson, J. A.	3132546.	M. Oct. 25/18.
‡75	Sauve, S. J.	230596.	M. Oct. 25/18.
75 A.	Sharpe, Cpl. T. J.	642767.	K. Aug. 9/18. Det.D./B.
*75	Storer, J.	816461.	M. Sept. 30/18.
*75	Thomson, A.	3030428.	M. Sept. 30/18.
78	Addison, G. R.	2383309.	W. and M. Aug. 10/18.
78 A.	Andrews, T.	288081.	M. Aug. 11/18.
78	Avison, J.	922377.	M. Aug. 11/18.
78	Beaton, A. D.	288828.	W. and M. Sept. 2/18.
78	Bennett, T. A.	148173.	M. Aug. 11/18.
78 C.	Brett, L.-Cpl. J.	148734.	M. Aug. 11/18.
78 D.	Brown, B. W.	148772.	K. Aug. 11/18. Det.D./B.
78	Bunch, W.	234859.	M. Aug. 11/18.
78 A.	Carr, J. W.	288690.	M. Aug. 11/18.

December 1st, 1918.

Canadian Infantry—contd.

78	Challis, E. 2114806.	M. Aug. 11/18.
78 B.	Cheetham, J. E. 1001106.	Died Oct. 30/17. Det.D./B.
78 A.	Chisholm, Cpl. M. 1000833.	M. Aug. 11/18.
78	Cousans, H. V. 1000003.	M. Aug. 11/18.
78 B.	Craig, J. A. 112204.	K. Oct. 30/17. Det.D./B.
78 A.	Dalley, C. W. 288580.	M. Aug. 11/18.
78	Dent, W. E. 2476305.	M. Aug. 11/18.
78	Giles, T. B. 234467.	M. Aug. 11/18.
78	Gilmore, C. W. D. 3314207.	K. Sept. 2/18. Det.D./B.
78 A.	Gough, F. E. 922449.	M. Aug. 11/18.
78	Gough, R. H. 874225.	M. Aug. 11/18.
78	Irvine, J. H. 2114888.	W. and M. Aug. 11/18.
78	Lane, W. D. 2476388.	M. Aug. 11/18.
78 Pnr. S.	Lewtas, W. 147184.	K. Aug. 8/18. Det.D./B.
78	Loutit, S. 288669.	W. and M. Aug. 11/18.
78 B. Co.	Masterman, H. W. 625199.	K. Oct. 30/17. Det.D./B.
78	Moore, J. 288687.	M. Aug. 11/18.
78	McLeod, J. 46867.	W. and M. Aug. 16/18.
78 C.	Noyes, C. W. 186650	M. Aug. 11/18.
78	Park, H. 2173305.	M. Aug. 11/18.
‡78 B.	Sterling, J. G. 2136505.	K. Sept. 27/18. Det.D./B.
78	Symington, R. 2115347.	W. and M. Aug. 11/18.
78 A.	Utting, B. W. 294084.	M. Aug. 11/18.
78 A.	White, D. 712021.	K. Sept. 2/18. Det.D./B.
78 C.	Whitehead, W. 216090.	W. and M. Aug. 11/18.
85	Darby, G. B. 2005070.	K. Sept. 2/18. Det.D./B.
85 B.	McDonald, D. 700460.	K. Sept. 2/18. Det.D./B.
*85 A.	Winstanley, W. 152010.	K. Sept. 29/18. Det.D./B.
87	**Bouchette, Lieut. E. E.**	K. Sept. 30/18. Det.D./B.
87	**McLean, M.C., Lieut. S. S.**	K. Sept. 30/18. Det.D./B.
*87	**Norfolk, Lieut. E. J.**	K. Sept. 30/18. Det.D./B.
87	**Tasker, Lieut. L. F.**	K. Sept. 2/18. Det.D./B.
87	Aubin, L. J. 145521.	M. Aug. 8-9/18.
87	Baldwin, R. J. 4030133.	M. Sept. 30/18.
*87	Bamford, J. S. 3081863.	W. and M. Sept 30/18.
87	Belzil, X. 4040173.	M. Sept. 30/18.
87	Campbell, J. 213274.	M. July 28/18.
*87	Endicott, W. 145419.	W. and M. Sept 30/18.
87	Hilson, T. F. 3314330.	M. Sept. 30/18.
87 C.	Hunt, G. E. 805077.	K. Sept. 2/18. Det.D./B.
*87	Regan, R. 488369.	W. and M. Sept 30/18.
87	Smith, A. F. 3081052.	M. Sept. 4/18.
87	Wright, W. R. 3106228.	M. Sept. 30/18.
102	Cameron, L.-Cpl. W. J. 249703.	K. Sept. 2/18. Det.D./B.
*102	Currie, J. W. 3105282.	M. Oct. 1/18.
*102 B.	Goode, A. E. 249513.	M. Oct. 1/18.
*102	Griffin, C. D. 252074.	W. and M. Oct. 1/18.
*102	McInnis, J. A. 839046.	W. and M. Oct. 1/18.
102	Edwards, W. B. 126746.	M. Aug. 8-9/18.
102	Gale, G. G. 226933.	K. Sept. 4/18. Det.D./B.
102 D.	Gallagher, T. J. 3314051.	K. Sept. 4/18. Det.D./B.
102	Rolling, A. C. 505997.	M. Aug. 8/18.

December 1st, 1918.

Canadian Infantry—contd.

116	**Palmer, Lieut. A. E. P.**	M., bel. P/W. Sept. 29/18.
116 A.	Arnot, J. 2537360.	M. Sept. 29/18.
116	Arsenault, W. J. 3105607.	M. Sept. 29/18.
116 A.	Atkinson, W. G. 249793.	K. Aug. 8/18. Det.D./B.
116	Balfour, G. E. 3030168.	M. Sept. 29/18.
*116	Barker, A. 3030462.	W. and M. Aug. 8/18.
116	Barnes, J. I. 2507382.	M., bel. W. Aug. 27/18.
116	Bellbody, W. J. 868262.	K. Sept. 29/18. Det.D./B.
*116	Berube, C. 2537491.	M. Sept. 29/18.
116	Calderwood, W. 2528390.	M., bel. W. Aug. 12/18.
116	Clarke, C. J. 3106619.	M. Oct. 1/18.
116	Crawford, W. J. 3106733.	M. Sept. 29/18.
116	Crosthwait, W. H. 249251.	K. Aug. 27/18. Det.D./B.
116	Dimond, N. 3106699.	M. Sept. 29/18.
116	Dobbs, N. 3106727.	M. Sept. 29/18.
116	Elder, G. C. 3106823.	M. Oct. 1/18.
116	Elson, C. 643877.	M., bel. W. Aug. 8/18.
116	Evoy, M. 644012.	M. Sept. 29/18.
116 A.	Fogarty, M. 2507364.	M., bel. W. Aug. 27/18.
*116	Gates, J. A. 226462.	W. and M. Aug. 27/18.
116	Germain, A.-L.-Cpl. T. 3105151.	M. Sept. 29/18.
116	Irwin, J. D. 663462.	M. Aug. 27/18.
116	Juleff, W. M. 3105191.	M., bel. W. Aug. 12/18.
116	Legg, A. W. 642700.	M., bel. W. Aug. 12/18.
116	Mellor, G. H. 663808.	M. Sept. 29/18.
116	Menzies, W. 2537497.	M. Sept. 29/18.
116	Moore, H. J. 338090.	M. Aug. 12/18.
‡116	Morgan, J. 3030309.	K. Sept. 29/18. Det.D./B.
116	Mullholland, G. 3106515.	M. Oct. 1/18.
116	Murphy, A. L. 2537499.	M. Oct. 1/18.
116 A.	McKee, Sgt. J. E. 757589.	W. and M. Sept. 29/18.
*116	Nealy, A. 264360.	M. Oct. 1/18.
*116 C.	Ross, J. D. 602004.	K. Aug. 27/18. Det.D./B.
116	Ross, L. H. 690504.	M. Sept. 29/18.
116	Simmons, L. 2537463.	M. Sept. 29/18.
*116 A.	Sellers, J. 3030905.	M. Oct. 1/18.
*116	Shellswell, M. 3317343.	K. Aug. 27/18. Det.D./B.
116	Stipe, C. L. 757616.	K. Aug. 28/18. Det.D./B.
116	Taylor, A. L. 868019.	M. Aug. 12/18.
*116	Wood, T. 285570.	M. Aug. 12/18.
*116	York, I. A. 468410.	M. Sept. 29/18.
116	Young, L.-Cpl. E. R. 763432.	

P. P. CANADIAN LIGHT INFANTRY.

	Millyard, Lieut. R. de L.	K. Sept. 30/18. Det.D./B.
‡	**Stevens, D.C.M., Lieut. B.**	M., bel. P.W. Nov. 8/18.
*	Cameron, G. 1042365.	W. and M. Sept. 28/18.
‡	Carter, F C. 2265641.	K. Sept. 28/18. Det.D. B.
B.	Darling, O. G. 489811.	K. Sept. 28/18. Det.D./B.
	Jenkins, L.-Cpl. M. J. 475898.	M. Aug. 28/18.
*	King, F. W. 345904.	K. Aug. 26/18. Det.D./B.
C.	Kissack, L.-Cpl. 552022.	K. Aug. 12/18. Det.D./B.
	Lewis, Chas. 633722.	K. Oct. 30/17. Det.D./B.
*	Milstovich, M.M., M. 1015538.	W. and M. Oct. 13/18.
	O'Brien, G. 246444.	M. Aug. 11/18.
*A.	Roys, W. M. 1090235.	K. Aug. 26/18. Det.D./B.
‡	Sheppard, G. 639295.	K. Aug. 26/18. Det.D./B.

December 1st, 1918.

P.P. Canadian Light Infantry—contd.

	Wark, L. A. 344042.	K. Sept. 28/18. Det.D./B.
B.	Westgate, Cpl. S. C. 513160.	K. Sept. 28/18. Det.D./B.
	White, P. R. 228324.	M. Sept. 28/18.
	Wood, J. N. 1012625.	M. Sept. 28/18.

CANADIAN MOUNTED RIFLES.

1 B.	Arbon, J. T. 216681.	M. Sept. 14/18.
‡1	Bentley, G. E. 255176.	K. Sept. 29/18. Det.D./B.
1	Davies, W. G. 256741.	M., bel. K. Sept. 14/18.
1	Draper, Sgt. C. F. 150358.	M., bel. K. Sept. 13/18.
1	Hardy, J. 781117.	M. Sept. 14/18.
1	McCarthy, J. J. 255638.	M. Sept. 14/18.
1	Pilgrim, H. T. 1069593.	M. Sept. 14/18.
‡1 A.	Pringle, J. B. 106495.	K. Sept. 29/18. Det.D./B.
1	Ross, J. W. 105637.	M. Aug. 8/18.
1 B.	Strutt, F. V. 291564.	M. Sept. 14/18.
1	Thompson, R. 255227.	M. Sept. 14/18.
*1 D.	White, F. 719179.	K. Nov. 2/18. Det.D./B.
‡2 D.	Beldam, E. 827181.	K. Oct. 30/17. Det.D./B.
2	Hesleton, G. F. 160195.	D. Sept. 29/16. Det.D./B.
2 D.	Johnson, W. D. 3033685.	K. Aug. 26/18. Det.D./B.
2	Nanfan, A. F. 7620.	K. Aug. 10/18. Det.D./B.
2 A.	Potts, B. C. 542495.	K. Aug. 10/18. Det.D./B.
2 A.	Slater, H. G. 931179.	K. Aug. 10/18. Det.D./B.
4	**Rounds, Lieut. H. C.**	K. Aug. 26/18. Det.D./B.
4	Bryant, W. E. 136316.	M., bel. K. Aug. 28/18.
4	Crawford, J. W. 835020.	M. Aug. 28/18.
4 B.	Goodson, D. H. 159522.	M. Aug. 28/18.
4 C.	Smith, W. H. L. 727833.	K. Aug. 28/18. Det.D./B.
4	Webber, G. 838606.	Died Oct. 26/17. Det.D./B.
‡5	Brodrick, R. C. 748293.	M. Nov. 4/18.
5	Cole, W. P. 832546.	W. and M. Oct. 30/17.
5	Henderson, T. F. 3080450.	M. Sept. 17/18.
5	McDonald, H. 110403.	M. Aug. 26/18.
5	Raymond, J. 748505.	W. and M. Sept. 17/18.
5	Smith, S. K. 709416.	W. and M. Sept. 17/18.
‡5	Terryberry, H. R. 3106463.	K. Oct. 8/18. Det.D./B.
5	Yeomans, M. F. 709923.	M. Sept. 17/18.

ROYAL CANADIAN REGIMENT.

*	**Crosskill, Lieut. J. H.**	M. Oct. 23/18
	Duguay, R. 454729.	W. and M. Oct. 8/16.
C.	Johnston, G. 477470.	Died Oct. 31/17. Det.D./B.
	McLean, M. D. 878339.	M. Aug. 26/18.
‡	Robinson, R. W. 261452.	K. Sept. 30/18. Det.D./B.
*	Stewart, W. G. 901015.	W. and M. Aug. 26/18.

December 1st, 1918.

CANADIAN ARMY SERVICE CORPS.

* Hinton, B. J. 512983.   M. Oct. 4/18.

CANADIAN ORDNANCE CORPS.

* Clark, Arm.-S.-Sgt. J. 10973.   K. Aug. 7/18.   Det.D./B.

www.ingramcontent.com/pod-product-compliance
Lightning Source LLC
Chambersburg PA
CBHW082057230426
43662CB00039B/2141